VERLAG HERMANN BÖHLAUS NACHFOLGER
WEIMAR

GOETHE-JAHRBUCH

Im Auftrag
des Vorstands der Goethe-Gesellschaft
herausgegeben
von

Jochen Golz, Bernd Leistner und Edith Zehm

EINHUNDERTUNDSIEBZEHNTER BAND
DER GESAMTFOLGE

2000

Verlag Hermann Böhlaus Nachfolger Weimar

Redaktion: Dr. Petra Oberhauser

Mit 8 Abbildungen und Kartenbeilage

ISBN 3-7400-1160-2

ISSN 0323-4207

Gedruckt auf alterungsbeständigem Papier

www.boehlausnf.de
info@boehlausnf.de

Umschlag: Willy Löffelhardt
Satzgestaltung: Grafik-Design Fischer, Weimar
Druck und Bindung: Franz Spiegel Buch GmbH, Ulm
Printed in Germany
Mai 2001

Inhaltsverzeichnis

Vorwort

Das Goethe-Jahrbuch 2000 präsentiert sich den Mitgliedern unserer Gesellschaft und einer interessierten Öffentlichkeit in veränderter äußerer Gestalt. Dem Vorstand schien es sinnvoll, den eingetretenen Jahrhundertwechsel auch durch ein neues Erscheinungsbild unseres Jahrbuchs sichtbar zu machen. Bei aller äußeren Veränderung wird „Dauer im Wechsel" angestrebt. Derselbe Grundsatz gilt den neuen Herausgebern auch für die inhaltliche Disposition. Dem herausgeberischen Gestaltungswillen des um unsere Gesellschaft hochverdienten Werner Keller fühlen wir uns verpflichtet. Wie bislang soll sich das Goethe-Jahrbuch als Spiegel der internationalen Forschung zu Goethe und seiner Zeit, zur Goethe-Rezeption und -wirkung erweisen und zugleich dem Leben unserer Gesellschaft in seiner vielfältigen Facettierung Raum geben.

Hatte der Jahrgang 1999 insbesondere die wissenschaftliche Konferenz der Hauptversammlung dokumentiert, so stellte sich diesmal vor allem die Aufgabe, den wissenschaftlichen Ertrag des Goethejahres zu überblicken. Daraus erklärt sich der relativ große Anteil an Rezensionen, wobei noch längst nicht abschließend Bilanz gezogen werden kann. Eine Besprechung von Nicholas Boyles bislang zweibändiger Monographie steht z. B. noch aus; sie wird im nächsten Jahrbuch erscheinen. Es war uns sehr daran gelegen, auch die zahlreichen außerdeutschen Goethe-Publikationen zu berücksichtigen. Besprechungen solcher Veröffentlichungen aus mehreren west- und nordeuropäischen Ländern, aus den USA, aus Rußland und China haben Aufnahme gefunden – Zeugnisse einer weltweiten Rezeption Goethes, die dessen Lebendigkeit nachdrücklich bewußt macht.

Internationalität – damit ist ein wichtiges Stichwort auch für die hier vorgelegten Abhandlungen und Dokumentationen gefallen. Im August 1999 hatten sich 35 Goethe-Übersetzer aus 21 Ländern in Erfurt zu einer Konferenz zusammengefunden. Zeitlich parallel dazu hatte das Goethe-Institut zu einem internationalen Symposium für *Faust*-Übersetzer nach Weimar eingeladen. Im Jahrbuch wird über beide Veranstaltungen berichtet, zudem enthält es das die Erfurter Tagung einleitende Referat von Manfred Fuhrmann. Speziell dem Thema „Goethe und China" sind einige weitere Beiträge gewidmet. Yang Wunengs Schilderung kann ein nicht nur auf Goethe bezogenes Interesse beanspruchen.

Goethe im Spiegel fremder Kulturen – noch ein anderer Aspekt dieses Themas durfte aus aktuellem Anlaß nicht ausgespart bleiben. Am 12. Juli 2000 weihten Mohammed Chatami, Präsident der Islamischen Republik Iran, und Bundespräsident Johannes Rau in Weimar gemeinsam ein Denkmal für den persischen Dichter Hafis und für Goethe ein. Es stellt eine imaginäre Einladung an beide dar, auf einander gegenüberstehenden steinernen Stühlen Platz zu nehmen; Verse beider Dichter sind in den Boden eingelassen – den schwierigen

Prozeß der Ideenfindung und Standortwahl hatte die Goethe-Gesellschaft ideell begleitet. Am Nachmittag des 12. Juli hielt Mohammed Chatami im Weißen Saal des Weimarer Stadtschlosses einen Vortrag, den wir an die Spitze des Jahrbuchs gestellt haben, enthält er doch ein beeindruckendes Plädoyer für Toleranz und Verstehenwollen im Zeichen eines „west-östlichen" Goethe. Damit korrespondieren die Ausführungen Mehdi Nadjis über das Goethe-Jahr im Lande Hafis'.

Gleichwohl sind dem Prozeß der Verständigung und des toleranten Miteinanders in der politischen Realität leider immer noch Grenzen gesetzt. Der Pianist und Dirigent Daniel Barenboim, der in Weimar zwei Sommer lang junge Musiker aus Israel und Palästina im Zeichen des „west-östlichen Divan" zu einem homogenen Orchester geformt und zu umjubelten künstlerischen Leistungen geführt hatte, konnte zwar am 13. Juli 2000 in Weimar einen Preis für sein Wirken in Empfang nehmen, doch die Teilnahme an den Feierlichkeiten tags zuvor war ihm verwehrt worden. Unsere Gesellschaft kann nicht in einem direkten Sinne politische Geltung beanspruchen, doch sie kann Zeichen setzen. So ist Bernd Kauffmann dafür zu danken, daß er als Kulturstadtintendant Barenboims Projekt ermöglicht und dem Wunsch der Herausgeber entsprochen hat, Eindrücke und Erfahrungen mitzuteilen.

Was freilich gleichermaßen Aufmerksamkeit beansprucht, ist Peter Steins in Hannover gezeigte, den Text ungekürzt darbietende *Faust*-Aufführung, die inzwischen in Berlin zu sehen ist. In den deutschen Feuilletons haben sich dazu vor allem, mit Goethe zu reden, „mißwollende" Stimmen vernehmen lassen. Zu den erfreulichen Ausnahmen gehört der für die „Frankfurter Rundschau" geschriebene Essay des Anglisten Klaus Reichert, den wir in unveränderter Gestalt ins Jahrbuch aufgenommen haben. Da die Auseinandersetzung mit Goethes Werk in den Künsten und in den Medien – in Musik und bildender Kunst, im Kino und Fernsehfilm, auf dem Theater und im Hörspiel – einen wesentlichen Teil der Rezeption des Klassikers ausmacht, wird sich das Goethe-Jahrbuch künftig stärker auch mit solchen Formen der Rezeption auseinandersetzen müssen.

Daß sich mit alledem Überlegungen zum Umfang des Jahrbuchs verbinden, liegt auf der Hand, zumal die Berichte aus dem Leben unserer Gesellschaft in ihrer Bedeutung nicht geschmälert werden dürfen. Auch künftig werden wir natürlich die Tätigkeitsberichte der Ortsvereinigungen als den Orten einer lebendigen Goethe-Pflege und Berichte aus dem Leben ausländischer Goethe-Gesellschaften veröffentlichen. Wir werden über das wissenschaftliche Leben in unserer Gesellschaft informieren, über unsere Stipendiaten, über Neugründungen und Jubiläen von Goethe-Gesellschaften.

Um dieser Schwerpunkte willen, über die zudem oft nur kurz und in Auswahl informiert werden kann, schien es geboten, in der Chronik auf die Aufnahme von Texten zu verzichten, die, aus persönlichem Anlaß geschrieben oder in einem kleineren Kreise vorgetragen, einer allgemeinen Verbreitung nicht unbedingt bedürfen. Daß eine starke innere Bindung von Präsident und Vorstand zu den Mitgliedern darin ihren Ausdruck findet und daß dieser Lebensnerv unserer Gesellschaft nicht angetastet werden darf, ist selbstverständlich. Präsident und Vorstand werden auch künftig den vertraulichen und vertrauensbildenden Kontakt zu unseren Mitgliedern nach Kräften aufrechterhalten, ohne darum schriftliche Zeugnisse in jedem Falle allgemein zugänglich zu machen.

Mit dem Wunsch, das Goethe-Jahrbuch 2000 möge eine gute Resonanz finden, sei es zum Antritt des neuen Jahrhunderts auf den Weg gebracht.

Jochen Golz, Bernd Leistner, Edith Zehm

MOHAMMED CHATAMI

Vortrag des Präsidenten der Islamischen Republik Iran bei einem Treffen mit den Denkern und Kulturschaffenden Deutschlands am 12. Juli 2000 in Weimar

Im Namen des barmherzigen und gnädigen Gottes!
Sehr geehrter Herr Präsident, verehrte Professorinnen und Professoren, meine sehr verehrten Damen und Herren,

für mich ist die Anwesenheit im Kreise der Denker und Kulturschaffenden stets ein Vergnügen. Doch dieses Treffen, das mit der besonderen Stellung des Denkens und der Kultur Deutschlands und deren hervorragendem Symbol Weimar in Zusammenhang steht, hat eine andere, unvergeßliche Qualität.

Vor nun mehr als einem Jahr sprach ich an der Universität Florenz von einer Notwendigkeit in unserer Welt, die ich heute aus einer anderen Perspektive behandeln möchte. Dort sagte ich, daß der Dialog der Zivilisationen und Kulturen ein Begriff ist, der durch das stetige Bemühen um die Annäherung an die Wahrheit und die Verständigung entstanden ist. Der Dialog ist die Logik des Sprechens und des Hörens. Er hat weder mit den Skeptikern zu tun, noch mit denen, die glauben, im Besitz der Wahrheit zu sein. Aus diesem Grunde bedarf der Dialog der Kulturen des Hörens von anderen Kulturen und Zivilisationen.

Die heutige Welt ist auf der Suche nach einer neuen Grundlage für die Regelung menschlicher und gesellschaftlicher Beziehungen. Diese Grundlage ist nach unserer Ansicht der Dialog, in dem Ost und West keine Objekte der Erkenntnis, sondern Gesprächspartner sind: Dialog im Sinne der klaren geographisch-kulturellen Kenntnis der Welt, des kritischen Blicks auf sich und andere, der Bemühung um das vergangene Erbe mit gleichzeitiger Suche nach neuen Erfahrungen, Dialog über die Notwendigkeiten und Bedürfnisse des Menschen im Kontext des heutigen und des morgigen Lebens. Für einen wirklichen Dialog zwischen den Zivilisationen und Kulturen müssen neue Türen aufgestoßen werden, um die Realitäten der Welt zu erkennen und neue Einsichten in die östliche und westliche Welt zu gewinnen.

Die grundlegende Frage ist, wie eine gemeinsame Aussicht für das Sehen, ein gemeinsamer Ort für das Hören und eine gemeinsame Sprache für das Sprechen gefunden werden können. Ein Dialog hinter trüben Scheiben, mit tauben Ohren und unbekannten Sprachen kann nicht geführt werden. Wir müssen auf der Grundlage unserer östlichen und westlichen Herkunft und über den engen Rahmen der Sprachregelungen und professionellen Parolen der internationalen Konfrontationen hinaus miteinander reden. Dialog ist vor allen Dingen die Suche nach mitfühlendem und vertrauensvollem Kontakt. Im gemeinsamen weltweiten Bemühen um die geistige Entfaltung und die materielle Entwicklung des Menschen werden die west-östlichen Verständigungsschleier immer dünner. Dies bedeutet natürlich nicht, daß die Kulturen assimiliert, aufgelöst und ihre Vielfalt und Unterschiede aufgehoben werden können. Die Menschen aus dem Orient und Okzident können trotz der Parallelität ihrer Kulturen verschiedene Geschöpfe sein, die einander ergänzen und sich im tiefen Bewußtsein mit der angestammten Heimat verbunden fühlen. West und Ost sind nicht nur geographische Gebiete, sie sind auch Weltanschauungen und Seinsweisen. In einem echten Dialog können durch die Anerkennung dieser Potentiale, Identitäten und Einstellungen in Ost und West der gebührende Anteil der Parteien akzeptiert, ihre höheren Wahrheiten herausgestellt und für die sich im Wandel befindliche Welt eine gemeinsame menschliche Essenz zwischen der Materialität und Spiritualität gesucht werden.

Es besteht kein Zweifel, daß in dem Dialog der Kulturen die Gelehrten und Denker eine wirksame Rolle spielen. Die WissenschaftlerInnen, KünstlerInnen und die geistige Elite sind die hörenden Ohren und sprechenden Zungen des Volkes und Vertreter ihres geistigen Lebens. Sie können neue Horizonte für den Dialog zwischen Ost und West öffnen.

Gestatten Sie mir, diese Stadt und diesen Kreis zum Anlaß zu nehmen, um das Thema mit einem Beispiel zu erläutern. Der Anlaß selbst ist ein Wendepunkt in der Geschichte des Gedankenaustauschs zwischen dem Orient und dem Okzident und zwischen Deutschland und Iran. Dieser Wendepunkt ist die Veröffentlichung des *West-östlichen Divans* von Goethe im Jahre 1819. Goethe hat im Titel dieses Buches nicht nur das besonders bedeutsame Wort *Divan* als Hinweis auf das Orientalische gebraucht, sondern auch den arabischen Titel „Östlicher Divan des westlichen Autors" für diese Gedichtsammlung ausgewählt. Dieser Titel ist in gewissem Sinne noch ausdrucksstärker als der deutsche. Mehr als das Interesse des Verfassers an den geheimnisvollen Ländern des Orients und seiner Sprache und Kultur zeigt der Titel, daß der große deutsche Dichter Ost und West nicht nur als zwei geographische Regionen begreift, sondern als zwei philosophische und kulturelle Pole der Welt und versucht, als westlicher Dichter mit dem Orient, insbesondere mit dessen Geistes- und Kulturgrößen in Dialog zu treten. Die iranische Kultur und einige ihrer hervorragenden Vertreter haben in dieser Vorstellung Goethes eine besondere Stellung.

Hafis ist ein Symbol des islamisch-iranischen Denkens und der Identität. Er ist ‚die Sprache des Übersinnlichen'. Er hat ein sicheres und inneres Verhältnis zum Koran und zu Offenbarungswahrnehmungen. Seine Wahrnehmung und sein Gefühl widerspiegeln das Übersinnliche an unserer Kultur. Er ist der Meister des Übersinnlichen, des Verborgenen. Daher spielt er in unserem Alltagsleben die Rolle des Weissagers. Jeder Iraner entdeckt in Hafis einen unentdeckten Teil seines kulturellen Gedächtnisses. Goethe hat sogar durch die Schleier der Annäherungsübersetzungen ‚die Sprache des Übersinnlichen' verstanden und sich mit ihr in Beziehung gesetzt. Dies zeugt natürlich von Goethes Genie. Es ist aber auch ein Beispiel für das richtige Ziel und den entsprechenden Weg im Dialog der Kulturen, der Zivilisationen und der Völker.

Im *West-östlichen Divan* von Goethe gibt es keine Anzeichen kolonialistischer Absichten und hegemonialer Interessen, die leider die westliche Politik in den letzten Jahrhunderten des öfteren begleitet haben. Dort geht der westliche Dichter über das Kennenlernen des ‚Anderen' hinaus und versucht, mit ihm ins Gespräch zu kommen.

Der große persischsprachige Dichter Iqbal aus Lahore antwortet im Jahre 1923 in seinem Gedichtband *Botschaft des Ostens* auf den Gruß Goethes an den Osten. Iqbal wurde im indischen Subkontinent geboren und verbrachte sein ganzes Leben außerhalb der geographischen Grenzen Irans. Er fühlte sich trotzdem mit der iranischen Kultur verbunden und dichtete in Persisch. Iqbal wußte genauso gut wie Goethe, daß der Dialog mit dem ‚Anderen' keine Anpassung bedeutet, sondern der Dialog mit der Wahrnehmung der Unterschiede, ihrer Akzeptanz und der Kreativität an der Auswahl beginnt. Iqbal lebte zwar im kolonialisierten Indien und war, wie er sich ausdrückte, aus der „toten Erde" gewachsen, doch verkürzte er die westliche Kultur nicht auf ihren kolonialistischen Aspekt. Aus seiner Sicht war der Westen, abgesehen davon, ob man ihn ablehnt oder akzeptiert, die Heimat der Denker wie Schopenhauer, Nietzsche, Tolstoi, Hegel, Marx, Byron, Comte, Einstein, Petöfi, Locke, Kant und Browning. Er brachte sie mit den großen Denkern des Ostens wie Rumi und Hafis ins Gespräch und versuchte auf diesem Wege, die Unterschiede zwischen der westlichen und östlichen Denkweise aufzuzeigen. Diese Zwiesprache zwischen Goethe und Hafis bzw. Iqbal ist ein hervorragender echter Dialog zwischen den Kulturen und Zivilisationen.

Diese Dialoge werden nicht nur zur Befriedigung der wissenschaftlichen Neugier geführt, sondern auch zur Aufdeckung der Wahrheit und zum verständnisvollen Zusammenleben. Nach Ansicht von Hafis ist der Krieg die Folge von Wahrheitsblindheit.

> Wirf den 72 Sekten
> Nimmer ihr Gezänke vor:
> Weil sie nicht die Wahrheit schauen,
> Pochen sie ans Märchentor.

Goethe sieht die neue Welt so, daß er sagt:

> Wer sich selbst und andre kennt,
> Wird auch hier erkennen:
> Orient und Okzident
> Sind nicht mehr zu trennen.

Dialog und Kontakte, von denen wir sprechen, gehen über die wirtschaftlichen und kommerziellen Kontakte hinaus, die durch die Notwendigkeiten des Lebens und die materiellen Bedürfnisse entstehen. Das Thema kann sich nicht einmal auf die wissenschaftlich-kulturellen Kontakte beschränken, die durch das Erkenntnisinteresse zustande kommen. Das sind gewiß notwendige Kontakte, doch Kontakte ohne Herz und Gefühl können manchmal zur Hegemonie und zum Kolonialismus führen, wie es die Geschichte der ost-westlichen Beziehungen leider belegt.

Glücklicherweise haben viele westliche Denker bewiesen, daß die Erkenntnisse in bezug auf Mensch und Natur unterschiedlich sind. Die Mitmenschen kann man nicht wie die Objekte der Natur als Dinge betrachten. Wenn der Mensch erkannt werden soll, bedarf man einer anderen Art der Erkenntnis, die man als Verstand bezeichnen kann. Menschliche Handlungen, Institutionen, Bräuche und Kulturen, die aus seinem Wirken, seiner Vernunft und seinem Willen hervorgehen, sind bedeutungstragende Elemente, deren Erkenntnis des Verstehens dieser Bedeutungen bedarf. Große islamische und iranische Denker haben diesen Umstand mit anderen Worten beschrieben, indem sie das Mitfühlen höher bewertet haben als das Mitsprechen. Mitgefühl entsteht dort, wo der Mensch über die Form der Wörter hinaus die dahinter versteckten Bedeutungen zu begreifen versucht.

Iranische und islamische Denker haben eine weitere Botschaft, und sie lautet: Die Erkenntnis des anderen geht mit der Selbsterkenntnis einher. Die Erkenntnis des anderen macht uns bewußter über uns selbst, und die Selbsterkenntnis verstärkt wiederum unsere Erkenntnis über das andere, denn in der Welt der Menschen gibt es im Gegensatz zur Welt der Dinge kein absolutes Anderssein. Solange wir die anderen menschlichen Wesen als ‚absolut anders' sehen und sie als materielle Objekte betrachten, können wir nicht zu einer Erkenntnis mit Verstand – die im Bereich der menschlichen Erkenntnis liegt – gelangen. Die Selbsterkenntnis bewegt sich in zwei Richtungen. In der einen Richtung sehen wir uns in dem anderen. Aus dieser Sicht erkennen wir die Handlungen, das Verhalten und die Bedeutungen, die dahinter stecken. In der anderen Richtung sind wir selbst das Objekt der Erkenntnis. Wir betrachten uns von außen und mit Distanz. Daher geht die Selbsterkenntnis stets mit der Selbstkritik einher.

Die iranischen und islamischen Denker haben sich mit diesen Begriffen zwar in den Bereichen der Psychologie, Mystik und Ethik befaßt und den tiefsinnigen Begriff ‚Rechenschaftsforderung vom Selbst' geprägt, doch glaube ich, daß man diese Lehre verallgemeinernd auch auf die Gesellschaft anwenden kann. Sicherlich können deutsche und iranische Denker einiges dazu sagen und hören.

Aus diesem Blickwinkel können viele Hauptprobleme unserer Zeit in neuer Sicht betrachtet werden. Das Verhältnis zwischen Moderne und Tradition, Freiheit und Gerechtigkeit, Religion und Demokratie, Spiritualität und Fortschritt gehören dazu. Nun soll in vielen östlichen und westlichen Gesellschaften der Diskurs „Moderne und Tradition" mit allen seinen Voraussetzungen und Notwendigkeiten an die Stelle des Diskurses „Orient und Okzident" aus der Zeit von Goethe und Iqbal treten. Der Gegensatz zwischen Tradition und Moderne, der eher eine kulturelle und zivilisatorische Bedeutung hat, ist im Vergleich zum Gegensatz zwischen Ost und West, der hauptsächlich politisch gemeint ist, ein wichtiges Thema unserer Zeit.

Einst sagten die propagandistischen Dichter der Kolonialzeit wie Rudyard Kipling in dichterischer Sprache: „Ost ist Ost, West ist West, sie werden nie zueinander kommen". Der Glaube an eine bipolare Welt und das Aufgehen aller Kulturen und Zivilisationen in der herrschenden Kultur der Welt ist eine andere Variante dieser ethnozentrischen und fanatischen Sichtweise. Auch damals sprachen die Denker des Dialogs eine andere Sprache. Goethe dichtete: „Gottes ist der Orient, Gottes ist der Okzident". Iqbal schmückte die erste Seite seiner „Botschaft des Ostens" mit dem Koranvers „Gottes ist der Osten und der Westen", um die Inspirationsquelle des deutschen Dichters zu zeigen. Beide Dichter wollten den Ort zeigen, an dem der Osten und der Westen zueinander finden.

Dieser gemeinsame Ort ist der göttliche Ursprung aller Menschen. Das Gefühl des Andersseins, das der Osten und der Westen füreinander haben, wird dann aufgehoben, wenn beide sich nicht nur als eine absolute Erscheinung betrachten, sondern sich im Verhältnis zum anderen und beide im Verhältnis zu diesem gemeinsamen Ursprung sehen. So können Ost und West einander vervollkommnen. Wie ich im vergangenen Jahr bei der UNESCO sagte: „Wenn der Dialog ein neues Kapitel in den Beziehungen der Weltgemeinschaft sein soll, so muß er von der Phase der negativen Toleranz in die Phase der gegenseitigen Hilfe eintreten. Kein Volk der Welt kann mit irgendeinem philosophischen, politischen und wirtschaftlichen Argument an den Rand des Geschehens geschoben werden. Die anderen soll man nicht nur tolerieren, sondern auch mit ihnen zusammenarbeiten".

Heute nehme ich auch jenes historische Beispiel und die heutige Notwendigkeit zu Hilfe und sage, solange die Tradition und die Moderne sich als absolut betrachten und sich als das absolut Gute und die anderen als das absolut Böse bezeichnen, können sie weder sich selbst noch das andere erkennen. Die Kritik der Tradition in unserer Welt ist unvermeidbar. So verhält es sich auch mit der Kritik der Moderne. Doch die Kritik der Tradition ohne Kenntnis der Tradition, die Kritik der Moderne ohne Kenntnis ihrer Grundlagen und Ansätze sind natürlich unmöglich.

Glücklicherweise belegt die deutsche Geistesgeschichte erfolgreiche Ansätze bei der Betrachtung der Tradition und der Moderne. Die deutschsprachigen Denker haben nicht nur auf dem Gebiete der Theologie, des Verständnisses der Religion und der religiösen Tradition neue Horizonte geöffnet, sondern der Entwicklungsprozeß des modernen Denkens in Deutschland war hauptsächlich mit dem Streben nach einer Erklärung seines Verhältnisses zur Tradition und dem Angebot einer umfassenden Sicht gepaart, die Tradition und Moderne in sich aufzunehmen und ihren Gegensatz aufzuheben.

Die historische Richtung des Denkens in Deutschland führte dazu, daß die deutsche Philosophie stets einen kritischen Ansatz hatte. Daß diese Kritik nicht nur die Tradition, sondern stets auch die Moderne einbezog, war die Ursache dieser großen geistigen Hinterlassenschaft. Die wichtigen Strömungen der Kritik der Moderne haben ihren Ursprung in diesem Sprachgebiet, obwohl auch sie sich der Betrachtung der objektiven Fragen und Bedürfnisse der Zeit nicht enthalten. Diese Ansätze und Erfahrungen können für die heutige Welt wegbereitend sein, denn wir können uns weder der Tradition noch der Moderne unterwerfen, aber auch nicht die eine der anderen opfern.

Die Erfahrung der Islamischen Revolution im Iran hat ein neues Kapitel in diesem Bereich aufgeschlagen. Die neue religiös-gesellschaftliche Ordnung wurde im Iran etabliert, um auf die sich immer erneuernden Bedürfnisse und Fragestellungen des heutigen Menschen Antworten zu finden. Der Revolutionsführer, Imam Khomeini, bestand sowohl auf der Erhaltung der Grundlagen der Religion als auch auf der Rolle des Volkes in der Gesellschaftsordnung. Das ist eine Lösung, mit der im heutigen Iran experimentiert wird: die Etablierung der Volksherrschaft im Einklang mit den traditionellen geistig-religiösen Grundlagen der Gesellschaft mit gleichzeitiger Entwicklung einer modernen Zivilgesellschaft. Diese Lösung kann einerseits den Islam aus dem Engpaß der versteinerten und rückwärtsgewandten Ansichten befreien, und andererseits den wahren Islam vor Eigensinnigkeiten und Isolationssucht schützen. Reformen im Iran sind Bestrebungen nach Verwirklichung der Freiheit, Gerechtigkeit und Volksherrschaft im Einklang mit der Religion. Die Reformen sind die Botschaft des friedlichen Zusammenlebens in der Welt im Einklang mit den geistig-moralischen Werten. Reformen sind die Verteidigung der Menschenrechte und Aufforderung zu Rationalität und Vernunft. Reformen sind die Überwindung der Armut und der Diskriminierung. Sie sind die Verteidigung der Bürgerrechte und die Bemühung um die soziale Gerechtigkeit. Und das alles auf der religiös-zukunftsgerichteten Grundlage im Einklang mit den Menschen von heute und morgen fordert von uns ein neues Experiment. Bei diesem Experiment brauchen wir die Zusammenarbeit aller Denker und Gesellschaften, die den Dialog und die Verständigung suchen und hoffen, daß diese Bemühung zur Aufwertung der internationalen Dialoge und Beziehungen und zur Schaffung einer Welt ohne Gewalt, Diskriminierung und Vorherrschaft beitragen.

Ich danke Ihnen sehr herzlich für Ihre Aufmerksamkeit!

MEHDI NADJI

Das Goethe-Jahr im Lande Hafis'

Wertschätzung und Verehrung, die Goethe im persischen Sprachraum genießt, wurzeln weitgehend in den mystischen Vorstellungen im Verhältnis Goethes zu Hafis: Goethe bedient sich einer poetischen Fiktion, mit der Hafis in den Rang des Überirdischen gehoben wird. In dieser Sphäre gesellt sich ihm Goethe zu. Dadurch hat sich ein tiefes Gefühl der Verbundenheit mit Goethe im Iran entwickelt. Im ahnungsvollen Schweigen über diese Besonderheit Goethes verbergen sich Mutmaßungen über seine divinatorischen Fähigkeiten und über die geheimnisreiche Eigenart seiner Begegnung mit Hafis.

Anlaß zu diesen Vermutungen bietet der *West-östliche Divan* und seine Entstehungsgeschichte. Für einen Perser ist rätselhaft, wie Goethe Hafis' Wesen so gründlich erspüren konnte, obwohl er des Persischen nicht mächtig war und die ihm vorliegende Übersetzung – wie verdienstvoll sie auch war und ist – mit dem poetischen Werk Hafis' wenig gemein hatte. Es ist nicht allein die subtile östliche Poesie, die sich nicht angemessen in eine westliche Sprache übertragen läßt, sondern überdies die Eigenart der Sprache Hafis', die eine wortgetreue Wiedergabe ausschließt. Hafis verfügt über eine äußerst facettenreiche und musikalische Sprache, aus der die Symbolik der gesamten orientalischen Kultur hervorschimmert. Seine Sprache schwebt jenseits aller Sprachebenen, mit der Wirkung, daß kraft ihres Zaubers auch das Gewöhnliche und Alltägliche geadelt wird. Seine Visionen sind mit keinem anderen Vokabular zu erfassen. Unabhängig vom Bildungsstand glaubt jeder Perser, seinen Hafis verstehen zu können. Daher sind es zwei Bücher, die auch im einfachsten Haus nicht fehlen: der Koran, der Segen spenden soll, und der *Divan*, den man liest und aus dem man Lebenskraft schöpft. Während in den akademischen Kreisen der *Divan* eine unerschöpfliche Quelle für Interpretationen und Diskussionen darstellt, geht der weniger geschulte Mensch mit seinem *Divan* treuherziger um, indem er Hafis in seelischer Not oder emotionaler Verwirrung anruft und ihn um Rat und Zeichen fragt. In der Tat hat sich der *Divan*-Dichter in dieser Eigenschaft durch die Jahrhunderte so sehr bewährt, daß man ihn die „Stimme des Verborgenen" (Lessanol Gheib) nennt. Die *Divan*-Forscherin Katharina Mommsen erinnert sich:

> Von meiner eigenen Wallfahrt nach Schiras her ist mir das schöne Grabmal ebenso unvergeßlich wie der große Eindruck, den ich gewann, als ich die zahllosen dorthin strömenden Bewunderer des Hafis sich Ermutigung und Zuspruch aus dem auf dem Sarkophag des Dichters aufgeschlagenen *Divan* holen sah.[1]

Nur einen Steinwurf weiter ruht der andere große persische Dichter: Saadi.

1 Persönlicher Brief vom 23. 9. 1996.

Indes wirft die Begegnung Goethes mit Hafis einige merkwürdige Fragen auf. Die Rätsel beginnen schon mit der Übersetzung von Hafis' *Divan* durch Joseph von Hammer-Purgstall, der nie den persischen Boden betreten und nie den eigentlichen Atem der Sprache eingesogen hat. Somit ist seine Übersetzung, auch wenn sie große Anerkennung verdient, weit davon entfernt, ein getreues Bild vom Geist und Zauber des Originals zu vermitteln. Es ist schwer nachvollziehbar, wie diese Wiedergabe einen universellen Geist vom Range Goethes so in Enthusiasmus versetzen und mitreißen konnte, daß dieser in relativ kurzer Zeit über dreißig kongeniale Gedichte für Hafis schrieb – zusammengefaßt im *Buch Hafis* des *Divan*. Merkwürdig ist auch, daß Goethe der einzige ist, der ohne Beziehung zur persischen Sprache ein derart tiefes und inniges Verständnis von Hafis gewinnen konnte. Schließlich fragt man sich, auf welcher Kommunikationsebene Goethe den Schiraser Dichter als seinen ‚Zwilling' empfunden hat. Diese geistige Wahlverwandtschaft ist – trotz vieler Interpretationen – nicht zu ergründen. Sie ist umhüllt von der Aura des Geheimnisvollen. Zu den *Divan*-Forschern, die an diesem Punkt aufhorchen, gehört Johann Christoph Bürgel, der dem Weimarer Dichter seine Bewunderung dafür ausspricht, „wie er aus einem Wust mittelmäßig bis schlecht übersetzter Texte das Wesen des Hafis erspürt hat"[2].

Diese unerklärliche Verständigung mit Hafis, jenseits aller sprachlichen und raum-zeitlichen Barrieren, hat im Iran dem deutschen Dichter Goethe ein Ansehen verliehen, wie es nur einem mit Hafis wesensverwandten „Rend"[3] zukommt. Dieser Nimbus gebührt nur dem, der, „ohne fromm zu sein, selig" ist (*Offenbar Geheimnis*).

In dieser ehrfurchtsvollen Sphäre wurde das Goethe-Jahr 1999 im Iran von ungezählten Verehrern begangen, ohne daß eine offizielle Instanz der Islamischen Republik sich getraut hätte, Goethes 250. Geburtstag – wie seiner Zeit seinen 200. – mit einem feierlichen Akt zu begehen. So blieb den Freunden Goethes nur die Möglichkeit, durch eine Vielzahl von Artikeln in der freien Presse und mit Beiträgen in den Fachzeitschriften an das Goethe-Jahr zu erinnern.

Das angesehene Halbjahresheft *Zibashenakht* (*Ästhetik*) brachte im „Antlitz" sieben Beiträge über Goethe. Die Reihe beginnt mit dem umfangreichen und fundierten Beitrag des berühmten Essayisten Bahaeddin Khorramshahi unter dem Titel *Goethe und Hafis – Herzensnähe besser denn Zungennähe*. Mit diesem persischen Sprichwort beginnend, analysiert der Autor verschiedene vergleichbare Aspekte im Leben und Werk beider Dichter und folgert daraus, daß Goethe und Hafis in der sittlichen Deutung der Wirklichkeit übereinstimmen. Abschließend heißt es dann bei ihm:

> Und damit wir uns nicht wundern, wie es Goethe gelang, durch das brechende und zerlegende Prisma einer diffusen Übersetzung das wahre Licht des Wesens von Hafis zu schauen, gehen wir dem lyrischen Wink Rumis nach: „Verbunden sind die Seelen göttlicher Männer."

Die Theaterkritikerin Katayun Hosseinzadeh verfaßte einen Beitrag mit dem Titel *Goethe und der Beginn des modernen Theaters*.

---

[2] Bürgel, Johann Christoph: *Zum Hafis-Verständnis Goethes*. In: Maler, Anselm (Hrsg.): *J. W. Goethe. Fünf Studien zum Werk*. Frankfurt/M. 1983, S. 115–141.

[3] Rend heißt Libertiner und wird oft von Hafis als sein Alter ego angesprochen.

Thomas Manns stets aktuelle Rede anläßlich des 100. Todestags Goethes im März 1932 legte in einer vortrefflichen Übersetzung – mit hinweisenden Erläuterungen – Abutorab Sohrab zum Goethe-Jahr 1999 vor.

Mustafa Eslamiè brachte zwei Übersetzungen aus Walter Kaufmanns Buch *Von Shakespeare bis zum Existentialismus.* Die beiden Aufsätze sind Goethes Verhältnis zur Ideengeschichte sowie Goethes Glaube und Fausts Seligkeit gewidmet.

Goethes Sinnsprüche – dies ist eine umfangreiche Zusammenstellung von Zitaten aus Goethes Werken, die Mahmud Ebadian übersetzte.

Im Vierteljahresheft *Pajuheshgahe Olume Ensani* sind im Goethe-Jahr zwei Beiträge zu finden: der eine von Mansureh Scharifzadeh über *Die mystischen Erscheinungsformen bei Goethe und Hafis*, der andere von Nasrollah Nikbin zum *Gedenken an Goethes Geburtsjahr.*

Außerdem erschienen in Buchform: *Goethe* von Terence James Reed, übersetzt von Ahmad Mir-Alai; *Faust*, aus dem Französischen von M. A. Beh-Azin; *West-östlicher Divan* in neuer Übersetzung von Schodjaeddin Schafa; *West-östlicher Divan*, übersetzt von Kurosch Safavi.

Die in Bonn erscheinende Kulturzeitschrift *Iranzamin*, herausgegeben von Ali Rahbar, veröffentlichte in ihrem 12. Jahrgang eine Sonderausgabe, deren Vielzahl von Beiträgen ausschließlich *Goethe und Persien* gewidmet war.

Dies sind einige Publikationen und Informationen, die den Kulturkreis der *Divan*-Freunde erreicht haben. Sie stellen einen Ausschnitt aus verstreuten Bestrebungen dar, die im Goethe-Jahr sein Andenken zu bewahren suchten.

Auch die deutsch-iranischen *Divan*-Freunde haben Goethe zu seinem 250. Geburtstag eindrucksvoll ihre Reverenz erwiesen. Sie setzten sich zum Ziel, Goethes besondere Ver-

Abb. 1
Das Hafis-Goethe-Denkmal in Weimar

bundenheit mit Hafis durch ein Denkmal in Weimar zu würdigen. In dem Beitrag von Mehdi Nadji *Goethe bei Hafis, Hafis bei Goethe – Zwei Denkmäler für die west-östlichen Dichter*[4] wurde dieses Projekt beschrieben.

Den Ideenwettbewerb gewann Professor Ernst Thevis. Dieses Projekt, das mit Unterstützung der internationalen Goethe-Gesellschaft in Weimar und der Deutschen UNESCO-Kommission realisiert und durch den iranischen Staatspräsidenten während seines Deutschlandbesuchs am 12. Juli 2000 nachträglich enthüllt wurde, symbolisiert die geistige Einheit von Orient und Okzident durch einen archaisch wirkenden Granitblock, aus dem zwei thronähnliche Sitze herausgearbeitet wurden. Sie stehen für Goethe und Hafis als große Vertreter der westlichen und der östlichen Kultur.

Die zum Dialog einladenden Sitze stehen auf einem Fundament, hergestellt aus bronzenen Gußelementen mit orientalischen Ornamenten. In der Mitte ist es verziert durch Gedichtzeilen von Goethe und Hafis.

---

4 UNESCO heute, Jg. 46, 1999, Heft 2.

BERND KAUFFMANN

West-Eastern-Divan Workshop & Orchestra 1999/2000 – ein Dialog der Kulturen

Nicht erst seit Platon ist der Dialog das künstlerische Genre der Vermittlung, des Austausches, der Aufklärung schlechthin. Er ist weit mehr als ein in Rede aufgelöster Traktat. So weist Sokrates im *Theaitetos* die Auffassung von sich, er sei „gleichsam ein Schatzkasten von Behauptungen und brauchte nur ohne Mühe eine herausnehmend zu sagen, daß sich dies wiederum nicht so verhielte. Wie es aber wirklich damit zugeht, merkst du nicht, daß nämlich keine dieser Behauptungen von mir ausgeht, sondern immer von dem, der sich mit mir unterredet, daß aber ich weiter nichts weiß als nur dieses wenige, nämlich die Rede eines anderen Weisen aufzufassen und gehörig zu behandeln."[1] Am Ende des *Theaitetos* konzediert Sokrates gegenüber seinem Gesprächspartner: „Ich, beim Zeus, habe vermittels deiner Hilfe sogar mehr herausgesagt, als ich in mir hatte."[2]

Einen herausragenden Ort unter den dialogisch inspirierten Dichtungen beansprucht sicherlich Goethes *West-östlicher Divan.* Dieses Werk des nicht mehr ganz jungen Dichters, der, beflügelt durch die Herzensneigung zu Marianne von Willemer, die Verse Mohammed Schemsed'din Hafis' in eine eigene lyrische Sammlung überträgt, sie poetisch übersetzt, hat eine komplexe dialogische Struktur. Ins Wort gesetzt wird der Dialog zwischen den Liebenden Marianne von Willemer und Goethe ebenso wie der zwischen den poetischen Liebenden Hatem und Suleika. Und diese Dialoge überkreuzen sich zumindest zweifach: zum einen belegt durch die auf Hafis-Verse verweisenden Chiffrebilletts, die zwischen der Frankfurter Bankiersgattin und dem Weimarer Dichter gewechselt wurden und noch heute in Goethes eigenem Exemplar der Hafis-Übersetzung Joseph von Hammer-Purgstalls in der Bibliothek am Frauenplan zu finden sind, zum anderen durch die Zwiesprache der Liebenden als Dichtenden, hat doch Marianne von Willemer in späten Jahren Herman Grimm gegenüber ihre poetische Teilhabe am *West-östlichen Divan* offenbart. Zugleich und darüber hinaus legt der *West-östliche Divan* auch Zeugnis ab vom Dialog zwischen Hafis und seinem poetischen Zauberlehrling Goethe, demjenigen zwischen den Epochen beider Dichter und nicht zuletzt Zeugnis vom Dialog der Kulturen. Wie ein „Reisender" möchte sich Goethe verstanden wissen, der sich der „fremden Landesart mit Neigung bequemt", sich deren „Sprachgebrauch", „Gesinnungen" und „Sitten" anzueignen beabsichtigt. Er kehrt zurück

1 Platon: *Theaitetos.* In: ders.: *Sämtliche Werke.* Übers. von Friedrich Schleiermacher, auf der Grundlage der Bearbeitung von Walter F. Otto, Ernesto Grassi und Gert Plamböck neu hrsg. von Ursula Wolf. Bd. 3. Hamburg 1994, S. 147–251; hier 161 a–b, S. 178.

2 Platon (Anm. 1) 210 b, S. 250.

von dieser poetischen Reise als ein „Handelsmann", der „seine Waaren gefällig auslegt und sie auf mancherley Weise angenehm zu machen sucht".[3]

Wenn eine Orchestervereinigung sich also den Namen „West-Eastern-Divan Workshop & Orchestra" gibt, tritt sie ein bedeutungsvolles Erbe an. Im Kulturstadtjahr 1999 wurde dieses einzigartige Projekt erstmals ins Leben gerufen, schon im Sommer 1998 hatte die Idee dazu gemeinsam mit Maestro Daniel Barenboim Kontur gewonnen. In den Händen Daniel Barenboims liegt denn auch die künstlerische Gesamtleitung. Er, 1942 als Sohn jüdisch-russischer Emigranten in Buenos Aires geboren und 1952 mit der Familie nach Israel übergesiedelt, gilt heute nicht nur als herausragender Pianist, sondern dirigiert mit dem Chicago Symphony Orchestra und der Staatskapelle Berlin zwei Orchester von Weltrang. So weiß er als Musiker und Mensch, wovon er spricht, wenn er in der Arbeit mit dem West-Eastern-Divan Orchestra den Versuch sieht, jenseits politischer Meinungsunterschiede und differenter kultureller und religiöser Traditionen eine Utopie zu leben, die Musik als „Bindungsmittel der Gesellschaft"[4] zu erleben.

Utopisch war diese Idee nicht: Ihren Ort fand sie 1999 in Weimar, auch im Jahr 2000 konnte der Workshop seine zweiwöchige Probenarbeit in den Räumen des Musikgymnasiums Schloß Belvedere fortsetzen. Weimar ist dabei keineswegs eine beliebige Kleinstadt irgendwo in Westeuropa: „Weimar", sagt Barenboim, „zeigt die schönste und die schrecklichste Seite deutscher Geschichte: der Wohnort Goethes, Schillers und Franz Liszts, wenige Minuten entfernt von der Gedenkstätte des Konzentrationslagers Buchenwald." Das Mahnmal auf dem Ettersberg ist von Schloß Belvedere aus gut zu sehen.

Der West-Eastern-Divan Workshop kann und will keine politischen Aussagen formulieren; er versteht sich als im höchsten Maße unpolitisch. So mag denn auch mancher Journalist ein wenig enttäuscht gewesen sein, als die jungen Musikerinnen und Musiker tagespolitische Fragen zurückwiesen, Fragen, deren Antworten auch Barak, Arafat und Clinton in Camp David schuldig bleiben mußten. Viel lieber formulierten die Workshop-Teilnehmer ebenso differenzierte wie kenntnisreiche Aussagen zu Daniel Barenboims Interpretation des Soloparts in Beethovens Drittem Klavierkonzert. Nicht etwa aus Ignoranz oder Desinteresse – die politische Realität ist im Nahen Osten alltäglich viel zu präsent, als daß eine solche Vermutung gerechtfertigt wäre.

Der West-Eastern-Divan Workshop & Orchestra ist lebendiges Beispiel eines Dialogs, der ebenso vielschichtig geführt wird wie der seines poetischen Namenspatrons: Dialog spielt sich ab zwischen dem Maestro, den renommierten Solisten des Chicago Symphony Orchestra und der Staatskapelle Berlin, die als Lehrer wirken, und den Workshopteilnehmern; er findet statt zwischen der Musik und ihren Ausführenden und nicht zuletzt zwischen den kulturellen und religiösen Auffassungen und Traditionen, die jeder Teilnehmer, ob er aus Israel oder Palästina, aus Ägypten, aus Jordanien, aus Syrien, dem Libanon oder aus Deutschland stammt, als unsichtbares Gepäck mit sich trägt.

Ein Gepäck, das den Friedensprozeß im Nahen Osten schwer belastet, in dem manche überkommene Auffassung zum Risiko für friedliches Miteinander gerät. Oft werden die Eigenheiten dieses Gepäcks erst im Gespräch, in der Begegnung mit dem Anderen prägnant und wahrnehmbar. – Ein Grund dafür, daß sich Edward Said, der in den USA lebende Kul-

---

3 Johann Wolfgang von Goethe: *West-östlicher Divan. Besserem Verständniß. Einleitung*. In: MA 11, 1.2, S. 130 f.

4 Goethe an Christiane von Goethe, 12. 9. 1815 (WA IV, 26, S. 79).

turphilosoph palästinensischer Herkunft, schon beim ersten Workshop 1999 der Rolle eines Mittlers angenommen hatte. Für das Jahr 2000 hatte sich der aus Damaskus gebürtige, heute in den USA und in Deutschland lehrende Politologe Bassam Tibi spontan bereit erklärt, die Stelle des schwer erkrankten Edward Said einzunehmen, um abendliche Diskussionen zu kulturellen und religiösen Fragen zu lenken und zu leiten. Saids Großneffe Karim war im Jahr 2000 der jüngste Teilnehmer des Workshops. Der gerade elfjährige Jordanier bringt seine Erfahrungen auf den Punkt: „Wenn die Workshopteilnehmer nett zu mir sind, mag ich sie; wenn nicht, dann nicht. Ob sie aus Israel stammen oder nicht, spielt dabei keine Rolle."

Während sich Goethes Dialog der Kulturen im Medium der Dichtung vollzieht, heißt seine Sprache beim West-Eastern-Divan Workshop & Orchestra Musik. Musik wiederum kann nur erlebt werden in tief einverstandener Gemeinsamkeit. Wenn schließlich die Frankfurter Allgemeine Zeitung schreibt, „im Abschlußkonzert glaubt man bei geschlossenen Augen satzweise, man lausche einem großstädtischen Spitzenorchester",[5] so zeigt dies einmal mehr Zentrum und Ziel der gemeinsamen Arbeit.

2001, mithin im von der UNESCO propagierten „Jahr des Dialogs der Kulturen" zieht es das Orchester nach Chicago, für das darauffolgende Jahr ist eine Rückkehr geplant. Die Realisierung dieses Plans jedoch ist nicht allein vom guten Willen der Organisatoren und der Begeisterung der Teilnehmer abhängig. Ein jährliches Budget von rund 1 Mio. DM muß bereitgestellt werden.

Diese Summe setzt sich aus drei Posten zusammen, die die externe und die interne Vorbereitung sowie die eigentliche Durchführung des Workshops betreffen. Erhebliche Kosten entstehen unter anderem durch die in allen beteiligten Ländern stattfindenden auditions – Vorspiele, bei denen die meist von den örtlichen Hochschulen vorausgewählten Musikerinnen und Musiker auf ihr musikalisches Können hin geprüft werden, um schließlich die bestmögliche Besetzung zum Sommerkurs einzuladen. Hinzu treten die gesamten Aufwendungen für die interne organisatorische Vorbereitung und Abwicklung des Workshops selbst sowie der Konzerte.

Darunter fallen etwa Reise- und Unterbringungskosten sowie Gagen für die Instrumentallehrer aus Chicago und Berlin, Raummieten, die Betreibung eines temporären Büros und des Internatsbetriebs, Aufwendungen für Rahmenprogramme. Da zudem viele der Teilnehmer aus, an westeuropäischen Maßstäben gemessen, nicht eben vermögenden Elternhäusern stammen, versucht der West-Eastern-Divan Workshop & Orchestra e.V., nach Kräften auszuhelfen, Flugkosten zu begleichen oder Teilnehmergebühren zu tragen.

Im Kulturstadtjahr 1999 konnte der West-Eastern-Divan Workshop & Orchestra aus Programm-Mitteln der verantwortlichen Kulturstadt GmbH bestritten werden. Die Fortführung im Jahr 2000 wurde durch Mittel der EU, der Regierung der Bundesrepublik Deutschland und des Freistaates Thüringen sowie das große Engagement von TDK Deutschland ermöglicht.

Als Träger des West-Eastern-Divan Workshop & Orchestra formierte sich zu Beginn des Jahres 2000 der West-Eastern-Divan Workshop & Orchestra e.V. Er wird alles daran setzen, um die Finanzierung weiterer Orchester-Workshops zu sichern. Ansätze und Motivationen zur Förderung gibt es genug: Ob sich ein Engagement auf Jugend, auf Musik, auf Verständigung oder kulturellen Austausch beziehen mag, Ankerplätze für kulturell-politi-

---

5 Eleonore Büning: *Der Sturm.* In: Frankfurter Allgemeine Zeitung Nr. 167, 21.7.2000, S. 44.

sche Initiativen werden hoffentlich zu finden sein – etwa im Rahmen einer private public partnership oder einer Patenschaft via Sponsoring. So wichtig die Bereitstellung der notwendigen Finanzmittel auch sein mag, der entscheidende Faktor für das Gelingen dieses „riskanten Wagnisses“ lag in der selbstverständlichen Unterstützung des Weimarer Musikgymnasiums Belvedere und seines Direktors. Ohne diese ebenso flexible wie engagierte Kooperation wäre der musikalische Dialog der Kulturen nur Gerede geblieben. Was Wunder, daß einige der Schülerinnen und Schüler des Musikgymnasiums damit zu nicht mehr wegzudenkenden Mitgliedern des Workshops und Orchesters geworden sind.

1999 wie 2000 – alle Teilnehmer, Schüler, Lehrer, Initiatoren, Organisatoren, hatten als „Reisende“ und „Handelsleute“ in den zwei Wochen des Workshops „mehr herausgesagt“, als sie vorher „in sich hatten“. Der Dialog verlangt nach Fortsetzung im Jahr 2002.

ABHANDLUNGEN

MANFRED FUHRMANN

*Goethes Übersetzungsmaximen**

I.

Goethes Übersetzungsmaximen: es ist unmöglich, bei diesem Thema nicht sofort an ein Stück Text zu denken, das jeder Goethe-Leser kennt: an die Übersetzungsszene im *Faust*, an jene vierzehn Verse, in denen der Held nach einer angemessenen Wiedergabe des ersten Satzes des Johannesprologs, des dortselbst verwendeten Begriffs λόγος sucht.[1] Man fragt sich, was diese Partie für Goethes Auffassung von Theorie und Praxis des Übersetzens bedeutet – ob sie sich wohl überhaupt damit in Zusammenhang bringen läßt?

Der Text gibt vor, den Prozeß des Übersetzens abzubilden: Faust sucht Trost gegen seine Mißstimmung, indem er sich anschickt, das heilige Original, das Neue Testament, in sein geliebtes Deutsch zu übertragen. Hierbei läßt er insgesamt vier deutsche Stellvertreter für das griechische Wort λόγος Revue passieren: er verwirft die ersten drei und gibt sich schließlich mit dem vierten zufrieden; die Sequenz dieser Äquivalente – ‚Wort', ‚Sinn', ‚Kraft', ‚Tat' – verleiht dem Text die einprägsame Struktur.

Das szenische Detail des Vorgangs wirft Probleme auf: Wann, muß man fragen, beginnt Faust aufzuschreiben, was er sich monologisierend als Möglichkeiten vor Augen hält? Zwei neuere Auffassungen seien genannt. Albrecht Schöne meint in seinem Kommentar, daß Faust zunächst zitiere, und zwar aus der Übersetzung Luthers: „Im Anfang war das Wort", daß er die beiden weiteren Erwägungen rasch verwerfe und erst die vierte Variante niederschreibe: „Im Anfang war die Tat!"[2] Karl Pestalozzi hingegen behauptet in einem unlängst erschienenen Aufsatz, Faust bringe bereits die erste Wiedergabe zu Papier. Er beruft sich hierfür auf das zweimalige „Geschrieben steht": in dem einen wie dem anderen Falle begutachte Faust, was er selber zuvor aufgezeichnet habe.[3]

Hier sei eine dritte Deutung vorgeschlagen: Faust beginnt erst dort seine Feder zu betätigen, wo der Text das Wort ‚schreiben' im Präsens enthält, bei der dritten Version also, bei „Im Anfang war die Kraft". Zwei Präsensformen – „[indem] ich niederschreibe",

---

* Für den Druck bearbeitete Fassung eines Vortrags, der am 18. 8. 1999 auf der internationalen Konferenz der Goethe-Übersetzer in Erfurt gehalten wurde.

1 *Faust*, Studierzimmer I, V. 1224–1237.

2 FA I, 7.2, S. 246.

3 Karl Pestalozzi: *Faust als Luther. Zur Übersetzungsszene in Goethes Faust.* In: *Zwiesprache – Beiträge zur Theorie und Geschichte des Übersetzens.* Hrsg. von Ulrich Stadler. Stuttgart/Weimar 1996, S. 43 ff.

„ich schreibe“ – folgen auf die beiden perfektischen Ausdrücke „Geschrieben steht“. Diese Ausdrücke aber repräsentieren die Tradition; mit ihnen beansprucht Faust, daß seine Wiedergabe die Schrift selbst, den Bibeltext, verkörpere. „Geschrieben steht“: wer das sagt, liest nicht vor, was er selber soeben erst aufgezeichnet hat; er beruft sich vielmehr auf eine Autorität, die er vorfindet – nicht auf Luther (diese Erklärung scheint gekünstelt), sondern auf den „Grundtext“, „das heilige Original“. Für Faust stehen die Versionen „Wort“ und „Sinn“ dem λόγος so nahe, daß er die einen für das andere gelten lassen, daß er den Wiedergaben durch „Wort“ und „Sinn“ die Autorität der Urfassung zuweisen kann.[4]

Doch wie dem auch sei, von wann ab man sich Faust, den räsonierenden, zugleich als schreibenden denken möge: wichtiger ist, daß die beiden Tempora, die perfektischen und die präsentischen Wendungen, zwei Bedeutungssphären voneinander abheben: Die Begriffe „Wort“ und „Sinn“ sowie „Kraft“ und „Tat“ bilden jeweils enger zusammengehörige Paare. Und nur das erste Paar kommt wirklich als Äquivalent für λόγος in Betracht: Sowohl „Wort“ als auch „Sinn“ sind mögliche Kandidaten für eine angemessene Wiedergabe dieses vieldeutigen Ausdrucks. Das zweite Paar hingegen verläßt den Bedeutungsbereich von λόγος; kein Übersetzer dürfte sich erlauben, λόγος durch „Kraft“ oder „Tat“ wiederzugeben. Faust bahnt sich den Weg zu diesem kühnen Schritt, indem er expliziert, was mit λόγος im Kontext des Johannesprologs gemeint ist: der Heilige Geist, die göttliche Schöpfermacht – der Vers „Ist es der Sinn, der alles wirkt und schafft?“ leitet von der ersten zur zweiten Sphäre der Bedeutungen über.

Faust macht sich durch den Rekurs auf den Inhalt des Begriffs λόγος gewissermaßen zum Richter über den Bibeltext. Wenn man, wie hier vorgeschlagen wird, den Ausdruck „Geschrieben steht“ letztlich auf das Original bezieht, dann darf man die korrespondierende Wendung „Es sollte stehn“ als Korrektur des Originals deuten. Die vierzehn Verse, die Faust der Betrachtung des Satzes Ἐν ἀρχῇ ἦν ὁ λόγος widmet, gehen somit über das angekündigte Thema – Übertragung ins geliebte Deutsch – hinaus: Faust beginnt als wörtlicher, fährt fort als freier Übersetzer und endet als eigenwilliger, um nicht zu sagen selbstherrlicher Ausleger der Bibel. Für Goethes eigene Auffassung vom Übersetzen resultiert hieraus, daß die Übersetzungsszene der *Faust*-Dichtung keinen Freibrief für übersetzerische Willkür ausstellen will: Der Text enthält Indizien, daß Faust mit den Ausdrücken „Kraft“ und „Tat“ die Kompetenz des Übersetzers überschreitet und sich zum Interpreten, zum Deuter seiner Vorlage aufwirft.

Nur die beiden ersten Versuche, die Verdeutschungen durch „Wort“ und durch „Sinn“, können somit als Übersetzungen von λόγος gelten. Sie verweisen zugleich auf eine uralte Alternative, auf die Dichotomie, die im Griechischen durch die Begriffe ῥητόν und διάνοια und im Lateinischen durch verbum (oder scriptum) und sententia beschrieben zu werden pflegt.[5] Diese Dichotomie entstammt dem System der Rhetorik und innerhalb desselben der sogenannten Status-Lehre, der Lehre von den Streitständen, d. h. von den Gegebenheiten, an denen sich typischerweise der Konflikt zwischen den Prozeßparteien entzündete. Die rhetorische Status-Lehre enthielt unter anderem eine Theorie der Auslegung von Gesetzen und Verträgen; darin wurden z. B. Argumente vorgeführt, die einem Gerichtsredner bei widersprüchlichen oder mehrdeutigen Bestimmungen dienlich sein konnten. Ferner erörterte man dort das Problem von ῥητόν und διάνοια, von verbum und sententia, also

---

[4] Diese Deutung nimmt an, daß sich „auch“ in V. 1234 auf die abermalige Warnung bezieht, die Faust empfängt, nicht auf das Niederschreiben.

[5] Zum Folgenden vgl. Manfred Fuhrmann: *Die antike Rhetorik*. Zürich [4]1995, S. 109 ff.

die Frage, ob ein gegebener Gesetzes- oder Vertragstext streng wörtlich oder im Hinblick auf den offensichtlich gemeinten Sinn, ob er restriktiv oder extensiv auszulegen sei.

Dieses ehrwürdige Lehrstück der rhetorischen Theorie scheint von Cicero zum ersten Male auf das Übersetzen fremdsprachlicher Texte appliziert worden zu sein. Cicero bemerkt in der Einführung zu seiner (nicht erhaltenen) Übersetzung eines berühmten Redepaares von Aischines und Demosthenes (sie ist *De optimo genere oratorum* betitelt, *Über den Idealtyp von Rednern*), daß er nicht wie ein Dolmetscher, sondern wie ein Redner übersetzt habe, unter Beibehaltung von Gehalt und rhetorischer Gestalt der Texte, jedoch in einer den Konventionen der lateinischen Sprache Rechnung tragenden Wortwahl: „Hierbei habe ich es nicht für erforderlich gehalten", fährt Cicero fort, „für jedes Wort ein Wort zu bringen; ich habe vielmehr den Ausdruck im ganzen und seinen Sinn bewahrt."[6]

Der Kirchenvater Hieronymus, der Bibelübersetzer, griff in seinem 57. Brief (der Titel desselben, *De optimo genere interpretandi*, verweist auf Cicero) den Gegensatz verbum – sententia auf und brachte dort das Grunddilemma allen Übersetzens auf die Formel:[7] „Si ad verbum interpretor, absurde resonant; si ob necessitatem aliquid in ordine, in sermone mutavero, ab interpretis videbor officio recessisse" – „Wenn ich wortgetreu übersetze, klingt das Ergebnis sonderbar; wenn ich aus zwingendem Grund in der Wortfolge oder Ausdrucksweise etwas ändere, dann scheine ich die Pflicht des Übersetzers außer acht zu lassen." Hieronymus entschied sich wie Cicero für das Prinzip non verbum e verbo, sed sensum exprimere de sensu, man solle den fremden Text nicht Wort für Wort, sondern den Sinn durch den Sinn wiedergeben. Die Heilige Schrift wollte er allerdings hiervon ausgenommen wissen – dort sei sogar die Reihenfolge der Worte ein Mysterium.

Es mag Zufall oder Absicht sein, daß Fausts Übersetzungsversuch exakt die beiden Richtmarken nennt, die wie nichts anderes alle übersetzerische Tätigkeit beherrschen. Sicher ist, daß Goethe die Dichotomie verbum – sententia gekannt hat; das rhetorische Lehrgebäude war zu seiner Zeit noch fester Bestandteil alles höheren Unterrichts. Seine Übersetzungsmaximen, seine theoretischen Äußerungen zum Problem des Übersetzens scheinen denn auch die althergebrachte Alternative zu entfalten und zu Ende zu denken, und jedenfalls gibt diese Alternative einen guten Leitfaden für Goethes Übersetzungsmaximen ab, für eine Würdigung sowohl seiner Theorie als auch seiner Praxis.

II.

Doch zuvor sei an einige biographische Fakten erinnert: an die fremdsprachlichen Kenntnisse, die Goethe in seiner Jugend erworben hatte, sowie an den Umfang und die Chronologie seiner übersetzerischen Tätigkeit. Für die Fremdsprachenkenntnisse sind Zeugnisse aus *Dichtung und Wahrheit* die wichtigste, nahezu die einzige Quelle.[8] Dort versichert Goethe zu wiederholten Malen, daß er überaus rasch und leicht gelernt habe, und vor allem, daß er bei der Aneignung fremder Idiome des grammatischen Regelwerks ebensowenig bedurft habe wie beim Deutschen.

---

6 De optimo genere oratorum 14.

7 Epistula 57,5. Eine deutsche Übersetzung dieses Briefes (ab § 5) eröffnet die Quellensammlung *Das Problem des Übersetzens*, hrsg. von Hans Joachim Störig, Darmstadt 1973.

8 Eine handliche Zusammenstellung der einschlägigen Aussagen in AA 15, S. 1083–1090.

„Die Grammatik mißfiel mir", berichtet er, „weil ich sie nur als ein willkürliches Gesetz ansah; die Regeln schienen mir lächerlich, weil sie durch so viele Ausnahmen aufgehoben wurden, die ich alle wieder besonders lernen sollte" (AA 10, S. 39). Er habe die Sprachformen und Wendungen leicht aufgefaßt, fährt er fort, und sich auch in rhetorischen Dingen, in Chrien und dergleichen (d. h. in Übungen, die ein Flexionsparadigma in einer Folge von Sätzen durchexerzierten) ausgezeichnet. Neben diese Partie aus dem ersten Buch von *Dichtung und Wahrheit* läßt sich eine ähnliche aus dem sechsten stellen. Dort schreibt Goethe:

> So hatte ich denn das Lateinische gelernt, wie das Deutsche, das Französische, das Englische, nur aus dem Gebrauch, ohne Regel und ohne Begriff. [...] ich behielt die Worte, ihre Bildungen und Umbildungen in Ohr und Sinn und bediente mich der Sprache mit Leichtigkeit zum Schreiben und Schwätzen. (AA 10, S. 264; auch AA 15, S. 1083)

Der moderne Fremdsprachenunterricht pflegt seinen Stoff auf zweierlei Weise zu vermitteln: auf deduktivem Wege, d. h. durch Regeln, deren Anwendung geübt wird, sowie durch Imitation, d. h. durch die Vorgabe eines Beispiels, zu dem analoge Beispiele gebildet werden sollen – für diese Methode hat sich der Terminus Patterndrill eingebürgert. Es scheint, daß die Menschen je nach der Art ihrer Begabung fremde Sprachen bald leichter über die Grammatik, über das Regelsystem erlernen, und bald leichter durch konkreten Umgang, durch Nachahmen des Vorgemachten. Goethe besaß nach seinen Selbstzeugnissen ein extrem großes imitatorisches Talent; er griff auf, was er hörte und las, und konnte sich des Erlernens von Regeln überheben. Das Französische habe er sich, berichtet er, wie eine zweite Muttersprache zu eigen gemacht, wobei ihm vor allem der häufige Besuch des Theaters zustatten kam (AA 10, S. 524; auch AA 15, S. 1083 f.), und das Italienische will er sich erlauscht haben, während seine Schwester darin unterrichtet wurde (AA 10, S. 39; auch AA 15, S. 1084).

Was den Umfang von Goethes Sprachenrepertoire betrifft, so hat er dem entsprochen, was damals bei einem gebildeten Europäer üblich war. Unter den alten Sprachen dominierte das Latein; hier verfügte Goethe zeit seines Lebens über gründliche Kenntnisse, und ein erhaltenes Schulheft zeigt eindrucksvoll, was schon der sieben- und achtjährige Knabe vermochte.[9] Dies hatte vor allem einen praktischen Grund: Damals, in der zweiten Hälfte des 18. Jahrhunderts, war die wissenschaftliche Literatur noch größtenteils in lateinischer Sprache abgefaßt. Demgegenüber wurde Goethe im Griechischen und erst recht im Hebräischen weit weniger gefördert; er bekennt selber, daß er – und dies trotz der Bedeutung, die den Griechen in seinem Denken zukommen sollte – über die Lektüre des Neuen Testaments nicht hinausgelangt war (AA 10, S. 264; auch AA 15, S. 1083).

Von den modernen Fremdsprachen handhabte Goethe das Französische mit der größten Sicherheit und Leichtigkeit, wie die Briefe zeigen, die von seinem 16. Lebensjahr an erhalten sind.[10] Mit dem Italienischen hat er gewiß seit seiner Jugend auf nahezu ebenso vertrautem Fuße gestanden, und gediegene Kenntnisse im Englischen erwarb er innerhalb von vier Wochen, indem er bei einem durchreisenden Sprachmeister einen Intensivkurs, wie man heutzutage sagen würde, besuchte.[11] Mit anderen Sprachen, etwa mit dem Spanischen, hat

---

9 Siehe AA 15, S. 8–73; FA I, 12, S. 13–86.

10 Siehe AA 15, S. 77–100; FA I, 12, S. 87–138.

11 Siehe AA 10, S. 137.

er sich nur gelegentlich beschäftigt,[12] und er beklagte ausdrücklich, daß er sich nie die Zeit genommen hatte, ein slawisches Idiom zu erlernen.[13]

Mit diesem Panorama von Jugend auf beherrschter Fremdsprachen stimmt im ganzen überein, was Goethe im Lauf seines Lebens an größeren literarischen Übersetzungen hervorgebracht hat. Das Französische nimmt auch hier den ersten Platz ein: mit zwei Tragödien Voltaires, dem *Mahomet* und dem *Tancred*, sowie mit dem Dialog *Rameaus Neffe* von Diderot und der anonymen Novelle *Die pilgernde Törin* als den wichtigsten Zeugnissen.[14] Dem Französischen folgt mit geringem Abstand oder geht, wenn man auf die Zahl der Seiten blickt, das Italienische sogar voraus: repräsentiert durch die Autobiographie Benvenuto Cellinis, Goethes umfänglichste übersetzerische Leistung. Der Rest besteht aus Kleinigkeiten. Das Englische muß sich im wesentlichen mit ein paar Bruchstücken aus Byrons *Manfred* und Maturins *Bertram* begnügen,[15] und die griechische Literatur ist in der Hauptsache nur durch etwas Euripides vertreten: durch eine Partie aus den *Bacchantinnen* sowie durch den Versuch, aus einigen Fragmenten, die damals zum ersten Male ediert wurden, die Tragödie *Phaëton* zu rekonstruieren.[16] Lediglich das Lateinische hat bei den Übersetzungen nicht die Stelle inne, die den Kenntnissen Goethes entspräche: Es fehlt als Medium literarischer Unternehmungen fast völlig;[17] es mußte sich im geistigen Haushalt des Dichters mit der Funktion einer wissenschaftlichen Gebrauchssprache begnügen.

Goethe hat sich von Jugend auf immer wieder als Übersetzer versucht, meist allerdings nur mit kleinen Gelegenheitsarbeiten, vornehmlich mit allerlei Gedichten. Doch die größeren Unternehmungen, die beiden Voltaire-Tragödien, der *Benvenuto Cellini* und *Rameaus Neffe*, entstammen allesamt der Zeit um 1800, sind also Werke des etwa Fünfzigjährigen. Damals könnte auch die Übersetzungsszene des *Faust* entstanden sein. Denn diese ist Teil der sogenannten großen Lücke, des Hiats, der ursprünglich zwischen dem Auftritt Wagners und der Schülerszene klaffte; sie findet sich noch nicht im *Faust-Fragment*, im Druck von 1790; sie erscheint vielmehr erst in der *Faust I*-Ausgabe vom Jahre 1808, im Band 8 der Werke in 13 Bänden.

III.

Goethe hat sich zweimal grundsätzlich und allgemein zum Problem des Übersetzens geäußert, das eine Mal in seinem Nachruf auf Wieland, im Jahre 1813,[18] das andere Mal knapp ein Dezennium später, in den *Noten und Abhandlungen* zum *West-östlichen Divan*.[19] Die beiden Äußerungen beginnen mit derselben konstatierenden Formel: „Es gibt zwei Übersetzungsmaximen“, verlautet im Nachruf auf Wieland, „Es gibt dreierlei Arten Übersetzung“, heißt es zu Anfang der einschlägigen Note zum *Divan*. Diese Eröffnungen legen

---

12 Siehe *Tag- und Jahreshefte 1821* (AA 11, S. 937 f.; auch AA 15, S. 1084).

13 Siehe *Serbische Lieder* (AA 14, S. 543).

14 Siehe AA 15, S. 166–221, S. 929–1079, S. 375–389; FA I,11, S. 527–588, S. 655–817; FA I, 12, S. 225–239.

15 Siehe AA 15, S. 286–294; FA I, 12, S. 312–319; S. 306–311.

16 Siehe AA 15, S. 294–308; FA I, 12, S. 180–184; S. 167–179.

17 Vgl. u. S. 44 f.

18 *Zu brüderlichem Andenken Wielands* (AA 12, S. 705; auch AA 15, S. 1086).

19 Siehe AA 3, S. 554–557; auch AA 15, S. 1086–1088.

die Annahme nahe, daß Goethe nicht darzutun beabsichtigt, wie man übersetzen soll, daß er vielmehr vorführen will, wie man übersetzen kann – das zweimalige „Es gibt" läßt vermuten, daß beschrieben, nicht vorgeschrieben werden soll.

Die kürzere Äußerung, die im Nachruf auf Wieland, hat die Form einer Antithese: „die eine (Maxime) verlangt", „die andere hingegen macht [...] die Forderung". Der Adressat des Verlangens oder der Forderung ist je verschieden: Die erste Maxime zielt offensichtlich auf den Übersetzer; die zweite richtet sich ausdrücklich „an uns", d. h. an die Leser, das Publikum. Es geht beide Male um Fremdheit, nicht um die Fremdheit der Wörter und ihrer Bedeutungen (daß die in jedem Falle vom Übersetzer beseitigt werden muß, versteht sich von selbst), sondern um die Fremdheit einer Sinnschicht jenseits der Wörter – diese wird von Goethe in der zweiten Maxime durch die Begriffe „Zustände, Sprachweise, Eigenheiten" spezifiziert. Die erste Art des Übersetzens soll also nicht nur die Wörter, sondern auch die Zustände usw. zur intendierten Leserschaft herüberbringen, während sich die zweite mit der Transposition der Wörter begnügt, und dies ist der Grund, weshalb Goethe den Adressaten wechselt: Bei der ersten Art ist vor allem die Anstrengung des Übersetzers gefragt, bei der zweiten hingegen kommt es vor allem auf die des lesenden Publikums an. Goethe läßt offen, auf welche Weise eine Übersetzung in dem einen Falle auch die tieferen Sinnschichten des fremdsprachlichen Textes ergreift und in dem anderen nicht – soviel aber ist sicher, daß die Antithese den alten Methodenkontrast aufnimmt und variiert: das erste Glied umschreibt die sinngemäße, das zweite die wörtliche Übersetzung.

Goethe behauptet noch, daß beide Arten des Übersetzens ihre Vorzüge hätten, wofür es allgemein bekannte Beispiele gebe. Er hält also an seiner Ausgangsposition fest: Beide Arten sind berechtigt, keine Art ist der anderen in jeder Hinsicht überlegen. Doch eigenartig berührt der letzte Satz, die Applikation des bisher Gesagten auf Wieland: Dieser soll sich um einen Kompromiß, um eine Synthese beider Übersetzungsmaximen bemüht haben, mit einer gewissen Tendenz, die auch die Sinnsphäre transponierende Weise zu bevorzugen. Hier sähe man gern illustriert, mit welchen Mitteln Wieland die Verbindung der beiden Methoden zuwege gebracht haben soll, und vor allem wäre es wichtig zu erfahren, an welches Musterbeispiel für die reine Anwendung der ersten Maxime Goethe gedacht haben mag, wenn er einem Wieland einen Mittelweg, eine Mischung beider Verfahrensweisen zuschrieb.

Die ausführlichen Darlegungen zum *West-östlichen Divan* unterscheiden sich am augenfälligsten dadurch von ihrem Vorgänger im Nachruf auf Wieland, daß sie drei Verfahren des Übersetzens unterschieden wissen wollen, nicht nur zwei – schon eine oberflächliche Lektüre zeigt jedoch, daß sich dort an zweiter und dritter Stelle die beiden Verfahren wiederfinden, die der Nachruf auf Wieland einander gegenübergestellt hatte. Goethe geht in seinen Darlegungen überaus methodisch, geradezu schulmäßig zu Werke: Auf eine verhältnismäßig knappe Charakteristik der drei Arten des Übersetzens folgen jeweils ausführlichere Erläuterungen durch Beispiele.

Die erste, die gegenüber dem Wieland-Nekrolog neue Art steht offenbar für sich, d. h., sie läßt sich nicht leicht den beiden anderen, antithetisch aufeinander bezogenen Arten zuordnen. Ihr Hauptcharakteristikum scheint darin zu bestehen, daß sie die formalen Eigenheiten der fremdsprachlichen Originale einebnet, indem sie sie durch schlichte Prosa ersetzt; sie führt die fremden Texte gewissermaßen im biederen deutschen Hausrock vor. Goethe beruft sich auf das Beispiel der Bibelübersetzung Luthers und fügt hinzu, daß auch dem Nibelungenlied eine derartige Wiedergabe wohl angestanden hätte. Offenbar möchte er die einfache Prosa-Version vor allem für verbreitete Schriften, für Schriften volkstümlichen Charakters verwendet wissen.

Diese Deutung wird durch eine Passage im elften Buch von *Dichtung und Wahrheit* bestätigt. Goethe äußert sich dort ebenfalls zur Transposition fremdsprachlicher Dichtwerke in deutsche Prosa. Er hält die Reduktion auf den Inhalt, die alle Ablenkung durch die Kunstgestalt unmöglich macht, für wahrhaft ausbildend und fördernd; er empfiehlt sie daher vor allem für pädagogische Zwecke und fragt sich, ob nicht bei Knaben eine Prosa-Übersetzung des Homer besonders gute Dienste leisten würde. Zum Beweis für seine Ansicht rekurriert er auch hier auf die Lutherbibel und stellt abschließend fest: „Für die Menge, auf die gewirkt werden soll, bleibt eine schlichte Übertragung immer die beste" (AA 10, S. 541; auch AA 15, S. 1086). Der im Essay zum *West-östlichen Divan* neu eingeführte Typus von Übersetzungen eignet sich somit nach Goethes Überzeugung vor allem für die Jugendbildung und für volkstümliche Ausgaben – und tatsächlich pflegen ja auch gerade die Bibel und Sagenwerke wie das Nibelungenlied und die homerischen Epen für pädagogische oder populäre Zwecke in dieser Weise bearbeitet zu werden.

Die zweite Art des Übersetzens – diejenige, die der ersten im Wieland-Nachruf entspricht – sucht fremden Sinn durch eigenen Sinn darzustellen: Goethe überspringt hier die sprachliche Komponente dieses Verfahrens und geht sofort auf den Gehalt jenseits der Wörter ein; nicht nur diese, sondern auch die Gefühle, die Gedanken, ja die Gegenstände werden transponiert oder – mit Goethes Worten – erhalten ein Surrogat, das auf dem eigenen Grund und Boden des Übersetzers gewachsen ist. Goethe bezeichnet dieses Verfahren als parodistisch im reinsten Wortverstand. Hiermit kann nicht gemeint sein, was man üblicherweise unter einer Parodie versteht;[20] der Begriff zielt vielmehr auf eine Metamorphose des Textes, die das Sujet umwandelt, ohne es vom Erhabenen zum Niederen herabzustufen.[21] Eine genaue Parallele zu diesem Sprachgebrauch findet sich bei Novalis, der in einem seiner *Blüthenstaub*-Fragmente von der hier zur Erörterung stehenden Art des Übersetzens (er nennt sie die „verändernde") sagt, sie falle leicht ins Travestieren.[22]

Goethe macht als Beispiele für die parodistische Art des Übersetzens die Franzosen schlechthin namhaft; bei ihnen galt allgemein der Grundsatz, daß nicht nur die Sprache, sondern auch der Geschmack und die Sitten dem im eigenen Lande und in der eigenen Epoche Üblichen anzupassen seien.[23] Unter den Deutschen dient Wieland als Exempel; wenn Goethe

---

20 Und was auch Goethe im allgemeinen darunter verstanden hat; siehe seinen Brief an Zelter vom 26. 6. 1824 (AA 21, S. 593 f.). Vgl. *Zum Kyklops des Euripides III* (AA 14, S. 689 f.).

21 Die von Alfred Liede: *Parodie*, in: *Reallexikon der deutschen Literaturgeschichte*, hrsg. von Werner Kohlschmidt/Wolfgang Mohr, Bd. 3. Berlin/New York ²1977, S. 12 ff., I § 2 zitierte Definition Gustav Gerbers (wonach die Parodie das Original irgendwie in seinem Inhalt, seinem Wesen oder doch in der Art des Eindrucks, welche diesem zu eigen ist, treffen will) kommt in ihrer Weite der Intention nahe, die Goethe hier geleitet haben muß.

22 Aus *Blüthenstaub*. In: *Schriften*. Hrsg. von Paul Kluckhohn/Richard Samuel. Bd. 2. Stuttgart ²1960, S. 439 f.; wieder abgedruckt in: *Das Problem des Übersetzens* (Anm. 7), S. 33. Hierzu Friedmar Apel: *Sprachbewegung. Eine historisch-poetologische Untersuchung zum Problem des Übersetzens*. Heidelberg 1982, S. 98 ff.

23 Der namentlich erwähnte Dichter Jacques Delille (1738–1813) tat sich vor allem durch seine Übersetzungen der *Georgica* und der *Aeneis* Vergils hervor.

ihn als den „Repräsentanten seiner Zeit" bezeichnet, dann zielt er vielleicht nicht nur darauf, daß Wieland die in seiner Generation maßgebliche Art des Übersetzens rein verkörperte, sondern zugleich darauf, daß er hierbei alles dem Denken und Fühlen der Aufklärung und des Rokoko anzupassen suchte.[24] Jedenfalls erscheint er hier nicht mehr wie im Nachruf als Mittler zwischen den Gegensätzen, als jemand, der versucht habe, eine Synthese von fremder und eigener Artung herzustellen – Goethe klassifiziert ihn jetzt als Übersetzer der modernisierenden und auch die tieferen Sinnschichten eindeutschenden Richtung, der nur dann, wenn „er seine Konvenienz dabei fand", zu Konzessionen an das zeitlich oder räumlich Entfernte bereit war.

Die dritte Art des Übersetzens – diejenige, die sich (wie Goethe am Schluß seines Übersetzungsessays nachträgt) der Interlinearversion nähert und hierdurch das Verständnis des Originals erleichtert – wird zunächst dahingehend charakterisiert, daß sie ihr Produkt „dem Original identisch machen möchte". Sie stellt kein Surrogat, kein Aliud her, sondern gewissermaßen ein zweites Original; sie läßt allerdings zugleich etwas Drittes entstehen, nämlich Identität des Gehalts in einer nicht-identischen Sprache. Der Übersetzer, der ein Werk dieser Art herstellen möchte, muß sich eng an das Original anschließen, wobei er die Besonderheiten seiner eigenen Nation im wesentlichen zu vernachlässigen hat. Als wichtigster Repräsentant dieser den fremden Geist im Medium des Deutschen abbildenden Richtung wird Johann Heinrich Voss genannt, berühmt vor allem als Übersetzer der Homerischen Epen; Goethe erwähnt weiterhin die deutschen Versionen des Ariost und des Tasso, des Shakespeare und des Calderon, Werke, die Johann Diederich Gries und August Wilhelm Schlegel geschaffen hatten.

Spätestens bei der dritten Art, bei den Übersetzungen, die in der Zielsprache möglichst viel von den Eigentümlichkeiten des Originals zu bewahren suchen, verdient Beachtung, daß der Essay zum *West-östlichen Divan* der entsprechenden Partie im Nachruf auf Wieland noch zweierlei voraushat: Er postuliert für die von ihm beschriebenen Verfahren eine zeitliche Folge und weist ihnen überdies eine bestimmte Rangordnung zu. Beides macht sich nur zögernd bemerkbar (die zweite Art z. B. erscheint als „zweite Epoche") und wird erst im letzten Drittel zum beherrschenden Motiv – „so erlebten wir", verlautet dort in selbstgewissem Ton, „den dritten Zeitraum, welcher der höchste und letzte zu nennen ist." Goethe beruft sich auf insgesamt drei deutsche Übersetzer, auf Luther, Wieland und Voss, und bei Voss stellt sich heraus, daß hiermit nicht nur ein chronologisches Nacheinander, sondern auch eine Sequenz qualitativer Stufen markiert werden soll – Voss, der Eindeutscher der griechischen und römischen Klassiker, und seine Zeitgenossen nehmen den Gipfel einer Klimax ein. Goethes dreigliedriges Schema der Übersetzungsarten beansprucht zugleich, eine Entwicklung zu spiegeln, und sucht diese als Fortschritt, als Aufstieg zur Höhe der eigenen Ära erscheinen zu lassen. Zwei zusätzliche Gesichtspunkte unterstreichen den Rang des Vossischen Zeitalters: während Luther und Wieland sofort die ihnen gebührende Resonanz fanden, mußten sich Voss und seinesgleichen erst mühsam und gegen den Widerstand verbreiteter Geschmacksbarrieren durchsetzen; dann aber zeigte sich, welche Bereicherung der deutschen Literatursprache durch die neue Manier zuteil geworden war, „welche rhetorischen, rhythmischen, metrischen Vorteile".

---

24 Vgl. u. S. 34f.

IV.

Man mag heute zweifeln, ob sich das Verhältnis von Wieland zu Voss als Steigerung, als Fortschritt deuten läßt. Doch damit traf Goethe ins Schwarze, daß er gerade diese beiden zu Exempeln seiner übersetzungstheoretischen Darlegungen machte. Sie hatten sich beide in großem Umfang als Übersetzer betätigt: Wieland vor allem mit seinem Horaz, seinem Lukian und seinen Cicero-Briefen, und Voss mit einem geradezu kolossalen Œuvre, das außer Homer, Aristophanes, Vergil, Horaz und Ovid noch andere antike Autoren sowie *1001 Nacht* und Shakespeare umfaßte. Wieland und Voss waren außerdem die maßgeblichen Repräsentanten zweier grundverschiedener Übersetzungsarten, und ihre Namen bezeichnen eine Entwicklung von der einen Art zur anderen, die sich in kurzer Zeit innerhalb der klassischen Epoche der deutschen Literatur und sozusagen unter den Augen Goethes vollzogen hat.[25]

Wer nach Anschauung fragt, um sich zu verdeutlichen, welch radikaler Wandel von der Aufklärung bis zum Historismus, von Wieland bis Voss stattgefunden hat, der braucht sich nur an die Werke zu halten, die von beiden übersetzt worden sind, an die *Satiren* und *Episteln* des Horaz. Als Beispiel diene der Anfang der *Satire 2,6*; das Original lautet:

Hoc erat in votis, modus agri non ita magnus,
hortus ubi, et tecto vicinus iugis aquae fons,
et paulum silvae super his foret: auctius atque
di melius fecere; bene est: nil amplius oro,
Maia nate, nisi ut propria haec mihi munera faxis.

Wieland gibt diese Partie so wieder:

Mein höchster Wunsch war einst ein kleines Feld,
ein Garten, eine Quelle nah am Hause,
und etwas Wald dazu: die Götter haben mehr
und Bessers mir gegeben: mir ist wohl,
ich bitte weiter nichts, o Majens Sohn,
als daß du mir erhaltest was du gabst.[26]

Bei Voss hingegen nehmen sich dieselben Verse wie folgt aus:

Das war immer mein Wunsch, ein Äckerchen, nicht zu geräumig,
wo ein Garten und nahe dem Haus ein lebender Quell sei,
auch darüber ein wenig von Waldungen. Mehr noch und Bessers
haben die Götter verliehn. Wohl ist! Nichts weiter erfleh' ich,
Majas Sohn, als dass du zu eigen mir dieses Geschenk machst.[27]

---

25 Zum Folgenden vgl. Manfred Fuhrmann: *Von Wieland bis Voss: Wie verdeutscht man antike Autoren?* In: Jb. des Freien Deutschen Hochstifts 1987, S. 1–22.

26 Christoph Martin Wieland: *Übersetzung des Horaz.* Hrsg. von Manfred Fuhrmann (Werke in zwölf Bänden, Bd. 9). Frankfurt/M. 1986, S. 1000.

27 Johann Heinrich Voss: *Des Quintus Horatius Flaccus Werke Bd. 2: Satiren und Episteln.* Braunschweig ^{3}1822, S. 137.

Was Wieland bringt, ist nach heutigen Begriffen eine freie Nachdichtung, für die selbst das Versmaß, der Hexameter, zur Verfügungsmasse zählt, und nur Voss darf beanspruchen, den Text des Originals im üblichen Sinne des Worts übersetzt zu haben. Andererseits wirken Wielands Jamben frisch wie am ersten Tag; sie hüpfen in demselben ungezwungenen Gesprächston einher, den Horaz seinen Hexametern mitzuteilen wußte. Auch kommen sie ohne die umständlichen Wörter aus, die Voss benötigt, um das Metrum zu füllen, wie „geräumig“ und „Waldungen“, und ebensowenig enthalten sie eine Wortfolge, die so sperrig klingt wie die bei Voss: „als dass du zu eigen mir dieses Geschenk machst“. Die Probe zeigt, wie treffend Goethe urteilte, wenn er meinte, daß Wieland die von ihm übersetzten Werke seinen Zeitgenossen „angenehm und genießbar“ habe machen wollen, während Voss, indem er die Originalität seiner Nation aufgab und sich fest an sein Original anschloß, etwas Drittes hervorbrachte.

Wieland, der sich oft – in Vorworten, Rezensionen und Briefen – zur Problematik des Übersetzens geäußert hat, war sich der Schwierigkeiten dieses Geschäfts durchaus bewußt.[28] So rechnete er in erheblichem Maße mit den Divergenzen der einzelnen Sprachsysteme, mit ihrer je verschiedenen „Natur“, ihrem je verschiedenen „Genius“, und er wußte aus Erfahrung, daß sich für die Wörter der Originale nicht selten keine genauen Entsprechungen auftreiben ließen. Er hielt jedoch derlei Hindernisse für im wesentlichen überwindbar und stimmte im Grundsatz mit Georg Venzky, der um die Mitte des 18. Jahrhunderts maßgeblichen Autorität in puncto Übersetzen, überein: eine Version ins Deutsche solle nach Möglichkeit das Aussehen eines deutschen Originals haben; der übersetzte Autor müsse so reden, wie er geredet hätte, wenn er ein zeitgenössischer Deutscher gewesen wäre. Wieland war somit überzeugt, daß ein geschickter Übersetzer imstande sei, das Original ohne erheblichen Substanzverlust über die Gräben der Sprachen und Epochen hinüberzuretten.

Als Hauptprinzipien des Übersetzens galten ihm Treue und Verständlichkeit, wobei er im Konfliktfalle dem Gebot der Verständlichkeit den Vorzug eingeräumt wissen wollte. Das Prinzip der Treue besage nämlich nicht, daß die Übersetzung verpflichtet sei, die Unklarheiten des Originals zu spiegeln; auch dürfe sich die besondere Manier eines Autors nicht nachteilig auf das Deutsch der Version auswirken. Wieland redete somit einem glättenden Anpassen an den Geschmack der eigenen Zeit das Wort, und um der Eingängigkeit willen erlaubte er dem Übersetzer, zur Paraphrase zu greifen und ein Mehrfaches an Wörtern zu gebrauchen oder auch zu kürzen und wegzulassen. Die Charakteristik seiner Übersetzungsart, die Goethes Essay zum *West-östlichen Divan* enthält, gibt exakt seine eigene Theorie und Praxis wieder.

Noch zu seinen Lebzeiten entdeckten die Romantik und der mit ihr verschwisterte Historismus das Axiom der unwiederholbaren Individualität – wie in allen Bereichen der Geschichte, so auch auf dem Gebiet der Sprache und der Literatur. Hieraus ergab sich die Einsicht, daß es unmöglich sei, Form und Inhalt eines Literaturwerks vom bedingenden Grunde des ursprünglichen Sprachsystems zu lösen und in ein anderes zu transponieren; folglich durfte man (so lautete die nunmehr maßgebliche Doktrin) gar nicht versuchen wollen, durch ‚freies‘, auf die Gegebenheiten der Zielsprache Bedacht nehmendes Übersetzen ein dem Original in etwa ebenbürtiges Werk zu schaffen. Die Übersetzung sollte vielmehr die Eigentümlichkeiten des ursprünglichen Sprachgewandes im Medium

---

28 Zum Folgenden vgl. Manfred Fuhrmann in: Wieland, *Übersetzung des Horaz* (Anm. 26), S. 1089 ff.

der Zielsprache abzubilden suchen und hierdurch, wie auch Goethe hervorhob, ein Höchstmaß an Identität mit der Vorlage anstreben – damit sollte sie aber nicht so sehr (wie Goethe zu meinen scheint) an die Stelle des Originals treten, sondern lediglich zu ihm hinführen.

Als die wichtigsten Repräsentanten der neuen, dem Unterschied der Zeiten und Völker Rechnung tragenden Lehre, als diejenigen, die sich damals ebenso differenziert wie praxisnah zu einer dementsprechenden Art des Übersetzens geäußert haben, seien Wilhelm von Humboldt und Friedrich Schleiermacher genannt. Humboldt erklärte bereits in der Schrift *Über das Studium des Alterthums* (vom Jahre 1793), es sei die vornehmste Aufgabe einer Übersetzung, zum Lesen des Originals zu reizen, „indem sie [...] den Geist des Lesers gleichsam zum Geist des Schriftstellers stimmt"; der höchste Nutzen einer Übersetzung sei derjenige, welcher sie selbst zerstöre.[29]

Die gründlichste Darstellung seiner Übersetzungstheorie hat Humboldt in der Einleitung zu seiner Verdeutschung des *Agamemnon* von Aischylos gegeben.[30] Kein Wort irgendeiner Sprache, heißt es dort, sei seinem Pendant in einer anderen Sprache gänzlich gleich – jedes Wort werde mitsamt seiner Bedeutung als „individuelles Wesen" hervorgebracht. Nun sei aber alle Sprache das Produkt der Wechselwirkung zwischen vorhandener Sprache und den jeweils Sprechenden – die Sprachen sind somit keine starren Größen, sie entwickeln sich und können einander beeinflussen. Dieses dynamische Prinzip wiederum eröffnet Möglichkeiten, die das Übersetzen auch unter der erschwerenden Annahme je individueller Sprachsysteme vollauf rechtfertigen: durch die Übernahme von Fremdem kann der Bedeutungsreichtum und die Ausdrucksfähigkeit der eigenen Sprache erweitert werden.

Das Übersetzen bereichert indes die Zielsprache nur dann, wenn es etwas Ungewohntes in sie einführt, das sie zu diesem Zeitpunkt noch nicht hat; folglich zerstört man den Nutzen des Übersetzens, wenn man alles Fremdartige meidet und sich so auszudrücken versucht, wie sich der Autor des Originals in der Sprache des Übersetzers ausgedrückt haben würde. Die Treue ist daher die einzige Maxime, zu der sich Humboldt uneingeschränkt bekennt, nicht auch die Verständlichkeit – der Übersetzer solle sich sogar bemühen, Dunkelheiten, die durch die Kürze oder die Kühnheit des Originals bedingt seien, zu bewahren.

Schleiermachers Abhandlung *Über die verschiedenen Arten des Übersezens* (vom Jahre 1813)[31] ist der ausführlichere Zwilling zu Humboldts Einleitung zum *Agamemnon*. Die beiden Grundarten des Übersetzens erscheinen dort als eine Alternative, die deutlich an Goethes Zweiteilung im Nachruf auf Wieland erinnert: „Entweder der Übersezer lässt den Schriftsteller möglichst in Ruhe und bewegt den Leser ihm entgegen; oder er lässt den Leser möglichst in Ruhe und bewegt den Schriftsteller ihm entgegen."

Schleiermacher unterzieht diese beiden Grundarten einer eingehenden Betrachtung. Die Methode, die das Original auf die Zielsprache zubewegt, sucht dem Leser nach Möglichkeit

---

29 *Werke in fünf Bänden*. Hrsg. von Andreas Flitner/Klaus Giel. Bd. 2: *Schriften zur Altertumskunde und Ästhetik. Die Vasken*. Stuttgart 1961, S. 23.

30 *Aischylos Agamemnon metrisch übersetzt* von Wilhelm von Humboldt. Leipzig 1816; hier zit. nach: *Das Problem des Übersetzens* (Anm. 7), S. 71 ff.; bes. S. 80 ff.

31 *Sämmtliche Werke*. 3. Abtheilung. Bd. 2. Berlin 1838, S. 207 ff.; hier zit. nach: *Das Problem des Übersetzens* (Anm. 7), S. 38–70.

Mühe und Anstrengung zu ersparen, indem sie den Autor in die Gegenwart desselben hinüberzaubert – diese Methode wird schroff abgelehnt, ja als Illusion entlarvt, da Gedanke und Ausdruck eines Literaturwerks wesentlich identisch seien und sich kein Autor von seiner Muttersprache trennen lasse. Das Bestreben, ein fremdes Werk ganz und gar in die eigene Sprache und die eigene Zeit herüberzuholen, endet wegen der Inkommensurabilität der Wörter und Begriffe notwendig mit einer Paraphrase oder auch mit einer Art Travestie (hier begegnet also wieder der schon von Novalis gebrauchte Terminus[32]), da die Verschiedenheit der Sitten dazu zwingt, manches zu unterdrücken oder durch anderes zu ersetzen.

Die zweite Grundart des Übersetzens, die nach Schleiermacher einzig richtige, sucht dem Leser den Eindruck zu vermitteln, den er als Deutscher empfangen würde, wenn er das übersetzte Werk in der Ursprache läse. Der Übersetzer soll also das Bild, das er selbst durch seine genaue Kenntnis der Ursprache von dem Werk gewonnen hat, an den Leser weitergeben, er soll das Fremdartige des Originals in die Zielsprache hinein prolongieren. Schleiermacher übersieht, daß bei dieser Methode auch das ungewöhnlich klingen kann, was für das ursprüngliche Publikum des Originals ganz gewöhnlich geklungen haben mag, daß somit das Werk, so übersetzt, Wirkungen entfaltet, an die der Autor des Originals nicht im mindesten gedacht hatte. In diesem Punkte sah Goethe schärfer; er hob ja hervor, daß der Übersetzer, der sich fest an sein Original anschließt, etwas Drittes entstehen läßt.

Immerhin verlangt Schleiermacher, daß sowohl der Übersetzer als auch sein Publikum mit der Sprache des Originals hinlänglich vertraut seien, ohne doch ihr gegenüber das Gefühl der Fremdheit verloren zu haben. Dieser Gedanke geht in dieselbe Richtung wie Humboldts Forderung, die Übersetzung solle den Geist des Lesers zum Geist des Schriftstellers stimmen, um sich dann selbst zu zerstören; beiden Theoretikern schwebt offenbar ein Publikum vor, welches das in neuer Blüte stehende humanistische Gymnasium absolviert hat und nunmehr in Übersetzungen, die die Wendungen der Originale möglichst genau nachzubilden suchen, die einstigen Leseerfahrungen reproduziert findet. Auch bei der Bestimmung, welche Bedeutung fremdartig klingende Übersetzungen für die Zielsprache, für das Deutsche, haben, begegnen sich Schleiermacher und Humboldt. Das Deutsche, meint Schleiermacher, sei für Abweichungen vom Bisherigen und für Neuerungen noch besonders empfänglich; folglich könne es durch möglichst vielseitige Berührung mit Fremdem erweitert und fortgebildet werden.

Während es Humboldt nicht gegeben war, seine theoretischen Betrachtungen in eine übersetzerische Tat umzusetzen (seine Version des *Agamemnon* sei ohne das Original unverständlich, bemerkte der Philologe Ulrich von Wilamowitz-Moellendorff bissig[33]), hinterließ Schleiermacher immerhin einen deutschen Platon, der wegen seiner Strenge bis auf die Gegenwart in Gebrauch geblieben ist. Erfüllt und bestätigt wurde indes die klassizistische Doktrin von keinem anderen in dem Maße wie von Voss: Mit seinem Homer, dem Abschluß einer Reihe von Versuchen, an denen sich vor allem Gottfried August Bürger und Graf Friedrich Leopold zu Stolberg beteiligt hatten, schuf er das maßgebliche Paradigma für den humanistisch gebildeten deutschen Mittelstand des 19. Jahrhunderts.[34]

---

[32] Siehe o. S. 32.

[33] *Griechische Tragödien*, übersetzt von Ulrich von Wilamowitz-Moellendorff. Bd. 2. Berlin 1922, S. 3 f.

[34] Siehe hierzu vor allem Günter Häntzschel: *Johann Heinrich Voss. Seine Homer-Übersetzung als sprachschöpferische Leistung*. München 1977.

Er hatte mit der *Odyssee* begonnen; im Jahre 1781 erschien die erste Fassung. Ihr folgte zunächst eine zweisprachige Ausgabe von Vergils *Georgica* (1789), die auch – wegen ihrer strengen Auffassung vom Bau des deutschen Hexameters – die Aufmerksamkeit Goethes erregte. Im Jahre 1793 brachte Voss sodann die beiden Homerischen Epen heraus, die *Odyssee* in einer neuen Fassung.[35] Der Vergleich der zweiten mit der ersten Version zeigt plastisch, welchem Ideal der Übersetzer Voss nachstrebte: einer Form der Verdeutschung, die, mit Schleiermacher zu reden, den Leser nach Möglichkeit dem Autor entgegenbewegt: durch eine ausgetüftelte Kunstsprache, die die Ausdrucksweise, die Wortfolge, die Sinneinschnitte und den Versbau aufs genaueste nachzubilden suchte. Vossens Homer verwirklichte so das Paradox, das Goethe der dritten Übersetzungsart seines *Divan*-Essays zugeschrieben hatte: Er stellte etwas Drittes dar und schien zugleich mit dem Original identisch zu sein.

V.

Das Thema „Goethe als Übersetzer" hätte längst eine umfassende Behandlung verdient, eine gründliche Studie des gesamten Corpus Goethescher Verdeutschungen – statt dessen stehen einstweilen nur Untersuchungen einzelner Werke sowie essayartige Skizzen zu Gebote. Den folgenden Bemerkungen zu der Frage, wie Goethe übersetzt hat und wie sich seine Praxis des Übersetzens zu seiner Theorie verhält, fehlt daher eine breite Grundlage. Immerhin können Stichproben vorgelegt werden, die einen hinlänglichen Eindruck vom Übersetzer Goethe zu vermitteln geeignet sind.

Das Ergebnis sei schon vorab angedeutet. Goethe hat sich in der Regel gehütet, nach engem Anschluß an die Originale und somit nach jener Übersetzungsart zu streben, die ihm in seinem *Divan*-Essay als die höchste und letzte galt; er hat vielmehr, statt sich zu dem Fremden hinüber zu begeben, das Fremde in die eigene Zeit und Schreibweise herübergeholt, hat also – nach seiner eigenen Ausdrucksweise – parodistisch übersetzt. Dies gilt für den weitaus größten Teil seiner Verdeutschungen, und zwar insbesondere dann, wenn die Originale in einer neuzeitlichen europäischen Sprache abgefaßt sind; dies gilt im wesentlichen nur für die wenigen Texte nicht, die einer der beiden antiken Sprachen, dem Griechischen oder Lateinischen, entstammen: Dort befolgt Goethe die Vossische Manier möglichst strenger Wörtlichkeit. Man hat bisher die Verdeutschung der Ode Manzonis auf den Tod Napoleons *Il cinque maggio – Der fünfte Mai* für das einzige Beispiel im übersetzerischen Werk Goethes gehalten, worin der genaue Anschluß an das Original das Produkt einer Interlinearversion annähere;[36] diese Ansicht ist nach dem Gesagten dahingehend zu modifizieren, daß sich neben der Manzoni-Ode auch einige altsprachliche Texte als Paradigmen ursprungssprachennahen Übersetzens namhaft machen lassen.

Goethe als Übersetzer, der sich seiner Schreibweise bedient und die von ihm verdeutschten Werke seinem Publikum nahezubringen sucht: hieraus folgt nicht, daß die Distanz zwischen den Originalen und ihren deutschen Fassungen überall gleich groß ist. Sie

---

35 *Homers Odüßee übersetzt* von Johann Heinrich Voss. Hamburg 1781; *Publii Vergilii Maronis Georgicon libri IV [...] übersetzt und erklärt* von J. H. Voss. Eutin/Hamburg 1789; *Homers Ilias* von J. H. Voss. 2 Bde. Altona 1793; *Homers Odyssee* von J. H. Voss. 2 Bde. Altona 1793.

36 Vgl. Hans-Georg Dewitz im Komm. zur Manzoni-Ode. In: FA I, 12, S. 1175.

variiert vielmehr von Fall zu Fall, und dies ist durch einen Umstand bedingt, den die Übersetzungstheorien zu vernachlässigen pflegen und den auch Goethe in seinen Übersetzungsmaximen nicht berücksichtigt hat: Die jeweiligen Originale standen dem Deutschen der Zeit Goethes teils näher, teils waren sie weiter davon entfernt, je nach der Sprache, der Epoche und der Gattung des betreffenden Werkes, so daß für den Übersetzer Goethe bald mehr, bald weniger zu tun war, sein Ziel einer seinem Publikum möglichst weit entgegenkommenden Wiedergabe zu erreichen.

Das Werk der geringsten Distanz zwischen Urtext und deutscher Wiedergabe ist *Rameaus Neffe*, die Schrift also, die nahezu zwanzig Jahre eher in der Übersetzung Goethes erschien als in der originalen Fassung Diderots. Hier brauchte Goethe nicht zu kürzen und nicht zu ergänzen, nicht umzustellen und nicht neu zu gliedern: er konnte sich sofort auf die Feinarbeit möglichst treffender Äquivalente für die einzelnen Wörter und Wendungen konzentrieren.[37] Als Beispiel für diese Nähe diene eine kleine Partie aus der Geschichte vom Renegaten von Avignon, der einen Juden um Vermögen und Leben bringt. Der Text des Originals lautet:

> Le juif s'effraye, il s'arrache la barbe, il se roule à terre. Il voit les sbires à sa porte; il se voit affublé du san-benito; il voit son autodafé préparé. Mon ami, mon tendre ami, mon unique ami, quel parti prendre [...] – Quel parti? de se montrer, d'affecter la plus grande sécurité, de se conduire comme à l'ordinaire. La procédure de ce tribunal est secrète, mais lente. Il faut user de ses délais pour tout vendre.[38]

Goethe hat diese Partie wie folgt wiedergegeben:

> Der Jude erschrickt, reißt sich den Bart aus, wälzt sich an der Erde. Er sieht die Häscher an seiner Türe, er sieht sich mit dem San Benito geziert, er sieht sein Autodafé bereitet. – Mein Freund, mein zärtlicher, mein einziger Freund, was zu tun? – Betragt Euch mit der größten Ruhe und Sicherheit, betragt Euch wie gewöhnlich. Die Prozedur des Tribunals ist heimlich, aber langsam; benutzt die Frist, um alles zu verkaufen.

Die einzige inhaltliche Differenz der beiden Fassungen besteht darin, daß Goethe das Satzglied „de se montrer" weggelassen und statt dessen die Worte „la plus grande sécurité" durch den Doppelausdruck „mit der größten Ruhe und Sicherheit" wiedergegeben hat. Die kleine Umgruppierung ist wahrscheinlich dadurch bedingt, daß Goethe die Anapher „Betragt Euch – Betragt Euch" bringen wollte, wohl als Kompensation für das doppelte „Quel parti" des Originals. Er hat sich ja auch sonst um Ausgewogenheit bei den Anaphern bemüht und zweimal das Pronomen „il" (1. Satz) sowie einmal das Substantiv „ami" (3. Satz) gestrichen. Außerdem ersetzte er – um dem im Deutschen phraseologisch Üblichen zu genügen, um der Aussage mehr Nachdruck zu geben – einige Infinitive durch Imperative: „Betragt Euch – benutzt die Frist". Die deutsche Version enthält nichts, was

---

37 Siehe hierzu Jürgen von Stackelberg: *Diderot, „Le Neveu de Rameau", übersetzt von Goethe, R. Rütten.* In: *Weltliteratur in deutscher Übersetzung – Vergleichende Analysen.* München 1978, S. 132 ff.

38 *„Rameaus Neffe" – Ein Dialog von Diderot, übersetzt von Goethe.* Zweisprachige Ausgabe. Hrsg. von Horst Günther. Frankfurt/M. 1984, S. 148 f.; AA 15, S. 992; FA I, 11, S. 719 f.

den zeitgenössischen Leser fremdartig berühren mußte, und sie leistet dies, ohne daß es hierzu besonderer Anstrengungen des Übersetzers bedurft hätte. Der einzige Ausdruck, der doch wohl schon damals ein sachliches Hindernis bereiten konnte, ‚San Benito' für den Kittel des zum Tode verurteilten Ketzers, blieb bei Goethe ebenso unerklärt wie im Original.

Eine andere Bewandtnis hat es mit den Übersetzungen der beiden Tragödien Voltaires, die Goethe für die Weimarer Bühne angefertigt hat, mit dem *Mahomet* und dem *Tancred.* Hier geschah – bald in geringerem, bald in größerem Ausmaß – alles das, was sich der Übersetzer im üblichen Sinne des Wortes zu versagen pflegt: Es wurde gekürzt, ergänzt oder umgestellt, als ob es nicht darum gehe, eine Kopie, sondern darum, ein neues Original herzustellen. Goethe hat daher seine Verdeutschungen der beiden Tragödien mit dem Zusatz „Nach Voltaire" versehen, und seinen *Mahomet* nannte er selbst eine „Bearbeitung".[39]

Eine Probe aus diesem Stück mag zeigen, welche Freiheit sich Goethe dem Original gegenüber genommen hat; sie entstammt einer Wiedersehensszene vom Beginn des zweiten Aktes:

Ô charme de ma vie et de tous mes malheurs!
Palmire, unique objet qui m'as coûté des pleurs,
Depuis ce jour de sang qu'un ennemi barbare,
Près des camps du prophète, aux bords du Saïbare,
Vint arracher sa proie à mes bras tout sanglants,
Qu'étendu loin de toi sur des corps expirants,
Mes cris mal entendus sur cette infâme rive,
Invoquèrent la mort sourde à ma voix plaintive;
Ô ma chère Palmire, en quel gouffre d'horreur
Tes périls et ma perte ont abîmé mon cœur![40]

Aus diesem Text hat Goethe das Folgende gemacht:

O süßer Anblick! Freude meines Lebens!
Palmire, meiner Schmerzen einzger Trost!
Wie viele Tränen hast du mich gekostet,
Seit jenem Tag des Schreckens, da der Feind
Dich meinem blutgefärbten Arm entriß.
Vergebens widerstand ich seiner Macht,
Die in das Heiligste des Lagers drang;
Vergebens stürzt' ich mich den Räubern nach;
Nur einen Augenblick errang ich dich.
Bald lag ich unter Toten hingestreckt

39 *Einige Szenen aus „Mahomet" nach Voltaire* (AA 14, S. 60 f.; auch AA 15, S. 1107). Hierzu Ruth J. Kilchenmann: *Goethes Übersetzung der Voltairedramen „Mahomet" und „Tancred".* In: Comparative Literature 14 (1962), S. 340: „Die Dramen sind daher mehr Übertragungen und Bearbeitungen als Übersetzungen".

40 Voltaire: *Le fanatisme ou Mahomet le Prophète.* In: *Œuvres complètes* 4: *Théâtre* 3. Paris 1877, S. 118.

Am Saibar, verzweifelnd; mein Geschrei,
Das dich nicht mehr erreichte, rief den Tod.
Er hörte nicht. In welchen Abgrund stürzte,
Geliebteste Palmire, dein Verlust
Mein armes Herz. Mit jammervollen Sorgen
Bedacht' ich die Gefahren um dich her.[41]

Man hätte viel zu tun, wenn man alle die Änderungen einzeln aufzählen wollte, die sich Goethe hier erlaubt hat. Zuallererst verdient Erwähnung, daß das Metrum des Originals, der Alexandriner, durch den Blankvers ersetzt wurde – hiermit war gleichsam das passende Gefäß für alles Weitere geschaffen. Was bei Voltaire aus chronikartiger Distanz in die Erinnerung zurückgerufen wird, hat Goethe in eine überaus lebendige Schilderung nach Art eines dramatischen Botenberichts umgesetzt; dieser Absicht ist wohl auch seine auffälligste Zutat, das ausmalende Detail der Verse „Vergebens widerstand ich seiner Macht" usw., entsprungen.

Goethes Tragödien-Übertragungen sind ‚parodistisch' par excellence:[42] Sie suchen die Originale dem zeitgenössischen deutschen Publikum schmackhaft zu machen, indem sie nicht nur die Sprache und das Versmaß, sondern auch die Darstellungsweise nachhaltig umprägen und das Deklamatorische des Voltaireschen Stils durch eine schlichtere, anschaulichere Diktion ersetzen. Hierbei hat Goethe sowohl sprachbedingte als auch epochenbedingte Barrieren beseitigt: sprachbedingte vor allem durch die Veränderung des Versmaßes, epochenbedingte dadurch, daß er die steife höfische Rhetorik der Originale in eine bürgerliche, dem Gefühlsleben stärker Raum gebende Redeweise verwandelte. Der Antrieb, gerade hier so radikal zu verfahren, war durch die Gattung verursacht: Goethe wollte bühnenwirksam, er wollte so übersetzen, daß die Stücke beim Publikum ankamen, und um dieses Zieles willen mußten alle die Charakteristika der Originale geopfert werden, deren Fremdartigkeit das Publikum hätte überfordern oder abstoßen können.

Wieder anders ist der Befund, den die Verdeutschung der Autobiographie Benvenuto Cellinis zu erkennen gibt.[43] Goethe hat zwar auch hier im Hinblick auf die Erwartung seines Publikums, also ‚parodistisch', übersetzt; er sah sich jedoch dabei abermals vor eine andere Aufgabe, vor andere Voraussetzungen der Transposition gestellt als bei *Rameaus Neffen* und bei den Voltaire-Stücken. Während im Falle von *Rameaus Neffen* nur eine geringe sprachliche und so gut wie keine epochenbedingte Distanz zu überwinden war und während im Falle der Voltaire-Stücke die Entwicklung des Zeitstils und insbesondere der Gattung Tragödie Bearbeitungen erforderlich machte, die sich erheblich weiter vom Ausgangstext entfernten, als der Begriff des Übersetzens zugesteht, handelte es sich bei

---

41 AA 15, S. 177 f.; FA I, 11, S. 541.

42 Hierzu Kilchenmann (Anm. 39), S. 332 ff.; Jürgen von Stackelberg*: Ein Mahomet aus Fleisch und Blut: Zu Goethes Übersetzung von Voltaires Tragödie „Le Fanatisme ou Mahomet le Prophète"*. In: Colloquium Helveticum 18 (1993), S. 19 ff.

43 Hierzu Karl Vossler: *Goethes Cellini-Übersetzung*. In: *Goethes Werke*. Hrsg. von Karl Heinemann. Bd. 27. Leipzig/Wien o.J. [1905], S. 7 ff. Vgl. derselbe*: Goethe und das romanische Formgefühl*. In: *Südliche Romania*. München/Berlin 1940, S. 102. Wenig förderlich Irmgard Nickel: *Goethes Übersetzung der Vita des Benvenuto Cellini*. In: Goethe 26 (1964), S. 223 ff.

der Cellini-Biographie zwar wieder um die sprachlich-stilistische Ebene, nicht um Probleme des Epochen- oder Gattungswandels, aber diesmal, im Gegensatz zum Dialog von Diderot, um erhebliche Differenzen zwischen Original und angestrebter Wiedergabe. Goethe hat sich also angesichts des von literarischer Formung weit entfernten, geradezu struppigen Textes der Cellini-Vita zu Freiheiten veranlaßt gesehen, die denen der Voltaire-Übersetzungen wenig nachstehen – sie hatten lediglich andere Ursachen.

Ein charakteristisches Beispiel – es entstammt dem elften Kapitel des ersten Buches in der Einteilung Goethes – möge diesen Sachverhalt veranschaulichen. Cellini schreibt:

> In questo dì medesimo, passando io per piaza Naona, avendo meco quel mio bello can barbone, quando io sono giunto dinanzi alla porta del bargello, il mio cane con grandissimo impito forte latrando si getta dentro alla porta del bargello a dosso a un giovane, il quale aveva fatto così un poco sostenere un certo Donnino, orefice, da Parma, già dicepol di Caradosso, per aver aùto indizio che colui l'avessi rubato. Questo mio cane faceva tanta forza di volere sbranare quel giovane, che, mosso i birri a compasione, massimamente il giovane audace difendeva bene le sue ragione, e quel Donnino non diceva tanto che bastassi, maggiormente esendovi un di quei caporali de' birri, che era genovese e conosceva il padre di questo giovane; in modo che, fra il cane e quest' altre occasione, facevan di sorte che volevan lasiar andar via quel giovane a ogni modo.[44]

Goethe hat dieser ungefügen Darstellung die folgende Form gegeben:

> An demselbigen Tage ging ich mit meinem Hund über Piazza Navona. Als ich vor die Türe des obersten Häschers kam, stürzte mein Hund mit großem Gebelle ins Haus und fiel einen jungen Menschen an, den ein gewisser Goldschmied von Parma, namens Donnino, als des Diebstahls verdächtig, hatte einziehen lassen. Sie waren eben im Wortwechsel begriffen, der junge Mensch leugnete kecklich alles ab, und Donnino schien nicht Beweise genug zu haben; nun fiel noch gar der Hund mit solcher Gewalt den Beklagten an, daß die Häscher Mitleid mit ihm hatten und ihn wollten gehen lassen, um so mehr, als unter diesen ein Genueser war, der seinen Vater kannte.[45]

Die deutsche Wiedergabe weicht, wie ersichtlich, in nicht geringem Maße vom Original ab: Goethe hat gekürzt, hinzugefügt und umgestellt. Drei Details wurden gestrichen, weil sie den Ablauf der Szene unnötig zu verzögern schienen: daß es sich bei dem Hund um einen schönen Pudel handelte, daß der Goldschmied Donnino ein Schüler des Caradosso war und daß der Häscher aus Genua, der den Vater des jungen Mannes kannte, den Rang eines Korporals innehatte. Die übrigen Abweichungen sind offenbar von dem Bestreben diktiert, aus der umständlichen und verschachtelten Darstellung Cellinis einen anschaulichen, einprägsamen Bericht zu machen: Goethe sagt statt des zweimaligen „alla porta del bargello" beim zweiten Male einfach „ins Haus"; er füllt die Szene durch den Zusatz „Sie waren eben im Wortwechsel begriffen" auf; er zieht die Reaktion der Häscher durch Umstellung des Mitleid-Motivs in eins zusammen.

---

44 Benvenuto Cellini: *La Vita*. Hrsg. von Lorenzo Bellotto. Parma 1996, 1,54 (S. 201 f.).

45 AA 15,516; FA I, 11, S. 113 f.

Was Goethe als Übersetzer geleistet hat und welchen Maximen er hierbei gefolgt ist: das zu diesem Thema Gesagte bedarf nunmehr noch der Ergänzung, daß die von Wieland geübte, die ‚parodistische' Manier nicht die einzige war, die er angewandt hat. Wie schon erwähnt,[46] hat er bei der Napoleon-Ode Manzonis sowie bei einigen altsprachlichen Texten offensichtlich auch in seiner Praxis der strengen Methode Vossens, der Methode also, die ihm in seiner Theorie über alles ging, den Vorzug gegeben.

Goethe hat, von dem religionsgeschichtlich bedeutsamen Stoff angezogen, eine Szene aus den *Bakchen* (*Bacchantinnen*) des Euripides übersetzt, jene schauerliche Szene, in der Agave im Dialog mit ihrem Vater Kadmos aus ihrem Wahn erwacht und erkennt, daß sie das Haupt ihres Sohnes Pentheus, nicht das eines Löwen, aus dem Gebirge mitgebracht hat. Der Anfang der von Goethe verdeutschten Partie lautet im Original:

Κα. ὦ πένθος οὐ μετρητὸν οὐδ' οἷόν τ' ἰδεῖν,
φόνον ταλαίναις χερσὶν ἐξειργασμένων.
καλὸν τὸ θῦμα καταβαλοῦσα δαίμοσιν
ἐπὶ δαῖτα Θήβας τάσδε κἀμὲ παρακαλεῖς.
οἴμοι κακῶν μὲν πρῶτα σῶν, ἔπειτ' ἐμῶν·
ὡς ὁ θεὸς ἡμᾶς ἐνδίκως μέν, ἀλλ' ἄγαν,
Βρόμιος ἄναξ ἀπώλεσ' οἰκεῖος γεγώς.
Αγ. ὡς δύσκολον τὸ γῆρας ἀνθρώποις ἔφυ
ἔν τ' ὄμμασι σκυθρωπόν. εἴθε παῖς ἐμὸς
εὔθηρος εἴη, μητρὸς εἰκασθεὶς τρόποις,
ὅτ' ἐν νεανίαισι Θηβαίοις ἅμα
θηρῶν ὀριγνῷτ'.[47]

Goethe hat diesen Text wie folgt wiedergegeben:

KADMUS. O Schmerzen! grenzenlose, nicht dem Blick zu schaun,
Totschlag geübt, ein jammervolles Händewerk.
Mag dies den Göttern hochwillkommnes Opfer sein;
Zum Gastmahl aber rufst du Theben, rufest mich.
O weh des Unheils, dir zuerst und mir sodann:
So hat der Gott uns, zwar gerecht, doch ohne Maß,
Obschon Verwandte, zugeführt dem Untergang.
AGAVE. So düster lustlos wird das Alter jeglichem
Getrübten Auges. Aber möge doch mein Sohn
Jagdglücklich sein, nach mütterlichem Vorgeschick,
Wenn er, thebaisch jungem Volke zugesellt,
Auf Tiere strebt.[48]

Hier zeigt Goethe, was es für ihn heißt, sich eng an das Original anzuschließen, und was er unter einer Übersetzung versteht, die ihr Erzeugnis „dem Original identisch machen

---

46 S. o. S. 38.

47 Euripides: *Bacchae*; V. 1244 ff.

48 *Die Bacchantinnen des Euripides* (AA 15, S. 295 f.; FA I, 12, S. 181).

möchte". Das Versmaß, der jambische Trimeter, wird unverändert übernommen, und die deutsche Fassung folgt Vers für Vers exakt der Euripideischen Vorlage. Die Entsprechungen erstrecken sich, wenn irgend möglich, auch auf das Innere der Verse – so bereits in dem ersten Ausruf, der mit der Wortfolge

O Schmerzen! grenzenlose, nicht dem Blick zu schaun,

nahezu unverändert das griechische Muster abbildet. Die Syntax des zweiten Verses ist in der deutschen Wiedergabe ähnlich offen wie im Original, und der fünfte Vers übernimmt nicht nur die Reihenfolge der Satzglieder, sondern auch den exklamativen Genitiv „O weh des Unheils". So geht es fort – es sei lediglich noch auf die Neuprägung „jagdglücklich" hingewiesen, das genaue Äquivalent des Kompositums εὔθηρος, das hier zum ersten Male begegnet; Goethe hat das von ihm ersonnene Wort an die dem Original entsprechende Versstelle placiert.

Das Lateinische war Goethe als Sprache der Wissenschaften stets gegenwärtig (es wurde dort erst in der zweiten Hälfte des 18. Jahrhunderts mehr und mehr von den Nationalsprachen verdrängt[49]); er hat sich gleichwohl nie veranlaßt gesehen, einen größeren lateinischen Text ins Deutsche zu übertragen. Unter den Proben geringen Umfangs, die auf die Nachwelt gekommen sind, ragt die Übersetzung des frühmittelalterlichen Hymnus *Veni, creator spiritus* hervor. Auch dort hat sich Goethe um Wörtlichkeit bemüht, wenngleich wohl nicht ganz so rigoros wie im Falle der Euripideischen *Bakchen*. Die ersten drei Strophen des Originals und der Goetheschen Version lauten wie folgt:[50]

Veni, creator spiritus, Mentes tuorum visita, Imple superna gratia, Quae tu creasti pectora!	Komm heiliger Geist, du Schaffender, Komm, deine Seelen suche heim; Mit Gnadenfülle segne sie Die Brust, die du geschaffen hast.
Qui paracletus diceris, Donum Dei altissimi, Fons vivus, ignis, caritas Et spiritalis unctio.	Du heißest Tröster, Paraklet, Des höchsten Gottes Hochgeschenk, Lebendger Quell und Liebesglut Und Salbung heiliger Geisteskraft.
Tu septiformis munere, Dextrae Dei tu digitus, Tu rite promisso patris Sermone ditans guttura.	Du siebenfaltiger Gabenschatz, Du Finger Gottes rechter Hand, Von ihm versprochen und geschickt, Der Kehle Stimm und Rede gibst.

Die Regel der Vers-für-Vers-Entsprechung ist auch hier gewahrt; die Wortwahl ist mitunter etwas frei, und in der Reihenfolge hätte sich jedenfalls im vierten Vers ein engerer Anschluß bewerkstelligen lassen:

Die du geschaffen hast, die Brust.

---

49 Vgl. o. S. 29 f.

50 Das Original z. B. in: Karl Langosch: *Hymnen und Vagantenlieder*. Darmstadt [4]1975, S. 54. Goethes Übersetzung: AA 15, S. 131 f.; FA I, 12, S. 195, dortselbst S. 1075 f. auch das Original.

Im ganzen bestätigt die Übersetzung des lateinischen Hymnus, daß Goethe die Vossische Übersetzungsart bei altsprachlichen Texten für angemessen hielt, wie er andererseits bei Werken aus einer neuzeitlichen europäischen Literatur alles Fremdartige abgestreift und sie in einer dem Zielpublikum genehmen Weise dargeboten wissen wollte. Seine Übersetzungsmaximen nahmen auf dieses Kriterium nicht Bedacht, und auch für das bürgerliche Lesepublikum des 19. Jahrhunderts hat offenbar unausgesprochen gegolten, daß antike Klassiker streng und à la Voss, neuzeitliche Autoren hingegen zielsprachenkonform zu übersetzen seien.

GÜNTHER DEBON

Goethes Berührungen mit China

Goethe war im Zeitalter der Sänften und Seidenkleider, der blau-weißen Prunkvasen, der Lackmöbel und des Tees aufgewachsen, inmitten chinesischer Produkte oder deren Nachahmungen also.

Die Peking-Tapeten mit ihren Pagoden im Salon des Vaterhauses und die Porzellanmännchen mit ihren hängenden Schnurrbärten sind oft genug erwähnt worden und damit die Skepsis, wenn nicht Verweigerung, welche der Dichter allem Chinesischen jahrzehntelang entgegengebracht hat.[1]

Auch in seiner Kenntnis der chinesischen Geographie, Geschichte und Literatur war er ein Kind seiner Zeit. 1781 hatte er die *Mémoires concernant [...] les [...] Chinois* gelesen, ein Sammelwerk der Jesuitenmissionare in Peking. Das ergibt sich aus seiner Tagebucheintragung vom 10. Januar mit dem Stoßseufzer: „O Ouen Ouang!"[2]

Die *Description [...] de la Chine [...]* des Paters Jean Baptiste du Halde in Paris war Goethe ebenfalls bekannt. Eine deutsche Ausgabe in vier Bänden erschien von 1747 bis 1749.[3] Einem Schauspiel und einer Erzählung im dritten Band dieses Werkes soll Goethe die Handlung seines dramatischen Fragments *Elpenor* (1781–1806) entnommen haben – „zweifellos", wie Woldemar Freiherr von Biedermann 1899 schrieb. Seine Lehrmeinung wird bis heute wiederholt und nur gelegentlich bezweifelt.[4]

---

1 Über den Einfluß Chinas auf das Rokoko, auch in materieller Hinsicht, informiert Adolf Reichwein in: *China und Europa. Geistige und künstlerische Beziehungen im 18. Jahrhundert.* Berlin 1923, S. 29–82. – Titel zum Thema „Goethe und China" finden sich in Anm. 4. Zur Ergänzung diene die Bibliographie in *Goethes Morgenlandfahrten* (Anm. 9), S. 64 f.

2 *Mémoires concernant l'histoire, les sciences, les arts, les mœurs, les usages etc. des Chinois.* Par les Missionaires de Pekin. 16 Bde. Paris 1776–1814. – Zur Tagebucheintragung Goethes siehe Günther Debon: *China zu Gast in Weimar.* Heidelberg 1994, S. 135–140.

3 Jean Baptiste Du Halde SJ: *Description géographique, historique, chronologique, politique, et physique de l'empire de la Chine et de la Tartarie Chinoise [...].* 4 Bde. Paris 1735 ff. Die ergänzte deutsche Ausgabe: *Ausführliche Beschreibung des Chinesischen Reiches und der grossen Tartarey.* Rostock 1747–1749.

4 Das Schauspiel heißt *Die große Rache des Waisensohnes aus dem Hause Dschao* (*Dschao-schih gu-örl da bao-tschou*), meistens verkürzt als *Der Waisensohn aus dem Hause Dschao.* – Das Schauspiel stammt aus der mongolischen Yüan-Dynastie (1260–1368). Die Erzählung *Hi-örl* (ein männlicher Vorname) ist die 31. Novelle aus der Sammlung *Gin-gu ki-dschuan* (*Seltsame Geschichten aus neuer und alter Zeit*) und ist in der Ming-Zeit (1368–1644) geschrieben. – Biedermanns These im Kapitel *Goethe und das Schriftthum China's* in: Woldemar Freiherr von Biedermann: *Goethe-Forschungen.*

1794 entlieh Goethe von Schiller einen chinesischen Roman in deutscher Übersetzung, *Die Geschichte von einer gut Erwählten*, wie wir den Titel *Hao-kiu-dschuan* wiedergeben möchten. Goethe hat sie im Gedächtnis behalten: 1815 las er bei Boisserées in Heidelberg aus dem Roman vor und erklärte ihn.[5]

Freiherr von Biedermann fand auch hier eine Quelle für Goethes Schaffen: Das strenge Sittlichkeitsdenken der Protagonistin Eisherz soll die Entsagung der Hilarie im *Mann von funfzig Jahren* bestimmt haben. Diese recht gezwungene Herleitung ist ebenfalls noch lebendig.[6]

Im Januar 1798 verschaffte Erasmus Franciscis *Neupolirter Geschicht- Kunst- und Sittenspiegel* von 1671 Goethe eine kurze, folgenlose Berührung mit dem chinesischen Idealismus im 16. Jahrhundert.[7]

Im Oktober 1813, als der Thron „seines" Kaisers Napoleon zu wanken begann, vergrub Goethe sich in „Sinica"; das sind vorwiegend Berichte geographischen, historischen und volkskundlichen Inhalts.[8]

Im November und Dezember desselben Jahres verzeichnet das Tagebuch zwei Besuche des Hofrats Julius Heinrich Klaproth am Frauenplan. Woldemar von Biedermann folgert daraus, der Dichter habe bei dem Orientalisten die chinesische Sprache und Schrift erlernt. Auch diese Legende wird mancherorts gern geglaubt. In Wirklichkeit aber hatte man sich am 10. November über geologische Dinge unterhalten.[9]

Anderweite Folge. Leipzig 1899, S. 173–197; hier S. 176–179. – Dem Urteil Biedermanns folgen, zumindest was das Schauspiel betrifft und mehr oder weniger getreu, Richard Wilhelm: *Goethe und die chinesische Kultur.* In: Jb. des Freien Deutschen Hochstifts 1927, S. 301–316; hier S. 309; Chuan Chen: *Die chinesische schöne Literatur im deutschen Schrifttum.* Kiel 1933, S. 41–44; Ed. Horst von Tscharner: *China in der deutschen Dichtung bis zur Klassik.* München 1939, S. 82; Yang En-lin: *Goethes Elpenor in seiner Beziehung zur chinesischen Literatur.* In: GJb 92 (1975), S. 233–255; Erich Ying-yen Chung: *Chinesisches Gedankengut in Goethes Werk.* Mainz 1978, S. 202 f.; Willy Richard Berger: *China-Bild und China-Mode im Europa der Aufklärung.* Köln/Wien 1990; Yan Baoyu im *Goethe-Handbuch.* Bd. 4/1. Stuttgart/Weimar 1998, S. 164. – Ablehnend nur Christine Wagner-Dittmar im Beitrag *Goethe und die chinesische Literatur.* In: Erich Trunz (Hrsg.): *Studien zu Goethes Alterswerken.* Frankfurt a. M. 1971, S. 122–228; hier S. 171.

5 Die Übersetzung stammt von Christoph Gottlieb von Murr (1733–1811) und hat den Titel *Haoh Kjöh Tschwen, d. i. die angenehme Geschichte des Haoh Kjöh. Ein chinesischer Roman in vier Büchern [...].* Leipzig 1766. – Zur Lesung in Heidelberg siehe Günther Debon: *Goethes Begegnung mit Heidelberg.* Heidelberg 1992, S. 181–191.

6 Biedermann (Anm. 4), S. 188–195; Ursula Aurich: *China im Spiegel der deutschen Literatur des 18. Jahrhunderts.* Berlin 1935, S. 97; Chung (Anm. 4), S. 211; halbwegs anerkennend Ingrid Schuster: *Vorbilder und Zerrbilder. China und Japan im Spiegel der deutschen Literatur 1773–1890.* Bern u. a. 1988, S. 122 f.; und Berger (Anm. 4), S. 274 sowie Yan Baoyu (Anm. 4), S. 164. Nüchterner wieder Wagner-Dittmar (Anm. 4), S. 171.

7 Günther Debon (Anm. 2), S. 165–178.

8 Siehe das Tagebuch zwischen dem 1. und 16. sowie am 29. Oktober (WA III, 5, S. 77 f. u. S. 81). – Elise von Keudell: *Goethe als Benutzer der Weimarer Bibliothek.* Weimar 1931, S. 138–140, mit zehn Titeln. Neun davon wurden am 17. November zurückgegeben, einen Monat nach der Völkerschlacht bei Leipzig.

9 Biedermann (Anm. 4), S. 181; WA III, 5, S. 83 (10. November) und S. 86 (1. Dezember); WA IV, 24, S. 28–30. Zum Fortleben der Legende siehe Günther Debon: *Was wußte Goethe von der chinesischen Sprache und Schrift?* In: Jochen Golz (Hrsg.): *Goethes Morgenlandfahrten. West-östliche Begegnungen.* Frankfurt a. M. 1999, S. 54–65.

Erst Anfang 1827 kam Goethe mit der chinesischen Literatur in engere Berührung. Am 29. Januar lieh er sich in der Großherzoglichen Bibliothek die *Chinese Courtship* aus. Das ist der von Peter Perring Thoms übersetzte Versroman *Hua-dsiän-gi, Die Geschichte vom Blumenpapier* aus dem 17. Jahrhundert. Im Anhang hatte Thoms einige Beispiele aus den *Gedichten zu Bildern von hundert vortrefflichen Frauen* angefügt. Vier davon hat Goethe noch am 4. Februar umgedichtet und unter dem Titel *Chinesisches* in *Ueber Kunst und Alterthum* eingerückt.[10] Das Grazile und Neckische herrscht in den vier ziemlich freien Nachdichtungen vor, die formal nicht an Goethes sonstige Lyrik heranreichen.

Am 31. Januar hatte der Dichter mit Eckermann über den Versroman gesprochen. Er hatte bei dieser Gelegenheit die wohlbekannten Worte gesagt:

> Die Menschen denken, handeln und empfinden fast eben so wie wir und man fühlt sich sehr bald als ihres Gleichen, nur daß bey ihnen alles klarer, reinlicher und sittlicher zugeht. [...] Aber eben durch diese strenge Mäßigung in allem hat sich denn auch das chinesische Reich seit Jahrtausenden erhalten und wird dadurch ferner bestehen.

Auf die Frage Eckermanns, ob der Roman vielleicht einer ihrer vorzüglichsten wäre, antwortete Goethe: „Keineswegs, die Chinesen haben deren zu Tausenden und hatten ihrer schon, als unsere Vorfahren noch in den Wäldern lebten.“[11]

Bei allem, was China betrifft, ins Überdimensionale zu verfallen, liegt in jenem Riesenreich mit seiner langen Geschichte begründet; Goethe steht da nicht allein.

Die wirklich großen Romane lassen sich fast an einer Hand abzählen.[12] Es folgt ein Dutzend zweit- und drittklassiger Titel. Ob es damals überhaupt hundert chinesische Romane gegeben hat, wäre noch zu fragen.

Auch Goethes Zeitangabe ist viel zu hoch gegriffen. Vermutlich hat er die Romanliteratur mit der chinesischen Literatur vermengt. Die begann in der Tat mit den Liedern des *Schih-ging* im ersten vorchristlichen Jahrtausend.[13] Doch die Romane stammen erst aus der

---

10 *Ueber Kunst und Alterthum* VI, 1 (1827), S. 159–163. – Vgl. Richard Wilhelm: *Chinesisches. Gedichte hundert schöner Frauen, von Goethe übersetzt.* In: Chinesisch-deutscher Almanach für das Jahr Gi Sï 1929/30, S. 13–20; Momme Mommsen, unter Mitwirkung von Katharina Mommsen: *Die Entstehung von Goethes Werken in Dokumenten.* Berlin 1958, S. 181–183; Siegfried Behrsing: *Goethes „Chinesisches“.* In: Wissenschaftliche Zs. der Humboldt-Universität zu Berlin, Ges.-Sprachw. R. XIX (1970) 3, S. 244–258.

11 Heinrich H. Houben (Hrsg.): *Gespräche mit Goethe in den letzten Jahren seines Lebens. Von Johann Peter Eckermann.* Zehnte Originalauflage. Leipzig 1910, S. 180 f.

12 Die „sechs klassischen Romane“ sind 1. das *San-guo dschih (tung-su) yän-i, Darlegung der ‚Geschichte der Drei Reiche‘ (im volkstümlichen Stil)*, von Lo Guan-dschung (ca. 1330–1400); 2. das *Schui-hu dschuan, Der Bericht aus den Sumpfgebieten*, von Gin Jen-jui (1608–1661); 3. das *Gin-Ping-Me, Pflaumenblüten in goldener Vase*, des anonymen „Lachenden Gelehrten“ (um 1600); 4. das *Si-yu gi, Die Reise nach dem Westen*, von Wu Tscheng-en (ca. 1500–ca. 1582); 5. das *Ju-lin wai-schih, Die inoffizielle Geschichte der Gelehrten*, von Wu Ging-dse (1701–1754); 6. das *Hung-lou-mong, Der Traum der roten Kammer*, von Tsao Süä-kin (1715–1763). – Näheres bei Helwig Schmidt-Glintzer: *Geschichte der chinesischen Literatur.* Bern/München/Wien 1990, S. 426–438 u. 479–482; die Übersetzungen in englischer, französischer und deutscher Sprache S. 624–626 u. 631 f.

13 Schmidt-Glintzer (Anm. 12), S. 27–25; Übersetzungen und Abhandlungen zum *Buch der Lieder* S. 581 f.

Ming-Zeit, das heißt aus dem 14. bis 17. Jahrhundert. Chinas berühmtester Roman, *Der Traum der roten Kammer* (*Hung-lou-mong*), stammt aus dem 18. Jahrhundert.

Über den freundlichen Worten, mit denen Goethe die chinesischen Romane bedachte, dürfen nicht jene Sätze vergessen werden, die er (im selben Gespräch mit Eckermann) seinem Plädoyer für die „Welt-Literatur" anschloß:

> Aber auch bey solcher Schätzung des Ausländischen dürfen wir nicht bey etwas Besonderem haften bleiben und dieses für musterhaft ansehen wollen. Wir müssen nicht denken, das Chinesische wäre es, oder das Serbische, oder Calderon, oder die Nibelungen; sondern im Bedürfniß von etwas Musterhaftem müssen wir immer zu den alten Griechen zurückgehen, in deren Werken stets der schöne Mensch dargestellt ist. Alles übrige müssen wir nur historisch betrachten und das Gute, so weit es gehen will, uns daraus aneignen.

Trotz dieser Einschränkung begann Goethe am 9. Mai die Lektüre eines weiteren Romans aus dem Reich der Mitte, des *Yü-Giao-Li*, in der französischen Übersetzung durch Jean Pierre Abel-Rémusat, dort unter dem Titel *Les deux cousines*.[14]

Fraglos haben beide Romane mit ihren intensiven Naturschilderungen den Dichter zu seinen *Chinesisch-Deutschen Jahres- und Tageszeiten* angeregt, die größtenteils zwischen dem 12. Mai und 8. Juni geschrieben wurden. Besonders das erste der vierzehn Gedichte weist chinesische Ingredienzien auf:

> Sag was könnt' uns Mandarinen,
> Satt zu herrschen, müd zu dienen,
> Sag was könnt' uns übrig bleiben
> Als in solchen Frühlingstagen
> Uns des Nordens zu entschlagen
> Und am Wasser und im Grünen
> Fröhlich trinken, geistig schreiben,
> Schaal' auf Schaale, Zug in Zügen?[15]

Herren der Gesellschaft, die sich im Garten, vom Reiswein inspiriert, der Dichtkunst und Kalligraphie hingeben, sind in den Romanen oft geschildert. Doch schon in diesem Gedicht bewährt sich das „Deutsche" im Titel der kleinen Gedichtfolge: Mit dem „Norden" ist durchaus nicht Peking, die „Nördliche Hauptstadt", gemeint, wie man seit Woldemar von Biedermann gerne glaubt.[16] Auch wenn der Chinese die Hauptstadt mit ihrem Kaiserpalast verläßt und sich ins Grüne begibt, bleibt er im Norden Chinas. Es handelt sich vielmehr um den Norden Goethes: die „Dunst- und Nebelwege" des *Faust I*, zugleich vermutlich um das

---

14 *Yü-Giao-Li*, wörtlich „Jaspis, Anmut, Birne", ist so aufzulösen: „Fräulein ‚Roter Jaspis', mit Beinamen ‚Ohne Anmut', und Fräulein Lu, mit Beinamen ‚Birnentraum'". Kurz vor der Geburt der letzteren hatte ihre Mutter von Birnen geträumt. – Die Übersetzung Abel-Rémusats war 1826 in Paris erschienen.

15 Zit. nach dem *Berliner Musen-Almanach für das Jahr 1830*, der Goethes verlorene Handschrift am treuesten bewahrt. Günther Debon: *Die „Chinesisch-Deutschen Jahres- und Tageszeiten"*. In: *China zu Gast in Weimar* (Anm. 2), S. 199–240; hier S. 296, Anm. 14.

16 Woldemar Freiherr von Biedermann: *„Chinesisch-deutsche Jahres- und Tageszeiten"*. In: ders.: *Goethe-Forschungen*, Neue Folge. Leipzig 1886, S. 426–446; hier S. 435.

Weimarer Schloß und den Frauenplan, den Goethe am 12. Mai, nach einer Familienszene verlassen hatte, um sich wieder im Gartenhaus einzurichten.[17]

Im VI. Gedicht findet sich ein chinesischer Pavillon: „Verdeckt ist mir das bunte Dach, / Die Gitter und die Pfosten". Das XII. Gedicht nimmt noch einmal das Motiv des ersten auf, wenn die Gesellen kommen, um den Dichter mit Pinsel, Farbe und Wein im Grün des Gartens zu unterhalten.

Untypisch für die chinesische Lyrik sind dagegen die Schafe auf der Wiese (Gedicht III); nur halbwegs typisch der Pfau (Gedicht IV und V). Sie gehörten, wie Eckermann unter dem 22. März 1824 bestätigt, zu den Ilmwiesen bzw. zum Garten am Stern.[18]

Unchinesisch ist die Rose (Gedicht IX–XI). Sie spielt in der Dichtung und Malerei Chinas kaum eine Rolle. Auch zeitlich fallen die drei Rosengedichte aus dem Rahmen der übrigen Folge. Sie könnten sogar nach dem 29. Juli 1829 entstanden sein, als Goethe das kleine Werk noch einmal „bedacht und gefördert" hatte, im Hausgarten und der Rosenzeit näher („Ein Spätling noch am Stocke glänzt"). Die Herausgeber des *Berliner Musen-Almanach für das Jahr 1830* hatten dem Dichter den ersten Bogen freigehalten; das übrige war gesetzt, und Goethe mußte die fehlenden Seiten füllen. Die drei Gedichte weisen überdies nach Persien, wo die Rose beheimatet ist. Die Verbindung von Rose und Lilie (Gedicht XI) findet sich bei Hafis mehrmals.

Vor allem das achte Gedicht, *Dämmrung senkte sich von oben*, ist in Ost und West als ‚chinesisch' angesprochen worden, wobei sowohl das Statische wie das Dynamische der Verse als Begründung diente. Chinesisch ist allenfalls die Trauerweide, die in den Romanen oft vorkommt und die, über Westasien, aus China in die Landschaftsgärten Europas, auch an die Ilm, gelangt war. Wenn wir das wunderbare Gedicht als chinesisch inspiriert ansprechen, könnten wir das ebenso bei etlichen anderen Strophen Goethes (wie *Wandrers Nachtlied*) und bei ungezählten von Hölty, Eichendorff, Mörike oder Hebbel.

Stilistisch sind die *Jahres- und Tageszeiten* dadurch ‚westlich', daß sie keine historisch-literarischen Anspielungen oder Zitate enthalten, während in China gerade sie den Rang eines Dichters ausmachen. Formal ist die Folge ‚unchinesisch' dadurch, daß Metrum und Reimschema wechseln, während das klassische Gedicht Chinas nur den Fünf-Wort- und Sieben-Wort-Vers kennt und das Reimschema rigide vorschreibt, so daß für Variationen der Stimmung wenig Raum bleibt.

Ob Goethes Öffnung zum Fernen Osten mit seiner Abkehr vom Vorderen Orient zusammenhängt, wäre zu überlegen. Am 12. Januar 1827 hatte die Familie Eberwein ihn mit Musik unterhalten. Zum Schluß ließ er Madame Eberwein Lieder des *West-östlichen Divan* in der Vertonung ihres Gatten vortragen. Um das Lied an den Westwind bat er besonders. Dabei wußte niemand außer ihm, daß Marianne von Willemer die Verse geschrieben hatte. Eckermann berichtet:

> Nachdem die Gesellschaft gegangen, blieb ich noch einige Augenblicke mit Goethe allein. „Ich habe, sagte er, diesen Abend die Bemerkung gemacht, daß diese Lieder des Divans gar kein Verhältnis mehr zu mir haben. Sowohl was darin orientalisch als was darin lei-

---

17 So Karl Eduard von Holtei. Flodoard Freiherr von Biedermann, erg. u. hrsg. von Wolfgang Herwig: *Goethes Gespräche.* 5 Bde in 6 Tln. Zürich/Stuttgart 1965–1987, Bd. 3.2, Nr. 5980.

18 Heinrich H. Houben (Anm. 11), S. 80–82. – Auch das Grün der Wiese (Gedicht III), die Lilien (Gedicht II) und die Wolkenauflösung („Wolkentheilung"; Gedicht III) sind von Eckermann beobachtet worden.

denschaftlich ist, hat aufgehört in mir fortzuleben; es ist wie eine abgestreifte Schlangenhaut am Wege liegen geblieben."[19]

Eine neue Schlangenhaut wurde China nicht. Konfuzius, der geistig-moralische Begründer des Weltreichs und ‚Schutzpatron' der europäischen Aufklärung, ist, soweit wir sehen, kein einziges Mal von Goethe erwähnt worden. Bei Schiller kommt er wenigstens im Titel seiner *Sprüche des Confucius* vor, deren Maximen freilich allgemein-menschlich, nicht typisch chinesisch sind. Herder hat in seiner Teilübersetzung des *Dschung-yung* (*Das Buch der gerechten Mitte*), das zu den kanonischen Schriften des Konfuzianismus zählt, dem Weisen seinen Tribut gezollt.[20]

Auch von Lao-dse (Lao-tse) und Dschuang-dse, den traditionellen Vätern des Daoismus (Taoismus), wußte Goethe nichts; die bedeutenden Dichter Chinas waren ihm unbekannt. Siegmund Freiherr von Seckendorff dagegen, der vielbegabte Weltmann am Weimarer Hof, schlüpfte in das Gewand des großen, wenn nicht größten Dichters Du Fu (712–770), um seine Zurücksetzung durch Carl August anzuprangern.[21] Im Bildungsroman *Das Rad des Schicksals* steht der junge Dschuang-dse im Mittelpunkt, der von seinem Lehrer Lao-dse ins Leben entlassen wird, damit er die Geheimnisse des Dao, des ewigen Gesetzes, ergründe. Bemerkenswerterweise hat Freiherr von Seckendorff den Lao-dse schon als den Vermittler letzter Wahrheiten geschildert, während er in den Berichten der Jesuitenmission zum Propheten der Wollust gestempelt worden war.

Die Jesuiten lebten am streng konfuzianisch ausgerichteten Kaiserhof. So mußte das China-Bild, das Europa durch sie empfing, einseitig bleiben. Während Konfuzius und die ihm zugeschriebenen Bücher seit Ende des 17. Jahrhunderts – zunächst in lateinischer Sprache – bekannt wurden, ist das dem Lao-dse zugeschriebene *Dao-Dê-ging*, das *Heilige Buch vom Weg und von der Tugend*, erstmals 1842 durch Stanislas Julien, ins Französische, übersetzt worden. Zwei deutsche Übersetzungen, durch Victor von Strauß und Reinhold von Plaenckner, folgten 1870, die englische durch James Legge 1891.

Das großartige Sammelwerk daoistischer Mystik, das unter dem Namen des *Dschuang-dse* geläufig ist und, wie das *Dao-Dê-ging*, im 4. und 3. Jahrhundert v. Chr. kompiliert wurde, ist 1889 und 1891 ins Englische übersetzt worden, ins Deutsche 1912 durch Richard Wilhelm und erst seit 1920 dem deutschen Leser verfügbar.[22] Der Zen-Buddhismus, Chinas Antwort auf die Lehre des Buddha, mußte gar bis 1927 warten, um zunächst in der englischsprechenden Welt bekannt zu werden.[23]

---

19 Heinrich H. Houben (Anm. 11), S. 158 f.

20 Zu Schiller: Günther Debon (Anm. 2), S. 115–124; zu Herder: ebd., S. 125–133.

21 Die Bedeutung Siegmund von Seckendorffs für die China-Rezeption hat Horst von Tscharner erstmals und umfassend herausgearbeitet (Anm. 4, S. 92–95 u. 106–113). Wenn wir den Freiherrn in der Maske des Du Fu sehen, sind wir noch einen kleinen Schritt über von Tscharner hinausgegangen (*China zu Gast in Weimar*, S. 50–78).

22 Stanislas Julien: *Lao Tseu: Tao Te King. Le Livre de la Voie et de la Vertu.* Paris 1842; Victor von Strauß: *Laò-tsès Taò tê king.* Leipzig 1870; Reinhold von Plaenckner: *Lao-tse. Táo-te-king. Der Weg zur Tugend.* Leipzig 1870; James Legge: *The Texts of Taoism.* Bd. I: *The Tao Te Ching.* Oxford 1891. – Herbert A. Giles: *Chuang Tzu.* London 1889; James Legge: *The Texts of Taoism.* Bd. II: *Chuang Tzu.* Oxford 1891; Richard Wilhelm: *Dschuang Dsï. Das wahre Buch vom südlichen Blütenland/Nan Hua Dschen Ging.* Jena 1920 (Vorwort 1912).

23 Durch den Zen-Abt Daisetz T. Suzuki in vielen Publikationen, angefangen mit den *Essays in Zen-Buddhism I.* London 1927. Der zweite Band von 1933 ist 1957 unter dem Titel *Der Weg zur Er-*

Noch zu Lebzeiten Goethes, aber zu spät, als daß er sie zur Kenntnis nehmen konnte, erschien 1830 die von Julius Mohl herausgegebene Übertragung der frühesten Dichtung Chinas, der 305 Lieder des *Schih-ging*, das unter den Fünf Heiligen Büchern des Konfuzianismus aufgenommen worden ist. Die Übertragung selbst war schon um 1733 von Pater Lacharme geschaffen worden. Sie war recht ungenau, und erst 1871 vermittelte James Legge dem europäischen Leser ein getreues Bild vom Denken und Dichten der Chinesen zwischen dem 10. und 6. vorchristlichen Jahrhundert. Victor von Strauß hat die Lieder 1880 unter Wahrung von Metrum und Reimschema verdeutscht.[24]

Die Blütezeit des klassischen Gedichts, die Tang-Zeit (618–907) mit Du Fu und Li Taibo an der Spitze, wurde 1862 durch Marquis d'Hervey-Saint-Denys in französische Prosa übersetzt. 1899 gab Alfred Forke einen Überblick über die vorausgehenden Jahrhunderte in gereimter Form. Einen starken Impuls verdankte die Rezeption chinesischer Lyrik Hans Heilmann und seiner 1905 erschienenen Anthologie. Sie wurde zur Fundgrube für Hans Bethge und Klabund.[25]

Von den „sechs klassischen Romanen" wurde der erste, *Die Geschichte der Drei Reiche*, 1925 ins Englische übersetzt. In den 30er Jahren schuf Franz Kuhn seine verbreiteten, aber freien Übertragungen von vieren der Romane. Chinas größter Roman, *Der Traum der roten Kammer*, wurde erst zwischen 1973 und 1986 wissenschaftlich ins Englische übersetzt.[26]

Auch von der chinesischen Kunst konnte Goethe so gut wie nichts wissen. Die Porzellangefäße, die in den Schlössern Weimars und anderer Orte standen, waren meist für den Export bestimmt und nahmen dementsprechend Rücksicht auf den Geschmack der Abnehmer. Dasselbe gilt für die japanischen Stücke, die Goethe 1813 im Japanischen Palais zu Dresden vorfand und, gewiß nicht getrennt von den chinesischen Objekten, dem späteren Feldmarschall Heinrich Hermann Freiherrn von Heß liebevoll erklärte.[27]

---

leuchtung in Baden-Baden erschienen; *An Introduction to Zen Buddhism*, Kyoto 1934, deutsch als *Die große Befreiung* 1939 in Leipzig.

24 *Confucii Chi-king sive Liber Carminum. – Ex latina P. Lacharme interpretatione edidit Julius Mohl.* Stuttgart/Tübingen 1830; James Legge: *The Chinese Classics, Vol. IV. The She King, or The Book of Poetry.* Hongkong/London 1871; Victor von Strauß: *Schi-king. Das kanonische Liederbuch der Chinesen.* Heidelberg 1880.

25 Marquis d'Hervey-Saint-Denys: *Poésies de l'époque des Thang.* Paris 1862; Alfred Forke: *Blüthen chinesischer Dichtung aus der Han- und Sechs-Dynastie.* Magdeburg 1899; Hans Heilmann: *Chinesische Lyrik vom 12. Jahrhundert v. Chr. bis zur Gegenwart.* München/Leipzig 1905. – Zu Bethge und Klabund siehe Ingrid Schuster: *China und Japan in der deutschen Literatur 1890–1925.* Bern/München 1977, S. 94–104. – Eine Gesamtübersetzung des Li Tai-bo schuf Erwin Ritter von Zach zwischen 1924 und 1932, zu großem Teil in der fast unzugänglichen Zeitschrift *Die Deutsche Wacht*, Batavia. Seine Gesamtübersetzung des Du Fu ist 1952, von James Robert Hightower in Cambridge/Mass. herausgegeben, nachgedruckt worden (*Tu Fu's Gedichte*, 2 Bde.).

26 Charles H. Brewitt-Taylor: *San Kuo, or Romance of the three Kingdoms.* 2 Bde. Shanghai 1925; Franz Kuhn: *Kin Ping Meh, Oder die abenteuerliche Geschichte von Hsi Men und seinen sechs Frauen.* Leipzig 1930; *Der Traum der roten Kammer.* Leipzig 1932; *Die Räuber vom Liang Schan Moor.* Leipzig 1937; *San Kwo Tschi (Die Drei Reiche).* Berlin 1940, unter dem Titel *Die Schwurbrüder vom Pfirsichgarten.* Köln 1953 (eine Teilübersetzung). David Hawkes: *Cao Xueqin, The Story of the Stone.* Bd. 1–3. Harmondsworth 1973–80; fortgesetzt von John Minford. Bd. 4 u. 5. Harmondsworth 1982 u. 1986. (*Der Traum der roten Kammer* hatte ursprünglich den Titel *Die Geschichte vom Stein.*)

27 Günther Debon: *So der Westen wie der Osten. 13 Kapitel zur Dichtung, Kunst und Philosophie in Deutschland und China.* Heidelberg 1996, S. 85–93.

Erst um 1900, durch Vermittlung Japans und des Art nouveau, drang die edle Einfalt der Sung-Keramik in Europa ein und bestimmt noch heute unser Kunsthandwerk auf weite Strecken.[28]

Seine Kenntnis der chinesischen Malerei mußte Goethe aus den ansprechenden, aber anspruchslosen Buchillustrationen oder von den Darstellungen auf Lack und Porzellan beziehen, „mit ängstlicher Hand" gemalt auch sie. Wirklich gute Gemälde blieben hierzulande unzugänglich. 1921 stellte Otto Fischer die chinesische Landschaftsmalerei im Buche vor, 1922 Ernst Grosse die vorwiegend vom Zen geprägte Tuschmalerei Ostasiens. 1929 führte die Berliner Ausstellung *Chinesische Kunst* zum erstenmal in Europa Originale vor, weit mehr als tausend, darunter nur ein gutes Dutzend Gemälde.[29]

Vielleicht war es gut, daß in Goethes Tagen all das noch unbekannt war. Es würde sich ansonsten die beklemmende Frage stellen, ob es zur Weimarer Klassik gekommen wäre, wenn Goethe den *Dschuang-dse* mit seiner Naturfrömmigkeit, wenn er Gedichte des irdisch-überirdischen Li Tai-bo gelesen oder die stille Größe der chinesischen Landschaftsmalerei gesehen hätte – diesen einzigartigen Beitrag Chinas zur Weltkunst.

Es ist nicht dazu gekommen, und wir besitzen in der Weimarer Klassik eine sichere Heimat, einen Ort, zu dem die Welt pilgert. Unter den Pilgern sind viele Chinesen. Oft hören wir, daß sie Goethe als ihnen besonders wesensverwandt empfinden; man könnte von einer Berührung im Geiste sprechen. Wenn das größte Volk der Erde dem größten Deutschen gegenüber so fühlt, ist das hocherfreulich. Eine gewisse Vorsicht aber müssen wir bei jedem Vergleich walten lassen.

Goethe mit seinem langen Leben und China mit seiner langen Geschichte teilen die Mannigfaltigkeit ihrer Gedanken. Goethes Lob der Gotik und seine Abneigung gegen sie, seine widersprüchliche Meinung über die Deutschen, seine Vergöttlichung der Natur und sein ständiges Wirken für Kunst und Kultur, seine Anerkennung des Bösen als Korrelat zum Guten und das „Edel sei der Mensch, hilfreich und gut", sein dezidiertes Heidentum und die Bemerkung gegenüber dem Kanzler Friedrich von Müller 1830, er allein vielleicht wäre noch Christ – all dies sind vertraute Dinge.

China seinerseits war von drei disparaten Denk- und Moralsystemen geprägt: dem Konfuzianismus, dem Daoismus und dem Buddhismus, die sich zeitweise vehement bekämpften. Der Buddhismus wiederum zerfiel in eine Anzahl von Sekten, und der Daoismus des ‚Laodse' mit seinem Streben nach leiblicher Unsterblichkeit ist anders gefärbt als der Daoismus des ‚Dschuang-dse', wo in etlichen Kapiteln Tod und Leben als gleichwertig erkannt werden.

Nichts ist leichter, als für ein Goethe-Wort ein ähnliches im chinesischen Schrifttum zu finden. Um der genauen Differenzierung willen sollten wir nicht von Goethe sprechen, sondern vom Goethe des Sturm und Drang, vom vor-römischen und nach-römischen Goethe, von dem des *West-östlichen Divan* oder vom altersweisen. Auch sollten wir unterscheiden zwischen dem Schriftsteller, dem Briefschreiber und dem Gesprächspartner. Der Schrift-

---

28 Gut informierend Siegfried Wichmann: *Japonismus. Ostasien-Europa. Begegnungen in der Kunst des 19. und 20. Jahrhunderts.* Herrsching 1980, S. 314–357. Die japanische Keramik war von China und Korea stark beeinflußt.

29 Otto Fischer: *Chinesische Landschaftsmalerei.* München 1921; Ernst Grosse: *Die ostasiatische Tuschmalerei.* Berlin 1922; *Chinesische Kunst.* Ausstellung, veranstaltet von der Gesellschaft für Ostasiatische Kunst und der Preußischen Akademie der Künste Berlin. 12. 1.–2. 4. 1929. Berlin (1929). Der Katalog umfaßt 1272 Objekte.

steller spricht mit den Zungen seiner Geschöpfe; die Briefe sind von schwankender Vertraulichkeit: an Knebel und Zelter schreibt Goethe freier als sonst. In den Gesprächen mit Riemer, Müller und Eckermann differieren der Ton und auch die Themen. Schließlich haben wir zwischen Ernst und Ironie zu unterscheiden.

Grundsätzlich entsprach der Konfuzianismus am ehesten dem Wesen Goethes. Die Philosophie des Konfuzianers galt nicht der Spekulation, sondern dem Hier und Heute, dem Miteinander der Menschen. Sich im Dienste des Herrschers zu bewähren war sein Lebensziel. Die Vorbilder suchte er im höchsten Altertum. „Wer nicht von dreitausend Jahren / Sich weiß Rechenschaft zu geben", das könnte Konfuzius gesagt haben.

Einmal als gut Befundenes nicht zu ändern, war dessen Ideal und ein chinesisches Ideal schlechthin. So hielt Goethe stets an den Maßstäben des Griechentums fest. Dazu bedarf es der Pietät. Man hat die dreifache Ehrfurcht in der Pädagogischen Provinz der *Wanderjahre* mit dem konfuzianischen *Buch der Sohnespietät* (*Hiao-ging*) in Parallele gesetzt.[30]

In seiner Verehrung der Natur traf Goethe sich mit dem Daoismus. Für die polaren Kräfte des Yin und Yang findet sich mühelos Entsprechendes in seinem Weltentwurf, etwa das Zusammenspiel von Systole und Diastole. Das daoistische Postulat des Nicht-Tuns und Nicht-Redens jedoch wäre für Goethe unannehmbar gewesen. Widersprochen hätte er bestimmt dem Wort des Huai-nan-dse im 2. Jahrhundert v. Chr.: „Der Heilige hat seinen Ort im Dunkel; / Das Menschenvolk hat seinen Ort im Licht."

Ein langes Leben, wie es der Daoismus grundsätzlich erstrebte, war auch Goethes Ziel, aber kein Leben der Untätigkeit. „Ich muß gestehen", sagte er einmal zum Kanzler von Müller, „ich wüßte nichts mit der ewigen Seligkeit anzufangen, wenn sie mir nicht neue Aufgaben und Schwierigkeiten zu besiegen böte."[31] So hätte er dem Buddhismus mit seiner Flucht vor den Leiden der Welt noch weniger Verständnis entgegengebracht. „Dasein ist Pflicht", war sein Leitspruch und: „Wie es auch sei das Leben, es ist gut."

Einmal aber war Goethe dem daoistischen Lebensgefühl besonders nah gewesen, zugleich dem Li Tai-bo. Dessen Gestalt vor dem mächtigen Wasserfall im Lu-schan-Gebirge bildet ein bevorzugtes Motiv der Malerei in Ostasien. Es geht auf ein Gedicht des Li Tai-bo zurück, darin die Verse:

Fliegende Perlen zerstieben im Nebelgehänge,
Strömende Gischt kocht über am ragenden Fels.
Ich aber freu mich dein, du hochberühmter Berg,
Vor dem gestillt wird meines Herzens Trachten.[32]

Immer, wenn wir an diese Szene denken, erscheint uns Goethe vor dem Staubbach-Fall in der Schweiz. Die Schilderung verdanken wir dem Sekretär der Marquise Maria Antonia von Branconi. Der berichtete 1779 von Goethe:

> Er erzählte von seiner Reise mit dem Herzog, vom Staubbach bei Lauterbrunnen, angesichts dessen sein *Gesang der Geister über den Wassern* entstanden. Der Staubbach im Lauterbrunner Tal wäre ihm das höchste Ideal der Ruhe, sein Fall und Wasserstaub hätte ihn

---

30 Richard Wilhelm (Anm. 4), S. 315 f. mit einer Gegenüberstellung der Texte.

31 Am 26. 1. 1825. – Weitere Zitate zu Goethes Lob der Tätigkeit brachte jüngst Katharina Mommsen bei: *Goethes Lebenskunst.* In: *Insel-Almanach auf das Jahr 1999, Johann Wolfgang Goethe. Zum 250. Geburtstag.* Frankfurt a. M./Leipzig 1998, S. 11–37; hier S. 15–19.

32 Günther Debon: *Li Tai-bo. Gedichte.* Stuttgart 1989 u. ö., S. 118 f.

> mit einem seligen Gefühl überfallen; überhaupt wenn der Mensch sich nur stets der Ruhe überließe, würde er alles in der Natur ansehen, wie Natur es gibt.[33]

Freilich fährt Li Tai-bo, in buddhistischem Sinne, fort:

> Dir bin ich zubestimmt seit früherer Geburt.
> Hier scheid ich gern für ewig aus der Welt.

Und es zeigt sich, daß wir die angemahnte Vorsicht beim Vergleichen fast vergessen hätten.

---

33 Biedermann/Herwig (Anm. 17), Bd. 1, Nr. 527.
Erst nach Abschluß der Arbeit erschien *Goethe in China (1889–1999)* von Wuneng Yang, Frankfurt a. M. 2000. Das Buch vermittelt ein umfassendes Bild der Goethe-Verehrung vom Kaiserreich bis zur Volksrepublik.

TERENCE J. REED

*Unter allen Gipfeln: zu den Grundlagen Goetheschen Denkens**

Im Jahr des 250. Geburtstags Goethes wurde wiederholt beklagt, daß er uns bei dieser historischen Gelegenheit nichts Besonderes zu sagen habe, daß Name und Werk nicht zu einem Thema in Verbindung stünden, das den Zeitgenossen auf den Nägeln brennt. Freilich muß gefragt werden, ob man sich ähnliche Krisen wünsche wie diejenigen, welche bei früheren Zentenargeburtstagen für brennende Aktualität gesorgt haben: die politische Krise von 1932 etwa, da Goethe in der dem Untergang geweihten Weimarer Republik als Gewährsmann der staatserhaltenden sowie der völkischen Partei in Anspruch genommen wurde; oder die Situation von 1949, da er als Stütze und Stärkung beim politisch-kulturellen Neuanfang eingespannt wurde. Daß eine Kultur in normalen Zeiten ihren größten Schriftsteller an Tagesthemen knüpfen muß, ist eher ein Fehlschluß des Journalismus denn eine Funktion der Kritik. Wer so viel menschliche Erfahrung ausgelotet hat wie Goethe, ist in vielfältiger Weise zeitgemäß, und zu dieser Erfahrung gehören grundlegende Fragen der Stellung und Möglichkeiten des Menschen in der Welt, was man im 18. Jahrhundert gern „die Bestimmung des Menschen" nannte. Das ist eine körperliche, kognitive, psychologische, metaphysische und im weitesten Sinn religiöse Fragestellung, die bei so vielen Varianten unmöglich veralten kann.

Goethe war kein Zweifler per se, auch bei ihm hat es aber Unsicherheitsphasen gegeben. Das Gedicht *Grenzen der Menschheit* gehört einer Gruppe von – beim jüngeren Goethe – ungewöhnlich abstrakt reflektierenden Gedichten an, die in den 80er Jahren seine bisherige Position und sein Ethos revidieren zu wollen scheint. Es beginnt mit einer Demutsgeste gegenüber dem „uralten heiligen Vater", die um so frappanter ist, wenn man an die geradezu aggressiven Formulierungen eines Prometheus gegenüber Zeus und der Vorstellung von Göttern schlechthin zurückdenkt oder an die gar nicht demutsvollen Bestrebungen eines Ganymed, zum „alliebenden Vater" emporgetragen zu werden. Jetzt aber behauptet der Sprechende in Erwiderung auf die „segnenden Blitze", er küsse immer den Saum des göttlichen Kleides: „Denn mit Göttern / Darf sich nicht messen / Irgend ein Mensch". Die Prämissen seiner Demut werden gleich genannt (Strophe 2 u. 3). Die erste, fast wie eine Karikatur anmutende Skizze besagt, daß der zu hoch hinaus wollende Mensch ziellos herumschweben, nicht aber stolz fliegen würde, die zweite, daß der Erdgebundene weder im eigentlichen noch im übertragenen Sinne sehr weit zu reichen, es zu etwas Nennens-

* Dem Aufsatz liegt ein Vortrag zugrunde, der im Sommer 1999 an der Universität Bonn gehalten wurde.

wertem zu bringen vermöchte. Schlimmer aber ist, daß es neben den gleichermaßen verpönten Alternativen doch wohl keinen dritten Weg geben kann. Wenn weder abheben noch hienieden bleiben etwas bringt, was soll der Mensch da tun? Das Gedicht bleibt uns die Antwort auf diese zentrale Frage schuldig. Statt dessen bekommen wir eine Reihe weiter ausholender Metaphern vorgelegt, die die menschliche Existenz mit derjenigen der Götter kontrastiert. Es ist (Strophe 4 u. 5) von Strom und Wellen, Kette und Ringen die Rede, was zwar alles die Aufforderung zur Demut bekräftigt, das Problem aber nicht löst, wie man sich, zwischen Erde und Himmel gestellt, praktisch zu verhalten habe. Wir hören nur, was wir n i c h t tun sollen. Mag sein, daß nach dem existentiellen Übermut von Prometheus und Ganymed dem Dichter solche Verbote Priorität zu haben schienen. Der seit 1776 für die Belange einer wirklichen Gemeinschaft mitverantwortlich Gewordene mag die eigenen frühen Äußerungen selbstherrlicher Individualität haben korrigieren wollen. Er hat wohl nicht von ungefähr in dem Gedichtband seiner gesammelten *Schriften* von 1789/90 und in allen späteren zu Lebzeiten erschienenen Editionen *Grenzen der Menschheit* gleich nach *Prometheus* und *Ganymed* gestellt. Das spätere Gedicht erscheint demnach als bewußter ‚Rückzieher'. Eine solche Aporie ist für Goethe nicht typisch. Sie dient aber dazu, das existentielle Problem schärfer zu definieren, das er dann doch auf einem dritten Wege löst, indem er seine Bilder und damit auch sein Gesamtbild vom Menschen in der Welt im eigentlichen Sinn von Grund auf ändert. Die Alternativen von *Grenzen der Menschheit*, mit denen man es weder so noch so recht machen kann, ersetzt eine Kontinuität von Tiefe und Höhe, die, zunächst in der wirklichen Welt konstatiert, auch dem Denken und Dichten das Gesetz gibt.

Am liebsten schöpft Goethe seine Bilder aus der Pflanzenwelt:

> Indem wir den vegetativen Typus betrachten, so stellt sich uns bei demselben sogleich ein Unten und Oben dar. Die untere Stelle nimmt die Wurzel ein, deren Wirkung nach der Erde hingeht, der Feuchtigkeit und der Finsternis angehört, da in gerade entgegengesetzter Richtung der Stengel, der Stamm, oder was dessen Stelle bezeichnet, gegen den Himmel, das Licht und die Luft emporstrebt. (HA 13, S. 58).

Diese kühl naturwissenschaftliche Passage – sie steht im Essay *Die Absicht eingeleitet* aus dem ersten Band *Zur Morphologie* von 1817 – hat durch das Wort „strebt" bereits einen anthropomorphischen Anflug, an das Gedicht *Metamorphose der Pflanzen* erinnernd, wo Wachstum als ein „Sich erheben" und ein „Streben" evoziert wird (V. 19 f., 39, 52 u. 78) und wo am Gedichtschluß explizit gemacht wird, daß die Vorgänge in der Pflanzen- und der Menschenwelt verwandt sind. Weniger bekannt ist eine Stelle im Tagebuch der italienischen Reise, wo Goethe die Zypressen in einem Garten zu Verona bewundert: „Ein Baum dessen Zweige von unten bis oben, dessen ältester Zweig wie der iüngste gen Himmel strebt, der seine 300 Jahre dauert, |: nach der Anlage des Gartens sollen sie älter seyn :| ist wohl einer Verehrung wehrt" (Reisetagebuch, 17. 9. 1786; SchrGG 2, S. 78). Keine der angeführten Stellen setzt „streben" mit völligem Abheben gleich – im Gegenteil, das Sich-Erheben braucht feste Wurzeln. Erdgebundenheit bedeutet hier nicht Einschränkung, sie ist unentbehrliche Voraussetzung des Wachstums. Auch die hohen Zypressen mögen es im Verhältnis zum Himmelsgewölbe nicht allzu weit gebracht haben, sie haben gleichwohl ihr irdisches Potential, die „Bestimmung der Pflanze", erfüllt, und zwar dadurch, daß sie Tiefe und Höhe verbunden, aus der Tiefe die Kraft zur Erhebung gezogen haben. Somit stehen sie als Symbole, ja fast schon als Aufforderung an den Menschen da, es ihnen gleichzutun.

Eine ähnliche Kontinuität verbindet weit tiefere Tiefen und höhere Höhen der Erscheinungswelt. „Auf einem hohen nackten Gipfel sitzend" – so im Jahre 1784 der „Granit-Freund" Goethe – „und eine weite Gegend überschauend, kann ich mir sagen: Hier ruhst du unmittelbar auf einem Grunde, der bis zu den tiefsten Orten der Erde hinreicht, keine neuere Schicht, keine aufgehäufte zusammengeschwemmte Trümmer haben sich zwischen dich und den festen Boden der Urwelt gelegt" (HA 13, S. 255). Granit sei eben beides: „das Höchste und das Tiefste", er bilde „die Grundfeste unserer Erde [...], worauf sich alle übrigen mannigfaltigen Gebirge hinaufgebildet. In den innersten Eingeweiden der Erde ruht sie [diese Steinart; d. Vf.] unerschüttert" – und jetzt kommt die Erhebung – „ihre hohe Rücken steigen empor, deren Gipfel nie das alles umgebende Wasser erreichte" (ebd., S. 254). Noch einmal zeigt sich, wie die Dinge in natürlicher und notwendiger Kontinuität von den festen Tiefen zu den höchsten oder doch zu den irdisch höchstmöglichen Höhen emporsteigen. Zwar deutet Goethe hier auch über das Irdische und naturwissenschaftlich Meßbare hinaus, indem er sich vorstellt, dieser Gipfel sei der älteste Altar der Welt, auf dem er dem „Wesen aller Wesen" ein Opfer darbringen könne. Seine Seele „wird über sich selbst und über alles erhaben und sehnt sich nach dem nähern Himmel" – so nahe an den Himmel können einen die Granitrücken schon bringen –, doch fühlt er sich bald durch die Sinne wieder nach der Erde hingezogen: „Aber bald ruft die brennende Sonne Durst und Hunger, seine menschlichen Bedürfnisse, zurück" (HA 13, S. 256).

Das Wort „Grundfeste", das den Granit ortete und pries, kehrt bald in einem auf den ersten Blick ganz anderen Kontext wieder. Goethes erste halbwegs abstrakt theoretische Äußerung zur Kunst, der Aufsatz *Einfache Nachahmung der Natur, Manier, Stil* von 1789, zeichnet die Stufen einer idealen Künstlerentwicklung nach bzw. schreibt sie vor. Von deren dritter, fortgeschrittenster heißt es: „so ruht der Stil auf den tiefsten Grundfesten der Erkenntnis, auf dem Wesen der Dinge, insofern uns erlaubt ist, es in sichtbaren und greiflichen Gestalten zu erkennen" (HA 12, S. 32). Was sich von diesen Grundfesten in ähnlicher Weise erheben soll wie die Berge von ihren tief in die Erde versenkten, sind offensichtlich diejenigen Werke, die wir gemeinhin als Gipfel der Kunst bezeichnen. Der Gebrauch meint implizit die Konkurrenz mit anderen Werken: Gipfel ragen auf dem Talhintergrund oder im Vergleich zu kleineren Bergen hervor. Goethe denkt aber nicht an Konkurrenz, sondern an Genese; er schaut nicht in erster Linie seitwärts, sondern hinab – dorthin, wo der künstlerische Gipfel sich auf Tiefes und Festes stützen muß.

Zwischen dem *Granit*- und dem *Stil*-Aufsatz liegt die italienische Reise, die Goethes Kunsterfahrung bereichert hat. Die Maßstäbe jedoch für seine Urteile über Kunstwerke hat er mit nach Italien genommen; es waren nicht so sehr kunsttechnische als vielmehr humanistische, d. h. Kriterien, die weniger der Form als dem menschlichen Sinn des Kunstwerks galten. Viele seiner Berichte halten entsprechend heftige Reaktionen auf die religiösen Sujets der italienischen Renaissancekunst fest: auf die obsessive Darstellung von Folter, Kreuzigung und Märtyrertum. Goethes Kritik hat zwar insofern auch einen kunsttechnischen Aspekt, als die herrschenden Sujets gerade das Visuelle vermissen lassen: Das Blutrünstige an sich wäre sinnlos ohne den Bezug auf Doktrinäres – Märtyrertum, Seelenheil, himmlischen Lohn, Heiligsprechung u. ä. m. –, was alles aber über den Rahmen des Bildes hinausweist. Da ist „nie ein gegenwärtig Interesse, immer etwas phantastisch erwartetes" (Reisetagebuch, 19. 10. 1786; SchrGG 2, S. 189). Das erscheint Goethe als eine reductio ad absurdum der bildenden Kunst. Gegen diese Tendenz setzt er eine Kunst lebendiger Gegenwart, wie sie das ganz andere Ethos der Antike schuf und bereits im allerersten von ihm in Italien erlebten antiken Kunstwerk voll verkörpert war. Es handelt sich um ein anspruchsloses Grabmal, dessen Steine ihn zu Tränen rührten, indem sie „immer nur die einfache Gegenwart der Menschen“ zum Ausdruck brachten und „ihre Existenz dadurch fortgesetzt und bleibend gemacht“ haben. Von den dargestellten Menschen, die am Totenbett voneinander Abschied nehmen, heißt es: „Sie sind was sie waren“ (Reisetagebuch, 16. 9. 1786; ebd., S. 74). Da ist bereits als Kunst- wie als Lebensphilosophie vorweggenommen, was Goethe in der späten Maxime formuliert: „Ich bedaure die Menschen, welche von der Vergänglichkeit der Dinge viel Wesens machen und sich in Betrachtung irdischer Nichtigkeiten verlieren. Sind wir ja eben deshalb da, um das Vergängliche unvergänglich zu machen“ (HA 12, S. 512).

Goethes Ablehnung christlicher Sujets, welche die wohl vehementeste Polemik in seinem gesamten Werk zur Folge hat, weist wiederum auf die umfassendere Verpflichtung, Tiefe und Höhe zu verbinden und als „Höhe“ nur das gelten zu lassen, was aus den Wurzeln der Wirklichkeit erreicht werden kann. Problematisch erscheint ihm vor allem – was bei einem Dichter auf den ersten Blick überrascht – die Einbildungskraft, die zu einer grundlosen, gewichtslosen, willkürlichen Erhöhung führen und verführen könne. Erst der Bezug auf eine gegenständliche, möglichst objektiv wahrgenommene, nicht bloß imaginierte Welt mache den Wert eines Kunstwerks aus. Goethe ist sich der Gefahr bewußt, daß die Erfüllung seiner eigenen langjährigen Sehnsucht nach Italien bei ihm selbst eine verfrühte, unechte Aufregung auslösen könnte. Dem beugt er systematisch vor: „Ich lebe sehr diät und halte mich ruhig damit die Gegenstände keine erhöhte Seele finden, sondern die Seele erhöhen“ (Reisetagebuch, 24. 9. 1786; SchrGG 2, S. 102). Es handelt sich darum, dem Höhenflug der Imagination kritisch Grenzen zu setzen. In der Tat ließe sich aus den verstreuten Äußerungen der italienischen Reise eine „Kritik der reinen Einbildungskraft“ komponieren, ein Versuch im Kantschen Geist, auch in diesem vierten Bereich die Bemühungen des Menschen dort zu konzentrieren, wo sich wirkliche Substanz nachweisen und handfeste Ziele erreichen lassen. Eine zu rege Einbildungskraft droht gleichfalls in der Naturwissenschaft. So warnt Goethe 1792 im Aufsatz *Der Versuch als Vermittler von Objekt und Subjekt* vor den inneren Feinden, die dem Beobachter auflauern, deren erster wiederum die Einbildungskraft ist, „die ihn schon da mit ihren Fittichen in die Höhe hebt, wenn er noch immer den Boden zu berühren glaubt“ (HA 13, S. 15). Bezeichnend ist, als Goethe die Einbildungskraft viel später doch verteidigt, und zwar gerade gegen das Unverständnis der Naturwissenschaftler, daß er das Befürwortete als „eine exakte sinnliche Phantasie“ (ebd., S. 42) präzisiert, d. h. als eine solche, die sich nach Grundsätzen und Grenzen ausrichtet, die ein Maß an Wirklichkeit verbürgen.

Bei aller Kritik an den christlichen Sujets der Renaissancekunst anerkennt Goethe durchaus eine Technik, die sich unabhängig von dem Bildinhalt entfaltet hat, den die sie in Auftrag gebende Gesellschaft vorschrieb. So heißt es von einem Gemälde Guido Renis, es sei „alles was [man] mahlen, und alles was man unsinniges bestellen und von einem Mahler fordern kann“ (Reisetagebuch, 19. 10. 1786; SchrGG 2, S. 189). Goethe freut sich dafür immer über Momente irdischen Gefühls, die sich neben und trotz der doktrinbedingten Botschaft der Bilder eingeschlichen hatten, etwa als Tizian „die Himmelfahrende Maria nicht hinaufwärts sondern nach ihren Freunden niederwärts blicken läßt“ (Reisetagebuch, 16. 9. 1786; ebd., S. 74). Die Anziehungskraft des Irdischen hätte also selbst auf diese heiligste Figur gewirkt. In solchen Motiven sieht Goethe eine subversive ethisch-humane Tradition, die sich parallel zur maltechnischen Entwicklung bis in die Antike zurückverfolgen läßt. Den Beitrag Mantegnas etwa zu dieser Tradition würdigt er mit begeisterten Worten:

> Was in den Bildern für eine scharfe sichre Gegenwart ist läßt sich nicht ausdrucken [sic]. [V]on dieser ganzen, wahren, |: nicht scheinbaren, Effecktlügenden, zur Immagination

> sprechenden :| derben reinen, lichten, ausführlichen gewißenhaften, zarten, umschriebenen Gegenwart, die zugleich etwas strenges, emsiges, mühsames hatte gingen die folgenden aus wie ich gestern Bilder von Titian sah und konnten durch die Lebhafftigkeit ihres Geistes, die Energie ihrer Natur, erleuchtet von dem Geiste der Alten immer höher und höher steigen sich von der Erde heben und himmlische aber wahre Gestalten hervorbringen [...]. (Reisetagebuch, 27. 9. 1786; ebd., S. 114 f.)

„Himmlisch“ waren diese Gestalten dem Auftrag und der Bildkonzeption gemäß, als „wahr“ jedoch erscheinen sie trotzdem dank einer vorchristlichen Überlieferung, die sich aus irdischen Energien speiste. Egal, welche Doktrin die Gestalten verkörpern, sie besitzen eine diesseitige Selbständigkeit, die von Goethe in den stark positiv besetzten, leitmotivisch wiederholten Worten „Gegenwart“ und „Existenz“ evoziert wird. Diese Eigenschaft hatte im höchsten Grade Raffael erreicht. An den fünf Heiligen in dessen Gemälde *Die heilige Cäcilie*, die, wie Goethe meint, „uns alle nichts angehn“, bewundert er eine „Existenz“, die „so vollkommen ist daß man dem Bilde eine Dauer in die Ewigkeit wünscht, wenn man gleich zufrieden ist selbst aufgelößt zu werden“ (Reisetagebuch, 19. 10. 1786; ebd., S. 187). Die gemalte Existenz dieser Figuren hat die doktrinbedingte Transzendenz aufgehoben; die Erde hat sie wieder.

Auch Raffael ist, darauf insistiert Goethe, der antiken Tradition verpflichtet. Seine Vorgänger hätten

> auf dem festen Boden der Wahrheit Grund gefaßt, sie haben die breiten Fundamente, emsig, ja ängstl. gelegt, sie haben mit einander wetteifernd die Pyramide stufenweiße in die Höhe gebracht, bis zu letzt er, von allen diesen Vortheilen unterstützt, von einem himmlischen Genius erleuchtet die Spitze der Pyramide, den letzten Stein aufsetzte, über dem kein andrer, neben dem kein andrer stehn kann. (Reisetagebuch, 19. 10. 1786; ebd., S. 187)

„Fester Boden“, „Grund“, „Fundamente“ – das ist vertrautes metaphorisches Terrain, nur das Bild der Pyramide ist neu. Es paßt aber aufs genaueste ins Gesamtbild, denn was ist eine Pyramide anderes als eine Struktur, die sich von einer festen Basis aus zu einem Gipfel erhebt? Die breite Berührungsfläche mit der Erde setzt der Höhe Grenzen und gewährleistet die Stabilität, was für jenes andere Emblem menschlichen Strebens, den Turm, nicht gilt, der folglich oft die Hybris des Zu-hoch-Hinauswollens versinnbildlicht – Stichwort: Turm zu Babel. In einem Brief an Lavater steht beides nebeneinander: „Diese Begierde, die Pyramide meines Daseyns, deren Basis mir angegeben und gegründet ist, so hoch als möglich in die Lufft zu spizzen, überwiegt alles andre [...] Ich darf mich nicht säumen, ich bin schon weit in Jahren vor, und vielleicht bricht mich das Schicksaal in der Mitte, und der Babilonische Thurn bleibt stumpf unvollendet“ (ca. 20. 9. 1780).[1] Folgerichtig ist, daß der Turm zu Babel nur für das mögliche Desaster steht, die Pyramide für den viel wahrscheinlicheren Erfolg – so „weit in Jahren vor“ ist übrigens der knapp 31jährige noch nicht! Er ist sich der eigenen festen Basis bewußt, auf der er weiter bauen kann. Der Pyramide sind aber auch Grenzen eingeschrieben, und zwar von Fall zu Fall verschiedene; da jedermanns Basis von verschiedener Größe sein muß, wird die für ihn geometrisch erreichbare Höhe ebenfalls eine andere sein. Auch Wilhelm Meisters Ehrgeiz geht dahin, „mich, wie ich da bin, auszubilden“, wo-

[1] Goethes Briefe werden zitiert nach der Weimarer Ausgabe.

bei die Einschränkung, über die man leicht hinwegliest – „wie ich da bin" –, die Unterschiede menschlicher Individualität berücksichtigt, die dem jeweiligen Bildungspotential zugrunde liegen.

Solche Unterschiede lassen sich nicht auf eine einheitliche Doktrin von den „Grenzen der Menschheit" reduzieren. Sie sind Teil eines realistisch unterscheidenden Individualismusbegriffs. Bei Goethes außerordentlicher Individualität werden seine Grenzen weit – oder, um konsequent im Bild zu bleiben, hoch – gesteckt sein und eine gewaltige Pyramide bilden.

So geeignet das Pyramiden-Bild aber sein mochte, es war entweder zu geometrisch abstrakt oder zu kulturspezifisch, als daß es zu einem Goetheschen Hauptsymbol zu werden vermochte. Eine andere, natürliche Form besitzt jedoch dieselben Eigenschaften, dieselbe stabile Basis, auf der sich eine eindrucksvolle Masse zur Spitze erhebt. Bei seiner zweiten Schweizer Reise erblickt Goethe eine mysteriöse Lichtpyramide, die „mit den Sternen [...] in einer breitern zusammenhängenden Masse leuchtete". Dann erkannte man, daß es der Mont Blanc sei, hatte allerdings „Müh', in Gedanken [dessen] Wurzeln wieder an die Erde zu befestigen" (MA 2.2, S. 610), mußte es aber tun. Denn der Berg durfte um keinen Preis im Himmelreich aufgehen, seine Erdgebundenheit wird Goethe durch die Pflanzenmetapher bekräftigt. Auch ein Berg hat „Wurzeln". Entsprechend werden Berge bei Goethe zum Symbol für Aufgabe oder Leistung. Nicht seine Existenz selbst ist dabei der Berg, aber seine dichterischen Projekte werden zu Anstiegen, die von Vorgebirgen zu hohen Gipfeln reichen. In Italien will er, so an Carl August, den „Hügel Tasso" und dann erst den „Berg Faustus" ersteigen (16. 2. 1788). Im allegorischen Gedicht *Zueignung* bringt der Dichter als ein zweiter Moses das Gesetz seiner Poetik vom Berg herunter. Im Sonett *Natur und Kunst* ist diese ein Streben „nach der Vollendung reiner Höhe" (FA 2, S. 839). Schließlich war auch das griechische Symbol höchster dichterischer Leistung ein Berg, der Parnassus. Goethe sieht einmal in einem komischen Alptraum den englischen Parnassus und denkt sich – so seine Beichte an Charlotte von Stein – „darüber wird sie mich leicht vergessen und schalt auf die englischen Dichter und verkleinerte sie" (an Charlotte, 20. 12. 1786). – Dies einmal als Abweichung von seiner sonst positiven Einstellung zur englischen Literatur.

Sind nun schöpferische Aufgaben metaphorisch Berge und gleicht das Schreiben dem Aufstieg, so kann umgekehrt wirkliches Bergsteigen ein schöpferischer Akt sein. Zwar war es der Geologe Goethe, dem es die Berge zunächst angetan haben, und dieses Interesse bleibt auch sein Leben lang bestehen: „Kaum nahe ich mich den Bergen, so werde ich schon wieder vom Gestein angezogen. Ich komme mir vor wie Antäus, der sich immer neu gestärkt fühlt, je kräftiger man ihn mit seiner Mutter Erde in Berührung bringt" (HA 11, S. 109 f.). Das Geologische ist aber erst der Anfang. Berge stellen auch eine Herausforderung an den Dichter dar, sie können ihm einen schicksalhaften Fingerzeig geben. Eine gelungene Brockenbesteigung, die der eigentliche Zweck seiner 1777 unternommenen Harzreise war, wird ihm zum Zeichen, zur Bekräftigung des eingeschlagenen Lebenswegs, es entsteht das Gedicht *Harzreise im Winter* mit seiner orakelhaft schönen Berg-Evozierung. Der Ausblick von Berggipfeln aus kann eine paradoxe energische Ruhe besitzen, besonders im Gedicht „Über allen Gipfeln [...]". In der Hymne *An Schwager Kronos* tut sich die Landschaft in den betonten, nur langsam aussprechbaren Vokalen der Verszeile „Weit hoch herrlich der Blick" vor dem Reisenden auf, der diesmal freilich per Kutsche hinaufgelangt ist. Goethe ziehen die Berggipfel auch aus dem puren sportlichen Grund an, daß sie nach dem berühmten Wort des 1924 auf dem Everest ums Leben gekommenen George Malory zum Besteigen „eben da" sind. Warnen Goethe die Ortsansässigen vor einer bestimmten Bergtour, betet er zu seinem Genius, sie sollen ihre Meinung ändern und das Wetter solle besser werden, was am Brocken denn auch eintrifft; oder auf der Schweizer Reise, als Goethe, durch den Brockenerfolg ermutigt, den Furka-Paß im Novemberschnee überqueren will, da begnügt er sich nicht mit der Meinung der Dorfbewohner, sondern fragt gleich den Experten, den großen Geologen und Bergsteiger Horace Bénédict de Saussure, dessen Urteil lautet: Nur zu!

Mittlerweile beginnt Goethe ein eigenes Gespür dafür zu entwickeln, was man in den Bergen machen kann und wie. Der Weg nach Rom führt bei Innsbruck an der Martinswand vorbei, wo eine erlauchte Person einmal, so die Legende, von Engeln gerettet werden mußte, was Goethe mit den Worten quittiert: „Zum Orte wohin Kayser Max sich verstiegen haben soll, getraut ich mir wohl ohne Engel hin und her zu kommen, ob es gleich immer ein frevelhafftes Unternehmen wäre“ (Reisetagebuch, 8.9.1786; SchrGG 2, S. 25). Beim Neapelaufenthalt 1787 hat Goethe gleich dreimal den Vesuv erstiegen, was jedesmal unbequemer und gefährlicher wurde. Im Oktober erreicht ihn in Frascati die Nachricht, daß Saussure den Mont Blanc – zwar nicht als allererster – erstiegen hat, was Goethe mit einer Mischung von Freude und der leichten Anmaßung eines relativen Anfängers erfährt: Es sei „immer schön wenn jemand einen Gipfel seiner Wünsche erreicht“, aber dann: „Als ich in Chamouni war, sagte ich voraus daß es möglich sey und gab eine Art an, die von der welche sie gebraucht wenig unterschieden war“ (an Knebel, 3.10.1787). Solche Errungenschaften gehören letztlich zur Kultur, sie können (wie eben bei Saussure) auch Teil der Wissenschaftsgeschichte sein. Als Goethe 1807 den ihm gewidmeten Band *Ideen zu einer Geographie der Pflanzen* Alexander von Humboldts erhielt, hat er in einer aquarellierten Zeichnung ein Idealbild der höchsten europäischen und südamerikanischen Gebirgsketten entworfen und auf dem Gipfel des Mont Blanc und des Chimborazo Figürchen eingezeichnet, die der Leistung von Saussure und Humboldt den schuldigen Tribut zollen.[2]

So hatte Goethe, lange bevor das Bergsteigen zum Sport wurde, charakteristische Bergwanderer-Impulse. Das war übrigens für ihn typisch. Ähnlich hatte er in den 1770er Jahren von seinen Freunden den Zunamen „Der Wandrer“ erhalten, weil er unermüdet kreuz und quer durch die Gegend stapfte. Auch das war noch nicht Mode. Zu Fuß ging, wer sich die Fahrt per Kutsche nicht leisten konnte, wie der verarmte Karl Philipp Moritz bei seinen Reisen. Das ist mehr als nur Stoff für Fußnoten. Ich denke, es ist sehr bedeutsam. Auf den einfachsten Begriff gebracht: Derjenige Dichter ist in vollerem Wortsinn Naturdichter, der in engerer Beziehung zur Erdoberfläche steht, während die ‚Kollegen‘ die Natur nur von ferne schauen. Wie in so vielen Hinsichten weiß Goethe, wovon er spricht. Der Bergwanderer kommt der Erde paradoxerweise näher, indem er steigt. Er hat durch Fuß und Hand einen engeren Kontakt zur Erde, er be-greift deren Unregelmäßigkeiten in einem Maße, wie es für den Talbewohner kaum nötig wird. Indem er bei dieser am härtesten erkämpften Form der Erhebung höher hinaufgelangt, gewinnt er einen Überblick, der die zerstreuten Züge der Landschaft in einen Zusammenhang bringt, er sieht erst im vollen Wortsinn „die Reiche und Herrlichkeit der Welt“, wie sie der Teufel bei der Versuchung Christi diesem von einem „sehr hohen Berg“ aus gezeigt hat (Matthäus 4, 8). Die satanische Formel soll bei Goethe eindeutig ins Positive umfunktioniert werden. Auf dem Brocken spricht er im Gebetston: „Du stehst […] / Über der erstaunten Welt, / Und schaust aus Wolken / Auf ihre Reiche und Herrlichkeit“ (*Harzreise im Winter*; HA 1, S. 52, V. 82–86). Freilich kann Goethe auch ein Versucher sein, eben als Befürworter des Diesseits. So im Brief an Charlotte von Stein (12.4.1782), die

2 Siehe Petra Maisak (Hrsg.): *Johann Wolfgang Goethe: Zeichnungen*. Stuttgart 1996, S. 215.

es zu bekehren gilt: „erlaube wenn ich zurückkomme daß ich dich nach meiner Art auf den Gipfel des Felsens führe und dir die Reiche der Welt und ihre Herrlichkeit zeige".[3]

Wie entscheidend diese Erdennähe sein kann, wird klar, wenn man sich die Rolle der Berge bei der Ikonographie des Erhabenen und die obligate Bedingung Kants und anderer Theoretiker vergegenwärtigt, der Betrachter dürfe in keiner wirklichen Gefahr stehen, sondern lediglich aus sicherer Ferne Macht und Größe der Naturgegenstände gewahren, bei wirklichem Schrecken könne es überhaupt kein ästhetisches Erlebnis geben. War es aber nicht möglich – entgegen dieser These eines Bewohners der ostpreußischen Ebene –, daß der durch erhabene Erscheinungen herbeigeführte Schrecken gerade dann schwächer werden könnte, sobald man sich mitten unter ihnen befand? Vielleicht nicht, um das im Erhabenheitsschrifttum immer wieder bemühte Beispiel zu nehmen, angesichts des stürmischen Meeres, wenn man wirklichen Schiffbruch erlitt; aber es war doch wohl möglich, wenn man sich „auf und unter Bergen" befand (an Jacobi, 9. 6. 1785), anstatt von unten zu ihnen hinaufzuschauen. Denn die Ehrfurcht des Bergwanderers ist etwas völlig anderes als der künstlich herbeigeführte Schauder des Touristen vor einem entfernten Gebirgspanorama. Die Betätigung des Selbsterhaltungstriebs, die das Erhabene bewirken soll, ist beim Wanderer ortsspezifisch und begrenzt. In der Nähe nimmt das Erhabene Konkretheit und Menschenmaß an – auch hier bekämpft das Wirkliche die Willkür der Einbildungskraft. Entsprechend heißt es in einem Brief Goethes an Charlotte von Stein, als er den Furka-Paß überqueren will: „Wenn es dort schon so aussähe wie man es uns hier mahlt so wärs ein Stieg in die Hölle. Man kennt aber schon die Poesie der Leute auf den Sophas und in den Cabriolets" (2. 11. 1779). Verse und Vehikel: Die Formulierung trifft das modische Ritual, durch welches das Erhabene bereits zu Goethes Zeit zum Ausflugsziel degradiert wurde.

Aufschlußreich ist, daß seine Begeisterung für die erlebten Berge die gängige Dichotomie des Schönen und Erhabenen hinter sich gelassen hat: „Kein Gedancke, Keine Beschreibung noch Erinnerung reicht an die Schönheit und Grösse der Gegenstände, und ihre Lieblichkeit in solchen Lichtern Tageszeiten und Standpunckten" (an Charlotte von Stein, 14. 10. 1779). Schönheit und Größe und Lieblichkeit, alles in eins gesehen! Dieselbe Überwindung der landläufigen ästhetischen Begriffe findet sich in Goethes Beschreibung seiner drei Vesuvbesteigungen. Zunächst macht der Malerfreund Tischbein nur wider Willen mit, da ihm das „Ungeformte" dieser Felsen „allem Schönheitsgefühl den Krieg ankündigt" (HA 11, S. 92). Dann heißt es: „Solange der Raum gestattete, in gehöriger Entfernung zu bleiben, war es ein großes, geisterhebendes Schauspiel" (ebd., S. 193) – soweit, so orthodox. Dann aber kommen Steine aus dem Vulkankrater hervorgeschossen, es besteht wirkliche Gefahr, die dennoch nicht hinreicht, um Goethe von seinem Vorhaben abzubringen, da im Gegenteil „eine gegenwärtige Gefahr etwas Reizendes hat und den Widerspruchsgeist im Menschen auffordert, ihr zu trotzen" (ebd.). Denn „das Eigentümliche" der Gegenstände „spricht nur zu uns aus dem unmittelbaren Anschauen" (ebd., S. 215). Schließlich gibt Goethe zu, „wie sinneverwirrend ein ungeheurer Gegensatz" – also des Schrecklichen und des Schönen – sei, der am Ende „eine gleichgültige Empfindung" hervorbringe. Es ist ihm

---

[3] So ist Goethe der Christin Charlotte von Stein gegenüber gleichsam der Fürst dieser Welt, ähnlich wie 1781 bei der Übersendung eines Korbs voller Erdbeeren mit dem Begleitgedicht *Versuchung*: Die „Frucht voll irdischer Süße" soll dem Einfluß des von Charlotte soeben genossenen Abendmahls entgegenwirken und dafür sorgen, „Daß der Himmel dich nicht deinem Geliebten entzieh'" (siehe FA I, 1, S. 239).

jedoch auch hier gelungen, beide Momente vereint zu schauen und in genauer, ausgewogener Schilderung wiederzugeben (ebd., S. 216).

Nichts von dem bislang Angeführten, auch nicht Goethes Spiel mit der Teufelsrolle Charlotte gegenüber, besagt, daß dieser „sehr irdische Mensch [...] aus der Wahrheit der fünf Sinne", wie sich Goethe 1779 Lavater gegenüber genannt hat (28.10.), philosophisch oder naturwissenschaftlich im groben Sinn Materialist gewesen wäre, ebensowenig wie er literarisch im Sinne des einengenden Begriffs einer späteren Epoche bloß Realist ist. Vielmehr ist es so, daß sein Denken und Dichten aus tiefem Instinkt heraus immer von der Grundlage der Dinge in ihrer vollen Substanzialität und Dimensionalität ausgingen. So hat er zum Beispiel den Baumaterialien eine wichtige Rolle in der Ästhetik der Architektur zuerkannt: „jede Veränderung des Materials [...] giebt dem Kunstwercke eine andere Bestimmung und Beschränckung. [...] Sie sehen daß ich sehr von der Erde anfange und daß es manchem scheinen dürfte, als behandelte ich die geistigste Sache zu irdisch" (an Christian Gottlob Heyne, 24. 7. 1788). Ähnlich verhält es sich mit den Wirklichkeiten, die der Literatur zugrunde liegen. In einem ausdrücklich als Glaubensbekenntnis bezeichneten Brief an Schiller vom 3. oder 4. April 1801 meint Goethe, der Dichter müsse „eine gewisse gutmüthige, ins Reale verliebte Beschränktheit [besitzen], hinter welcher das Absolute verborgen liegt". Gehe man in umgekehrter Richtung zu Werk, könne sich nur Falsches ergeben: „Die Forderungen von oben herein zerstören jenen unschuldigen producktiven Zustand und setzen, für lauter Poesie, an die Stelle der Poesie, etwas das nun ein für allemal nicht Poesie ist". Aufs Korn genommen wird hier das Programm der Romantiker, die die Welt „poetisieren" wollten. Für Goethe bedarf sie dessen nicht, sie ist bereits an sich poetisch, auch und gerade wenn man von unten, vom Realen ausgeht.

Es ist also in keinem der erörterten Bereiche so, als hätte Goethe mit seiner Insistenz auf Realitätsbezogenheit das Geistige ausgrenzen oder verleugnen wollen, vielmehr sollte es in Kunst und Dichtung wie in der Frömmigkeit als Prozeß und Produkt neu definiert werden. So hatte Goethe seinen Granit-Gipfel den „ältesten ewigen Altar" (HA 13, S. 256), den Brocken-Gipfel in *Harzreise im Winter* einen „Altar des lieblichsten Danks" genannt. In *Wilhelm Meisters Wanderjahren*, die übrigens im Hochgebirge anfangen – „Im Schatten eines mächtigen Felsen saß Wilhelm an grauser, bedeutender Stelle"–, will die Pädagogische Provinz dem Schüler in ausgeglichener Sequenz Ehrfurcht vor dem Himmel, der Erde, den Mitmenschen und sich selbst einflößen (vgl. HA 8, S. 149 f. u. 154 f.), und zwar im Namen eines Religionskonzepts, das alle besonderen Religionsformen umfaßt – ein alter aufklärerischer Gedanke, der auf ein unvollendetes Projekt der 80er Jahre, das allegorische Epos *Die Geheimnisse*, zurückgeht. Diese *Wanderjahre*-Stellen sind als ethisch-religiöse Reflexionen bereits eindrucksvoll genug. Ihnen folgen Verse der *Marienbader Elegie*, die inmitten erotisch-geistiger Irrungen und Wirrungen Goethes Frömmigkeit auf einen Begriff bringen, den er auch außerhalb des lyrischen Kontextes als sein Glaubensbekenntnis vorgelegt hat:

> In unsers Busens Reine wogt ein Streben,
> Sich einem Höhern, Reinern, Unbekannten
> Aus Dankbarkeit freiwillig hinzugeben,
> Enträtselnd sich den ewig Ungenannten;
> Wir heißen's: fromm sein! (HA 1, S. 384)[4]

[4] Vgl. die Stellungnahme zu Heinroths Anthropologie in MA 17, S. 768.

An allen diesen Stellen gilt es, jene für die Neuzeit charakteristische Trennung rückgängig zu machen, die in der *Farbenlehre* als die „Scheidung zwischen Geist und Körper, Seele und Leib, Gott und Welt" bezeichnet wird; „denn", so heißt es weiter, „indem der Mensch seine Freiheit behaupten will, muß er sich der Natur entgegensetzen; indem er sich zu Gott zu erheben strebt, muß er sie hinter sich lassen" (HA 14, S. 122). Die Schlüsselbegriffe „Streben" und „sich erheben" sind über Jahrzehnte dieselben geblieben, Goethes Vorbehalte gleichfalls. Die Verpflichtung auf Irdisches ist eine notwendige Korrektur, sie bedeutet aber keineswegs eine Einladung dazu, sich beruhigt auf ein irdisches Faulbett zu legen.

Damit ist die längst fällige Formel aus dem *Faust* zitiert, dessen Fehlen im gegenwärtigen Zusammenhang immer auffälliger geworden sein dürfte. Ist doch ein Hauptthema des Dramas die Spannung zwischen den zwei Seelen ach! der Hauptfigur, zwischen der Anhänglichkeit an die Erde und dem Emporstreben zu Höherem, bei dem jedoch der Glaube an ein Jenseits – auch angesichts des Leibhaftigen, der ja von „drüben" gekommen sein muß – gänzlich fehlt: „Das Drüben kann mich wenig kümmern" (HA 3, V. 1660), erklärt Faust: „Aus dieser Erde quillen meine Freuden, / Und diese Sonne scheinet meinen Leiden" (V. 1663 f.). Soll ihn kein irdisches Erlebnis jemals befriedigen, kein Augenblick ihm die „Verweile"- Formel entlocken, so nicht darum, weil das Irdische keinen Wert hätte – als wäre es, wofür es Mephistopheles hält, „flache Unbedeutenheit" (V. 1861) –, sondern weil das eine Erlebnis durch alle anderen relativiert wird, so daß die Erwartung einer ein-für-allemaligen Erfüllung keinen Sinn hat. Wie (oder ob) es Faust und Goethe gelingt, sich aus der Sache zu ziehen, ist ein Ur-Problem der *Faust*-Interpretation, um das es hier nicht gehen kann, wohl aber um die Frage, was Faust nach seinem Tod in den Bergschluchten des Himmels zustößt. Es ist Goethes allerletzter dichterischer Anstieg, und zwar allem Anschein nach ein reiner, reinigender Anstieg, bei dem Fausts Seele der Anziehungskraft der Erde entkommen und stufenweise von allem Irdischen befreit werden soll – was dem bei Goethe grundlegenden Verwurzeltsein im Irdischen, seiner lebenslangen ausgleichenden Hingabe an die Erdenschwere, die hier zu skizzieren versucht wurde, stracks zuwiderläuft. „Daß ja das Nichtige / Alles verflüchtige" (V. 11862 f.), fordert der Pater ecstaticus, wobei „das Nichtige" eben jede Art von irdischer Anbindung bedeutet. Dazu werden auch gerade solche asketischen Praktiken eingesetzt, wie sie der italienische Goethe an der Renaissancemalerei verabscheut hat: „Pfeile, durchdringet mich, / Lanzen, bezwinget mich, / Keulen, zerschmettert mich" (V. 11858–11860) usw. „Uns bleibt ein Erdenrest / Zu tragen peinlich" (V. 11954 f.), singen die Vollendeteren Engel, sie kündigen damit ein totales Rückgängigmachen der menschlichen Aneignung des Irdischen an, das freilich erst die höchste himmlische Macht zu erreichen vermag: „Wenn starke Geisteskraft / Die Elemente / An sich herangerafft, / Kein Engel trennte / Geeinte Zwienatur / Der innigen beiden, / Die ewige Liebe nur / Vermag's zu scheiden" (V. 11958–11965).

Soll damit gesagt sein, daß Fausts Anstieg durch die Bergstationen des Himmels eine falsche Aufwärtsbewegung ist, ein willkürlich Imaginiertes, das nicht nur der Wurzeln entbehrt, sondern sie auch verleugnet und also nicht völlig ernst genommen werden soll? Hat Goethe der christlichen Formen eben nur bedurft, damit sich der Dramenschluß nicht „im Vagen verlor", wie er am 6. Juni 1831 zu Eckermann sagte? Ist die ganze Schlußsequenz lediglich eine letzte Konformitätsgeste des Dichters gegenüber der ihm im wesentlichen fremden christlichen Legende, auf die er sich besser nie hätte einlassen sollen, da er sie immer nur gegen den Strich bearbeiten konnte?

Oder ist die Schlußszene vielleicht eine letzte umfassende Palinodie? Gelüstet den alten Dichter trotz des erfüllten irdischen Lebens doch noch nach einer Transzendenz, die seiner lange nicht erschöpften Entelechie neue Möglichkeiten jenseits des Grabes bieten soll (vgl. an Zelter, 19. 3. 1827)? Oder ist es wiederum, was nicht ganz dasselbe bedeuten würde, ein letzter Akt der Phantasie, der über Goethes eigenste Ziele und Mittel hinausgeht, seinen tiefsten Impulsen widerspricht, um das ganz Andere heraufzubeschwören, das der „Himmel“ – wenn er überhaupt existiert – darstellen müßte? Oder könnte es vielleicht so gemeint sein, daß es in diesem nichts weniger als orthodox konzipierten Goetheschen Himmel genug ist, irdische Erfahrung und irdische Schuld überhaupt gekannt zu haben, selbst wenn sie jetzt abgestreift werden müssen? So wäre Fausts Anstieg doch keine falsche Bewegung, da sie ihre Treibkraft zum letzten Mal eben wieder aus irdisch-wirklichen Wurzeln zieht, deren Wert in aller Unschuld von den Seligen Knaben anerkannt wird, die ‚früh entfernt‘ wurden ‚von Lebechören‘:

Doch dieser hat gelernt,
Er wird uns lehren. (V. 12082 f.)

Das alles sind offene Fragen, auf die besser keine Antwort gegeben werden soll, damit es nicht so aussieht, als wären nach 250 Jahren alle Goethe-Rätsel gelöst. Vielmehr nur war dies nur die erste Phase, das neue Vierteljahrtausend steht ins Haus.

GERNOT BÖHME

Kann man Goethes „Faust" in der Tradition des Lehrgedichts lesen?

1. Goethes „Faust" – ein Drama?

Goethes *Faust* wird heute vom gebildeten Bürger wie selbstverständlich als ein Theaterstück angesehen. Das hängt natürlich damit zusammen, daß viele den *Faust* nicht mehr als Pflichtlektüre in der Schule kennengelernt haben, dem *Faust* aber immer wieder als Bestandstück des klassischen Repertoires deutscher Theater begegnen. Dies trifft zumindest für *Faust erster Teil* zu. Hat nicht Goethe selbst diesem ersten Teil den Titel gegeben *Faust. Eine Tragödie*? Und ist nicht Tragödie ein Genre des Dramas? Wider diese vermeintlichen Selbstverständlichkeiten muß man, wenn sie einem nicht ohnehin als Leser des *Faust* fraglich sind, an einige historische Fakten erinnern. Der erste Teil des *Faust* wurde von Goethe 1808 veröffentlicht, aber erst nach vergeblichen Versuchen 1810, 1812 und 1817 in Weimar, 1816 in Königsberg und 1819 in Berlin schließlich in Braunschweig 1829 uraufgeführt: also 21 Jahre später.[1] Bei *Faust zweiter Teil* ist diese Differenz noch größer. *Faust II* wurde postum 1832 veröffentlicht und erst 1876, d. h. 44 Jahre später, in Weimar uraufgeführt. Dem gingen Versuche voraus, wenigstens Teile auf die Bühne zu bringen. So hatte 1849 Karl Gutzkow in Dresden die Helenaszenen aus dem Ganzen herausgeschnitten und unter dem Titel *Der Raub der Helena* auf die Bühne gebracht. Durch dieses Verfahren entfielen von den immerhin 7 498 Versen des *Faust II* fast 6 000.[2] Gerade diese Operation zeigt, daß man Mühe hatte, den Text überhaupt als Drama zu fassen, und sich deshalb bemühte, für die Bühne jene Stücke herauszunehmen, die sich durch einen Handlungszusammenhang verbinden ließen.

Nun kann man sich natürlich aus der Affäre ziehen – und man hat es auch immer wieder getan –, indem man sagt, der *Faust* sei eben kein Theaterstück, sondern ein Lesedrama. Goethe selbst hat dieser Auffassung eine Basis verschafft, indem er rückblickend in den *Tag- und Jahresheften 1796* über den Fortgang der Arbeit am *Faust* folgendes schreibt: „allein was ich auch that, ich entfernte ihn [den *Faust*; d. Vf.] mehr vom Theater als daß ich ihn herangebracht hätte."[3] Als man 1810 zum erstenmal versuchte, *Faust. Eine Tragödie* in Weimar auf die Bühne zu bringen, schreibt Goethe sehr skeptisch an seinen Freund Carl Friedrich

1 Zur Bühnengeschichte von Goethes *Faust* siehe den entsprechenden Artikel in: *Goethe-Handbuch*. Bd. 2. Hrsg. von Theo Buck. Stuttgart/Weimar 1997, S. 522 f. und Willi Jasper: *„Faust" und die Deutschen*. Berlin 1998, S. 220 f.

2 Dazu *Goethe-Handbuch* (Anm. 1), S. 526 und Jasper (Anm. 1), S. 222.

3 WA I, 35, S. 63.

Zelter: „daß uns ein seltsames Unternehmen bevorsteht, nämlich den *Faust* aufzuführen, wie er ist, insofern es nur einigermaßen möglich werden will.“[4]

Willi Jasper führt diese Schwierigkeiten, den *Faust* auf die Bühne zu bringen, auf zwei Hauptgründe zurück, nämlich einerseits auf den Totalitätsanspruch der Dichtung und andererseits auf bestimmte Einzelheiten der Darstellung. Er verweist auf die Anweisung des Theaterdirektors im *Vorspiel auf dem Theater*, der zum Dichter und Schauspieler sagt:

So schreitet in dem engen Bretterhaus
Den ganzen Kreis der Schöpfung aus,
Und wandelt mit bedächt'ger Schnelle
Vom Himmel durch die Welt zur Hölle. (V. 239–242)

Der *Faust* sei eben der Versuch einer Darstellung des Ganzen, er sei ein Weltgedicht (Jasper, S. 221). Andererseits sei es vor allem die allegorische und mythologische Darstellungsart, die die Bühnenrealisierung erschwere: „Schwierigkeiten hatten und haben die Bühnenpraktiker vor allem auch mit den verschiedenen Geistern, Allegorien und mythischen Figuren des zweiten Teils“ (Jasper, S. 223). Ich möchte interpretierend hinzufügen: gerade insofern die Figuren allegorisch verstanden werden müssen. Insofern nämlich stellt der *Faust* bereits für den Leser ein erhebliches Problem dar, das dieser heute wohl kaum noch ohne Kommentar bewältigen wird. Sieht man aber einmal von den Bedeutungen ab, so läßt sich der *Faust*, und besonders *Faust II*, durchaus als ein buntes Bühnenspektakel inszenieren, gewissermaßen als ein totalisierender Mummenschanz, der dann als solcher seinen Reiz hat.

Diese problematische Bühnengeschichte von Goethes *Faust* dürfte zumindest den Versuch rechtfertigen, den *Faust* auch einmal anders zu lesen. Mit dem Terminus ‚Weltgedicht‘ ist dafür bereits das entscheidende Stichwort gefallen. Sollte man versuchen, den *Faust* in den Zusammenhang der großen europäischen Tradition des Lehrgedichts zu stellen? Um gleich dem naheliegenden, die bisherige Darlegung umkehrenden Einwand, daß eben der *Faust* d o c h ein Drama sei, zu begegnen, möchte ich mit Hans-Wolf Jäger darauf hinweisen, daß in Poetiken der sechziger und siebziger Jahre des 18. Jahrhunderts unter anderem auch Lessings *Nathan der Weise* als Lehrgedicht bezeichnet wurde: „Danach galten auch für die lehrende Gattung dialogische, erzählende und rührende Elemente als unerläßlich“.[5]

2. Goethes Haltung zum Lehrgedicht

Das Lehrgedicht hat in der europäischen Literatur eine große Tradition. Angefangen von Hesiods *Theogonie*, Empedokles' und Parmenides' großen Gedichten über die *Physis*, Lukrez' *De rerum natura*, Vergils *Georgica* und Ovids *Metamorphosen* zieht sich ein nicht abreißendes Band von Lehrgedichten bis in Goethes Zeit. Dabei hat das Lehrgedicht in der Aufklärung gerade eine neue Blüte erfahren, so daß Goethe von frühester Jugend an mit einer Fülle zeitgenössischer Lehrgedichte bekannt war. Als Beispiele wären etwa zu nennen Popes *Essay on Man*, Hallers *Alpen* und sein Gedicht *Über den Ursprung der menschlichen*

---

4 An Zelter, 18. 11. 1810.

5 Siehe den Artikel von Hans-Wolf Jäger: *Didaktische Dichtung*. In: *Goethe-Handbuch*. Bd. 4/1. Hrsg. von Hans-Dietrich Dahnke und Regine Otto. Stuttgart/Weimar 1998, S. 205.

Tugenden sowie Erasmus Darwins Gedicht über den botanischen Garten. Das Lehrgedicht war für die Aufklärung in gewisser Weise eine bevorzugte Form literarischer Äußerung, weil es ihr darum ging, inhaltliche Bildung in eins mit Moral zu vermitteln. Das Lehrgedicht bot das Mittel, Wissen quasi in appellativer Geste mitzuteilen. Goethe hat dieses Moment sehr wohl erkannt und anerkannt. In seinem kurzen Essay *Über das Lehrgedicht* von 1827 schreibt er: „Die Engländer haben sehr preiswürdige Arbeiten dieser Art; sie schmeicheln sich in Scherz und Ernst erst ein bei der Menge und bringen sodann in aufklärenden Noten dasjenige zur Sprache, was man wissen muß, um das Gedicht verstehen zu können."[6]

Diese Einschätzung des Lehrgedichts bedeutete für Goethe, daß dessen Charakter eher Rhetorik als Poesie sei oder irgend etwas dazwischen. Die außerordentliche Bedeutung des Lehrgedichts in der Aufklärung hatte dazu geführt, daß man in den zeitgenössischen Poetiken das Lehrgedicht neben Lyrik, Epos und Drama als vierte Hauptgattung anerkannt hatte. Es ist vor allem der *Cours de belles lettres* von Charles Batteux (1753), mit dem sich diese Auffassung auch in Deutschland durchsetzte.[7]

Durch diese Einordnung als besondere Gattung der Dichtung hatte das Lehrgedicht theoretisch jene Anerkennung erfahren, die ihm aufgrund seiner Tradition sehr wohl zukam. Goethe war jedoch mit dieser Einstufung des Lehrgedichts keineswegs einverstanden. In den *Wanderjahren*, genauer in der Geschichte des *Mannes von funfzig Jahren* spielt es eine gewisse Rolle, daß deren Protagonist, der Major, als Nebenbeschäftigung Lehrgedichte verfaßt, insbesondere eines über das Jagdwesen geschrieben hat. In dessen Selbsteinschätzung, die sicher durch self-understatement bestimmt ist, kommt wohl auch Goethes Meinung zum Ausdruck, daß Lehrgedichten unter poetischen Gesichtspunkten eher ein minderer Rang zukommt. Der Major wolle diese Dichtart, heißt es da, „für subaltern und fast für unecht [...] angesehen wissen" (HA 8, S. 190). In dem erwähnten Essay über das Lehrgedicht sagt Goethe unmißverständlich, daß er das Lehrgedicht nicht als besondere Gattung anerkennt:

> Es ist nicht zulässig, daß man zu den drei Dichtarten: der lyrischen, epischen und dramatischen, noch die didaktische hinzufüge. Dieses begreift jedermann, welcher bemerkt, daß jene drei ersten der Form nach unterschieden sind und also die letztere, die von dem Inhalt ihren Namen hat, nicht in derselben Reihe stehen kann. (WA I, 41.2, S. 225)

Das ist ein starkes, wenngleich nur ein formales Argument. Man kann es allerdings auch so lesen, daß Goethe der Meinung war, das Lehrgedicht habe zu seinem besonderen Inhalt nicht eine besondere Form geschaffen und habe deshalb nicht den Rang einer besonderen Gattung von Poesie. Ein paar Zeilen später heißt es dann auch: „Die didaktische oder schulmeisterliche Poesie ist und bleibt ein Mittelgeschöpf zwischen Poesie und Rhetorik" (ebd.). Goethes Wertung des Lehrgedichts ist also eine Mischung von formaler Einordnung und qualitativer Einschätzung der Tradition. Goethe sieht das Lehrgedicht als eine eher mediokre Form der Dichtung an, und zwar weil hier das Poetische nur instrumentell verwendet wird, oder um noch einmal seine eigenen Worte zu benutzen: ein Lehrstück, das zum „mit rhythmischem Wohllaut und Schmuck der Einbildungskraft verzierten, lieblich oder energisch vorgetragnen Kunstwerk" wird (ebd., S. 225 f.).

---

[6] WA I, 41.2, S. 225–227; hier S. 226.

[7] Christoph Siegrist: *Das Lehrgedicht der Aufklärung*. Stuttgart 1974, S. 26 f.

Diese Äußerungen Goethes zum Lehrgedicht könnten als starkes Argument dagegen angesehen werden, nun ausgerechnet sein poetisches Hauptwerk, den *Faust*, in der Tradition des Lehrgedichtes zu lesen. Aber so einfach liegen die Dinge nicht. Der Annahme, das Lehrgedicht sei eine eigene Gattung, stellt Goethe in dem besagten Essay sogleich seine eigene Auffassung an die Seite, nach der nämlich eigentlich alle Poesie lehrend sein solle:

> Alle Poesie soll belehrend sein, aber unmerklich; sie soll den Menschen aufmerksam machen, wovon sich zu belehren werth wäre; er muß die Lehre selbst daraus ziehen wie aus dem Leben. (ebd., S. 225)

Das ursprüngliche Argument der Zurückweisung kehrt sich damit gewissermaßen um. Man bedarf gar keiner besonderen Gattung didaktischer Poesie, weil eigentlich alle Poesie belehrend sein soll. Würde man das didaktische Element verselbständigen, so käme damit etwas Unpoetisches, eher Schulmeisterliches, bestenfalls Rhetorisches zustande.

Von dieser Wendung her ergibt sich geradezu die Pflicht, danach zu fragen, inwiefern Goethe mit seiner Faustdichtung belehrend sein wollte. Es wird auch legitim, danach zu fragen, welche Lehrinhalte der *Faust* enthält und inwiefern Goethes belehrende Absicht für die Gestalt des *Faust* bestimmend war. Jedenfalls ist es legitim, den *Faust* wenigstens in der Tradition derjenigen großen Lehrgedichte zu lesen, deren dichterischen Rang Goethe ausdrücklich anerkannte, also beispielsweise in der Tradition von Ovids *Metamorphosen* und Lukrez' *De rerum natura.*

Besonders Lukrez' *De rerum natura* hat Goethe geschätzt. Nachdem ihm sein Freund Karl Ludwig von Knebel die Übersetzung des ersten Buches des Lukrez übersandt hatte, schreibt ihm Goethe am 22. Januar 1799: „Indem ich es durchlas hat sich manches bey mir geregt, denn seit dem vorigen Sommer habe ich oft über die Möglichkeit eines Naturgedichtes in unsern Tagen gedacht, und seit der kleinen Probe über die Metamorphose der Pflanzen bin ich verschiedentlich aufgemuntert worden." Goethe sah sein Gedicht *Die Metamorphose der Pflanzen* und sein späteres *Die Metamorphose der Tiere* als erste Versuche „eines Naturgedichtes in unsern Tagen". Man vermutet sogar, daß Goethe ein umfassendes Lehrgedicht über die Natur, wie es das des Lukrez ist, vorgehabt habe, und sieht deshalb die beiden genannten als Vorarbeiten oder Fragmente eines solchen Lehrgedichts an. – Wie sind diese Arbeiten im Lichte seiner späteren Distanzierung von Lehrgedichten zu sehen? Soll man etwa annehmen, daß Goethe sich zwanzig Jahre vor diesem Urteil selbst in der von ihm als medioker eingestuften Mischgattung Lehrgedicht versucht habe? Plausibel erscheint mir, daß jenes Nachdenken über „die Möglichkeit eines Naturgedichtes in unsern Tagen", von dem Goethe berichtet, nicht etwa primär die aus der Sicht des 18. Jahrhunderts veränderten Inhalte eines solchen Lehrgedichts betraf, sondern vielmehr die Frage, wie das Lehrgedicht zu transformieren sei, um wahrhaft Poesie zu werden. Diese Transformationen zu studieren wäre einer Studie wert. Das kann hier nicht geschehen, und so möge der Hinweis genügen, daß man die *Metamorphose der Pflanzen* ohne weiteres als Elegie bezeichnet.[8] Wenn die Poetisierung des Lehrgedichts, die Goethe gefordert hat, in diese Richtung ging, dann würde das eine Verschmelzung des Lehrgedichts mit den anderen klassischen Dichtformen bedeuten. Dem käme von der anderen Seite Goethes Maxime

---

8 Siehe z. B. den Artikel von Hans Joachim Becker: *Metamorphose.* In: *Goethe-Handbuch.* Bd. 4/2. Hrsg. von Hans-Dietrich Dahnke und Regine Otto. Stuttgart/Weimar 1998, S. 701.

aus dem Essay über das Lehrgedicht entgegen: „Alle Poesie soll belehrend sein." Daraus würde folgen, daß man nach der von Goethe geforderten Transformation des Lehrgedichts mit Texten zu rechnen hat, die formal zur Lyrik, Dramatik oder Epik gehören, inhaltlich aber Lehrgedichte sind.

Danach kann die von mir vorgeschlagene Lesart des *Faust* folgendermaßen formuliert werden: Die Faustdichtung ist Goethes großes Weltgedicht, dem er die Form eines Dramas gegeben hat. – Diese Lesart bezieht sich allerdings auf das endgültige Produkt. Von der Entstehungsgeschichte des Werkes her müßte man die These genau umkehren: Goethe hat in fast lebenslanger, jedenfalls sechzigjähriger Arbeit einen ursprünglich als Drama konzipierten Text – von dem wir im sogenannten Urfaust eine frühe Fassung besitzen – allmählich so sehr mit Lehrinhalten angereichert, daß am Ende die dramatische Einheit des Textes zum Problem werden konnte. Diese klassische Lesart behält natürlich ihr Recht. Sie hat, neben der schon genannten Frage nach der dramatischen Einheit, sich mit dem Problem auseinanderzusetzen, daß ausgerechnet die Hauptperson, nämlich Faust, im Gegensatz etwa zu Gretchen oder Mephisto als Charakter blaß bleibt, und daß er zwar in immer wechselnden Konstellationen gezeigt wird, aber dabei keine innere Entwicklung erkennen läßt. Interessanter als diese klassischen Probleme scheint mir heute die andere Frage zu sein, nämlich: Warum hat Goethe sein großes Weltgedicht noch am ehesten in der Form des Dramas präsentieren können?

3. Didaktische Poesie?

Goethes Maxime, daß alle Poesie belehrend sei, sollte vor dem Hintergrund der Entstehung der Ästhetik als einer eigenen philosophischen Disziplin im 18. Jahrhundert gesehen werden. Natürlich hat es so etwas wie Poetik und Rhetorik schon immer, genaugenommen seit Aristoteles, gegeben. Hinzu kamen seit Anfang des 18. Jahrhunderts die Gefühls- und Geschmackstheorien der englischen Aufklärer und die neuhumanistischen Kunstwissenschaften. Gegenüber diesen Beständen bzw. Entwicklungen stellen jedoch die *Aesthetica* Alexander Gottlieb Baumgartens (1750) eine wirkliche Innovation dar, die erstere auch in einem neuen Licht erscheinen läßt und gewissermaßen bündelt. Baumgarten stellt die Ästhetik in den systematischen Rahmen der Erkenntnistheorie. Er entwirft sie als Lehre von der sinnlichen, im Gegensatz zur rationalen Erkenntnis. Entscheidend für den Ansatz von Baumgarten ist, daß er die sinnliche Erkenntnis weder als etwas zu Überwindendes ansieht, noch ihr für die rationale Erkenntnis eine dienende Funktion zuweist. Das geschieht später bei Kant, für den die Sinne dem Verstand die Daten zur Erkenntnis liefern. Baumgarten will den Sinnen eine eigenständige Erkenntnisweise sichern. Ist diese, von seiten der rationalen Erkenntnis gesehen, die auf Klarheit und Distinktheit drängt, unvollkommen, so hat sie doch gegenüber der rationalen Erkenntnis ihre eigenen Qualitäten, und zwar wie Baumgartens Schüler Georg Friedrich Meier später formuliert: Reichtum, Größe, Wahrheit, Lebhaftigkeit, Gewißheit. Und sie hat ihr eigenes Ziel. Baumgarten formuliert im Paragraph 14 der *Aesthetica:* „Das Ziel der Ästhetik ist die Vollkommenheit der sinnlichen Erkenntnis als solcher. Diese aber ist die Schönheit."[9] Diese Auffassung Baumgartens hat bereits bei seinem Schüler Meier dazu geführt, daß die Ästhetik zur Theorie der schönen Künste wurde.

---

9 Alexander Gottlieb Baumgarten: *Texte zur Grundlegung der Ästhetik.* Übersetzt und hrsg. von H. R. Schweitzer. Hamburg 1983.

Es ist eine naheliegende Konsequenz aus Baumgartens Ansatz, die Künste als Steigerung, schließlich Vollendung der sinnlichen Erkenntnis zu sehen – die im Prinzip jedermann hat. Um genauer zu sein, müßte man allerdings hinzufügen: und als die Darstellung dieser vollendeten sinnlichen Erkenntnis. Die Künste würden damit für den Bereich der sinnlichen Erkenntnis das leisten, was Urteile und deren Zusammenhang für die rationale Erkenntnis leisten. Das Kunstwerk ist nach dieser Auffassung Erkenntnis, nämlich dargestellte ästhetische Erkenntnis.

Von dieser Aufwertung sinnlicher Erkenntnis konnte Goethe ausgehen. Sein ganzes naturwissenschaftliches Unternehmen setzt sinnliche Erkenntnis gewissermaßen voraus. Aus ihr folgt, daß es gewisse Erkenntnisweisen gibt, die sich nicht adäquat in logischer Form, d. h. durch Urteile und Schlüsse, darstellen lassen. Die Form der Abhandlung wird für sie deshalb nicht adäquat sein. Es läßt sich zeigen, daß Goethe, aus eben dieser Beurteilung der Situation heraus, seinem Prosatext *Versuch die Metamorphose der Pflanzen zu erklären* noch die Elegie *Die Metamorphose der Pflanzen* hat folgen lassen.[10] Waren nun die Künste durch die Ästhetik Alexander Gottlieb Baumgartens ohnehin in ein anderes Licht gerückt – sie waren nun zu sehen unter dem Anspruch, Erkenntnisse zu sein –, so konnte man von hier aus eine Poetisierung des Lehrgedichts fordern, wie sie Goethe offenbar vorschwebte. Die Kritik, die Goethe an der traditionellen Form des Lehrgedichts geübt hat, bekommt vor diesem Hintergrund einen neuen Sinn. Unmöglich konnte doch das eigentlich Dichterische im Lehrgedicht nur „Schmuck der Einbildungskraft" für an sich bestehende und auch anders mitteilbare Wahrheiten sein, unmöglich konnte danach das Lehrgedicht einfach bloß, wie Batteux definierte, „Wahrheit in Verse gebracht", sein.[11] Ganz lächerlich erscheint im Licht des Erkenntnisanspruchs von Dichtung, wenn Breitinger die Poetisierung von Wahrheiten folgendermaßen beschreibt: „Der Lehrdichter unterrichtet uns auf eine ergetzende und leichte Art von den Geheimnissen gantzer Wissenschaften".[12] Diese Auffassung von Breitinger hat natürlich im Blick auf das Lehrgedicht der Aufklärung einige Plausibilität. Denn diese Gedichte hatten ja explizit die Absicht, Wissen unter das Volk zu bringen, und das hieß eben auch, wissenschaftliche Wahrheiten zu popularisieren und für Nichtwissenschaftler interessant zu machen. Aber für die ganze Tradition des Lehrgedichts kann die Auffassung von Batteux und Breitinger schon deshalb nicht zutreffen, weil für viele dieser Lehrgedichte die Wahrheit, die sie mitteilen, manchmal gar nicht in anderer, nämlich prosaischer oder rational-argumentativer Form vorlag. Und selbst für die Lehrgedichte der Aufklärung ist sie problematisch, denn ein großer Teil dieser Lehrgedichte gehörte der Bewegung der Physikotheologie an, behandelte also Wahrheiten, die jenseits des Horizonts neuzeitlicher Wissenschaften lagen.

Aus der Ästhetik Baumgartens ergibt sich also ein Konzept des Lehrgedichts, in dem seine poetische Form gerade für die Darstellung der mitzuteilenden Wahrheit essentiell ist. Es wird damit legitim, nach der Wahrheit von Dichtung zu fragen und nach der Bedeutung der jeweiligen poetischen Form für die Darstellung dieser Wahrheit. Wenn man sich damit erneut Goethes Maxime, alle Poesie solle belehrend sein, genähert hat, so fragt man doch, wo auf diesem Wege eigentlich das Moment der Belehrung, also das Didaktische, geblieben

10 Siehe meine Interpretation des Gedichts in: G. Böhme: *Für eine ökologische Naturästhetik*. Frankfurt/M. ³1999, S. 103 ff.

11 Siehe Siegrist (Anm. 7), S. 27.

12 Johann Jacob Breitinger: *Critische Dichtkunst*. Bd. 1 (1740). Nachdr. Stuttgart 1966, S. 88.

ist. Goethes Maxime fordert ja sogar, daß die didaktische Absicht verschwindet: „Alle Poesie soll belehrend sein, aber unmerklich.“ Das richtet sich wieder gegen das Schulmeisterliche, aber es kann natürlich darauf hinauslaufen, daß das Lehrgedicht sich quasi in der allgemeinen Poesie auflöst und der Dichter nur beiläufig noch lehrend ist, weil – eben nach Baumgarten – Dichtung der Ausdruck einer bestimmten Art von Erkenntnis ist. Dann könnte ein Dichter auch belehrend sein, ohne es zu wollen. Gerade das aber kann man von Goethe überhaupt nicht sagen. Vielmehr wollte er, wie kaum ein anderer Dichter sonst, belehrend sein, und die didaktische Absicht wird in vielen seiner Werke durchaus explizit. – Und Bildung ist eines der Hauptthemen seiner literarischen Produktion.

4. Goethe als Erzieher

Goethe teilte mit seiner Zeit die Leidenschaft für Erziehung[13], die sich vielleicht am radikalsten in Kants Satz ausspricht: „Der Mensch wird erst Mensch durch Erziehung.“[14] Viele seiner Werke sind explizit dem Thema Bildung gewidmet, und alle sind trotz seiner Forderung, die Belehrung solle „unmerklich“ sein, bis zur Penetranz gespickt mit Lehr- und Sinnsprüchen und allgemeinmenschlichen Weisheiten. Dieses Lehrhafte seiner Dichtung und die Rolle, die er sich selbst gegenüber seinen Mitmenschen zuwies, war getragen von der Auffassung, daß es Unterschiede des Ranges zwischen Menschen gibt, seien sie nun durch die ständische Ordnung oder durch Grade der Weisheit bestimmt. Im Unterschied zu vielen zeitgenössischen Erziehungstheoretikern ist bei Goethe der furor paedagogicus freilich durch seinen Bildungsbegriff gemildert.

Bildung heißt für Goethe eben doch primär Sich-Bilden. Goethes Bildungsbegriff ist aufs engste mit seiner Naturphilosophie, d. h. insbesondere mit seiner Lehre von der Metamorphose der Pflanzen, verknüpft. Sich bilden heißt deshalb als erstes, sich nach einem eigenen Gesetz des Gestaltwandels entfalten. Trotz der starken Disziplinierung, wie sie in der pädagogischen Provinz in *Wilhelm Meisters Wanderjahren* herrscht, kommt es den Pädagogen dort vor allem darauf an, „die Gemüter der Knaben eigens zu erforschen.“[15] Die Erzieher dort lehnen deshalb jede Uniformierung ab und lassen ihren Zöglingen jede Freiheit alltäglicher Selbstdarstellung. So wichtig allerdings der Gedanke einer Entelechie, nach der sich das Individuum entwickelt, bei Goethe ist, so wenig ist er doch Evolutionist im damaligen Sinne, d. h. Anhänger einer Präformationstheorie. Vielmehr sind als zweiter gewichtiger Bildungsfaktor die Lebenskonstellationen zu nennen, in die jemand hineingerät und an denen er sich bildet. Man könnte dies das kontingente Element des Bildungsprozesses nennen. Freilich hat Goethe diesen Gedanken durch die vielleicht nicht sehr glückliche Vorstellung einer Turmgesellschaft, die im geheimen die Fäden zieht und die Konstellationen für den Protagonisten Wilhelm Meister schafft, allegorisiert. Aber gerade die Tatsache, daß die Mitglieder der Turmgesellschaft im Bildungsprozeß von Wilhelm nur indirekt wirksam werden, macht deutlich, daß Goethe auch in diesem zweiten Bildungsfaktor, der expliziten Lehre und der Rolle von Lehrern, nur eine eingeschränkte Bedeutung einräumt. Sie sind

---

13 Hans-Jochen Gamm: *Das pädagogische Erbe Goethes.* Frankfurt/M. 1980.

14 Immanuel Kant: *Über Pädagogik.* In: *Werke in sechs Bänden* (hrsg. von W. Weischedel). Bd. VI. Darmstadt 1964, S. 699.

15 *Wilhelm Meisters Wanderjahre oder die Entsagenden.* In: HA 8, S. 166.

nur Element biographischer Konstellationen unter anderen. Bildung heißt eben für Goethe das Sich-Herausbilden eines Charakters an Hindernissen.

Wenn Goethe mit seiner literarischen Produktion auch explizit erzieherische Absichten verfolgt, so gilt hier ebenso, daß der Erzieher nur indirekt wirksam werden kann, gewissermaßen nur Anlaß bieten kann für den Selbstbildungsprozeß des Zöglings bzw. Lesers. Goethe setzt auf die Selbsttätigkeit des Adressaten seines pädagogischen Bemühens. An die nun schon mehrfach zitierte Maxime, „alle Poesie soll belehrend sein", schließt er deshalb folgende Erklärung an: „sie soll den Menschen aufmerksam machen, wovon sich zu belehren werth wäre; er muß die Lehre selbst daraus ziehen wie aus dem Leben." Auch die Literatur kann demnach nur ein weiterer Faktor sein innerhalb der Konstellationen, an denen sich das Individuum bildet. Das verlangt allerdings vom Poeten, der erzieherisch wirksam werden will, nicht weniger, sondern mehr Reflexion, als sie jene aufklärerischen Erzieher wie Christian Gotthilf Salzmann oder Joachim Heinrich Campe, die in direkter Weise wirksam werden wollten, aufbrachten.

Von Goethes Werken haben mindestens drei große Werkgruppen eine erzieherische Absicht. Naturgemäß sind die Meister-Romane als erste zu nennen, freilich zunächst in dem Sinne, daß in ihnen die Erziehung thematisiert wird und vielleicht sogar das Hauptthema darstellt. Die aus *Wilhelm Meisters Lehrjahren* zu entnehmende Auffassung Goethes vom Prozeß der Selbstbildung wurde bereits genannt. Wenn nun freilich etwa ein Johann Friedrich Wilhelm Pustkuchen, der Verfasser der ‚falschen *Wanderjahre*', kritisch anmerkt, daß Wilhelm Meister am Ende seiner Lehrjahre eigentlich nichts Rechtes gelernt habe, so mag man ihm zustimmen: Tatsächlich stolpert ja Wilhelm in den *Wanderjahren* nicht weniger unbeholfen durchs Leben als in den *Lehrjahren.* Doch ist solcher Kritik entgegenzuhalten, daß es vielleicht ja nicht Wilhelm ist, der etwas lernen soll, sondern der Leser. Zu dieser Auffassung hat man sich erst in der jüngsten Forschung zu den *Wanderjahren* durchgerungen.[16] An deren patchworkartiger und paradoxaler Struktur hat man erst im Zeichen der Postmoderne Geschmack gefunden und zumindest in Erwägung gezogen, daß hier vielleicht nicht ein alternder Schriftsteller sein heterogenes Material nicht mehr bündeln konnte, sondern vielmehr, die Autorität des Autors noch weiter zurücknehmend, die Selbsttätigkeit des Lesers herausfordern wollte. Um es noch einmal zu sagen: „er muß die Lehre selbst daraus ziehen wie aus dem Leben."

Die zweite große Werkgruppe bilden die vielfach im Druck verstreuten, in Einzelwerke eingefügten, zum Teil nur handschriftlich überlieferten und erst nach Goethes Tod als solche erschienenen *Maximen und Reflexionen.* Es ist eigentlich merkwürdig, daß Goethe nicht in die Reihe der großen Moralisten und Aphoristiker eingeordnet wird, etwa in eine Reihe mit Larochefoucauld, Nietzsche und Adorno. Der Grund dafür mag sein, daß seinen Aphorismen in der Regel etwas abgeht, was jene auszeichnet, nämlich Ironie. Das ist merkwürdig genug, hat aber die Folge, daß Goethe um so deutlicher lehrhaft und moralisierend wirkt. Seine Kunst des Aperçus, die Fähigkeit, im Einzelnen das Allgemeine zu demonstrieren, gerät manchmal in die Nähe christlicher Homiletik.

Die dritte Werkgruppe, in der Goethe ausdrücklich lehrt, bilden die naturwissenschaftliche Schriften. Hier ist vor allem die *Farbenlehre* mit ihrem Didaktischen Teil zu nennen. Ge-

---

16 Siehe den Artikel von Ehrhard Bahr: *Wilhelm Meisters Wanderjahre oder die Entsagenden.* In: *Goethe-Handbuch.* Bd. 3. Hrsg. von Bernd Witte, Peter Schmidt und Gernot Böhme. Stuttgart/Weimar 1997, S. 220.

rade die *Farbenlehre* ist ein deutliches Beispiel für Goethes Methode, indirekt zu lehren, d. h. in einer Weise, die dem Zögling bzw. Leser Anlaß gibt zur Selbstbildung. Der eigentlich theoretische Teil von Goethes *Farbenlehre*, d. h. derjenige, der seine Lehre enthält, trägt bemerkenswerterweise den Titel *Didaktischer Theil.* Der Grund liegt darin, daß Goethe hier nicht etwa glaubt, Phänomene mitteilen zu können, sondern vielmehr den Leser auf die Bedingungen aufmerksam macht, unter denen sie erscheinen. Der Leser ist damit angehalten, die Erfahrungen, die Goethes Aussagen zugrunde liegen, selbst nachzuvollziehen. Goethe unterstreicht das noch dadurch, daß er in seinen Tafeln zur *Farbenlehre* Experimentiermaterial mitgibt.

Goethe als Erzieher: Für die didaktische Absicht seiner Werke zeugen die Meister-Romane, die *Maximen und Reflexionen* und schließlich die *Farbenlehre.* Damit ist bereits ein gewichtiger Teil seiner Werke genannt. Nimmt man hinzu, daß alle Poesie belehrend sein soll, warum dann nicht auch die Faustdichtung? Aber was wäre die Lehre des *Faust*?

5. Hat der „Faust" eine Lehre?

Diese Frage zu stellen ist höchst gefährlich, weil man damit quasi in einen Sog gerät, Goethe eine spezifische Weltanschauung zu unterstellen. Gerade, was man mit der Rede von einer Goetheschen Weltanschauung zum Ausdruck bringen will, nämlich die außerordentliche Wirkung seiner Person wie auch die Tatsache, daß er in seinen Werken etwas lehrt und lehren wollte, verfehlt Goethes Person und Goethe als Lehrer. Es ist charakteristisch für Goethe, daß er sich nie auf eine bestimmte Terminologie und auf bestimmte Ansichten festlegte. Wie seine Sprache hält er auch seine Ansichten gewissermaßen immer im Spiel, d. h. benutzt sie immer nur tastend, vorübergehend, um sie bei einer anderen Gelegenheit wieder zur Disposition zu stellen. Man sieht das, um ein paar Beispiele zu geben, etwa an seinem Pendeln zwischen Deszendenztheorie und Typologie oder zwischen Neptunismus und Vulkanismus.[17] Eine Ausnahme gegenüber Goethes grundsätzlichem Willen, sich nicht festzulegen, könnte hier lediglich sein hartnäckiges Insistieren auf der Farbenlehre sein, das ja Albrecht Schöne mit guten Gründen als religiös apostrophiert hat.[18] Aber auch hier geht es, wie ich glaube, nicht um ein dogmatisches Beharren auf Ansichten, sondern vielmehr um ein Insistieren auf Erfahrungen.

Es ist kein Wunder, daß gerade philosophische Leser im *Faust* eine Weltanschauung gesucht und gefunden haben. Charakteristisch dafür scheint mir Heinrich Rickert in seinem Buch *Goethes „Faust"*[19] zu sein. Rickert unterscheidet, wie zu seiner Zeit üblich, Philosophie als Wissenschaft von Philosophie als Weltanschauung. Für ihn ist klar, daß, wenn Dichtung etwas lehrt – und er folgt darin unbewußt Baumgarten –, daß es sich dabei nicht um Philosophie als Wissenschaft, sondern nur um Philosophie als Weltanschauung handeln kann. „Gewiß besaß Goethe keine Philosophie *im eigentlichen Sinn*, d. h. kein wissenschaftlich philosophisches System, in dem der Versuch gemacht war, mit logisch begründenden Sätzen die

---

17 Thomas Zabka: *Ordnung, Willkür und die „wahre Vermittlerin". Goethes ästhetische Integration der Natur und Gesellschaftsidee.* In: Peter Matussek (Hrsg.): *Goethe und die Verzeitlichung der Natur.* München1998, S. 170 f.

18 Albrecht Schöne: *Goethes Farbentheologie.* München 1987.

19 Tübingen 1932.

Welt in ihrer Totalität zu erkennen. Wohl aber hatte er eine höchst eigenartige außerwissenschaftliche Weltanschauung" (Rickert, S. 9). Rickert machte es sich in dem genannten Buch zur Aufgabe, die Einheit der Faustdichtung als weltanschauliche zu begreifen. Und er findet diese Einheit im Prinzip der Tätigkeit: „Wir brauchen also lediglich den Begriff einer Tätigkeit, die immer höher und reiner wird, in den Mittelpunkt des Dramas zu stellen, um die *Idee* zu bestimmen, die es in seinem Verlauf vom Anfang bis zum Ende zeigt" (ebd., S. 517).

So verständlich Rickerts Frage nach der Einheit der Faustdichtung ist, so verständlich sein Versuch bleibt, sie in einer Idee zu finden, so verfehlt erscheint sie uns heute. Peter Matussek hat in seinem Kommentar zum *Faust* gezeigt, daß Goethe sich bereits selbst gegen diese Erwartung, mit der ihn der philosophische Dichter Schiller konfrontierte, gewehrt hat.[20] Er verteidigte den fragmentarischen Charakter des *Faust*, bestand auf der Notwendigkeit epischer Elemente, und vor allem sah er die Einheit nicht als eine Einheit der Idee, sondern eher als Einheit durch Zusammenhang. Peter Matussek spricht von einem „polyzentrischen, nur durch ein untergründiges Fadengeflecht zusammengehaltenen Gebilde" und stützt sich darin auf einen Brief an Schiller vom 1. Juli 1797, in dem Goethe schreibt, das Werk sollte „zu männiglicher Verwunderung und Entsetzen, wie eine große Schwammfamilie, aus der Erde wachsen".

Nicht unähnlich den *Wanderjahren* hat der *Faust* eine patchworkartige und paradoxale Struktur. Wenn man mit gutem Grund den *Faust* als Goethes großes Weltgedicht bezeichnet, dann ist es gerade nicht eine bestimmte Ansicht dieser Welt, die dieses Gedicht zusammenhält. Und wenn man doch wenigstens sagen kann, daß die Faustdichtung eben doch von Faust handelt, so wird sie dennoch nicht durch ein Prinzip, für das Faust steht, und nicht einmal durch die Entwicklung dieses Charakters zusammengehalten. Wenn man schon irgendeine Einheit benennen will, so wäre es vielmehr die Erfahrung oder besser gesagt, die Reihe der Erfahrungen, die Faust in unterschiedlichen Konstellationen macht oder – denn neben Faust stehen wie in den *Wanderjahren* neben Wilhelm andere – die andere, mit ihm verbundene Protagonisten machen.

Die Faustdichtung stellt die Erfahrungen dar, die Faust auf seinem Weg durch die kleine und die große Welt – *Faust I* und *Faust II* – macht. Wenn es eine Grundlehre des *Faust* gibt, so ist es diese: Man muß sich lebend auf die Welt einlassen, um sie zu erkennen. Es ist diese Grundlehre, die den Magister Faust von seiner Verzweiflung am Wissen erlöst. Diesem Sich-Einlassen auf Erfahrung entspringen die mannigfaltigen Lehren, die man aus der Faustdichtung gewinnen kann, und nur durch den Weg der Erfahrung, nicht durch ein Prinzip, werden sie zusammengehalten. Dem dürfte entsprechen, wenn ich zum Schluß noch quasi thesenartig die Lehren des *Faust* nenne mit jeweiligem Hinweis, aus welchen Erfahrungen und auch welchen szenischen Konstellationen sie entspringen.

Da ist als erstes Goethes Phänomenalismus zu nennen. Es ist seine Methodologie der Naturforschung, die sich in der bekannten Maxime äußert: „Man suche nur nichts hinter den Phänomenen; sie selbst sind die Lehre".[21] Im *Faust* wird dieser Naturzugang entfaltet in den Szenen *Wald und Höhle* und *Anmutige Gegend.*

Da ist als zweites zu nennen die Lehre vom Leben als Gestaltwandel. Das ist die bekannte Lehre von der Metamorphose. Sie wird im *Faust* explizit eingeführt als Ersetzung von Form

20 Siehe Peter Matusseks Kommentar zu *Faust I.* In: *Goethe-Handbuch* (Anm. 1); besonders S. 358.

21 *Über Naturwissenschaft im Allgemeinen, einzelne Betrachtungen und Aphorismen.* In: WA II, 11, S. 131.

in der klassischen Dichotomie von Form und Materie durch Aktivität und Wandel. Dafür steht vor allem die Geschichte des Homunculus, wie sie sich in der Szene *Laboratorium* und in einzelnen Szenen der *Klassischen Walpurgisnacht* darstellt.

Da ist als drittes Goethes Auseinandersetzung mit der Technik, d. h. insbesondere der technischen Reproduktion von Natur, zu nennen. Es ist Goethes Lehre, daß dieses Projekt als gewaltförmiges Machenkönnen scheitern muß. Diese Lehre bahnt sich bereits in der Homunculus-Geschichte an, wird aber dann explizit im letzten Akt des *Faust*, insbesondere in den Szenen *Offene Gegend* bis *Großer Vorhof des Palastes*.

Da ist als viertes Goethes Lehre von der Gesellschaft als dem Imaginären zu nennen. Die Gesellschaft i s t der Mummenschanz, und der Geldzauber, also die Erfindung des Papiergeldes, der dort geschieht, trifft das Wesen dieser Gesellschaft.

Eng damit zusammen hängt Goethes skeptische Sicht von Geschichte und sein Aufweis der Präsenz von Mythologie. Diese Lehre findet sich vor allem im dritten und vierten Akt des *Faust II*.

Als sechstes ist Goethes Lehre vom erotischen Charakter der Poesie zu nennen. Dafür gäbe es natürlich außerhalb des *Faust*, insbesondere im *West-östlichen Divan*, viel Material. Im *Faust* aber wird diese Lehre explizit in Fausts Liebesszene mit Helena und in der Geschichte des Euphorion.

Als letztes, aber eher als Gewichtigstes ist Goethes Rehabilitierung des Prinzips der Weiblichkeit zu nennen. Sie findet sich nicht nur äußerlich in dem immer wieder zitierten Vers: „Das Ewig-Weibliche / Zieht uns hinan“ (V. 12110 f.), mit dem Fausts tätiges Streben von sich selbst erlöst wird, sondern vielmehr in der hintergründigen Präsenz der Helena-Gestalt im gesamten *Faust*, also schon im *Faust I*, – insbesondere aber in der Geschichte des Homunculus und natürlich im Gang zu den Müttern.[22]

---

22 Der vorliegende Aufsatz ist zugleich die Rechtfertigung der Lesart meiner Goethe-Vorlesung, die 1999 unter dem Titel *Goethes „Faust“ als philosophischer Text* als Tonbandmitschnitt erschienen ist. Dort werden auch die zuletzt genannten Thesen ausgeführt.

NIKOLAUS LOHSE

Die Begehung der Grenze

Goethes Selbstinterpretation der Schweizreise von 1779

Das Jahr war für eine solche Unternehmung schon weit vorangeschritten, als sich Herzog Carl August in Begleitung seines Mentors und frisch ernannten „Geheimderaths" Goethe im Spätsommer 1779 auf den Weg in die Schweiz machte. Von Frankfurt aus fuhr man durchs Elsaß, wo sich Goethe gleich zweimal Gelegenheit bot, der eigenen Vergangenheit ins Angesicht zu sehen, dann über Basel weiter in südwestlicher Richtung bis Genf – eingeschobene „Seitenweege" ins Berner Oberland oder „auf die höchsten Gipfel des Jura" (WA IV, 4, S. 97) nicht mitgerechnet. Hinter Genf biegt die Route scharf nach Südosten ab und führt die Reisenden im großen Bogen über Chamonix und Martigny ins Wallis, das Rhônetal aufwärts, über die Furka bis auf die Höhe des Gotthard und von dort wieder nordwärts über Luzern, Zürich und Schaffhausen zurück.

Den Plan zur Reise hatte Goethe schon Wochen vorher, zunächst in eigener Sache gefaßt. Vier Weimarer Jahre, angefüllt mit einer Unzahl von offiziellen Verpflichtungen und administrativen Aufgaben, hatten an den Kräften gezehrt, die literarische Produktion hatte merklich nachgelassen und an den durchschlagenden Erfolg des *Werther* nicht wieder anknüpfen können, und nun gab der herannahende 30. Geburtstag zusätzlich Anlaß, innezuhalten und Bilanz zu ziehen. Nach dem zu urteilen, was Goethe am 7. August seinem Tagebuch anvertraut, fiel das Ergebnis nicht eben schmeichelhaft aus:

> Zu Hause aufgeräumt, meine Papiere durchgesehen und alle alten Schaalen verbrannt. [...] Stiller Rückblick aufs Leben [...]. Wie kurzsinnig in Menschlichen und göttlichen Dingen ich mich umgedreht habe. Wie des Thuns, auch des Zweckmäsigen Denckens und Dichtens so wenig, wie in zeitverderbender Empfindung und Schatten Leidenschafft gar viel Tage verthan, wie wenig mir davon zu Nuz kommen und da die Hälfte nun des Lebens vorüber ist, wie nun kein Weeg zurückgelegt sondern vielmehr ich nur dastehe wie einer der sich aus dem Wasser rettet und den die Sonne anfängt wohlthätig abzutrocknen. Die Zeit dass ich im Treiben der Welt bin seit 75 Oktbr. getrau ich noch nicht zu übersehen. Gott helfe weiter. und gebe Lichter, dass wir uns nicht selbst so viel im Weege stehn. (WA III, 1, S. 93 f.)

Der Wunsch nach Abstand ist die natürliche Folge, und am 31. des Monats, die vierte Lebensdekade ist inzwischen erreicht, notiert er: „Früh sechs spazieren [...] viel Gedancken über die bevorstehende Reise und Veränderung. [...] Bewegung ist mir ewig nötig" (ebd., S. 96 f.).

Bereits Anfang August hatte Goethe seinen Herzog von den Reiseplänen unterrichtet und damit offenbar dessen eigene Reiselust geweckt. Spontan entschließt sich Carl August, den Freund zu begleiten – was diesen zwangsläufig zu seinem Begleiter macht. Wie Goethe diese Wendung innerlich aufgenommen hat, wissen wir nicht; äußerlich gibt er sich überaus konziliant und erweckt den Eindruck, als bestehe keinerlei Differenz zwischen seinen eigenen Ambitionen und denen des Herzogs.[1] – Am 11. September bricht man auf und begibt sich zunächst nach Frankfurt, wo man in Goethes Elternhaus Quartier nimmt. Erst unterwegs fällt die Entscheidung, nicht wie geplant nach Düsseldorf weiterzureisen und anschließend zu Verwandtenbesuchen nach Darmstadt, sondern der Reise ein ganz anderes Ziel und einen ganz anderen Charakter zu geben und in die Schweiz zu fahren.

Das Ziel ist Programm, und so steht die Unternehmung unverkennbar im Zeichen des pädagogischen Nutzens für den jungen Herzog. In die große Natur soll die Expedition ihn führen und den Sinn fürs Erhabene wecken, wozu die eindrucksvollsten Landschafts-Szenarien angesteuert werden, die Gletscherregionen des Berner Oberlandes, die „glänzenden Eisgebürge" (WA IV, 4, S. 109) der Savoyer Hochalpen mit dem Montblanc-Massiv (wenn auch nur aus respektvoller Entfernung) und der Gotthard, die Wasserfälle des Staubbachs bei Lauterbrunnen und des Rheins bei Schaffhausen, allesamt schon damals Höhepunkte des Alpentourismus und „kanonische Stationen des Staunens"[2]. Zudem galt die Eidgenossenschaft seit dem Erscheinen von Hallers *Alpen* politisch als Hort bürgerlicher Freiheit in Verbindung mit naturwüchsigen, bodenständigen Lebensformen und als ideales, von authentischen Berichten aber kaum je bestätigtes Gesellschaftsmodell. Entsprechende geistige Akzente sollten die Besuche der Rousseau-Stätten am Genfer und im Bieler See vermitteln; ob sie es getan haben, ist nicht bekannt, Goethe übergeht sie in seinen Berichten kommentarlos. Nachhaltiger dürfte für die Reisenden der Eindruck der gebildeten Schweiz gewesen sein, den sie aus persönlichen Begegnungen, besonders mit Lavater, aber auch, auf dessen Empfehlung, mit andern Gelehrten, etwa dem Genfer Geologen Horace Bénédict de Saussure, mitnehmen. Bis ins Detail läßt sich der ideelle Zuschnitt der Reise an den einzelnen Stationen, aber ebenso an Goethes Briefen ablesen, die er nach Hause schickt, namentlich an Charlotte von Stein, und die ausdrücklich dazu bestimmt sind, in der Weimarer Gesellschaft die Runde zu machen. Im Stil eines großen Reise-Tagebuchs sind sie angefüllt mit persönlich Erlebtem wie mit ausgreifenden geographischen und naturkundlichen Beschreibungen und geben ein eindrucksvolles Zeugnis davon, wie unter Goethes Führung die Kavalierstour des Fürsten zum Typus der bürgerlichen Bildungsreise mutiert.

Der Verlauf der Reise übertrifft – wenn man Goethes Worten trauen darf – alle Erwartungen. Die Berichte sind, was die Gunst der Umstände, die punktgenau sich einstellenden Eindrücke, kurz: das ganze Arrangement, betrifft, geradezu überschwenglich, so daß es nicht verwundert, wenn Goethes sozusagen offizielle Reise-Bilanz von der biographischen Forschung immer wieder dankbar aufgegriffen und repetiert wird. – Es gibt jedoch, wenn man genauer hinschaut, eine Reihe von Anhaltspunkten und Indizien, die in eine andere Richtung deuten, und mithin wohl triftige Gründe dafür, seiner Darstellung nicht allzu gutgläubig zu vertrauen.

---

1 Daß er die eigenen Erwartungen an die Reise keineswegs relativiert hat, zeigt etwa auch die Äußerung im Brief an Charlotte von Stein vom 24. 9. 1779: „Wir streichen wie ein stiller Bach immer weiter gelassen in die Welt hin [...]. Auf diesem Weege rekapitulir ich mein ganz vorig Leben sehe alle alte bekannte wieder, Gott weis was sich am Ende zusammen summiren wird" (WA IV, 4, S. 63).

2 Hannelore Schlaffer im Kommentar der MA 2.2, S. 921.

Auf dem Rückweg, kurz vor Verlassen der Schweiz, schreibt Goethe an Lavater, mit dem er gerade erst mehrere Tage in Zürich „im reinsten Zusammengenuss des Lebens" (WA IV, 4, S. 147) zugebracht hatte und der die Gruppe tags darauf in Schaffhausen wieder überraschen wird, einen umfangreichen Brief (3./5. Dezember[3]; WA IV, 4, S. 141–146), in dem er die eminente Bedeutung der Reise für den Herzog und nicht weniger für sich selbst kundtut: „Ich kann nicht weiter gehn ohne dir über eine Idee zu schreiben die mir sehr am Herzen liegt. Du weisst wie wichtig in vielem Betracht diese Reise dem Herzog gewesen ist und wie gewiss eine neue Epoche seines und unsers Lebens sich davon anfängt." Goethe eröffnet Lavater nun den Plan, Carl August „ein Monument dieser glüklich vollbrachten Reise" zu setzen, „das ihm in guten Augenbliken eine fröhliche Erinnerung wäre". Und etwas enigmatisch fügt er hinzu: „Es sind auch Nebenabsichten dabei". Dann entwirft er in allen Einzelheiten das Bildprogramm zu dem Gedenkstein, für dessen Ausführung er, durch Lavaters Vermittlung, Johann Heinrich Füßli zu gewinnen hofft und der dann im Park zu Weimar aufgestellt werden soll. „Mein erster Gedanke", schreibt er, „war so:"

> Ich wollte dem Monument eine vierekigte Form geben, etwas höher als breit, ganz einfach [...]. Von drei Seiten sollte iede eine einzelne bedeutende Figur und die vierte eine Innschrifft haben. Zuförderst sollte das gute heilsame Glük stehen durch das die Schlachten gewonnen und die Schiffe regiret werden, günstigen Wind im Naken, die launische Freundinn und Belohnerinn keker Unternehmungen mit Steuerruder und Kranz, im Felde zur Rechten hatte ich mir den Genius, den Antreiber, Wegmacher, Wegweiser, Fakelträger mutigen Schrittes gedacht. In dem Felde zur lincken sollte *Terminus* der ruhige Gränzbeschreiber, der bedächtige mäsige Rathgeber stillstehend mit dem Schlangenstabe einen Gränzstein bezeichnen. Jener lebend rührig vordringend, dieser ruhend sanft, in sich gekehrt zwey Söhne einer mutter der ältere iener der iüngere dieser. Das hinterste Feld hatte die Innschrifft:
>
> Fortunae
> Duci reduci
> natisque
> Genio
> et
> Termino
> ex Voto.[4]

Es handelt sich hier um ein ikonographisches Programm, das sich traditioneller mythologischer Versatzstücke bedient, ihnen durch die Art und Weise der Zusammenstellung und Interpretation aber ein durchaus eigenes Profil verleiht. So gehört bei Fortuna das Steuerruder (neben dem Füllhorn, der Augenbinde und besonders dem Rad) zu den gängigen Attributen, ihre Bekränzung hingegen scheint Goethes eigene Erfindung zu sein, die er demonstrativ einsetzt. Die andern beiden Gestalten entstammen unterschiedlichen Funktions- und

---

[3] Die WA-Datierung des Briefes auf „Ende November" ist korrigiert in: *Goethe und Lavater.* Hrsg. von Heinrich Funck. Weimar 1901, S. 89 (= Schriften der Goethe-Gesellschaft, Bd. 16).

[4] Übersetzung nach FA II, 2, S. 868 f.: „Der Glücksgöttin / bei Ausreise und Heimkehr / Und ihren Kindern / Dem Genius / und / dem Terminus / einem Gelübde gemäß." – Entgegen der Angabe der FA (ebd., S. 869) ist der Stein nicht ausgeführt worden. Offenbar liegt eine Verwechslung mit Klauers Schlangenstein (oder mit dem ‚Stein zum Guten Glück'?) im Park an der Ilm vor.

Bedeutungszusammenhängen: Während der gute Genius in seiner göttlich-menschlichen Doppelnatur in aller Regel als jemandes persönlicher Begleiter und Beschützer auftritt, ist der Grenzgott Terminus eigentlich nicht für Menschen, deren Lebenswege oder Reiserouten zuständig, sondern (wie der Zeigegestus auch andeutet) für immobile Güter, für den Schutz des Eigentums, insbesondere von Bauwerken. Und die hier konstatierte Verwandtschaft beider sowie die genealogische Ableitung von Fortuna fallen vollends aus der klassischen Überlieferung heraus.

Goethe läßt keinen Zweifel daran, daß er mit dieser Kompilation Grundsätzlicheres im Sinn hat als nur den beherzten und vielleicht nicht einmal ganz lupenreinen Griff in die mythologische Requisitenkiste: „Du siehst was ich vor Ideen dadurch zusammenbinden wollte. Es sind keine Geheimnisse noch tiefe Räzel, aber sowohl auf dieser Reise als im ganzen Leben, sind wir diesen Gottheiten sehr zu Schuldnern geworden." Auf den allgemeinen Vorspann folgt der unmittelbare Bezug auf die gegenwärtige Reise, ein längerer Passus mit sehr ausgezirkelten und alles andere als zufälligen Formulierungen, die unter der Oberfläche Bemerkenswertes enthalten: „Das erstemal", schreibt er,

> dass wir nach einer langen nicht immer fröhligen Zeit aus dem Loche in die freye Welt kommen, zusammen den ersten bedeutenden Schritt wagen, gleich mit dem schönsten Hauche des Glücks fortgetrieben zu werden, in der späten Jahrszeit alles mit günstiger Sonne und Gestirnen.

„Aus dem Loche", das klingt despektierlicher als das meiste, was Goethe sonst an Kritischem über Weimar geäußert hat, und gibt dem Aufbruch unverkennbar den Charakter eines Befreiungsaktes; noch nicht so stark wie derjenige, der sieben Jahre später mit dem heimlichen Aufbruch von Karlsbad nach Italien erfolgt, aber doch schon deutlich als solcher erkennbar. Und der unerwartet günstige Verlauf der Reise erscheint angesichts der widrigen Jahreszeit so wunderbar, daß kein besserer Topos sich anbietet als jener der besonderen planetarischen Konstellation. – Zur Gunst der Sterne tritt die Kraft der Götter:

> Den ganzen Weeg den wir machen begleitet von einem guten Geiste der überall die Fackel vorträgt hierhin lockt dorthin treibt dass wenn ich zurücksehe wir, zu so manchem das unsre reise ganz macht nicht durch unsern Wiz und Wollen geleitet worden sind.

Das ist eben der „Genius", der auf dem Gedenkstein dargestellt werden soll. Er ist der eigentliche Reiseleiter, der Regisseur, der für das Gelingen der Unternehmung nicht nur im Großen und Ganzen, sondern im Detail verantwortlich gemacht wird und dessen organisatorisches Geschick offenkundig mehr vermochte als „unser Wiz und Wollen", d. h. unser Verstand und unsere freie Entscheidung. Ihm ist es wesentlich zu verdanken, daß die Reise, wie Goethe im emphatischen Jargon der Zeit sagt, eine „ganze"[5] geworden ist. – Jedoch nicht nur ihm allein. Da ist noch jene andere Instanz, die auch ihre Hand im Spiel hatte und die Goethe jetzt in einem nachgestellten, fast ein wenig künstlich wirkenden Satz benennt: der Grenzgott Terminus:

---

5 Zur spezifischen Wortsemantik von ‚ganz' vgl. den entsprechenden Artikel im *Goethe-Wörterbuch*, Stuttgart 1966 ff., bes. Punkt A2.

> Und dan am Ende dass wir auch durch den schönen Glückssohn bedeutet wurden wo wir aufhören, wo wir einen Gränzbogen beschreiben und wieder zurückkehren sollten, das wieder einen unglaublichen Einfluss auf unsre Zurückgebliebnen hat und haben wird.

Und er setzt noch hinzu: „Das alles zusammen giebt uns eine Empfindung die ich nicht schöner zu ehren weis als womit alle Zeiten durch die Menschen Gott verehrt haben." Nachdem vorab skizzierten Gedenkstein-Programm hat der Leser des Briefes Goethes kleine Privatmythologie mit dem brüderlich-komplementären Verhältnis zum Genius zwar kennengelernt und kann den „schönen Glückssohn" jetzt zuordnen – dennoch scheint sich der Satz merkwürdig zu entziehen. Was genau heißt „aufhören"? Die Reise beenden? Gar vorzeitig abbrechen? Was ist mit dem seltsamen Wort „Gränzbogen" gemeint, der „beschrieben" werden soll? Und wie ist schließlich die zweite Aussage zu verstehen, daß das „Aufhören" oder „Zurückkehren" einen „unglaublichen Einfluss auf unsre Zurückgebliebnen" haben wird? Die Dunkelheit des Textes, womöglich auch die dadurch provozierten Fragen sind wohlkalkuliert, und in der Tat verbirgt sich hier das Geheimnis des Briefes.

Der Schlüssel zur Lösung des Rätsels liegt jedoch nicht in diesem Brief, sondern in einem andern, den Goethe wenige Tage zuvor – „d. 13. Nov. 79. Auf dem Gotthart bey den Capuzinern" – an Charlotte von Stein nach Weimar gerichtet hat. Er enthält nicht nur die Antwort auf die fraglichen Formulierungen des Lavater-Briefes, sondern zugleich die tieferen Beweggründe, die Goethe umgetrieben haben müssen, mehr als er nach außen und vielleicht auch vor sich selbst zuzugeben bereit war. Die Pointe ist allerdings auch hier nicht auf Anhieb zu greifen, sie steckt vielmehr in dem, was gerade n i c h t ausgesprochen wird, und gibt sich erst zu erkennen, wenn man den Wortlaut des Textes gleichsam gegen den Strich liest. Der entscheidende Passus lautet:

> Auf dem Gipfel unsrer Reise. Bis Genf gings von Ihnen weg, bisher sind wir in der Queer ziemlich gleich weit weggeblieben, und von Morgen an geht ieder Schritt wieder zurück. Zum zweitenmal bin ich nun in dieser Stube, auf dieser Höhe, ich sage nicht mit was für Gedancken. Auch iezt reizt mich Italien nicht. Dass dem Herzog diese Reise nichts nüzzen würde iezzo, dass es nicht gut wäre länger von Hause zu bleiben, dass ich Euch wiedersehen werde, alles wendet mein Auge zum zweitenmal vom gelobten Lande ab, ohne das zu sehen ich hoffentlich nicht sterben werde, und führt meinen Geist wieder nach meinem armen Dache, wo ich vergnügter als iemals Euch an meinem Camin haben, und einen guten Braten auftischen werde. Dabey sollen die Erzählungen die Abende kurz machen von braven Unternehmungen Entschlüssen, Freuden und Beschweerden. (WA IV, 4, S. 120)

Das also ist des Pudels Kern: daß Italien zum Greifen nahe liegt – und wieder, nach der ebenfalls auf dem Gotthard endenden Schweiz-Exkursion vom Mai/Juni 1775 nun zum zweiten Mal, nicht erreicht wird. Und rechnet man noch die im Herbst desselben Jahres angetretene, aber nach wenigen Tagen durch den herzoglichen Ruf nach Weimar abgebrochene Italienreise hinzu, dann ist es sogar das dritte Mal, daß der Anlauf nicht ans Ziel führt. Um die Bedeutung dieses Umstands zu ermessen, muß man sich nur die Anziehungskraft und die Faszination vorstellen, die sich für Goethe mit dem Namen Italien von früher Jugend an verband, seit ihm die Rom-Prospekte im Frankfurter Elternhaus die Welt der Antike so plastisch vor Augen geführt und der als Privatlehrer engagierte Dominikanerpater Giovinazzi ihm die italienische Sprache erschlossen hatten, ganz zu schweigen von der unvergleichlichen Sogwirkung, die das Land auf Scharen bildungshungriger junger Intellektueller ausübte. So enthält, oder besser: verhüllt, die eine Geschichte von der geglückten Schweizreise die andere Geschichte von der erneut und unmittelbar vor dem Ziel verhinderten Italienreise. Hinter dem Erfolg verbirgt sich die Enttäuschung, hinter der rhetorischen Verve die stumme Klage, und man kann sich des Eindrucks nur schwer erwehren, daß das eine mit dem andern ursächlich zusammenhängt.

Sicherlich kann man, wenn man Goethes mitgelieferte ‚Argumente' für bare Münze nimmt, zu einer andern Beurteilung kommen. Ich greife, stellvertretend für ungezählte ältere Darstellungen, nur die rezenteste unter den monumentalen Goethe-Biographien heraus, diejenige von Nicholas Boyle. Goethe hatte, schreibt Boyle,

> eine abergläubische Furcht davor, den Boden Italiens zu betreten. Sie hätten dort nur wenig Zeit, und was den Herzog betraf, so war der Zweck der Reise ja gewesen, ihn mit großartigen Naturschönheiten [...] bekannt zu machen, und nicht, ihm die großen Stätten der klassischen Kunst zu zeigen [...]. Goethes Widerstreben muß dem Gefühl entsprungen sein, daß die Weiterreise nach Italien „symbolisch" nicht richtig gewesen wäre. Italien bedeutete ihm sehr viel: Weimar war die Alternative zu der vom Vater anbefohlenen Italienreise gewesen. Erst wenn er sich in Weimar bewährt hätte [...], wäre er innerlich frei genug, die große Bildungsreise aus eigenem Antrieb [...] anzutreten [...].[6]

So oder ähnlich mag sich einem der Sachverhalt bei etwas kursorischer Betrachtung wohl darstellen. Aber verträgt sich diese Einschätzung tatsächlich mit dem Duktus der Sätze? Kann man es Goethe im Ernst abnehmen, wenn er sagt: „Auch iezt reizt mich Italien nicht"? Und kann man die Gründe anders denn als vorgeschoben auffassen, die er ins Feld führt: daß dem Herzog die Reise „nichts nüzzen würde iezzo" oder die allgemeine Formel, daß es „nicht gut wäre länger von Hause zu bleiben", und vollends das idyllische, ans Kitschige streifende Bild vom „armen Dache", unter dem er mit Charlotte am Kamin hocken und ihr „einen guten Braten auftischen" möchte? Es fällt schwer, sich Goethes eigene Perspektive – oder genauer gesagt: deren vorgetragene Version – so zu eigen zu machen und dabei die unterschwellige Gegenbewegung („ich sage nicht mit was für Gedancken") nicht zu bemerken. Und man muß schon energisch weghören, wenn man in dem hochstilisierten hymnischen Ton des Lavater-Briefs nicht zugleich auch das Forcierte und Überzogene wahrnehmen will.

Nun enthält der zitierte Passus des Gotthard-Briefs an Charlotte aber nicht nur das unterdrückte bzw. geleugnete Motiv der Italien-Sehnsucht; er beginnt vielmehr mit einem knappen, aber sorgsam pointierten Rückblick auf den bisherigen Verlauf der Reise: „Bis

[6] Nicholas Boyle: *Goethe. Der Dichter in seiner Zeit.* Bd. 1. München 1995, S. 359. – Das ist immer noch die Sichtweise, die schon Wilhelm Bode geäußert hatte. In seiner wie immer weitschweifig nacherzählenden Darstellung der Schweizreisen schreibt er: „Goethe spürte [...] gerade jetzt kein besonderes Verlangen nach dem Süden oder er hielt sich noch nicht reif genug für dies große Unternehmen. Übrigens hatte er gar nicht zu grübeln, welcher Weg für ihn selber der bessere sei; denn jetzt war er Begleiter und Berater seines fürstlichen Freundes, der andere Dinge als eine italienische Reise brauchte" (W. B.: *Goethes Schweizer Reisen.* Leipzig 1922, S. 176).

Genf gings von Ihnen weg, bisher [d. h. bis hierher[7]] sind wir in der Queer ziemlich gleichweit weggeblieben, und von Morgen an geht ieder Schritt wieder zurück." Die Reise wird mithin deutlich in drei Abschnitte gegliedert: Der erste, nennen wir ihn die Ausfahrt, von Weimar bis Genf, also grob gepeilt in südwestlicher Richtung, die Querfahrt südost- und ostwärts durch die „Savoiischen Eisgebürge" (WA IV, 4, S. 129) und das Wallis auf den Gotthard und die Rückfahrt wieder nach Norden zum Ausgangspunkt. Entscheidend und der Schlüssel zum Verständnis dieser Etappen-Trias sind dabei die Formulierungen „von Ihnen weg" und „in der Queer ziemlich gleich weit". Sie bewirken etwas Eigenartiges: Sie lassen nämlich die imaginäre Figur eines Kreises entstehen, in dessen Mittelpunkt Weimar liegt und dessen Radien bis Genf bzw. zum Gotthard reichen. Zwischen den Endpunkten der Radien verläuft das Kreissegment der Wallis-Etappe, ein Bogen mit konstanter Entfernung zum Mittelpunkt. – Diese zur geometrischen Figur abstrahierte Reiseroute entspricht nun exakt der im Lavater-Brief gegebenen, ebenfalls dreifach strukturierten Wegbeschreibung, bei der der Genius die Richtung vorgab und Terminus die Wendepunkte markierte: „wo wir aufhören, wo wir einen Gränzbogen beschreiben und wieder zurückkehren sollten". Durch diese überraschende, aber sicher nicht zufällige Analogie ist der Ausdruck „Gränzbogen" – der im übrigen in der Handschrift durch Korrektur aus dem Wort „Bogen" entstanden ist – jetzt ganz konkret bestimmbar als eben jene mittlere Etappe der Reise, die wie auf einer Kreisbahn um das Zentrum herumführt.

Damit fügen sich die beiden Briefstellen nun mit verblüffender Präzision zusammen. Keine von ihnen hätte sich alleine vollständig erschlossen, aber gemeinsam ergeben sie einen sehr klaren und luziden Befund. Was sich in dieser winzigen Skizze vom Kreissegment und dessen Interpretation als „Gränzbogen" fast unmerklich vollzieht, führt in eine ganz andere Dimension. Die eigentliche und hintergründige Bedeutung der ‚Realmetapher' ist, daß sich das Bild des Bogens dem Rückbezug auf Weimar resp. Charlotte als den festen Mittelpunkt des Kreises verdankt. Das ist gleichsam der doppelte Boden in der Beschreibung des Routenverlaufs. Es ist also nicht der Herzog, nicht die Planung, nicht das Wetter oder die Jahreszeit, es sind – jedenfalls in Goethes Selbstwahrnehmung – die Weimarer Verhältnisse und insbesondere ist es die Bindekraft Charlottes, die ihn zurückhält und eine weitere Entfernung nicht zuläßt.[8] Noch bemerkenswerter aber als das hintergründige Bild ist Goethes vordergründige (oder besser: vorgestellte) emotionale Reaktion: Nicht nur, daß er die Gunst der Stunde nicht nutzt, vom Gotthard nach Süden abzusteigen und damit den so lange gehegten Wunsch in die Tat umzusetzen, geradezu beflissen fügt er sich in die Umstände und in seine Rolle, überspielt den ohne Zweifel schmerzhaften Verzicht durch besonderen Enthusiasmus und beschwört, verräterisch genug, das künstliche Idyll mit Charlotte am Kamin. Die Flucht nach vorn ist die Flucht zurück, und

7 Vgl. *Goethe-Wörterbuch*, sub voce ‚bisher' die Angabe „mit räuml Nebenvorstellung i[m] S[inne] v[on] bis hierher"; es verzeichnet allerdings nur einen einzigen Fall (*Triumph der Empfindsamkeit*; WA I, 17, S. 24) für diese Bedeutung und hat den vorliegenden offenkundig übersehen.

8 In den Briefen an Charlotte finden sich im übrigen wiederholt Formulierungen über die zu- oder abnehmende Distanz, etwa: „So weit sind wir schon aus einander. [...] Ich komme nach allem doch wieder zu Ihnen zurück" (WA IV, 4, S. 86) oder „Diesen Brief geb ich auf die nächste Post [...]. Wenn Sie ihn erhalten bin ich schon viel näher" (ebd., S. 121), deutliche Anzeichen dafür, wie bewußt Goethe mit der Entfernungs-Vorstellung operiert.

es bedarf nicht nur des Beistands der göttlichen Instanzen, sondern auch einer erheblichen Sublimations-Anstrengung, um das so uneingeschränkt positiv darzustellen. Sieben Jahre soll es noch dauern, bis die wirkliche Flucht nach Italien gelingt, inkognito und bei Nacht und Nebel, nachdem (nicht nur) die unerfüllte Beziehung zu Charlotte unerträglich geworden ist.

Durch diese Perspektive bekommt die Schweizreise von 1779 eine Bedeutung, die über den Rahmen einer halbwegs abenteuerlichen Bildungsreise weit hinausgeht. Sie leistet nicht weniger als die Vermessung des eigenen Lebenskreises, des geographischen wie des seelischen, und der „Gränzbogen" markiert gleichsam den maximalen Aktionsradius, in dem Goethe sich auf absehbare Zeit bewegen kann. Es bedarf keiner besonderen Phantasie, sich vorzustellen, daß diese Etappe durchs spätherbstliche Wallis für ihn etwas Unerhörtes gewesen sein muß. Zehn Tage lang bewegt er sich, wie angebunden, unmittelbar an der Schwelle zum „gelobten Land" und kann sie doch nicht überschreiten, zehn Tage erlebt er geradezu physisch die Sehnsuchts-Grenze als Grenze der eigenen Möglichkeiten. Im nachträglich gefundenen Bild des Bogens, der wandernd „beschrieben" wird, kulminiert die an- und ausgehaltene Spannung zwischen Aufbruch und Heimkehr, zwischen Freiheit und Bindung, zwischen Sehnsucht und Verzicht. Und mit jedem Schritt, der mühsam genug dem Lauf der Rhône flußaufwärts folgt, wird diese äußere und innere Grenze im doppelten Sinn des Wortes ‚begangen', d. h. abgeschritten und zelebriert.

Insofern kann man die Reise durchaus als symbolisch bezeichnen – aber wohl weniger als Symbol einer glücklichen Fügung und eines entsprechend heiteren und gelösten Lebensgefühls als vielmehr einer tief empfundenen und innerlich ausgetragenen Spannung. Daß der Drang nach Süden nicht stark genug ausgeprägt gewesen sei, daß Italien ihn nicht „gereizt" hätte, muß man Goethe wahrlich nicht glauben. Eher ist der abwiegelnde Gestus darauf zurückzuführen, daß ihm Italien allmählich zur Chiffre für das Unerreichbare zu werden drohte, nachdem auch dieser Anlauf an der Gegenkraft der faktischen oder eingebildeten Bindung scheiterte. Ob Goethe sich ihr freiwillig oder eher widerstrebend fügte, ist schwer zu sagen. Aber auch wenn man ihm, wie Boyle, abnimmt, daß er den Verzicht ohne Bedauern tut, so zeigt die ebenso kunstvoll wie versteckt inszenierte Metapher vom „Gränzbogen" doch, daß er sich der eingeschränkten Bewegungsfreiheit überdeutlich bewußt war und daß die Rede von der „ganzen Reise" am Ende nur die halbe Wahrheit ist. Man geht wohl nicht völlig fehl, wenn man in der entschlossenen, man möchte geradezu sagen: programmatischen Umdeutung der Reise-Bilanz eine frühe Form des Entsagungs-Motivs wahrnimmt; und es ist kein Zufall, daß Goethe einen Brief, den er aus Zürich an Friedrich Justin Bertuch schreibt, mit den Worten enden läßt: „Leb wohl! dass wir wenigstens nicht nach Italien gehen, sondern wie recht enthaltsame Leute auf dem Gotthart umgekehrt sind, werdet ihr uns hoff ich Danck wissen, und uns freundlich und artig empfangen" (WA IV, 4, S. 139).

Die Dinge gewinnen noch an Tiefenschärfe, wenn man zwei andere Äußerungen hinzunimmt, zunächst die Version, mit der Goethe in den später so genannten *Briefen aus der Schweiz*[9], rückblickend, aber noch unter dem frischen Eindruck des Erlebten, die Gipfel-

---

[9] In den ersten Monaten des Jahres 1780 verarbeitete Goethe die Briefe an die Weimarer Freunde, besonders diejenigen an Charlotte von Stein, zur halb-dokumentarischen Brieferzählung, zunächst wohl mit dem Arbeitstitel *Wanderung von Genf auf den Gotthard* (so in den *Tag- und Jahresheften*, Abschnitt *Bis 1780*; WA I, 35, S. 7), die aber erst 1796 unvollständig unter der Überschrift *Briefe auf*

Besteigung des Gotthard kommentiert. „Endlich", heißt es dort, „sind wir auf dem Gipfel unserer Reise glücklich angelangt! Hier, ist's beschlossen, wollen wir stille stehen und uns wieder nach dem Vaterlande zuwenden" (WA I, 19, S. 299). Man glaubt, in Kenntnis der zugrundeliegenden originalen Briefstellen, selbst noch aus dieser verhaltenen Formulierung einen gedrückten und leicht resignativen Ton herauszuhören. Dann lenkt Goethe den Blick zurück auf die erste Besteigung des Gotthard von 1775:

> Ich komme mir sehr wunderbar hier oben vor; wo ich mich vor vier Jahren mit ganz andern Sorgen, Gesinnungen, Planen und Hoffnungen, in einer andern Jahrszeit, einige Tage aufhielt, und mein künftiges Schicksal unvorahnend durch ein ich weiß nicht was bewegt Italien den Rücken zukehrte und meiner jetzigen Bestimmung unwissend entgegen ging. (ebd., S. 299 f.)

„Wunderbar" (d. h. im Wortsinn seltsam, wunderlich, eigenartig) muß sich Goethe in der Tat vorgekommen sein, und die Situation ist von einem Déjà-vu-Erlebnis nicht weit entfernt. Zwar sind die konkreten „Sorgen" und „Planen" diesmal andere, aber das Ergebnis ist das gleiche: Wieder ist der Gotthard Endstation der Reise, wieder schweift der Blick hinüber nach Italien, aber der Weg führt in die entgegengesetzte Richtung. Beim ersten Mal hat Goethe den Moment im Bild festgehalten; das erhaltene Blatt trägt die Aufschrift: „Scheide-Blick nach Italien"[10]. Aber erinnert er sich tatsächlich nicht mehr, was ihn damals „bewog", „Italien den Rücken zuzukehren"? Jahrzehnte später, als er sich im 19. Buch von *Dichtung und Wahrheit* wieder mit der Episode befaßt, scheint das Gedächtnis besser zu funktionieren. Oder sollte es nur eine rückwirkende Projektion sein? Er schildert die Situation jedenfalls minutiös:

> Ich hatte mich an den Fußpfad, der nach Italien hinunter ging, niedergelassen und zeichnete, nach Art der Dilettanten, was nicht zu zeichnen war und was noch weniger ein Bild geben konnte: die nächsten Gebirgskuppen, deren Seiten der herabschmelzende Schnee mit weißen Furchen und schwarzen Rücken sehen ließ. Indessen ist mir durch diese fruchtlose Bemühung jenes Bild im Gedächtniß unauslöschlich geblieben. (WA I, 29, S. 128)

Wieder fühlt man sich veranlaßt, mit dem Wortlaut der Darstellung zu hadern und die eigentliche Mitteilung zwischen den Zeilen zu suchen: Man darf mutmaßen, daß es, auch für den dilettierenden Zeichner Goethe, weniger die äußere Erscheinungsform der „nächsten Gebirgskuppen" war, was die Zeichnung nach eigenem Urteil mißlingen ließ[11], als vielmehr der Gedanke an das, was diese verbergen, was „nicht zu zeichnen" war, weil es h i n t e r ihnen liegt: das ganze Land, die Welt Italiens, die sich buchstäblich vor seinen Füßen aus-

einer Reise nach dem Gotthardt als Beitrag zu Schillers *Horen* erschien und 1808 als zweite Abteilung der *Briefe aus der Schweiz* in die Cottasche Ausgabe von *Goethe's Werken* aufgenommen wurde.

10 *Corpus der Goethezeichnungen*. Bearbeitet von Gerhard Femmel. Bd. I. Leipzig 1958, Abb. 120 und Kommentar S. 52 f.

11 Die spätere Forschung hat z. T. wohlwollender geurteilt – allerdings unter andern Aspekten; vgl. *Corpus*, a. a. O.

breitet, die zu betreten er sich jedoch nicht entschließen kann. Und daß das Bild sich so „unauslöschlich“ in sein Gedächtnis eingegraben hat, dürfte schwerlich an der Fruchtlosigkeit der zeichnerischen „Bemühung“ gelegen haben, viel eher dagegen an der Melancholie, die ihn ergriffen haben muß, als er auf dem Blatt all das im Dunst der Ferne verschwimmen ließ, was er so gern in nahen Augenschein genommen hätte.

Ausführlich schildert Goethe die Insistenz und „liebevolle Arglist“, mit der sein treuer Begleiter Jacob Ludwig Passavant ihn zum Abstieg „von diesem Drachengipfel hinab in jene entzückenden Gegenden“ (ebd., S. 131 u. 129) gedrängt hat, versucht hat, ihm den Weg nach Bellinzona und weiter nach Mailand schmackhaft zu machen – vergeblich. Die Begründung, die er für sein Zögern gibt, wohlgemerkt aus dem Abstand von Jahrzehnten, hebt mit einer allgemeinen, zunehmend persönlicher werdenden Betrachtung an, enthält dann aber eine erstaunliche Pointe:

> Mir kommt vor als wenn der Mensch, in solchen Augenblicken, keine Entschiedenheit in sich fühlte, vielmehr von früheren Eindrücken regiert und bestimmt werde. Die Lombardie und Italien lag als ein ganz Fremdes vor mir; Deutschland als ein Bekanntes, Liebwerthes, voller freundlichen einheimischen Aussichten und, sei es nur gestanden: das was mich so lange ganz umfangen, meine Existenz getragen hatte, blieb auch jetzt das unentbehrlichste Element, aus dessen Gränzen zu treten ich mich nicht getraute. (ebd., S. 129 f.)

Die innere Einstellung, die Gefühlslage, die in den Sätzen zum Ausdruck kommt, ist für einen jungen Menschen von 25 Jahren nicht eben naheliegend. So genügsam, so heimatverbunden, so auf Wahrung des Bestehenden bedacht, so wenig risikofreudig hätte sich der junge Goethe schwerlich selbst dargestellt. Aber inwiefern ist das Land, Deutschland, das „unentbehrlichste Element“, das seine „Existenz getragen“ hatte? Und was gäbe es da zu „gestehen“? – Das eigentliche Geständnis folgt indes erst jetzt:

> Ein goldnes Herzchen, das ich in schönsten Stunden von ihr erhalten hatte, hing noch an demselben Bändchen, an welchem sie es umknüpfte, lieberwärmt an meinem Halse. Ich faßte es an und küßte es [...].

„Sie“, das ist Lili Schönemann, Goethes erste und einzige Verlobte. Im Januar 1775 hatte er sie kennengelernt, zu Ostern hatte man sich, trotz familiärer Bedenken wegen der nicht standesgemäßen Liaison, mehr oder minder offiziell verlobt, aber die Beziehung stand unter keinem guten Stern. Die Schweizreise, zu der Goethe bereits Mitte Mai fast überstürzt und ohne Abschied aufgebrochen war, hatte vor allem den Zweck, sich über eine gemeinsame Zukunft mit Lili klarzuwerden; sie endete schon im Oktober desselben Jahres mit der Auflösung des Verlöbnisses.[12]

---

[12] Goethe hat die Trennung im übrigen lange nicht verwunden und nahm 1779 die Gelegenheit der zweiten Schweizreise wahr, Lili, inzwischen als verheiratete von Türkheim in Straßburg ansässig, zu besuchen. Einen Tag zuvor hatte er bereits ein Wiedersehen mit seiner Jugendliebe Friederike Brion in Sesenheim arrangiert. Er hatte sie einst ziemlich ungalant verlassen, den Makel dann jahrelang mit sich herumgetragen und sah nun die Möglichkeit, das Verhältnis ins reine zu bringen (vgl. den Brief an Charlotte von Stein vom 28. 9. 1779; WA IV, 4, S. 66 f.). –

In dieser gefühlsmäßig angespannten, unentschiedenen Situation also absolviert Goethe die gesamte Schweizreise und findet sich so auch auf dem Gotthard, Lilis Bild im goldenen Herzchen um den Hals gehängt, ohne innerlich eine Entscheidung herbeiführen zu können. Auf diesen Hintergrund spielt der alte Goethe in *Dichtung und Wahrheit* zweifellos an. Dann aber fügt er, statt die Dinge weiter auszuführen, ein wie es heißt „dadurch veranlaßtes Gedicht" ein, das thematisch darauf Bezug nimmt, aber wohl nicht unmittelbar aus demselben Entstehungszusammenhang stammt. Es lautet:

Angedenken du verklungner Freude,
Das ich immer noch am Halse trage,
Hältst du länger als das Seelenband uns beide?
Verlängerst du der Liebe kurze Tage?

Flieh' ich, Lili, vor dir! Muß noch an deinem Bande
Durch fremde Lande,
Durch ferne Thäler und Wälder wallen!
Ach, Lili's Herz konnte so bald nicht
Von meinem Herzen fallen.

Wie ein Vogel, der den Faden bricht
Und zum Walde kehrt,
Er schleppt, des Gefängnisses Schmach,
Noch ein Stückchen des Fadens nach;
Er ist der alte freigeborne Vogel nicht,
Er hat schon jemand angehört. (ebd., S. 130)

Nach dem pessimistischen Tenor der Verse wird das Gedicht allgemein auf die Zeit n a c h der Trennung von Lili, also auch nach der Schweizreise, auf den Winter 1775/76 datiert. Ganz sicher ist das nicht, aber die Frage des Zeitpunkts spielt keine wesentliche Rolle. Entscheidend ist, daß eine Situation beschrieben bzw. in der Vorstellung evoziert wird, in der die Beziehung zu Lili ihren Zenit längst überschritten hat und nurmehr durch ein äußeres Band zusammengehalten wird, nachdem das „Seelenband" zerrissen ist. Dieses äußere „Band" aber ist im Bild jenes „Bändchens" gefaßt, das Lili Goethe um den Hals gelegt hatte und an dem sie ihn nun, wie an der langen Leine, „durch fremde Lande" „wallen" läßt. Und als sei die Metapher noch nicht deutlich genug, schiebt er sofort den ausgeführten Vergleich hinterher vom Vogel, der „den Faden bricht", sich aus seiner Gefangenschaft befreit und doch nicht mehr der alte ist.

Was für eine verblüffende Parallele: das Bild von Radius und Bogen bei Charlotte und hier nun das Band mit dem „goldnen Herzchen", man möchte fast sagen: das Gängelband, an das er sich legen läßt oder selbst legt. Und beide Stellen sind bezogen auf analoge und im Wortsinn entscheidende Reise- und Lebenssituationen an exakt demselben exponierten

---

Auch diese beiden, von Goethe gezielt angebahnten Begegnungen im Elsaß, das offenkundige Bedürfnis, sich mit alten, aber schmerzhaft nachwirkenden Bindungen ins Verhältnis zu setzen, wirft ein bezeichnendes Licht auf die gewissermaßen subkutanen Schichten auch dieser zweiten Schweizreise.

Punkt: auf der Spitze des Gotthard. Kann man das noch für Zufall halten? Und zugleich: Was für eine merkwürdige Blockade. Boyle sprach von Goethes „abergläubischer Furcht", den Boden Italiens zu betreten; unsere Beobachtungen scheinen nun eher den umgekehrten Schluß nahezulegen: nicht von der Furcht, sondern von der unerfüllten Sehnsucht auszugehen und Goethes emphatische Selbstinterpretation der Reise als Kompensation einer nicht eingestandenen oder zumindest nicht zugegebenen Enttäuschung zu deuten. Welche von beiden Versionen der Wahrheit näher kommt, ob die Furcht vor der Fremde dominierte und die Frauen, an die er sich band, nurmehr den Vorwand zur Rückkehr lieferten, oder ob umgekehrt die Bindungen das Erreichen des eigentlich Ersehnten vereitelt haben, ist eine Frage, die einen Tiefenpsychologen auf den Plan rufen könnte. Und womöglich würde sich am Ende herausstellen, daß beides zutrifft – wie ja auch sonst extreme Gefühle dazu neigen, sich zu berühren.

Ein Aspekt sollte in diesem Zusammenhang nicht übergangen werden, der zumindest e i n e Erklärung für Goethes Verhalten sein könnte und der besonders deutlich in einem Brief an Knebel zum Ausdruck kommt, den Goethe wenige Tage vor dem Lavater-Brief geschrieben hat. Wieder beginnt er mit einer allgemeinen Reise-Betrachtung und geht dann auf die Begegnung mit Lavater in Zürich ein:

> So schön und glücklich dass man sich nicht unterstehn darf zu preisen ist unsre Reise bisher gewesen. Helfe die willige Glücksluft weiter und führe uns gesund wieder zu Euch. So wohl mir's geht, so manigfaltig das Leben ist sehn ich mich wieder nach Hause, und ausdrücken kan ich dir nicht wie lieb ihr mir täglich werdet [...]. Hier bin ich bey Lavatern, im reinsten Zusammengenuss des Lebens, in dem Kreise seiner Freunde ist eine Engelsstille und Ruh, bey allem Drange der Welt und ein anhaltendes mitgeniessen von Freud und Schmerz, da hab ich deutlich gesehen dass es vorzüglich darinn liegt dass ieder Sein Haus Frau, Kinder, und eine reine menschliche Existens in der nächsten Nothdurft hat: das schliest an einander, und speut was feindlich ist sogleich aus. (WA IV, 4, S. 147 f.)

Es ist also nicht nur Lavaters Persönlichkeit, die ihn beeindruckt, es ist auch und gerade das Umfeld, die soziale und familiäre Situation, in die sie eingebettet ist und die eine solche Atmosphäre von Ausgeglichenheit und Geborgenheit erzeugt. Auch wenn das ziemlich exakt dem vorgefaßten Idealbild der in sich ruhenden, um den fürsorglichen Hausvater gescharten Schweizerfamilie entspricht und die Schilderung damit schon wieder toposhafte Züge trägt, scheint der Eindruck bei Goethe doch einen wunden Punkt berührt zu haben, und es ist bezeichnend, daß er am selben Tag an Charlotte schreibt: „Wir sind in und mit Lavatern glücklich, es ist uns allen eine Cur, um einen Menschen zu seyn, der in der Häuslichkeit der Liebe lebt und strebt [...] und seine Freunde mit unglaublicher Aufmercksamkeit, trägt, nährt, leitet und erfreut" (ebd. S. 149). Mag sein, daß Goethe mit seiner Rückkehr nach Weimar auch für sich selbst die Hoffnung auf ähnliche familiäre Umstände verband – von Charlotte hatte er dergleichen allerdings nicht zu erwarten.

Wir müssen solche Überlegungen nicht weitertreiben. Wichtiger als der psychologische ist hier der literarische Befund, und der ist eindeutig genug. Was Goethe selbst den vertrautesten seiner Briefpartner nicht offen gestehen wollte, bringt die genaue Textanalyse ans Licht: Es ist die Geschichte h i n t e r der Geschichte, die andere, die nicht erzählte, die sich gleichsam zwischen den Zeilen versteckt. Spürt man sie aber auf, dann bekommt auch die mitgeteilte, sozusagen offizielle Geschichte eine andere Dimension, und es zeigt sich, daß beide zusammengehören wie Positiv und Negativ desselben Bildes. Der Sorgfalt, mit der Goethe es auf der einen Seite vermieden hat, das Italien-Thema deutlicher anzusprechen, es geradezu ausgeblendet hat, entspricht auf der andern Seite die Konsequenz, mit der er dann doch an den entscheidenden Stellen immer wieder darauf zurückkommt und, noch nach Jahrzehnten, die Spuren selber legt. Wenn man sie wahrnimmt, wird schnell deutlich, wie sehr selbst solche, aus der Situation heraus entstandenen, vermeintlich flüchtigen Briefstellen mit Hintersinn aufgeladen, ja regelrecht inszeniert sind und wie arglos man sich bei der flüchtigen Lektüre auf doppeltem Boden bewegt.

Einem versierten Leser oder Zuhörer wie Wieland ist das schon damals nicht entgangen. Er war zugegen, als Goethe seinen inzwischen aus den Briefen zusammengestellten Reisebericht einige Wochen nach der Rückkehr im Kreis von Anna Amalia vorlas und hat seinen Eindruck in einem Brief an Johann Heinrich Merck vom 16. April 1780 festgehalten. Auf Anhieb erfaßt Wieland das kompositorische Moment der Aufzeichnungen und die spezifisch literarische Qualität, die sie damit gewinnen:

> Seine Beschreibung ihres Zuges durch Wallis über die Furka und St. Gotthard, womit er uns vor kurzem bei der Herzoginmutter regaliert hat, ist mir in ihrer Art so lieb als Xenophon's *Anabasis.* Es war auch ein eigentlicher Feldzug gegen alle Elemente, die sich ihnen entgegenstellten. Das Ding ist eines von seinen meisterhaften Produkten, und mit dem ihm eigenen großen Sinn gedacht und geschrieben. Die Zuhörerinnen enthusiasmierten sich über die *Natur* in diesem Stücke, mir war die schlaue *Kunst* in der Komposition noch lieber, wovon jene nichts sahen. Es ist ein wahres Poëm, so versteckt auch die Kunst ist. Das Besondere aber […] ist, daß der *Ich* der Ille ego überall durchschimmert, wiewohl ohne alle Jactanz und mit unendlicher Feinheit.[13]

Goethe selbst fühlt sich ob solcher Scharfsicht offenbar ein wenig ertappt und notiert nach der Lesung ins Tagebuch: „Wieland sieht ganz unglaublich alles was man machen will, macht und was hangt und langt in einer Schrifft" (WA III, 1, S. 115). Und am 7. April 1780 schreibt er ebenfalls an Merck:

> Der wichtigste Theil unserer Schweizerreise ist aus einzelnen im Moment geschriebenen Blättchen und Briefen, durch eine lebhafte Erinnerung komponirt. Wieland deklarirt es für ein Poëma. Ich habe aber noch weit mehr damit vor und wenn es mir glückt, so will ich mit diesem Garn viele Vögel fangen. (WA IV, 4, S. 201 f.)

Was genau Goethe damit gemeint hat, darüber läßt sich im Nachhinein nur spekulieren. Ganz sicher schwebte ihm eine ‚Anwendung' vor, bei der es in Darstellung und Formulierung auf jedes Detail ankam. Die Arbeit am Text, die Komposition und Konstruktion beginnt aber eben nicht erst mit der nachträglichen Redaktion der Briefe, sie ist bereits während der Reise, in den von unterwegs geschriebenen Briefen in vollem Gang. Autobiographische Quellen dieser Art stellen immer ein schwer entwirrbares Konglomerat aus Realität und Fiktion dar und verlangen vom Interpreten entsprechende Umsicht. Ebenso wie einzelne Aussagen auf ihre Gültigkeit, so ist auch der Stil der Darstellung auf seine tieferen Implikationen hin zu befragen. Von Anfang an mußte der Jubelton, die forcierte Begeiste-

---

13 Zit. nach Goethe, FA I, 16, S. 720.

rung mißtrauisch machen, und bei näherer Prüfung zeigt sich, daß wir nicht Zeugen eines persönlichen Bekenntnisses sind, sondern Zuschauer bei einem intrikaten Rollenspiel. Die Art und Weise, wie Goethe sich als fürsorglicher Begleiter seines Herzogs darstellt, wie er sich zugleich als Chronist und Laudator betätigt, wie er die Haltung des Sich-Schickens in die Umstände annimmt, sie nachgerade zu seinem alter ego macht und gleichwohl die innere Spannung als Gang auf dem „Gränzbogen" zelebriert, all das bezeugt nicht die Souveränität des Regisseurs im eigenen Lebensplan, sondern läßt ihn selbst als Teil und Figur in einer größeren Inszenierung erscheinen. So ähnlich muß Goethe die Situation erlebt haben. Und die Rhetorik, die er aufbietet, das mythologische Personal, das er bemüht, um die Reise als Erfolg auf der ganzen Linie zu deklarieren, und zwar als Erfolg im Lebensmaßstab, dient nicht zuletzt dazu, sich selbst mitzureißen und über die dunkleren Untergründe hinwegzutragen. Unvermittelt schiebt sich das halb Verdrängte und halb Versteckte aber immer wieder hervor und appelliert gleichsam an die geschärfte Wahrnehmung des Lesers. Hat dieser aus den spärlichen Andeutungen den ‚Faden' der verschwiegenen Geschichte erst einmal aufgegriffen, dann beschleichen ihn nicht nur Zweifel am Wahrheitsgehalt des Gesagten, auch das Schweigen erweist sich plötzlich als unerwartet beredt.

THOMAS NICKOL

Über eine Landkarte des Harzes aus Goethes „Miscellan-Atlas"[*]

In Goethes Bibliothek befindet sich ein zweibändiges Kartenwerk, das nach dem Rückentitel als *Miscellan-Atlas* im Katalog verzeichnet ist.[1] Die Foliobände enthalten eine Sammlung von Einzellandkarten und mehrblättrigen Kartenwerken verschiedener Provenienz, die 87 geographischen Regionen zugeordnet sind. In den ersten Band ist ein handschriftliches, vermutlich vom Buchbinder (Johann Georg Müller?) angefertigtes Verzeichnis eingelegt.

In Rupperts Katalog sind keine Angaben über den Inhalt der Bände gemacht worden. In dem *Verzeichnis von Goethes Landkarten* von Konrad Kratzsch[2] sind die einzelnen Karten aufgeführt, jedoch wird, infolge der Anlage des Verzeichnisses, der physische Zusammenhang dieser Sondersammlung nicht mehr deutlich.

Unberücksichtigt blieben bei Kratzsch bestimmte Merkmale, die mehrere Kartenblätter für eine nähere Untersuchung besonders interessant machen. So sind auf den Rückseiten einiger Karten außer einer Nummer, die der Folge im gebundenen Atlas entspricht, noch weitere Nummern von alter Hand vorhanden, die auf die Entnahme des jeweiligen Blatts aus einem anderen Sammlungszusammenhang deuten. Bei einigen Karten sind die Ecken durchstochen; sie sind also wohl zur bessern Benutzung (von Goethe?) vorübergehend an einer Wand befestigt gewesen.

Zwei Karten hat Goethe mit Einzeichnungen und Notizen versehen. Die eine davon ist die als „[No.] 17 Herciniae Metalliferae" in das handschriftliche Inhaltsverzeichnis für den ersten Band eingetragene Karte, die bei Kratzsch die Nr. 81 hat.

Es handelt sich um die:

Delineatio aureae Sterilitatis Herciniensis i. e. Herciniae Metalliferae accurata Chorographia, omnes simul fodinas & loca nativa minerarum, quae ibi effodiuntur, addita nomenclatura, distincte exhibens. Edita curis Homannianorum Heredum. Norimbergae. (ca. 1737)[3]

eines ungenannten Autors. (Beilage)

---

[*] Herrn Professor Dr. Wolf von Engelhardt zum 2. Februar 2000.

[1] Hans Ruppert: *Goethes Bibliothek. Katalog.* Weimar 1958, S. 596 (Nr.) 4131: „Miscellan-Atlas. Th. 1. 2. 2 Sammelbände. 52; 51 Kt. gr. 2° [Rückent.] 2 Hldr.".

[2] Konrad Kratzsch: *Verzeichnis von Goethes Landkarten. Nach den Beständen der Nationalen Forschungs- und Gedenkstätten der klassischen deutschen Literatur in Weimar.* (Typoskript). Weimar 1965, in der Handbibliothek des GNM. Es wäre sehr zu wünschen, daß dieses wenig bekannte Verzeichnis, womöglich überarbeitet, als Ergänzung der gedruckt vorliegenden Kataloge von Goethes Sammlungen veröffentlicht würde.

[3] Die Entstehungszeit wurde dem Katalog der Kartensammlung der Universitäts- und Landesbibliothek Sachsen-Anhalt in Halle entnommen; dort ist die Karte außerdem wie folgt beschrieben:

Zuschreibung des Blatts

Christoph Wilhelm Jakob Gatterer, dessen vierteiliges Handbuch für Harzreisende[4] auch eine Bibliographie der Werke über den Harz einschließlich der Landkarten enthält, bemerkte zu diesem Blatt: „Der Verfasser dieser sehr unrichtigen und fehlerhaften Karte ist Christian Böse, wie er selbst auf dem Titel seiner generalen Haushalts-Princip[ia] [...] sagt.“[5] Auf dem Titelblatt seiner *Haushalts-Principia*[6] hatte Böse angegeben: „[...] Worzu auch dessen Charte vom ganzen Haarz bey denen Homannischen Erben zu Nürmberg mit zu haben ist.“

Es ist sehr wahrscheinlich, daß damit die *Herciniae Metalliferae accurata Chorographia* gemeint war, obwohl das Blatt nicht den „ganzen Haarz“ im heutigen Sinn, sondern nur den Westharz von etwa 10°3′ bis 10°47′ östlicher Länge (von [Kalefeld-]Oldershausen bis zum Brocken) und 51°37′ bis 51°58′ nördlicher Breite (Bad Lauterberg bis Langelsheim) umfaßt. Auch Böse beschrieb in seinem Buch vor allem den „Chur und Hoch-Fürstlichen Braunschweig-Lüneburgischen Antheil, als welches nur eigentlich der Haarz insgemein genennet wird“, also das Gebiet des „Einseitigen und Communion-Ober- und Unterhaarzes“[7], das auf der Karte ganz dargestellt und durch Flächenkolorierung hervorgehoben ist. Auch in der Konzentration auf die Beschreibung des Bergbaus im Harz stimmen Karte[8] und Buch[9] überein.

Ebenfalls für Gatterers Zuschreibung an Böse spricht, daß die *Herciniae Metalliferae accurata Chorographia* in Homanns Atlas für Deutschland aus der ersten Hälfte des 18. Jahrhunderts[10] die einzige Spezialkarte für den Harz ist.

Böses *Herciniae Metalliferae accurata Chorographia* basiert auf einer Karte von Berendt Ripking[11]. Von diesem Blatt wurde die von Gatterer kritisierte fehlerhafte Topographie übernommen, und auch Details, wie der Durchschnitt des Stollensystems eines Bergwerks, der auf Böses Darstellung nur noch als Kartusche fungiert, lassen sich auf Ripkings Vorlage zurückführen.

„Kupferst.: grenzkolor., flächenkolor., teilw. zeichenkolor.; 1 Bl., 54 x 47 cm“. – Das Blatt im *Miscellan-Atlas* ist auf der Rückseite rechts oben von unbekannter Hand bezeichnet: „No. 5“ (mit brauner Tinte), darunter „18“ (mit schwarzer Tinte).

4 Christoph Wilhelm Jakob Gatterer: *Anleitung den Harz und andere Bergwerke mit Nuzen zu bereisen.* Erster Theil. Zweyter Theil. Dritter Theil. Vierter Theil. Göttingen 1785, 1786, 1790, 1792.

5 Gatterer Tl. 2 (Anm. 4), S. 2.

6 Christian Böse: *Generale Haushalts-Principia Von Berg- Hütten- Saltz- und Forstwesen, inspecie vom Hartz.* Leipzig u. Frankfurt 1753.

7 Böse (Anm. 6), S. 21.

8 Die Bergbaustandorte sind auf der Karte mit Zahlen bezeichnet, die in den Legenden („Anzeige der Züge und Gruben mit den Zeichen ihrer Metallen“ und „Zeichen-Erklaerung“) in den beiden Kartuschen links unten auf dem Blatt erklärt werden.

9 „Zweyter Theil. Vom Haarz und dessen Berg- und Hüttenwerken in specie.“ Böse (Anm. 6), S. 21–89.

10 *Atlas Germaniae specialis [...]. Special-Atlas von Teutschland [...].* Unter Mitwirkung von Matthäus Seutter hrsg. von Johann Baptiste Homann. [Nürnberg] 1735.

11 Berendt Ripking: *Sylvae Herciniae Tabula. Accurate Geographische Delineation vom Einseitig-Grubenhagischen und Communion Haartze.* (vor 1719). Eine Abbildung dieser Karte wird von der Universitäts- und Landesbibliothek Sachsen-Anhalt als elektronische Ressource angeboten (http://karten.bibliothek.uni-halle.de/altkt/b_iii_8_4_19/index.htm).

Goethe hat auf sein Exemplar der *Herciniae Metalliferae accurata Chorographia* mit Bleistift eine Wegeskizze, mehrere Symbole, fünf Namen von Gesteinsarten (am Kartenrand) und ein Datum eingetragen.

Die Wegeskizze

Die durch die Wegeskizze verbundenen Orte stimmen weitgehend mit den bezeugten Stationen von Goethes erster Harzreise[12] überein, soweit sie von der Karte erfaßt sind (s. Tabelle 1 und Beilage). Dagegen paßt die Wegeskizze nicht zum Verlauf der zweiten[13] und der dritten Harzreise[14].

Eingezeichnet war auf der Karte außerdem der Weg von Clausthal über Kamschlacken (Cambschlacken) nach Sonnenberg. Dieser Abschnitt ist radiert worden. Mitgetilgt wurden dabei die beiden Buchstaben H und K, die Goethe vor „Hühnenberg" auf der Karte eingetragen hatte, um an die übliche Bezeichnung „Hanskühnenburg" für diesen Felsen zu erinnern.

Reihenfolge der Orte entsprechend Wegeskizze	**Verlauf der Wegeskizze**	**Datum:** ***bezeugte Stationen***
		4. Dezember 1777: *Wernigerode*
		Ilsenburg
1	Eckertal („Ecker Krug")	
2	Harzburg / Bündheim	
4	Goslar	*Goslar* 5. Dezember: *Rammelsberg* 6. Dezember: *Goslar*
3	Oker („Messing'shütte")	*Oker* *Goslar* 7. Dezember: *Goslar*
5	Auerhahn (Berg)	

12 Verlauf der ersten Harzreise 1777 s. LA II 7, S. 260_{23-33}.

13 Verlauf der zweiten Harzreise 1783 (mit Fritz von Stein und Christoph Erhard Sutor) s. LA II 7, S. 63 (in der Anmerkung).

14 Verlauf der dritten Harzreise (mit Georg Melchior Kraus) s. LA II 7, S. 114 (in der Anmerkung).

6	Zellerfeld	
7	Clausthal	*Clausthal* 8. Dezember: *Clausthal* 9. Dezember: *Clausthal*
8	Altenau	*Altenau* 10. Dezember: *Altenau* *Torfhaus*
9	Lerchenköpfe (Berg)	
10	Oderbrück	
11	Brocken (Berg)	*Brocken*
(12)	Oderbrück	
		Torfhaus 11. Dezember: *Torfhaus* *Altenau* *Clausthal* 12. Dezember: *Clausthal* *Dammhaus* *Bruchberg*
13	St. Andreasberg	*St. Andreasberg* 13. Dezember: *St. Andreasberg*
14	Lauterberg	*Lauterberg* *Könighütte* *Duderstadt*

Tabelle 1

Symbole und Legende

Auf der Karte sind mehrere Orte und Gegenden durch mit Bleistift eingetragene Symbole bezeichnet. (s. Beilage und folgende Tabelle 2)

Lit	**Symbol**	**Ort bzw. Gegend**
A	□	südöstlich von Harzburg
B	□	Treppenstein („Lippenstein"), südlich von Oker
C	□	Großer Ahrendsberg, südlich von Oker
D	△	südlich vom Großen Ahrendsberg, am Westufer der Oker
E	△	südwestlich von Goslar
F	▽△	Hahnenklee
G	▽△	Lautenthal
H	○	Kahler Berg („Kahleberg")
I	☿	nördlich von Grund
K	▽	Lerchenköpfe
L	□	Brocken
M	□	Magdbett(e)
N	○	Hanskühnenburg („Hühnenberg")
O	□	westlich vom Oderteich
P	□	südöstlich vom Oderteich
Q	□	Sonnenberg
R	□	Rehberg
S	△	östlich von St. Andreasberg
T	△	südlich von St. Andreasberg, östlich der Sperrlutter
U	▽	südlich von St. Andreasberg, westlich der Sperrlutter
V	♀	nördlich von Lauterberg, westlich der Sperrlutter

Tabelle 2

Nimmt man das für Kupfer übliche Zeichen ♀ (Tab. 2: V) aus, das für den Kupferabbau in der Lauterberger Forst[15] steht, bleiben fünf verschiedene Symbole übrig. Den fünf Symbo-

[15] Vgl. Georg Sigismund Otto Lasius: *Beobachtungen über die Harzgebirge, nebst einer petrographischen Charte und einem Profilrisse, als ein Beytrag zur mineralogischen Naturkunde.* Hannover 1789, S. 340–344.

len □, △, ▽, ○ und ♆ entspricht die Zahl der Namen von Gesteinsarten, die Goethe mit Bleistift untereinander auf den linken Kartenrand geschrieben hat:

Granit
Thonschiefer
[g]raue Wacke
Sand
Kalchstein

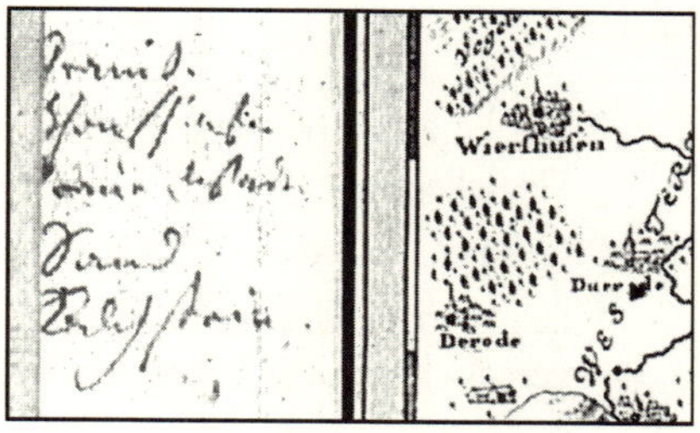

Abb. 2

Wegen der zahlenmäßigen Übereinstimmung ist anzunehmen, daß es sich bei diesen Eintragungen nicht um eine Liste, sondern um eine Legende zu den auf die Karte gezeichneten Symbolen handelt. Die linke Kolumne der Legende mit den zu erklärenden Symbolen ist durch nachträgliches Beschneiden verlorengegangen.[16] – Im folgenden soll versucht werden, diese Legende zu rekonstruieren.

Während etwa für Zeichen in der Chemie[17] und auch im bergbaulichen Markscheidewesen[18] gewisse Konventionen vorhanden waren, scheint es zu Ende des 18. Jahrhunderts keine Übereinkunft für die Bezeichnung von Gesteinsarten mit Symbolen gegeben zu haben.[19] Es ist denkbar, daß sich Goethe mit seinem Bezeichnungssystem nach einem konkreten Vorbild gerichtet hat.

Dafür kommt Johann Gottfried Schreibers *Charte über einen Theil der Gebirge im Hennebergischen Herzogl. Sachs-Weimarischen Antheils*[20] in Frage, die als Beilage zu Johann Ludwig

---

16 Auf nachträgliches Beschneiden deuten auch die Verluste der Unterlänge des G von „Granit“, des g von „[g]raue Wacke“ und von Teilen des T von „Thonschiefer“ und des K von „Kalchstein“.

17 Vgl. Gustav Wilhelm Gessmann: *Die Geheimsymbole der Chemie und Medicin des Mittelalters. Eine Zusammenstellung der von den Mystikern und Alchymisten gebrauchten geheimen Zeichenschrift, nebst einem kurzgefassten geheimwissenschaftlichen Lexikon.* Repr. der Ausg. Graz 1899. Vaduz/Liechtenstein 1991, oder Wolfgang Schneider: *Lexikon alchemistisch-pharmazeutischer Symbole.* Weinheim 1962.

18 Vgl. Hans Prescher u. P. Schmidt: *The Importance of the Illustration of Ore Lodes in Books by Ulrich Rülein von Calw (around 1500) and Georgius Agricola (1556) as well as of Old Saxon Plots of Mines (before 1750) for the History of Geological Maps and Geological Mapping.* In: *Contributions to the History of Geological Mapping.* Proceedings of the Xth INHIGEO Symposium 16–22 August 1982, Budapest, Hungary. Hrsg. von E. Dudich. Budapest 1984, S. 411–422; bes. S. 415 u. 419 (zu August Beyer: *Gruendlicher Unterricht vom Berg-Bau nach Anleitung der Marckscheide-Kunst.* Schneeberg 1749).

19 Goethes Symbole stimmen z. B. nicht mit den von Gatterer verwendeten überein, vgl. die „Mineralogische Einleitung“, besonders § 16, die „Classification der Mineralien“, in: Gatterer Tl. 1 (Anm. 4), S. 10–24.

20 *Charte über einen Theil der Gebirge im Hennebergischen Herzogl. Sachs-Weimarischen Antheils, gefertiget in den Jahren 1776. und 1777. von Joh. Gottfr. Schreiber. Churfürstl. Saechss[ischer] Markscheider,* abgebildet in LA I 1, nach S. 32, bzw. nach S. 392 im fotomechanischen Nachdr. von 1989 (Taf. II u. III); vgl. LA II 7, S. 5–6 (M 2). Adrian Zingg hat diese Karte nach einer Zeichnung von Franz Ludwig Güssefeld gestochen.

von Eckardts *Nachricht von dem ehmaligen Bergbau bey Ilmenau* im Jahr 1783 verbreitet wurde.[21] Goethe hatte sich seit 1780 mehrfach für die Anfertigung dieser Karte eingesetzt.[22]

Schreiber hat die Vorkommen von Gesteinsarten auf seiner Karte mit folgenden Symbolen gekennzeichnet:

♆ ⚲	Kalck, und Gips-Gebirge, unter welchen gemeinigl. Silber, und Kupfer-Flöze liegen.
□	Granit Gebirge.
▽	Jaspisartiges Gebirge[23] mit Kalck u. Gips-Spaat auch Quarz Körnern vermischt, worin Braunstein u. Eisenstein Adern aufstreichen.
☊	Steinkohlen Gebirge.
◍ ⊛	Sand Gebirge.

Es ist anzunehmen, daß Goethes Legende vor dem Beschneiden des Kartenblattes so ausgesehen hat:

□	Granit
△	Thonschiefer
▽	graue Wacke
○	Sand
♆	Kalchstein

Diese Zuordnung soll durch Vergleiche mit zeitgenössischen Angaben zur Geologie des Harzes begründet werden.

□ *Granit*

Daß Goethe, wie Schreiber auf seiner Karte, mit □ den Granit gemeint hat, kann wegen der Bezeichnung des Brockens mit diesem Symbol (Tab. 2: L) als sicher gelten. Dafür spricht auch die Anwendung auf Magdbett(e)[24] (Tab. 2: M), den Sonnenberg[25] (Tab. 2: Q) und die Rehberger Klippe (Tab. 2: R) mit der Kontaktzone von Brockengranit und Kulm-

---

21 Vgl. LA II 7, S. 6; [Johann Ludwig von Eckardt:] *Nachricht von dem ehmaligen Bergbau bey Ilmenau in der Grafschaft Henneberg und Vorschläge ihn durch eine neue Gewerkschaft wieder in Aufnahme zu bringen.* Mit 1 Charte. Weimar 1783, in Goethes Bibliothek (Ruppert [Anm. 1], S. 649, Nr. 4518).

22 Vgl. LA II 7, S. 287 (Z 4. Juli 1780) u. ebd., S. 289 (Z 31. Juli 1780) Goethe an Johann Friedrich Wilhelm von Charpentier; ebd., S. 306 (Z 19. Februar1782) Goethe an Karl Wilhelm von Fritsch.

23 Gemeint ist Porphyr, unter welchem Namen diese Gesteinsart auch damals schon Goethe bekannt war. Wolf von Engelhardt, briefliche Mitteilung.

24 Lasius zählte „die Klippen [...] der Magd Bette [...]“ unter die „isolirten Granitklippen des Harzes“. Lasius (Anm. 15), S. 82.

25 „Gleich unter der Oderbrücke zieht sich vom Bruchberge ein eignes Gebürge [...] gegen Mittag hin, das der Sonnenberg genennt wird, dessen Spieze [...] ist noch Granit [...]“ Friedrich Wilhelm Heinrich von Trebra an Goethe, 28. Februar 1781; LA II 7, S. 41 (M $23_{112-116}$).

tonschiefer, die Goethe mit von Trebra während der zweiten Harzreise im September 1783 untersucht hatte[26].

△ *Thonschiefer*

Das Symbol △ im Südwesten von Goslar (Tab. 2: E) paßt zum Vorkommen des Goslarer Schiefers[27], von dem Lasius schreibt: „Dieser Dachschiefer macht in der Gegend von Goslar den Fuß der Harzgebirge [...] aus.“[28] Goethe besuchte den Goslarer Schieferbruch am 2. September 1784.[29]

Auch das Zeichen △ östlich von St. Andreasberg (Tab. 2: S) deutet auf Tonschiefer. Von Trebra hat Goethe 1783 darüber berichtet, wie dieser „Schiefer der niedern Gebirge, auf den Granit der höhern aufliegt“.[30]

▽ *graue Wacke*

Goethe hat das Symbol ▽ zweimal in unmittelbarer Nähe zum Symbol △ für Tonschiefer eingezeichnet: bei Hahnenklee (Tab. 2: F) und bei Lautenthal (Tab. 2: G). Das entspricht dem Gebiet „[g]egen Abend dem Bruchberge, [...] [wo] die Gebürge [...] in einem schwarzen Thonschiefer und [...] in so genannter grauer Wacke [bestehen]“[31], also Gegenden, „wo die Grauwacke an den dunkelblauen Thonschiefer anschliesst, mit dem abwechselnd, sie unsere Erzgebirge ausmacht“[32]. So schrieb auch Lasius vom Auftreten „des mit Schiefer und Grauerwacke abwechselnden Quergesteins“ zwischen Lautenthal und Hahnenklee.[33]

Ebenfalls bei Lasius ist Grauwacke zwischen St. Andreasberg und Lauterberg (Tab. 2: U) erwähnt.[34]

---

26 Vgl. ebd., S. 321–322 (Z September 1783). Lasius (Anm. 15), S. 92, zu ebendieser Kontaktzone: „Dieser regenerirte Granit ist so fest, und oft so innig mit dem ursprünglichen verbunden, daß beyde sich beym Zerschlagen nicht leicht von einander trennen lassen. Ich fand sie in dieser Verbindung an verschiedenen Orten, z. B. an der Rehberger Klippe [...]“. Lasius hielt den durch Kontaktmetamorphose veränderten Kulmtonschiefer für Granit, der unter Witterungseinflüssen erst zerfallen war und der sich dann unter Luftabschluß bei hinzutretender Feuchtigkeit wieder verfestigt, „regenerirt“ hat.

27 Vgl. Friedrich Behme: *Geologischer Führer durch die Umgebung der Stadt Goslar am Harz einschließlich Hahnenklee, Lautenthal, Wolfshagen, Langelsheim, Seesen und Dörnten.* Hannover u. Leipzig [2]1895, S. 19–21.

28 Lasius (Anm. 15), S. 100.

29 LA II 7, S. 106 (M 52_{55}) und Geländenotiz vom selben Tag ebd., S. 122 (M 55_{20}).

30 Ebd., S. 66 (M $44_{9\ f.}$). – „Die Gebirgsart der silberreichen Höhen um Andreasberg besteht durchgängig aus einer schwarzen, sehr feinen, harten, mit Grauwerke [!] verschichteten Thonschieferart.“ Friedrich Gottschalck: *Taschenbuch für Reisende in den Harz.* Magdeburg 1806, S. 91.

31 Friedrich Wilhelm Heinrich von Trebra an Goethe, 28. Februar 1781; LA II 7, S. 42 (M $23_{134-140}$).

32 Friedrich Wilhelm Heinrich von Trebra: *Erfahrungen vom Innern der Gebirge, nach Beobachtungen gesammlet.* Dessau u. Leipzig 1785, S. 73.

33 Lasius (Anm. 15), S. 187.

34 Ebd., S. 137.

○ *Sand*

Über den Kahlenberg (Tab. 2: H) bei Clausthal-Zellerfeld schrieb Lasius:

> Je höher man also von diesem Schalker Teiche [d. h. von Südwesten] den Kahlenberg hinaufsteigt, desto weißer wird der Sandstein, bis er zuletzt ganz die Farbe und Natur des eigentlichen weißen Sandsteins hat.[35]

Auch die Hanskühnenburg (Tab. 2: N) bezeichnete Lasius als „Sandstein-Felsen“.[36] Der Besonderheit des Gesteins dieses Felsens – nach Lasius ein Sandstein, „der da, wo er an der Verwitterung blos gelegen, durch und durch mit kleinen Blasenlöchern, von der Größe eines Rockenkorns, durchwebt ist“[37] – trug Goethe dadurch Rechnung, daß er es nur nach dem Vorkommen als „Steinart der Hanskühnenburg“[38] bzw. „Gestein der Hanskühnenburg“[39] bezeichnete.

♆ *Kalchstein*

Bei der topographischen Ungenauigkeit der Karte dürfte das Symbol ♆ im Norden von Grund (Tab. 2: I) den Iberg mit dem Hübichenstein bezeichnen, die Goethe bei seiner zweiten Harzreise besucht hat.[40] Lasius begann seine Schilderung „einzelner Theile des Harzischen einfachen Kalchgebirges“ mit dieser Gegend:

> Zuerst sey das mit vielen Corallengewächsen durchflochtene Kalchgebirge des Ibergs ohnweit Grund, so eigentlich aus einem gemeinen weißgrauen Kalchstein besteht, der Gegenstand meiner Beschreibung; und da verdient denn unter den schönen grotesken Klippen desselben, der sogenannte Hübichenstein die erste Aufmerksamkeit.[41]

Differenzen zwischen dieser Deutung der Symbole und den auf zeitgenössischen und modernen geologischen Karten angegebenen Gesteinsarten könnten auf besondere Erfahrungen Goethes zurückzuführen sein. So sind z. B. die Lerchenköpfe (Tab. 2: K) Granitklippen; auf der Karte sind sie jedoch mit dem Symbol ▽, also als Grauwacke bezeichnet. Dazu passen Goethes Aufzeichnungen zur dritten Harzreise: „Über dem Wildenplatz Drachthal. Das schwarze Gestein No 2 [‚eine schwarzgrauliche Gesteinart No. 2. der ich keinen Nahmen geben mag.‘[42]] wenig verändert nach und nach geht es in den Jaspisschiefer über, die Lerchenköpfe hinauf kommt es wieder […]“.[43] Auch könnte Goethe bisweilen absichtlich Gesteinsarten notiert haben, die den sonstigen geologischen Verhältnissen zu widersprechen schienen.[44]

---

35 Ebd., S. 147; so auch Gottschalck (Anm. 30), S. 259 f.: „Der Kahlenberg […] besteht aus einem Sandstein […]“.

36 Lasius (Anm. 15), S. 521.

37 Ebd., S. 149.

38 LA II 7, S. 108 (M 52_{124}).

39 Ebd., S. 124 (M $56_{9\,f.}$).

40 Ebd., S. 65 (M $43_{13\,f.}$).

41 Lasius (Anm. 15), S. 180.

42 LA II 7, S. 107 (M $52_{111\,f.}$).

43 Ebd., S. 107–108 (M $52_{121-123}$); in diesem Sinn auch ebd., S. 124 (M 56_{4-8}).

44 So hob auch Lasius z. B. sog. „Parasitische Geschiebe von einem schwarzen Jaspis“ hervor, den er nicht „im festen Felsen zu entdecken“ vermochte. Lasius (Anm. 15), S. 106. – Überhaupt konn-

Zeitliche Zuordnung

Obwohl der Verlauf der Wegeskizze auf die erste Harzreise deutet, ist anzunehmen, daß Goethe seine Karte erst zu einem späteren Zeitpunkt bearbeitet hat. Denn Goethe hat auf der Karte nicht nur Gegenden mit Symbolen bezeichnet, die auf der Route der ersten Harzreise lagen (z. B. am Weg über St. Andreasberg und Lauterberg, Q – V der Tab. 2), sondern auch solche, die er erst bei der zweiten Harzreise 1783 (z. B. Iberg und Hübichenstein, Tab. 2: I) oder bei der dritten Harzreise 1784 kennengelernt hat (z. B. das Okertal, Tab. 2: B – D). Hahnenklee und Lautenthal (Tab. 2: F und G) hat Goethe überhaupt nicht besucht; die Bezeichnungen gehen also nicht auf Autopsie, sondern auf fremde Informationen zurück.

Einen Anhaltspunkt für einen Terminus post quem von Goethes Eintragungen bildet die „graue Wacke" in der Legende. Eine Beschreibung der Grauwacke ist zuerst durch von Trebra in seinen *Erfahrungen vom Innern der Gebirge* von 1785 veröffentlicht worden.[45] Goethe besaß ein Exemplar dieses Prachtwerks.[46] Von Trebra hatte Goethe allerdings schon im Februar 1781 von „so genannter grauer Wacke"[47] berichtet und über ihre vulkanische Entstehung spekuliert[48]. Frühestens nach Erhalt dieses Berichts von Trebras können Legende und Symbole auf das Kartenblatt gebracht worden sein.

Es läßt sich aus diesen Indizien folgern, daß Goethe die Karte des Oberharzes nach 1781, wahrscheinlich aber erst nach der dritten Harzreise 1784 bearbeitet hat, als er viele Gegenden des Harzes selbst untersucht und durch Mitteilungen von Fachleuten und aus Büchern weitere Kenntnisse gesammelt hatte.

Sehr wahrscheinlich lag jedenfalls die erste Harzreise schon längere Zeit zurück. Denn so ließe sich die Unsicherheit bei der Streckenführung[49] erklären und auch die Bleistifteintragung

d. 7. Dez. 76

über dem Brocken: es ist ein falsches Datum für die Erstbesteigung, die tatsächlich mehr als ein Jahr später, am 10. Dezember 1777 stattfand. Dieser Irrtum ist in einen Text Goethes

---

ten Symbole für Gesteinsarten auf Karten zwei Funktionen erfüllen. Entweder waren sie, wie auf Schreibers Karte (vgl. Anm. 20), das alleinige Mittel zur Bezeichnung von Vorkommen. Oder sie standen für lokal eng begrenzte Vorkommen in einer Umgebung mit anderen vorherrschenden Gesteinsarten, die auf der Karte durch Flächenkolorierung angegeben waren, wie z. B. bei der zum Buch von Lasius (Anm. 15) gehörenden „Petrographische[n] Carte des Harz Gebirges".

45 Auch Gatterer, als Zeitgenosse, verwies auf von Trebra als ersten Beschreiber dieser Gesteinsart: „Grauwacke [...] Die Kenntniß dieses merkwürdigen Minerals hat man ganz vorzüglich der sehr genauen Beschreibung desselben von Trebra (§. 3. n. 30 [= Trebra {Anm. 32}]) S. 69–77 zu verdanken." Gatterer Tl. 2 (Anm. 4), S. 300.

46 Ruppert (Anm. 1), S. 744 (Nr. 5184). Es ist denkbar, daß Goethe das Werk oder Teile davon – vielleicht im Manuskript – bereits z. Z. der zweiten Harzreise im Spätsommer 1783 gekannt hat. Denn Goethe erwähnte schon damals im Tagebuch den „Trebraischen Durchschnitt" (LA II 7, S. 105 [M 52_{50}] u. die Anm. dazu S. 115), eine Schnittzeichnung durch den Rammelsberg, die erst 1785 in von Trebras Werk veröffentlicht worden ist, als „Tafel VI. Durchschnitt vom Rammelsberge" [= Erklärung zur angebundenen Tafel] in: Trebra (Anm. 32), S. 238–239. Auf dem Blatt ist angegeben, daß die Tafel von J. H. C. Laenge gezeichnet und von H. A. J. Hillers in Hamburg gestochen wurde.

47 LA II 7, S. 42 (M 23_{140}).

48 Ebd., S. 44 (M $23_{211-215}$).

49 Zu denken ist an die getilgte Strecke zwischen Clausthal und Kamschlacken, s. o. im Abschnitt „Die Wegeskizze".

übergegangen. In Goethes Rezension von *Über Goethes Harzreise im Winter von Dr. Kannegießer* heißt es:

> Die Reise ward Ende Novembers 1776 gewagt. [...] Ich stand wirklich am siebenten Dezember in der Mittagsstunde, grenzenlosen Schnee überschauend, auf dem Gipfel des Brocken zwischen jenen ahnungsvollen Granitklippen [...].[50]

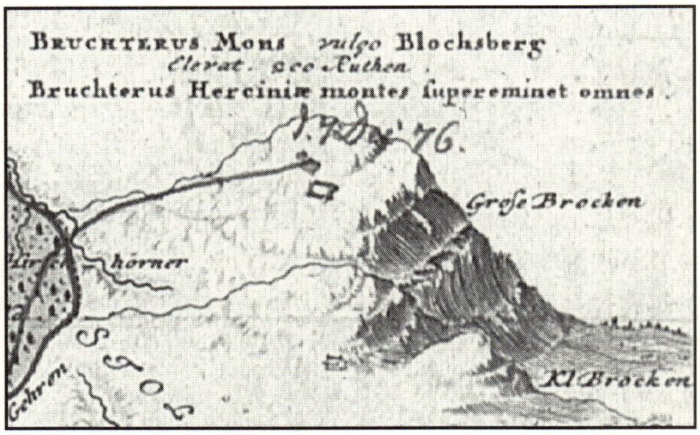

Abb. 3

Dank

Diese Mitteilung wäre nicht zustande gekommen ohne das freundliche Entgegenkommen von Frau Tezky, Goethe-Nationalmuseum der Stiftung Weimarer Klassik, die Einsicht in Goethes *Miscellan-Atlas* gewährte und auf das Verzeichnis von Herrn Dr. Kratzsch aufmerksam gemacht hat. Herr Pechauf von der Kartensammlung der Universitäts- und Landesbibliothek Sachsen-Anhalt, Halle, hat bei der Recherche beraten und Kartenmaterial zum Vergleich zur Verfügung gestellt. Herr Dr. Meister, Naunhof, gab mehrere Hinweise zur Geographie des Harzes, und Frau Dr. Nickel, Ober-Olm, hat das Manuskript durchgesehen. Ihnen sei herzlich gedankt.

Vor allem gebührt der Dank Herrn Professor Dr. Wolf von Engelhardt. Er hat im Band II 7 der Leopoldina-Ausgabe von Goethes *Schriften zur Naturwissenschaft*[51] die Zeugnisse zu Goethes Harzreisen in vorher nicht erreichter Vollständigkeit übersichtlich dargestellt und mit seinem Aufsatz *Goethes Harzreise im Winter 1777*[52] dieses Gedicht umfassend erschlossen.

---

50 LA II 7, S. $259_{21\,f.\cdot 38-40}$ (Hervorhebungen vom Verfasser).

51 Wolf von Engelhardt, unter Mitwirkung von Dorothea Kuhn: *Zur Geologie und Mineralogie von den Anfängen bis 1805. Ergänzungen und Erläuterungen.* Weimar 1989. (*Goethe. Die Schriften zur Naturwissenschaft*, Zweite Abteilung; 7).

52 GJb 104 (1987), S. 192–211.

AEKA ISHIHARA

Goethe und die Astronomie seiner Zeit

Eine astronomisch-literarische Landschaft um Goethe[*]

Die Astronomie der Goethezeit ist von der Astrologie getrennt, und mathematisches Talent wird verlangt. Mit dem Gravitationsgesetz in den *Principia* zeigte Isaac Newton (1642–1727) eine potentielle Möglichkeit, sämtliche Bewegungsvorgänge im Sonnensystem mathematisch zu behandeln. Die Gelehrten glaubten, daß nun die Mehrzahl ihrer Fragestellungen mittels einer mathematisch-physikalischen Betrachtungsweise grundsätzlich zu lösen sei. Im Europa des 18. Jahrhunderts erweiterten sich unter Newtons Einfluß schnell die Kenntnisse und Teilgebiete der Naturwissenschaften, selbstverständlich auch die der Astronomie.

Damals haben sich nicht nur Naturwissenschaftler, sondern ebenso Philosophen wie z. B. Kant, Schelling und Hegel mit der Astronomie beschäftigt. 1755 veröffentlichte Kant „nach Newtonischen Grundsätzen" sein frühes Werk *Allgemeine Naturgeschichte und Theorie des Himmels.* Hegel habilitierte sich 1801 mit der astronomischen Schrift *Dissertatio philosophica de Orbitis Planetarum.* Selbstverständlich zeigten auch Literaten großes Interesse an der Astronomie: Gottsched übersetzte Fontenelles *Entretiens sur la pluralité des mondes* (1686) und berichtete in seinen moralischen Wochenschriften über astronomische Instrumente. Auch Herder beschrieb in der *Adrastea* (1801–1804) mit Begeisterung die technischen Vorteile des Herschelschen Teleskops. Wilhelm von Humboldt führte zusammen mit dem Direktor der Berliner Sternwarte, Johann Elert Bode, Sternbeobachtungen durch und teilte seine Begeisterung auch seiner Verlobten mit. Sein Bruder Alexander von Humboldt schrieb später sein großes Werk *Kosmos. Entwurf einer physischen Weltbeschreibung* in fünf Bänden (1845–1862). Die Werke von Jean Paul, der mit dem Mathematiker Carl Friedrich Gauß korrespondierte und dessen Lieblingsautor war, beinhalten verschiedene

[*] Überarbeitete Fassung meines Vortrags beim Stipendiatenkolloquium, gehalten am 9. März 1999 in Weimar. Diese Arbeit wurde von der Stiftung Weimarer Klassik und The Japan Society for the Promotion of Science gefördert. Herzlich bedanken möchte ich mich an dieser Stelle für großzügige Hilfe bei der Materialsammlung bei Herrn Professor Dr. Lothar Ehrlich von der Stiftung Weimarer Klassik, Frau Gisela Maul vom Goethe-Nationalmuseum in Weimar, Herrn Dr. Reinhard Schielicke von der Universitätssternwarte Jena, Frau Margit Hartleb vom Universitätsarchiv Jena sowie bei Frau Cornelia Hopf von der Forschungs- und Landesbibliothek Gotha. Hilfreich war auch das freundliche Entgegenkommen der Mitarbeiterinnen und Mitarbeiter der Herzogin Anna Amalia Bibliothek, des Goethe- und Schiller-Archivs und des Thüringischen Hauptstaatsarchivs in Weimar.

astronomische Elemente.[1] Die Aphoristiker Abraham Gotthelf Kästner und Georg Christoph Lichtenberg wandten sich ebenfalls als Astronomen auf der Göttinger Universitätssternwarte den Beobachtungen der Gestirne zu.

Die Astronomie der Goethezeit zählt zu den spannendsten und erfolgreichsten Abschnitten in der Geschichte dieser Disziplin.[2] In der letzten Hälfte des 18. Jahrhunderts entdeckte man insgesamt 42 Kometen, zahlreiche Sternhaufen und Nebelflecken, den Planeten Uranus und schließlich, Anfang des 19. Jahrhunderts, vier Planetoiden zwischen Mars und Jupiter. Diese Vielfalt der Astronomie in der Goethezeit spiegelt sich in der damaligen deutschen Literatur nachweisbar wider. Auch in Goethes Werken kann man deutlich astronomische Spuren erkennen. Von einigen Ausnahmen[3] abgesehen, findet allerdings Goethes Interesse an der Astronomie bislang kaum Berücksichtigung in der Literaturwissenschaft. Der Grund liegt zunächst darin, daß die astronomischen Fachbücher und Berichte seiner Zeit wegen ihrer inhaltlichen Überalterung und sachlichen Fehler im naturwissenschaftlichen Sinne unqualifiziert sind und daher selten zitiert werden. Da man ihren genauen Inhalt heute nicht mehr kennt, ist die Beurteilung, welchen Standpunkt z. B. Goethe in der damaligen astronomischen Diskussion einnahm, äußerst problematisch. Ich möchte im folgenden versuchen, anhand der Primärliteratur, nämlich der damaligen astronomischen Zeitschriften und Handschriften in den deutschen Archiven und Bibliotheken, das Verhältnis des Dichters Goethe zum astronomischen Bereich zu überprüfen und eine astronomisch-literarische Landschaft in seinem Umkreis zu rekonstruieren.

I. Goethes Beziehung zu den thüringischen Städten

Am 7. November 1775 kam Goethe, der Einladung von Herzog Carl August von Sachsen-Weimar-Eisenach folgend, in Weimar an. In Thüringen hat die Astronomie alte Wurzeln.[4] Schon im 15. Jahrhundert war die Universität Erfurt ein Zentrum der Astronomie in Deutschland. Seit der Gründung der Universität Jena im Jahre 1558 pflegte man dort die Astronomie, und sie erfuhr unter der Leitung von Erhard Weigel (1625–1699) ihre Blütezeit. Ende des 18. Jahrhunderts bildete sich ein neues Zentrum der Astronomie, diesmal keine Universität, sondern eine fürstliche Residenz, der Hof des Herzogs von Sachsen-Gotha. Wahrscheinlich ist Goethe hier zum ersten Mal mit der Astronomie, einer modernen Naturwissenschaft, in Berührung gekommen.

---

1 Vgl. Hans Esselborn: *Das Universum der Bilder. Die Naturwissenschaft in den Schriften Jean Pauls.* Tübingen 1989.

2 Literaturauswahl: Timothy Ferris: *Coming of Age in the Milky Way.* New York 1988; Diedrich Wattenberg: *Wilhelm Olbers im Briefwechsel mit Astronomen seiner Zeit.* Stuttgart 1994; Peter Brosche: *Astronomie der Goethezeit. Textsammlung aus Zeitschriften und Briefen Franz Xaver von Zachs.* Thun/Frankfurt a. M. 1995; Jürgen Hamel: *Geschichte der Astronomie. Von den Anfängen bis zur Gegenwart.* Basel/Berlin/Boston 1998.

3 Eine Ausnahme innerhalb der umfangreichen Forschung über Goethe und die Astronomie sei genannt: Diedrich Wattenberg: *Goethe und die Sternenwelt.* In: GJb 86 (1969), S. 66–111. Wattenbergs Abhandlung ist zwar materialreich, aber er erwähnt die Wechselwirkungen zwischen Goethes astronomischen Studien und seinen literarischen Werken nicht ausführlich.

4 Vgl. Johann Dorschner: *Astronomie in Thüringen. Skizzen aus acht Jahrhunderten.* Jena 1998.

Herzog Ernst II. von Sachsen-Gotha-Altenburg (1745–1804) war ein Freund und ebenbürtiger Rivale von Herzog Carl August, und auch Goethe pflegte die Freundschaft mit ihm.[5] Herzog Ernst II. war als zweiter Sohn des Herzogs Friedrich III. und dessen Gemahlin Louise Dorothea, die auch der Astronomie zugetan war, ursprünglich nicht zur Thronfolge vorgesehen und erhielt daher eine umfassende naturwissenschaftliche Ausbildung an der Universität Göttingen. Auf Schloß Friedenstein in Gotha richtete sich Herzog Ernst II. zunächst ein physikalisches Kabinett ein, das mit zahlreichen Geräten ausgestattet war.

Die Sekretäre Johann Friedrich Schroeder und Ludwig Christian Lichtenberg (1738–1812) verbrachten einen großen Teil ihrer Zeit mit dem Herzog als Gesprächspartner und Gerätebauer. Vor allem war der Legationsrat Lichtenberg, der 1778 als Archivar nach Gotha berufen worden war, bei Beobachtungen und Versuchen ein getreuer Mitarbeiter des Herzogs. Er war der Bruder von Georg Christoph Lichtenberg (1742–1799), der in Göttingen lebte, und stand auch als Physiklehrer und Vorleser dem Herzog zur Verfügung. Es ist bemerkenswert, daß Goethe später mit dem jüngeren Bruder Georg Christoph Kontakt aufnahm. Vom ersten Besuch 1775 bis zum Jahre 1801 besuchte Goethe den Gothaer Hof häufig und bat den Herzog wiederholt um Überlassung der Instrumente seines physikalischen Kabinetts.

Das besondere Interesse für die Astronomie erweckte in Herzog Ernst II. den Wunsch nach einer eigenen Sternwarte.[6] Vor allem übte die Entdeckung des Uranus durch Friedrich Wilhelm Herschel einen großen Einfluß auf Herzog Ernst II. aus. Am 13. März 1781 entdeckte Herschel einen neuen Planeten innerhalb unseres Sonnensystems, nämlich den Uranus, und kurze Zeit später auch die Uranusmonde.[7] Diese Entdeckung hatte für damalige Astronomen große Bedeutung: Es geht um das von Johann Elert Bode veröffentlichte Gesetz, die sogenannte Titius-Bodesche Beziehung. Sie gibt eine mathematische Formel für die Planetenabstände in unserem Sonnensystem an. Damit wurde die Suche nach weiteren unbekannten Planeten intensiviert.

---

5 Literatur über Goethe und Gotha: Edwin Zeyß: *Goethes Besuche am Herzoglichen Hofe zu Gotha.* In: Heinrich Anz (Hrsg.): *Gotha und sein Gymnasium.* Gotha/Stuttgart 1924, S. 96–130; ders.: *Goethes Freundes- und Bekanntenkreis in Gotha.* In: Thüringer Jahrbuch. Leipzig 1928, S. 72–86.

6 Über die Astronomie in Gotha und auf der Seeberg-Sternwarte (Auswahl): *Zur Geschichte und Geographie des Seebergs. Naturwissenschaftliches und Geschichtliches vom Seeberg.* Hrsg. vom Naturwissenschaftlichen Verein zu Gotha. Gotha 1901; Thomas Marold/Manfred Strumpf: *Astronomie in Gotha.* In: Die Sterne 56 (1980), Heft 3, S. 160–169; dies.: *Zur Geschichte der Sternwarten Gothas.* In: Gothaer Museumsheft, Abhandlungen und Berichte zur Regionalgeschichte. Gotha 1985, S. 33–48; dies.: *Sachzeugen der „astronomischen Epoche" Gothas. Zum 200. Jahrestag der Errichtung der Sternwarte auf dem Seeberg.* In: Gothaer Museumsheft, Abhandlungen und Berichte zur Regionalgeschichte. Gotha 1988, S. 17–25; Manfred Strumpf: *Gothas astronomische Epoche.* Horb am Neckar 1998; ders.: *Gothas Entwicklung zu einem europäischen Zentrum der Astronomie.* In: *Die Residenzstadt Gotha in der Goethe-Zeit.* Hrsg. von Hans Erkenbrecher und Helmut Roob. Bucha bei Jena 1998, S. 145–156.

7 Sofort fand Uranus Eingang in die populäre astronomische Literatur und selbstverständlich auch in Goethes Werk, und zwar in ein traditionelles Festspiel namens *Planetentanz zum 30. Januar 1784.* Auf der Bühne bilden die einzelnen Planeten, die der Herzogin Luise ihre spezifischen Wünsche überbringen, einen Kreis, in dessen Mittelpunkt abschließend die Sonne tritt. Goethe folgte allerdings hier noch der ursprünglichen Benennung nach der phrygischen Fruchtbarkeitsgöttin ‚Cybele', obwohl der neuentdeckte Planet von Bode bereits 1782 den Namen Uranus erhalten hatte. Vgl. MA 2.1, S. 517.

Der Herzog lernte in London den aus Ungarn stammenden Vermessungsoffizier Franz Xaver von Zach (1754–1832) kennen, dessen umfangreiche astronomische und technische Kenntnisse Ernst II. so beeindruckten, daß er ihn für die Übernahme seiner Sternwarte 1786 nach Gotha berief. Direkt nach Zachs Ankunft in Gotha wurde eine sogenannte Interimssternwarte im oberen Geschoß des östlichen Treppenaufgangs von Schloß Friedenstein aufgebaut. Die in der Forschungs- und Landesbibliothek in Gotha erhaltenen Aufzeichnungen und Ausarbeitungen von Ernst II. zeigen uns, daß der Herzog ein kundiger und begeisterter Beobachter war.[8] Gelegentlich werteten Staatsmänner und auch Herzogin Marie Charlotte Amalie (1751–1827) die Beobachtungen aus. Die Herzogin soll sich den schwierigsten Berechnungen gewidmet und durch tätige Anteilnahme die Bestrebungen Zachs wesentlich unterstützt haben. Sie und der Hofastronom Zach sind nachweisbar historische Vorbilder für Makarie[9] und ihren Astronomen in Goethes *Wilhelm Meisters Wanderjahre.*

Parallel dazu wurde 1787 beschlossen, auf dem Seeberg eine neue Sternwarte nach modernen Prinzipien zu errichten. Am 8. September 1787 begann man mit dem Bau, und im Herbst 1791 war die Sternwarte fertig. Die Sternwarte Seeberg galt damals auch bezüglich der instrumentellen Ausstattung als bedeutendste und modernste. Zachs gute Beziehungen zu den englischen Instrumentenbauern Dollond, Ramsden und Emery ermöglichten die moderne technische Ausrüstung. Als erster Direktor machte Zach die Sternwarte rasch zu einem Zentrum der europäischen Astronomie. Im Jahre 1798 fand in Gotha der erste internationale Astronomiekongreß statt.[10] Den Seeberg besuchten viele Prominente wie etwa Lalande, Alexander von Humboldt, Gauß und auch Goethe. Goethe besuchte den Seeberg z. B. am Vormittag seines 52. Geburtstags (WA IV, 15, S. 259).

Sicher übten seine fürstlichen Freunde Herzog Ernst II. von Gotha und Herzog Carl August auf Goethe einen bedeutenden Einfluß im Hinblick auf die Astronomie aus. Goethe zeichnete z. B. im November 1776 das Zodiakallicht[11] und berichtete gelegentlich in Briefen an Charlotte von Stein über seine Beobachtungen: Marsbeobachtung, am 8. Juli 1781 (WA IV, 5, S. 169), ein Durchgang des Merkur durch die Sonnenscheibe, am 4. Mai 1786 (WA IV, 7, S. 211) etc. Darüber hinaus taucht der Terminus „Nordlicht", das man im Herbst 1781 wegen des Sonnenfleckenmaximums in Thüringen ausnahmsweise beobachten konnte, in einem beiliegenden Gedicht am 9. Oktober 1781 auf: „Wie durch des Nordlichts bewegliche Strahlen / Ewige Sterne Schimmern" (WA IV, 5, S. 201). Hier kann man erkennen, daß die Himmelsgegenstände in Goethes Dichtungen nicht mehr rhetorisch verwendet, sondern aufgrund seiner eigenen Erfahrung als erlebte Naturerscheinungen geschildert wurden.

Am 16. Januar 1785 entlieh Goethe aus der Weimarer Bibliothek die *Einleitung in die physisch-mathematische Kosmologie* (1776) von Johann Ernst Basilius Wiedeburg (1733–1789).[12]

---

8 Vgl. *Quellen zur Astronomie in der Forschungs- und Landesbibliothek Gotha unter besonderer Berücksichtigung der Gothaer Sternwarten.* Zusammengestellt und kommentiert von Oliver Schwarz, Cornelia Hopf und Hans Stein. Gotha: Forschungs- und Landesbibliothek 1998; hier besonders S. 17–31.

9 Über die Gestalt der Makarie in den *Wanderjahren* vor dem Hintergrund der Vorstellungen vom Weltall und von der Astronomie der Goethezeit: Aeka Ishihara: *Makarie und das Weltall. Astronomie in Goethes „Wanderjahren".* Köln/Weimar/Wien 1998; hier S. 129 f.

10 Vgl. Peter Brosche: *Gotha 1798. Vorder- und Hintergründe des ersten Astronomen-Kongresses.* In: Photorin 5 (1982), S. 38–59.

11 Vgl. Peter Brosche: *Eine Goethe-Zeichnung des Zodiakallichtes.* In: Die Sterne 36 (1960), S. 235–238.

12 Vgl. *Goethe als Benutzer der Weimarer Bibliothek. Ein Verzeichnis der von ihm entliehenen Werke.* Bearbeitet von Elise von Keudell. Hrsg. von Werner Deetjen. Weimar 1931 [= Keudell], Nr. 9.

Dieser führte Goethe im Frühjahr 1786 in die Algebra ein, ohne bei ihm großes Interesse für diese Wissenschaft zu wecken. Goethe bekam dabei aber wohl viele Anregungen bezüglich der Astronomie. Wiedeburg war zwar Mathematiker, setzte sich jedoch gleichzeitig mit aktuellen astronomischen Themen, wie z. B. Sonnenflecken, Nordlicht und Kometen, auseinander.[13] Seine Theorien und Erklärungen sind trotz ihrer Ungültigkeit im Rahmen gegenwärtiger naturwissenschaftlicher Erkenntnisse phantasievoll und gut vorstellbar. Mit Erlaubnis der Herzoginmutter Anna Amalia führte er sogar eine Weile auf dem Jenaer Schloß Beobachtungen durch.

Herzog Carl August interessierte sich nicht nur für gute Instrumente, sondern dachte auch an den Bau einer Sternwarte in Weimar. Seine Vertrauten und Berater in Weimar waren offenbar der Hauptmann Johann Gottlob Vent, der ein astronomisch geschulter Offizier war, und Friedrich Johann Justin Bertuch (1747–1822)[14], der zugleich Goethes Verleger war. Nach Schielicke und Blumenstein[15] bestand tatsächlich einige Jahre lang eine Sternwarte in Weimar: Der Herzog erbaute schon Anfang 1791 im Westteil des ehemaligen Welschen Gartens das sogenannte „Meridianhaus" für seine astronomischen Beobachtungen. Auch Goethe widmete sich eifrig der astronomischen Lektüre, er studierte z. B. die Werke von Newton (Keudell Nr. 25, 36, 39, 97 etc.), Kepler (Nr. 26), Tobias Mayers Mondbericht *Opera inedita* (Nr. 96) und Leonhard Eulers *Briefe an eine deutsche Prinzessin über verschiedene Gegenstände aus der Physik und Philosophie* (Nr. 154).[16]

Goethe zeigte schon Ende des 18. Jahrhunderts deutlich sein starkes Interesse an der Astronomie. Nach der Uranus-Entdeckung herrschte damals die Hoffnung auf neue Planetenentdeckungen zwischen Mars und Jupiter. Im Juni 1798 studierte Goethe das Werk *Darstellung des Weltsystems* von Laplace (WA III, 2, S. 213) und beschäftigte sich 1799–1800 systema-

---

13 Vgl. Reinhard Schielicke: *Astronomie in Jena. Historische Streifzüge von den mittelalterlichen Sonnenuhren zum Universarium.* Jena-Information 1988; hier S. 25.

14 Im Goethe- und Schiller-Archiv befinden sich insgesamt 108 Briefe von Franz Xaver von Zach aus dem Nachlaß Bertuchs. Diese Briefe kann man in zwei zeitliche Komplexe gliedern, unter denen an erster Stelle das Frühjahr 1790 mit vier Briefen steht: 9. Februar, 1. April, 16. April und 21. April 1790 (Bestand: GSA Bertuch I, 3985/88. Signatur 06/2164). Bei diesen vier Briefen von Zach an Bertuch geht es um den Plan der herzoglichen Privatsternwarte in Weimar. Bertuch war Gründer des Landes-Industrie-Comptoirs, in dessen Verlag 1798 eine von Zach begründete Fachzeitschrift, *Allgemeine Geographische Ephemeriden,* erschien. Diese *Ephemeriden* wurden daher parallel zur geographischen Ausrichtung von bekannten Astronomen zur Veröffentlichung rein astronomischer Abhandlungen genutzt. Die Korrespondenz zwischen Zach und Bertuch in diesem Zeitraum, nämlich von 1796 bis 1801, enthält eine Fülle interessanter persönlicher und astronomisch-historischer Mitteilungen. Vgl. auch: Diedrich Wattenberg/Peter Brosche: *Archivarische Quellen zum Leben und Werk von Franz Xaver von Zach.* Göttingen 1993, S. 22 f.

15 Vgl. Reinhard Schielicke/Kathrin Blumenstein: *Herzog Carl August, Goethe und die Einrichtung der Herzoglichen Sternwarte zu Jena.* In: GJb 109 (1992), S. 173–180; hier S. 173 f.; Wolfgang Huschke: *Die Geschichte des Parkes von Weimar.* Weimar 1951, S. 94; Thüringisches Hauptstaatsarchiv, Bestand B 8548, S. 17 f.

16 Goethes Teilnahmslosigkeit am Bau der Privatsternwarte in Weimar beruhte wohl mehr auf der persönlichen Beziehung zu Zach. Nach Biermann geht es um Meinungsverschiedenheiten zwischen Goethe und Zach im Illuminaten-Orden. Kurt-R. Biermann: *Bernhard von Lindenau in seinen Beziehungen zu Goethe und zu Alexander von Humboldt.* In: *Bernhard August von Lindenau als Naturwissenschaftler, Staatsmann und Kunstsammler.* Staatliches Lindenau-Museum Altenburg o. J., S. 11–27; hier S. 14.

tisch mit der Astronomie. Bei dieser Gelegenheit, und zwar während seines längeren Aufenthaltes im Gartenhaus an der Ilm, vom 31. Juli bis zum 15. September 1799, beginnt er mit der Mondbeobachtung durchs Teleskop. Am Ende des Aufenthaltes im Gartenhaus faßte Goethe die Beschäftigungen dieser Zeit zusammen und erläuterte seine Ergebnisse im Tagebuch: „Machte ich mich mit dem Monde, so viel es die Witterung zuließ, bekannt mit Hülfe des Auchischen Telescops und der Schröderischen Selenotopographie [Mondkarte; d. Vfn.]" (WA III, 2, S. 258). Darüber hinaus berichtete Goethe über seine astronomischen Studien in den Briefen an Schiller (10. und 21. 8. 1799; WA IV, 14, S. 147, 161 etc.) und lud ihn sogar zu „einer astronomischen Partie" ein (11. 2. 1800; WA IV, 15, S. 25). Außerdem stellte Goethe in diesem Zeitraum in einem Entwurf der *Farbenlehre* einen Mondhof dar.[17] Goethes Enthusiasmus für die Astronomie dauerte zwar nicht lange, aber er hörte mit der Sternbeobachtung nicht auf. Im Februar 1826 äußerte sein Sohn August, daß „der Herr Vater längere Zeit mit einem siebenfußigen Teleskope Beobachtungen am Himmel" angestellt habe.[18]

II. Mondvulkane und Mondbewohner

Der Mond ist für Goethe nicht nur ein optimales Objekt der Erforschung durch das Fernrohr, sondern er fesselte seine Aufmerksamkeit aufgrund der Diskussion um die Entstehungsgeschichte der Erde.

In der Goethezeit standen sich zwei Theorien über die Entstehung der Erdoberfläche gegenüber. Während die ‚Neptunisten' (der Freiberger Geologe Abraham Gottlob Werner und der Jenaer Naturphilosoph Lorenz Oken usw.) behaupteten, daß die Erde durch Hebung der Gebirge aus dem Wasser entstanden sei, versuchten die ‚Vulkanisten', wie z. B. Alexander von Humboldt, die Erdentstehung anhand der Vulkantheorie zu erläutern. Damals glaubte man einerseits an die im Alten Testament beschriebene Sintflut, andererseits erlebte man Anfang November 1755 das Erdbeben von Lissabon und einen Ausbruch des Vesuvs. An diesem Ideenstreit über die treibenden Kräfte der Erdgeschichte nahm Goethe teil und schrieb darüber mehrere wissenschaftliche Abhandlungen. Er versuchte außerdem, den geologischen Streit aufzulösen (z. B. *Vergleichs Vorschläge die Vulkanier und Neptunier über die Entstehung des Basalts zu vereinigen* 1789, *Geologische Probleme und Versuch ihrer Auflösung* 1831) und nahm diese Ideen in *Faust II* auf (Vgl. MA 18.1, V. 7851–7872, S. 211 f. u. V. 10075–10123, S. 285 f.).

In dieser Diskussion über die Erdentstehung spielte der Mond eine Rolle. Von Sir William Hamiltons Beschreibung des Vesuv-Vulkanismus angeregt, versuchte Georg Christoph Lichtenberg um 1780 den Analogieschluß auf den Mond. Im *Göttinger Taschenkalender* verglich er die Ringgebirge der Mondoberfläche mit Vesuv und Somma und deutete sie als vulkanische Bindungen.[19] In dem 1837 erschienenen Text *Die Wunder des*

---

17 Vgl. *Corpus der Goethezeichnungen*. Bd. V A, Inv. Nr. 2208, Taf. LXXXI, Erstdruck.

18 Vgl. *Goethes Gespräche. Eine Sammlung zeitgenössischer Berichte aus seinem Umgang*. Auf Grund der Ausgabe und des Nachlasses von Flodoard Freiherrn von Biedermann. Erg. und hrsg. von Wolfgang Herwig. 5 Bde. in 6. Zürich 1965–1987; hier Bd. 3.1, S. 830: F. Gruithuisen: Reisebericht, 6. 2. 1826 (Nr. 5721).

19 Vgl. *Goettinger Taschen-Calender vom Jahr 1779*. Hrsg. von G. Ch. Lichtenberg. Reprint nach der Originalausgabe der Niedersächsischen Staats- und Universitätsbibliothek Göttingen 1996. Hier besonders *Ein Paar Neuigkeiten vom Monde*, S. 25–30. Lichtenberg hat A. G. Kästner sehr bald

Himmels von Joseph Johann von Littrow kann man folgende Erklärung über die Mondvulkane finden:

> Daß wenigstens einige dieser Vulkane selbst jetzt noch thätig sind, scheinen die Beobachtungen Schröters und anderer Astronomen zu bestätigen. Halley und Herschel will Blitze auf dem Monde gesehen haben. [...] Der ältere Herschel sah auf dem nicht beleuchteten Theile des Mondes einen hellleuchtenden Punkt, den er für das Feuer eines Vulkans zu halten sich veranlaßt fand.[20]

In den *Selenotopographischen Fragmenten*, die Goethe bei Mondbeobachtungen verwendete, berichtete Johann Hieronymus Schroeter (1745–1816), daß er am 26. September 1788 am Rande des Maris Imbrium eine Lichterscheinung sah und am 8. Oktober an derselben Stelle einen neuen Krater fand. Darauf teilten auch Herschel und Piazzi mit, daß sie leuchtende und glänzende Stellen an der Nachtseite des Monds erblickten, die sie für brennende Vulkane hielten. Während man durchs Fernrohr auf dem Mond leicht Berge, Bergketten, Einsenkungen, Krater und Ebenen erkennen konnte, schienen Flüssigkeiten dort nirgendwo vorhanden zu sein. Selbstverständlich brauchten die Vulkanisten die Spuren von vulkanischer Tätigkeit auf dem Mond als wichtige Argumentationshilfe. Es ist stark zu vermuten, daß Goethe bei den Mondbeobachtungen an den Erdentstehungsprozeß dachte.

Nicht nur Spuren von lunarem Vulkanismus, sondern auch von Mondbewohnern entdeckt zu haben, dies berichtete der Münchner Astronom Franz Paula von Gruithuisen (1774–1852): *Entdeckung vieler deutlicher Spuren der Mondbewohner, besonders eines colossalen Kunstgebäudes derselben* (1824). Die Möglichkeit, daß der Mond bewohnt sei, erwähnt Johannes Kepler (1571–1630) in *Somnium* (1634). In der Aufklärungszeit erklärte Bernard Le Bovier de Fontenelle (1657–1757) in seinen *Entretiens* in charmantem Salonton, daß alle Planeten unseres Sonnensystems von Lebewesen bewohnt seien. Diesem Werk Fontenelles war großer Erfolg beschieden, und dadurch akzeptierte man rasch die Vorstellung der Weltpluralität. Nach der Kopernikanischen Umwälzung war das eine nochmalige ‚Wende', und zwar anhand der folgenden Analogie: Nach Fontenelles Meinung ist der Kosmos zwar nicht allein um des Menschen willen da, aber die anderen Planeten sollten wie unsere Erde sein. Der Mensch sei kein Findling im All, und seine Berufung sei es, die Vollkommenheit Gottes zusammen mit anderen Geschöpfen des Kosmos zu demonstrieren.

Gruithuisens Behauptung, auf dem Mond eine Festung entdeckt zu haben, verbreitete sich schnell in Deutschland. Diese Behauptung verärgerte Goethe, wie Kanzler Friedrich von Müller berichtet: „offenbare Irrtümer für bare Wahrheit ausgegeben zu sehen, sei das

---

als Mitarbeiter der Sternwarte gewonnen und wandte sich astronomischen Beobachtungen zu. Seit 1771 hielt er auch astronomische Vorlesungen. Ein besonderes Verdienst als Astronom erwarb sich Lichtenberg 1775 durch die Herausgabe eines Bandes der von Tobias Mayer verfaßten und unveröffentlichten Abhandlungen (*Tobiae Mayeri opera inedita*), wozu auch der Entwurf einer kleineren Karte des Mondes gehörte. Über Lichtenbergs Tätigkeit als Astronom: *Georg Christoph Lichtenberg: Observationes. Die lateinischen Schriften.* Hrsg. von Dag Nikolaus Hasse, Göttingen 1997.

20 Joseph Johann von Littrow (Direktor der k. k. Sternwarte in Wien): *Die Wunder des Himmels oder gemeinfaßliche Darstellung des Weltsystems.* Zweite verbesserte Auflage in einem Bande. Stuttgart 1837; hier S. 375.

Schrecklichste, was einem Vernünftigen begegnen könne“[21]. Am 26. Mai 1826 aber las Goethe Gruithuisens Berichte aufmerksam durch: „Vorzüglich Gruithuisen Mondsphantasien“ (WA III, 10, S. 60). Gruithuisen weilte im September 1825 in Weimar und führte mit Goethe eine angeregte Unterhaltung. Darüber berichtet Goethe am 13. November 1825 Nees von Esenbeck:

> Höchstmerkwürdig war mir vor einigen Wochen der Besuch von Herrn Professor Gruithausen. [...] Bey dem grundguten Gruithausen ward mir die Operation der Ausgleichung nicht schwer. Die makro- und mikromegischen Beobachtungen wichtiger Gegenstände, begünstigt durch ein scharfes Organ, unterstützt durch hochverbesserte Werkzeuge, sind aller Aufmerksamkeit, aller Schätzung werth. Man nehme die ältern Mondcharten vor sich und sehe die Stufenfolge der Deutlichkeit bis in das Einzelne der Zeichnungen und lithographirten Blätter des genannten Freundes, so wird man freudig erstaunen und ihm gern erlauben, sich Vorstellungen zu machen die ihm zu fernerem Streben Lust und Muth erneuen.[22]

Goethes veränderte Einstellung gegenüber Gruithuisen kann man aus einem Brief von letzterem an Goethe vom 5. September 1825 herauslesen, in dem dieser nämlich seine Entdeckung mit Goethes *Farbenlehre* verglich.[23] Es ist leicht vorstellbar, daß Goethe einen sein Lieblingswerk positiv beurteilenden Naturwissenschaftler willkommen heißen wollte. Beide pflegten weiter brieflichen Kontakt. Darüber hinaus kann man in den *Zahmen Xenien VI* (1827) die folgenden Worte finden: „Das Leben wohnt in jedem Sterne“ (MA 13.1, S. 226). Dies symbolisiert die Pluralität der Welt.

III. Meteor und Feuerkugel

Das Thema des Mond-Vulkanismus veranlaßte eine wissenschaftliche Diskussion über die Herkunft von Meteoriten und Feuerkugeln. Die Astronomen und Meteorologen der Goethezeit setzten sich mit der Frage auseinander, ob die Meteorite astronomische Phänomene oder meteorologische Erscheinungen wie etwa Regenbogen, Nebensonnen usw. seien. Am 7. Juni 1801 sah Goethe bei Johann Friedrich Blumenbach (1752–1840) in Göttingen zum ersten Mal Meteore. Goethe schrieb in den *Tag- und Jahresheften 1801*: „Ich sah bei ihm den ersten Aerolithen, an welches Naturerzeugnis der Glaube uns erst vor kurzem in die Hand gegeben ward“ (MA 14, S. 69). Darüber hinaus sind mehrere Meteorsteine in Goethes Mineraliensammlungen vorhanden (*Goethes Sammlungen zur Mineralogie, Geologie und Paläontologie. Katalog.* Bearb. von Hans Prescher. Berlin 1978, Nr. 1155, 6605, 6968 u. 7801).

---

21 *Goethes Gespräche* (Anm. 18), Bd. 3.1, S. 668 f., Nr. 5438.

22 WA IV, 40, S. 122 f.

23 Vgl. *Goethe's Naturwissenschaftliche Correspondenz (1812–1832)*. Im Auftrage der von Goethe'schen Familie. Hrsg. von F. Th. Bratranek. Leipzig 1874, S. 171 f.: „Daß es mit meiner Entdeckung im Monde genau so gehen wird, wie mit der Entdeckung, die Euere Excellenz in der Farbenlehre machten, habe ich mich sowol schon in Baiern, als nunmehr auch auf meiner Reise überzeugt. [...] Da die *Newtonianer* die Farblehre immer so gern ohne Farbe mit Linien und Ziffern demonstriren, so können sie in der Regel nicht begreifen, was man mit Farben besser beweisen sollte können und was wol die Physiologie dabei leisten mag.“

Die Geschichte der Meteoritenkunde beginnt mit Ernst Florens Chladni (1756–1827). Als er sich in Göttingen aufhielt, wurde er mit Georg Christoph Lichtenberg bekannt und erhielt von ihm wichtige Hinweise und Anregungen für seine Meteortheorie[24]: *Über den Ursprung der von Pallas gefundenen und anderer ihr ähnlicher Eisenmassen und über einige damit in Verbindung stehende Naturerscheinungen* (1794). Nachdem Chladni seine Theorie über den kosmischen Ursprung des Meteors veröffentlicht hatte, folgten ihm in den nächsten Jahren mehrere Gelehrte mit der Hypothese, daß die Meteorite aus Mondvulkanen herausgeschleudert worden seien. Pierre Simon de Laplace äußerte z.B. 1802 in der von Zach herausgegebenen ersten astronomischen Fachzeitschrift in Deutschland, der *Monatlichen Correspondenz*, die Vermutung: „Jene rätselhaften Massen und Steine [...] könnten vielleicht Produkte der Mondesvulkane seyn."[25] 1803 schrieb auch Wilhelm Olbers: „Die Oberfläche des Mondes zeugt auch noch jetzt durch die dort neu entstehenden Crater von gewaltsamen Explosionen, wodurch vielleicht zuweilen einigen Auswürfen derselben eine solche, wo nicht noch eine größere, Wurfgeschwindigkeit mitgeteilt werden kann."[26] Goethe wurde durch Blumenbach auch auf eine Abhandlung von Ferdinand Adolf von Ende aufmerksam gemacht. Ende faßte seine vorher im Privatkreis gehaltenen Vorträge zusammen und veröffentlichte sie 1804 unter dem Titel *Über Massen und Steine, die aus dem Mond gefallen sind.* Darauf spielt Goethe in *Faust II* an.[27] Die Worte des Homunkulus in der Szene *Klassische Walpurgisnacht* enthalten eine zitathafte Wiedergabe des Titels von Endes Werk. Homunkulus sagt:

> Ich spürt' ein ungeheures Prallen,
> Der Fels war aus dem Mond gefallen, [...]
> (MA 18.1, S. 214, V. 7938 f.)

Obwohl Goethe mit Chladni befreundet war und sich für Chladnis Akustik interessierte, blieb er dessen Meteorkunde gegenüber skeptisch[28] und glaubte anscheinend daran, daß Meteorite sich durch Kondensation von Staub und Gasen oder in der oberen Atmosphäre bildeten. Im Jahre 1825 schrieb Goethe einen kleinen naturwissenschaftlichen Aufsatz mit dem Titel *Feuerkugel.* Hier zitiert er zunächst den Vorschlag des Berliner Astronomen Heinrich Mädler (1794–1874), der als Mondforscher bekannt war, die leuchtend in die Erd-

---

24 Vgl. Ernst Florens Friedrich Chladni: *Über den kosmischen Ursprung der Meteorite und Feuerkugeln (1794).* Erläuterungen von Günter Hoppe. Thun/Frankfurt a.M. 1996; hier S. 13.

25 Vgl. Pierre Simon Marquis de Laplace: *Aus einem Schreiben des Senateurs LaPlace.* In: Monatliche Correspondenz [= MC] 6 (1802), S. 272–278.

26 Heinrich Wilhelm Matthias Olbers: *Über die vom Himmel gefallenen Steine.* In: MC 7 (1803); hier S. 157.

27 Schon in der Bergfestszene der *Wanderjahre* stellt Goethe eine Erdentstehungsmöglichkeit durch die Meteoriten vor: „Eine vierte, wenn auch vielleicht nicht zahlreiche, Partie lächelte über diese vergeblichen Bemühungen und beteuerte: gar manche Zustände dieser Erdoberfläche würden nie zu erklären sein, wofern man nicht größere und kleinere Gebirgsstrecken aus der Atmosphäre herunterfallen und weite breite Landschaften durch sie bedeckt werden lasse. Sie beriefen sich auf größere und kleinere Felsmassen, welche zerstreut in vielen Landen umherliegend gefunden und sogar noch in unsern Tagen als von oben herabstürzend aufgelesen werden" (MA 17, S. 491).

28 Günter Hoppe: *Goethes Ansichten über Meteorite und sein Verhältnis zu dem Physiker Chladni.* In: GJb 95(1978), S. 227–240.

atmosphäre eindringenden Meteoriten mit dem Barometerstand in Beziehung zu setzen. Anschließend sucht Goethe eine Wechselwirkung zwischen Barometer und „tellurischen" Naturerscheinungen wie Erdbeben, Vulkanausbruch und Meteoriten. Übrigens verwendet Goethe selten den Terminus Meteor, statt dessen absichtlich andere Fachausdrücke wie Aerolith, Luftstein und atmosphärischer Stein. Auch im Gedicht *Gott, Gemüt und Welt* (1815) bezeichnet Goethe die Meteore als terrestrische Erzeugnisse:

> Durchsichtig erscheint die Luft so rein
> Und trägt im Busen Stahl und Stein.
> Entzündet werden sie sich begegnen;
> Da wirds Metall und Steine regnen. (MA 9, S. 117)

IV. Der Komet

Am 1. Januar 1801 entdeckte Giuseppe Piazzi (1746–1826) in Palermo zufällig einen sehr schwachen Stern, den ersten Himmelskörper zwischen Mars und Jupiter, Ceres genannt. In den folgenden Jahren bis 1807 wurden noch drei weitere Planetoide, und zwar Pallas, Juno und Vesta entdeckt. Verglichen mit anderen Planeten sind diese Körper sehr klein, und deshalb führte dieser Befund rasch zu Hypothesen über den Ursprung der Planetoiden, bei denen die Zerstörung eines normalen Planeten postuliert wurde, die vielleicht sogar als Zusammenstoß von Planeten zu erklären war. In diesem Zusammenhang regten die Kometen auch zu Kollisionsvorstellungen an.

Ende 1758 wurde die periodische Wiederkehr eines von Edmund Halley (1656–1742) vorausberechneten Kometen endlich zum ersten Mal erwiesen, so daß der ‚Comet von 1607', der im Abstand von ca. 76 Jahren erscheint, heute als Halleyscher Komet bekannt ist. Es ist einleuchtend, daß schon im frühen Drama *Götz von Berlichingen* (1773) vermutlich dieser Halleysche Komet, der sich in Goethes Kindheit der Erde näherte, zweimal auftaucht (vgl. MA 1.1, S. 633 u. S. 635).

Sobald der Aberglaube von den Kometen als Unheilboten gebrochen war, hatte man aber eine neue Angst: Man fürchtete sich vor dem Zusammenstoß der Erde mit einem Kometen. Halley sah das nicht nur als Möglichkeit an, sondern er glaubte auch, daß sich dies tatsächlich schon ein- oder mehrmals zugetragen habe. In diesem Sinne war Halley ein Vorläufer von Impaktideen. Er hielt z. B. das Kaspische Meer für das Resultat eines dort erfolgten Kometenaufpralls. Darüber hinaus glaubte er, daß der ehemalige Nordpol der Erde dem jetzt bewohnten Nordamerika näher gelegen habe, und versuchte daraus zu erklären, warum es in vergleichbaren Breitengraden in Nordamerika noch jetzt kälter als in Europa sei.[29]

Gleichzeitig erklärte William Whiston (1667–1752) in *New Theory of the Earth* (1696) durch die Kometen die Schöpfung unserer Erde, die Sintflut und selbst den künftigen Untergang derselben oder das Jüngste Gericht. Dieses Werk ist in Deutschland durch eine 1769 erschienene Übersetzung bekannt geworden. Die französischen Naturwissenschaft-

29 Zit. aus Wilhelm Olbers: *Ueber die Möglichkeit, dass ein Comet mit der Erde zusammen stossen könne.* In: MC 22 (1810), S. 409–450; hier S. 440 f. Nach Brosche hat Halley diese Behauptung bereits im Jahre 1694 veröffentlicht.

ler Laplace und Lalande waren auch überzeugt von der Möglichkeit eines Zusammenstoßes der Kometen und Planeten. Lalande berechnete den Weltuntergang durch den Zusammenstoß mit einem Kometen für den 12. Mai 1773 und versetzte Paris in Panik. In Deutschland hat sich Carl Friedrich Gauß 1802 und 1828 in Briefen an Olbers über die Folgen des Aufpralls eines Kometenkerns auf die Erde geäußert.[30] Der Empfänger Olbers, der zwei Planetoiden und sechs Kometen entdeckte, beobachtete zahlreiche Kometenerscheinungen seiner Zeit und berechnete eine große Zahl von Kometenbahnen. Er untersuchte die Eigenschaften der Kometen und schrieb *Über die Möglichkeit, dass ein Comet mit der Erde zusammen stossen könne* (MC 22, 1810). In einer anderen Abhandlung bringt Olbers das Verschwinden der Dinosaurier damit in Zusammenhang.[31]

Im Herbst 1811 erschien ein Komet mit einer prächtigen Schweifentwicklung. Nach der Auskunft eines Zeitgenossen war dieser Komet hinsichtlich der Größe und Helligkeit mit anderen Kometen, selbst auch dem Halleyschen, kaum vergleichbar.[32] Goethe verwendete diese Kometenerscheinung gleich in *Des Epimenides Erwachen* (1814/15). Hier erschien „ein Komet ungeheuer" (MA 9, S. 222). Im Erstdruck von 1815 enthielt diese szenische Bemerkung nach „ungeheuer" noch die Worte „und an Gestalt dem letzten ähnlich" (WA I, 16, S. 545: Lesarten).

Der Komet von 1811 war auch für Astronomen aufgrund des riesigen Schweifes sehr interessant. Bernhard August von Lindenau, der der zweite Direktor der Sternwarte Seeberg in Gotha war und mit Carl August und Goethe in Verbindung stand[33], schrieb am 12. September 1811 an Friedrich Wilhelm Bessel, daß in der gesamten Kometographie kein Kometenschweif beschrieben sei, der eine solche Ausdehnung wie der gegenwärtig zu beobachtende besessen habe. Goethe besaß Lindenaus Brief an Elisabeth Freifrau von Matt (?–1814) vom 17. September 1811. Dort versuchte auch Lindenau, über den merkwürdigsten Kometen zu berichten.

> Weder Schröter, Olbers, Gauß noch ich sehen einen Kern, sondern er erscheint uns allen nur wie eine verdichtete Nebelmasse. Etwas ganz eigentümliches hat der Schweif dieses Cometen: er scheint dem eigentlichen Cometen Körper gar nicht anzugehören [...]. Seine Ausdehnung nimmt jetzt täglich 1–2° zu.[34]

Goethe beschäftigt sich mit dem Kometen sehr eingehend und knüpft daran Beobachtungen, die in seinem Tagebuch wiederholt Erwähnung finden: z. B. „Der klarste Sternhimmel und große Deutlichkeit des Kometen" (7. 9. 1811; WA III, 4, S. 232), „Sehr schöne Nacht. Der Komet vollkommen sichtbar" (10. 9.; ebd.). Am 16. September entlieh Goethe aus der

---

30 Vgl. Wilhelm Seggewiß: *Lichtenberg und die Kometen.* In: Photorin 10 (1986), S. 57–68; Peter Brosche: *Die Kosmogonie Anton von Zachs.* In: Berichte zur Wissenschaftsgeschichte 9 (1986), S. 89–93; hier S. 90.

31 Siehe auch: Peter Brosche: *Die Kosmogonie Anton von Zachs* (Anm. 30), S. 90.

32 Nach Erinnerungsnotizen eines Zeitgenossen, des Berliner Philologen Gustav Parthey. In: Kurt-R. Biermann: *Bernhard von Lindenau in seinen Beziehungen zu Goethe und zu Alexander von Humboldt* (Anm. 16), S. 16.

33 Über Goethes Beziehung zu Lindenau: Kurt-R. Biermann: *Bernhard August von Lindenau. Weggefährte und „Widersacher" Goethes. Zum 200. Geburtstag Lindenaus am 11. Juni 1979.* In: GJb 96 (1979), S. 221–242.

34 GSA [Goethe- und Schiller-Archiv] Goethes Autographensammlung. Bestand 33, Signatur 441.

Herzoglichen Bibliothek ein astronomisches Fachbuch des Berliner Astronomen Johann Elert Bode, *Anleitung zur Kenntniß des Gestirnten Himmels* (Keudell Nr. 728). Er führte Gespräche mit Ferdinand von Müffling (1775–1851), der ein mathematisch und naturwissenschaftlich interessierter Vertrauter und Berater des Herzogs Carl August war, und mit dem Jenaer Professor der Mathematik Johann Friedrich Christian Werneburg (1777–1851) über Astronomie, Planetensysteme usw. Als Lindenau Goethe in Weimar besuchte, war dieser Komet sicher das Hauptgesprächsthema zwischen beiden. Deren Gespräch ist allerdings in Goethes Tagebuch nicht verzeichnet. Vom Seeberg sandte Lindenau am 12. Oktober einen Sonderdruck seiner Arbeit *Resultate der neuesten Beobachtungen über den großen Cometen von 1811*[35] aus der *Monatlichen Correspondenz.* In seinem Dankesbrief vom 20. Oktober an Lindenau schrieb Goethe u. a.:

> Ew. Hochwohlgebornen hätten mich auf keine angenehmere Weise an die interessanten Gespräche erinnern können, welche ich bey Ihrem Hierseyn mit Ihnen zu führen das Glück hatte, als durch das übersendete reichhaltige Heft, welches ich gelesen und wieder gelesen habe. (WA IV, 22, S. 179)

V. Goethe als Oberaufseher der Sternwarte zu Jena

Der große Komet von 1811 motivierte Herzog Carl August zur Gründung der Sternwarte zu Jena und übte auf die amtliche Laufbahn Goethes einen bedeutenden Einfluß aus, weil er aus diesem Anlaß sein neues Amt als Oberaufseher der Sternwarte übernehmen mußte.[36] Seither pflegte Goethe als Oberaufseher über die unmittelbaren Anstalten für Wissenschaft und Kunst in Weimar und Jena nicht nur privat, sondern auch offiziell ständig Kontakt mit der astronomischen Wissenschaft. Am 3. September 1813, zum Geburtstag des Herzogs, war die Einrichtung vollendet, und man konnte die erste Beobachtung von Meridiandurchgängen einiger Fixsterne anstellen. Als erster Direktor wurde Karl Dietrich von Münchow (1778–1836) berufen.

Zwischen 1809 und 1811 beschäftigte sich Goethe mit dem *Historischen Teil* der *Farbenlehre.* Was die Augentheorie anbelangt, so waren die Astronomen schon früher und intensiver als die Ärzte damit beschäftigt. Es war notwendig, daß viele Astronomen sowie Erfinder optischer Geräte wie Kepler, Galilei, Herschel und Dollond in der *Farbenlehre* erwähnt wurden. In dieser Arbeitsphase entlieh Goethe verschiedene astronomische Werke aus der Weimarer Bibliothek und studierte z. B. im Jahre 1809 Keplers *Ad vitellionem paralipomena* (Keudell Nr. 567), Galileis Biographie (Nr. 568), Newtons *Opuscula mathematica* (Nr. 580),

---

35 Bernhard August von Lindenau: *Resultate der neuesten Beobachtungen über den großen Cometen von 1811* (*Goethes Bibliothek. Katalog.* Bearbeitet von Hans Ruppert, Weimar 1958, Nr. 4815). Diese Abhandlung wurde in der MC September 1811 (S. 289–318) veröffentlicht.

36 Literaturauswahl über Goethes amtliche Tätigkeit als Oberaufseher der Sternwarte: Otto Knopf: *Die Astronomie an der Universität Jena von der Gründung der Universität im Jahre 1558 bis zur Entpflichtung des Verfassers im Jahre 1927.* Jena 1937; Irmtraut Schmid: *Die Oberaufsicht über die naturwissenschaftlichen Institute an der Universität Jena unter Goethes Leitung.* In: Impulse 4 (1982), S. 148–187; Reinhard Schielicke: *Zeugnisse über die Einrichtung des Observatoriums und das Wirken der Astronomen an der Sternwarte zu Jena am Beginn des 19. Jahrhunderts.* In: *Reichtümer und Raritäten. Jenaer Reden und Schriften.* Jena 1990, S. 132–144.

Fontenelles *Entretiens* (Nr. 624) und im Jahre 1810 Tobias Mayers *Opera inedita* (Nr. 665), Kästners *Geschichte der Mathematik* (Nr. 666) und Zachs *Monatliche Correspondenz* (Nr. 675). Unerwarteterweise wurde diese Arbeit für Goethe eine optimale Vorbereitung auf die Tätigkeit als Oberaufseher der Sternwarte zu Jena.

Nach seinem Amtsantritt begann Goethe, Handschriften bekannter Astronomen zu sammeln. Seine Autographensammlung im Goethe- und Schiller-Archiv ist sehr interessant. Goethe besaß tatsächlich viele Briefe führender Astronomen seiner Zeit, wie z. B. von Bode, Bessel, Bürg, Olbers, Lalande, Harding, Herschel, Zach, Schumacher, Gauß usw. Bei manchen dieser Briefe geht es um äußerst aktuelle und wichtige Themen der damaligen Astronomie, wie etwa um die Planetenbahnberechnung, die Kometenerscheinung sowie den Entwurf der Sternwarte. Dadurch kann man vermuten, daß Goethe sich wie seine Zeitgenossen oft und gern mit der neuen Wissenschaft Astronomie auseinandersetzte und durch seinen Bekannten- und Freundeskreis immer aktuell informiert wurde. Am 16. Dezember 1812 äußerte sich Goethe über die Astronomie in einem Gespräch mit Kanzler Friedrich von Müller:

> Die Astronomie [...] ist mir deswegen so wert, weil sie die einzige aller Wissenschaften ist, die auf allgemein anerkannten, unbestrittnen Basen ruht, mithin mit voller Sicherheit immer weiter durch die Unendlichkeit fortschreitet.[37]

Die Sternwarte in Jena wurde mit bedeutender finanzieller Unterstützung Maria Pawlownas ausgebaut. Mit Instrumenten war die Sternwarte für die damalige Zeit zunächst gut ausgestattet. Zu einem wesentlichen Teil hatte sogar der Großherzog selbst die Geräte gestiftet. Um die Anfertigung oder Reparatur der Instrumente machte sich der Weimarer Hofmechanikus Johann Christoph Friedrich Körner (1778–1847) verdient. Darüber hinaus nahm Körner 1817 Glasschmelzversuche in Angriff. Im Briefwechsel zwischen Goethe und Carl August ist wiederholt von Körners Glasschmelzversuchen die Rede. Diese Versuche wurden von seinem Schüler Carl Zeiss (1811–1888) erfolgreich weiterentwickelt.

Wegen des besonderen Interesses von Großherzog Carl August und Goethe nahm der zweite Direktor Friedrich Posselt (1794–1823), der ein begabter Schüler von Gauß war, seit September 1819 sowohl astronomische als auch meteorologische Beobachtungen vor: Der Barometer- und Thermometerstand wurde täglich drei Mal in Jena und Umgebung registriert. Da eine so systematische und regelmäßige Wetterbeobachtung nicht von allen Sternwarten durchgeführt wurde, charakterisierte diese besondere meteorologische Forschung die Sternwarte zu Jena.

Goethe beschäftigte sich, wie man weiß, schon vorher mit der Meteorologie. Seine 1817 entstandenen naturwissenschaftlichen Schriften, sein Aufsatz über Wolken *Camarupa*, *Howards Wolkenformen* und die beiliegenden farbigen Blätter wie *Wolkenabbildung* und *Farben des Himmels*, besitzt das Jenaer Universitätsarchiv[38], und darin zeigt sich deutlich die Wechselwirkung zwischen Dichtung und amtlicher Tätigkeit. In den folgenden Jahren konzentrierte sich Goethe weiter auf die Meteorologie: 1825 veröffentlichte er den *Versuch einer Witterungslehre*; darüber hinaus schrieb er Anfang September 1828 aus Dornburg einen sehr langen Brief meteorologischen Inhalts an Zelter, den man als Fortsetzung seiner *Witterungs-*

---

37 *Goethes Gespräche* (Anm. 18), Bd. 2, S. 755 f., Nr. 3661.

38 Universitätsarchiv Jena; Universitätssternwarte Bestand S Abt. XLIII, 16.

lehre bezeichnen kann (WA IV, 45, S. 1–12), und beobachtete dort eine schöne Planetenkonstellation (vgl. Eckermanns Bericht; MA 19, S. 249). Am 27. Januar 1830 berichtet Kanzler von Müller wiederum, daß Goethe, astronomische Gegenstände wie etwa Venus und Orion-Sternbild zeigend, lange „über den hohen Wert der Astronomie" gesprochen habe.[39] Goethe verlor nie sein Interesse an der Astronomie.

VI. Schluß

Man zitiert stets nur Goethes folgende Worte gegenüber Eckermann und erbringt so angeblich den Beweis für seine Teilnahmslosigkeit an der Astronomie:

> [...] weshalb ich mich denn auch nie mit Astronomie beschäftiget habe, weil hiebei die Sinne nicht mehr ausreichen, sondern weil man hier schon zu Instrumenten, Berechnungen und Mechanik seine Zuflucht nehmen muß, die ein eigenes Leben erfordern und die nicht meine Sache waren. (1. Februar 1827; MA 19, S. 215)

Zwar hat sich Goethe nie mit Astronomie in der Absicht beschäftigt, diese Wissenschaft durch eigene Erkenntnisse zu bereichern, aber ihm war die Astronomie weder fremd, noch war er daran desinteressiert. Im Gegenteil: Er beobachtete den Sternenhimmel stets mit viel Interesse und großer Erwartung. Problematisch war, daß die Mathematik für sein Verhältnis zur Astronomie ein starkes Hindernis bildete, das er nie überwinden konnte. Die mit Zahlen und Formeln überquellenden astronomischen Fachbücher waren für Goethe als ‚Augenmenschen' fremd und unakzeptabel.[40]

Goethes Auseinandersetzung mit der Astronomie ermöglichte es ihm aber, die Schönheit der Gestirne und die Unendlichkeit sowie Mannigfaltigkeit des Weltalls wahrzunehmen, und sie eröffnete ihm neue Perspektiven. Man darf nicht übersehen, daß die Sternenwelt bei Goethe nicht nur inhaltlich, sondern auch bildlich überall eine große Rolle spielt. Nicht zu vergessen ist der *West-östliche Divan*, der parallel zu seiner amtlichen Tätigkeit an der Jenaer Sternwarte entstand: Der Dichter im *Divan* reitet allein „in alle Ferne", in den unendlichen Raum mit funkelnden Sternen (*Freysinn*; MA 11.1.2, S. 11), und der Knabe in der *Sommernacht* will draußen bis Mitternacht warten, um mit dem Dichter gemeinsam den prächtigen Sternenhimmel zu betrachten und das All zu bewundern (S. 104 f.). Hervorzuheben sind die Liebesgedichte im *Buch Suleika*, wo das Universum und die Liebe sich ineinander spiegeln und in eine konstitutive Beziehung gesetzt werden: Beim *Hochbild* beispielsweise handelt es sich um die Liebe zwischen dem Sonnengott Helios und der schönen Göttin Iris, aber Goethe versucht hier gleichzeitig, die Entstehung des Regenbogens aus Licht und Regen darzustellen (S. 86 f.). Die Freude des Dichters, seine Geliebte, „Stern der Sterne" (*Wiederfinden*, S. 88), wiederzusehen, wird eine kosmische Schöpfungsgeschichte.

---

39 *Goethes Gespräche* (Anm. 18), Bd. 3.2, S. 550, Nr. 6494.

40 Goethe gestand im Brief an Carl Friedrich Naumann vom 24. 1. 1826: „Ich bin auf Wort, Sprache und Bild im eigentlichsten Sinne angewiesen und völlig unfähig durch Zeichen und Zahlen, mit welchen sich höchst begabte Geister leicht verständigen, auf irgend eine Weise zu operiren" (WA IV, 40, S. 264).

Goethe setzte seine astronomischen Kenntnisse immer wieder in Dichtungen um: Durch den Gebrauch optischer Instrumente vertiefte Goethe seine *Farbenlehre*, und in der *Novelle* (1828) versuchte er die detaillierte Beschreibung eines wichtigen Schauplatzes durchs Fernrohr. Bemerkenswert ist, daß die Astronomie in Goethes späteren Werken öfter durch Figuren repräsentiert wird. Der Hauptmann in den *Wahlverwandtschaften* ist Landvermesser von Beruf. Diese Arbeit war eine der wichtigsten Arbeiten von Astronomen in der Goethezeit. In den *Wanderjahren* beschäftigen sich Makarie und deren Hausfreund intensiv mit der Astronomie, und letzterer beobachtet mit Wilhelm Meister auf der Sternwarte die Sterne durchs Fernrohr und führt ein Gespräch über die Probleme des Gebrauchs optischer Instrumente.[41] Der Prolog im *Faust* beginnt mit der Sphärenmusik von Erzengeln, die nach Pythagoras für das menschliche Ohr nicht hörbare, durch die Bewegung der Himmelskörper verursachte Töne sind. Die Wirkungsebene des Protagonisten beschränkt sich nicht nur auf die Erde. Faust hat einen weiten Horizont, das Weltall inklusive, und hier entfaltet sich sein Schicksal. Wichtig ist auch das Gespräch zwischen Anaxagoras und Thales in *Faust II.* Wie Dorothea Hölscher-Lohmeyer in ihrem Kommentar (MA 18.1, S. 894 f.) erläutert, liegen dieser Szene Gedanken der damaligen Astronomie und Meteorologie zugrunde. Aber es zeigt sich gleichzeitig, daß Goethes Umsetzung in dichterische Bildlichkeit die Inhalte auch verändert, daß diese Sternenwelt also in einen anderen bzw. neuen Aggregatzustand übergeht: Mit Hilfe der Astronomie poetisierte Goethe das Universum.

41 Vgl. Hans Dietrich Irmscher: *Wilhelm Meister auf der Sternwarte.* In: GJb 110 (1993), S. 275–296.

GISELA NICKEL

Neues von „Camarupa"

Zu Goethes frühen meteorologischen Arbeiten

1812 wurde im Auftrag Herzog Carl Augusts unter Goethes Oberaufsicht die Jenaer Sternwarte gegründet. Da astronomische Beobachtungen sehr stark durch den Zustand der Atmosphäre beeinflußt werden, gehörten zur Grundausstattung damaliger Sternwarten auch meteorologische Geräte, die der Bestimmung verschiedener atmosphärischer Parameter dienten, vor allem des Luftdruckes, der Temperatur und der Feuchte. Das ohnehin große Interesse Carl Augusts und Goethes an der Meteorologie, vermehrt durch die Erfahrungen der Kriegsjahre, ökonomische Erfordernisse und das Fortschreiten wissenschaftlicher Erkenntnisse, wurde durch den nun intensiveren Kontakt mit meteorologischen Beobachtungen besonders gefördert. Die Kenntnisse und Mittel jener Zeit erlaubten jedoch nur vage und unsichere Wetterprognosen; die Wolken waren zwar als Wetterzeichen bekannt, aber mangels einheitlicher Nomenklatur und eines systematischen Beschreibungsmodus nur eingeschränkt nutzbar. Bahnbrechend für die Meteorologie wirkte sich daher die Veröffentlichung des Engländers Luke Howard *On the modification of the clouds* aus, die in Großbritannien bereits 1803 erschienen war, Goethe und Carl August jedoch erst 1815 in einer Übersetzung und freien Übertragung des Physikers Ludwig Gilbert bekannt wurde und neue Möglichkeiten der Wetterbeobachtung schuf.[1] Bei Schöndorf auf dem Ettersberg nordwestlich von Weimar ließ der Großherzog bald ein erstes, rein meteorologischen Zwecken dienendes Observatorium einrichten, das zu Beginn des Jahres 1818 seine reguläre Arbeit aufnahm. Zwischen 1820 und 1825 erfolgte die Einrichtung weiterer Wetterstationen; ein regelrechtes Meßnetz wurde geschaffen, das einen Vergleich von an verschiedenen Orten vorgenommenen Beobachtungen ermöglichen sollte. Alle meteorologischen Stationen waren der Oberaufsicht Goethes unterstellt, der somit maßgeblich für die Einrichtung, den Betrieb und nicht zuletzt auch für die wissenschaftliche Betreuung verantwortlich zeichnete.

Goethes Interesse für die Meteorologie war jedoch nicht nur amtlicher Natur. Die durch die Beschäftigung mit Howards Wolkenlehre gewonnenen Erkenntnisse eröffneten nun auch dem Naturforscher und Dichter neue Zugänge zu dieser schwierigen Materie, die ihn, wie seine Reiseberichte und zahlreiche persönliche Äußerungen bezeugen, schon früh fasziniert hatte.[2]

---

1 *Versuch einer Naturgeschichte und Physik der Wolken, von Lukas Howard, Esq., zu Plaistow bei London; frei bearbeitet von [Ludwig] Gilbert.* In: Annalen der Physik, hrsg. von Ludwig Gilbert, 51 (N.F. 21)(1815), 9. Stück, S. 1–48.

2 Siehe beispielsweise die Gedichte *Howards Ehrengedächtnis* (LA I, 8, S. 92–93 u. 234–237), *Die Welt sie ist so groß und breit [...]* (LA I, 8, S. 233). Goethes Wolkendichtung ist in der Literatur

Allerdings waren seine aus den ersten Jahren nach der Bekanntschaft mit Howards Terminologie stammenden meteorologischen Arbeiten zumeist im Auftrag Carl Augusts und im Zusammenhang mit Beobachtungsanleitungen für die meteorologischen Stationen entstanden und nicht für eine Veröffentlichung bestimmt. Ihre Publikation erfolgte erst postum. Hierzu zählen *Camarupa* (LA I, 11, S. 194–199), *Farben des Himmels* (ebd., S. 199–200) und *Disposition der Atmosphäre* (ebd., S. 201). 1820, im dritten Heft des ersten Bandes der Hefte *Zur Naturwissenschaft überhaupt*, veröffentlichte Goethe dann erstmals eine meteorologische Schrift, die Abhandlung *Wolkengestalt nach Howard* (LA I, 8, S. 73–92), die Elemente der genannten früheren Arbeiten enthält und überwiegend anhand tagebuchartiger Aufzeichnungen Witterungsbeobachtungen mit besonderer Berücksichtigung der Wolkengestalt und -bewegung schildert.

In all diesen Schriften konzentriert sich Goethes Interesse auf die mit dem bloßen Auge unmittelbar sichtbaren Indikatoren für die Beschaffenheit der Atmosphäre, auf die Wolken und die Himmelsfarben. Das hier dokumentierte außerordentliche Bedürfnis nach Anschaulichkeit spiegelt sich auch in verschiedenen Zeichnungen wieder, die im Zusammenhang dieser Texte entstanden.[3]

Goethes persönlichen Äußerungen in seinen Tagebuchaufzeichnungen, seinen Briefen, den *Tag- und Jahresheften* und nicht zuletzt in den Aufsätzen selbst ist vieles über die Entstehung der bezeichneten Texte samt zugehöriger Abbildungen zu entnehmen. Als fragmentarisch dagegen erwies sich bis vor kurzem die Überlieferung. Durch einige neuere Funde lassen sich nun aber zahlreiche Lücken schließen und die sehr komplexen Zusammenhänge von Texten und Bildern leichter rekonstruieren. Zu den Fundstücken zählen unter anderem eine Instruktion für meteorologische Beobachtungen von 1817 mit entsprechender Aufzeichnungstabelle, zwei für meteorologische Zwecke modifizierte Drucke von Goethes *Höhen der alten und neuen Welt bildlich verglichen*, eine von Wilhelm Roux nach einer Vorlage Goethes ausgeführte Wolkendarstellung, ein Himmelsfarbenmesser sowie einige zu *Camarupa*, *Farben des Himmels* und den meteorologischen Instruktionen gehörende Handschriften.

Die erste meteorologische Station wurde, wie erwähnt, in den Jahren 1816/17 auf dem Ettersberg bei Schöndorf eingerichtet. Goethe oblag die Aufsicht über diese Arbeiten sowie die Ausarbeitung einer Beobachtungsanleitung. Am 14. Dezember 1817 konnte er dem Großherzog vermelden: „Instrucktion für den Meteorologen des Ettersbergs mit bildlicher Darstellung wird so eben in's Reine gebracht und gegen Weyhnachten aufwarten" (WA IV, 28, S. 332). In der Literatur wird diese Beobachtungsanleitung stets fälschlicherweise mit der in WA II, 12, S. 203–226, abgedruckten Version gleichgesetzt – ein nachvollziehbarer Irrtum, denn diese Fassung stellt die bislang älteste überlieferte dar. Nun können wir jedoch auf einen handschriftlichen Entwurf der Anleitung vom Dezember 1817 zurückgreifen, die sich erheblich von der in der Weimarer Ausgabe veröffentlichten

---

schon eingehender behandelt worden. Siehe dazu u. a. Kurt Badt: *Wolkenbilder und Wolkengedichte der Romantik*. Berlin 1960; Werner Keller: *„Die antwortenden Gegenbilder". Eine Studie zu Goethes Wolkendichtung*. In: Jb. des Freien Deutschen Hochstifts (1968), S. 191–236; Albrecht Schöne: *Über Goethes Wolkenlehre*. In: Jb. der Akademie der Wissenschaften in Göttingen, S. 26–54; Mark Sommerhalder: *„Pulsschlag der Erde!" Die Meteorologie in Goethes Naturwissenschaft und Dichtung*. Bern et al. 1993.

[3] Außer den im folgenden genannten kommen in Frage die in *Corpus der Goethezeichnungen* (Corp.) V b, Nr. 238–242, 245 beschriebenen Zeichnungen.

unterscheidet. Die *Instruction für den Beobachter des meteorologischen Observatoriums zu Schöndorf* war „durch den Hofmechanikus Körner in Jena entworfen" worden und umfaßt 11 Folioseiten.[4] Zunächst werden verschiedene Instrumente, ihre Funktion und ihr Gebrauch beschrieben: Barometer, Thermometer, Hygrometer, Windfahne, Anemometer, Elektrometer und Hyetometer. Danach folgen Erklärungen zu einigen nichtinstrumentellen Beobachtungen der Witterung allgemein sowie besonderer Phänomene, der Größe und Art der Bewölkung mit Verweis auf eine von Goethe verfaßte Wolkenlehre, „wo der Herr Staatsminister von Goethe welcher sich damit beschäftiget die Nomenclatur geben wird", und auf die Angabe des Wolkenzuges. Schließlich wird noch auf die Beobachtungszeiten verwiesen.

Von 1820/21 an entstand mit dem Aufbau weiterer Stationen ein das Gebiet des Großherzogtums Sachsen-Weimar-Eisenach umspannendes meteorologisches Meßnetz. Den damit deutlich vermehrten Beobachtungsanforderungen entspricht die in der Weimarer Ausgabe abgedruckte Instruktion, die, wie unter anderem Briefe und Tagebucheintragungen Goethes belegen, von 1821 stammt und sich als sehr viel umfangreicher als die Erstfassung von 1817 erweist.[5] Aufgrund des in den Folgejahren stetig wachsenden Erkenntnis- und Erfahrungsschatzes erfuhr die Instruktion von 1821 mindestens eine weitere Überarbeitung, die auf das Jahr 1827 zu datieren ist.[6] Die gemäß der jeweiligen Anleitung angestellten Beobachtungen wurden in eigens dafür entworfene gedruckte Tabellen eingetragen.[7]

Goethe hatte schon bei der Fassung von 1817 die Ausarbeitung und Darstellung der meßtechnischen Abschnitte dem Jenaer Hofmechaniker und Mitarbeiter der Sternwarte, Friedrich Körner, überlassen. Seine eigene, den Inhalt betreffende Beteiligung an sämtlichen Instruktionen bezieht sich hauptsächlich auf die im Auftrag Carl Augusts erfolgte Ausarbeitung einer Wolkenlehre in Anlehnung an die Howardsche Vorlage sowie auf die Formulierung einer Anleitung zur Beobachtung der Himmelsfarben.

Die Wolkenlehre ist in verschiedenen Handschriften überliefert, die sich vom Umfang her wie auch in Einzelheiten unterscheiden. Ebenso variieren die einzelnen Drucke, teilweise sogar erheblich. Durch einige neue Funde – wir kennen nunmehr immerhin sieben handschriftliche Fassungen (H^{W1}–H^{W7}) – läßt sich jetzt manche Überlieferungslücke schließen und somit auch der Zusammenhang, der bislang nicht ohne weiteres zu erkennen war, besser rekonstruieren.[8]

Die ausführlichste Version, die in drei Handschriften vorliegt (H^{W1}, H^{W2} und H^{W6}), trägt den Titel *Camarupa* und wurde in LA I, 11, S. 194–199 erstmals vollständig abgedruckt. H^{W1}, von der Hand des Schreibers Johann Michael Färber, stellt den ersten Entwurf

---

4 Universitätsarchiv Jena (UAJ), Bestand S, Abt. XLIII, Nr. 16, Bl. 1–6.

5 *Instruction für die Beobachter bey den Großherzogl. meteorologisch[en] Anstalten.* GSA (Goethe- und Schiller-Archiv Weimar) Goethe Naturwissenschaften LX 10, Bl. 1–22.

6 Goethe sprach bereits 1824 in Briefen und Tagebuchaufzeichnungen von einer neuen Instruktion. Eine auf dieses Jahr datierbare Version ist aber bislang nicht nachgewiesen. Möglicherweise handelte es sich um bloße Dienstanweisungen für die Beobachter der meteorologischen Stationen. Fassung von 1827: GSA Goethe Naturwissenschaften LX 10 a.

7 Überliefert sind die zu den Instruktionen von 1817, 1821 und 1827 gehörenden Tabellen (Universität Jena, Physikalisches Institut). Für die Instruktion von 1824 wurde anscheinend keine eigene Tabelle entworfen, sondern die von 1821 weiter verwendet. LA II, 2 wird ausführlicher auf die verschiedenen Instruktionen und die zugehörigen Tabellen eingehen.

8 Sehr viel umfangreichere Informationen zu den Handschriften und Drucken wird LA II, 2 geben.

dar, der vom 9. bis 16. Dezember 1817 entstand.[9] H^{W2} ist eine Rein- bzw. Schönschrift von H^{W1} – ebenfalls im Dezember von Färber angefertigt – und an der Papierqualität, am Format, der edlen festen Bindung sowie einer amtlichen Signierung Goethes als Ausfertigung für Carl August zu erkennen[10]; zu H^{W6} später. Die Überschrift „Camarupa“[11] und die diesen Namen erläuternde Eingangspassage „Der Name einer indischen Gottheit, die an Gestaltsveränderungen Freude hat: Diese Benennung wird auch aufs Wolkenspiel bezogen und steht billig diesem kleinen Aufsatz voran“ (LA I, 11, S. 194_{1-4}) fehlen neben weiteren Abschnitten den zumeist mit „Howards Wolkenformen“ betitelten kürzeren Fassungen. Auch die Ausgabe letzter Hand verzichtet auf den Titel „Camarupa“ und die erläuternden Zeilen, überschreibt den ansonsten ungekürzten Text statt dessen mit „Howards Terminologie“.[12] Diese Überschrift übernimmt die Weimarer Ausgabe, die den Aufsatz aber insgesamt sehr zerstückelt und ihn jeweils partiell im Textteil, in den Lesarten sowie den Paralipomena präsentiert.[13] Die komplexe und komplizierte Überlieferungs- und Veröffentlichungssituation zeigt sich also schon an diesen wenigen Beispielen sehr deutlich.

Goethe hatte sich vom März 1817 an intensiv mit einer englischen Übersetzung von *Mégha Dúta*, einem der bekanntesten Werke des indischen Dichters Cálidása, beschäftigt, in dem dieser die Geschichte eines Halbgottes schildert, der einen göttlichen Befehl mißachtet, zur Strafe auf die Höhen des Himalaya verbannt wird und nun einer vorbeiziehenden Wolke Grüße an die in der fernen Heimat wartende Geliebte aufträgt.[14] Ursprünglich wollte Goethe eine Zeile daraus: „Wearer of shapes at will; thy worth I know“ (Träger von Gestalten nach Belieben, dessen Wert ich kenne; Übersetzung d. Vfn.), die sich auf die Gottheit Camarupa bezieht, der Heftreihe *Zur Morphologie* als Motto voranstellen.[15] Diese Absicht setzte er zwar nicht um, wohl aber verknüpfte er damit nun die Darstellung der Wolkenformen, als deren hervorstechendstes Merkmal sich die Betonung des dynamischen Elements, also des Gestaltenwechsels, des Übergangs von einer Form in die andere, präsentiert. Die ihn außerordentlich faszinierende Vorstellung der gestaltwandlerischen Gottheit hat Goethe einige Jahre später schließlich doch noch – wie es einst geplant war – mit biologisch-morphologischen Gedanken verbunden.[16]

Goethe beabsichtigte, die Wolkenformen nicht nur sprachlich, sondern auch bildlich zu beschreiben; insbesondere interessierte ihn dabei die Darstellung der Beziehung der verschiedenen Wolkenformen zu den Höhenregionen der Atmosphäre. Bei der Suche nach

9 GSA Goethe Naturwissenschaften LX 1,1, Bl. 10–16.

10 GSA Goethe Naturwissenschaften LX 1,2, Bl. 1–9. Laut Tagebuch übergab Goethe diese Ausfertigung am 23. 12. 1817 Großherzog Carl August: „An Serenissimo die Wolkenlehre“ (WA III, 8, S. 151).

11 Zur Bedeutung des Namens „Camarupa“ siehe auch Keller (Anm. 2), S. 218 f., sowie LA II, 10 A, S. 3.

12 *Goethes Werke*. Vollständige Ausgabe letzter Hand, Taschenausgabe. Stuttgart u. Tübingen 1827–1842. Bd. 51, 1833, S. 203–208.

13 WA II, 12, S. 7_{15}–12_{5}, 178–181 u. 219.

14 Cálidása: *The Mégha Dúta or Cloud Messenger. A Poem, in the Sanscrit Language.* Transl. into Engl. Verse, with Notes and Illustrations by Horace Hayman Wilson. Repr. London 1814 der Aufl. Calcutta 1813.

15 Cálidása (Anm. 14), S. 25, Z. 39. Siehe dazu die ausführliche Darstellung in: LA II, 10 A, S. 3 (M 1).

16 Siehe LA II, 10 A, S. 3.

einem geeigneten, anschaulichen Höhen-Maßstab erinnerte er sich des einige Jahre zuvor mit großem Erfolg bei dem Weimarer Verleger Bertuch publizierten, nach einer eigenen Zeichnung entstandenen Aquatinta-Druckes *Höhen der alten und neuen Welt bildlich verglichen.*[17] Goethe hatte dort europäische und südamerikanische Berge zum Zweck des Höhen- und Vegetationsvergleichs einander gegenübergestellt.[18] Aus Bertuchs Verlag ließ er sich nun mehrere Druckblätter bringen, mit denen er experimentierte. Ein koloriertes Exemplar wurde schließlich durch diverse in verschiedenen Höhenbereichen eingezeichnete und aufgeklebte Wolkenformen ergänzt.[19]

Der durch diese Wolkenabbildungen modifizierte Druck schien Goethes meteorologischen Intentionen sehr zu entsprechen. So nimmt der Autor ausdrücklich darauf Bezug in dem vom 5. Februar 1818 datierten Text *Disposition der Atmosphäre* (LA I, 11, S. 201), der sich mit den Höhenschichten der Atmosphäre und ihren Zusammenhängen mit Witterungsphänomenen wie beispielsweise den Wolken befaßt.[20]

> Die Darstellung der Wolkenformen zugleich mit den Berghöhen der alten und neuen Welt soll eigentlich nur im allgemeinsten den Begriff geben, daß die untersten Wolken sich mit der Erde horizontal legen, die höheren sich selbständig ballen, die höchsten nicht mehr von der Luft getragen sondern aufgelöst werden. (LA I, 11, S. $201_{2\text{–}7}$)

Da die Aquatinta sich vermutlich als zu groß und unhandlich (Graphik 23,5 x 30,5 cm; Papier 33,5 x 48 cm) für eine zu Beobachtungszwecken einzusetzende Wolkenbestimmungstafel erwies, entwarf Goethe nach dieser Vorlage beziehungsweise nach diesem Darstellungsprinzip eigenhändig eine kleinere farbige Skizze.[21] Seinen Entwurf ließ er dann von dem Jenaer Maler und Radierer Jacob Roux ausarbeiten und legte diese kolo-

17 *Höhen der alten und neuen Welt bildlich verglichen. Ein Tableau vom Hrn. Geh. Rath v. Göthe mit einem Schreiben an den Herausg. der A. G. E.* In: *Allgemeine Geograpische Ephemeriden.* Bd. 41, 1. Stück, Mai 1813, S. 3–8 u. Tafel. Abdruck von Text und Tafel u. a. in: LA I, 11, S. 159–161 u. Tafel II. Erläuterung dazu in: LA II, 8 A, S. 696–699.

18 Eine ausführliche Schilderung der Entstehungs- und Wirkungsgeschichte der Höhenbild-Drucke einschließlich genauer Beschreibung bei Gisela Nickel: *„Höhen der alten und neuen Welt bildlich verglichen". Eine Publikation Goethes in Bertuchs Verlag.* In: Gerhard R. Kaiser/Siegfried Seifert (Hrsg.): *Friedrich Justin Bertuch (1747–1822). Verleger, Schriftsteller und Unternehmer im klassischen Weimar.* Tübingen 2000, S. 673–689.

19 Stiftung Weimarer Klassik (SWK), Goethes Bibliothek, bei Nr. 1847, Tafel 11. Farbige Abbildung dieser Tafel bei Nickel (Anm. 18), außerdem in: *Wiederholte Spiegelungen. Weimarer Klassik 1759–1832. Ständige Ausstellung des Goethe-Nationalmuseums.* Hrsg. von Gerhard Schuster und Caroline Gille. München 1999, S. 668, sowie in: Vernissage 7 (1999) 8, S. 29; bei den beiden letztgenannten Stellen allerdings mit falschen Bildunterschriften. – Lange Zeit war diese modifizierte Graphik nur aus der Literatur bekannt, die sich auf lediglich zwei Nennungen bezog: Goethe selbst erwähnte sie in den *Tag- und Jahresheften 1817*, und einzig die Weimarer Ausgabe lieferte einen Hinweis darauf, daß sie nach Goethes Tod noch existierte, vgl. WA II, 12, S. 240.

20 In der Handschrift (GSA Goethe Naturwissenschaften LX 6, Bl. 6) ohne Überschrift. Titel hier von LA gewählt, häufig verwendet auch, wie beispielsweise in WA, *Concentrische Wolkensphären.*

21 Universität Hamburg, Literaturwissenschaftliches Institut, Theatersammlung. Beschreibung in Corp. V b unter Nr. 254 a, abgebildet unter 254 b [!]. Beschreibung und farbige Abbildung bei Petra Maisak: *Johann Wolfgang Goethe. Zeichnungen.* Stuttgart 1996, Nr. 192. Einfarbige Abbildung in: LA I, 11, Tafel IV.

rierte Reinzeichnung schließlich der meteorologischen Instruktion vom Dezember 1817 bei.[22]

In der ebenfalls zur Beobachtungsanleitung gehörenden, von Goethe formulierten Wolkenlehre respektive dem Text *Camarupa* wird dieses Bild genau beschrieben:

> Die symbolische Darstellung der Wolkenformen bringt die verschiedenen Umwandelungen wie sie vorgetragen worden, zum Anschauen.
> Der Nebel erhebt sich flach gestreift über stehendem Wasser, und bildet in größerer Höhe den Stratus, in der Ferne sieht man den Kumulus sich häufen. Berührten sich beide benannte Wolkenarten unmittelbar, so ist es Strato-kumulus. Die Streifen welche man über dem Kumulus schweben sieht, gehören zum Stratus, stehen tief, und decken nur für das Auge des Beschauers den Kumulus.
> Zirro-kumulus ist gleichfalls angedeutet, so wie der Zirrus welcher völlig in die Höhe strebt. (LA I, 11, S. 199_{1-12})

Anscheinend war Goethe mit dieser bildlichen Form der Wolkenbestimmungshilfe recht zufrieden, denn er beschloß, die Zeichnung in Kupfer stechen zu lassen. Sie konnte dadurch in größerer Anzahl reproduziert werden und wurde sehr wahrscheinlich auch den neuen Beobachtern des im Aufbau befindlichen meteorologischen Meßnetzes zur Verfügung gestellt. Möglicherweise diente eine zweite Zeichnung Roux', die sich von der zur Wolkenlehre gehörenden in einigen Details unterscheidet, als eigentliche Vorlage. Sie gilt als verschollen, und wir kennen sie nur von einer alten Fotografie her.[23] Der 1820 von Ludwig Heß ausgeführte Kupferstich, den Goethe zusammen mit seinem Aufsatz *Wolkengestalt nach Howard* (LA I, 8, S. 73–92) veröffentlichte, gehört zu den bekanntesten und meistpublizierten Goetheschen Graphiken aus dem naturwissenschaftlichen Bereich.

Da *Camarupa* Witterungsbeschreibungen und eigene Erfahrungsberichte Goethes enthält, die für Instruktionszwecke nicht relevant schienen, erbat Carl August von Goethe einen Auszug.[24] Dieser von Färber Ende Dezember 1817 niedergeschriebene Text H^{W3}, jetzt *Howards Wolkenformen* betitelt, umfaßt nunmehr nur noch die Passagen LA I, 11, S. 194_5–197_8 und 199_{1-14}, also die Erläuterung der Wolkenformen und die Beschreibung der Abbildung.[25] Er wurde – ergänzt durch die von Roux angefertigte farbige Wolkenbestimmungstafel – Anfang Januar 1818 dem Beobachter der Schöndorfer Station, Friedrich Christian Koch, übergeben.[26]

---

22 UAJ, Bestand S, Abt. XLIII, Nr. 16, Bl. 21 (Größe der Zeichnung: 16,4 x 10, Papierformat 19,5 x 14,3 cm). Am 13. Dezember notierte Goethe im Tagebuch den Auftrag „Doctor Roux [...] die Skizzen zu Howard mitgegeben“ und bereits am 18. Dezember konnte er die Ausführung „Roux mit dem symbolischen Wolkenbilde“ vermerken (WA III, 6, S. 147 u. 149). Bis vor kurzem bildeten diese Notizen Goethes den einzigen Hinweis auf die Existenz der Rouxschen Reinzeichnung. Abb. und Beschreibung der Zeichnung bei Nickel (Anm. 18).

23 Negativ des Fotos (fotografische Platte) in SWK, Fotothek, Kartei „Femmel, außerhalb SWK“, Stichwort „Hamburg“. Abgebildet in: Corp. V b unter Nr. 254 a. Die Darstellung im Corpus zu den Nummern 254 a und b ist sehr verwirrend, da u. a. die Nummern von Abbildungen und Text verwechselt wurden. Siehe dazu Nickel (Anm. 18).

24 Vgl. den Tagebucheintrag Goethes vom 27. 12. 1817 (WA III, 6, S. 152).

25 UAJ, Bestand S, Abt. XLIII, Nr. 16, Bl. 15–22. Der Auszug ist datiert vom 28. 12. 1817.

26 Vgl. Friedrich Körner an Carl August; UAJ, Bestand S, Abt. XLIII, Nr. 16, Bl. 24.

Ebenfalls im Januar 1818 erarbeitete Goethe eine Anleitung zur Beobachtung und Beschreibung der Himmelsfarben, auf die er im Textgefüge *Camarupa* bereits kurz eingegangen war[27] und die auf seine Farbenlehre Bezug nimmt.[28] Eine erste Fassung von *Farben des Himmels* (H^{F1}) ist im Goethe- und Schiller-Archiv überliefert und stammt wieder von Färbers Hand.[29] Der Beobachter Koch fertigte davon eine – teilweise allerdings recht abweichende – Abschrift (H^{F2}) an, die mit dem Wolkenlehre-Auszug H^{W3} zusammengeheftet wurde.[30] Hier findet sich auch der bislang einzige überlieferte von Goethe entwickelte Himmelsfarbenmesser,[31] der im Text beschrieben wird:

> Auf beigelegter Zeichnung hat man den Blaumesser mit dem Gelb- und Rotmesser verbunden, jener hat nur die Hälfte seiner Stufen, die nicht einmal alle bei uns vorkommen, dieser ist ganz durchgeführt, obgleich das höchste Rot bei uns wohl selten sein möchte [...]. (LA I, 11, S. 200_{21-25})

Goethe hatte den im 18. Jahrhundert von Horace Bénédict de Saussure erfundenen Scheiben-Cyanometer[32] abgewandelt, indem er die Anzahl an Blaustufen verringert und dafür auf der einen Hälfte der Scheibe Rot- und Gelbtöne angegeben hatte.[33] Wie die Eintragungen in der zur Instruktion von 1817 gehörenden Tabelle belegen, kam der Himmelsfarbenmesser tatsächlich zum Einsatz. So finden sich in der Spalte „Farbe des Himmels" für jeden Beobachtungszeitpunkt Vermerke wie „Himmel grau", „100 [Grad] blau", „135 [Grad] roth", „20 [Grad] gelb".[34]

Mit der Ausweitung des meteorologischen Meßnetzes wurde der Einsatz dieser speziellen Meßvorrichtung allerdings bald wieder aufgegeben, obwohl sowohl die Instruktionen von 1821 und 1827 eine ausführliche Anwendungsanleitung als auch die von 1821 angebräuchliche Tabelle noch eine entsprechende Rubrik enthielten. Vermutlich hatte man keine verläßliche Standardisierung der Farben erreichen können, die jedoch eine Voraussetzung für die Gewinnung vergleichbarer Meßwerte darstellte.

Sowohl *Howards Wolkenformen* als auch die *Farben des Himmels* wurden jeweils als handschriftliche Beilagen in den Anhang der Instruktionen von 1821 und 1827 übernom-

---

27 LA I, 11, S. 197_{25}–198_{13}.

28 *Entwurf einer Farbenlehre. Des ersten Bandes erster, didaktischer Teil.* Zweite Abteilung. *Physische Farben.* Abschnitt IX: *Dioptrische Farben der ersten Klasse*, Paragraphen 145–158. In: LA I, 4, S. 63–66.

29 GSA Goethe Naturwissenschaften LX 1,1, Bl. 17. Druck danach in: LA I, 11, S. 199–200.

30 UAJ, Bestand S, Abt. XLIII, Nr. 16, Bl. 23.

31 UAJ, Bestand S, Abt. XLIII, Nr. 16, aufgeklebt auf Bl. 22 Rs.

32 Vorrichtung zur Bestimmung der Himmelsbläue. Ein ringförmiger breiter Abschnitt (Kreisring) einer Papier- oder Pappscheibe wird in Sektoren eingeteilt, jeder Sektor verschieden eingefärbt, angefangen mit weiß, dann kontinuierlich über helle und dunklere Blaustufen bis hin zum Schwarz, und mit jeweils einem Gradzahlwert (von 0° bis 360°) verbunden.

33 Ein farbiger Kreisring (äußerer Kreisdurchmesser 9,7 cm, innerer 7,4 cm) – vgl. Beschreibung in Anm. 32 – wurde mit Tusche und Wasserfarben auf ein Blatt (17,5 x 14 cm) weißes Papier gezeichnet. LA II, 2 wird eine genauere Beschreibung sowie eine farbige Abbildung des Himmelsfarbenmessers liefern.

34 Die Gradmaße reichten für jeden Halbkreis – also für die Blaustufen sowie für die Gelb- und Rotstufen – von 0° bis 180°.

men (H^{W4} und H^{W5}; H^{F3} und H^{F4}).[35] Vorlage für die *Farben des Himmels* kann hier aber nicht die Kochsche Abschrift (H^{F2}) gewesen sein, da die dortigen Abweichungen nicht übernommen wurden; möglicherweise griff man direkt auf die erste, von der Hand Färbers stammende Fassung (H^{F1}) zurück.

Eine weitere Handschrift, die den Text *Camarupa* im ursprünglichen Umfang (H^{W6}) sowie *Farben des Himmels* (H^{F5}) umfaßt, befindet sich im Besitz des Universitätsarchivs Jena.[36] Ihre Datierung und die Verbindung zu den anderen Handschriften ist noch unklar, der Schreiber bisher nicht identifiziert. *Camarupa* weist Bleistiftmarkierungen von einer zweiten Hand auf, die darauf hindeuten, daß Textpassagen umgestellt werden sollten. Keine überlieferte Handschrift und auch kein Druck zeigen jedoch entsprechende Veränderungen. Auf wessen Intention diese geplanten Umstellungen zurückgehen, bleibt ebenfalls ungeklärt. Bei *Camarupa* könnte es sich um eine Abschrift handeln, die sich der einstmalige Leiter der Sternwarte Karl Dietrich von Münchow anfertigen ließ.[37]

Die grundlegende Bedeutung der Wolken- und zum Teil auch der Himmelsfarbenlehre für die meteorologischen Beobachtungen im Herzogtum Sachsen-Weimar-Eisenach in Verbindung mit der Vielzahl von Stationen und Beobachtern legt es nahe, daß weitere Abschriften existierten, sicherlich oft auch in den jeweiligen Bedürfnissen angepaßten Varianten. Als Beispiel für einen solchen Fall kann eine weitere, erst seit kurzem bekannte Instruktion dienen. Diese *Instruktion für die Beobachter in Ilmenau* setzt sich aus Teilen der Anleitungen von 1817 und 1821 zusammen und enthält ebenfalls eine Handschrift der Wolkenlehre, nun unter dem Titel *Wolken Nomenclatur für die meteorologischen Observationen* (H^{W7}).[38] Sie muß 1821 oder später entstanden sein und dürfte als spezielle Version – eben nur für die Belange der Ilmenauer Station entworfen – aufgefaßt werden. Der Text *Farben des Himmels* wurde hier allerdings nicht mehr aufgenommen. Die Frage, ob Goethe diese Fassung beeinflußte, läßt sich zur Zeit noch nicht beantworten, so wie es generell nicht einfach ist, bei sämtlichen in diesem Aufsatz genannten Handschriften den Grad der unmittelbaren Beteiligung Goethes zu beurteilen. Besonders gilt dies für die zu den späteren Instruktionen gehörenden Varianten. Vielleicht können in Zukunft weitere Funde bislang unbekannter Dokumente zu noch besserer Aufklärung dieses außerordentlich komplexen Handschriften-Systems beitragen.

---

35 H^{W4}: GSA Goethe Naturwissenschaften LX 10, Bl. 15–17. H^{W5}: GSA Goethe Naturwissenschaften LX 10 a, [Abt. I] S. 30–35. H^{F3}: GSA Goethe Naturwissenschaften LX 10, Bl. 22. H^{F4}: GSA Goethe Naturwissenschaften LX 10a, [Abt. I] S. 45–46. Sicherlich gehörten auch zur 1824er Instruktion solche oder ähnliche Beilagen. Ein entsprechender Nachweis ist zur Zeit aber noch nicht möglich.

36 H^{W6}: UAJ, Bestand S, Abt. XLIII, Nr. 16, Bl. 7–13. H^{F5}: UAJ, Bestand S, Abt. XLIII, Nr. 16, Bl. 14.

37 Vgl. den Tagebucheintrag Goethes vom 17. 12. 1817: „Camarupa für diesmal abgeschlossen und an Münchow gesendet" (WA III, 6, S. 149), vgl. außerdem den Tagebucheintrag vom 27. 12. 1817: „Hofmechanikus Körner brachte das Howardische Manuskript wieder" (ebd., S. 152). Karl Dietrich von Münchow war Direktor der Sternwarte von deren Gründung an bis 1819.

38 Universität Jena, Physikalisches Institut, Bll. o. Nr.

GABRIELE BUSCH-SALMEN

„*Er war unermüdet im Studiren des eigentlichsten Ausdrucks*"

Goethes Zusammenarbeit mit dem Hofsänger Johann Wilhelm Ehlers

> Herr Ehlers vom Weimarschen Hoftheater gab gestern hier ein Concert, welches sich durch eine sehr angenehme Eigenschaft auszeichnete: es war nemlich weit unterhaltender, als dergleichen Concerte gewöhnlich zu seyn pflegen, und zwar vornehmlich durch schöne Romanzen und Volkslieder, welche Herr E. ohne weitere Begleitung zur Guitarre sang. Man muß diese freilich mit so viel Ausdruck und Wahrheit und so deutlich vortragen, wie Herr E.; damit der Zuhörer nicht blos die Weise der Gesänge hört, sondern auch die Worte ganz verstehen und mit Antheil genießen kann. An der Art, wie Herr E. Romanzen und Lieder von Zelter und Reichardt vorträgt, erkennt man leicht, daß er aus der hohen Deklamationsschule des großen Weimarschen Meisters ist, und daß er den Sinn und Willen der Componisten kennt. Jeder Vers, jeder Ausdruck erhält sein Recht, und kann seine Wirkung daher schwerlich verfehlen. Mit ganz eigner, ächt komischer Manier sang H. E. auch einige ächte Oberdeutsche Volkslieder in ihrem eigenthümlichen bedeutenden Dialect, und ergötzte die ansehnliche, für die Jahreszeit ungewöhnlich zahlreiche Versammlung damit mehr, als mit allen großen Scenen hätte geschehen können, deren Ausführung in Concerten nur durch die entschiedenste Vortrefflichkeit und Vollständigkeit des Orchesters Interesse gewinnen kann. Möchten doch mehrere Künstler den Muth haben, immer mehr von den langweiligen geheiligten Concertformen abzuweichen, und die sichere Lust der Zuhörer der Befriedigung einer eingebildeten Ehrensache vorzuziehen. Herr E. ist im Begriff eine Reise durch ganz Deutschland zu machen, und wird sicher nirgend den Beifall verfehlen, den er verdient.[1]

Dieser begeisterte Bericht über ein Liederkonzert, das „den 2ten Mai" 1805 in Halle stattfand, stammt aus der Feder von Johann Friedrich Reichardt. Er veröffentlichte ihn in der von ihm herausgegebenen „Berlinischen Musikalischen Zeitung", und seine Emphase verrät, daß der Abend für Reichardt Signalcharakter hatte. Es muß einer der ersten gewesen sein, in dem das gitarrebegleitete Sololied außerhalb der Intimität halböffentlicher Gesellungen der unmittelbaren Einflußsphäre „der hohen Deklamationsschule des großen Weimarschen Meisters" mit Konzertanspruch öffentlich vorgetragen wurde. Alles an diesem „Concert" verriet die für Weimar typische Dramaturgie: Heiteres wechselte mit Besinnlichem, Volkslieder wechselten mit Romanzen. Reichardt, der dem „Meister" nicht nur als Komponist nahestand, sondern selbst begehrter Rezitator, Sänger und „Deklamator", daher gern

---

1 Berlinische Musikalische Zeitung 1(1805) 44, Repr. Hildesheim 1969, S. 174.

Abb. 4
Wilhelm Ehlers als Don Giovanni in W. A. Mozarts *Dramma Giocoso Don Giovanni*, Hofoper Wien, 1807, Kupferstich, koloriert

gesehener Gast in den Weimarer Zirkeln war, machte sich daher mit seiner Rezension zum Promotor seiner eigenen Interessen. In dem ihm seit einigen Jahren vertrauten, damals 31jährigen Schauspieler-Sänger Johann Wilhelm Ehlers suchte er einen Künstler zu fördern, von dem er hoffte, daß er dem Sololied die nötige Dignität zu geben imstande wäre, die es zu einem opuswürdigen Kunst- und Vortragslied emanzipieren würde.[2] Einmal mehr nutzte Reichardt die Plattform seiner Zeitung, um „Ausdruck und Wahrheit" eines poetologisch begründeten „deutlichen" Liedvortrags zu beschreiben, den Goethe in Zusammenwirken mit dem Sänger auf besondere Weise kultiviert hatte. Mit dem Dichter teilte der Komponist die Suche nach einem erweiterten und an die Tradition der Rhetorik anknüpfenden Ausdrucksrepertoire, das er auf die kompositorische Anlage des bis dahin vor allem als funktionale Kleinigkeit gewerteten Liedes übertragen wissen wollte. Das gerade gehörte Konzert bestätigte diese Bemühungen wohl in so hohem Maße, daß er sich sogar hinreißen ließ, es der „eingebildeten Ehrensache" der „langweiligen geheiligten Concertformen" entgegenzusetzen. Darüber prophezeite er dem „Tenoristen" die außergewöhnliche Karriere, die er dann tatsächlich antrat. In einem Empfehlungsschreiben Goethes hieß es:

> Herr Ehlers [...] hat neben seinen übrigen Talenten auch das besonders angenehme, zur Guitarre deutsche Lieder mit wahrem Ausdruck vorzutragen.[3]

Mit diesem Schreiben hatte Ehlers gerade das Weimarer Hoftheater verlassen, um sich in den Theatern und privaten Salons anderer Städte zu profilieren. Er ging zunächst nach Berlin, und daß er dort zu den gesuchten Persönlichkeiten gehörte, sein bevorstehender Wechsel nach Wien daher sehr bedauert wurde, erfahren wir ebenfalls aus Reichardts „Berlinischer Musikalischer Zeitung". Vor dem Weggang des Sängers heißt es dort:

> Herr Ehlers belebt und erfreut unsre musikalischen Cirkel noch oft mit seinem angenehmen, sinnvollem Gesange zur Guitarre, die er selbst mit vieler Anmuth spielt, und besonders zur Begleitung des Gesanges mit Sinn und Verstand anzuwenden weiß. Er wird nun nächstens nach Wien abgehen, verspricht uns aber bald zurück zu kehren.[4]

Ehlers wurde zu einem begehrten professionellen Sänger-Schauspieler, der den von Reichardt beschworenen „Muth" hatte, auch ambitionierte Liederkonzerte zu veranstalten.

Der Hallenser Abend kann so gesehen als Auftakt für eine erfolgreiche und lange, wenn auch finanziell nicht immer abgesicherte Laufbahn als reisender Liedinterpret, Bühnensänger, Theaterdirektor, Lehrer, Regisseur und Herausgeber eigener Lieder gelten.

Wiewohl Ehlers sich – noch bevor Johann Michael Vogl zum Interpreten der Gesänge Franz Schuberts wurde – ein Lied-Repertoire und einen damals vielbeachteten eigenen, im Weimarer Kreis geschulten Vortragsstil erworben hatte, ist dem Künstler bislang nur wenig Interesse

---

2 Ehlers hatte den Komponisten im Juli 1802 in seinem Anwesen in Giebichenstein bei Halle besucht, wie wir aus einem Brief wissen, den Reichardt am 29. Juli 1802 an Goethe sandte: „Herr Ehlers, der hier viel Freude gemacht, glaubt *Jery und Bätely* recht ausführbar für Ihre Schauspielergesellschaft" (Die Briefe Johann Friedrich Reichardts an Goethe. Hrsg. von Max Hecker. In: GJb 1925, S. 197–252; hier S. 216).

3 Empfehlungsschreiben für Wilhelm Ehlers, 22.4.1805 (WA IV, 51, S. 184).

4 Berlinische Musikalische Zeitung, 1 (1805) 73 (Anm. 1), S. 290.

entgegengebracht worden. Die Vorarbeiten, die nach Walter Salmen insbesondere Heinrich W. Schwab in seiner Studie *Sangbarkeit, Popularität und Kunstlied* unternahm, um den „gänzlich unbeachtet“ gebliebenen Ehlers als „Pionier“ einer „eigenen (Lied)Vortragskultur“ herauszuheben und konkret nur schwer faßbare ausführungsästhetische Fragen neu zu stellen, blieben ohne Fortsetzung.[5] Vielmehr ist das vorschubertsche Lied ein nach wie vor hartnäckig von Vorurteilen geprägter Forschungsgegenstand geblieben, auch wenn seit Schwabs Arbeiten versucht wird, in der „Differenzierung des Ausdrucks von Strophe zu Strophe eine Sache des Vortrags und nicht der Komposition“ zu erkennen und damit größere Sensibilitäten entwickelt werden für die spezifische Aufführungspraxis als eigenes Qualitätskriterium.[6]

In den folgenden Ausführungen wird es um neue biographische Details zum Wirken des Sängers in Goethes Nähe gehen, vor allem aber um die von ihm vorgelegten Liedausgaben. Sie werden vor dem Hintergrund der von Goethe mitgeprägten Vortragsästhetik dargestellt und sollen helfen, den bisherigen Kenntnisstand zur konkreten Einflußnahme Goethes auf die Entwicklung des Kunstliedes zu erweitern.

Johann Wilhelm Ehlers war Sängerschauspieler. Er gehörte also zu jenen vielseitigen Bühnendarstellern vor der Spartentrennung, von deren großen Fähigkeiten man sich heute nur noch unscharfe Vorstellungen machen kann. Folgerichtig heißt es über ihn im 1987 erschienenen *Großen Sängerlexikon*, daß er „bedeutende Erfolge bei Gastspielen an verschiedenen deutschen Opernhäusern“ hatte, wiewohl er „im Gesangsfach ohne eigentliche Ausbildung“ geblieben sei.[7] Im *Allgemeinen Theater-Lexikon* hatte man 1846, ein Jahr nach Ehlers' Tod, noch schreiben können:

> geb. zu Weimar [sic] 1774 [...] E. war in seiner Blüthenzeit einer der vorzüglichsten deutschen Tenoristen; eine klangvolle und sehr umfangreiche Stimme einte sich mit der gründlichsten Bildung und einem höchst seltenen Darstellungstalente, in heroischen und sanften Partien war er gleich ausgezeichnet [...].[8]

Mehr als dreißig Jahre später vermerkte das *Deutsche Bühnen-Lexikon* sogar:

> In Weimar schätzten ihn Goethe und Schiller, welcher ersterer sein Talent sehr hoch stellte und bei ihm oft bis tief in die Nacht verblieb, Goethe'sche Lieder ihm vorzusingen, denn Deutschland hatte vielleicht keinen korrekteren Liedersänger als ihn gehabt. Wild und Staudigl waren seine Schüler und sollen dieselben ihn nicht übertroffen haben.[9]

---

5 Das Verhältnis des Sängers zu Johann Friedrich Reichardt ist in Walter Salmens Monographie über Johann Friedrich Reichardt skizziert worden (Freiburg i. Br. u. Zürich 1963, S. 99). Daran knüpfte Heinrich W. Schwab in seiner Arbeit an: *Sangbarkeit, Popularität und Kunstlied.* Regensburg 1965.

6 Carl Dahlhaus (Hrsg.): *Lied-Traditionen.* In: *Die Musik des 19. Jahrhunderts. Neues Handbuch der Musikwissenschaft.* Bd. 6. Laaber 1980, S. 81.

7 Karl J. Kutsch/Leo Riemens: *Großes Sängerlexikon.* Bd. 1. Bern 1987, S. 829. Ehlers' Zeit am Hoftheater zu Weimar (1800–1805) und damit die „freundschaftliche“ Nähe zu Goethe und Schiller wird ohne näheren Hinweis auf den Liedvortrag nur gestreift.

8 *Allgemeines Theater-Lexikon, Encyklopädie alles Wissenswerthen für Bühnenkünstler, Dilettanten und Theaterfreunde.* Bd. 2. Altenburg u. Leipzig 1846, S. 113 f.

9 *Deutsches Bühnen-Lexikon.* Bd. 1. Eichstätt u. Stuttgart 1879, S. 142. Auch in Ludwig Eisenbergs 1903 in Leipzig erschienenem *Großen Biographischen Lexikon der Deutschen Bühne im XIX. Jahr-*

Das Gedächtnis an die Zusammenarbeit mit Goethe hielt besonders der unermüdliche Schilderer der Weimarer Verhältnisse, Wilhelm Bode, wach, der in seiner zweibändigen Studie *Die Tonkunst in Goethes Leben*[10] einem Tagebucheintrag vom 20. November 1803 nachgeht, in dem Goethe eine abendliche „Punschgesellschaft" beschreibt. Zu ihren Mitgliedern zählten „Hr. Hofr. v. Schiller, Hr. Falk, Hr. P. Meyer, Hr. und Dem. Brandt, Demois. Silie, Hr. Grüner, Hr. Wolff, Hr. Ehlers, Hr. Destouches pp"[11], und Bode zitiert im Kontext zu dem, was sich die Schauspieler und Musiker bei ihren Zusammenkünften musikalisch erschlossen, jene Sätze aus Goethes *Tag- und Jahresheften*, die dem Titel dieses Beitrags Pate standen:

> Brauchbar und angenehm in manchen Rollen war Ehlers als Schauspieler und Sänger, besonders in dieser letzten Eigenschaft geselliger Unterhaltung höchst willkommen [...]. Er war unermüdet im Studiren des eigentlichsten Ausdrucks [...].[12]

Ehlers war aus Hannover gebürtig und wurde „unterstützt von einer von Haus aus gründlichen, vielseitigen und wissenschaftlichen Bildung".[13] Spätestens im September 1800 kam er nach Weimar, einem Jahr, in dem begonnen wurde, das Theaterpersonal zu verjüngen.[14] Nach seinem und seiner Frau Debüt am 21. Januar 1801 zählte er zu den Mitgliedern des Hoftheater-Ensembles und bekleidete jene „solide" Anstellung, an die er 1830 noch einmal anknüpfen wollte, als er Goethe in einem Brief erneut bat, sich für seine feste Bestallung einzusetzen. Bezeichnenderweise strebte er eine Position als Lehrer für Gesang und „Declamation" oder als Regisseur an, „wenn auch verbunden mit theatralischer Ausführung in gesetzten Baritonsingpartien, im Schauspiel: Anstands-, Character- und Väterrollen".[15]

Bis Ostern des Jahres 1805 gehörte Ehlers dem Ensemble an. Die Theaterzettel allein der Jahre 1801/02 verzeichnen seinen Namen in mindestens elf Stücken verschiedener Genres[16]

hundert heißt es noch, daß Ehlers „einer der gefeiertsten und hervorragendsten deutschen Tenoristen" gewesen sei: „In Weimar, wo er 1801–1805 mit seiner Frau, Christiane, wirkte, erfreute er sich der besonderen Gunst Goethes und Schillers und wußten die Dichterheroen seinen Wert wohl zu schätzen. Während seiner Tätigkeit daselbst sang er oft zu der Guitarre seine selbstkomponierten, sowie Goethesche Lieder dem Altmeister vor, und dieser wurde nicht müde, ihm bis tief in die Nacht hinein zuzuhören. E. war überhaupt einer der korrektesten Liedersänger die je ihren Mund zum Gesange geöffnet hatten, und seinen ‚Don Juan' konnte kein Sänger seinerzeit an Stimme, Vortrag und Darstellung erreichen."

10 Wilhelm Bode: *Die Tonkunst in Goethes Leben.* 2 Bde. Berlin 1912; besonders Bd. 1, S. 284–289.

11 WA III, 3, S. 87.

12 WA I, 35, S. 90. Goethes Eintragung stammt aus dem Jahr 1822 und bezieht sich auf das Jahr 1801.

13 Zit. nach Schwab (Anm. 5), S. 181; dort kein Zitatnachweis. Ehlers wurde 1774 in Hannover geboren und starb am 1. 12. 1845 in Mainz.

14 Goethe an Kirms, 5. 9. 1800: „Da Ehlers nunmehr zugeschrieben, so kann ich nicht rathen Weberling zu engagiren" (WA IV, 15, S. 100).

15 Zit. nach WA III, 13, S. 284. Hierzu auch Goethes Tagebuch, 7. 2. 1831: „Ehlers Brief von Cassel [3. 2. 1831], der auch von der musikalisch-poetischen Seite in jene wunderlichen Zustände hineinschauen läßt" (WA III, 13, S. 25).

16 Siehe die Theaterzettelsammlungen der Herzogin Anna Amalia Bibliothek, Weimar (ZC 120) und des Goethe-Museums Düsseldorf (KK 7082). Ehlers sang im März 1801 den Scherasmin in der „heroisch-komischen Oper: Oberon" von Paul Wranitzky, im Juni 1801 spielte er den Trompeter in *Wallensteins Lager* von Schiller, im Oktober 1801 den Dromo im Lustspiel *Die Brüder* nach Terenz,

und belegen zudem, daß er im Hoftheater bisweilen die Intermedien bestritt. So ist auf dem Theaterzettel vom 25. September 1802 nach dem Lustspiel in einem Aufzuge, *Die Versuchung*, angekündigt: „Hierauf einige Arietten, mit Begleitung der Guitarre, gesungen von Ehlers.“ Es folgte der Prolog „Was wir bringen. von Goethe, zur Eröffnung des neuen Theaters in Lauchstedt“.[17]

Ehlers muß den geselligen Aktivitäten der ehemaligen Mitglieder der Freimaurerloge nahegestanden haben; später wurde er Freimaurer – in den Jahren 1782–1808 ruhte die Arbeit der Loge „Anna Amalia“ wegen ideologischer Uneinigkeiten.[18] Diese Nähe mochte es begünstigt haben, daß er das Interesse Goethes auf sich zog und sich animieren ließ, an den Rezitations- und Deklamationsstudien teilzunehmen, die der Dichter mit einigen seiner Schauspieladepten betrieb. Diese „Didaskalien“ mündeten bekanntlich in die 91 Paragraphen der *Regeln für Schauspieler*, dem Ausgangspunkt für Goethes spezifische Aufführungsdramaturgie, die sich vor allem mit den Namen seiner später nach Berlin berufenen Schüler Carl Franz Grüner und Pius Alexander Wolff verband.[19] Daß sich Ehlers neben all diesen Aktivitäten immer wieder bitten ließ, in den privaten Zirkeln aufzutreten, Goethe ihn wiederholt rief, wenn er Gäste erwartete, erfahren wir aus den Korrespondenzen.[20]

Nachdem der Sänger ab 1805 von Engagement zu Engagement geeilt war und einen „Triumphzug“ durch „alle bedeutenden Bühnen Deutschlands“ erlebte,[21] es sogar einen „förmlichen Wettkampf [...] um seinen Besitz“[22] gegeben haben soll, hielt er sich in den Jahren 1816 und 1817 erneut in Weimar auf, wie einem Brief an einen „wertgeschätzten Fr: und Bruder“ vom 29. Oktober 1817 zu entnehmen ist.[23] Im Jahr 1824 zog er sich von der Opernbühne zurück und arbeitete an der Gründung einer deutschen Gesangsschule, was ihm 1828 in Frankfurt gelang, so daß er an seiner „musikalischen Privatanstalt“ als „Professor des Gesanges und der Deklamation“[24] begann, angehende Sänger zu unterrichten. Wenn sein Wunsch, in Weimar wieder zu einer festen Anstellung zu kommen, auch unerfüllt blieb, so muß er Goethe 1831 noch von seinen Plänen unterrichtet haben, in St. Petersburg eine „Bildungsanstalt für dramatische Künstler des Schauspiels und der Oper“[25] zu gründen.

---

im November 1801 den Adam im komischen Singspiel *Der Dorfbarbier* mit der Musik von Schenk. Im Januar 1802 war er der Ludwig Richter im Familiengemälde *Weltton und Herzensgüte* von Ziegler, im März 1802 der Herzog von Burgund in *König Lear* von Shakespeare und Traugott im Schauspiel *Die Versöhnung* von Kotzebue. Im August spielte er in Schillers *Wallensteins Lager* den Rekruten und sang am selben Abend in dem Singspiel in einem Aufzuge, *Adolph und Clara*, mit der Musik von d'Allayrac den Baron Adolph von Rumberg. Im Dezember 1802 stand er als Caspar Larifari in der *Saal-Nixe* und als Graf Umberto in der Oper *Camilla* von „Kapellmeister Pa(e)r“ auf der Bühne.

17 Theaterzettelsammlung der Herzogin Anna Amalia Bibliothek, Weimar.

18 Ausführlicher siehe das Kapitel *Gesänge in der Freimaurerloge ‚Amalia zu den drei Rosen‘*. In: Gabriele Busch-Salmen/Walter Salmen/Christoph Michel: *Der Weimarer Musenhof*. Stuttgart 1998, S.109–112.

19 Vgl. *Regeln für Schauspieler*; WA I, 40, S. 139–168 u. Apparat, S. 420 f. Auch Goethe an Zelter, 3.5.1816; MA 20.1, S. 419 f.

20 Z.B. Goethe an Schiller, 25.4.1802 (WA IV, 16, S. 72).

21 Eisenberg (Anm. 9), S. 221.

22 Zit. nach Schwab (Anm. 5), S. 181; dort kein Zitatnachweis.

23 Das Original befindet sich im Goethe-Museum Düsseldorf.

24 In einem Brief vom 14.7.1829 aus Stuttgart.

25 Zit. nach WA III, 13, S. 284. Der Kommentar bezieht sich auf einen Brief vom 3.2.1831, den Ehlers an Goethe gerichtet hatte.

Da zu seinen bedeutendsten Rollen der Don Giovanni in Mozarts *Dramma Giocoso* gehörte, ist es kein Zufall, daß er in dieser Partie wiederholt porträtiert wurde.[26] (Abb. 4)

Goethe entwickelte mit Ehlers das, was der Sänger später die „eigenthümliche anpassende Art des Vortrags“ nannte.[27] Mit den Mitteln der Differenzierung und Verfeinerung der Textinterpretation sollte unter Einbeziehung sprechmusikalischer Melodik eine eigene Vortragsqualität und zugleich das Festhalten am Prinzip des Strophenliedes poetologisch begründet werden. Das war ein Schritt in ästhetisches Neuland, auch wenn Goethes Überlegungen im Kontext vielfältiger gattungs- und spartenübergreifender Modi wie etwa dem Melodrama standen, dem melodramatischen Sprechen als einer Form „gesteigerter Recitation“ oder der Reichardtschen Idee des „Deklamatorischen“, die damals mit großer Emphase aufgegriffen wurde. Flossen im 18. Jahrhundert die Begriffe des Melodischen und Expressiven im Sinne des Korrespondenzprinzips ineinander, so wurde mit der „Deklamation“ eine Dramatik freigesetzt, die im Lied eine neue Dimension von musikalischer Phrase und Phrasierung erschloß.

Eine Zusammenfassung dieser subjektiven, empfindsamen Vortragsästhetik hatte Johann Abraham Peter Schulz in den 1790er Jahren mit seinem Beitrag über den Vortrag versucht, der in Johann Georg Sulzers *Allgemeiner Theorie der Schönen Künste* erschien. In seiner ausführlichen Darlegung mußte er zwar bekennen, daß die Sache „fast unüberwindlichen Schwierigkeiten unterworfen“ sei, da man „beynahe die ganze Theorie der Musik und der Pantomime deutlich vor Augen haben“ müßte, „um alles, was zum Vortrag der Rede gehört, anzeigen und bestimmen zu können.“ Dennoch benannte er die drei „Haupteigenschaften“ einer „vollkommenen Declamation [...]: Deutlichkeit, Wolklang, und einen dem Inhalt gemäßen Ausdruk“.[28]

Um diese „vollkommene Declamation“ muß es Goethe gegangen sein, dessen eigene Rezitation mehrheitlich als ein Vortrag mit „Kraft“, „Feuer“, „Leben“, „Enthusiasmus“ geschildert wird. Pfarrer Ewald aus Offenbach etwa gibt folgenden Bericht:

> Es war Das Goethes Deklamation, der mit wenigen (in der Musik sogenannten) ganzen Tönen ehemals Alles ausdrückte, was er wollte. Diese Art Deklamation hat äußerst kleine Tonintervalle. Zwischen C und D liegen vielleicht sechzehn Töne, die man mit Musiknoten nicht bezeichnen kann. Der Gang, die Melodie, der Übergang in eine andere und der Rückgang in die vorige Tonart: Alles ist dieser Deklamation eigen, und nur dadurch wird jener einzige Ausdruck möglich, der bloß Ton der Wahrheit zu sein scheint und so wenig Aufwand von Stimmen und Tönen erfordert.[29]

---

26 Zur Ehlers-Ikonographie vgl. den *Portraitgraphikkatalog der Theaterwissenschaftlichen Sammlung der Universität zu Köln*. Hrsg. von Roswitha Flatz. Berlin 1995, S. 171 f. (Vier Wiener Rollenbilder des Zeitraums zwischen 1806 und 1813, die ihn als Gulistan in d'Alayracs gleichnamiger Oper, als Marquis von Ravannes, in *Die vornehmen Wirthe* von Catel, als Vezir in Winters Oper *Tamerlan* und als Don Giovanni in Mozarts gleichnamiger Oper zeigen).

27 Wilhelm Ehlers: *Vorerinnerung*. In: *Lieder mit Begleitung der Guitarre oder des Pianofortes*. Leipzig 1817.

28 Vgl. den Artikel *Vortrag*. In: Johann George Sulzer: *Allgemeine Theorie der Schönen Künste*. Bd. 4. Leipzig 1794, Nachdr. Hildesheim 1970, S. 691–715; Zitate S. 692 f. Vgl. auch die Artikel *Ausdruck in der Sprache, in der Musik*, Bd. 1, S. 256–275 oder *Lied*, Bd. 3, S. 277–282.

29 J. L. Ewald (Hrsg.): *Fantasien auf einer Reise durch Gegenden des Friedens*, von E. P. v. B., Hannover 1799; zit. nach Bode (Anm. 10), Bd. 1, S. 295 f.

In einem Gespräch mit Karl Ludwig von Knebel erläuterte Goethe diesen „Ton der Wahrheit“ mit den Worten:

> Das Verdienst der schönen menschlichen Rede [...] übertrifft weit das des Gesanges. Es ist ihm nichts zu vergleichen; seine Abwechslungen und Mannigfaltigkeiten sind für das Gemüth unzählig. Ja der Gesang selbst muß auf die simple Sprache zurückkehren, wenn er höchst bedeutungsvoll und rührend werden soll. Dies haben auch schon alle großen Komponisten bemerkt.[30]

In Ehlers fand Goethe beides: den sprachlich wie gesanglich ausgebildeten Bühnenkünstler, der überdies bereit war, sich auf die Forderung nach einem Verschmelzen von Gesang und „simpler Sprache“ einzulassen. Im vollständigen Wortlaut der Eintragung, die Goethe 1822 in seinen *Tag- und Jahresheften 1801* niederlegte, heißt es daher:

> Brauchbar und angenehm in manchen Rollen war Ehlers als Schauspieler und Sänger, besonders in dieser letzten Eigenschaft geselliger Unterhaltung höchst willkommen, indem er Balladen und andere Lieder der Art zur Guitarre mit genauester Präcision der Textworte, ganz unvergleichlich vortrug. Er war unermüdet im Studiren des eigentlichsten Ausdrucks, der darin besteht, daß der Sänger nach Einer Melodie die verschiedenste Bedeutung der einzelnen Strophen hervorzuheben und so die Pflicht des Lyrikers und Epikers zugleich zu erfüllen weiß. Hievon durchdrungen ließ er sich's gern gefallen, wenn ich ihm zumuthete, mehrere Abendstunden, ja bis tief in die Nacht hinein, dasselbe Lied mit allen Schattirungen auf's pünctlichste zu wiederholen: denn bei der gelungenen Praxis überzeugte er sich, wie verwerflich alles sogenannte Durchcomponiren der Lieder sei, wodurch der allgemein lyrische Charakter ganz aufgehoben und eine falsche Theilnahme am Einzelnen gefordert und erregt wird.[31]

Den lyrischen wie epischen Vortragston, die „genaueste Präcision“ und „Schattirung auf's pünctlichste“ zu treffen hieß, daß die musikalische Faktur zu jenem „einströmenden Gas“ wurde, das „den Luftballon mit in die Höhe“ nimmt, wie es in dem vielzitierten Brief Goethes an Zelter vom 11. Mai 1820 heißt.[32] Der „eigentlichste Ausdruck“ entstand für ihn mithin aus einer aus der skandierten „höheren Recitation“ gewonnenen Ton- und Tempomodulation, eine Vorstellung, für die er in Italien auf besondere Weise das Muster fand. Den Eindruck, den der „famose Gesang der Schiffer“ auf ihn machte, schildert er in seiner *Italienischen Reise* entsprechend ausführlich. Die Schiffer, die er sich „bestellt“ habe, so schreibt er am 6. Oktober 1786, singen „den Tasso und Ariost auf ihre eignen Melodien [...].“

> [...] sie fingen ihr Lied an und sangen abwechselnd Vers für Vers. Die Melodie, welche wir durch Rousseau kennen, ist eine Mittelart zwischen Choral und Recitativ, sie behält immer denselbigen Gang, ohne Tact zu haben; die Modulation ist auch dieselbige, nur

---

30 Karl Ludwig von Knebel an seine Schwester, 29.5.1810 (*Aus Karl Ludwig von Knebels Briefwechsel mit seiner Schwester Henriette.* Hrsg. von Heinrich Düntzer. Jena 1858, S. 454).

31 WA I, 35, S. 90 f.

32 MA 20.1, S. 601.

verändern sie, nach dem Inhalt des Verses, mit einer Art von Declamation sowohl Ton als Maß [...].[33]

Diese „Art von Declamation" war für Goethe etwas „Unglaubliches", das ihn „bis zu Thränen" zu rühren vermochte. Daß das Erlebnis der beiden Gondolieri sein Konzept von Lied- und Balladenvortrag, wenn nicht gar die Bühnenrezitation inspirierte, liegt auf der Hand. In den *Regeln für Schauspieler* heißt es im § 21: „Man könnte die Declamirkunst eine prosaische Tonkunst nennen". Und in den folgenden Paragraphen exemplifiziert er diese diffenzierte Modulation am Vortrag einzelner Stellen aus der *Braut von Messina*: „halb laut, rauschend [...] heller, klingender [...] dumpf, tief, schauerlich gesprochen [...] ein anderes viel schnelleres Tempo [...]."[34] Er ging also davon aus, daß „Musik und deklamatorischer Textvortrag in bestimmten Elementen konvergieren."[35]

Für einen Sänger war die geforderte Synthesis ein größeres Wagnis als für den Schauspieler, denn bis heute wird in der Gesangsmethodik die Vermischung von Sprech- und Gesangsebene kontrovers diskutiert.[36] Zweifellos erkannte man damals in der „gesteigerten Recitation" eine neue, faszinierende Qualität, wie bereits aus den ersten Briefen hervorgeht, die Carl Friedrich Zelter mit Goethe von 1799 an wechselte. Am 21. September 1799 entwirft Zelter ein expressives Vortragskonzept für die Realisation von Goethes *Zauberlehrling* und schreibt:

> Die Art des musikalischen Vortrags am Zauberlehrling ist ungefähr die nämliche, wie ich das Gedicht gern lese: ich fange es nämlich nicht zu schnell an, damit hin und wieder eine raschere Bewegung und ein kräftiger Vortrag der Beschwörungsworte möglich bleibt und singe es dann in einem Strom fort, bis der Meister erscheint dem ich einen etwas höhern gebietenden Ton gebe. Die musikalische Pointe liegt meist in der Gewalt des Sängers, der ernsthaft bleiben und sich hüten muß mit der Aussprache der Worte nicht zu plackern.[37]

Am 30. Januar 1800 heißt es:

> Zur Braut von Corinth, weiß ich selbst nicht recht, was ich sagen soll. Meine Freunde denen ich es vorgesungen, loben es und ich habe nichts dagegen einzuwenden. Es kann sein, daß dieses Gedicht nur auf diese Art vorgetragen sein will. Ich singe es gleichsam sprechend, und wenn es mit einer etwas hohlen Stimme, wie man wohl etwas schauderhaft Geheimnisvolles zu e r z ä h l e n pflegt, gesungen wird; so kömmt auch wohl heraus, was drinnen ist. [...] Für den Sänger liegt die meiste Schwierigkeit darin: die vielen Strophen so zu modulieren, daß das Gedicht am Ende nicht kalt werde, weil die Melodie so oft wiederholt wird.[38]

---

33 *Italienische Reise*; Venedig, 6. 10. 1786 (WA I, 30, S. 129).

34 *Regeln für Schauspieler*, §§ 22 u. 23 (WA I, 40, S. 148).

35 Ulrich Kühn: *Melodram und melodramatisches Sprechen als Modi gattungs- und spartenübergreifender Übergänge*. In: *Musiktheater als Herausforderung*. Hrsg. von Hans-Peter Bayerdörfer. Tübingen 1999, S. 148.

36 Vgl. etwa Dietrich Fischer-Dieskau: *Töne sprechen, Worte klingen. Zur Geschichte und Interpretation des Gesanges*. Stuttgart 1985.

37 MA 20.1, S. 8.

38 Zelter an Goethe, 30. 1. 1800 (MA 20.1, S. 14). *Die Braut von Corinth. Romanze*. In: *Sammlung kleiner Balladen und Lieder in Musik gesetzt fürs Forte-Piano von C. F. Zelter*. 1. Heft. Hamburg [1803], S. 25.

Zelter beschrieb also jene bis zum „Erzählen" erweiterte Affektspanne im Vortrag, die Reichardt schon früher beschäftigt hatte. Den an der Rezitation geschulten Komponierprozeß hob dieser bereits 1780 in der Vorrede zur ersten Ausgabe seiner *Oden und Lieder* mit dem Satz hervor:

> Meine Melodien entstehen jederzeit aus wiederholtem Lesen des Gedichts von selbst, ohne daß ich darnach suche, und alles was ich weiter daran thue, ist dieses, daß ich sie solang mit kleinen Änderungen wiederhole, und sie nicht eh' aufschreibe, als bis ich fühle und erkenne, daß der grammatische, logische, pathetische und musikalische Akzent so gut mit einander verbunden sind, daß die Melodie richtig spricht und angenehm singt, und das nicht für Eine Strophe, sondern für alle.[39]

Diesem uneingeschränkten Primat der Poesie und zugleich Plädoyer für das strophische Stimmungslied entsprechen folgerichtig auch die nuancierten Vortragsanweisungen dieser Ausgabe:

> Innigst zärtlich und langsam / Männlich froh / Fröhlich Fröhlich! / Sanft schwermüthig und edel / Sanft klagend und nicht zu langsam / Naiv. Sanft wiegend / Mit herzlicher Sehnsucht und lebhaft / Langsam und mit heißer inniger Sehnsucht. – Mit feurigem Entzücken / Unschuldig. Ganz ohne leidenschaftlichen Accent / Andächtig fröhlich / Mit banger Sehnsucht / Herzig [...].[40]

Daß Reichardt in späteren Vertonungen und besonders in *Goethes Liedern, Oden, Balladen und Romanzen mit Musik* diese frühromantische Gefühlsskala um Vortragsbezeichnungen erweiterte, die einem deklamatorischen hohen Sprechgesang mit dramatisierender Agogik entsprachen, einige Gesänge mit „Rhapsodie" oder „Deklamation" bezeichnet, schließlich seine Goethevertonungen sogar unter dem Titel *Romantische Gesänge* zusammenfaßt, zeigt, wie nahe er der Gefühlsästhetik der Frühromantiker stand.[41]

Es ging ihm um die Auslotung dynamischer Möglichkeiten, die den Vortragenden zu einer Gratwanderung zwischen den Genres zwingt, mit extremem, dem Text entsprechenden Affektkontrast und Tempoflexiblität: „Lebhaft deklamiert, aber nicht geschwind"[42] (*Neue Liebe, neues Leben*, *An die Entfernte*; Bd. 1, S. 17 u. 34), „Frei deklamiert" (*An Belinden* Neuere Melodie, *Einschränkung*, *An Lina*; Bd. 1, S. 20, 44 u. 51), „Edel deklamiert" (*Erkanntes Glück*; Bd. 1, S. 62), „Kräftig deklamiert – Arioso – moderato" (*Prometheus*; Bd. 1, S. 72–75), „Feurig und stark deklamiert" (*Rastlose Liebe*; Bd. 1, S. 64), „Frei und nachdrücklich deklamiert" (*Rhapsodie* [Aus der *Harzreise*]; Bd. 1, S. 76), „Pathetisch deklamiert" (*Gott* [Aus dem *Faust*]; Bd. 1, S. 78), „Rezitativisch deklamiert" (*An Lida*; Bd. 1, S. 82), „Mäßig und mit Nachdruck"

---

39 *Oden und Lieder von Goethe, Bürger, Sprickmann, Voß und Thomsen.* Berlin 1780.

40 Reichardt: *Lieder und Oden I und II.* Berlin 1779/80; zit. nach Schwab (Anm. 5), S. 69.

41 Johann Friedrich Reichardt: *Romantische Gesänge.* Leipzig [1805]. Zum Begriff der Deklamation Walter Salmen: *Gesungen, rezitiert, deklamiert – die Deklamationen von J. F. Reichardt.* In: *Tagungsbericht, Goethes Lieder und Singspiele in Reichardts Vertonung.* Hrsg. von Manfred Beetz und Wolfgang Ruf (im Druck).

42 Alle Lieder mit den entsprechenden Vortragsbezeichnungen in Johann Friedrich Reichardt: *Goethe's Lieder, Oden, Balladen und Romanzen mit Musik.* Leipzig 1809 und 1811; Nachdr. hrsg. von Walter Salmen. München 1964 u. 1970 (*Das Erbe Deutscher Musik*, Bd. 58 u. 59).

(*Tischlied*; Bd. 1, S. 28), „Etwas langsam und schauerlich leise" (*Geistes-Gruß*; Bd. 1, S. 29), „Sehr lebhaft und schauerlich" (*Erlkönig*; Bd. 2, S. 2), „Mit Affekt" (*An Mignon*; Bd. 1, S. 40), „Leicht erzählend" (*Rettung*; Bd. 1, S. 48), „Mutig" (*Mut*; Bd. 1, S. 56), „Sehr langsam - Mit allmählich zunehmender Bewegung - Immer lebhafter - Lebhaft" (*An Lotte*; Bd. 1, S. 58 f.), „Langsam, ohne alle Erhebung der Stimme, halbstark - Etwas lebhaft. Mit wachsender und am Ende voller Stärke" (*Meeresstille, Glückliche Fahrt*; Bd. 1, S. 62 f.), „Langsam - Etwas gesungen, doch nicht zu langsam - Etwas eilend - Etwas lebhaft - Rezitativisch - Mäßig - Majestätisch - Innig flehend" (*Monolog der Iphigenia*; Bd. 2, S. 50).

Die differenzierte Kunst der Sprach-Gesangs-Modulation, von der bekannt ist, daß Goethe sie in den Sprechproben „äußerst penibel" einforderte,[43] muß sich Ehlers überzeugend angeeignet haben. Sie machte die „Originalität" seines Liedvortrags aus, den er selbst charakterisiert als einen Gesang, bei dem „die Worte mit richtiger Deutlichkeit" ausgesprochen werden „und eine präcise Skansion der Versart" beobachtet wird.[44] Was das für die regelmäßigen Treffen in Goethes Haus bedeutete, schildert der Augenzeuge Heinrich Voss (der Jüngere) einem Freund in einem Brief vom Mai 1804:

> Der Gesang ist bei Goethe durch die Schauspieler recht einheimisch geworden, und der Ehlers muß so recht die Stelle des Demodokos vertreten. Herrlich ist's, wenn Goethe in seinem tiefen, klaren Basse intoniert. Ehlers spielt die Gitarre wirklich sehr schön, und den Geist der Goetheschen Lieder hat er auch erfaßt.[45]

Der Altphilologe Voss assoziierte den Sänger nicht ohne Grund mit Demodokos, denn Ehlers hatte das Clavichord oder Fortepiano absichtsvoll gegen die Gitarre vertauscht, antikisierend auch mit „Chittarra" oder Zitter (Zither) bezeichnet, und damit bewußt Anleihen an dem hehren Bild des antiken Sänger-Poeten gemacht. Seit sich Herzogin Anna Amalia von ihrer Italienreise eine Gitarre mitgebracht hatte, meinte man mit diesem Instrument ein Stück Arkadien zurückgewonnen zu haben. Es ist so gesehen kein Zufall, daß es der Weimarer Instrumentenbauer Jacob August Otto war, der die Gitarren um eine sechste Saite erweiterte und sogar Lyragitarren baute, die große Verbreitung fanden.[46]

Angesichts der Gewichtigkeit, die Goethe dem Liedvortrag beimaß, ist es nicht erstaunlich, daß er Ehlers bat, eine Auswahl der von dem Sänger interpretierten Lieder für die Drucklegung einer Beigabe zu seinem gemeinsam mit Wieland in der Cotta'schen Buchhandlung in Tübingen herausgegebenen *Taschenbuch auf das Jahr 1804* einzurichten. Darin erschienen im Jahr 1803 *Der Geselligkeit gewidmete Lieder. Von Goethe* mit dem Hinweis: „Mehrere dieser Lieder können auf bekannte Melodien gesungen werden, ein Theil davon befindet sich in den *Gesängen mit Begleitung der Chittarra* von Wilhelm Ehlers".[47]

---

43 Dazu besonders Pius Alexander Wolff: *Bemerkungen über die Stimme und ihre Ausbildung zum Vortrag auf der Bühne.* In: *Beiträge zur Geschichte dramatischer Kunst und Literatur.* Hrsg. von Karl Holtei. Bd. 1. Berlin 1827, S. 9–22. Schilderung der Leseproben Goethes durch Anton Genast auch bei Bode (Anm. 10), Bd. 1, S. 301.

44 Vorbericht aus W. Ehlers: *Sammlung Deutscher Gesänge.* Wien [1812].

45 Zit. nach Bode (Anm. 10), Bd. 1, S. 288 f. Vgl. auch Hans Gerhard Gräf: *Heinrich Voss der Jüngere und sein Verhältniß zu Goethe und Schiller.* In: GJb 17 (1896), S. 75–104.

46 Ausführlicher dazu Busch-Salmen (Anm. 18), S. 93 u. 228.

47 *Gesänge mit Begleitung der Chittarra eingerichtet von Wilhelm Ehlers.* Tübingen 1804.

Diese Liedersammlung war eine Ausgabe, die den Wünschen Goethes so sehr entsprochen haben muß, daß er dem Sänger dafür ein Honorar von 50 Talern in Gold überreichte.[48]

Der Band umfaßt auf 64 Seiten 23 Sololieder und Duette in Ehlers' eigenen Vertonungen und denen von Carl Friedrich Zelter, Giovanni Paisiello, Louise und Johann Friedrich Reichardt, Peter von Winter und Johann Rudolf Zumsteeg, die auf die wechselnde Begleitung von einer oder zwei, häufig scordierten und con sordino zu spielenden Gitarren, bisweilen einer Violine, sogar eines Streichquartetts eingerichtet wurden.[49]

Mithin gewährt die Sammlung auch einen aufschlußreichen Einblick in die Besetzungsvielfalt, mit der im Hause Goethes musiziert wurde, noch bevor es 1807 zur Gründung eines „kleinen Singchores“ kam.[50] Eindrucksvoller als die von Heinrich W. Schwab im Kontext von Graden der Strophenvariation betrachtete Vertonung von *Schäfers Klagelied*[51], die durch Carl Maria von Webers Paraphrase: *Schäfers Klage* im Trio g-Moll op. 63 eine bemerkenswerte spätere Rezeption erfuhr[52], ist der *Rattenfänger von Hameln* [sic!]: „Ich bin der wohlbekannte Sänger“.

Auf acht Druckseiten vermittelt Ehlers seine so subtil wie witzig interpretierenden vier Strophenvarianten wie ein Aufführungsprotokoll. Die erste Strophe läßt er verfremdend asynchron ‚Allegro‘ beginnen (im 3/4-Takt werden in der Begleitung Triolen gegen 6 Achtel des syllabisch skandierten Textes geführt) und kontrastiert sie in der 2. Strophe: „Doch ist der vielbekannte Sänger“ mit Lagenänderung der Begleitung und Synchronisation des Rhythmus in Tempo und Dynamik. In der 3., ironisierend mit „Amoroso“ überschriebenen Strophe („Dann ist der vielgewandte Sänger, gelegentlich ein Mädchenfänger“) wird die Begleitung in geschäftigen ‚p‘ 16tel Akkordbrechungen geführt, und die 4. Strophe („Ich bin ein vielgekannter Sänger“) schließt im Forte „Maestoso“ mit pathetischer Polonaisenrhythmisierung in der Begleitung. Auch die Gesangsstimme wird mit sparsamen Appoggiaturen und Veränderungen versehen, und so will es scheinen, als habe er ein Exempel geben wollen von dem, was er später als Variation beschreibt, die als „Folge der innigen Bekantschaft mit dem Ausdruck und Gefühl des Dichters […] nach Situation und Leidenschaft von selbst“ entstehen sollte.[53]

Heinrich Voss hatte gute Gründe, diese Sammlung im bereits zitierten Brief zu empfehlen:

> Kennst Du schon den Goetheschen Almanach? […] Sieh aber zu, daß Du die Ehlersschen Kompositionen dabei bekömmst; sie sind unter Goethes Aufsicht gemacht. *Die Generalbeichte*, das Lied: *Mich ergreift, ich weiß nicht wie, himmlisches Behagen*, *Der Rattenfänger*, *Die Hochzeit des Grafen*, das *Frühlingsorakel*. Das sind Stücke, die wir oft bei Goethe sin-

---

48 Nach Bode (Anm. 10), Bd. 1, S. 286.

49 Nr. 10, *Der Scheerenschleifer* (Pfeffel): „Scheer-Messer Messer schleif“, mit Violino con Sordino; Nr. 12, *An meine Laute* (Amalie von Imhoff): „Ertöne süsse Laute“, Streichquartett und Gitarre; Nr. 19, *Trost in Thränen* (Goethe): „Wie kommts dass du so traurig bist“, mit Violino, Bassi, Gitarre.

50 Vgl. dazu das Kap. *Singen in Schule, Kirche und Haus*. In: Busch-Salmen (Anm. 18), S. 70–78.

51 Vgl. Schwab (Anm. 5), S. 59 f.

52 Trio op. 63, 1819, Erstdruck Berlin 1820, 2. Satz: *Schäfers Klage*, Andante espressivo. Dazu Hartmut Gerhold in: Andreas Eichhorn (Hrsg.): Festschrift Hans-Peter Schmitz zum 75. Geburtstag. Kassel 1992.

53 W. Ehlers: *Vorbericht, Sammlung Deutscher Gesänge*. Wien 1812.

gen und anhören. Ich wollte, Du hörtest Goethe einmal seine *Generalbeichte* vorlesen oder sähest sein Gesicht, wenn Ehlers das Lied: *Mich ergreift, ich weiß nicht wie* vorsingt.

Mit der Drucklegung war es Ehlers offenkundig gelungen, etwas von dem festzuhalten, was in Goethes Haus über das gesellige Ingrediens hinaus zu einer Vorstellung von poetisch-musikalischer Ganzheit geworden war, in der es galt, den Begriff des Sänger-Poeten wieder zu beleben. Über den Stellenwert, den der Gesang nicht nur in Goethes Haus, sondern auch in den „zahlreichen Cirkeln in Weimar“ hatte, wird daher nie beiläufig berichtet. Vielmehr fiel es dem Berichterstatter etwa des *Musikalischen Taschen-Buchs auf das Jahr 1805* als eine außergewöhnliche Eigenheit auf, daß in den Cirkeln

> der größte Theil der Unterhaltung nach vorgängiger Recitation der neuesten Meisterwerke unserer Lieblingsdichter, in Musik und Gesang besteht. Nicht nur bloßes Anhören, nein! Auch wirklicher Genuß dessen, [...] das in sie der Componist gelegt hervorgebracht, belebt diese Cirkel vortreflicher Menschen. Einen Beweiß hierzu liefert die Empfänglichkeit für Zelterische, Reichardtische und anderer vorzüglicher Meister, Compositionen. Man muß geradezu selbst in diesen Cirkeln gegenwärtig gewesen seyn, um das tiefe Stillschweigen, das kein Athemzug verräth, bemerken zu können, wenn Ehlers mit seiner volltönenden Stimme, im Geist des Gedichts und der Composition eingedrungen, die von Göthe gedichtete und von Zelter in Musik gesetzte Ballade: Der Gott und die Bajadere mit Begleitung seiner Guitarre, [...] vorträgt [...].[54]

Die Bemerkung, Ehlers sei in den „Geist des Gedichts und der Composition eingedrungen“, bestätigt erneut, wie außergewöhnlich seine Interpretation gewesen sein mußte, die später als „declamatorischer Gesang zur Guitarre“ gerühmt wurde.[55]

Die Liedsammlung von 1804 war von einem kurzen „Vorbericht“ begleitet, der sich an die „weniger geübten Spielenden, bey Begleitung der Chittarra“ richtete und deutlich machte, daß die Gitarrenbegleitung erst begann, zu einem Usus zu werden. Erst in seinen beiden späteren Ausgaben fand Ehlers zu ausführlicheren „Vorerinnerungen“.[56] So leitete er seine um 1812 in Wien herausgegebene erste Lieferung der *Sammlung deutscher Gesänge aus den besten Dichtern, mit Begleitung des Piano-Forte oder der Chitarra* mit einem prägnanten Vorbericht ein. Ehlers mochte sich animiert gefühlt haben, mit seinen Zeilen seine mittlerweile mehrjährigen Erfahrungen im Vortrag „einfacher Melodien“ niederzulegen und deutlicher als in seinen Zeilen von 1804 herauszuarbeiten, was „zum melodisch deklamato-

---

54 Anonym [Julius Werden] in: *Musikalisches Taschen-Buch auf das Jahr 1805*. Hrsg. von Friedrich Theodor Mann. Zweiter Jg. Penig 1805, S. 226.

55 Besprechung von vier „Extrakonzerten“, die Ehlers in Breslau gab, in: Allgemeine musikalische Zeitung 17 (1815), Sp. 225.

56 Drei Liedausgaben bewahrt das Goethe-Museum Düsseldorf: *Gesänge mit Begleitung der Chittarra eingerichtet von Wilhelm Ehlers*. Tübingen 1804; *Sammlung deutscher Gesänge aus den besten Dichtern, mit Begleitung des Piano-Forte oder der Chitarra*. Hrsg. von Wilhelm Ehlers. 1te Lieferung. Wien: Im Verlage der k: k: priv. chemischen Druckerey am Graben Nr. 612 [um 1812]; *Lieder mit Begleitung der Guitarre oder des Pianoforte, in Musik gesetzt und der hochpreisslichen Büchsen-Gesellschaft im Hôtel de Bavière zu Leipzig von ihrem, zum Büchsen Troubadour creirten Mitgliede Wilhelm Ehlers, Sänger und Schauspieler vom K. K. Hoftheater zu Wien, hochachtungsvoll gewidmet.* 2s. Werk. Leipzig, bei Fr. Hofmeister [1817].

rischen Vortrage" gehörte. Als gälte es, mit der Publikation von sechs Liedsätzen einen Beginn zu signalisieren und das Lied in einer Umgebung zu begründen, die dem Liedvortrag nördlicher Prägung noch fernstand, entspricht der verbalen Deutlichkeit auch die für den Vortrag eingerichtete Faktur der Liedsätze. Goethes *Schäfers Klagelied* erscheint von G nach A transponiert mit vier Nachspieltakten, und das in der Interpretation durch Ehlers besonders geschätzte *Frühlingsorakel* wird durch zahlreiche Fermaten, agogische Zusätze und Skandierungshilfen verdeutlicht (Abb. 5). Wie sehr ihm an einer Begründung für diese Aufbereitung gelegen war, verdeutlicht der in vollem Wortlaut wiedergegebene Text, der sich wie Goethes Liedästhetik in nuce liest.

> Vorbericht.
>
> Die nachfolgende Samlung einiger kleinen Gedichte enthält in der musikalischen Begleitung weder gesuchte Modulationen noch Transitionen, sondern einfache, zum melodisch deklamatorischen Vortrage geeignete Melodien. Broderien im Gesange könen wohl einer gewissen Gattung von Gedichten, bey welcher die Komposition Hauptsache ist, mit unter auch schlechten Versificationen als schimmernde Begleitung zusprechen, hier aber wäre ihre Anwendung mit wenigen Ausnahmen – wie bey No 2 dieser Samlung [*Erinnerung*, von N. N.; d. Vf.], eigentliche Verunzierung. Wen der Vortrag eine Folge der innigen Bekantschaft mit dem Ausdruck und Gefühl des Dichters ist, so variirt derselbe nach Situation und Leidenschaft von selbst, und es ist zur grösseren Verständlichkeit nur nöthig, die Worte mit richtiger Deutlichkeit auszusprechen und eine präcise Skansion der Versart zu beobachten – Überhaupt ist die Begleitung der Chitarra und des Clavicembalo der Singstimme durchaus untergeordnet, und lediglich dazu bestimmt, den Sänger in der vorgeschriebenen oder gewählten Tonart festzuhalten und ihn an die zweckmässige Betonung einiger, an das Steigen und Fallen der Stimme, an das retardirende Tempo und an die Pausen – nach dem Inhalt und der Absicht des Gedichts – zu erinnern. Auf diese Art dürfte vielleicht auch der Vorwurf, dass weder Chitarra noch Clavicembalo bey grossen Versamlungen zur Begleitung passend sind, gehoben werden.[57]

Faßte Ehlers mit diesen prinzipiellen Überlegungen zur vorgelegten Liedauswahl seine praktischen Erfahrungen zusammen, so zielte die „Vorerinnerung" zur wenige Jahre später erschienenen Leipziger Ausgabe bereits unmißverständlich ins Konzeptuelle der damaligen Gesangsausbildung.[58] In dem schmalen Band legte er „den Freunden des einfachen Gesanges" vier ebenfalls von Vortragshinweisen und „Bemerkungen" begleitete Gesänge vor: Goethes *Generalbeichte*, *Gold und Laute* nach Anakreon, Goethes Tischlied: *Mich ergreift, ich weiss nicht wie* und *Freie Künste*. Am wortreichsten kommentiert ist die *Generalbeichte* („Lasset heut im edlen Kreis"), die in Goethes eigenem Vortrag stets zu den herausragenden Ereignissen gehörte, wie Voss zu berichten wußte. Ehlers empfiehlt, sie „mit komischem Ernst, mehr gesprochen als gesungen" vorzutragen, und in der angeschlossenen „Bemerkung" heißt es, als gälte es, die Goethesche Dramaturgie verbindlich festzuschreiben:

> Die zwei ersten Strophen sind verhältnissmässig stark vorzutragen; dagegen fängt das Pianissimo, sowohl in Singstimme als Begleitung, bei der 3ten Strophe an und wächst nach

57 Zit. nach dem Exemplar des Goethe-Museums Düsseldorf.

58 *Lieder mit Begleitung der Guitarre oder des Pianoforte*. Leipzig [1817].

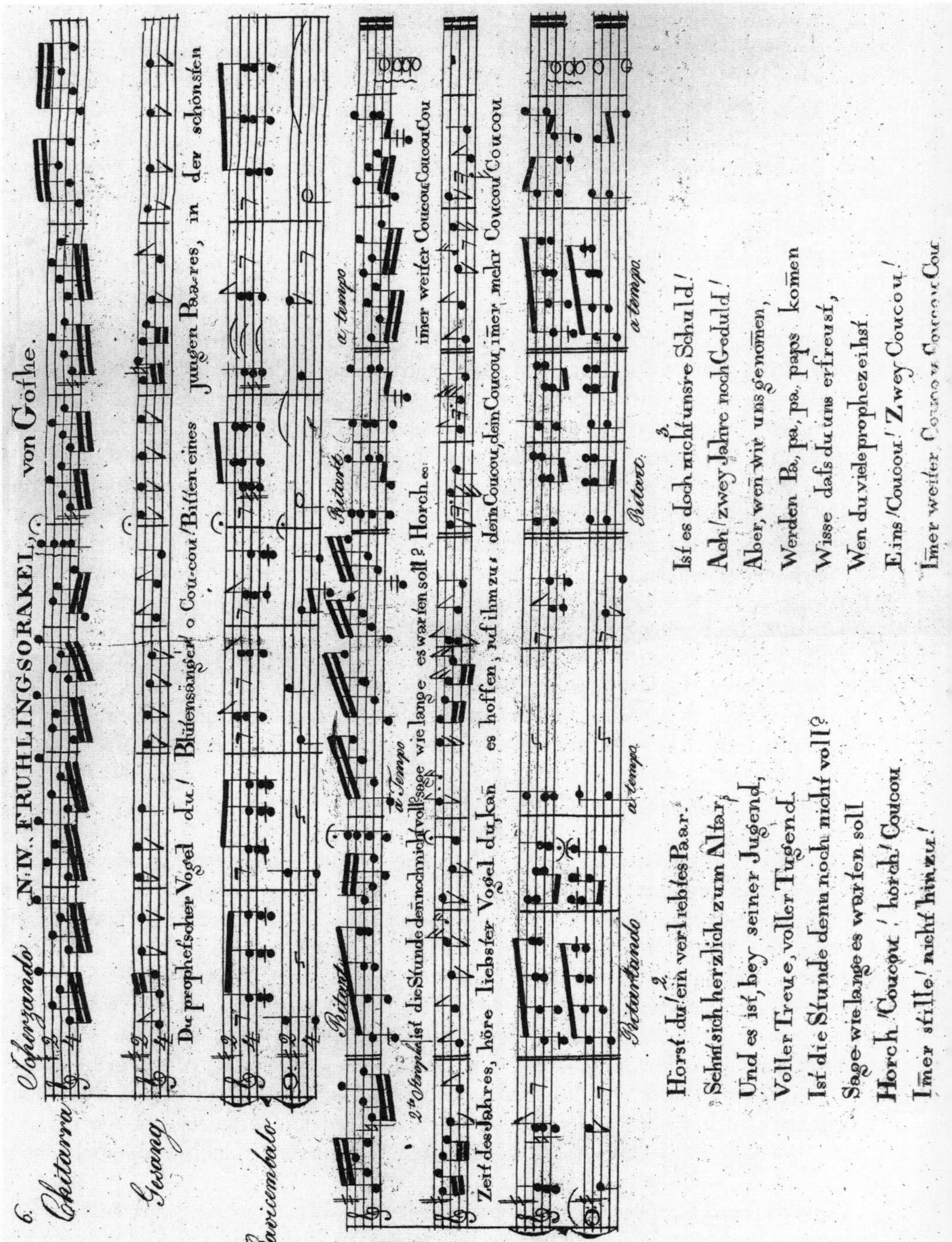

Abb. 5
Wilhelm Ehlers: *Frühlingsorakel von Göthe.* In: Wilhelm Ehlers: *Sammlung deutscher Gesänge aus den besten Dichtern, mit Begleitung des Piano-Forte oder der Chitarra.* Wien [1812], S. 6–7

4 Haben wir wohl rechtgezählt, wenig am halbdutzend fehlt. Wen wir gute Worte geben sagst du wohl wie lange wir leben?
5 Leben ist ein grosses Fest, wen sichs nicht berechnen läßt. Sind wir nun zu samen blieben, bleibt dem auch das treue lieben?
freilich wir gestehen dir's, gern zum längsten trieben wir's,
kön jedes zu Ende gehn, war doch alles nicht mehr schön,
Cou, Cou-cou, Cou, Coucou, Cou, Cou, Cou, Cou, Cou, Cou, Cou, Coucou, Coucou.
Cou Coucou, Cou, Coucou, Cou Coucou Coucou
Ritart.
a tempo
coll voce
dim - - mi - nu - en - do poco a poco
1ma mahl
2da mahl
NB: Anmerkung wie bey N: I

und nach zu den vorgeschriebenen Forte und Piano, wie der Sinn der Dichtung genau bezeichnet [...].

Die Lektüre der „Vorerinnerung" macht die Intention dieser Kommentierungen deutlich: die Ausgabe, die der Leipziger „hochpreisslichen Büchsen-Gesellschaft" gewidmet war, sollte der Beginn einer umfassend angelegten Lied-Vortragslehre für angehende professionelle Sänger sein. Ehlers formulierte damit die Grundlagen für eine spezifisch deutsche Gesangsausbildung, noch bevor Peter Winter 1824 seine *Vollständige Singschule* vorlegte, mit der gewöhnlich der Beginn einer Loslösung der deutschen Gesangs-Pädagogik von der italienischen Methode datiert wird:[59]

Vorerinnerung

Wenn bekanntlich schon in der Instrumental-Musik [...] eine ihr eigenthümliche anpassende besondere Art des Vortrags erfordert, so ist dies gewiss bei Gesangstücken um so mehr der Fall, als bei diesen durch die Worte des Dichters die auszudrückende Empfindung (denn nur dies soll eigentlich das einzige Object des Gesanges seyn) bestimmter angegeben, und folglich dem Komponisten wie dem Sänger die Art des Ausdrucks bestimmter vorgezeichnet, und daher auch erleichtert ist. Eben dadurch aber hat der Sänger auch, mehr noch als der Instrumentalist, die doppelte Verpflichtung, im Vortrage eines Gesangstückes um so genauer und aufmerksamer zu seyn. Der wahre gute Vortrag des Sängers aber kann nur darinn bestehen, die, in dem vorzutragenden Gesang ausgedrückte Empfindung dem Geist und Sinne des Dichters und Komponisten gemäss, in die Seele der Zuhörer zu übertragen. Dazu aber wird eine genaue Bekanntschaft mit dem Geist und Sinne des Gedichts und der Komposition, und eine klare bestimmte Kenntnis der auszudrückenden Empfindung erfordert. Wie verschieden ist das innere Wesen einer Bravourarie, wo es mehr auf glänzende Virtuosität, auf Fertigkeit der Kehle abgesehen ist, und wo die Menschenstimme (im Grunde wohl ihrer Natur und ihrem Entzweck zuwider) mehr als Instrument behandelt wird, von dem Wesen einer Cavatina; [...] und endlich wie verschieden von allen diesen ist der Vortrag des Liedes; eine der schwersten Aufgaben für Dichter, Komponist und Sänger. Im Liede soll die grösste Einfachheit, aber ohne Einförmigkeit herrschen. Je einfacher aber eine Melodie ist, desto schwerer ist es für den Sänger, ohne Sinn und Gefühl verdrängende Künsteleien und Ausschmückungen, diejenige Mannigfaltigkeit in den Vortrag zu bringen, wodurch die Einfachheit vor Einförmigkeit bewahrt, und die Theilnahme des Zuhörers erweckt wird. Aber nicht durch unnöthig schwülstige Harmonien, eingemischte Läufer und Coloraturen, wird diese Mannigfaltigkeit erlangt. Ein reiner gehaltener Ton, (Portamento), eine durch die wechselnden Empfindungen begründete Modulation der Stimme (die nicht blos in der Abwechslung des piano und forte besteht) ein schärferes oder gelinderes Betonen der Wörter oder Sylben und dergleichen mehr, sind hinreichende Mittel, dem einfachsten Gesange Mannigfaltigkeit und anziehendes Interesse zu geben. Hierzu gehört aber vor allem noch eine reine und deutliche, jedoch von aller Härte freie, Aussprache. Ohne diese kann der Sänger beim Vortrage eines Liedes, (wo der Ausdruck durch keine harmonische Massen verstärkt wird) selbst bei dem vortrefflichsten Vortrage einer neuen italiänischen Schule, nie nach Wunsch auf den Zuhörer wirken, weil

[59] Peter Winter: *Vollständige Singschule*. Mainz 1824.

> dieser, sobald die Worte unverständlich bleiben, nur die äussere Wirkung des vorgetragenen Gesanges empfinden, nicht aber den inneren Sinn desselben in seiner Seele auffassen kann. Die deutliche reine Artikulation aber erstreckt sich auf Worte und Sylben wie auch die eigentlichen Töne [...].[60]

Mit der Absage an den Belcanto der „neuen italiänischen Schule“ und die „äussere Wirkung“ eines Vortrags, der unweigerlich den Primat der Poesie verläßt, begründet Ehlers die Auswahl seiner vier Lieder mit dem Satz, daß „deren Wirkung allein auf die Ausübung“ der von ihm dargelegten „Grundsätze berechnet“ sei. Mithin suchte er in dieser Sammlung den Liedvortrag als eine Spezies mit eigenen Vortragsgesetzen entschlossener als in seinen früheren Ausführungen, ganz im Sinne Reichardts und Goethes zu etablieren und brachte ein Vermächtnis zu Papier, aus dem unüberhörbar das Goethesche Deklamatorium spricht.

---

60 *Vorerinnerung.* In: *Lieder mit Begleitung der Guitarre oder des Pianoforte, in Musik gesetzt und der hochpreisslichen Büchsen-Gesellschaft im Hôtel de Bavière zu Leipzig von ihrem, zum Büchsen Troubadour creirten Mitgliede Wilhelm Ehlers, Sänger und Schauspieler vom K. K. Hoftheater zu Wien, hochachtungsvoll gewidmet.* Leipzig, bei Fr. Hofmeister [1817].

RAINER HEENE

„Ein rascher Sinn der keinen Zweifel hegt“

Ein Gedicht aus Goethes Nachlaß

Das Gedicht und seine lebensgeschichtlichen Bezüge

Das folgende Gedicht ist uns in Goethes Nachlaß überliefert:[1]

Ein rascher Sinn der keinen Zweifel hegt,
Stets denkt und tut und niemals überlegt,
Ein treues Herz das wie empfängt so gibt,
Genießt und mitteilt, lebt indem es liebt;
Froh glänzend Auge, Wange frisch und rot,
Nie schön gepriesen, hübsch bis in den Tod. (6)

Da blickt ich ihn noch manchmal freundlich an
Und habe leidend viel für ihn getan.
Indes mein armes Herz im Stillen brach,
Da sagt' ich mir: bald folgst du ihnen nach!
Ich trug des Hauses nun zu schwere Last,
Um seinetwillen nur ein Erdengast. (12)

Es gilt als Fragment, trägt keine Überschrift, und das Entstehungsdatum ist unbekannt. Der Erstdruck erfolgte 1836. Die vorliegende Studie geht von dem primären Eindruck aus, das Gedicht als Ganzes beziehe sich auf Christiane, Goethes Frau.

Hans Gerhard Gräf hat zuerst einen Bezug der ersten Strophe auf Christiane gesehen,[2] die zweite, problematische Strophe jedoch nicht zitiert. Gründe lassen sich mit Karl Eibl auch hier nur vermuten.[3] Allerdings legt die biographische Verschlüsselung in den Versen 10 bis 12 einen Bezug der zweiten Strophe auf Christiane zunächst nicht nahe. Eibl kommentiert das Fragment rein deskriptiv,[4] die darin angesprochenen Bezüge als ‚nicht ermit-

---

[1] MA 18.1, S. 89 f. u. Komm. S. 524; vgl. WA I, 4, S. 295 u. Komm. I, 5.2, S. 186.

[2] *Goethes Ehe in Briefen. Der Briefwechsel zwischen Goethe und Christiane Vulpius 1792–1816.* Hrsg. von Hans Gerhard Gräf. Frankfurt/M. u. Leipzig 1994 (= CB), S. 859.

[3] CB, S. 992.

[4] FA I, 2, S. 829 u. Komm. S. 1314.

telt'. Gisela Henckmann (siehe Anm. 1) vermutet mit Gustav von Loeper und Bernhard Suphan, in Vers 10 („bald folgst du ihnen nach!") seien nahestehende Verstorbene, vielleicht Kinder gemeint. Unbestritten ist, daß in der ersten Strophe ein Mann über seine verstorbene Geliebte oder Gattin spricht, die selbst aber in der zweiten Strophe „ein ganz anderes Bild von sich selbst und ihrer Beziehung zu ihm" entwirft. Ein erster Deutungsversuch in der von Eckermann herausgegebenen Cotta-Ausgabe von 1840 durch den beigegebenen Titel *Die Wittwe dem Sohne* ist nicht authentisch und unbegründet.

Die erste Strophe vergegenwärtigt uns das unmittelbare, ‚natürliche' Wesen der Frau aus der Sicht des Mannes. Ein leiser Vorbehalt klingt an, wenn sie „niemals überlegt", stärker noch in dem ästhetischen Urteil: „Nie schön gepriesen". Unvermittelt erfahren wir dann, daß die Rede von einer Verstorbenen ist. In der zweiten Strophe läßt Goethe die Frau sprechen. Ihre Sicht der eigenen Situation steht implizit für sein dichterisches Einfühlungsvermögen. Stetige, aufopfernde Haltung und tiefe Enttäuschung sprechen aus den Versen 8 und 9. In Vers 10: „[...] bald folgst du ihnen nach!" klingt der Todesgedanke an. Hier und in den beiden folgenden Versen liegt das Rätselhafte, die Verschlüsselung der Strophe. Daraus folgen zwei Fragen:

- Wer sind die Vorangegangenen, denen sie nachfolgen wird, und
- inwiefern ist die Last des Hauses „nun" zu schwer geworden?

Zur ersten Frage: Könnten verstorbene Kinder gemeint sein? Christiane brachte nach dem Sohn August (Weihnachten 1789) noch vier Kinder zur Welt, die alle früh verstarben: 1791 wurde ein Knabe tot geboren, 1793 starb Caroline nach zwei, 1795 Carl nach drei Wochen und zuletzt Kathinka 1802 nach zwei Tagen.[5] Wenngleich direkte Hinweise fehlen – auch in diesem Zusammenhang ist der Verlust sämtlicher Briefe Christianes an Goethe zwischen 1804 und Mai 1810 zu bedauern –, so gehen wir doch davon aus, daß der Kinderwunsch des Paares nach solchen Verlusten erloschen war. Paradox erscheint dann aber, daß gerade durch den Tod dieser ‚Vorangegangenen' die Last des Hauses zu schwer geworden sein sollte. So löst sich das Rätselhafte der Verse nicht auf. Welche anderen Verluste könnten hier gemeint sein? Diese Frage führt auf das ereignisreiche Jahr 1806, in welches u. a. die Eheschließung fällt.

Als Goethe sich nach der Rückkehr aus Italien im Sommer 1788 mit Christiane verband, hatte er alsbald auch ihre Halbschwester Ernestine (geb. 1775), ein „kränkliches Geschöpf", und ihre Tante, Juliane Auguste (geb. 1734), in seinen Hausstand aufgenommen.[6] Sie waren Vertraute Christianes und standen ihr in der Führung des Haushalts wie gegen manche Weimarer Häme solidarisch bei. Auch für Goethe war diese häusliche Konstellation von Vorteil. Sie ermöglichte ihm, seinen selbstbezogenen, im Grunde nur der eigenen Kreativität verpflichteten Lebensstil – u. a. mit den häufigen Aufenthalten in Jena – weitgehend unbekümmert und entlastet von möglichen Schuldgefühlen gegenüber Christiane fortzusetzen.

Diese Situation änderte sich Anfang 1806 grundlegend: Am 7. Januar 1806 verstarb Christianes Schwester und am 1. März 1806 ihre Tante. Christiane schrieb im Januar 1806 an Nikolaus Meyer, den Arzt und Freund der Goethes:

---

5 Effi Biedrzynski: *Goethes Weimar*. Zürich 1992, S. 126.
6 Ebd., S. 467.

> [...] die gute Ernestine hat ausgelitten, und ihren Wunsch, Sie, lieber Freund, noch einmal hier zu sehen, ist nun für diese Arme auf immer dahin. Sie können denken, wie unaussprechlich leid mir es tut, daß für diese Jugend keine Hilfe mehr ward. Die Tante ist auch ganz stumpf geworden, und ich fürchte auch sehr für sie – mit dem Geheimen Rat geht es wieder leidlich, aber ich fürchte auch nur, daß es Flickwerk ist. O Gott, wenn ich mir denke, daß eine Zeit kommen könnte, wo ich so ganz allein stehen könnte, das verdürb' mir manche frohe Stunde.[7]

Zum Tod der Tante schrieb Christianes Bruder an Nikolaus Meyer:

> Vorgestern früh [...] ist unsre gute alte Tante [...] nach einer zweitägigen Brustkrankheit am Schlage gestorben. Wir beklagen die gute alte Pflegerin unsrer Jugend recht sehr [...] Goethe ist schon wieder krank gewesen. Monatlich kömmt jedesmal sein Übel zurück, und macht ihn sehr mürbe.[8]

Der Bruder sah, daß diese Todesfälle dem Haushalt „viel Schaden u Eintrag bei meiner Schwester thun" mußten.[9] Christiane war Anfang April 1806 „noch ganz untröstlich" über den Verlust, den sie „von neuem erlitten" hatte, „und dazu kommt noch immer die Sorge um den guten Geheimer Rat, mit dem es doch auch noch immer auf der Spitze steht".[10] Sigrid Damm bewertet diese Verluste für Christiane als ebenso schwer und nachhaltig wie den Tod Schillers 1805 für Goethe.[11] Dieser erwähnt in seinen Aufzeichnungen den Tod der Angehörigen seiner Frau mit keinem Wort.[12]

Goethes Entschluß, seine seit achtzehn Jahren bestehende Beziehung zu Christiane im gleichen Jahr (1806) durch die Heirat zu legalisieren, halten wir vor allem für rational motiviert. Nunmehr allein für den Haushalt verantwortlich, dürfte sich Christiane überfordert, gesellschaftlich aber noch mehr als bislang verunsichert und isoliert gefühlt haben. Hinzu kamen – als ‚Auslöser' für die Eheschließung – die hereinbrechenden Kriegswirren und der unter Napoleon sich abzeichnende Wandel in der Auffassung öffentlicher und privater Verhältnisse. Die gleichen Faktoren konnten auch die Kontinuität von Goethes bisheriger Lebensführung durchaus in Frage stellen. So gesehen erscheint die Heirat vor allem als der gebotene Versuch einer Stabilisierung äußerer Lebensverhältnisse und weit weniger als ein emotional begründeter Schritt, wenn wir auch keineswegs Kurt R. Eisslers Auffassung teilen, Goethe habe Christiane nicht mehr geliebt, sinngemäß: emotional sei es ihm nicht mehr auf diese Heirat angekommen.[13]

Unter dem zunächst fremd, ja abwegig anmutenden Bezug auf Christianes Verwandte erhalten die Verse 10–12 einen Sinn, und das Gedicht wird als Ganzes verständlich. Wie weit läßt sich aber die darin offenbarte, überraschend depressive Selbstsicht Christianes – indirekt ja Goethes eigene Sicht auf seine Frau – durch biographische Daten stützen?

---

7 *Goethes Gespräche. Eine Sammlung zeitgenössischer Berichte.* Biedermann'sche Ausgabe. Erg. u. hrsg. von Wolfgang Herwig. 5 Bde. München 1998 (= GB); hier GB 2, S. 50, Nr. 2193.

8 GB 2, S. 57, Nr. 2215.

9 Sigrid Damm: *Christiane und Goethe.* Frankfurt u. Leipzig 1998, S. 321.

10 GB 2, S. 61, Nr. 2229.

11 Damm (Anm. 9), S. 321.

12 WA III, 3, S. 113 ff.; I, 35, S. 245 ff.

13 Kurt R. Eissler: *Goethe. Eine psychoanalytische Studie.* Bd. 2. München 1987, S. 1429.

Psychologisch-lebensgeschichtlicher Hintergrund

Mehrfach werden schon aus den Briefen vor 1806 dysphorische Verstimmungen Christianes im Zusammenhang mit der Abwesenheit Goethes – meist in Jena – deutlich: „[...] denn die Abende ohne Dich sind unausstehlich; ich gehe aus oder ins Bette“,[14] schreibt sie am 20. April 1803; und am 17. Dezember desselben Jahres: „[...] freilich hätte ich lieber gesehen, wenn Du nun wieder hier wärst. Zu lange will es nicht gehen, ich fange schon an, verdrüßlich und grämlich zu werden; die Ernestine sagte es gestern: sie wollte, Du wärst wieder hier, daß ich wieder freundlich würde.“[15]

Offen bekennt sie ihre Nöte und Verstimmungen gegenüber Nikolaus Meyer, dem vertrauten Bremer Arzt. Zu Beginn ihrer letzten Schwangerschaft im Mai 1802 äußert sie Lebensüberdruß und Todesgedanken.[16] Am 12. April 1805 schreibt sie ihm:

> Der Geheime Rat hat nun seit einem Vierteljahr fast keine gesunde Stunde gehabt und immer Perioden, wo man denken muß er stirbt. Denken Sie [sich] also mich, ich die außer Sie und dem Geheimen Rath keinen Freund auf dieser Welt habe und Sie, lieber Freund, sind wegen der Entfernung für mich doch so gut wie verloren. [...] Ich bin wahrhaftig ganz auseinander, und dann kommt noch dazu, daß die Ernestine sich abzehrt und auch dem Grabe sehr nahe ist, und die Tante ist auch sehr schwach, es ist also die ganze große Last der großen Haushaltung auf mich gewälzt und ich muß fast unterliegen, es wollen zwar die Leute behaupten, man sehe mir es nicht an, aber lange kann es doch nicht so fortgehen. Und hier ist kein Freund, dem ich so Alles, was mir am Herzen liegt, sagen könnte, ich könnte Freunde genug haben, aber ich kann mich an keinen Menschen wieder so anschließen, und werde wohl so für mich allein meinen Weg wandeln müssen.[17]

Sorgen also, vor allem aber: Vereinsamungsängste. – Dieser Brief ließe sich geradezu als Vorlage zur zweiten Strophe des Gedichtes lesen.

In den Briefen ab 1810 äußert Christiane den Wunsch nach Nähe zu Goethe eher verhalten. Ihre stetig-herzliche Zuneigung spricht besonders aus den Briefschlüssen: „Behalte mir nur Deine Liebe, so bin ich zufrieden und glücklich“,[18] schreibt sie am 15. Juli 1810, oder: „Leb wohl, ich bin wie immer Dein, so lange ich lebe“[19] am 25. August 1814. Sie hat Goethes unbedingten Anspruch auf produktiven Rückzug nach Jena oder in größere Ferne akzeptiert. Nur einmal wünscht sie ihm, „daß es Dir recht wohl und nach Deinem Willen in Jena gehen möchte“ (13. 1. 1811).[20]

Eingehenderer Betrachtung bedarf die traurig-eifersüchtige Verstimmung Christianes im Vorfeld von Goethes Karlsbader Reise 1810.[21]

---

14 CB, S. 416.

15 CB, S. 477 f.

16 Damm (Anm. 9), S. 288.

17 *Goethes Bremer Freund Dr. Nicolaus Meyer. Briefwechsel mit Goethe und dem Weimarer Kreise.* Hrsg. von Hans Kasten. Bremen 1926, S. 159 f.

18 CB, S. 660.

19 CB, S. 795.

20 CB, S. 681.

21 WA III, 4, S. 119 ff.

Am 12. März 1810 begibt sich Goethe erneut nach Jena, wo er bis zur Abreise nach Karlsbad am 16. Mai 1810 bleibt.[22] Wie Friedrich Wilhelm Riemer berichtet, „Weinte die Geh. Rätin und Demoiselle Ulrich sehr“ beim Abschied in Weimar.[23] Am 16. März 1810 fahren die beiden Frauen nach Jena zu einem Ball am 17. März.[24] Sie bleiben bis zum 19. März 1810.[25] Aus gleichem Anlaß kommen sie nochmals am 6. April 1810 und fahren am 11. April zurück.[26] August trifft sich in diesen Wochen oft in Jena mit seinem Vater und dient ihm u. a. als Bote nach Weimar.

Am 29. April 1810 schreibt Goethe an seine Frau: „August wird Dir sagen, wie ich über die letzten vierzehn Tage denke. Ich halte es mit euch für besser, nicht mit [August] herüberzukommen“. Er schlägt Samstag/Sonntag (14./15. 5. 1810) für ein letztes Treffen vor seiner Reise vor.[27] Dieses findet vom 12. bis 15. Mai 1810 statt.[28] Am 14. Mai kommen Goethe, Christiane und Riemer bei von Knebel zusammen.[29] Christiane ist verstimmt. Riemer erwähnt ihr „Eifersüchtiges Weinen [...] Deshalb bald nach Hause. Nachher zusammen, doch sie ohne Anteil“.[30] Vom 15. Mai berichtet Riemer: „Mittags die Geh. Rätin zu Tische. Verdrießlichkeiten aus Eifersucht. Apaisiert hernach“.[31] Abends reist Christiane nach Weimar zurück, am folgenden Morgen bricht Goethe in Begleitung von Riemer nach Karlsbad auf.[32] Mehr ist über eine Verstimmung zwischen Christiane und Goethe nicht mitgeteilt. Christianes Briefe sind erst wieder mit dem 24. Mai erhalten.[33] Auf Differenzen zwischen ihr und Goethe in diesen Wochen mögen sich dessen beschwichtigende Worte im Brief vom 7. Mai beziehen:

> Im Ganzen weiß ich nur zu sagen: Wer sich nähert, den stoßt nicht zurück, und wer sich entfernt, den haltet nicht fest, und wer wiederkommt, den nehmt auf, als wenn er nicht weg gewesen wäre. Alles kommt darauf an, daß der Faden nicht abreißt, das Übrige will im Einzelnen alles nichts heißen.[34]

Gesprochen aus der hohen Sicht der eigenen Autorität, enthalten diese Sätze von geradezu biblischer Diktion einen Imperativ zur unbedingten Erhaltung einer Ehe.

Gründe für Christianes Verunsicherung und ihre ängstliche Eifersucht lassen sich dem Brief vom 24. Mai 1810 nach Karlsbad entnehmen, dem ersten überlieferten Brief nach der großen Lücke seit 1804: „Gleich nach der Rückkehr von Jena“ habe sich „Besuch von einem Meerweibchen“, d. h. ihre Monatsblutung eingestellt, und sogleich habe sie sich „besser und

22 Ebd., S. 101 ff.
23 GB 2, S. 518, Nr. 3144.
24 WA III, 4, S. 102.
25 Ebd., S. 103.
26 Ebd., S. 108 f.
27 CB, S. 614, Nr. 482.
28 WA III, 4, S. 118 f.
29 Ebd., S. 118.
30 GB 2, S. 534, Nr. 3186.
31 GB 2, S. 535, Nr. 3188.
32 WA III, 4, S. 119.
33 CB, S. 621, Nr. 488.
34 CB, S. 617.

zufriedener" befunden. Nach einer Zwischenbemerkung über eine Trinkkur mit ‚Egerwasser' fährt Christiane unvermittelt fort:

> Ist denn die Bettine in Karlsbad angekommen und die Frau von Eybenberg? Und hier sagt man, die Silvie und Gottern gingen auch hin. Was willst Du denn mit allen Äuglichen anfangen? Das wird zu viel. Vergiß nur nicht ganz Dein ältstes, mich, ich bitte Dich, denke doch auch zuweilen an mich. Ich will indeß fest auf Dich vertrauen, man mag sagen, was man will. Denn Du bist es doch allein, der meiner gedenkt. Lebe wohl und behalte lieb C. v. Goethe[35]

Trotz des zwischen Goethe und Christiane üblichen Gebrauchs der heiteren Floskel von den ‚Äuglichen' treten hier einmalig Christianes Verlust- und Verlassenheitsängste offen hervor; wahrscheinlich die gleichen Ängste wie beim Abschied in Jena.

Bedeutungsvoll erscheint uns die Mitteilung über die Monatsblutung. Damm stellt die Frage, ob Christiane geglaubt habe, wieder schwanger [gewesen] zu sein, um dann besonders eine längere Trennung von Goethe gefürchtet zu haben.[36] Der Kontext des Briefes läßt u. E. eher den Schluß zu, daß sie weniger eine solche Trennung gefürchtet hätte als vielmehr – nach den traurigen Erfahrungen in der Vergangenheit – eine erneute Schwangerschaft selbst. Durch den Eintritt ihrer Monatsblutung aber konnte sie sich entlastet fühlen, was sie alsbald Goethe, auch zu dessen Erleichterung, mitteilen mußte.

Ein zweiter, rein psychologischer Aspekt bleibt zu bedenken: Christiane war 45 Jahre alt. Lebensgeschichtlich und biologisch gesehen war der Eintritt einer weiteren Schwangerschaft wenig wahrscheinlich. Eher legt gerade der Kontext der Mitteilung nahe, daß Christiane sich hier – unbewußt – ‚als Frau', als Goethes Frau gegen die deutlich jüngeren Rivalinnen (Bettina Brentano, geb. 1785; Marianne von Eybenberg, geb. 1770; Sylvie von Ziegesar, geb. 1785; Pauline Gotter, geb. 1786) zu behaupten suchte.

An dieser Stelle nehmen wir zwei weitere Verse aus Goethes Entwurf zu diesem Gedicht vorweg:

> Da sprach [ich] ihm zum Troste manches vor
> Er hatte mich indem er euch verlohr[37].

Die geschilderte psychische Situation Christianes in der Zeit um Goethes Karlsbader Reise von 1810 erscheint uns mit diesen Versen umrissen. Darin wird ihre persönliche Verunsicherung nur scheinbar durch den Gebrauch des Indikativs verborgen, und darf doch der zweite Vers kaum als apodiktische Aussage einer selbstbewußten Frau gelten. Vielmehr spricht aus den Versen eine beschwörende Aufforderung, eine Bitte um Rücksichtnahme und Verzicht. Auch so wäre ein Beginn der zweiten Strophe vorstellbar. Goethe geht aber in ihrem faktischen Anfang weiter, indem er eine resignative Haltung skizziert, die mit dem dritten Vers („Indes mein armes Herz im Stillen brach") besiegelt erscheint.

Soweit sprechen wir von pathischen, depressiv getönten Erlebnisweisen Christianes. Andererseits aber weiß sie eigene Wünsche und Bedürfnisse, vor allem nach Nähe zu Goethe

---

35 CB, S. 624, Nr. 488.
36 Damm (Anm. 9), S. 386.
37 WA I, 5.2, S. 186.

durchaus zu artikulieren. Hierbei kann eine Mitwirkung von Caroline Ulrich, ihrer Freundin und Hausgenossin, welche für sie schrieb, als wahrscheinlich gelten.

„[…] denn ohne Dich mag ich fast gar nicht in Weimar sein“[38], schreibt Christiane am 25. Juni 1810 an Goethe in Karlsbad, und am 11. Juli: […] da haben wir viel von Dir gesprochen. Wenn ich nur manchmal so ein Stündchen könnte bei Dir sein, dieses ist mein Wunsch“.[39] Erstmals im Brief vom 5. Juli spricht sie vom Plan eines gemeinsamen Aufenthalts 1811 in Karlsbad: „Ich denke, es soll mir künftiges Jahr auch gut sein, und vielleicht hilft es mir auch von dem bösen Magen-Krampf, der, wenn man es so leicht nimmt, doch zuletzt auch übel werden kann […] Dieses Mal will ich nun sehen, was Lauchstädt thut“[40]. Von dort schreibt sie am 11. Juli, sie habe „gar keine Anwandlung von Magenkrämpfen mehr“. Sie werde im nächsten Jahr, wenn er nach Karlsbad gehe, selbst erst nach Eger „und dann nach Karlsbad“ gehen; „so, glaube ich, wird es gut sein. Das mineralische Wasser ist doch das beste“. Nachdem sie über das Lauchstädter Theaterwesen berichtet hat, fährt sie fort, Lauchstädt sei freilich „gegen Karlsbad […] nichts; worauf wir uns denn freilich sehr freuen, übers Jahr mit Dir zu sein“. Sie begründet diesen Wunsch auch mit dem Argument, in Lauchstädt könne „es nie wieder für das Theater etwas werden […], denn alles […] geht in das Hallische Theater“.[41] Über Goethes Reaktion auf diese Pläne ist nichts bekannt. 1811 kommt ein erster, zeitweise gemeinsamer Aufenthalt in Karlsbad zustande. Goethe reist am 12. Mai 1811 und bleibt bis 28. Juni 1811,[42] Christiane und Caroline Ulrich treffen am 29. Mai 1811 ein und reisen am 15. Juli, zwei Wochen später als Goethe, zurück.[43]

Selbständig arrangiert Christiane auch ihre Teilnahme an Bällen. Bekanntlich tanzte sie leidenschaftlich gern, ja tanzen scheint für sie wie ein Lebenselixier gewesen zu sein. Aus Lauchstädt schreibt sie am 18. Juli 1810 „[…] mir bekommt das Baden und Tanzen beides außerordentlich gut“;[44] oder am 24. Juli 1810: „Seit zehn bis zwölf Tagen haben wir täglich einige Stunden getanzt und dieses, glaube ich, vollendet meine Cur besser, nebst dem Wasser, als alle Medicin; denn die Ärzte behaupten so, ich wäre vor lauter Gesundheit krank“.[45] Resolut und bisweilen nicht ohne Ironie darauf bedacht, Goethe in Jena möglichst wenig zu stören, setzt sie gleichwohl ihre Teilnahme an dort stattfindenden Bällen durch: „Daß wir Hoffnung haben, daß in Deiner Anwesenheit in Jena Ball sein soll, und wir Dich also wohl auf einen Tag besuchen, aber uns bloß zu Tische einladen werden“,[46] schreibt sie am 13. Januar 1811, und am 19. Januar aus gleichem Anlaß:

> Wenn Du drüben bleibst, so wollen wir […] in der ‚Sonne‘ absteigen; solltest Du aber herüber [nach Weimar] müssen, so gingen wir in Dein Logis, doch wäre es freilich lieber, wenn Du drüben bleiben könntest. Da wir von Deiner großen Güte überzeugt sind, so wirst Du alles zum besten einrichten.[47]

---

38 CB, S. 644.
39 CB, S. 657.
40 CB, S. 653.
41 CB, S. 656 f.
42 WA III, 4, S. 205 ff.
43 Ebd., S. 209. CB, S. 692 ff., Nr.521 a.
44 CB, S. 660.
45 CB, S. 666.
46 CB, S. 682.
47 CB, S. 688.

Ein solch resolutes Wesen scheint uns mit den Versen vom „raschen Sinn der keinen Zweifel hegt, / Stets denkt und tut“, aber doch sehr wohl auch überlegt, treffend charakterisiert zu sein.

An körperlichen Beschwerden erwähnt Christiane immer wieder ‚Magenkrämpfe‘. Sie sucht deshalb Ärzte auf und führt Trinkkuren mit ‚Egerwasser‘ entweder zu Hause oder während Bäderaufenthalten in Lauchstädt, Berka und Karlsbad (1811, 1815) durch. Ob ihre Beschwerden auf Gastritiden, auf ein Ulkus oder auf Alkoholgenuß zurückzuführen gewesen sind, interessiert hier weit weniger als allfällige psychosomatische Zusammenhänge.

Magenbeschwerden werden als Ausdruck von Schuld- und Eifersuchtsgefühlen gedeutet.[48] Die Entstehung eines Ulcus duodeni läßt sich oft zurückführen auf einen psychischen Konflikt zwischen einem – versagten – Bedürfnis nach Abhängigkeit von einer ‚nahrungsspendenden Instanz‘ bei individuellem Unvermögen, die Versagung zu bewältigen, zu kompensieren.[49] Eissler sieht Magenbeschwerden komplex hervorgehen aus Ängsten vor dem Altern und verdrängten aggressiven Wünschen gegen eine Vaterfigur.[50] Unter den oben geschilderten Aspekten lassen sich entsprechende psychische Konstellationen zwischen Christiane und Goethe durchaus aufzeigen. Verlustängste und verhaltene Eifersucht kommen insbesondere im zitierten Brief vom 24. Mai 1810 zum Ausdruck.[51] Antwortet Christiane hier auf Goethes Entfernung noch mit der beschwörenden Bitte um Rücksicht auf sie selbst und ihre Ehe, so steht im Brief vom 5. September 1815 – geschrieben unter der wohl erahnten Entfremdung Goethes in der Begegnung mit Marianne von Willemer – ein Zug resignativer Ergebung ganz im Vordergrund:

> Da ich von Deiner Güte und Liebe überzeugt bin […], so habe ich seit der Zeit von Tag zu Tag auf einen Brief von Dir gehofft, und so verging mir hier ein Tag still nach dem andern […] die Großherzogin […] und alles erkundigte sich, wenn Du kämest; ich konnte ihnen aber keine genügende Antwort geben, da ich es selbst nicht wußte.[52]

Mehr dazu äußert Christiane nicht, vor allem: keinen Vorwurf wegen der doch wohl kränkenden und peinlichen Situation, der sie sich durch Goethes Schweigen aus Heidelberg ausgesetzt sah. Scheinbar unbefangen berichtet sie weiter über Ereignisse bei Hofe, über August und über eine Wiederbegegnung mit Fritz von Stein, Charlottes Sohn, schließt aber diesen Brief doch ungewöhnlich knapp und neutral: „Nun lebe wohl bis auf Wiedersehen […] Deine C. v. Goethe“.[53] Wie Damm im einzelnen nachgewiesen hat, lebten Christiane und Goethe auch den häuslichen Alltag in Christianes letztem Lebensjahr (1815/1816) weit stärker getrennt als zuvor.[54] Wahrscheinlich fühlte sie sich längst von ihrer beginnenden letzten Krankheit bedroht.

---

48 Wolfgang Wesiack in *Psychosomatische Medizin.* Hrsg. von Thure von Uexküll. München u. a. 1986, S. 392.

49 Wolfram Schüffel/Thure von Uexküll in ebd., S. 775 ff.

50 Eissler (Anm. 13), Bd. 1, S. 244.

51 CB, S. 621–624, Nr. 488.

52 CB, S. 847.

53 CB, S. 849.

54 Damm (Anm. 9), S. 481 ff.

Das eigenwillige und resolute Wesen Christianes, das diese Zeugnisse der Liebe zu Goethe erhellen, scheint zunächst kaum mit der Absolutheit der Aussage vereinbar, ‚nur um seinetwillen' sei sie ein ‚Erdengast' gewesen. Wie ist dies zu verstehen?

Zum einen bleibt zu bedenken, daß sich Christiane durch die nachmalige Kinderlosigkeit ihrer Ehe emotional nur auf Goethe beziehen konnte. Allein das Heranwachsen eigener Kinder hätte diesem Naturell einen Ausgleich gegen die Dominanz seiner Persönlichkeit bieten können, zumal bei der Notwendigkeit von Goethes phasenweisem Rückzug im Interesse seines Schaffens. So aber blieb Christiane allein. Hierzu wüßten wir wohl mehr, wären ihre Briefe zwischen 1804 und 1810 überliefert.

Zum anderen aber liegt ein – rein psychologischer – Grund für die Zuspitzung jener Aussage bei Goethe selbst. Wenn er in den von ihm später anderen ‚Grabschriften' zugezählten[55] Versen vom 6. Juni 1816[56]:

[...]
[...]
Der ganze Gewinn meines Lebens
Ist ihren Verlust zu beweinen.

in der ersten tiefen Trauer u. E. schlicht übertreibt, dann ebenso, wenn er Christianes Existenz als ‚Erdengast' einzig um seinetwillen erdichtet. Wir glauben, daß sich in diesen Übertreibungen eine Dankesschuld Goethes artikuliert, ein latentes Schuldgefühl mit Blick auf die mit der eigenen Existenz verbundenen Zumutungen an seine Frau. Entsprechend läßt sich ja aus den ersten drei Versen der zweiten Strophe implizit ein Vorwurf der Frau gegen den Mann herauslesen.

Zusammenfassend sehen wir die depressive Symptomatik Christianes lebensgeschichtlich hervorgehen aus der Grundsituation eines letztlich nicht zu bewältigenden Verzichts auf Nähe, dem auf seiten Goethes eine für das eigene Schaffen unverzichtbare Versagung gegenübersteht. Unter diesen Aspekten erkennen wir auch in der zweiten Strophe sehr wohl das Bild Christianes wieder.

Erhalten sind noch fragmentarische Verse, die als Ansatz zu einer dritten Strophe vermutet werden:[57]

Nun Deinesgleichen sie umarmen dich (1)

darunter, getrennt durch einen Schlußschnörkel:

Da sprach [ich] ihm zum Troste manches vor (2)
Er hatte mich indem er euch verlohr (3)

und als Variante zu Vers 5 des Gedichts:

Nichts hab ich ihr und sie mir nichts versagt (4)
Dem werther warst der dich allein gekannt (5)

55 WA I, 4, S. 84.
56 Ebd., S. 61. MA 11, 1.1, S. 167.
57 WA I, 5.2, S. 186.

Nach einem handschriftlichen Zusatz Goethes ist in Vers 1 die Heimkehr der Verstorbenen zu den Vorausgegangenen gemeint. Die Deutung der – wesentlichen – Verse Nr. 2 und 3 wurde oben gegeben.

Ausklang

Das Gedicht gilt als Fragment, und doch bilden die beiden Strophen, die erste mit Blick zur Frau hin, die zweite als ihre eigene Sicht, zumindest formal ein Ganzes. Zudem trifft Goethe als der Autor implizit eine Aussage über sich und über seine Beziehung. Ein höchst persönlicher Inhalt also, der – gerade aus der Sicht Goethes – die Verschlüsselung erforderte. Dieser sollte vielleicht auch das Fehlen eines Titels und der Verzicht auf eine Publikation der Verse zu Goethes Lebzeiten dienen. Die Frage, ob denn in einer dritten Strophe mehr hätte gesagt werden können, o h n e die jeweiligen Identitäten preiszugeben, ist u. E. eher zu verneinen. Wir glauben vielmehr, daß sich aus den genannten Gründen eine Erweiterung des Fragments ausschloß, womit es in seiner erschöpfenden Aussage ebensogut für ein abgeschlossenes Gedicht gelten kann. Seine Entstehung könnte – hypothetisch – auf das Jahr 1818 zurückgehen, nicht sehr fern vom Tod Christianes, aber noch bevor Goethe im gleichen Jahr die *Divan*-Dichtung fortsetzte.[58]

Für die vorliegende Deutung sprechen vor allem die genannten lebensgeschichtlichen Fakten sowie die Parallelen zwischen dem Tenor des Gedichts und den Auffassungen von Damm (1998) über Goethes Ehe; dies um so mehr, als unsere eigene Interpretation primär unabhängig von Damms Recherche gewonnen wurde und die Autorin dieses Gedicht nicht erwähnt hat. Ferner war uns der Bezug des Gedichts evident, noch bevor wir Gräfs Deutung der ersten Strophe kannten. Schließlich sei zugunsten unserer Auffassung auf die Unsicherheiten bisheriger Zuordnungen hingewiesen und die rhetorische Frage erlaubt, wem sonst, wenn nicht Christiane, die Verse hätten gelten sollen.

Das Gedicht darf als ein einzigartiges Zeugnis einer Grundstimmung Christianes und damit eines Grundzugs ihrer Ehe gelten, für welche ja auf einer anderen Seite auch die Nachdenklichkeit eines Gedichts wie *Gefunden* (1813) steht.[59] Die vorgelegte Deutung des Erdengastgedichtes könnte zum Verständnis der Gestalt Christianes mehr beitragen, als dies unter dem nachhaltig-oberflächlichen Urteil vergangener Epochen möglich gewesen war.[60]

---

58 MA 11, 1.1, S. 370.

59 MA 9, S. 84 u. Komm., S. 1105.

60 Deborah Vietor-Engländer: *Der Wandel des Christiane-Bildes 1916–1982.* In: GJb 102 (1985), S. 280–284.

CHRISTIAN SCHÄRF

Orpheus als Orakel

Metamorphose und Kosmogonie beim späten Goethe im Hinblick auf „Urworte. Orphisch"

I.

Goethes dichterische Mythologie ist eine Apologetik der sinnlichen Wahrnehmung der Natur. Orpheus der Sänger, von dem sich alle Lyriker genealogisch ableiten, steht darin im Dienste der Beobachtung und Erforschung der Natur als eines Phänomens für die Sinne. Doch hat dieser Glaube, der sich als Wissenschaft versteht, keinen primär rationalen Charakter und verfolgt nicht die Absicht, das objektivierbare Wissen zu mehren. Er bleibt in sich selbst, das heißt im Aussprechen seiner selbst, befangen. Welchen Sinn, welche Funktion kann er dann aber haben? In jedem Fall weist er zurück auf den Sprecher. Nur im Geiste und im Wort dieses Sprechers ist die Natur heilig. Diese Struktur darf nicht zerstört werden. Ja, sie wäre bis ins Unendliche zu bekräftigen, bis aus dem Glauben Gewißheit wird.

Eine hervorstechende Verknüpfung von Metamorphose und Kosmogonie, die zusammen den epistemischen Knoten des Goetheschen Naturbegriffs bilden, findet sich in der Gedichtfolge der *Urworte. Orphisch*. Es handelt sich um eine Gruppe von fünf Stanzen, eine bei Goethe wie bei seinen Zeitgenossen äußerst beliebte lyrische Form, die die repräsentative Strophenform für Prologe, Festgedichte, Widmungen und Betrachtungen darstellte. Die Stanze hat per se schon einen feierlich-kontemplativen Grundcharakter, den Goethe in den *Urworten* noch ausbaut. Da entzieht sich das Kontemplative aller Unmittelbarkeit und ist auf Ewigkeitswerte ausgerichtet, die einen Bogen über den gesamten Zeitraum okzidentalen Denkens schlagen, von den Orphikern aus dem 6. Jahrhundert v. Chr. bis zu Goethe selbst. In den Überlieferungen der Orphik, mit denen Goethe schon früh durch Herder und später durch den Schweizer Theologen Georg Christoph Tobler bekannt gemacht worden war, erblickte der Dichter ‚heilige Worte', die für die *conditio humana* schlechthin Gültigkeit hätten und behalten mußten.

Der Ausdruck ‚heilige Worte' läßt aufhorchen zu einem Zeitpunkt, da die Aufklärung die menschliche Kondition schon ganz anders bestimmt und insbesondere die Heilige Schrift einer eminenten Textkritik unterzogen hatte. Das Heilige weist mit aller Bestimmtheit hinter die Dominanz des Logos zurück. Zweifellos sah Goethe den Zusammenhang zwischen den orphischen Lehren und seiner eigenen Zeit im Horizont existentieller Weisheit durch das Objektiv der Aufklärung. Man sollte ihm keineswegs eine Regression in irrationale Geheimlehren unterstellen, wenn auch die Bedeutung des Esoterischen in den *Urworten. Orphisch* eine nicht unwesentliche Rolle spielt. Immerhin schrieb er die fünf Gedichte mitten in der Hauptphase seiner Arbeit am *West-östlichen Divan*, im Oktober 1817, einer Epoche, in der sich Goethes Begriff der ‚Weltliteratur' herauskristallisierte. ‚Weltliteratur' bedeutet nicht nur Literatur weltweit in einem räumlichen Sinne, sondern auch Literatur der Welt in einem temporär-epochalen Verständnis. In der Poesie glaubte Goethe ein Band zwischen den Völkern und zwischen den Epochen zu erblicken, das die Einheit des Weltgeschehens zeitlich wie räumlich repräsentierte. Daher war es für ihn kein abenteuerlicher Sprung, die Ghaselen des Hafis aus dem alten Persien oder die Worte der Orphiker aus mythischer Vorzeit in seinen lyrischen Horizont mit aufzunehmen. Der Ewigkeitswert dieser Verse bestand in der untergründigen poetischen Verbindlichkeit aller lyrischen Diktion über die Zeiten hinweg. Entsprechend sah sich Goethe weder beim Verfassen des *Divan* noch bei den *Urworten* als genialisches Subjekt, das einen Exklusivanspruch an seine dichterische Produktivität stellt. Im *Divan* sprach er mit Hafis' Stimme und fügte ebenso die Verse, die der Feder Marianne von Willemers entstammten, dem Ablauf der lyrischen Konversation ein. Was im *Divan* größtenteils Spiel war, verdichtete sich in den *Urworten* zu seherischer Autorität. Hier, in den „orphischen Begriffen" Dämon, Zufall, Liebe, Nötigung und zuletzt noch Hoffnung, glaubte Goethe, „daß Poesie, Religion und Philosophie ganz in eins zusammenfielen" (*Dichtung und Wahrheit*, 6. Buch; HA 9, S. 221). Was das bedeutet, kann man kaum auf einen rationalen Nenner bringen. Die orphische Lehre wird als eine Art „Orakel der Existenz"[1] angesehen, aus dem die immerwährenden, zugleich aber auch rätselhaften Bedingungsgesetze des Lebens tönen. Darin eingebunden ist der Ausblick auf das Unabschließbare menschlicher Selbstreflexion: die Hoffnung. *Elpis* ist das fünfte und letzte der Urworte, ein für ihre Deutung entscheidendes Faktum.

II.

Bis in unsere Tage liegt die orphische Lehre im dunkeln. Man hat sogar Gründe, zu bezweifeln, daß es bei den Orphikern so etwas wie eine Lehre gegeben hat. Das Terrain, auf dem sich die Orphik historisch befindet, liegt zwischen Überlieferung und mythischer Kunde. Der legendäre Orpheus ist keine historisch zu bezeugende Gestalt. Seine Taten sind es noch weniger, denkt man etwa an den Abstieg in die Unterwelt oder an das Weitersingen seines abgeschlagenen Kopfes, der nach Orpheus' grausamem Tod auf dem Fluß Meles treibt. Das Dunkle dieser Ursprungsgestalt alles Lyrischen wird dadurch verstärkt, daß der Name Orpheus höchstwahrscheinlich von griechisch *orphys* = Dunkelheit abstammt. Was das aber in der Kombination zu bedeuten hat, darüber streiten sich die Gelehrten nach wie vor.

Dem Mythos nach haben die Musen Orpheus' Kopf, als dieser die Mündung des Flusses, die Stadt Meles, erreicht hatte, mitsamt Orpheus' Leier begraben und auf der Grabstelle ein Orakel errichtet. Durch das Grab hindurch verkündete der Kopf Orpheus' Orakel, bis Apollo dies untersagte. Auch ist überliefert, daß die Leier zeitweise erklungen sei, ohne daß sie jemand angeschlagen hätte.

An diesen mythischen Partikeln sind zwei Aspekte besonders interessant. Zunächst gilt die Stadt Meles, in der das Orpheus-Orakel gestanden haben soll, als Geburtsort des ebenfalls mythischen Dichters Homer, der nun seinerseits als der Urvater aller Epiker anzusehen ist und als Symbol für die Überführung oraler Erzähltraditionen in die Schriftlichkeit steht.

---

1 Herbert Anton: *Orakel der Existenz.* In: *Interpretationen. Gedichte von Johann Wolfgang Goethe.* Hrsg. von Bernd Witte. Stuttgart 1998, S. 170–185.

In der Gestalt Homers verdichtet sich der Typus des rhapsodischen Sängers, der die Praxis der oralen Poesie geprägt hatte, zum Autor, also zur Identität der Urheberschaft, die anhand des schriftlich fixierten Textes stets von neuem nachgewiesen werden kann. Homer und Orpheus hängen demnach genealogisch miteinander zusammen, nicht verwandtschaftlich, sondern eher geographisch und mediengeschichtlich. Am Ort des Orpheus-Orakels wird der Dichter Homer geboren; das verstummte Orakel, der nicht mehr singende Kopf, gibt den Schriftautor frei. Dieser tönt nun nicht mehr als Lebend-Toter aus den Tiefen der Mythe, sondern fungiert als Vermittler zwischen der prinzipiellen Varianz des Mythos und seiner generalisierbaren Erläuterung. Die lineare Schrift zwingt den Mythos in die Zeile, diszipliniert das simultan-imaginative Reich der Götter und Halbgötter ins Nacheinander und in den Abstraktionsraum der Zeichen.

Mythologisch geht dieser Übergang auf den Einfluß des Gottes Apollo zurück, des Schirmherrn über die meisten Orakel, dem nicht zuletzt auch die berühmte Pythia in Delphi unterstand. Daß Apollo dem Orpheus-Orakel das Singen untersagt, mag darauf hindeuten, daß es einen Bruch innerhalb der Praxis der Orakel gegeben hat, eine Entwicklung, in der der Gesang aus dem Konzert der Präsentationsformen von Orakelsprüchen ausgeschlossen wurde. Das kann nur bedeuten, daß der lyrische Gesang zu einem bestimmten Zeitpunkt einen zu profanen Aspekt vermittelte, als daß er noch der religiösen Autorität des Orakels hätte angehören können.

Das sind weitgehend Spekulationen und müssen es bleiben, zumal sie ganz dem Mythos entnommen sind und als Erzählungen bereits starken Variationen unterliegen. Trotz aller Unsicherheiten scheint festzustehen, daß praktisch die gesamte antike Geisteswelt orphischen Einflüssen unterlag, angefangen bei den ersten als Philosophen zu bezeichnenden Denkern, den sog. Vorsokratikern, bis hin zu Platon selbst. Daß Goethe auf die Orphik zurückgreift, ist wohl in der Hauptsache dem Einfluß Herders zu verdanken, der als erster den Versuch unternommen hat, die orphischen Fragmente wissenschaftlich zu betrachten. Orale Poesie gehörte für Herder in den Urbestand der Volkspoesie, aus der er alle weitere Literatur ableitete. Für Goethe muß also schon früh, wohl seit seiner Straßburger Zeit, in die sein erstes Zusammentreffen mit Herder fällt, ein Wissensfundament hinter diesen mythischen Fragmenten und Überlieferungen gestanden haben, ein Umstand, der ihn zu einer direkten Anschließung zu berechtigen schien.

Die von ihm selbst im Jahre 1820 gegebenen Erläuterungen zu den *Urworten. Orphisch* bekennen lapidar, daß es sich um eine reine Zusammenfassung und Verdichtung orphischer Themenkreise und Grundbegriffe handle: „Was nun von älteren und neueren orphischen Lehren überliefert worden, hat man hier zusammenzudrängen, poetisch, kompendios, lakonisch vorzutragen gesucht. Diese wenigen Strophen enthalten viel Bedeutendes in einer Folge, die, wenn man sie erst kennt, dem Geiste die wichtigsten Betrachtungen erleichtert" (HA 1, S. 403).

Es ist eine Eigenart Goethes, in seinen Selbstkommentaren den Verständnishorizont entweder bewußt zu verdunkeln oder ihn bis zu einem gewissen Grade zu simplifizieren. Die Verharmlosung der *Urworte* in dem zitierten Sinne dürfte denn auch ein Grund dafür sein, daß die fünf Gedichte in ihrer Erscheinungsweise als zyklische Ganzheit nur vergleichsweise spärliche Interpretationen erfahren haben.[2] Sie stehen in der späten Lyrik Goethes an einer

2 Vgl. Johannes Hoffmeister: *Goethes „Urworte – orphisch". Eine Interpretation.* In: Logos 19 (1930), S. 173–212; Ernst Grumach: *Goethe und die Antike. Eine Sammlung.* Bd. 2. Potsdam 1949, S. 707–711;

Stelle, wo sie mit bestimmten weltanschaulich-spruchhaften Gedichten wie *Procemion* oder *Eins und Alles* eine Einheit oder eine formale Gruppe bilden. Doch weisen gerade die *Urworte* auch aus dieser Gruppierung hinaus. Darauf läßt schon der Ort ihrer Erstveröffentlichung im Jahre 1820 schließen, die von Goethe herausgegebene Zeitschrift *Zur Morphologie.* Neben dieser Publikation in einem naturwissenschaftlichen Organ läßt Goethe den Zyklus im selben Jahr in seiner Zeitschrift *Ueber Kunst und Alterthum* nachdrucken und damit an einem explizit kunstgeschichtlichen und kunstwissenschaftlichen Ort erscheinen. Erst der dritte Druck im Jahre 1827 in der Ausgabe letzter Hand bringt die *Urworte* in einem spezifisch werkhaften Kontext.

Diese Veröffentlichungsgeschichte deutet darauf hin, daß die fünf Gedichte im Verständnis des Dichters einen programmatischen Charakter sowohl im Horizont der Goetheschen Naturwissenschaft als auch im Kontext seiner Rezeption der Antike als Kunstepoche aufgewiesen haben müssen. Mithin ist anzunehmen, daß sich in ihnen ein Mechanismus der Verknüpfung offenbart, durch den Natur und Geschichte poetisch zu einer Einheit stilisiert werden können. Wenn wir in diesem Sinne von Natur sprechen und den Publikationsort, die Zeitschrift *Zur Morphologie*, berücksichtigen, so rückt unmittelbar Goethes Auffassung des morphologischen Prinzips in der Natur ins Zentrum, das er ganz dem Phänomen der Metamorphose zuordnete. Die einzelnen Erscheinungen der Naturphänomene verabfolgen sich im harmonischen Wachsen einer Form aus der anderen. Natur ist als dynamisches Prinzip in Goethes Augen Ablauf ständiger Metamorphosen. In seinem späten Gedicht *Vermächtnis*, das im Jahre 1829, also in Goethes 80. Lebensjahr entstanden ist, heißt es, das Prinzip der Metamorphose auf ein Seinsgesetz hin übersteigernd: „Kein Wesen kann zu Nichts zerfallen! / Das Ew'ge regt sich fort in allen, / Am Sein erhalte dich beglückt! / Das Sein ist ewig; denn Gesetze / Bewahren die lebend'gen Schätze, / Aus welchen sich das All geschmückt" (HA 1, S. 369).

Diese Überformung des Naturprinzips auf etwas hin, was man eine poetische Philosophie nennen könnte, die sich im Spruchhaften des lyrischen Ausdrucks überhaupt erst als Philosophie vermittelt, scheint sich in den *Urworten. Orphisch* bereits, also etwa zwölf Jahre früher als im Gedicht *Vermächtnis*, zu vollziehen. ‚Poetische Philosophie' aber ist eine begriffliche Kontamination, die sich als solche grundlegend antiplatonisch gibt, hat Platon in seinem Dialog *Politeia* doch nichts anderes verlangt, als die verrückten, der *mania* verfallenen Dichter aus dem von Philosophen geführten idealen Staatsgebilde auszuschließen. Antiplatonisch aber heißt für Goethe und seine Orientierung im griechischen Altertum präplatonisch und damit vorsokratisch. Man gelangt auf diesem Wege direkt in die mythisch-vorphilosophische Epoche der Orphik und ihrer kultisch-rituell geprägten Ausdrucksformen. Daß Goethe für diese historische Phase besonderes Interesse aufgebracht hat, ist nicht zuletzt darauf zurückzuführen, daß in ihr das platonische Verdikt gegen die philosophischen Poeten noch nicht existent war.

Goethe vollzieht die Verbindung von Naturbetrachtung und – in seinem Sinne – Naturwissenschaft mit der kultischen Präsentation in der Sprache, das heißt Zusammenschluß

Wolfgang Kayser: *Kunst und Spiel. Fünf Goethe-Studien.* Göttingen 1961, S. 86–99; Eduard Spranger: *Goethe. Seine geistige Welt.* Tübingen 1967, S. 169–172 u. 303 ff. sowie Walter Dietze: *Urworte, nicht sonderlich orphisch.* In: GJb 94 (1977), S. 11–37. – Daneben siehe die Interpretationen innerhalb der Darstellungen des Goetheschen Gesamtwerks bei Friedrich Gundolf: *Goethe.* Berlin 1916, S. 675–677; Emil Staiger: *Goethe.* Bd. 3. Zürich 1953, S. 96–99 sowie Karl Otto Conrady: *Goethe. Leben und Werk.* Bd. 2. Königstein/Ts. 1985, S. 437–442.

von sensueller Analytik und mythischer Feier. Das Prinzip der Metamorphose, das ihn seit seiner Italienreise immer wieder zu sog. Urphänomenen geführt hat, also zu Ursprungskörpern, die als sinnlich-konkrete Erscheinungen das Grundmaß aller sich in ihrer Gattung vollziehenden Metamorphosen repräsentieren, wird nun auf die Sprache selbst ausgedehnt. Urworte sind geistige Urphänomene der Menschheitsgeschichte. Sie beinhalten als solche den Wahrheitsgrund aller menschlichen Existenz. Also wäre auch die Existenz des Menschen ein Phänomen im Kosmos der Naturerscheinungen, nur daß wir es hier nicht mit einem reinen Äquivalent zum ‚Urtier' oder zur ‚Urpflanze' zu tun haben. Vielmehr geht es beim Menschen um spirituelle Ureinheiten, um Urworte. Und die rühren konsequenterweise aus jener mythischen Frühzeit, die mit dem Begriff der Orphik bezeichnet wird.

Wir hätten somit ein Geschichtsbild und den Ansatz zu einem kosmogonischen Wissen vor uns, das ‚Kosmos' als ein von alters her bestimmtes Prinzip restituiert. Restitution steht im Gegensatz zu Konstruktion, denn als etwas bloß Konstruiertes wären die Harmonie des Kosmischen und das Wissen darum nicht denkbar. Die Ordnung des Seins ist etwas von alters her Gegebenes; sie erfüllt sich gerade darin, daß der Mensch dieses Gegebene als das erkennt, was es ist: eine unumstößliche Ordnung.

Diese Ordnung wird in den die Urworte darstellenden Begriffen, die sich aus orphischer Ferne überliefert haben, gebildet: Daimon (Dämon), Tyche (das Zufällige), Eros (Liebe), Ananke (Nötigung) und Elpis (Hoffnung). Goethe schließt dabei an eine ägyptische Überlieferung an, die *Sarturnalia*, eine spätantike Schrift des Neuplatonikers Ambrosius Theodosius Macrobius, der zufolge bei der Geburt eines Menschen die vier Gottheiten Dämon, Tyche, Eros und Ananke zugegen seien. In diesen Zusammenhang gehöre nach Angaben des dänischen Altertumforschers Zoëga, den Goethe studiert hat, auch Elpis, obgleich die Hoffnung in den älteren griechischen, also den genuin orphischen Zeugnissen, eigentlich keine Rolle spiele, später aber immer häufiger in diese Reihe aufgenommen werde. Goethe hat sich hier offenbar bereitwillig der Darstellung Zoëgas angeschlossen und Elpis in den Kanon der orphischen Worte aufgenommen, nicht zuletzt wohl deshalb, weil er selbst Elpis als unverzichtbare Ergänzung des existentiellen Koordinatensystems, das die orphischen Worte bildeten, aufgefaßt hat.

III.

In der ersten Stanze, *Daimon*, geht es um das Problem der Metamorphose. Zwar bedeutet der Dämon für den Menschen eine bestimmte Art von Festlegung, der er zeitlebens nicht zu entkommen vermag, doch bleibt das Entscheidende die Möglichkeit von Entwicklung, die sich auf dieser Basis abspielt: „Und keine Zeit und keine Macht zerstückelt / Geprägte Form, die lebend sich entwickelt." Zuvor heißt es: „So mußt du sein, dir kannst du nicht entfliehen", doch ist es gerade die „geprägte Form", die den Ausgangspunkt zur Steigerung durch Metamorphose birgt. Anti-Chaos könnte man dieses Prinzip nennen, also geordnetes Wachsen aus einem unveränderlichen Kern heraus. Dämon – in bewußter Abweichung zum Dämonischen, das bei Goethe eine etwas andere Rolle spielt[3] – beinhaltet die Grundidee des Individuums, das Ineinanderspielen von Festlegung und Entwicklung in einer einmaligen Monade.

---

[3] Vgl. dazu Christian Schärf: *Goethes Ästhetik. Eine Genealogie der Schrift.* Stuttgart/Weimar 1994, S. 208 ff.

Orphisch ist an dieser Strophe, daß der Dichter diese Festlegung auf den Stand der Gestirne zurückführt, eine Sichtweise, die die alten Griechen von den Ägyptern übernommen haben dürften, bei denen die Astronomie eine Grundlagenwissenschaft darstellte.

Goethe scheut sich nicht, einen astrologischen Einstieg zu präsentieren, wie er es auch am Beginn von *Dichtung und Wahrheit* bei der Schilderung seiner Geburt gemacht hat. Doch bleibt das astrologische Moment beschränkt auf die Determinierung des Dämon im Individuum, also des Kerns, der die Lebensbahn des selbständigen Einzelwesens unbeirrbar lenkt. Es ist dies gerade kein Determinismus im astrologisch-hermetischen Sinne, sondern nicht mehr als eine Grundlegung. Alles Weitere ist eine Frage der Metamorphose.

Tyche, das Zufällige, bildet einen Gegenpol zu Dämon, man könnte sagen, die äußere Einflußsphäre, der jeder unterworfen ist und die niemand beherrscht: „Ein Wandelndes, das mit und um uns wandelt." Dazu gehört die Geselligkeit, mithin die Gesellschaft und zwangsläufig die Kommunikation: „Es ist ein Tand und wird so durchgetandelt." – Eine wichtige Bemerkung, da kaum ein Philosoph zu Goethes Zeit auf die Tatsächlichkeit der Lebenswelt eingegangen ist, auf das Zeug, das Geschwätz, das Verfließen der Zeit im konkreten Erleben, die Folgenlosigkeit der Vorgänge und der Unterhaltungen. Dies alles bewirkt das als sinnlos erfahrene Verrinnen der Zeit, mithin den unersetzbaren Verlust von Lebenszeit, und dieses Gefühl fordert den Wunsch nach Intensität heraus, Intensität des Erlebens als Inbegriff sinnhafter Selbsterfahrung: „Schon hat sich still der Jahre Kreis geründet, / Die Lampe harrt der Flamme, die entzündet."

Dieser Wunsch findet in *Eros* seine Entsprechung, im Erotischen, so muß man es enger fassen, denn so ist es hier gemeint. Die Liebe ist das eigentliche Intensitätspotential des Daseins, das Gefühl der Unbedingtheit als Höchstgrad intentionaler Selbstgewißheit. Trotz aller Wirrnisse, die die Liebe mit sich bringt, liegt in ihr das eine Wahre, von dem schon die alten Philosophen gesprochen haben, das metaphysische Substrat des Daseins: „Gar manches Herz verschwebt im Allgemeinen, / Doch widmet sich das edelste dem Einen." – Das sind deutliche Worte, wie überhaupt die *Urworte. Orphisch* nichts an Deutlichkeit vermissen lassen. Eros bildet das Zentrum der fünf Stanzen, das Gestirn, um das die anderen Strophen gleichsam kreisen. Es ist dies Goethes Auffassung von Liebe und Erotik als der einzigen Möglichkeit, über den Tand des Daseins hinauszugelangen und einen Sinn zu sehen, wo es eigentlich nichts Sinnhaftes geben kann. Das ist das Gegenteil von Prophetie; es ist Erfahrungswissenschaft als philosophische Psychologie. Die Durchdringung des Existentiellen und des Psychischen vollzieht sich in der Liebe wie nirgends sonst und bewirkt einen Höchstgrad von innerer Steigerung.

Aber auch dieses Phänomen hat einen Gegenpol, *Ananke*. Goethe übersetzt es als ‚Nötigung': „Bedingung und Gesetz; und aller Wille / Ist nur ein Wollen, weil wir eben sollten, / Und vor dem Willen schweigt die Willkür stille; / Das Liebste wird vom Herzen weggescholten, / Dem harten Muß bequemt sich Will' und Grille." Die Notwendigkeit, das Sachzwangprinzip, wirkt empfindlich auf die Höhenflüge der Liebe ein und vermag es, ihr Steigerungspotential, ihre göttliche Selbstherrlichkeit so weit einzuschränken, daß diese Gefühle fast gänzlich ersterben. Ananke ist das Phänomen der Kapitulation des Menschen vor höheren Mächten, die gnadenlos mit uns umgehen, die uns nicht schonen, denen es nicht um unser Wohl zu tun ist und die uns darauf hinweisen, daß wir sinnlos unsere Pflicht zu erfüllen haben. Goethe spricht von Verengung durch den Verlust des Scheinhaften, der Illusionen also, die den jüngeren Menschen antreiben. Das ist der Gegenpol zum Eros, der wiederum mit dem ersten Phänomen, dem Dämon, korrespondiert und letztlich die ernüchternde Synthese von Dämon und Tyche bildet.

Ananke steht in der Folge der Urworte nach Eros, und in diesem Sinne ist die Abfolge von äußerster Bedeutung. Die Frage ist ja, was eigentlich bleibt vom Leben, ist die Nötigung das synthetische Produkt aus allen Erfahrungen? Wenn es die Griechen hierbei belassen haben, dann entsprach das ihrer Welt- und Lebensauffassung. War schon Dämon kein individuelles Prinzip, so kann es jenseits von Ananke auch keine Lösung des Zwangs geben. Geburt und Untergang des einzelnen sind eherne Gesetze, in denen auch Eros eine vollkommen fixierte Rolle spielt, die mit unserer modernen Auffassung von Liebe nicht zu verwechseln ist. Doch Goethe schreibt hier über den modernen Menschen, es geht ihm nicht darum, das antike orphische Lebensgefühl nachzubilden und gleichsam als poetischer Kulturhistoriker zu wirken; er nimmt die orphischen Begriffe für seine eigene Aussageabsicht in Funktion, auf sich und seine Weltdeutung hin. Das bewirkt naturgemäß eine Verschiebung der Gewichte.

In Goethes Auffassung muß *Elpis* hier noch hinzutreten. Die Hoffnung durchbricht die Mauer der Ananke, und zwar mit Leichtigkeit. Ohne die Hoffnung würde der neuzeitliche Mensch nicht zu existieren vermögen, das Schicksalsprinzip der allgegenwärtigen Nötigung brächte ihn um den Verstand. So kommt wieder das Individuum in den Blick, dessen Fundament in der Hoffnung liegt. Nur durch die Hoffnung, die das Christentum dem Abendland eingepflanzt hat und die die vorchristliche Antike so nicht kennt, kann das Leben ausgehalten werden. Die Intensitätsschübe des Erotischen vergehen und lassen buchstäblich nur die Trostlosigkeit zurück: „Wolkendecke, Nebel, Regenschauer". Aus dieser Öde nun kommt unzweifelhaft Elpis: „Ein Wesen regt sich leicht und ungezügelt: / Aus Wolkendecke, Nebel, Regenschauer / Erhebt sie uns, mit ihr, durch sie beflügelt; / Ihr kennt sie wohl, sie schwärmt durch alle Zonen; / Ein Flügelschlag – und hinter uns Äonen."

Was für eine letzte Zeile! „Ein Flügelschlag – und hinter uns Äonen." Das ist das Wesen der Hoffnung, das Aufschwingen zum Unmöglichen, der Aufbruch, der alles hinter sich läßt, Jahrhunderte, Zeitalter, Äonen. Und man beachte, Elpis kommt nach Ananke, gehört also nicht ins Arsenal der sich verflüchtigenden Illusionen, sondern ist substantiell, der Überhöhungsvorgang schlechthin, Überhöhung im Existentiellen wie im Ästhetischen. – Es ist der sich aufschwingende Geist, das formschaffende Prinzip, Tun und Denken, wie es in den *Wanderjahren* programmatisch heißt, Denken und Tun. Daß dieses alles entscheidende Moment für Goethe nicht ins Reich des Illusionismus gehört, sondern die Nötigung noch übersteigt, kann als Schlüssel für seine lebenslange Produktivität angesehen werden. Hier gibt es keine Redundanzen, keine Wiederholungen, alles ist Metamorphose, Weiterentwicklung, die ihren Sinn nicht darlegen muß, sondern ihn in sich trägt, eben in der Bewegung der Verwandlungen selbst. Elpis ist nicht das spirituelle Prinzip Hoffnung, mit dem Ernst Bloch das 20. Jahrhundert prophetisch unter Spannung setzte. Es ist der den Dingen selbst einwohnende Impuls des Wachsens und des im Wachsen über sich Hinauswachsens – in Goethes Augen der Grundimpuls aller Dichtung, die sich notwendig aus der Verfallenheit des Seins an die Zeit ergibt.

IV.

Von diesem Punkt an ist klar, daß dies Goethes höchstpersönliche Urworte sind und daß ihre Herkunft aus der Orphik einen ganz eigenen metaphorischen Wert hat. Die dunkle Frühphase der existentiellen Deutung verbindet sich ebenso umstandslos wie rätselhaft mit der Gegenwart um 1820. Die Vermittlung poetischer Energie funktioniert von einem Ende der Menschheitsgeschichte zum anderen und integriert alle Basisveränderungen kulturgeschichtlicher und medialer Art. Goethes Kosmogonie ist sowohl das Ergebnis eines eklektizistischen Synkretismus, der sich über dem Prinzip des Individuums schließt, als auch unumstößliche Gewißheit, deren Autorität sich aus nichts anderem als dem Sprechen und seinen Inhalten selbst ergibt. Das ist ein Widerspruch in sich. Es muß in dieser poetischen Sprache ein Relais geben, das das Synkretistische mit dem Mythischen so verbindet, daß der Eindruck einer seit unvordenklicher Zeit gültigen Autorität entsteht.

Der Rückgriff auf Orpheus birgt die Aura einer vorschriftlichen Unmittelbarkeit. Wer spricht eigentlich zu wem? Welche Rolle nimmt Goethe hier ein, indem er ‚Urworte' aufnimmt und wieder von sich gibt? Bedeutet nicht orphisch, daß sich der Lyriker, der sich dieser Begriffe bedient, ins sphärische Bedeutungsfeld jener Worte hineinbegibt, die Rolle des Orpheus zwangsläufig annimmt, des singenden Kopfes, der zum Orakel wird? Damit gewänne das Orakelhafte, die Wahrheit im Rätsel, sein Übergewicht über die Vereindeutigung des Sinngehalts zurück, die die Schriftlichkeit über den Gesang verhängt hat. Das orphische Orakel wäre dann zugleich Ausdruck existentieller Wahrheit und Verrätselung dieses Ausdrucks.

Goethes Beschwörung eines orphischen Sprechens trägt alle Anzeichen einer poetisch-strategischen Handlung. Die äußerste Form von Gewißheit, das kosmogonische Wissen, verträgt keinen individuellen Sprecher. Auch wenn es hier um die Metamorphose des Individuums geht, darf die Mitteilungsform niemals eine individuelle sein. Sie muß vielmehr Individualität im Sprechakt übersteigen, muß sich auf die Grauzonen des tonalen Ursprungs ausdehnen.

Aus der Ursprungslosigkeit kommen diese Worte, das ist das Entscheidende. Orpheus und die Orphik sind nichts weniger als die Inbegriffe der Ursprungslosigkeit philosophisch-lyrischer Wahr-Sagung. Das Wahr-Sagen im wörtlichen Sinne hat zwei Bedeutungspole: die Wahrheit sagen als Sagen, wie es ist, und das Sagen der Wahrheit, also durch das Sagen erst einen Sachverhalt als Wahrheit exponieren. Wobei Sagen expressis verbis in Opposition zu Schreiben steht. Die eigentliche Autorität des Wortes, darauf insistiert Goethe in den *Urworten. Orphisch* wie an keiner anderen Stelle seines Werkes, liegt im Sagen. In der Schrift dagegen ist ein platonisches Abbildverhältnis von Wahrheit und Darlegung entstanden. Die zu entziffernde Schrift verweist zuerst auf die Quelle des Gesagten, ist nur Abbild der Autorität der Stimme, die als solche allein dazu in der Lage ist, die Hörer mit einem Bann zu belegen. Der Leser dagegen ist außerhalb dieses Banns, wird durch die Prozedur des Entziffern sogar zur Verselbständigung seiner Kritikfähigkeit gegenüber dem Geschriebenen geführt.

Etwa zur Zeit der Entstehung der *Urworte. Orphisch* schreibt Goethe das Einleitungsgedicht zum *West-östlichen Divan*, *Hegire*. In der dritten Strophe dieses Gedichts heißt es über den Plan, sich poetisch in einen phantastischen Orient zu flüchten: „Wo sie Väter hoch verehrten, / Jeden fremden Dienst verwehrten; / Will mich freun der Jugendschranke: / Glaube weit, eng der Gedanke, / Wie das Wort so wichtig dort war, / Weil es ein gesprochen Wort war" (HA 2, S. 7).

Hier, in unmittelbarer zeitlicher Nähe zu den *Urworten. Orphisch* haben wir den programmatischen Aufruf zur Rückkehr zum gesprochenen Wort, also zur Restituierung der Sphäre des Orpheus. Die Schrift als Inbegriff der jüdisch-christlichen Autorität des Gotteswortes wird zurückgewiesen zugunsten der direkten Autorität des Gesprochenen. Betrachten wir diesen Zug im Kontext des *Divan*, so gibt er sich als Instrument einer geistigen Flucht zu erkennen, einer Flucht, die Goethe selbst als solche bezeichnet, ja man kann sagen, die er feiert. ‚Hegire' heißt, rückübersetzt ins Arabische, nichts anderes als Flucht, Exodus; es ist die Bezeichnung für die Emigration des Propheten Mohammed von Mekka nach Medina im Jahre 622, mit der eine neue Zeitrechnung, die islamische, beginnt. Dennoch ist es nicht der Islam als Religion, der Goethe hier interessiert und auf den die Apologie des gesprochenen Wortes zielt. Es ist die Imagination der Vorschriftlichkeit schlechthin, die mit den unterschiedlichsten Sphären identifiziert wird, mit der Welt des Hafis im Persien des 11. Jahrhunderts oder mit dem legendären Orpheus und der Orphik. Jedesmal ist es der Mythos der Ursprungslosigkeit, eines Zwischenreichs zwischen historischer Überlieferung und phantastischer Überhöhung, die Goethe anzieht und die er zu restituieren sucht.

Auf dieser Stufe gehen bei Goethe Metamorphose und Kosmogonie zusammen. Der Kunstgriff auf die orphischen Worte ermöglicht einen dichtungshistorisch einmaligen Akt, in dem das Prinzip des Individuellen, also die Keimzelle des modernen Perspektivismus und Relativismus, mit der unumstößlichen Gewißheit des kosmogonischen Sehers ausgesprochen wird. Sosehr sich die Poeten in der Nachfolge Goethes auch bemühten, das schafften sie nicht mehr – falls sie es überhaupt noch wollten. Nietzsches Rückgriff auf die Orphik steht ebenso wie Rilkes *Sonette an Orpheus* im Dienste einer Überwindung des *principium individuationis*, soll also gerade nicht die Synthese aus Individuellem und Überindividuellem herstellen.[4]

Die einmalige Verschmelzung beider Sphären, die Goethe in den *Urworten. Orphisch* gelungen ist, rührt an den Kern des produktiven Mythos, den dieser von sich entworfen hat und der zum goetherezeptiven Trauma der Moderne geworden ist. Die mythologische Absicherung einer Weltanschauung konnte nur durch die Optimierung ihrer Medien gelingen. Diese Medien mußten eine solche Geschlossenheit erzeugen, die das Wahrheitssubstrat ihrer Inhalte im Unangreifbaren ansiedelt. Das Unangreifbare aber ist in diesem Verständnis das Unvordenkliche der Ursprungslosigkeit.

Solche Überlegungen führen zurück hinter die Koinszenierung von Metamorphose und Kosmogonie in einem lyrischen Akt. Orpheus, das ist der Sänger vor der Schrift, der nicht zu fassende, wilde Rhapsode einer frenetischen Utopie: daß der Gesang die ganze Welt ausfüllen möge, nach allen Himmelsrichtungen, alle Bedeutungen durchdringend. Solcher Gesang ist das Beängstigende schlechthin, eine Ent-Setzung der Ordnungen, ein Überschäumen des erotischen Furors aus dem Augenblick seiner Kulmination. Orpheus' Gesang ist ein Orgiasmus, das hat Nietzsche erkannt und versucht, über den Orgiasmus die Erneuerung der Kultur jenseits des Individuellen einzuleiten.

Bei Goethe hingegen herrscht alles andere als ein orgiastisches Chaos; vielmehr ist Anti-Chaos die Botschaft, Orpheus als Orakel. Goethe zielt auf jenen Punkt des Mythos, an dem der orgiastische Sänger bereits von den Mänaden, jenen von dem Gott Dionysos in ekstatische Raserei versetzten Frauen, zerrissen und sein singender Kopf zu einer Institution des Sagens erhoben worden ist, zu einem Orakel. An die Stelle des dionysischen Orgiasmus tritt in Goethes Version die organische Entwicklung einer Stufe aus der anderen, Metamorphose also. Ein göttliches Prinzip wird anvisiert, aber nicht in transzendenter Spiritualität, sondern im empirischen Erkennen der Gesetzlichkeit des Daseins. „Im Namen dessen, der Sich selbst erschuf! / Von Ewigkeit in schaffendem Beruf; / In Seinem Namen, der den Glauben schafft, / Vertrauen, Liebe, Tätigkeit und Kraft; / In Jenes Namen, der, so oft genannt, / Dem Wesen nach blieb immer unbekannt:" (HA 1, S. 357) – *Procemion*, 1816 entstanden, also ein Jahr vor den *Urworten. Orphisch*. Das Wahre zeigt sich im Gleichnis, im Abbild – so sagt es der Dichter. Aber wer ist der Dichter?

---

[4] Vgl. Johanna J. S. Aulich: *Orphische Weltanschauung der Antike und ihr Erbe bei den Dichtern Nietzsche, Hölderlin, Novalis und Rilke*. Frankfurt/M. u.a. 1998.

Es war und ist naheliegend, den alten Goethe selbst mit dieser Gestalt zu identifizieren; gerade die späten spruchhaften und weltanschaulichen Gedichte laden dazu ein. Goethes Weltanschauung und sein lyrisches Sprechen werden dann unmittelbar identisch gesetzt. Die Identifikation geht so weit, daß man auch den Sprachduktus etwa der *Urworte. Orphisch* mit Goethes innerster Absicht gleichsetzt und darin keineswegs eine lyrische Rolle, einen in bestimmter Absicht stilisierten Sprechakt erblicken will. Diese interpretatorische Vorentscheidung ist noch an den neuesten Deutungen abzulesen, im *Goethe-Handbuch* etwa, wo der Interpret trotz einer Durchleuchtung der ästhetischen Problematik der *Urworte* zuletzt das Rätsel zu vereinnahmen sucht und in den fünf Stanzen das „Modell einer kommunikativen Ethik" erblickt. Weiter heißt es dort: „Virtuell kann sie [die kommunikative Ethik; d. Vf.] durchaus in die Breite wirken, indem sie das Humanum direkt in die Wirklichkeit hineinverlagert. Deshalb trifft es keinesfalls die Intentionen G.s, wenn Spranger den orphischen *Urworten* ‚sibyllinische Tiefe' zuspricht [...] Wir haben es im Gegenteil zu tun mit einem Denkmodell für unsere gesellschaftliche Praxis."[5]

Daran kann man mit Berechtigung zweifeln. Die Überzeugungskraft des weltanschaulichen Gehalts ergibt sich, so meine These, gerade aus der besonderen Disposition des poetisch-mythischen Sprechakts. Der wäre, da er nun einmal das ethische Feld absteckt, um das es hier gehen soll, nicht vom Aussagegehalt zu subtrahieren. Vielmehr wäre, das legt Lyrik immer nahe, die Form des Sprechens die eigentlich semiotisierende Prozeßebene solcher Aussagen. Der Mechanismus der Deutungen von Goethes später Lyrik läuft vielfach darauf hinaus, die Sprachform restlos mit dem Inhalt im Sinne einer Bekenntnisaussage zu verrechnen: Bekenntnis als Darlegung einer poetisch-wissenschaftlichen Philosophie. Genau davon hat ja Goethe selbst in bezug auf die *Urworte. Orphisch* gesprochen, von einem Zusammenfallen von Poesie, Religion und Philosophie. Aber ist das Goethes Philosophie, die sich so mitteilt? Oder ist die Form der *Urworte* nur ein antikisierendes Muster, durch das der Dichter seine Philosopheme dem Publikum anzubieten sucht? Ein Muster, das man weglegen kann, wenn man sich von der Qualität der weltanschaulichen Ideen überzeugt hat? Wenn dies so ist, dann haben die bekannten Interpretationen, in denen kaum einmal kritisch auf den Begriff des Orphischen eingegangen wird, recht. Wenn dem aber nicht so wäre, welche Rolle spielt dann die Form des lyrischen Sprechens für die Bedeutung und mithin für die Deutung der fünf Stanzen?

In der Strophenfolge der *Urworte. Orphisch* wird das *principium individuationis*, das Goethe auf die Metamorphose der Formen gründet, in einer Weise dargelegt, die sich selbst als Formverwandlung aus der antiken Basis zu erkennen gibt. Urworte sind Worte, die sich von Zeitalter zu Zeitalter verwandeln, ihren existentiellen Kern jedoch immer bewahren. Um sich ihrer Autorität für die eigene Dichtung zu versichern, muß sich der individuelle Dichter ihren Wandlungen anpassen, muß er selbst zu einem Medium ihrer Metamorphosen werden. Der Dichter vertritt zwar immer noch seine Weltanschauung, jedoch medial gebrochen, durch die Transformation der Schrift ins gesprochene, von alters her sich vermittelnde Wort. Die Wiederherstellung lyrischer Mündlichkeit soll dazu dienen, das Individuum weltgeschichtlich und kosmologisch zu sanktionieren. Der orakelsagende Kopf des von den rasenden Frauen zerrissenen Sängers spricht nicht vom Furor des dionysischen Kults, sondern vom evolutiven Formgesetz des Individuums. Dieses ist unzerstörbar – *individuum est ineffabile*, ein Lieblingswort des alten Goethe –, weil es die Hoffnung

---

5 Theo Buck: *„Urworte. Orphisch"*. In: *Goethe-Handbuch*. Bd. 1: *Gedichte*. Hrsg. von Regine Otto und Bernd Witte. Stuttgart/Weimar 1996, S. 354–365; hier S. 364 f.

kennt, Elpis. Warum aber wurde Orpheus auf so grausame Weise von den Mänaden getötet? – Weil er sich von Dionysos, dem Gott des Orgiasmus, losgesagt hatte, weil er sich dem Verlöschen des Individuums im Rausch widersetzte, weil er Elpis beschwor, wo der rasende Gott die totale Selbstauslieferung an den Determinismus der Ananke einforderte?

Metamorphose als Entwicklungsgesetz des Einzelphänomens bedeutet, bezogen auf Goethe als Dichter, die Herausbildung einer produktiven Stufe aus der anderen. Für das unabsehbare Weiterwirken dieses Impulses steht Elpis ein. Der Produktionsimpuls des organisch notwendigen Hervorgehens eines Werkes aus einem anderen, das einer biographischen Zwangsläufigkeit unterliegt, wird ins Mythische überhöht. Dadurch wird die Gestalt des Dichters als Träger und Bekenner einer Weltanschauung ins Unbestimmbare und Unbegreifliche entrückt. Er gleicht sich Orpheus an, seine Verse werden zu Orakelsprüchen. Damit wird der Versuch, Goethe aus sich selbst, aus seinen Orakelsprüchen heraus, zu begreifen, zumindest fragwürdig.

Der Ausdruck „Bruchstücke einer großen Konfession", mit dem Goethe die Gesamtheit seiner Werke in *Dichtung und Wahrheit* charakterisiert hat, muß so vielleicht etwas anders als gewohnt verstanden werden. Die von diesem Wort aus unterstellte Korrespondenz von Weltanschauung und dichterischem Ausdruck wird zumindest in den *Urworten. Orphisch* unterlaufen durch die Verschmelzung von poetischer Schriftlichkeit und mythischer Oralität zu einem lyrischen Medium, das die kosmogonische Gewißheit eines die Zeiten überblickenden und die Zeiten überspannenden Sprechers repräsentiert. Dieser Sprecher ist weder in der Zeit noch im Raum zu fixieren; mithin erlischt seine Person als Identifikationspunkt weltanschaulicher Gehalte. Sie entrückt ins Rätselhafte, Numinose, in einen geistigen Raum also, indem die philosophische Aussage ihre Struktur verändern muß. Sie wandelt sich von einer argumentativen Darlegung in eine Beschwörung; ihr Sinngehalt wird vom Überzeugungssubstrat zu einem religiösen Gebot.

Ich habe auf diese Zusammenhänge hingewiesen, um auf Goethes latente Fremdheit aufmerksam zu machen, die durch die scheinbare Vertrautheit hindurchscheint. Diese Vertrautheit mit dem Goetheschen Bekennertum wird nicht zuletzt auch von philologischen Interpretationen immer wieder prätendiert. Nicht an der epochenübergreifenden Gültigkeit der Aussagen des Lyrikers Goethe wäre zu zweifeln. Aber es bleibt festzuhalten, daß die Form der lyrischen Sprechakte jenseits des Bekenntnischarakters eine Sinnebene schafft, die die Rede vom Individuum und seiner Metamorphosen in den Mythos entrückt und so zu einem kosmogonischen Sagen gerinnt. Der Eindruck, man habe es mit Bekenntnissen unumstößlichen Wissens zu tun, rührt in erster Linie aus der medialen Verfaßtheit solchen Wissens. Seine persuasive Kraft entspringt nicht aus der klaren und distinkten Darlegung, sondern verdankt sich der mythomorphen Diktion.

Goethes Ethik ist die eines Menschen, der uns als Individuum noch verständlich erscheint, zugleich ist sie aber auch eine Ethik der ästhetischen Anverwandlung an einen Mythos, dem Goethe selbst wohl noch deutlich näher stand als wir heute. Lyrisches Sprechen als Medium ethischer oder auch bekenntnishafter Wahrheit sollte in seiner Phänomenalität als Forum orphischer und damit mythischer Diktion nicht unterschätzt werden. Das trifft auf Goethe insgesamt zu, auch bereits auf den frühen Lyriker, den Dichter des Sturm und Drang. Es kulminiert im spruchhaften Bekenntniston der späten Lyrik, in der das Bekennen immer zugleich ein Beschwören des Rätsels ist, das sich im Bekennenden zentriert. Wie weit diese Ethik von uns heute entfernt liegt, läßt sich kaum sagen – in jedem Fall aber weiter, als Goethe selbst die historische Strecke zwischen sich und dem mythischen Sänger Orpheus empfunden haben mag.

WALTER HINCK

Der „große Jupiter"?

Zum Wandel in Heinrich Heines Goethe-Bild[*]

Eine Audienz

In seinem Tagebuch vom 2. Oktober 1824 notiert Goethe den lapidaren Satz: „Heine von Göttingen".[1] – Eine dürftige Nachricht über die einzige Begegnung zweier Männer, die einmal in der Welt als die ersten Repräsentanten der deutschen Literatur gelten sollten. Natürlich bestand da der enorme Unterschied im Alter, im literarischen Renommee und in der gesellschaftlichen Stellung. Für den berühmten fünfundsiebzigjährigen Dichter und Staatsmann in Weimar war der von der Berliner zur Göttinger Universität zurückgekehrte und von einer Harzreise kommende Jurastudent nur einer unter vielen, die in Weimar um ein Gespräch nachsuchten. Und Goethes Zeit war bemessen, für bloße Leutseligkeiten zu kostbar, weshalb auch so viele Besucher die Audienzatmosphäre im Haus am Frauenplan als frostig empfanden. Aber ist damit schon das Fehlen jeglichen Kommentars im Tagebucheintrag erklärt? Immerhin hatte Heine bereits zwei seiner Frühwerke an Goethe geschickt: 1821 sein erstes Gedichtbuch und 1823 den Band *Tragödien, nebst einem lyrischen Intermezzo.* Gewiß hatte der Begleitbrief zum ersten Band, hatte die Widmung etwas geradezu Unterwürfiges, zumal im Schlußsatz: „Ich küsse die heilige Hand, die mir und dem ganzen deutschen Volke den Weg zum Himmelreich gezeigt hat" (HSA 20, S. 46). Aber zum einen war zu dieser Zeit das Ohr vom höfisch-amtlichen devoten Stil her noch einiges gewöhnt, andererseits sollte man Goethes Empfindlichkeit gegen Schmeicheleien nicht überschätzen. Nein, die Kargheit der Goetheschen Tagebuchnotiz muß andere Gründe haben.

Über die Begegnung am 2. Oktober 1824 gibt es manche Anekdote, Zuverlässiges wissen wir kaum; Goethe hat auch später darüber nichts verlauten lassen. Erhalten ist der Brief, mit dem sich Heine, von der Harzreise oder, wie er schreibt, von einer „Gesundheitsreise" kommend, als Pilger vorstellt und um Besuchserlaubnis bittet. Um die Begegnung selbst

---

[*] Erweiterte Fassung eines Vortrags, den der Verfasser am 11. März 2000 im Rahmen des 5. Kasseler Goethe-Seminars *Goethe-Rezeption in Deutschland* gehalten hat.

[1] Goethe wird zitiert nach der Weimarer Ausgabe (WA); hier WA III, 9, S. 277, und der Hamburger Ausgabe (HA). Heine wird zitiert nach der sechsbändigen Dünndruckausgabe: *Sämtliche Schriften.* Hrsg. von Klaus Briegleb. München 1968 ff. (SS), der Düsseldorfer historisch-kritischen Ausgabe. Hrsg. von Manfred Windfuhr. Hamburg 1973 ff (DHA) und der Weimarer und Pariser Säkularausgabe: *Werke, Briefwechsel, Lebenszeugnisse.* Berlin und Paris 1962 ff. (HSA).

ranken sich die Legenden. In der einen, von Heine selbst in die Welt gesetzten, ist die Ironie ganz unüberhörbar. Sie findet sich an jener Stelle, an der uns auch die Wendung vom „großen Jupiter“ begegnet, im Ersten Buch der Schrift *Die romantische Schule* (1833/36):

> Um seinen Mund will man einen kalten Zug von Egoismus bemerkt haben; aber auch dieser Zug ist den ewigen Göttern eigen, und gar dem Vater der Götter, dem großen Jupiter, mit welchem ich Goethe schon oben verglichen. Wahrlich, als ich ihn in Weimar besuchte und ihm gegenüber stand, blickte ich unwillkürlich zur Seite, ob ich nicht auch neben ihm den Adler sähe mit den Blitzen im Schnabel. Ich war nahe dran ihn griechisch anzureden; da ich aber merkte, daß er Deutsch verstand, so erzählte ich ihm auf deutsch: daß die Pflaumen auf dem Wege zwischen Jena und Weimar sehr gut schmeckten. Ich hatte in so manchen langen Winternächten darüber nachgedacht, wie viel Erhabenes und Tiefsinniges ich dem Goethe sagen würde, wenn ich ihn mal sähe. Und als ich ihn endlich sah, sagte ich ihm, daß die sächsischen Pflaumen sehr gut schmeckten. (SS 3, S. 405)

Zeitlich näher liegende Zeugnisse Heines, Briefe an Freunde, erwähnen nur den guten Gänsebraten und das gute Bier in Weimar oder sprechen vom schlechten Aussehen und der Hinfälligkeit Goethes. Auf einen möglicherweise neuralgischen Punkt des Gesprächs weist hin, was der Bruder Maximilian – nach der Erzählung Heines – über den Besuch berichtet:

> Die Unterhaltung, wenn auch nicht gerade über das Wetter, bewegte sich auf sehr gewöhnlichem Boden, selbst über die Pappelallee zwischen Jena und Weimar wurde gesprochen. Da richtete plötzlich Goethe die Frage an Heine: „Womit beschäftigen Sie Sich jetzt?“ Rasch antwortete der junge Dichter: „Mit einem Faust“.[2]

Unter allen denkbaren Antworten war dies die unpassendste, denn Goethe rang noch mit dem Stoff von *Faust II* und konnte sich hier – wenn diese Version stimmt – von einem Anfänger in die Schranken verwiesen fühlen.

Von Heines tatsächlicher Rivalität, von seiner späteren Bearbeitung des Faust-Stoffes wird noch zu sprechen sein. Läßt man das Ungefähr bloßer Vermutungen außer acht, so bleibt doch der Eindruck eines für Heine nicht eben rühmlichen Verlaufs der Audienz und einer Enttäuschung, die tief saß, aber sich zu tarnen versuchte. Ob die Weimarer Episode sein inneres Verhältnis zu Goethe entscheidend verändert hat, bleibt offen, denn es war auch vorher schon durchaus zwiespältig. Die kritiklose Goethe-Verehrung im Berliner Kreis um Rahel Varnhagen reizte Heine zum Widerspruch, andererseits waren ihm für seine eigenen künstlerischen Ambitionen Wohlwollen und Gönnertum Rahels zu wichtig, als daß er nicht auf ihr Werben für Goethe eingegangen wäre. Halb ironisch, halb bußfertig schreibt er am 27. November an Rahels Bruder Robert in Berlin:

> Sie können kaum glauben wie artig ich mich jetzt gegen Frau v. Varnhagen betrage, – ich habe jetzt, bis auf eine Kleinigkeit, den ganzen Göthe gelesen!!! Ich bin jetzt kein blinder Heide mehr, sondern ein sehender. Göthe gefällt mir sehr gut. (HSA 20, S. 125)

---

2 Maximilian Heine: *Erinnerungen an Heinrich Heine und seine Familie.* Berlin 1868, S. 123.

Aber er hatte sie nicht einfach preisgegeben – seine Bedenken gegen das „aristokratische“ Gebaren dessen, der ihm 1823 „ein großer Mann in einem seidnen Rock“ ist (DHA 6, S. 29), ja den er in einem Brief an Karl Immermann vom 24. Dezember 1822 für tot erklärt (HSA 20, S. 61). Als „großherzogliche Weimarsche Hofprosa“ verspottet er denn auch noch im Januar 1824 die Dichtung Goethes (HSA 20, S. 138).

Heines Urteil über Goethe verschärft sich nach dem Besuch in Weimar nicht eigentlich, er besteht aber klarer auf der eigenen Gegenposition. An seinen Freund Moses Moser schreibt er um die Mitte des Jahres 1825, Goethe und er seien „zwey Naturen“, wechselseitig abgestoßen durch ihre „Heterogenität“ (HSA 20, S. 205). Diese „Heterogenität“ erklärt er genauer im Brief an den Freund Rudolf Christiani vom 26. Mai 1825, im Bericht über sein Zusammentreffen mit Goethe:

> In vielen Zügen erkannte ich den Göthe, dem das Leben, die Verschönerung und Erhaltung desselben, so wie das eigentlich praktische überhaupt, das Höchste ist. Da fühlte ich erst ganz klar den Contrast dieser Natur mit der meinigen, welcher alles Praktische unerquiklich ist, die das Leben im Grunde geringschätzt und es trotzig hingeben möchte für die Idee. Das ist ja eben der Zwiespalt in mir daß meine Vernunft in beständigem Kampf steht mit meiner angeborenen Neigung zur Schwärmerey. Jetzt weiß ich es auch ganz genau warum die göthischen Schriften im Grund meiner Seele mich immer abstießen, so sehr ich sie in poetischer Hinsicht verehrte und so sehr auch meine gewöhnliche Lebensansicht mit der göthischen Denkweise übereinstimmte. Ich liege also in wahrhaftem Kriege mit Göthe und seinen Schriften, so wie meine Lebensansichten im Krieg liegen mit meinen angeborenen Neigungen und geheimen Gemüthsbewegungen. (HSA 20, S. 199 f.)

Der Brief zeigt beispielhaft Heines Sicht auf Goethe und zugleich sein Selbstverständnis um die Mitte der 20er Jahre. Goethe werden Lebensgenuß sowie Sinn für das Reale, Praktische zugeschrieben. Gerade der 1819 erschienene *West-östliche Divan* hatte Goethes sinnliche Lebensauffassung auf hoher poetischer Stufe demonstriert. Und den praktischen Sinn bewiesen etwa der Roman *Wilhelm Meisters Wanderjahre* und nach wie vor die Führung der Amtsgeschäfte in Weimar. Daß sich Heine mit der zyklischen Anordnung seiner Lyrikbände an den *West-östlichen Divan* anschloß, hatte für die Konzeption der Lieder selbst keine Folgen. Die Zusammenfassung der frühen Sammlungen im *Buch der Lieder* zeigte Heine sowohl als Erben des Volkslieds wie in romantischer Tradition – trotz des ironischen Dementis solcher Gefolgschaft. Später, in der Vorrede zum Versepos *Atta Troll* (1843/47), bekennt er: „ich schrieb […] in der grillenhaften Traumweise jener romantischen Schule, wo ich meine angenehmsten Jugendjahre verlebt, und zuletzt den Schulmeister geprügelt habe“ (SS 4, S. 495).

Vernunft und Schwärmerei

Ist eine „grillenhafte Traumweise“ gemeint, wenn Heine im Brief aus dem Jahr 1825 von „Schwärmerey“ spricht? Offenbar nicht. Unter angeborener Neigung versteht er hier die aufopferungsvolle Hingabe für die Idee. Und wohl mit Recht verweist Jost Hermand auf eine Nähe zu Hegel, bei dem Heine in Berlin Vorlesungen gehört und den er im Salon Rahels getroffen hatte. Bedeutend gewesen seien für Heine zu dieser Zeit nur jene Männer, die Hegel in seinen *Vorlesungen über die Philosophie der Geschichte* die „Geschäftsführer des

Weltgeistes“ nenne, leidenschaftliche Naturen, die dem Genuß zugunsten der Arbeit im Interesse des „Weltgeistes“ entsagten.[3] Aber man darf in Heines Begriff der Schwärmerei einen ironischen Vorbehalt nicht überhören. Und es ist der Gegensatz zur „Vernunft“, dem anderen Pol in seiner Natur, der diese Schwärmerei sogar verdächtig macht. Der Gegensatz zu Goethe hat noch einmal ein Spiegelbild im eigenen Zwiespalt. Immerhin sehen wir Heine hier auf dem Wege zu jenen *Reisebildern* (1826–1831, 4 Bde.), in denen er den scheinbaren Anlaß des Schreibens, die Reisen (in den Harz, an die Nordsee, nach Italien), hinter freien Assoziationen verschwinden läßt und mit Erinnerungen, Kommentaren und Reflexionen, mit Einfällen und Exkursen, mit Essays und satirischen Einschüben ständig den Bezug zu gesellschaftlicher und politischer Wirklichkeit herstellt – auf dem Weg also zur Abkehr von einer autonomen, sich selbst genügenden Dichtung.

Auf einen entscheidenden Schritt Heines zur Loslösung von seinem romantischen „Schulmeister“ hat zum erstenmal Karl Robert Mandelkow aufmerksam gemacht und damit neues Licht auf den Begriff der „Schwärmerey“ gelenkt.[4] An den Gegensatz von Vernunft und Schwärmerei erinnert im zweiten Band der *Reisebilder*, im 15. Kapitel der *Ideen. Das Buch Le Grand* (1826/27) das Antipodenpaar „die Vernünftigen“ und „die Narren“. Heine sieht die Vernünftigen im Krieg mit den Narren. Die Vernünftigen sind hier die „Ruhigsten“ und „Mäßigsten“ und verschanzen sich in ihren „altaristotelischen Werken“, werfen aber dann und wann „wohlbewiesene Bomben unter ihre Feinde“. Ihre Gegner, die Narren, preisen zwar auch die „alleinseligmachende“ Vernunft, nehmen in Wahrheit jedoch Zuflucht zum „Vernunftsurrogat“: dem „Gemüt“, dem „Glauben“ und der „Inspiration“. Diese Narren nun, so sagt im Text der Ich-Erzähler im Gespräch mit „Madame“, bezichtigten ihn der Abtrünnigkeit, verdächtigten ihn als Spion in den Reihen der Narren. Er gibt den Narren Recht, er habe, obwohl von den Vernünftigen als Tor angesehen, „die heiligsten Bande zerrissen“ (SS 2, S. 297 f.).

Auch Goethe hatte in einem Brief an Heinrich Meyer (4. 7. 1817) vom gemeinsamen antiromantischen Manifest *Neu-deutsche, religios-patriotische Kunst* (1817) als einer Bombe geredet. Ob Heine über Mittelsmänner tatsächlich der Begriff der Bombe zugespielt worden ist, muß offenbleiben. Mandelkows Resümee (S. 78) jedenfalls hat Überzeugungskraft:

> Heines Bekenntnis seiner „unglücklichen Passion für die Vernunft“ im 15. Kapitel des *Buchs Le Grand* ist zugleich das zentrale, bisher nicht beachtete Bekenntnis seiner „unglücklichen Passion“ zu Goethe, seine Absage an das romantische Goetheverständnis und die romantische Goethekritik, in deren Namen auch er noch kurz zuvor gegen den „Lebemenschen“ Goethe protestiert hatte.

Mandelkow markiert hier eine Phase, in der sich Heine von der Romantik löst und Goethe zuwendet, aber sich noch im Niemandsland befindet. Ja, ein ihm hinterbrachtes abfälliges

---

3 Jost Hermand: *Der Blick von unten. H. Heine und Johann Wolfgang von Goethe*. In: *Großer Mann im seidenen Rock. Heines Verhältnis zu Goethe*. Mit einem Essay von Jost Hermand und 82 Abbildungen. Bearbeitet von Ursula Roth und Heidemarie Vahl. Stuttgart/Weimar 1999, S. 11. Vgl. außerdem Fritz Mende: *Zu Heinrich Heines Goethe-Bild*. In: Études Germaniques 23 (1968), S. 212–231; Christoph Trilse: *Das Goethe-Bild Heinrich Heines*. In: JbGG, N. F. 30 (1968), S. 154–191.

4 Karl Robert Mandelkow: *Heinrich Heine und die deutsche Klassik*. In: ders.: *Orpheus und Maschine. Acht literaturgeschichtliche Arbeiten*. Heidelberg 1976; vor allem S. 77–79.

Urteil Goethes über den zweiten Band der *Reisebilder* – einen „Gassenjungen" soll Goethe den Verfasser genannt haben – verstärkt die Vorbehalte: „Daß ich dem Aristokratenknecht Göthe mißfalle ist natürlich. Sein Tadel ist ehrend seitdem er alles Schwächliche lobt. Er fürchtet die anwachsenden Titanen. Er ist jetzt ein schwacher, abgelebter Gott", schreibt Heine am 30. Oktober 1827 an Moser (HSA 20, S. 302 f.). Auch wenn der Anspruch auf eine Titanenrolle hier die Trotzreaktion eines Gekränkten ist, aktualisiert sie doch einen alten antigoetheschen Affekt. Und gewiß nicht als Goethe-Anhänger oder gar -prophet setzt Heine 1828 die berühmt und zum Schlagwort gewordene These vom Ende des „Prinzips der Kunstidee", also vom Ende der Kunstperiode in Umlauf.

Aber zunächst verlangt noch ein historischer Aspekt Aufmerksamkeit, der Goethe und Heine in unmittelbarer Nachbarschaft, auf gemeinsamer Plattform zeigt: ihr Verhältnis zur geschichtlichen Gestalt Napoleons.

Das Napoleon-Bild

Bei Goethe haben die Begegnungen mit Napoleon Bonaparte am 2. Oktober 1808 in Erfurt und am 14. Oktober in Weimar eine dauerhafte Achtung und Bewunderung hinterlassen. Immer wieder kommt in den Unterhaltungen mit Eckermann das Gespräch auf Napoleon. Ein „Kompendium der Welt" nennt ihn Goethe im Gespräch vom 16. Februar 1826.[5] Die Französische Revolution und dann die Zeit unter Napoleons Regierung seien einer Entwicklung der französischen Poesie „aus der Pedanterie zu einer freieren Art" günstig gewesen, meint er am 4. Januar 1827. Nicht schöngeredet wird der ungezügelte Machtwille Napoleons; das traurige Ende auf St. Helena habe einen Mann getroffen, „der das Leben und Glück von Millionen mit Füßen getreten hatte" (10. 2. 1830). „Dämonisch" im „höchsten Grade" sei Napoleon gewesen, und dämonisch sei, „was durch Verstand und Vernunft nicht aufzulösen ist", heißt es am 2. März 1831. „Dämonische Wesen solcher Art rechneten die Griechen unter die Halbgötter." Einer der „produktivsten Menschen", die „je gelebt haben", ist ihm Napoleon (11. 3. 1828), ein grandioser Geist (19. 3. 1830). Selbst wenn man unterstellt, Goethes bewundernde Äußerungen seien nicht ganz unbeeinflußt von der Genugtuung darüber, daß Napoleon in seiner Feldbibliothek immerhin den *Werther* mit sich geführt (7. 4. 1829) und Goethe als bedeutende Persönlichkeit gewürdigt hatte, bleibt zweifellos seine Achtung vor Napoleon als exemplarischer Gestalt der Zeitgeschichte. Riemer zitiert 1807 Goethes Ausspruch: „Außerordentliche Menschen, wie N a p o l e o n, treten aus der Moralität heraus. Sie wirken zuletzt wie physische Ursachen, wie Feuer und Wasser" (3. Februar).[6]

Heine hat sich von Kindheit an, bei aller Differenzierung des Urteils, aus dem Bann der Gestalt Napoleons nicht lösen können. Von der Faszination, die der Einzug des Kaisers in Düsseldorf am 3. November 1811 auf den Jungen ausübte, gibt das achte Kapitel in *Ideen. Das Buch Le Grand* einen farbigen Eindruck. Die Gloriole eines Befreiers umstrahlt Napoleon, und für immer unvergessen bleiben Heine die „Segnungen" der französischen Besat-

---

5 Johann Peter Eckermann: *Gespräche mit Goethe in den letzten Jahren seines Lebens.* Hrsg. von Paul Stapf. Berlin/Darmstadt 1958.

6 Friedrich Wilhelm Riemer: *Mitteilungen über Goethe.* Auf Grund der Ausgabe von 1841 des handschriftlichen Nachlasses hrsg. von Arthur Pollmer. Leipzig 1921, S. 268.

zungsregierung in Düsseldorf: die Zuerkennung aller Rechte und Pflichten des Bürgers an die Juden. Seit der frühen Romanze *Die Grenadiere* ist Napoleon ein Fixstern in Heines Schriften. Die Napoleonverehrung im Buch *Ideen* mußte in Deutschland, wo die Napoleonischen Kriege noch in schmerzlicher Erinnerung waren, wie eine Provokation wirken.

Schon im dritten Teil der *Reisebilder* erscheint die Gestalt in anderer, kritischer Beleuchtung. Die Schwankungen im Napoleonbild Heines sind aus dem jeweiligen Funktionszusammenhang, in dem die Rolle Napoleons betrachtet wird, zu erklären. Im 29. Kapitel der *Reise von München nach Genua* von 1828 sieht Heine Napoleon nicht mehr als Erben der Französischen Revolution und Gegenbild zu den Monarchen der Zeit, sondern als einen Erneuerer der an „Altersschwäche" leidenden Aristokratie. Zum Leitstern wird Napoleon wieder nach der Übersiedlung in die französische Hauptstadt im Jahre 1831, in Berichten über Kunstausstellungen und Pariser Maler. Als eine Art saint-simonistischer Kaiser, dessen Herrschaft den unteren und ärmeren Klassen zugute kam, will Heine hier Napoleon sehen. Als der im Dezember 1848 zum Präsidenten der „Französischen demokratischen Republik" gewählte Charles Louis Napoléon, der Neffe Bonapartes, im Dezember 1852 das Kaisertum neu errichtete, begrüßte Heine den Staatsstreich als Wiedergutmachung eines Unrechts, das am verbannten Napoleon Bonaparte verübt worden sei.

Offenbar hat sich Heine hier nicht ganz jenem Napoleon-Mythos entziehen können, der in Frankreich nie erloschen war und sich nun im Glanz des neuen Kaisertums bestätigt fand. Goethes Anerkennung des „dämonischen", letztlich unerklärlichen, aber exemplarischen Individuums, dem moralische Maßstäbe nicht gerecht werden, seine Bewunderung des Genies und grandiosen Geistes – und Heines Verehrung Napoleons als Erben der Französischen Revolution und Werkzeug der Freiheitsidee, sie entstammen verschiedenen Erfahrungen und unterschiedlichen politischen Grundhaltungen. Aber ihnen gemeinsam ist die Distanz zu deutschtümelndem Patriotismus und ein weltbürgerlicher geistiger Horizont. Die wesentliche Differenz deutet sich an beim Gebrauch des Freiheitsbegriffes in den Äußerungen über Napoleon. Heine erlebt und versteht Napoleon als den Förderer bürgerlich-politischer Freiheit; die „freiere Art", die Goethe durch die Revolution begünstigt sieht, ist eine „freiere Art in der Poesie". Hier treten die Gegensätze klar zutage. Goethe ist an der Entwicklung der Kunst interessiert, an Freiheit als Bestandteil des „Prinzips" der „Kunstidee". – Damit wird die Aufmerksamkeit zu Heines These vom Ende der Kunstperiode zurückgelenkt.

Die „Kunstbehaglichkeit" und das jungdeutsche Manifest

Zum ersten Mal spricht Heine den Gedanken 1828 in seiner Rezension von Wolfgang Menzels Buch *Die deutsche Literatur* aus: „Das Prinzip der Goetheschen Zeit, die Kunstidee, entweicht, eine neue Zeit mit einem neuen Prinzipe steigt auf, und seltsam! wie das Menzelsche Buch merken läßt, sie beginnt mit Insurrekzion gegen Goethe. Vielleicht fühlt Goethe selbst, [...] daß neue frische Geister von der neuen Idee der neuen Zeit hervorgetrieben werden". Freilich beugt Heine einem Mißverständnis vor und bemerkt „ausdrücklich", daß „wir unter ‚Goethenthum' nicht Goethes Werke verstehen, nicht jene theuern Schöpfungen, die vielleicht noch leben werden, wenn längst die deutsche Sprache schon gestorben ist [...]; mit dem Worte ‚Goethenthum' deuteten wir oben auf Goethesche Formen, wie wir sie bey der blöden Jüngerschaar nachgeknetet finden, und auf das matte Nachpiepsen jener Weisen, die der Alte gepfiffen" (DHA 10, S. 247 f.). Immerhin konnte man Heines Besprechung das „eigentliche Gründungsmanifest des ‚Jungen Deutschland'" nennen[7] – jener Gruppe von Schriftstellern, deren Schriften 1835 verboten wurden und die – wie Heine später in der *Romantischen Schule* sagen wird – „keinen Unterschied machen wollen zwischen Leben und Schreiben, die nimmermehr die Politik trennen von Wissenschaft, Kunst und Religion, und die zu gleicher Zeit Künstler, Tribune und Apostel sind" (SS 3, S. 468). Aber es ist bezeichnend genug, daß Heines ‚Manifest' gegen das Kunstzeitalter zugleich eine Huldigung an die großen dichterischen „Schöpfungen" Goethes enthält.

Bestimmt also zu dieser Zeit eine Unentschiedenheit Heines Goethebild, so ist doch die Nähe zum jungdeutschen ‚Manifest' unverkennbar in Briefen an Varnhagen von Ense aus dem Jahre 1830: Gegen die „Kunstbehaglichkeit" des großen Zeitablehnungsgenies wird protestiert; nach der „Kunstperiode" meldeten sich „die höchsten Interessen des Lebens selbst, die Revoluzion tritt ein in die Literatur" (HSA 20, S. 389 u. S. 384). Eine entscheidende Akzentverschiebung aber zeichnet sich nach Heines Übersiedlung in die französische Hauptstadt im Jahre 1831 ab, und sie wurde faßbar vor allem in den beiden Schriften *Zur Geschichte der Religion und Philosophie in Deutschland* (1834) und *Die Romantische Schule* (1836; in Teilen, unter dem Titel *Zur Geschichte der neueren schönen Literatur in Deutschland*, schon 1833 erschienen).

Schon vor der Abreise nach Frankreich besitzt Paris für Heine besondere Anziehungskraft als Geburtsstätte einer revolutionären „Religion", des Saint-Simonismus. Durch Varnhagen lernte er die Zeitschrift kennen, die zumal nach der Julirevolution von 1830 von den Saint-Simonisten beherrscht wurde: *Le Globe*. Und es deutet auf einige innere Übereinstimmung, daß auch Goethe diese Zeitschrift – einen Sammelpunkt französischer Goethe-Verehrer – abonniert hatte. Was Heine am Saint-Simonismus, als dessen geistiger Kopf sich inzwischen Saint-Simons Schüler Enfantin durchgesetzt hatte, anzog, war eine neue Soziallehre mit religiösen Zügen, ein sozialer Pantheismus, das Gebot tätiger, handelnder Liebe, und der Gedanke einer „Rehabilitierung der Materie und des Fleisches", der Überwindung des Antagonismus von Geist und Fleisch (Esprit und Chair), von Geist und Sinnlichkeit.

Der „große Heide" – der größte Künstler

In der Schrift *Zur Geschichte der Religion und Philosophie in Deutschland* beschreibt Heine den Antagonismus unter dem Gegensatz von Spiritualismus und Sensualismus. Mit ihrer Abwertung des Leibes, des Fleisches sind ihm Judentum und Christentum Vertreter des Spiritualismus. Anwalt der Würde des Leibes ist ihm die sensualistische Bewegung des Saint-Simonismus. Im engen Bunde mit dem Sensualismus steht nach Heines religiös-politischer und anthropologischer Auffassung der Pantheismus. Heine pointiert sein Verständnis von sozialem Pantheismus und seine Botschaft in den Sätzen: „Wir kämpfen nicht für die Menschenrechte des Volks, sondern für die Gottesrechte des Menschen. [...] wir stiften eine Demokratie gleichherrlicher, gleichheiliger, gleichbeseligter Götter" (SS 3, S. 570). – Nicht der soziale Pantheismus, wohl aber die Anschauungsweise des Sensualismus baut Heine Brücken zu Goethe.

---

[7] Ernst Simon: *Heine und die Romantik*. In: *Essays presented to Leo Baeck on the occasion of his eighty birthday*. London 1954, S. 138.

Mit dem Bekenntnis zum „Schmerz" über Goethes Tod beginnt das Erste Buch der *Romantischen Schule*. Eine neue Bewertung Goethes kündigt sich an. Tatsächlich wägt Heine seine Urteile in dieser Schrift noch mehr ab als bisher – was freilich wiederum auch mit der Funktion zusammenhängt, die Goethe hier im Argumentationsgang zufällt. So ist Goethe willkommen als Antipode zur Romantik. Denn wie es schon der Titel verspricht, gerät die Schrift vor allem zur Auseinandersetzung mit der Romantik.

Die Rehabilitierung Goethes wird mit einer Gebärde der Bußfertigkeit eingeleitet: Neid sei ein Beweggrund seiner Gegnerschaft zu Goethe gewesen. Und er verabschiedet auch jetzt keineswegs das Prinzip der Kritik. Noch immer mißfällt Heine das, was er den „Indifferentismus" Goethes nennt: das Resultat seiner Art von „pantheistischer Weltsicht". Naturgeschichte sei ihm vor Weltgeschichte gegangen, und in diesem Punkt verdiene Schiller den Vorzug. „Ihn, den Friedrich Schiller erfaßte lebendig der Geist seiner Zeit, er rang mit ihm [...] Schiller schrieb für die großen Ideen der Revolution, er zerstörte die geistigen Bastillen, er baute an dem Tempel der Freiheit, und zwar an jenem ganz großen Tempel, der alle Nationen, gleich einer einzigen Brüdergemeinde, umschließen soll". Goethe habe sich „mehr in die individuellen Gefühle, oder in die Kunst, oder in die Natur" versenkt.

Nun folgt sofort der Widerruf: „auch Goethe besang einige große Emanzipationsgeschichten, [...] der Geist wurde Materie unter seinen Händen, und er gab ihm die schöne gefällige Form. So wurde er der größte Künstler in unserer Literatur" (SS 3, S. 393 ff.). Zum Anwalt des „großen Heiden, wie man Goethe allgemein in Deutschland nennt", wird Heine, wenn er gegen die „hochidealischen Gestalten, jene Altarbilder der Tugend und Sittlichkeit, die Schiller aufgestellt" und die „weit leichter zu verfertigen waren", jene „sündhaften, kleinweltlichen, befleckten Wesen" Goethes setzt, die darzustellen man schon ein Meister sein müsse (SS 3, S. 396/98).

Zwei Perspektiven Heines kreuzen sich. Fragt er nach der politischen Wirkung, so stellt er Schiller über Goethe; fragt er nach der künstlerischen, genauer artistischen Leistung, kehrt er die Rangfolge um. Eine dritte Perspektive kommt hinzu. Vor dem Idealisten Schiller rangiert der Realist Goethe, und zwar mit seinem Sensualismus. Zum Preislied auf die Sinnlichkeit Goethescher Dichtung wird die Würdigung des *West-östlichen Divan*: „den berauschendsten Lebensgenuß hat hier Goethe in Verse gebracht, und diese sind so leicht, so glücklich, so hingehaucht, so ätherisch, daß man sich wundert wie dergleichen in deutscher Sprache möglich war. [...] Unbeschreiblich ist der Zauber dieses Buches". Goethe „warf sich gleichsam mit dem Geiste selbst in die Arme des Sensualismus" (SS 3, S. 402 f.).[8]

Der Dichter des *West-östlichen Divan* in den „Armen des Sensualismus" – da bleibt die Einschränkung zu bedenken, die Goethe selbst in seinen *Noten und Abhandlungen* macht. In seinem Kommentar zum *Buch der Liebe* im *Divan* schreibt er:

> Der geistreiche Mensch, nicht zufrieden mit dem, was man ihm darstellt, betrachtet alles, was sich den Sinnen darbietet, als eine Vermummung, wohinter ein höheres geistiges Leben sich schalkhaft-eigensinnig versteckt, um uns anzuziehen und in edlere Regionen aufzulocken. (HA 2, S. 197)

---

[8] Vgl. dazu George F. Peters: *„So glücklich, so hingehaucht, so ätherisch". Heines Beurteilung des „West-östlichen Divan"*. In: Heine-Jb. 22 (1983), S. 30–46.

Geistige Durchdringung des Erotischen

Das Offensein für ein „höheres geistiges Leben" und umgekehrt die geistige Durchdringung des Erotischen sind im *West-östlichen Divan* nirgendwo vollendeter zur Sprache gebracht als im Gedicht *Selige Sehnsucht*, in den Versen „Und dich reißet neu Verlangen / Auf zu höherer Begattung" sowie in der Schlußstrophe:

Und so lang du das nicht hast,
Dieses: Stirb und werde!
Bist du nur ein trüber Gast
Auf der dunklen Erde. (HA 2, S. 19)

In der Lyrik Heines gehören in dem um 1832 entstandenen Zyklus *Seraphine* (*Neue Gedichte*) das Gedicht Nr. VI und vor allem Nr. VII in den Umkreis der sensualistisch geprägten Dichtung. Im ersten der beiden Texte finden die Liebenden auf einem Felsen am Meer zusammen, „himmelhoch" und „himmelselig". Es folgt das Gedicht Nr. VII:

Auf diesem Felsen bauen wir
Die Kirche von dem dritten,
Dem dritten neuen Testament;
Das Leid ist ausgelitten.

Vernichtet ist das Zweierlei,
Das uns so lang betöret;
Die dumme Leiberquälerei
Hat endlich aufgehöret.

Hörst du den Gott im finstern Meer?
Mit tausend Stimmen spricht er.
Und siehst du über unserm Haupt
Die tausend Gotteslichter?

Der heilge Gott der ist im Licht
Wie in den Finsternissen;
Und Gott ist alles was da ist;
Er ist in unsern Küssen. (SS 4, S. 325)

Auf den Geschichtsentwurf des Abtes Joachim von Fiore (12. Jahrhundert) geht die Idee von der Abfolge dreier religiöser Zeitalter zurück. Die Saint-Simonisten wandelten das Schema ab. Zum dritten, zum Vollkommenheitsstadium erklärten sie den modernen Pantheismus und zur dritten Welthauptstadt – nach Jerusalem und Rom – Paris. In seiner Schrift *Zur Geschichte der Religion und Philosophie in Deutschland* sieht Heine Lessing, nach dessen Abhandlung *Die Erziehung des Menschengeschlechts* der Prozeß göttlicher Offenbarung über das Alte und das Neue Testament zu einer dritten Form der erzieherischen Lehre führen könne, als ein Verbindungsglied zwischen der Ideengeschichte Deutschlands und dem Saint-Simonismus. Die Vernichtung des „Zweierlei", von der die zweite Strophe spricht, spielt auf die Überwindung des Gegensatzes von Geist und Fleisch in der Lehre der Saint-Simonisten an. Begrüßt wird die Befreiung des so lange unterdrückten Leibes.

Aus der dritten und vierten Strophe spricht der Glaube an einen pantheistischen Gott, der überall in der Schöpfung anwesend ist, auch in der Sinnlichkeit der menschlichen Geschöpfe. Für die Sinnlichkeit der Liebenden steht das Bild ihrer Küsse. So wird das Gedicht zum Manifest der Befreiung und Heiligung des Erotischen.

Dolf Sternberger hat in seinem Buch *Heinrich Heine und die Abschaffung der Sünde* gefragt, ob nicht die Schlußpointe der „Küsse" leise Zweifel am Ernst des Glaubensbekenntnisses aufkommen lasse.[9] Tatsächlich fällt die Wendung zur erotischen Augenblickssituation gegenüber dem pantheistischen „Evangelium" der vorhergehenden sieben Verse etwas ab. Eben darin aber bleibt Heine wahr, sich selber treu. Eine priesterlich weihevolle, eine „seraphische" Sprache war ihm so fremd, wenn nicht gar verhaßt, daß er hier wohl glaubte, zumindest am Ende ein kleines stilistisches Dementi einbauen zu müssen – ich sage „stilistisch", weil dieses Dementi nicht den Grad einer ironischen Aufhebung erreicht.

Mit seiner religionshistorischen und geschichtsphilosophischen Konzeption bleibt dieses Gedicht eine Ausnahmeerscheinung in der Liebeslyrik Heines. Der Vergleich mit Goethes *Divan*-Gedicht zeigt markante Unterschiede dort, wo sich die Liebesgedichte beider Autoren zum „höheren geistigen Leben" öffnen. In Goethes Versen deutet sich Religiöses im Drang zu einer höheren Seinsform („höherer Begattung") und zur ständigen Selbsterneuerung („Stirb und werde!") an. Der Dichter versagt sich die konkrete Benennung, doch das Religiöse bleibt auf einen anthropologischen Horizont bezogen. Umgekehrt wird Anthropologischem voller religiöser Ernst zuteil. Heines Gedicht entwickelt eine pantheistische Botschaft verhältnismäßig konkret, dementiert aber den Anschein des Dogmatischen in einem sensualistischen Coup („Gott ist […] in unsern Küssen"). Beide Gedichte besitzen eine große geistig-sinnliche Spannweite, aber dort die geheime religiöse Überwölbung des Sinnlichen, hier die säkularisierte Heiligung der Sinnlichkeit. Der Rolle eines „Liebes-Heilands" freilich entzieht sich Heine am Ende durch den Sprung in die Situation des erotischen Spiels.

„Alleinherrschaft" in der Literatur

Verehrung Goethes und Distanz verketten sich im Bild vom „großen Jupiter". In Goethe sei, so sagt Heine, angesichts des „dumpfig katholischen Treibens" einiger Romantiker der „altheidnische Götterzorn" wieder erwacht; „so glich Goethe dem großen Jupiter, in Denkweise und Gestalt". Er „brauchte nur das Haupt mit den ambrosischen Locken unwillig zu schütteln, und die Schlegel zitterten, und krochen davon". Mit seinem Artikel über die „christlich patriotisch neudeutsche Kunst" habe er „die Schlegel aus dem Tempel" gejagt und seine „Alleinherrschaft in der deutschen Literatur" begründet. Aber – und nun kommt die Einschränkung – er habe als Alleinherrscher „aus Angst vor jedem selbständigen Originalschriftsteller" alle „unbedeutenden Kleingeister" gelobt. So glich Goethe „jenem Ludwig XI., der den hohen Adel unterdrückte und den tiers état empor hob" (SS 3, S. 389 f.).

---

[9] Dolf Sternberger: *Heinrich Heine und die Abschaffung der Sünde.* Frankfurt a. M. 1976, S. 105.

Daß Ludwig XI. von Frankreich (in der zweiten Hälfte des 15. Jahrhunderts) die Feudalherren bekämpfte und Handel und Verkehr, Kunst und Wissenschaft förderte, konnte ihm in Heines Geschichtsbild eigentlich nur Ruhm einbringen. Doch interessierte Heine an der Gestalt hier nur ihr partieller Vergleichswert: nämlich für Goethes angebliche Abneigung gegen die „Granden des Parnassus“, also gegen Schriftsteller von größerer Bedeutung. Daß sich Heine selbst unter diesen deutschen „Granden des Parnassus“ sah, ist kaum zweifelhaft. So enthüllt sich der Abstieg in der Bilderfolge, vom großen Jupiter zu Ludwig XI., als Heines ironischer Seitenhieb der Vergeltung für erlittene Mißachtung.

Die mit dem Tod des „großen Jupiter“ einsetzende innere Versöhnung Heines mit der Dichtergestalt Goethes hält an. In seinem Verteidigungskampf gegen den jüdischen Mitemigranten und Gegenspieler in Paris, Ludwig Börne, darf er Goethe sogar als imaginären Bundesgenossen betrachten, weil Börne mehrfach ihm wie Goethe Epikuräertum vorgeworfen hatte. In seinem 1840 erschienenen Essay *Ludwig Börne. Eine Denkschrift* tauscht Heine seine polaren Begriffe „Spiritualismus“ und „Sensualismus“ durch ein Seitenstück, das Gegensatzpaar „Nazarenertum“ – „Hellenismus“, aus. Nazarener sind ihm Menschen „mit ascetischen, bildfeindlichen, vergeistigungssüchtigen Trieben“, Hellenen Menschen „von lebensheiterem, entfaltungsstolzem und realistischem Wesen“ (SS 4, S. 18). Heine parallelisiert seine Typologie auch mit der Psychologie politischen Denkens und Handelns. Schroffer Asketismus, Tugendrigorismus, entspreche politischem Rigorismus. Und Börne sei sowohl ein Asket gewesen wie ein „Revolutionär“, der eine illusionäre Vorstellung vom revolutionären Willen der Deutschen gehabt habe. (Hier kompensiert Heine auch seine eigene von der französischen Julirevolution zurückgebliebene Enttäuschung.) Börnes Widerwille gegen Goethes Schreibart und sein eigenes frühes Mißfallen an diesem Widerwillen, ja Börnes Haß lassen Heine geradezu als Anwalt Goethes erscheinen.

Kunst ist keine Magd

Eine andere Annäherung an Goethe zeichnet sich in der zweiten Hälfte der 30er Jahre ab. Im sechsten seiner *Briefe über die Französische Bühne* aus dem Jahre 1837 verteidigt Heine, inzwischen in Distanz zur gespaltenen saint-simonistischen Bewegung gegangen, Victor Hugo gegen moralische und ideologische Forderungen (auch der saint-simonistischen „Kirche“) an den Dichter. Jetzt wird selbst der Grundsatz der „Kunstperiode“ reaktualisiert: „ich bin für die Autonomie der Kunst; weder der Religion, noch der Politik soll sie als Magd dienen, sie ist sich selber letzter Zweck, wie die Welt selbst“ (SS 3, S. 317). Solche Formulierung darf allerdings nicht vergessen machen, daß Heine nie aufhörte, auf der sozialen und geschichtlichen Verbindlichkeit von Literatur zu bestehen, daß ihm – mit Brecht zu sprechen – die Kunst zwar ein autonomer, aber kein autarker Bezirk ist.[10]

Skeptisch blieb Heine gegenüber der Selbstüberschätzung politischer Lyrik der Vormärzzeit, mit Spott bedenkt er die Abwertung Goethes, etwa im *Lied aus meiner Zeit* (1842) von Hoffmann von Fallersleben:

---

10 Bertolt Brecht: *Zu Wordsworth' „She was a phantom of delight“*. In: ders.: *Über Lyrik*. Frankfurt a.M. 5/1975, S. 72.

Ein politisch Lied, ein garstig Lied!
So dachten die Dichter mit Goethe'n
Und glaubten, sie hätten genug gethan,
Wenn sie könnten girren und flöten
Von Nachtigallen, von Lieb' und Wein.[11]

Ironisch feuert Heine im Gedicht *Die Tendenz* die politischen Schlachtensänger an:

Girre nicht mehr wie ein Werther,
Welcher nur für Lotten glüht –
Was die Glocke hat geschlagen,
Sollst du deinem Volke sagen,
Rede Dolche, rede Schwerter!
[...]
Sei des Vaterlands Posaune,
Sei Kanone, sei Kartaune,
Blase, schmettre, donnre, töte! (SS 4, S. 422 f.)

Nach dem körperlichen Zusammenbruch 1848 und während der restlichen acht Jahre auf dem Krankenlager, in der „Matratzengruft“, stand eine kritische oder gar polemische Auseinandersetzung mit Goethe nicht mehr auf Heines Tagesordnung. In die Jahre davor aber fällt eine produktive kritische Anknüpfung an Goethes Werk. Seine Ankündigung eines *Faust*, wie sie die Nachrichten über den Besuch bei Goethe im Oktober 1824 und ein Brief an den Freund Eduard Wedekind aus demselben Jahr vermelden, sollte Heine doch noch wahrmachen. Zweiundzwanzig Jahre später schrieb er, im Auftrag des Londoner Theaterdirektors Benjamin Lumley, ein choreographisches Libretto. Dieses „Tanzpoem“, *Der Doktor Faust*, ist zwar nicht aufgeführt, dann aber 1851 von Hoffmann und Campe gedruckt worden.

„Doktor Faust“

Dem fünfaktigen Tanzpoem sind umfangreiche Erläuterungen für Lumley angehängt. Ein programmatischer Satz offenbart Heines besonderes Interesse an dem Stoff, seine Behauptung, „daß die Revolte der realistischen, sensualistischen Lebenslust gegen die spiritualistisch altkatholische Aszese die eigentliche Idee der Faustsage“ sei (SS 6/1, S. 384). Da kehrt es wieder, das Begriffspaar aus der *Geschichte der Religion und Philosophie in Deutschland.* In seiner „Einleitenden Bemerkung“ zum Druck von 1851 spricht Heine der ersten Fragment-Ausgabe von Goethes *Faust* noch Nähe zum alten Puppenspiel zu. Was er, in den „Erläuterungen“, der späteren Arbeit Goethes am Faust-Stoff vorwirft, ist die Entfernung von der „wirklichen Sage“. Er vermißt „die Pietät für ihre innere Seele, eine Pietät, die der Skeptiker des achtzehnten Jahrhunderts (und ein solcher blieb Goethe bis an sein seliges Ende) weder empfinden noch begreifen konnte!“ Es mutet schon merkwürdig an, den Skeptiker Heine, einen Erben der Aufklärung, hier in Frontstellung zum Skeptiker Goethe zu sehen. Doch

[11] Hoffmann von Fallersleben: *Gesammelte Werke.* Bd. 1: *Lyrische Gedichte.* Hrsg. von Heinrich Gerstenberg. Berlin 1890, S. 45 f.

offenbar schafft sich Heine nur das Terrain, um seine eigene Konzeption ins rechte Licht zu setzen: „Mein Ballett enthält das Wesentlichste der alten Sage vom Doktor Faustus“ (SS 6/1, S. 374).

Die Erörterungen zur Geschichte der alten Volksbücher müssen uns hier nicht beschäftigen, wohl aber die Grundzüge von Heines künstlerischer Neukonzeption des Faust-Motivs. Heine hielt die Teufelskünste von Goethes Mephisto eher für dürftig, er wünschte sich einen Teufel von höchster Zaubertrick- und Verführungskunst.

> Ich verlieh ihm daher eine Gestalt, die seiner Würde angemessen. Verwandelte sich doch der Teufel immer am liebsten in ein schönes Frauenzimmer, und im älteren Faustbuche weiß auch Mephistopheles den armen Doktor in dieser Gestalt zu kirren [...] Indem ich den Teufel und seine Gesellen als Tänzerinnen erscheinen lasse, bin ich der Tradition treuer geblieben als Sie vermuten. (ebd., S. 388)

Heines Mephistopheles heißt Mephistophela. Auch wenn es weibliche Teufelsfiguren in der Literatur und Faust-Ballette schon gab, ist Heines Mephistophela doch originell durch ihre beherrschende Rolle im Ganzen und durch den Bezug zur Schlange der biblischen Genesis. Am Schluß des Tanzpoems umtänzelt das „Teufelsweib“ Faust; es öffnet sich der Boden, und greuelhafte Höllenfürsten treten hervor. „In jubelnder Ronde verspotten sie ebenfalls den armen Doktor, den Mephistophela, die endlich sich in eine gräßliche Schlange verwandelt hat, mit wilder Umschlingung erdrosselt“ (ebd., S. 372). Das „Flammengeprassel“, unter dem die Gruppe in der Erde versinkt, läßt zugleich an das Ende der anderen großen mythischen Gestalt des neuzeitlichen Theaters, Don Juans, denken.

Bringt der erste Akt die Begegnung Fausts mit Mephistophela und die Szene des Teufelspakts, so führt Mephistophela Faust im zweiten Akt an einen Herzogshof, wo er die Herzogin, ein „üppiges Weib“ mit einem geheimen Teufelsmal, „zu bestricken sucht“. Der dritte Akt bleibt dem Hexensabbat vorbehalten. Der vierte Akt zeigt Faust an einem Tempel der Venus Aphrodite, bei Helena, die allerdings von der teuflischen Herzogin in eine Leiche verwandelt wird. Erst im fünften Akt erscheint die altdeutsche Bürgerwelt. Nicht aber um Gretchen wirbt Faust, sondern um das Töchterlein eines korpulenten Bürgermeisterehepaars; die Aussicht auf ein idyllisches Glück wird zerstört, als Mephistophela den Vertrag präsentiert und Faust mit Leib und Seele der Hölle übergibt. Der Verzicht auf eine Gretchen-Figur und auf die Erlösung Fausts zugunsten einer Gretchen-Parodie und des Triumphs der Mephistophela hat Benno von Wiese lapidar gekennzeichnet: Das „Böse war für Heine ebenso das Schöne wie das Schreckliche, ebenso das rauschhaft Beglückende wie das radikal Zerstörerische. Das ewig Weibliche zieht bei ihm weit mehr hinab als hinauf.“[12] Von „sexualpsychologischer“ Betrachtung hat Joseph A. Kruse gesprochen.[13] Mit der Höllenfahrt und damit der Verdammung Fausts läßt Heine das asketische spiritualistische Prinzip über die sensualistische Lebenslust triumphieren. In Kauf nimmt Heine für eine Lösung, die zweifellos radikaler ist als die Goethesche, eine Reduktion der bei Goethe hochdifferenzierten Gestalt des Faust. Im übrigen fehlt der „kosmologische Rahmen“; bei

12 Benno von Wiese: *Signaturen. Zu Heinrich Heine und seinem Werk.* Berlin 1976, S. 116.

13 Joseph A. Kruse im Nachwort zu: Heinrich Heine: *„Der Doktor Faust“. Ein Tanzpoem.* Stuttgart 1991, S. 108. Vgl. außerdem Volkmar Hansen: *Heines Faust-Buch.* In: Alfred Opitz (Hrsg.): *Differenz und Identität. Heinrich Heine. Europäische Perspektiven im 19. Jahrhundert.* Trier 1998, S. 157–167.

Goethe sei „das Universum heil", meint George F. Peters, bei Heine sei es „gespalten, bruchstückhaft".[14]

Das kann Heines Entwurf nicht diskreditieren. Eben durch den Zweifel an der letztlichen Harmonie des Universums wirkt das Tanzpoem – obwohl sich Heine auf die älteren Sagenstoffe beruft – moderner. Und Dieter Borchmeyer hat gezeigt, wie auch Richard Wagners Tannhäuser „eine Art Faust" im Sinne Heines ist: „wie dieser ein Suchender und Irrender, gegen den mittelalterlichen Spiritualismus im Namen eines antiken Sensualismus aufbegehrend".[15]

Übermächtige Vaterfigur

Doch im Grunde hat jeder Vergleich des Heineschen Tanzpoems mit Goethes großem Weltspiel etwas Schiefes. So angemessen für die Verkörperung sensualistischer Antriebe auch das Tanzspiel, die Übertragung aller Regungen des Fühlens und Denkens in den Ausdruck leiblich-sinnlicher Bewegung, in die Sprache des Körpers sein mag, der große Welt- und Sinnentwurf bedarf nun einmal außer der visuellen Darstellung der eigentlichen Sprache. Insofern konnte Heines Tanzpoem *Der Doktor Faust* Goethes Faust-Drama überhaupt nicht in die Schranken fordern. So nehmen wir am besten Heines um Wohlwollen werbendes und deshalb auch berechnendes Understatement (am Anfang der „Erläuterungen" zum Tanzpoem) einmal ganz wörtlich:

> Goethe hatte, um seine Gedanken auszusprechen, das ganze Arsenal der redenden Künste zu seiner Verfügung, er gebot über alle Truhen des deutschen Sprachschatzes, der so reich ist an ausgeprägten Denkworten des Tiefsinns und uralten Naturlauten der Gemütswelt, Zaubersprüche, die im Leben längst verhallt, gleichsam als Echo in den Reimen des Goethischen Gedichtes widerklingen und des Lesers Phantasie so wunderbar aufregen! Wie kümmerlich dagegen sind die Mittel, womit ich Ärmster ausgerüstet bin, um das, was ich denke und fühle, zur äußern Erscheinung zu bringen! Ich wirke nur durch ein magres Libretto. (SS 6/1, S. 373)

Das Dasein in der „Matratzengruft" zwang Heine immer wieder in die Resignation. Gemeint ist nicht jene produktive Resignation, der wir wunderbare Dichtungen, vor allem im *Romanzero*, verdanken, sondern jene Resignation, die auf das Selbstgefühl und -bewußtsein drückt. Schon bald nach dem endgültigen Rückzug ins Krankenzimmer, am 15. April 1849, schreibt Heine in einer Notiz für die Augsburger *Allgemeine Zeitung*:

> ich bin nicht mehr der große Heide Nr. II, den man mit dem weinlaubumkränzten Dionysus verglich, während man meinem Collegen Nr. I den Titel eines großherzoglich

---

[14] George F. Peters: *Der Dichter als Mythenbeleber. Goethe, Heine und Faust.* In: *Aufklärung und Skepsis. Internationaler Heine-Kongreß 1997 zum 200. Geburtstag.* Hrsg. von Joseph A. Kruse, Bernd Witte und Karin Füllner. Stuttgart/Weimar 1998, S. 430. Vgl. auch George F. Peters: *„Der große Heide Nr. 2". Heinrich Heine and the Levels of his Goethe Reception.* New York 1998.

[15] Dieter Borchmeyer: *Die Götter tanzen Cancan. Richard Wagners und Heinrich Heines Venusberg-Phantasmagorien.* In: ders.: *Die Götter tanzen Cancan. Richard Wagners Liebesrevolten.* Heidelberg 1992, S. 112.

> weimarschen Jupiters ertheilte; ich bin kein lebensfreudiger etwas wohlbeleibter Hellene mehr, der auf trübsinnige Nazarener heiter herablächelt – ich bin jetzt nur ein armer todtkranker Jude, ein abgezehrtes Bild des Jammers, ein unglücklicher Mensch!“ (DHA 15, S. 112)

Entsagung und etwas Selbstmitleid sprechen sich hier aus, aber doch auch – noch durch die Verneinung hindurch – das Bewußtsein, nach Goethe unter den deutschen Schriftstellern die Nummer zwei zu sein. Die große weltliterarische Leserschaft hat ihn darin bestätigt, während in Deutschland in der zweiten Hälfte des 19. Jahrhunderts eine Mißachtungs- und Verleugnungskampagne unter antisemitischer Führung einsetzte, die bis 1945 andauerte und die in der Öffentlichkeit ein wichtiges „liberal-kritisches“ Element unterdrückt hat.[16]

Die vielfältigen und auch widersprüchlichen, kaum ganz unkritischen Urteile Heines über Goethe werden begreiflich aus generationstypischen Spannungen, die sowohl politischer wie ästhetischer Natur waren. Alle Äußerungen zusammen aber zeigen, daß Heine in Goethe eine Vaterfigur sah, eine übermächtige, gegen die er lange revoltierte. – Als Kronprinz jedoch fühlte er sich immer.

[16] Vgl. dazu Fritz Strich: *Goethe und Heine.* In: ders.: *Der Dichter und die Zeit.* Bern 1947, S. 194.

RENÉ JACQUES BAERLOCHER

Walther von Goethe – Epilog zu einem Jubiläumsjahr

> Die großen Thaten der Menschen sind nicht die, welche lärmen [...]; das Große geschieht so schlicht, wie das Rieseln des Wassers, das Fließen der Luft, das Wachsen des Getreides – darum ist irgend eine Heldenthat unendlich leichter und auch öfter da, als ein ganzes Leben voll Selbstbezwingung, unscheinbaren Reichthum und freudigen Sterben.
>
> *Adalbert Stifter*[1]

Ende 1995 fand im Kunstsammlungssaal des Goethe-Nationalmuseums in Weimar eine Aufführung – teilweise Uraufführung – von musikalischen Werken und Texten Walther von Goethes statt, begleitet von einer ausführlichen Broschüre. Daran schloß sich im Mai 1997, anknüpfend an Publikationen, eine Ausstellung über Walther von Goethe im Goethe- und Schiller-Archiv an, die zur damaligen Hauptversammlung der Goethe-Gesellschaft eröffnet wurde und der ein Katalog beigegeben war.[2]

Der frühere Herausgeber des Goethe-Jahrbuchs, Werner Keller, hat diese Arbeiten von Anfang an freundschaftlich gefördert und stimmte dem Versuch zu, die zerstreuten und zum Teil schwer zugänglichen Zwischenergebnisse hier zusammenzufassen, weil sich die geplante Monographie über Walther von Goethe, die auch Text-Editionen[3] enthalten soll,

---

1 *Albumblatt für das Album des Freifräuleins Emilie von Schlechta.* 8. März 1847. In: *Adalbert Stifters Sämmtliche Werke.* Hrsg. von Gustav Wilhelm. Bd. 17 (Briefwechsel, Bd. 1). Prag 1916, S. 214, Nr. 92.

2 Nachweise: *Goethe-Bibliographie 1995*, Nr. 144. In: GJb 113 (1996), S. 395. *Goethe-Bibliographie 1997*, Nr. 24. In: GJb 115 (1998), S. 373. Ferner GJb 109 (1992), S. 131–143; GJb 110 (1993), S. 335 f.; GJb 114 (1997), S. 355–361.

3 Als Editionstexte sind vorgesehen: die (versuchsweise rekonstruierten) *Golem*-Fragmente, einige Gedichte, Auszüge aus Tagebüchern und Korrespondenzen (vor allem mit dem Großherzog Karl Alexander) sowie die Testamente mit allen Entwürfen (unter Einschluß des Testaments von Wolf und der darauf Bezug nehmenden Korrespondenz Walther von Goethes mit Karl Alexander); ferner ein *Festspielentwurf* von 1849 (publiziert von Julia M. Nauhaus in ihrer Magisterarbeit *„Der Dichter braucht zur Ewigkeit die Welt!" Die Goethe-Säkularfeier in Weimar 1849.* 3 Bde. Würzburg 1998); dies alles aus dem handschriftlichen Nachlaß Walther von Goethes. Beabsichtigt ist ferner der Abdruck der Erstausgabe seines anonym erschienenen Buches: *„Fährmann, hol' über!" Bilder in festen Umrissen.* Berlin 1848. Bei Wilhelm Hertz (Besser'sche Buchhandlung), außerdem von ungedruckten, bisher unbekannten Entwürfen dazu aus Beständen des Thüringischen Haupt- und Staatsarchivs Weimar (ThHStAW). Weiterhin aus dem handschriftlichen Nachlaß Ottilie von Goethes: Tagebuch der Reise Ottilies mit ihrer Tochter Alma in Form eines Briefs an Walther von Goethe, datiert Regensburg, 7. August 1842 (GSA 37 / XXV, 2, 4, Nr. 115; dazu nachstehend Anm. 32 u. 47) und, aus dem Nachlaß von Dr. med. Walther Vulpius (1860–1944), Goethes

verzögern wird. So mögen in Stichworten, manchmal in Frageform, einige der bisher erarbeiteten Resultate vorgelegt werden.[4]

Anlaß zu den mit mancherlei Aufwand verbundenen Recherchen gab eine Reihe von befremdenden Feststellungen:

So finden sich in der Biographik über Walther von Goethe derart ungewöhnliche Qualifikationen, daß sie sogar dann Mißtrauen erwecken müßten, wenn sie begründbar wären – sie sind es freilich nicht. Da ist etwa die Rede von „seelischer Entartung"[5], von Lebensuntauglichkeit und Schwächlichkeit[6], von „Saft- und Kraftlosigkeit"[7], „knabenhaftem Hochmut"[8] und von einem Produkt der angeblich „biologisch verfehlten" Ehe Goethes[9] bzw. deren „unschuldigste[m] Opfer", dem der „Himmel [...] nicht die Gnade [erwies], wie der kleine Hanno Buddenbrook jung sterben zu können", unbegabt „für das, was selbst mittelmäßige Männer können".[10] Erschwerend kommt hinzu, daß auf solch ungewöhnliche Weise meist undifferenziert von „Goethe-Enkeln" gesprochen wird, die in der Tat durch die Biographik geistern, als handle es sich bei ihnen um siamesische Zwillinge. In Wirklichkeit lassen sich kaum zwei unterschiedlichere Naturen denken als Walther Wolfgang (1818–1885) und Wolfgang Maximilian von Goethe (1820–1883, Wolf genannt), schon äußerlich[11], und mehr noch, was ihren Charakter, ihre Lebensweise und -ziele anbelangt.

Familie betreffende Auszüge aus seinem maschinengeschriebenen Lebenslauf (Walther Vulpius: *Erinnerungen.* Typoskript im Goethe- und Schiller-Archiv [GSA]).

4 Die folgenden Ausführungen beruhen teilweise auf dem Konzept eines Vortrags vor der Ortsvereinigung Leipzig der Goethe-Gesellschaft am 10. November 1998.

5 Wolfgang Vulpius: *Christiane. Lebenskunst und Menschlichkeit in Goethes Ehe.* Weimar 1953, S. 50.

6 Wolfgang Vulpius: *Walther Wolfgang von Goethe und der Nachlass seines Großvaters. Aus archivalischen Quellen.* Weimar 1962 (Beiträge zur deutschen Klassik, Bd. 14), passim. (Eine nicht als solche gekennzeichnete und offenbar nicht im Text, aber in der Paginierung abweichende weitere Ausgabe: Weimar 1963. Zitate werden nach beiden Ausgaben nachgewiesen.)

7 Ruth Rahmeyer: *Ottilie von Goethe. Das Leben einer ungewöhnlichen Frau.* Stuttgart 1988, S. 205. Ebenso dies.: *„Ich schrieb an Humboldt ...*" In: Mitteilungen der Humboldt-Gesellschaft 30 (1993) 12, S. 1239.

8 Vulpius (Anm. 6), 1962: S. 101; 1963: S. 95.

9 Vulpius (Anm. 6), 1962: S. 11; 1963: S. 11. – Hans Tümmler: *„Weh dir, daß du ein Enkel bist". Einiges über die Enkel Goethes.* In: Kultur und Geschichte Thüringens 16 (1996) 13, S. 165 f. sowie ders.: *„Weh dir, dass du ein Enkel bist!". Unveröffentlichte Briefe der Goethe-Enkel.* In: *Das klassische Weimar und das große Zeitgeschehen. Historische Studien.* Köln 1975, S. 216. Tümmler stellte seine Urteile auf wenige inhaltlich belanglose Briefe Walthers aus seinem Besitz ab und verzichtete auf eigene Recherchen unter Berufung auf das „hervorragende Buch" von Vulpius, das den „gesamten Hintergrund" erhelle (Tümmler 1975, S. 215, Anm. 1).

10 J. R. von Salis: *Notizen eines Müßiggängers.* Zürich 1995, S. 281–283. – Es gibt Anzeichen einer Versachlichung. Vgl. die Kurzbiographie Walther von Goethes von Carola Sedlacek in: *Goethe-Handbuch.* Bd. 4/1. Stuttgart/Weimar 1998, S. 407–409. Ferner Christian Juranek: *Nachsommer in Weimar. Walther von Goethe. Zu einer Ausstellung im Mittelsaal des Goethe- und Schiller-Archivs in Weimar.* In: Thüringer Museumshefte. Hrsg. vom Museumsverband Thüringen e. V. 6 (1997) 2, S. 19–23; Hilde Malcomess: *Der letzte Goethe: Enkel Walther. Auf den Spuren eines Verkannten in Weimar.* In: Rheinischer Merkur. Kultur-Beilage, 9. 4. 1999, Nr. 15, S. 19.

11 Hier sei die Erinnerung einer Augenzeugin, einer Verwandten von Wilhelmine Bachstein, zitiert: „Eines Nachmittags [...] saßen [wir] in einer Laube im Hausgarten am Frauenplan. Die Herren Barone kamen durch den Garten zu uns gegangen, um Jeder von uns ein seidenes Tuch zu schenken. Deutlich sehe ich die Beiden noch heute vor mir: Baron Wolf groß, schlank, ernst und zu-

Da es sich nicht umgehen ließ, mußten die Biographen positive Urteile von Walthers Freund, dem Weimarer Großherzog Karl Alexander (1818–1901), gelegentlich auch wiedergeben. Dies geschah aber sichtlich mit Unlust und spürbarer Irritation. Keiner von ihnen zitierte jedoch die ungewöhnlich herzlichen und schönen Urteile des Großherzogs vollständig oder erwähnte gar dessen Absicht, selber eine Biographie seines Freundes zu schreiben, wie er es 1890, fünf Jahre nach dem Ableben Walther von Goethes, Jenny von Gustedt gegenüber erwog. Er wollte sie damals veranlassen, eine Biographie über Ottilie von Goethe (geb. Freiin von Pogwisch, 1796–1872), diese „merkwürdige, ungewöhnlich begabte, aber niemals im Gleichgewicht sich befindende Persönlichkeit" zu verfassen, da ihm eine biographische Notiz von Ottilies Freundin, Anna Jameson, nicht genügte und er Jenny von Gustedt zutraute, sie zu ergänzen und „zwischen den Zeilen [zu] lesen, was die Freundschaft verbergen wollte". In diesem Zusammenhang kam dann Karl Alexander auf seinen verstorbenen Freund zu sprechen:

> Und Walter Goethe, mein Freund Walter, wo bleibt sein Portrait, seine Biographie, die ihn darstellt, so wie er war! Das schmerzt mich, denn ich empfinde es als eine Ungerechtigkeit und Undankbarkeit, daß die großen Eigenschaften dieser edlen Seele nicht in der Oeffentlichkeit bekannt werden [...] Dürfte ich selbst zur Feder greifen? Um Walter richtig zu beurteilen, muß man mit ihm vertraut gewesen sein, es genügte nicht, ihn zu sehen oder auch nur mit ihm zu verkehren. Er zeigte sich nur in der Intimität, und ich darf wohl sagen, daß ich zu denen gehörte, die ihm am nächsten standen [...].[12]

Da stoßen wir auf wahrlich unauflösbare Widersprüche. Karl Alexander erwägt, die „großen Eigenschaften der edlen Seele" seines Freundes öffentlich zu würdigen[13], jenes Men-

---

rückhaltend, Baron Walter klein, beweglich, lebhaft und liebenswürdig." (Vortrag über Wilhelmine Friederike Maria Bachstein, gehalten im Winter 1932 im Landhausfrauenbund in Jessen; GSA 37 / XLV, 11. Ms., nicht publ.) – Bisher nicht bekannte Akten über die peinlichen Umstände der Exhumierung der von Walther von Goethe herzlich verehrten und im Familiengrab von Goethe beigesetzten Wilhelmine Bachstein (1797–1884) werden in der geplanten Monographie vorgelegt.

12 Die hier auszugsweise abgedruckten Briefe Karl Alexanders vom 20. März, 9. und 26. April 1890 finden sich bei Lily Braun: *Im Schatten der Titanen. Ein Erinnerungsbuch an Baronin Jenny v. Gustedt.* Braunschweig [4]1909, S. 400–405; das Zitat aus dem Brief vom 26. April 1890, S. 405. – Zwei Monate nach Erhalt des letzten Briefes, am 28. Juni 1890, verstarb Jenny von Gustedt. Vgl. Lily von Kretschman (Hrsg.): *Biographische Skizze.* In: *Aus Goethes Freundeskreise. Erinnerungen der Baronin Jenny von Gustedt.* Braunschweig 1892, S. 31; dort (S. 151 ff.) eine interessante Charakterisierung Ottilie von Goethes. – Bei der von Karl Alexander angedeuteten „Biographie" handelt es sich vermutlich um die *Memoirs of the life of Anna Jameson. By her niece Gerardine Macpherson. London 1878*, in denen von Ottilie kurz die Rede ist.

13 Karl Alexander verwirklichte sein Vorhaben nicht, konnte es nicht verwirklichen, ohne Walther von Goethes peinlich gehütetes Geheimnis, den anonym publizierten *Fährmann* von 1848 (siehe Anm. 3), preiszugeben. Daß der Großherzog von diesem Buch Kenntnis haben mußte, zeigt schon dies: Er redete seinen Freund in Briefen vielfach als „Blaubart" an, was Walthers Biograph Vulpius zur Bemerkung veranlaßte: „Carl Alexander [...] neckte Walther gerne – ich weiß nicht, aus welcher Veranlassung – als ‚König Blaubart' – eine harmlose Verspottung des überzarten Mannes, der sich Frauen nur mit scheuer Verehrung näherte." (Vulpius [Anm. 6], 1962: S. 147; 1963: S. 139.) Für eine derartige, Frauen „verehrende Scheu" Walthers wird allerdings kein Beleg

schen, den Biographen in der Folge als saft- und kraftlos, als lebensuntauglich und gar als „entartet“ bezeichnen und bedauern, daß ihm kein früher Tod beschieden war. Und weil sich der Hinweis auf die ihnen unbegreiflich erscheinende tiefe und herzliche Zuneigung zwischen dem Großherzog und Walther von Goethe nicht gänzlich unterdrücken ließ, versuchten – und versuchen – Biographen, sie zu entwerten und als „nicht vollgewichtiges Gold“ darzustellen. Die Urteile des Großherzogs, so wird gesagt, seien rational nicht erklärbar, es sei denn durch das „inkommensurable Element der Sympathie“ oder als Schmeichelei.[14]

---

beizubringen sein, wohl aber dafür, daß das Blaubart-Motiv im *Fährmann* eine zentrale Rolle spielt, noch dazu im unübersehbaren Zusammenhang mit Walthers Mutter Ottilie: *Fährmann* (1848, Anm. 3), S. 59, 62 u. 65; Nachdruck 1911, S. 63, 65 u. 69. – Die „sozialen“ Vorstellungen des Fürsten und Walther von Goethes glichen einander überraschend; sie wurzelten in dem die Freunde quälenden und verbindenden schlechten Gewissen über ihre privilegierte Stellung angesichts des überall zutage tretenden Elends. Ein eindrucksvolles Beispiel dafür, das von der Karl-Alexander-Biographik zu vertiefen wäre, findet sich z. B. in der Stellungnahme des Fürsten an Jenny von Gustedt vom 12. März 1845 – aus einer Zeit, als die Jugendfreunde noch kaum Notiz voneinander nahmen – zu deren Plan, eine Anstalt zu schaffen für Kinder von Ammen und unverheirateten Müttern: Protagonisten in Walthers *Fährmann*! Beide Freunde vermochten aber ihre „sozialen“ Gesinnungen nicht in der Öffentlichkeit bekannt zu machen: Walther mit Rücksicht auf seine Mutter und auf die Besorgnis, es möchte ein Schatten auf das ihm anvertraute großväterliche Erbe fallen; der Fürst, weil ihn das fortwirkende Rollenverständnis hinderte, sich in der Öffentlichkeit mit Anliegen zu identifizieren, wie sie den *Fährmann* kennzeichnen. Karl Alexander schrieb Jenny von Gustedt damals: „[Ich] bin von dem wahrhaft christlichen Gefühl überzeugt, das Ihnen diesen edlen Plan eingegeben hat, auch von dem Schmerz, den Sie empfinden, wenn Sie an das Unrecht denken, mit dem so viele Menschen in dieser Beziehung ihr Gewissen belasten. Es geht ja mit diesem Unrecht wie mit so vielem anderen, das man begeht, ohne daran zu denken, ich kann sagen: glücklicherweise, ohne es zu vermuten. Wenn man sich immer beobachten würde, wenn man immer Acht gäbe, würde man in seinen eigenen Augen ganz anders erscheinen, als man sich zu sehen gewohnt ist.“ (Lily Braun [Anm. 12], S. 244.) Dagegenzuhalten ist z. B. *Fährmann* (1848, Anm. 3), S. 147 f.; Nachdruck 1911, S. 149. – Die sorgfältig gewahrte Anonymität des „Verbergers“ Walther von Goethe macht auch begreifbar, warum sich keinerlei Korrespondenzen mit zeitgenössischen Autoren und Personen aus dem Umkreis der Mutter von ihm finden und warum Karl Alexander sagte, Walther offenbare sich nur in der Intimität (vorstehend zu Anm. 12). – Angelika Pöthe (*Carl Alexander. Mäzen in Weimars „Silberner Zeit“*. Köln 1998, Kap. VIII 7; namentlich S. 183) übernimmt, was die Beziehungen des Fürsten zu Walther von Goethe anbelangt, in ihrer sonst eigenständig dokumentierten Biographie die nicht begründbaren Auffassungen von Vulpius, teilweise sogar wörtlich. Allerdings liefert Pöthe keine Biographie; sie behandelt, dem Titel und der Intention ihres Buches gemäß, Karl Alexander als Fürsten und Mäzen. Im Verhältnis zu Walther von Goethe war aber der Großherzog etwas anderes: ein gleichgesinnter Mensch und intimster Freund. Es dürfte sich keine Korrespondenz des Fürsten finden lassen, die sich mit jener zwischen den Freunden auch nur annähernd vergleichen läßt. Vulpius erlag Vorurteilen und dem Fehler, Äußerlichkeiten und für Walther (und überhaupt die Familie Goethe) Typisches wie die, zuweilen sogar übertriebene und schon darum stutzig machende, Förmlichkeit im Briefverkehr für bare Münze zu nehmen.

14 Vulpius gesteht selbst ein, er befinde sich angesichts dieser „eigentümlichen Beziehung […] in einer merkwürdigen Lage“ (Anm. 6, 1962: S. 146; 1963: S. 138). Ähnlich, unter Berufung auf Vulpius, Jochen Klauß: *Im Schatten des Titanen: Walther von Goethe*. In: Palmbaum, Literarisches Journal aus Thüringen. 1 (1993), S. 47 u. Anm., S. 48. – Zu Angelika Pöthe siehe Anm. 13.

Dieser sonderbare Befund wird nicht faßlicher durch die zweite und ebenso befremdende Feststellung, daß Biographen, die sich Walthers – auch indirekt, z. B. in Arbeiten über Ottilie oder Goethe – annehmen, die wichtigsten Teile seiner handschriftlichen Hinterlassenschaft überhaupt nicht zur Kenntnis nehmen, offensichtlich von vornherein von deren Wertlosigkeit oder biographischen Unergiebigkeit überzeugt. Vor allem der bis heute nachwirkende Biograph Walther von Goethes, Wolfgang Vulpius[15], ließ dessen handschriftliche Hinterlassenschaft, außer einigen Briefen und Tagebuchauszügen, gänzlich außer Betracht; erwähnte sie nicht einmal dem Namen nach. – Und dies, obgleich er sein Buch unter Helmut Holtzhauer als Dienstarbeit schreiben konnte und durch seine Stellung unbehinderten Zugang zu allen Weimarer Archiven hatte.[16]

Es bedarf keiner Ausführungen darüber, daß eine umfassende und zugleich unvoreingenommene Recherchierung die Voraussetzung jeder wissenschaftlichen Arbeit ist, und dies besonders im sensitiven Bereich der Biographik, wo wertende Urteile über einen Menschen gefällt werden, der sich dagegen weder zur Wehr setzen noch seine Beweggründe darlegen kann. Im Falle Walther von Goethes entbinden sich Biographen offensichtlich von diesem elementaren Grundsatz. Dahingestellt mag bleiben, inwieweit bei den negativen Urteilen ein latentes Unbehagen der Goetheforschung über das Verhalten der Familie im Spiele ist, die mitverantwortlich sein soll für eine zuweilen behauptete Be- oder gar Verhinderung der Goethe-Biographik und -Rezeption nach Goethes Tod (1832) bis nach der Öffnung des Goethearchivs (nach Walthers Tod 1885). Es stimmt allerdings, daß die Familie in den Jahren nach 1840 Angebote des Deutschen Bundes zum Erwerb von Goethes Nachlaß ablehnte und die Enkel in der Folge das Goethehaus und seine Schätze (Sammlungen und Archiv) gegenüber der Öffentlichkeit und der Wissenschaft – mit wenigen Ausnahmen – weitgehend abschotteten. Es ist aber notwendig, vorurteilsfrei zu untersuchen, ob die Angebote des Deutschen Bundes angemessen waren und ob dessen gespaltenes Verhalten[17] geeignet war, bei der Familie das für einen derart weitreichenden Entschluß gebotene Vertrauen zu schaffen. Einer der genauesten Kenner der Verhältnisse, Johann Peter Eckermann, wies früh schon darauf hin, wie ungeschickt die Verhandlungen mit der Familie von Goethe geführt wurden. In einem für Maria Pawlowna erstellten Memorandum verwendet er dabei überraschend starke Ausdrücke wie „Fehler“ und „rücksichtsloses und indiscretes Verfahren“[18].

---

15 Der Titel der „Biographie“ macht deutlich, daß es Vulpius primär um Goethes Hinterlassenschaft ging. Dazu finden sich einige, wenn auch ebenfalls stets subjektiv gefärbte Hinweise. Die Vulpius’ Buch beherrschenden Vorurteile und Klischees über Walther und Wolfgang von Goethe sind schon in der Lebensbeschreibung seines Vaters, des Arztes Walther Vulpius, angelegt (siehe Anm. 3).

16 Im Apparat, am Schluß der Biographie, und dort in einer beiläufigen Fußnote erfährt der Leser, es hätten sich in Walthers Nachlaß „Aufzeichnungen zu dramatischen Jugendarbeiten, Rollenbesetzungen u. dgl. gefunden“ (Vulpius [Anm. 6], 1962: S. 230, Anm. 17; 1963: S. 215, Anm. 17). Und nicht einmal das ist korrekt, denn zum kleinsten Teil nur handelt es sich um Jugendarbeiten. Die *Fährmann*-Entwürfe im ThHStAW z. B. übersah Vulpius; die *Golem*-Fragmente im GSA, die häufig unterbrochene Arbeit daran ist mit Sicherheit nachweisbar zwischen 1842 und 1857, erwähnte er gar nicht.

17 Siehe *Ankauf des Goethe-Hauses durch den Deutschen Bund 1842/1843*. (Ohne Angabe des Autors.) In: Chronik des Wiener Goethe-Vereins 33 (1922), S. 28.

18 Das Gutachten vom 29. Oktober 1841 ist abgedruckt in: *Ankauf* (Anm. 17), S. 22 f. – Die Rolle von Maria Pawlowna, die sich in dieser Sache nie klar engagiert hat, bleibt weiterhin undeutlich. Vgl. die bezeichnende Äußerung ihres Gemahls, des regierenden Großherzogs, zit. in Anm. 19.

Anerkannt wurde immerhin, daß Walther von Goethe der einzige in der Familie war, dem die damals beabsichtigte Schaffung einer Nationalstiftung einleuchtete. Wie immer bei materiellen Entscheidungen solidarisierte er sich aber in der Folge mit der Familie. Von Walthers Kritikern unbeachtet blieb, daß es außenstehende, für ein solches Urteil kompetente Persönlichkeiten gab, die die Angemessenheit der Angebote anzweifelten oder Verständnis für Walthers Haltung signalisierten.[19]

---

19 „Daß Dir der Verkauf des Hauses schmerzlich, begreiff ich immer, aber ich dachte Du würdest Dich doch allmälig auch an der schönen Idee [scil. der Nationalstiftung] der wir das Ganze opfern, freuen lernen; Schwarzenberg u die Mutter zankten sich noch neulich darüber, denn er fand sie schön, die Mutter n i c h t. Ich ging mit ihm ein Stück auf der Straße und er erzählte mir von der traurigen Zerstörung, der oftmaligen Entweihung der berühmtesten italiänischen Palazzi [Paläste?], er bat mich Dich doch daran zu erinnern, wie leicht unser Haus in fremde Hände kommen könne, aber er sagte, natürlich müsse man uns einen großen Pecuniairen Vortheil gewähren; von einer Taxe könne keine Rede seyn; sonst sollten wir es gar nicht thun, und er schloß mit den Worten: ‚Wenn man mir den Degen meines Vaters abkaufen will, kann man mir nicht 25 Th[aler] bieten!'" (Walther von Goethe an seinen Bruder Wolf, 1.2.1843; GSA 39 / II, 1, Nr. 129. Wegen fehlender Ränder sind einige, hier gekennzeichnete Wörter nur teilweise lesbar, wie Frau Christa Rudnik [siehe Anm. 71] dem Verf. bestätigte.) – Dieser Briefauszug stellt klar, daß es vor allem Ottilie war, die sich gegen die „schöne Idee" einer Nationalstiftung wandte, Fürst zu Schwarzenberg hingegen die Angebote als ungenügend erachtete. Walther von Goethe schreibt nicht, ob es sich um Felix oder um „Fritz" (Friedrich) Fürst zu Schwarzenberg handelt. Die Familie hatte mit beiden Kontakt. Es ist bezeichnend, daß Vulpius, und alle Kritiker der Familie vor und nach ihm, diese entscheidende Briefstelle unterschlagen haben. (Vgl. Vulpius [Anm. 6], 1962: S. 97; 1963: S. 92.) Von seiten des Fürsten sind, wie Abklärungen beim Staatlichen Archiv Třeboň (Familienarchiv der Familie zu Schwarzenberg) und bei der Schwarzenbergschen Zentralkanzlei in Wien ergeben haben, keine auf diese Angelegenheit Bezug nehmenden Korrespondenzen oder Tagebücher aus jener Zeit nachweisbar. – Ein vergleichbares, vom Weimarer Fürstenhof selbst herrührendes Zeugnis erwähnt Adelheid von Schorn. Als der Deutsche Bund sein Angebot für den Ankauf von Goethehaus und Sammlungen fast verdoppelte, auf 60.000 Taler, habe der Kanzler Friedrich von Müller geglaubt, „dieses Gebot in Almas Interesse annehmen zu müssen, aber die Brüder kauften Alma ihren Teil ab, um es nicht zum Verkauf kommen zu lassen. Als Müller ihnen den Vertrag zu erschweren suchte, entschied der Großherzog Karl Friedrich zu ihren Gunsten: ‚Weil sie recht haben!'" (*Das nachklassische Weimar unter der Regierungszeit Karl Friedrichs und Maria Pawlownas.* Weimar 1911, S. 32.) – Diese Beispiele zeigen, daß die Umstände der Verkaufsverhandlungen endlich einer vorurteilslosen Abklärung bedürfen. Dies betrifft auch die Frage, was genau Gegenstand der Verhandlungen war. Sollte Goethes Archiv nicht dazu gehört haben, so wäre selbst im Falle eines Verkaufs die wichtigste Grundlage der Goetheforschung im Familienbesitz verblieben. Erst wenn solche Fragen beantwortet sind, läßt sich beurteilen, ob das Verhalten der Familie wirklich ein „unschönes Theater der Feilscherei um das Erbe des Großvaters" war, das ein „verdientes Spießrutenlaufen [der Brüder Walther und Wolf] durch die Presse" zur Folge gehabt habe, wie behauptet wurde (Ruth Rahmeyer [Anm. 7, 1988], S. 381). – Das (bereits erhöhte) Angebot des Deutschen Bundes an die Goethe-Erben von 1842 betrug 40.000 Taler für Haus und Sammlungen, unter Vorbehalt des Nießbrauchs der Wohnung (vgl. Johannes Schultze: *Der Plan eines Goethe-Nationaldenkmals in Weimar. Der Deutsche Bund und die Erben Goethes.* In: JbGG 1926, S. 239–263; hier S. 247). Dies entspräche etwa 60 % des Grundhonorars, auf das sich Goethe und Cotta einigten für die Ausgabe letzter Hand (65.000 Taler; vgl. *Goethe-Handbuch* [Anm. 10], Bd. 4/2, S. 1089; unter Vorbehalt allenfalls einer ins Gewicht fallenden Kaufkraftänderung des Talers zwischen 1826 und 1842).

Jedenfalls vermag die These, daß dadurch Goetherezeption und -biographik verhindert worden seien, nicht zu überzeugen und bedürfte einer differenzierenden Untersuchung[20].

Als Ludwig Geiger, der 1880, also fünf Jahre vor der Gründung der Goethe-Gesellschaft und damit zu einer Zeit, als Walther und Wolf von Goethe noch lebten, begonnen hatte, das Goethe-Jahrbuch herauszugeben, erfolglos den Zugang zum Archiv forderte, klagte er: „Ich hatte selbstverständlich immer nur von Goethe geredet; die Enkel wußten nur von ihrem Großvater."[21] Diese Feststellung wird uns am Schluß dieser Betrachtung noch einmal beschäftigen.

Besonders ungünstig und oft verfälschend für das Bild der Goethe-Enkel wirkt sich aus, daß Biographen die Söhne, und vor allem Walther, häufig aus der Sicht der Mutter, Ottilie von Goethes, beurteilen. Ottilie war eine labile, charakterlich oszillierende Persönlichkeit. Noch merkwürdiger freilich als sie selbst erscheint der Umgang der Biographen mit ihr. Im Detail werden ihr alle erdenklichen Nachteile angelastet, in der Konklusion aber wird sie regelmäßig überhöht und fast euphorisch stilisiert. Vor einer derart unzulässigen Folie werden dann ihre Söhne beurteilt, noch dazu auf der Grundlage einer einseitig auf Ottilie beschränkten Recherche.

Ottilies Biographen sind sich allerdings ziemlich einig über ihre Unfähigkeit zur Erziehung der Kinder, über ihre Verschwendungssucht, ihren Adelsstolz und Standesdünkel oder ihr rastloses Gesellschafts- und Salontreiben, das schon den 74jährigen Goethe, mit derlei Urteilen sonst zurückhaltend, zu einer für ihn ungewöhnlichen Äußerung veranlaßte: „das Treiben Ottiliens sey hohl, leer, es sey weder Leidenschaft, Neigung, noch wahres In-

---

20 Früh schon Ludwig Geiger: „es war ein schweres Unrecht, daß [die Erben] [...] länger als 40 Jahre, das Archiv der Forschung verschlossen." (*Goethe und die Seinen. Quellenmäßige Darstellungen über Goethes Haus.* Leipzig 1908, S. 220.) – Zur angeblich fehlenden Biographik meldete Volkmar Hansen Vorbehalte an. (*Goethe in der Biographik.* In: *„... endlich in dieser Hauptstadt der Welt angelangt!" Goethe in Rom.* Publikation zur Eröffnung der Casa di Goethe in Rom. Hrsg. von Konrad Scheurmann u. Ursula Bongaerts-Schomer. Mainz 1997. Bd. 1, S. 32 ff.) – Was die Goetheforschung anbelangt, so veranschaulicht schon Salomon Hirzels chronologische Aufzählung von repräsentativen Druckwerken und Zeitschriftenartikeln über Goethe die Breite und den Umfang der in den Jahrzehnten nach Goethes Tod erschienenen Literatur und des verfügbaren Quellenmaterials. (*Verzeichnis von Salomon Hirzels Goethe-Sammlung der Universitäts-Bibliothek zu Leipzig.* Nach Hirzels Verzeichnis von 1874 neu herausgegeben von Reinhard Fink. Leipzig 1932.) Dieser Katalog liest sich gleichsam wie eine Dokumentation der Goethe-Rezeption aus der inkriminierten Periode. Natürlich bleibt unbestritten, daß das nach 1885 erschlossene Material quantitativ und qualitativ der Forschung eine neue Grundlage geschaffen hat. Dazu bedurfte es aber zusätzlicher Elemente: vorerst der Sichtung, Sammlung und Edition des Materials, d. h. einer wissenschaftlichen Gesamtausgabe. Dies alles wurde in den Jahren nach 1885 durch die genau bedachte Wahl der Erben, die Walther von Goethe vornahm, ermöglicht. Das fürstliche Paar verfügte nicht nur über den Ehrgeiz, sondern auch über die Energie, die Mittel und Eigenschaften, ein derartiges Projekt durchzusetzen und beste Mitarbeiter dafür zu motivieren. Daß auf diese Weise, als Folge von Walther von Goethes Testament, in kurzen drei Jahrzehnten das Goethe-Nationalmuseum, die Goethe-Gesellschaft, das Goethe- und Schiller-Archiv und die Sophienausgabe realisiert werden konnten, muß als glückliche Fügung bezeichnet werden. Es ist zweifelhaft, ob zu irgendeinem Zeitpunkt nach Goethes Tod (1832) bis zu jenem Walthers (1885) eine vergleichbar optimale Konstellation bestanden hätte, was die materiellen, personellen und wissenschaftlichen Voraussetzungen anbelangt.

21 Ludwig Geiger (Anm. 20), S. 222.

teresse, es sey nur eine Wuth aufgeregt zu seyn, ein abentheuerliches Treiben"[22]. Gleichwohl schließt die neueste Ottilie-Biographie mit dem Resultat:

> War [Ottilies] Verhalten schuld, daß Walther sich mit der Rolle des Kustos des Goethehauses überforderte? Oder daß er allen voran [...] Ottilies Lebensstil auch finanziell bezuschußte [...]? Schwester wie Söhne vergötterten Ottilie fast kritiklos und anerkannten ihre geistige und moralische Überlegenheit.[23]

Das sind nun freilich sonderbare Schuldzuweisungen. Zum einen gibt es keinerlei Hinweis dafür, daß sich Walther als „Kustos" überfordert hätte (soweit jemand im eigenen Hause „Kustos" ist). Vielmehr ist es so, daß er als einziger der Familie die schwierige und undankbare Rolle des Bewahrers der Goethe-Hinterlassenschaft freiwillig und vorbehaltlos auf sich nahm und bis zu seinem Tode gegen alle äußeren Anfechtungen durchhielt. Angemessen wäre die Frage, warum ihn weder Ottilie noch sein Bruder Wolf in dieser Eigenschaft je unterstützt, ihn zuweilen sogar behindert haben. – Daß vor allem Walther seine Mutter zeitlebens unterstützt hat, wird man ihm nicht vorwerfen wollen. Dies belastete Ottilie selbst, bloß war sie zu keiner Zeit bereit, auch nur den Versuch zu machen, vorhandene Mittel und ihren zeitweilig tollen Lebensstil in Einklang zu bringen.

Von einer „Vergötterung" kann schließlich keine Rede sein; bei Walther zuallerletzt. Ottilie hat oft genug die innere Ferne zu ihren Söhnen, zuweilen geradezu deren Abwendung, beklagt, ohne nach Gründen zu fragen. Vollends befremdend mutet es an, von moralischer Überlegenheit Ottilies über ihre Söhne, und namentlich über Walther, zu reden. Ottilie war selbstkritisch genug, das Gegenteil einzusehen und auch auszusprechen.[24]

Mit Ottilie verfährt die Biographik gerade umgekehrt wie mit den Söhnen, vor allem mit Walther – von Wolf ist ohnehin seltener die Rede; es gibt von ihm auch weniger zu berichten als vom interessanteren Bruder. Zu Lebzeiten wurde Ottilie von ihren Freunden und Freundinnen kritisiert[25], nach ihrem Tode aber von Biographen und in Ausstellungen fast zu einer Ikone stilisiert.[26] Walther hingegen fand bei jenen Freunden, denen er sich öffnete, herzliche Zuwendung. Nach seinem Ableben wurde er von Biographen auf eine nicht nachvollziehbare Art und Weise herabgesetzt.

---

22 Zu Müller, 17. 11. 1823. In: *Kanzler von Müller. Unterhaltungen mit Goethe.* Kritische Ausgabe besorgt von Ernst Grumach. Weimar 1956, S. 93.

23 Ruth Rahmeyer (Anm. 7, 1988), S. 369 f.

24 Z. B. Ottilie an Walther aus Wien am 8. Dezember 1861: „Die Nation [...] müsste fühlen, was [...] vor Allem Du dargebracht als Opfer, aber mir [...] darfst Du nicht verargen das mir das Herz blutet, da ich nicht das erhebende Gefühl habe was Dich trägt." (GSA 37 / XXVI, 2, 2, Nr. 406 b.)

25 „[...] [Ulrike], die Mutter und späterhin die eigenen Kinder, eigentlich sämtliche Freunde und Freundinnen gerieten zeitlebens zuweilen in Phasen regelrechten Zornes, mindestens aber der Fassungslosigkeit gegenüber unverständlicher Eigenwilligkeiten im Denken und Handeln Ottilies, einer ausgesprochenen Egozentrikerin [...]." (Ruth Rahmeyer: *Bester Vater! Briefe der Ulrike von Pogwisch an Goethe.* Leipzig 1999, S. 46.)

26 Vorstehend zu Anm. 23. – Man mag auch, was Ottilie anbelangt, Kataloge von Ausstellungen im Goethejahr 1999 kritisch durchsehen, z. B. in Frankfurt (*Goethe und die Frauen.* Gemeinschaftsausstellung der Frankfurter Bürger-Stiftung im Holzhausenschlößchen und des Goethe-Museums in Düsseldorf) oder in Wien (*Goethe und Österreich. „Was ich dort gelebt, genossen, ..."* Wiener Goethe-Verein/Österreichische Nationalbibliothek/Wiener Vorlesungen).

Um zu einem sachlichen biographischen Bild Walther von Goethes zu kommen, bedarf es darum mindestens dreier Korrekturen: seine schriftliche Hinterlassenschaft ist optimal zu erfassen; seine Beziehung zu Karl Alexander ist unvoreingenommen darzustellen – dessen Bild zugleich biographisch zu vertiefen; und Ottilie muß neu und umfassender bewertet werden, nicht nur als die originelle und anregende Gesellschafterin, die sie war, sondern ebenso, sorgfältig belegt, als Mensch, als Mutter, vor allem aus der Sicht der Söhne.

Gleichwohl: Trotz aller Belastungen, und obgleich sie es ihnen damit nicht leicht machte, ließen beide Söhne nie das geringste auf Ottilie kommen. Ottilie fehlte im Umgang mit Menschen jene wärmende Ausstrahlung, ohne die sich keine dauerhafte Liebe bewirken läßt.[27] Was die Erziehung ihrer Kinder anbelangt, soweit von einer solchen überhaupt gesprochen werden darf, erwies sich Ottilies Wahn, Liebe lasse sich erzwingen, als besonders fatal. Umsonst hielt ihr die wohl lebensklügste Freundin, Anna Jameson, die Sinnlosigkeit ihres Verhaltens vor:

> Ich bitte Dich, Ottilie, trag Sorge zu Deinen Söhnen. Überfordere sie nicht, wie Du es mit Deinen Liebhabern tust. Dieser Satz in Deinem Brief wegen Wolfs, daß Du mit allen Mitteln versuchen wolltest, seine Sohnesliebe zu erwecken [„to move his filial affection"; d. Vf.], hat mich aufgeschreckt. Wieso Liebe erwecken? Entweder ist sie da, oder sie ist nicht da. Wieso solltest Du die Herzen Deiner Söhne damit quälen, Dich zu lieben? Ein solches Quälsystem [„that bothering system"; d. Vf.] funktioniert nicht bei Liebhabern; bei Söhnen noch weniger.[28]

Aber Ottilie hörte nicht. Im zusammenfassenden Eindruck ihrer Jugendfreundin, Jenny von Gustedt, scheint die fast tragische Problematik auf:

> ihrer Seele, ihrem Geist, ihrem Herzen fehlten die Zügel [...] nichts hatte Bestand in diesem Kopfe, in dem die Phantasie Alleinherrscherin war. Da warf sie zwanzig verschiedene Männerbilder, tausend Lebenspläne [...] durcheinander, bis die Bilder zerbrachen, die Gedanken ausarteten – dann saß sie vor den Trümmern und weinte! Doch, wie bei kindlichen Schmerzen, tröstete sie die Blume, die ein Fremder ihr reichte [...] [sie] klammerte [...] sich an die Leidenschaft, die ihr in der Maske der Liebe nahte [...].

Dann kommt Jenny von Gustedt auf den entscheidenden Punkt:

> Trotzdem fehlte es ihr nicht an Freundinnen [...] denn sie war [...] liebenswürdig selbst in ihrer Thorheit. Ja, sie hatte Freundinnen, doch diese hatten sie nicht![29]

Diese bittere Einsicht gilt sinngemäß ebenso für Ottilies Kinder, wenngleich diese zeitlebens schwiegen und nie die Rede von Schuld war. Um Schuld geht es denn auch nicht. Es waren inkompatible Charaktere, die hier aufeinander prallten. Was sich in der Familie Goethes,

---

27 Zur fehlenden „Herzlichkeit" in der Beziehung Ottilies zu Goethe (und umgekehrt) vgl. Ruth Rahmeyer (Anm. 25), S. 120.

28 Übersetzung aus dem englischen Original. Anna Jameson an Ottilie, 23. 6. 1839. In: G. H. Needler (Hrsg.): *Letters of Anna Jameson to Ottilie von Goethe.* London u. a. 1939, S. 113, Nr. 74.

29 *Aus Goethes Freundeskreise* (Anm. 12), S. 155–159.

von Christiane bis hin zu Walthers Tod, abspielte, hat im Rückblick fast fügungshafte Züge. Ist man bereit, die Dinge in solchem Licht zu sehen, so mag man an den Ausspruch Fontanes denken: „Es ist so viel Unschuld in ihrer Schuld ... Und alles wie vorherbestimmt.“[30]

Man war verwundert über exaltierte und offensichtlich provozierend gemeinte Formulierungen in Walther von Goethes Jugendbriefen an seine Mutter aus der Zeit seiner tiefsten Lebenskrise, um 1842. Kein Biograph beachtete, daß damals Walther sein erstes Testament verfaßte mit, was die auch in Gelddingen unberechenbare Mutter anbelangt, vergleichbaren Kautelen wie jenen des Großvaters von 1831, und daß Walther eben zu dieser Zeit am Libretto zu einem *Duodrama mit Chören: Der Golem* arbeitete, von dem sich Fragmente erhalten haben. Im *Golem* versuchte er, die Aporie seiner damaligen Existenz zu artikulieren, denn er lebte die von seiner Art her unauflösbaren Widersprüche seines Lebens bewußt aus. So begann er die Lebensform seiner Mutter und der adligen und großbürgerlichen Gesellschaft, in der sie sich bewegte, zu verabscheuen und sich davon zurückzuziehen, unterstützte aber die Mutter gleichzeitig und förderte ihren Umgang. Er hatte Verständnis für die schwierige Lebenssituation dieser schwierigen Frau und begriff, daß die ihm fremd und verächtlich gewordenen Dinge für Ottilie von ihrer Art und der von ihr überschätzten adligen Herkunft her lebenserhaltend waren. In seinem Verhalten spiegelt sich aber auch der Grundwiderspruch seiner eigenen Existenz, den er später, 1848, im Motto zum *Fährmann* andeutete. In seinen „provozierenden“ Briefen an die Mutter um 1842 finden sich fast wörtliche Textpassagen aus den *Golem*-Fragmenten[31] – für einen Außenstehenden freilich kaum nachvollziehbare Chiffren. Walther verwandte ein eigenes Studium auf diesen ihn faszinierenden Stoff; umfangreiche Literaturverzeichnisse haben sich erhalten (GSA 37 / XXIV, 3, 1–3). Man spürt, wie er sich in dieser Figur gespiegelt fand: selbst ein *Golem*, ein Kunstprodukt, von anderen für andere und für anderes „gemacht“, wie dieser in seinem selbsterwählten, licht- und blumenlosen Ghetto lebend, so wie er es in den bisher unbeachteten Fragmenten schilderte.

---

30 Theodor Fontane: *L'Adultera. Werke, Schriften und Briefe.* Hrsg. von Walter Keitel u. Helmuth Nürnberger. Abt. I, Bd. 2. München 1971, S. 13.

31 Ein Beispiel, aus einem Brief Walthers vom 19. Januar 1842 aus Wien: „[...] meine chère Opie, ich wünschte ich könnte Dich in einen Palast setzen, wenigstens 10 Zimmer mit mystischer Eleganz ehe man zu Dir und Alma dränge, eine Legion dienender Geister, aller Luxus der Toillette, der Tafel, der Equipagen, der Kunst, kurz ich möchte Dich überschütten mit Pracht und Herrlichkeit, mit Logen und vornehmen Lächeln nach dem Parterre wo man sich knatscht, aber ich nein Mama, ich fange an das Alles gänzlich zu verachten, Soiréen, Gelbe Handschuhe, Conversationen [...], all' die Opfer die man der Etiquette bringt, die Vornehmigkeit, Geldbesitzigkeit kurz der ganze Trarara der Welt kommt mir miserabel vor.“ (GSA 37 / XXIX, 3, 3, Nr. 17.) „Opie“ ist ein Spitzname Ottilies, den Sohn und Mutter gegenseitig in ihrer Korrespondenz verwendeten. Der Handschuh-Topos findet sich in den *Golem*-Fragmenten, im *Fährmann* von 1848 und besonders drastisch in den unpublizierten *Fährmann-Entwürfen* (vgl. Katalog zur GSA-Ausstellung 1997 [Anm. 2], zu Nr. 44, S. 31 f. [dort ist versehentlich in der Überschrift von *Golem-* statt von *Fährmann*-Entwürfen die Rede]). Derselbe Topos findet sich bei von Walther besonders hervorgehobenen Vorbildern, etwa bei George Sand und Stifter (z. B. *Wien und die Wiener, in Bildern aus dem Leben.* Pesth 1844, S. 454). – Walthers *Golem* stellt in der reichen *Golem*-Literatur ein Unikat dar, weil dieser Golem seinen „Vater“, den Rabbi Löw, in Bedrängnis bringt mit Fragen nach der schmerzlich vermißten Mutter. Vgl. dazu vorläufig: Katalog zur GSA-Ausstellung 1997 (Anm. 2), S. 26 ff.: „*Das Wort als Lebenshilfe: Der Golem.*“) und Broschüre zur Aufführung 1995 (Anm. 2), S. 9, mit einem Textbeispiel.

Bezeichnend ist, daß in der Ottilie-Biographik peinliche Bekenntnisse, wie sie in Briefen der Mutter an Walther vorkommen, fehlen – Bekenntnisse, von denen Ottilie wissen mußte, daß sie ihren so anders gearteten und denkenden Sohn ins Mark treffen, ja abstoßen mußten.[32] So kam es zu einem emotionsgeladenen Austausch von Provokationen, weil jede Verständigung, die zu einer Übereinkunft hätte führen können, fehlte. Walther wurde das Gesellschafts- und Salonwesen, das heißt für ihn: bloßes Reden statt Handeln und Bewirken, besonders dort widerwärtig, wo es um Dinge ging wie menschliche, „soziale"[33] oder religiöse[34] Anliegen.

Was die letzteren anbelangt, so ist kennzeichnend für die unterschiedlichen Denk- und Handlungsweisen das bei Mutter und Sohn ausgeprägte Interesse an Fragen des Judentums. Der Besuch von Synagogen zum Beispiel wird für Ottilie vor allem zu einem ästhetische und utopisch-philosophische Betrachtungen hervorrufenden Erlebnis, für Walther Anlaß zur Vertiefung der Golem- und autobiographisch empfundenen und erlittenen Ghetto-Problematik. Noch aufschlußreicher ist die Beziehung zu Leopold Kompert (1822–1886). Als Kompert 1855 beabsichtigte, sein Buch *Am Pflug* Karl Alexander zu senden, wandte er sich an Ottilie, die das Buch bewunderte, Komperts Vorhaben aber merkwürdigerweise als

---

32 Die Biographik verlegt sich, von Liebesaffären abgesehen, auf die „geistsprühende" Ottilie und ihren literarischen Salon. Walthers kritische Vorbehalte gegen einen „Geist" dieser Sorte, Salons und überhaupt gegen Reden statt Tun, durchziehen seine ganze schriftliche Hinterlassenschaft. Ein provozierendes Dokument von Ottilies Hand ist beispielsweise das zur Edition vorgesehene Reisetagebuch Ottilies für Walther von 1842 (Anm. 3). Walther war äußerst besorgt über die Verpflanzung seiner damals fünfzehnjährigen Schwester Alma nach Wien und setzte sich dagegen heftig, aber erfolglos, zur Wehr. (GSA 37 / XXIX, 3, 3, Nr. 24/1. August 1842 sowie der nachstehend zitierte Brief vom 14. August 1842.) – Ottilies Brief-Tagebuch übertraf seine Befürchtungen noch, denn die Mutter berichtet darin freizügig von ihren Reise-„Abentheuern", die eine Boudoiratmosphäre atmen, u. a. von einer Schäkerei mit einem Grafen in einem Gasthof, oder wie sie in einer Landschenke, in der Mutter und Alma übernachteten, „erst vor der Thüre mit drei gentlemen ohne Schu[h] und Strümpfe eine kleine flirtation begonnen um nicht aus der Uebung zu kommen" – eine bei Ottilie unbegründete Befürchtung. Sie beklagte sich ferner darüber, sich „als Lady" abends nicht in den Gaststuben aufhalten zu können, tat es dann aber gleichwohl. Walther antwortete ihr: „Dein Brief war gewiß sehr reizend, aber ich gestehe, ich finde Deine Abentheuerlust nicht sehr günstig für Alma und wollte Du bliebst immer als Lady oben in Deiner Stube; überhaupt sehe ich für Alma die größten Gefahren, da Du viel zu sehr mit Dir beschäftigt bist, um sie immer zu hüthen." (Brief, 14. 8. 1842; GSA 37 / XXIX, 3, 3, Nr. 23.) Das sind deutliche Worte, wenn man Walthers Zurückhaltung kennt. Solche, bisher unberücksichtigte Zeugnisse Ottilies sind auszuwerten, wenn man das Verhalten der Söhne sachlich und, wie es bisher eben geschah, stets im Kontext der Beziehung zur Mutter beurteilen will. Diese Dokumente zeigen, neben der stereotyp tradierten „geistsprühenden" Frau von Goethe im Salon, eine Frau, die glaubte, sich über jede Konvention hinwegsetzen zu können; dies vor den Augen ihrer Kinder, auch der minderjährigen, vater- und mutterlos aufwachsenden Tochter.

33 Als Beispiel mag Walthers „literarisches" Gegenstück zu Ottilies „Suppenverein" dienen. Ihm ging es darum, w e r „Armensuppe" erhält; um das, was dann im *Fährmann* als brüderlicher Händedruck mit unbedeckter Hand bezeichnet wird (1848 [Anm. 3], S. 177; Nachdruck 1911, S. 177 f.). Mit Almosen, mit Gold könne nur geflickt, aber nie geheilt werden (a. a. O. 1848, S. 168 f.; 1911, S. 170). Dazu (mit Textbeispiel) GJb 114 (1997), S. 358.

34 Manche Briefstellen und „literarische" Zeugnisse, auch für Vertonungen gewählte Texte weisen auf Walthers starke innere Frömmigkeit und auf ausgeprägte Toleranz hin; Züge, die ebenso bei seinem Freund, Karl Alexander, anzutreffen sind.

„des Dichters nicht würdig" auffaßte.[35] Walther, von Karl Alexander, seit 1853 regierender Großherzog, gerade zu jener Zeit „[...] wiederholt aufgefordert; [Sie] haben es gewissermaßen mir zur Pflicht gemacht: HöchstIhre Aufmerksamkeit bedeutenden Persönlichkeiten und deren Leistungen zuzulenken [...]"[36], zog dann diese Sache zur Erleichterung der Mutter sofort an sich und empfahl dem Großherzog Kompert mit bewegten Worten. Weil sich das Vorhaben aber damals nicht verwirklichen ließ, bedrängte ihn Walther zehn Jahre später, als die Beziehung der Freunde längst enger und herzlicher geworden war, sich die beiden recht provokativen Bände Komperts *Geschichten einer Gasse. Novellen* (Berlin 1865) formell widmen zu lassen, was dann geschah. Der Vorgang bedarf einer vertieften Analyse, schon darum, weil bei Kompert „selbstverständlich [...] nicht von jener Klasse Juden die Rede [ist], welche, lange bevor die Gesetzgebung sich dazu entschloß, durch Bildung und geistigen Anschluß ans Allgemeine sich selbst emanzipierten" – jenen Juden also, die in Ottilies Salon verkehrten oder zu ihren Geliebten oder Freunden und Freundinnen, aber auch zum Umgang Karl Alexanders, gehörten –, „sondern von den unteren Schichten der jüdischen Bevölkerung, die [...] mit ihrer christlichen Umgebung in keinem anderen als einem geschäftlichen Verkehr stehen, keine anderen Bildungsmittel benutzen als ihre heiligen Bücher, und kein anderes Glück kennen als das der Familie"[37]: Das sind Armeleute-, sind Ghettojuden, jene, die uns in Walthers *Golem*-Fragmenten und seinem *Fährmann* begegnen.

Den strukturellen Unterschied der Denkart von Mutter und Sohn, für den das Toleranzthema ein existentielles war, kennzeichnet auch der erfolglos gebliebene Versuch Ottilies, in ihrem Wiener Salon einen „Humanitäts- u. Duldungsthee" als „schönes Bildungs [-] Project" (sic) mit Bekannten aus ihrem gesellschaftlichen Umkreis zu organisieren.[38]

Ein anderes Fehlurteil der bisherigen Biographik besteht darin, Walther von Goethe als Musiker zu behandeln und zu beurteilen. Schon in Leipzig, beim Unterricht, den Walther bei Felix Mendelssohn Bartholdy nehmen mußte, wurde dem Achtzehnjährigen bewußt, daß er nicht zum Musiker bestimmt war, jedenfalls nicht in jenem Verständnis, das die für seine „Erziehung" verantwortlichen Frauen einem solchen Beruf beimaßen: In der Öffentlichkeit hervorzutreten, sei es als Komponist oder doch wenigstens als ausübender Musiker, etwa als Dirigent[39] – dies ist eine geradezu groteske Vorstellung, hält man sich Walthers

---

35 *Ottilie von Goethe. Tagebücher und Briefe von und an Ottilie v. Goethe.* Hrsg. von Heinz Bluhm. Bd. 4. Wien 1966, S. 324 (6.5.1855). – Am selben Tag notierte Ottilie: „Mittag mit Walther allein. Es ist ein wahres Ueberströmen von Geist in ihm." (a.a.O.)

36 An Karl Alexander, 29.5.1855 (ThHStAW A XXVI Nr. 310 VI, fol. 1).

37 *Betty Paolis Gesammelte Aufsätze.* Hrsg. von Helene Bettelheim-Gabillon. Wien 1908, S. 63. Anhand von im selben Aufsatz besprochenen Erzählungen Marie von Ebner-Eschenbachs läßt sich die Kompert-Rezension ungefähr auf 1875 datieren. Die *Geschichten einer Gasse* werden von Betty Paoli (Pseudonym für Elisabeth Glück) darin nicht behandelt; der von ihr herausgearbeitete Grundsatz gilt aber, sogar in besonderem Maße, auch für diese Novellen. – Betty Paoli verkehrte mit der Familie Goethe in Wien.

38 Tagebuch, 2.1.1855 ([Anm. 35], Bd. 4, S. 16 u. 197).

39 Noch 1851, Walther war damals 33 Jahre alt, bedrängte ihn Ottilie, sich „Musiker zu miethen, um Dich mit Dirigieren einzuüben. [...] Meine Vorschläge [...] entstehen [...] aus dem Tag und Nacht mich rastlos verfolgenden Gedanken, daß ich möchte du fändest eine Stellung die Dir vollkommen zusagte." (GSA 37 / XXV, 4, 1, Nr. 197.) Zeitlebens setzte Ottilie ihre „rastlosen" eigenen Vorstellungen richtiger Berufe und Lebensweisen an jene ihrer Söhne; Einwendungen dagegen beachtete sie nicht. In späteren Jahren antwortete Walther kaum noch auf ihre Briefe.

Lebensart, Denkweise und seine wahren Lebensziele vor Augen; von der Situation im damaligen Weimar oder Wien zu schweigen.[40] Mangelnde Einsicht aller auf Walthers Erziehung Einfluß Nehmenden führte dazu, daß Walther eine einseitig musikalische Ausbildung erhielt. Anfangs, für kurze Zeit, glaubte er selber an diesen Beruf – eine fatale Fehlentscheidung, an der auch der Großvater Anteil hatte. In einer frühen Rezension schrieb Robert Schumann:

> Ein großer Name ist eine gefährliche Erbschaft, wie schon oft geäußert worden. Wir begrüßen in obengenanntem Componisten einen Enkel Göthe's, der ihn als Kind noch scherzweise seinen „Musiker" nannte, mit seinem prophetischen Geiste vielleicht vorhersehend, daß sich Walther einmal ganz der Musik widmen würde, für die er schon in frühesten Jahren Anlage zeigte.

Absehbare Folgen für den Betroffenen hat Schumann kaum bedacht, wenn er fortfuhr: „Ob nun Göthe'sches Blut in ihm fließt, läßt sich nach einer so kleinen Arbeit freilich nicht ermessen."[41] Der Enkel wurde, ausgerechnet als Musiker und Komponist, an Goethe gemessen.

Mit Mühe hatten es Ottilie und ihre Freundin Anna Jameson[42] zustande gebracht, daß Mendelssohn den bereits 18jährigen Walther als Schüler annahm: von allen denkbaren die unglücklichste Wahl. Sie führte denn auch rasch zu einer für Lehrer und Schüler gleich unersprießlichen Situation, aber ebenso zu klärenden Einsichten für Walther – weder damals noch später jedoch für die Mutter. Es ist bekannt, daß Mendelssohn als Lehrer und Kritiker in seinem Urteil ziemlich direkt sein konnte. Bei Ottilie, die ihm die unbeschwerten Jugendtage im Goethehaus in die Erinnerung zurückrief, war er es maßvoll, bei Walther bar jeder Rücksichtnahme. Gleichwohl kann man es ihm – in der Sache jedenfalls, weniger in der Form – nicht verargen, denn er hatte sich von Ottilie und Walthers Vormündern in eine unlösbare Situation manövrieren lassen. Mendelssohn wußte, daß Walthers Ausbildung unzureichend und es für ihn zu spät war, sie wirksam nachzuholen. Das spürte der orientierungslose Schüler zwar auch, aber er sträubte sich zunächst gegen eine derart ausweglose Einsicht, da sich von seiner Ausbildung her keine berufliche Alternative anbot. Dazu kam die Loyalität des – ausschließlich von dafür ungeeigneten Frauen erzogenen – jungen Mannes, mit der er den überhöhten Erwartungen und Hoffnungen der Mutter und deren Freundinnen begegnete. Es stimmt nicht, wie immer wieder behauptet wird[43], daß ihn Heimweh mehrfach von Leipzig nach Weimar zurückgetrieben habe. In Wahrheit begann Walther damals in Leipzig dramatische Entwürfe und Libretti zu schreiben, von denen er

---

40 Effi Biedrzynski meint, Walther sei „zu hochmütig" gewesen, um sich nicht „mit einem bescheideneren Platz innerhalb des Musiklebens zufrieden" zu geben. (*Goethes Weimar. Das Lexikon der Personen und Schauplätze*. Zürich ²1993, S. 160. Aus dem Literaturverzeichnis ergibt sich, daß die nicht haltbare biographische Notiz auf Vulpius abstellt.)

41 Neue Zeitschrift für Musik. Bd. 12, No 42, 22. 5. 1840, S. 167. (Walther v. Göthe. Allegro. – Op. 2.)

42 Anna Jameson an Ottilie, 10. oder 17. 10. 1835 (Needler [Anm. 28], S. 28, Nr. 29). Dieser Brief zeigt, daß Mendelssohn die Aufgabe, Walther zu unterrichten, als „Pflicht" und Zeichen der „Dankbarkeit" Ottilie bzw. Goethe gegenüber auffaßte; als er zusagte, hatte er noch keinen Kontakt mit Walther gehabt (a. a. O.).

43 Vulpius (Anm. 6), 1962: S. 30; 1963: S. 29. – Ähnlich Roswitha Wollkopf in: *Verlassenschaften. Der Nachlaß Vulpius*. Weimar 1995, S. 97.

einige mit Ort und Datum versah und in Weimar, im großmütterlichen Hause, zur Aufführung brachte. Seine Tante, Ulrike von Pogwisch, die besser auf ihn einzugehen vermochte als Ottilie, sein Bruder Wolf und Freunde und Freundinnen der Familie fungierten als Schauspieler, Sänger oder Pianisten. Die Mutter erfuhr offenbar nie etwas davon, wähnte Walther bei Mendelssohn und in Vorlesungen der Philosophie, für die er sich in Leipzig immatrikuliert hatte. Diese literarischen Versuche waren Walthers erster, freilich untauglicher Versuch, aus einer inadäquaten Existenz auszubrechen und den ihm aufgenötigten Beruf und die daran geknüpften Erwartungen loszuwerden. Obgleich ihn Mendelssohn gedemütigt habe, wolle er „ganz von vorn anfangen in der Composition. [...] Wie schrecklich, daß nun so viel Geld und Zeit auf die Musik verwandt ist und ich doch nichts gelernt habe. Allein Musiker werde ich auf alle Fälle", steht am Schluß eines Briefes an die Mutter aus jenen Tagen.[44] Ihr zuliebe führte Walther sein Musikstudium noch einige Jahre weiter, mit solchem Fleiß, daß ihn spätere, um seine Gesundheit besorgte Lehrer zur Mäßigung aufforderten: zuerst Karl Loewe in Stettin und später Ignaz Ritter von Seyfried in Wien.

„Allein Musiker werde ich auf alle Fälle" – schreibt so, wer von seiner Berufung als Komponist erfüllt und durchdrungen ist? Wahre musikalische Berufung beseelte, lieber möchten wir sagen: belastete Walther nicht, sieht man von den jugendlichen und seltenen späteren schöpferischen Momenten in den Einsamkeiten seines Lebens ab. Ohnehin wurde ihm bald klar, daß ihm das Schicksal eine andere Aufgabe zugeteilt hatte, eine in einer solchen Familie weder teilbare noch gar delegierbare: die Sicherung der ererbten unvergleichlichen Hinterlassenschaft. Wie immer es mit Walthers Musik beschaffen sein mag, er hat den Kritikern das Urteil abgenommen, sprach und vollzog das Verdikt selbst. Seine Produktion ließ nach, verstummte endlich. Seltenes späteres, meist von außen bewirktes Aufflackern seiner Produktivität macht dieses Verstummen nur um so hörbarer. Walthers Briefe belegen das.[45] Aus Weimar schrieb der 26jährige seiner Mutter, die solche Signale jedoch nie zu deuten vermochte: „Ich habe übrigens in den 3 Monaten wieder total vergessen daß ich Musiker bin [...]."[46]

Solche Umstände führten dazu, daß die erste Lebenshälfte Walthers beherrscht war von der Auseinandersetzung mit seiner Mutter als Repräsentantin einer Gesellschaft und einer Lebensform, die sie extrem verkörperte und von der sich Walther immer entschiedener abwandte. Während bei dem um zwei Jahre jüngeren Bruder Wolf[47] die Dinge ganz anders liegen, ist die Inkompatibilität dieser Mutter und dieses Sohnes, Walthers, nur schwer zu situieren. Sie repräsentieren zwei unvereinbare Welten und kommen doch nie voneinander los – noch 1861, Walther war 43, Ottilie 65 Jahre alt, bot ihm die wieder einmal von Todesahnungen bedrängte Mutter an, ihm notfalls in ein fremdes Land zu folgen, wenn er sie „mit haben" wolle. Fast möchte man zur Kennzeichnung dieses ungleichen Paares, dieser auf so unterschiedliche Weise lebensfremden und instabilen Menschen an die sonderbaren

---

44 GSA 37 / XXIX, 2, 4, Nr. 5 (1836).

45 Allwina Frommann (1800–1875), jener mütterlichen Freundin, die 1867, 25 Jahre nach Erhalt dieses Briefes, in seinem Auftrag die verlegerische Makulatur des *Fährmann* verbrannte, schrieb Walther am Weihnachtsabend 1842 aus Wien: „Und Deine Musik, rufst Du! – Sei stille Allwine [...] Sey still! – die Musik hat jetzt ihren langen Winterschlaf, aber wenns nicht der Todesschlaf ist, wird sie schon erwachen [...]" (GSA 21 / 285, 7).

46 8. 6. 1844 (GSA 37 / XXIX, 3, 5, Nr. 4).

47 Das in den Anm. 3 und 32 erwähnte Reisetagebuch macht auch deutlich, wie unbedacht, geradezu verletzend, die Mutter Wolfs *Erlinde* zur Kenntnis nahm.

Brüder aus den *Flegeljahren* denken, die einander lieben, sich nicht zu lösen vermögen und doch einander ewig fremd bleiben müssen, was Jean Paul in ein wundersam sprechendes Bild kleidet, wenn im Trennungsbrief Vult seinem Bruder Walt schreibt:

> Wir beide waren uns einander ganz aufgetan, sowie zugetan ohnehin; uns so durchsichtig wie eine Glastür; aber Bruder, vergebens schreibe ich außen ans Glas meinen Charakter mit leserlichen Charakteren: Du kannst doch innen, weil sie umgekehrt erscheinen, nichts lesen und sehen als das Umgekehrte.[48]

Hier muß es, was Walther von Goethes späteres, eigentliches Leben anbelangt, mit wenigen Bemerkungen und Hinweisen sein Bewenden haben.[49] Etwa von seinem 22. Lebensjahr an vollzog sich in Walthers Wesen eine tiefgreifende Veränderung. Beruflich stand er vor dem Nichts. Die Mutter und die ihm standesgemäße Gesellschaft wurden ihm fremd. Aus Schilderungen in seinen *Fährmann*-Geschichten läßt sich ablesen, wie Walther in Wien in den Armenvierteln die Not der vorrevolutionären Jahre von nahem kennenlernte. Seine „Armuthssonette und Proletariats-Literatur"[50], der *Fährmann* von 1848 bereiteten sich vor. Er läßt dieses Buch auf eigene Kosten und anonym erscheinen. Nur wenige Vertraute sind in das Vorhaben involviert; die Mutter erfährt nie davon.

Da sich Walthers Kritiker weder mit seinem verborgenen Tun noch mit seinen Quellen und Vorbildern[51] beschäftigt haben, ist ihre Ratlosigkeit angesichts dieser Geschichten begreifbar. Es sind Berichte über kleine, scheinbar belanglose Schicksale kleiner, scheinbar belangloser Menschen, brüsk kontrastierend mit der Welt der Privilegierten, die derart belanglosen Vorfällen und Menschen keine Aufmerksamkeit abzugewinnen vermögen. Da und dort schimmert das ironisierte Bild der Mutter durch.[52] Reduziert auf sein Kernanlie-

---

48 Jean Paul. *Flegeljahre.* In: *Werke.* Bd. 2. Hrsg. von Gustav Lohmann. München 1959, S. 1058. – Das Angebot Ottilies (Brief, 8. 12. 1861) findet sich in GSA 37 / XXVI, 2, 2, Nr. 406.

49 Vorläufig ist für das Folgende auf den Katalog zur GSA-Ausstellung 1997 (Anm. 2), S. 26 ff. u. 45 ff. zu verweisen.

50 *Fährmann* (1848, Anm. 3), S. 162; Nachdruck 1911, S. 162. – 1911 erschien ein Nachdruck des *Fährmann* in einer limitierten „numerierten Subscriptionsausgabe" von 1250 Exemplaren in Fußingers Buchhandlung in Berlin, mit einem Vorwort von R. Gerschow, das zahlreiche Ungenauigkeiten enthält. Im Druck wurden vermeintliche Berichtigungen vorgenommen, die Walther von Goethes Intentionen verkennen.

51 Als Beispiele seien genannt George Sand (*Fährmann* [1848, Anm. 3] u. Nachdruck 1911: Motto auf dem 2. Vorsatzblatt u. S. 164); Jeremias Gotthelf (Wortspielereien in: 1848, S. 76; Nachdruck 1911, S. 79; im Nachdruck 1911 verunstaltet); Ernst Dronke (*Polizeigeschichten.* 1848 u. Nachdruck 1911, S. 162).

52 Unübersehbar sind Anspielungen auf Ottilie, die Allesleserin, der Walther zuweilen, wie er es nennt, „Verschlingungsbücher" schickt (am 28. 10. 1843; GSA 37 / XXIX, 3, 4, Nr. 4), und ebenso auf Besucher ihres Salons wie Berthold Auerbach, der selbst und dessen *Vefele* und *[Schwarzwälder] Dorfgeschichten* im *Fährmann* erwähnt werden im Zusammenhang mit der ironisierten „Liebe zum Volk" der Gräfin P (Ottilie war eine geb. Pogwisch), die – „natürlich im Boudoir" – über das verführte Mädchen geweint und sich mit dem Autor sogar unterhalten habe. *Fährmann* (1848, Anm. 3), S. 9 u. 21 f.; Nachdruck 1911, S. 13 u. 26 f. Dazu GJb 114 (1997), S. 358, zu Anm. 25. Daß Ottilies uneheliche Mutterschaft (Anna, Februar 1835–4. 7. 1836 – das genaue Geburtsdatum ist noch nicht nachgewiesen) bei Walther Spuren hinterlassen hat, zeigt die mehrschichtige Behandlung dieses Themas im *Fährmann.*

gen, stellt der *Fährmann* die Resignation vor den bestehenden gesellschaftlichen und sozialen Strukturen dar, deren Veränderung darum nicht erstrebt wird. Dahinter ist die Überzeugung zu erspüren, daß es immer und überall, unter jedem politischen und sozialen System und vor und nach jeder Revolution, Privilegierte – in der Lage, Macht auszuüben – und Benachteiligte – von den Privilegierten Abhängige, Arme – geben wird. Darum setzt das Buch nicht auf Veränderung der Strukturen, sondern der Gesinnung; daher appelliert es an die Einsicht jener, die Einfluß und Macht haben, im gegenseitigen Umgang Schonung walten zu lassen und sich nicht von der Armut und ihren augenfälligen Begleiterscheinungen abzuwenden, sondern nach den Ursachen zu fragen, die zu solcher Armut und der ihr anhängenden Verrohung geführt haben. – Dies im Glauben, daß die Einsicht in die Ursachen helfen könne, die Folgen, die zwischen den Gesellschaftsschichten bestehende Kluft und die oft gedankenlose Rücksichtslosigkeit im Umgang mit den Schwächeren, zu überwinden. Nötig seien dazu gegenseitiges Verständnis und die Bereitschaft, sich in die Lage des andern zu versetzen.[53]

Aufgehalten haben sich die Kritiker Walthers besonders über die Widmung des Buches auf dem zweiten Vorsatzblatt „An die Vornehmen" – eine in der Tat ungewöhnliche Zueignung für ein im Revolutionsjahr 1848 erscheinendes Buch. Gerade der von Walthers Kritikern beanstandete Stil des *Fährmann* macht aber deutlich, daß als Leser eben die „Vornehmen", also Walthers Standesgenossen, erhofft wurden. Er suchte diese so schwer Erreichbaren zu erreichen, durch bewußt verspottende und übertreibende Imitierung ihrer – von französischen und englischen Brocken und militärischen Ausdrücken durchsetzten – oberflächlichen Umgangssprache, die Walther aus Erfahrung vertraut war. Kein Kritiker unterzog sich der Mühe, dem Motto, das Walther dieser Widmung „An die Vornehmen" beifügte, und den vielen verschlüsselten Signalen, die sein *Fährmann* aussendet, nachzugehen. Das scheinbar sinnleere Motto, zu dem nur die Autorin, nicht aber die Quelle angegeben wird, lautet: „‚Monsieur de Boisguilbault, une poignée de main, s'il vous plait!' George Sand."[54] Liest man dieses Motto in seinem dramatischen Kontext, so stößt man auf die mei-

---

53 Anläßlich der 1848er Unruhen in Wien trat Walther von Goethe der Bürgerwehr bei, was ihn naturgemäß in einen Gewissenskonflikt stürzen mußte. Seinem Verleger, Wilhelm Hertz in Berlin, schrieb er damals: „[...] man muß in der That das Volk so sehr lieben wie ich, um sich durch all' die Roheiten die gerade von da aus geschehen, nicht beirren zu lassen." (13. 4. 1848; Schiller-Nationalmuseum. Deutsches Literaturarchiv, Cotta-Archiv. Korrespondenz Walther von Goethe/Wilhelm Hertz. No 2.) Diese Roheit war für Walther von Goethe nicht Folge der niedrigen, sondern der erniedrigten Gesinnung des Volkes (*Fährmann* [1848, Anm. 3], S. 174; Nachdruck 1911, S. 175).

54 D. h.: Herr von Boisguilbault, einen Händedruck, bitte! (Im *Fährmann* 1848 fehlt der accent circonflexe.) – Angesichts des Riesenwerkes von George Sand war eine solche Stelle nicht leicht aufzufinden. Das Motto entstammt ihrem Roman *Le Péché de Monsieur Antoine*, von 1845 an in Fortsetzungen und von 1846 an in Buchform erschienen. In der Erstausgabe des Buches findet sich das Zitat im Bd. 2, S. 116 (in der nachstehend zit. Ausgabe 1982, S. 121). Es ist bezeichnend, daß Walther beim Versuch, jedes auf seine Urheberschaft weisende Indiz zu tilgen und seine wahren Motive und Gesinnungen zu tarnen, seine Mutter zwar auf dieses Buch hinweist, aber beifügt: „George Sand hat einen neuen Roman geschrieben: le péché de Mr. Antoine. Gelesen habe ich ihn nicht, denn wie gesagt, ich bin ‚nur klassisch' [...]." (8. 3. 1846; GSA 37 / XXIX, 4, 2, Nr. 1 c.) Diese Datierung erlaubt den Schluß, daß Walther den Roman schon als Vorabdruck (in der *Époque* vom 1. 10.–13. 11. 1845) gelesen hat. Vgl. zur Editionsgeschichte George Sand. *Le Péché de Monsieur Antoine. Texte établi, présenté et annoté par Jean Courrier et Jean-Hervé Donnard.* Meylan [1982] (Les Éditions de l'Aurore), S. 396 ff.

sterlich gezeichnete Figur dieses widersprüchlichen Monsieur de Boisguilbault, eines erklärten Gegenspielers des damals aufkommenden, menschliche Arbeitskraft ausbeutenden industriellen Unternehmertums. De Boisguilbault ist ein vereinsamter Adliger, der zwar den Adel verachtet, gleichwohl nicht bereit ist, auf dessen Insignien und die damit verbundene privilegierte Stellung zu verzichten. Diese ermöglichen es ihm nämlich, dort zu helfen, wo Hilfe vonnöten ist, denn gleichzeitig träumt er von einem eigenwilligen, differenzierten und von illusionärer Beseitigung von Klassenunterschieden absehenden Kommunismus. Er verwirklicht ihn auch, dank der privilegierten Stellung, auf seine besondere Weise. Auf den Kern reduziert, ist die Botschaft dieses „Kommunismus", daß die Gleichheit der Rechte konsequenterweise die Gleichheit der Lebenschancen fordere[55], – daß jeder Mensch, auf welcher gesellschaftlichen Stufe er sich auch vorfindet, gleichen Anspruch auf Lebensgenuß habe. Im *Fährmann* liest sich das so: „[...] zerstören sie nicht die wenigen Sonnenblicke, welche das Leben des Armen erhellen. – Die Sonne, die der Armuth scheint, ist ohnehin so klein, daß man sie mit der flachen Hand zudecken kann."[56] Die mentalen Übereinstimmungen dieses merkwürdigen Herrn von Boisguilbault und seiner Schöpferin, George Sand, mit Walther von Goethe, seinem *Fährmann* und seinem ambivalenten Verhältnis zur Gesellschaft sind unübersehbar und biographisch erhellend.[57]

Ganz im Sinne seines Vorbilds, der im deutschen Sprachraum wenig beachteten und durch Klischees verstellten George Sand, setzt der *Fährmann* nicht auf „vormärzliche" Freiheit. Es geht ihm vielmehr um eine sehr differenzierte Art von Gerechtigkeit und Gleichheit, von christlich motiviertem „Kommunismus", zunächst ohne Eingriff in die gesellschaftlichen Strukturen. Für George Sand waren Gleichheit und Freiheit synonym, ein Pleonasmus[58], was für deutsches Vormärzverständnis ungewöhnlich klingen mag. Es ging ihr, wie Walther von Goethe, nicht um Worte, nicht um Literatur und um – wenn auch redlich gemeinte – Salongespräche, sondern darum, soziale Gegensätze und Mißstände durch tätige Nächstenliebe zu überwinden.[59] Dies ist die Botschaft des *Fährmann*, und eben sie trennte Walther von Goethe vom Denken und Handeln seiner Mutter und der Gesellschaft, der er durch sein zwiespältiges Herkommen angehörte.

---

55 George Sand (Anm. 54, 1982), S. 187. Ferner dies.: *Histoire de ma Vie.* In: *Œuvres autobiographiques. Texte établi, présenté et annoté par Georges Lubin.* (Bibliothèque de la Pléiade). Bd. 1. Paris 1970, S. 45 f.

56 *Fährmann* (1848, Anm. 3), S. 148; Nachdruck 1911, S. 149.

57 In solche Zusammenhänge sind auch andere scheinbare, seine Biographen verwirrende Widersprüche in Walthers Verhalten zu stellen, z. B. der Antrag auf Bestätigung des Freiherrenstandes (übrigens für beide Brüder).

58 „Seit meiner Kindheit sprach sich auf dem Grunde meines Herzens [...] sowohl das religiöse wie das praktische Ideal im heiligen Wort Gleichheit aus. [...] Mindestens das, was man als bürgerliche Freiheit bezeichnete, sagte mir nicht viel. Ich begriff sie nicht ohne absolute Gleichheit und christliche Brüderlichkeit. Es schien mir, und es scheint mir noch immer, wie ich bekennen muß, daß das Wort Freiheit, das in der republikanischen Formel die beiden anderen [Wörter] anführt, an letzter Stelle hätte stehen müssen, sogar, weil ein Pleonasmus, hätte wegfallen können." (George Sand [Anm. 55, 1970], S. 1053 f. [Übersetzung d. Vf.] u. Gisela Schlientz: *George Sand. Leben und Werk in Texten und Bildern.* Frankfurt a. M. 1987, S. 119, it. 565.)

59 So hat Karl Rosenkranz George Sand als „bonne dame de Nohant" in die Rezeptionsgeschichte Goethes eingeführt und ihr Wirken in der Landbevölkerung eindrucksvoll geschildert (*Göthe und seine Werke.* Königsberg ^{2}1856, S. 419).

Tatsächlich begann die privilegierte Stellung Walther von Goethes Gewissen zu belasten. Zwar war die Familie von Goethe alles andere als begütert, zuweilen sogar buchstäblich arm, aber ihre Armut war eine andere als jene der Näherinnen in den dunklen Hinterhöfen, der übermüdeten Fabrikkinder und der Ghettojuden, die uns Walther im *Fährmann* und in den *Golem*-Fragmenten vorführt. Es war eine gewissermaßen irreale Armut, vergoldet durch den Namen Goethe. Walther wurde alles fragwürdig. Im Sinne seines Vorbilds George Sand wurde er zu einer Art „christlicher Kommunist".[60] Dabei ging es freilich nie um Revolution, weder von oben[61] noch von unten.

Mit Walther von Goethes sehr persönlichem „Vormärz" im *Fährmann*, dem Bekenntnis zu Schonung und Rücksicht im Umgang, kündigt sich an, was wenige Jahre später, auf ganz andere Weise, den Freundschaftsbund zwischen dem Großherzog Karl Alexander und Walther von Goethe stiftete: die Spiegelung ihres Verhältnisses in der Welt des späten Adalbert Stifter.[62]

Walther von Goethes Kritiker empfanden die sich im *Fährmann* kundgebende Haltung als „kindisch" und sentimental.[63] Gerade in unseren Tagen freilich, in denen im Namen einer aus den Bahnen geratenden, zuweilen für Sonderinteressen mißbrauchten marktwirtschaftlichen Denk- und Handlungsweise die Ausbeutung menschlicher Arbeitskraft auf eine oft erschreckende Weise wieder auflebt, könnte dieser Appell zur Schonung an die Mächtigen – in Wirtschaft und Politik – nachdenklich stimmen; könnte der *Fährmann* im Sinne eines Hesse-Wortes verstanden werden als zwar „nichts Aufregendes, nichts ‚Interessantes', aber mehr als das", als Ermahnung eines vereinsamten „jenseits seiner und unsrer Zeitprobleme [...] nach dem Wesen wahrer Menschlichkeit" Suchenden.[64]

1911 rezensierte Kurt Pinthus den Neudruck des *Fährmann*: Das Buch sei ein „ganz unkünstlerisches, kindlich unbeholfenes und sentimentales Werk. Das Seltsamste ist, daß das Buch eine stark gewollte soziale Tendenz hat. [...] Es ist kein Sturm der Seele oder des

---

60 Ähnliches mag Walther von seinem Großvater gehört haben. „Wir [werden] alle nach und nach aus einem Christentum des Wortes und Glaubens immer mehr zu einem Christentum der Gesinnung und Tat kommen." (Goethe, wenige Tage vor seinem Tod zu Eckermann, 11. 3. 1832.) – Walthers Gewissensnot drückte sich in seinen Briefen aus: „Daß ich selbst für mich nichts besitze, wäre mir ganz gleich, aber oft Noth u Elend zu sehen, und wenn man es auch oft nicht sieht, doch zu wissen daß Beides da, ohne helfen zu können, das ist eine bittre Last." (Walther an seine Mutter, 10. 12. 1849; GSA 37 / XXIX, 4, 5, Nr. 5.)

61 Anders noch Vf. in GJb 109 (1992), S. 140.

62 Vgl. Katalog zur GSA-Ausstellung 1997 (Anm. 2), S. 36 ff. – Für Walther von Goethe und Karl Alexander konturierte sich die im *Fährmann* beabsichtigte Sensibilisierung für gesellschaftliches Unrecht und Gedankenlosigkeit unter Stifters Anleitung zu schonendem, behutsamem, „nachsommerlichem" Umgang, steigerte sich dann, als von 1865 an Stifters *Witiko* erschien. Witiko steht nicht nur für schonenden Umgang und Rücksichtnahme, selbst im Wahn des Krieges, sondern auch für unbedingte Treue zum legitimen Landesherrn und für deren Korrelat: die von Achtung und Liebe getragene Zuwendung für alle Anvertrauten. Darum überrascht es nicht, daß Karl Alexander seinen Freund in Briefen und Billets zeitweilig nicht nur als Blaubart (vgl. Anm. 13), sondern auch als Witiko anredete.

63 So Erich Schmidt, als er 1906 das Buch in einem von sachlichen Ungenauigkeiten strotzenden Vortrag erstmals öffentlich bekannt machte. Dazu GJb 109 (1992), S. 133. – Effi Biedrzynski (Anm. 40), S. 160 bezeichnet den *Fährmann* als „matte Schreibe", Vulpius ([Anm. 6], 1962: S. 141; 1963: S. 132) als schwach und unerfreulich.

64 Vgl. GJb 114 (1997), S. 359, dort zu Anm. 29 u. 30; mit Nachweisen.

Geistes in diesem schwächlichen Buche, – fern steht es den Werken des jungen Deutschland. Man fühlt keinen Faustschlag, sondern ein [...] höflich geäußertes ‚bitte'."[65] Solche Kritik zeigt, wie wenig man Walther von Goethes Intentionen gerecht wird, wenn man den *Fährmann* als pure Literatur mißversteht und mit zeitgenössischen literarischen Vergleichen operiert[66] – ohne zudem Walthers Vorbild, George Sand, mitzubedenken. Es geht hier um eine soziale Botschaft, einen Aufruf zur Menschlichkeit an die gesellschaftlich Begünstigten und – das ist das Schlüsselwort zum *Fährmann* – um deren Gedankenlosigkeit.[67] Was die von Kurt Pinthus vermißten Faustschläge anbelangt, so sind diese ohnehin nicht jedermanns Sache – schon gar nicht den Trägern des Namens Goethe.

Verständlich wird aber, warum sich Walther, anders als sein Bruder Wolf, der im Leben und Tun den Raum des Etablierten, der literarischen und wissenschaftlichen Konvention nie überschritten hat, in die Anonymität und endlich in die Sprachlosigkeit zurückziehen mußte und warum Walthers Lebenskonflikte schon in seinem von ihm bewußt in Frage gestellten Herkommen angelegt sind – auch darin seinem Vorbild verwandt.[68]

Karl Alexanders enge Freundschaft mit Walther von Goethe machte diesem nicht nur die menschlichen Vorzüge, sondern ebenso die charakterbedingten Grenzen des Fürsten deutlich: eine gewisse Weltfremdheit und Entscheidungsschwäche, die durch die häufige, von Walther mißbilligte Abwesenheit von Weimar noch begünstigt wurde.[69] Großherzogin Sophie und Walther standen einander ebenfalls nahe, aber ohne vergleichbare Vertrautheit. Walther kannte ihre natürliche Autorität und ihre Begabung, sich durchzusetzen und andere zu motivieren.

---

65 Dr. Kurt Pinthus in *Leipziger Neueste Nachrichten* 1911, Nr. 310. – Es ist kein Zufall, daß Walther von Goethe für den *Fährmann* als zweites Motto, ebenfalls ohne Quellenangabe, ein *Tell*-Zitat gewählt hat: „Ich hab' gethan, was ich nicht lassen konnte." Denn damit erklärt sich auch der Titel des Buches (vgl. Schillers *Wilhelm Tell*, V. 160 sowie zum *Fährmann* z.B. V. 67, 103, 112, 136, 143/4 u. 150), aber wohl mehr noch. Im *Tell* stellt Reding in einer bezeichnenden Szene (II, 2), wo ebenfalls einer „Fähre" gedacht wird, die Frage: „Sind alle sanften Mittel auch versucht?" (V. 1314).

66 Dazu GJb 114 (1997), S. 358.

67 Die Denkungsart des *Fährmann* erinnert an die Grundeinsicht Albert Schweitzers: „Mit drei Gegnern hat sich die Ethik auseinanderzusetzen: mit der Gedankenlosigkeit, mit der egoistischen Selbstbehauptung und mit der Gesellschaft." (*Kultur und Ethik. Kulturphilosophie.* Zweiter Teil. Bern 1923, S. 246.)

68 George Sand umschreibt genau Walthers Lebensaporie, wenn sie bekennt: „[...] meine ersten sozialistischen Instinkte [...] verdanke ich der Besonderheit meiner Stellung, gewissermaßen meiner Geburt rittlings zwischen zwei Klassen." In ihren Adern floß väterlicherseits königliches, mütterlicherseits, wie sie selber sagte, „plebejisches" Blut. Darum habe sie dem Herkommen und dem Herzen nach ihren Ursprung im Volk. Man sei „eben nicht nur das Kind seines Vaters, man ist, glaube ich, auch ein wenig dasjenige seiner Mutter." Bei Walther von Goethe war die Situation vergleichbar, bloß invers. Vgl. zum Vorstehenden George Sand: *Correspondance. Textes réunis, classés et annotés par Georges Lubin.* Bd. 6. Paris 1969, S. 327 f. sowie dies. (Anm. 55, 1970), S. 15 u. 629.

69 „So muß ich denn auf Ew. K. H. baldige Rückkehr hoffen, um so mehr hoffen, als ich zu sehr die Empfindung, nein: die tiefinnerste Ueberzeugung hege, daß Ew. K. H. so dauernde Abwesenheit von Weimar für Ew. K-H. Selbst, sowie für die hiesigen Verhältnisse nur nachtheilig wirken kann." (Walther von Goethe an Karl Alexander, 9. 10. 1858; ThHStAW A XXVI 310 VIII fol. 45; Walther lehnte damals eine Einladung nach Wilhelmsthal ab, weil vor Wintereinbruch „bauliche Angelegenheiten im Goethe'schen Hause" vorzunehmen waren.)

1883 starb Wolf, zwei Jahre vor seinem Bruder. Damit blieb die Last, über die Hinterlassenschaft des Großvaters zu verfügen, Walther von Goethes alleinige Aufgabe.[70] Sein nie publizierter Testamentsentwurf[71] macht augenfällig, wie er um Worte und Formulierungen gerungen hat. In Leipzig, wo er starb, schrieb er, bereits todkrank, letzte „Praecisierungen" nieder und übergab sie einem Vertrauten zur Eröffnung nach seinem Ableben.[72] Charaktere, Möglichkeiten und Fähigkeiten genau bedenkend und abwägend, vermachte er das Archiv Goethes der Großherzogin, die Sammlungen und den Grundbesitz jedoch dem Staat, übertrug aber seinem Freund Karl Alexander die Aufsicht darüber. Daß der Großherzog keine Kenntnis vom Inhalt des Testaments hatte, belegt sein Tagebuch. Am 16. April 1885, dem Tag nach Walthers Tod, notiert er:

> Ich bestieg eben das Pferd, mit meinen Töchtern, als ich den Arzt Vulpius ankommen sah mit einem Paket in den Händen. Ich musste ihn empfangen. Ich tat es im Empfangssalon. Er übergab mir die Kopie des Testaments. Ich las es mit großer Bewegung und erfuhr, daß er dem Staat die Sammlungen und die Häuser Goethes vermachte, und daß er verlangt, daß ich dafür die Leitung übernehme; der Großherzogin alle Archive, mit Einschluss des Goethe-Archivs; daß er dem Krongut den goetheschen Garten mit dem Haus überlässt, damit dieser Ort ein Spielplatz bleibe für die Großkinder meiner Familie. Ich ließ die Großherzogin rufen, die von ihrem Spaziergang zurückkehrte, damit auch sie das Testament läse. Auch sie war sehr bewegt, und wir beide können Gott nicht genug dafür danken, daß er es gefügt hatte [avait daigné], diese wichtigen Entscheidungen zugunsten dieses Landes und unseres Hauses zu wenden, und daß wir berufen sind – wenn Gott es will und wir es erleben –, den Nutzen aus alledem zum Wohl der gebildeten Welt zu pflegen [soigner les interets de tout ceci pour le bien du monde culturel]. [...] Ich begab mich für einen Augenblick in die Gärten Goethes.[73]

---

70 Wolfgangs Testament ergibt, daß die Brüder für die großväterliche Hinterlassenschaft eine Stiftung erwogen, sich aber offenbar über deren Ausgestaltung nicht zu einigen vermochten. Die Beziehungen zwischen Karl Alexander und Wolf waren distanziert und unpersönlich; jene zu Ottilie, wie vom Großherzog nicht anders zu erwarten, formal, höflich und korrekt, zu keiner Zeit aber mehr – vielmehr kritisch, wie sich belegen läßt.

71 Das für die Nachwelt bedeutsame Testament Walthers wurde meines Wissens noch nie mit den Entwürfen vollständig wiedergegeben. Der Abdruck bei Toni Deneke: *Das Testament. Menschenschicksale um das Haus am Frauenplan.* Weimar 1957, S. 259 ff. (Ausgabe 1965, S. 253 ff.) ist unzulänglich. Der genaueste Abdruck findet sich bei Adelheid von Schorn (Anm. 19), Anhänge 3/4, S. 324–326. (Vgl. die in Anm. 3 erwähnten Editionsvorhaben. Liebenswürdigerweise stellte Frau Christa Rudnik, Goethe- und Schiller-Archiv Weimar, für mich eine Abschrift der teilweise schwer lesbaren Entwürfe her.)

72 GSA Instituts-Archiv GSA [alt] Nr. 1.

73 ThHStAW A XXVI, Nr. 1982, Bl. 229 f. (überwiegend französisch; die Orthographie wurde nicht verändert; Übersetzung d. Vf.). – Heinrich Karl von Helldorf wies Karl Alexander am Morgen des 16. April 1885 darauf hin, daß ein Testamentsentwurf von seiner Hand existiere. Der Großherzog ging nicht darauf ein, weil er den formellen Rechtsweg zu beschreiten wünsche und das definitive Testament noch gar nicht bekannt sei (a. a. O., Bl. 229 vs.). Ferner Vulpius (Anm. 6), 1962: S. 174, 219 ff. u. 224 f.; 1963: S. 163 f., 205 f. u. 209 f. – Die angedeuteten Beziehungen zwischen Karl Alexander und Walther von Goethe und dessen Buch könnten Licht bringen in die ungeklärte Rolle von Wilhelm Hertz, dem Verleger des *Fährmann*, bei der Gründung der Goethe-Gesellschaft. Im 1. Jahresbericht (GJb 1886, S. 9) wird mitgeteilt, daß „Herr Verlagsbuchhändler

Entsinnen wir uns der eingangs zitierten Klage Ludwig Geigers: „Ich hatte selbstverständlich immer nur von Goethe geredet; die Enkel wußten nur von ihrem Großvater.“[74] Aus Geigers begrenzter Sicht der Dinge ist sein Unmut über das ihm unzugängliche Goethe-Archiv nachvollziehbar. Man sollte aber bedenken, daß der letzte Paragraph von Goethes Testament vom Januar 1831 einen sonderbaren Zusatz aufweist: „Dieser mein letzter Wille soll auf jede gedenkbare Weise, sei es als Testament, Codicill, großväterliche Verordnung u. s. w. aufrecht erhalten werden.“[75]

Im Lichte dieser „Verordnung“ verkehrt sich heute, aus der Rückschau und auch im Rückblick auf das Jubiläumsjahr 1999, der Vorwurf Ludwig Geigers gerade in sein Gegenteil. Wir sollten Walther von Goethe dafür danken, daß er dieser „großväterlichen Verordnung“ so entsagungsvoll, und sei es zuweilen bis zum scheinbaren Starrsinn, nachlebte und in Kauf nahm, daß sie die Entfaltung seiner eigenen Lebensziele hemmte oder gar verhinderte. Es ist fraglich, ob für uns Goethes einzigartige Hinterlassenschaft in solcher Vollständigkeit und Fülle verfügbar wäre, hätte Walther nicht, ungeachtet aller äußeren Anfechtungen, die „großväterliche“ Verfügung so genau und so ernst genommen.

Wilhelm Hertz und Genossen“ die „Vorstandsmitglieder in Vorschlag“ brachten. Hertz wurde jedoch nicht „Organ“ der Gesellschaft, im Gegensatz zu seinem Konkurrenten, dem Verlagsbuchhändler Hermann Böhlau (dem Herausgeber der WA), der sogar dem geschäftsführenden Ausschuß angehörte (2. Jahresbericht im GJb 1887, S. 21). Wolfgang Goetz (*Fünfzig Jahre Goethe-Gesellschaft.* Weimar 1936 [SchrGG, Bd. 49], S. 24) berichtet, daß Böhlau den ersten Aufruf zur Bildung einer Goethe-Gesellschaft unterzeichnete. Die Rolle von Hertz bei der Vorstandswahl blieb Goetz allerdings unklar. Er schreibt dazu: „Der Berliner Verlagsbuchhändler Wilhelm Hertz stellte den Antrag, hauptsächlich wohl nur als Sprecher. Es ist nicht ersichtlich, wer die Genossen dieses Antrags waren.“ (A. a. O., S. 30 f.)

74 Vorstehend zu Anm. 21.

75 WA I, 53, S. 333, § 15.

GALINA V. JAKUŠEVA

Goethe in der sovjetischen Literatur (1940er–1980er Jahre)

In: *Getevskie čtenija.* Bd. 4. Hrsg. von Sergej V. Turajev. Im Auftrag der Kommission zum Studium des Schaffens Goethes und der Kultur seiner Zeit. Moskau 1997, S. 219–247.*

Die vorliegende literarhistorische Arbeit, die den Blick auf ein fast unbekanntes, auch geistesgeschichtlich bedeutsames Feld freigibt, erschien zuerst auf Russisch 1997 im Band 4 der Moskauer *Goethe-Studien.* Leider überschritt der Umfang die verbindlichen Normen des Goethe-Jahrbuchs, so daß die wörtliche Übersetzung um 40 % gekürzt werden mußte; naturgemäß ging mit den farbigen Einzelheiten ein reizvoller Teil der Darstellung verloren. Typoskripte der ungekürzten Übersetzung des Originals befinden sich in der Herzogin Anna Amalia Bibliothek in Weimar und in der Bibliothek des Faust-Museums in Knittlingen. Inzwischen ist im Jubiläumsband 1999 der Moskauer *Goethe-Studien* eine neue, übergreifende Abhandlung von Galina V. Jakuševa erschienen: *Der deheroisierte Faust im 20. Jahrhundert* (S. 31–49), deren Übersetzung sich ebenfalls an den angegebenen Orten finden wird.

Die Goetheschen Motive in der sovjetischen Literatur sind bis heute ein fast unerforschtes Gebiet der Weltliteratur (mit Ausnahme vielleicht der Goetheschen Reminiszenzen in M. A. Bulgakovs Roman *Master und Margarita*). Indessen ist die Aufnahme dieser Motive in der angegebenen Periode besonders interessant mit Blick auf die globale Krisis der Aufklärungsepoche, welche im wesentlichen bis zu den 40er Jahren des 20. Jahrhunderts reichte. Die Begeisterung über den Verstand als absolutes Instrument zur Vervollkommnung des Daseins wich allmählich der Enttäuschung, hervorgerufen nicht nur vom Rezidiv des mittelalterlichen Irrationalismus in Form der faschistischen Ideologie, sondern auch von der – bezüglich der humanistischen Kultur – Zwiespältigkeit des wissenschaftlich-technischen Fortschritts.

Längst vorüber sind die Auseinandersetzungen um Goethe im Rußland der Jahrhundertwende, die nur eine gewisse Spur im ‚genetischen Gedächtnis' der sovjetischen Kultur hinterließen: Tolstojs Mißverhältnis zu dem großen Deutschen, den er einen „falschen Götzen" genannt hatte; der Vorwurf des ‚Übermenschlichen', des Egoismus und der Teilnahmslosigkeit des „gottlosen" Goethe, dessen Faust als „intellektueller" und daher „rein deutscher" Held Rußland fremd sei, wie der Geistliche Sergej Solovjov am Vorabend der Oktoberrevolution in der Abhandlung *Goethe und das Christentum* versicherte; die sich im Kreise der dekadent-liberalen Intelligencija formierende, aber mit dem Vorzeichen der Begeisterung versehene Auffassung Goethes als Nietzscheaners, des rücksichtslosen Über-

* Übersetzt von Prof. em. Dr. Fritz Schlawe, der zugleich die Vorbemerkung verfaßte.

menschen, „Auserwählten der Erde“ (Balmont) – und die wiederbelebte Konzeption der russischen revolutionären Demokraten des 19. Jahrhunderts von Goethe als ‚Aktivist‘, Schöpfer des Gottesfeindes Mephisto, des verwegenen Forschers Faust und der „Quintessenz der Macht der Volksmassen“ (Gorkij), bereit, sich in die Idylle von der Volksherrschaft einzufügen (A. V. Lunačarskij und sein Drama *Faust und die Stadt*).

Gerade ein solcher aktiver und altruistischer Faust existiert um das Jahr 1920 unter den Helden des mystisch-sinnlichen *Faust*-Zyklus von B. L. Pasternak, wo der arrogante Mephisto „in blutroten Strümpfen mit Schleifen“ auftaucht, als Zeichen der Anwesenheit des Dunklen und Unerkennbaren, ein verhüllter Hinweis Pasternaks auf die Unvollkommenheit und Begrenztheit einseitig-geradliniger Lektüre Goethes als kompromißlosen Rationalisten-Aufklärers: einer Lektüre ohne Berücksichtigung des Geheimnisvollen, Irrational-Rätselhaften, das in sein Leben und Werk eingegraben ist, und das der Dichter im Blick hatte, als er davon sprach, daß nicht restlos alles nach Logik und Verstand teilbar sei – „immer bleibt eine Bruchzahl übrig“. In diesem Zusammenhang ist auch Pasternaks Übersetzung von Goethes unvollendeter mystisch-symbolischer Dichtung *Die Geheimnisse* symptomatisch – ebenso der ‚Goethismus‘ Andrej Belyjs und des Kreises der russischen Symbolisten: Vjačeslav Ivanov, Ellis (L. L. Kobilinskij), der Philosoph E. K. Metner und sein Bruder, der Komponist N. K. Metner, die alle in Goethe den „größten Poeten-Mystiker unserer Epoche“ sahen, den Vorläufer des zeitgenössischen Symbolismus, des fast neuplatonischen anthroposophischen Geistes, der die Realität nur als Widerspiegelung der Ideenwelt betrachtete.

Die diesem Kreis nahestehende Marietta Šaginjan veröffentlichte 1923 ein Buch *Reise nach Weimar* über ihre Pilgerfahrt ins ‚Goethesche‘ – ein Buch, das sie selbst später in ihren Memoiren *Mensch und Zeit* (1980) eine „präzise“, aber nicht „wahrhaftige“ Prosa nennt, vielmehr „holländisches Stilleben“, und das den auf den ersten Blick paradoxen Versuch enthält, unter symbolisch-anthroposophischem Gesichtspunkt Goethes Nähe zur altgriechischen Welt mit der christlichen Karwoche, der Sühne-Idee, in Verbindung zu setzen. In diesem Paradox kann man jedoch die erste Andeutung jener Transformation des Mythologems vom ‚faustischen Menschen‘ lesen, die sich später in der sowjetischen Literatur vollzieht und die viele Tendenzen der Weltliteratur vorwegnimmt.[1] So löst Ende der 20er Jahre, wohin man den Beginn der Krisis der Aufklärungsepoche datieren kann, gerade in der heimischen Literatur der ‚Faust des Herzens‘ den ‚Faust des Verstandes‘ ab, die Hypostase Christi, die anfangs hinter der Größe ihrer beiden Protagonisten sich versteckt, tritt zurück (Bulgakovs Held Master erdient sich im Ergebnis nicht das ‚Licht‘, die Apotheose, sondern gerade nur die ‚Ruhe‘ – das im Wesen antifaustische ‚Karma‘), wird dann aber immer bestimmter und auffallender ins Leben integriert.

Nach Bulgakovs Roman – beendet 1940, aber im literarischen Lebens erst nach der Publikation 1965 präsent – wurde in der sowjetischen Literatur als nächstes Werk, das gerade jene Modifikation der faustischen Kollision entfaltete, das Stück *Mephisto* von S. Aljošin 1942 im Kriegs-Stalingrad niedergeschrieben, wobei darin nicht die Verwirklichung der ‚übermenschlichen‘ Bestrebungen Fausts das Wichtigste ist, sondern die Bewahrung und Vermehrung der Menschlichkeit als Hauptzierde und Endziel des Daseins. Die traditionelle Wette wird auf diese Weise ‚travestiert‘: Der alte Faust stirbt, aber an seiner Statt erscheint

---

1 Vgl. G. V. Jakuševa: *Faust und Mephisto in der Literatur des 20. Jahrhunderts*. In: *Getevskie čtenija* 1991. Moskau 1991, S. 165–192.

das neue „Erdenkind" – Mephisto, der „vermenschlicht" ist durch Mitleid und Liebe für Margarethe, der auf sein diabolisches Wesen verzichtet, auf die damit verbundenen Privilegien bis hin zur Unsterblichkeit, und der seine Verwandlung mit dem triumphierenden Ausruf bekräftigt: „Ich bin Mensch!"

In den Nachkriegsjahren wird, deutlich mit dem Zweiten Weltkrieg und dem Abwurf der ersten Atombombe verknüpft, Faust in der sowjetischen Literatur weniger zu einem Thema der Freiheit (Tat, Aufruhr, Umgestaltung der Welt, Erkenntnis der Naturgeheimnisse) als vielmehr zu einem Thema der Sittlichkeit, was dem Wandel des Faustthemas folgt, das dieses in der Weltliteratur der zweiten Hälfte unseres Jahrhunderts durchläuft. Die Neuinterpretation der Emanzipation des Individuums und des Verstandes als progressives Prinzip – von der Aufklärung proklamiert – gründet die „Steigerung" [dt. im Original] der Persönlichkeit nicht mehr auf die ‚Tat', deren potentielle Gefährlichkeit man immer mehr entdeckt. Der Schwerpunkt verlagert sich von der Verpflichtung zum Fortschritt auf das Problem, was dieser kostet. Als Daseinsziel gilt nicht äußerer Erfolg, nicht auffällige Leistung, sondern innere, moralische Vervollkommnung.

Das neue Faustsche Dilemma in der russischen Literatur der 60er bis 80er Jahre tritt als Wechselbeziehung von Wissen und Ethos auf und wird nach dem Modell von Fausts Schicksal gelöst, nicht von Faust als Mensch schlechthin, sondern von Faust als Gelehrtem, dessen Aufgabe (unter Berücksichtigung des ‚historischen Optimismus' der sowjetischen Mentalität) nicht darin besteht, der wissenschaftlichen Forschung zu entsagen, wie viele ‚Faust-Physiker' der westlichen Literatur der 50er und 60er Jahre (J. Kerouac, F. Dürrenmatt u. a.) – die damit ‚Leben' und ‚Wissenschaft' als gewisse feindliche Prinzipien gegenüberstellen –, sondern die Forschung mit altruistischer Moral zu verbinden. Im weiten Sinne gab es ein solches Dilemma, das sich in der zweiten Hälfte des Jahrhunderts aktualisierte, bereits in der sowjetischen Literatur der Vorkriegszeit (von L. M. Leonovs *Skutarevskogo* bis zu D. A. Granins *Ich gehe in den Schrecken*), worüber J. Zolutuskij 1968 in seinem essayistischen Buch *Faust und die Physiker* geschrieben hat, freilich unter Ausklammerung der eigentlich Goetheschen Reminiszenzen im russischen Schrifttum. Indessen nimmt man gerade bei ihrem Studium wahr, wie seit den 40er, aber besonders intensiv seit den 60er Jahren (Periode der Behandlung des ontologischen Problems ‚Woher wir kommen, und wohin wir gehen' in der gesamten Weltliteratur, doppelt aktuell in unserem Lande) das Interesse der sowjetischen Autoren an der schöpferischen Aneignung und Umarbeitung, am ‚Umschmelzen' der Mythologie der Welt und der Klassik ins Bildhafte zunimmt, darunter der Figuren und Motive Goethes.

Ein Vorbote der ‚faustischen' Welle in der sowjetischen Literatur der 60er bis 80er Jahre war das philosophisch-publizistische Drama *„Faust" lesend* von Ilja Selvinskij, des Vordenkers des inländischen poetischen Konstruktivismus; Anfang 1947 abgeschlossen, 1952 publiziert, zeigt die zweite Fassung 1956 die weltanschauliche und politische Konzeption des Autors (im Geiste der Zeit) deutlicher sowie die ideell/psychologische Gegensätzlichkeit seiner Helden. Mittelpunkt der Handlung und der politischen Erörterungen, klug in dieses auf den philosophischen Disput gegründete Drama eingeführt – typisch für die Krise der Aufklärung und äußerst aktuell in der westlichen, besonders deutschen Literatur Ende der 20er Jahre –, ist das Verhältnis von ‚Geist' und ‚Tat'. Nur liegt hier der Akzent nicht auf der potentiellen Gefährlichkeit der Tat, die den hochfliegenden Geist mit der rauhen Prosa seiner Konkretisierung ‚schänden' kann – dem Lieblingsthema der Diskussionen der liberalen neuaufklärerischen Intelligenz des Westens in der ersten Hälfte des 20. Jahrhunderts –, sondern auf der potentiellen Gefahr des verwegenen Geistes, der zum

Bösen führen kann, wenn er seine Kühnheit, seine Selbstbewertung des Strebens ins Unbekannte absolut setzt.

Als Beispiel für ein sich selbst überbewertendes Streben wählt Selvinskij den Goetheschen Faust – obwohl es hier natürlich nicht um diesen direkt geht, sondern um eine jener Interpretationen der großen Gestalt, die von der NS-Ideologie propagiert worden war: um den ‚braunen' Faust, den ‚arischen Helden', mit seiner aggressiven Expansivität, mit seiner ‚Übermenschlichkeit', die nach dem Krieg viele westliche Literaturwissenschaftler so entschieden verurteilt haben – wobei sie in Selvinskijs Spuren fälschlich Züge spekulativer faschistischer Behandlung in den Goetheschen Helden hineingelesen haben.

Im Vorwort des Stückes blättert der Autor neuerlich die Tragödie Goethes auf, voll Entsetzen darüber, wohin Ungebundenheit führen konnte; er wünschte am Ausgang der Aufklärungsepoche durch „Traditionen und Autorität" d a s einzugrenzen, was zuvor als unbedingtes Heil erschien, nämlich: sich mit dem Bewußtsein der Rechtmäßigkeit jeder Tradition und Autorität zu entziehen. So erklärt Selvinskij im Unterschied zu Bulgakov – der seine Polemik gegen *Faust* mit rein künstlerischen, ‚verhüllten' Mitteln führte, allein durch das Gewebe der Erzählung –, doch in Anlehnung an Aljošin offen seine Absicht, unter dem Diktat der historischen Notwendigkeit („im Zweikampf der Jahrhunderte") einen der klassischen literarischen Archetypen umzuwerten.

Parallel dazu vollzieht sich auch die Säkularisation des Faustschen Konflikts – das ‚Unreine' kommt nicht als Versuchung aus der jenseitigen Welt zum Menschen, sondern es nistet sich im Geist der Gottesschöpfung wegen ihres Mangels an Nächstenliebe ein. Diese Schlußfolgerung, auf den ersten Blick unerwartet, nähert das kraß publizistische Drama Selvinskijs dem philosophisch-phantastischen ‚Roman aller Zeiten' von Bulgakov an. Allein in den vorgetragenen Methoden des ‚Aufstiegs' zu dieser Nächstenliebe gibt es einen prinzipiellen Unterschied. So finden die ‚Abneigung' gegen den anderen, der Egoismus und die Gleichgültigkeit, die den verwegenen Flug von Fausts Denken und Handeln im Kulturbewußtsein Mitte des 20. Jahrhunderts suspekt machen, bei Ilja Selvinskij ihre Lösung nicht in der individuellen Sittlichkeit der Selbstvervollkommnung, nicht im Heranbilden von Güte und Verständnis (Empathie), sondern in der Herstellung bestimmter, auf wechselseitiger Achtung und Gleichberechtigung beruhender sozialer Bande zwischen einer Person und ihrer Umgebung. Nicht nur Arbeit im eigenen Namen, sondern Zusammenarbeit, nicht nur gleichzeitiges Erleben, sondern gemeinsames Erleben ‚unter Gleichen' – so sieht das maximalistische Resümee des Anhängers menschlicher Gemeinsamkeit aus. Und hier ist die Nähe zu den ethischen Schlüssen des reifen und späten Goethe nicht zu übersehen (denen der *Meister*-Romane, des *Faust* und sogar der *Wahlverwandtschaften*, wie A. V. Michajlov scharfsinnig und überzeugend in seinem Aufsatz im vorliegenden Band der *Goethe-Studien* gezeigt hat).

Prinzipiell wichtig ist hier zugleich, daß im Unterschied zu Bulgakovs Roman und Aljošins Stück das Drama *„Faust" lesend* Menschlichkeit nicht mit dem Verzicht auf wissenschaftliche Forschung verknüpft (erinnern wir uns, daß in Aljošins Stück der alte Faust stirbt), nicht mit dem Verzicht auf Wagemut, auf Versuche, die Welt durch die Tat/Arbeit zu verändern – und auch dies liegt unbedingt im Strombett Goethescher Vorstellungen von der Produktivität des Menschen als adäquatester Äußerung und Rechtfertigung seines Daseins.

Der Streit um Gott, vom Autor offen in den Text seines Werkes eingefügt, der als Disput strukturiert ist, wo als Argument nicht eine stoffliche Wendung, nicht eine Situation dient, sondern ein überzeugendes Wort, stützt und pointiert die Konzeption des eigenartigen ethischen Neuaufklärertums von Selvinskij, die gleichsam die Rousseausche und Voltairesche Linie versöhnt – mittels geordneter sozialer Bande – und die auf diese Weise einem gefährlichen Hochmut des auf sich selbst bauenden und eigeninteressierten Verstandes vorbeugt – über eine stete Selbstkorrektur durch Umgang und Vergleich mit anderen. Hier antworten auf das leidenschaftliche Flehen des naiven Glaubens – Valeska – sofort drei ernüchternde Stimmen, die dreifach die Hoffnung auf Transzendenz des ethisch Absoluten widerlegen: erstens die Stimme Gottes, die sich von oben hören läßt (nach der Bühnenanweisung des Autors „aus dem Sessel"!); sie verkündet, daß sein erhabener Name eher „Routine" sei („Beim Wechsel der Epochen fordern sie jedesmal meine Beteiligung", S. 641), daß er bei der gegenwärtigen „Spannweite des Wissens" mit „häuslichem und vergreistem Denkvermögen" nicht mehr fungieren könne – die Stimme, die im Geiste der radikalsten rationalistisch-aufklärerischen Kritik die Idee selbst des Schöpfers entwertet und im Überrest nur das Konzentrat der menschlichen Laster findet:

> Ihr habt Gott geschaffen / nach eurem Ebenbild. Aber euch / mangelte die Anmut, o weh: / Das ‚Ebenbild' reflektierte euch zutiefst, / Und der von den Krüppelchen geschaffene Götze / Brachte auch eure Seelenwelt hervor. / Den Jupiter brachte sie herunter zu soldatischen Keilereien. / Tanit führte sie herab zu düsterer Leidenschaft. / Die Juden quälte der Götze mit Angst, / Die Christen mit Leiden, / Und erst die heutige Zeit / Schreit durch die Delirien der vertierten Soldateska: / ‚Vergebens haben unsere Alten Gott gemacht – / Hier muß der M e n s c h gemacht werden!' (S. 644; Hv. G. J.)

Das Problem der ‚Jenseitigkeit' von Gut und Böse löst der anständige und kategorische Werner abschließend so: „Ihr wollt einen Gott machen aus der Prise mystischen Salzes, die sich auf dem Grunde der Wissenschaft abgesetzt hat? Das Volk, das ist auch das Gewissen, es ist gerade die Kraft, die das Böse bestraft, und das Gute hochhält, ist die Idee der höchsten Gerechtigkeit, der reinsten Sittlichkeit und des wirklichen Humanismus" (S. 627–628). In der folgenden Vergötterung des Begriffs ‚Volk' (äußerst charakteristisch für die sowjetische Mentalität, Rezidiv der ‚Volksverehrung' der russischen Intelligencija der zweiten Hälfte des vorigen Jahrhunderts) propagiert Werner eine ‚panpopulistische' Konzeption des Seins. Und als Epigraph zum 5. Bild zitiert Selvinskij Goethes Worte aus den *Gesprächen mit Eckermann*: „Was heißt in unseren Tagen Schicksal? Die Politik ist das Schicksal!"

Gleichsam als Antwort auf die in der eigenen (wie in der Welt-)Literatur der Nachkriegsjahre deutlichen Aufrufe, die Forschung überhaupt zu eliminieren, erschreckt von der sich selbst Werte setzenden und seelenlosen Abgehobenheit des allumgreifenden Gedankens, formuliert Selvinskij die Konzeption ‚zweier' Wissenschaften. Die Wissenschaft ‚jenseits von Gut und Böse' ist für Selvinskij unumgänglich ‚schlechte' Wissenschaft, die kein Existenzrecht besitzt. Doch wird, nach Bulgakovs mildem Spott und Aljošins Aufruf zur ‚Anspruchsminderung', neuerlich der Weg des Wagemuts als einzig des Menschen existentiell würdig verkündet: „Du mußt entweder mit dem irdischen Leben [hier: mit dem ‚vegetativen', gewöhnlichen; G. J.] / zufrieden sein und geistlos leben wie das Vieh, / Oder dich mit stolzer Seele erheben, / Im Wissen, daß nur Kühnheit zur Wahrheit führt" (S. 670). Mit diesen ganz Goetheschen, wenn auch Lenaus *Faust* entnommenen Worten als Epigraph zum Schlußbild des Dramas proklamiert Selvinskij die Einheit von ‚Geist' und ‚Handlung', unbedingt verbunden mit der altruistischen Idee des Dienstes am Menschen, die hier nicht mehr als Utopie oder Vision ersteht wie in den Schlußszenen von Fausts irdischem Dasein, sondern als vollkommen realistische Möglichkeit. Einem ähnlichen Problemkreis, gelöst auf analoge Weise, begegnen wir in der gattungsmäßig dem Werk von Selvinskij nahen, philosophisch-symbolistischen Tragödie des ukrainischen Dichters Alexander Levada *Faust und der Tod* (1960)[2]. Hier finden sich dieselbe krasse Trennung der Rollen und derselbe Zusammenstoß der Ideen; dieselbe Verbindung der technokratischen Seelenlosigkeit und des egoistischen Zynismus mit dem religiösen Obskurantismus; dieselbe Entgegensetzung der irrationalen ‚Vorbestimmung', der verhängnisvollen ‚Zahl', und der lebendigen Seele des Seins sowie der wissenschaftlichen Forschung, die danach trachtet, die fatale Notwendigkeit zu überwinden. Nur hat Levadas Tragödie, genau wie Selvinskijs Drama, durch Züge des zeitgenössischen ‚Ideendramas', der expressionistischen und neuklassizistischen Ästhetik – mit ihren in Odenform gegossenen Strophen, ihren Symbolgestalten, romantischen Allegorien – einen deutlichen Hang zum Symbolismus des Goetheschen *Faust II* und beansprucht hochgradig eine gewisse Allgemeingültigkeit ihrer Figuren und der Archetypik ihrer Konfliktsituationen – bei aller Unvergleichbarkeit der künstlerischen Gaben wie des Ideenreichtums von Goethes *Faust* einerseits und der Tragödie des ukrainischen Dramatikers andererseits.

Jaroslav, der neue Faust Levadas, sieht in der Goetheschen Gestalt kein Objekt für Kritik, Streit, Uminterpretation, sondern eine Apologie jener höchst altruistischen Kühnheit, die er sich auch selbst zum Ziel gesetzt hat und die seine großen Vorläufer in der Wissenschaft anstrebten. Das Problem des Gelehrten, das Menschliche zu wahren, ohne auf Wagemut zu verzichten, bildet den Kern in Levadas Werk. Das ‚Lager' der edlen Physiker wird in der Tragödie des ukrainischen Dramatikers symbolisch gestärkt durch jenen ‚Fliederzweig', über dessen notwendiges Vorhandensein im Kosmos, gleichsam Symbol menschlicher Wärme, des ‚Gefühls', das die exakte Wissenschaft ‚beseelt', in den 60er Jahren so viel geredet wurde.

Die Welt des Bösen in Levadas Tragödie ist nicht der ‚sentimentale Teufel' Veland, der mit seinem Gefolge ‚guten' Menschen hilft und die ‚schlechten' entlarvt; es ist nicht Goethes Mephisto, der nicht an den Menschen glaubt und bereit ist, seine Überzeugung im ehrlichen Streit zu beweisen, ‚das Gute schaffend', selbst wenn er das Böse will; es ist nicht der gewissenhafte Held von Aljošins Stück; es ist ebensowenig der unverhüllte Feind-Mörder des Dramas von Selvinskij. Vor uns steht das ganz alltägliche, gewöhnliche Böse – das Böse des zynischen Egoismus und des eigensüchtigen Ehrgeizes, das Böse der unbarmherzigen Gleichgültigkeit gegenüber der Mitwelt und der Entschlossenheit zum eigenen Erfolg um jeden Preis. Neben der Tendenz zur Säkularisation des Bösen ist der Gedanke interessant, daß Wissenschaft nicht mit mechanischem Wissen identisch ist. Hier liegt das Neue im Vergleich zu Goethes Begriff des Wissens: Neues, dessen Ansätze freilich in der Figur Wagners zu sehen sind, die, wie alles in Goethes *Faust*, vieldeutig bleibt. Monach, dem die Wunschvorstellung des Goetheschen HErren fremd ist, in den Menschen selbständige, vernünftige Geschöpfe zu sehen, die auf der Suche nach Wahrheit und irdischem Glück herumirren, verbündet sich einerseits mit Mechanthrop-Satan und andererseits mit dem Karrieristen Vadim, und zwar in dem heimtückischen Plan, Jaroslav, der sich auf einen kühnen kosmischen Flug vorbereitet, zu verderben. Jaroslav gerät ins Geflecht irdischer Verleumdung, in feindselige wissenschaftliche ‚Biotoken' und unter den Einfluß diabolischer Kräfte – er geht im Kosmos zugrunde, unter den Klängen der Schillerschen Ode *An die Freude*, nach Anweisung des Autors von einem Frauenchor gesungen. Levadas Jaroslav demonstriert so-

---

[2] A. S. Levada: *Faust und der Tod. Stücke.* Aus dem Ukrainischen von D. Sedyx. Moskau 1978.

wohl die Kraft des menschlichen Geistes als auch die Notwendigkeit der Bewegung ‚vorwärts und aufwärts' zur Stärkung des Menschlichen im Menschen. „Die Tat ist das Gesetz des Seins!" ruft Jaroslav aus, der wie Selvinskijs Werner den Goetheschen Helden korrigieren will, aber nur in bezug auf das Prinzip der Dehnung des höchsten Augenblicks, des ‚Verweilens': „Faust! Du hast dich schwer getäuscht, Faust! / Den Wunsch der Ruhe gab dem Herzen die Erschlaffung ein. / Du hast den Augenblick vernunftlos angehalten – / Er enthält doch, wie der Samen / Die Bewegung" (S. 234).

Eine solche Ergänzung führt uns zu einer neuen Behandlung des Faust-Konflikts, die sich vollständig am Ende des 20. Jahrhunderts formiert hat: Faust verliert die Wette, weil er die Zeit verspielt – den wichtigsten Faktor menschlichen Daseins.[3] Versäumen der Zeit, Anhalten des Fortschreitens, Stillstand, Ruhe – diese Kette, projiziert auf Bulgakovs ‚unvollendeten' Master, der bei der ‚Ruhe' ankommt und deshalb das ‚Licht' nicht verdient, bildet Levada, wobei er ‚Fortschritt' und ‚Humanität' nicht entgegensetzt, sondern identifiziert. Selbst Monach bekräftigt in den Schlußzeilen des Dramas sozusagen wider Willen die Ideen des Autors – Notwendigkeit und Kontinuität des menschlichen Wagemuts: „Den Tod mißachtend wurde er [Jaroslav] nur stärker, / Tausendköpfig, denn ohne Zahl / Die Verwegnen, Spinner, die da glaubten, / Sich in seinen Spuren zu den Sternen zu erheben" (S. 244).

Die Tragödie von Levada kann ohne weiteres im Kontext der folgenden Etappe der Neuaufklärung nicht nur in der sowjetischen, sondern auch in der Weltliteratur unseres Jahrhunderts betrachtet werden, bei deren Wachablösung Faust-Gestalten erscheinen, die – geschockt von der Kraft des aufgeweckten Atoms – gefährliche Aufbrüche ins Unbekannte prinzipiell meiden und, mehr oder weniger die inhaltlichen Bahnen des Romans von Bulgakov und des Stückes von Aljošin fortsetzend, hinausgehen, gleichsam den Arm um Margarita, in eine Welt des einfachen und ruhigen menschlichen Glücks.[4]

Die Tendenz zur Entheroisierung Fausts enthält zwei Aspekte: erstens eine Akzentverschiebung vom ‚Verstand' auf das ‚Herz' als spezifischeres und bestimmenderes Organ des Menschen; der Anlaß reicht zurück in die sentimentale Phase der Aufklärungsbewegung, zur Antithese Faust – Wagner und auch Faust – Mephisto, wobei der erstere als der Leidende dargestellt ist, der zweite aber als gleichgültig gegenüber den Übeln, die vom ‚anderen' auf den Wegen der Bemühung um Wahrheit und Glück verursacht worden sind. Der zweite Aspekt jedoch, mit dem ersten eng verbunden, ist die Annäherung des faustischen Helden an die gewöhnlichen Menschen ‚durch sein Herz', was, wie wir sehen werden, letzten Endes auch zu einem zerbröckelten, ‚spießbürgerlichen' Faust führt, der nicht mehr Objekt der Begeisterung, sondern des Spottes und Mitleids ist. Das wurde besonders in der sowjetischen Phantastik der 70er Jahre deutlich, sowohl in der populären als auch in der elitären, die eine intellektualisierte Widerspiegelung der Weltsicht des Autors vorgab – jener Phantastik, die so stürmisch den erdweiten Prozeß des Spiels mit der Wirklichkeit zum Ausdruck brachte, mit Zeit und Raum, der Wendung zu archetypischen Bildern und Mythen – ein charakteristisches Zeichen der Mythologisierung des künstlerischen Bewußtseins in der zweiten Hälfte unseres Jahrhunderts, aber auch der wachsenden Kritik in der sowjetischen Kunst.

---

[3] A. Dabezies: *Visage de Faust au 20.e siècle.* Paris, 1967. W. Resenhöfft: *Goethes „Faust".* 1975. Vgl. auch G. Jakuševa: *Tod und Auferstehung des Doktors Faust.* In: Literaturnaja Gazeta vom 16. 02. 1983.

[4] Zur Deheroisierung der Helden der Goetheschen Tragödie in der Auffassung des 20. Jahrhunderts vgl. N. M. Petrenko: *Goethes „Faust" im Lichte der Deheroisierung.* Groznyj 1973.

Hierbei entwickelte sich nicht nur die Phantastik des ‚Übersteigens des Lebens' oder die ‚narkotische' (ähnlich den ausländischen Analoga), sondern auch die sozialkritische und prognostische Phantastik (‚psychologisch' nach der Bezeichnung eines der Erforscher der Gattung, G. Gurevič, wozu auch Goethes *Faust* gehöre)[5]. Phantastische Werke der letztgenannten Richtung wurden zu einer eigenartigen Modifikation der kritischen realistischen Literatur der 70er und 80er Jahre, vor allem der sog. städtischen, aber auch der ‚Dorfprosa' mit ihren Grundthemen: Kampf mit dem ‚Sachismus', Entfremdung der Menschen von der Regierung, von der Natur und voneinander.

Hier stoßen wir (im Unterschied zu den Werken von Bulgakov und Aljošin) auf die Entheroisierung der Gestalten Faust und Mephisto, die sich immerhin in drei bedeutenden Rollen-Aspekten zeigt: Kritik der erhabenen Qualität der menschlichen Natur (Funktion des Goetheschen Mephisto), Reflexion über das Niveau der menschlichen Zivilisation überhaupt und Überprüfung, inwieweit die westlichen Parameter des Daseins, die der Mensch ändern möchte, um glücklicher zu werden, gesetzmäßig sind. Dabei ist in der Realisation der beiden ersten Aspekte gut die satirisch-entlarvende Linie wahrnehmbar, die ihren Anfang in der ‚faustischen' Szene *Auerbachs Keller* genommen hatte, aufgefaßt durch das Prisma des Bulgakovschen Romans.

Die Entheroisierung, die sich in der Seinserniedrigung der neuen Faust- und Mephisto-Gestalten äußert, in ihrer Sprechweise, ihrer Handlung und hauptsächlich in den Wünschen der zerbröckelten Faust-Gestalten, ist ständig von Ironie durchdrungen – diesem bekannten ästhetischen Mittel der Verfremdung, der spielerischen, unernsten Aufnahme der Wirklichkeit, dem Mittel ihrer Widerlegung. Daher ist der klare Akzentwechsel der dichterischen Sympathien auf die Seite der ‚unreinen' Kraft symptomatisch, die Übertragung der Funktion des energisch Handelnden an diese, die Verleihung des geistigen, ja sogar sittlichen Vorrangs an sie. Deshalb würde, wenn wir an Goethes Tragödie und ihren Helden zurückdenken, in den neuen Situationen der Herr seine Wette mit dem Teufel verlieren, da diese auf die Gutartigkeit der menschlichen Natur baute, fähig, auch irrend zum Sieg über das Niedrige, ‚Animalische' in sich zu gelangen.

So versucht der Held der Erzählung *Seele zu vermieten* von Ilja Varšavskij (1971)[6], der unbegabte, aber prätentiöse Schriftsteller Teterin, sich mit teuflischer Hilfe aus der poetischen Lähmung zu retten, wobei er als Gegenwert seiner Seele Apothekerfläschchen mit den für die Inspiration nötigen Gefühlskonzentraten erhält: *König Lear*, *Hamlet*, *Othello*, *Lady Macbeth*. Aber die Wette wird wegen des ungleichen Wertes der Einsätze nicht ausgetragen. Die Seele des Graphomanen ist allzu unbedeutend, die Tragödie wird von der tragischen Farce verdrängt – den Poeten zerbeißt der eigene Köter, der sich an dem *Macbeth*-Fläschchen gestärkt hat und von Blutdurst übermannt wird. Der Pseudo-Faust scheidet aus dem Leben, ohne die Früchte seiner großen Mühen um das Heil der Menschen zu genießen, vielmehr nur in der Erwartung, sich die Früchte fremder Inspiration anzueignen.

Was die Überprüfung der menschlichen Zivilisation auf Güte hin anbelangt, so tritt hier die unreine Kraft in einer für Faustianer neuen Rolle auf – als ‚konservativer', genauer: bewahrender, gesunder, vernünftiger Teil der Natur, die die Menschen grausam und gedankenlos mit ihrem technologischen Eifer und ihrem kurzsichtigen, selbstmörderischen Hochmut vernichten. So versammeln sich die Teufel, nach dem Willen von Boris Lapin,

---

5 G. Gurevič: *Karte des Landes der Phantasien.* Moskau 1967, S. 28.

6 I. Varšavskij: *Keine beängstigenden Symptome. Novellen und Erzählungen.* Moskau 1972.

dem Verfasser der Erzählung *Kongreß* (1970)[7], Hausgeister und ähnliche Gesellen, auf einem globalen Kongreß, der stellenweise an eine parodistisch degradierte Walpurgisnacht erinnert. Das Ziel dieser Versammlung ist, rechtzeitig die Schläge des Menschen gegen die Natur zu parieren, hiermit zugleich die Stabilität des Seins zu bewahren und natürlich auch den ‚Teufelsstamm'; die Waldgeister beklagen die Verwüstung der Wälder usw. Und dann beschließen diese sympathischen, überhaupt nicht schrecklichen, sondern im Gegenteil fürsorglichen Teufel einmütig, wie sie die „in den Dickichten der Zivilisation verirrte Menschheit" piesacken und aufmischen können – nicht, um die ‚Wertlosigkeit' der Menschheit zu beweisen, sondern um die Menschen in die Harmonie der überkommenen Welt zurückzuholen: ein eigentümlicher ‚Eskapismus', die deutliche Tendenz der ganzen Weltkultur in der zweiten Hälfte unseres Jahrhunderts, die hochrangige ‚grüne' Idee, ‚Greenpeace', Ökologie als neues Medium der Weltauffassung.

Dieser wohltätige Konservatismus, dieses bewahrende Pathos wird auch durch eine Anzahl phantastischer Werke unterstützt, worin der Teufel die Funktion hat, die Voraussetzungen für Experimente zu liefern, die Verwirklichung der unmöglichsten Wünsche. Diese Rolle hatte auch Goethes Teufel, aber dort half diesem die Ausweitung der Faustschen Möglichkeiten, sich selbst voll zu verwirklichen. In der sowjetischen Phantastik der 70er Jahre erfüllt der Teufel die Wünsche der Helden, um ihnen zu beweisen, daß nichts verändert werden sollte, im besten Falle ist es nutzlos – oder es führt zur Verschlechterung der Lage: zum Unheil. So träumt z. B. der Held der Erzählung *Nebeneffekte* von K. Sergienko (1983)[8] davon, ein auf einem alten Bild dargestelltes Mädchen im Leben zu treffen. Der Wunsch geht in Erfüllung, aber sie bringt kein Glück, denn es kommt nur die physikalische Zeit zur Deckung, aber nicht die Epoche, die Psychologie, die historische (und natürlich soziale) Realität.

Noch überzeugender ist die Situation in der Erzählung *Reise nach Penfield* von I. Varšavskij. Hier versetzt der ‚Philosoph und beste Physiker Donomags' mit dem vielsagenden Namen Meph seinen Freund Lin Cragg in die Vergangenheit, in einen bestimmten Augenblick, an einen bestimmten Ort – 40 Jahre zurück in die Berge von Penfield, wo auf einer Skitour seine junge Frau Ingrid umgekommen, in einen Abgrund gestürzt war. Es scheint Lin nachträglich so, als hätte er etwas ändern, etwa mit seinen Skiern den Sturz aufhalten können. Aber Meph warnt: „[…] ich muß eine Reihe grober Ungenauigkeiten von Herrn Goethe hervorheben. Wenn Faust mit meiner Hilfe die Jugend wiedererlangt, kann er auf keine Weise die ganze Erfahrung seines Alters behalten, wovon übrigens sein absurdes Benehmen in dieser ganzen Geschichte zeugt. Bei unserem Experiment verlieren Sie, um 40 Jahre verjüngt, alles in dieser Zeit erworbene Wissen […] In der alten Situation können Sie sich jetzt anders benehmen als das erstemal. Aber wohin das führt, läßt sich nicht voraussagen. Hier sind – äää – verschiedene Varianten möglich, schrittweise von der raumzeitlichen Lokalisation jener Relationen bestimmt" (S. 215). Das Resultat des Experiments ist tragisch; Lin kann nicht nur seine Frau nicht retten, er kommt selbst um.

So beraubt in der Literatur dieser Art der wirre Komplex der Unzufriedenheit mit den Umständen, der Sehnsucht nach verlorenen sittlichen Werten, der Angst vor den Aggressionen technokratischer Zivilisation und die Trägheit der Stagnation unsere Welt der für die Entwicklung nötigen Zweipoligkeit – auch in der Form des produktiven Kampfes von Gut

7 B. Lapin: *Kongreß*. In: *Der grüne Zug. Phantasten Sibiriens*. Moskau 1976.

8 K. Sergienko: *Nebeneffekte*. In: *Die Welt der Abenteuer*. Moskau 1983, S. 499.

und Böse –, raubt die Energie der Bewegung und ruft damit die unruhigen und erregenden Mächte der Finsternis heraus, wie um nur den Menschen zu zähmen und ihn dazu zu bringen, nichts zu verändern. Es ist paradox, aber Fakt: Die totale Enttäuschung über den Verstand beraubt auch die Forschung der kühnen Phantasie, des Glaubens an das Wunderbare und Unerforschte, das die gesuchte Wahrheit liefert, und der Freude des Daseins – raubt den Anreiz der Bewegung ‚vorwärts und hinauf'. Erinnern wir hier an Goethes Worte, daß „Polarität und Steigerung die zwei Hauptantriebe der Natur" sind. Der ernüchternde Aufruf zur Demut und fatalistisch unbewegten Aufnahme des Seins ist gesetzmäßig verbunden auch mit einer eigentümlichen Travestie der Gestalten: Die Faust-Gestalten erscheinen beschränkt, kleinformatig, schwächlich oder eitel, die Mephistos weise, scharfsinnig, tolerant und sogar gutmütig. Die Erscheinungsform ist nicht nur entheroisiert, sie ist vollständig entmystifiziert, rationalisiert, wenn hier ‚ratio' als nüchterner normaler Menschenverstand gefaßt wird, als Sieg der alltäglichen Einsicht über die hohen Bestrebungen der Vernunft.

Die Wahrnehmung des Teuflischen als Teil ‚jener Kraft, die stets das Böse will und stets das Gute schafft', als jenes notwendigen ‚Schattens', ohne den kein ‚Licht' wäre, war eine Eigenheit der dichterischen Welt und der Tragödie Goethes – und des in diesem Sinne anschließenden Romans von Bulgakov. Nun handelt es sich in der sovjetischen Phantastik der 70er/Anfang der 80er Jahre nicht um Kontraste, sondern um wechselseitige Vermischung, um ‚Vermenschlichung' und ‚Simplifizierung', insgesamt um die Aufnahme des ‚satanischen' Prinzips mit all seinen traditionell mehrdeutigen Rollen. Bei Lapin, dem Autor der Erzählung *Kongreß*, erscheint der Teufel als ewiger Begleiter und Freund des Menschen, überhaupt nicht mehr als dessen Antipode. Das Motiv der ‚Vermenschlichung' des Teufels, das am stärksten im Drama *Mephisto* von Aljošin ausgeprägt ist, sank in einer Reihe bedeutender Werke zum fast Scherzhaften herab, wie in der satirisch-volkstümlichen Novelle *Mephistos Fehler* von N. Elin und V. Kašajev (1981)[9]. Der Stoff dieses Werkes reproduziert ganz eindeutig den Goetheschen *Faust.* Der 60jährige Ivan Dmitrievič Chaustov (Faust?), Professor an einer ‚Klinik für ansteckende Krankheiten', tatsächlich Pseudogelehrter, den die Kollegen bei einer Nominierung zugunsten eines Jüngeren, Vagin (Wagner?), abwählen, ist von der Wissenschaft und von seinem Leben enttäuscht und versucht, sich umzubringen. Auch hier erscheint Mephisto. Infolge des Vertrages erhält Chaustov die emanzipierte Margarita, die ihm, versunken in die Niederschrift ihrer Dissertation, Haushalt und Kind anvertraut; ferner erhält er Ruhm – als Fußballer –, der die Schwelle der sittlichen Widerstandsfähigkeit gegenüber weltlichen Versuchungen merklich herabsetzt, und schließlich eine Stelle als Direktor einer Fabrik von Bekleidung, die niemand abnimmt.

Mephisto jedoch, der die Schwierigkeiten eines Lebens in der russischen Gesellschaft im fortgeschrittenen Sozialismus offenkundig unterschätzt hatte, quält sich förmlich ab, die verschiedenen Wünsche seines Partners/Herren zu erfüllen. Es sind höchst gewöhnliche Wünsche, z. B. eine Pflegerin für das Kind zu finden, was natürlich nicht gelingt, so daß Mephisto selbst nach dem Säugling sehen muß. Einen Wunsch Chaustovs jedoch kann der Vertreter Luzifers auf keine Weise erfüllen: zu Reklamezwecken den Mantel selbst anzuziehen, den die vom neuen Faust geleitete Fabrik herstellt, ‚verlängert und schwerer gemacht', ‚von Tintenfarbe', ‚mit groben Falten und ungleichen Ärmeln'. Daraufhin kündigt Chaustov den Vertrag, kehrt ins Gelehrtendasein zurück, und der so schrecklich getäuschte

[9] N. Elin/V. Kašajev: *Mephistos Irrtum.* In: Moskva 1981, Nr. 3, 4.

Teufel (nicht mehr Mephisto, sondern ‚Fima'), der Chaustovs Seele nicht bekommt und sich deshalb vor der Heimkehr in die Hölle fürchtet, „bricht mit seiner finsteren Vergangenheit und kommt als Trainer und Erzieher in einem Fußballclub unter".

Diese offensichtlich nach Bulgakovscher Interpretation der Goetheschen Tragödie verfaßte Teufelsgeschichte stellt Faust und Mephisto gewissermaßen gleich in ihrer Hilflosigkeit angesichts des Lebens und in der gemeinsamen Aussöhnung mit ihm. Der Roman aber des bekannten lettischen Schriftstellers und Komponisten Zarin *Der falsche Faust oder Das überarbeitete Koch- und Spießgesellenbuch* (1973)[10], angereichert mit zahlreichen Reminiszenzen nicht nur aus Goethes Tragödie, sondern auch aus Thomas Manns *Doktor Faustus*, der Phantastik Hoffmanns, Gogols und besonders der *Tragischen Historia des Doktors Faust* von Christopher Marlowe, kann als ernsthafte und vieldimensionale Travestie des Goetheschen *Faust* beurteilt werden, deren gedanklicher Gehalt wiederum das Motiv des ‚Wechselübergangs' des suchenden Helden und seines dämonischen Helfers ist – Ergebnis: die Anerkennung der (nicht nur) für den wahren Faust notwendigen altruistischen Orientierung, zugleich der Hinweis auf den sozial-ethischen Weg als einzige Möglichkeit der Realisierung dieses Altruismus. Zarin akzeptiert sogar das sozial-politische Kataklisma als gesetzmäßig/notwendig für die entschiedene ‚Heilung' von dem Teufelswerk und erweist sich als radikalster unter den sowjetischen *Faust*-Autoren, wenn man von Lunačarskij absieht. In diesem Roman, aufgebaut aus den Materialien der lettischen Geschichte von 1930 bis 1945, tritt erstmalig seit Bulgakovs Zeiten in der sowjetischen künstlerischen Goethenachfolge voll und schroff das Problem der Kunst auf: ihr Verhältnis zur Politik und zum alltäglichen Leben, der schmerzvolle Weg des anständigen Künstlers. Hier wird die große Versuchung des Genies durch das Verbrecherische vorgeführt – und die Notwendigkeit, sich dem Verbrechen zu verschließen, um der Bewahrung der eigenen schöpferischen Gabe willen.

Der Kampf des ‚Teuflischen' und des ‚Menschlichen' in der Seele des zeitgenössischen Künstlers ist auch das Thema des Anfang der 80er Jahre vielgelesenen Romans *Bratschist Danilov* (1980)[11] von V. Orlov. Ein Vertrag mit dem Unreinen um der schöpferischen Kraft willen und zugleich eine bedeutende Variation dieses Motivs war bekanntlich Thomas Manns Roman *Doktor Faustus*, der die Genialität als Überschreitung der ‚normalen' Möglichkeiten des Menschen, als eine Art Krankheit, als ‚Verkauf an den Teufel', Verlust oder Entstellung der Seele zur Bezahlung des Künstlertums darstellte. Recht eklektisch wie das Werk von Zarin, bietet Orlovs Roman (obwohl nicht so ‚manieristisch', verworren und prätentiös, weder im Motiv noch in der pseudopopulären Darstellung, die freilich ohne besonderen Geschmack Archaismen, Dialektales und eigene Neologismen mischt) eine eigentümliche Collage aus Motiven und Gestalten, die Werken Thomas Manns, Goethes, Hoffmanns und Bulgakovs entstammen. In Orlovs Werk, in den Spuren des ‚Falschen Faust' von Zarin, wird der Gedanke vorgetragen, daß gerade die Befreiung vom ‚Bösen', von der ‚teuflischen' Abhängigkeit dem begabten Menschen die wahre schöpferische Kraft verleiht.

Der Held dieses phantastischen Romans, Sohn eines Dämons und einer Jaroslavler Bäuerin, ‚Dämon durch Vertrag', der Bratschist Danilov, besitzt eine doppelte Existenz; er über-

---

10 M. Zarin: *Der falsche Faust oder Das überarbeitete Koch- und Spießgesellenbuch*. Aus dem Lettischen von V. Volkovska. In: Družba narodov, 1981, Nr. 7, 8.

11 V. Orlov: *Bratschist Danilov*. In: Novyj mir 1980, Nr. 3, 4.

windet die bösen Hoffnungen der Dämonen in der Auseinandersetzung mit dem Musikanten Nikolai Zemski, der meint, daß Einsamkeit und Mitleidlosigkeit das Schicksal des wahren Künstlers seien. So sucht V. Orlov, entgegen Goethes Behandlung des Dämonischen als Quelle schöpferischer Energie (Mephisto – auch ein ‚Anreger'), den stärksten Impuls produktiven Künstlertums in der Menschlichkeit, in der ‚Güte' (wie auch Bulgakov, aber ohne Hoffnungen auf die Hilfe des ‚Jenseitigen'). Doch auch hier bleibt man im Strombett der Goetheschen Vorstellungen von der uranfänglichen Kraft und Gutartigkeit der menschlichen Natur, beim Versuch, die Krisis des Aufklärungs-Glaubens an den Verstand mit Hilfe des neuaufklärerischen Glaubens an das Herz zu überwinden. Diese Humanität prätendiert nicht die Verbesserung bis hin zum makellosen Dasein, verleiht aber eine warmherzige, besondere Kraft, sowohl für die Meisterung persönlicher Leiden wie für die Beeinflussung der Mitmenschen; sie offenbart besonders die ‚Genialität' dessen, der mitleiden kann. Das Verhältnis von Genie und Sittlichkeit (worin man unschwer die Entfaltung oder Modifikation von ‚Wissen und Sittlichkeit' entdeckt, das die sovjetische *Faust*-Rezeption der 40er bis 70er Jahre beherrschte) wird auch durch das Beispiel der Persönlichkeit Goethes gelöst – des universellen Symbols eines Genies für alle Zeiten und Völker.

Die Kritik an Goethes ‚Übermenschlichkeit', verbreitet schon zu Wolfgang Menzels Zeiten, aktuell auch im Rußland der Jahrhundertwende, wurde bereits in den berühmten Essays *Geist und Bewegung* und *Voltaire und Goethe*[12] des in Rußland in der ersten Hälfte unseres Jahrhunderts besonders populären Heinrich Mann angesprochen. Goethe konnte wirklich der Entwicklung beider Tendenzen in der geistigen Orientierung des gegenwärtigen Jahrhunderts Nahrung geben: der Apologie menschlicher Hierarchie – oder tiefgründiger menschlicher Gleichheit. Der überzeugte Demokrat Heinrich Mann äußerte in den erwähnten Essays glühenden Haß gegen die sog. großen Menschen, wobei er sie „ausgemachte Wunderblüten am lebendigen Stamm der Nation" nannte, die ihm allen Saft aussaugten. Seine Auffassung von Goethe (und vom genialen, der massenartigen Strömung entgegengesetzten Einzelschaffen überhaupt), die er in diesen Essays einsinnig auf die ‚Vampire' der Nation bezog, veränderte er grundsätzlich im Jahre 1932, in Reden und Aufsätzen zu den Goethe-Feiern. Eine derartige Interpretation Goethes als eines allem gegenüber indifferenten ‚Olympiers' blieb jedoch in der Weltliteratur bis heute aktuell – wie auch die Konzeption des prinzipiellen ‚Vampirismus' des Genies (*Spaziergänge mit Puschkin* von A. D. Sinjavskij, 1975; die Novelle *Wo der Himmel die Hügel berührt* von V. Makanin, 1984 – der Autor ist einer der interessantesten zeitgenössischen Dichter und Bukerovskij-Preisträger 1994).

Gegen die Darstellung Goethes als ‚Olympier' setzte Ossip Mandelstam 1935 in einer Radiosendung *Der junge Goethe* ein Bild des jungen Genies. Dem russischen Dichter erschien jener Goethe der Periode der *Leiden des jungen Werthers* als rebellisch, gequält, der Leere der Einsamkeit bewußt, voll Stolz und Würde, ein wahres ‚stürmisches Genie'.[13] Hier ist die Verlagerung des Schwerpunkts von den sozialen auf die künstlerischen Leiden des

---

12 Vgl. G. Jakuševa: *Heinrich Mann und Goethe*. In: Getevskie čtenija 1984, Moskau 1986, S. 259–272, sowie: G. V. Chovrina (Jakuševa): *Über die Gewalt und die Irrtümer des Verstandes* (ecce H. Manns *Geist und Tat* und *Voltaire und Goethe*. In: Vestnik Mosk. Universiteta, Ser. 10, Philologie 1969, Nr. 1.

13 O. Mandelstam: *Zum Radiotext „Der junge Goethe" (1935). Aufzeichnungen, Anmerkungen*. In: Voprosy literatury 1968, Nr. 4, S. 203–204.

Künstlers augenscheinlich, was eventuell als Mandelstams Überzeugung aufgefaßt werden kann, daß ein großer Künstler nicht schon per definitionem glücklich sein muß – wegen des an sich quälenden Charakters der schöpferischen Begabung.

Eine andere Konzeption des Talents, diejenige eines Künstlertums als Fest, das immer mit einem ist, als göttliche Gabe, die irdisches Unheil zu überwinden und sich über die Kümmernisse der grauen Existenz gewöhnlicher Menschen zu erheben erlaubt, trägt einer der feinfühligsten Psychologen der zeitgenössischen inländischen Literatur vor: der geschmackvolle und scharfsinnige Sittendarsteller J. Nagibin, und zwar in der Erzählung *O du, letzte Liebe!* (1981).[14] Die Erzählung behandelt die Geschichte der Gestaltung der *Marienbader Elegie* durch den großen Deutschen – ein Stoff, der schon Stefan Zweig zur gleichnamigen Novelle inspiriert hat und die sowjetische Lyrikerin Jekaterina Ševeleva[15] zu einem Gedicht voller Einfühlung und Pietät gegenüber der unvergänglichen Lebensenergie des Genies, bewegt von den Eindrücken eines Besuchs der Goethe-Stätten. In Nagibins Novelle ist der bejahrte Goethe ein weiser Alter und warmblütiger Jüngling zugleich, auserwähltes Ideal einer zur vollen Entwicklung gekommenen, begnadeten menschlichen Persönlichkeit, wohlwollend, nachsichtig, klug, rasch, begabt, auch volksnah, was sich darin zeigt, „daß er voll Interesse mit jedem Menschen in Beziehung tritt", offen und lebensfroh. Er verliebt sich in Ulrike, bekommt einen Korb – und schreibt seine Elegie. Hier fällt einem von selbst die Analogie mit Peter Hacks' Stück *Gespräch im Hause Stein über den abwesenden Herrn von Goethe*[16] ein, wo Charlotte von Stein, beleidigt durch das Prinzip, dem Goethes Verhältnis zu Menschen, seinen Nächsten folgt, sagt: „Ich gebe ihm einen Kuß, aber er macht daraus ein Gedicht." Und genau hier scheiden sich die Meinungen: Soll man darin egozentrische Grausamkeit sehen oder das Glück der Begabung, die alle Erlebnisse im Schöpfungsakt umzuschmelzen und erneuert aus den Flammen der Leiden hervorzubringen vermag?

In diesem Problemfeld sucht N. Šmeljovs Bericht *Schauspiel zu Ehren des Herrn Minister* (1988)[17] Antwort auf zwei prinzipielle Fragen: Vertragen sich Genie und Verbrechen? Sind dem selbstbezogenen Genie die Gefühle, Gedanken und Leiden seiner Nächsten gleichgültig? Vor uns läuft ein Tag aus Goethes Leben ab. Ein goldener Augusttag – und er soll das Todesurteil, zu verhängen über eine Kindsmörderin, ausfertigen. Goethe, gleichsam das sittliche Postulat Dostojevskijs vorwegnehmend, der die bekannten Worte von der Träne des Kindes als einem übermäßigen Preis für den Fortschritt aussprach –, Goethe akzeptiert nicht, Harmonie durch widerharmonische Mittel zu erreichen, und er wünscht nicht das Wohlbefinden von Tausenden um den Preis der Tränen selbst eines einzigen, sogar eines niemandem nötigen, mangelhaften Wesens. Im Verlauf der ganzen Erzählung, des ganzen metaphorisch verdichteten Tages, leistet Goethe Widerstand, solange in der anderen Schale anstatt Gewichten eine solche Träne liegt – aber angesichts des komplexen Verantwortungsgefüges der Verhältnisse ergibt er sich zum Schluß. Erloschen, ausgebrannt und ermüdet unterschreibt er das Urteil. – Und beschließt, nach Italien zu gehen, sich in die Welt der Kunst zu versenken, die einzige Zuflucht des Geistes, der sich nicht beschwichtigen kann, aber auch nicht die Macht hat, etwas zu verändern [...]

---

14 Ju. Nagibin: *O du, letzte Liebe!* In: Novyj mir 1981, Nr. 4.

15 E. Ševeleva: *Goethes Denkmal in Karlsbad.* In: Znamja 1968, Nr. 3, S. 68–69.

16 Vgl. T. P. Kalugina: *Das Bild Goethes in Peter Hacks' Stück.* In: *Getevskije čtenija* 1984. Moskau 1986, S. 273–285.

17 N. Šmeljov: *Schauspiel zu Ehren des Herrn Ministers.* In: Znamja 1988, Nr. 3, S. 70–118.

Trotz aller Anachronismen, zweifelhaften Mutmaßungen und Ungenauigkeiten geht es jedoch in Šmeljovs Erzählung wirklich um Goethe – sowohl als Realität wie als Mythos, für deren Komposition der Autor seine Farben aufträgt. Sein Goethe kann sich nicht abfinden mit dem Eigenwert der schöpferischen Gabe und die Poesie über das Leben setzen, denn die sittliche Dominante seiner Persönlichkeit ist ein Altruismus, der aus dem Gefühl der Vergleichbarkeit alles Lebenden fließt. Genie ist für den Autor der Geschichte – wie für Goethe – nicht Abweichung, nicht Hypertrophie, nicht mystisches Rätsel oder schöne ‚Krankheit' des menschlichen Geschlechts, sondern konzentrierte Menschlichkeit – das, was der Dichter selbst ‚idealnormal' nannte. Aus dieser Konzeption des Genies kann sehr viel entnommen werden – auch für die Rechtfertigung des sozialen Engagements des Künstlers, auch für die Überprüfung des Wahrheitsgehalts der Theorie des Elitären ‚wahrer Kunst'.

Hierbei ist die Aktualität der Anspielungen, die Šmeljovs Werk mit der sovjetischen Realität der mittachtziger Jahre verbinden, derart offensichtlich und unverhüllt, und zwar sowohl im Stoff als auch in der Konfliktgestaltung und im Stilistischen, daß diese ‚Goethesche' Erzählung über den Bremswiderstand der bürokratischen Welt rücksichtsloser ‚unbeflügelter Funktionäre', ‚Stillstandsritter' gegen den erneuernden Geist der Wende nicht nur als sittliche ‚Rehabilitation' des Genies zu lesen ist, sondern auch als politisches Gleichnis der zeitgenössischen Geschichte Rußlands.

Gerade eine solche Rezeption der Goetheschen Motive liegt auch in programmatischen Werken der sozial-philosophischen Phantastik in den 80er Jahren vor: in der Märchen-Erzählung *Verlioka* von V. Kaverin (1982) und im Roman *Der Dreimalhöchste oder Bericht über das Gewesene aus dem Nichtgewesenen* von N. Jevdokimov (1987)[18], bekannt als ‚Diagnostiker' der Sittenkrankheiten der Generation – beide Texte können als Muster der ‚Collage'-Belletristik gelten, die auch für sehr viele andere Arbeiten der späten sovjetischen künstlerischen Goethenachfolge charakteristisch ist und mit einer Fülle literarischer Reminiszenzen – auch aus der zeitgenössischen russischen Prosa – operiert (z. B. bei Kaverin nicht nur aus Bulgakov, sondern z. T. auch aus A. Žitinskij, einem bekannten Autor ethisch-phantastischer Literatur, sowie – erfaßt oder auch nur typologisch nahe – aus Zarin und Orlov). Das erstgenannte dieser Werke zeigt in der Entwicklung der Tendenzen, die Bulgakov eingeleitet und Vladimir Orlov fortgeführt hat, daß das ‚Böse' sich nicht in einem jenseitigen Teufel verkörpert, sondern in menschlicher Feigheit, Gleichgültigkeit, Treulosigkeit, ‚Stagnation'. N. Jevdokimov behauptet, indem er die menschliche Passivität als Hauptübel konzipiert, daß die Kräfte nicht nur der Hölle, sondern auch des Himmels untrennbar miteinander verbunden sind, dem Menschen auf seinem Weg zur Selbstvollendung und zum Glück Widerstand leisten, interessiert an ihrer Macht über den Menschen, gesichert durch die menschliche ‚Stagnation': eine im Verhältnis zu derjenigen Goethes polemische Konzeption des Schöpfers.

Das tragisch-ausweglose Resultat der tapferen Versuche des sovjetischen Faust, aus der Krisis der Aufklärungsepoche mit Hilfe des neusentimentalen Kults des ‚Herzens' herauszutreten – sei es, daß die altruistische Beseelung der wissenschaftlichen und dichterischen Begabung akzentuiert oder aufgerufen wird zur ‚Güte' als Bedingung menschlicher Selbstvollendung und Koexistenz – untermauerte einer der bedeutendsten russischen Lyriker-Philosophen: Juri Levitanskij. Er publizierte 1984 seine letzte Sammlung, den Zyklus *Der Brief an Katharina*

18 V. Kaverin: *Verlioka.* In: Novyj mir 1982, Nr. 1. N. Jevdokimov: *Der Dreimalhöchste oder Erzählung über das Gewesene aus dem Nichtgewesenen.* In: Družba narodov 1987, Nr. 7–9.

oder Spaziergang mit Faust[19], zusammengefügt aus verschiedenartigen Versen unterschiedlicher Genres: Tagebuchaufzeichnungen, Fragmenten aus Büchern und Manuskripten, vereint durch eine von Zeit zu Zeit hervorscheinende Leitidee. Der Dichter durchdenkt den Wert jeder gelebten Minute, besucht mit Faust das Vergangene, wirft Blicke in die Zukunft, um sich in verschiedenen Zeiten und historischen Phasen zu erproben und auf die Hauptfrage zu antworten, die in Goethes Tragödie gestellt wird (,Kern' der Wette des Mephisto und des Herrn): Hat der Schöpfer den Menschen nicht vergebens aus der Finsternis des Nichtseins hervorgerufen? Denn in diesem Problem liegt das tiefste Wesen des Goetheschen *Faust*, das nicht so sehr in den Überlegungen zur Form menschlichen Lebens wurzelt (Stillstand oder Streben) und nicht in seinen Modifikationen (,Verstand' oder ,Herz', ,Tat' oder ,Wort', Preis und Rechtfertigung menschlicher Verwegenheit), sondern gerade im Bekenntnis der Notwendigkeit, der Teleologie des Menschen, des Seins überhaupt.

Wie Goethe im *Faust* mischt auch Levitanskij in seinem *Spaziergang* leichthin Zeiten und Räume, reale Szenen, Träume, literarische Reminiszenzen usw. Aber während Goethes Faust letztlich seine Bindung an eine bestimmte Zeit und einen bestimmten Ort einsieht, wo er nämlich auch den höchsten Augenblick seines Lebens suchen muß (Akt des Willens, Akt des Lebens), findet der Held in Levitanskijs Zyklus als Resultat seines Umherirrens nur eine Wahrheit: die der Unveränderlichkeit der menschlichen Natur und damit der Leidenschaften, die des ewigen Kreislaufs derselben Situationen, der Unfähigkeit des Zivilisationsprozesses, sogar in seiner weichen, unblutigen Variante, die Kernprobleme der menschlichen Existenz zu lösen und dem Menschen das Glück zu bringen. Damit erreicht die Krisis der Aufklärungsära in der sowjetischen Literatur hier ihren vollsten Ausdruck; es fehlt die Hoffnung auf Veränderung überhaupt, es fehlt selbst die Idee progressiver Bewegung und folglich ebenso der Glaube, daß der Mensch auf seinen irdischen Wanderungen von der Natur oder von Gott nach einem hohen Plan geleitet werde.

Wie in Goethes *Faust* wird auch für den Helden des Zyklus eine Frau zum ,Trost': ihre Treue, ihr Anstand, ihre Güte. Aber während für Goethes Protagonisten Gretchen am Beginn des neuen Lebens als eigentümlicher Prüfstein seiner Bereitschaft erscheint, den Preis des eigenen Lebens für das Recht zu zahlen, sich auszuleben, am Ende aber Fürsprecherin und Retterin des Vielgeprüften ist, der sich seelisch zur Höhe des altruistischen Wahrheitssuchers erhoben hat, so ist für Levitanskijs Helden Katarina – „meine Läuterung, meine Sühne, meine Rechtfertigung, meine Prüfung" – nur Vorgeschautes, Wunschtraum, Hoffnung auf jene ,teure Seele' in der Zukunft, der er diesen Zyklus schreibt: als Briefe über die Irrungen seiner Seele, fest vertrauend, daß man sie mit Liebe, Verständnis und verzeihend lesen wird.

So geht in der sowjetischen Nachkriegsliteratur Faust als Goethescher Held des Strebens (Levada) unter, und der Held des ,reinen' Mitleids, der nichts zu verändern, sondern das Menschliche im Menschen zu bewahren sucht (Aljošin, Orlov), versinkt allmählich in Trivialität und Alltäglichkeit, anfangs scherzhaft, aber dann in düsterer Resignation. Wenn Goethes Faust Selbstverwirklichung suchte und die sowjetischen Faust-Gestalten der 40er bis 80er Jahre über die Wege dahin nachdachten, einig darin, daß sie das Epos der Seele des strebenden Menschen offenbarten, so zeigt uns Levitanskij, mit der Odyssee der Faustschen Seele gleichsam das Ende der Aufklärungsepoche besiegelnd, den sich abfindenden ,müden' Faust.

---

19 J. Levitanskij: *Der Brief an Katharina oder Spaziergang mit Faust.* Moskau 1981.

Aber die Schwermut und Trauer, die er in der Empfindung dieser Müdigkeit durchlebt, dieses Eingeständnis der ewigen Wiederkehr und der betrüblichen Unveränderlichkeit der Welt – sie sind ein Beweis, daß der sowjetische Faust die schmerzhaften Stellen des Bewußtseins der zeitgenössischen Menschen wahrzunehmen verstand; und hier führt die sowjetische Literatur die besten der klassischen vaterländischen Traditionen fort und begnügt sich nicht mit dem Vegetieren in der ‚Konsumgesellschaft' der technokratischen Zivilisation, sondern sie wendet sich wie vordem den höchsten, jenseitigen Fragen der menschlichen Existenz zu, bemüht sich um sie und läßt sich durch sie beunruhigen.

Deshalb wurde gerade Faust und nicht der mehr pragmatische und plane Wilhelm Meister zum Hauptheiden der Goetheaner unserer Dichtung, und das widerlegt die – wenigstens für die 60er bis 80er Jahre – unzutreffenden Vorwürfe der übertriebenen Soziologisierung unserer Literatur. Deshalb wurde nicht die Frage nach dem Geheimnis der Entstehung des Seins, sondern nach seinem Sinn – eine echt Goethesche Frage, ‚weltlich', ‚irdisch' gestellt und ‚erhaben', ‚göttlich' in den Antworten – zum Hauptmoment der Hinwendung sowjetischer Autoren zu Goethes Schaffensmotiven wie zu seiner Person selbst. Aus diesem Grund ist die Geschichte des russischen Faust, wie des russischen Goethe, noch lange nicht beendet; sie ist unbeendet wie die Suche dessen, der den seligen Augenblick der vollen Erfüllung auf seiner irdischen Wanderung noch nicht erfahren hat.

DOKUMENTATIONEN UND MISZELLEN

JOSEF MATTAUSCH

Das Goethe-Wörterbuch - Hilfsmittel für den literarischen Übersetzer[*]

Zu Anfang sei erinnert an unsere – mehr oder weniger gemeinsamen – Erfahrungen im Umgang mit Goethe-Texten. Da mischen sich dem Betrachtenden vielfältige Eindrücke: Nähe und Ferne; unmittelbar Eingängiges, Anrührendes und seltsam Fremdes, Sich-Entziehendes; Einfach-Eindeutiges und Rätselhaft-Komplexes.

Einige Beispiele mögen bei der Lektüre auftretende Irritationen belegen:

Goethes Werther, in Wahlheim angekommen, spricht von einer Wirtin, die „*gefällig* und munter in ihrem Alter" ist. Ist sie nun ‚dienstfertig, beflissen', erweist sie ‚Gefälligkeiten', oder ist sie nicht vielmehr ‚reizend', ‚erregt Gefallen' („in ihrem Alter" nämlich!)?

Oder: Mephistos Wort vor Gretchens Haustür: „mir ist's wie dem Kätzlein *schmächtig*, / Das an den Feuerleitern schleicht" – versteht man sogleich, daß *schmächtig* nicht die Gestalt meint, sondern ‚schmachtend, sehnend, lüstern' bedeutet?

Öfters Mißverständnissen ausgesetzt ist des Famulus Wagner Aussage über das Geisterwesen in der Szene *Vor dem Tor*: „Sie stellen wie vom Himmel sich gesandt, / Und lispeln *englisch*, wenn sie lügen". Neuere *Faust*-Inszenierungen, komödiantisch und aktuell-bezüglich angelegt, erzielen an dieser Stelle beim Publikum, das ein beziehungsvolles Bonmot wittert, oft einen nicht unbedingt erwünschten Heiterkeitserfolg. Immerhin: Der erste englische *Faust*-Übersetzer, Lord Leveson Gower, übersetzte 1823 die Stelle entsprechend „and lisp in English"! *Englisch* meint hier aber natürlich ‚engelhaft, nach Art der Engel'.

Oft finden sich freie Wortbildungen, nicht nur in der Dichtung. In einem Brief aus Dornburg 1828 spricht Goethe angesichts von Lithographien nach pompejanischen Wandmalereien von zuteil gewordener „*Aufmuthung* aus der Vergangenheit" – hier ist *Aufmutung* von „Mut" her in dessen älterer Bedeutung ‚innerer Sinn', ‚seelische Verfassung, Gestimmtheit' zu verstehen als ‚Erhebung, Stärkung von Sinn, Geist'. Tags zuvor heißt es in einem Brief an Zelter mit Bezug auf den zweiten Teil des *Faust*: „Wenn dieß Ding nicht fortgesetzt auf einen übermüthigen Zustand hindeutet, wenn es den Leser nicht auch nöthigt, sich über sich selbst *hinauszumuthen*, so ist es nichts werth" (WA IV, 44, S. 26). Aus der Kenntnis von

---

[*] Gekürzte und für den Druck leicht überarbeitete Fassung eines Vortrags, der am 20. 8. 1999 auf dem „Forum Goethe-Wörterbuch" der internationalen Konferenz der Goethe-Übersetzer in Erfurt gehalten wurde. – Bezug genommen wird auf: *Goethe-Wörterbuch*. Hrsg. von der Berlin-Brandenburgischen Akademie der Wissenschaften, der Akademie der Wissenschaften in Göttingen und der Heidelberger Akademie der Wissenschaften. Bd. 1–3. Stuttgart 1978, 1989 u. 1998 sowie Bd. 4, 1.–2. Lfg., 1999.

„Mut“ und „Aufmutung“ wird man die Wendung „sich über sich selbst hinausmuten“ auffassen als ‚sich über die gewohnte Gemüts-, Geisteslage hinaus erheben‘. Zugleich rückt in diesem Zusammenhang das vorausgehende *übermütig* in ein neues Licht („wenn dieß Ding nicht auf einen *übermüthigen* Zustand hindeutet“): Nicht ‚ausgelassen, mutwillig‘ kann es bedeuten, es bezeichnet vielmehr einen ‚Zustand (dichterisch) gesteigerten Empfindens, hochgestimmter Seelenlage‘. Der *Divan*-Vers fällt uns ein: „Dichten ist ein *Übermuth*“!

Man sieht: Bei genauerem Hinsehen beginnt manches Wort eines vermeintlich vertrauten Textes merkwürdig zu schillern. Und man ist erinnert an den Ausspruch des Wiener Sprachkritikers Karl Kraus: „Je näher man ein Wort ansieht, desto ferner sieht es zurück“[1].

Zwei Umstände sind für diese Fremdheitserfahrungen verantwortlich: zum einen die Tatsache der sich vergrößernden historischen Distanz, die zu überbrücken nach rund 200 Jahren sprachgeschichtlicher Entwicklung wahrlich keine Kleinigkeit ist, und zum andern das individuelle Ausdrucksvermögen eines sprachmächtigen Autors, der mit dem überkommenen Sprachgut souverän umgeht und es schöpferisch aus- und weitergestaltet.

Welche Möglichkeiten gibt es, diese Verständnisprobleme zu bewältigen und aufkommenden Barrieren zu begegnen?

Der Übersetzer wird sich zunächst an Editionskommentare halten. Aber diese versagen oft, wenn es sich um punktuelle Worterklärungen handelt. Mit dem Ausgriff auf Nachschlagewerke, Wissensspeicher aller Art stößt der Fragende bald ebenfalls an Grenzen. Auch allgemeine historische Wörterbücher, gewöhnlich auf einen Grundbestand gemeinsprachlicher Lexik beschränkt, führen oft genug nicht zum Ziel. Selbst das umfängliche *Deutsche Wörterbuch*, der „Grimm“, bietet mit seiner durch lange Entstehungszeit bedingten sehr ungleichartigen Bearbeitungsweise vielfach nur unzureichende Auskünfte. Für ein genaues Textverständnis bedarf es offenbar einer speziellen Autorenlexikographie.

Mit diesem Stichwort bin ich unmittelbar bei meinem Thema.

In Parenthese sei hier sogleich eingefügt, daß Autorenwörterbücher nicht etwa eine Erfindung von heute sind. In der Klassischen Philologie gehören Werk- oder Autorenlexika seit alters zum festen Handwerksbestand. In den neuphilologischen Fächern treffen wir schon im 19. Jahrhundert auf Wörterbücher zu Dante, Shakespeare und zu den französischen Klassikern, und in unserem Jahrhundert sind nach dem Zweiten Weltkrieg in den ost- und südosteuropäischen Ländern wesentliche Nationalautoren wie Puškin, Ševčenko, Gor’kij, Mickiewicz, Pasek, Petöfi, Juhász, Eminescu Gegenstand gewichtiger Wörterbuchunternehmungen, meist nationaler Akademienprojekte geworden.

Wie ist es mit der Lexikographie zu Goethe bestellt?

Ich lasse hier Wortindices und Konkordanzen außer acht, die als Materialsammlungen zwar bestimmte Aufschlüsse geben, als bloße Wort- und Beleginventare aber nicht die semantische Erschließung des Wortschatzes leisten. Vielmehr beziehe ich mich auf die in unserem Zusammenhang allein wichtigen erklärenden Wörterbücher, die Bedeutungswörterbücher.

Den ersten Versuch einer zusammenfassenden Darstellung bietet Paul Fischers *Goethe-Wortschatz* (1929). Dieses relativ bekannte Wörterbuch, noch nach 1945 wiederholt in Reprints erschienen, erweist freilich rasch seine ganz unzureichende Materialbasis und eine oft

---

1 Karl Kraus: *Aphorismen.* Frankfurt am Main 1986, S. 291.

wenig eindringende Bedeutungserklärung. Die eigentliche lexikographische Aufarbeitung Goethes setzt später, nämlich erst nach dem Zweiten Weltkrieg ein.

Es ist das Verdienst Wolfgang Schadewaldts, des Klassischen Philologen und Goethe-Forschers, gleich nach dem Kriege das große Projekt *Goethe-Wörterbuch* initiiert zu haben.[2] Die Forderung nach einer umfassenden Kodifizierung des Goetheschen Wortschatzes war zwar seit dem 19. Jahrhundert immer wieder erhoben worden. Dafür stehen Namen wie Herman Grimm, Wilhelm Scherer, Konrad Burdach, Erich Schmidt, Julius Petersen u. a. Aber erst die materiellen und geistigen Verheerungen im Gefolge des Zweiten Weltkriegs bewirkten den Impuls, einen prinzipiell neuartigen Zugriff zu wagen und gewissermaßen auf elementare Weise über die Erfassung der Wortwelt Goethes auch die durch sie vermittelten Inhalte: die Goethesche Sach-, Begriffs- und Vorstellungswelt neu zu erschließen.

Einige Angaben zu Geschichte und Stand des Unternehmens: Begründet Ende 1946 an der damaligen Deutschen Akademie der Wissenschaften zu Berlin und in der Folge mitgetragen durch Partnerarbeitsstellen der Göttinger und der Heidelberger Akademie der Wissenschaften in Hamburg bzw. Tübingen, erscheint das *Goethe-Wörterbuch* lieferungsweise seit 1966. (Beiläufig vermerkt: wohl das einzige Unternehmen dieser Größenordnung, das über die Zeit der Teilung hinweg in eng verzahnter deutsch-deutscher Zusammenarbeit betrieben wurde, in gemeinsamer Lieferungsproduktion bei turnusmäßig wechselnder Redaktionsverantwortung – auf östlicher Seite eher geduldet als gefördert, zeitweilig gefährdet, über Jahrzehnte jedenfalls angewiesen auf fast ausschließlich schriftlichen Austausch mit den Partnerstellen.) Seine Basis ist ein Archiv von über drei Millionen Textbelegen (*A – zypresseragend*), das auch für Auskünfte zur Verfügung steht. Auf der Grundlage von Planungsabschnitten von je 40 000 zu verarbeitenden Belegen erscheinen gegenwärtig zumeist zwei Drucklieferungen jährlich. Zur Zeit liegen 36 Lieferungen in drei abgeschlossenen Bänden vor. Die Bearbeitung befindet sich auf der Alphabetstrecke *gu-/ha-*, d. h. bei gut 40 Prozent der abzuarbeitenden Gesamtstrecke.

Soviel zu den äußeren Daten. Ich komme zur inneren Charakteristik. Dazu ist es nötig, zunächst einen Blick auf die Physiognomie der Goethesprache zu werfen. Das gut 65jährige literarische Schaffen Goethes umfaßt eine Vielzahl von Gattungen und Formen – neben einem überaus reichhaltigen, hochdifferenzierten dichterischen Werk auch eine weitgefächerte Sachprosa: eine umfängliche Publizistik zu Kunst und Literatur, ferner die naturwissenschaftlichen sowie die amtlichen Schriften; hinzu treten umfängliche Abteilungen von Briefen und Tagebuchaufzeichnungen; schließlich noch zahlreiche von Dritten überlieferte Gesprächstexte.

Dem entspricht ein vielgestaltiges Ensemble sprachlicher Ausdrucksmittel und Erscheinungsformen: vom persönlich gefärbten Alltagsausdruck bis zum strengen Duktus wissenschaftlicher Sprache, von konventionell geprägtem Amtsstil bis zur in sich vielfach geschichteten Poesiesprache – ein Miteinander verschiedenster Sprachvarietäten, Funktional- und Gattungsstile bzw. Textsorten.

Was sich hinter diesen Abstraktionen verbirgt – dafür nur ein Beispiel: Der Briefroman *Die Leiden des jungen Werthers* von 1774 gilt als ein Muster empfindsamer, teils natürlich-redesprachlicher, teils auch leidenschaftlicher, an Höhepunkten rhythmisch-gesteigerter Sprache. Der freie Gestaltungswille äußert sich programmatisch in Werthers Unmut über die stilistische Pedanterie des Gesandten, seines zeitweiligen Dienstherrn:

---

2 Vgl. Schadewaldts Denkschrift *Das Goethe-Wörterbuch*. In: Goethe. N. F. JbGG. 11 (1949), S. 293–305.

> Ich arbeite gern leicht weg, und wie's steht so steht's, da ist er im Stande, mir einen Aufsatz zurückzugeben und zu sagen: er ist gut, aber sehen sie ihn durch, man findt immer ein besser Wort, eine reinere Partikel. Da möcht ich des Teufels werden. Kein Und, kein Bindwörtchen sonst darf außenbleiben, und von allen Inversionen die mir manchmal entfahren, ist er ein Todfeind. Wenn man seinen Period nicht nach der hergebrachten Weise heraborgelt; so versteht er gar nichts drinne. (MA 1.2, S. 248)

In den gleichzeitigen Rechtsanwaltseingaben erweist sich der Schöpfer des *Werther* indes zugleich als ein souveräner Beherrscher des gängigen Kanzleistils! Komplizierte Satzperiodik, schwere Partikeln, kuriale Formelhaftigkeit – das sind, neben allen lebendigen Darstellungspartien, prägende Merkmale der Schriftsätze des Frankfurter Rechtsanwalts Goethe.

Anders die Diktion des zwei Monate nach dem *Werther* entstandenen Trauerspiels *Clavigo*: treffsichere, pointierte Dialogreden, die an Lessing erinnern, an dramatischen Umschlagpunkten leidenschaftlich-kraftgenialische Ausbrüche. Ebenfalls aus dem Frühjahr 1774 stammen die burlesk-volkstümlichen Knittelverse des Fragments *Der ewige Jude*: „Um Mitternacht wohl fang ich an / Spring aus dem Bette wie ein Toller". Von Lyrik fällt in die Wertherzeit u. a. die freirhythmische Hymne *Ganymed*: „Wie im Morgenrot / Du rings mich anglühst, / Frühling, Geliebter!" Daneben und dazwischen erscheint das bunte Kaleidoskop adressaten- und situationsbezogener, ganz persönlich gehaltener Briefe, die freier Ausdruck des Ich sind und jeglicher Konvention entbehren.

Man sieht: Hier werden gleichzeitig viele Register gezogen. Und dies sind nur die Hervorbringungen weniger Monate!

Hinzu kommt, daß diese Sprache, im diachronischen Längsschnitt gesehen, mehrere geschichtliche Entwicklungsstufen aufweist. Aus dem altertümlich-regional geprägten Milieu Frankfurts stammend, nahm der Leipziger Student den fortgeschrittenen Sprachstandard seiner Zeit auf, jene in den Städten Kursachsens ausgebildete Literatur- und Gesellschaftssprache, die unter Gellerts Einfluß („Schreib, wie du sprichst") auf eine moderate Stillage kultivierter Natürlichkeit hinauslief. Eine rigoros neue Stufe markiert demgegenüber die Sprachgebung der Geniezeit, die vom jungen Goethe nunmehr aktiv mitbestimmt wird: radikale Öffnung und Bereicherung durch volkssprachliche und archaische Ausdrucksmittel, eigenständige Wortbildungen und freie syntaktische Strukturen (Werthers „Inversionen"!). Eine bald einsetzende Disziplinierung leitet eine weitere Phase ein, den Übergang zu einer im Zeichen des klassischen Kunstwollens angestrebten, auf das Gesetzliche, Allgemeingültige, auch Symbolische orientierten Darstellungsweise. Der späte Goethe schließlich, die Gefahr der Abblassung und Klischierung vor Augen, hebt sich von dem durch ihn mitgeprägten literatursprachlichen Standard in weiten Teilen wieder deutlich ab. Formelhaftes und Stereotypes, teilweise mit verdeckten semantischen Prägnanzen, durchdringt sich mit erneuter kühner Wort- und Metaphernschöpfung, mit Elementen aus fremden Sprachen und Kulturen, Verfremdungseffekten überhaupt, in der Poesie oftmals strukturiert in harten Satzfügungen – eine Alterssprache von höchst individueller Ausformung.

Dies alles, das I n d i v i d u a l sprachliche, Idiolektale wie das allgemein Z e i t sprachliche, das Goethe ja auch in einem hohen Maße repräsentiert, ist der Gegenstandsbereich des *Goethe-Wörterbuchs*.

Goethes überlieferter Wortschatz umfaßt nach unseren Sammlungen reichlich 90 000 Wörter – die größte bekanntgewordene Zahl eines einzelnen Autors. Sie alle werden in Wortartikeln dargestellt.

Mit dieser Bestimmung als ein auf vollständige Wortaufnahme angelegter Thesaurus ist ein wesentliches Spezifikum des Unternehmens erfaßt, zugleich ein Spezifikum für die Gattung Werk- oder Autorenwörterbuch überhaupt. Zum Vergleich: Allgemeinsprachliche Wörterbücher, etwa das große Duden-Wörterbuch der deutschen Sprache oder – ein historisches Beispiel – Adelungs *Grammatisch-kritisches Wörterbuch der Hochdeutschen Mundart,* geben in der Regel einen so oder so verkürzten, gewissermaßen präparierten Wortbestand und, auf der Inhaltsseite, eine auf die wichtigsten Züge beschränkte Bedeutungsauswahl – eben das, was als usuelles Kerninventar einer Sprache betrachtet wird. Wörterbücher dagegen, die auf bestimmte Texte, Textkorpora (Werke, Werkgruppen, Autoren) spezialisiert sind, bilden für diese Bereiche gewöhnlich die ganze Sprachwirklichkeit ab, Sprache als lebendige, im Fluß befindliche Tätigkeit, wo gerade auch das Konkret-Situative, Spontane, Schöpferische seinen Platz hat.

Für das *Goethe-Wörterbuch* hat das zur Folge, daß ein signifikant hoher Anteil selten vorkommender Wörter zu behandeln ist. 60 bis 65 Prozent aller Wörter kommen in der Goetheschen Schriftenmasse nur ein- bis dreimal vor; namentlich, den deutschen Wortbildungsmöglichkeiten entsprechend, als Weiterbildungen (Komposita und Präfixbildungen) – Ausdrucksformen genauer, einprägsamer Sachbeschreibung wie bildhaft-poetischer Weltaneignung.

Zur Veranschaulichung reihe ich, aus den jüngsten Folgen des Wörterbuchs, wenige charakteristische Wortgruppen verschiedener Bereiche:

> *geblättert, gebuckelt, gefingert, gefranst, gerieft, gerippt, geschnäbelt, gezähnelt* – als konkret-präzise Charakterisierungen in vorwiegend wissenschaftlichem Zusammenhang;
> poetische Bildungen wie *Glanzfest, Glanzfeuer, Glanzgewimmel; Grillenmaus, Grillennebel, Grillentraum; Geisterflut, Geisterfülle, Geisterreihen, Geisterduft, Geistertiefe* (beachten Sie die Assoziationsvielfalt, wie sie schon bei isolierter Wortnennung aufscheint);
> ferner, ganz andere Bezirke, Fachwörter aus dem handwerklich-technischen Bereich: *Gipsformen, Glasbrennen, Goldputzen; Glasfritte, Glättstein, Glockenspeise*;
> Rechts- und Verwaltungstermini wie *Freibauer, Ganerbschaft, Gewährschein, Geleitsrevenue, Giltbrief.*

Der Vollständigkeit in der Wortaufnahme entspricht auf der Bedeutungsseite eine oft weitgehende, fein nuancierende semantische Kommentierung. Die Erklärung bleibt nicht bei den abstrakten, sozusagen geronnenen lexikalischen Bedeutungen stehen wie die allgemeinen Wörterbücher, sondern bemüht sich darüber hinaus um die aktuellen Textbedeutungen, die Konnotationen, mitschwingenden Ober- und Untertöne, die mitgegebenen Intentionen und Wertungen.

Wie sieht das in der Praxis aus? Einige knappe Beispiele mögen der Verdeutlichung dienen.

Das Stichwort *Fittich* enthält neben der Bedeutungsangabe ‚Flügel, Schwinge (eines Vogels, Schmetterlings)' die zusätzliche Erläuterung ‚zugleich sinnbildlich für freie, unbegrenzte Bewegung' – dies für den Beleg aus dem *Werther*-Roman: „wie oft hab ich mich mit *Fittigen* eines Kranichs [...] zu dem Ufer des ungemessenen Meeres gesehnt" (MA 1.2, S. 239).

Das Farbadjektiv *falb* wird charakterisiert ‚als Farbe des welkenden Laubes, auf Vergänglichkeit deutend', mit dem Zitat: „Soll ich mich des Grünen freuen [...]? / Bald wird Sturm auch das zerstreuen, / Wenn es *falb* im Herbst geschwankt" (*Dauer im Wechsel,* V. 8).

Schwierige Hapaxlegomena erhalten aufschließende Erklärungen; so die sperrige, alogisch gefügte Bildung *Brandschandemalgeburt*: „(Böser Geist zu Gretchen:) Und unter deinem Herzen, / Schlägt da nicht quillend schon / Brandschande Maalgeburt?" (*Urfaust*, V. 1326), mit dem Interpretament ‚für: Kind mit dem Brandmal der Schande (einer unehelichen Geburt)' (im *Faust*-Druck von 1790 getilgt: „Regt sich's nicht quillend schon" – mit unpersönlicher Konstruktion).

Hierher gehören ebenso zahlreiche Fachwörter, Termini, meist ebenfalls nur vereinzelt gebraucht und übrigens auch in außerfachlichen Texten. Ein interessanter Fall ist *Encheiresis*. Das Wort ist ein naturphilosophischer Terminus der Zeit. Es bedeutet zunächst ‚kunstreicher Handgriff, Verfahren'. Der junge Goethe hörte es zuerst in der Verbindung „Encheiresis naturae" in den Vorlesungen des Straßburger Chemikers und Botanikers Jacob Reinhold Spielmann. Kurz vor seinem Tode sprach Goethe brieflich von der „geheimen Encheiresis" der Natur, also dem verborgenen, geheimnisvollen Kunstgriff, wodurch sie aus den toten Bausteinen der Materie „Leben schafft und fördert" (WA IV, 49, S. 210). Doch schon im *Faust*, wieder bereits in der Frühfassung, begegnet das Wort, in der Schülerszene (im parodistischen Niederschlag der Leipziger Universitätserfahrungen): „(Mephisto:) Wer will was Lebendiges erkennen und beschreiben, / Sucht erst den Geist heraus zu treiben, / Dann hat er die Theile in seiner Hand, / Fehlt leider! nur das geistige Band. / Encheiresin naturae nennt's die Chemie" (*Faust*, V. 1940; *Urfaust*, V. 372).

Die Wörterbuch-Erklärung lautet: ‚i. d. Vbdg. ‚E. naturae', im Munde Mephistos in boshaft-sinnverkehrender Anwendung des Ausdrucks auf die wissenschaftliche Welterkenntnis i. S. v. zergliedernder Behandlung der Natur (‚naturae' – gen. obj.)'. Das Interpretament enthält neben der ausgehobenen Verbindung (a) den Hinweis auf den Textcharakter als Figurenrede, (b) eine Charakteristik der Aussagetendenz Mephistos (mit dem Hinweis auf die gegenüber dem herkömmlichen Gebrauch veränderte Konstruktion: nicht ‚Kunstgriff *der* Natur' (gen. subj.), sondern ‚zergliedernder Zugriff *auf* Natur' (gen. obj.), (c) die Angabe des speziellen Anwendungsbereichs und (d) die hier zutreffende Deutung des Ausdrucks.

Beachtung gilt ferner den in Goethe-Texten rezipierten und verarbeiteten Bestandteilen spezifisch literarisch-kultureller Überlieferung: Zitaten, Topoi, Motiven. Das Wort *Baum* ist in allgemeinsprachlichen Wörterbüchern eher unergiebig. Anders im *Goethe-Wörterbuch*. Hier erfährt der Leser u. a., daß die redensartliche Wendung „den Wald vor *Bäumen* nicht sehen" ein frisches Literaturzitat aus Wielands Versdichtung *Musarion* ist. Er wird informiert über Zeitgeschichtliches („*Bäume* der Freiheit") und Mythologisches: aufgenommene Legenden- und Märchenmotive (Festbannung im gespaltenen Baum), Mythen und mythische Motive aus der Antike (elysischer Baum, hesperische Bäume, Baum als Wohnstätte von Naturgottheiten), besonders auch über traditionelle Bildvorstellungen aus der biblisch-islamischen Welt („*Baum* der Erkenntnis, des Wissens, verbotener *Baum*"; „*Baum* des Lebens", u. a. mit dem *Faust*-Zitat „Und grün des Lebens goldner *Baum*"), jeweils mit einschlägigen Literaturnachweisen.

Nicht zuletzt gelangen auch Goethesche Einstellungs- und Bewertungsmomente in den Blick. Der Artikel *Gleichheit* enthält eine gesellschaftlich-politische Rubrik: ‚als Grundprinzip oder formales Grundrecht, speziell als Element der republikanischen Verfassung und des aufgeklärten bürgerlichen Gemeinwesens', mit einem Zusatz ‚mit Bezug auf die Programmatik und Losung der Französischen Revolution, besonders i. d. Vbdg. ‚Freiheit und *Gleichheit*'; mehrfach ironisch-distanziert im Lustspiel ‚*Der Bürgergeneral*'.

Das letzte Beispiel sei *Folge*: Das einfache Wort, von Goethe gern gebraucht, erhält bei ihm nicht selten einen besonderen qualitativen Gehalt. Der Artikel versucht dem in seinem

Schlußabschnitt wie folgt gerecht zu werden: ‚als (ausdrücklich) positiv konnotierter Wertbegriff, vielfach mit besonderer Prägnanz'; mit einer ersten Bedeutungsgruppe ‚als Qualität menschlichen Denkens, Handelns, der Lebensführung, -gestaltung: (zielstrebige) Folgerichtigkeit, Konsequenz, Beharrlichkeit, Stetigkeit' und einem Zitat aus den Gesprächen mit Kanzler von Müller, einem Lebensresümee: „Es gibt nur zwei Wege [...] ein bedeutendes Ziel zu erreichen und Großes zu leisten: Gewalt und *Folge*. Jene [...] reizt zu Gegenwirkung auf [...] *Folge* aber, beharrliche, strenge [...] wird selten ihr Ziel verfehlen, da ihre stille Macht im Laufe der Zeit wächst" (*Goethes Gespräche*, [...] hrsg. von W. Herwig, Bd. 5, S. 67). Es folgt eine zweite Bedeutungsgruppe mit dem Interpretament ‚als (auszeichnende) Eigenschaft der Natur, auch als Quelle sowie methodisches Postulat des Erkennens: innerer (gesetzmäßiger, systematischer) Zusammenhang', mit entsprechenden Belegen; hiernach folgt ein weiteres Interpretament: ‚durch immanente Gesetzlichkeit, innere Folgerichtigkeit bestimmte (produktive) Entwicklung, Fruchtbarkeit', mit den Zitaten: „Laßt fahren hin das allzu Flüchtige! / [...] In dem Vergangnen lebt das Tüchtige, / Verewigt sich in schöner That. / Und so gewinnt sich das Lebendige / Durch *Folg'* aus *Folge* neue Kraft" (*Zur Logenfeier 1825*, V. 18; WA I, 3, S. 68). Und aus den *Maximen und Reflexionen*: „Alles wahre Aperçu kömmt aus einer *Folge* und bringt *Folge*. Es ist ein Mittelglied einer großen productiv aufsteigenden Kette" (WA II, 6, S. 222).

Ich breche hier ab. Erkennbar geworden ist zuletzt wohl noch, daß das Wörterbuch insbesondere auch von seinem gehaltvollen, aussagekräftigen Belegmaterial lebt, ja daß diese Belege ein wesentlicher lexikographischer Aussageträger sind. Sie sind es nicht zuletzt dort, wo dichterische Komplexbedeutungen im Spiele sind. Das Wörterbuch kann in diesen Fällen allerdings nur Zugänge öffnen und behutsam semantische Annäherungen leisten; was es hier in der Regel nicht bietet, nicht bieten kann, sind abgeschlossene und erschöpfende Bedeutungsangaben.

Dennoch ist wohl der gehaltliche und interpretatorische „Mehrwert" des Unternehmens im Vergleich zu herkömmlichen Wörterbüchern deutlich geworden, jedenfalls der Intention nach. Inwieweit es gelingt, den Anspruch der gestellten Aufgabe zu erfüllen, muß freilich dahingestellt bleiben. (Die objektiven Druckerfordernisse und die daraus notwendig resultierenden beständigen Terminnöte dürfen hier nicht unerwähnt bleiben.) Das Ungenügen jedweder Lexikographie gegenüber großen, bedeutenden Autoren hat Goethe selbst hervorgehoben. In einer nachgelassenen Notiz zu den *Maximen und Reflexionen* steht ein lapidarer Satz, den sich die Lexikographenzunft vielleicht zu einigem Trost anrechnen darf: „Wenn einem Autor ein Lexikon nachkommen kann, so taugt er nichts" (WA I, 42.2, S. 252).

IRÈNE KUHN

Kultureller Transfer beim Übersetzen

Bericht über eine Arbeitsgruppe der internationalen Konferenz der Goethe-Übersetzer Erfurt, 18.–21. 8. 1999

Die Goethe-Gesellschaft veranstaltete vom 18. bis 21. August 1999 eine internationale Konferenz der Goethe-Übersetzer, zu der 34 Übersetzer aus 21 Ländern nach Erfurt kamen, um in drei Arbeitsgruppen übersetzungstheoretische und -praktische Probleme zu diskutieren:

(A) *Sprachspezifische Schwierigkeiten des Übersetzens am Beispiel der Lyrik*
Leitung: Dr. Klaus Birkenhauer, Straelen/BRD; Ljubomir Iliev, Sofia/Bulgarien
(B) *Übersetzen mit Tradition*
Leitung: Sibylle Muller, Strasbourg/Frankreich; Pierre Deshusses, Lyon/Frankreich
(C) *Kultureller Transfer beim Übersetzen*
Leitung: Dr. Irène Kuhn, Strasbourg/Frankreich; Prof. Dr. Fritz Nies, Düsseldorf/BRD.

Im folgenden möchte ich einen kurzen Bericht über die Arbeitsgruppe C geben.

Daß Übersetzer „geschäftige Kuppler", Schmuggler von Kultur, Kopisten, servile Nacheiferer oder ganz einfach Schmarotzer sein sollen, ist sattsam bekannt. In unserer Arbeitsgruppe haben sich allerdings eine Reihe weit positiverer Definitionen herauskristallisiert: Der Übersetzer wurde verglichen mit dem Schamanen, dem Erleuchtung zuteil wird – oder auch nicht. Er wurde verglichen mit dem Entwicklungshelfer, der einer Nationalsprache die Wege ebnen kann. Er wurde verglichen mit dem wackeren Soldaten, dessen Einsatz der Errichtung eines Bollwerks gegen gleichmacherische Globalisierung gilt. Er wurde sogar – in aller Bescheidenheit – als selbstloser, engagierter Förderer von Weltliteratur gesehen. Sehr unterschiedliche Ansätze zum Problem des kulturellen Transfers kamen zur Sprache: etwa der hochtheoretische, aber auch der eher praxisbezogene; der philosophisch-visionäre und ebenso der historisch-soziologische, der einhergeht mit einer übersetzerischen Rezeptionsanalyse.

1. Die theoretische Annäherung wurde, ausgehend nicht nur von Erfahrungen mit Goethe-Übersetzungen, mit der Frage nach den Kategorien der Übersetzbarkeit (versus Unübersetzbarkeit) verknüpft. Die These einer Referentin[1] lautete (sehr verkürzt), universale Kategorien des Denkens seien zweifelsohne übersetzbar. Je weiter sich das Werk eines Autors von diesen universalen Kategorien entferne, desto mehr weiche es auch ab von sprachlichen Normen (es entwickle sich zu einem Idiolekt) und werde um so unübersetzbarer. Immer wieder stellte sich die Frage nach der Notwendigkeit oder dem praktischen Nutzen eines komplexen theoretischen Apparats für die Arbeit des Übersetzers. Einer der Referenten

---

1 Nana Gogolaschwili (Tbilissi/Georgien) ging nicht nur von ihren Erfahrungen mit Goethe-, sondern auch mit Thomas-Mann-Übersetzungen aus.

versuchte etwa, sämtliche Strategien zu analysieren, die ein Übersetzer bewußt anwenden sollte (oder vermutlich auch unbewußt anwendet), um die Hindernisse, auf die er bei seiner Arbeit stößt, zu überwinden. Die traditionellen Kategorien „Aneignung" versus „Verfremdung" reichen offenbar nicht aus, um den diffizilen Prozeß des Übersetzens zu bewältigen[2].

2. Der praxisbezogene Ansatz wurde hauptsächlich in den Diskussionen zur Sprache gebracht, kam aber ganz besonders zu Ehren im Bericht über die koreanische *Wanderjahre*-Lesegruppe[3]. Die Vielfalt von möglichen Motivationen für den Akt des Übersetzens war allen Teilnehmern der Arbeitsgruppe bewußt. Daß eine Übersetzung aber ein „Abfallprodukt", eine Zweitverwertung von Ergebnissen eines ganz anderen Prozesses als eben der des Übersetzens sein kann, klang zunächst sehr verblüffend. Die koreanischen *Wanderjahre* wurden uns vorgestellt als Nebenprodukt einer Gemeinschaftsübung zum Verständnis eines Textes aus einer sehr fernen, sehr fremden Kultur. Dabei wurde uns Übersetzern besonders einprägsam vorgeführt, wie sehr die eindringliche Textinterpretation eine notwendige Vorstufe des Übersetzens ist – oder daß Übersetzen ein möglicher Weg (unter vielen) des Interpretierens von Literatur ist. Über dieses Phänomen hat sich übrigens bereits Goethe selbst geäußert: „Es geht mit der Übersetzung eines Buchs wie Sie von dem Kopieren eines Gemäldes sagen, man lernt beide, durch die Nachbildung erst recht kennen."[4] Ein weiterer interessanter Nebeneffekt der Arbeit in der *Wanderjahre*-Lesegruppe – man könnte von kultureller Interaktion sprechen – war offensichtlich die Tatsache, daß durch das gemeinsame Interpretieren des Goethe-Textes Ansätze zu einer neuen Gesprächskultur geschaffen wurden: Im Laufe der Arbeitssitzungen wurde mehr und mehr auf koreanische Konventionen verzichtet, die aus einer stark hierarchischen Gesellschaftsstruktur resultieren; Goethes Text hat aus den Teilnehmern der Diskussionsgruppe gleichberechtigte Gesprächspartner gemacht, was an einer ostasiatischen Universität offenbar nicht ohne weiteres vorstellbar ist. In diesem Zusammenhang lag die Frage nach dem Verhältnis von Individualstil und Kollektivstil auf der Hand. Wie entsteht eine kollektive Übersetzung, wie wird die Endfassung erstellt? Wer übernimmt die Rolle des Lektors? Birgt ein solcher Prozeß nicht die Gefahr der allzu großen Einebnung individueller Charakteristika des Originaltextes? Damit berühren wir auch schon den folgenden Punkt: Wie ist der Auftrag des Übersetzers „im allgemeinen Weltverkehr" zu definieren?

3. Der philosophisch-visionäre Ansatz. Mit seinem Schaffen kämpft der Übersetzer zwar für das Erzeugnis einer fremden Kultur, das er in seiner eigenen heimisch zu machen sich vornimmt. Er kämpft aber zugleich für seine eigene Sprache, für deren Erhalt, Bereicherung oder Entfaltung. Dieser Aspekt ist umso entscheidender, wenn die Zielsprache nicht zur Gruppe der sog. Weltsprachen gehört[5]. Zwar kann der Übersetzer das Werkzeug einer mehr oder weniger effizienten Sprachpolitik sein, er kann ihr aber ebenso zum Opfer fallen bzw. sich zum Widerstandskämpfer gegen die drohende Vereinheitlichung durch eine ver-

---

2 Stefan Vevar (Ljubljana/Slowenien) hat, ausgehend von seiner Übersetzung der *Lehrjahre* ins Slowenische, neun Prinzipien herausgearbeitet, die als allgemeiner Leitfaden für jeden Übersetzer dienen sollen: 1. Prinzip der semantischen Äquivalenz, 2. Erhaltung der Literarizität, 3. Prinzip des Ästhetischen bzw. des Stils, 4. Prinzip der Nicht-Erkennbarkeit des Übersetzungscharakters eines Textes, 5. Prinzip der Konvention (Problem der Einbürgerung), 6. Prinzip der Deduktion (Kohärenz), 7. Prinzip der Ökonomie (Eliminierung von Redundanzen), 8. Prinzip der Verständlichkeit, 9. Prinzip der Relativierung.

3 Sam-Huan Ahn (Seoul/Südkorea).

4 Goethe an Johann Heinrich Meyer, 3.3.1796 (HA-Briefe, Bd. 2, S. 216).

5 Dieser Ansatz wurde insbesondere durch die Beiträge der Kollegen M. K. Natarajan (Baroda/Indien) und Linnar Priimägi (Tallinn/Estland) illustriert.

flachende Lingua franca entwickeln[6]. Wenn im Bereich der Sprachen die Alternative lautet: Einheit versus Vielfalt, dann geht mit Vielfalt Bereicherung einher, allerdings unter Umständen auch Verwirrung. In dieser schwierigen Dialektik muß eine Art Ausgleich der Interessen gefunden werden. Damit verbunden ist ein zweigleisiges Konzept von Weltliteratur. Zudem drängt sich die drohende Vision eines gewaltigen sprachlichen Melting-Pots nach amerikanischem Mac-Donald-Muster auf, wo die Herauskristallisierung einer so verstandenen Weltliteratur zur Beschleunigung eines Verarmungsprozesses führen müßte. Als Werkzeug zur Ermöglichung von Weltliteratur sorgt der Übersetzer dafür, daß Literaturen zusammenfließen können. Da sein Arbeitsmaterial aber aus Sprache besteht (und er nicht pidgin-Englisch, pidgin-Französisch etc. produziert), ist seine Funktion ganz wesentlich die eines Bereicherers. Vereinfacht ausgedrückt: Die Autoren produzieren Nationalliteratur, die Übersetzer machen daraus Weltliteratur; dazu bedienen sie sich ihrer eigenen Nationalsprachen, und durch ihre Arbeit bereichern sie diese. Insofern entsteht eine segensreiche Wechselbeziehung. Daß durch die Interpretationen von Übersetzern eine Anreicherung des Sinnpotentials des Originaltextes und damit eine Bereicherung auch der Herkunftsliteratur erfolgt, hat (einmal mehr) schon Goethe selbst betont: In einem Brief erklärt er, „daß der Übersetzer nicht nur für seine Nation allein arbeitet, sondern auch für die aus deren Sprache er das Werk herübergenommen."[7] Die vielzitierte Metapher der Übersetzung als „halbverschleierte Schöne"[8] scheint für uns Übersetzer nicht besonders schmeichelhaft; aber vielleicht konnte Goethe einem Bonmot nicht widerstehen. Es gibt Zeugnisse genug dafür, daß er die Arbeit der Übersetzer schätzte und sich nicht nur geschmeichelt fühlte, wenn seine Texte übersetzt wurden. „Im Deutschen [...] mag ich den Faust nicht mehr lesen; aber in dieser französischen Übersetzung wirkt alles wieder durchaus frisch, neu und geistreich"[9], soll er in einem Gespräch mit Eckermann gesagt haben. Gemeint ist die berühmte Nerval-Übersetzung, die Geschichte machte. Zu unserer Übersetzer-Aufgabe gehört also nicht zuletzt, daß wir der Literatur ihre Frische erhalten. Und dies war, wenn auch mit anderen Worten ausgedrückt, eine der wichtigsten Erkenntnisse unserer Arbeitsgruppe.

4. Die übersetzerische Rezeption Goethes in einzelnen Ländern und Kulturen.[10] Da der komplexe Prozeß der Übersetzung von vielen verschiedenen Faktoren abhängt – historischen, aber auch sozialen, politischen und insbesondere kultur- und sprachpolitischen –, ist die Rezeptionsgeschichte von Goethes Werken in den verschiedenen Ländern sehr unterschiedlich verlaufen. Allerdings sind in den Ländern Osteuropas ziemlich ähnliche Entwicklungen festzustellen, die mit vergleichbaren Produktionsstrukturen für die Ware Literatur und Buch einhergehen. Konkretestes Ergebnis unserer Arbeitsgruppe war der aus solchen Erkenntnissen abgeleitete Vorschlag an die internationale Goethe-Gesellschaft, eine Umfrage zur Goethe-Rezeption und ihrer Geschichte in den verschiedenen Sprachen zu initiieren, wobei es darum ginge, die Rahmenbedingungen dieser Rezeption im jeweiligen kulturellen Kontext zu ermitteln.

---

6 Etwa wenn Goethe in Indien statt in den großen Landessprachen in Englisch gelesen wird. Daß eine solche Tendenz notgedrungen mit einer Verarmung einhergeht, ist einleuchtend.

7 Goethe an Thomas Carlyle, 15. 6. 1828 (HA-Briefe, Bd. 4, S. 282).

8 *Maximen und Reflexionen* (HA 12, S. 499, Nr. 947).

9 Gespräche mit Eckermann, 3. 1. 1830 (MA 19, S. 347). Vgl. Goethe an Carlyle (Anm. 7), S. 282: „[...] da ich es [Schillers *Wallenstein*; d. Vf.] unerwartet in Shakespeares Sprache wieder gewahr werde, so tritt es auf einmal wie ein frisch gefirnißtes Bild in allen seinen Teilen wieder vor mich, und ich ergötze mich daran wie vor alters".

10 Dieser Ansatz wurde insbesondere in den Beiträgen von Daniele Humajova (Bratislava/Slowakei) und Alfonsas Tekorius (Vilnius/Litauen) verfolgt.

ANNE BOHNENKAMP

Übersetzungen im interkulturellen Vergleich

Bericht von einem internationalen Symposium zu Goethes „Faust"
Weimar, 15.–19. 8. 1999

Zum 250. Geburtstag seines Namenspatrons veranstaltete das Goethe-Institut vom 15. bis 19. August 1999 in Weimar eine internationale Übersetzerwerkstatt zu Goethes *Faust*. Im Haus der Frau von Stein, das heute unter anderem das Goethe-Institut beherbergt, trafen sich *Faust*-Übersetzer aus China, Frankreich, Großbritannien, Indien, Italien, Japan, Korea, Mexiko, Rußland und Spanien[1] mit deutschen Literaturwissenschaftlern[2] zum Austausch über Goethes *Faust* und dessen Übersetzungen. Beabsichtigt war eine Begegnung im Sinne von Goethes ‚Weltliteratur' – einer Lieblingsidee des späten Goethe, die er während der Arbeit am *Faust II* entwickelte und die in vielfältigem Bezug zu diesem Werk steht, das sich auch als eine poetische Realisation von ‚Weltliteratur' lesen läßt. ‚Weltliteratur' meint bei Goethe ja bekanntlich – abweichend vom heute überwiegenden Wortgebrauch – gerade nicht einen internationalen Kanon weltweit anerkannter ‚großer' Werke, sondern vor allem einen Austausch zwischen den „Litteratoren und Litteraturen" (Tagebuch, 8. 5. 1826; WA III, 10, S. 189) verschiedenster Weltgegenden über Nationalitäts- und Sprachgrenzen hinweg. Als eine Art „Freihandel der Begriffe und Gefühle"[3] hat Goethe solche Tätigkeit sprachlicher und kultureller Grenzüberschreitungen bezeichnet, für die das Übersetzen als paradigmatisch gelten kann.[4] Ein zentraler Aspekt seiner Wertschätzung von Übersetzungen liegt in Goethes Erfahrung,

---

1 Teilgenommen haben Andrea Casalegno (Turin), Vishnu Khare (New Delhi), Satoru Konishi (Tokyo), Inn-Ung Lee (Seoul), Jean Malaplate (Antony/Frankreich), Miguel Sáenz (Madrid), Michail Shulman (Moskau), John Williams (St. Andrews/Schottland), Wuneng Yang (Chengdu/China) und als Gast aus Mexiko José Maria Pérez Gay. Eine bedauerliche Lücke verursachte die kurzfristige Absage des eingeladenen türkischen Übersetzers. Ein ausführlicher Symposiumsbericht von Andrea Casalegno ist unter dem Titel *Il Viandante universale* am 29. 8. 1999 in der Mailänder Zeitschrift *Il Sole 24 Ore* erschienen. Angeregt wurde die Werkstatt von Georg Lechner (Goethe-Institut München).

2 Hans-Georg Dewitz (Freies Deutsches Hochstift, Frankfurt/Main), Frank Möbus (Institut für Deutsche Philologie der Universität Göttingen) und Petra Matusche (Goethe-Institut München). Konzeption und Gesprächsleitung lagen in den Händen der Verfasserin dieses Berichts (Institut für Allgemeine und Vergleichende Literaturwissenschaft der Universität München).

3 Zit. nach: *Goethes Gespräche*. Hrsg. von Wolfgang Herwig. 5 Bde. Zürich und Stuttgart 1965–1987; hier Bd. 3.2, S. 471.

4 Ausführliche Darstellungen zu Goethes Vorstellung von ‚Weltliteratur' als einem kommunikativen Prozeß finden sich in den letzten Jahren vor allem in folgenden Publikationen: Fawzi Boubia: *Goethes Theorie der Alterität und die Idee der Weltliteratur. Ein Beitrag zur neueren Kulturdebatte*. In: *Gegenwart als kulturelles Erbe. Ein Beitrag der Germanistik zur Kulturwissenschaft deutschsprachiger Länder*. Hrsg. von Bernd Thum. München 1985, S. 269–301; Reiner Wild: *Überlegungen zu Goethes Konzept einer Weltliteratur*. In: *Bausteine zu einem transatlantischen Verständnis. Views on literature in a transatlantic context.*

„daß der Übersetzer nicht nur für seine Nation allein arbeitet, sondern auch für die aus deren Sprache er das Werk herüber genommen" (an Thomas Carlyle, 15. 6. 1828; WA IV, 44, S. 140). Im Mittelpunkt steht dabei die wechselseitige Bereicherung. Den Übersetzer sieht Goethe als „Vermittler dieses allgemein geistigen Handels", der sich „den Wechseltausch zu befördern [...] zum Geschäft macht", und „was man auch von der Unzulänglichkeit des Uebersetzens sagen mag, so ist und bleibt es doch eines der wichtigsten und würdigsten Geschäfte in dem allgemeinen Weltverkehr" (*German Romance* [*Über Kunst und Alterthum* VI 2]; FA I, 22, S. 434). Die Spiegelung des Eigenen im Fremden, die eine verfremdende, ‚auffrischende' Neusicht des Eigenen aus einer Außenperspektive ermöglicht, ist ein wesentlicher Aspekt in Goethes Überlegungen zur ‚Weltliteratur'[5] und der Hauptgrund für sein ausgeprägtes Interesse an Übersetzungen[6]. Mit dieser Auffassung rückt für Goethe vor allem der Gewinn, den eine Übersetzung bedeuten kann, in den Vordergrund – und nicht mehr vorrangig der Gedanke des Defizits. Ihn interessiert also weniger die übliche Frage: Was ist auf dem Transport von der einen in die andere Sprache, von der einen in die andere Kultur verlorengegangen? Ihn interessiert vielmehr: Welch neues Licht verbreitet die Übersetzung? Wie sieht der vertraute, kanonisch gewordene Text aus der Perspektive einer anderen Kultur, im Gewand einer anderen Sprache aus?[7] Diese Frage stand auch im Mittelpunkt der Wei marer Übersetzerwerkstatt, in

Hrsg. von Hans W. Panthel und Peter Rau. Frankfurt/M. u. a. 1994, S. 3–11; Hendrik Birus: *Goethes Idee der Weltliteratur: Eine historische Vergegenwärtigung*. In: *Weltliteratur heute. Konzepte und Perspektiven*. Hrsg. von Manfred Schmeling. Würzburg 1995, S. 5–28. Zu den entstehungs- und publikationsgeschichtlichen Zusammenhängen bei Goethe vgl. auch den Kommentar zu den letzten Heften seiner Zeitschrift *Über Kunst und Alterthum* [*Goethe: Späte ästhetische Schriften 1824–1832. Über Kunst und Alterthum V–VI.* Hrsg. von Anne Bohnenkamp. Frankfurt/M. 1999 (FA I, 22)].

5 „Eine jede Literatur ennüyirt sich zuletzt in sich selbst, wenn sie nicht durch fremde Theilnahme wieder aufgefrischt wird. Welcher Naturforscher erfreut sich nicht der Wunderdinge, die er durch Spiegelung hervorgebracht sieht?" – so in dem programmatischen Beitrag *Bezüge nach außen* (FA I, 22, S. 428), in dem Goethe in seiner Zeitschrift auf das beifällige europäische Echo reagiert, das seine Ankündigung einer Epoche der Weltliteratur im vorangegangenen Heft hervorgerufen hatte (vgl. *Über Kunst und Alterthum* VI 1; FA I, 22, S. 356).

6 Er hat sich nicht nur selbst immer wieder als Übersetzer betätigt, zahlreiche Übersetzungen gelesen und kritisch verglichen und sich theoretisch mit dem Problem des Übersetzens befaßt, gemeinsam mit Riemer wohl sogar an einer *Geschichte des Übersetzens* gearbeitet (vgl. FA I, 22, S. 591–607 und Kommentar), sondern er hat vor allem auch die Übersetzungen seiner eigenen Werke mit Interesse betrachtet.

7 Diese Einstellung Goethes kommt in zahlreichen Beiträgen zu verschiedenen Übersetzungen in dem 1828 erschienenen Heft seiner Zeitschrift *Über Kunst und Alterthum* VI 2 zum Ausdruck. So heißt es dort über eine englische Fassung des Schillerschen *Wallenstein*, das bekannte Stück trete Goethe hier „auf einmal in der Sprache Shakespear's entgegen, die große Analogie zweyer vorzüglicher Dichterseelen ging mir lebhaft auf; es war das erste frische wieder, dasselbe in einem andern, und so neu daß es mich wieder mit seiner völligen Kraft ergriff und die innerlichste Rührung hervorbrachte" („*Wallenstein". From the German of Frederick Schiller. Edinburgh 1827* [*Über Kunst und Alterthum* VI 2]; FA I, 22, S. 490). Die Wiederholung in der f r e m d e n Sprache ruft – anders als Wiederholungen in der eigenen Sprache – nicht Abnutzung und Ermüdung, sondern Erneuerung und Erfrischung hervor. Einen ähnlichen Eindruck formuliert Goethe auch anläßlich der Lektüre englischer Übertragungen serbischer Heldenlieder: „Wie es uns mit schönen geliebten Personen ergeht, die uns immer mit neuem Reiz überraschen, so oft wir sie in einem andern Kleid unvermuthet wieder erblicken, so war es auch mir zu Muthe als ich die bekannten und anerkannten Serbischen Gedichte in englischer Sprache wieder las" (*Nationelle Dichtkunst* [*Über Kunst und Alterthum* VI 2]; FA I, 22, S. 453). In dieses Heft seiner Zeitschrift nahm Goethe auch das Gedicht *Ein Gleichnis* auf, das von der Erfahrung spricht, die eigenen Lieder in fremder Sprache zu hören.

der eine Reihe von neueren, zum Teil noch im Entstehen begriffenen *Faust*-Übersetzungen zur Diskussion standen.

Die ersten Übertragungen des *Faust* – natürlich nur von *Der Tragödie erster Teil* – hat Goethe noch selbst zur Kenntnis nehmen können. Im Frühjahr 1822, als er die gerade erschienenen ersten Bände der französischen Ausgabe seiner dramatischen Schriften erhalten hatte (der eine ausführliche Darstellung von Goethes Leben und Werk vorangestellt war), schrieb er an den befreundeten Diplomaten Carl Friedrich von Reinhard (10. 6. 1822):

> Auch von auswärts ereignet sich mir Wünschenswerthes; die Franzosen übersetzen meine dramatischen Arbeiten und ich muß eine Befreyung von Vorurtheil, eine Höhe ihrer Ansicht bewundern. Indessen die Deutschen in einer beynahe unverständlich werdenden Sprache sich Gedanken und Urtheil einander mittheilen, so bedient sich der Franzose herkömmlicher Ausdrücke, weiß sie aber so zu stellen, daß sie wie ein aus Planspiegeln zusammengesetzter Hohlspiegel kräftig auf einen Focus zusammen wirken.
>
> In England hat ein Herr Soane meinen Faust bewundernswürdig verstanden und dessen Eigenthümlichkeiten mit den Eigenthümlichkeiten seiner Sprache und den Forderungen seiner Nation in Harmonie zu bringen gewußt; ich besitze die ersten Bogen mit nebengedrucktem Original. Überhaupt will mir bedünken, daß die Nationen sich unter einander mehr als je verstehen lernen; die Mißverständnisse scheinen nur innerhalb des eigenen Körpers einer jeden zu liegen. (WA IV, 36, S. 60 f.)

Goethes *Faust* ist nicht nur ein zentrales Werk der deutschen Literatur, sondern auch einer der meistübersetzten Texte deutscher Sprache.[8] Aus unterschiedlichen ideologischen Perspektiven und häufig auf dem Wege einseitiger und verfälschender Textauslegungen ist Faust bzw. ‚das Faustische' gerade auch von deutschen Interpreten immer wieder als ‚Inbegriff deutschen Nationalcharakters' in Anspruch genommen worden. So problematisch diese Deutungsgeschichte ist[9], so deutlich stellt sich der *Faust* aus der Außenperspektive wenn nicht als ‚typisch deutscher', so doch als sehr abendländischer oder ‚westlicher' Text dar. Über(ge)setzt wurde und wird Goethes *Faust* jedoch über Kulturgrenzen wie über Zeit- und Sprachgrenzen hinweg. Solche Übertragungsprozesse waren der Gegenstand des Weimarer Symposiums. Die Reflexion hermeneutischer und übersetzungstheoretischer Voraussetzungen (An welchen Zielen orientiert sich eine Übersetzung? Handelt es sich um eine ‚freie' oder um eine ‚treue', um eine ‚eingemeindende' oder eine ‚verfremdende' Übertragung? Und was ist mit solchen Etiketten gemeint?) wurde dabei immer mit der Erörterung konkreter Übersetzungsprobleme verbunden. Denn theoretische Grundsatzentscheidungen sind nicht zu trennen von den jeweils spezifischen Ausgangsbedingungen einer Übersetzung – also z. B. der Nähe oder Ferne der beteiligten Kulturen und Sprachen, die auch die möglichen Zielsetzungen prägen.

Nach einleitenden Referaten der deutschen Teilnehmer[10] stellten sich die Übersetzer mit unterschiedlich akzentuierenden Werkstattberichten vor, in denen die sehr verschiedenen Voraussetzungen, Motivationen und Bedingungen ihrer Arbeit zum Ausdruck kamen.

---

8 Vgl. die bibliographische Erfassung der Übertragungen bis 1967 in Bd. 2.1 der *Faust*-Bibliographie Hans Hennings (*„Faust"-Bibliographie*. Bearbeitet von Hans Henning. 3 Teile. Berlin u. Weimar 1966–76).

9 Vgl. dazu u. a. Albrecht Schöne in den Vorbemerkungen seiner *Faust*-Ausgabe (FA I, 7.2, S. 36–41).

10 Zu den Themen *Goethe als Übersetzer*, *Zum neuesten Stand der „Faust"-Forschung* sowie *Übersetzen als „Weltliteratur" im Sinne Goethes.*

Diese Berichte führten ein breites Spektrum vor Augen: Neben der italienisch-deutschen zweisprachigen Studienausgabe stand da die Übersetzung für eine konkrete Aufführung auf einer spanischen Bühne, neben der ersten oder zweiten Übertragung ins Hindi[11] die mehr als 80. Übertragung ins Englische, neben den Versübertragungen ins Französische, Englische, Chinesische die Prosafassungen des Russischen, Japanischen, Koreanischen, neben den Übersetzungen in die verwandten Sprachen Europas diejenigen in solche Sprachen, die europäischen Traditionen poetischen Sprechens fernstehen. Persönliche Beweggründe und Ziele stellten sich gleichfalls unterschiedlich dar: Übersetzt der eine vorrangig für sich selbst, so der andere für eine möglichst große Öffentlichkeit, wieder ein anderer hauptsächlich für Studenten der Germanistik oder im Interesse der Verbreitung einer politisch-humanitären Botschaft.

Einen der ersten Abende widmeten wir dem Lesen ausgewählter Textpassagen (Fausts Eingangsmonolog und Gretchens Lied am Spinnrad), die – nacheinander in den verschiedenen Sprachen vorgetragen – eindrucksvoll die vielfältigen Möglichkeiten des einen Textes zu Gehör brachten.

Die folgenden Tage und Abende waren der Arbeit am Text vorbehalten. Wir befaßten uns dabei mit drei einander immer wieder überschneidenden Themenschwerpunkten.

1. (Wie) läßt sich ein Werk wie der *Faust*, das in weltanschaulicher, in ästhetischer und in lebensweltlicher Hinsicht so sehr dem christlichen Abendland verbunden ist, in nichteuropäische Sprachen und Kulturen übertragen? Ausgehend vom *Prolog im Himmel* (V. 243–353), Fausts Eingangsmonolog (V. 354 ff.), der Übersetzungsszene (V. 1220–1237) und Mephistos Selbstvorstellungen (V. 1335–1358), ging es im Gespräch über die besonderen Probleme und Chancen eines interkulturellen Transfers um Fragen wie die folgenden: (Wie) läßt sich der schon für den stofflichen Kern des Faust-Mythos wesentliche biblische und spezifisch christliche Vorstellungsraum übertragen? (Wie) läßt sich Goethes spezifische Neuaufnahme des Stoffs in einem bestimmten geistesgeschichtlichen Kontext übertragen, dessen Menschenbild von Vorstellungen der europäischen Aufklärung und des (deutschen) ‚Sturm und Drang' geprägt ist? Wie geht die Übersetzung um mit den in Goethes Drama vorausgesetzten, im europäischen 18. Jahrhundert selbstverständlichen Normen, Werten und Idealen, die in der jeweiligen Zielkultur nicht vorausgesetzt werden können (etwa die Rolle des Individuums und die Bewertung von Wissen, Tätigkeit und Streben sowie auch unterschiedliche Liebeskonzepte und Verhaltenskodexe)?

Als Problem etwa für eine hinduistisch geprägte *Faust*-Rezeption wurde u. a. die dualistische Grundkonzeption des Werks herausgestellt. Die anschließende Diskussion führte jedoch zu dem Ergebnis, daß schon der Goethesche Text selbst – auch aus europäischer Perspektive – sehr unterschiedlich lesbar ist. Wie an der Auseinandersetzung um zahlreiche Einzelstellen deutlich wurde, stellt der Übersetzungsvergleich nicht selten bisher als selbstverständlich vorausgesetzte Deutungen in Frage und fordert in besonderem Maße Reflexion und Explikation des jeweiligen Textverständnisses. So wurde immer wieder vor allem auch den deutschen Teilnehmern neu vor Augen geführt, wie breit das mögliche Bedeutungsspektrum an vielen Stellen ist (kontrovers diskutiert wurde etwa, um nur einige Beispiele herauszugreifen, die Bedeutung von „Sinn" in der Übersetzungsszene [V. 1229], von „vergehen" in Gretchens Lied [V. 3413], der „Schuld" [V. 11384] in der Szene *Mitternacht* und von „vorbei" vs. „vollbracht" [V. 11494] in der Szene *Großer Vorhof des Palasts*).

---

[11] Eine bereits vorliegende Übersetzung ins Hindi blieb unveröffentlicht und weitgehend unbekannt.

Besprochen wurden auch jene Probleme, die sich für den Übersetzer im Zusammenhang mit den ästhetischen Konventionen ergeben, auf deren Folie der Text funktioniert (wenn der Text sie zum Teil auch mißachtet oder verändert). Der Vergleich mit den entsprechenden Konventionen der Zielkulturen war immer wieder Gegenstand der Diskussion. In diesem Zusammenhang prognostizierte etwa der indische Übersetzer Schwierigkeiten bei der Rezeption des *Faust I*, dessen dramatische Gestaltung den einheimischen Theatertraditionen fremd sei, während die für die europäische Tradition eher problematische allegorisch-symbolische Form des *Faust II* für ein mit diesem Schauspieltyp vertrautes indisches Publikum keine Schwierigkeit bedeuten werde.

Ausgehend von der Gestalt Gretchens und dem Hexen- und Teufelswesen der ‚Nordischen Walpurgisnacht' wurden die Schwierigkeiten thematisiert, die für den Übersetzer aus der Bindung des Ausgangstextes an lebensweltliche Realien des mitteleuropäischen 18. Jahrhunderts (bzw. des ausgehenden Mittelalters) resultiert. Die Ungleichzeitigkeit der Weltkulturen kann dazu führen, daß ein Text des 18. Jahrhunderts, der dem heutigen europäischen Rezipienten bereits ferngerückt ist, für einen Leser anderer Kulturkreise von großer Aktualität sein kann (so etwa die Problematik unehelicher Schwangerschaften). Damit kam als weiterer Gesichtspunkt der Umgang des Übersetzers mit religiösem, weltanschaulichem, sozialem und lebensweltlichem Wandel ins Blickfeld, der auch den innerhalb eines Kulturraums agierenden Übersetzer vor Probleme stellen kann, die denjenigen des interkulturellen Transfers verwandt scheinen: Wie lesen wir den *Faust* heute? Sind Fausts Probleme noch die unseren? Inwiefern geht uns Gretchens Tragödie noch an? Die vom Übersetzer zu überwindenden kulturellen und sprachlichen Grenzen können statt in geographisch-räumlicher Distanz auch in zeitlicher Entfernung begründet sein.

2. Faust als *summa metrica*. Eines der herausragenden Merkmale des sprachlichen Kunstwerks *Faust* ist der vielfältige und semantisch relevante Einsatz gebundener Sprache, der bereits den europäischen Übersetzer vor ganz besondere Herausforderungen, den asiatischen zum Teil vor unüberwindlich scheinende Hindernisse stellt. Bei der Diskussion spezifischer Probleme und Lösungen von Versübertragungen konzentrierten wir uns wiederum auf einige ausgewählte Textpassagen. Die Eingangsszene *Nacht* (V. 354–807) etwa kann als beispielhaft gelten für die Vielfalt der von Goethe – je nach Stimmung und Sprecher – eingesetzten Metren. Als besonderes Problem stellte sich der Einsatz des Knittelverses heraus, der hier womöglich als ein dem inhaltlichen Pathos kontrastierendes und den Eingangsmonolog leicht karikierendes Stilmittel eingesetzt ist. Eingehend besprachen wir u. a. auch Gretchens kunstvoll-einfaches „Meine Ruh' ist hin" (V. 3374–3413) sowie die Szene *Innerer Burghof* (V. 9127–9573) mit der von Goethe als sprachlichem Ereignis realisierten Begegnung zwischen Faust und Helena, dem berühmten Reimgespräch zwischen den Liebenden (V. 9356–9418).

Die generelle Entscheidung für oder gegen eine Übertragung der verschiedenen Aspekte gebundener Sprache (Metrum, Reim, Rhythmus) wurde von den einzelnen Übersetzern sehr unterschiedlich getroffen. Eine wichtige Rolle spielen dabei die Möglichkeiten und Konventionen der poetischen Sprache in den jeweiligen Zielsprachen und -literaturen. Während etwa der koreanische und japanische Übersetzer zwangsläufig zu Prosafassungen greifen (im Fall der japanischen Übersetzung allerdings gekoppelt mit dem Versuch, bestimmte Hervorhebungen durch eine dem Japanischen eigentlich fremde Rhythmisierung zu erreichen), bietet dem chinesischen Übersetzer die eigene poetische Tradition vielfältige Möglichkeiten, auf die Verssprache des deutschen Textes zu antworten. Für die europäischen Sprachen, die jeweils über verssprachliche Traditionen verfügen, stellte sich heraus, daß die Entscheidung für oder gegen die Übertragung in metrisch organisierte und gereimte Sprache abhängig sein kann sowohl von der Übersetzungstradition als auch vom Ziel einer Übersetzung bzw. der ihr zugedachten Funktion. Die Übertragung von Goethes *Faust* kann in einer Reihe von Sprachen als Beispiel gelten für das Übersetzen in einer reichen Übersetzungstradition. In England beispielsweise erschienen bis 1987 mehr als 50 Übertragungen des *Faust I* und mehr als 20 des gesamten Dramas. Übersetzung wird in solchen Fällen eines kanonischen, immer wieder übersetzten Textes nicht nur zum Dialog mit dem Original, sondern auch mit den vorangegangenen Übersetzungen. So erklärte etwa der russische Übersetzer seinen Verzicht auf den Vers gerade mit der gewünschten Absetzung von der im russischen Raum heute dominierenden Übersetzung Pasternaks aus dem Jahr 1953 – im Interesse einer semantisch und syntaktisch dem Original näherkommenden Prosaversion. Ähnliche Gründe veranlaßten den italienischen Übersetzer zum Verzicht auf den Reim: In der für eine zweisprachige Studienausgabe bestimmten Übersetzung liegt ein Schwergewicht zugleich auf der semantisch-syntaktischen Treue zum Original. Der spanische Übersetzer hingegen berichtete, wie unter den von ihm für eine Theateraufführung alternativ gearbeiteten Versionen die Schauspieler gerade die Reimfassung bevorzugten: wichtige Kriterien dieser Entscheidung waren die Sprech- und Memorierbarkeit des Textes.

3. *Faust* als Intertext. Ein dritter Schwerpunkt unserer Gespräche lag auf den besonderen Schwierigkeiten, die mit der Übersetzung eines hochgradig intertextuell organisierten Textes wie dem *Faust* verbunden sind. Neben den verschiedenen Typen eher punktueller intertextueller Bezugnahmen (wie etwa den Shakespeare-Entlehnungen in beiden Teilen des Dramas oder der metrischen Dante-Anspielung am Beginn des Zweiten Teils) spielen im *Faust* auch größere strukturelle Bezüge sowie der damit verbundene Transport kultureller Kontexte und Anspielungsräume eine Rolle (z. B. der Bezug auf die vor allem im Zweiten Teil wichtigen literarischen Prätexte der griechischen Antike oder die vielfältigen Bezüge auf die Bibel[12]). Hier erwies sich der *Faust* gerade für die Diskussion interkultureller Übersetzungen deswegen als ein spannender Text, weil er selbst – aus vielen literarischen Quellen schöpfend – bereits ‚multikulturell' verfaßt ist und in diesem Sinne ein Beispiel für ‚Weltliteratur' gibt.

Ein Fazit am Ende: Der Möglichkeiten, gut zu übersetzen, sind viele. Einig waren sich die Teilnehmer, daß es uns nicht darum gehen konnte, dogmatische Regeln aufzustellen (etwa für oder gegen eine Prosa- oder Versübertragung). Die verschiedenen kulturellen, sprachlichen und pragmatischen Voraussetzungen und Ziele bestimmen die Wahl zum Teil sehr unterschiedlicher Übersetzungsverfahren. Daß eine große Nähe – etwa des Englischen – zur Ausgangssprache nicht unbedingt ein Vorteil sein muß, sondern eine große Distanz mit ihrem Zwang, aber zugleich der Chance zur freien Übersetzung ebenfalls ihre Vorzüge haben kann – diese Überlegung stand ebenso am Ende unserer Werkstatt wie das von unserem chinesischen Teilnehmer zitierte Bild vom Übersetzer als einem „Tänzer in Ketten".

---

12 Die Bezüge auf die Bibel reichen vom allgemeinen ‚ideologischen' Hintergrund und der Übernahme von Handlungsmodellen (vgl. die Rolle des Buches Hiob im *Prolog im Himmel*) und Figuren („Die Drei Gewaltigen"; V. 10323 ff.) bis zum Einsatz punktueller Anspielungen (z. B. V. 4128 ff.), direkter Zitate (z. B. V. 5628 f. oder V. 11161) und expliziter Verweise (vgl. z. B. nach V. 11287). Die Werkstatt diskutierte vor allem den Einsatz und die Übertragbarkeit verschiedener Anspielungen auf das *Hohe Lied Salomos* (vgl. z. B. Gretchens „Meine Ruh' ist hin", V. 3374–3413). Fehlt der entsprechende intertextuelle Bezug in der Zielkultur, erweisen sich manche Stellen des Textes als ganz unverständlich (vgl. etwa V. 3337) – hier bleibt dem Übersetzer häufig nur die erläuternde Fußnote.

Eine Übersetzung nicht notwendig aufzufassen als eine Kopie oder Verdoppelung des Originals, sondern als seine Frucht oder als eine Antwort – solche Vorstellungen schienen uns im Einklang zu sein mit dem von Goethe betonten Aspekt des Gewinnes, den die Übersetzung und ihre Lektüre für Ausgangs- und Zielkultur bedeuten können.

Die Poesie, so äußerte sich Goethe nach dem Bericht des Grafen Sternberg, sei „weltbürgerlich und um so mehr interessant als sie sich national zeige" (Graf Sternberg an seinen Vetter, 15. 6. 1827[13]). Wenn Goethe in seiner Zeitschrift *Über Kunst und Alterthum* davon spricht, daß „das Bestreben der besten Dichter und ästhetischen Schriftsteller aller Nationen schon seit geraumer Zeit auf das allgemein Menschliche gerichtet" sei und daß man in „jedem Besondern, es sey nun historisch, mythologisch, fabelhaft, mehr oder weniger willkührlich ersonnen [...] durch Nationalität und Persönlichkeit hin jenes Allgemeine immer mehr durchleuchten und durchscheinen sehen" (*German Romance*; FA I, 22, S. 433) werde, dann heißt das nicht, daß der weltliterarische Austausch im Interesse einer zu erreichenden universalen Poesie auf eine Einebnung der Unterschiede zielt. Im Gegenteil – die Erhaltung der Differenzen ist für Goethe geradezu die Voraussetzung aller Kommunikation: „Die Besonderheiten einer jeden muß man kennen lernen, um sie ihr zu lassen, um gerade dadurch mit ihr zu verkehren: denn die Eigenheiten einer Nation sind wie ihre Sprache und ihre Münzsorten, sie erleichtern den Verkehr, ja sie machen ihn erst vollkommen möglich" (*German Romance*; ebd., S. 434).

In einem der letzten Gespräche verglichen wir die Übertragungen des „Ewig-Weiblichen" aus den Schlußversen des Chorus mysticus (V. 12110). Überraschenderweise war gerade hier jeder Übersetzer überzeugt, für diese Formel eine seiner Kultur und Sprache vertraute Entsprechung gefunden zu haben – und die Aneinanderreihung dieser einzelnen Äquivalente (vom chinesischen ‚Yin' über das konfuzianische ‚Tao' bis zur indischen Gottheit Kali) schien uns ein Beispiel zu geben für ein solches „Durchleuchten" des „Allgemeinen", das – ohne direkt greifbar zu werden – gerade in der Differenz der ausgetauschten Besonderheiten zum Vorschein kommen kann.

---

13 Zit. nach Momme Mommsen: *Die Entstehung von Goethes Werken in Dokumenten.* 2 Bde. Bd. 1. Berlin 1958, S. 351.

YANG WUNENG

Die chinesische Tradition des literarischen Übersetzens und mein Weg als Goethe-Übersetzer

China hat eine lange Tradition im literarischen Übersetzen. Man begann noch im Jahre 67, die heiligen Schriften des Buddhismus aus dem Sanskrit ins Chinesische zu übertragen. Es dauerte mehr als ein Jahrtausend, bis über viertausend Bände in chinesischer Übersetzung erschienen waren. Wie wir wissen, befinden sich darunter nicht wenige literarische Werke.[1]

Die Einführung des buddhistischen Schrifttums erreichte im fünften Jahrhundert ihre Blütezeit. Dieses Schrifttum hat dann im Verlauf von Jahrhunderten die chinesische Literatur, ja das chinesische Denken in einem Maße bereichert und erneuert, daß wir heute die Verdienste der buddhistischen Übersetzer, die fast alle Mönche und nicht selten auch Literaten waren, nicht hoch genug schätzen können.[2]

Die westliche Literatur aber kam erst viel später nach China, nämlich Ende des 19. Jahrhunderts. Der erste und erfolgreichste Übersetzer ist Lin Shu (1852–1924). Er hat ab 1899 seinen Landsleuten insgesamt mehr als 150 Bände der westlichen Literatur zugänglich gemacht, darunter Werke von Äsop, Shakespeare, Dickens, Scott, Dumas, Balzac, Cervantes, Ibsen, Lew Tolstoi u. a.[3] Damit hat er der neuen chinesischen Literatur bei ihrer Geburt sehr geholfen.

Es klingt beinahe unglaublich, doch hat dieser noch heute gefeierte große Übersetzer weder Englisch noch Französisch, weder Spanisch noch Russisch, ja überhaupt keine Fremdsprache beherrscht. Dafür war er ein hervorragender Schriftsteller und Stilist. Seine Übersetzungen, die er mit sprachkundigen Gehilfen anfertigte und die im wahrsten Sinne des Wortes Nachdichtungen waren, wurden in den letzten Jahren neu aufgelegt und genießen als literarisches Erbe nach wie vor große Hochachtung.[4]

---

1 Der erfolgreichste buddhistische Übersetzer um die Wende des 5. Jahrhunderts ist Jiumo Rosch (?–409), ein sinisierter Mönch aus Indien. Mit seinen rund 800 Schülern hat er eine große Übersetzer-Werkstatt gegründet. In seiner Übersetzungstheorie wird bereits der literarische Wert des Übersetzens betont.

2 Zum Beispiel ist der Roman *Die Pilgerfahrt nach Westen* eines der wichtigsten klassischen Werke der chinesischen Literatur. Es geht darin um die Indien-Reise eines chinesischen Mönchs namens Xuan Zhuang, die dieser zur Einführung der buddhistischen Schriften unternimmt. Die Romanfigur hat ihr Vorbild in dem gleichnamigen berühmten Übersetzer der Tang-Dynastie, der im Lauf seines Lebens (602–664) 1330 Bände buddhistischer Schriften ins Chinesische übertragen hatte.

3 Nach einer neueren Bibliographie in Dushu (Beijing) 10 (1982) hat Lin Shu insgesamt 185 Titel, hauptsächlich epische Werke der westlichen Literatur, ‚übersetzt'.

4 Berühmte Gelehrte wie Zheng Zhenduo und Qian Zhongshu haben in ihren Rezensionen die Verdienste und Mängel von Lin Shus Übersetzertätigkeit objektiv und korrekt bewertet. Siehe Luo Xinzhang (Hrsg.): *Fanyi Lunji.* Beijing 1984.

Bemerkenswert und schwer erklärlich ist, daß kein deutscher Autor von Lin Shu und seinen Gehilfen übersetzt wurde. Die Chinesen mußten deshalb noch warten, bis die deutsche Literatur mit Goethe als ihrem größten Repräsentanten Anfang des 20. Jahrhunderts eingeführt wurde. Erst in Guo Moruo (1892–1978), der als Medizinstudent in Japan die deutsche Sprache erlernt hatte, fand Goethe seinen ersten erfolgreichen Übersetzer.[5] Es entstand – wie einst in Europa – ein wahrhaftes „Wertherfieber" unter den chinesischen Jugendlichen, als 1922 seine *Werther*-Übersetzung in Shanghai erschien. Danach hat er noch *Faust* und andere Werke Goethes übertragen. Wie Lin Shu war Guo Moruo selbst ein großer Dichter und Schriftsteller, seine Stärke lag in der meisterhaften Beherrschung der Zielsprache Chinesisch. Er gilt heute als einer der Begründer der neuen chinesischen Literatur.[6]

Vor diesem traditionellen Hintergrund habe ich als Student vor gut vierzig Jahren begonnen, Werke der deutschen Klassik zu übertragen. Aber erst 1978, das heißt mehr als zwanzig Jahre später, trat ich den Weg eines Goethe-Übersetzers an – und es ist ein Weg voll Leid und Freude.

Das Leid ergibt sich aus dem eigenartigen Charakter des Metiers und erwächst vor allem aus den besonderen Schwierigkeiten des Übersetzens. Yen Fu (1885–1921), ein Zeitgenosse von Lin Shu und der wichtigste Vermittler der geisteswissenschaftlichen Werke des fortschrittlichen Westens – zum Beispiel *Evolution and Ethies* von T. H. Huxley, *Study of Sociologie* von H. Spencer usw. –, hat 1898 aus seinen Erfahrungen heraus die Hauptschwierigkeiten des Übersetzens kurz und bündig zusammengefaßt, und zwar in drei chinesischen Schriftzeichen, drei Eigenschaftswörtern, die Xin (信), Da (达) und Ya (雅) lauten.[7]

„Xin" heißt u. a. ‚treu, glaubwürdig, wahr, richtig, original', betrifft also hauptsächlich die Bedeutungs-, Sinn- und Inhaltswiedergabe, während „Da" auf den sprachlichen Ausdruck abhebt und etwa ‚verständlich, gewandt im Ausdruck, fließend' bedeutet. „Ya" heißt ‚gehoben, vornehm, schön, elegant und anmutig' – Eigenschaften, die für das literarische Übersetzen von besonderer Bedeutung sind und die in der Literaturwissenschaft zu Kategorien der Stilistik und Ästhetik zählen.

Diese drei Zeichen und die daraus resultierenden Anforderungen gelten in China seit langem als Bewertungskriterien der Übersetzungskunst. Nach ihnen richten sich noch heute die meisten chinesischen Übersetzer, obwohl man um sie herum ununterbrochen Debatten entfacht und immer neue Kriterien von berühmten Übersetzern und Gelehrten ausgearbeitet wurden und werden.[8]

„Xin" 信, „Da" 达, „Ya" 雅 – diese drei Zeichen, diese drei Eigenschaftswörter sollten eigentlich die Schwierigkeiten des Übersetzens bezeichnen, dürften aber schwerlich ihre äquivalenten deutschen Übersetzungen finden. So können sie uns auch als Beispiel dienen, um die Schwierigkeiten dieses Metiers zu veranschaulichen. Sie zeigen uns, daß die von den sowjetischen Übersetzungswissenschaftlern geforderte Äquivalenz zwischen der Übersetzung und dem Original ein kaum zu realisierendes Ideal darstellt.[9] Auch ein noch so be-

5 Vor Guo Moruo hat auch Ma Jünwu (1882-1939) Goethe übersetzt, doch leider nur ein einziges Gedicht, nämlich das Mignon-Lied „Kennst du das Land ...?".

6 Guo Moruo ist der hervorragendste Lyriker der neuen chinesischen Literatur. Sein literarisches Schaffen wurde stark von Goethe beeinflußt. Siehe Yang Wuneng: *Goethe in China* [dt.]. München 2000 bzw. *Goethe und China* [chin.]. Beijing 1991.

7 Siehe Yen Fu: *Einführung zur Übersetzung von T. H. Huxleys „Evolution and Ethies"*. In: Luo Xinzhang (Anm. 4), S. 136.

8 Der berühmte Balzac-Übersetzer Fu Lei (1908-1966) trat zum Beispiel für die geistige Analogie ein und verglich das Übersetzen mit dem Nachmalen eines meisterhaften Bildes.

9 Die Äquivalenztheorie hat in den 50er Jahren viele Anhänger in China gewonnen.

gabter und gewissenhafter Übersetzer kann oft nur die Analogie, nicht aber die Äquivalenz erreichen. Deshalb ist das Übersetzen eine Kunst, die stets etwas zu bedauern hat. Hierin besteht unsere größte Unzufriedenheit, gleichsam unser größtes angeborenes Leid.

Von Yen Fu stammt die in der chinesischen Übersetzerwelt geläufige Sentenz: „Man zögert und zaudert oft Tage und Monate lang, bis man sich für einen einzigen Ausdruck entschieden hat.“[10] Mit diesem Ausspruch wollte Yen Fu sagen, wie sich der gewissenhafte Übersetzer bei der Arbeit den Kopf zerbricht.

Das Übersetzen ist wirklich schwierig, das literarische Übersetzen noch mehr. Nur um den Kriterien „Xin“ und „Da“, d. h. sinngemäß richtig und gewandt im Ausdruck zu entsprechen, muß der Übersetzer die Ausgangs- und Zielsprache nahezu perfekt beherrschen, muß möglichst umfangreiche Kenntnisse haben, mit der Übersetzungstheorie vertraut sein und die richtigen Bewertungskriterien zu befolgen wissen. Es sind „Xin“ und „Da“ aber nur die elementaren Bedingungen, obwohl auch sie zu erfüllen nicht leicht ist. Umgekehrt darf man keineswegs glauben, daß jeder, der diesen Bedingungen irgendwie entspricht, ohne weiteres ein guter Übersetzer werden könnte.

Ich selbst bin der Auffassung, daß der Übersetzer stets mehrere Funktionen in einer Person ausübt. Das literarische Übersetzen ist nämlich keine einfache Inhaltswiedergabe des Originaltextes, sondern ein künstlerisches Wiederschöpfen, welches stets den folgenden komplizierten wie spezifischen Prozeß durchläuft. Und in diesem Prozeß, wie das folgende Modell zeigt, steht der Übersetzer im Mittelpunkt, hat also die Schlüsselstellung inne und ist der aktivste der drei Teilnehmer:

(Autor) – Originaltext – Übersetzer – Übersetzungstext – (Leser).

Auf der einen Seite geht der Übersetzer eine Beziehung zum Originaltext und zu dessen Autor ein, auf der anderen zum Übersetzungstext und dessen Leser. So spielt ein Übersetzer gleichzeitig noch zwei weitere unterschiedliche, aber eng miteinander verbundene Rollen. Für den Originaltext und dessen Autor ist er zuerst ebenfalls ein Leser, der Leser Nr. 1.

Ein Übersetzer muß vor allem richtig lesen können. Richtig lesen bedeutet hier aber nicht nur, im großen und ganzen zu verstehen und zu bewundern wie die ‚einfachen‘ Leser. Er muß sich lange und gewissenhaft mit dem Original sowie auch mit dessen Autor, seiner Zeit, geistigen Welt usw. auseinandersetzen, um sich über den Sinn und alle Details des Originals Klarheit zu verschaffen. Das bedeutet, daß der Übersetzer das Original zuerst exakt zu interpretieren und dann – nicht zuletzt auch ästhetisch – zu rezipieren hat. Für das Original und dessen Autor ist er also zuerst Interpret und Rezipient. Nur auf der Grundlage der richtigen Interpretation und Rezeption kann er mit der Übersetzung, mit der schöpferischen Wiederherstellung des Originals beginnen. Erst jetzt spielt er die eigentliche Rolle des Übersetzers, welche nun für die Leser keine andere als die eines Schriftstellers oder sagen wir Schriftwiederherstellers ist. Der Übersetzer ist somit der Autor Nr. 2 geworden.

Im Grunde besteht die Tätigkeit des literarischen Übersetzers immer aus drei Schritten, nämlich: interpretieren, rezipieren und wiederschöpfen. Er wiederholt immer diese Schritte, die in der Praxis eng verbunden, ja so ineinander verwoben sind, daß man keine klaren Trennungslinien ziehen könnte.

Der Übersetzer verkörpert also gleichzeitig den Interpreten, Rezipienten und Autor in einer Person. Nur wenn er – der Leser Nr. 1 und der Autor Nr. 2 – das Original richtig liest,

---

10 Yen Fu (Anm. 7).

interpretiert, rezipiert und dann adäquat wiederherstellt, kann eine Rede davon sein, daß das Werk auch von der breiten Leserschaft richtig gelesen und rezipiert wird. Die Rezeption durch die Leser steht somit unter dem Einfluß der Interpretation und Rezeption des Übersetzers.

Nach der modernen Hermeneutik soll die Interpretation eines Werkes stets von der Vorkonstruktion des Interpreten, d. h. von seiner Vorbildung, seinen Vorkenntnissen usw., bestimmt werden. Auch der Übersetzer ist eine Art Interpret. Die Übersetzung wird notwendigerweise ebenfalls von seiner Vorkonstruktion mitgeprägt. Deshalb muß er sich bemühen, sein Bildungsniveau zu erhöhen, seinen Gesichtskreis zu erweitern, seine Kenntnisse zu bereichern, kurzum: seine Vorkonstruktion zu vervollkommnen. Nur so hat er die Hoffnung, die geistige Nähe zum Autor zu erreichen und ihm im großen und ganzen ebenbürtig zu werden; nur so kann er richtig verstehen und völlig rezipieren, was der Autor in seinem Werk sagt oder nicht sagt. Schon das ist ein sehr hoher Anspruch. Der Übersetzer muß somit auch ein Literaturforscher und -wissenschaftler sein.

Damit noch nicht genug: Der Übersetzer muß gleichzeitig auch manche Fähigkeit eines Schriftstellers besitzen, muß seine Feder mindestens so gut wie dieser handhaben und literarisch schreiben können, muß, wenn er Gedichte übersetzt, feinfühlig sein wie ein Dichter. Nur so kann er das Originalwerk in der Zielsprache vollständig und getreu wiedererschaffen – getreu nicht nur inhaltlich und dem Ideen- und Gefühlsgehalt nach, sondern auch formal, stilistisch, der ästhetischen Funktion gemäß. Die ideale literarische Übersetzung muß den adäquaten informativen wie ästhetischen Wert des Originals haben. Mit anderen Worten: Die Literaturübersetzung muß selbst auch Literatur sein, sie muß alle Funktionen und alle Werte des literarischen Originals wiederherstellen. Das ist ein sehr hoher Anspruch, und gerade in diesem Anspruch besteht der wesentliche Unterschied zwischen der Interpretation eines Literaturübersetzers und der eines Literaturwissenschaftlers, ja auch der Unterschied zwischen der literarischen Übersetzung und den sachlichen, insbesondere technischen Übersetzungen. Die literarische Übersetzung ist, so kann man sagen, eine vollständige bzw. allseitige Interpretation. Ein Literaturübersetzer muß in diesem Sinne auch ein Schriftsteller sein.

Aus dem besonderen Charakter dieses Metiers, aus den geschilderten hohen Ansprüchen an den Übersetzer ergibt sich zugleich sein Leid, ergibt sich die Notwendigkeit für ihn, sich ein Leben lang um die Vervollkommnung seiner Vorkonstruktion und seines schriftstellerischen Könnens zu bemühen. Denn nur so kann er die geistige Nähe zum Autor erreichen. Nur so wird es dem Übersetzer möglich, neben den ‚faßlichen' Elementen wie der Handlung, dem Ideen- und Gefühlsgehalt, der Form und dem Stil auch „das Unfaßbare zu fassen, das Geheimnisvolle zu durchschauen und das Dichterische in der Dichtung zu erspüren", wie Benjamin einst meinte.[11] Nur so kann seine Übersetzung literarisch sein. Und nur über die geistige Annäherung an den Autor kann der Übersetzer seine Leser in dessen Nähe bringen.

Mein persönliches Leid als Übersetzer vermehrt sich noch, weil ich mich seit zwanzig Jahren hauptsächlich mit Goethe befasse. Als Goethe-Übersetzer habe ich mit beinahe unüberwindbaren Hindernissen und Schwierigkeiten zu ringen. Sie ergeben sich nicht nur aus dem sprachlichen wie kulturellen Unterschied zwischen einem deutschen Autor und seinem chinesischen Übersetzer, sondern auch aus der ungeheuerlichen Distanz zwischen

11 Walter Benjamin: *Die Aufgabe des Übersetzers.* In: Ludwig Rohner (Hrsg.): *Deutsche Essays – Prosa aus zwei Jahrhunderten.* Bd. 3. Berlin 1968, S. 340.

dem großen Genie Goethe und meiner kleinen Person. Goethe – einer der größten Dichter und Denker der Menschheit, ein universaler Gelehrter in einem fernen Land und Jahrhundert – hat mit seinen 82 Jahren so viel erlebt, erdacht und erschaffen, wie es sich ein Chinese heutzutage kaum vorstellen kann. Goethe – er ist der geistige Olymp, ein grenzenloser Ozean, die unendliche Natur selbst. Die geistige Nähe Goethes, ja Gottes erreichen und dann noch meinen chinesischen Lesern zugänglich machen?! Davon kann ich nur träumen!

Wie einst der Mönch Xuan Zhuang aus der Tang-Dynastie trotz aller Hindernisse und Schwierigkeiten nach Indien pilgerte,[12] habe auch ich nicht ganz unwissentlich den mühsamen wie einsamen Weg nach dem Westen betreten, um diesen meinen Traum, wenngleich nur teilweise, verwirklichen zu können.

Es ist wirklich ebenfalls eine lange Pilgerfahrt. Ihr Anfang hat vor mehr als vierzig Jahren stattgefunden, als ich noch ein junger Mann war. Wie die meisten Übersetzer und Forscher der deutschen Literatur in China habe ich Germanistik studiert. Ich habe mein Studienfach zwar nicht ganz freiwillig gewählt, lernte es an der alten Nanjing-Universität mit reicher Tradition aber schnell lieben.[13] Früh setzte ich mir das Ziel, ein hervorragender Literaturübersetzer zu werden. Schon im zweiten Studienjahr las ich Goethes herrliche Gedichte wie *Mailied, Heidenröslein, Wandrers Nachtlied* im Unterricht wie in der Freizeit, dann in den letzten drei Studienjahren seine größeren Werke. Heute kann ich mich noch gut erinnern, wie die Lehrer uns Auszüge aus *Werther* und *Faust* mit tiefem Verständnis vorlasen. Ich war von Goethes Werken und Gedanken beeindruckt, hatte den heldenhaften Prometheus in seiner gleichnamigen Ode besonders liebgewonnen:

> Ich sitze hier,
> Menschen zu formen nach meiner Art,
> Zu weinen, zu leiden,
> Zu genießen und sich zu freuen,
> Und dich nicht zu achten
> Wie ich!

Viele Verse Goethes wie diese habe ich nicht nur für ewig beherzigt, sondern mir zur Maxime gemacht. Aus ihnen schöpfte ich Mut und Kraft zum Leben und Streben. Sie helfen mir, in dem eben nicht leichten Leben unserer Generation zu weinen, zu leiden, zu genießen und mich zu freuen, aber mich dem Schicksal nicht zu beugen.

1962 schloß ich mein Germanistikstudium an der Nanjing Universität ab und wurde in meine Heimatstadt Chongqing geschickt, um dort als Deutschlehrer zu wirken. Ich gab meine Hoffnung nicht auf, obwohl die Übersetzungen nur im geheimen gemacht und unter Pseudonym veröffentlicht werden konnten. Bald brach die kulturfeindliche ‚Kulturrevolution' aus, wodurch meine als Student begonnene Übersetzertätigkeit völlig eingestellt und somit auch mein Lebenstraum zerschlagen wurde. Angesichts meiner wie der Jangtze-Fluß verrinnenden Jugendjahre traten oft, wenn ich in der Nacht schlaflos im Bett lag, Tränen in meine Augen. Nur im Traum sah ich noch meinen vertrauten Werther, den Prometheus und Faust, erfuhr daraus Trost und Lebensmut.

---

12 Vgl. Anm. 2.

13 Die Vorgängerin der Nanjing Universität ist die Zhonyang daxue (Central University) der Kuomingtang-Zeit, wo die Germanistik ein so hohes Niveau wie nur in ganz wenigen Einrichtungen im damaligen China hatte.

Zum Glück war 1976 die zehn Jahre lange ‚Kulturrevolution' endlich vorbei. Zwei Jahre später, nachdem ich über Dutzende Konkurrenten bei der Aufnahmeprüfung gesiegt hatte, kam ich erst mit vierzig Jahren nach Beijing zum Magisterstudium. Dafür habe ich nicht nur auf den Titel Dozent an der Hochschule verzichtet, sondern auch meine Heimat, meine Frau und meine neun Jahre junge Tochter verlassen. Damals hatte man es in China noch sehr schwer. Ich wohnte jahrelang wieder im Studentenheim, wo drei bis sechs erwachsene Aspiranten ein Zimmerchen teilten. In der Fremde litt ich unter unterschiedlichen Entbehrungen und war dennoch froh und glücklich. – Denn ich konnte schließlich tun, was ich längst tun wollte.

Unter Anleitung von Prof. Dr. Feng Zhi studierte ich drei Jahre lang hauptsächlich Goethe. In dieser Zeit und den anschließenden zwei Jahren, ob in den Ferien oder an Feiertagen, ob im hitzigen Hochsommer oder im eiskalten Winter, saß ich Tag für Tag am Schreibtisch, unterhielt mich mit meinem geliebten Goethe, habe nicht nur eine Reihe Abhandlungen über ihn geschrieben, sondern auch seinen *Werther* mit Erfolg, doch nicht ohne Risiko übersetzt und veröffentlicht. Es gab nämlich schon eine chinesische *Werther*-Übersetzung, die von dem in China damals als große und hochverehrte Autorität angesehenen Guolao stammte.[14] Und in jenen Jahren hegte man in China immer noch eine übertriebene Ehrfurcht vor Autoritäten. Man durfte ihnen nur gehorchen und folgen. Es zu wagen, sie zu übertreffen, konnte nur als Anmaßung, ja gar als Gotteslästerung gelten.

1979 setzte in China die Bewegung für Gedankenbefreiung ein, und ich schenkte den Bedenken und Einwänden meiner gutwilligen Freunde kein Gehör. Ich dachte: Der *Werther* von Guolao entstand vor einem halben Jahrhundert, ist sprachlich längst veraltet und den heutigen Lesern gar unverständlich, warum darf man ihn nicht neu übersetzen? Sollte ich junge Literaturfreunde weiter klagen hören, daß Goethes *Werther* trotz des großen Namens ein langweiliges Buch sei? Sollte ich weiter zusehen, wie manche Germanisten Guo Moruos Übersetzung in privaten Kreisen bekrittelten, indem sie die vor sechzig Jahren entstandene Übersetzung mit heutigen Kriterien beurteilten? Nein!

So entschloß ich mich, mit einer neuen *Werther*-Übersetzung für Goethe neue Leser in China zu gewinnen und somit auch für Guo Moruos Übersetzung einen Ehrenplatz im literarischen Museum vorzubereiten.

Wie sehr freute ich mich, als mein Angebot von dem Beijinger Staatsverlag Renmin wenxue chubanshe – nicht ohne Zögern – schließlich angenommen, dann meine Übersetzungsprobe akzeptiert wurde. Nun ging ich richtig zur Sache. Für die Übersetzung nahm ich mir gut ein halbes Jahr. Im Sommer 1980, als ich dem alten Redakteur Lü Yuan, der ein erfahrener Übersetzer und Dichter ist, mein ins Reine geschriebenes Manuskript in die Hände gab, sagte er mit freudigem Lachen: „Haha, du warst wieder mal Werther! Nicht?"

Ja, gewiß, ich war Werther. Wir Literaturübersetzer schlüpfen und gehen nämlich wie Schauspieler oft in eine Rolle. Kein Wunder, daß wir deswegen von den Gedanken und Gefühlen der von uns übersetzten Werke oft mehr beeinflußt werden als die Leser.

---

14 Guolao bedeutet etwa Guo der Alte und ist die ehrfurchtsvolle Anrede für Guo Moruo, der als erster 1922 *Werther* ins Chinesische übersetzt hat. Er wurde nach der Gründung der Volksrepublik China nicht nur als Dichter und Gelehrter, sondern auch als hoher Staatsmann sehr geehrt. Es ist in China üblich, eine betagte Persönlichkeit mit seinem Familiennamen und dem Beiwort „lao" (alt) anzureden. Vgl. Anm. 6.

Als mein *Werther* erschien, fand er sogleich eine warme Aufnahme, wurde fast jährlich einmal oder gar mehrmals nachgedruckt und hat bisher eine Gesamtauflage von mehr als einer Million Exemplaren erreicht. Mit ihm habe ich einen entscheidenden Schritt auf dem Weg zur Verwirklichung meines Traums getan. Von nun an bin ich als *Werther*-Übersetzer in China berühmt und bei fast allen Verlagen für Übersetzungsliteratur ein gern gesehener Gast.

Nach *Werther* übersetzte ich noch Goethes Gedichte, die Balladen und den *Divan*, außerdem seine Romane *Die Wahlverwandtschaften* und *Wilhelm Meisters Lehrjahre* sowie seine große Tragödie *Faust I* und *II.* Auch diese meine Übersetzungen wurden mehrmals nachgedruckt und sind weit verbreitet. Und dabei erlebte ich immer wieder das, was ich bei der Übersetzung von *Werther* schon erlebt hatte. Von *Faust* aber wurde ich besonders belehrt und begeistert. Ich habe ja meinem geliebten Goethe unendlich viel zu verdanken. Er hat nicht nur meine Welt- und Lebensanschauung durch seinen *Prometheus* und *Faust* mitgeprägt, sondern mein Leben und Werk als Literaturwissenschaftler und -übersetzer.

Angeregt durch Faust, begnüge ich mich nicht mit dem Ruhm eines *Werther*- oder Goethe-Übersetzers, sondern strenge mich an, des Dichters Hauptwerke und seine Gedanken unter meinen Landsleuten populär zu machen. Deswegen schrieb ich systematische Studien zu seinen Hauptwerken, so daß drei Monographien auf Chinesisch und eine auf Deutsch erscheinen konnten. Ja, um mich auf meine Goetheforschung und -vermittlung zu konzentrieren, habe ich vor zehn Jahren das in China sehr begehrte Amt des Prorektors an meiner ehemaligen Hochschule aufgegeben.[15] Denn auch ich weiß:

DIE TAT IST ALLES, NICHTS DER RUHM.

Jetzt fühle ich mich sehr glücklich, nachdem ich um meines wenn auch so bescheidenen Ideals willen viel gelitten und geweint habe. Ich bin glücklich und stolz besonders in dem Sinne, daß die Hoffnung meiner Vorgänger seit einem Jahrhundert endlich durch meine Arbeit erfüllt wird: Dem Goethe-Jubiläum 1999 zu Ehren werden die ersten zwei mehrbändigen Goethe-Ausgaben in chinesischer Übersetzung publiziert. Die erste mit vierzehn Bänden habe ich gemeinsam mit Liu Shuoliang und unter Mitwirkung von mehr als einem Dutzend hochqualifizierter Germanisten als Übersetzern herausgegeben, während die zweite mit vier Bänden von mir besorgt wurde.[16]

Mit der Erforschung und Vermittlung der deutschen Literatur, insbesondere Goethes, habe ich mehr als ein halbes Leben verbracht. Obwohl ich jetzt mit über sechzig Jahren schon nicht mehr jung bin, will und kann ich mich noch nicht „beruhigt auf ein Faulbett legen“. Denn es bleibt die Maxime meines Lebens dieselbe, die ich vor vierzig Jahren aus *Prometheus* übernommen, später durch *Faust* gefestigt und gestärkt habe.

„Yang Wu-neng was undoubtedly a Goethe disciple“, so stellte Dr. Terry Siu-Han Yip noch 1985 fest, nachdem er in seiner komparatistischen Dissertation im Graduate College of the University of Illinois at Urbana-Champain einen Teil meiner Forschungsergebnisse verwertet und bewertet hatte.[17]

---

15 Seit 1990 bin ich Professor an der Sichuan University und gehe neben der Betreuung von Doktoranden hauptsächlich meiner Forschungs- und Übersetzungstätigkeit nach.

16 Die beiden Ausgaben wurden vor dem Goethe-Jubiläum 1999 jeweils in Hebei jiaoyu chubanshe bzw. Anhui wenyi chubanshe publiziert.

17 Terry Siu-Han Yip: *Goethe in China. A Study of Reception and Influence.* Urbana/Illinois 1985. Vgl. S. 136, 141, 143, 197, 217, 295, 297 u. 340.

„Thank You, Doctor Yip! Yes, i am." – Ich, der ich ein einfacher Chinese aus einer armen Arbeiterfamilie bin, freue mich sehr darüber, „a Goethe disciple" sein zu dürfen. Ich bin unter den Germanisten in China heute sicherlich derjenige, der sich am längsten hauptsächlich mit Goethe beschäftigt und deshalb Erfolge nicht nur in Übersetzungen, sondern auch in Forschungen erzielt hat. Ich habe mein bisheriges Leben eng mit dem größten deutschen Dichter und Denker verbunden. Das Leben ist mir eben deshalb sinnvoll geworden. Ich habe nicht selten das glückliche Gefühl, daß ich mich selbst geistig, seelisch, ja menschlich allmählich erhöhte und erhöhe, indem ich als sein Forscher und Übersetzer die geistige Nähe des großen Goethe unermüdlich anstrebe. Dieses Gefühl ist manchmal so deutlich und überwältigend, daß ich all die Mühseligkeit und Einsamkeit in der langjährigen Arbeit vergesse, daß an die Stelle des Leids nur noch Freude tritt, daß ich als Goethe-Übersetzer ein würdiges, ein frohes Leben lebe.

EKKEHART KRIPPENDORFF

Goethe in China – Reiseeindrücke eines Politologen im September 1999

Der unvergleichliche poetische Reichtum und die Vieldimensionalität der chinesischen Schriftsprache lassen sich erahnen aus der Schreibweise des Namens Goethe: Lautmalerisch ist er gebildet aus den Silben GE und DE, die als Zeichen die Bedeutung von „Lied" (de) bzw. „Moral/Tugend" und gleichzeitig „deutsch" (de) haben. Wer also in China GOETHE sagt bzw. die beiden Schriftzeichen liest, der sagt/liest ebenso mit: „deutscher Liederdichter" oder „deutscher Tugendsänger". Am Vorabend der pompösen Inszenierung des 50. Jahrestages der Volksrepublik wurde im September 1999 zugleich „Goethe in China" gefeiert – mit einem großen Festakt in Beijing, bei dem kulturelle Prominenz bis hin zur stellvertretenden Kultusministerin erschien (ein Sprecher erinnerte daran, daß das neue China „kurz nach Goethes 200. Geburtstag ausgerufen" wurde ...), und einem viertägigen Symposium chinesischer Goethe-Kenner, die nicht nur aus Germanisten bestanden. Denn Goethe-Kenner gibt es nicht wenige: Goethe ist auch in China zu Hause und eng verknüpft mit der Geschichte des modernen China.

Im Zuge der Revolution von 1919 („4. Mai-Bewegung"), mit der die Republik begann, entdeckten viele junge Intellektuelle den *Werther* als ein Stück Literatur, das ihrer aufrührerischen Subjektivität Sprache und Ausdruck verlieh. Es hat 1922 einen regelrechten *Werther*-Boom gegeben (inzwischen liegen mindestens sieben Übersetzungen vor!), der zu einer breiten Rezeption weiterer Werke führte: Die erste von vier *Faust*-Übersetzungen erschien 1926, die zweite 1935 von Chinas bedeutendstem (auch politisch engagiertem) Dichter Guo Moruo, und *Wilhelm Meister*, *Reineke Fuchs*, *Dichtung und Wahrheit* sowie die Eckermann-Gespräche erschienen bald danach in mehrfachen Übersetzungen.

Das Goethe-Jahr 1932, in Deutschland im Schatten des drohenden Nazismus begangen, stand in China im Zeichen der japanischen Aggression des Vorjahres, die bekanntlich den Zweiten Weltkrieg einleitete. Es wurde als kultureller Protest gegen die Erniedrigungen und als Manifestation des Selbstbewußtseins chinesischen Geisteslebens gleich in mehreren Städten – Beijing, Shanghai, Kanton – mit Rezitationen, Vorträgen, Musikveranstaltungen gefeiert; Zeitungen und Zeitschriften brachten Sonderseiten, und der feigen Kuomintang-Regierung (und mit ihr liierten Intellektuellen), die vor den Japanern zurückgewichen war, wurde der „politische Goethe-Spiegel" vorgehalten: der habe 1806 sein Weimar, das von den französischen Truppen geplündert wurde, nicht im Stich gelassen, sondern sich furchtlos „wie ein moralischer Politiker verhalten".

In der Volksrepublik hatte es Goethe nicht leicht: Einerseits war zwar die DDR ein bedeutender europäischer Bündnispartner und ermöglichte den Aufbau einer chinesischen Germanistik – insbesondere Leipzig wurde zu einem wichtigen Partner, und bis heute haben viele chinesische Germanisten von dort ihre prägende Ausbildung –, aber als populärster ausländischer Dichter wurde Goethe jetzt abgelöst von den großen Russen, zudem von Shakespeare und Balzac. Bald darauf gab es jedoch im Kontext der Konsolidierung nach dem Jahrzehnt der katastrophalen „Kulturrevolution" (1966–76), die individualistisch-idealistische Demokratie-Bewegung von 1989 antizipierend, wieder einen Goethe-Boom: 1982 erschien eine neue *Werther*-Ausgabe – man verkaufte auf Anhieb mehr als eine Million Exemplare –, der bis heute weitere Auflagen folgten. Bezogen auf den Werther-Boom von 1922, aber mit deutlicher Anspielung auf die Gegenwart, sagte ein Sprecher der Gedenkfeier: Im *Werther* „fanden viele chinesische Jugendliche ihre Probleme wieder und gewannen einen erweiterten Horizont und eine erneuerte Sichtweise. Sie überwanden ihren eigenen Kummer und schlossen sich der historischen Strömung für die Freiheit des Staates und der Nation an." Und er schloß: „Goethe ist auch in China beheimatet, das wird wohl für immer so bleiben. Er wird immer dort verweilen, wo Friede, Zusammenarbeit und Fortschritt eine Heimat haben!"

Zwar ist Goethe deshalb noch lange nicht ein Autor für die große Menge, aber unter einem Teil der Bildungselite ist seine Präsenz doch mehr als nur marginal: Anläßlich der großen Gedenkfeier in Beijing wurden dem deutschen Botschafter und dem Direktor des Goethe-Instituts die ersten Exemplare der neuen, in einem Staatsverlag erschienenen zehnbändigen Werkausgabe überreicht – eine Sammlung von Übersetzungen aus drei Generationen chinesischer Goethe-Forschung. Zur gleichen Zeit erscheint – davon völlig unabhängig – eine weitere, vierzehnbändige Ausgabe, überwiegend mit Neuübersetzungen, während eine ältere achtbändige Ausgabe noch immer auf dem Markt ist. Und da im heutigen China der Markt, und nur der Markt, zählt, gibt es offensichtlich genügend Bedarf und Interesse (wobei natürlich die Tausender-Auflagen vor dem Hintergrund von einer Milliarde Menschen gesehen werden müssen).

Hochtönende Worte gab es an jenem 14. September vom Vize-Präsidenten der Gesellschaft für chinesisch-deutsche Freundschaft, Chen Haosu, zu hören – umrahmt von der *Egmont*-Ouvertüre und dem 1. Satz aus Beethovens Fünfter (dargeboten von einem vorzüglich disziplinierten Studenten-Orchester der Musikhochschule):

> Es ist für uns von Notwendigkeit, die Welt wissen zu lassen, daß das chinesische Volk, welches gerade mit der Organisierung großer Feierlichkeiten beschäftigt ist, die es in China nur einmal in einem Jahrhundert gibt, ebenso wie das deutsche Volk Goethes gedenkt. Wir sind hier zusammengekommen, um Goethe, einer kulturellen Persönlichkeit der Weltklasse, das aufrichtige Gedenken und die Hochachtung des chinesischen Volkes zum Ausdruck zu bringen. In Goethe spiegelt sich das weite Augenmaß und das Riesentalent eines Renaissance-Giganten wider. Als der größte Dichter, Dramatiker, Wissenschaftler und Denker wird er die Menschen aller Zeiten auf dem Weg zu einer lichten Zukunft begleiten und in ewiger und aufrichtiger Erinnerung aller sich nach Fortschritt sehnenden Völker der Welt bleiben.

Und der Präsident der chinesischen Goethe-Gesellschaft, Professor Ye Tingfang:

> Die heutigen Chinesen haben ein tiefempfundenes Interesse an den Ergebnissen aller menschlichen Zivilisation und Weisheit sowie den sehnlichen Wunsch, dies alles auszuschöpfen. Wir gedenken Goethes, auch weil er zu Lebzeiten besondere Sympathie für Chinas Literatur, Philosophie und Kultur zeigte und dem Emotionsmodus der Chinesen

> Lob sang. Es ist kein Wunder, daß Goethes Werke gleich nach ihrem Einzug in China in diesem Jahrhundert von chinesischen Lesern begrüßt wurden und beliebt sind. Dies zeigt, daß das Herz Goethes und die Herzen der Chinesen im gleichen Takt schlagen.

Ein anderer Festredner bemerkte (was als Kuriosität hier nicht verschwiegen sei), daß Deutschland wahrlich ein glückliches Land sei: es habe Mercedes, Zeiss, Bayer – und zudem auch noch Goethe.

Doch „Goethe in China", das heißt heute eigentlich „Faust in China". Auf der Festveranstaltung klang das bereits an:

> Das Drama *Faust* ist wahrscheinlich sein typischstes und bedeutendstes Werk. Mit Anstrengungen zeit seines Lebens hat er das literarische Muster Faust geschaffen, einen Kämpfer, der – die Dunkelheit des Mittelalters durchbrechend – dem neuen Zeitalter entgegenging [...] Jetzt, wo man am Ende des 20. Jahrhunderts steht, ist das uralte Thema ‚faustische Vergnügen' bestätigt worden [...] Wir können jene faustischen Vergnügen recht deutlich spüren, da weltumwälzende Veränderungen in China vollzogen sind, die die großangelegte Schaffung der Kunstinsel durch Faust völlig übertrafen. Die Intelligenz und Weisheit der Chinesen finden gerade darin ihren Ausdruck, daß wir uns nie mit dem bereits Erreichten abfinden. Unsere Ziele für die nächste Zukunft erstrecken sich bereits bis ins künftige 21. Jahrhundert, während wir mit unseren langfristigen Bemühungen die Vollendung der Einheit und des Aufschwungs des sozialistischen modernen Landes beim 100. Jahrestag der Gründung der Republik anstreben. Dann werden spätere Generationen den 300. Geburtstag Goethes feiern. Unsere Erinnerung an diesen großen Literaten und Denker wird – mit dem Aufbau unseres Landes einhergehend – einem maßlosen Glanz entgegengehen.

Das wissenschaftliche Symposium der Goethe-Forscher hatte den *Faust* unbeabsichtigt, wiewohl nicht zufällig, zum geheimen Leitthema: Faust der Humanist, der Architekt der Zukunft, der Städtebauer und Umgestalter der Landschaft, der gigantische Dämme errichten läßt und die Natur durch Beton zähmt – unter chinesischen Intellektuellen ist das „Faustische" ganz und gar positiv besetzt.

Paradoxerweise: Die „Kulturrevolution", unter der das Land und besonders die Intellektuellen schwer gelitten haben, hatte in Zhang Chunqiao, einem Mitglied der berüchtigten „Viererbande" (der einzige übrigens, der nicht bereute, sich durch Schweigen „verteidigte" und noch im Gefängnis sitzt), einen Ideologen, der erklärt hatte, China brauche nur zwei Werke der großen Literatur: den klassisch-historischen Roman *Der Traum von der roten Kammer* und den *Faust*. Und während wir heute in Deutschland beginnen, den Schlußakt des *Faust II* als totalitäres Unterwerfungsprojekt von Mensch und Natur zu lesen, das in Zerstörung und Selbstzerstörung endet, hatte dieser Pol-Pot-Verwandte für sein Teil auch recht: China war damals auf dem Wege der Zerstörung seiner eigenen Geschichte und seiner spirituellen Identität, seiner „Enthistorisierung", um sich mit einem „großen Sprung nach vorn" zu modernisieren. „Menschenopfer mußten bluten, / Nachts erscholl des Jammers Qual; / Meerab flossen Feuergluten, / Morgens war es ein Kanal" (HA 3, V. 11127–11130), berichtet Baucis über Fausts Modernisierungswerk – mindestens 20 bis 50 Millionen Menschen sollen dem „Großen Sprung" und der Kulturrevolution zum Opfer gefallen sein. Dieser Preis war Mao und der „Viererbande" nicht zu hoch – kein Wunder, daß jener Zhang sich in Faust wiedererkannt hatte.

Das Projekt wurde mit dem Sturz der Quadriga aufgegeben – nur die Methoden, nicht die Ziele sind in China diskreditiert. „Heute sieht man im Faustgeist eine vom Tatgeist getragene aktive, lebensfrohe Weltanschauung, mit der die traditionelle chinesische Gesinnung, die von Genügsamkeit und Konservatismus gekennzeichnet ist, ausgeglichen bzw. korrigiert werden soll", stellte ein Symposiumsreferent fest. Und ein anderer: „Was Faust erfreut, ist nicht die Realisierung der Ideale, sondern der gefundene richtige Weg zur Verwirklichung: Arbeit." Buchstäblich jeden Tag spielen sich in den großen Städten Philemon-und-Baucis-Tragödien ab: Menschen werden rücksichtslos aus ihren einfachen Behausungen (in Beijing aus den historischen „Hutongs", in denen Familien und Wohngemeinschaften oft seit einigen hundert Jahren leben) vertrieben und in neue Wohnsilos ‚umgesetzt', meist an den Peripherien, um gigantischen Banken-, Hotel- und Einkaufspalästen Platz zu machen. Die Massenumsiedlung im Zuge des Yangtse-Staudammbaus hat, auch wegen der dramatischen ökologischen Konsequenzen, international mehr Protest hervorgerufen als im Lande selbst. Und wenn eine Großstadt wie Lijang in der Provinz Yunnan nach dem katastrophalen Erdbeben von 1996 nach nur drei Jahren völlig neugebaut wiedererstanden ist – mit nun sechsbahniger Hauptstraße und modernsten Hochhäusern und Ladenpassagen (die noch weitgehend leerstehen) –, dann sind die Chinesen, selbst die kritischen, auf diese technische und ökonomische Leistung verständlicherweise stolz. Daß dafür der Preis einer beispiellosen Umweltzerstörung bezahlt wird, daß in Beijing der Straßenverkehr durch zu viele Autos paralysiert ist und die kombinierte Luftverschmutzung derartige Ausmaße angenommen hat, daß die Führung wenigstens zu den Staatsfeiern die Drosselung der Industrieproduktion angeordnet hat, damit der Himmel zu diesem Anlaß wieder sichtbar wird, das alles – in Fausts selbstzerstörerischem Herrschaftsprojekt der Moderne von Goethe mit bestürzender Klarheit antizipiert – scheint als Preis für den Fortschritt und für Chinas Aufstieg zur Weltmacht akzeptiert zu werden. Uns deutschen Teilnehmern am Goethe-Symposium in Kunming ist es kaum gelungen, die enthusiastischen *Faust*-Interpretationen zu erschüttern und eine kritische Sichtweise dieser großen Parabel der Moderne zu vermitteln. – Eher im Gegenteil: Der Goethe-Übersetzer und Herausgeber der vierzehnbändigen Werkausgabe, Professor Yang Wuneng, möchte den „Faustgeist" noch um die „guten menschlichen Eigenschaften" erweitert sehen, die Faust besitze: „In China kann man den Faustgeist so allseitig und vorbehaltlos interpretieren nur unter der Voraussetzung, daß der Humanismus nicht mehr als bürgerlich-reaktionär verpönt, sondern rehabilitiert worden ist. Heute ist es an der Zeit, den Faustgeist neu zu interpretieren" – eben als Humanismus.

Diese Lesart läßt sich zwar für den *Faust* kaum halten, aber ihr liegt etwas Bewegendes zum Thema „Goethe in China" zugrunde: die Berufung auf einen Humanismus, der geistesgeschichtlich in China keine Tradition hat. Das liegt u. a. daran, daß der europäische Humanismus aus dem Kampf gegen die Alleinherrschaft der christlichen Kirche und ihrer Jenseitsvorstellung hervorgegangen ist, was China und der chinesischen Religiosität völlig fremd ist. Eine Studentin bekannte im Gespräch, daß sie nie recht verstanden hätte, was denn „Humanismus" sei, und sie hatte es sich dann selbst erklärt mit „humanitärer Hilfeleistung" à la Rotes Kreuz.

Andererseits eröffnet die chinesische Sicht auf Goethe unerwartete Perspektiven. Der 250. Geburtstag des deutschen „Tugendliederdichters" war zugleich der 2550. Geburtstag des wirkungsmächtigsten Chinesen: Konfuzius. Daran erinnerte ein Referent, Zhang Li, unter Bezugnahme auf die Freundschaft zwischen Goethe und Schiller, die er mit dem Konfuzianischen Begriff „Ren" (Menschenliebe) faßte. Gerade die großen Unterschiede in sozialer Herkunft, Charakter, ökonomischer Lage und Mentalität machten diese Beziehung so bemerkenswert, und ihre Freundschaft stimme „mit der Idee von Konfuzius – ‚Harmonie ohne Gleichschaltung' – überein: Harmonie ist, weil Unterschiede sind. Harmonie ohne Gleichschaltung, das bedeutet Unterschiede, d.h. die Vielfältigkeit der Dinge in der objektiven Welt einzugestehen und keine Gleichschaltung zuzulassen." Und dann, mit direktem Bezug auf den NATO-Krieg gegen Jugoslawien (die Bombardierung der chinesischen Botschaft in Belgrad wurde von meinen Gesprächspartnern als keineswegs zufällig angesehen, vielmehr als eine Drohbotschaft gegen China, das darauf nun mit noch mehr Rüstung reagiert, da ein Krieg mit den USA in der Zukunft für wahrscheinlich gehalten wird):

> Wenn die Menschen auf der ganzen Welt nach dem Prinzip der ‚Harmonie ohne Gleichschaltung' handeln und eine harmonische Beziehung zwischen Staaten herstellen, dann muß man heute vielleicht nicht mehr Bomben in fremde Länder werfen, Soldaten in fremde Staaten marschieren lassen, eigene politische Positionen, Staatssysteme, Lebensformen, Vorstellungen des Menschenrechts, Wertinteressen usw. dem anderen aufzwingen.

Das Verhältnis Goethe-Schiller wird da zur Metapher für politisch-kulturell-religiösen Pluralismus: Die chinesische Geschichte habe eine „Zeit des Hundert-Meister-Streites" gekannt, wo sich Konfuzianismus, Taoismus und Buddhismus gegenseitig ergänzten und befruchteten – im Geiste der „Harmonie ohne Gleichschaltung". Goethe und Schiller hätten zwar diesen Grundsatz des Konfuzius nicht gekannt, aber „sie haben den gleichen Gedanken in den Beziehungen miteinander erfolgreich in die Praxis umgesetzt" und uns ein Beispiel dafür gegeben, „wie fruchtbare und konstruktive Beziehungen zwischen Menschen und Staaten hergestellt werden können".

Solche Aussagen sollten sich, nicht zuletzt vor dem Ansturm der gleichmacherischen Arroganz des Globalismus, als ein weiser Hinweis auf das ‚Rettende' herausstellen können, das im kulturellen Widerstand durch Rückbesinnung auf unsere jeweils großen Traditionen und deren Gemeinsamkeiten von „Harmonie ohne Gleichschaltung" verborgen ist.

THOMAS RICHTER

Doris Zelters Briefe nach Weimar, 1818–1834 Teil II: „ich weine mich täglich satt" – Die Briefe an Goethes Umkreis (Zweite Folge: 1832–1834)[*]

25.

**Doris Zelter an Ulrike von Pogwisch, ⟨vor dem 4. August⟩ 1832*

Ulrike von Pogwisch an Doris Zelter, 4. August und 2. September 1832 (mit Nachschrift von Karl Vogel)

Friedrich von Müller an Doris Zelter, Weimar, 4. September 1832 (Jahrbuch der Sammlung Kippenberg 7, 1927/28)

26.

Doris Zelter an Henriette von Pogwisch, Berlin, 9. September 1832

Berlin den 9ten Septembr
1832.

Schon längst meine herzliebste Pogwisch hätte ich geschrieben, wenn ich nur so viel Zeit gehabt und ich des Abends so müde und matt bin als habe ich den Tag über die allerschwerste Arbeit. Seit 11. Wochen arbeite ich in Gesellschaft von Rungenhagen, Grell, noch zwey junger Leute an den musikalischen Katalog u nebenher noch die Lesebibliothek, erst vorgestern ist das ganze so weit gediehen daß ich dieserhalb meinen Wunsch dem Minister Altenstein vorgetragen welchen ich gestern in Schöneberg besuchte. Ueber den Nachlaß an Musikalien u Büchern hat unser guter Vater nichts schriftliches hinterlassen, nicht einmal jemand genannt der mir dabey behilflich ist, so muß ich denn thun was der seelige mündlich darüber mit mir gesprochen und Gott sey Dank ist bis jetzt alles in gutem Gange. Wie Du weißt hat der Vater 4 Stellen bekleidet er zog seinen Gehalt aus 4 verschiedene Kassen mit alle dem auseinanderzukommen, das hat mir manchen sauren Weg u viel zu schreiben gegeben, mit den Vorstehern der A. bin ich noch nicht ins reine daher halten Dinge mich in Berlin fest wenn gleich ich gern davon gegangen wäre.

Mit der Wohnung welche wir zum 1sten Oktober beziehn habe ich auch Sorge indem alles erst gemacht werden muß, glücklich genug steht diese leer sonst könnte ich noch nach dem

[*] Die Briefe setzen die Veröffentlichung im Goethe-Jahrbuch 115 (1998) fort und beschließen die Reihe mit Briefen Doris Zelters, die nun alle bisher bekannten Briefe nach Weimar umfaßt; siehe GJb 112 (1995), 113 (1996) und in GJb 115 (1998) die Einleitung zum vorliegenden Teil.

Gasthofe gehn. Meine Wirthschaft ist seit Vaters Tod dadurch größer daß ich die Herrn die mir so treu Beistand leisten zu Tische behalte, eine Ruhe ist also nicht denkbar, heute erwarte ich meine Geschwister u Schwäger (sie wohnen bey uns) wegen der Theilung des Mobiliars. Nun habe ich noch das Schreiben an den König muß die Antwort abwarten, das dauert gewöhnlich mehrere Wochen u dann hoffe ich noch den Oktober auf einige Tage zu Euch zu kommen da ich mich recht sehr darnach sehne.

Der plötzliche Tod unsers lieben Langermanns hat mich wieder aufs Neue in die traurigste Stimmung versetzt, er war ein Mann von festem Charakter liebenswürdiger Natur edel gesinnt u durfte seinen Worten vertrauen ich betrachtete ihn als ein Vermächtniß meines Vaters besuchte ihn öfter und seine Unterhaltung hat mich oft getröstet ja erbaut, er nannte mich immer, meine (Verständige Doris) u sagte mir noch das Letztemal daß Vater ganz ruhig schlafen könnte über meine Handlungsweise bey seinen bedeutenden vieljährig gesammelten Nachlasse, wenn er mich sah weinte er u setzte hinzu der Zelter mußte noch nicht sterben, mein Diener folgt so eben 8 Uhr Morgens seiner Leiche. Wo soll aller Muth erwachsen um alle dahinsterben zu sehn welche uns wirklich liebten. –

Die jetzige generation kann und darf uns nicht ansprechen ihre Erziehung ist anders als die Unsrige, niemand will mehr gehorsam seyn jeder für sich bestehn und das will uns nicht genügen, so auf diese Weise muß man sich ja verwaist fühlen. Die Akademie ist noch immer wegen eines Direktors unentschlossen einmal war ich oben konnte es aber nicht aushalten, Vaters weißer Kopf fehlte mir unter die Jugend u er war wirklich eine fest⟨st⟩ehende Säule dieser Gesellschaft, Zelter fehlt überall ich kann mir kaum eine Gesellschaft ohne ihn denken woer auch hinkam war Lust und Leben, so wird er wirklich von jedermann wer seine Art und Weise gewöhnt war vermißt. Wie er nun mir fehlt magst Du Dir wohl denken da ich nichts anders kannte als seine Wünsche zu genügen, ich hatte seyn ganzes Vertrauen u habe manchmal das Glück gehabt etwas für ihn recht zu machen.

Der König hat sich väterlich unser angenommen u sogar hier im Hause seyn herzlichstes Bedauern über Vaters Tod mündlich gegen mich ausgesprochen: das erzäle ich Euch ausführlich in Weimar, wenn der Himmel mich nur nach eingetretener Ruhe gesund läßt. Ottilie liegt mir beständig im Sinn u Ulrike bitte ich um alles in der Welt sich nicht zu arg zu grämen, ihre Gesundheit leidet zu sehr dabey, grüße mir Beyde die Kinder tausendmal. Der Großmutter weiß ich wohl Dank für die Zeilen welche ich erhalten, wohl hat sie recht wenn sie sagt mein schönes Verhältniss zum Vater so gestört zu sehn, ich weine mich täglich satt. Ueberhaupt bin ich nervös so angegriffen daß ich Nächte nach einander nicht schlafen kann. Rosamund ist wohl u dankt Ulrike freundlichst daß sie sich ihrer treu erinnert, sie will sie gewiß pflegen wenn Ulrike uns mal heimsucht in unsrer beschränkteren Wohnung welche vom 1sten Oktober an Jägerstr 38. lautet. Deine unveränderte Doris, mit gewohnter Liebe.

⟨*Am linken Rand:*⟩
Jedenfalls schreibe ich ehe ich abreise

27.

Doris Zelter an Friedrich von Müller, Berlin, 28. September 1832

Berlin den 28. Septembr 1832.

Wenn ich Ihnen auf Ihr geehrtes Schreiben noch nicht geantwortet wünsche ich nur solches zu entschuldigen wegen vielerley Geschäffte die sich in dieser Zeit nur noch vermehren. Ich bin mit einige Freunde meines guten Vaters an die schwierigste Arbeit gegangen es ist ein großer Schatz von Musikalien zu ordnen u bin erst vor etwa 8 Tagen mit dieser Arbeit bis zur Abschrift des Katalogs fertig, nebenher muß ich mit meiner Schwester eine andere Wohnung beziehn welche ganz verwohnt war, diese Sorge obenein hat mir viel Arbeit u Unruhe gemacht u nun bin ich so eben beym Umziehen u habe in der alten Wohnung noch eine Auction abzuhalten. Was Sie zu wissen wünschen in Hinsicht der ersten Bekanntschaft zwischen Goethe u meinem Vater, habe ich bis spät Abends alles durchgegangen so weit ich die Biographie d.h. bis 1800 habe u nichts gefunden was darauf hinführt, die Tagebücher habe auch durchgesehn indeß bin ich nicht ruhig genug daher es leicht möglich ist solches übersehn zu haben: nachdem bat ich meinen Schwager alles noch einmal zu lesen aber auch er hat nichts darüber aufgefunden es thut mir in der That leid Ihnen darin nicht genügen zu können sollte ich jedoch Rösel bald sehn welcher in einigen Tagen zurückkommt wird er gewiß so gut seyn das aufzusetzen was er vielleicht darüber weiß. Alles das hat meine Antwort verzögert u bitte nochmals mich deshalb zu entschuldigen

Glauben Sie es mir Herr Kanzler mein Leben besteht gegenwärtig nur in ein sorgliches Treiben den Nachlaß meines Vaters so zu erhalten wie es sein Wunsch war das macht mir manche Sorge, noch habe ich den Muth daß alles seit so vielen Jahren mit Mühe u Kosten gesammelte beisammen bleibe, erhalte ich aber vom Könige der sich bis jetzt väterlich gezeigt eine abschlägige Antwort so muß ich den gewöhnlichen Weg einschlagen zum öffentlichen Verkauf u das wäre mir das allerungewöhnlichste ich sage mir es oft genug daß es doch dahin kommen kann u doch ist mir der Gedanke unerträglich; der gute Vater hat im Testament niemand genannt der sich um seine gesammelten Schätze bekümmere mir nur mündlich gesagt wie er es wünsche u nun ist das meine größte Sorge ob ich es auch gut mache.

Vaters Gemüth war nach Goethes Tod so tief gebeugt daß er an seine Angelegenheiten gar nicht gedacht, seine Krankheit hat allein Goethes Tod bewirkt das ist mein fester Glaube. Mir stirbt ein Freund nach dem andern so haben Sie gewiß den Verlust unsers guten Langermann auch empfunden. Ich schreibe zwischen dem Getöse unter Handwerken die um mich herum beschäfftigt sind, in einigen Tagen hoffe ich den Umzug beseitigt zu haben.

Meine Bitte, wenn Sie die Frau Großherzoginn sehen meinen allerehrfurchtsvollsten Gruß zu sagen in der Ueberzeugung daß es der Hohen Frau nicht unangenehm ist bin u bleibe ich eine Anhängerinn an Weimar

Doris Zelter

28.

Doris Zelter an Ottilie von Goethe, Berlin, 12. November 1832

Berlin den 12ten Nov. 1832.

Liebe Ottilie.

Heut Abend reist Eberwein ab der durch beinahe drey Wochen krank sein mich recht geängstigt hat, er geht nach Weimar zurück ohne sein Koncert gegeben zu haben was ihm gewiß leid ist, ich bin zufrieden daß er abreist damit er sich an Ort und Stelle schonen mag. Sie u die Ihrigen zu sehn war mein größter Wunsch, doch haben die Geschäffte mit der Nachlaßregulierung sich so gestaltet, wenn ich jetzt fortginge das alles noch länger dauert u ich vielleicht den ganzen Sommer einbüßen muß; wie mir das unangenehm ist können Sie wissen, obgleich der Minister guten Willen zeigt habe ich dennoch die andern Großen aufzuwarten u deshalb hin u her zu schreiben, in Berlin ist das eine Arbeit denn die Geschäftsmänner lassen es an sich kommen.

Die Musikalien des Vaters sind ein wahrer Schatz u ich kann nur mit Betrübniß daran denken es abzugeben, es soll wenigstens beisammen bleiben, wer wird aber was dafür geben? Wenn ich eine bestimmte Antwort darüber vom Könige habe so schreibe ich Ihnen liebe Ottilie. Meinen Vater hat diese Sammlung mehr als 20,000 tausend gekostet, auf 10,000 möchte ich gern bestehn, bietet man hier viel weniger, so ist meine Absicht diese der Großherzogin anzubieten, weil Eberwein den Auftrag hatte sich bey mir um Musikalien zu bewerben: zur Ehre Berlins muß ich sie zuerst hier anbieten es ist nur vorauszusehn das sich dies in die Länge zieht u ich warte sehnlichst auf eine Antwort sie mag ausfallen wie sie will. Darüber liebe Ottilie sagen Sie mir einige Worte, es versteht sich von selbst das es unter uns bleibe, wenn gleich Sie mit Eberwein darüber sprechen können, dem ich es sogar aufgetragen, Eberwein weiß welche Schätze der gute Vater hinterlassen. Seyn Sie ja ganz aufrichtig gegen mich da ich ohne Ihren gütigen Rath dergleichen nicht unter nehme. Der König war so freundlich mir u Rosamund eine jährliche Pension zu sichern, wenn gleich wir uns sehr einschränken müssen, so hilft es doch genug um die Sachen nicht dem Ersten besten zu verkaufen u das macht mich namenlos glücklich. Meine Freunde sind mir treu gewesen u noch: aber von denen ich nichts erwartet habe ich noch obenein Verdruß, das ist die vieljährige Liebe u Treue eigentlich das ganze Leben was unser Vater einer Gesellschaft geschenkt die das noch an sich nehmen mögte was ihr eigentlich gehören sollte, meiner Meinung nach müßten sie stolz darauf sein es zu besitzen. – Wie gern liebe Ottilie hätte ich mit Ihnen darüber gesprochen, hier verhalte ich mich ganz ruhig.

Noch habe ich was wichtiges zu fragen, finden Sie vielleicht unter des Vaters Papieren ein Stück Biographie von Zelter? bis 1809 hatte der Vater geschrieben u nun datirt es bis 1800. ich habe alles durchgesehn u finde nichts weiter, da komme ich auf den Gedanken daß er es Goethe geschickt haben kann, bitte fragen Sie Müller oder Eckermann, wenn es nicht unartig scheint. Was Sie über den Briefwechsel unserer Väter abschliessen ist mir gewiß Recht, Sie verstehn es besser als ich, nur geben Sie nicht zu, dass etwa ein gutes Wort in anderem Sinne gebraucht werde. Müller hat seitdem er mir schrieb daß zu Neujahr der erste Band erscheine nicht wieder geschrieben, ich erwarte von Ihnen einige Nachricht. Ueber die Wahl eines Direktors bey der Akademie wird Ihnen Eberwein berichten, die Noth ist groß u das war bey diesen Zuständen zu erwarten. Für Walther u Wolfgang schicke ich zwey Brieftaschen welche der Vater gebraucht hat die grössere mit dem Schweizerlied von eine seiner Schülerinn gearbeitet habe ich für Walther bestimmt, Ulrike soll auch was haben doch muß ich damit warten bis ich an die Körbe komme wovon noch 5 unberührt dastehn. Unser Umzug war mir die mühsamste Arbeit, aus den großen Räumen in eine enge Wohnung wo ich bis jetzt noch nicht weiß wo ich etwas anders legen soll. Behaltet mich lieb alte⟨?⟩ Ottilie grüßen Sie die Mutter Großmutter Kinder u was alles dazu gehört meiner Liebe zu Euch seyd versichert. Ihre Doris

Jägerstr. 38.

⟨*Am linken Rand:*⟩
Blochs grüßen sehr, u. Rosamund desgleichen.

Ottilie von Goethe an Doris Zelter, Weimar, 3. Dezember 1832
(Jahrbuch der Sammlung Kippenberg 7, 1927/28)

29.

Doris Zelter an Friedrich von Müller, Berlin, 22. Dezember 1832

Berlin d. 22. Dec. 1832.

Sie entschuldigen wohl gütigst, Herr Canzler von Müller wenn ich Sie ersuche mir einiges über die Herausgabe der Briefe von Goethe u Zelter zu sagen. Hier in Berlin wird von allen Seiten so viel und Verschiedenes hierüber gesprochen mitunter auch so bestimmt weil man es gewiß aus Weimar weiß, daß ich oft dadurch in Verlegenheit komme indem ich nicht das Geringste erfahre, man will sogar wissen daß ich absichtlich ein Gespräch hierüber ausweiche u setzt voraus ich muß davon wissen. Wenn Sie die Gefälligkeit für mich haben wollen mich einigermaaßen davon zu benachrichtigen u sagen mir daß es für niemand anderen nützlich ist, können Sie überzeugt seyn daß solche Angelegenheiten ich gleichfalls Ernst nehme. Nach Weimar zu kommen ist mir für jetzt unmöglich indem meine Geschäffte sich immer mehr häufen, deshalb bat ich Frau von Goethe die unsere Väter genug kannte u mir Goethe bey meinen letzten angenehmen Aufenthalte in Weimar selbst sagte daß seine Tochter mit ihm die ganze Correspondenz durchgelesen so hat er dadurch schon ein großes Vertrauen in Ottilie gesetzt, für mich zu handeln. Ich wünsche Frau von Goethe alle Rechte auf diesen Punkt zu übertragen weil sie am genausten mit unsere Verhältnisse bekannt ist und selbst wenn beym Abschluß des Contrakts es nöthig wäre ihr die Entscheidung zu überlassen. Mit derselben Post schreibe ich der Frau von Goethe und will zugleich sie noch einmal darum bitten, weil ich auf ein früheres Schreiben keine Antwort erhalten. Der Professor G. will ausdrücklich behaupten der Buchhändler Brockhaus in Leipzig wird zu Neujahr den 1sten Band herausgeben u der Contrakt sey mit 12,000 Thaler abgeschlossen, Andere sagen wieder Cotta habe es, hier soll es Düncker seyn u auf diese Weise meide ich natürlich jede Gelegenheit davon zu sprechen. Auch möchte ich Ihre Güte noch ganz besonders in Anspruch nehmen, es fehlt mir nehmlich an meines Vaters Biographie das Stück von 1800, bis 1809. sollte es der Verstorbene wohl bey Goethe zurückgelassen haben? oder haben Sie es als Bruchstück übersehn unter den vielen Papieren? bis jetzt bin ich ziemlich alles durchgegangen ich habe so viel gelesen daß meine Augen es nicht erlauben noch Abends Papiere durchzusehn, nehmen Sie nur an daß ich keine Hilfe habe. Verzeihen Sie nur Herr von Müller daß ich mir diese Anfrage erlaube, indeß beunruhigt es mich zu sehr u das werden Sie mit mir fühlen. Unbegreiflich ist es mir, eben schreibt mir Frau von Goethe daß Sie mir auf meinen Brief nichts zu Antworten weiß da man sie bis jetzt um nichts gefragt habe, allerdings muß ich mich denn auch zufrieden stellen u es ist mir um so lieber daß ich nicht nach Weimar gekommen indem ich mich überzeugt halte daß Sie alles hierzu gehörige und als Freund unsrer Väter das Beste für uns wollen. Wie mir daran liegt daß dieser Briefwechsel einen guten Eindruck nicht verfehle und noch viele Menschen am Leben sind mit denen ich in Verbindung stehe wird Ihnen am meisten obliegen daher bin ich ganz Ihrer Meinung daß man nicht alles drukken darf zumal da der Letzte Band nach dem ersten erscheinen soll. Unsere Sing-Akademie lebt bis jetzt ohne Direktor fort, niemand hat wohl geglaubt das diese Wahl so schwer halte, die Gesellschaft fühlt sich arm, ohne Lehrer, ohne Freund, ohne V a t e r. Drey Candidaten stehn zur Wahl und zu Neujahr wird man wählen. Empfehlen Sie mich Ihrer Frau Gemahlin u Sie entschuldigen ganz besonders meine Aufrichtigkeit bey dieser Sache; mich ergebenst empfehlend

Doris Zelter

30.

Doris Zelter an Ottilie von Goethe, Berlin, 23. Dezember 1832

Berlin den 23sten Decembr 1832.

In diesen Tagen habe ich fast kein anderes Geschäfft gekannt als Einpakken u Einkaufen u nun bin ich endlich etwas freyer daß ich heut das Letzte loswerde. Unsrer Verabredung gemäß habe ich an den Canzler geschrieben u wie ich nicht anders kann dreist und freimüthig u habe nicht verfehlt zu sagen daß ich mit derselben Post Ihnen meine geliebte Ottilie schreibe sich dieser Sache anzunehmen. Ich bin des vielen Geklätschs über d i e s e Herausgabe endlich müde und finde es so gar unfreundlich vom Canzler daß er mir nicht ein Wort darüber schreibt indem man hier bestimmt voraussetzt, ich muß davon wissen. Vielleicht lassen Sie Sich den Brief vorzeigen im Fall er Ihnen nicht genügt mich ferner zu Unterrichten was ich noch thun kann, hoffentlich werde ich doch bald wenigstens eine Antwort erwarten.

Sobald meine Geschäffte sich so stellen daß man ohne mich beginnen kann bin ich bey Ihnen darf aber noch keine Zeit bestimmen, Sie wissen liebe Ottilie wie gern ich in Ihrer Familie bin da alle ohne Ausnahme gegen mich freundlich gesinnt bleiben und diese Liebe muß das Leben fristen und das erhebt wieder wenn andere Naturen uns Verfolgen. Der Unfall der Mutter geht mir recht nahe sie muß nicht allein seyn und Ulrike darf nicht Hypochonder seyn. Heut früh ist Heinrich von Danzig angekommen ich glaube ihn schlafend sonst war er gewiß schon hier und bestelle also keinen Gruß. Eine junge Französin in Paris inter⟨e⟩ssirt sich sehr für Sie ich bin gebeten dieser eine Handschrift von Ihnen zu verschaffen, Schreiben Sie an mich was es auch ist oder in Versen was eben die Gedanken geben: aber thun Sie es liebe Ottilie wir haben beyde einen Spaß dadurch ein junger Mann der den Auftrag hier hat ist ein ganz guter Kerl mit etwas zu viel Verstand. – Beinah thut es mir leid daß die Französin keine Engländerin ist. Die Rechnung lege ich ein und haben wohl die Güte der Mutter zu sagen daß ich nicht das nächste Jahr die Rechnung zurücklassen wollte.

Madame Mendelssohn hat mir aufgetragen Sie sehr zu grüßen und ist noch ganz von Dank erfüllt ihr des Vaters Zimmer gezeigt zu haben, Felix sehe ich kaum in Gesellschaft gehe ich nicht u zu mir bequemt er sich auch nicht, es giebt verschiedne Menschen liebe Ottilie doch werde ich die Bestellung ausrichten. Blochs habe⟨n⟩ Beyde den Wunsch Sie wiederzusehn das sind wirkliche Freunde. Rosamund grüßt sehr mit Heiterkeit treten Sie das neue Jahr an und wünsche ganz besonders sich nicht über unausstehliche Leute zu ärgern. Gruß den Kindern u meiner Alma. von Ihrer Doris.

Friedrich von Müller an Doris Zelter, Weimar, 30. Dezember 1832
(Jahrbuch der Sammlung Kippenberg 7, 1927/28)

Friedrich Wilhelm Riemer an Doris Zelter, 5. Januar 1833
(Jahrbuch der Sammlung Kippenberg 7, 1927/28)

31.

Doris Zelter an Ottilie von Goethe, Berlin, 16. Februar 1833

Fritz Frommann geht diesen Abend wieder fort und so sollen Sie durch die wenigen Zeilen nur wissen dass ich noch lebe: aber wie, das weiß Gott darum brauch ich es nicht zu wissen. Ich schicke Ihnen liebe Ottilie die Ueberreste von Vaters Posen, diese liegen schon lange für Sie bereit und doch sollen Sie jetzt erst an Sie gelangen. Auch sende ich ein Liedertafellied für Sie u lassen es wohl Eberwein für sich abschreiben, die Zeit ist zu kurz sonst hätte ich es wohl auch ihm zugeschickt aber ich habe es erst seit wenig Tagen erhalten. Müller hat mir sehr artig hübsche Worte geschrieben, lauter Unbestimmtes, von Riemer weiß ich aber daß eben nichts zu sagen ist bis der Contract abgeschlossen ist. Machen Sie das nur möglich liebe Ottilie mit M. Sich besser zu stellen man muß ja so viel unangenehme Leute erträglich finden: ich habe auch dergleichen abzuthun. Die schönsten Grüße den Ihrigen Mutter⟨,⟩ Ulle, Großmama u unsere Kinder. Ihre Doris.
B. d. 16. Februar 1833

Friedrich von Müller an Doris Zelter, Weimar, 20. März 1833
(Jahrbuch der Sammlung Kippenberg 7, 1927/28)

Friedrich Wilhelm Riemer an Doris Zelter, Weimar, 3. August 1833
(Jahrbuch der Sammlung Kippenberg 7, 1927/28)

32.

Doris Zelter an Friedrich Wilhelm Riemer, Berlin, 12. August 1833

Geehrter Herr Professor.
Indem ich gewiß weiß welche unendliche Mühe u Sorgfalt Sie u Herr Canzler von Müller verwenden bei Herausgabe des Briefwechsels, erlauben Sie mir wohl nur zu sagen daß ich es wohl zu schätzen weiß u nie daran gezweifelt daß gerade diese Papiere in allerbeste Hände sind, warum sollte ich Ihnen nicht alles Vertrauen schenken?

Sie haben meinen Vater so gekannt wie hier Wenige und es mag sich noch mancher Lebende gefallen lassen späterhin ein Urtheil über den Charakter eines Mannes zurückzunehmen wenn man ihn anders kennen will. Es giebt hier viele Hungrige die auch satt werden mögen doch giebt es auch wieder Mittel für verdorbene Mägen.

Was nun zu Ihrer Befriedigung dient: sende ich Folgendes.
Die Sommerreise 1819. bis 20.
Zelter in München 1827.
Die Reise nach Holland wo Sie im Anhange vielleicht was interessantes finden u ich wohl rathe das zuerst anzusehn.

Die Biographie von Fasch 2 Exemplare bitte ich freundlich 1 für Sich u das Andere dem Herrn Canzler von Müller zu übermachen; wahrscheinlich werde ich eine neue Auflage Befördern deshalb ich Sie ergebenst bitte solches gelegentlich in W. bekannt werden zu lassen. Was die Bekanntschaft mit Goethe betrifft, (des Vaters Hand) das kann ein angenehmes Vorwort zu dem Briefwechsel abgeben.

An Mad. Marie Szimanowska, das lege ich bei im Fall es Ihnen fremd wäre. Der kleine Zettel ist das Einzige was in ungeordnete Papiere auf einen Tag u Datum hinweist. Die Tonlehre war im Rahmen, ich weiß aber daß der Vater diese so eingeteilt wie sie ist, darum soll der Buchbinder das Papier herausnehmen damit durch eine Abschrift nicht etwa was unverständliches hineinkomme. Das mühsamste ist nun den Text des Tedeums aufzufinden es ist mir unter den vielen Papieren keiner zu Gesicht gekommen, doch verspricht mir Rungenhagen bis heut Abend einen herbeizuschaffen u deshalb die Sachen erst Morgen zur Post abgehn. Die Rügener Reise habe nicht gefunden aber weiß gewiß daß der Vater sie einmal besessen, es sind vielleicht 6 Jahr als ich sie gelesen mußte damit eilen weil der Vater diese Goethe zurückschikken wollte. Eine Freundinn von mir die sich sehr daran ergötzt hat viel davon für sich ausgeschrieben obgleich ich nicht weiß wie vollständig es ist; diese Freundinn wohnt in Potsdam sie war viele Jahre des Vaters Schülerinn, aus Anhänglichkeit für ihn aus Liebe zu mir besonders aber ihr Gewissen rein zu halten brachte sie es mir vor einiger Zeit zurück im Fall ich einen Gebrauch davon mache, ich gab es ihr unter dieser Bedingung zurück weil ich weiß daß ihr Gemüthlich verständiges Wesen den Vater sehr angesprochen u diese meine vieljährige Freundinn gern bei uns aufnahm, dadurch also bin ich in den Stand gesetzt einiges zu ergänzen wenn diese Reise am Ende vollständig ist, das denke ich nun gleichfalls heut Abend zu erhalten wenn der Briefträger nicht nachlässig ist.

Aus der Biographie in so fern ich bis jetzt im Stande war zu ordnen habe ich keine nöthige Notizen aufgefunden die Sie etwa bedürfen: wie mühsam das ist erfahre ich wohl da bei einem öfteren Umzuge in den letzten Lebensjahren meines Vaters alles durch einander gekommen u er selbst wohl die Lust verlor da andere Geschäffte den Vorzug haben mußten, es war ihn oft unangenehm wenn ich gelegentlich erinnerte. Seyn Sie aber überzeugt, lieber Herr Professor, daß gerade die mühsame Arbeit mir dennoch das größte Vergnügen gewährt, ich gehe mit Lust daran, wenn ich auch Eins nach dem Andern herausfinde: andere Geschäffte halten mich leider nur zu häufig ab, mir liegt das Ganze auf, ich muß von allem Rechenschaft geben, die Geschwister wohnen ausserhalb, ein Vormundschaftsgericht macht viel Schreiberey, ich habe einmal alles übernommen u das ist auch das Beste aber ich darf mich nicht auf 14 Tage entfernen, weil ich zu viel Zeit verliere, 2 Häuser machen mir unendliche Sorge. Wenn ich denn einmal nach dem lieben Weimar komme, kann ich Ihnen schon manches Vorlegen, natürlich geht es langsam habe aber die Hoffnung, wenn ich selbst darüber hinsterbe, etwas zu hinterlassen, was den guten Vater aufs Beste Charakterisirt.

Herr Dunker scheint mir sehr zufrieden, er wird mich besuchen, läßt mich wissen, daß er am kalten Fieber leide, auch mir ist es sehr angenehm, daß der Briefwechsel in Berlin gekauft ist, nach seinen eignen Wunsch will er mir die Correcturbogen senden wegen den vielen Nahmen.

Das nehme ich dankbar an u verspreche meine ganze Aufmerksamkeit. Ihr Herr Sohn war gestern zu Tische bey mir es schien ihm zu schmekken u daraus schließen Sie auf sein Befinden. Ich danke Ihnen freundlichst für das angenehme Schreiben, gern mögte ich Ihnen mein dankbares Herz ganz zeigen wer ist das aber im Stande zwischen Freud u Schmerz aufzuschließen. Nehmen Sie die Versicherung meiner guten Gesinnung für Ihr Haus empfehlen mich Ihrer lieben Frau u sein Sie wie ich es von Ihnen, überhaupt von meine Weimeraner gewohnt bin freundlich gegen mich gesinnt ich bleibe es so lange ich lebe. Die Ihrige
Berlin d. 12ten August 1833.

Doris Zelter

Meine Schwester ist schon mehrere Wochen in Potsdam deshalb keinen Gruß von ihr. Bruno will bis Abend noch ein Briefchen herschikken.

N. S. Den Nekrolog, von Rochlitz wird Herr Dunker von Leipzig aus Ihnen zukommen lassen, er ist hier nicht zu haben, enthält nach meiner Meinung viel Mangelhaftes so viel ich davon erinnere, daher bedarf er einer genaueren Durchsicht. Sollte ich ihn bald erhalten erlaube ich mir Sie darauf hinzuweisen, gleich in der Bekanntschaft mit Goethe, die Rochlitz besonders erwähnt, verhält es sich anders als das einliegende schriftliche Blatt. Ich könnte noch manches erinnern wenn die Zeit nicht drängte, doch bitte ich Sie sehr mich darüber in Kenntniß zu setzen.

Friedrich von Müller an Doris Zelter, Weimar, 13. August 1833
(Jahrbuch der Sammlung Kippenberg 7, 1927/28)

Friedrich von Müller an Doris Zelter, Weimar, 10. September 1833
(Jahrbuch der Sammlung Kippenberg 7, 1927/28)

33.

Doris Zelter an Friedrich von Müller, Berlin, 22. September 1833

Berlin d 22. Septm. 33.

Ihre Briefe geehrter Freund vom 13$^{\underline{\text{ten}}}$ Aug. 10ten Sept. 33. habe ich erhalten, auch hätte ich Ersteren sogleich beantwortet wenn ich nicht die Absicht hatte vielleicht doch manches aus den Papieren meines Vaters Ihnen zu überschikken: bis jetzt habe ich nichts dergleichen gefunden u spare keine Mühe einer genauen Durchsicht.

Aus Ihrem letzten Schreiben sehe ich daß die letzten Papiere angekommen hoffentlich sind Sie u Herr Hofr. Riemer zufrieden u so mag auch ich hierüber ruhig seyn.

Ihre Sorgfalt u Güte geehrter Herr Canzler, welche Sie bey Herausgabe der Briefe sich ganz als eigen gemacht zeigt mir daß Sie unsere Abgeschiedenen in hohem Grad ehren u auch ich mache mir die Hoffnung so lange ich lebe Ihre Freundlichkeit die fast Sorge von Ihrer Seite ist verdienen zu dürfen, es ist für Verlassne nichts rührender u annehmbarer als Uebertragung der Anhänglichkeit die sich kundgiebt durch Ihre große Mühe u Geduld u gewiß fühlen Sie sich jetzt schon belohnt da niemand mehr warten will auf Ihre Arbeit. Das Interesse daran ist auch hier ganz gut und so ist wohl Seegen zu erwarten. Für die Freiexemplare danke ich Ihnen sehr denn meine Familie ist zahlreich aber Ihre Erinnerung hierbey sehr gütig u ist auch nothwendig damit der Buchhändler zu seinem Gelde komme. Halten Sie es nun für räthlich mich wegen des Zahlungstermins bey Dunker zu melden oder, soll ich abwarten bis er mir es sagt vielleicht macht es sich von selbst da Herr Mendelssohn so gütig ist unsere Geldangelegenheiten zu berichtigen⟨.⟩

Die zweyten 5 Bände sind mir durch Ihre Güte erhalten sehr werth ich habe auch gleich mit dem 48$^{\underline{\text{ten}}}$ Band begonnen der es manchem überlassen wird Goethes reines Gemüth zu empfinden. Wie gern möchte ich Sie über manches in meiner Angelegenheit u⟨m⟩ Rath fragen, wenn ich so weit vorgeschritten die Papiere zu einer Abschrift fertig habe darf ich denn wohl bey Ihren vielen Geschäfften um ein gefälliges Wort bitten? vielleicht ist es zu der Zeit möglich selbst nach Weimar zu kommen so liesse es sich am besten abmachen. Verzeihen Sie Herr Kanzler diesen meinen Wunsch Sie haben aber das Vertrauen auf eine so angenehme Art mir kund gegeben daß ich es mir selbst nicht verzeihen würde Sie von solchen Dingen worüber die Welt gern Anmerkungen, nicht mit Unrecht macht, bekannt zu machen.

Genehmigen Sie die Versicherung meiner Achtung u Anhänglichkeit für Weimar, noch ist es mir nicht möglich zu glauben ich könnte mit einiger Ruhe die Stufen des Goetheschen Hauses betreten. Gott erhalte Sie gesund.

Ergebenste
Doris Zelter.

Meine Schwester Rosamunde
empfiehlt sich Ihnen aufs freundlichste.

Friedrich von Müller an Doris Zelter, Weimar, 9. Dezember 1833
(Jahrbuch der Sammlung Kippenberg 7, 1927/28)

34.

Doris Zelter an Friedrich von Müller, Berlin, 30. Dezember 1833

Berlin den 30sten Decembr 1833.

Ihren mir angenehmen Brief vom 9.ten dieses geehrter Herr Kanzler hat mich sehr erfreut. Die gute Gesinnung wenigstens durch brieflichen Verkehrs von einander zu erfahren, das behält den eigensten Werth.

Auf Ihr Schreiben vom 13ten August wollte ich Ihnen gleich antworten: Herr Duncker hat mir Michaeli 1794. rh eingehändigt, Sie schreiben mir ich werde 1897. rh erhalten, jedoch ist nach Ihrem Berichte an Duncker die erstere Summe richtig und das wollte ich nicht als Hauptsache nehmen weil ich weiß welche Mühe Sie unsertwegen schon haben: die Quittung habe an Dunker ausgestellt und er sagt mir daß diese Ihnen zugegangen ist, Sie werden mir das nicht als eine Nachlässigkeit anrechnen.

Wie der Absatz der Briefe geht weiß ich nicht zu erfahren nur vom Hörensagen Dunker klagt, indeß muß man doch die Messe abwarten. Was nun Persönlichkeit (wie die Leute es nennen) betrifft, so habe ich die ganze Synagoge auf den Hals geladen und ich glaube kaum daß der alte Tempel das Klaggeschrei u Gequätsch aushält: noch immer muß ich auf die Vorrede hinweisen um zu zeigen daß ich die Briefe nicht redigire, man hat mir schon gesagt, wir müssen uns an Sie halten wenn wir beleidigt werden.

Im ersten Sturm war mir es wohl empfindlich, da ich aber nun begreife wie gewisse Leute die Aufmerksamkeit gewaltsam auf sich herbeiziehn lass ich die Sache gehn und die J. auch. M. benehmen sich wunderlich genug, wenn gleich das Urtheil von Goethe über den Maler H. mir auch zu laut scheint u ich es gern gesehn diesem mit den Anfangsbuchstaben bezeichnet zu wissen, er mag sich das Bessere aneignen und die Kunstausstellung durch gute Bilder sein Urtheil zurücknehmen machen. Im ganzen ist das Urtheil über die Briefe gut und wie ich höre machen sie Gelegenheit zu gesellschaftlicher Unterhaltung, ich meide gern gegenwärtig Gesellschaft zu besuchen weil die getroffnen nicht sehr zart bleiben mögen.

Die Recension von Rellstab hat nicht meinen Beifall; heut vom 30sten ist eine in der Spenerschen Zeitung, sie klingt mir nach Spicker ja ich möchte mit Gewißheit sagen sie ist von ihm er läßt doch des Vaters Charakter Gerechtigkeit widerfahren; sonst habe ich nichts weiter gelesen und erwarte sehnsüchtig das Blatt worauf Sie mich hinweisen aus Leipzig, bis jetzt habe noch nicht erfahren können ob eine andere Recension schon gedrukt ist.

Der dritte Theil ist ausserordentlich schön man fühlt sich erhoben durch die Lieblichkeit die einem anweht, wie ich das lese können Sie begreifen, es steht für mich nicht als gedrukt da ich nehme jedes Wort wie im Gespräch ja ich sehe den Vater lebend als erzäle er mir's.

Nun wird der 4te Theil erwartet und man sagt schon, jetzt wäre es schade beleidigte Stellen zu Streichen da das Uebelnehmen sich nun gleich bleibe. Von Rellstab behauptet man der habe deshalb so nachsichtig verfahren weil er fürchtet noch heranzukommen, will er denn noch nichts gemerkt haben? Viele meinen nun die Teltower Rübchen sind die Haupsache was man denn noch zu lesen nöthig habe. Goethe heißt der Nehmende u Vater der Gebende die Menschen können nicht begreifen daß der große Dichter das Bedürfniß fühlte essen zu müssen. Genug man spricht entsezlich viel wie denn die Berliner den Ruf haben alles zu bewitzeln. Ich schwatze Ihnen am Ende zu viel u bitte um Endschuldigung wenn gleich ich weiß daß ich zu Ihnen reden darf was ich mir in Berlin selber verbiete.

Empfehlen Sie mich Herrn Hofrath Riemer und Frau und was Sie aus dem Goetheschen Hause sehn ein freundliches Wort. Ihnen u Ihrer Frau Gemalin wünsche ich das Besten zum nächsten Jahr. Meine Schwester theilt den Wunsch mit mir Sie mögen uns geneigt bleiben auch erwarte ich bald ein Briefchen und ich empfehle mich Ihnen ganz

Ergebenst

Doris Zelter.

**Ottilie von Goethe an Doris Zelter, 3. Januar 1834*
(Nachweis: Brief 35)

Friedrich von Müller an Doris Zelter, 8. Januar 1834
(Jahrbuch der Sammlung Kippenberg 7, 1927/28)

35.

Doris Zelter an Ottilie von Goethe, Berlin, 9. Januar 1834

Berlin den 9ten Januar 1834.

Ihr Schreiben meine gute Ottilie vom 3ten dieses, beantworte ich darum so spät, ich war mehrere Tage recht unwohl u durfte nichts vornehmen. Da ich bis jetzt nicht im Stande bin Ihren Wünschen zu genügen, bemühte ich mich anderweitig aber vergebens. Bis diesen Augenblick habe ich noch kein baares Vermögen in Händen, die Häuser sind noch nicht verkauft wenn gleich ich die Zinsen von den mir ausgesetzten 5000. rh vierteljährig erhalte davon u die kleine Pension zugerechnet leben wir: zu dem Umzuge habe ich mir 200 rh geliehen die sicher genug wenn die Häuser verkauft sind bezalt werden können. Was ich durch den Briefwechsel zu Michaeli erhalten hat M. weil ich nicht ehe davon Zinsen haben will bis 2000. rh ganz rund sind da Sie wissen Riemer hat sein Honorar beim ersten Termin abgezogen. Sie werden mir glauben wenn ich versichere welch ein Vergnügen es mir sein müßte Sie aus einer Verlegenheit zu wissen, sollte denn niemand in Weimar sich dazu bereit finden? Ich schlage vor, wenden Sie Sich an Bloch, der hat mir es auch gegeben natürlich bezale ich Zinsen. Sie wissen er ist gern gefällig. Ulrike hat der Bloch geschrieben was mir sehr lieb ist sie freut sich auch damit Ulle soll mich aber auch nicht vergessen. Schon längst wäre ich bei Ihnen liebe Ottilie wenn nicht mancher Umstand es bis jetzt unmöglich gemacht. Schulden will ich nicht machen, dabei ziehen sich alle Nachlaß-Angelegenheiten so in die Länge dass ich nicht vom Fleck komme u mit der S. A. die größten Unanehmlichkeiten habe. Dazu gehört auch daß unser Notar von hier versetzt wird u nun einem Andern die ganze Sache von vorn wieder einkäuen muß das sind mir unangenehme Dinge wobey ich noch ganz freundlich aussehn muß. Was habe ich Ihnen alles zu erzälen u wie würde Sie manches interessen. Ihre freundliche Einladung nach W. zu kommen macht mich jedesmal Weinen wenn ich nicht gleich fort kann u es geht doch nicht. Es ist recht schwer liebe Ottilie so allein zu stehn: ich kann mir Ihre Lage auch ganz vergewärtigen. Grüssen Sie mir die Ihrigen herzlichst ich bin u bleibe Ihre alte

Jägerstraße no: 38 Doris

36.

Doris Zelter an Friedrich von Müller, Berlin, 9. Januar 1834

Indem ich einen Brief nach Weimar siegle, erhalte ich Ihr geehrtes Schreiben. Die Recension von Spicker steht in der Spenerschen Zeitung vom 30 Decembr⟨.⟩ Bitte sagen Sie mir ein Wort Herr Kanzler, in wie fern Prof: Gans u Varnhagen mit den Briefen zu thun haben. Ersterer soll die Gemüther aufregen, das weiß ich er spricht davon ehe es nöthig ist, ich mag ihm nicht unrecht thun doch wüßte ich gern warum er sich so groß prahlt. Entschuldigen Sie meine Eil. ich erwarte eine Conferenz. nächstens ein Mehreres. Ganz ergebenst

Doris Zelter

B. d. 9 $^{\underline{\text{ten}}}$. Januar 34

Friedrich von Müller an Doris Zelter, Weimar, 19. Februar 1834
(Jahrbuch der Sammlung Kippenberg 7, 1927/28)

37.

Doris Zelter an Friedrich von Müller, Berlin, 22. März 1834

Berlin den 22. Merz 1834.

Meinen herzli⟨ch⟩sten Dank für die letzte Sendung der Goetheschen Werke, die vollständige Sammlung nimmt einen artigen Raum in meinen Bücherschrank ein und ich gehe niemals daran ohne mir beide Männer ganz zu vergegenwärtigen: aber auch Sie geehrter Herr Canzler, haben einen Antheil daran, indem Sie freundlich genug daran dachten, das Fehlende zu ergänzen, denn der Werth ist für mich sehr groß daß Ihre Gesinung gleich bleibt nach dem großen Verluste, dieser Seegen erhält u erhebt mich.

Heut am 22$^{\underline{\text{sten}}}$ geht mir mancher Gedanke durch den Sinn; diesen Nachmittag ist die Probe der Passions Musik von Bach zur morgenden Aufführung, da will ich denn hingehn und bedauern daß Sie dergl großartiges in Weimar entbehren müssen, die Oster-Musiken haben ihren eignen Werth ganz besonders wenn das Publikum fast immer dasselbe bleibt.

Ueber das Institut wäre wie es gegenwärtig ist viel zu sagen, das spare ich mir für eine mündliche Unterhaltung auf denn, ich mag den Nachfolger nicht zu nahe treten da ich sonst auf ihn halte, es ist aber schon bei weitem anders als es war und weiß nicht warum es besser sein sollte. Den besten Muth erhalte mir dadurch indem eine neue Regierung auch wieder alt wird um einer früheren besseren Einrichtung Platz zu machen. Hier im Orte lasse ich mich nicht darüber aus allenfalls gegen den Direktor selbst u das darf auch nur piano geschehn aber: er merkt es nicht. Diese Gesellschaft dünkt sich als ein eigner Staat u war zu sehr an das Wort ihres Abgeschiedenen Vaters u Freundes gewöhnt weil der Glaube und die Wahrheit nie gewichen ist. Zelter wird also sehr vermisst.

Seit kurzem habe ich zwei Termine wegen des Verkaufs unsrer Häuser gehabt, die Gebote sind so schlecht ausgefallen daß ich bis jetzt das Meistgebot behielt, wenn die auswärtigen Geschwister dazu stimmen können wir uns auseinandersetzen und so hätte ich die Sorge mit meiner Schwester zu theilen und komme sofort mit dem Vormundschaftsgericht in keine weitere Berührung: das könnte etwa in 3 bis 4 Wochen entschieden sein. Die Sache wegen der Musikalien zieht sich durch die Unfreundlichkeit der Vorsteher sehr in die Länge, daher sollen Bücher und Instrumente, letztere welche unbenutzt nicht besser dadurch werden zur Auction. Sie sehen daraus Herr Canzler, dass ich hier fest gehalten werde und meinem Wunsche einige Monat nach Weimar zu gehn nicht genüge leisten darf. Wenn der Vater davon eine Ahndung hätte was ich für Unangenehmes erfahre. Wie glücklich ist in diesem Punkte Ottilie die nichts der Art kennen lernt. Den 4ten Theil der Briefe habe ich nun zweimal gelesen u bin erstaunt über den Reichthum des Inhalts, besonders ziehen die Briefe von Goethe mich an der unerschöpflich ist gegen den Freund u seine Neigung zu ihm. Wiewohl noch manches mißverstanden wird bin ich jetzt darüber fort und erfreue mich an die Wahrheit dieser Zeilen: kommen denn zu Ostern die beiden letzten Bände zugleich? Jetzt habe ich noch eine besondere Bitte die ich auch gegen Ottilie wage. Ist es Ihnen möglich mir sämmtliche Lieder die großentheils im Manuscpt im Goetheschen Nachlaß sich befinden auf einige Wochen mir zu überschikken so können Sie darauf rechnen daß ich alles gut abliefere nur ein Musikus und ich werden uns dabey machen um das Ungedruckte zu fördern, natürlich würde ich das ohne Ihre besondere Erlaubniß nicht thun; es ist viel Nachfrage u halte es endlich für meine Pflicht Sie zu fragen was Sie u Ottilie dazu meinen, wie ich denn die früheren Sammlungen zu einer neuen Auflage bestimme. Herr Eberwein thut mir gewiß die ⟨*Ausriß im Ms.*⟩ Gefälligkeit deshalb sich zu bemühn und Sie hätten vielleicht eine Gelegenheit damit ich das Postgeld erspare, diese Ausgabe ist bis jetzt noch immer bedeutend für mich. Meine Schwester empfiehlt sich Ihnen so wie ich darum bitte mein Gruß Ihrer Frau Gemalin und Herrn H. Riemer abzustatten. Die Frau Großherz. hat durch Fr v. G. ihre Zuneigung mir melden lassen u bitte Sie ganz besonders dieser Hohen Frau meinen Respect zu vermelden. Der kleine Prinz Wilhelm ist ein schönes Kind u es thut mir immer leid wenn ich ihn sehe daß die Großmama seiner nicht genießt.
Mit Vollkomener Achtung und Freundschaft die Ihrige

Doris Zelter.

⟨*Am linken Rand:*⟩
Entschuldigen Sie mein langes Geschreibsel.

38.

Doris Zelter an Ottilie von Goethe, Berlin, 22. März 1834

Berlin d. 22sten Merz 1834.

Eigentlich liebe Ottilie sollte ich mit Ihnen schelten, doch bin ich heut zu weich und es soll lauter Liebe aus meinem Herzen zu Ihnen sprechen. Ich habe oft eine so große Sehnsucht Sie und die Ihrigen zu sehn daß ich geschwind ein Fenster öffne als könnte ich zu Ihnen hinüber sehn; ich denke jeden Tag an Euch wenn ich etwas sehe oder höre wovon auch Ihr einen Genuß habt und dann füge ich mich u bin wieder allein. Ich habe mit derselben Gelegenheit des jungen Günther auch H. v Müller geschrieben. Dieser wird mit Ihnen sprechen über die Zelterschen Lieder welche der Vater Goethe unter seine Papiere aufbewahrt hat, nun wünsche ich solche auf einige Zeit zu haben mit dem Versprechen daß ich alles zurückgebe. Es sind noch viele ungedruckte Lieder und finde unter Vaters Nachlaßpapieren großentheils angefangen und vollendet auch gestrichen u da wäre es wohl der Mühe wehrt zu wissen was das Rechte sey. Haben Sie liebe Ottilie etwas dagegen so können Sie ganz aufrichtig zu mir sein und wünsche kaum daß sie allein zustimmen da ich täglich erfahre in welche Unannehmlichkeiten man bei dergl kommt. Eigentlich weiß man doch wie wenig Andere das Gute zu schätzen wissen, doch werde ich so häufig gefragt warum ich dem Publicum die Lieder nicht zeige und so scheint es mir beinahe nothwendig einmal danach zu fragen: wenn Ihnen dies Arbeit macht hilft wohl Herr Eberw. der die Sachen ja kennt.

Wissen Sie schon den Irrthum daß ein Brief an Bloch adressirt von Ihnen, der anfängt, liebe Julie, ich empfehle Dir einen italienisch Lehrer; ist vielleich der andere mit der Adresse verwechselt? Von B. weiß ich daß er Ihnen damals geantwortet doch hat er mir nicht gesagt was, hoffentlich zu Ihrer Zufriedenheit. Sagen Sie mir ein Wort darüber obgleich mir B. nicht den Auftrag gegeben Ihnen das zu sagen. Von der Mutter und Ulrike erfahre ich gar nichts mehr seit Jahr und Tag bekomme ich keine Antwort das ist hart aber ich will nicht klagen. Ich komme nicht vom Schreibtisch u ausserdem habe immer zu denken u sorgen wie meine Geschäffte am besten zu beendigen sind u werde noch manches zu überwinden nöthig haben. Dies gesellige Leben zieht mich nicht ab ich gehe nur wenn es sein kann spazieren. Unendliche Grüße für die Kinder, die Mutter und Ulrike wissen doch daß ich sie liebe. Der Großmama meine aufrichtigste Empfehlung. sagen Sie dieser: unser Kind wird nach Ostern eingeseegnet, (die kleine Berger) und ich nehme mir die Freiheit daran zu Erinnern, das Mädchen wird gut. Ihre D.

39.

**Doris Zelter an Henriette von Pogwisch ⟨vor dem 18. Juni⟩ 1834*

Henriette von Pogwisch an Doris Zelter, 18. Juni 1834
(Goethe-Museum Düsseldorf, Sammlung Kippenberg 3954)

Henriette von Pogwisch an Doris Zelter, 5. September ⟨?⟩ 1834
(Goethe-Museum Düsseldorf, Sammlung Kippenberg 3955)

Kommentar

*25. *Doris Zelter an Ulrike von Pogwisch, ⟨vor dem 4. August⟩ 1832*

Nachweis: Ulrike v. Pogwisch, 4. VIII. u. 2. IX. 1832:[1] „ich erhielt Deinen Brief ein paar Tage vorher und beschloß ihn also mitzunehmen."

26. Doris Zelter an Henriette von Pogwisch, Berlin, 9. September 1832

GSA 40 / XXXVI, 7, 9; *Adresse:*

An
Frau von Pogwisch
Hochwohlgeboren
nach
Weimar

Poststempel: BERLIN 2–3 (schwarz gesiegelt)
9
9

Rungenhagen – Carl Friedrich (1778–1851), Schüler Zelters, konnte sich nach dessen Tod bei der Wahl zum neuen Direktor der Singakademie gegen Felix Mendelssohn Bartholdy durchsetzen.

Grell – August Eduard Grell (1800–1886), Schüler Zelters, später (1852–1876) Direktor der Singakademie, als Nachfolger Rungenhagens.

Minister Altenstein – Karl Frhr. v. Stein zum Altenstein (1770–1840), preußischer Kultusminister.

hat der Vater 4 Stellen bekleidet – 1800 Direktor der Singakademie, 1809 Prof. der Musik an der Akademie der Künste, 1823 Leiter der von ihm gegründeten Musikal. Bildungsanstalt (Institut für Kirchen- und Schulmusik), 1829 Universitätsmusikdirektor.

meine Geschwister u Schwäger – Vgl. das Register bei Schottländer.[2]

König – Friedrich Wilhelm III.

Der plötzliche Tod unseres lieben Langermanns – Vgl. den Kommentar zu Brief 2 (im GJb 115).

seiner Leiche – Begräbnis Langermanns.

---

1 Sammlung Kippenberg; D: Max Hecker: *Zelters Tod. Ungedruckte Briefe.* In: Jb. der Sammlung Kippenberg 7 (1927/28), S. 142–145; hier S. 142. In dem Brief schüttet Ulrike v. Pogwisch Doris Zelter ihr Herz aus über das Betragen des Kanzlers v. Müller im Goetheschen Hause und gegenüber Ottilie. Diesem Eindruck war aber schon von ihrer Mutter am 14. V. 1832 entgegengesteuert worden.

2 *Carl Friedrich Zelters Darstellungen seines Lebens.* Hrsg. von Johann-Wolfgang Schottländer. Weimar 1931 (SchrGG, Bd. 44).

oben – Im 1827 eingeweihten Gebäude der Singakademie lag die Dienstwohnung des Direktors Zelter unter dem Konzertsaal.[3]

Der Großmutter weiß ich wohl Dank – Für den Kondolenzbrief von Ottilie Henckel von Donnersmarck vom 20. V. 1832.[4]

dankt Ulrike freundlichst – Für deren Brief vom 4. VIII. und 2. IX. 1832.

27. Doris Zelter an Friedrich von Müller, Berlin, 28. September 1832

GSA 68 / 669; (keine Adresse)

Der Satz: „Vaters Gemüth" (...) fester Glaube" findet sich abschriftlich auch bei den Notizen Riemers zur Herausgabe des Goethe / Zelter-Briefwechsels[5] (vgl. zu einem ähnlichen Fall unten zu Brief 37).

auf Ihr geehrtes Schreiben – Antwort auf den Brief von Fr. v. Müller an Doris Zelter, Weimar, 4. IX. 1832.[6] Friedrich v. Müller hatte Doris Zelter gebeten, für die Einleitung des Briefwechsels einen Auszug aus Zelters unvollendeter, handschriftlicher Autobiographie[7] „über die Momente der ersten Bekanntschaft beyder Freunde" zu schicken. Nachdem Doris Zelter das entsprechende Stück bei der Sichtung des umfangreichen Nachlasses ihres Vaters gefunden hatte, schickt sie es am 12. VIII. 1833 an Riemer (Brief 32; vgl. den Komm.), der es im „Vorbericht" seiner Edition (S. XI–XIV) abdruckte.

ein großer Schatz von Musikalien – Zelters bedeutende musikalische Sammlung, die u. a. auch Handschriften Bachs enthalten hatte, wurde aus seinem Nachlaß nach langwierigen Verhandlungen und Rechtsstreitigkeiten (vgl. auch den Komm. zu Brief 35) für die Singakademie angekauft.[8]

Abschrift des Katalogs – „Katalog musikalisch-literarischer und praktischer Werke aus dem Nachlasse des Kgl. Prof. Dr. Zelter". Dieser handgeschriebene Katalog bildete bis zum Zweiten Weltkrieg die Systematik der Musikbibliothek der Singakademie in Berlin.[9]

eine andere Wohnung beziehn – Vgl. den Komm. zu Brief 22 (im GJb 115).

in Hinsicht der ersten Bekanntschaft zwischen Goethe u meinem Vater – Vgl. den Komm zu: *auf Ihr geehrtes Schreiben.*

---

3 Zelter an Goethe, 11. VI. 1828 (Hecker 619): „Gestern ist unser Großherzog ‹Carl August bei seinem letzten Besuch in Berlin, kurz vor seinem Tod› (...) in der Singakademie gewesen; (...) Nachher hat der Großherzog meine Wohnung unter dem Musiksaal von einem Ende bis zum andern in Augenschein genommen".

4 Hecker, *Zelters Tod*, wie Anm. 1, S. 122 f.

5 Sammlung Kippenberg 3780/87.

6 Sammlung Kippenberg; D: Hecker, *Zelters Tod*, wie Anm. 1, S. 146 f.

7 Vgl. ebd., S. 164.

8 Vgl. Martin Blumner: *Geschichte der Sing-Akademie zu Berlin.* Berlin 1891, S. 91; Friedrich Welter: *Die Musikbibliothek der Singakademie zu Berlin.* In: *Sing-Akademie zu Berlin.* Festschrift. Hrsg. von Werner Bollert. Berlin 1966, S. 33–47. 1854 sind die Autographen in den Besitz der Königlichen Bibliothek in Berlin übergegangen. - Vgl. dazu jetzt auch Thomas Richter: *Bibliotheca Zelteriana. Rekonstruktion der Bibliothek Carl Friedrich Zelters. Alphabetischer Katalog.* Stuttgart 2000.

9 Welter, wie Anm. 8, S. 34.

so weit ich die Biographie d. h. bis 1800 habe – Zelters Autobiographie blieb unvollendet.[10]

die Tagebücher – Tagebücher Zelters liegen heute nur noch fragmentarisch vor.[11]

Rösel – Vgl. zu Brief 10 (im GJb 115).

daß alles (...) *beisammen bleibe* – Vgl. den Komm. zu *ein großer Schatz von Musikalien.*

bis jetzt väterlich gezeigt – Pension für Zelters hinterbliebene Töchter, Doris und Rosamunde (vgl. Brief 28).

den Verlust unsers guten Langermann – Zu Langermann (gestorben am 22. IX. 1832) s. Brief 2 (GJb 115).

die Frau Großherzoginn – Maria Pawlowna (1786–1859) geb. Großfürstin von Rußland, seit 1828 Großherzogin von Sachsen-Weimar-Eisenach.

28. Doris Zelter an Ottilie von Goethe, Berlin, 12. November 1832

GSA 40 / XX, 6, 8; *Adresse:*

Meiner lieben
Ottilie von Goethe
in Weimar.

(kein Poststempel)

Ottilie v. Goethe antwortet am 3. XII. 1832: „Sie wünschen, liebe Doris, daß ich mich etwas um Ihre Rechte bei Herausgabe der Correspondenz unserer beiden Väter bekümmern möchte, und niemand ist bereitwilliger dazu; doch damit ich es kann, müssen Sie die Güte haben, es officiell dem Canzlar zu schreiben, da man mir sonst keine Einmischung gestatten wird; denn, liebe Doris, Sie betrachten mich immer wie in Ihrem Fall, und doch ist es gerade das Entgegengesetzte. Sie besorgen alle Geschäfte Ihres Vaters, Sie sind die Tochter, ich bekomme nicht ein Blatt Papier zu sehen, obgleich viele darin herumwühlen. Man hat bis zu seinem Tode das Betragen einer Tochter von mir verlangt, und nun läßt man mich in all diesen Dingen täglich empfinden, daß ich doch eine Fremde bin."[12]

Eberwein – Carl Eberwein (1786–1868), Schüler Zelters, seit 1826 Musikdirektor der Hofkapelle in Weimar.

den ganzen Sommer – Von 1833.

der Minister – Altenstein (Komm. zu Brief 26).

Die Musikalien des Vaters – Vgl. den Komm. zu Brief 27.

so schreibe ich Ihnen – Entsprechender Brief liegt nicht vor.

---

10 Carl Friedrich Zelter: *Eine Lebensbeschreibung.* Hrsg. von Wilhelm Rintel. Berlin 1861; Schottländer, wie Anm. 2.

11 Gedruckt bei Schottländer, wie Anm. 2.

12 Sammlung Kippenberg; D: Hecker, *Zelters Tod,* wie Anm. 1, S. 148 f.

sagen Sie mir einige Worte – Antwort Ottilies v. Goethe, 3. XII. 1832:[13] „Was den Musiknachlaß Ihres Vaters betrifft, so glaube ich nicht, daß die Hoheit sie ankaufen würde".

jährliche Pension – Vgl. den Komm. zu Brief 27.

Gesellschaft – Singakademie? oder allgemeiner gemeint?

ein Stück Biographie von Zelter – Das fehlende Stück der Autobiographie ihres Vaters beschäftigt Doris Zelter auch in Brief 27 und 29.

Müller (...) seitdem er mir schrieb – Friedrich v. Müller an Doris Zelter, 4. IX. 1832.[14]

die Wahl eines Direktors – Am 22. I. 1833 setzte sich Carl Rungenhagen gegen Felix Mendelssohn Bartholdy und Eduard Grell bei der Wahl zum Nachfolger Zelters als Direktor der Singakademie durch.[15]

Für Walther und Wolfgang (...) zwey Brieftaschen – Vgl. den Komm. zu Brief 21 (GJb 115).

der Vater – Zelter.

Unser Umzug (...) aus den großen Räumen – Vgl. den Komm. zu Brief 22 (GJb115).

die Mutter Großmutter Kinder – Henriette von Pogwisch (1776–1851), Ottilie Henckel von Donnersmarck (1750–1843), die Kinder: Walther (1818–1885), Wolfgang (1820–1883) und Alma v. Goethe (1827–1844).

Blochs – Wahrscheinlich August Friedrich Bloch (1780 oder 1781–1866), ab 1819 Agent des Schatzministeriums, später auch der Staatsschuldenverwaltung und der kgl. Seehandlung, und seine Frau.

29. Doris Zelter an Friedrich von Müller, Berlin, 22. Dezember 1832

GSA 68 / 669; (ohne Adresse)

Am 18. XII. 1832 hatte Carl Eberwein an Doris Zelter geschrieben:[16] „... In allem Uebrigen sind genannte Herren und Frau von Goethe stumm wie die Fische. Sollten sie auch gegen Sie dieses Schweigen beobachten, so will ich Ihnen mittheilen, was ich im Vertrauen auf andrem Wege erfahren habe, und sehr lieb soll es mir seyn, wenn es Ihnen nützlich seyn kann". Nach einigen Nachrichten über den Stand der Verlagsverhandlungen fährt Eberwein fort: „Riemer hat bestimt am meisten mit der Herausgabe der Briefe v. G. u. Z. zu thun, da M. es liebt, bei so bedeutenden Unternehmungen wohl die Hand im Spiele zu haben, und dabei genannt zu werden, aber die Arbeit muß ein Andrer übernehmen. Die Riemer ist Ihnen aufrichtig zugethan, und hat wie jede andere Frau, ich weiß das aus Erfahrung, großen Einfluß auf ihren Mann. Bedürfen Sie eines Beistandes an ihrem Geschäft, so wird sie sich Ihnen gewiß hülfreich erweisen. Von meiner Wenigkeit brauch ich wohl nicht erst dasselbe zu versichern." Nach dem Empfang dieses Briefes ist der hier vorliegende Brief 29 entstanden.

---

13 Ebd.; hier S. 149.
14 Ebd., S.146 f.
15 Blumner (wie Anm. 8), S. 93.
16 Sammlung Kippenberg 3936.

Die Antwort v. Müllers an Doris Zelter datiert vom 30. XII. 1832, in ihr unterrichtet er sie darüber, daß „Noch (...) kein Contract über Ihres theuren Vaters und Goethes Briefwechsel abgeschlossen" sei. Müller fährt dann fort: „Frau v. Goethe hat Ihnen wahrscheinlich deswegen nicht darüber geschrieben, weil sie nichts Bestimmtes angeben konnte, (...) Bekanntlich hat Goethe in seinem Testament, (...) den zu schließenden Contract und die Redaction lediglich resp. Riemern, und mir (...) überlassen".[17] Vgl. auch: Riemer an Doris Zelter, 5. I. 1833.[18]

bat ich Frau von Goethe – s. o., 12. XI. 1832 (Brief 28); Antwort am 3. XII. 1832.

die ganze Correspondenz durchgelesen – In seinen Briefen an Zelter erwähnt Goethe mehrmals die gemeinsame Lektüre des Briefwechsels.

Mit derselben Post – 23. XII. 1832 (Brief 30).

auf ein früheres Schreiben keine Antwort erhalten – Nicht klar, welcher Brief hier gemeint ist.

Der Professor G. – Eduard Gans (1798–1839), seit 1825 Professor der Jurisprudenz in Berlin;[19] zu Gans vgl. auch Brief 36.

Vaters Biographie – Dazu Fr. v. Müller in seiner Antwort vom 30. XII. 1832: „Von Bruchstücken aus Ihres edlen Vaters Biographie hat sich leider hier nichts vorgefunden."

eben schreibt mir Frau von Goethe – Ein Brief Ottilie v. Goethes an Doris Zelter, kurz vor dem 22. XII. 1832, liegt nicht vor. Ist hier der Brief vom 3. XII. gemeint?

Drey Candidaten – Carl Rungenhagen, Felix Mendelssohn Bartholdy und Eduard Grell (vgl. Kommentar zu Brief 28).

30. Doris Zelter an Ottilie von Goethe, Berlin, 23. Dezember 1832

GSA 40 / XX, 6, 8; *Adresse:*

An
Frau von Goethe
Hoch Wohlgeboren
nach
Weimar

Ein Paquet in
grauer Leinwand
gez. F. v. G.
worin Spickgänse 4. rh Werth.

Poststempel: BERLIN 4–5
23
12

an den Canzler geschrieben – Doris Zelter an Friedrich v. Müller, 22. XII. 1832 (Brief 29).

17 Sammlung Kippenberg; D: Hecker, *Zelters Tod*, wie Anm. 1, S. 152–154.
18 Ebd., S. 154–158.
19 Vgl. auch dessen Buch: *Rückblicke auf Personen und Zustände*. Berlin 1836.

eine Antwort – Antwort des Kanzlers v. Müller, wie erwähnt, am 30. XII. 1832.[20]

bin ich bey Ihnen – Ein Besuch in Weimar ließ sich auch 1833 nicht realisieren; fraglich ist, ob Doris Zelter ihre dortigen Bekannten überhaupt noch einmal wiedergesehen hat (vgl. dazu auch den Komm. zu Brief 22, im GJb 115).

Der Unfall der Mutter – Henriette v. Pogwisch hatte sich – wie Ottilie v. Goethe am 3. XII. 1832 an Doris Zelter berichtet [21] – bei einem Unfall schwere Verbrennungen zugezogen.

keine Engländerin – Anspielung auf Ottilie v. Goethes Anglophilie.

Die Rechnung – In ihrem Brief vom 3. XII. 1832 hatte Ottilie v. Goethe „für die beiden Jungens recht hübsche, elegante Pelzmützen, ferner Teltauer Rüben (...) und 4 Spickgänse" erbeten:[22] „Aber, liebste Doris, machen Sie mir kein Geschenk damit".

Madame Mendelssohn – Lea Mendelssohn Bartholdy, die Mutter von Felix.

ihr des Vaters Zimmer gezeigt – Bei einem Aufenthalt der Mendelssohns in Weimar.

doch werde ich die Bestellung ausrichten – „entschuldigen Sie mich bei Felix, daß ich ihm noch nicht für die Composition gedankt; aber es war mir unmöglich zu schreiben." (Ottilie v.Goethe an Doris Zelter, 3. XII. 1832).[23]

Blochs – Vgl. den Komm. zu Brief 28.

unausstehliche Leute – Damit ist wohl der Kanzler v. Müller gemeint.[24]

31. Doris Zelter an Ottilie von Goethe, Berlin, 16. Februar 1833

GSA 40 / XX, 6, 8; *Adresse:*

An
Frau Ottilie von Goethe.
Hochwohlgeboren

(*kein Poststempel*; durch Fritz Frommann befördert)

Fritz Frommann – Friedrich Heinrich, der Sohn des Jenaer Verlegers Karl Friedrich Ernst Frommann. Doris Zelter hatte die Familie 1826 auf der Reise mit ihrem Vater nach Weimar und Jena kennengelernt und sich besonders mit der Tochter Allwina (1800–1875) angefreundet.[25]

---

20 Sammlung Kippenberg; D: Hecker, *Zelters Tod*, wie Anm. 1, S. 152–154.

21 Jb. der Sammlung Kippenberg 7 (1927/28), S. 148; vgl. auch Friedrich v. Müller an den Grafen Reinhard, 10. XII. 1832: „Frau von Pogwisch leidet noch sehr unter den Folgen eines unseeligen Zufalls vor 3 Wochen; ihre zu breite Mütze gerieth beym Schreiben abends ins Licht und sie wäre fast lebendig verbrannt. Gesicht, Hals und Hände sind noch voll Brandwunden." (*Briefe des Kanzlers Müller an Reinhard.* Hrsg. von Jacob Minor. In: Chronik des Wiener Goethe-Vereins, Bd. 21–24, 1908–1910; hier Bd. 24, 1910, S. 30).

22 Sammlung Kippenberg; D: Hecker, *Zelters Tod*, wie Anm. 1; hier S. 151.

23 Ebd.

24 Vgl. Hecker, *Zelters Tod*, wie Anm. 1, S. 148–152.

25 Vgl. Thomas Richter: *Ein Brief Doris Zelters über den Besuch mit ihrem Vater bei Goethe im Juli 1826.* In: GJb 112 (1995), S. 365–373. Zum Briefwechsel zwischen Doris Zelter und Allwina Frommann: *Doris Zelter an Allwina Frommann, (vor dem 15. I. 1830) (Nachweis: Gegenbrief); Allwina Frommann an

Posen – Ungeschnittene Federkiele.

artig hübsche Worte geschrieben – v. Müller an Doris Zelter, 30. XII. 1832.[26]

von Riemer weiß ich aber – Riemer an Doris Zelter, 5. I. 1833.[27]

M. – Friedrich v. Müller.

*

Am 20. III. 1833 übersendet Friedrich v. Müller „des Goetheschen literarischen Nachlasses anliegendes Exemplar der ersten Lieferung".[28] Ein eventueller Dankbrief Doris Zelters hierzu liegt nicht vor. Müller reiste Ende Mai 1833 nach Berlin und äußerte die Hoffnung, Doris Zelter dann sehen zu können.

*

32. Doris Zelter an Friedrich Wilhelm Riemer, Berlin, 12. August 1833

GSA 95 / II, 13; Adresse:

Herrn Professor
Riemer
Wohlgeboren
zu Weimar

(kein Poststempel)

Antwort auf einen Brief Riemers vom 3. VIII. 1833,[29] in dem dieser Doris Zelter um das hier überschickte Material gebeten hatte.

Die Sommerreise 1819. bis 20. (...) Zelter in München 1827. (...) Die Reise nach Holland (...) Die Rügener Reise – Goethe schätzte Zelters Reisebriefe besonders hoch, ließ sie abschreiben und zu besonderen Bänden binden, die er Zelter dann als Geschenk zuschickte. In seinem Brief vom 13. VIII. 1833 hatte Friedrich v. Müller Doris Zelter für die Redaktion des Briefwechsels um die Übersendung dieser „ins Reine geschriebenen Reiseberichte" gebeten.[30]

Die Biographie von Fasch – Karl Friedrich Zelter: *Karl Friedrich Christian Fasch.* Berlin 1801.

eine neue Auflage – Dazu ist es wohl nicht gekommen.

die Bekanntschaft mit Goethe (...) (des Vaters Hand) – Manuskript Zelters (5 Seiten, im GSA). Riemer druckte den Text im Vorbericht seiner Edition des Goethe / Zelter-Brief-

---

Doris Zelter, Jena, 15. I. 1830 (Sammlung Kippenberg); an Doris Zelter, Jena, 28. V. 1832 (Ebd.; D: Hecker, *Zelters Tod*, wie Anm. 1).

26 Sammlung Kippenberg; D: Hecker, *Zelters Tod*, wie Anm. 1. S. 152–154.

27 Ebd., S. 154–158.

28 Ebd., S. 158 f.

29 Ebd., S. 159–162.

30 Ebd.; hier S. 165.

wechsels „mit mehreren Lesefehlern".[31] Von Schottländer als „Schluß der ersten Niederschrift" der Autobiographie bezeichnet und gedruckt.[32] (Vgl. auch den Kommentar zu Brief 27.)

Vorwort zu dem Briefwechsel – Vorbericht des Herausgebers. In: Briefwechsel zwischen Goethe und Zelter in den Jahren 1796–1832. Hrsg. von Friedrich Wilhelm Riemer. 6 Bde. Berlin, 1833–1834; hier Bd. 1, S. V–XXXVIII.

An Mad. Marie Szimanowska – In seinem Brief vom 5. II. 1833 (s. o.) hatte Riemer gebeten, die Originalbriefe Goethes (s. o.) für die Redaktion des Briefwechsels noch länger behalten zu dürfen: „Denn nicht genug, daß ich täglich beynahe aus den Originalen Ihres Herrn Vaters sowohl als denen Goethes Berichtigungen zu schöpfen genöthigt bin, so entdecke ich auch, daß Goethe versäumt hat, diesen und jenen Brief nicht nur, sondern auch Gedichte und anderes, worauf im Briefe selbst sich bezogen wird, Abschrift nehmen zu lassen." Wahrscheinlich geht Doris Zelter davon aus, daß es sich bei diesem Gedicht um einen solchen Fall handelt.[33]

Die Tonlehre – Die Tabelle der Tonlehre hatte Goethe am 9. IX. 1826 (Hecker 525) Zelter zugeschickt.[34]

Text des Tedeums – Z. an G., 20. I. 1831; das gedruckte Textbuch mit Zelters Vorwort von 1831 befindet sich in Goethes Bibliothek.[35]

Eine Freundinn – Karoline Schulze (vgl. den Komm. zu Brief 5, im GJb 115).

Aus der Biographie – Vgl. den Komm. zu Brief 27.

Ihr Herr Sohn – Bruno Riemer[36] (1817–1888), zuerst in der Kadettenanstalt, dann Leutnant in Berlin.

das angenehme Schreiben – Friedrich Wilhelm Riemer an Doris Zelter, Weimar, 3. VIII. 1833.[37]

Nekrolog von Rochlitz – In der Allgemeinen Musikalischen Zeitung Nr. 24 vom 13. VI. 1832.

gleich in der Bekanntschaft mit Goethe – Doris Zelter weist auf eine Unstimmigkeit zwischen Rochlitz' Nekrolog und Zelters autobiographischen Aufzeichnungen in dieser Hinsicht hin.

das einliegende schriftliche Blatt – Gemeint ist der Auszug aus Zelters Autobiographie, den Doris Zelter als Beilage zu diesem Brief an Riemer schickte und den dieser im „Vorbericht" seiner Edition des Briefwechsels abdruckte (vgl. auch den Komm. zu Brief 27).

---

31 Schottländer, wie Anm. 2, S. 322.

32 Ebd., S. 198–200.

33 Dazu WA I, 5.2, S. 21: „Eine Niederschrift dieses Gedichtes von der Hand Zelters (...) befindet sich unter den Papieren aus Zelters Nachlass im Goethe- und Schiller-Archiv." Eine biographische Erläuterung Zelters schließt sich an.

34 Vgl. Hecker, *Zelters Tod*, wie Anm. 1, S. 163.

35 *Goethes Bibliothek. Katalog*. Bearb. von Hans Ruppert. Weimar 1958, Nr. 2586.

36 Briefe und Briefentwürfe Riemers an seinen Sohn Bruno in Berlin aus den Jahren 1831–1833: Sammlung Kippenberg 3802.

37 Sammlung Kippenberg; D: Hecker, *Zelters Tod*, wie Anm. 1, S. 159 ff.

33. Doris Zelter an Friedrich von Müller, Berlin, 22. September 1833

GSA 68 / 669; *Adresse:*

Herrn
Geheimerath und Kanzler
Dr von Müller
frey in Weimar

Poststempel: Berlin 2–3 22
9

Antwort Doris Zelters auf die Briefe v. Müllers vom 13. VIII. und 10. IX. 1833. Im ersten hatte Müller über „die glückliche Beendigung meiner langen und mühevollen Verhandlungen über den Verlag des Briefwechsels“[38] berichtet.

nichts dergleichen gefunden – Wahrscheinlich die Zelter-Manuskripte, die Doris Zelter schon im Brief 32 nicht mit nach Weimar schicken konnte, weil sie sie in dem umfangreichen Nachlaß nicht gefunden hatte (Einleitung des Händel-Tedeums, Rügener Reise, Fortsetzung der Autobiographie).

die letzten Papiere – Doris Zelters Sendung an Riemer vom 12. VIII. 1833 (Brief 32) mit den dort aufgezählten Beilagen.

Freiexemplare – Doris Zelter erhielt neben dem Briefwechsel zwischen Goethe und Zelter vom Kanzler v. Müller ein Freiexemplar der 15 Bände von Goethes Nachgelassenen Werken.

Die zweyten 5 Bände – Goethes Nachgelassene Werke 6–10 (Goethes Werke. Ausgabe letzter Hand, Bände 46–50), von Müller am 10. IX. 1833 an Doris Zelter geschickt (die ersten fünf Bände am 20. III. 1833).

gleich mit dem 48ten Band begonnen – Band 48 der Ausgabe letzter Hand: Aus meinem Leben. Dichtung und Wahrheit. Vierter Theil.

in meiner Angelegenheit – Eine geplante Zelter-Edition (vgl. den Komm. zu Brief 32) oder der Rechtsstreit mit der Singakademie wegen der Musikalien aus Zelters Nachlaß?

34. Doris Zelter an Friedrich von Müller, Berlin, 30. Dezember 1833

GSA 68 / 669; *Adresse:*

Sr
Hochwohlgeboren
des Herrn Canzler von Müller
in Weimar

D. Z.
⟨aufgeklebtes kleines blaues Schild mit ornamentalem Rand⟩

(kein Poststempel)

---

[38] Dazu ein Band „Privatacten“ aus dem Nachlaß v. Müllers im GSA 68 / 669.

Zit.: Hecker, *Zelters Tod*, wie Anm.1, S. 171.

Müllers Antwort vom 8.I.1834: „… Ganz begreife ich, in welcher unangenehmen Situation Sie sich bey den mancherley Empfindlichkeiten und albernen Urtheilen dieser und jener Personen befinden; (…) Das Schönste dabey aber ist, daß Ihr kräftiger Sinn Sie darüber hinaushebt und daß Sie solche Trivialitäten und Äußerungen verletzter Eitelkeit ganz mit dem Charakter-Muth Ihres verewigten Vaters als ‚sein starkes Mädchen', aufnehmen".[39]

Brief vom 9ten dieses – Friedrich v. Müller hatte sich am 9.XII.1833 bei Doris Zelter nach den „Urtheilen in Berlin" nach Erscheinen der ersten beiden Bände des Briefwechsels erkundigt.[40]

Schreiben vom 13ten August.[41]

Herr Duncker – Karl Friedrich Wilhelm Duncker (1781–1869), der Verleger des Goethe/Zelter-Briefwechsels in Berlin.

Sie schreiben mir ich werde (…) erhalten – Friedrich v. Müller an Doris Zelter, 13.VIII.1833.[42] Bei der Frage des Honorars für den Goethe/Zelter-Briefwechsel hatte sich ein Mißverständnis ergeben. Goethe hatte testamentarisch seine und Zelters Nachkommen zu je einer Hälfte des Ertrags – von dem Riemers Honorar für die Herausgebertätigkeit abzuziehen war – eingesetzt. Da Riemer beim Erscheinen der ersten Bände sein Honorar „auf einmal"[43] erhalten hatte, ergab sich für die Zelter-Töchter zunächst ein geringerer Betrag, als v. Müller angekündigt hatte.[44]

die Vorrede – Vgl. den Kommentar zu Brief 32.

die J. – Die Juden.

M. – Mendelssohns, mit der Familie Zelter seit mehreren Jahrzehnten befreundet[45], fühlten sich über einige Äußerungen Zelters in seinen Briefen an Goethe gekränkt. Vgl. hierzu den Briefwechsel Felix Mendelssohn Bartholdys mit seiner Familie, z.B. an seinen Vater, Bonn, 28.XII.1833, zwei Tage vor dem Brief Doris Zelters an den Kanzler von Müller: „Um doch auf die vielbesprochene Korrespondenz von Göthe und Zelter zurückzukommen, so ist mir eines aufgefallen. Wenn über Beethoven oder sonst Einen schlecht, über meine Familie unziemlich und über vieles langweilig gesprochen wird, so läßt mich's sehr

[39] Sammlung Kippenberg; D: Hecker, *Zelters Tod*, wie Anm. 1, S. 168–170; hier S. 169.

[40] Ebd., S. 167.

[41] Ebd., S. 164 f.

[42] Ebd.

[43] Friedrich v. Müller an Doris Zelter, 8.I.1834 (Hecker, *Zelters Tod*, wie Anm. 1; hier S. 169). Hecker liest fälschlich: „weil Riemer (...) gewünscht hatte, sein Honorar (...) n o c h e i n m a l zu erlangen", was keinen Sinn ergibt. Im Brieforiginal im Goethe-Museum Düsseldorf heißt es richtig: Lesung: „weil Riemer (...) gewünscht hatte, sein Honorar (...) a u f e i n m a l zu erlangen". (Dazu auch Doris Zelter in Brief 35: „Riemer hat sein Honorar beim ersten Termin abgezogen".)

[44] Vgl. Friedrich v. Müller an Doris Zelter, 10.IX.1833 (Hecker, *Zelters Tod*, wie Anm. 1).

[45] Briefe Abraham Mendelssohn Bartholdys lassen sich schon seit 1797 nachweisen; in ihnen weist er Zelter auf Goethe hin. Vgl.: *Ein Brief Abraham Mendelssohn Bartholdys an Zelter über Goethe.* Mitgeteilt von Anton Kippenberg. In: Jb. der Sammlung Kippenberg 4 (1924), S. 72–91.

kalt und ruhig; aber wenn von Reichardt die Rede ist und Beide über ihn so vornehm tun und urteilen, so weiß ich mich vor Ärger nicht zu fassen, obwohl ich es mir selbst nicht erklären kann."[46]

der Maler H. – Wilhelm Hensel (1794–1861), seit 1829 mit Fanny, der Schwester von Felix Mendelssohn Bartholdy, verheiratet. Die beanstandete Bemerkung Goethes in seinem Brief an Zelter vom 24. VIII. 1823 (Hecker 415).

Die Recension von Rellstab – Ludwig Rellstab (1799–1860), seit 1826 Redakteur der Vossischen Zeitung. Die Rezension in: Vossische Zeitung, 299. Stück, 21. XII. 1833.[47]

eine in der Spenerschen Zeitung – Rezension in der Berliner Haude u. Spenerschen Zeitung vom 30. XII. 1833.

Spicker – Samuel Heinrich Spiker, Bibliothekar in Berlin, Bekannter Zelters.

das Blatt worauf Sie mich hinweisen – In seinem Brief vom 9. XII. 1832 erwähnt v. Müller die Rezension Wilhelm Neumanns.[48]

der dritte Theil – Enthält die Jahre 1819–1824; erschienen 1834.

der 4te Theil – 1825–1827; 1834 erschienen.

35. Doris Zelter an Ottilie von Goethe, Berlin, 9. Januar 1834

GSA 40 / XX, 6, 8; *Adresse:*

An
Frau von Goethe
Hochwohlgeboren
frey in Weimar

Poststempel: BERLIN 3–4
10
1

Ihr Schreiben – Liegt nicht vor.

Ihren Wünschen zu genügen – Offenbar hatte die nach Goethes Tod in Geldnöten befindliche Ottilie v. Goethe Doris Zelter in ihrem Brief vom 3. I. 1834 gebeten, ihr Geld zu leihen[49].

---

46 Zit. nach Dietrich Fischer-Dieskau: „*Weil nicht alle Blütenträume reiften*". *Johann Friedrich Reichardt, Hofkapellmeister dreier Preußenkönige; Porträt und Selbstporträt.* Stuttgart 1992, S. 402.

47 Wieder in MA 20.2, S. 1687–1689.

48 In: Jbb. für wissenschaftliche Kritik (1834) 8 u. 9; wieder in: Neumann, *Schriften*, Bd. 1, 1835, S. 10 ff.

49 Vgl. Ottilie v. Goethe an Adele Schopenhauer, Weimar, 6. III. 1834: „Was aus mir und meinem Leben werden soll begreife ich nicht; mit jedem Jahr, ich könnte sagen mit jedem Pulsschlag, gehe ich größerer Armut und Einsamkeit entgegen. Nächsten Winter kann ich nicht mehr an Hof erscheinen, weil ich, so lange diese Garderobe ausreichte, sogar beinah elegant war, aber nichts hinzufügen könnte; – (...) So geht es von Stufe zu Stufe fort, und Alma wird wohl auf dem Land aufwachsen." (*Erlebnisse und Geständnisse*, wie Anm. 2, S. 19); vgl. auch Ingeborg Stolzenberg: *Ottilie von Goethes Lebensverhältnisse in den ersten Jahren nach Goethes Tod.* In: Jb. der Sammlung Kippenberg N. F. 2 (1970), S. 189–200.

die kleine Pension – Vgl. Brief 27.

M. – Wahrscheinlich das Bankhaus Mendelssohn, das die Geldgeschäfte der Familie Zelter verwaltete.

Riemer hat sein Honorar beim ersten Termin abgezogen – Vgl. den Komm. zu Brief 34.

Bloch – Vgl. den Komm. zu Brief 28.

S. A. – Singakademie.

die größten Unanehmlichkeiten – Rechtsstreit zwischen den Erben Zelters und der Singakademie, die den geplanten Ankauf der Zelterschen Musiksammlung verzögerten.

36. Doris Zelter an Friedrich von Müller, Berlin, 9. Januar 1834

GSA 68 / 669; (keine Adresse)

Antwort des Kanzlers v. Müller am 17. I. 1834.[50]

einen Brief nach Weimar siegle – An Ottilie v. Goethe, 9. I. 1834 (Brief 35).

Ihr geehrtes Schreiben – Friedrich v. Müller an Doris Zelter, Weimar, 8. I. 1834?[51] Wäre dann äußerst schnell transportiert worden, oder hat sich Doris Zelter bei der Datierung ihrer Antwort (und von Brief 35) geirrt?

Prof: Gans – s. o. den Komm. zu Brief 29. Dazu Müller in seiner Antwort vom 17. I. 1834: „Weder Gans noch Varnhagen haben irgend etwas mit der Edition des Briefwechsels zu schaffen; ich kann auch, wenigstens von letzterem, nicht glauben, daß er sich feindseelig ausspräche, denn gegen mich hat er sich sehr günstig erklärt. Worin sollen denn ihre Aufregungen bestehen?" (*Jahrbuch der Sammlung Kippenberg* 7, 1928/28).

Varnhagen – Karl August Varnhagen v. Ense (1785–1858).

37. Doris Zelter an Friedrich von Müller, Berlin, 22. März 1834

GSA 68 / 535 (keine Adresse)

Antwort auf Brief v. Müllers vom 19. II. 1834.[52]
Neben dem Brieforiginal existiert ein abschriftlicher Auszug von der Hand Riemers: „Ueber das Institut (...) Zelter wird also sehr vermißt."[53] Vgl. zu einem ähnlichen Fall auch Brief 27.

die letzte Sendung der Goetheschen Werke – Goethes Nachgelassene Werke 11–15 (Ausgabe letzter Hand, Bände 51–55) von Müller am 19. II. 1834 an Doris Zelter geschickt.[54] (Vgl. den Komm. zu Brief 45.)

---

50 Sammlung Kippenberg; D: Hecker, *Zelters Tod*, wie Anm. 1, S. 171 f.
51 Ebd, S. 168–170.
52 Ebd., S. 172.
53 Deutsches Literaturarchiv Marbach Z 663.
54 Sammlung Kippenberg; D: Hecker, *Zelters Tod*, wie Anm. 1.

Heut am 22sten – Goethes Todestag.

das Institut – Die Singakademie.

Nachfolger – Carl Rungenhagen (vgl. den Komm. zu Brief 26).

Die Sache wegen der Musikalien – Vgl. den Komm. zu Brief 27.

Den 4ten Theil der Briefe – Bezieht sich auf den Briefwechsel zwischen Goethe und Zelter; vgl. den Komm. zu Brief 34.

die beiden letzten Bände – Umfassen den Zeitraum: 1828–VI. 1830, VII. 1830–1832; erschienen beide 1834.
sämmtliche Lieder – Doris Zelters Schwager, Julius Friedrich Wilhelm Lohmeier aus Ratzeburg, hatte in einem Brief an sie vom 17. XI. 1833 eine solche Edition von Zelters sämtlichen Liedern und Balladen vorgeschlagen.[55]

Manuscpt – Manuskript.

⟨*Ausriß im Ms.*⟩ – Randausriß, evtl. Verlust eines Wortes.

Fr v. G. – Frau von Goethe (Ottilie).

Der kleine Prinz Wilhelm – Sohn der weimarischen Prinzessin Auguste, die mit dem preußischen Kronprinzen Wilhelm, späterem deutschen Kaiser Wilhelm I., verheiratet war.

Die Großmama – Maria Pawlowna (1786–1859), Großherzogin von Sachsen-Weimar-Eisenach.

38. Doris Zelter an Ottilie von Goethe, Berlin, 22. März 1834

GSA 40 / XX, 6, 8; *(keine Adresse)*

mit Ihnen schelten – Weil sie längere Zeit keinen Brief von Ottilie v. Goethe bekommen hatte.

auch H. v. Müller geschrieben – Doris Zelter an Friedrich v. Müller, 22. III. 1834 (Brief 37).

die Zelterschen Lieder – Vgl. den Kommentar zu Brief 37. Wie auch aus Zelters eigener Korrespondenz hervorgeht, war er häufig in ähnlicher Verlegenheit, weil er von Kompositionen nicht immer eine Abschrift nahm und das Original fortgab.

da ich täglich erfahre – Bei der Sichtung des Zelterschen Nachlasses.

Herr Eberw. – Carl Eberwein.

Von B. weiß ich – Offensichtlich hatte Ottilie v. Goethe den Rat Doris Zelters befolgt (Brief 35) und sich mit der Bitte um ein Darlehen an Bloch gewandt.

unser Kind (...) die kleine Berger – Nicht ermittelt. Vielleicht ein Patenkind Doris Zelters; der Name Berger kommt in der Verwandtschaft Zelters nicht vor.

---

55 Goethe-Museum Düsseldorf. Anton- und Katharina-Kippenberg-Stiftung, *Katalog der Musikalien* 2515.

**39. Doris Zelter an Henriette von Pogwisch ⟨vor dem 18. Juni⟩ 1834*

Nachweis: Henriette von Pogwisch an Doris Zelter, Weimar, 18. VI. 1834:[56] „Liebe Doris! Wenn es je des Beweises bedurft hätte das dein Beistand u dein Gefühl zu den wichtigsten gehören die ich auf der Bahn meines Lebens gefunden, so würde dein guter lieber Brief das entscheidenste Zeugniß davon gegeben haben". (...) Ist es denn nun gar nicht möglich das du dich ohne Prozeß mit der Singakademie vereinigen kannst? Thue es doch ja wenn du kannst, die Idee eines Prozesses ist mir in diesem Fall etwas gar zu Betrübendes. Hast du denn keinen redlichen verständigen Freund (...) der dir hübsch verschweigt was die Vorsteher alles sagen mögen was du gar nicht zu wissen nöthig hast, u der den Vorstehern hübsch verschweigt was du in deinem gerechten Eifer sagst".

56 Sammlung Kippenberg 3954.

MARIANNE HENN

Goethes erster Verleger Weygand
Eine Richtigstellung

Als Goethes erster Verleger gilt die Weygandsche Buchhandlung in Leipzig, bei der im Jahre 1774 *Clavigo*, *Die Leiden des jungen Werthers* und *Neueröffnetes moralisch-politisches Puppenspiel* (dazu gehören: *Prolog*, *Des Künstlers Erdewallen*, *Jahrmarktsfest zu Plundersweilern*, *Ein Fastnachtsspiel vom Pater Brey*) erschienen. Das Trauerspiel *Clavigo* war das erste Werk, das Goethe unter seinem Namen veröffentlichte, während sein *Werther*-Roman anonym erschien. Im Gesamtregister der Briefabteilung der Weimarer Ausgabe von Goethes Werken erscheint folgende Angabe: „Weygandische Buchhandlung in Leipzig. Inhaber: Christian Friedrich Weygand (1742–1807) und Johann Christoph Jasper (†1849)“[1]. Dieser Vermerk findet sich auch in den späteren Goethe-Ausgaben (Artemis-Gedenkausgabe, Hamburger Ausgabe, Frankfurter Ausgabe, Münchner Ausgabe) und ist von der einschlägigen Goethe-Literatur, einschließlich des vor kurzem erschienenen *Goethe-Handbuchs*[2], übernommen worden. Dabei handelt es sich um einen Irrtum im Namen sowie in den Lebensdaten des Inhabers der Weygandschen Buchhandlung, der im folgenden erläutert werden soll. Es ist anzunehmen, daß der Fehler auf Woldemar von Biedermann, *Goethe und Leipzig* (Leipzig 1865), zurückgeht und seither über die Weimarer Ausgabe tradiert wurde.[3]

Bereits 1916 ging Wilhelm Eule in einer Abhandlung auf Christian Friedrich Weygand (1699–1764), den Gründer der Weygandschen Buchhandlung, ein, die anfangs unter dem Namen „Christian Friedrich Weygand“ firmierte. Weygand gründete den Verlag im Jahre 1723 in Helmstedt und wurde dann zum „bedeutendsten aller Helmstedter Verleger“[4] des 18. Jahrhunderts. Eule erwähnt auch den Sohn, Johann Friedrich Weygand, der den Verlag nach dem Tode des Vaters (1764) nach Leipzig umsiedelte. Interessant ist, daß der Vater keineswegs der gewinnsüchtige, seine Autoren und Autorinnen ausnutzende Verleger war wie sein Sohn, denn Christian Friedrich Weygand wird als „der Typ des weitsichtigen, klugen Verlegers, der geschäftliche Interessen mit ideellen, kulturfördernden Gesichtspunkten

1 WA IV, 53, S. 696. Neben dem Namen und den Lebensdaten des Inhabers ist auch die Schreibweise des Verlages zu korrigieren: von Weygandische zu Weygandsche.

2 *Goethe-Handbuch*. Hrsg. von Bernd Witte u. a. Stuttgart/Weimar 1996–1998, Bd. 1, S. 481 u. 571; Bd. 2, S. 60 u. 549; Bd. 3, S. 853; Bd. 4.2, S. 1085 u. 1264.

3 Diesen Hinweis verdanke ich Frau Dr. Brigitte Schillbach vom Goethe- und Schiller-Archiv in Weimar.

4 Wilhelm Eule: *Christian Friedrich Weygand, ein Helmstedter Verleger*. In: *Helmstedter Universitäts-Buchdrucker. Mit einem Beitrag zur Geschichte des Helmstedter Zeitungswesens*. Helmstedt 1921, S. 51–57; hier S. 55.

zu vereinen wußte“[5], beschrieben. Im Gegensatz zu seinem Vater war Johann Friedrich Weygand durchaus kein Mäzen.

Am eingehendsten hat Herbert Koch die Lebens- und Verlagsgeschichte des Goethe-Verlegers Johann Friedrich Weygand dargestellt.[6] Dieser Sohn des Gründers wurde am 18. November 1743 in Helmstedt geboren und starb am 13. Dezember 1806 in Leipzig. Nach dem Tode seines Vaters setzte er die Verlagsarbeit noch drei Jahre in Helmstedt fort, nachdem er sich in einem Brief des Wohlwollens des Leipziger Buchhändlers Breitkopf versichert hatte, mit dem sein Vater durch den alljährlichen Besuch der Frankfurter und Leipziger Messe vertraut war. Er verlegte am 1. Juli 1767 die Weygandsche Buchhandlung nach Leipzig, denn er versprach sich wohl von Leipzig trotz der vielen anderen Verleger in dieser Stadt mehr Aussichten, da der Bestand der Helmstedter Universität gefährdet war und diese dann auch 1809 geschlossen wurde. Die Umsiedlung hat sich schon sieben Jahre später bewährt, da der große literarische Erfolg Goethes mit dem Roman *Die Leiden des jungen Werthers* (1774) wohl auch mit einem beträchtlichen buchhändlerischen Erfolg für Weygand verbunden war.[7] Im gleichen Jahr brachte Weygand die beiden eingangs erwähnten anderen Veröffentlichungen Goethes heraus. Bereits 1780 übertrumpfte Weygand selbst alteingesessene Leipziger Verleger, indem er in diesem Jahr 56 Werke veröffentlichte.[8]

Die Jubiläumsausgabe der *Leiden des jungen Werthers* vom Jahre 1825 erschien zwar in der Weygandschen Buchhandlung, wurde aber nicht von Johann Friedrich Weygand besorgt, denn er war bereits 1806 gestorben. Da er kinderlos blieb, setzte er als Universalerben die Söhne seines verstorbenen Vetters Christian Friedrich Weygand ein. Vielleicht trug dieser Name zur Verwechslung bei, da der Vetter die gleichen Vornamen hat wie Johann Friedrich Weygands Vater. Die Universalerben verkauften den Verlag am 15. Juni 1812 an Johann Christoph Jaspar[9], der den Verlag unter dem Namen „Weygandsche Buchhandlung“ weiterführte. Mit dieser Weygandschen Buchhandlung korrespondierte Goethe 1824 wegen der Jubiläumsausgabe seines *Werther*. Am 1. Oktober 1834 wird Franz Ludwig Gebhard Inhaber der Weygandschen Buchhandlung, die noch bis 1838 bestand.[10] Mit diesem Jahr wurde Goethes *Werther* das Eigentum von Gebhardt und Reisland, der Rechtsnachfolgerin der Weygandschen Buchhandlung.[11]

Der junge Goethe veröffentlichte nicht nur seine eigenen Werke in der Weygandschen Buchhandlung, sondern vermittelte zugleich andere junge Dichter an Johann Friedrich Weygand, der 1774 auch Jakob Michael Reinhold Lenz’ *Der Hofmeister*, *Der neue Menoza* und die *Lustspiele nach dem Plautus fürs deutsche Theater* sowie die *Anmerkungen übers Theater* herausbrachte. Daneben erschienen in der Weygandschen Buchhandlung Friedrich Maximilian Klingers *Otto* und *Das leidende Weib* (1775), Johann Anton Leisewitz’ *Julius von Tarent* (1776), Johann Martin Millers *Siegwart. Eine Klostergeschichte* (1776) sowie Johann

---

5 Ebd., S. 52.

6 Herbert Koch: *Johann Friedrich Weygand, Buchhändler in Leipzig*. In: *Archiv für Geschichte des Buchwesens*. Bd. IX. Frankfurt a. M. 1967/68, Sp. 433–448.

7 Es kam innerhalb kürzester Zeit zu mehreren Nachdrucken durch Weygand und auch zu der „zweyten ächten Auflage“ in der Weygandschen Buchhandlung. Man schätzt die verkauften Exemplare in den ersten fünf Jahren nach Erscheinen des Romans im Jahre 1774 auf etwa 10 000. Vgl. *Goethe-Handbuch*, Bd. 3, S. 59 u. 78. Siehe auch Siegfried Unseld: *Goethe und seine Verleger*. Frankfurt a. M. ^{2}1993, S. 55.

8 Reinhard Wittmann: *Der Verleger Johann Friedrich Weygand in Briefen des Göttinger Hains*. In: *Archiv für Geschichte des Buchwesens*. Bd. X. Frankfurt a. M. 1969–1970, Sp. 319–344; hier Sp. 320.

9 Bei Koch erscheint der Name als „Jaspar“ (S. 447) und bei Eule als „Jasper“ (S. 57).

11 Eule, S. 57.

Gottfried Herders *Volkslieder* (1778–79). Weygand stand auch mit Autoren des Göttinger Hainbundes wie Heinrich Christian Boie, Johann Heinrich Voß, Ludwig Christoph Heinrich Hölty und den Grafen zu Stolberg, zudem mit Georg Christoph Lichtenberg, Jean Paul, Matthias Claudius und Gottfried August Bürger in Verbindung; er kannte also die literarische Elite der Zeit. Weygand brachte außerdem die bedeutendsten literarischen Zeitschriften jener Zeit auf den Markt, so Wielands *Teutschen Merkur* und das von Boie und Christian Wilhelm von Dohm herausgegebene *Deutsche Museum*.

Während Goethes Briefe an die Weygandsche Buchhandlung aus dem Jahre 1824 zur Jubiläumsausgabe des *Werther* vorliegen, sind seine Schreiben an Johann Friedrich Weygand über die Erstveröffentlichung seines *Werther* und der anderen Werke von einem Autographenhändler in die Vereinigten Staaten verkauft worden. Da schon Eule davon berichtet, muß das vor 1920 geschehen sein.[12] Die Briefe gelten seitdem als verschollen und wären sicher einer Nachforschung wert. Da Weygand ein umstrittener Verleger war und seine Beziehungen zu den von ihm verlegten Autoren und Autorinnen problematisch waren, wäre es aufschlußreich, Einblick in das Verhältnis Goethes zu seinem ersten Verleger zu bekommen. In seiner Abhandlung über das Verhältnis Weygands zu den Dichtern des Göttinger Hains bezeichnet Wittmann ihn „mit Fug und Recht als den von seinen Autoren meistgeschmähten Verleger der vorklassischen Zeit"[13]. Manche Beziehungen Weygands zu den Dichtern des Göttinger Hains wurden wohl durch Johann Martin Miller vermittelt, der mit Weygand verwandt war (er war sein Vetter).[14] Sah Goethe den Verleger Weygand ähnlich wie Herder und andere als einen „Filz"? Herder beklagte sich, daß Weygand beim Druck der *Volkslieder* „gespart, gedrückt, gefilzt, geknickert" und ihn hinsichtlich der Freiexemplare „schändlich" behandelt habe.[15] Auch Friedrich Schiller nahm Kontakt mit Weygand auf und bot ihm *Kabale und Liebe* an, aber er merkte schnell, daß Weygand ihn „s c h o n zu Anfang breit schlagen"[16] wollte, nahm daher sein Angebot zurück und brach die Verbindung ab. Die geschäftlichen Beziehungen Goethes mit der Weygandschen Buchhandlung anläßlich der Jubiläumsausgabe des *Werther* von 1825 verliefen nach Goethes Angaben „zu beiderseitiger Zufriedenheit"[17]; Riemer setzte er als Korrektor der Druckfahnen ein und erreichte sogar, daß dieser dafür vom Verlag bezahlt wurde. Daß der Erstdruck des *Werther* im Jahre 1774 von Johann Friedrich Weygand weitaus nachlässiger vorgenommen wurde, geht aus Bernhard Seufferts Kommentar hervor.[18] Deshalb könnte das Auffinden der Briefe Goethes an Weygand einiges Licht ins Dunkel der Verlegerpraktiken Johann Friedrich Weygands und seiner Beziehungen zu den Autoren des 18. Jahrhunderts bringen.

---

12 Unseld, S. 57. Die unterschiedlichen Schreibweisen von Gebhard (Eule, S. 57) und Gebhardt (Unseld, S. 57) wurden aus den Quellen übernommen. Auch Unseld folgt übrigens in seinem Buch den irrtümlichen Angaben zu Weygand und hat die Veröffentlichungen von Eule und Koch nicht zur Kenntnis genommen (siehe Unseld, S. 48).

13 Eule, S. 56. Vgl. auch Koch, S. 441.

14 Wittmann, S. 320.

15 Siehe ebd., S. 323.

16 Herder an Heinrich Christian Boie, 14. 5. 1779. Johann Gottfried Herder: *Briefe*. Bd. IV: Oktober 1776–August 1783. Bearb. von Wilhelm Dobbek † und Günter Arnold. Weimar 1979, S. 89–90. Vgl. zu Weygands Beziehungen zu Herausgebern von Zeitschriften: Walter Hofstaetter: *Das Deutsche Museum (1776–1788) und das Neue Deutsche Museum (1789–1791). Ein Beitrag zur Geschichte der deutschen Zeitschriften im 18. Jahrhundert.* 12. Bd. Leipzig 1908.

17 Schiller an Wilhelm Friedrich Reinwald, Ende Februar 1783. In: SNA 23, S. 68.

18 WA IV, 38, S. 270.

19 WA I, 19, S. 324.

JULES KELLER

Eine unbekannte Fassung des Goetheschen Gedichts „Auf dem See“

Zurchseefahrt[1]

im Juni 1775.

Und frische *Kraft u. frisches* Blut
Trink ich aus *neuer* Welt,
Wie ist Natur so hold u. gut
Die mich am Busen hält.
Die Welle wieget unsern Kahn,
Im Rudertakt hinauf
Und Berge, Wolken angethan
Entgegnen unserm Lauf.

Liebes Aug was sinkst du nieder?
Goldne Träume kommt ihr wieder?
Weg du Traum so Gold du bist!
Hier auch Lieb und Leben ist

Auf der Welle blinken
Tausend schwebende Sterne
Holde Nebel trinken
Rings die türmende Ferne
Morgenwind umflügelt
Die beschattete Bucht
Und im See bespiegelt
Sich die reifende Frucht.

Oberried vom Berge.
Wenn ich liebe Lili dich nicht liebte
Welche Wonne gäb mir dieser Blick!
Und doch liebste Lili wenn ich dich nicht liebte,
Wär? Was wär mein Glück.

---

1 Das von Goethe an Lili geschenkte Gedicht, transkribiert von Jules Keller. Die kursiv gedruckten Passagen stellen die ungedruckten Varianten dar.

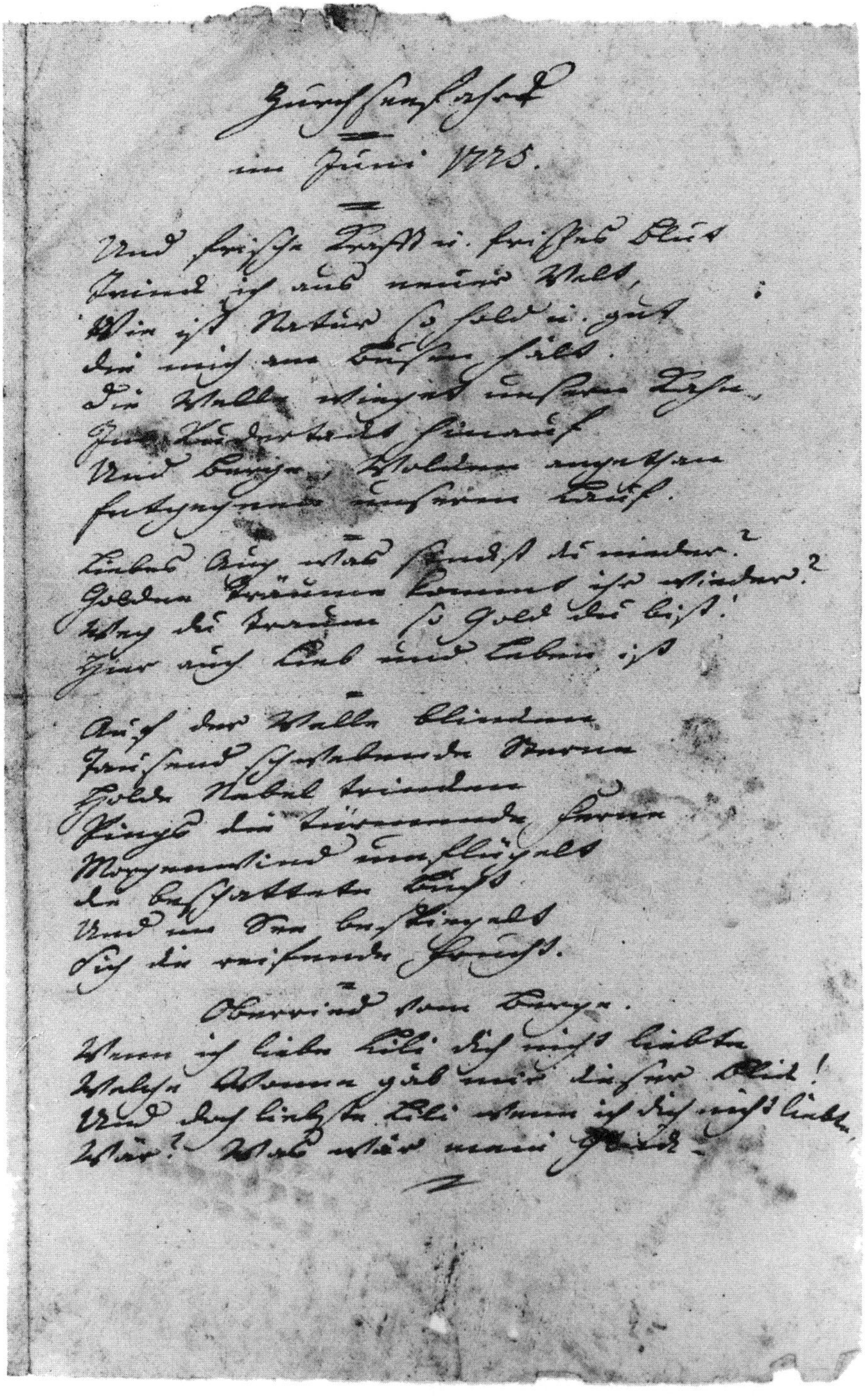

Zürchseefahrt
im Juni 1775.

Und frische Kraft u. frisches Blut
Saug ich aus neuer Welt,
Wie ist Natur so hold u. gut
Die mich am Busen hält.
Die Welle wieget unsern Kahn
Im Rudertakt hinauf
Und Berge, Wolken angethan
Entgegnen unserm Lauf.

Liebes Aug was sinkst du nieder?
Goldne Träume kommt ihr wieder?
Weg du Traum so Gold du bist!
Hier auch Lieb und Leben ist.

Auf der Welle blinken
Tausend schwebende Sterne
Holde Nebel trinken
Rings die türmende Ferne
Morgenwind umflügelt
Die beschattete Bucht
Und im See bespiegelt
Sich die reifende Frucht.

Oben auf dem Berge.
Wenn ich liebe Lili dich nicht liebte
Welche Wonne gäb mir dieser Blick!
Und doch liebste Lili wenn ich dich nicht liebte
Wär! Was wär mein Glück.

Abb. 6
Faksimile

Wieder einmal wurde auch in Frankreich ein Goethe-Jahr mit hingebender Verehrung und gebührender Feierlichkeit begangen. Vor allem im Elsaß, wo die Spuren Goethes noch lebhaft in Erinnerung sind, war der Dichter im vergangenen Sommer allgegenwärtig – insbesondere während der im Palais Rohan zu Saverne gemeinsam von der französischen Goethe-Gesellschaft und dem Goethe-Museum Düsseldorf veranstalteten Ausstellung *Goethe und Europa* sowie durch zahlreiche zu diesem Thema gehaltene Vorträge.

Die Krönung der gesamten Festlichkeiten sollte aber erst einige Tage später erfolgen. Vermutlich angeregt durch die Vorbereitungen zu diesen Gedenktagen, hatte der heutige Besitzer des Archivs der Familie Turckheim und Nachkomme Lili Schönemanns, Baron Francis de Turckheim, den Entschluß gefaßt, den gesamten Nachlaß der Bibliothèque Nationale et Universitaire von Straßburg anzuvertrauen.

Bereits Ende der 60er Jahre hatte ich die Möglichkeit, diesen Nachlaß zu sichten und seinen Inhalt in einem summarischen Inventar in großen Zügen zu erfassen. Seither wurden die Verhandlungen über den Transfer des Archivs in die Straßburger Bibliothek zusammen mit dem Leiter dieser Institution, Gérard Littler, kontinuierlich fortgesetzt und schließlich im vergangenen Jahr erfolgreich abgeschlossen.

Waren diese wertvollen Dokumente einmal gehortet, so mußte das ursprüngliche Inventar der Vollständigkeit wegen wieder aufgegriffen und ergänzt werden. Bei dieser Bergungsarbeit förderte der beauftragte Student ein halbes Dutzend Gedichte zutage. Darunter befand sich ein Kleinod, das sich uns durch seinen Titel und die bekannten Schriftzüge als ein Gedicht Goethes erwies. Und dies war nicht etwa eine Abschrift des längst veröffentlichten Gedichts *Auf dem See*, sondern eine dritte Fassung mit hochinteressanten Varianten. Sie trägt den Titel *Zurchseefahrt im Juni 1775*.

Die Handschrift Goethes wurde auch von dem diesbezüglich befragten Direktor des Goethe- und Schiller-Archivs in Weimar, Dr. habil. Jochen Golz, und dem Direktor des Freien Deutschen Hochstifts, Prof. Dr. Christoph Perels, als authentisch anerkannt.

Daneben befand sich noch eine Abschrift von unbekannter Hand des ebenfalls bereits veröffentlichten *Bundesliedes*. Die übrigen Gedichte standen in keinerlei Beziehung zu Goethe. – Soweit die Historie der Entdeckung des in dieser Form bislang unveröffentlichten Gedichts.

Nun ein Wort über die Entstehungsgeschichte der drei Fassungen des Gedichts, gewöhnlich betitelt *Auf dem See*. Von außen betrachtet, könnte man dieses Gelegenheitsgedicht Goethes als ein Produkt froher Stunden bei einer Bootsfahrt mit Freunden auf dem Züricher See inmitten einer herrlichen Natur ansehen. Auch in seiner jetzigen Form ist es gekennzeichnet durch die Frische des unmittelbar Niedergeschriebenen.

Die Veranlassung zu dieser ersten Schweizerreise war jedoch für Goethe weniger erquicklich gewesen. Die außergewöhnlich leidenschaftliche Liebe, die den Dichter an die kaum siebzehnjährige, ausnehmend schöne und mit allen geistigen Vorzügen ausgestattete Bankierstochter Lili Schönemann fesselte, war Goethe mit der Zeit immer deutlicher als eine schicksalhafte Bedrohung seines aufstrebenden Genies und seines künstlerischen Schaffens erschienen.

Es ist also kaum verwunderlich, daß in Goethes Briefen aus jenen Monaten der großen Liebe zu Lili der Begriff „Verworrenheit“ immer wieder auftaucht.[2] Und dennoch kam es um die Ostermesse 1775 auf eine von der gemeinsamen Freundin Dorothea Delph aus Heidelberg ergriffene Initiative hin zu einer Art Verlobung, so daß Goethe zu diesem Zeitpunkt fest an die Preisgabe seines ichbezogenen Daseins und eine dauerhafte Verbindung mit Lili glauben

---

2 So in den Briefen an Bürger, Februar 1775 (HA-Br 1, S. 178) und an Knebel, 14. 4. 1775 (ebd., S. 181).

mochte. An Herder schreibt er am 25. März 1775: „Es sieht aus als wenn die Zwirnsfädgen an denen mein Schicksal hängt [...] sich endlich knüpfen wollten.“[3] Aber schon am 12. Mai berichtet er an denselben: „Dem Hafen häuslicher Glückseeligkeit, und festem Fuse in wahrem Leid u. Freud der Erde wähnt ich vor kurzem näher zu kommen, bin aber auf eine leidige Weise wieder hinaus in's weite Meer geworfen“.[4] Das Bedürfnis, sich Klarheit zu verschaffen über sein Verhältnis zu Lili, war immer dringender geworden. Zwei Tage später, am 14. Mai, bricht Goethe aus anscheinend umhegter „Glückseeligkeit“ mit den Brüdern Friedrich und Christian zu Stolberg sowie mit August von Haugwitz zu seiner ersten Reise in die Schweiz auf. Am 15. Juni unternimmt die neunköpfige Gesellschaft, worunter sich auch Johann Caspar Lavater, der Musiker Philipp Christoph Kayser und der Frankfurter Freund Jakob Ludwig Passavant befanden, einen Bootsausflug auf dem Züricher See. Hier entstand die erste Fassung des Gedichts *Ich saug an meiner Nabelschnur*, später betitelt *Auf dem See*, woraus unser Gedicht, das Goethe nach seiner Rückkunft aus der Schweiz und kurz vor der endgültigen Lösung seiner Verlobung Lili geschenkt haben mochte, entsprossen ist. Nach ihrer Heirat mit Bernard-Frédéric de Turckheim am 9. August 1778[5] brachte sie das Gedicht mit ins Elsaß, wo es trotz mehrmaligem Wohnungswechsel und der letzten Kriegsereignisse mit den späteren Goethe-Briefen an sie erhalten blieb.

Was das Gedicht selbst betrifft, so wird hier keine ausführliche Interpretation geliefert. Sie ist auf Veranlassung von Professor Jean-Marie Valentin in den *Etudes Germaniques* erfolgt.[6]

Einige Hinweise mögen hier genügen. Wer ein Loblied auf die herrliche Landschaft am Züricher See erwartet, wird enttäuscht. Erst in der letzten Strophe wird ein Landschaftsbild skizziert. Wesentlich ist die Naturphilosophie, die Goethe in diesem Gedicht anklingen läßt: Natur als gütige Mutter, die Schutz, Sicherheit und Wohlbefinden in einer bergenden Bucht gewährt. Natur ist also kein Schauspiel, und der Dichter stimmt kein exaltiertes Lied über ihre Schönheit an. Was er uns liefert, ist eine Entäußerung seiner Seele. Nach den „zerstreutesten, verworrensten“, aber auch „ganzesten, vollsten [...] drey Vierteljahren“[7] mit Lili in Frankfurt findet er hier „frische Kraft und frisches Blut“ zu einem Neuanfang, ohne daß dafür die Richtung angegeben würde.

Ein Reifungsprozeß hat jedoch zweifelsohne stattgefunden. Dieser bezweckte die Erneuerung seines Ich, aber auch eine Welterneuerung oder eine neue Weltanschauung. Der Mensch Goethe scheint hier an einem Angelpunkt seines Daseins angelangt und bereits zu seinem wahren Wesen gefunden zu haben. Es sieht so aus, als sei der Kampf des genialen Menschen um seine individuelle Freiheit, die nolens volens auch Loslösung von der Geliebten bedeuten mußte, bereits ausgetragen. Der angeschlossene Vierzeiler mit erstmaliger Ortsangabe „Oberried vom Berge“ droht jedoch das angestrebte Ziel zunichte zu machen. Der schicksalhafte Charakter seiner Liebe tritt wieder deutlicher hervor und mit ihm der Anspruch auf individuelles Glück, obwohl das Entsagen nichts Fatales mehr an sich hat. Pointiert ausgedrückt, könnte man sagen: Der klassische Goethe scheint hier bereits seine Geburt zu feiern.

---

3 Ebd., S. 180 f.

4 Ebd., S. 182 f.

5 Siehe Jules Keller: *Lili Schönemann, baronne de Turckheim*. In: Collection Contact, Etudes et documents N° 3. Bern u. a. 1987 sowie ders.: *Aus dem Alltagsleben einer Frankfurter Goethe-Freundin*. In: Collection Contact, Etudes et documents N° 40. Bern u. a. 1997.

6 Vgl. Jules Keller: *J. W. Goethe: „Zurchseefahrt im Juni 1775.“ Une version inédite du poème „Auf dem See“*. In: Etudes Germaniques 55e année. Juillet-septembre 2000, N° 3. Notes et Documents p. 685–700. Didier Erudition, Paris.

7 Brief an Bürger, 18. 10. 1775 (HA-Br 1, S. 197).

CRISTINA RICCA

Der „Harfner" Domenico Antonio Giovinazzi

> „Solitario bosco ombroso [...]" – Dunkle Schatten! Wald so einsam! / Zu dir flieht gequält das Herz, / Sucht in deiner Stille Balsam / Trost und Heil dem stummen Schmerz. // Allen Freuden süßen Lebens / Hat die Seele längst entsagt, / Sehnt nach Frieden sich vergebens / Während Kummer sie zernagt.[1]

Dieses Gedicht stammt von Paolo Rolli (1687–1765), einem nach England ausgewanderten Italiener, der in der ersten Hälfte des 18. Jahrhunderts einer der bevorzugten Dichter für Händels italienische Opern in London war und Mitgliedern der königlichen Familie Italienischunterricht gab. Vermutlich in der Vertonung von Willem de Fesch gelangte es nach Frankfurt zum Großen Hirschgraben,[2] wo es ein Italiener namens Domenico Antonio Giovinazzi mit besonderer Vorliebe sang. Im ersten Buch von *Dichtung und Wahrheit* berichtet Goethe von der Begeisterung seines Vaters für die italienische Sprache und für alles, was mit Italien zu tun hatte. Der Vater verbrachte einen Teil seiner Zeit damit, seine Reisebeschreibung in Italienisch abzufassen:

> Ein alter heiterer italienischer Sprachmeister, Giovinazzi genannt, war ihm daran behülflich. Auch sang der Alte nicht übel, und meine Mutter mußte sich bequemen, ihn und sich selbst mit dem Klaviere täglich zu akkompagnieren; da ich denn das „Solitario bosco ombroso" bald kennen lernte, und auswendig wußte, ehe ich es verstand. (HA 9, S. 14)

Goethe erwähnt Giovinazzi nur an dieser Stelle seines Gesamtwerks.[3] Jene Gestalt sollte für Goethes Schaffen aber eine zentrale Bedeutung gewinnen. In den wenigen Zeilen, die er sei-

---

1 Dieses Lied stammt aus der Sammlung *Di Canzonette e di Cantate Libri Due di Paolo Rolli*, Londra, presso Tomasso Edlin, 1727. Über seine Wirkung auf Goethes Werk vgl. den Kommentar von Dieter Borchmeyer zu Goethes Jugendfragment *Die königliche Einsiedlerin* in FA I, 4, S. 667 f. Die Übersetzung befindet sich ebd., S. 668.

2 Siehe dazu Siegmund Levarie: *‚Solitario bosco ombroso' – eine musikalische Kindheitserinnerung Goethes*. In: GJb 74 (1957), S. 196–202.

3 Elisabeth Menzel schreibt: „Die gemeinsame Arbeit der beiden Männer wurde zuweilen durch eine aufmunternde musikalische Erfrischung unterbrochen [...] Es war damals die Zeit, in der die wohllautende italienische Kantilene die musikalische Welt beherrschte". In: dies.: *Wolfgang und Cornelia Goethes Lehrer*. Leipzig 1909, S. 57.

nem Italienischlehrer widmet, charakterisiert er ihn durch vier Merkmale: durch das Alter (er ist der „Alte"), durch seine Herkunft (Italien), durch seine Beziehung zur Musik (er singt täglich) und durch das Lied *Solitario bosco ombroso*, welches der Klage eines durch Schicksalsschläge gequälten lyrischen Ich Ausdruck verleiht. Auffallend sind die Ähnlichkeiten zwischen der Beschreibung in *Dichtung und Wahrheit* und der Charakterisierung des Harfners im Roman *Wilhelm Meisters Lehrjahre.* Diese Ähnlichkeiten sind bereits früher bemerkt worden. Elisabeth Menzel war die erste, die die Vermutung äußerte, Goethe habe an Giovinazzi gedacht, als er die Gestalt des Harfners entwarf.[4] Auf Elisabeth Menzel folgten Arturo Farinelli[5] und Benedetto Croce[6]. In der vorliegenden Untersuchung wird – auf der Grundlage der im Frankfurter Institut für Stadtgeschichte vorhandenen archivalischen Quellen – dargelegt, daß Goethe die Harfnerfigur der *Lehrjahre* mit Zügen Domenico Antonio Giovinazzis versah.

Domenico Antonio Giovinazzi wurde am 14. April 1693 in Castellaneta (Apulien) getauft.[7] Als junger Mann lebte er im Kloster von San Domenico zu Putignano, einem damals bedeutenden Studienzentrum, das über eine reich ausgestattete Bibliothek verfügte. Mit 24 Jahren war er Dominikanerpater und mit den Aufgaben eines Lektors betraut. Wegen eines „eccesso" wurde er im Kloster unter Arrest gestellt, eine Strafe, die gewöhnlich nur „in casibus gravioribus" erfolgte. Welchen Vergehens er sich schuldig gemacht hatte, ist heute nicht mehr festzustellen.[8] Giovinazzi konnte aus dem Arrest fliehen, und es gelang ihm, den Ordensgeneral in Neapel aufzusuchen. Dort wurde ihm geraten, nach Putignano zurückzukehren und sich bei seinem Superior über die von ihm als ungerecht empfundene Strafe zu beklagen. Er erbat sich statt dessen die Einwilligung des Ordens zu einer Reise nach Rom.

Zwei Jahre später tauchte Giovinazzi in der Schweiz auf, wo er, wie die im Frankfurter Institut für Stadtgeschichte erhaltenen Dokumente belegen, zum reformierten Glauben übertrat und in Zürich Mitglied der sog. „Proselyten-Kammer" wurde. Trotzdem fand er keine Anstellung („Sustentation"). Inzwischen hatte er geheiratet und mußte mit seiner Frau, einer geborenen Schweizerin, weiterziehen. 1724 gelangten beide nach Frankfurt am Main, auf welchem Wege ist allerdings nicht bekannt. In Frankfurt richtete Giovinazzi drei Supplikationen an den Rat um die Erteilung des „beisaßen Rechts", nämlich am 2. März, am 16. und am 30. Mai 1724.[9] Im ersten Gesuch bekannte Giovinazzi einen „sonderbahren innerlichen Trieb zu der Protestantische Religion [sic!], und zwar annoch in meinem Vaterland", der ihn veranlaßt habe, freiwillig das Klosterleben aufzugeben. Um seinen rechten protestantischen Glauben zu bezeugen, legte er zwei – leider nicht mehr erhaltene – „attestati" bei, „sowohl aus Pündten als auch von Zürch". Die Schreibweise „Pündten" beruht entweder auf einer

---

4 Ebd., S. 72–73.

5 Arturo Farinelli (Hrsg.): *Johann Caspar Goethe: Viaggio in Italia 1740.* Bd. 1 u. 2. Rom 1932.

6 Benedetto Croce: *Dell'ex-monaco pugliese Domenico Giovinazzi che insegnò l'italiano al Goethe fanciullo.* In: La critica, XXXV. Jg., 20. 11. 1937, S. 468. Der Romanist Karl Vossler faßte dann Croces Bericht für die deutschen Leser zusammen. Karl Vossler: *Goethes italienischer Lehrer* (1937). In: ders.: *Aus der romanischen Welt.* Bd. 4. Leipzig 1942, S. 114–117.

7 Ich folge in der Darstellung der in Italien verbrachten Jahre Benedetto Croce (Anm. 6).

8 Dafür, daß es sich nicht um ein schweres Verbrechen gehandelt hat, spricht unter anderem der diesen Fall betreffende Briefwechsel zwischen dem Ordensgeneral und dem Padre provinciale, in dem es nur um rechtliche Formfragen geht.

9 Ratssupplikationen (Gesuche um Beisassenschutz) 1724, Bll. 101–102, 236–237 u. 260–261.

Verwechslung von ‚P' und ‚B' oder auf damaligem Schreibgebrauch: Giovinazzi war jedenfalls im größten, seit Ende des 15. Jahrhunderts überwiegend protestantischen Schweizerischen Kanton „Bünd(t)en", dem heutigen Graubünden, beheimatet.[10] In den Supplikationen an den Rat hob Giovinazzi seine Bildung hervor; er bezeichnet sich als Dominikanerpater, der die „facultatem docendi in Theologicis" habe und „in philosophicis, Linguis und andern anständigen Wißen" geübt sei. Die Gesuche fielen in die Zeit des sog. „Verfassungsstreits" (1705–1732),[11] in der die Frankfurter Großhändler sich über die vielen Italiener, Franzosen und Schweizer beklagten, die sich in der Stadt als Beisassen niedergelassen hatten, ohne die bürgerlichen Pflichten zu erfüllen. Deshalb wurden die Gesuche abschlägig beschieden. Da er keinen anderen Beruf ergreifen durfte, gewann Giovinazzi als Sprachlehrer in Frankfurt großes Ansehen.[12] Anhand des Haushaltsbuches von Johann Caspar Goethe läßt sich feststellen, daß Giovinazzi von 1753 bis 1755 einen Jahreslohn bekam, daß dann eine Pause folgte und er zwischen 1760 und 1762 nochmals angestellt und pro Semester ausbezahlt wurde. Vermutlich war er in der ersten Phase Korrektor der Reisebeschreibung *Viaggio per l'Italia* und erst später Italienischlehrer der Kinder. Allerdings muß er oft im Hause Goethes gewesen sein, denn in *Dichtung und Wahrheit* ist von einem „täglichen Akkompagnieren" des *Solitario bosco ombroso* die Rede. Nach dem Tod der ersten Frau heiratete Giovinazzi Elisabeth von der Werf, die 1748 starb. Johann Wolfgang Goethe lernte ihn erst kennen, als er zum zweiten Mal verwitwet war. Giovinazzi starb mit 69 Jahren am 9. Juli 1762.

Goethe kannte die Lebensgeschichte Giovinazzis sicher viel genauer, als bis jetzt vermutet worden ist. Zeugnis davon legen die augenscheinlichen Übereinstimmungen mit dem Werdegang des Harfners ab. Im letzten Buch der *Lehrjahre* erscheint ein italienischer Marchese, der die Geschichte seiner Familie erzählt. Nachdem der Harfner (Bruder Augustin) aus dem Kloster entflohen war, berichtet der Marchese:

> [...] wir wurden nur spät von diesem Vorgange benachrichtigt, man forschte nach, wo er hingekommen sei, aber vergebens! Wie er sich durch Berge und Täler durchgearbeitet haben mag, ist unbegreiflich. Endlich nach langer Zeit fanden wir in Graubünden eine Spur von ihm wieder, allein zu spät, und sie verlor sich bald. Wir vermuteten, daß er nach Deutschland sei [...]. (HA 7, S. 593)

In Graubünden verlieren sich die Spuren Bruder Augustins, in Deutschland tritt er dann als der Harfner auf. Um mit dem Abbé zu sprechen:

> Denn wer zweifelt wohl einen Augenblick daran, daß Augustin und unser Harfenspieler e i n e Person sei? (ebd., S. 593)

Als die Identität des Harfners – und demzufolge seine Beziehung zu Mignon – enthüllt wird, geschieht dies offensichtlich durch Rückgriff auf eine Kindheitserinnerung. Der Harfner

---

10 Elisabeth Menzel las „Pfündten" und konnte dem Namen nicht die richtige Bedeutung beimessen.

11 Friedrich Bothe: *Geschichte der Stadt Frankfurt am Main.* Frankfurt a. M. 1929, S. 202.

12 Dies ist gemessen an seinen Steuerabgaben. Croce behauptet, Giovinazzi habe seine Niederlassung in Frankfurt Ende 1726 oder Anfang 1727 bewilligt bekommen. Das konnte allerdings anhand der vorhandenen Archivalien nicht bewiesen werden.

weist viele Ähnlichkeiten mit der Figur des Sprachlehrers auf: Ursprung, Stand, Rebellion gegen die Gesetze der katholischen Kirche und Neigung zur Musik als Mittel, die seelische Befindlichkeit auszudrücken. Zweifellos aber gilt als ausschlaggebender Berührungspunkt die Erwähnung der Region Graubünden, in der sich der Identitätswandel der realen wie fiktiven Person vollzieht. Nicht nur die Abbildungen römischer Sehenswürdigkeiten drückten sich also tief bei Goethe ein (HA 9, S. 14), sondern auch die Gestalt eines Mannes, der ihn in die italienische Sprache und Kultur eingeführt hatte.

JÜRGEN BAY

Das Glück der Freundschaft

Zu einem späten Gedicht Goethes

Mit diesem Gedicht, gedruckt auf einzelne Blätter mit einer antikisierenden Bordüre aus Palmetten und Lotusblüten, bedankte sich Goethe für Glückwünsche zu seinem 77. Geburtstag. Auch der Berliner Maurermeister, Bauunternehmer, Komponist und Leiter der Singakademie Carl Friedrich Zelter erhielt einige dieser „Dankblättchen". Denn es war auch die Freundschaft mit ihm, die Goethe in dem Gedicht pries, in diskreter Weise, indem er keinen Namen nannte, sondern Schlüsselworte verwendete, die nur seinem Freund vertraut waren.

Zelter hatte Goethe vom 7. bis 19. Juli 1826 besucht. Am 5. August schrieb Goethe ihm: „Mir bleibt unser Zusammenleben von großer Bedeutung, möge es Dir gleichfalls gesegnet sein." Das Wort „gesegnet" verwendete er wieder in dem bald darauf, am 16. August niedergeschriebenen Gedicht, um auszudrücken, welche Wirkung die Begegnung mit einem Freund haben kann.

Wenige Monate vor Zelters Besuch hatte Goethe dessen „ältere Briefe wieder vorgenommen" (an Zelter, 20. 5. 1826). In einem dieser Briefe aus den Anfangsjahren ihrer Bekanntschaft hatte Zelter nach einer Begegnung in Lauchstädt geschrieben: „ich habe neue Lebenslust getrunken. Die Fatigue hat mich gestärkt, Ihre Nähe hat mich erwärmt, aufgeklärt, erhoben, befreit und mir ist zu Mute wie einem sein muß den irgend ein Bad oder Klima von einer schleichenden Krankheit befreit hat" (25. 8. 1805). Goethe hat in seinem Gedicht das von Zelter zweimal gebrauchte Wort „befreit" wohl deshalb zitiert und mit seinem eigenen Ausdruck „gesegnet" verbunden, um Zelter daran zu erinnern, wie jeder von ihnen die Gegenwart des Freundes empfunden hatte.

Der Heilige Johannes Chrysostomos – er lebte im 4. Jahrhundert n. Chr. – hat in einer Predigt über das erste Buch Moses gesagt: „Kommt einer auf den Markt und trifft dort auch nur mit einem Freund zusammen, so schwindet ihm häufig die Trauer." Goethe kannte die Predigten, wie sein Brief an Zelter vom 17. Mai 1815 zeigt: „Ein Zitat Winkelmanns wies mich auf die Homilien des Chrysostomus, ich wollte doch sehen, was der Kirchenvater über die Schönheit zu sagen gewußt habe". Vielleicht hatte Goethe auch jene Stelle über die Freundschaft gelesen und sich an sie noch 1826 erinnert, als er die Verse dichtete „Wenn Freundes Antlitz dir begegnet / So bist du gleich befreyt, gesegnet". Dann hätte er sein Gedicht über die Freundschaft, um diese gewissermaßen zu weihen, in eine geheiligte Tradition gestellt. Das jedenfalls tat Goethe gerade in dem Brief, mit dem er Zelter am 26. August einige Drucke des Freundschaftsgedichtes schickte. Die Schlußworte des Briefes spielen, wenn auch ironisch, um seinem Bekenntnis jedes Pathos zu nehmen, auf den biblischen Zug in das Gelobte Land an: „Diesseits und jenseits des Jordans der Deine".

AM

ACHT UND ZWANZIGSTEN AUGUST

1826.

Des Menschen Tage sind verflochten,
Die schönsten Güter angefochten,
Es trübt sich auch der freyste Blick;
Du wandelst einsam und verdrossen,
Der Tag verschwindet ungenossen
In abgesondertem Geschick.

Wenn Freundes Antlitz dir begegnet,
So bist du gleich befreyt, gesegnet,
Gemeinsam freust du dich der That.
Ein zweyter kommt sich anzuschliessen,
Mitwirken will er, mitgeniessen,
Verdreyfacht so sich Kraft und Rath.

Von äusserm Drang unangefochten
Bleibt Freunde so in Eins verflochten,
Dem Tage gönnet heitern Blick!
Das Beste schaffet unverdrossen;
Wohlwollen unsrer Zeitgenossen
Das bleibt zuletzt erprobtes Glück.

Weimar. Goethe

REZENSIONEN

„Bin die Verschwendung, bin die Poesie"
*Zu Peter Steins großer „Faust"-Vision**

Am Anfang hängt der Himmel oben, konzentrische Kreise aus gleißendem Metall wie die Planetensphären. Darüber die Erzengel und unsichtbar, nur Stimme: der Herr. Ein umgedrehter Stuhl hängt zwischen Silberflügeln – wurde da einer (Faust?) auf die Erde gekippt, oder ist es der nach seinem Sturz leergewordene Sitz des Widersachers? Der jedenfalls umkreist eine von oben herabgeknallte Leiter, lauernd, aggressiv, ironisch, seiner Sache gewiß. Am Ende, nach Fausts Grablegung, senkt sich, was wie Kreise erschien, in einer riesigen Spirale herab. Weiß gewandete Gestalten – Engel, Büßerinnen, darunter Gretchen – steigen nieder und geleiten den von seinem Erdenrest befreiten Faust nach oben. So schließt in einem überwältigenden, ebenso überraschenden wie konsequent Anfang und Ende verbindenden Bild das längste Theaterereignis, das es je gab und das wie eine Summe aller Mittel wirkt, über die das Theater einmal verfügte.

Anderthalb Tage lang führt Peter Stein die Zuschauer von Spielort zu Spielort, vor Guckkastenbühnen, vor Plattformen in der Mitte, ins Dreiviertelrund des antiken Theaters oder als Teilnehmende direkt ins Geschehen bei der großen Reichstagsszene oder in der Mummenschanz. Das ist anstrengend, hält aber beweglich, läßt nie Gemütlichkeit aufkommen, fordert und schärft die Konzentration. Am Ende stellt sich statt Erschöpfung eine Art tranceartiger Aufmerksamkeit ein, wie sie nach langem Wachen entsteht: War es der eigene Traum, der da vorüberzog? Es tauchen ja aus den in 21 Stunden durchmessenen Jahrhunderten, Jahrtausenden Erinnerungsreste auf, die merkwürdig vertraut erscheinen: die Unrast, die immer Neues, immer anderes will, die Verwechslung der Virtualität (der Bilder, des Geldes) mit der Realität, die Beschleunigungen, der neue Mensch in vitro oder künstliche Intelligenz, die Unübersichtlichkeit. Ein Bildungserlebnis, eine Einschüchterung durch Klassizität ist das jedenfalls nicht. Der Alte in seinem thüringischen Nest hat da ein Leben lang an etwas gearbeitet, das über die Jahre immer moderner, aktueller geworden ist und gleichwohl sein Geheimnis gewahrt hat. Das macht die nicht zu lösende Spannung dieses Lebenstagewerks aus: „je incommensurabler und für den Verstand unfaßlicher eine poetische Produktion, desto besser" (zu Eckermann). Peter Steins Entscheidung, sämtliche 12 000 Verse des *Faust* auf die Bühne zu bringen, ist zunächst einmal ein Einspruch gegen die gängige Theaterpraktik, die sich darin gefällt, die Texte zum Verschwinden zu bringen, „aufzubrechen", ihnen mit dem Techno- oder No-future-Hammer vor allem die Poesie auszutreiben und ihnen ihr Zerrbild vorzuhalten. Stein vertraut dem Text – seiner Schönheit, seiner Erhabenheit, seinem Witz, seiner Ironie, mit einem Wort: seiner Poesie. Da ist eine solche Vielfalt der Töne zu hören, daß man seinen Ohren nicht traut – sollte das einmal möglich gewesen sein in deutscher Dichtung? Schiller, Hölderlin, Brentano, Novalis, Heine, Schlegels Shakespeare, manchmal Wilhelm Busch, und alles auf einmal, alles Goethe? Man weiß ja, wie viele verschiedene Metren Goethe hier verwendet hat – Madrigal- und Blankverse, Liedformen, das antike Tragödienmaß des jambischen Trimeter, Chorliedstrophen, einmal sogar Terzinen als Reverenz an Dante – und immer zeigen solche Tonwechsel einen Wechsel der Stimmung, der Assoziationsevokation, der „Idee" an. Stein hat diese Tonfolgen mit bewundernswerter Klarheit (und wohl auch viel Geduld) herausgearbeitet, hat die Textmassen wie eine Partitur zum Klingen gebracht. Da wird weder deklamiert noch zu Scheinprosa verschliffen. Jede Silbe ist zu hören, als sei der Vers eben erst entstanden und durch die Figur des Sprechenden, dieser zahllos Erscheinenden, gedeckt. Durch geschickte Zäsuren werden

* Die Rezension erschien am 18. August 2000 in der „Frankfurter Rundschau".

die manchmal penetranten Reime Teil des Satzflusses, ohne den paarigen Duktus solcher Verse unhörbar sein zu lassen (er bleibt es auf einer ersten Ebene). Andererseits bringen die komplizierten, dem Griechischen nachgebildeten Partizipialkonstruktionen der Helena-Verse Corinna Kirchhoff dazu, sie in weiten Rhythmusbögen so zu gliedern, daß der ganz andere Atem der Antike herüberklingt, gemessen selbst noch das Entsetzliche in einen Versbau integrierend, der Schuld und Schande abfängt in der Kunst, gebändigt von der Überfülle der Poesie. Man muß sich klarmachen, daß das, was im *Faust* (vor allem natürlich im zweiten Teil) zu hören ist, zunächst erst einmal Töne sind, Tonverhältnisse und Rhythmen (wie bei den Sternbahnen bis zur Renaissance), Konsonanzen und Dissonanzen, Atemeinheiten, Pausen, auch Stimmlagen, rauhe und stille, in gebundenem und abgehacktem, beschleunigtem und retardierendem Vortrag. „Die Musik müßte im Charakter des Don Juan seyn; Mozart hätte den *Faust* componiren müssen", so Goethe zu Eckermann. Nur: Vertont wäre die Musik dieser Sprache nicht mehr hörbar. So aber, in Steins Orchestrierung, ist sie es. Steins *Faust* ist das Ereignis einer Sprach- und Sprechkultur, von der man sich nicht träumen ließ, daß es sie auf dem deutschen Theater noch einmal geben könnte.

Nun war ja aber das Ganze auch zu inszenieren und in Bilder, Farben, Licht und Abläufe so zu übersetzen, daß etwas anderes als eine illustrative Verdoppelung der Sprache dabei herauskam. Mehr noch: Es mußten Bezüge und Kontrastierungen hergestellt werden, um die „incommensurablen" Textmassen zu verzahnen. Hier gelingen Peter Stein und seinen Ausstattern Bilder von oft betörender Schönheit oder albtraumhafter Bizarrerie, die dadurch noch reicher werden, daß sie manchmal Erinnerungen an den antiken oder abendländischen Bildfundus abrufen. So zitiert die Himmelsspirale William Blake und Botticelli, Faust sieht Helena zum erstenmal in der Hexenküche als Rückenakt von Velazquez, auf den Blocksberg kommen die Hexen aus Bildern Goyas oder Hans Baldung Griens herausgeritten. Das sind Erweiterungen des Textes, die das Weltdrama mit dem Bildgedächtnis längs durch die Zeiten verstreben. Im Hexensabbat auf dem Brocken türmen sich die Spukgestalten in dichtem Gewimmel in die Höhe. „Monarchisch" hat Goethe die Szene genannt, und man mag bei dem Spektakel an den Hobbesschen *Leviathan* denken. In der klassischen Walpurgisnacht dagegen, in Griechenland, geht alles ins Weitläufige, Großräumige, „republikanisch" Vereinzelte. Da es hier nur einen dünnen Handlungsfaden gibt und Goethe fast überhaupt keine Anhaltspunkte durch den Wiedererkennungseffekt geläufiger Gestalten aus der Mythologie setzt (die meisten sind vorolympisch, archaisch), läßt Stein die Figuren in immer neuen Bilderfindungen wie in Traumsequenzen dahingleiten. Kaum nimmt ein Bild Gestalt an, zerrinnt es ins nächste; dann wieder gibt es ein langes Verweilen, in dem die uns unverständlich gewordenen Weltentstehungsrätsel abgehandelt werden, die wie aus vergessenen Träumen kommen. Peter Stein hat sich dazu ein riesiges Spielfeld ausgedacht, das kreuz und quer durchrhythmisiert wird. Einmal wird es ganz umkreist, ausgeschritten von dem rastlos trabenden Kentauren Chiron, der dem daraufgesattelten Faust seine und Helenas Geschichte erzählt, einmal durchschneiden die stymphalischen Blechvögel mit Getöse den Raum diagonal von oben, einmal wird er auf der Fläche durchquert vom blauen Stoffband eines Flusses, unter dem sich versteckend, wie hastende Wellen, die Nymphen dann verschwinden, und am Ende wird das Feld durch eine Art konkaver Wanne begrenzt, die Ägäis, in der sich Nereiden und Doriden auf nicht sichtbaren Rollschuhen so munter und eilig-elegant bewegen wie Fische im Wasser. Es ist das akzelerierende Vorspiel der Erscheinung der schönen Galatee in ihrer Muschel, mit der in einem großen erotischen Finale sich vereinigend, an ihr zerschellend, Homunculus, der Intellekt, die Chance sieht, ein „ganzer" Mensch zu werden. Dieser ebenso heiter gleitende wie orgiastische Aktschluß (auch Orgasmen können „leicht" sein in südlichen Klimaten) ist das Vorspiel zu dem so ganz andersartigen, schweren und gemessenen Helena-Akt, in dem das Feuer der doch endlich erreichten Erfüllung ganz im Innern verbleibt.

Zum Glück haben wir jetzt eine Stunde Pause. Da ordnen sich die Bilder wieder anders, entstehen Verbindungen, die man im linearen Ablauf vielleicht nicht wahrnahm. Haben wir die schöne Galatee nicht vor Uhrzeiten auf dem Blocksberg, als das, was im nördlichen Nebel aus ihr würde, gesehen, Lilith und Gretchen, Hure und fast schon Heilige? Aber die Zeit mit ihrem Vorher und Nachher schwindet, löst sich auf in Augenblicke, die wir in der Erinnerung – jeder für sich und jeder anders, das wäre eine Erfahrung von Kunst heute – zu Bildentsprechungen, Bildverkehrungen verknüpfen. Was wir einmal sahen, verändert sich ständig im rückschauenden Blick der wiederholten Spiegelungen, bleibt im Fluß. Hier wird sich nicht eingefühlt; hier wird Theater gespielt und werden dessen Mittel vorgezeigt. Da ist ein ständiges Kippen und Gleiten, vom Strengen zum ironisch Gebrochenen und wieder zurück in unendlicher Reflexion. Es ist alles Schein und Trug, alles künstlich und doch so wirklich, wie nur die Kunst es sein kann.

Es ist nicht fair, die Arbeit von über einem Jahr nach einem Einblick von nur 21 Stunden beurteilen zu wollen. Man müßte bei jeder einzelnen Szene und ihrem Widerspiel des Vor und Zurück verweilen. So bleibt für diesmal nur die Erinnerung an ein junges, quicklebendiges Ensemble, an die sich verzweigenden Bilder und an die unendliche Melodie dieser nie so gehörten verschwenderischen Poesie.

Klaus Reichert

Wiederholte Spiegelungen. Weimarer Klassik 1759–1832. *Ständige Ausstellung des Goethe-Nationalmuseums.* 2 Bde. (1034 S.) Hrsg. von Gerhard Schuster und Caroline Gille. München 1999.

Was eigentlich ist die Weimarer Klassik? Was ist die Geschichte der Weimarer Klassik? Und was ist überhaupt Geschichte? Antworten und reichhaltigste Auskünfte gibt der beeindruckende Katalog, den die Stiftung Weimarer Klassik zur neuen Ständigen Ausstellung des Goethe-Nationalmuseums in Weimar herausgegeben hat. Diese Antworten kann der Katalog aber nur geben mit einem anspruchsvollen Darstellungsprinzip, dessen Programm Gerhard Schuster, neben Caroline Gille Mitherausgeber und Mitorganisator der Ausstellung, in seinem Einleitungsessay skizziert: „An die Stelle der versteckt auktorialen Erzählerfigur eines Ausstellungsmachers bzw. des alleinigen Fokus einer einzelnen (Werk-)Biographie tritt eine Vielfalt sich ablösender, einander antwortender, komplementärer Figuren. Als Chronisten, Kommentatoren und Beobachter, oft aus entgegengesetzter Perspektive, beurteilen sie die Phänomene, um so im Sinne Goethes ‚ein Wahrhaftes wiederherzustellen, aus Trümmern von Dasein und Überlieferung sich eine zweite Gegenwart zu verschaffen'" (S. 29).

Diesen Anspruch lösen die zwei voluminösen Bände ohne jede Einschränkung ein. Hier wird Geschichte erzählt und lebendig gemacht – und zwar in einer Vielzahl von ‚Geschichten', die alle, mehr oder weniger gelenkt von Einzelinteressen oder beeinflußt von Zufällen, an einem zentralen Punkt zusammenlaufen und hier für meist lange Zeit gebündelt bleiben. Dieser Punkt heißt Weimar. Der Zeitraum, den der Katalog für die Weimarer Klassik ausmißt, umfaßt die Jahre 1759 bis 1832, setzt also mit dem Beginn der Regierungszeit der jungen Weimarer Fürstenwitwe Anna Amalia ein, die mit ihrer Kultur- und Personalpolitik die Grundlagen für das schuf, was später Weimarer Klassik hieß. Den Schlußpunkt bildet Goethes Tod.

Der Katalog zur Ständigen Ausstellung des Goethe-Nationalmuseums präsentiert zunächst natürlich auch in Abbildungen die Exponate der Ausstellung: Gemälde und Stiche, Zeichnungen und Schattenrisse, Titelseiten, Erst- und Werkausgaben, Möbel und Skulpturen, Statuetten und Denkmalentwürfe, Sammlungsobjekte wie Gemmen, Sprudelsteine oder Eisenbahnmodelle, Alltagsgegenstände wie Spielkarten, Einkaufstaschen oder Trinkgläser – Ausstellungsstücke, hier schön reproduziert und meist großzügig wiedergegeben, die jedes für sich einen meist ausführlichen Erläuterungstext verdienen und bekommen.

Diese ein- bis dreispaltigen Erläuterungen sind zudem Texte weit jenseits trocken-musealer Entstehungs- und Materialgeschichte. Es sind kleine Aufsätze, die die Hintergrundgeschichte des Abgebildeten beleuchten, untermischt mit Tagebuch-, Brief- und Gesprächsnotizen, mit Hinweisen auf die Forschung oder auf andere Exponate; im Einzelfall wird, schlicht und vielsagend, ein Gedicht, ein literarischer Text deutend der Abbildung zur Seite gestellt. So findet sich etwa unter Goethes getuschter Federzeichnung *Südliche Küstenlandschaft* (1806) das in Italien entstandene Gedicht *Amor als Landschaftsmaler* (1788).

Die Abbildungen mitsamt den kommentierenden, einführenden, erläuternden oder poetisch-interpretierenden Texten sind jedoch jeweils erst der dritte Teil der insgesamt vierundzwanzig Abteilungen des Katalogs. Ihnen ist je ein essayartiger Text vorangestellt, deren Autorinnen und Autoren renommierteste Experten aus Literatur- und Kunstgeschichte sowie Philosophie sind. Diese Essays eröffnen, zumindest im Titel, eine spezifisch-ungoethisch pointierte Perspektive auf Weimar, sind damit Geschichten mit dem Zielpunkt Weimar, deren Titelheldinnen und -helden die Hauptpersonnage des kulturhistorischen Komplexes Weimarer Klassik repräsentieren: Anna Amalia, Charlotte von Stein und Luise von Göchhausen, Wieland, Herder und Schiller, Lavater und Knebel, Carl August und Eckermann, Kraus, Moritz und Meyer, Sulpiz Boisserée und Coudray, Voigt und Alexander von Humboldt, Caroline Jagemann und Böttiger, Germaine de Staël, Carlyle, Göschen, Cotta & Co. – und erst zuletzt Goethe.

Thematisch wird so ein breiter Fächer historischer Bezüge entfaltet: Kulturpolitik und Amtsgeschäfte, Park- und Gartenkunst sowie Naturwissenschaften, Verhältnis zur Romantik, klassizistische Baukunst, klassizistische Preisaufgaben und die Konkurrenz zur Romantik, Theaterkultur und Intendanz, italienische Wiedergeburt, Napoleonische Besetzung, *Faust*, *Wallenstein*, Weltliteratur und vieles mehr.

Diese gesamte Gruppierung – Essay und je 30 bis 40 Abbildungen mitsamt ihren Begleittexten – trägt jeweils den Namen einer Geschichte. Den Anfang macht *Anna Amalia sieht eine Lücke*, weitere Stationen sind beispielsweise *Johann Caspar Lavater beschattet die Epoche*, *Herzog Carl August gewinnt gegen Napoleon*, zum Abschluß heißt es dann: *Johann Wolfgang von Goethe begräbt sein Zeitalter.* Zusätzlich zu den Titeln ist jede der ‚Geschichten' wiederum mit einem Originalzitat einer ihrer Heldinnen oder eines ihrer Helden überschrieben – das sich deutend auf den Geschichtentitel rückbezieht, den folgenden Essay im voraus deutet und schließlich die Exponate mitsamt ihren beigefügten Texten bündelt.

Glücklicherweise aber hat niemand der Autorinnen und Autoren die Titel der Abteilungen als Zwang verstanden, genau diese ‚Geschichten' zu erzählen. Die Aufsätze schreiten vielmehr den Spielraum zwischen dem Geschichtentitel und den Exponaten der jeweiligen Ausstellungsabteilung großräumig aus. Da gibt es relativ eng historisch und biographisch erzählende Kapitel wie Michael Knoches ausgezeichnete Würdigung Anna Amalias, präzise werkgeschichtlich-interpretierende Darstellungen wie Hans-Jürgen Schings' *Friedrich Schiller revoltiert in tyrannos.* Herausragend ist Inka Mülder-Bachs Sturm-und-Drang-Essay *Johann Gottfried Herder mustert Goethe*, der mit großer Prägnanz Genese und Selbstkritik einer radikalisierten Empfindsamkeit umreißt, ebenso Alexander Košeninas Ausführungen zur Verlags- und Verlegergeschichte der Weimarer Klassik *Göschen, Cotta & Co. handeln mit Schriftstellern* und Albert Meiers Rom-Deutung *Faustina sorgt für den Text.* Günter Hess' *Johann Wolfgang von Goethe begräbt sein Zeitalter* perspektiviert schließlich nicht nur eindringlich den Rückblick Goethes auf die mittlerweile fast vollzählig verstorbenen Weggefährten, sondern schließt den Blick auf die Epoche in ihrer vielgestaltigen Lebendigkeit ab, indem er den gleitenden und schon zu Lebzeiten Goethes und Carl Augusts beginnenden (und auch intendierten) Übergang zur Musealisierung und zur heroisierenden Klassikerrezeption im 19. Jahrhundert deutlich macht. Er erweitert damit den Blick auf die Weimarer Klassik um die Entstehung eines Ideologems, die Genese des bildungsbürgerlichen Klassikerkultes.

Nur selten wird der Abstand zwischen Geschichten-Titel und Essay fast zu groß: Der Maler Kraus etwa spielt in Ulrich Müllers Essay *Georg Melchior Kraus fixiert Durchblicke* kaum eine Rolle – wobei allerdings die Ausführungen zu Landschaftsauffassung und Park- bzw. Gartenkultur der Goethezeit die phantastischen Weimarer Ansichten von Kraus im Abbildungsteil vorzüglich vorbereiten; ähnlich ergeht es Carlyle in Hendrik Birus' spannendem Essay *Thomas Carlyle transportiert Weltliteratur.* Ist das Spannungsverhältnis zwischen Abteilungstitel und Essay zu groß, rückt die Zentralfigur Goethe, gegen die Absicht der Ausstellungsmacher, zu stark in den Vordergrund. Christoph Jamme (*Christian Gottlieb von Voigt administriert Philosophen*) skizziert präzise die Personalpolitik Goethes an der Jenaer Universität, wobei Voigt nur einmal am Rande vorkommt, genau wie Humboldt in John Neubauers klarem Überblick über Goethes naturwissenschaftliche Arbeiten (*Alexander von Humboldt botanisiert Naturlehren*).

Zwischen Anna Amalias Regierungsantritt und Goethes Tod stehen die ‚Geschichten' zwar grob in einer chronologischen Reihe; jede Geschichte darf jedoch den Zeitrahmen nach Bedarf ausschöpfen, weiter zurück gehende Vor- oder sich anschließende Nachgeschichten miterzählen, darf zu Ende erzählt werden ohne Rücksicht auf die Gesamtchronologie. Chronologie ist eben nicht die leitende

Ordnungskategorie dieser Bände; vielmehr bildet Weimar das Zentrum eines historischen Feldes, in welchem die Erzählstränge vieler Geschichten sich immer wieder verknüpfen. Bedürfnisse nach traditionell-historiographischer Chronologie stillt der Katalog dennoch: Im Anhang werden die Stammtafeln derer zu Sachsen-Weimar(-Eisenach), der Familien Goethe, Schiller, Herder und Wieland gegeben sowie eine großangelegte und informative Synopse, deren landes- und weltgeschichtliche Darstellung 1518 bei Luthers Aufenthalten in Weimar beginnt, ab 1733 Wielands, dann Herders, Goethes und schließlich Schillers wichtigste Lebensdaten mit der weimarischen Landesgeschichte zusammen bis ins Jahr 1832 tabellarisch darstellt.

Aus dem Zusammenspiel von Geschichtentitel, untertitelndem Zitat, Essay, Abbildungen mitsamt beigefügten Texten ergibt sich eine komplexe Verweisungsstruktur innerhalb jeder Abteilung, ein – etwa im Sinne des Allegoriebegriffs bei Walter Benjamin – vielfach zusammengesetztes Zeichen. Diese Komplexität aber ist keineswegs eine Verständnisbarriere: Alles ist auch aus sich selbst heraus verständlich, nichts ist gewollt überkomplex; jedoch vervielfacht der mehrfache innere Verweisungszusammenhang der einzelnen ‚Geschichten' die Deutungspotenz der Bände. Die interpretierende Beziehung zwischen den Bestandteilen der einzelnen Abteilungen scheint schier unabschließbar.

Das ist die geschichtsdeutende Leistung dieses Katalogs: Die Geschichte der Weimarer Klassik ist nicht die zweier ‚Heroen', Goethes und Schillers. Die Geschichte der Weimarer Klassik ist mindestens die ‚Summe' sehr vieler ‚Geschichten', die an vielen Stellen zusammentreffen, sich bündeln, immer wieder in Weimar anzusiedeln sind. Und selbst diese ‚Geschichten' sind nicht e i n f a c h erzählbar. Sie sind notwendig „zusammengesetzt": dokumentierbar in einer Vielzahl von Sammlungsstücken und Ausstellungsexponaten – die wiederum nur eine Auswahl aus einem viel größeren musealen Repositorium darstellen (und diese Auswahl ist ja selbst schon Geschichtskonstruktion); Sammlungsstücke und Ausstellungsexponate, die Erläuterung und Kommentar brauchen; Essays, die gerade nicht den kohärenten Zusammenhang stiften zwischen den Exponaten, den Erläuterungen oder gar zwischen Exponaten und Abteilungstitel – Essays, die vielmehr e i n e mögliche Geschichte erzählen, welche Zusammenhänge zwischen den ausgestellten Dingen erkennbar werden läßt, ohne andere auszuschließen. Die Leserin bzw. der Leser des Katalogs fügt selbst, je für sich, die dokumentierenden und deutenden Anteile der Bände zusammen zu mindestens vierundzwanzig eigenen ‚Geschichten', konstruiert damit selber die Geschichte der Weimarer Klassik. Mit dieser „pointierten Erzählweise", von der schon Schusters Einführungs-Essay spricht, und die eben nicht nur „an die Schaulust und Kanonmüdigkeit des Publikums appelliert", sondern in ihrer offenen Form auch Lust aufs Lesen, aufs Wiederlesen und eigene Deuten macht, ist der Katalog gewiß „kein Klassikkursus" (S. 29) – er ist viel mehr: Er erzählt vielgestaltig die Weimarer Klassik und wird, ganz nebenbei, zu einem Kursus in Geschichtsschreibung.

Benedikt Jeßing

Johann Wolfgang Goethe zum 250. Geburtstag. *Vorträge, gehalten im Frankfurter Römer (April-Juli 1999).* Sonderband (Hors série) der „Études Germaniques", 54e Année. Paris 1999, 150 S.
Johann Wolfgang Goethe. *L'Un, l'Autre et le Tout. Année Goethe, Paris 1999*, sous la direction de Jean Marie Valentin. Paris 2000, 750 S.

Zu den Veranstaltungen, mit denen Frankfurt Goethes 250. Geburtstag ehrte, gehörte eine öffentliche Vortragsreihe, deren Beiträge nun vorliegen. Sie füllen die erste Sondernummer der *Études Germaniques*, die, von französischen Institutionen gefördert, ein Musterbeispiel für eine gelungene französisch-deutsche Zusammenarbeit darstellt, wie der Herausgeber Jean-Marie Valentin (Sorbonne) in seiner *Présentation* zu Recht feststellen kann.

Außer der *Présentation* sind alle Reden in der Vortragssprache – dem Deutschen – wiedergegeben. Jargonfrei und terminologisch behutsam richten sich die Beiträge auch an nichtakademische Leser. Drei Themenschwerpunkte zeichnen sich ab: die Frage nach dem Verhältnis der Gegenwart zu Goethe (Herzog, Grosser), die Vergegenwärtigung der historischen Bedingungen mit ihren sprachlichen, künstlerischen und biographischen Kontexten, in denen seine Werke entstanden (Heckmann, Frühwald, Träger, Muschg), und die Reflexion von Deutungsmustern, die bis heute Goethes Wirkung bestimmen (Barner, Valentin).

Der Eingangsvortrag des damaligen Bundespräsidenten Roman Herzog rückt Goethe in eine historische Ferne und weitet die Frage nach seiner Aktualität zuletzt ins Grundsätzliche aus: „Hat neben allem, was unser Leben beschäftigt, neben allem Funktionierenden und Nützlichen, das Schöne noch einen eigenständigen Platz?“ (S. 17) Auf heutige Schwierigkeiten mit politischen Äußerungen Goethes antwortet Alfred Grosser durch den Hinweis auf die europäische Diskussion im 18. Jahrhundert, die manche befremdende Ansicht Goethes als verbreitete Position bei bedeutenden Denkern des Politischen sichtbar macht (S. 99 f.). Einzelnen Fehleinschätzungen wichtiger politischer Ereignisse stellt er Goethes Eintreten für ein friedliches Zusammenleben verschiedener Kulturen gegenüber (S. 102 f.). Grossers Vortrag ist von Verweisen auf aktuelle Ereignisse durchzogen und zeigt den engagierten Beobachter deutscher Zustände mit dem verfremdenden Blick ‚von außen‘.

Der „Gemengelage“ in Goethes biographischen Zeugnissen spürt Adolf Muschg durch eine Typisierung von Goethes Lebensträumen nach. Die Italienreise markiere das Scheitern des Projekts einer vollkommenen erotischen Beziehung zwischen Mann und Frau (mit Charlotte von Stein) ohne Sexualität und führe zu einer „Umstellung der Zeichen“, einer „Reorganisation des ganzen Alphabets“ des „Lebensrepertoires“ (S. 26). Goethes besondere Fähigkeit sei es, sich bei seiner Tätigkeit bereitwillig der Unvorhersehbarkeit und damit den Möglichkeiten des Augenblicks zu überlassen (S. 32).

Wie sehr nicht nur literarisch-mythische Modelle den Wirklichkeitsbezug des Dichters prägten, sondern Kunstwelten und Realität in den neuen Darstellungsweisen und Medien der Zeit um 1800 zusammenliefen, skizziert der Vortrag Jörg Trägers. Neue Konzepte einer simulierten Wirklichkeit – der Landschaftsgarten, der Schattenriß und die Phantasmagorie der Laterna magica – veränderten die Sehgewohnheiten der Epoche ebenso wie neue Reproduktionstechniken: Holzstich, Schabkunst, Gipsabguß, Tableaux vivants. Träger spürt der neuen Wahrnehmung in Goethes dichterischen und theoretischen Schriften wie ihrer Bedeutung für die klassizistische Bildästhetik und deren romantischen Gegenentwurf nach.

Der Bedeutung Frankfurts für Goethes Mentalität und der Fruchtbarkeit der Mundart für Goethes Dichtung ist Herbert Heckmanns Vortrag gewidmet. Durch die Briefe der Mutter blieb Frankfurt als Bildreservoir und sprachliche Atmosphäre der Kindheit auch in der Weimarer Zeit für den Dichter präsent. (Herbert Heckmann starb im Herbst 1999; Jean-Marie Valentin widmet ihm einen herzlichen Nachruf am Ende der *Présentation.*)

Wilfried Barner betont die „potentielle Unwahrscheinlichkeit“ der Freundschaft Goethes und Schillers durch die Verschiedenheit ihrer Beschäftigungen, ihrer Mentalität und ihres intellektuellen Profils sowie durch ihren Altersunterschied. Den gemeinsamen Projekten stellt er ihr durchgängiges Bemühen um Abgrenzung, um die Formulierung des Verbindenden und Trennenden, gegenüber.

Die Urteile über die *Venezianischen Epigramme*, insbesondere Goethes „Stoßseufzer der Langeweile“ (S. 64) über die Sprödigkeit des Deutschen im erotischen Genre, sind der Ausgangspunkt der Reflexionen Wolfgang Frühwalds über Goethes Revolutionierung der deutschen Sprache. Sie erläutern den Anspielungsraum für Klopstocks Reaktion auf das 29. Epigramm. Der Verfasser weist darauf hin, wie Goethes Sprache leitend nicht nur für den Humanitäts-, sondern auch für den beginnenden Wissenschafts- und Technik-Diskurs von Alexander von Humboldt über Helmholtz und Planck bis zu Heisenberg wurde, während parallel hierzu Savigny das Deutsche als Rechtssprache kultivierte (S. 58–61).

Goethes Auffassung von Literatur – vor allem von „Weltliteratur“ – als Mittel, „einen K u l t u r z u s t a n d an die Stelle des menschenfeindlichen N a t u r z u s t a n d s treten zu lassen“ (S. 115), analysiert J.-M. Valentin vor dem Hintergrund des aufklärerischen Denkens. Begrenzt wird Goethes Anspruch, den anderen auch als Anderen zu erkennen und anzuerkennen, durch seinen kulturkritischen Vorbehalt gegen eine „veloziferisch" beschleunigte Welt, in der sich ein Mittelmaß durchsetze, durch eine eurozentrische Tendenz seiner Wahrnehmung und durch seinen „Glauben an die [Kraft der] Form" (S. 120). Über ihre gemeinsame metaphorische Verklammerung von Handel, Industrie und Literatur bahnt Valentin zuletzt einen imaginären Dialog Goethes mit Nietzsche und Valéry als seinen Nachfolgern beim Denken einer „Weltliteratur" an.

Der Band besteht aus kritischen, auf Differenzierung und aktuelle Bewertung ausgerichteten Texten. In den Standortbestimmungen und in der Breite der Gegenstände finden sich Gedanken, die reichen Stoff für künftige Überlegungen bieten und zum Wiederlesen der Texte auffordern. Nicht nur dem aufgeschlossenen breiten Publikum, auch dem Fachmann wird mit diesem Heft eine schöne und sorgfältig edierte Aufsatzsammlung in die Hand gegeben.

Besonders an den Kreis der Kenner und Spezialisten richtet sich die französischsprachige Festschrift, die ebenfalls Jean-Marie Valentin herausgegeben hat. Der 750 Seiten starke Band versammelt die Beiträge zu drei großen Pariser Kolloquien des Goethe-Jahres – mit namhaften Goethe-Forschern aus Frankreich und Deutschland. Die Ausrichtung ist hier eher kulturwissenschaftlich und kulturgeschichtlich. Die Themen stammen aus fast allen Bereichen, die die Goethe-Forschung der letzten vierzig Jahre beschäftigten; eine weniger intensive Aufmerksamkeit gilt den Dichtungen.

Die 38 Studien sind neun thematischen Schwerpunkten zugeordnet: der Frage nach dem Universellen und dem Nationalen (I), nach Alterität und Interkulturalität (II), der Reise-Darstellung (III), den Dimensionen von Politik, Geschichte und Geschichtsschreibung in Goethes Leben und Schriften (IV), seinem Verhältnis zu Frauen und zum Weiblichen (V), seiner Stellung in der zeitgenössischen Wissenschaftsdiskussion (VI), den Spuren von Magie, Esoterik und Okkultismus in seinen Texten (VII), den theoretischen und literarischen Auseinandersetzungen mit der zeitgenössischen Philosophie und Psychologie (VIII) sowie seinem Verhältnis zur bildenden Kunst und ihrer Ästhetik (IX).

Die meisten Beiträge widmen sich Goethes Person, Menschen aus seinem Umkreis, einzelnen Texten oder Diskussionen der Zeit, so daß zahlreiche Details aus der Nähe betrachtet werden. Jean-Marie Valentin wendet sich erneut dem Konzept der Weltliteratur zu, anders aber als im Frankfurter Vortrag richtet er den Blick auf die für einen deutschen Leser verdeckte kulturelle Prägung des Wortes. Dem steht Bernd Wittes Versuch gegenüber, die Veränderungen in Goethes politischen Überzeugungen zu dessen Reflexionen über die historischen Ereignisse vor dem Hintergrund der Zustände im deutschsprachigen Raum in Beziehung zu setzen. Unter dem Aspekt des kulturellen Austauschs werden nicht nur Goethes extensive europäische Korrespondenz (Wolfgang Albrecht), seine lange Auseinandersetzung mit Diderots Texten (Roland Krebs) und – paradigmatisch – der *Divan* (Fawzi Boubia) thematisiert, sondern auch der philhellenische Sammler neugriechischer Volkslieder findet Beachtung (Heidy Margrit Müller).

In den Studien zu Goethes Reisebeschreibungen liegt ein Schwerpunkt auf der Verwobenheit dieser Schilderungen mit seinen ästhetischen Projekten (Hendrik Birus) und Auffassungen (Friedrich Wolfzettel, Danièle Cohn, Friedmar Apel). Daneben werden die Begegnungen Goethes mit Zeitgenossen (Barbara Hahn), im Vergleich mit Heine seine für die Italienreise leitmotivische Reflexion der Stellung des Dichters in der Gesellschaft (Michael Werner) und seine Wahrnehmung politischer Eingriffe in europäische Kulturlandschaften – die Dislokation des römischen ‚Kunstkörpers' durch Napoleon – (Ingrid Oesterle) untersucht. Interessant sind auch Hannelore Schlaffers Ausführungen zum ‚Antikisieren' als einem europäischen Modetrend mit Lady Hamilton als Multiplikatorin.

Goethes politischem Wirken geht Werner Greilings historische Skizze zu den Gegensätzen zwischen den Ansprüchen des Dichters und den Handlungen des Ministers nach. Dagegen schreibt W. Daniel Wilson seine Charakteristik des Politikers fort und setzt sich ein weiteres Mal mit Dirk Kempers Thesen zur Freimaurer-Problematik auseinander. Während Greiling die Bedingungen und Grenzen des Weimarer Amtes kritisch beleuchtet und Ambivalenzen aufzeigt, erhebt Wilsons gewohnt aggressive politische Analyse und moralische Verurteilung des Ministers – überraschenderweise unter „Magie, Ésotérisme, Occultisme" plaziert – einen rigorosen Wahrheitsanspruch. Weitere Beiträge gelten Goethes sozialem Selbstverständnis (Michael Maurer), seiner Wahrnehmung der Französischen Revolution (Gonthier-Louis Fink) und seiner Beziehung zur zeitgenössischen Historiographie, wobei Gérard Laudin allerdings die Problematik der einschlägigen Jugendlektüren ausblendet.

Schlüsse aus der Wahrnehmung Goethes durch zeitgenössische Leser i n n e n zieht der Aufsatz Marie-Claire Hoock-Demarles, während Herbert Anton im „Mysterium der Sexualität" den Kern des janusköpfigen Schönheitskonzepts in einigen weiblichen Figuren des *Faust* ausmacht. Neben der Charakteristik und Bewertung des Wissenschaftlers Goethe (Jean Lacoste) wird seine Arbeit durch ihre Rezeption bei Schopenhauer (Maurice Élie) oder durch den Vergleich mit dem Interesse der Romantiker an der Geologie (Wolf von Engelhardt) bestimmt. Dem Einfluß von Magie und Okkultismus im Zeugnis von *Dichtung und Wahrheit* gilt Antoine Faivres Beitrag; Pierre Deghaye deutet die Erdgeist-Szene des *Faust* im Anschluß als Manifest für den Bruch mit der theosophischen Tradition.

Dem oft diskutierten Thema „Goethe und die Philosophie" nähern sich zwei Studien über den Vergleich der Denkweise Goethes mit der Kants (Didier Hurson) und Hegels (Lorent Van Eynde). Martin Bollacher analysiert die Abgrenzung und Übernahme zeitgenössischer Leitkonzepte durch den Dichter und Naturforscher, eine Perspektive, die im Beitrag von Hans-Jürgen Schings, enggeführt auf den älteren Einfluß Spinozas, wiederkehrt. In einer philosophischen Meditation hebt Claude Roëls Goethes handwerklich-kreative Auffassung von poetischer Produktivität vom Paradigma eines auf Wiederholbarkeit basierenden mechanischen Konzepts („Gestell") ab. Christine Maillard zeigt den Naturforscher als Kritiker der zeitgenössischen (Vermögens-)Psychologie und Denker einer seelischen Dynamik, die ihn zur Berufungsinstanz für ähnliche spätere Bemühungen machte. Dem anfänglichen Versuch, in *Dichtung und Wahrheit* die menschliche Biographie gemäß dem Schema der Metamorphose zu konstruieren, und Goethes Abrücken von diesem Plan geht Günter Niggl nach. In seinem zweiten Beitrag liest Jean-Marie Valentin die *Wahlverwandtschaften* als Bruch des Dichters mit seinem Konzept der Balance von Individuum und Gesellschaft, wobei Niggls besondere Aufmerksamkeit der Bedeutung von poetischen Techniken und rhetorischen Figuren für die gedankliche Konstruktion des Romans gilt.

Den romantischen Malern begegnet nach Erika Tunners Analyse der Kunstrichter Goethe mit seinen kulturkritischen Vorurteilen, nicht aber der innovationsfreudige Künstler. Dagegen arbeitet Thomas Gaethgens die politischen Untertöne von Goethes Wertschätzung des Malers Delacroix heraus, deren persönliche Dimension die fundamentale ästhetische Differenz für das Urteil unerheblich werden läßt. Dem Sammler Goethe und seiner Theorie einer kollektiven Kennerschaft in *Der Sammler und die Seinigen* gilt Denise Blondeaus abschließender Beitrag.

Die Vielfalt der Themen in diesem Sammelband belegt den hohen Anspruch dieses Forschungsquerschnitts. Dabei stehen traditionelle Fragestellungen neben neuen Sichtweisen und Zugriffen, allgemeine Erörterungen neben detailgenauen Spezialstudien. Manches Bekannte wird auf neue Weise bekräftigt, aber auch manches Neue, das der weiteren Nachprüfung bedarf, vorgetragen. Einige Beiträge bilden die Summe aus einer langjährigen Forschungsarbeit, andere Verfasserinnen und Verfasser wenden sich einem ihnen neuen Feld zu, wieder andere schließen zu benachbarten Gegenständen ihrer bisherigen Arbeit auf. Eine dem so umfassenden wie widersprüchlichen Gegenstand unangemessene Harmonisierung des Ganzen ist nicht erstrebt. Die Bilder des Dichters, Politikers, Naturforschers und Werks differieren, wie zu erwarten war, stark. Manche Beiträge sind durchaus kontrovers; als Leser bedauert man an mancher Stelle, daß keine Diskussionsprotokolle beigegeben sind, die allerdings den Band noch umfangreicher gemacht hätten.

Die Mühen des Herausgebers bei der Vorbereitung und Durchführung der Kongresse, der Organisation der Übersetzungen und der nachfolgenden Drucklegung lassen sich nur erahnen, werden aber durch einen imponierenden Band belohnt. Mag es ein wenig unbefriedigend für den Rezensenten wie für seine Leser sein, daß auf dem vorgegebenen engen Raum die Resultate nicht im einzelnen diskutiert werden konnten, – ein Eindruck vom reichen Ertrag auch dieser zweiten deutsch-französischen Kooperation im Goethe-Jahr konnte hoffentlich vermittelt werden.

Andreas Anglet

Goethes Rückblick auf die Antike. Beiträge des deutsch-italienischen Kolloquiums, Rom 1998. Hrsg. von Bernd Witte und Mauro Ponzi. Berlin 1999, 219 S.

Die Aufsätze des vorliegenden Bandes gehen auf die Tagung *Goethe und die Antike / Goethe et l'antico* zurück, die von der Università degli Studi di Roma *La Sapienza*, der Heinrich-Heine-Universität Düsseldorf, dem Goethe-Institut Rom, der Casa di Goethe Rom und der Comune di Roma am 12. und 13. November 1998 in Rom veranstaltet wurde. Gleichzeitig mit der deutschsprachigen ist auch eine italienische Publikation erschienen.

Die rhetorische Frage, ob das Thema *Goethe und die Antike* noch eine aktuelle Bedeutung habe, wird von den Herausgebern mit Recht durch den Hinweis auf die paradigmatische Geltung von „Goethes Aneignung antiker Autoren", seinem „Umgang mit der bildenden Kunst der Alten" und seiner „Anverwandlung der antiken Motive" beantwortet. So wie Goethes Rezeption der Antike zur Überwindung einer grundlegenden Krise beim Übergang von einer nur teilweise zu einer vollständig literalisierten Gesellschaft beigetragen habe, stehe auch die heutige Gesellschaft, deren Selbstverständigungsmedium vorrangig nicht mehr das geschriebene Wort und das gedruckte Buch sei, vor der Aufgabe, „Tradition und kulturelles Gedächtnis" neu zu begründen und zu bewahren. Ponzi und Witte bezeichnen als den entscheidenden Paradigmenwechsel in der Antikerezeption nach 1770 die Entwicklung von einer Nachahmung antiker Vorbilder zur modernen Neuschöpfung, d. h. die Ersetzung der Autorität der ‚Alten' durch die Individualität der neueren Autoren. Fraglich allerdings ist, ob eine derartige Intention mit dem Begriff „Rückblick" adäquat erfaßt wird – und es muß bezweifelt werden, daß „die Mehrzahl der gewichtigeren Arbeiten zum Thema [...] aus dem 19. und der ersten Hälfte des 20. Jahrhunderts" stamme. (S. 7 f.)

Vittoria Borsò untersucht im einleitenden Aufsatz *Der Rück-Blick auf die Antike* (im Text selbst spricht sie auch von „Rückgriff" und „Auseinandersetzung") Goethes Stellung zwischen einem an der Antike orientierten und einem modernen Welt- und Kunstverständnis, die einerseits durch seine Auffassung von der Historizität – also nicht von der Normativität – der Antike und durch seine Reflexion des Bruchs zwischen Natur und Kunst in der Moderne, andererseits aber durch seine ständige Suche nach einer dem Altertum verpflichteten Vermittlung zwischen Kunst und Natur charakterisiert ist. So anregend der Aufsatz in philosophischer und kulturgeschichtlicher Hinsicht ist, so problematisch erscheint bisweilen die Textanalyse – namentlich dann, wenn das Gedicht *Dauer im Wechsel* als „Eintritt der Modernität" (S. 11) gesehen wird, die Beziehung zu Heraklit aber ausgeblendet bleibt.

Übergreifende Entwicklungstendenzen behandelt auch Bernd Witte in seinem Beitrag *Goethe und Homer*, in dem er vehement gegen die heroisierende und harmonisierende Interpretation von Goethes Beziehung zu dem antiken Epiker durch Wolfgang Schadewaldt und gegen die über Jahrzehnte dominierende Vorstellung von einer besonderen Wesensverwandtschaft zwischen deutscher und griechischer Kultur polemisiert. Leitgedanke ist der bei dem modernen Autor im Namen Homers sich vollziehende Paradigmenwechsel, den Witte an Dichtungen aus verschiedenen Schaffensperioden beobachtet. So interpretiert er *Künstlers Morgenlied* unter dem Aspekt einer Anthropologisierung des ästhetischen Diskurses sowie einer Ersetzung der jüdisch-christlichen Tradition durch eine Kunstreligion im Zeichen der Antike und des autonomen Subjekts; an den *Leiden des jungen Werthers* hebt er hervor, wie Goethe das allzu naive Homerverständnis des Titelhelden mit ironischer Distanz schildert; an der *Nausikaa* analysiert er den Versuch, die idyllische Episode aus der *Odyssee* ins Tragische zu transformieren. Nachdem Goethe sich in *Herrmann und Dorothea* weit vom Geiste der Homerischen Epen entfernt habe, sei auch die *Achilleis* von tragischen Akzenten bestimmt – und in den Odysseus-Reminiszenzen der *Italienischen Reise* deute sich das Ende des epischen Zeitalters an. Witte konzentriert sich fast ausschließlich auf Goethes d i c h t e r i s c h e Homer-Rezeption; die Auseinandersetzung mit Friedrich August Wolf, die theoretischen Überlegungen im Vorfeld der *Achilleis* und die 1820/21 fertiggestellten Auszüge aus der *Ilias* bleiben außer Betracht. So werden letzten Endes die Vielschichtigkeit des Goetheschen Homerverständnisses und insbesondere die Spannung zwischen der historisch-theoretischen Verehrung des griechischen Dichters und dem freieren poetischen Umgang mit den Homerischen Epen nicht recht erkennbar.

Den zwei Beiträgen, die sich mit Goethes gesamter Entwicklung beschäftigen, folgen neun – in der Regel chronologisch angeordnete – Untersuchungen zu einzelnen Phasen oder Werken. Den frühen 1770er Jahren gelten die Aufsätze von Mauro Ponzi und Hans-Jürgen Schrader. Ponzi befaßt sich mit der „Wende" in Goethes dichterischer Produktion im Jahre 1772, die er wesentlich auf die Rezeption antiker Autoren zurückführt, und fragt nach der „poetologische[n] Bedeutung" (S. 39), die der Autor dem Vorbild Pindars zugeschrieben hat. Insbesondere zeichnet er die Entwicklung von einem pietistischen Sprachgebrauch zu einer Verwendung antiker Bilder und Symbole nach, verfolgt den Übergang von einer leidenden Selbstbeobachtung zu einem schöpferisch-genialen „prometheischen" Schwung und zeigt auf, wie der moderne Dichter den griechischen nicht interpretiert, sondern für die aktuelle Erneuerung der deutschen Literatur fruchtbar macht. Schraders (etwas lang geratener und in Gedankenführung und Stil nicht ganz konziser) Artikel *Götter, Helden, Waldteufel* gilt Merkmalen von Goethes „Sturm-und-Drang-Antike". Auch er legt dar, daß es dem Autor nicht um eine *imitatio* von Vorbildern, sondern um „geniehafte Eigenschöpfung" ging (S. 63), und er arbeitet ebenfalls einen Paradigmenwechsel heraus – nämlich von der „edlen Einfalt und stillen Größe" in der Art Winckelmanns zu einer „atavistischen, naturwilden, titanischen" Antike (S. 65), die Goethe in Pindar verkörpert sah und die er in *Satyros oder der vergötterte Waldteufel* und in *Götter, Helden und Wieland* beschwor.

Das erste Weimarer Jahrzehnt ist vertreten durch Sibylle Schönborns Aufsatz *Vom Geschlechterkampf zum symbolischen Geschlechtertausch.* Die Verfasserin weist – im Einklang mit Arbeiten von Bernd Witte, Kathryn Brown u. a. – auf die „innere Widersprüchlichkeit" der Charaktere von *Iphigenie auf Tauris* hin und sieht die Problematik von Goethes „Arbeit am Mythos" „im Bereich der Organisation zwischenmenschlicher Beziehungen, in der Familiensphäre und im Verhältnis der Geschlechter zueinander" (S. 84). Während sich bei Euripides noch ein aus mythischer Tradition herrührendes Wissen um einen Kampf der Geschlechter niederschlage, sei Goethes Iphigenie in hohem Maße nicht nur „pazifiziert", sondern auch „desexuiert" (S. 91), habe ein idealisiertes Familien- und ein überhöhtes Vaterbild, und die Geschlechterproblematik werde auf die ideale Beziehung von Bruder und Schwester reduziert. Sibylle Schönborn macht auf echte Probleme der bürgerlichen Humanitätskonzeption aufmerksam, führt diese aber allzu linear allein auf Goethes eigene Weimarer Erfahrungen zurück. (Ärgerlich sind stilistische Härten – „in keinster Weise", „Goethes Iphigenie ist gegenüber der Euripides' [...]", Klytämnestra „als verbrecherische Hure" [S. 85, 91, 95] –, die ständige Verwendung der Namensform „Klytemnestra" und der Nachweis der Euripides-Zitate nicht nach den Verszahlen, sondern nach den Seitenzahlen einer Neuausgabe der Donnerschen Übersetzung aus dem Jahre 1985.)

Etwas überraschend findet sich im Anschluß an den Aufsatz zur *Iphigenie* Bernhard Zimmermanns Beitrag über Goethes *Novelle* von 1828 und Longos' *Daphnis und Chloe.* Der Verfasser würdigt auf fundierte Weise sowohl den in der Forschung oft stiefmütterlich behandelten griechischen Hirtenroman als auch Goethes begeisterte Äußerungen über den Autor und zeigt Parallelen im erzählerischen Spätwerk auf: Bildbeschreibungen, die Beziehung zwischen Kunst und Natur, Anklänge an die Platonische Anamnesis-Lehre, die Verbindung zwischen den einzelnen Künsten und die Möglichkeit, in einem abgeschlossenen Geschehen einen Mikrokosmos menschlichen Lebens entstehen zu lassen.

Die drei folgenden Aufsätze befassen sich mit ästhetischen – insbesondere bildkünstlerischen – Fragen aus der Zeit um und nach 1800. Wilhelm Voßkamp wendet sich in seinem Aufsatz *Goethes Klassizismus im Zeichen der Diskussion des Verhältnisses von Poesie und bildender Kunst um 1800* gegen die landläufige Vorstellung einer allzu harmonischen Klassizismus-Konzeption und verdeutlicht, wie es in Goethes Kunstprogramm zwischen 1789 und 1805 auch um die Entfaltung von Differenzen und um die Gestaltung von Widersprüchen ging, um die Spannung zwischen Normativität und Historizität, zwischen Idealität und Morphologie, zwischen Vollkommenheit und Vervollkommnungsfähigkeit. Indem Goethe Literatur und bildende Kunst einander annäherte, habe er über Winckelmann und Lessing hinaus einen Schritt zur Moderne getan. Demgegenüber betont Paolo Chiarini anhand verstreuter Äußerungen über Antonio Canova, daß der deutsche Schriftsteller aus dem vielschichtigen Gesamtwerk des italienischen Bildhauers bei aller Offenheit für neuartige Tendenzen vor allem die konventionellen heroisch-pathetischen Formen schätzte und die Beiträge zu einer modernen Antikerezeption im wesentlichen ausklammerte. Michele Cometa schließlich interpretiert – aus einer ähnlichen Position wie Voßkamp heraus – Goethes Abhandlung über die Laokoon-Gruppe von 1798, in der dieser weder eine moralische noch eine ästhetische, sondern eine physische Erklärung für das Nicht-Schreien des trojanischen Priesters vornahm und damit das bildkünstlerische Werk in seiner Eigenart und jenseits eines ästhetischen Kanons deutete, vorrangig als eine Abkehr von Winckelmann und Lessing.

In einem gewissen Kontrast stehen auch die zwei thematisch zusammengehörigen Aufsätze von Jochen Schmidt und Gert Mattenklott über den Helena-Akt in *Faust II*. Laut Schmidt geht es um die unter ständiger Beziehung auf Euripides sich vollziehende Loslösung Helenas als Verkörperung vollendeter antiker Schönheit im Sinne Winckelmanns aus ihrer einmaligen historischen Fixierung und um ihr verwandeltes Fortleben in der Neuzeit (Renaissance und Weimarer Klassik). Dabei unterstreicht der Verfasser – in Abgrenzung von der *communis opinio* – die aus den *Troerinnen* und den philosophischen Schriften Senecas übernommenen stoischen Züge in Helenas Charakter sowie das Schickliche, Sich-Geziemende einer höfisch-aristokratischen Kultur und die antiromantischen Elemente dieser Konzeption. Obgleich Schmidt keineswegs das Transitorische der Verschmelzung von Antike und Moderne übersieht, legt er vor allem Wert auf den „Versuch, das Heillose des modernen Unmenschen ohne Zweck und Ruh durch ideale Kompensation zu heilen" (S. 175). Mattenklott hingegen hebt zwar ebenfalls den antiromantischen Gehalt des Helena-Aktes hervor, akzentuiert aber stärker dessen Charakter als „Zwischenspiel [...] von ungewissem Realitätsgrad" (S. 176). Er beobachtet bei Goethe die Spannung zwischen einem „ästhetischen Historismus" und einem Festhalten „am ontologischen Rang des Ästhetischen" (S. 182) und deshalb auch innerhalb der *Querelle des anciens et des modernes* ein deutlicheres Bestehen auf der Gültigkeit der Antike für die Gegenwart als bei Herder, Schiller oder Friedrich Schlegel – und er führt zugleich aus, daß die Verbindung zwischen Faust und Helena von Anfang an im Zeichen ihres Endes steht.

Der abschließende Aufsatz von Herbert Anton – *Goethes eleusinische Hermeneutik* – versucht noch einmal eine übergreifende Thematik zu behandeln, ist aber leider wenig ertragreich. Anton stellt Goethes Proserpina-Rezeption in einen breiteren – vor allem lateinischen – Traditionszusammenhang, ohne über das Zitieren zahlreicher Belegstellen hinaus zu klaren Ergebnissen zu gelangen.

Die von Mauro Ponzi bearbeitete, dreizehn Seiten umfassende Bibliographie, die dankenswerterweise chronologisch geordnet ist und somit einen Überblick über die Forschungsgeschichte gewährt, ist für jeden, der sich mit dem Thema *Goethe und die Antike* beschäftigt, grundsätzlich von großem Nutzen – zumal sie auch übergreifende Arbeiten enthält (wie z.B. Gilbert Highets *The Classical Tradition*). Im einzelnen freilich hätte sie größerer Sorgfalt bedurft: So fehlen eine Reihe wichtiger Untersuchungen von Thomas Gelzer und mehrere Arbeiten zu bestimmten Goetheschen Werken (wie Elke Dreisbachs *Goethes „Achilleis"*); bei englischen Büchern werden teils die deutschen Übersetzungen angegeben (wie bei Eliza Marian Butlers *The Tyranny of Greece over Germany*), teils wird darauf verzichtet (wie bei Humphrey Trevelyans *Goethe and the Greeks*); auf Wiederabdrucke wird bisweilen durch eine Annotation beim Erstdruck hingewiesen, in vielen Fällen aber nicht – Richard Alewyns Aufsatz *Goethe und die Antike* hingegen wird sogar zweimal verzeichnet; vom *Goethe-Handbuch* wird nur der Band 4.1 genannt; der Vermerk „Neue Folge" ist generell entfallen; mehrfach finden sich Fehler in den Namen oder Titeln. (Detail-Versehen und Druckfehler sind auch in anderen Artikeln zu monieren.)

Obwohl einige Beiträge des Bandes Einwände herausfordern, handelt es sich um eine wichtige Publikation, die das Neuartige von Goethes Rückgriff auf die Antike sichtbar werden läßt und den Facettenreichtum seiner poetischen wie theoretischen Rezeption in durchaus unterschiedlicher Akzentuierung vorstellt.

Volker Riedel

Goethe: Begegnungen und Gespräche. Begründet von Ernst Grumach und Renate Grumach. ***Bd. VI: 1806–1808.*** Hrsg. von Renate Grumach. Berlin, New York 1999, 713 S.

Über den 58jährigen Goethe schreibt Knebel in einem Brief an Katharina von Schückher am 12. Mai 1808: „Seine Phantasie verjüngt sich gleichsam, indem sie sich veredelt, und die Weisheit des Lebens in den lieblichsten Bildern darstellt. / So ist auch sein Umgang immer milder und reifer geworden, und man darf sagen, zum wahren Lebensmuster" (S. 480). Über dem Gesprächsband, der Goethe im geselligen Umgang an der Schwelle des Alters zeigt, könnte diese Äußerung gleichsam als Motto stehen, als Beleg für eine der in Goethes Leben so häufigen Umbruchsituationen, diesmal in der Zeit nach Schillers Tod.

Nicht alle Unternehmungen, Veranstaltungen und Veröffentlichungen des Goethe-Jahres 1999 erbrachten wertbeständige Ergebnisse. Um so mehr ist auf diese grundsolide Edition hinzuweisen, die zwar nicht als Ganzes jenem Jahr angehört, von der aber ein gewichtiger neuer Band vorgelegt werden konnte. Die von Ernst und Renate Grumach begründete Ausgabe von Goethes *Begegnungen und Gesprächen*, seit dem Tod Ernst Grumachs von Renate Grumach allein herausgegeben, hat es damit seit 1965 auf nunmehr sechs Bände gebracht, die von den Anfängen bis 1808 reichen. Die Anzahl der Bände könnte für eine Erscheinungszeit von 35 Jahren gering anmuten. Durch das Streben nach Vollständigkeit und durch die Akribie bei der Darbietung der Texte aber wird das langsame Voranschreiten mehr als aufgewogen.

Die Konzeption der Ausgabe hat eine streng wissenschaftliche Zielstellung, d. h., sie hebt sich selbstverständlich von populären Sammlungen ab, in denen Lebenszeugnisse von anekdotischem Reiz zusammengestellt oder Zeugnisse um bestimmte Themen gruppiert sind. Aber vor allem unterscheidet sich die neue Edition auch von der durchaus höchst anspruchsvollen, keineswegs unwissenschaftlichen und für Studienzwecke weiterhin sehr nützlichen Biedermannschen Ausgabe der Goethe-Gespräche, deren neueste Fassung von Wolfgang Herwig betreut wurde.[1]

Die Sammlung von Biedermann und Herwig enthält immerhin weit über 7500 Gesprächszeugnisse mit knappen Kommentaren und Registern, und sie bietet das Material in handlicher Form auf dem Niveau einer anspruchsvollen Studienausgabe, allerdings eben auf der Grundlage der alten Ausgaben von 1889–1896 (10 Bände, hrsg. von Woldemar Freiherr von Biedermann) und von 1909–1911 (5 Bände, hrsg. von Flodoard Freiherr von Biedermann), deren Erträge ergänzt, überarbeitet und z. T. neu aufbereitet wurden, deren Konzeption jedoch im wesentlichen übernommen und nur in Einzelheiten modifiziert wurde. So hat man zum Beispiel den Begriff des Gesprächs erheblich erweitert (im Sinne von Lebenszeugnis), dafür aber den gesamten Komplex der Eckermann-Gespräche ausgeklammert. Goethes Selbstzeugnisse bleiben weiterhin ausgeschlossen; das chronologische Prinzip der Anordnung ist nicht völlig konsequent verwirklicht; die Textgestaltung der sehr unterschiedlichen und zum Teil unzulänglichen Vorlagen richtet sich nach dem bekannten und weithin umstrittenen Grundsatz der ‚schonenden' Modernisierung und Normalisierung.

Ernst und Renate Grumach versuchten von Anfang an, die Inkonsequenzen der Biedermannschen Ausgabe zu vermeiden, und entwickelten neue editorische Richtlinien, die sie im Vorwort zum ersten Band der neuen Ausgabe darlegten (Bd. 1 [1965], S. VII–XVII). An erster Stelle stand die Entscheidung, die Beschränkung auf Fremdzeugnisse aufzugeben und Goethes eigene Äußerungen über Gespräche (in Tagebüchern, Briefen und Werken) als wesentliche Bestandteile einer solchen Sammlung zu betrachten (Biedermann und Herwig brachten Stellen aus Goethes Tagebüchern nur in Ausnahmefällen im Kommentar). Erst damit war Vollständigkeit anzustreben. Goethes Tagebücher bieten eine Art chronologisches Gerüst; vor allem aber können die Selbstzeugnisse als Korrektive zu den Berichten der Gesprächspartner oder zu den aus zweiter oder dritter Hand stammenden Erinnerungen

---

1 *Goethes Gespräche.* Eine Sammlung zeitgenössischer Berichte aus seinem Umgang. Auf Grund der Ausgabe und des Nachlasses von Flodoard Freiherrn von Biedermann. Ergänzt und hrsg. von Wolfgang Herwig. 5 Bde. (in 6). Zürich, Stuttgart 1965–1987. – Taschenbuchausgabe: München 1998.

gelten. Für Grumach hatte dieser Schritt eine zentrale Bedeutung, weil „Goethes eigene Berichte in vielen Fällen das einzige Gesprächszeugnis bilden und in vielen anderen unentbehrliche Ergänzungen, ja oft erst den Schlüssel zum Verständnis der sekundären Berichte liefern" (Bd. 1, S. X).

Aus dieser ersten Entscheidung ergibt sich eine weitere grundsätzliche Veränderung, die sich schon im Titel der neuen Ausgabe ankündigt: Es werden nicht nur Berichte mit der Wiedergabe von Gesprächen aufgenommen, sondern alle vorhandenen Zeugnisse über das Stattfinden von Gesprächen, auch wenn über deren Inhalt nichts bekannt ist. Dieses Auswahlprinzip ist bei Biedermann schon vorgebildet; immer wieder finden sich bei ihm „Begegnungen" ohne Gesprächsaufzeichnungen. Untertitel und Vorwort von Herwigs Ausgabe weisen ebenfalls in diese Richtung, doch bleibt das Verfahren dort inkonsequent, erscheint die Sammlung in dieser Hinsicht sporadisch und zufällig.

Schließlich waltet auch in der Anordnung bei Grumach eine größere Folgerichtigkeit, denn die Zeugnisse werden strikt unter dem Zeitpunkt des Gesprächs eingeordnet; und wenn ein späteres Gespräch über ein früheres berichtet, so wird es gegebenenfalls an beiden Stellen angeführt. So begegnet man im vorliegenden Band einem Teil des großen Gesprächs mit Luden vom 10. August 1806 (S. 89–94) doppelt, weil Goethe an diesem Tag, nach seiner Rückkehr aus Karlsbad, in pointierter Form – vielleicht durch Luden ausgeschmückt – von einer dortigen Begegnung erzählt, die mit der Datierung „3. 7./3. 8." an der zugehörigen Stelle wiedergegeben wird (S. 85).

Die Texte werden selbstverständlich in der äußeren Form der gewählten Vorlage dargeboten, wodurch eine Glättung der sprachlichen Unterschiede vermieden wird, denn Unebenheiten oder Unzulänglichkeiten gehören durchaus zur Eigentümlichkeit der jeweiligen Berichterstattung. Freilich werden für die Zeugnisse ihrerseits nicht wiederum textkritische Apparate aufgeboten, aber in vielen Fällen werden für schon gedruckte Quellen noch einmal die handschriftlichen Vorlagen herangezogen, was erhebliche Verbesserungen und Ergänzungen ermöglicht. Im vorliegenden Band besonders schwerwiegend ist in diesem Zusammenhang die durchgängige Überprüfung von Keils Abschriften aus Riemers Notizblättern und Tagebüchern (Goethe-Museum Düsseldorf). Daraus ergeben sich zahlreiche Korrekturen und bemerkenswerte Zuwächse, wie z. B. der humorvolle Bericht über die Sprachspielereien auf der Rückreise aus Karlsbad im September 1807, die Goethe im Tagebuch unter dem 10. September kurz vermerkt und die in Riemers Fassung um die ironische Abgrenzung von einem „strengern Purismus" und um einige Anteile August von Goethes vermehrt sind (S. 343–344). Die „Schmetterpfeife" für Trompete, die „Homerischen Floskeln" und andere übrigens auch heutige Diskussionen berührende Muster sind Exempel für einen experimentellen, schöpferischen Umgang mit der Sprache, wie er gerade im mündlichen Austausch fruchtbar wird. Riemer bemerkt dazu abschließend: „Auch dies gehört zu vollständiger Charakteristik des im Goethe'schen Familienleben waltenden launigen Tons" (S. 344).

Band 6 der *Begegnungen und Gespräche* behandelt mit den ersten Jahren nach Schillers Tod eine Zeit der Neuorientierung, des Wandels und der Verwandlung, im allgemeinen wie für Goethe speziell, dessen Befindlichkeit zeitweise von Kränklichkeit und Selbstzweifel bestimmt wird. Die Schlacht bei Jena und Auerstedt, die französische Besetzung Weimars, die Trauung mit Christiane, das beginnende Verkehren Goethes im Salon von Johanna Schopenhauer, der Tod Anna Amalias, die Begegnung mit Napoleon, die Beschäftigung mit der *Farbenlehre*, das Erscheinen von *Faust. Erster Teil*, der Beginn der Arbeit an den *Wahlverwandtschaften* und den *Wanderjahren* sind markante Stationen der biographischen Wegstrecke. Ihnen entsprechen die inhaltlichen Schwerpunkte der Gespräche.

Goethes Vorträge über optische Erscheinungen in den Mittwochsgesellschaften von 1806 sind ein Beispiel für die Vorbereitung und Entstehung eines Werkes in Gesprächen und im mündlichen Austausch, in diesem Fall noch von Versuchen unterstützt und besonders gut dokumentiert durch Mitschriften von Charlotte von Schiller, Caroline von Wolzogen, Sophie von Schardt, zum Teil auch der Weimarischen Erbprinzessin Maria Pawlowna, deren Tagebücher und Briefe nach den Handschriften des Weimarischen Hauptstaatsarchivs eine beträchtliche Erweiterung des bisher bekannten Zeugnisbestands erbringen. Überhaupt ist die naturwissenschaftliche Thematik für Goethe ein bevorzugter Gesprächsgegenstand dieser Jahre, der etwa im Austausch mit Karl Friedrich Reinhard (wiederum über die *Farbenlehre*) oder in den Mittwochsgesellschaften vom Frühjahr 1807 (über die

Entstehung der Gebirge und über pflanzenkundliche Erscheinungen) eine dominierende Rolle spielt.

Die langen Gespräche mit Luden über *Faust* und dessen Fragmentcharakter sind ein Musterbeispiel dafür, wie Entstehungsgeschichte und Wirkungsgeschichte eines Werkes unmittelbar und untrennbar miteinander verflochten sein können. Auch der Disput mit Luden zum Wissenschaftsverständnis, abgehandelt an Mathematik („Alles Gewißheit und Wahrheit" [S. 117]) und Geschichtswissenschaft („die bei jedem Schritte schwankt" [ebd.]), enthält bemerkenswerte Gedanken. Freilich ist bei Luden der zeitliche Abstand zum Gespräch und damit die Wahrscheinlichkeit einer redaktionellen Überarbeitung durch den Berichterstatter besonders groß. Dem noch fehlenden Kommentar sind hier entscheidende Aufgaben der Relativierung gestellt.

Zu der Unterredung mit Napoleon am 2. Oktober 1808 in Erfurt und der Begegnung am 6. Oktober auf einem Hofball in Weimar gibt es bedeutsame Zuwächse, u. a. aus Bertuchs Tagebuch, aus deutschen und französischen Zeitschriften, aus anonymen französischen Quellen, aus Henry Grevilles Tagebuch und anderen an versteckter Stelle veröffentlichten Zeugnissen; Falks Bericht über Goethes Äußerungen zu Napoleons Ansichten ist nach der Handschrift verbessert und ergänzt. Allein zum 2. Oktober umfassen die Berichte 14 Seiten von 26 Zeitzeugen und von Goethe selbst. So ist Goethes Begegnung mit Napoleon ein Beispiel für besonders vielseitige Berichterstattung, die sich gegenseitig ergänzt und relativiert. Die in vielen Darstellungen wiederkehrende weitere Begegnung Goethes mit Napoleon am 10. Oktober wird nun wohl endgültig dem Irrtümlichen zugeordnet (vgl. S. 651–652), denn an diesem Tag wurde nur Wieland von Napoleon in Erfurt empfangen, während Goethe nicht noch einmal dorthin gefahren war.

Das vielleicht schwierigste Problem einer jeden Gesprächsausgabe besteht in der Beurteilung der Authentizität, der Glaubwürdigkeit. Der Text ohne Kommentar kann nur erste Hilfen zur Bewertung von Zuverlässigkeit und Richtigkeit der Wiedergabe leisten, indem er durch die Anordnung eine grobe Orientierung gibt. Die Texte des Hauptteils bilden sozusagen die erste Kategorie der *Begegnungen und Gespräche*. Sie sind selbstverständlich von einer großen Bandbreite der Authentizität; diese reicht von einer kaum bestreitbaren Sicherheit (z. B. bei den Tagebucheintragungen Goethes) über Berichte, in denen Tatsachen und Irrtümer vermutlich untrennbar verwoben sind, bis zu zweifelhaften Darstellungen, die aber wiederum das Atmosphärische der Situation gut wiedergeben, wie die von Falk berichtete Erzählung der Caroline Kunhold über die Ereignisse um den 14. Oktober 1806, wobei unter anderem eine vorübergehende depressive Stimmung Goethes, aus der heraus die Flucht nach Frankfurt erwogen wurde, glaubhaft zu sein scheint.

Als eine zweite Kategorie von Texten, auch im Hauptteil, aber durch Kursivdruck kenntlich gemacht, erscheinen dichterische Verarbeitungen, wie Bettina von Arnims *Briefwechsel mit einem Kinde* (oder in anderen Bänden Goethes *Dichtung und Wahrheit*, später möglicherweise der dritte Teil der Eckermann-Gespräche). Eine weitere Gruppe von Zeugnissen wird in die Fußnoten verwiesen; sie enthält indirekte Aussagen wie Einladungen, Eintragungen im herzoglichen Fourierbuch oder Stammbucheintragungen.

Am Ende des Bandes schließlich findet sich die Rubrik *Goethe irrtümlich zugeschriebene Gespräche und Zweifelhaftes*. In diesem Abschnitt wird die Einordnung der Zeugnisse jeweils im einzelnen begründet. So konnten mehrere bisher als Gesprächswiedergaben durch Riemer gedeutete Stellen jetzt von Renate Grumach als einfache Anführungen aus Goethe-Briefen ‚entlarvt' werden. Einige Aphorismen, die Keil und Pollmer nach der Anführung durch Riemer für Goethe in Anspruch genommen hatten, erwiesen sich inzwischen als Novalis-Zitate (S. 654–655). Eine Feststellung zu Kleists *Amphitryon*, die in der Goetheliteratur und auch in neueren kommentierten Kleist-Ausgaben jeweils nach Biedermann als bemerkenswertes Urteil Goethes über das Stück angeführt wird, das „nichts geringeres als eine Deutung der Fabel ins Christliche, in die Ueberschattung der Maria vom heiligen Geiste" enthalte, kann nunmehr nach der Handschrift, die die Unterschrift „R." trägt, als eine Äußerung Riemers nachgewiesen werden (S. 648). Ob es sich dennoch vielleicht um den Reflex eines Gesprächs mit Goethe handelt, wird offenbleiben müssen. – Eine andere wichtige Begebenheit übrigens, die Goethes Verhältnis zu Kleist betrifft, war zwar bekannt, fehlte aber in den Biedermann-Ausgaben, nämlich der von Falk aufgezeichnete Bericht zur Aufführung des *Zerbroch-*

nen Krugs (S. 432), ein Text, der Goethes positive Einstellung zu dem Stück vor der Aufführung zu belegen scheint.[2]

Doch zurück zum Abschnitt über Irrtümliches und Zweifelhaftes, der geradezu eine Fundgrube verdienstvoller Richtigstellungen zu zahlreichen ungesichert überlieferten Goethe-Anekdoten ist. Hier finden sich beispielsweise absurde und in der Wertung geradezu entstellende Darstellungen, die häufig kolportiert wurden, z. B. über die Trauung Goethes und Christianes schon am 14. Oktober 1806 (S. 644–646). Dazu gehört die Schilderung von Theodor Götze, die wahrscheinlich auf Caroline Kunhold zurückgeht, aber eben den falschen Hochzeitstermin hineinbringt. Regelrechte Fälschungen dagegen – von der Herausgeberin im Unterschied zu den „verworfenen" als „verwerfliche" Zeugnisse bezeichnet – werden von der Ausgabe ausgeschlossen, wenn sie nicht in der einschlägigen Literatur oder sogar bei Biedermann noch als Goethe-Gespräch vorkommen; in diesen Fällen soll das entsprechende Zitat auffindbar und sein Charakter nachweisbar bleiben.[3]

Insgesamt läßt die Ausgabe kaum einen Wunsch offen. Das vorläufige Fehlen des Kommentars, der für abschließende Bände der Ausgabe angekündigt ist, wird durch editorische Einschübe im Text, die auf Fehler und Zweifel aufmerksam machen und durch knappe Ergänzungen von Namen und Titeln zur Lesbarkeit beitragen, natürlich nicht ausgeglichen. Doch bereits jetzt enthält jeder Band zwei Register und eine Konkordanz, die das „Umschalten" zwischen den letzten beiden Biedermann-Ausgaben und der vorliegenden ermöglicht. Allerdings wird der hohe Verkaufspreis manchen Goethe-Liebhaber schrecken, und selbst mittlere Bibliotheken werden bei der ihnen verordneten Sparsamkeit zögern, ihren Etat derartig zu belasten. Dem Preis entspricht freilich eine gediegene und großzügige äußere Gestaltung. Lediglich die Wiederholung des genauen Datums im Kolumnentitel oder am Rand wünschte man sich zusätzlich bei langen Zeugnisreihen vom selben Tag. Auf Seite 170 finden sich unangenehme typographische Mängel, die möglicherweise bei einer letzten Umbruchkorrektur entstanden sind. Sonst aber ist der Band ein Muster an Zuverlässigkeit, Übersichtlichkeit und Benutzerfreundlichkeit. Auch wenn man von Goethes Selbstzeugnissen absieht, hat sich der Bestand an Quellentexten gegenüber Biedermann nahezu verdoppelt. Für diese vorzügliche Leistung, die durch bewundernswerte Ausdauer und erstaunlichen Spürsinn möglich wurde, ist der Herausgeberin zu danken. Ihr und allen Interessenten ist ein zügiges Voranschreiten des Gesamtwerks zu wünschen!

Horst Nahler

Per Øhrgaard: ***Goethe.*** *Et Essay.* Kopenhagen 1999, 388 S.

Seit geraumer Zeit hat das biographische Schreiben in Skandinavien wieder Hochkonjunktur. Oft sind es Autoren, die über andere Autoren schreiben. Man kann dies als eine ansteckende Modeerscheinung abtun, aber bei den anspruchsvolleren Werken dieser Art, etwa bei Dorrit Willumsens Herman-Bang-Biographie, steckt offensichtlich eine tiefergehende Symptomatik dahinter. Es hat den Anschein, als ob viele Autoren der inauthentischen Rollenspiele postmoderner Schreibkonzepte überdrüssig geworden seien und im biographischen Schreiben ein Medium gefunden hätten, die Spuren des eigenen Ich in der Auseinandersetzung mit den Lebensläufen anderer deutlicher einzu-

2 In größerem Zusammenhang und mit einem vorher unbekannten Kleist-Text, der als Nebenprodukt des vorliegenden Bandes gelten kann, veröffentlicht in: Renate Grumach: *Eine bisher unbekannte Anekdote von Heinrich von Kleist.* In: Jb. der Deutschen Schillergesellschaft 33 [1989], S. 9–12.

3 Beispiele dafür bei: Renate Grumach: *Verworfene und verwerfliche Gesprächsberichte. Zur Edition von Goethes Gesprächen.* In: *Edition von autobiographischen Schriften und Zeugnissen zur Biographie.* Hrsg. von Jochen Golz. Tübingen 1995, S. 184–188, bes. S. 187–188.

schreiben, wodurch interessanterweise eine Annäherung von Biographie und Selbstbiographie zustande kommt.

Die 1999 erschienene Goethe-Monographie des Kopenhagener Germanisten Per Øhrgaard reiht sich ein in diese neue Form wahlverwandtschaftlicher Biographik. Sie verbindet ein wissenschaftliches Anliegen mit der Intention der Selbstvergewisserung am Gegenüber des Darstellungsgegenstandes, – schließlich schreibe er, Øhrgaard, weniger Goethes als seiner selbst wegen über Goethe. In dieser lapidaren Aussage liegt begründet, warum er keine Biographie im herkömmlichen Sinne, sondern einen „Essay“ geschrieben hat. Der Essay gewährt dem Autor Øhrgaard eine größere Freiheit im Umgang mit der immensen Materialfülle, ohne daß er deshalb der Wahrheit weniger verpflichtet wäre; die Gattungsvorgabe erlaubt es allerdings, daß er die Daten nach Maßgabe seiner subjektiven Leseerfahrung sichtet und sie zu einem neuen Mosaik ordnen kann.

Øhrgaard versteht seine Monographie dementsprechend als vorläufige Bilanzierung einer fast vierzigjährigen Beschäftigung mit Goethe und seinem Werk. Er wendet sich – passend zum Anlaß – an eine dänische Öffentlichkeit, der Goethe zwar noch ein Begriff ist, der aber seine Werke nicht – wie früher – selbstverständliches Bildungsgut sind. Da hat sich, wie Øhrgaard vermerkt, manches geändert seit der Zeit, als Georg Brandes (1915) und Carl Roos (1932) ihre Goethe-Monographien herausgaben. Während sie noch mit einer relativ intakten Bildungstradition rechnen und dementsprechend ihre Dispositionen treffen konnten, haben sich die Rezeptionsbedingungen inzwischen radikal verändert. Zum einen hätten die Deutschkenntnisse im Zuge einer unter dem Vorzeichen des Englischen vollzogenen „Globalisierung“ nachgelassen; zum anderen sei die Pflege der deutschen Literatur nicht mehr überall und im selben Ausmaß wie früher in den Gymnasien des Landes gewährleistet. Die von Øhrgaard festgestellte Vernachlässigung der deutschen Klassik und Romantik im Schulunterricht ist in der Tat umso unverständlicher, als die skandinavische Romantik – namentlich die dänische und schwedische – ihre entscheidenden Impulse aus Deutschland erhielt und ihre Romantik und Klassik synthetisierenden Ausprägungen, wie sie sich in den Werken der Sorøer Romantiker, des schwedischen Idunakreises sowie im Schreiben Adam Oehlenschlägers seit 1809 bekunden, deutlich die Handschrift Goethes erkennen lassen, dem sie allesamt auf Bildungsreisen ihre Aufwartung machten.

Vor diesem veränderten Rezeptionshorizont waren andere Weichenstellungen gefragt, über die Øhrgaard in einem kurzen Nachwort Auskunft gibt. Es mußte eine Konzeption gefunden werden, die die entstandene Bildungslücke überbrücken und gleichzeitig der Selbstentdeckungsfreude am vertrauten Gegenstand keinen Abbruch tun werde. Mit der Entscheidung für die Form des Essays konnte Øhrgaard beiden Belangen Rechnung tragen, denn der Essay enthebt den Autor der Verpflichtung, Vollständigkeit anzustreben, eine repräsentative Bibliographie und einen detaillierten Apparat zu erstellen, ein Register anzufertigen etc. Statt dessen begnügt er sich mit einigen Hinweisen auf neuere Forschungsarbeiten und bedankt sich bei all denen, die seine Lehrmeister in Sachen Goethe waren. Diese essayistische Annäherung hat dem Buch gutgetan; sie erhöht seine Leserfreundlichkeit, und das Publikum hat es ihm gedankt. Bereits kurze Zeit nach Erscheinen des Buches mußte eine neue Auflage gedruckt werden – und inzwischen ist es in einer norwegischen Übersetzung erschienen.

Diesen Erfolg verdankt die immerhin fast 400 Seiten umfassende Monographie auch der glänzenden essayistischen Begabung des Autors, der als geistreicher, stilistisch versierter Cicerone durch den faszinierenden Textraum führt und die internen Fäden so knüpft, daß sich innerhalb des Textkorpus neue und aufschlußreiche Zusammenhänge auftun. Diese Fähigkeit zur Vernetzung des Gesamtwerks entspricht dem Geist des Essays, den es nach „zwangloser Beweglichkeit“ (F. Martini) drängt und in dem „der Gedanke [...] nicht als endgültig abschließendes Resultat fixiert, sondern gleichsam im Prozeß des Denkens eingefangen“ wird, so daß „das Denken [...] im Schreiben zu seiner Selbstentfaltung [kommt]“ (H. Friedrich). Man nimmt es dem Autor gern ab, daß ihm während der Arbeit am Buch eine Fülle von „Ideen“ kamen, die nach Integration verlangten; die den Entstehungsprozeß mitbegleitenden Reflexionen führen dabei fast zwangsläufig zu Modifikationen des chronologisch konzipierten Darstellungsschemas. Das Zeitlich-Lineare verzweigt sich zu thematischen, motivischen und strukturellen Mosaiken, z. B. dadurch, daß „ein und derselbe Text in verschiedenen Zusammenhängen betrachtet" oder daß auf wiederkehrende Motive und ästhetische Verfahrensweisen durch Seitenangaben im laufenden Text hingewiesen wird, ohne daß dies den Lesefluß wesentlich beeinträchtigt. Auf diese Weise kann sich der Leser durch Hin- und Herblättern von der inneren Stimmigkeit des Goetheschen Gesamtwerks überzeugen.

Øhrgaards Essay stellt eine gelungene Kombination von Werkanalyse und Individualbiographie dar, wobei die Fokussierung auf Lebensdaten nie Selbstzweck ist, sondern zur Erhellung der jeweiligen Werkinterpretation dient. Bei der engen Verflechtung von Leben und Werk Goethes ist diese Vorgehensweise ohnehin nahezu unvermeidlich. Diese Essayisierung des werkbiographischen Duktus eröffnet dem Autor Spielräume, die er u. a. dazu nutzt, Exkurse einzubauen: über „Liebe, Ehe, Familie", „Entblößung und Offenbarung", „Ironie und Symbolik". Eine immer wiederkehrende Problematik, auf die Øhrgaard die Aufmerksamkeit lenkt, ist die Erörterung des Verhältnisses zwischen Subjektivem und Objektivem (und deren Vertauschung), zwischen vorgeschalteter Theorie und empirischer Naturanschauung bei Goethe, und zwar nicht nur als Problem künstlerischer Wirklichkeitsbewältigung, sondern zugleich als instantielle Prioritätsfrage naturwissenschaftlicher Methodik, für die Goethes Auseinandersetzung mit Newton paradigmatisch ist. Goethe lehnt den methodischen Partikularismus Newtons ab – so Øhrgaard –, weil er den Blick auf das Ganze verstellt und dadurch die symbolische Deutung der Natur, für die Goethe einsteht, gefährdet.

Der Dichter und der Naturforscher Goethe lehnen es ab, das, was die Welt im Innersten zusammenhält, an der Erfahrungswirklichkeit vorbei durch Akte anhaltenden Transzendierens zu erfassen. Er beharrt darauf, die andere Seite der Erscheinungswirklichkeit zu erhellen, ohne die sichtbare in ihrem substantiellen Vorhandensein zu verleugnen oder zu diskreditieren. Das unterscheidet ihn Øhrgaard zufolge von den Vertretern der zeitgenössischen Romantik.

Um Theorie und Praxis von Goethes Schaffens möglichst vielseitig zu beleuchten, zog Øhrgaard Belege aus Briefen, Tagebüchern, Gesprächen, Aufsätzen, Essays, Reiseberichten, biographischen Aufzeichnungen etc. heran und verband diese auf eine Weise mit Äußerungen über Goethe, daß sie zur Erhellung des Gesamtwerks beitragen und dessen innere Kohärenz aufscheinen lassen.

Die Entscheidung Øhrgaards für die Form des Essays mag – direkt oder indirekt – von Goethe selbst angeregt worden sein. In dem brillanten Kapitel über *Wilhelm Meisters Lehrjahre* betrachtet Øhrgaard Goethes Roman als einen Vorläufer des modernen essayistischen Romans, wie man ihn im deutschsprachigen Raum des 20. Jahrhunderts bei Robert Musil und Hermann Broch findet, und er bezeichnet ihn als Typus des „morphologischen" Romans, weil er sich mit der Kombination unterschiedlicher Sphären befaßt und „die vielen verschiedenen Formen registrieren möchte, in deren Vorzeichen sich das Leben kundtut". „Ubi homines sunt, modi sunt", zitiert Øhrgaard aus *Wilhelm Meister* – und um diese Erscheinungsweisen des werkinternen individuellen und gesellschaftlichen Zusammenlebens geht es auch Øhrgaard in seiner Goethe-Monographie. Es hat so den Anschein, als ob er die morphologische Sphärenstruktur des *Wilhelm Meister* konzeptionell übernommen und den Erfordernissen des werkbiographischen Schreibens angepaßt habe. In diesem Sinne baute er sein Buch zu einem essayistischen Umschlagplatz aus, auf dem Goethetexte aus allen Schaffensphasen einander spiegeln und multiperspektivisch deuten und umdeuten.

Ohne die Belesenheit des Autors und seine Fähigkeit zur intratextuellen Zusammenschau wäre eine derart anregende Präsentation von Leben und Werk Goethes undenkbar gewesen. Der Leser wird es ihm danken. Nichtsdestoweniger weiß Øhrgaard zu gut, daß jegliches Bemühen um Goethe entsprechend der offenen Form seines Gesamtwerks nur ein vorläufiges sein kann. „So weit sind wir jetzt" – mit diesem Bekenntnis im pluralis majestatis setzt Øhrgaard den Schlußstrich unter seine Arbeit, und er ist sich dabei sehr wohl bewußt, daß, wie das Leben zu kurz ist für die Seele, jegliche Arbeit über Goethe – gemessen an der Vielschichtigkeit seines Werkes – ergänzungswürdig und ergänzungsfähig bleibt, zu Aktualisierungen herausfordert.

Knut Brynhildsvoll

Dieter Borchmeyer: *Goethe. Der Zeitbürger.* München 1999, 400 S.

Wer das publizistische Werk Dieter Borchmeyers, des Heidelberger Germanisten, kennt – das darf zumindest für die Fachkollegen vorausgesetzt werden –, wird in diesem Buch etliches Bekannte wiederfinden – im Anmerkungsteil ist verifiziert, wo auf Texte aus zurückliegenden Jahrzehnten zurückgegriffen ist. Aber es handelt sich nicht um eine Versammlung wie auch immer wichtiger früherer Arbeiten, deren Autor sich, noch dazu im Kontext eines großen Dichterjubiläums, um Plazierung in der Öffentlichkeit bemüht hätte. Borchmeyer ging es um ein Werk eigenständiger Prägung, in dem ältere Arbeiten, umgeformt, zumeist verkürzt, Verwendung finden konnten – eher ein Zeugnis für Zielstrebigkeit und Kontinuität langfristiger Arbeit. Herausgekommen ist ein Text von bemerkenswerter Qualität. Überzeugend präsentiert sich der Umgang mit den geschichtlichen Objekten und Vorgängen, und eine bei aller Behutsamkeit und Differenziertheit kräftige Einmischung in aktuelle Debatten zeigt Gegenwärtigkeit an. Obendrein liest sich das Buch gut.

Vom Autor selbst als Monographie bezeichnet, liegt eine Darstellung vor, die bei aller Selektivität der Objektwahl auf ein komplexes und konturenscharfes Ganzes zielt. Konzentriert auf das „poetische Werk", zuvörderst auf die „dramatische und epische Dichtung", und dabei Biographie und theoretisches Œuvre „nur in perspektivischer Verkürzung" einbeziehend, wird ein „Streifzug" durch das Goethesche Œuvre geboten (S. 15). Dieser macht anschaulich, in wieviel unterschiedlichen Erscheinungsweisen und mit welchen Ergebnissen für Leben und Werk Goethe ein Bürger seiner Zeit war.

Der Begriff „Zeitbürger" stammt aus Schillers Briefen *Über die ästhetische Erziehung.* Schiller, der scharfe und unbestechliche Analytiker und Kritiker seiner Zeit, bekennt sich dort ausdrücklich zu dem Jahrhundert, in dem er lebt, und er spricht gar von der „Pflicht [...], in der Wahl seines Wirkens dem Bedürfnis und dem Geschmack des Jahrhunderts eine Stimme einzuräumen". In diesem grundsätzlichen Sinne fragt Borchmeyer bei einem Dichter nach, dem noch zu Lebzeiten in vielfältigster Weise und mit verletzender Schärfe vorgeworfen wurde, sich von seiner Zeit und ihrem geschichtlichen Gang abgewandt zu haben und in einer abgelebten, überwundenen Ära stehengeblieben zu sein: Heine brachte das 1830 auf die eingängige Formel vom „großen Zeitablehnungsgenie", die bis in unsere Gegenwart, jeweils neuen Konstellationen und Bestrebungen entsprechend, erneuert und variiert wurde. Für Borchmeyer ist die Auseinandersetzung mit dem aus dieser Negation heraus entwickelten Goethebild ein wichtiger Ausgangs- und Zielpunkt. Bereits zu Beginn wird die ideelle Wurzel eines solchen Konstrukts freigelegt und das Paradoxe daran herausgestellt: „Der falsche Mythos vom zeitfernen, unpolitischen Goethe [...] ist der Ausdruck eines theoretisierenden Politizismus, der als wahre Politik nur anerkennt, was sich weltverändernd, das Bestehende rigoros negierend, vom Schreibtisch aus rührt. Ausgerechnet Goethe [...] wurde zum Inbegriff des unpolitischen deutschen Schriftstellers, und zwar gerade in den Augen von Intellektuellen, welche die Politik nur von Hörensagen und aus Spekulation kannten" (S. 8). Diese Position, wohl auch eine grundsätzliche Überzeugung Borchmeyers, wird gegen die geschichtlichen Erscheinungsformen und Ableger dieses „falschen Mythos" ins Feld geführt, wenngleich direkte Auseinandersetzung und Polemik durchweg in den Anmerkungsteil verwiesen sind. Borchmeyer leistet eine dezidierte Arbeit für die Ablösung von falschen Aktualisierungen und Ideologisierungen, die Goethe – nicht nur ihn, aber ihn in besonderem Maße – durch die Zeiten hindurch verfolgt haben, und er leistet zugleich Arbeit an einer konsequenten Historisierung. Goethes Zeitbürgerschaft wird verstanden als ein Verhältnis zur zeitgeschichtlichen Umwelt und Entwicklung, das verschiedenartigste Haltungen und Reaktionen, zustimmende und abwehrende, enthusiastische und skeptische, einschließt. „Goethe wußte, daß Zeitbürgerlichkeit, wenn sie nicht Zeituntertänigkeit sein, also ein freies Verhältnis zur Zeit bedeuten soll, immer ein gewisses Maß von Unzeitgemäßheit einschließt. Diese Dialektik von Zeitbürgerlichkeit und Unzeitgemäßheit erklärt die vermeintlich widersprüchlichen – positiven oder negativen – Äußerungen Goethes über die ‚Zeit'" (S. 9 f.). Ein solches Verhältnis kann nur historisch konkret begriffen werden, während die Perspektive einer bestimmten Weltsicht und Ideologie, zumal einer viel späteren Epoche, so wenig sie ausgeschaltet werden soll und kann, dazu nicht ausreicht.

Ausdrücklich grenzt sich Borchmeyer von einer spezifischen Lesart der „Zeitbürgerlichkeit“ ab, jener nämlich, in der der nationale Aspekt dominiert – Goethe war „kein ‚Deutscher von Beruf‘“, heißt es in einer Zwischenüberschrift (S. 11). Nachhaltig wird statt dessen „Universalität“ betont und in einem weiten Sinne zur Geltung gebracht. Das schließt sowohl jenen Aspekt ein, daß Goethe der einzige Dichter der Weltliteratur gewesen sei, der in allen Gattungen und Genres erfolgreich wirksam war, als auch den, daß Goethe noch einmal Kunst und Wissenschaft als integralen Kosmos zusammengefaßt habe.

Die vier Hauptkapitel des Buches folgen einem chronologischen, insofern auch biographischen Ablauf, doch nimmt sich Borchmeyer jederzeit die Freiheit, eine bestimmte, für einen spezifischen Zeitraum im Mittelpunkt stehende Problemstellung übergreifend zu behandeln. Zusätzlichen Reiz gewinnt die Darstellung durch Exkurse, bei denen Werke anderer Autoren, auch anderer Epochen, ins Blickfeld gerückt werden, so Werke von Lessing, Stifter, Wagner, Hauptmann und Thomas Mann. Insbesondere Thomas Mann wird für das Buch zu einer zentralen, nahezu interpretationsleitenden Instanz, allein schon dadurch, daß es bei keinem der nahezu zwanzig Kapitel unterlassen wird, ein Zitat aus *Lotte in Weimar* als Motto voranzustellen. Sodann hat Borchmeyer sein über Jahrzehnte hinweg währendes Interesse für andere Künste, für das Theater und die Musik, vor allem für die Oper, und natürlich für das Zusammenspiel der verschiedenen Künste mit der Literatur fruchtbringend, und keinesfalls nur im Sinne einer Auflockerung, eingesetzt. Zwar erhält bei solchen Gelegenheiten der Begriff des Zeitbürgers leicht etwas im Allgemeinen Verschwimmendes, doch erweisen sich solche Ausflüge und Seitenblicke zugleich als echte Aufhellungen.

Das erste Hauptkapitel *Zwielicht der Empfindsamkeit – Die neue Herrschaft des Gefühls und seine subjektiven Prinzen* ist vorzugsweise dem jungen Goethe gewidmet und stellt Werke wie *Götz von Berlichingen*, *Clavigo*, *Stella* und *Werther* in den Vordergrund. Es liegt aber in der Logik des Unternehmens, daß das Thema über diese Werke der frühen Jahre hinausgeführt wird und die „Tragödie des Dilettanten“ (S. 66) über den *Werther* bis zu den *Lehrjahren* und *Wahlverwandtschaften* verfolgt wird. „Dilettantismus“ ist in diesem Zusammenhang ein besonders hervorgehobener Aspekt. Die behandelten Werke werden vor allem als Zeugnisse dafür betrachtet, daß Goethe von Anfang an den Empfindsamkeitskult, das dilettierende Spiel mit ihm wie das dilettierende Versinken in ihm als konträr zu seinem eigenen „Lebensprogramm“ empfunden hat und niemals versäumte, in diesem Sinne die „paradigmatischen Gestalten jener modernen Subjektivität“ (S. 82) poetisch in Frage zu stellen. Denn im Gegensatz zu diesen besaß er die Fähigkeit, bei aller Einbindung in die zeitgenössische Empfindsamkeitskultur eine kritische Distanz dazu zu entwickeln, sich selbst vor den einengenden oder gar bedrohlichen Folgen dieser Tendenz zu bewahren und in literarischen Werken die Dialektik der Vorgänge und Verhältnisse nachhaltig zu gestalten. Mit Recht bringt Borchmeyer in diesem Zusammenhang bereits das Motiv der Entsagung zur Geltung und betont, daß Entsagung nichts mit „triebverdrängender Askese“, sondern mit Selbstbegrenzung zu tun habe (S. 82). Den Vorwurf des Novalis gegen die *Lehrjahre*, es gehe darin um eine Herabsetzung der Kunst, enthüllt Borchmeyer als prinzipielles Mißverständnis: Die Kritik am Romanhelden soll überhaupt nicht die Kunst und Poesie schlechthin treffen, sie richtet sich vielmehr gegen den Dilettantismus als „Erscheinungsform falscher moderner Subjektivität“ (S. 86).

Das zweite Hauptkapitel *Das letzte Fest der alten Welt – Ancien Régime und Revolution im literarischen Kontrast* hat sein Zentrum naturgemäß in Goethes Auseinandersetzung mit der Französischen Revolution, nimmt sich aber der Revolutionsproblematik in einer weiteren, grundsätzlichen Perspektive an. Borchmeyer greift auf die Reflexion revolutionärer Erschütterungen in *Götz von Berlichingen* und *Egmont* zurück, erörtert der Thematik nahestehende politische Aspekte in *Iphigenie* und *Tasso* sowie in den Maskenzügen und Festspielen, um dann die unmittelbare Auseinandersetzung mit der Französischen Revolution in den entsprechenden Werken zu behandeln. Dieses Hauptkapitel klingt aus mit der „späten Bilanz“ (S. 213) der *Novelle* – nicht zufällig, weil darin eine abschließende Bekräftigung für ein konstitutives Element Goetheschen Denkens und Tuns, für seine „irenische Grundhaltung“ (S. 200) gesehen wird. In diesem Teil des Buches geht es vor allem um Goethes politische Positionen. Borchmeyer stellt als Grundtendenz Goethes seit 1776 das Prinzip eines „konservativen Reformismus“ (S. 98) heraus, das sowohl die Distanz zum aufgeklärten Absolutismus als auch die Negation revolutionärer Gewaltausübung einschließt. Daß diese Sicht zu scharfer Ablehnung der in den letzten Jahren oftmals die öffentliche Debatte um Goethe bestimmenden politischen Verrisse führt, etwa der im aktuellen Kontext besonders virulenten Gegenverschwörungs- und Unterwanderungsthesen von Wilson, liegt auf der Hand. Überzeugend erklärt Borchmeyer beispielsweise den scheinbaren Widerspruch, daß der Autor des *Egmont* die niederländische Revolution mit Sympathie gestaltet, die französische hingegen scharf abgelehnt habe, aus der Unterschiedlichkeit der zugrundeliegenden, nicht willkürlich gesetzten, sondern aus historischen Konstellationen resultierenden Revolutionsbegriffe. Goethes Auseinandersetzung mit den zeitgenössischen revolutionären Ereignissen versteht Borchmeyer nicht zuletzt als Kritik an einem sich in Willkür und Pfuscherei niederschlagenden politischen Dilettantismus.

Das dritte Hauptkapitel *Klassik im Gegenlicht – Weimars ‚hochgesinnte' Verschwörung* erhält zwar mit der eröffnenden Darstellung der Goethe-Schillerschen „Allianz gegen den Zeitgeist" (S. 219) eine konzeptionelle Grundlegung im Sinne des Generalthemas, doch erscheinen die drei großen Komplexe, aus denen dieser Teil des Buches vornehmlich besteht, relativ verselbständigt und nur mehr von fern mit der Zeitbürger-Problematik verbunden. Behandelt werden die „Weimarer Bühnenästhetik" (S. 228), die „Klassik des erotischen Augenblicks" (S. 255) – was auf *Alexis und Dora* und damit, bei Borchmeyer naheliegend, auf die Wiederaufnahme des Streits mit Albrecht Schöne hinausläuft –, schließlich Goethes „Musikologie" (S. 271). Daß Borchmeyer zu diesen Gegenständen viel Interessantes und Erhellendes zu sagen weiß, steht außer Frage, und auch die Verbindung dieser Sachbereiche mit dem Generalthema ist nicht zu verkennen. Borchmeyer interpretiert die „Allianz gegen den Zeitgeist" als Streben nach Abwehr jeglicher – politischer wie ästhetischer – Spielart des Dilettantismus als einer „falschen Subjektivität"; sie sei freilich insofern erfolglos geblieben, als sie sich mit ihrer definitiven Unzeitgemäßheit zwischen die „Stühle von Ancien Régime und Revolution, Tradition und Modernität" (S. 224) gesetzt habe und das Publikum eben nicht für sich gewinnen konnte. Gewichtigkeit kommt der These zu, es gehöre zur Dialektik der Wirkungsgeschichte der Französischen Revolution, daß die „Kultur des Ancien Régime gerade durch dessen politische Liquidation eine neue ästhetische Aufwertung" (S. 228, ähnlich S. 255) erfahren habe.

Der Eindruck, daß die „Zeitbürger"-Thematik zunehmend diffuser wird, bleibt auch für das vierte Hauptkapitel *Bürger des 19. Jahrhunderts* kennzeichnend. Im Sinne des Generalthemas sind immerhin die Eingangspassagen aufschlußreich. Dort legt Borchmeyer dar, in welchem Ausmaß Rückwendung zur Geschichte und Bewältigung der sich neu stellenden Anforderungen miteinander verquickt sind. Hier finden wir ein überzeugendes Plädoyer für ein tieferes Verständnis von Goethes Zeitbürgerschaft und gegen Versuche, Goethes Haltungen und Sichtweisen Produktivität abzusprechen und Zeitabgewandtheit zu unterstellen: Tatsächlich erweist sich die weite, Individualität und Historizität miteinander verschränkende Perspektivierung von Zeit als weitaus ertragreicher und dauerhafter als die oftmals kurzatmige Verbindung mit der aktuellen Zeitgeschichte, die bei Goethes Kritikern vorherrschte und vorherrscht. *Wanderjahre*, *Pandora* und *Faust II* sind die Werke, um die es vor allem geht.

Das Buch ist unzweifelhaft ein produktiver Beitrag zur Diskussion um Goethe – wie sehr, läßt sich nicht zuletzt im Blick auf das Jubiläumsjahr 1999 ermessen. Die Vielfalt der Aspekte bereichert das Goethebild, differenziert es, gibt ihm deutlichere Konturen. Natürlich muß man nicht in allen Punkten mit dem Autor einig sein. Diese oder jene Interpretation kann man durchaus partiell in Frage stellen und weiterdiskutieren. Hier und da gibt es Formulierungen, die in diesem Sinne zum Nachhaken veranlassen. Wäre etwa für den voritalienischen Goethe, und eben mit Folgen für den nachitalienischen, das Problem Kunst und Leben nicht doch anders zu akzentuieren? Hat Goethe wirklich „die Liebe zur Sesenheimer Pfarrerstochter Friederike Brion seinem künstlerischen Fortkommen geopfert" (S. 48)? Borchmeyer schreibt doch, etwa im *Stella*-Kapitel, viel zu einsichtig über die komplexe Problematik, als daß man ihm eine solche Charakterisierung der Beziehung zu Friederike abnehmen könnte. Oder was die Motive, nach Weimar zu gehen, betrifft: Wird die Zuspitzung des Strebens nach einem „tätigen Leben" darauf, „sich in der Regierungspraxis zu üben und die Geschicke eines Landes reformierend mitzubestimmen" (S. 117), der Komplexität des Sachverhalts wirklich gerecht? Wenn man das, worum es ging und was dabei herauskam, so ganz oder überwiegend unter den Aspekt politischer Intentionen stellt, ist natürlich „kaum mehr zu begreifen, daß [Goethe] mindestens zehn Jahre lang fast alle Bereiche des öffentlichen Lebens seines Herzogtums zu beeinflussen versucht hat" (S. 109), bevor er zum freiwilligen Verzicht auf die mehr und mehr vergebliche Reformtätigkeit gelangte, „welche die Preisgabe seines dichterischen Talents in der ersten Weimarer Zeit nicht lohnte" (S. 110). Das führt die Problematik einfach zu eng. Und liegt nicht vielleicht auch ein tieferes methodisches Problem zugrunde, wenn beispielsweise über der Tendenz, falsche – heutzutage ohnehin obsolete – Identifikationen zwischen Autor und Held abzuweisen, eine Gegenposition eingenommen wird, die fast nur Distanz betont und die Momente von Identität beiläufig behandelt? Werther und Faust als Kontrafakturen – reicht das aus? Lehrjahre als „Leerjahre" (S. 82)? Ja und nein zugleich – man muß nicht auf eine unbedingte Gültigkeit der Sentenzen Jarnos pochen, aber ganz achtlos lassen sie sich wohl nicht vom Tisch wischen.

Hans-Dietrich Dahnke

Ekkehart Krippendorff: *Goethe.* Politik gegen den Zeitgeist. *Frankfurt am Main und Leipzig 1999, 232 S.*

Das Goethe-Jubiläumsjahr 1999 hat die jahrzehntelang kultivierte Legende von Goethe als einem jener „Unpolitischen", denen es „noch möglich war, ihr geistiges und menschliches Dasein zu behaupten, völlig unberührt von den politischen und kriegerischen Stürmen" ihrer Zeit (W. Mommsen)[1], wohl endgültig beiseite geräumt. Nicht nur Goethes politisches Denken, sondern auch sein praktisches Handeln in einem politischen Amt als Geheimer Rat und Staatsminister eines deutschen Reichs- und Bundesfürsten wird durch neue Quelleneditionen dokumentiert und neu hinterfragt.[2] Überdies erschienen mehrere Bücher, und es gab eine öffentliche Kontroverse über den politischen Goethe. Dabei ging es um die Frage, ob das Wirken des Staatsmannes Goethe dem humanistischen Welt- und Menschenbild der deutschen Klassik, wie der Dichter Goethe es vertrat, tatsächlich entsprach, und inwieweit sich der realhistorische Goethe auf unser heutiges Ideal freiheitlich-demokratischer Rechtsstaatlichkeit überhaupt beziehen läßt. So hat Wolfgang Rothe dafür plädiert,[3] den Politiker Goethe angesichts seiner offenkundig illiberalen und undemokratischen, ja nach heutigen Maßstäben ausgesprochen reaktionären Positionen künftig aus dem Vokabular politischer Sonntagsreden zu verbannen und sich nur noch am Dichter Goethe zu orientieren. W. Daniel Wilson konstruierte sogar die These, Goethe sei einem „ängstlichen staatsschützenden Autoritatismus" verfallen und einer jener Geheimräte gewesen, an deren Händen Blut geklebt habe, die Intellektuelle und Studenten ebenso wie einfache Untertanen politisch einzuschüchtern, zu überwachen und an der Ausübung von Menschen- und Bürgerrechten zu hindern gesucht hätten.[4] Auch andere, weniger tendenziöse Untersuchungen belegen, daß Goethes Umgang mit Menschen, die seiner Administration unterstellt waren, alles andere als liberal gewesen ist.[5] Der Politologe Ekkehart Krippendorff hat sich nun mit einem neuen Buch zu Wort gemeldet, das nicht nur gegen das traditionelle Goethebild politikabstinenter Ästheten, sondern vor allem gegen jene anschreibt, die den politischen Goethe am liebsten als reaktionär kontaminierten Sondermüll auf der Schutthalde der Geschichte entsorgen möchten. Krippendorff fordert statt

1 Wilhelm Mommsen: *Die politischen Anschauungen Goethes.* Stuttgart 1948, S. 8.

2 Vgl. die Edition der Amtlichen Schriften in FA I, 26 u. I, 27.

3 Wolfgang Rothe: *Goethe und die Politik.* Frankfurt am Main 1998.

4 Vgl. W. Daniel Wilson: *Unterirdische Gänge. Goethe, Freimaurerei und Politik.* Göttingen 1999; hier S. 227; ders.: *Das Goethe-Tabu. Protest und Menschenrechte im klassischen Weimar.* München 1999; ders.: *Wie Weimars Geheimräte Menschenhandel trieben.* In: Frankfurter Allgemeine Zeitung, 24. April 1999.

5 Vgl. Klaus Schwind: *„Man lache nicht!" Goethes theatrale Spielverbote. Über die schauspielerischen Unkosten des autonomen Kunstbegriffs.* In: Internationales Archiv für Sozialgeschichte der deutschen Literatur (1996), S. 66–112.

dessen nachdrücklich, sich von Goethe „gegen den Zeitgeist" zu einer neuen politischen Ethik, zu Verantwortung gegenüber der Natur und den Menschen anstelle einer von Machtstreben, Kapitalinteressen und Technokratie beherrschten Politik „inspirieren, leiten und belehren zu lassen" (S. 16). „Weimar als Alternative" sei zwar durch die preußisch-deutsche Nationalstaatsgründung Bismarcks überrollt worden, es habe historisch verloren, „aber es war damit nicht widerlegt" (S. 14).

Das Buch versammelt verschiedene, teils bereits publizierte Vorträge und Essays sowie die Artikel „Politik", „Krieg/Frieden" und „Staat" aus dem *Goethe-Handbuch*[6], die aber in dieser Konfiguration, obgleich einander teilweise überschneidend, eine schlüssige Argumentationskette darstellen. Diese baut auf zwei zentralen Grundannahmen auf: Zum einen bekennt sich der Autor dazu, daß Goethes gesamtes Leben und Schaffen nicht nur auf ethischen Motiven beruhte, sondern daß er diese Ethik auch vorbildlich praktizieren wollte. Seine Hauptlehre laufe auf uneigennütziges Wohltun und opferbereite Menschlichkeit hinaus.[7] Zum anderen sei Goethe eine exzeptionelle Persönlichkeit, einer jener „maßgebenden Menschen" im Sinne von Karl Jaspers gewesen, deren Leben wie das von Sokrates, Buddha, Jesus oder Konfuzius über alle Zeiten hinweg normative Bedeutung für die Geschichte der Menschheit besitzt. Um Goethe als „modernen Konfuzius" zu begreifen, komme es nicht auf die „tagesbedingten Einzelaussagen" an, sondern auf seine Haltung, auf die Exemplarität seiner Motivation. Daher hält es der Autor für einen Irrweg, Goethe durch bloße Akkumulation von Zitaten und Werkaussagen in die Schubladen bestimmter politischer Parteien, Richtungen oder Weltanschauungen einordnen zu wollen, und ebensowenig will er ihn empirisch nach dem realhistorischen Erfolg seines amtlich-politischen Wirkens beurteilt wissen. Er will zu „normativen Antworten" kommen und auch bei den uns heute reaktionär erscheinenden politischen Positionen und Entscheidungen Goethes stets nach dem „Warum" fragen. Goethes politische Ethik ist für den Autor nicht an Formfragen wie etwa die Beschaffenheit des politischen Systems gebunden. Ihm kommt es darauf an, daß Goethes „Republikanismus" als Vorbild für die Art und Weise begriffen wird, wie ethische Normen „von einer verantwortlichen politischen Klasse" vorgelebt werden können.

Diese vor allem in den ersten beiden Essays des Bandes dargelegten Grundpositionen des Autors werden nun in den folgenden Aufsätzen an einzelnen Themen expliziert. In dem Essay *Die Stimme der Polis* arbeitet Krippendorff eine seiner Meinung nach durchgängig zu beobachtende Konstante in Goethes Politikverständnis heraus, auf die er immer wieder zurückkommt: Handeln in der Verantwortung eines politischen Amtes als freiwillige, ethisch motivierte Willensentscheidung des Bürgers, sich aktiv für die Gesellschaft zu engagieren. Politik war für Goethe, so sieht es der Autor, nicht das Ausleben von Machtambitionen und eitlen Selbstbestätigungsbedürfnissen, sondern vor allem Entsagung, Dienst, selbstloses Zurückstellen der eigenen Persönlichkeit und aller Ambitionen der Karriere und des materiellen Gewinns. Erst die nicht zu trennende Einheit von Gesinnungs- und Verantwortungsethik, so zeigt Krippendorff an Goethes Rede zur Wiedereröffnung des Ilmenauer Bergwerks 1784, ermöglicht es, Politik als Hinführung unterschiedlich qualifizierter und sozial charakterisierter Individuen einer Gesellschaft zu gemeinschaftlichem Handeln zu konzipieren, wobei Politik in einem übergreifenden Sinne alle Aspekte der Natur, der menschlichen Belange und der wirtschaftlichen Interessen zu harmonisieren vermag. In diesem Sinne sei Goethes Politik auch „demokratisch".

Weitere Aufsätze sind dem Versuch gewidmet, Goethes Begriffe von Krieg und Frieden zu bestimmen. „Goethes Frieden" deutet der Autor am Beispiel der *Novelle* als metaphorische Versinnbildlichung dessen, was Goethe als Wesen und Bedingung von Frieden erkannt habe: nämlich eine Situation, in der die politisch Verantwortlichen sorgsam darüber wachen, daß die im geselligen Tun der Menschen gleichsam von Natur aus angelegte Tendenz, daß das kulturell Errungene in Katastrophen und Destruktion abgleitet, präventiv – durch die stetige Erhaltung einer guten Ordnung – ausgeschlossen wird. Damit verbinde sich die Einsicht, daß die Politik auf Gewalt grundsätzlich verzichten müsse, weil Gewalt stets das letzte, schlechteste und zum Zweck der Problemlösung fast immer kontraproduktiv wirkende Mittel politischen Handelns ist. Ähnlich wie sich das Phänomen Frieden für

6 *Goethe-Handbuch*. Bd. 4/1 u. 4/2. Hrsg. von Hans-Dietrich Dahnke und Regine Otto. Stuttgart/Weimar 1998.
7 Vgl. Katharina Mommsen (Hrsg.): *Goethe-Lesebuch*. Frankfurt am Main 1992.

Goethe als Folge aktiver Kriegsprävention, als Resultat politischer Kompetenz und Verantwortung darstellt, wird der Krieg von ihm als Gegenteil des „gesunden“ Zustands, als „Krankheit“ der menschlichen Gesellschaft gesehen. Hier zeigt der Autor einen Punkt auf, an dem Goethes organologische, an den Naturvorgängen orientierte Interpretation des Gesellschaftlichen besonders sinnfällig hervortritt. Krieg als pathologische Zustandsform der Interaktion innerhalb von und zwischen menschlichen Gesellschaften ist nicht einfach abzuschaffen und kann mitunter schicksalhaft eintreten, ist aber oft ebenso vermeidbar wie das Ausbrechen von Krankheit durch umsichtige Vorbeugung und Hygiene.

Politik gegen den Zeitgeist machte Goethe ebenso mit seiner Hegira, seiner intellektuellen Orientreise um 1815, deren Erträge der *West-östliche Divan* darbietet. Auch diesem Gegenstand widmet Krippendorff einen Aufsatz. Aktueller denn je scheint für uns heute das Beispiel von Goethes Versuch zu sein, in einer Zeit des aufgeheizten Nationalismus nach den Befreiungskriegen gegen Napoleon einen „interkulturellen Dialog der Empathie“ (S. 142) zu eröffnen. Selbst wer den „Nationalhaß“ zwischen den großen europäischen Völkern nach der Erfahrung zweier Weltkriege für historisch überwunden hält, muß sich von Goethes kosmopolitischem Credo angesprochen fühlen, denn die Gefahr, sich auf der hohen Zinne einer „Festung Europa“, mit welcher Leitidee auch immer, selbstgerecht gegen andere Kulturen abzuschotten, ist enorm virulent. Es gehe, so mahnt Krippendorff, auch um das Zusammenspiel von Einheit und Vielfalt im je eigenen Lande und in der je eigenen Kultur. Der Auseinandersetzung mit einer anderen Erscheinung von Politik, in der technokratische Betriebsblindheit die wirklichen Bedürfnisse und Daseinsbedingungen der Menschen notwendig aus dem Auge verliert, widmet sich Krippendorff in *Goethes Faust-Kritik*. In der Tat läßt sich am Beispiel des Schlußmonologs im *Faust II* eindrucksvoll zeigen, wie Faust „der Politik als einer Diskurslogik“ erliegt, in der „der Zweck die Mittel heiligt und damit sich selbst [...] entheiligt“ (S. 151). Die genaue kontextuale Lektüre zeige, so meint der Autor, daß Goethe das faustische Projekt der Moderne, die umfassende Unterwerfung unter ein wirtschaftlich-technokratisches Machtdiktat für einen prinzipiellen Irrweg hielt. Politik sei die entscheidende Schubkraft auf einem Weg, der über die totale Versklavung der Natur zu deren Zerstörung führe und die totale Versklavung der Menschen impliziere.

Diesen eher werkanalytischen Essays folgen zwei mehr polemisch gehaltene Aufsätze. Der erste, unter dem Titel *Von der Naturbeobachtung zur Gesellschaftswissenschaft. Goethes Methoden*, ist konzipiert als „komplementäre Ergänzung“ des Nachworts *Goethes wissenschaftliche Methode* zu einem 1994 vom Autor herausgegebenen Band über Goethes Schriften und Maximen zur wissenschaftlichen Methode.[8] Ausgehend von Goethes vor allem in seiner Naturforschung, aber auch auf gesellschaftliche Phänomene angewandte Methode der empirischen Wahrnehmung durch die menschlichen Sinne, des genauen wiederholten Beobachtens, Anschauens und Aneignens durch gegenständliches Denken entwickelt Krippendorff grundlegende Aussagen über das Verhältnis von Mensch und Naturerkenntnis bei Goethe. Das Prinzip einer allumfassenden Interdependenz alles Natürlichen, das den Menschen und seine Verhältnisse einschließe, verlange die intellektuelle Anerkennung des Primats der Natur, mithin also eine angemessene Art des Denkens. Nicht die Natur dürfe der Logik des Denkens unterworfen werden, sondern dieses müsse der in der Natur selbst liegenden Logik folgen, die nur durch geduldiges Anschauen wahrgenommen werden könne. An diese Argumentation knüpft der Autor, sich auf Hannah Arendt beziehend, schließlich eine Kritik gegenwärtiger Wissenschaft und Forschung in den Industriestaaten. Forschung als weitgehend theoretisch-abstrakte, apparatebasierte technokratische Veranstaltung mit wirtschaftlichem Interessenhintergrund dringe zwar tief in die Mikro- und Makrowelt ein, reproduziere dabei aber letztlich nur die Struktur ihres eigenen Denkens – als wenn ihr ein böser Geist einen Spiegel vorhalte. Dieser „erdentfremdeten“ Wissenschaft müsse die Goethesche Vorstellung eines anderen Fortschritts entgegengesetzt werden. Zugleich verweist der Autor auf eine neue Tendenz in den Wissenschaften, die einem solchen Paradigmenwechsel und damit der Goetheschen Perspektive entgegenkomme: die Interessenverlagerung von der Substanz auf die Kommunikation. Hier biete sich eine Chance, die Stellung von Wissenschaft in der allgemeinen Kultur neu zu bestimmen, zur Orientierung

8 Vgl. Ekkehart Krippendorff: *Goethes Anschauen der Welt. Schriften und Maximen zur wissenschaftlichen Methode*. Frankfurt am Main und Leipzig 1994.

auf die Wechselbeziehung Mensch – Natur und Mensch – Mensch. Dies sei die „Goethesche Brücke", mit Hilfe derer die Gesellschaftswissenschaften ein alternatives Paradigma zur „mathematisierten Technologie und Technokratiewissenschaft" entwickeln könnten.

Abschließend faßt Krippendorff zusammen, wie man, sich an Goethe politisch orientierend, handeln müsse: humanistisches Ethos, höchste Maßstäbe an Selbstverleugnung, Verantwortung und Kompetenz, keine Unterscheidung von Gesinnungs- und Verantwortungsethik und „Folge", d. h. geduldiges, geordnetes und konsequentes Handeln mit langfristigem Zeithorizont, als alternativer Weg zur Kontraproduktivität von „Gewalt". Die heutige Politik sei eben deshalb kritikwürdig, weil sie oft kurzschlüssige, „veloziferische" Entscheidungen treffe und von rasch wechselnden Interessen- und Mehrheitskonstellationen abhängig sei. Weimar als realpolitische Alternative zur Französischen Revolution und dem von dieser ausgegangenen Staats- und Politikmodell soll, gerade angesichts der Herausforderung durch Europäisierung und Globalisierung, wieder als inspirierend erfahren werden, denn es demonstriere die zentralen Bedingungen für eine radikale Umkehr. Politik müsse, so fordert der Autor, wieder für den einzelnen überschaubar und von der Natur her konzipiert werden, denn die „Kontingenz" des Politischen bestehe in der organischen Zusammengehörigkeit von Mensch und Natur. Die Bedrohung der Freiheit rühre vom Herrschaftscharakter der Mensch-Natur-Beziehung her, und derzeit sei soziale und politische Phantasie auf dem karriereorientierten Politikmarkt nicht gefragt. Doch gerade Goethes Hinweis auf die Diversität der Natur sei es wert, auch im Politischen berücksichtigt zu werden.

In der Tat wirkt die Fülle der Ideen und Anregungen, die Krippendorff aus Goethes Leben und Werk für unsere heutige Zeit mit ihren immensen Herausforderungen an das Gestaltungsvermögen von Politik abzuleiten vermag, außerordentlich frappierend. Diejenigen, die den politischen Goethe aus unserer Zeit verbannen wollen, könnten und sollten sich angeregt fühlen, das genauer unter die Lupe zu nehmen, was Goethe nicht nur in seinem literarischen Werk, sondern auch und vor allem in Briefen, Gesprächen und anderen eher als biographische Randerscheinung abgetanen Quellen für die Nachwelt „deponiert" hat. Goethe als „exemplarische Existenz", aus deren Leben man „einen ganzen vollen Menschen von Anfang bis zum Ende" kennenlernen kann, ist, wie Krippendorff überzeugend vorführt, in vieler Hinsicht erst noch zu entdecken und zu erschließen. Eben deshalb aber ist auch Kritik an dem Buch anzumelden, Kritik vor allem dort, wo der Autor mit seinem eigenen respektive mit dem von ihm adoptierten methodischen Prinzip Goethes in Widerspruch gerät. Im Umgang mit den Kritikern des politischen Goethe wirkt es wenig überzeugend, wenn der Autor es zwar verwirft, durch Akkumulation von Aussagen, Werkinterpretationen, Zitaten usw. ein bestimmtes Goethebild zweckdienlich zusammenzustellen, jedoch selbst nichts anderes tut, als ein politisches Depositum herauszudestillieren und dieses dann, gestützt auf höchste, zeitlose Dignität, die Goethe als einem „maßgebenden" Menschen per se zugesprochen wird, als Argumentationsbasis von Kritik und „normativen Aussagen" zu benutzen, die er von der „politischen Klasse" unserer Zeit berücksichtigt zu sehen wünscht.

Politik ist immer die Kunst des Möglichen, und sie bietet nur sehr begrenzte Chancen, gesellschaftliche Prozesse intentional zu steuern. Niemand wußte besser als Goethe, was es bedeutet, politische Verantwortung zu übernehmen, wenn die gegebene Situation nur einen äußerst begrenzten Handlungsspielraum beinhaltet und möglicherweise nur die Wahl zwischen verschiedenen Übeln zuläßt – erinnert sei etwa an Goethes Votum zum Umgang mit der preußischen Soldatenrekrutierung am Beginn des bayerischen Erbfolgekriegs 1778. Es ist bezeichnend, daß Krippendorffs Perspektive, sofern er Goethes praktische Politik überhaupt zur Kenntnis nimmt, auf Goethes erstes Weimarer Jahrzehnt gerichtet ist, die Zeit seiner ständigen Mitarbeit im Geheimen Conseil, wo, wie er meint, alles, was den politischen Goethe ausmache, in nuce bereits enthalten sei. In der Tat ist dies die Phase, in der Goethe von der vermeintlichen Aussicht, die „Weltrolle" des „Regierens" spielen zu können, sowie von den Idealen und Denkkategorien des aufgeklärten, im Geiste Justus Mösers „patriotischen" Bürokraten-Reformers und Fürstenerziehers regelrecht begeistert war. Aber mit eben dieser politischen Philosophie steckte Goethe in einer Sinnkrise, als er seine „Flucht nach Italien" antrat, weil ihm in zehn Jahren aufreibender Regierungs- und Verwaltungstätigkeit deutlich geworden war, daß der Anspruch, das „gemeine Beste" durch eine wohlwollende, reformorientierte Administration von oben herbeizuführen, in der Praxis nicht einlösbar und das fortdauernde Opfer der „Entsagung" seiner Existenz als Künstler lediglich einer Sisyphusarbeit dargebracht schien.

Goethe – und hier ist Krippendorff unbedingt zuzustimmen – resignierte nicht als Politiker, aber er zog sich auch nicht auf die Rolle eines „teilnehmenden Beobachters" zurück, wie der Autor in seinem im vorliegenden Band ebenfalls abgedruckten Artikel „Politik" des *Goethe-Handbuchs* schreibt. Wo aber fand nun Goethes Politik statt? Worin liegt seine eigentliche Lebensleistung als Politiker in den folgenden vier Jahrzehnten? Aus welchen Erfahrungen gewann Goethe jene „Normative", die uns Krippendorff so eindringlich ans Herz legt? Auf diese Fragen gibt der Autor keine Antwort, und er vermag auch keine Antwort zu geben, weil er Goethes praktisches politisches Handeln im realhistorischen Kontext nicht für untersuchungswürdig hält. Gerade hier aber ist nachvollziehbar, wie Goethe seine empirische wissenschaftliche Methode auch im Politischen praktizierte: geduldiges, genaues Rekonstruieren der Wirklichkeit, wie es dem Beobachten des Naturforschers entspricht; empirisches Erfassen aller Fakten und Umstände, auch der geringsten, um beurteilen zu können, was sich tatsächlich vollzog und wo sich einmal ein „Mondfenster" auftat – eine vorübergehende Konstellation von Bedingungsfaktoren, die, wie in der modernen Raumfahrttechnik, sofort genutzt werden muß, um eine projektierte Operation durchführen zu können.

Geht man so vor, erschließt sich der historische Entwicklungsgang des politischen Denkens bei Goethe. Es wird deutlich, daß und wie Goethe sein früheres Verhaftetsein im aufgeklärt-absolutistischen Staatsdenken der naturrechtlichen Vertragslehre überwand, wie er zu einer Politikauffassung gelangte, die Staat und Politik nicht mehr die Aufgabe zuwies, das „gemeine Beste" zu bewirken, sondern lediglich zu ermöglichen, daß sich die Gesellschaft selbst verbessern könne. Nicht einfach die Ethik des „Dienens" und der „Entsagung" ist die Botschaft des „politischen Schlüsselgedichts" *Ilmenau*, das Goethe seinem Freund und Herzog Carl August 1783 zueignete, sondern die neue politische Idee, daß der Staat – nach absolutistischem Selbstverständnis in der Person des Fürsten konzentriert – sich beschränken müsse, um der Selbstentwicklung von Kultur, die ebensowenig zweckgebunden sein konnte wie das Naturale, den erforderlichen Entfaltungsraum zu verschaffen.

Damit definierte Goethe poetisch ein neues Verhältnis von Staat und Kultur, wie es seinem morphologischen Denken entsprach und das gleichsam als Leitgedanke seines politischen Handelns bis zum Lebensende angesehen werden kann. Diesem neuen Verständnis der Rolle des Staates war sein Wirken als politischer Gestalter in amtlichen Verhältnissen des weimarischen Herzogtums verpflichtet, und mit einem doppelten Befreiungsschlag – der „Wiedergeburt" als Künstler in Italien und der „Wende" in seiner Politikerkarriere nach der Rückkehr – schuf, ja ertrotzte er sich die Chance, eine diesem Anspruch gerecht werdende Verbindung seiner Existenz als Künstler mit der Wahrnahme politischer Verantwortung als amtlicher Berater Carl Augusts, nicht mehr nur als bloßer Diener in der Administration, herzustellen und auszuleben. Die Geschichte der Umsetzung dieses Politikkonzepts – Etappen und Entwicklungsphasen, Möglichkeiten und Grenzen, konkrete Zeitgebundenheit und fortwirkende Tendenzen, also realhistorischer Verlauf, Wirkung und Bedeutung für die Nachwelt – ist noch nicht zusammenhängend und systematisch untersucht worden. Goethes praktische „Politik gegen den Zeitgeist", der über Jahrzehnte durchgehaltene Versuch, im Kleinstaat Sachsen-Weimar-Eisenach eine „gegen unsere Kräfte disproportionierte Pflege von Kunst und Wissenschaft"[9] zu betreiben, war in der Tat ein politisches Alternativmodell, das wert ist, genauer erforscht zu werden. Aber diese Alternative lag nicht im Staat Sachsen-Weimar-Eisenach als angeblichem Gegenmodell zur Französischen Revolution und dem von dieser hervorgebrachten Staatstyp, denn als politisches System entsprach er durchaus der im Alten Reich weitgehend üblichen Organisationsform reichsständischer Landesherrschaft und vollzog den anschließenden Übergang zum bürokratisch-zentralistisch organisierten Anstaltsstaat, obgleich auf einem eigenen, originellen Weg, Schritt für Schritt mit. Ein „Modell" Weimar als Alternative zur zeitgenössischen Staatsentwicklung konnte es nicht geben, schon deshalb, weil Weimar stets in das Machtgefüge der europäischen Großstaaten eingebunden und dessen Zwängen unterworfen blieb, wie schließlich auch das Schicksal des von Goethe kritisch betrachteten konstitutionellen Experiments von 1816, des steckengebliebenen Versuchs zur Etablierung eines solchen Modells, augenfällig zeigte.

Gerhard Müller

---

9 Goethe an Cotta, 7. 10. 1807; WA IV, 19, S. 428.

Reiner Wild: *Goethes klassische Lyrik.* Stuttgart/Weimar 1999, 317 S.

Seltsam: Ein Buch über Goethes klassische Lyrik gibt es noch nicht. Reiner Wild ist gewiß der richtige Autor, wenn es um die Füllung dieser Lücke geht. Er hat viele Gedichte des ,klassischen' Goethe in der Münchner Ausgabe kommentiert, auch einige im *Goethe-Handbuch* des Metzler-Verlags. Solche Kommentierungsarbeit gehört zu den Tätigkeiten, die man gerne als entsagungs- und verdienstvoll lobt: Die Person, auch die wissenschaftliche Person, hat zurückzutreten hinter den Auftrag zur Prüfung und Bereitstellung der Vielzahl von Materialien, mit denen dann andere das Geschäft der Interpretation besorgen. Wenn ein derart ausgewiesener Kenner des Gegenstands, der souverän über die Faktengrundlage verfügt, ein Buch zum Thema vorlegt, das ihm nun alle Freiheit eigenen Fragens und Vermutens gibt, weckt das hohe Erwartungen. Wie wird er diese Freiheit nutzen? Wird er uns neue Interpretationsvorschläge zu den altbekannten Texten machen oder jene wenig bekannten Texte, die seit jeher nur von den Kommentatoren gründlich gelesen wurden, in ein neues Licht rücken? Wird er uns ein Bild der ,Klassik' entwerfen, das frei von den alten Zöpfen ist, aber die Beibehaltung des Wortes ,klassisch' im Titel neu rechtfertigt?

Klassik also, wie wird sie aufgefaßt? Als deskriptiver Begriff sei ,Klassik' zu verstehen, als die Zeit der Zusammenarbeit Goethes mit Schiller, mit einer kleinen Erweiterung am vorderen Ende bis zur Rückkehr aus Italien. Wild bleibt aber nicht bei der bloß chronologischen Bestimmung, sondern stellt sich auch dem Geltungsanspruch, den die Wortwahl impliziert. Die „Erfahrung von Diskontinuität und Enttäuschung" bildungsbürgerlicher Klassikerpflege führt ihn zum „Eigensinn" der Werke, zur Ablehnung der „Einfälle der Interpretation", und bei diesem pejorativ getönten Gebrauch des Wortes „Einfälle" wird man hellhörig. Immerhin kann man sich beruhigen: Es geht ihm um „die Historisierung der Werke, deren genaue Einbettung in den historischen Prozeß, auf den sie mit ihrem Eigensinn antworten" (S. VIII f.). Wenn einer, der sich einmal gründlich mit Norbert Elias befaßt hat, vom geschichtlichen Prozeß spricht, dann wird er wohl wissen, was er sagt, und die Logik von Frage und Antwort, Problem und Lösungsversuch ist allemal ein vielversprechender methodischer Ansatz (wenngleich das Bild von der ,Einbettung' einer ,Antwort' nicht auf letzte Formulierungssorgfalt deutet). Wild konstatiert ein ,Projekt Klassik' als „Antwort auf Modernisierungsprozesse". Das wäre eine nicht ganz neue, aber durch gründliche Diskussion aufzufrischende und vor allem ins Detail zu führende These, denn ob man ,Modernisierung' mit Hegel konzipiert, mit Marx, mit Adorno, mit Elias, mit Foucault, mit Luhmann oder mit wem sonst – das macht doch einigen Unterschied. Aber Forschungsdiskussion ist nicht Wilds Sache. Es bleibt beim Programm einer eher erbaulichen Unverbindlichkeit, Goethe trete in „Wettstreit" mit der Antike (das kommt immer wieder), und „im Wechselspiel von Orientierung am antiken Muster und Selbstgewißheit als moderner Dichter" gelinge es ihm, „die Erfahrung von Entzweiung und Entfremdung der Moderne noch einmal in ästhetischer Versöhnung aufzuheben" (S. IX). Bei so viel affirmierbarem Gelingen wird die klassische Dichtung zum „Zeugnis einer Zeit, in der Versöhnung noch ästhetisch möglich war" (ebd.). Irgendwie soll das ein „Versprechen" sein, „das – so scheint es – der Gegenwart nur als eines aus der Vergangenheit und als nicht eingelöstes zugänglich ist" (S. IX f.). So scheint es, o ja, aber was will der Verfasser mit diesem „so scheint es" sagen? Ist es so oder ist es nicht so? Oder ist es eigentlich egal? Er verschreibt uns die Klassik als Herausforderung „am Ende des 20. Jahrhunderts, gleichfalls einer Zeit der Krise" (S. X) – aber wann war denn keine Krise? Spätestens da wird man fordern müssen, daß das Gerede von Modernisierung und Krise und Ästhetik konkret wird und sich nicht in pastoralen Allgemeinheiten verliert. Vorausgesetzt, dieses Programm gehört überhaupt zum Buch. Denn es ist, wie das Vorwort in Büchern aus dem 19. Jahrhundert, mit römischen Zahlen paginiert – eine nachträgliche Vorrede, damit doch so etwas wie ein Programm entsteht?

Dann schickt Wild uns auf die Reise, beginnend mit jenen Epigrammen aus dem ersten Weimarer Jahrzehnt, die später unter dem Titel *Antiker Form sich nähernd* gesammelt wurden. Er erzählt uns von der Ausgabe N, von den vierundzwanzig sich antiker Form nähernden Gedichten in der Ausgabe B, von denen die meisten vierzeilig seien (und keines mehr als elfzeilig!?). Achtzehn davon gehen auf die Ausgabe S zurück, an die Goethe in der Ausgabe A vier Epigramme angeschlossen hat, denen er für die Ausgabe B – na wieviel? richtig: zwei hinzufügte. Erst wenn man durch diesen ganzen Verhau hindurchgekommen ist, erfährt man als Quintessenz: Die meisten Gedichte dieser Rubrik sind schon in den 80er Jahren entstanden, und Goethe hat ihnen durch den Rubrikentitel einen bestimmten bio-bibliographischen Ort in seiner Entwicklung zugewiesen. Aber, so wird uns eindringlich noch einmal versichert, das gelte nur für die achtzehn in der voritalienischen Zeit entstandenen. Dann werden die Gedichte, nach Gruppen geordnet, besprochen.

Diese Umständlichkeit ist nicht untypisch für das ganze Unternehmen. Wild versucht offenbar, streng aus dem Material heraus, gleichsam induktiv, zu arbeiten. Aber das Material kann keine Thesen aus sich selbst gebären, es sind, gerade im Sinne des von Wild in Anspruch genommenen hermeneutischen Verfahrens, allemal Deutungsvorgriffe nötig, und die Genauigkeit und Solidität entsteht erst durch die strenge Prüfung solcher Vorgriffe am Material. Ohne solchen Vorgriff gibt es auch keine Selektion des Materials, die Fakten stehen ohne Relevanz-Hierarchie nebeneinander; Druckgeschichte, Rezeptionszeugnisse, Metrik, literarische Vorbilder, Biographisches. Es gibt ein ausführliches Kapitel zur Italienreise. Doch Wild behandelt die Texte der *Italienischen Reise* von 1816/17/29 als biographische Quellen für die Entstehung der klassischen Konzeption, obgleich er natürlich weiß, daß es sich um mehr oder weniger stark redigierte Papiere handelt. Aber er kommt nicht zur Konsequenz, sie als Quellen für Goethes Inszenierung des biographischen Ursprungs der ‚Klassik' zu deuten. In diesem Sinne hätte die *Italienische Reise* durchaus ihren Platz im Buch, doch nun bleibt nur das Ergebnis, „daß Goethe in Italien auch in der Lyrik kaum Neues geschrieben hat" (S. 32). – Wild legt großen Wert darauf, daß Goethe zur zweiten Italienreise (nach Venedig) nicht widerwillig aufgebrochen sei, sondern ambivalent, daß der Widerwille erst unterwegs entstanden sei, aber es ist nicht herauszufinden, was das mit der Lyrik zu tun hat. Eine biographische Untermauerung der in den *Venetianischen Epigrammen* deutlich genug ausgesprochenen Enttäuschungsthematik? Stärkere Konturen werden eher en passant beim Abrufen aktueller Gesinnungs- und Korrektheitsfragen eingebracht, bei Goethes Haltung zur französischen Revolution etwa, die auch hier erst ermittelt werden muß, obwohl ihr lyrischer Niederschlag fast gleich Null ist, oder seine Stellungnahmen zu Fragen der Geschlechterdifferenz, namentlich in *Der Gott und die Bajadere* („Sklavendienste"!) und *Die Braut von Korinth* (weiblicher Vampir!). Obwohl die „Braut" da vier Strophen lang das letzte Wort hat und in der letzten Zeile die „Möglichkeit der Gleichheit und Gleichrangigkeit der Geschlechter" aufscheine, das Gedicht sich gar als „Kritik an männlicher Dominanz" lesen lasse, blieben da „Ambivalenzen und Gegensätzlichkeiten, ja Unvereinbarkeiten", es würden „Begrenzungen und Widersprüche klassischer Humanität sichtbar" (S. 226 f.). Nun gut.

Doch wenn die Arbeit auch etwas begriffsarm ist, so zeigen sich Schwergewichte, die nicht bloße Vorlieben sind. Die Dichtungen in ‚antiken' Metren gehören zu den bevorzugten, wie denn Wild die Klassizität der Periode insgesamt im Verhältnis zur Antike begründet sieht. Natürlich ist die Zusammenarbeit mit Schiller im Zusammenhang des ‚Klassik-Projekts' hervorzuheben, insbesondere der Schillersche *Musen-Almanach*, in dem viele von Goethes Gedichten erschienen. Hier legt Wild erfreuliches Gewicht auf die „Elegien II", also jenes Elegien-Ensemble, dessen Einzelstücke meist erstmals im *Musen-Almanach* erschienen waren. Und bemerkenswert ist, daß er die Balladen Goethes und Schillers als eine Art Fortsetzung der ‚antiken' Gedichte in ‚modernem' Medium ins ‚Klassik-Projekt' einordnet. Hier gibt es dann auch Stoff zum Nachdenken:

> Es ist Goethe gelungen, in den klassischen Elegien die Entfremdungs- und Trennungserfahrungen der Moderne im Kunstwerk aufzuheben und diesen Erfahrungen die Kunst selbst und die in ihr gestaltete Utopie des gelingenden Lebens entgegenzusetzen. Die Balladen allerdings dementieren zugleich diese Möglichkeit der Kunst. In der Komplementarität von Elegien und Balladen und damit gerade auch in ihrem Gelingen zeigt so die klassische Lyrik in einer eigentümlichen Dialektik zugleich die Unmöglichkeit solcher Kunst unter den Bedingungen entwickelter Moderne. So sind – bereits zur Zeit Goethes und mehr noch heute – die Elegien ein fernes Versprechen, und es erweisen sich – anders gewendet – die Balladen erneut als die eigentlich ‚moderne' Form in der klassischen Lyrik. (S. 257)

Daß Goethe etwas „gelungen" sein sollte, was eine „Unmöglichkeit" ist, das wäre allerdings nicht ‚dialektisch' zu versöhnen oder aufzuheben, sondern zum Problem zu erheben. Freilich wäre dann der immer wieder auftauchende Leerbegriff der ‚Moderne' nicht mehr brauchbar, sondern müßte gegen eine präzisere Konzeption der Referenzproblematik ausgetauscht werden. So hätte diese Arbeit zu einem wichtigen Forschungsbeitrag werden können.

Hervorzuheben ist auch, daß Wild den Blick auf einige Gedichte lenkt, die aus unterschiedlichen Gründen nicht in den Anthologienschatz des deutschen Volkes eingegangen sind. Das viel zu wenig bekannte Distichen-Gedicht *Der neue Pausias und sein Blumenmädchen* druckt er, sechs Seiten lang, ab, mit allerdings bemerkenswert knapper Auswertung. Vollständig zitiert wird das wunderschöne Gedicht *Erinnerung* (*Nachgefühl*) (S. 271). Es gibt, glaube ich, kein Gedicht des Zeitraums, das nicht erwähnt würde (doch: *Die empfindsame Gärtnerin*). Aber die Fülle kurzer Erwähnungen hat zur Kehrseite, daß längere Partien in ein atemloses und wenig aufschlußreiches Kurzcharakterisierungs-idiom fallen. Wer z. B. wissen will, was es mit dem von Mendelssohn vertonten seltsamen Text *Die erste Walpurgisnacht* auf sich hat, erfährt:

> Und *Die erste Walpurgisnacht* ist ein formal wie in der sprachlichen Gestaltung gleichfalls an solche [volksliedhafte, wie *Das Blümlein Wunderschön*; d. Vf.] Traditionen anschließender Wechselgesang, wobei die Thematik des Wechsels vom Heidentum zum Christentum an *Die Braut von Corinth* erinnern mag, von der sich das Gedicht allerdings durch den satirischen Einschlag und die eher derb-drastische Sprache wiederum deutlich unterscheidet [...]. (S. 256)

Weiß man jetzt Bescheid? (Übrigens ein Musterbeispiel für die Verkettung von Informationen durch ‚unechte' Relativsätze, hauptverantwortlich für die stilistische Monotonie.)

Die einzelnen Gedichtanalysen bleiben meistens merkwürdig stumpf. Ein so schwieriges Gedicht wie *Weltseele* wird mit allen neun Strophen zitiert, mit seinen technischen Daten vorgestellt, als „nicht immer [!] leicht verständlich" charakterisiert und dann durch Behauptung der „Wahrheit" des in diesem Gedicht und der *Metamorphose der Pflanzen* Gezeigten zusammenrubriziert; die bisherigen Forschungs- und Deutungsbemühungen um das Gedicht werden nicht weiter erwähnt. Ähnlich steht es um *Dauer im Wechsel*, das gleichfalls vollständig zitiert wird, mit dem buchhalterischen Urteil versehen, daß „in diesem Gedicht zentrale Motive der klassischen Lyrik Goethes versammelt" (S. 287) sind. Zu *Alexis und Dora* werden in einer Fußnote immerhin die Kontrahenten Schöne und Borchmeyer genannt, ohne daß deren Positionen aber irgendwie markiert würden. Zu *Der Zauberlehrling*: „Zweifellos erlaubt die Ballade die verschiedenartigsten Bezüge" (S. 199) – vielleicht wäre es eine Bereicherung, wenn man mehr als den von Wild favorisierten Bezug erführe. Über die Art, wie die beiden Goetheschen *Priapea* den *Römischen Elegien* zuzuordnen seien, ist „mehrfach nachgedacht" worden (S. 50) – mit welchen Ergebnissen? Unwichtig, denn das bleibt „spekulativ". Versuche, die *Weissagungen des Bakis* zu entschlüsseln, „sind seit der Veröffentlichung der Sprüche [...] mehrfach unternommen worden" (S. 253). Ich neige zwar der Position Wilds zu, der hier ‚Unsinnspoesie' sieht, aber eine Auskunft, welcher Art diese Entschlüsselungen sind, wäre ebenfalls eine Bereicherung. – Dazu müßte man allerdings einen ordentlichen Anmerkungsapparat anlegen.

Das ist die Stelle, an der schließlich ein Ärgernis zu monieren ist, das die Substanz des ganzen Buches bedroht. Wenn Wild schon keinen originellen Blickwinkel und keine neuen Fragestellungen für seinen Gegenstand entwickelt, so wäre es doch sehr verdienstvoll gewesen, wenn er eine möglichst komplette Bestandsaufnahme unternommen hätte. Aber er hat, von wenigen Fußnoten abgesehen, auf die dafür notwendigen Anmerkungen und entsprechende Nachweise verzichtet. Er meint: „daß ich die Forschung gebührend beachtet habe, dafür mögen insbesondere meine Kommentare in der Münchner Ausgabe und meine Artikel im Goethe-Handbuch einstehen" (S. 304). Als ginge es bei Anmerkungen nur darum, der Umwelt seinen Fleiß zu dokumentieren! Es geht um viel mehr: um die Dokumentation der Diskussion, wenn es denn eine gibt, und um alternative und weiterführende Literatur. So aber setzte sich das Buch sozusagen zwischen drei Stühle, indem es dreien Herren dienen wollte: Für eine populäre Einführung, die auf eine Diskussion der Forschungsergebnisse hätte verzichten können, ist es zu schwerfällig; für eine wissenschaftliche Untersuchung fehlt es an einer Fragestellung; und für ein gründliches Handbuch, wofür es aufgrund der profunden Kenntnisse des Autors am ehesten das Zeug hätte, fehlt die Dokumentation.

Karl Eibl

Hans Mayer: ***Goethe.*** Herausgegeben von Inge Jens. Frankfurt am Main 1999, 448 S.

„Goethe war ich verfallen". Das gestand der sechsundsiebzigjährige Hans Mayer, um damit seine Liebe zu diesem Dichter abzuheben von seinen im Lauf der Zeit wechselnden Einstellungen zu Schiller, Büchner oder Thomas Mann (*Ein Deutscher auf Widerruf* II, S. 33). Die dem „Stern der schönsten Höhe" gewidmeten wissenschaftlichen Aufsätze, Vorträge und Reden aus den Jahren zwischen 1949 und 1974 hat der Autor als Zweiundneunzigjähriger durch eine Schlußbetrachtung (*Tübingen 1999*) ergänzt und – rechtzeitig zum Goethejahr – als Buch veröffentlicht. Der Herausgeberin Inge Jens zufolge handelt es sich hierbei „um Zeugnisse einer lebenslangen Beschäftigung mit Goethe" und zugleich um „eine Art geistiger Autobiographie des Schreibenden". Es macht in der Tat den besonderen Reiz dieses Buches aus, daß die Beiträge, die fast alle vorher schon im Druck vorlagen, hier in einer Reihe zusammengefügt sind, durch die sichtbar wird, daß die Beschäftigung mit Goethe von den wechselnden Lebenssituationen Hans Mayers unabhängig war, diese jedoch auf prägnante Weise widerspiegelt.

Im Goethejahr 1949 hielt der kurz zuvor nach Leipzig berufene Professor die Festrede (hier abgedruckt unter dem Titel *Goethe in unserer Zeit. Eine Rede vor jungen Menschen*), worin er den Dichter nicht als Vorläufer des Sozialismus, sondern als den größten Repräsentanten des bürgerlichen Zeitalters in Deutschland würdigt. Zornerfüllt, doch wenig überzeugend nimmt er gleichzeitig Stellung „zu jener bösartigen und üblen Verfälschung Goethes [...] in Westdeutschland", als die er die Reden der ersten drei Träger des Frankfurter Goethepreises nach dem Krieg (Hermann Hesse, Karl Jaspers, Fritz von Unruh) empfindet. Dem stellt er in uneingeschränktem Optimismus und Wir-Gefühl („Bleiben wir zusammen", heißt es mehrmals gegen Ende) „die Möglichkeit der Verwirklichung" von Goethes Forderungen durch „die Welt arbeitender Menschen" entgegen.

Im Mai 1956 hielt Mayer in Weimar die Festrede auf der Hauptversammlung der Goethe-Gesellschaft über *Goethes Begriff der Realität.* Noch ehe im folgenden Jahr in der Festschrift für den Leipziger Kollegen Hermann August Korff seine Interpretation von Goethes *Märchen* erschien, hatte bereits „der siebenjährige Krieg gegen Hans Mayer" (Alfred Klein) begonnen, der 1963 sein Ende fand mit Mayers Verbleiben in Westdeutschland.

Dort intensivierte er seine Beschäftigung mit Goethe. Innerhalb weniger Jahre arbeitete er zwei Vorträge aus (*Der Famulus Wagner* und *Höllenfahrt des Doktor Faustus*), zudem drei Vorlesungen (*Die deutschen Schriftsteller und Goethe, Die Germanisten und Goethe, Marxistische Interpretationen*), gehalten am Collège de France und erstmals abgedruckt in diesem Buch, schließlich den großen Essay *Goethe. Ein Versuch über den Erfolg.*

Über die vergangenen 25 Jahre hinweg hat – vor allem anderen – der *Versuch über den Erfolg* seinen dauerhaften Rang erwiesen. Wer sich im abgelaufenen Jubiläumsjahr durch die zwischen Anklägern und Apologeten geführten Dispute über eine historisch angemessene Würdigung Goethes verunsichert fand, könnte den *Versuch* von 1973 wie eine erhellende aktuelle Stellungnahme lesen. Im Widerspruch zum Titel geht die Untersuchung von der These aus, Goethes Größe sei „weit eher an den Mißerfolgen ablesbar [...], zugleich an den Enttäuschungen, die er bereitet und erlebt hat". Nicht nur die Weimarer Jahre vor der Flucht nach Italien, nicht nur die Irritationen durch die Französische Revolution dienen dem Autor als Belege; schließlich ist auch Schiller nach seinem Urteil ein „Mißerfolg in Goethes Existenz" gewesen. Im Unterschied zu Schiller, der „vom Zeitgeist inspiriert" worden sei, habe sich Goethes poetische Produktivität „aller Residuen einer Dichtung aus begriffenem Zeitgeist entledigt" und seine Werke zunehmend durch Ironie und verhüllende Symbolik verfremdet, um ihr Unzeitgemäßes, die bewußte Distanz zur eigenen Gegenwart, und die Vorwegnahme künftiger Probleme zu sichern. „Hier wurde eine Zeit, die unsere eigene Ära recht eigentlich erst entstehen ließ, rastlos reflektiert, in Gedanken gefaßt, mit einem beispiellosen Reichtum der gestalterischen Einfälle und Formen im Kunstwerk reproduziert. Mitsamt allen Mißverständnissen aus Subjektivität wie aus gesellschaftlicher Position" (S. 156).

Franz Josef Scheuren

Grund zum Feiern? Ein Blick auf russische Publikationen zum Goethejubiläum 1999

Eine nicht nur schön gestaltete, sondern – in Rußland alles andere als selbstverständlich – zweisprachige Ausgabe von einhundert gut ausgewählten Gedichten Goethes,[1] eine Anthologie mit nur zum Teil (alt)bekannten Zeugnissen der Goethe-Rezeption in der russischen Dichtung des 18. bis 20. Jahrhunderts,[2] eine so kenntnisreiche wie spannende vergleichende Untersuchung von Rostislav Danilevskij zu Goethe und Puškin,[3] ein Sonderband der wissenschaftlichen Zeitschrift der Udmurtischen Universität[4] sowie – fast selbstverständlich und deswegen erst jetzt genannt – die russischen *Goethe-Studien 1999*, in deren Zentrum *Faust* steht,[5] dazu eine Reihe von Aufsätzen und Essays: Beantwortet sich die in der Überschrift gestellte Frage angesichts dieser (keineswegs Anspruch auf Vollständigkeit erhebenden) Aufzählung russischer Publikationen zum Goethe-Jubiläum nicht von selbst? Ich denke ja, lassen doch die angeführten Veröffentlichungen zunächst weder quantitativ noch – diese pauschale Wertung sei erlaubt – in bezug auf die wissenschaftliche Qualität bzw. die Form ihrer Präsentation Zweifel daran aufkommen, daß Goethe in Rußland gebührend gewürdigt wurde.

Wenn die östliche Begeisterung für den westlichen Dichter dennoch (und sei es rhetorisch) in Frage gestellt wird, dann deutet das auf zwei Besonderheiten der russischen Goethe-Rezeption hin, die in Deutschland nicht allgemein bekannt sein dürften und deshalb kurz skizziert werden sollen.

Zunächst betrifft dies – so erstaunlich es klingen mag – das Ausmaß. Hier relativieren sich die jüngsten russischen Bemühungen um Goethe, wenn man sie vor dem Hintergrund des letzten großen Jubiläums von 1932 betrachtet. Es genügt, zwei der insgesamt rund einhundert (!) damaligen Publikationen[6] anzuführen, um die Erträge des Goethe-Jahres 1999 in einem bescheideneren Licht erscheinen zu lassen. Denn fraglos wirkt die oben genannte, ohne Einschränkungen gelungene und nicht zuletzt durch das (Wieder-)Zugänglich-Machen ‚verschütteter' Übertragungen[7] verdienstvolle deutsch-russische Gedichtanthologie geradezu zwergenhaft im Vergleich zu den 1932 veröffentlichten ersten beiden Bänden der russischen Jubiläumsausgabe der Werke Goethes[8], der bis heute vollständigsten und in bezug auf Übersetzungsgenauigkeit und Kommentierung ambitioniertesten russischen Goethe-Edition. Weniger einseitig fällt der ‚Jubiläumswettkampf' bei den literaturwissenschaftlichen Publikationen aus. Doch auch hier ist unübersehbar, daß keine der genannten Kollektiv- und Einzelveröffentlichungen, ja nicht einmal ihre Gesamtheit, sich auch nur mit der Goethe gewidmeten über 1 000seitigen Lieferung des *Literaturnoe nasledstvo* (*Literarisches*

---

1 Johann Wolfgang Goethe/Iogann Vol'fgang Gete: *„Das Leben, es ist gut." Hundert Gedichte, ausgewählt von Siegfried Unseld/„Žizn' vse že choroša." Sto stichotvorenij, otobrannych Zigfridom Unzel'dom.* Hrsg. von Pavel Toper. Moskva 1999.

2 *Gëte v russkoj poėzii. Vek XVIII – vek XX.* Hrsg. von Natalija I. Lopatina. Moskva 1999.

3 Rostislav Ju. Danilevskij: *Puškin i Gete. Sravnitel'noe issledovanie.* Sankt-Peterburg 1999.

4 *Velikij master slova. Gete i problemy mirovoj literatury. Sbornik statej i materialov, posvjaščennyj 250-letiju so dnja roždenija I. V. Gete.* Iževsk 1999 (Vestnik Udmurtskogo universiteta 11 [1999]).

5 *Gëtevskie čtenija 1999.* Hrsg. von Sergej V. Turajev. Moskva 1999. Zu den ersten drei Bänden dieser in loser Folge erscheinenden Publikationen der russischen „Kommission zum Studium des Schaffens Goethes und der Kultur seiner Zeit" vgl. die Rezension von Vladimir A. Avetisjan: *Neue russische Goethe-Studien (Getevskie čtenija). Kurzrezension der Bände 1–3.* In: GJb 112 (1995), S. 407–410.

6 Siehe Zinaida V. Žitomirskaja: *Iogann Vol'fgang Gete. Bibliografičeskij ukazatel' russkich perevodov i kritičeskoj literatury na russkom jazyke 1780–1971.* Moskva 1972, S. 385–392. Zum Vergleich: Für das Jahr 1931 finden sich in der russischen Goethe-Bibliographie ganze acht Einträge; selbst zum 200. Geburtstag Goethes im Jahr 1949 werden lediglich 34 Publikationen verzeichnet (vgl. a. a. O., S. 385 u. 411 f.).

7 Vgl. z. B. den lyrischen Dialog „Suleika. Sag du hast wohl viel gedichtet ..." aus dem *West-östlichen Divan*, der in der Nachdichtung von Ivan Tchorževskij (Erstpublikation: Paris 1931) wiedergegeben und damit erstmals einem breiteren Publikum zugänglich gemacht wird. Vgl. Goethe (Anm. 1), S. 290 f.

8 Gete, *Sobranie sočinenij v trinadcati tomach. Jubilejnoe izdanie.* Hrsg. von Lev B. Kamenev, Anatolij V. Lunačarskij und Matvej N. Rozanov. Moskva und Leningrad 1932–1949, Bd. 1: *Lirika* (*Lyrik*) und Bd. 2: *Junošeskie p'esy i ėpičeskie poėmy* (*Dramatische Jugendwerke und Epen*).

Erbe) von 1932[9] messen kann. Abgesehen von den Studien zum Verhältnis von Goethe und Puskin[10] wird wohl keine der neuen Arbeiten einen ähnlichen Grundlagenstatus erreichen, wie dies beispielsweise S. Durylins Abhandlung zu den russischen Kontakten Goethes[11] für sich beanspruchen kann.

Der russische ,Jubel' um Goethe mag gegenüber 1932 zurückgegangen sein – von immenser Bedeutung ist hierbei freilich der im selben Jahr begangene 200. Geburtstag des russischen Klassikers Aleksandr Puškin. Festzuhalten bleibt jedoch das bemerkenswert große Interesse, das man dem westlichen Dichter seit nunmehr über zweihundert Jahren im Osten entgegenbringt.

Eng damit verbunden ist eine zweite Besonderheit der russischen Goethe-Rezeption: Charakteristisch für sie war über weite Strecken ein starkes persönliches, nationales, politisches oder anderweitiges Engagement in der Auseinandersetzung mit dem Werk (und dem Leben) des Dichters – mit Goethes eigenen Worten: „der Russe [strebt], sich es anzueignen"[12]. Auch in dieser Beziehung unterscheiden sich die Jubiläen von 1932 und 1999 unübersehbar voneinander. Standen doch die (nicht zuletzt auch in finanzieller Hinsicht) erheblichen Bemühungen der Sowjetmacht um Goethe rund um seinen 100. Todestag im unmittelbaren Zusammenhang mit der Absicht der „ideologischen Legitimation eines Regimes, das sich selbst von Beginn an zum Erben der Kultur der Menschheit erklärt hatte"[13]. Ja, Lev Kamenev (zu diesem Zeitpunkt einer der Herausgeber der russischen Jubiläumsausgabe der Werke Goethes) ging in seinem offiziellen Leitartikel zum 100. Todestag so weit, das „blitzende Arsenal der Goetheschen Lyrik" als „herausragende Waffe mit breitem Schußfeld" im ideologischen Kampf gegen „das verfluchte Erbe der religiösen, patriarchalischen, [...] bourgeoisen und kleinbürgerlichen Überbleibsel an Gefühlen und Tendenzen" ins Feld zu führen.[14]

Von dieser Jubelpropaganda heben sich die jüngsten russischen Goethe-Publikationen wohltuend ab. Die lange Zeit dominant aneignende Rezeption hat einem „Ineinandergreifen jenes dreyfachen nie scharf zu trennenden Strebens"[15] – nämlich nach Durchdringung, Verständnis und Aneignung des Werks – Platz gemacht.[16]

Als Beispiel für diese Umstellung kann die eingangs angeführte Iževsker Publikation *Der große Meister des Wortes: Goethe und Probleme der Weltliteratur* dienen. Auf gut 250 Seiten vereinigt sie siebzehn Studien, fünf Übersetzungen sowie eine Rezension. Eine zentrale Rolle spielt dabei „Weltliteratur" – sei es im Hinblick auf die Konzeption, die Goethe mit dieser höchst folgenreichen Begriffsprägung verband, sei es als Rekonstruktion internationaler literarischer Prozesse des Austauschs und der Rezeption oder schließlich als konkrete ,weltliterarische Praxis'.

Letzterem ist der gesamte Abschlußteil des Bandes gewidmet. Hier finden sich neben der Übersetzung von Auszügen aus den *Leiden des jungen Werthers* ins Udmurtische die – meines Wissens ersten – russischen Übertragungen von *Symbolik*, *Myrons Kuh*, *Wiederholte Spiegelungen* sowie des *Vorworts zu Carlyles „Leben Schillers"*. Mit der Übersetzung des letztgenannten Textes wurde freilich nicht nur eine

9 Literaturnoe nasledstvo 4–6 (1932).

10 Hier ist neben der Monographie von Danilevskij (Anm. 3) vor allem Sergej Averincevs Aufsatz *Gëte i Puškin (1749–1799–1999)* (*Goethe und Puskin [1749–1799–1999]*) zu nennen, der parallel in der Literaturzeitschrift Novyj mir 6 (1999), S. 189–198, und in den *Gëtevskie čtenija 1999* (Anm. 5), S. 7–16, erschien und sich mit der literaturgeschichtlichen Rolle beider Autoren als ,Klassiker' im Spannungsfeld zwischen der „Statik der Tradition und der Dynamik des Neuen" (a. a. O., S. 8; sämtliche Übersetzungen von mir; d. Vf.) beschäftigt.

11 Sergej Durylin: *Russkie pisateli u Gete v Vejmare* (*Russische Schriftsteller bei Goethe in Weimar*). In: Literaturnoe nasledstvo 4–6 (1932), S. 81–504.

12 Johann Wolfgang Goethe: *Helena in Edinburg, Paris und Moskau*. In: FA I, 22, S. 514 f.; hier S. 514.

13 Efim G. Ėtkind: *Russkaja perevodnaja poėzija XX veka*. In: *Mastera poėtičeskogo perevoda. XX vek*. Hrsg. von Efim G. Ėtkind. Sankt-Peterburg 1997, S. 5–54; hier S. 32.

14 Lev Kamenev: *Gete i my*. In: Zven'ja 2 (1933), S. 19–40; hier S. 39. Kamenev selbst fiel übrigens nur drei Jahre später einer Stalinschen Säuberungsaktion zum Opfer.

15 Goethe (Anm. 12), S. 515.

16 Eine gewisse Tendenz zur Vereinnahmung – hier unter religiösem Vorzeichen – findet sich lediglich im Aufsatz von Sergej Kaznačeev: *Puškin i Gëte: put' k vere*. (*Puškin und Goethe: Der Weg zum Glauben*). In: Moskovskij vestnik 2 (1999), S. 224–234.

weltliterarisch bedeutsame ‚Tugend' geübt, sondern dem russischen Publikum vor allem eines der wichtigsten Zeugnisse in der Entwicklung der Goetheschen Weltliteraturkonzeption zugänglich gemacht.

Einen Schwerpunkt innerhalb der Beiträge zur Rekonstruktion weltliterarischer Prozesse bildet das Verhältnis zwischen Goethe und amerikanischen Schriftstellern. So skizziert I. V. Morozova die Goethe-Rezeption Margaret Fullers, weitere wichtige amerikanische Kontakte bzw. Vermittler Goethes (von seinem amerikanischen Freund Joseph Green Cogswell bis zum Transzendentalisten Ralph Waldo Emerson) beleuchtet O. N. Golubkova. Dabei geht es in beiden Aufsätzen weniger um die Entwicklung eigenständiger Thesen, sondern in erster Linie um die Erschließung bedeutender Stationen in der weltweiten Auseinandersetzung mit Goethes Werk.

Einem so riskanten wie spannenden Bereich der internationalen literarischen Kommunikation – den „versteckten Formen intertextueller Migration"[17] – widmet A. P. Gračev seine Studie zum Thema *Goethe – ein geheimer Rat[geber] der russischen Literatur?* Trotz überraschender Detailfunde erscheint der Versuch, von oft nur punktuellen inhaltlichen und strukturellen Parallelen zwischen Werken Goethes und namhafter russischer Autoren von Radiščev bis Nabokov auf einen weder genetisch noch funktional spezifizierten „versteckten Einfluß Goethes auf die russische Literatur"[18] zu schließen, als unkalkuliertes (und wohl auch unkalkulierbares) Risiko.

Konzeptionell zu überzeugen vermag dagegen Vladimir Avetisjans Eröffnungsaufsatz, in dem sich eine Vielzahl von erhellenden Einzelbeobachtungen zu einem Mosaik der engen Wechselbeziehung zwischen Praxis und Konzeption der Weltliteratur bei Goethe verbinden. Und wenn sich in dieser Untersuchung eine Tendenz zur etwas schmeichelhaften Harmonisierung Goethes beobachten läßt – sei es in bezug auf das schemenhaft bleibende Siegel des „Humanismus" oder seine „Versöhnerrolle" im literarischen und naturwissenschaftlichen Disput –, so mag dies einer gewissen Pietät gegenüber dem Jubilar geschuldet sein: Denn schließlich gab es ja Grund zum Feiern.

Sebastian Donat

Rostislav Ju. Danilevskij: ***Puschkin und Goethe.*** *Eine vergleichende Studie.* Akademie der Wissenschaften Rußlands, Institut für russische Literatur (Puschkin-Haus). Sankt Petersburg 1999, 288 S. (in russischer Sprache)

1999 wurden mit internationalen wissenschaftlichen Konferenzen in Moskau und Weimar und mit Veranstaltungen an vielen anderen Orten der Welt der 200. Geburtstag Aleksandr S. Puschkins und der 250. Geburtstag Johann Wolfgang Goethes feierlich begangen. Während russische Teilnehmer an der 77. Hauptversammlung der Goethe-Gesellschaft, die vom 27. bis 29. Mai 1999 unter dem Thema *Goethe und das 20. Jahrhundert* in Weimar stattfand, über *Goethes Wirkung auf die russische Kultur* am Beispiel der Religionsphilosophen des „Silbernen Zeitalters" und der Goethe-Rezeption an der Moskauer Universität in der zweiten Hälfte des 19. Jahrhunderts referierten, wurden anläßlich der großen, thematisch breit gefächerten Konferenz der Lomonosov-Universität *A. S. Puschkin und die Weltkultur* vom 2. bis 4. Februar 1999 Puschkins Beziehungen zur deutschen Romantik und zu Goethes *Faust* untersucht. Auf dem Kongreß literarischer Gesellschaften vom 14. bis 18. Juli 1999 in Gotha unter dem Rahmenthema *Die europäische Kultur und Goethe* hat Rostislav Ju. Danilevskij, langjähriger leitender Mitarbeiter des Puschkin-Hauses St. Petersburg, einige Hauptgedanken der vorliegenden Studie vorgetragen, die als einziges der zahlreichen im Jahr des Doppeljubiläums erschienenen Werke das Wagnis unternimmt, in einer philosophisch-stilistischen Synthese die Œuvres beider Dichtergrößen miteinander zu vergleichen.

---

[17] A. P. Gračev: *Gete – „tajnyj sovetnik" russkoj literatury?* In: *Velikij master slova* (Anm. 4), S. 102–116; hier S. 104.

[18] A. a. O., S. 103.

Um Danilevskijs Arbeit, ein Resümee lebenslanger Beschäftigung mit beiden Autoren, den nichtrussischen Goethe-Freunden vorzustellen, soll im folgenden ihr Inhalt zusammenfassend referiert werden. Unter der Prämisse, daß in Rußland ein traditionell anderes Goethe-Bild dominiert als in Deutschland und Westeuropa und daß die russische Literaturwissenschaft andere theoretische Traditionen pflegt, enthält sich der Referent jedes Urteils über die von dem russischen Forscher vertretenen Auffassungen.

Wie Danilevski einleitend bemerkt, hat es schon viele vergleichende Studien zu einzelnen Seiten des dichterischen Schaffens Puschkins und Goethes gegeben und wird es immer von neuem geben. Als Thema seines Buches bezeichnet er dagegen die „vergleichende Beschreibung der schöpferischen Welt zweier genialer Umgestalter ihrer Nationalliteraturen, [...] den Vergleich der Hauptmerkmale des individuellen Stils" und „der Weltanschauungen beider Dichter" (S. 6). Die komparatistische Methode soll helfen, ihr Schaffen wechselseitig besser zu verstehen. Freilich handelt es sich um ein ungleiches Verhältnis: Goethe, fünfzig Jahre älter, hat Puschkins Namen nie erwähnt, obwohl wahrscheinlich Goethes russische Besucher von Puschkin gesprochen haben. Daß er Puschkin seine Schreibfeder mit einem Widmungsgedicht geschickt habe, ist nach dem gegenwärtigen Forschungsstand eine Legende. Umgekehrt erwähnte Puschkin Goethes Namen und verschiedene seiner Werke, von denen er nachweislich beeinflußt wurde. Der angestellte Vergleich gründet sich daher auf typologische Gemeinsamkeiten, die Stellung beider Dichter in einer ähnlichen historischen Konstellation ihrer Länder im Prozeß der europäischen Aufklärung, die Stilentwicklung und Parallelen in ihren Werken, weltanschauliche Aspekte und auf Puschkins Variation des *Faust*-Themas. Viktor Maksimovitsch Shirmunskijs *Goethe in der russischen Literatur* (Leningrad 1937), von den vorausgehenden Arbeiten die bedeutendste, ist nicht komparatistisch, sondern behandelt nur die russische Goethe-Rezeption unter dem Einfluß von Friedrich Engels' zum Dogma gewordener Goethe-Kritik aus dem Vormärz. Als Ganzes sind die Wechselbeziehungen zwischen der deutschen und der russischen Literatur noch nicht genügend erforscht, wenn auch zahlreiche Beiträge dazu vorliegen (aus der neueren Forschungsliteratur ist hier ergänzend zu nennen das vielbändige Werk von Lev Kopelev und Mechthild Keller: *West-östliche Spiegelungen. Russen und Rußland aus deutscher Sicht und Deutsche und Deutschland aus russischer Sicht von den Anfängen bis zum 20. Jahrhundert.* München 1985 ff.). Die gewissenhafte Sichtung des Forschungsstandes – der russischen, deutschen, französischen und englischsprachigen Sekundärliteratur vom frühen 19. Jahrhundert bis 1998 – zeichnet die Arbeitsweise des Verfassers aus, der jahrzehntelang zur deutsch-russischen Wechselseitigkeit geforscht hat und sich seiner Aufgabe mit großem Problembewußtsein unterzieht.

Die Studie gliedert sich in sieben Kapitel, deren Hauptgedanken am Schluß zusammengefaßt werden: 1. *Die Sendung des Genies*, 2. *Die Umgestaltung der Traditionen*, 3. *Das Werden des individuellen Stils*, 4. *Der Puschkinsche Goethe und das Problem des Historismus*, 5. *Gott, Schicksal, Mensch*, 6. *Zwei Fauste?*, 7. *Die Welt der Prosa Puschkins und Goethes.*

Nach Zeugnissen u. a. von Vissarion Grigorevitsch Belinskij und Nikolaj Aleksandrovitsch Berdjaev werden beide Dichter als Gipfelgestalten der Menschheitskultur, als die höchste Stufe des Humanismus gewürdigt. Wie Dmitrij Sergejevitsch Lichatschev bemerkt hat, treten Genies häufig in Zeiten des Epochenumbruchs als Erneuerer auf, die auf die Leistungen ihrer Vorgänger gestützt, in sich die Einheit der Epoche verkörpern – so Goethe im Verhältnis zu der im Protestantismus wurzelnden deutschen Aufklärung und als Repräsentant des letzten Drittels des 18. und ersten Drittels des 19. Jahrhunderts, so Puschkin als Erbe der russischen Literatur der Aufklärung, des Klassizismus, Sentimentalismus und der Romantik. In den Werken beider Dichter kommt ihr Selbstverständnis im Kampf für die soziale und nationale Emanzipation ihres Volkes und in der Polemik gegen das triviale Publikum zum Ausdruck, das Wesen des Genies aber bleibt in geheimnisvolles Dunkel gehüllt oder wird religiös bzw. mit Naturkräften erklärt. Im Mittelpunkt ihrer Weltanschauung steht das schöpferische Individuum, doch infolge des Aufschwungs des russischen Patriotismus im Vaterländischen Krieg 1812 war Puschkin stärker volksverbunden als Goethe, vermutlich sogar stärker als die patriotischen deutschen Dichter in der Zeit der antinapoleonischen Kriege.

Goethe und Puschkin waren in den Traditionen der französischen und englischen Literatur aufgewachsen, deren tiefgreifende Einflüsse sich durch ihr gesamtes Œuvre (z. T. Übersetzungen) verfolgen lassen. Gemeinsam war beiden das Interesse für die orientalische Literatur – die Bibel, den Koran, arabische, persische und chinesische Dichtungen. Goethes *West-östlicher Divan* hat auf Puschkins östliche Gedichte gewirkt, die jedoch weniger gedankenschwer und vieldeutig sind und mehr reale Bedeutung haben. Der Gebrauch antiker Formen – bei Goethe in einem reicheren metrischen Spektrum – und Themen verringerte das Persönliche und Zufällige in Gedichten Goethes wie Puschkins und trug in Goethes später Lyrik zu äußerster Verallgemeinerung und Symbolhaftigkeit bei, während Puschkins letzte Gedichte sich eher mit Goethes Sturm-und-Drang-Lyrik vergleichen lassen.

Eine innovatorische Wirkung wie Goethes Drama *Götz von Berlichingen* mit seiner expressiven, z. T. altertümlichen und von Dialektismen belebten Sprache und wie der Briefroman *Die Leiden des jungen Werthers* mit seiner rhythmischen, gleichsam gesprochenen Rede erzielten Puschkins Märchenpoem *Ruslan und Ljudmila* (1820) mit seinem fast umgangssprachlichen, volkstümlichen Stil und das mit ethnographischen Details angereicherte romantische Poem *Der Gefangene im Kaukasus* (1822). Während in Goethes späterem Schaffen das in dem Aufsatz *Einfache Nachahmung der Natur, Manier, Stil* formulierte Stilprinzip dominierte – ein gehobener, verfremdender Stil mit zunehmend symbolischen Zügen –, sprechen in Puschkins Werken alle Personen ihre eigene Sprache, und es vermischen sich verschiedene Stile wie bei Goethe nur im *Faust.* Die mit zahlreichen Werkzitaten charakterisierten Individualstile beider Dichter bezeichnen zwei Wege des Realismus.

Goethes Wirkung auf Puschkins Schaffen wird im einzelnen belegt an einem Motto aus *Faust* (*Vorspiel auf dem Theater*) und *Wilhelm Meisters Lehrjahren* (Lied der Mignon) vor Gedichten von 1822 bzw. 1828, am *Tatarischen Lied* (nach dem *West-östlichen Divan*) im Poem *Die Fontäne von Bachtschissarai* (1824), an der *Szene aus Faust* und am Versroman *Eugen Onegin* (1833), dessen Held wie Goethes Faust durch die Welt geht, aber auch Werthersche Seiten aufweist. Vieles Goethe und Puschkin Gemeinsame, vor allem die differenzierte Darstellung vielseitiger individueller Charaktere und das Prinzip der historischen Wahrheit in Dramen bzw. Epen mit geschichtlichen Sujets, verdankten sie ihrem gemeinsamen „Vater“ und Vorbild Shakespeare. Der Dramatiker Puschkin strebte nach größerer politischer Aktualität als Goethe, der die Realität gleichnishaft vermittelt wiedergab. Nach Michail Michajlovitsch Bachtin ist die von Goethe dargestellte „historische Zeit“ durchaus nicht die gegebene Wirklichkeit, sondern eine Verbindung von „Relikten vergangener Zeitstufen“ mit „Keimen des Zukünftigen“ (S. 127). Während in Goethes *Götz* die Geschichte nur den Hintergrund für den edlen Selbsthelfer abgibt, ist bei Puschkin die Geschichte selbst handelnde Person: *Boris Godunov* (1831) gestaltete nach dem Dekabristenaufstand 1825 das höchst aktuelle Problem der Usurpation der Macht. Goethe und Puschkin verbindet eine illusionslose Geschichtsauffassung – bei Goethe durch Naturgesetze untermauert –, die keine leitenden moralischen Prinzipien kennt und nicht in den Volksmassen, sondern in schicksalhaft großen Persönlichkeiten wie Peter I. und Napoleon den Hauptstimulus der Menschheitsentwicklung sieht. Die seinerzeit in der Sowjetunion übliche und in die Literaturgeschichten eingegangene ideologische Puschkin-Rezeption – z. B. Puschkin als Lobsänger des Volkshelden Pugatschev (Evgenij Viktorovitsch Tarlé) – ist aufgrund der globalen geschichtlichen Veränderungen selbst Geschichte geworden.

In Puschkins Roman *Die Hauptmannstochter* (1836) erkennen der junge Adlige Grinev und der Aufrührer Pugatschev in der schicksalhaften Verkettung der Ereignisse das Wirken Gottes. Puschkins Verhältnis zur russisch-orthodoxen Kirche war – im Gegensatz zur Geschichtsphilosophie seines Freundes Petr Jakovlevitsch Tschaadaev – überwiegend positiv; er sah die russische Geistlichkeit als Kulturträger im Mittelalter – eine Funktion, die sie in der Neuzeit verloren hatte, als sie zu einer bloßen Stütze der Zarenmacht geworden war. Obwohl Puschkin wie Goethe mehr mit dem europäischen Humanismus verbunden war, erkannte er die historische Rolle des Christentums an, schätzte die Ethik des Evangeliums und verurteilte den Atheismus. Goethes Verhältnis zum Christentum hingegen war distanziert, das zur Kirche feindselig. Seine auf Leibniz, Spinoza und Herder zurückgehende monistische Weltanschauung war detaillierter ausgeformt als die Puschkins. Das Schicksal stellte für ihn neben Gott und Natur eine besondere, übergeordnete Kategorie dar, die sich im Charakter außerordentlicher Menschen als das Dämonische manifestiert.

Wie aus einem Brief Pavel Aleksandrovitsch Katenins an Puschkin vom Januar 1835 hervorgeht, wurde *Faust. Der Tragödie zweiter Teil* zunächst als „Unsinn, Wirrwarr“ aufgenommen, was aber nicht Puschkins Meinung gewesen sein kann. Seine 1825 entstandene, 1828 im *Moskovskij vestnik* veröffentlichte *Szene aus Faust* hat keine Entsprechung in Goethes Tragödie, sondern ist völlig original, gleichsam eine freie Variation über Goethes Thema. Der sich langweilende Faust ist verzweifelt (ähnlich wie im ersten Teil in der Szene *Wald und Höhle*), sein Schicksal scheint beendet. Eine Hypothese von Michail Naumovitsch Epschtejn, die utopische Vision der Sumpftrockenlegung im 5. Akt sei von der Gründung Petersburgs durch Peter I. beeinflußt, wird als unbelegt zurückgewiesen. Die sozialistischen Interpretationen dieser Szene und in der Folge Anatolij Vasilevitsch Lunatscharskijs Umdichtung im Sinne der proletarischen Revolution, das Drama *Faust und die Stadt* (1920), erscheinen als gravierende Fehldeutungen des alten Faust, der nicht am Wissensdrang, sondern nach Danilevskijs Meinung an der Selbstzufriedenheit seines Welteroberungsstrebens scheitert. Boris Leonidovitsch Pasternaks *Faust*-Nachdichtung spielte mit den Bezeichnungen „Lager" und „Baracken" auf die von Strafgefangenen der GULAG unter unmenschlichen Bedingungen ausgeführten großen Kanalbauten der Stalin-Ära an, die auch der russische Philosoph Aleksandr A. Mejer als einer der daran Beteiligten in seinen *Betrachtungen beim Lesen des „Faust"* (1935) reflektierte. Ähnlich hat Wilhelm Böhm nach dem Zweiten Weltkrieg *Faust* als „größte dramatische Satire der Weltliteratur" gedeutet. Nach einem konzisen Überblick über die *Faust*-Rezeption in Parodien, in Interpretationen der Goetheforscher und der russischen Symbolisten sowie des Anthroposophen Rudolf Steiner geht Danilevskij auf Goethes entschiedene Zurückweisung des Ansinnens ein, sein Werk selbst zu erklären – dieses Werk führe ein Eigenleben. Er tritt gleichsam in einen Dialog mit Goethe ein, der das Gute in Fausts Streben betonte: „Er ist jedoch auch fähig, das Böse zu erschaffen" – ein endloser Streit.

Durch den Vergleich der Prosaschriften werden die unterschiedlichen Erzählhaltungen Goethes und Puschkins verdeutlicht. Von den 90er Jahren des 18. Jahrhunderts an entwickelte Goethe einen objektiv distanzierenden Erzählstil. Anhand vieler Textbeispiele aus den *Unterhaltungen deutscher Ausgewanderten*, dem *Märchen*, den *Wahlverwandtschaften*, der *Novelle* und den *Wilhelm Meister*-Romanen gewährt der Verfasser Einblick in die Werkstatt des Dichters, der in seinen Texten stets präsent ist und die Handlungen seiner Helden verfremdend nacherzählt. Puschkin dagegen verschwindet als Erzähler völlig hinter dem Erzählten; die Machart seiner Werke ist unsichtbar, so daß der junge Belinskij z. B. die *Erzählungen des verstorbenen Ivan Petrovitsch Belkin* (1831) nicht als Kunstwerke verstand. Der fortwährend durch gefühlsmäßige Einschaltungen und philosophische Betrachtungen des Autors unterbrochenen, breiten epischen Darstellungsweise Goethes stellt Danilevskij die äußerste Verknappung bei maximaler Ausdruckskraft in den Prosawerken Puschkins gegenüber, die diesen als Vorläufer der „short story" und des Kurzromans ausweist. Der unmittelbar in die Wirklichkeit einbezogene Leser vergißt, daß er es mit Literatur zu tun hat. Goethe und Puschkin, lebendiges Erbe der Weltkultur, haben somit verschiedenartige Darstellungsweisen der Moderne vorweggenommen.

Günter Arnold

Marino Freschi (Hrsg.): *Goethe e l'Italia.* Rom 2000, 196 S.
Marino Freschi: *Goethe. L' insidia della modernità.* Rom 1999, 240 S.

Anläßlich des Goethe-Jubiläums fand im April 1999 in Rom ein internationales Symposion zum Thema *Goethe und Italien* statt, dessen vielfältige Beiträge Marino Freschi herausgab. Dieser erste Band der *Annali Goethe*, der in der Reihe *Cultura Tedesca* fortan jährlich erscheinen soll, ist als Publikationsorgan der 1997 gegründeten italienischen Goethe-Gesellschaft konzipiert.

Leider erlaubt der enge Raum nicht, die Vielzahl sehr anregender Aufsätze – u. a. zu Goethe und Michelangelo von Andreas Beyer, zu den in Rom von Goethe bearbeiteten *Singspielen* von Lia Secci, zur Gemeinschaft von Goethe, Tischbein, Kniep und Angelika Kauffmann von Cesare de Seta – ausführlich zu würdigen und so das Niveau jenes Symposions zu veranschaulichen.

Exemplarisch seien drei Studien genannt: Ein überaus kenntnisreicher Beitrag von Luca Crescenzi zu Goethes Übersetzung der *Vita des Benvenuto Cellini* verdeutlicht den Einfluß, den diese auf Goethes biographisches Schaffen hatte. Der Musik als gestalterischem Element in Goethes Werk gilt Luciano

Zagaris Aufsatz; er analysiert überzeugend jene Stellen in Goethes Werk, in denen die Musik zentrale Bedeutung gewinnt, so in der Schlüsselszene der *Wahlverwandtschaften*, in der sich Ottilie Eduards arhythmischem Flötenspiel unbewußt fehlerhaft angleicht; in nuce ist hier die Personenkonstellation und ihre Motivierung akustisch komprimiert. Ernst Osterkamps differenzierte Studie widmet sich Goethes Beurteilung der französischen Kunst, die sich seit der italienischen Reise fortschreitend vom Urteil seiner Zeitgenossen distanziert. Die im Gefolge Winckelmanns postulierte Polarität von Rom (Frankreich) und Athen (Deutschland) verwarf Goethe als Deutungsmuster, denn die Stereotype des Manierismusverdikts erschien ihm, zumal auf die Kunst Lorrains und Poussins angewandt, als untauglich. Die vertiefte eigene Anschauung, die Erkenntnisse, die Goethe seiner repräsentativen Sammlung französischer Kunst verdankt, finden ihren Ausdruck in seinem Aufsatz *Antik und Modern* (1818).

Im Goethe-Jahr erschien Marino Freschis Monographie mit dem Titel *Goethe – L' insidia della modernità*. Die werkbiographische Darstellung akzentuiert den jungen Goethe als Repräsentanten jener gefährdeten Modernität der *Werther*-Ära und demonstriert die sukzessive Distanzierung seit den Weimarer Anfängen. Der Präsident der italienischen Goethe-Gesellschaft ist ein ausgewiesener Kenner der europäischen Aufklärungsliteratur, des Hermetismus und der Freimaurerei. So findet dieser zeitgeschichtliche Hintergrund auf intensive Weise Eingang in die Darstellung. Goethes Leben im Spannungsfeld von Kunst, Dichtung und Politik, der Ausweg durch die Reise nach Italien, die nachfolgende Auseinandersetzung mit Geschichte und Kultur während der französischen Revolutionsjahre, die entschiedene Beschäftigung mit der Natur, der Farbenlehre und der Dichtungstheorie während der Freundschaft mit Schiller, seine zunehmend kritische Haltung der europäischen Romantik gegenüber – all dies wird teils exemplarisch, teils summarisch ausgebreitet. Weniger Raum bleibt für die Jahre nach 1800. Streiflichter fallen auf die *Wanderjahre*, der Begriff der Weltliteratur wird im Zusammenhang mit dem *West-östlichen Divan* und der späten Lyrik erörtert. Den Beschluß bildet ein weitläufiger Überblick über die Editions- und Rezeptionsgeschichte und ihre spezifische Ausprägung in Italien. Die temperamentvoll geschriebene Darstellung wendet sich an italienische Leser – alle Werkzitate werden übersetzt –, die eine Hinführung zu Goethe und eine verläßliche Grundierung für das eigene Nachdenken über sein Schaffen suchen.

Ellen Dinter

Synnöve Clason: ***Pudelns kärna.*** *En bok om Johann Wolfgang Goethe.* Stockholm 1999, 326 S.

Nach Carl-Göran Ekerwalds *Goethe – liv och tänkesätt* (*Goethe – Leben und Denkungsart*) von 1996, das im Goethe-Jahrbuch 1997, S. 325 f., angezeigt wurde, erschien zum Jubiläumsjahr 1999 gleich ein zweites schwedisches Goethebuch, womit feststehen dürfte, daß sich in Schweden der Person und dem Werk Goethes derzeit – nach einem längeren Intervall – wieder neue Aufmerksamkeit zuwendet.

‚Des Pudels Kern': Synnöve Clason, Schriftstellerin und Dozentin für Neuere deutsche Literatur an der Universität Stockholm, wollte mit dem Titel ihres Buches nicht Goethes *Faust*, sondern das davon abgeleitete ‚geflügelte Wort' zitieren. Es geht ihr in ihrem Buch, so sagt es jedenfalls die Einleitung, um das, was hinter dem Augenfälligen von Goethes Leben und Dichtung steht. In welche Gesellschaft war dieses Genie hineingeboren worden? Welcher Charakter bildete sich in ihr? Welche Möglichkeiten eröffneten sich dem sozial und politisch Erfolgreichen mit seinem Genie und seinem Charakter – im Einverständnis, aber auch quer und revolutionär zu seiner Epoche und seiner Gesellschaft? In der Tat liegt die Leistung dieser Goethe-Biographie nicht im Wiedererzählen des schon oft Erzählten, so elegant und geradezu künstlerisch verdichtend die Erzählerin vorgeht. Vielmehr nimmt das Buch mit dem freien Blick und dem treffsicheren Urteil einer so einfühlsamen wie hochgebildeten Frau für sich ein. Und ein unbefangenes, frisches, originelles Herantreten – das ist es, was jedenfalls in

Schweden das Publikum erwartet, wenn es sich von neuem auf Goethe einlassen soll. Synnöve Clason mußte, wenn sie für ihr Publikum keinen Wälzer schreiben wollte, eine überlegte Auswahl dessen treffen, was ihre Leserschaft an Goethe als interessant berührt und was als symptomatisch erhellend für dieses komplexe Leben gelten darf. Das ist ihr eindrucksvoll gelungen. Das Buch ist gleichermaßen eine wissenschaftliche wie eine literarische Biographie geworden.

Überblickt man den Aufbau des Buches, so ist man nicht überrascht, eine gewisse Buglastigkeit vorzufinden. Das Ausland interessiert sich eben immer noch sehr für Goethes Herkunft, seinen kometenhaften Aufstieg am Dichterhimmel Europas, seine Liebeswirrungen, auch für seine triumphale Karriere bei Hof und für seinen abenteuerlichen Aufbruch nach Italien. Ihre Mitte hat Clasons Biographie daher schon mit Goethes Ankunft in Rom erreicht. Das mag freilich auch daran liegen, daß den Werkanalysen kein selbstgenügsamer Platz eingeräumt wird und die naturwissenschaftlichen Anstrengungen Goethes, die erst in seinem nachitalienischen Leben ihr eigentliches Gewicht gewinnen, nicht im Detail ausgebreitet werden.

Es sind also doch wieder die Menschen, mit welchen Goethe im Laufe seiner Weimarer Jahre verkehrte, die bedeutenden und die weniger bedeutenden, die der Verfasserin ganz besonders am Herzen liegen. Und in deren Charakterisierung zeigt sich wohl auch Clasons stärkstes Talent. Ein Kapitel wie das über Marianne von Willemer gehört zum Schönsten des Buches. Aber nicht nur hier bewundert man die scharfsichtig das Wesentliche einer Beziehung zusammenfassenden Bemerkungen, sondern auch etwa im Wetzlarkapitel. Und statt langer Analysen über *Werther* selbst finden sich höchst bedenkenswerte Seitenblicke: „Goethes Roman füllt den Leerraum nach den religiösen Erbauungsbüchern, aber er wird wie diese gelesen: zu wiederholten Malen und ganz ohne kritische Distanz" (S. 92; sämtliche Übersetzungen von mir; d. Vf.). Oder noch kühner: „Im Leben des Verfassers wird die Wertherfigur für immer mit der Trostlosigkeit des Lebens verknüpft sein, eine Angst, die es mit hektischer Aktivität fernzuhalten gilt" (S. 93). Souveräne Urteile wie diese geben dem Buch einen essayistischen Glanz. An anderer Stelle wird ein Brief Goethes an Charlotte von Stein (vom Oktober 1776) zitiert und so kühl wie zutreffend geurteilt: „Die Grenze zwischen Verehrung, Aggression und Ironie ist in diesen Zeilen haarfein" (S. 124). Oder schließlich ganz allgemein über Goethes Verhältnis zu Charlotte: „Wer war sie, diese Frau, die seine Schwärmerei und Beichtigerin wurde, sein fester Punkt und sein blinder Fleck?" (S. 125). – Bemerkungen von aphoristischer Kürze, über die man umso angeregter nachdenkt.

Aber nicht allein über Menschen, auch über die zeitgenössische Welt wird der Leser so kurz wie prägnant, fast beiläufig, informiert: „Friedrich Leopold und Christian von Stolberg laden den Verfasser des ‚Werther' zu einer ‚Geniereise' in das Kultland[!] Schweiz ein, diese Wiege[!] des ursprünglichen Lebens" (S. 104). Oder: „Goethe beklagt sich ständig über den Herzog, aber nirgendwo geht hervor, daß Carl August sich über Goethe beklagt hätte. Das hat seinen Grund. Der, der herrschen soll, wurde dazu erzogen, gegenüber den Untertanen nie negative Reaktionen zu zeigen" (S. 130). Und über Goethes vielschichtige Geisteswelt selbst: „Verschiedenartige Ideale überlappen sich bei Goethe; unter anderem ist es das, was ihn auf so interessante Weise seine Epoche repräsentieren läßt" (S. 158). Oder zur langen Unterbrechung der Arbeit am *Faust* heißt es einmal: „Kunst duldet nicht das Grenzenlose [...] Angesichts eines solchen Programms kann man verstehen, daß Goethe sich nicht mit dem Grenzüberschreiter Faust, dem ewig Unbefriedigten, befassen will" (S. 171). In der Entschiedenheit solcher Urteile liegt nicht wenig die außerordentliche Lesbarkeit dieser Biographie begründet.

Synnöve Clason nennt Richard Friedenthals Goethebuch von 1963 gelegentlich eine „Fundgrube" guter Beobachtungen und aufschlußreicher Details. Das kann man ebenso von ihrem eigenen Buch sagen, und man muß deshalb nicht gleich Quellenforschung treiben. Für den Leser ist es einfach interessant zu erfahren, daß (beispielsweise) Marschall Augereau es war, der Goethe nach der Schlacht von Jena zur Eheschließung geraten hat (S. 227), oder an anderer Stelle das ätzende Urteil Knebels über das damalige Deutschland (S. 167). Derlei Einzelheiten dürfte auch ein schwedisches Publikum zu schätzen wissen. Wir wünschen das der Verfasserin jedenfalls sehr, die während ihrer Arbeit von der Goethe-Gesellschaft mit einem Aufenthalt in Weimar unterstützt worden ist.

Es gibt selbstverständlich hie und da einzelne Irrtümer und Fehler auch in einem gut recherchierten Buch, die bei einer Neuauflage behoben werden könnten. Das Schauspiel von 1773 heißt – anders als die Urfassung – nicht mehr *Gottfried v. B., mit der eisernen Hand* (S. 80), sondern *Götz von Berlichingen [...].*

Das 6. Buch der *Lehrjahre* ist nicht „Die Geschichte einer schönen Seele“, sondern „Bekenntnisse einer schönen Seele“ betitelt (S. 214). Herder selbst (gest. 1803) konnte 1806 nicht mehr mit seiner Familie vor den Franzosen fliehen (S. 228). Daß Nicolai und Goethe nach dem *Werther*-Scharmützel fernerhin Freunde wurden (S. 93), ist wohl ironisch zu nehmen. Und Torbern Bergmans chemische Abhandlung, die bei den *Wahlverwandtschaften* Pate stand, hieß korrekt *De attractionibus electivis,* nicht *attractivis* (S. 245). Etwas verwirrend ist, daß die den Kapiteln vorangestellten (undatierten) Motti aus Goethes Gedichten nicht immer den dann dargestellten Lebensabschnitten entstammen. Doch all dies kann den Wert eines so schönen, eigenen und runden Buches kaum beeinträchtigen.

Rolf Christian Zimmermann

Meredith Lee: *Displacing Authority: Goethe's Poetic Reception of Klopstock.* Heidelberg 1999, 242 S.

Goethes Klopstock-Rezeption erscheint als Thema kaum vielversprechend, auch wenn die bislang ausführlichste Behandlung immerhin mehr als ein Jahrhundert zurückliegt: Otto Lyon, *Goethes Verhältnis zu Klopstock. Ihre geistigen, litterarischen und persönlichen Beziehungen* (1882). Paul Legband konstatiert in seinem Beitrag *Klopstock und Goethe* im Goethe-Jahrbuch 1904 (S. 142–155), zur Beziehung zwischen Goethe und Klopstock sei „das wesentliche Material längst beigebracht“ (S. 143). Noch einmal Goethes jugendliche Begeisterung für den Messiassänger resümierend, rückt Legband die einsichtsvolle Distanz des gereiften Goethe zu „Klopstocks verstiegener, endlos verschwimmender Dichtung“ (S. 143) als „objektives historisches Urtheil“ (S. 152) in den Vordergrund: „Hat Goethe über andere, denen er gleich viel verdankte, etwa so kühl sich später geäußert, hat er bei andern dem pietätvollen Worte ‚sein Vortreffliches ließ ich auf mich wirken!‘ etwa auch den abschwächenden Zusatz beigefügt: ‚und ging im Uebrigen meinen eignen Weg!‘?“ (S. 150; s. MA 19, S. 112). Meredith Lee dagegen entdeckt in solchen Aussagen souveräner Selbständigkeit die Spuren eines intensiv ausgetragenen Rivalitätsverhältnisses, das Goethes Identitätsfindung und frühen Weg bestimmte. Dies ist eine wichtige Arbeit, deren Bedeutung über den Gegenstand hinausreicht, indem deutlich wird, wie die eigenwillige Intensität der Goetheschen Klopstock-Rezeption zu einer immensen Erweiterung des Spektrums lyrischer Möglichkeiten in der deutschen Dichtung beiträgt. Wenn dies auch über Lees Fragestellung hinausführt, so wird mit ihrer Arbeit der vermeintliche Bruch zwischen dem Zeitalter Klopstocks und dem Zeitalter Goethes in Frage gestellt.

Das Buch verbindet eine Reihe von bereits in Aufsätzen vorgestellten Untersuchungen Lees, um die Auseinandersetzung Goethes mit dem Werk des etablierten deutschen Nationaldichters im Zeitraum 1760 bis 1775 zu verfolgen. Gewinnbringend ist vor allem Lees textnahe Konzentration auf Gedichte, denen sie in der Entwicklung der Beziehung eine Schlüsselstellung zuschreibt – und die wiederum wichtige Stadien in der Entwicklung der dichterischen Identität Goethes markieren. Biographische Aspekte sowie Beziehungen zu anderen Dichtern werden berücksichtigt, wo sie für die Rezeptionsprozesse Aufschluß geben. In feinsinnigen und anregenden Interpretationen der äußerst komplexen und vielfältigen intertextuellen Bezüge vermag Lee zu zeigen, wie Goethe die von Klopstock rezipierten und adaptierten Dichtungstraditionen – vor allem die klassische Ode und biblische Dichtung – weiterverarbeitet und in neue Richtungen führt, wobei Lee auch Goethes Meidung der von Klopstock besetzten horazischen Ode erkennbar macht. Die einzelnen Kapitel behandeln verschiedene Phasen der Klopstock-Rezeption, ausgehend von Goethes Arbeit mit dem *Messias* in der Frühphase und darüber hinaus, so besonders in dem gescheiterten Versuch eines Knittelvers-Epos mit dem Titel *Der ewige Jude* von 1774. Ausführlich besprochen wird die Auseinandersetzung mit dem besonders von Klopstocks *Messias* sowie seinen Oden geschürten Kult der Empfindsamkeit in den *Leiden des jungen Werthers.* Der Schwerpunkt jedoch liegt auf der Lyrik. Zunächst bespricht Lee eingehend die allgemeine Rezeption der Oden Klopstocks, um zu verdeutlichen, daß der Lyriker Klopstock erst verspätet – im Jahre 1771 – mit der Publikation seiner autorisierten Odenausgabe an die Öffentlichkeit trat; im selben Jahr war bereits die unautorisierte Ausgabe von Schubart erschienen sowie für einen kleinen Kreis von Liebhabern die „Darmstädter Ausgabe", die maßgeblich von Herder aus Abschriften - z. T. Frühfassungen - zusammengestellt worden war. Klopstock galt fortan nicht mehr nur als epischer Dichter, sondern besonders in den Kreisen um Herder und Merck, Gerstenberg, Boie oder Schubart auch als der größte lyrische Dichter der Deutschen, der die Sprache zum Klingen brachte und Gefühl zu artikulieren und evozieren verstand. Auf ihn setzte man alle Hoffnung, die deutsche Dichtung möge nun endlich den anderen großen Literaturen ebenbürtig werden. Damit wird deutlich, daß der Höhepunkt der Verbreitung der Oden und Begeisterung über den Lyriker Klopstock mit Goethes allmählicher Identitätsfindung als Lyriker zusammenfiel. Aus Lees Darstellung geht hervor, mit welch bewegtem Engagement vor allem Herder sein durch Klopstock verwirklichtes Dichtungsideal an Goethe vermittelte, wobei Herders Klopstock-Rezeption durchaus selektiv und von seiner andersgearteten Lyrik-Konzeption bestimmt war. Erhellt werden die vielfältigen Vorgänge, in denen sich Goethe nicht nur mit Klopstock und den von Klopstock rezipierten Dichtungstraditionen, sondern über diese auch mit Herder auseinandersetzte: „Goethe does not simply imitate Klopstock [...]. Rather, selected texts of 1772 reveal an attempt to match Klopstock's accomplishments, to control his techniques, to rival and perhaps even to replace him in the estimation of Herder and others. The texts are all submitted at least indirectly to Herder for judgment" (S. 80).

Wenn auch die schaffenspsychologische Durchleuchtung der persönlichen Beziehungen die Studie von Lee verlebendigt, so ist es vor allem die eingehende Besprechung der Texte selbst, die fesselt. Ausführlich befaßt sich Lee mit den Darmstädter Gedichten *Elisium*, *Fels-Weihegesang* und *Pilgers Morgenlied*, aus denen die Arbeit mit Klopstocks Freundschaftsthematik und seiner freirhythmischen Form hervorgeht. Deutlich wird hier auch Goethes Arbeit mit Klopstocks Sprache (z. B. ungewöhnliche Verbalpräfixe und Substantiv-Komposita: „durchglühen", „liebeahnden", „Besitztumsfreuden", „Myrtenhainsdämmerung"; eigenwillige Partizipialkonstruktionen: „eine Thräne quillt / vorbeigequollnen Freuden nach", „verschlagen / unter schauernden Himmels / öde Gestade"). Den Wettkampf mit Pindar, Klopstock und Herder verdeutlichen die freirhythmischen Gedichte *Wanderers Sturmlied* und *An Schwager Kronos*. *Ganymed* und der *Mahomet*-Komplex werden zum Ort der Beschäftigung mit der Tradition biblischer Lyrik, die Klopstock in seinem Zyklus freirhythmischer Hymnen von 1758/59 für die deutsche Lyrik fruchtbar gemacht hatte. Klopstocks Liebe zum Eislauf, für den er Goethe bei ihrem Treffen gewinnen konnte und den er wiederholt vor allem in bardischen Oden feierte (z. B. *Braga*, *Die Kunst Tialfs*), wird in *Eis-Lebens-Lied* zur Herausforderung, sich selbstbewußt als Dichter Bahn zu brechen. Deutlich wird aus Goethes immer wieder neu ansetzender Beschäftigung mit den Oden Klopstocks, mit welcher Energie er sich über mehrere Jahre hinweg seine lyrische Originalität erarbeitete. Abschließend bespricht Lee *Auf dem See*, ein Gedicht, das aus der Neuinszenierung der Klopstockschen Fahrt auf dem Zürchersee hervorgeht, sowie *Herbstgefühl*. Überzeugend ordnet sie diese Gedichte der auch den *Werther* bestimmenden Auseinandersetzung mit dem Gefühlskult der Empfindsamkeit zu, welcher die Klopstock-Rezeption prägte. In Goethes Schlußbild von den „vollschwellenden Tränen" in *Herbstgefühl* artikuliert sich eine neue Sicherheit und Unabhängigkeit der Gestaltung des lebensbejahenden Gefühls - und zugleich dichterische Reife: „The tears testify to the poet's maturation. The poem reveals itself as part of Goethe's larger project, already evident in *Werther*, not simply to abandon sentiment but to define for himself its role in poetic experience and speech" (S. 209).

Die Intensität der Auseinandersetzung über viele Jahre, die Lees Studie so überzeugend widerspiegelt, läßt am Ende die Frage aufkommen, ob nicht noch weiterführende Aspekte des Verhältnisses zu untersuchen wären, die möglicherweise dem Bloomschen Ansatz, der Entstehung der Arbeit aus kürzeren Beiträgen sowie dem Ziel narrativer Abrundung zum Opfer gefallen sind. So bezieht sich Lee kaum auf Werke nach 1775. Zwar wird eine Verbindung zwischen Goethes Epos *Herrmann und Dorothea* und dem *Messias* sowie Klopstocks *Hermann*-Dramen angedeutet (S. 42), aber die Frage, ob die Auseinandersetzung mit dem *Messias* sich noch im *Faust* verfolgen läßt, wird nicht gestellt. Auch die Beschränkung auf die Lyrik - die allerdings in den Kapiteln zur *Messias*-Rezeption und zum *Werther* aufgegeben wird - führt zu einigen überraschenden Leerstellen. Nicht einmal erwähnt wird die Arbeit am *Götz*, in der sich Goethe von der durch Klopstocks *Hermanns Schlacht* entfachten „Sucht [...] zu befrein" suchte (FA I, 14, S. 583). Wichtig wäre in bezug auf die Lyrik vor allem eine Untersuchung der Goetheschen Rezeption der *Deutschen Gelehrtenrepublik* gewesen. Auf dieses – bislang auch von der Klopstock-Forschung vernachlässigte – Schlüsselwerk Klopstocks bezieht sich Lee nur mit der flüchtigen Bemerkung, es sei „baffling to almost all" gewesen (S. 13). Gerade Goethe war jedoch einer der wenigen, die dem Werk keineswegs Verständnislosigkeit, sondern vielmehr spontane Begeisterung entgegenbrachten: immerhin feierte er es als „Die Einzige Poetick aller Zeiten und Völcker, die einzige Regeln die möglich sind!" (an Schönborn, 10. 6. 1774; FA I, 28, S. 377). Angesichts der Bloomschen Fragestellung ist es auch verwunderlich, daß Lee Goethes Darstellung Klopstocks in *Dichtung und Wahrheit* als großzügig bewertet und nur das dortige Bild von der eigenen mühelosen Souveränität in der Frühzeit in Zweifel zieht, nicht aber die Objektivität des Klopstock-Bildes (s. S. 214). Der Gründungsmythos, der sich in der Folgezeit um Goethes Werk gebildet hat, geht nämlich nicht nur auf Friedrich Schlegel und andere Dichter der jüngeren Generation zurück (s. S. 1), sondern entspinnt sich aus Goethes selbstapologetischer Autobiographie, die wie kein anderes Werk die Vorstellung von Klopstock als dem überholten Wegbereiter innerhalb einer teleologischen Literaturgeschichte geprägt hat. Wenngleich Lee die wichtige Rolle Klopstocks für Goethes frühe Lyrik verdeutlicht, bestätigt ihr entwicklungspsychologischer Ansatz zwangsläufig Klopstocks Vorläuferrolle und seine Überwindung durch den reifen Goethe. Insofern unterscheidet sich das Ergebnis im Hinblick auf Klopstock kaum vom Befund Legbands: „Und so wird ‚jeder seinen Klopstock loben' als Anreger und Förderer, als den, der Wege bereitete [...]. Einem Messias Johannes zu sein – wie wenigen ist's beschieden!" (Legband, s. o., S. 143).

Hier tun sich Aspekte auf, die weiterer Untersuchung bedürften, was allerdings den Wert dieser Arbeit keineswegs schmälert. Für die Goethe-Forschung bietet sie einen faszinierenden Einblick in die Komplexität der Entwicklung des frühen Goethe und seine immer wieder überwältigende Fähigkeit, aus intensiver Arbeit mit fremden Impulsen Eigenes zu schaffen. Für die Klopstock-Forschung wird einerseits deutlich, wie ungemein komplex und fruchtbar die Rezeption seines Werkes war, und andererseits, wie wenig die Perspektive des späten Goethe, welche bis heute die literaturgeschichtliche Beurteilung Klopstocks prägt, seinem Werk gerecht wird. Für die Literaturgeschichtsschreibung bietet Lees Arbeit insofern eine Herausforderung, als sich hier abzeichnet, daß die Beschäftigung des ‚modernen' Goethe mit der von Klopstock zum Programm erhobenen humanistischen Tradition tiefer geht, als gemeinhin angenommen wird. Verfolgt man Lees Ansatz weiter, so wird erkennbar, daß die durch Goethe und Schiller strategisch vollzogene Abgrenzung von Klopstocks Zeitalter und Person eine ausgeprägte psychologische Komponente in sich trägt: *Displacing Authority* erhellt einen Prozeß spannungsvoller Konkurrenz, an dem der vermeintlich souveräne Goethe nicht weniger teilhatte als andere Dichter in dieser Epoche virulenter literarischer Auseinandersetzungen.

Katrin Kohl

Anke Bosse: *„Meine Schatzkammer füllt sich täglich ...". Die Nachlaßstücke zu Goethes „West-östlichem Divan".* Dokumentation – Kommentar. 2 Bde. Göttingen 1999, 1248 S.

Die hier vorgelegte Dokumentation nebst Kommentar ist das Ergebnis einer breiten Grundlagenforschung und zugleich eine flankierende Maßnahme im Umgang mit den forschungsrelevanten Editionen von Goethes *West-östlichem Divan*, den Gedichten, *Noten und Abhandlungen* und *Paralipomena*. Die von der Herausgeberin getroffene Grundsatzentscheidung, sich vom problematischen Begriff „Paralipomena" zu befreien und die edierten Texte unter dem Begriff „Nachlaßstücke" zusammenzufassen, ermöglicht eine neue Sichtweise: bevor man sie zu den von Goethe publizierten Texten in Beziehung setzt, müssen die überlieferten Texte zunächst ganz für sich wahrgenommen werden. Oberstes Gebot ist ihre „Integrität und Materialität" (S. 41). Ausgegrenzt werden dabei fünf Textgruppen: (1) „Textzeugen ohne *Divan*-Bezug", (2) „Schreiberabschriften von Nachlaßgedichten, zu denen eigenhändige Manuskripte überliefert sind" (mit drei Ausnahmen), (3) „Eigenhändige Abschriften von Nachlaßgedichten, zu denen eigenhändige ältere Textzeugen überliefert sind", (4) „Eigenhändige Nieder- bzw. Schreiberabschriften von Gedichten, die im *Divan* gedruckt wurden. Aufgenommen wurden dagegen eigenhändige Erstentwürfe von *Divan*-Gedichten, die Einblick in die Textgenese geben", (5) „Eigenhändige Briefe oder Briefkonzepte, in denen – manchmal variiert – im *Divan* gedruckte Gedichte zitiert werden" (S. 42 f.).

Daß die Dokumentation damit hinter dem Textbestand in der Weimarer Ausgabe und Ernst Grumachs Akademie-Ausgabe zurückbleibt, fällt nicht ins Gewicht. Der Zugewinn liegt in der entstehungsgeschichtlich-chronologischen Anordnung der Textzeugen und im „erkenntnisleitenden Interesse", die „Entstehungsgeschichte sowohl dieses ‚Werks' wie auch die seines Nachlasses selbst nachvollziehbar zu machen" (S. 45). Anhand der Konkordanzen (S. 1179–1211) kann sich der Benutzer schnell einen Überblick über die Situierung der Textzeugen im Vergleich mit der Weimarer Ausgabe und der Akademie-Ausgabe verschaffen: Da war Bosses Entscheidung richtig – ungeachtet der schwer zu durchschauenden verschiedenen Bezifferungen –, die überlieferten Signaturen der Handschriften beizubehalten. Im übrigen unterläuft die Herausgeberin die Anordnung der „Nachlaßstücke" in der Frankfurter Ausgabe, an deren Textredaktion sie maßgeblich beteiligt war. Es heißt dort: „Textgrundlage sind die chronologisch geordneten handschriftlichen Textzeugen Goethes, in einigen Fällen die seiner Schreiber" (FA I, 3.1, S. 757), doch wird dieses Prinzip durchbrochen. Ein Beispiel soll dies erläutern:

Wie die Dokumentation (S. 66 ff.), so bietet auch die Frankfurter Ausgabe (FA I, 3.1, S. 617 ff.) die auf den 1. bis 6. Mai und den 21. Juni 1797 zu datierenden Überlieferungsträger des *Moses*-Aufsatzes (mit Ausnahme des Umschlags) in der gleichen, von der Akademie-Ausgabe (*Paralipomena* 123 a–c, e, f–g) abweichenden Reihenfolge (die Akademie-Ausgabe extrapoliert den Gesamttitel *Israel in der Wüste*), sie schließt jedoch die beiden Entwürfen zum Kapitel *Israel in der Wüste* (Akademie-Ausgabe, *Paralipomena* 123 d, h) an, die aufgrund der Datierung („wohl 21./ 22. April 1819" und „wohl zwischen dem 21. und 24. April 1819") in der Dokumentation an späterer Stelle (S. 985 u. 986) erscheinen. Es folgt die am 22. Oktober 1818 entstandene Abschrift des Hauptschemas zu *Besserem Verständniß*, die in der Dokumentation ebenfalls erst an späterer Stelle (S. 933 ff.) zu finden ist. Seit der Paralipomena-Praxis in der Weimarer Ausgabe ist hier bei allem Scharfsinn Willkür am Werke, die durch die Dokumentation eingedämmt wird. Im kleinteiligen Bereich der Datierungszuweisungen bleibt auch sie zwar Unwägbarkeiten ausgesetzt, aber die Begründung der getroffenen Anordnung überzeugt; sie beruht auf der Überprüfung der Leistungsfähigkeit der vier möglichen Anordnungsprinzipien (gemäß den Textsorten, dem Aufbau des *Divan*, der Integrität der Textzeugen und der Entstehungszeit) und markiert mit der gewählten zeitlichen Abfolge der einzelnen Entstehungsphasen des *Divan* den einzig relativ sicheren Orientierungspunkt. So kann man die Entscheidungen früherer Herausgeber nach wie vor in Erwägung ziehen, ist ihnen aber nicht mehr ausgeliefert.

Die Herausgeberin erklärt selbstkritisch, diese Dokumentation beanspruche nicht, „die entstehungsgeschichtlichen Zusammenhänge, in die sie die Textzeugen einordnet, abschließend herzustellen, sondern lediglich eine Ausgangsbasis dafür vorzulegen" (S. 47). Editorisch gesehen, repräsentiert sie den von mir (*Prolegomena zu einer historisch-kritischen Ausgabe der Werke Heinrich von Kleists*, München 1970, S. 15–23) beschriebenen Idealtyp einer „Archivausgabe". Dabei ist schwer zu sagen, was im Umfeld dieses Textcorpus für eine historisch-kritische Edition noch zu tun bleibt. Die Dokumentation ist ein unentbehrlicher Leitfaden für die *Divan*-Lektüre und muß als „Ergänzungsband" – zu welcher *Divan*-Ausgabe auch immer – stets zu Rate gezogen werden.

Technisch liegt der Zugewinn in der Darbietung der Textzeugen mittels eines differenziert ausgearbeiteten typographischen Systems, das den Lesern als erstes signalisiert: Vergeßt die eckige Klammer als Tilgungszeichen! Dieses die Lektüre steuernde System ist höchst effektiv und vermittelt einen überlieferungsnahen Eindruck von den Textzeugen. Es deckt zugleich das Informationsdefizit der Textdarbietungen in früheren Editionen auf. Auch dies soll an einem Beispiel erläutert werden.

Von dem bekannten Nachlaß-Gedicht *Hatem und Suleika* „Hudhud sprach: mit Einem Blicke ..." (H 162, GSA 25/ XI, XV, 12) bietet die Frankfurter Ausgabe (FA I, 3.1, S. 612) die Endfassung nach dem postumen von Riemer redigierten Erstdruck in der Quartausgabe (I, S. 345). Die vier Schlußzeilen lauten: „Liebt ihr doch! – In Trennungsnächten / Seht wie sich's in Sternen schreibt. / Dass, gesellt zu ewigen Mächten, / Glanzreich Eure Liebe bleibt." – Im kurzen Stellenkommentar (S. 1771) wird durch einen Rückgriff auf Hans-Joachim Weitz' Kommentar im Willemer-Briefwechsel (S. 387 f.) ein biographischer Bezug hergestellt, aber die entscheidende Änderung Goethes im Gedichtentwurf nicht erörtert; Goethe korrigierte die ursprünglich niedergeschriebenen Verse („Wird an jedem Sterne klar / Wie gesellt zu ewigen Mächten, / Glanzreich eure Liebe war") durch Streichung des Wortes „war", das darübergeschriebene Wort „bleibt" und die unter das Gedicht gesetzte Variante: „Seht wie sich's in Sternen schreibt / Dass." Etwas weiter darunter formte Riemer die Korrekturen in Goethes Sinne aus. Der Informationsgewinn der Dokumentation (S. 1015 f.) liegt nicht nur in der sofort einsichtigen Visualisierung der Varianten, sondern auch in der umfassenden, die Frankfurter Ausgabe weit übertreffenden Kommentierung. Es wird sofort deutlich: Erst die Veränderung vom Präteritum zum präsentischen Durativ verleiht dem Gedicht besonderes Gewicht. Hinzu kommt freilich die Crux, daß Goethe, wie der diplomatische Abdruck zeigt, das „bleibt" wieder gestrichen und das „war" durch Punkte wieder hergestellt hat, ohne jedoch die Variante „Seht wie sich's in Sternen schreibt" zu tilgen. Kein Editor kann die hier bestehende Argumentationslücke eindeutig schließen, und hinsichtlich dieser Unabgeschlossenheit der erneuten Korrektur ist auch die (von der Herausgeberin verteidigte) Textkonstitution Riemers problematisch. Deutlich wird jedoch die hohe Aussagekraft des diplomatischen Abdrucks. Daraus muß die zukünftige kritische Edition des *Divan* entsprechende Konsequenzen ziehen.

Nachprüfungen anhand zahlreicher Überlieferungsträger im Goethe- und Schiller-Archiv ergaben ein hohes Maß an editorischer Präzision. Eine Unstimmigkeit zeigte sich bei Bl. 177 (GSA 25 / XI, XVII, 4 [nicht, wie angegeben: XVI!]). Es geht hier um einen schmalen, aus einem größeren Blatt geschnittenen Papierstreifen mit vier Zeilen, die sich auf die ersten beiden Verse des Gedichts *Auf das Ordensband* aus dem Anhang *Besserem Verständniß* (FA I, 3.1, S. 289) beziehen: „Es segne Gott dies Band des edlen Glanzes; / Die Sonne zieht den Schleyer von ihm weg". Die Dokumentation (S. 998) gibt die auf den 15. Juli 1819 datierte Stelle, typographisch differenziert nach den beiden voneinander zu unterscheidenden Schreibern, diplomatisch folgendermaßen wieder:

{ Das Band des edlen Glanzes segne Gott,
{ ES SEGNE GOTT DIES BAND VON EDLEM GLANZ;

{ Die Sonne hebt den Vorhang von ihm ab
{ DIE SONNE HEBT DEN SCHLEYER VON IHM AB

Die normale Schrift markiert hier Goethes Anteil, die Schrift in Kapitälchen den Anteil Johann Gottfried Ludwig Kosegartens. Die Herausgeberin kommentiert: Kosegarten hatte „Goethe am 6. Juli 1819 seine Übersetzung vorgelegt (WA III, 7). Offensichtlich hat Goethe darauf fußend hier zunächst die beiden Verse zitiert und die Klammern angelegt, erst dann setzte Kosegarten seine zwei neuen Übersetzungsvarianten darunter." Sie stützt sich auf den Brief vom 14. Juli 1819 (Dokumentation, S. 996), in dem Kosegarten diese Stelle zur Sprache bringt. Die Akademie-Ausgabe (*Paralipomena* 247) druckt diese Stelle zusammen mit allen anderen Beiträgen Kosegartens zu Goethes *Divan*, und die Frankfurter Ausgabe (FA I, 3.2, S. 1583) vermerkt, Kosegarten habe diese „Übersetzungsvarianten vorgeschlagen". Ein Blick auf den Überlieferungsträger zeigt jedoch, daß nur die erste Zeile von Goethe geschrieben wurde. Die drei folgenden Zeilen sind aufgrund ihres einheitlichen Duktus einwandfrei Kosegarten zuzuweisen. Die Klammer hat hier die Funktion, die Verse nachträglich auseinanderzuhalten.

Im Prinzip ist die Kennzeichnung der Schrift eines Schreibers durch Kapitälchen sehr hilfreich, auch wenn der Unterschied zwischen ss und ß dadurch zum Verschwinden gebracht wird. Schwierigkeiten ergeben sich jedoch bei „umfangreichen Aufzeichnungen". Die Herausgeberin hat sich deshalb dazu entschlossen, diese Dokumente „aus Lesbarkeitsgründen ausnahmsweise nicht in Kapitälchen" wiederzugeben (S. 66, 124, 499, 512, 933, 993 u. ö.). Das ist akzeptabel, obgleich dieser ‚Bruch im System' vielleicht durch eine andere Type zu vermeiden gewesen wäre. Insgesamt verdient der von Dietrich Renken hergestellte Satz nicht zuletzt im Hinblick auf die Markierung der Streichungen große Anerkennung; kleinere Versehen, wie eine in falscher Richtung angezeigte Streichung oder eine fehlende Abschnittsmarkierung, sind nicht der Rede wert.

Den besten Zugang zu dieser Dokumentation findet der Leser im Beitrag *Zu Goethes Arbeitsweise* (S. 1067–1113). Hier werden „Lektürewege und inspirative Erlebnisse" erörtert und die verschiedenen Aufzeichnungstypen, unterstützt durch 23 Abbildungen, klassifiziert. Die Ausführungen münden in die von Goethe selbst suggerierte „Offenheit und Unabgeschlossenheit des *Divan*" und die Abwehr der Idee, „die Komplettierung des *Divan* könne etwa die Aufgabe der ‚Nachkommen' sein" (S. 1112 f.). Bei jeder zukünftigen Diskussion über eine „historisch-kritische Ausgabe" wird man diese Ausführungen zu bedenken haben, auch die vorzügliche Darstellung der Geschichte der *Divan*-Editionen seit der Weimarer Ausgabe. Vor fünfzig Jahren hat Ernst Grumach der *Divan*-Philologie neue Wege gewiesen; seitdem wurden unterschiedliche editorische Lösungen versucht, von denen bisher keine Lösung restlos überzeugte. Vielleicht erlaubt erst der Abschied vom Zwang, Editionen zwischen Buchdeckel zwängen zu müssen, und der Rückgriff auf ein flexibleres, computergestütztes Verfahren (mit der Möglichkeit, gleichzeitig mehrere ‚Informationsfenster' öffnen zu können) ein adäquates Lesen des *Divan* im textgenetischen Kontext. Auf diesem Wege ist die vorliegende Dokumentation ein Meilenstein der *Divan*-Forschung.

Klaus Kanzog

Ehrhard Bahr: ***The Novel as Archive.*** *The Genesis, Reception, and Criticism of Goethe's „Wilhelm Meisters Wanderjahre"* (= *Studies in German Literature, Linguistics, and Culture.* Ed. by James Hardin). Columbia SC 1998, XVIII und 121 S.

Ehrhard Bahr gehört zu den besten Kennern und beständigsten Liebhabern des Goetheschen Romans, der in erster Fassung 1821 und in bedeutend veränderter, auch durch verschiedene Beigaben erweiterter Version 1829 erschien.

Die hier zu besprechende Studie ist ein Ergebnis jener kontinuierlichen Beschäftigung, in deren Verlauf Bahr das Werk immer wieder neu befragte und beleuchtete, wobei sich ziemlich bald Konstanten für die Bestimmung der thematischen und strukturellen Substanz ergaben. Als „experimental novel" hat Bahr die *Wanderjahre* bereits im Zusammenhang mit der wachsenden Anerkennung betrachtet, die das lange Zeit als Produkt senilen Versagens abgetane Werk seit etwa 1950 erfuhr (s. Mosaic 5, 1971 f.). Mit dem *West-östlichen Divan* und dem zweiten Teil des *Faust* verband er den Roman 1972 in einer Art Trias spät-goethescher Ironie, mit behutsamer Rücksichtnahme auf die Spezifik der einzelnen Produktionen. Mit der „realistischen" Erzählkunst des 19. Jahrhunderts konfrontierte er die *Wanderjahre* 1979/1983 als problematisches Gründungswerk, dessen komplexe Modernität – so wie sein „revolutionary realism" – kaum oder nur zögernd erkannt und erst spät rezipiert wurde. Die von Bahr betreute Reclam-Ausgabe von 1982 reflektierte den editorischen Status quo dergestalt, daß die Fassung von 1829 als Haupttext dargeboten wurde, den ausgewählte Teile der ersten Version begleiten. (Seitdem ist die vielteilige Überlieferung durch die Münchner und Frankfurter Studienausgaben nahezu vollständig dokumentiert worden.) In mehreren Aufsätzen hat Bahr *Wilhelm Meisters Wanderjahre* u. a. mit den literaturgeschichtlichen Nachbarn verglichen, und 1991 wählte er bereits die Bezeichnung „Archival Novel" zur Abgrenzung des Werks gegenüber dem Bildungsroman, zu dessen Mustern nach wie vor *Wilhelm Meisters Lehrjahre* gehören (vgl. die chronologisch geordnete Auswahlbibliographie in der vorliegenden Studie, S. 103–104). Schließlich steuerte Ehrhard Bahr 1997 zum dritten Band des neuen *Goethe-Handbuchs* den umfangreichen Artikel über Goethes letzten Roman bei.

Die Monographie *The Novel as Archive* nennt der Verfasser „an extensive expansion" jenes Handbuch-Artikels (S. IX). Dies darf nicht so verstanden werden, als handele es sich um ein bloß quantitativ erweitertes Resümee. Die Studie stellt vielmehr eine vertiefte und konzentrierte Analyse dar, insbesondere hinsichtlich der lange vorbereiteten Definition des „Archivromans" als einer weitreichend und langfristig modernen Ausprägung der Gattung, für die in neuerer Zeit bei speziellen Wandlungen die Arbeitsweise Arno Schmidts als repräsentativ angesehen werden kann. Gerade die Unterschiede illustrieren auch in diesem Fall den besonderen Charakter der Verwandtschaft.

Die Einleitung hat grundlegende Bedeutung. Der Verfasser gibt darin einen nicht nur für außerdeutsche Leser sehr nützlichen Überblick über das vielfältig verschränkte Handlungs- und Personengeflecht des Romans und verbindet damit erste Hinweise auf die durch „narrative interventions and manipulations", in besonderer Weise durch „interpolations" bestimmte Erzählstruktur (S. XII). Schon hier werden die Differenzen zwischen traditionellem novellistisch-zyklischem Erzählen und den wechselnden Funktionen der in Goethes Roman eingebundenen Novellen umrissen. Hingewiesen wird zugleich auf die vom Dichter zwar demonstrativ verbalisierten, dennoch teils nur scheinbaren Unterschiede zwischen den Teilhabern an der fiktiven „multitude of authors". Es wird hervorgehoben, daß der „editor" oder „redactor" (auch dieser nicht „identisch" mit Goethe) ausdrücklich nur für die Abfolge, nicht für die Inhalte der „from an archive of manuscripts of various origins" ausgewählten Texte verantwortlich gemacht ist. Damit ist prägnant die poetologische Voraussetzung mitgeteilt für „the novel as archive" und für das komplizierte Verhältnis zwischen auktorialer Sinngebung (auf die wiederum scheinbar verzichtet wird) und dem Verschwinden „des" Autors. „It appears not to make any difference who is speaking" (S. XV). Das kann nicht zuletzt für die verschiedenen „Einreden" gelten, die Verlauf und Aufbau des Romans kommentieren, wobei selbst typographische Erwägungen spielerisch „zur Sprache kommen". – Das Einführungskapitel schließt mit einem Überblick über die Nicht-Wirkungsgeschichte der *Wanderjahre*, der in die Feststellung mündet, daß noch heute kein Konsens besteht über den Ort des Romans im Kanon der deutschen Literatur. Zwischen den Alternativen „Vorläufer des modernen Romans" und „Zusammenfassung des deutschen 18. Jahrhunderts" entscheidet sich Bahr zugunsten der Modernität.

Der Standortbestimmung folgen sechs Kapitel, zu deren Vorzügen die gelungene Verbindung von faktischer Information und kommentierender Erörterung sowie das wohltuende Fehlen verunklärenden Fachjargons gehören. Die Beschreibung der komplizierten Genese des Romans führt durch die gleichzeitige Erörterung der Funktionen der „contexts" über die bekannten Fakten hinaus (S. 1–13). „Contexts" sind hier zunächst die verschiedenen Gruppen von Aphorismen und die beiden Gedichte, die dem Roman seit 1829 abwechselnd zu- oder abgesprochen wurden: *Betrachtungen im Sinne der Wanderer* und *Vermächtnis* am Schluß des Zweiten Buches, *Aus Makariens Archiv* und *Im ernsten Beinhaus war's* ... am Ende des Dritten Buches und damit des Werks.

Diesen „Contexts", deren autorisiertes Anrecht auf die Verbindung mit dem Roman oft in Frage gestellt wurde, und den in den Roman integrierten Novellen widmet Bahr im Anschluß an die Erörterungen zur Struktur des Romans (S. 14–33) ein eigenes Kapitel (S. 34–51). Diese beiden Abschnitte bilden den eigentlichen Kern der Analyse. Die bereits in der Einleitung skizzierten Erzählprinzipien und ihre Konsequenzen werden historisch und systematisch beschrieben und bewertet. Die in der Forschung langlebige Tendenz, außer den Aphorismen und Gedichten auch die Novellen der *Wanderjahre* als wenig oder gar nicht integriert sowie als im einzelnen ästhetisch unbefriedigend (oder als indifferent „offen") abzutun, führt Bahr mit Recht auf Mißverständnisse hinsichtlich der Gesamtstruktur des Werkes zurück. Diese Einschätzung überzeugt nicht zuletzt dadurch, daß die Argumentation weder von einer starren Novellen-Definition noch von anderen pauschalen Zuordnungen ausgeht, sondern von den jeweils individuellen, aus den konkreten Texten ablesbaren funktionalen Zusammenhängen. *Der Mann von funfzig Jahren* eignet sich in besonderem Maße zur Zusammenfassung der Aspekte, für deren Erörterung sich Bahr u. a. auf die Untersuchungen über *Goethe's Cyclical Narratives* (1975) von Jane K. Brown stützen kann.

Zwei weitere Abschnitte sind der Wirkungsgeschichte des Romans gewidmet. Zunächst (S. 52–69) geht es um den langen Zeitraum vom ersten Erscheinen der *Wanderjahre* bis in die Mitte des 20. Jahrhunderts. Die gleichsam mehrgleisige (produktive wie rezeptive) Einwirkung der 1821 bis 1828 publizierten „falschen *Wanderjahre*" von Johann Friedrich Wilhelm Pustkuchen sowie die Aufnahme des Romans bei zeitgenössischen Kritikern und Verteidigern werden rekapituliert. Im Anschluß an Klaus F. Gilles 1971 erschienene Arbeit *„Wilhelm Meister" im Urteil der Zeitgenossen* führt Bahr vor, wie dieser spezielle Rezeptionsverlauf gleichsam paradigmatisch mit Entwicklungen der Goethekritik insgesamt verknüpft ist, bis hin zu der Wendung, die die am Ende des 19. Jahrhunderts etablierte „Goethe-Philologie" diesem Prozeß gegeben hat. Besonders interessant sind die hier ein wenig abrupt anschließenden

Ausführungen über den Einfluß der *Wanderjahre* auf die moderne deutsche Literatur – Hauptbeispiele: Hermann Brochs Joyce-Essay von 1936 und Hermann Hesses *Glasperlenspiel* von 1943. – Die wissenschaftliche Rezeption der *Wanderjahre* zwischen 1913 und 1996 ist gesondert behandelt (S. 70–83). In diesen Jahrzehnten vollzog sich der Wandel von Ablehnung zu Akzeptanz in mehreren Stufen. Bis 1949 wuchs trotz der immer noch andauernden Vernachlässigung des nicht in den Goethe-Kanon einbezogenen Romans allmählich die Einsicht in die strukturelle Modernität des Werkes. Das hing außer mit einschneidenden Veränderungen rezeptionstheoretischer und -ästhetischer Positionen überhaupt auch mit der Restitution der authentischen Texte zusammen, für die Erich Trunz mit der Hamburger Ausgabe und mehreren Einzelstudien den Grund legte. Damit war der Boden geschaffen für die Widerlegung zahlreicher, ideologisch und philologisch gemischt begründeter Vorurteile der vorangegangenen Etappen dieser Wirkungsgeschichte. Auf ihre Weise erscheint die „modern *Wanderjahre* scholarship" als methodologisches Experimentierfeld und als Resultatspiegel zugleich. Die seit den 70er Jahren immens angewachsene Sekundärliteratur ist in der Studie informativ, konzis und souverän verarbeitet, wobei die kritischen Ansätze gegenüber strukturalistischen Einseitigkeiten ebenso überzeugen wie die Anknüpfung an strukturanalytische Argumente. Es ist äußerst angenehm und nützlich, wie Bahr die Vorzüge und Nachteile der einzelnen Methoden und Moden vor Augen führt – Information, Anerkennung und Kritik jeweils knapp kombinierend. Seine Bedenken gegenüber Feststellungen, die er als „too clever to be valid" ansieht (S. 81), sind überall beherzigenswert und können insbesondere die nötige Aufmerksamkeit gegenüber kurzschlüssigen Aktualisierungen jeglicher Observanz schärfen.

Auf der in den wirkungsgeschichtlichen Abschnitten gegebenen Grundlage faßt Bahr schließlich die wesentlichen „Aspects of Interpretation" gesondert zusammen (S. 84–97). Hier bringt er seine eigenen Positionen, die naturgemäß bereits die sachlich-kritischen Referate geprägt haben, noch einmal zur Geltung. Sein Interesse gilt vorrangig der Wanderer- und Wanderungs-Thematik, der „modern mobility" (S. 89) als einem wesentlichen Element der Definition menschlicher Aktivität, die Goethe seinem späten Roman perspektivisch eingeschrieben hat. Daß die ethische Religiosität, als deren Verbildlichung die „Pädagogische Provinz" gelten kann, essentiell damit verbunden ist, gehört womöglich zu den weitestreichenden Einsichten neuerer Goethe-Forschung.

Die Zusammenfassung (S. 99–102) ist überschrieben: *The Death of the Author*. Die schon im Einleitungskapitel in Anknüpfung an Foucault benannte Problematik ist praktisch das logische Pendant zur „Inthronisation des Lesers", die Hans R. Vaget 1983 als Leitmotiv des Paradigmenwechsels in der Rezeptionsgeschichte der *Wanderjahre* beschrieben hat. Bahrs Resümee lautet: „Goethe's accomplishment with his *Wanderjahre* was to present a novel in which the fictive is no longer strictly limited by the traditional figure of the author but is put at the disposal of the reader" (S. 102). Die Reichweite dieser knappen Formulierung ist in der Studie überzeugend charakterisiert.

Das schmale Buch gehört zu den nicht allzu zahlreichen Belegen dafür, daß die selbständige Zusammenfassung weitverzweigter Bemühungen durchaus möglich ist ohne forcierte Polemik und ohne jenen vorgeblich überlegenen Relativismus, der den Leser schließlich ratlos entläßt. Die Hauptrolle spielt das zur Rede stehende Kunstwerk – eine keineswegs selbstverständliche Regie, für die dem Verfasser der Studie besonders zu danken ist.

Regine Otto

Jochen Schmidt: *Goethes „Faust". Erster und Zweiter Teil. Grundlagen – Werk – Wirkung.* München 2000, 383 S.

Zu einer Zeit, wo gelegentlich Zweifel geäußert werden, ob es möglich – oder gar wünschenswert – sei, sich als einzelner an eine Gesamtstudie von Goethes *Faust* zu wagen, da man dies wohl nur noch in wissenschaftlicher Gemeinschaftsarbeit bewältigen könne, ist es erfreulich, diese Annahme durch eine individuelle Arbeit entschieden widerlegt zu sehen.

Jochen Schmidt bietet im Umfang von 383 Seiten eine so anschauliche wie überschaubare Studie, die als einführender Kommentar und als vertiefende Deutung des Gesamtwerks dient. Einem kurzen informativen Überblick über die Geschichte des Faust-Stoffes bis hin zu Goethe folgt eine Interpretation von *Faust I* und *Faust II*, wobei dem ersten Teil 175 Seiten, dem zweiten knapp 94 Seiten gewidmet sind. Ein abschließendes Kapitel skizziert die Rezeption von Goethes Faust als nationale Identifikationsfigur im 19. und 20. Jahrhundert sowie Thomas Manns Abrechnung mit der Faust-Tradition. In drei Anhängen werden Faust-Gestaltungen seit Goethe in Literatur, Musik und bildender Kunst, die wichtigsten metrischen Formen des Goetheschen *Faust* und eine Szenen- und Verskonkordanz zum *Urfaust*, zum *Fragment* und zum *Faust I* schematisiert. Eine systematisch geordnete, sachlich kommentierte Auswahlbibliographie und ein Begriffs- und Namenregister schließen den Band ab. Zur Anschaulichkeit und Lesbarkeit der Monographie trägt nicht unwesentlich bei, daß darin keine einzige Fußnote vorkommt – obwohl Argumente durch diskrete Anweisungen im Text stets wissenschaftlich belegt und fundiert sind. Im Anhang über die Metrik ist allerdings zu bedauern, daß dieser Teil so knapp, ja karg angelegt ist. Lediglich eine schematische Übersicht wird geboten. Die Chorstrophen des Helena-Akts sowie die daktylischen Verse der Engelchöre und der Bergschluchten-Szene kommen nicht in Betracht. Im zweiten Beispiel zum trochäischen Tetrameter (V. 8914) fehlt eine letzte Hebung (S. 337).

Gleich am Anfang setzt sich Schmidt zum Ziel, dem Enthistorisierungsprozeß der *Faust*-Forschung durch den Positivismus einerseits und die werkimmanente Interpretation andererseits mittels einer Lektüre „mit historischer Tiefenschärfe" entgegenzuwirken. Dies bedeutet nicht nur, die Faustlegende und den Goetheschen *Faust* vor den jeweiligen kulturgeschichtlichen Hintergrund zu stellen, sondern auch, den Text des Werkes aus historischer Sicht zu deuten: Reformation und Renaissance, Luthertum und Orthodoxie, Hexenverfolgung und Buchdruck, Weltentdeckung und neuzeitliche Wissenschaft, Aufklärung und Sturm und Drang, Klassik und Romantik, politische und industrielle Revolution, „Kunstperiode" und Fortschrittszivilisation – denn das Geschehen sei durchgehend vom Zeitgeist bestimmt, und das in doppelter Perspektive, nämlich vom Geiste des 15./16. sowie des 18./19. Jahrhunderts.

Allerdings geht Schmidt mit den zwei Teilen des *Faust* in je anderer Weise um, denn während es im *Faust I* und erst recht im *Urfaust* bei historisierender Patina bleibt, schreite Goethe im *Faust II* „zu einer systematischen und kategorial durchdringenden Geschichtsreflexion fort, um die Neuzeit im ganzen zu erfassen" (S. 217). Für den ersten Teil bietet Schmidt einen Kommentar in der Reihenfolge der Szenen, also eher analytisch verfahrend – geht aber hier nicht sklavisch Schritt für Schritt, sondern auch zusammenfassend und übergreifend vor. Die Handlungen und Figuren werden weniger philosophisch oder theologisch, als vielmehr anthropologisch oder psychologisch gedeutet: Mephisto sei „eine Wesensdimension Fausts", „eine Abspaltung des Faustischen Ich", Fausts Disputation mit dem Teufel sei „die Figuration eines inneren Prozesses", er befinde sich in einer „liaison dangereuse" mit sich selbst (S. 122). Treffend wird hier betont, wie die in der *Hexenküche* entfaltete Ambivalenz Fausts in die Gretchen-Handlung fortwirkt: Faust sei sowohl Verführer als auch Liebender, der Sexualität verfallen und doch immer wieder zur Sublimation fähig. Ebenso wird mit Recht auf die häufige humoristische Gestaltung im Werk hingewiesen – obwohl man hier fragen muß, ob dies nicht mehr als die „psychische Entlastung" des Lesers oder Zuschauers bewirkt, ob es nicht um mehr als *comic relief* geht: denn Ironie und Humor gehören nicht nur zu Mephistos schärfsten Waffen (die dann am Schluß auch gegen ihn selbst gewendet werden), sondern sie spielen zugleich eine bedeutende existentielle Rolle in der Dialektik des Verhältnisses beider Protagonisten.

Schmidt geht zudem auf die irritierende Zweideutigkeit der „wenn"-Formeln im Text ein: „wenn wir uns drüben wiederfinden" sei konditional zu verstehen, auch wenn es Mephisto temporal meint. Fragwürdiger ist jedoch die Vermutung, die Worte des Herrn: „wenn du bekennen mußt" erlaubten nur eine konditionale Bedeutung (S. 129). Spricht dieser Vers nicht vielmehr die souveräne Zuversicht des alten Herrn aus? Zumindest scheint hier eine gewisse Ambiguität vorzuliegen. Für die *Walpurgisnacht* schlägt Schmidt eine alternative Deutung gegenüber der Albrecht Schönes vor: Der Walpurgisnachtstraum sei ursprünglich als Intermezzo gemeint, wäre also zwischen die veröffentlichten Szenen und die Satansszenen als Ritardando vor der satanischen Umwertung aller Werte gestellt worden. In der Druckfassung fungiere der Traum nun als eine Bankrotterklärung Mephistos, dem es nicht gelang, Faust in die Sphäre des Niedrig-Gemeinen gänzlich hinabzuziehen, und der damit am Ende seiner

Künste sei. Manche Schlußfolgerungen Schmidts grenzen jedoch ans Spekulative: daß Faust „vom Trödel der Hexe im Innersten getroffen" werde (S. 190), daß die Worte „als Missetäterin im Kerker zu entsetzlichen Qualen eingesperrt" als Reflex der Folterung und Hinrichtung Gretchens als Hexe zu verstehen seien (S. 200) oder daß Fausts Worte in der *Hexenküche* (V. 2534 f.) unverständlich wären, „wenn man sie nicht als eine Anspielung auf den Meßritus auffaßte, der Faust ‚bekannt' ist" (S. 153). Gewiß erinnert das Ritual der Hexe unumgänglich an den Meßritus, aber wir brauchen Fausts Bemerkungen nicht, um zu diesem Schluß zu kommen: Dem Magier und Geisterbeschwörer Faust wäre ohnehin das „tolle Zauberwesen" des Hexentums bekannt genug.

Im zweiten Teil ist Schmidts Deutung breiter, eher synthetisierend angelegt. Hier geht es darum, „die Grundzüge des Alterswerks", den historischen Gesamthorizont und die fünf Akte in historischer Perspektive zu deuten, um dann ein Gesamtbild des 3. und 5. Akts herauszuarbeiten, wobei die Details des 1., 2. und 4. Akts, zumal der *Klassischen Walpurgisnacht*, leider etwas zu kurz kommen. Der 1. Akt repräsentiert das Hereinbrechen der neuzeitlichen Ökonomie und des Geistes der Renaissance in die noch mittelalterlich geprägte Welt des Kaiserhofs, der 2. Akt die die Schwelle der Neuzeit überschreitende Wissenschaft sowie die *Klassische Walpurgisnacht* die Doppelvalenz des Bildungsprozesses: einerseits eine geistig-intellektuelle (Homunculus, Chiron), andererseits eine naturhaft-evolutionäre Dynamik (Proteus, Nereus, Galatea), die zur Synthese von Natur und Kunst in Helena als Inbegriff vollkommener Schönheit und vollkommener Menschengestalt führen (wie es genau zu dieser Synthese kommt, bleibt wie bei Goethe so auch bei Schmidt unklar). Der 3. Akt verkörpert die gelungene Renaissance, freilich auch den Verlust dieses „großen Augenblicks". Euphorion wird im Sinne einer negativen Beurteilung der Romantik gedeutet: „indem die Romantik ihren fatalen Weg nimmt, reißt sie das in der Klassik Erreichte mit in den Untergang, und so findet die ‚Kunstperiode' ein Ende" (S. 260). Nun drängen die dynamischen Energien der Moderne weiter: Am Beispiel von Mephistos Siebenmeilenstiefeln wird die Handlung erbarmungslos in die ambivalente Fortschrittsepoche des frühen 19. Jahrhunderts getrieben. Im 4. Akt geht es um die Herausbildung des neuzeitlichen Machtstaates mit seinen militärischen Mitteln und politischen Strukturen, mit moderner Kriegsstrategie und Waffentechnik; am Ende spiegelt Goethe seine Gegenwart wieder in das Geschehen hinein, nämlich die Erfahrung der europäischen Restauration. Im 5. Akt tritt Faust als moderner Kolonisator auf; rollenhaft verkörpert er die Moderne in ihrer immer auch zerstörerischen Fortschrittsdynamik, das ambivalente, ja dialektische Wesen neuzeitlicher Zivilisation.

Damit haben wir eine überzeugende Gesamtstruktur des *Faust II*, wobei, wie Schmidt deutlich darzulegen vermag, die Handlung keineswegs kausal strukturiert wird, sondern alles Konfiguration zur Darstellung des Historischen ist – mit Manfred Birk zu reden, ein „symphronistisches" Bild der Moderne.[1] Übrigens: „den *Faust II* in dieser Perspektive als ein großes diagnostisches, als ein kulturhistorisches und zivilisationskritisches Werk zu lesen heißt vor allem, die verengte Betrachtungsweise zu überwinden, die hauptsächlich danach fragt, ob nun Faust tatsächlich die Wette verliert, wie er sich dem Teufel gegenüber schlägt, und schließlich, ob er zu Recht in den Himmel kommt" (S. 220). Auf dieser Basis kann Schmidt auch eine entschieden negative Bilanz von Fausts Leben ziehen: In den Bergschluchten gehe es dann nicht um Erlösung, sondern vielmehr um Lösung, um Reinigung vom Irdischen, um einen Prozeß der Vergeistigung. Obwohl Schmidt die Ambivalenzen der Faustfigur und die Vielschichtigkeit der Handlung meist scharfsinnig herausarbeitet, ist Fausts Schlußvision für ihn eindeutig negativ-pessimistisch zu deuten – im Sinne Peter Michelsens als eine unheilvolle Wahnverblendung eben des blinden Faust. Hier würde ich nur die Frage stellen, ob Schmidt nicht doch einseitig argumentiert, wenn er behauptet: „Bezeichnenderweise hat Faust vorher sich selbst ermahnt, ‚kein Zauberwort' zur verdrängenden Bannung der Sorge zu sprechen (V. 11423). Daß er es nun doch tut, ist gleichbedeutend mit der Verdrängung von wachem Erkennen und Sehen, von Bewußtsein und Verantwortung" (S. 281; Hv. d. Vf.). Wo aber tut dies Faust? Ich finde im Text kein Zauberwort: Faust hat hier (wenngleich erst hier) die Magie von seinem Pfad entfernt, und deshalb

1 Manfred Birk: *Goethes Typologie der Epochenschwelle im vierten Akt des „Faust II"*. In. Jb. der deutschen Schillergesellschaft 33 (1989), S. 261–280; hier S. 277 f.

kann die Sorge ihm etwas anhaben – er ist den Gebrechen des Alters ausgesetzt, stirbt deshalb auch mit seinen hundert Jahren. Faust wendet sich dabei aber weder der Magie zu noch an Mephistopheles; bezeichnend ist, daß Mephisto fortan seine Stimme tarnen muß – als Aufseher oder „beiseite" bzw. „halblaut" sprechend.

Schmidts Studie bietet eine überzeugende, anregende und lesbare Gesamtdeutung von Goethes *Faust*, wobei der Autor die Unterschiedlichkeit beider Teile nachdrücklich hervorhebt. Er verfährt nüchtern-wissenschaftlich und stellt dabei hohe Ansprüche an seine Leser, ohne sie mit Fachjargon oder Esoterik zu belasten. Zu all dem ist das Buch auch pädagogisch beispielgebend: Ein/e Student/in – der Leser schlechthin – könnte sich keine bessere Einführung in den *Faust* wünschen.

John R. Williams

Rainer Ewald: *Goethes Architektur.* *Des Poeten Theorie und Praxis.* Weimar 1999, 459 S.

Zwei Besonderheiten zeichnen das Buch von vornherein aus: Zum einen behandelt es ein Thema, das erstaunlicherweise bisher in der Goetheforschung kaum oder ein nur marginales Interesse fand, obwohl die Auseinandersetzung mit der Baukunst den Dichter ein Leben lang beschäftigte; zum anderen ist es der Umstand, daß dieser Gegenstand, dieses nicht unwesentliche Tätigkeitsfeld des Dichters, von einem Architekten und nicht von einem Germanisten oder Kunstwissenschaftler aufgegriffen wurde. Verschiedene Ansätze, sich mit dem Thema „Goethe und die Architektur" zu befassen, hat es immer wieder gegeben. Diese Arbeiten untersuchten aber meist Goethes Beziehung zu einem bau- oder kunstgeschichtlichen Phänomen, zu einem einzelnen Bauwerk oder beleuchteten das Thema aus literaturwissenschaftlicher Sicht in seiner Wirkung auf Leben und Werk des Dichters. Dem Gegenstand in seiner Gesamtheit am nächsten kommen zwei umfangreiche unveröffentlichte Manuskripte: die Dissertation von Gerd Wietek *Untersuchungen über Goethes Verhältnis zur Architektur* und die populärwissenschaftliche Schrift vom Erfurter Baurat Reinhold Prauser *Goethes Beziehungen zur Architektur und zum Bauwesen* – beides Texte aus den 50er Jahren – sowie ein Aufsatz des Verfassers mit dem Titel *Bauherr und Architekt* in dem 1985 von Karl-Heinz Hahn herausgegebenen Buch *Goethe in Weimar.*

Weitaus anspruchsvoller ist der Titel dieses Buches, der nicht mehr nur vom Verhältnis oder der Beziehung des Poeten zur Architektur, sondern ganz dezidiert von der Architektur Goethes spricht. Und das ist Rainer Ewalds Hauptanliegen: aus der gründlichen und damit wohl auch weitgehend umfassenden Zusammenstellung der zahlreichen und vielfältigen Äußerungen und Beschäftigungen des Dichters in Sachen Baukunst – in heutigem Verständnis mit Architektur und Stadtplanung – eine komplexe Architekturlehre als integralen Bestandteil seiner Weltanschauung zu entwickeln und schließlich der Versuch, den Einfluß der Goetheschen Architekturauffassung auf die zeitgenössische Theorie und Praxis der Baukunst abzuleiten.

Leider bleibt die Auseinandersetzung mit der Park- und Landschaftsgestaltung, die bei Goethe eine nicht unbedeutende Rolle spielt, ausgeklammert.

Auch wenn Ewald, wie er in seiner Zielsetzung formuliert, nicht beabsichtigt, in erster Linie eine Dokumentation der Zeugnisse Goethescher Auseinandersetzung mit Architektur zu liefern, sondern vielmehr deren Auswirkungen herauszuarbeiten, so sind es gerade die gewissenhafte Erarbeitung und Zusammenstellung gedruckter und zahlreicher ungedruckter Quellen, die die wertvolle Besonderheit dieses Buches ausmachen. Schließlich nimmt die gründliche, wissenschaftlich fundierte Bestandsaufnahme im ersten Teil mit einem Umfang von über 370 Seiten, das sind etwa 80 % des Buches, den breitesten Raum ein. Demgegenüber fällt der zweite Teil mit der Analyse der architektonischen Intentionen Goethes relativ bescheiden aus. Im Anhang 1 sind vier bislang unveröffentlichte Sitzungsprotokolle der Weimarer Schloßbaukommission von 1789 und zwei weitere Aufzeichnungen Goethes von 1797 abgedruckt.

Mit der Wiedergabe von Auszügen aus Palladios *Vier Bücher über die Architektur* im Anhang 2 zur Erläuterung von Gestaltungsprinzipien am Römischen Haus erhebt sich eine generelle Frage zum Aufbau des Buches: Im Interesse einer straffen und konzentrierten Darstellung in Teil 1 wäre eine Verlagerung zahlreicher belegender und vielfach auch vollständiger Zitate in den Anhang für ein besseres Verständnis der Zusammenhänge und ein flüssiges Lesen von Vorteil gewesen. Dies wird deutlich beim kompletten Zitieren der Aufsätze zur Baukunst, beim Aufsatz über den Aufbau einer Bibliothek zur Baukunst oder bei der Wiedergabe der zum großen Teil unkommentierten und ungekürzten Briefwechsel mit Aloys Hirt, Sulpiz Boisserée, mit Clemens Wenzeslaus Coudray und Nikolaus Friedrich Thouret am Ende des ersten Teils.

Über 700 Anmerkungen belegen eine gründliche wissenschaftliche Recherche. Einer bequemen Handhabung zuliebe, wohl aber auch dem gestalterischen Anspruch geschuldet, sind diese mit großzügigem Raum seitlich neben den entsprechenden Textstellen angeordnet.

Das Buch ist überschaubar und klar gegliedert. Nach einer kurzen Einleitung, die eine Bewertung des bisherigen Forschungs- und Kenntnisstandes enthält, der Darstellung der benutzten Quellen und des Zieles der Publikation bildet der Teil 1 *Bestandsaufnahme* das Kernstück des Buches. Im Teil 2 *Analyse* unternimmt der Autor den Versuch, Goethes Architekturintentionen zu erläutern, und analysiert Goethes Stellung im Bewußtsein der zeitgenössischen Künstler und Architekten. In einer *Zusammenfassung* wird noch ein neuer Gedanke vorgestellt und versucht, aus der Zusammenschau Goethescher Auffassung von Kunst und Natur, aus der Verbindung von Kunst und Wissenschaft, und besonders durch Auswertung der *Metamorphose der Pflanzen*, Goethes Architekturauffassung zu entwickeln und zu verstehen. Ein Anhang mit den obengenannten ausführlichen Zitaten, einer Auswahlbibliographie und dem Bildnachweis beschließt den Band.

Im Hauptteil des Buches ist mit großer Sorgfalt all das zusammengetragen, was Goethes Beschäftigung und Auseinandersetzung mit Architektur und Stadtplanung betrifft. Neben den zahlreichen Hinweisen aus gedruckten Quellen – Weimarer Ausgabe, *Gespräche mit Goethe*, Goethes amtliche Schriften, verschiedene Briefwechsel und vor allem auch aus dem *Corpus der Goethezeichnungen* – hat der Autor in verdienstvoller Weise auch eine gründliche Erfassung des bisher unveröffentlichten Materials vorgenommen. Das sind insbesondere die Sitzungsprotokolle der Schloßbaukommission, die Zeichnungen und Handskizzen Goethes, Bauzeichnungen beteiligter Architekten und Künstler sowie deren an Goethe gerichtete, zum Teil bisher unveröffentlichte Briefe.

Durch die Gliederung in Unterabteilungen oder Kapitel wird das umfangreiche und vielfältige Material nach vier Sachthemen sortiert:

1. Theoretische Auseinandersetzungen mit Architektur und Städtebau
2. Praktische Mitwirkung an Gebäudeplanungen in Weimar
3. Mitwirkung an städtebaulichen Planungen in Jena, Weimar und Köln
4. Beziehungen zu zeitgenössischen Architekten und Künstlern.

Unter dem ersten Thema sind Goethes Aufsätze über Baukunst von 1788 und 1795 und über den Aufbau einer Bibliothek zur Baukunst von 1797 vollständig abgedruckt, dazu Texte aus verschiedenen Quellen zu Musik und Architektur der Alten, zu Form und Unform mittelalterlicher Städte sowie über Straßburg. Im wesentlichen bleibt es dem Leser überlassen, aus diesen Texten Goethes theoretische Auseinandersetzungen abzuleiten; die wenigen verbindenden Texte beschränken sich vor allem auf Erläuterungen zu den Quellen. Das große und anhaltende Interesse Goethes an Baukunst und aktuellem Baugeschehen wird via Auflistung seiner 65 Titel umfassenden Bibliothek zu diesem Thema verdeutlicht. Die zahlreichen, sorgfältig recherchierten Anmerkungen geben interessante Erläuterungen zu Provenienz und Erwerb.

Konkreter und anschaulicher wird es im nächsten Abschnitt: Goethes Mitwirkung an Gebäudeplanungen. An elf Bauwerken – davon sind heute noch acht in Weimar erhalten – untersucht der Autor die vorbereitende, planerische und praktisch begleitende Mitwirkung Goethes. Es sind dies das Gartenhaus, das Wohnhaus am Frauenplan, das Stadtschloß, das Römische Haus, die Bibliothekserweiterung, das Schießhaus, die Bürgerschule, die Fürstengruft und das Sommertheater in Bad Lauchstädt.

Am Beispiel des Wiederaufbaus des Weimarer Schlosses, der dank der guten Quellenlage in seinem wechselvollen Planungs- und Realisierungsablauf von 1789 bis zur Fertigstellung durch den Berliner Architekten Heinrich Gentz im Jahre 1803 fast lückenlos darstellbar ist, erörtert Ewald Goethes vielfältige Zuständigkeiten und Kompetenzen. Von besonderem Interesse sind Goethes Gedanken zur Innenraumgestaltung und seine Bemühungen um fähige Architekten für dieses Vorhaben. Auch in diesem Kapitel ist das lange und ungekürzte Zitieren, z. B. aus den Sitzungsprotokollen, für das Anliegen eher kontraproduktiv, wenngleich dies immer wieder die Vielfältigkeit der Aufgaben offensichtlich machen soll. Informativ und anschaulich sind die Abbildungen von Skizzen, Entwurfszeichnungen und Grundrissen.

Das Römische Haus im Ilm-Park „kann man das erste Gebäude nennen, das im Ganzen und in dem reinern Sinne des Architekten aufgeführt wird" (S. 398). Die Darstellung der Baugeschichte des Hauses beleuchtet die Goetheschen Anteile und Intentionen, eigenhändige Skizzen und Ausführungszeichnungen des Architekten Johann August Arens sind beigegeben.

Die Absichten des Hausherrn bei der Bau- und Raumgestaltung kommen in seinem Wohnhaus am Frauenplan besonders deutlich zum Ausdruck, so beispielsweise beim Einbau des neuen Treppenhauses, bei der Gestaltung des Brückenzimmers und bei der Farbgebung der Wohnräume.

Eng mit der Theaterpraxis verbunden, hat sich Goethe engagiert um das Weimarer Theaterbaugeschehen gekümmert. Umfangreiche Briefwechsel, Tagebucheintragungen, Bauanweisungen und manche eigenhändige Skizze belegen seine Mitwirkung am Umbau des Weimarer Theaters 1798 und am Neubau des Lauchstädter Theaters 1802. Besonders aufschlußreich sind die gemeinsam mit Coudray angestellten Überlegungen zum Neubau des Theaters im Jahre 1825.

Nach dem Zusammenwirken mit dem Architekten Gentz, mit dem Goethe noch am Neubau des Schießhauses, der Erweiterung der Bibliothek und an einigen Umbauvorhaben beteiligt war, ist es vor allem der Oberbaurat Coudray, mit dem er bis ins hohe Alter Architekturideen und konkrete Aufgaben bespricht, wie z. B. den Wiederaufbau des Westflügels des Weimarer Schlosses, den Neubau der Bürgerschule oder den Entwurf für ein gemeinsames Grabmal mit Schiller.

Im Kapitel *Mitwirkung an städtebaulichen Planungen* findet Ewald in der nach einem Brand erforderlichen Neubebauung des Weimarer Scheunenviertels vor dem Erfurter Tor das geeignete Projekt zur Darstellung Goethescher Intentionen. Goethe befaßte sich 1797/98 intensiv mit diesem „Städtebauvorhaben" am heutigen Goetheplatz und legte selbstgezeichnete Vorschläge zur Bebauung und sogar für die Gestaltung der Häuser vor.

Der Autor subsumiert in diesem Kapitel auch den gewichtigen Anteil Goethes an der Vollendung des Kölner Doms, der wohl weniger ein städtebauliches als vielmehr ein Thema baugeschichtlicher Neuorientierung und Geisteshaltung der Zeit nach 1800 ist. Mit langen Zitaten aus dem Briefwechsel, den Tagebüchern, aus *Dichtung und Wahrheit* sowie mit ganzen Aufsätzen, z. B. *Von deutscher Baukunst*, wird Goethes Beziehung zu Boisserée und die Beförderung der Vollendung des Domes in ihrer Chronologie weitgehend unkommentiert abgehandelt.

Im mit über 160 Seiten sehr umfangreichen vierten Abschnitt der Bestandsaufnahme sind die zum Teil unveröffentlichten Briefwechsel Goethes mit zeitgenössischen Künstlern und Architekten abgedruckt. Mit Kurzbiographien, ergänzt durch Portraits, werden die einzelnen Persönlichkeiten vorgestellt, einige knappe Ausführungen erläutern deren Bezug zu Goethe. Die vollständige Wiedergabe der Briefwechsel ist gewiß interessant und verlockend, soweit die Briefe bislang nicht publiziert sind. Mit dem Anliegen des Buches hat dies aber nicht immer direkt zu tun und lenkt eher davon ab; im Anhang oder gar als eigene Publikation wäre der Briefwechsel besser placiert gewesen.

Nach der Wiedergabe einer „Fülle überlieferter Dokumente zu Goethes Engagement zur Baukunst", nach einer „Zusammenschau der Äußerungen des Künstlers zur eigenen Baupraxis" (S. 394) in der Bestandsaufnahme entwickelt der Autor im Teil 2 *Analyse* seine Überlegungen zu Goethes architektonischen Intentionen. Goethes Sentenz von 1821: „Im Bezug auf die Baukunst verhielt ich mich eigentlich immer nur historisch, theoretisch und kritisch" (S. 20) werden die praktischen baukünstlerischen Leistungen des Zitierten gegenübergestellt. Ewald entwickelt diese Intentionen aus Goethes Betrachtungen über die Baukunst, aus den Grundansätzen zu baukünstlerischen Regeln und darauf fußend die vier Stufen, die zu einem Werk der Baukunst führen: das Material, der Zweck, die Harmonie (die Proportion) und die Poesie (die geistige Fiktion). Diesen Grundsätzen versucht er an einigen, oben näher erläuterten praktischen Baubeispielen nachzuspüren. Am Beispiel des Römischen Hauses und des Schloßbaus werden u. a. die Thesen vom Steigerungseffekt in der Ausstattung und Größe der Räume, von der „fortschreitenden Symmetrie" als Entsprechung der täglichen, natürlichen Abläufe mit der Spiralfigur als Zeichen dargestellt. Am Neubau des Schießhauses und an der Bebauung am Erfurter Tor werden die Goetheschen Gedanken zu geographisch-klimatischen Aspekten, zu einem gesunden Standort expliziert; an der Farbigkeit der Räume des Goethehauses erkennt der Autor einen einheitlichen Ideenhintergrund von Farbenlehre und baukünstlerischen Vorstellungen.

Die Frage bleibt: Sind diese Ideen als bestimmende Voraussetzungen, als baukünstlerische Gestaltungsintentionen zu werten, oder sind sie eher als reflektierende, „historische, theoretische und kritische" Äußerungen gegenüber der Architektenschaft zu verstehen? Unbestritten aber ist, daß Goethe „im Bewußtsein der Künstler und Architekten der Zeit" – so der Titel des letzten Abschnitts – die Rolle eines „Patrons der Künstler" zuerkannt und seine „Superiorität in jedem Kunstfache" (S. 422) anerkannt wurde.

Angemerkt sei, daß die handwerklich-philologische Ausführung des Buches noch Wünsche offenläßt: Bibliographische Angaben und Zitate sind leider nicht immer zuverlässig.

Rainer Ewald, ein promovierter Architekt, lebt seit 1992 in Weimar, wo er ein eigenes Architekturbüro leitet, das sich auf denkmalpflegerische Sanierungen spezialisiert hat. In diesem Zusammenhang ist besonders auf die außerordentlich gewissenhafte Planung und Leitung der Sanierung und Restaurierung des Römischen Hauses von 1995 bis 1999 zu verweisen.

Mit Sorgfalt und Großzügigkeit wurde das Buch vom Atelier Papenfuß unter Mitwirkung des Autors gestaltet und vom Ullerich Verlag Weimar, als dessen erstes Werk, gut inszeniert im Goethe-Jahr 1999, herausgegeben.

Jürgen Seifert

Stephan Füssel: *Studien zur Verlagsgeschichte und zur Verlegertypologie der Goethe-Zeit.* Berlin und New York 1999 (= *Georg Joachim Göschen. Ein Verleger der Spätaufklärung und der deutschen Klassik.* Bd. 1), 390 S.

Es bedarf heute erfreulicherweise keiner besonderen Rechtfertigung mehr, wenn sich ein Literaturwissenschaftler der Geschichte eines Verlages zuwendet. Dank der grundlegenden Arbeiten von Herbert G. Göpfert, Paul Raabe und Reinhard Wittmann ist man in den letzten dreißig Jahren zu der Einsicht gelangt, daß das Buchhandelsgewerbe innerhalb der Literaturgesellschaft eine entscheidende Größe darstellt, die einer eingehenden wissenschaftlichen Erforschung dringend bedarf. Es ist mithin erkannt worden, welch horrende Wissensdefizite auf dem Gebiet der Verlagsgeschichte bestehen. Nur ein kleiner Teil der vorhandenen Archivalien, die sich in Bibliotheken, Verlagen oder im Privatbesitz befinden, sind gesichtet und interpretiert worden. Selbst zahlreiche gedruckte Quellen harren noch ihrer Auswertung, wie Reinhard Wittmann unlängst in einem kritischen Forschungsbericht konstatieren mußte.[1] Bezeichnend für den gegenwärtigen Wissensstand ist, daß bis heute kein historisches Verzeichnis aller Buchhandelsfirmen existiert.

Nach all dem verwundert es nicht, wenn auch über die großen Verlage des 18. und 19. Jahrhunderts nur begrenzt quellengesicherte Erkenntnisse vorliegen. Sieht man einmal ab von älteren Einzelstudien, die auf zufälligen Quellenfunden basieren, so kann – auf die letzten zwei Jahrzehnte bezogen – von einer systematischen Forschung nur im Hinblick auf die Verleger Philipp Erasmus Reich, Friedrich Nicolai, Johann Friedrich Cotta und Friedrich Christoph Perthes gesprochen werden, wobei es in keinem dieser Fälle bislang zur Publikation einer Verlegermonographie kam; somit stellt die vorliegende, hier zu besprechende eine in diesem Betracht maßstabsetzende Arbeit dar.

1 Reinhard Wittmann: *Überlegungen zum Stand und zu Perspektiven der Forschung.* In: *Beiträge zur Geschichte des Buchwesens im frühen 19. Jahrhundert.* Hrsg. von Mark Lehmstedt. Wiesbaden 1993, S. 14.

Bedeutungsvoll ist sie schon deshalb, weil sie sich mit einer herausragenden Verlegerpersönlichkeit beschäftigt, die in einer von Umbrüchen reichen Zeit wirkte. Johann Joachim Göschen erlebte von der Firmengründung 1785 bis zu seinem Tod 1828 die Französische Revolution mit ihren Auswirkungen auf das Reich, dessen Zusammenbruch, die Befreiungskriege und die Neukonstituierung des Deutschen Bundes 1815 – Ereignisse, die für einen Verleger folgenreich waren, vor allem, wenn die Firma in Leipzig, einem zentralen Ort von Buchherstellung und -vermarktung, ihren Standort hatte. Göschen beobachtete die Krisen und Wandlungen des Marktes aufmerksam und kam zu originellen, das eigene geschäftliche Überleben sichernden Entscheidungen (wohlfeile Zweitausgaben, Bevorzugung der Unterhaltungsliteratur, steigende Kalender- und Journalproduktion).

Über all dies informiert die vorliegende, bei de Gruyter – dem Rechtsnachfolger des Göschen-Verlages – erschienene Studie. Es handelt sich dabei um die überarbeitete Fassung der von Stephan Füssel 1991 in Regensburg eingereichten Habilitationsschrift. Immer wieder angekündigt,[2] verzögerte sich ihr Erscheinen, was wohl der Tatsache geschuldet ist, daß sich der Autor entschloß, der Monographie zwei Quellenpublikationen beizufügen, eine *Verlagsbibliographie* und ein *Repertorium der Verlagskorrespondenz*. Nur so ist auch der merkwürdige Sachverhalt zu erklären, daß die vorliegende Studie als Band 1 der Trilogie *Georg Joachim Göschen – Ein Verleger der Spätaufklärung und der deutschen Klassik* firmiert, obwohl die Arbeit – der wissenschaftsorganisatorischen Logik gehorchend – nach den Quellenwerken, die schon 1998[3] und 1996[4] erschienen waren, publiziert wurde.

Füssel hat in einer mehr als zehn Jahre umfassenden Recherche alles zusammengetragen, was sich über Johann Joachim Göschen und seinen Verlag finden ließ. So wurden 4283 Briefe der privaten und Geschäftskorrespondenz, zu denen viele bisher unbekannte Schreiben gehören, ermittelt und gesichtet sowie erstmals alle 912 Buchtitel, die Göschen als Verleger zwischen 1785 und 1828 verantwortete, bibliographiert und nach Autopsie statistisch in mehreren Registern erfaßt. Das Sammelergebnis, wie es sich in den beiden Quellenpublikationen darstellt, beeindruckt. Die erbrachte Leistung muß insbesondere deshalb gewürdigt werden, weil sich Füssel auf kein überliefertes Verlagsarchiv stützen konnte. Verständlicherweise blieben empfindliche Lücken im Materialbestand. So konnten für manche Jahre (1812/1813, 1825/1826) nur wenig mehr als ein Dutzend Briefe ausgemacht werden. Auch über die Anfänge des Verlegers Göschen fehlen Dokumente, so daß sich der Verfasser auf eine *Verlagsgeschichte* Karl August Böttigers stützen mußte, die in der Studie[!] vollständig ediert wird. Wahrscheinlich ist es der prekären Materialsituation geschuldet, daß der Leser in der vorliegenden Arbeit kaum etwas über den damals beliebten Lustspieldichter Johann Friedrich Jünger erfährt, der viele seiner Werke bei Göschen veröffentlichte und zeitweise sogar für ihn als Lektor arbeitete.

Mögen einige Erwartungen, die man an die Monographie stellt, auch unerfüllt bleiben, so der Wunsch, etwas mehr über den Prosaschriftsteller Göschen und insbesondere über den Text *Reise von Johann* zu erfahren, insgesamt wird doch ein nahezu umfassendes Bild des Verlegers geboten. Bis zum Erscheinen der Studie bestand eine erhebliche Diskrepanz zwischen der allgemeinen Wertschätzung, die Göschen allenthalben, insbesondere als Klassikerverleger, erfuhr, und dem Wissen über seine konkrete verlegerische Arbeit. Was bisher existierte, war die Monographie seines Enkels, Viscount George Goschen, die, vor nunmehr fast hundert Jahren erschienen, mehr eine wohlwollende Lebensbeschreibung des Ahnen war, als daß sie eine solide, quellenkritische Erschließung des biographischen Materials darstellte. Es ist das Verdienst von Füssel, gravierende Mängel dieser Arbeit aufgedeckt und Fehleinschätzungen Goschens, die im Verlaufe des Jahrhunderts den Mythos von dem Klassikerverleger Göschen begründeten, korrigiert zu haben. So kann Füssel anhand zum Teil neu gelesener oder entdeckter Quellen die Mär vom selbstlosen Freund Johann Christian Körner widerlegen, der keineswegs aus reiner Gefälligkeit Göschen bei der Verlagsgründung finanziell unterstützte. Körner erhoffte sich eine hohe Ren-

---

2 So schon 1992 im Ausstellungskatalog zu Göschen: *Georg Joachim Göschen 1752–1828. Dokumente zur Verlagsgeschichte aus den Beständen des Deutschen Buch- und Schriftmuseums Leipzig*. Leipzig 1992, S. 5 u. 9.

3 Stephan Füssel: *Verlagsbibliographie Göschen 1785 bis 1838*. Berlin u. New York 1998 (= *Georg Joachim Göschen. Ein Verleger der Spätaufklärung und der deutschen Klassik*. Bd. 2).

4 *Repertorium der Verlagskorrespondenz Göschen (1783 bis 1828)*. Hrsg. von Stephan Füssel. Berlin u. New York 1996 (= *Georg Joachim Göschen. Ein Verleger der Spätaufklärung und der deutschen Klassik*. Bd. 3).

dite aus dem eingesetzten Geld, und als diese nicht zu erzielen war, zog er sich aus dem Geschäft zurück. Neuland beschreitet Füssel auch, wenn er die Seiten verlegerischer Tätigkeit beschreibt, die Goschen nahezu völlig ausgeklammert hatte, weil sie nicht ins Bild eines renommierten Verlegers paßten, der sich der Werke der großen deutschen Dichter annahm. Erstmals wird nun ausführlich auf Göschens Geschäftsbeziehungen zu Beginn des 19. Jahrhunderts eingegangen, die geprägt waren von Kontakten zu ‚gängigen' Unterhaltungsschriftstellern, vor allem aus dem Kreis der sog. Dresdner Pseudoromantik.

Um den Lesern das stattliche Konvolut von Rechercheergebnissen vermitteln zu können, entschied sich der Verfasser für zwei, die Hauptkapitel bildenden Darstellungsverfahren, für ein diachron-biographisches und ein systematisch-sachliches, mit dem Nachteil, daß man gelegentlich von dem einen Teil auf den anderen verwiesen wird bzw. – wenn dies nicht geschieht – gelegentliche Redundanzen in Kauf nehmen muß.

Im ersten Abschnitt erfährt man unter der Überschrift *Studien zur Verlagsgeschichte 1785–1828* viele neue Einzelheiten zu Göschens Unternehmungen und weitreichenden Geschäftsverbindungen. Selbst an den Stellen, wo der Verfasser über die schon gut untersuchten Beziehungen des Verlegers zu Wieland, Klopstock, Schiller und Goethe handelt, findet sich Bemerkenswertes. Hierzu zählt die einleuchtende Feststellung, daß ein Grund für das Scheitern der Zusammenarbeit mit Goethe darin bestanden habe, daß Verleger und Autor sich nie persönlich begegnet waren und zumeist nur über Mittelsmänner verhandelt hatten, so daß im Zusammenhang mit Goethes erster autorisierter Werkausgabe (1787–1790) zum Teil überhöhte Erwartungen geweckt wurden, die der Verleger nicht erfüllen konnte. Vielleicht hätte alles einen anderen Verlauf genommen, wenn es 1786 zum Zusammentreffen mit Goethe gekommen wäre. Göschen reiste extra nach Karlsbad. Nachdem er dort acht Tage vergeblich auf die Ankunft seines Autors gewartet hatte, entschloß er sich abzureisen. Wenige Stunden später traf Goethe im Bad ein.

Dergleichen interessante Details finden sich in dieser Arbeit allerorten. Deren zweiter Teil, mit *Göschens verlegerische Tätigkeit* überschrieben, beschäftigt sich mit einigen wichtigen Wirkungsfeldern des Drucker-Verlegers. Der Autor handelt hier über das Lektorat, über Göschens Verdienste um die klassizistische Typographie, beschreibt dessen Kampf gegen den allgegenwärtigen Nachdruck und stellt in vier Fallstudien Göschens selbstverantwortete Zeitschriftenprojekte vor.

In einem abschließenden Kapitel zeigt Füssel, wie der Verlag nach dem Tod Göschens unter den Händen seiner Söhne in finanzielle Schwierigkeiten geriet und veräußert werden mußte. In diesem Zusammenhang kann der Verfasser anhand neuer Quellen die Ansicht widerlegen, daß der Verlag gezielt dem Konkurrenten Cotta zum Kauf angeboten wurde. Erst über einen Mittelsmann, der für Georg von Cotta an der Versteigerung teilnahm, gelangte dieser an den Verlag, der ihn so recht nicht interessierte. Ihm ging es vor allem um die Arrondierung der Rechte an den Klassikern Schiller und Goethe, deren gesammelte Schriften und Einzeldrucke er sofort in sein Programm aufnahm.

Es bleibt festzuhalten, daß die vorliegende Arbeit zusammen mit den Quellenbänden die Erwartungen, die man an eine Verlagsmonographie stellen muß, weitestgehend erfüllt. Durch ihre Materialfülle und Detailgenauigkeit, durch ihre Tiefenschärfe und nicht zuletzt durch ihre Darbietungsform qualifiziert sich die Studie zu einem Standardwerk mit großem Erkenntniswert für die Sozialgeschichte der deutschen Literatur. Eingedenk dessen ist nicht nachvollziehbar, warum Füssel im Titel seiner Arbeit den geistesgeschichtlich situierten Epochenbegriff der „Goethe-Zeit" benutzt.

Uwe Hentschel

Bodo Lecke (Hrsg.): ***Dauer im Wechsel?*** *Goethe und der Deutschunterricht.* Frankfurt am Main 2000, 512 S.

Der vorliegende Band ist der vierzigste innerhalb der Schriftenreihe *Beiträge zur Geschichte des Deutschunterrichts*, die 1988 von Joachim S. Hohmann begründet und über zehn Jahre außerordentlich erfolgreich – mit zunehmend gesamtdeutscher Autorenschaft – von ihm geleitet wurde. Leider ist der Herausgeberwechsel dem frühen Tod des 46jährigen geschuldet, so daß *Dauer im Wechsel?* mit der Würdigung des beeindruckenden wissenschaftlichen Lebenswerks Joachim S. Hohmanns beginnt.

Der mit einem Fragezeichen verfremdete Titel des gleichnamigen Goethe-Gedichts weist, so der nunmehr alleinige Herausgeber Bodo Lecke in seiner Einleitung *Goethe unter den Deutschen: Rezeptionsästhetik/Pädagogik/Literaturdidaktik*, auf Inhalt und Problematik des Buches hin. Es soll um den symbolisch vertieften Wandel des Goethe-Bildes in didaktischen Konzepten, Kanons und Curricula des Deutschunterrichts seit der Mitte des 19. Jahrhunderts gehen – allerdings nicht in einem eng begrenzten Sinn. Schon die Formulierung *Goethe und der Deutschunterricht* weitet die Blickrichtung aus, gibt Raum für tangierende, über den eigentlichen (literatur)unterrichtlichen Rahmen hinausführende Erörterungen. Als Beispiele seien die Abschnitte 3 bis 7 von Leckes Einleitung genannt, in denen sowohl die zeitgenössische Institutionalisierung des Bildungswesens als auch Goethes Auffassung von Pädagogik, das ‚Docendo discimus' und das unter anderem im Titelbild des Buches, dem berühmten Schattenriß mit Fritz von Stein, veranschaulichte Verhältnis von Mentor und Zögling sowie die literarische Gestaltung der ganzheitlichen Bildungskonzeption des Dichters in *Wilhelms Meisters Lehrjahren* dargestellt werden. Für die Lektüre des Bandes sind Leckes in der Einleitung placierte Hinweise zur Konzeption und zu den einzelnen Aufsätzen hilfreich, da sie Aufbau und inhaltliche Strukturierung durchschaubar machen. Es handelt sich um 19, den folgenden Problemfeldern zugeordnete Beiträge: *Einführung und Grundlegung (3), Goethe und der Deutschunterricht im historischen Überblick (5), „Exempla classica"? – Kanonisches und Nichtkanonisches (5), Goethe und das Fremde – Interkulturelle und internationale Aspekte (4), Der alte Goethe und die neuen Medien (2).*

„Die Beschäftigung mit ‚klassischer' Literatur im heutigen Deutschunterricht ist nicht mehr selbstverständlich" (S. 28) – vor dieser lapidaren wie aufreizenden Feststellung Leckes sollte der Sammelband insgesamt, vor allem aber das kritisch reflektiert werden, was in der *Grundlegung* vorangestellt wird. Zunächst wirft der Herausgeber die Frage nach einem produktiven Verhältnis von Rezeptionsästhetik und (moderner) Literaturdidaktik auf, spannt den Bogen von Karl Marx über Franz Mehring und Georg Lukács, von Walter Benjamin und Hans Robert Jauß bis zu deren Reflexion in der jüngeren DDR-Literaturwissenschaft und verschließt nicht den Blick vor der schuldhaften Nähe Weimars zu Buchenwald. Beladen mit diesem Konfliktpotential, stellt er der Literaturdidaktik – und mit ihr dem schulischen Literaturunterricht – die Aufgabe, Goethe nicht gleichsam ‚vom Sockel zu holen', sondern ihn und sein Werk im Hegelschen Sinne ‚aufzuheben'. Wege, wie das zu leisten sei, mühen sich die Beiträger auf unterschiedlichste Art zu weisen. Der mit dem griffigen Titel versehene Aufsatz *Didaktik in Stehkragen und Blue Jeans – Goethe im Deutschunterricht* von Wolfgang Leppmann analysiert u. a. die Präsenz von Goethe-Texten in Stundenplänen des 19. Jahrhunderts, wobei nicht überrascht, daß die Gedichte mit Abstand an erster Stelle stehen (ein Faktum, das spätestens jetzt auf einen Mangel des Gesamtbandes aufmerksam macht: die unterrichtliche Rezeption von Goethes Lyrik spielt so gut wie keine Rolle – ganz im Gegensatz zur Schulwirklichkeit). Aussagen über den deutschkundlichen und völkischen Umgang mit Goethes Werk sowie seine Behandlung im Literaturunterricht der polytechnischen Oberschule der DDR komplettieren das Dargestellte und kommen bezüglich der beiden deutschen Staaten zu dem – wohl doch harmonisierenden – Schluß: „[...] beiderseits der Grenze war Goethe nicht mehr unerreichbares Vorbild und Muster, sondern lebendes Beispiel" (S. 109). Höchst aussagekräftig der letzte der grundlegenden Artikel: *Bildungsidee und Literaturdidaktik bei Goethe* von Walter Seifert. Ausgehend von der Goetheschen Prämisse, daß einseitige Bildung keine Bildung sei, und von einem didaktischen Stufenmodell, in das sich Goethes Literatur- und Bildungsbegriff zerlegt, erörtert der Verfasser bis heute brennende Probleme, wie das Für und Wider von Lesebuch- und Kanonkonzeptionen, die Koproduktion von Lehrer und Schüler sowie das Prinzip des Mit- und Nachschaffens durch das Kind und der Offenheit von Lernprozessen. Dies ist eine Fundgrube auch und gerade für in der Gegenwart tätige Deutschlehrer!

Der Anspruch des Kapitels *Goethe und der Deutschunterricht im historischen Überblick* kann natürlich nur partiell erfüllt werden. Folgerichtig wird zunächst das 19. Jahrhundert betrachtet und die *Kanonisierung eines Klassikers* (S. 141) am Beispiel zweier Hamburger Gymnasien nachvollzogen. Der Verfasser Joachim Schulze-Bergmann kommt zu dem Schluß, daß Auswahl und Behandlungsschwerpunkte eindeutig an „Goethe als dem Olympier" (S. 160) orientiert sind und erst gegen Ende des 19. und zu Beginn des 20. Jahrhunderts der Anstoß erfolgte, Texte des jungen Goethe in den Unterricht aufzunehmen. Welche Probleme die weitere Entwicklung in sich barg, macht der nachstehende Beitrag deutlich: *Goethe – ein guter Deutscher?* (S. 163). Mit diesem provozierenden Titel blickt Klaus Behr auf die schulische Rezeption des Klassikers in der Weimarer Republik und im Dritten Reich. Er legt empirisch-statistische Befunde vor, die am Beispiel der Interpretationsschemata zu *Faust* und zu *Herrmann und Dorothea* sowie an der Wandlung der Lektürehäufigkeit von Texten Schillers einerseits und Goethes andererseits den versuchten völkisch-rassischen Mißbrauch literarischer Werke dokumentieren. Mit der Frage, ob die deutschen Gymnasiallehrer alle „mitgespielt" haben (S. 178), weist der Autor auf die – für alle Zeiten gültige – Verantwortung des einzelnen hin. Wie schwierig es war, diese während der NS-Zeit wahrzunehmen, bekräftigt der mit *„Führer" oder „Lügner"* betitelte Beitrag. Carsten Kretschmann untersucht darin, welche Bedeutung Goethe zwischen 1933 und 1945 im Deutschunterricht zukam, und zwar anhand der von der sog. Deutschkunde erbrachten Vorleistungen. Untersuchungsansatz und -grundlage sind Aufsätze in der „Zeitschrift für Deutschkunde" und der „Zeitschrift für deutsche Bildung", 1944 zwangsvereinigt zur „Zeitschrift für Deutschwissenschaft und Deutschunterricht". Kretschmann geht es darum, zu zeigen, „wie Goethes Werke nationalsozialistisch umgemodelt wurden, aber auch, wie widersprüchlich und differenziert die Goethe-Diskussion noch unter den Bedingungen einer Diktatur geführt werden konnte" (S. 185). Es ist nicht möglich, dieser materialreichen, differenzierenden Untersuchung hier detailliert gerecht zu werden – ihr genaues Studium lohnt unbedingt. Daß der avisierte Überblick tatsächlich nur aspekthaft geleistet werden kann, zeigen die beiden noch zu diesem Kapitel gehörenden Abhandlungen: Klaus Lindemann analysiert *Goethe im Abitur in und zwischen den Weltkriegen* (S. 211); Rudolf Denk macht unter dem Vermerk *„Verteufelt existentiell"* Ausführungen zu *Goethes „Iphigenie" in methodischer Hand*, bezogen auf den Literaturunterricht der 50er und 60er Jahre (dies sollte in Zusammenschau mit dem 4. Themenkomplex gelesen werden).

Stoff- und Problemfülle prägt auch die unter dem Aspekt des Kanonischen summierten Beiträge. Wenn beispielsweise Werner Ingendahl *Das Wahre, Schöne und Gute der Germanistik vor dem Hintergrund der Lernenden* (S. 265) hinterfragt, um wissenssoziologisch und hermeneutisch die heutige, postmodern verunsicherte Praktizierbarkeit der humanistischen Werte nachzuweisen und den Heranwachsenden in ihren Lernprozessen zu helfen, so entsteht ein beziehungsreiches literaturdidaktisches Lehrgebäude. Seine Anwendung an einem Enzensberger-Gedicht erwartet man kaum im vorliegenden Band. Goethes Texte stehen wieder direkt zur Debatte mit der Analyse von *Dichtung und Wahrheit* (S. 333) durch Detlef Gwosc (deren einzige Verbindung zum unterrichtlichen Umgang in der Feststellung besteht, daß die Autobiographie nicht zum Kanon gehöre und kaum behandelt werde – ist das nicht ein bißchen wenig?) und mit drei Abhandlungen zu *Faust* (Georg Vitz, Hilmar Grundmann, Volker Frederking). Herausgegriffen sei die – schon in Leckes Einleitung apostrophierte – Konzeption Frederkings für 50 Unterrichtsstunden zu *Faust I* in einem gymnasialen Leistungskurs. Die Anzahl der Stunden, die der Autor gern noch erhöht hätte, um auch *Faust II* und Faust-Gestaltungen nach Goethe genauer einbeziehen zu können, überrascht und läßt eher an die Realisierung der Konzeption in einem Seminar für Lehramtsstudierende denken – zumal Frederking laut Untertitel „ein rezeptions-, motiv- und mediengeschichtliches Modell in produktiv-kreativer und identitätsorientierter Perspektive" (S. 355) vorstellt und damit literaturdidaktisches sowie methodologisches Wissen und Können stark in den Vordergrund rückt. Ohne Zweifel erbringt dies, und zwar insbesondere in seinen produktions- und produktorientierten Elementen, unübersehbare Vorteile für die Rezeptionsbefähigung und die Persönlichkeitsentwicklung der Schüler(innen), doch ist die schulische Praktizierbarkeit des Modells wohl stärker im Transfer als in der Nachahmung selbst zu suchen.

„Iphigenie auf Tauris" als Drama des Völkerrechts – mit dieser Sicht auf „Ent-Fremdete Fremde" (S. 393) eröffnet Alois Wierlacher den Komplex der interkulturellen und internationalen Aspekte in Goethes Werk. Er besteht aus einer Triade zum genannten Text sowie Aussagen zum Goethe-Bild an französischen Schulen und Hochschulen (Marion Marquardt), läßt also auch den expliziten Blick auf das Genre Lyrik vermissen. Aufschlußreich sind die unkonventionellen Zugriffe auf Thoas und Iphigenie: Wierlacher geht der „Philologie der Fremde" (S. 393) und der Goetheschen Rechtsauffassung nach; Norbert Mecklenburg stellt *„Iphigenie" und ihre türkische Verwandtschaft* (S. 451) vor,

indem er vergleichend die Version „Iphigenia Tauris'te" von Selatin Batu (S. 457) analysiert – leider vermeidet er, wie übrigens auch Wierlacher, den konstruktiven Bezug zum Deutschunterricht, wodurch ein wenig der Eindruck vermittelt wird, dieser müsse alles leisten, das Wie aber bleibt unerörtert. Lisa Böcker erreicht dagegen zumindest teilweise die praktisch-methodische Ebene, da sie Goethes Dramentext als *Chance zum Interkulturellen Lernen* (S. 413) für ein Unterrichtsvorhaben von ca. vier Monaten Dauer (!) vorschlägt und dabei Besuch und kritische Reflexion unterschiedlicher Theaterinszenierungen einbezieht.

Der Abschluß des Bandes ist mit zwei Beiträgen dem hochaktuellen Problem multimedialer Vermittlung Goethescher Texte gewidmet, wobei der augenzwinkernde Titel *Der alte Goethe und die neuen Medien* richtig verstanden werden muß: nicht Texte des Alterswerkes werden betrachtet. Der Wert der Hinweise von Elin-Birgit Berndt liegt in Überblick und Aufbereitung einschlägiger Materialien auf CD-ROM und online zu *Iphigenie*, *Faust*, *Götz* und *Werther*; Hartmut Jonas konzentriert sich auf den *multimedialen „Werther"* (S. 495) und verleiht zugleich einmal mehr der Forderung Nachdruck, daß der Gegenstand von Literaturwissenschaft und Literaturdidaktik um medienwissenschaftliche und -pädagogische Fragestellungen erweitert werden muß, wenn sie die Rezipienten (und Produzenten) der heutigen Lebenswelt erreichen wollen.

Insgesamt ist für die vorliegende Edition ein durchaus positives Resümee zu ziehen. Mit der Fülle vielseitiger Beiträge stellt sie eine anspruchsvolle, gewinnbringende Lektüre dar: für Deutschlehrer und solche, die es werden wollen, für Deutschdidaktiker, Germanisten und Goetheliebhaber, für Historiker und Pädagogen. Nicht nur der Blick in die Literaturlisten beweist, daß der Band den neuesten Forschungsstand repräsentiert und interdisziplinär angelegt ist. Joachim S. Hohmann, der ihn ursprünglich konzipierte, hätte an dieser würdigen Bereicherung seiner Schriftenreihe Freude gehabt.

Annemarie Mieth

Uwe Grüning: *Abschied und Willkommen. Goethe-Bilder.* Spröda 1999, 63 S.

„Goethe-Bilder" nennt Uwe Grüning seine schmalen, doch gehaltvollen Betrachtungen – kurze, einfühlsam formulierte Texte, die wie Miniaturen die Charakteristika eines komplexen Zusammenhangs zu konzentrieren vermögen. Ausgehend von bekannten Situationen in Goethes Biographie, verdichtet der Autor Gewußtes und Geahntes zu Momentaufnahmen des Innern. Immer sind es Wendepunkte in Goethes Entwicklung, die auf ihre nuancierten psychischen Konstellationen hin befragt werden; immer geben konkrete Erinnerungspartikel, autobiographischen oder dichterischen Zeugnissen entnommen, den Blick auf m ö g l i c h e Empfindungen, auf v e r m u t e t e psychische Vorgänge frei. Daß diese Annäherungen an Goethes wandlungsreiches Lebensgefühl keine bloßen Annahmen bleiben, ist Uwe Grünings subtilem Wissen über Goethe wie über die Labyrinthik des Daseins zu verdanken. Die Trennung von Friederike Brion, die Abreise aus Frankfurt im Herbst 1775, der Aufbruch nach Italien, die erste Begegnung mit Christiane Vulpius und schließlich die Entstehung der *Trilogie der Leidenschaft*: Stets spürt der Autor den unausgesprochenen Motiven des Handelns – oder des unentschiedenen Zögerns – nach, und er bringt sie behutsam ans Licht, indem er sie mit Begriffen verknüpft, die in Goethes Werk eine zentrale Rolle spielen: Die Bedeutung des Augenblicks kommt dabei zur Sprache wie das Postulat der Entsagung und das produktive Verhältnis von schmerzhafter Erinnerung, Phantasie und „aussöhnender" Formfindung.

Uwe Grüning folgt der biographischen Chronologie, doch genügt es ihm nicht, den Ablauf von Ereignissen wiederzugeben. Seine Darstellung der r e a l i s i e r t e n Lebensmöglichkeiten wird durch die kluge Frage nach unverwirklichten Varianten und ungelebten Alternativen ergänzt, so daß sich die allgemeinmenschliche Problematik, die im Widerstreit von Freiheit und charakterlich oder situativ bedingter Notwendigkeit liegt, am Beispiel konkreter Situationen erschließt.

Abschied und Willkommen erhebt nicht den Anspruch einer wissenschaftlichen Arbeit und umspielt auch kein neues oder bislang verkanntes Sujet, erweist sich aber in der Deutung der herausgehobenen Episoden als facettenreiche Meditation eines sensiblen Stilisten, dessen Sprache subtile Gedanken, Empfindungen und Mutmaßungen zu äußern und mit leisen Tönen zu überzeugen vermag.

Ingrid Reul

Luz-María Linder: ***Goethes Bibelrezeption.*** *Hermeneutische Reflexion, fiktionale Darstellung, historisch-kritische Bearbeitung.* Frankfurt 1998, 210 S.

Goethes Bibelverständnis ist bereits Gegenstand zahlreicher Forschungsarbeiten gewesen. Die vorliegende Dissertation setzt sich demgegenüber das Ziel, einen kommunikativen Prozeß, die von Goethe innnerhalb theoretischer Reflexion, fiktionaler Einkleidung und wissenschaftlich-kritischer Bearbeitung thematisierte R e z e p t i o n der Bibel zu untersuchen. Gerade der mehrdimensionale Zugriff offenbart, inwiefern dem Gesamtwerk des Dichters eine beachtenswerte, wobei nicht immer kongruente Rezeptionstheorie eingeschrieben ist.

Textrezeption als Form der Aneignung ist für Goethe ein produktives, von der Subjektivität des Lesenden wie von seiner Affinität zur fremden Lebenswelt bestimmtes Verhalten. Wo Subjekt und Objekt beziehungslos nebeneinander existieren, sind die Divergenzen nicht zu überbrücken. Zu dieser Gleichklangsvorstellung steht die nicht minder rigorose Forderung des Dichters nach einer möglichst weit gehenden Textannäherung in einem spannungsvollen Verhältnis. Die Beziehung zwischen historisch-objektivem und subjektivistischem Rezeptionsmodus ist als hermeneutisches Pendant zu dem vielfach beschworenen ontologischen Problemkreis von Freiheit und Notwendigkeit zu verstehen.

An wiederholten Bibelstudien wird in *Dichtung und Wahrheit* die Entwicklung des autobiographischen Ich zu einer aufgeklärten, von der Unvernunft traditioneller Bibelgläubigkeit befreiten Persönlichkeit illustriert. Die Präzision, mit der der Erzähler divergierende Leseerfahrungen beschreibt, verleiht den Passagen eine mit rezeptionstheoretischen Ausführungen vergleichbare Werthaftigkeit. Erzähltechnisch betrachtet, dient die Auseinandersetzung mit dem Buch der Bücher der Charakterisierung des Protagonisten – in der Autobiographie wie im *Werther*-Roman. Durch Anleihen aus der johanneischen Passionsgeschichte evoziert Werther den heilsgeschichtlichen Kontext und versucht, seine Todesverfallenheit als Rückkehrbewegung in das Reich des Vaters zu sanktionieren. Deutlich wird eine radikale Pervertierung und Instrumentalisierung des Bibelwortes, rezeptionsspezifische Entsprechung zur krankhaft gesteigerten Subjektivität der Romanfigur. Auch Faust unterschlägt den theologischen Gehalt des *logos*-Begriffs, doch stellt seine Bibelübersetzung aufgrund der Dekontextualisierung lediglich ein sprachliches Säkularisationsphänomen dar.

Interessant sind Goethes *Patriarchengeschichte* und seine Ausführungen über *Israel in der Wüste* aufgrund der spannungsvollen Dynamik, die sich zwischen den von wissenschaftlichem Interesse getragenen und den rein literarischen Passagen eröffnet. Beide Produktionen entsprechen einer von Herder beispielhaft vorgeführten Form der Mischprosa. Weil sie sich als konkrete Reflexe auf einen vorausgegangenen Leseakt begreifen lassen, bestätigen sie das von Goethe in theoretischer Einrahmung beschriebene Oszillieren zwischen historisch-objektiver und subjektivistischer Rezeption. Gegenüber der vergleichsweise moderaten *Patriarchengeschichte* entpuppt sich *Israel in der Wüste* als hochbrisanter religionskritischer Text. Unter Ausblendung aller heilsgeschichtlichen Dimensionen deutet der Erzähler den Auszug Israels aus Ägypten als eine mit der Französischen Revolution vergleichbare Insurrektion. Daß in der Paraphrase der literarische Niederschlag eines für den Revolutionshasser vermutlich beunruhigenden Leseaktes zu verzeichnen ist, Goethe in direkten Stellungnahmen Lektüre jedoch nur als Medium der Bildung und Horizonterweiterung, der ästhetischen Belebung und künstlerischen Stimulierung ausgewiesen hat, offenbart die Divergenz zwischen ideologisch verbrämter Reflexion und realer Praxis.

Selbstrezension

Momme Mommsen
29. Januar 1907 – 1. Januar 2001

AUS DEM LEBEN DER GOETHE-GESELLSCHAFT

Im Gedenken an Prof. Dr. Momme Mommsen
29. Januar 1907 – 1. Januar 2001

Am 1. Januar 2001 starb in Palo Alto im fernen Kalifornien Momme Mommsen. Am 29. Januar 1907 in Markkleeberg geboren, hat er nahezu ein volles Jahrhundert durchleben können, und dieses Jahrhundert in all seinen geschichtlichen Schrecknissen hat auch sein persönliches Schicksal geprägt.

In seinem ersten Leben war Momme Mommsen Musiker. Von dem Wunsch beseelt, die Sinfonien Gustav Mahlers dirigieren zu können, trat er nach Studien bei Hermann Abendroth in Köln seine erste Kapellmeisterstelle an. Doch der Beginn seiner Dirigentenlaufbahn fiel in die Zeit der nazistischen Machtergreifung, und für einen Anwalt Mahlerscher Sinfonik war fortan kein Platz im deutschen Musikleben. Da Mommsen sich zudem jeder politischen Gleichschaltung verweigerte und sich von jüdischen Freunden nicht lossagen wollte, war das Ende seiner Karriere als Dirigent vorgezeichnet. In der privaten schöpferischen Auseinandersetzung mit antiker und deutscher Dichtung fand er einen neuen Lebensmittelpunkt.

Nach dem Ende des Krieges wurde ihm schmerzlich bewußt, daß in die Musik kein Weg zurückführte. Mit außergewöhnlichen Kenntnissen der alten Sprachen ausgestattet, zog der Student Momme Mommsen die Aufmerksamkeit von Wolfgang Schadewaldt auf sich, und dieser begleitete fortan teilnehmend und fördernd dessen Lebensweg und den seiner Ehefrau Katharina. Mit einer Arbeit zum Thema *Szeneninterpretationen zu Euripides' „Hippolytos"* promovierte Momme Mommsen 1950 in Berlin. Ein Jahr vorher schon waren die Mommsens als wissenschaftliche Mitarbeiter an das Institut für deutsche Sprache und Literatur der Deutschen Akademie der Wissenschaften zu Berlin gegangen. Ein großes Aufgabenfeld lag vor ihnen, das sie von nun an gemeinsam als gleichstrebende und gleichfühlende Lebenspartner bestellten. Während Katharina Mommsen sich insbesondere mit quellenkundlichen Studien zu Goethes *West-östlichem Divan* rasch einen hervorragenden Ruf erwarb, ist der Name von Momme Mommsen vor allem mit einem Grundlagenwerk der Goethephilologie verbunden. Von ihm konzipiert und unter Mitwirkung seiner Frau herausgegeben, erschienen 1958 die ersten beiden Bände des Sammelwerkes *Die Entstehung von Goethes Werken in Dokumenten*, eine in ihrer Vollständigkeit und Exaktheit einzigartige Sammlung von Zeugnissen, die erstmals auch den Kunsttheoretiker und Wissenschaftler Goethe einbezog. Von der internationalen Fachwelt wurde das Erscheinen der ersten Bände mit höchster Anerkennung bedacht – hier entstünde „eine höchst wichtige, ja beglückende Publikation exakter Goetheforschung", war im „Journal of English and Germanic Philology" zu lesen.

Doch wiederum setzte ein politisches Ereignis eine schmerzliche Lebenszäsur. Nach dem Bau der Berliner Mauer vor die Entscheidung gestellt, ihren Wohnsitz in Berlin-Dahlem aufzugeben und nach Ostberlin überzusiedeln – nur so hätten die Mommsens ihre Goetheforschungen vor allem auch im Weimarer Goethe- und Schiller-Archiv fortsetzen können –, zögerten sie keinen Augenblick. Beide habilitierten sich an der Freien Universität – Momme Mommsen 1962 mit den beiden Bänden seiner großen Dokumentation – und übten bis 1970 in Berlin eine erfolgreiche Lehrtätigkeit aus.

Auf andere Weise rückte Berlin nunmehr in die politischen Schlagzeilen. In den Studentenunruhen jener Jahre sah Momme Mommsen, der schon einmal in seinem Leben das Wirken militanter politischer Gewalt erlebt hatte, alte Verhältnisse wiedererstehen, eine Zerstörung jener Einheit von humanem Denken und Tun, die ihm in der täglichen Beschäftigung mit Goethe früh schon zur eigenen Lebensmaxime geworden war.

Im Zeichen menschlicher Bewahrung stand die Entscheidung der Mommsens, in das kanadische Ottawa zu gehen. Dort fanden sie neue, produktive Aufgaben in guter kollegialer Gemeinschaft. Hier aber war es nicht das geistige, es war das höchst reale unwirtliche Klima, das ihnen einen Aufenthalt auf Dauer unmöglich machte. Katharina Mommsens Berufung an die renommierte Stanford Universität im kalifornischen Palo Alto eröffnete ihr einen großen Wirkungskreis und gab Momme Mommsen die Gewißheit, eigenen wissenschaftlichen Vorhaben unter der milden Sonne Kaliforniens unbeschwerter nachgehen zu können.

In einem Sammelband mit dem sprechenden Titel *Lebendige Überlieferung* hat Katharina Mommsen 1999 die meisten der seit 1950 publizierten Einzelstudien ihres Mannes veröffentlicht. Der Untertitel des Buches nennt die Namen dreier Dichter, denen vor allem Momme Mommsens Hingabe als Interpret zugewandt war: George, Hölderlin, Goethe. Einige der Goethe gewidmeten Abhandlungen sind zuerst im Jahrbuch unserer Gesellschaft erschienen. Auch an Mommsens 1962 erschienene *Studien zum „West-östlichen Divan"*, die der Divanforschung wichtige Impulse gaben, sei hier erinnert.

Wer das Glück hatte, Momme Mommsen in seinen letzten Lebensjahren begegnen zu dürfen, lernte eine Persönlichkeit von stiller, gütiger Noblesse und beeindruckender geistiger Lebendigkeit kennen. Was ebenso stark im Gedächtnis haften blieb, war die von geistvoller Harmonie erfüllte Lebens- und Arbeitsgemeinschaft der Mommsens, die sich im Goethe-Refugium von Palo Alto wiederum aufs schönste entfalten konnte und der nunmehr der Tod ein Ende gesetzt hat.

Momme Mommsen blieb es versagt, weitere Bände seines Opus magnum zu veröffentlichen. Band 2 seiner Dokumentation führt bis zu *Dichtung und Wahrheit*, Materialien z. B. zur *Farbenlehre* und zum *Faust* sind von den Mommsens noch zusammengetragen worden.

Letztlich hat wiederum ein politisches Ereignis eine Wende eingeleitet. Die deutsche Vereinigung hat nicht nur den Goethe-Forschern aus aller Welt den Zugang zu den Weimarer Quellen leicht gemacht, sie hat auch der Goethe-Forschung selbst neue Impulse verliehen. Dank der Bemühungen von Katharina und Momme Mommsen konnte die Fortführung der großen Goethe-Dokumentation finanziell gesichert werden. Katharina Mommsen wird die weitere Arbeit im Geiste ihres Mannes konzeptionell begleiten und fördern. Die Nachricht, daß die Stiftung Weimarer Klassik die *Entstehung von Goethes Werken in Dokumenten* in ihre wissenschaftliche Obhut nimmt, hat den Lebensabend von Momme Mommsen noch erhellen können. Mit jedem künftig erscheinenden Band werden sein Name und seine Leistung aufs neue den Goethefreunden in aller Welt zu Bewußtsein gebracht.

Jochen Golz

Chronik
(August 1999 – September 2000)

1999

August

6.–15. August: Unter dem Thema *Goethe und Europa – Begegnungen mit Goethe* wird in Wetzlar der 5. Multinationale Workshop durchgeführt. An dessen Zustandekommen und Durchführung ist maßgeblich die Wetzlarer Goethe-Gesellschaft beteiligt, die auch eine Delegation aus Tambow (Rußland) dazu einlud. Frau Angelika Kunkel und den Vorstand der Wetzlarer Goethe-Gesellschaft, die seit langem mit den Tambower Goethefreunden um Frau Professor Lili Kaufmann vielfältig zusammenarbeiten, erreicht folgender Dankbrief: „[...] Für uns, die Mitglieder der Delegation aus Tambow, war es eine große Ehre, an dem multinationalen Jugendworkshop teilnehmen zu dürfen, wo wir auf zahlreichen Exkursionen, Museenbesuchen und Stadtführungen über Goethes Leben und Werk informiert worden sind, inzwischen auch viele persönliche Kontakte mit Jugendlichen aus Deutschland, England, Frankreich, Italien und Weißrußland knüpfen konnten. – Unsere Kreativität konnten wir bei der Arbeit in den Literatur- und Theaterprojekten zeigen. Die zweite Woche in den Familien hat uns genauso wie die erste viel bedeutet. Diese Woche bleibt uns unvergeßlich. – So möchten wir an dieser Stelle der Wetzlarer Goethe-Gesellschaft, Frau Kunkel persönlich, sowie der Stadt Wetzlar und den uns so nahe gewordenen Familien Fischer, Liesendahl und Hemmelmann unsere Dankbarkeit zum Ausdruck bringen. Wir unsererseits werden die Partnerschaft der Wetzlarer und Tambower Gesellschaft unterstützen und an neuen Projekten sehr gern teilnehmen. – Wir hoffen, Sie hier in Tambow begrüßen zu können.“

18.–21. August: Unter organisatorischer und konzeptioneller Federführung der Goethe-Gesellschaft findet in der thüringischen Landeshauptstadt Erfurt die Internationale Konferenz der Goethe-Übersetzer statt. Mitveranstaltet wird die Konferenz von der Université Marc Bloch Sciences Humaines, Strasbourg, der Università degli Studi di Roma Tre, der Universität Erfurt und der Akademie gemeinnütziger Wissenschaften zu Erfurt. 34 Goethe-Übersetzer aus 21 Ländern konnten zu dieser Konferenz eingeladen werden. Für großzügige Förderung sei an dieser Stelle herzlich gedankt: der Thüringer Staatskanzlei, Erfurt, dem Auswärtigen Amt, seinerzeit Bonn, den Gothaer Versicherungen, Köln, sowie der ZEIT-Stiftung Ebelin und Gerd Bucerius, Hamburg. Die Konferenz stand unter der Schirmherrschaft des Ministerpräsidenten des Freistaates Thüringen, Dr. Bernhard Vogel (siehe S. 26–45, S. 217–241 u. S. 360f.).

28. August: Eine Internationale Goethe-Gesellschaft in Böhmen, Sitz Cheb/Eger gründet sich. Unser Vorstandsmitglied Hans-Jürgen Schmitt überbringt die Glückwünsche der Goethe-Gesellschaft in Weimar. Zum Präsidenten wird Herr Jamshid Saberi gewählt, zu seinem Stellvertreter Bischof Senior Liebal und zum Geschäftsführer Herr Dr. Frank Boldt. Mit Redaktionsschluß hatte die Goethe-Gesellschaft 20 Mitglieder.

September

Als Stipendiatin unserer Gesellschaft reist Frau Denisa Kečkéšová an (Nové Zámky/Slowakei): *Analogien im Werk Goethes und Thomas Manns.*

12.–19. September: Herr Dr. Golz nimmt an einer Goethe-Konferenz des Goethe-Instituts in Rio de Janeiro teil. Mit Wissenschaftlern verschiedener Universitäten der Stadt führt der Präsident Vorgespräche zur Gründung einer Goethe-Gesellschaft in Rio.

26. September – 3. Oktober: Auf Einladung des Goethe-Instituts besucht Prof. Dr. Lothar Ehrlich Madras. Er nahm am 29./30. September mit einem Beitrag über *Goethe im Europa seiner Zeit* an einer Konferenz teil, die in Zusammenarbeit mit dem Deutschen Akademischen Austauschdienst und der indischen Goethe-Gesellschaft veranstaltet wurde. Eine erfrischende Inszenierung des *Urfaust* durch eine junge Theatertruppe gab Gelegenheit zu einer anregenden Debatte über heutige Wirkungspotenzen der Werke Goethes. Überdies beteiligte sich Herr

Prof. Ehrlich an der Jahrestagung dieser mit uns herzlich verbundenen Gesellschaft mit einem Vortrag über Forschungen an der Stiftung Weimarer Klassik und führte Gespräche über Möglichkeiten der weiteren Zusammenarbeit.

30. September: Das erste Goethe-Denkmal St. Petersburgs wird enthüllt – eine von dem Künstler Lewon Lazarew geschaffene Büste. Im Beisein zahlreicher Persönlichkeiten aus Politik und Kultur der Stadt sowie des Generalkonsuls der Bundesrepublik Deutschland, Dr. Dieter Boden, fand eine Feierstunde statt; der Schauspieler Igor Dmitrijew rezitierte Verse Goethes in russischer Übersetzung.

Die Skulptur, mit Hilfe großzügiger Spenden der Firma Mercedes-Benz/Logowaz Newa und der internationalen Goethe-Gesellschaft finanziert, soll Goethes herausragende Bedeutung für die deutsch-russischen Kulturbeziehungen sichtbar machen, die eine lange Tradition aufweisen und von St. Petersburg über ein Jahrhundert hinweg in besonderer Weise geprägt wurden. Berühmte russische Dichter wie Tjutschew, Lermontow, Aleksej Tolstoj, Fet, Schukowskij und Pasternak übersetzten Goethe kongenial in ihre Sprache.

Oktober

Die erste Übersetzung des *Urfaust* ins Slowakische erscheint. Wir danken Herrn Dr. Milan Richter für diese großartige Leistung. Er dankt unserer Gesellschaft für die finanzielle Förderung seines Projekts und möchte sein Werk gern in Weimar persönlich präsentieren. Gern würde er auch eigene Gedichte auf Deutsch lesen. Eine herzliche Einladung geht an Herrn Dr. Richter, im Frühjahr 2001 nach Weimar zu kommen.

7. Oktober: Helmut von Senden, der von 1987 bis 1999 die Altenburger Ortsvereinigung der Goethe-Gesellschaft leitete, geht von uns. Herr Prof. Keller würdigt Herrn von Senden, zuletzt Oberspielleiter am Landestheater Altenburg, voller Dankbarkeit für das Geleistete als „eine Künstlerpersönlichkeit, einen Mann der Oper und des Theaters, einen Herrn und doch einen gewinnenden, bescheidenen Menschen, der ungeachtet seines Alters die Mühen auf sich nahm, die eine Goethe-Gesellschaft von ihrem Vorsitzenden verlangt. Er prägte deren Atmosphäre mit seiner Klugheit und seiner Herzlichkeit".

12. Oktober: In Prag gründet sich eine tschechische Goethe-Gesellschaft. Unser Vorstandsmitglied Dr. Josef Mattausch vertritt die internationale Goethe-Gesellschaft bei der Gründungsversammlung (siehe S. 361 f.).

28.–29. Oktober: Prof. Dr. Lothar Ehrlich nimmt teil an der Tagung *Goethe – Wirkung und Gegenwart* des Instituts für die Kultur der deutschsprachigen Länder an der Sophia-Universität Tokio und des Goethe-Instituts Tokio. Es referierten Wissenschaftler aus Japan, China, Korea, den USA, der Schweiz, aus Österreich, England und Deutschland. Unser Vorstandsmitglied sprach, im Zusammenhang mit einem Forschungsprojekt der Stiftung Weimarer Klassik zur Rezeption des deutschen kulturellen Erbes im 20. Jahrhundert, zum Thema *Der fremde Goethe. Die Deutschen und ihr Dichter.* Außerdem hielt er an der Waseda-Universität Tokio eine Vorlesung über Goethe im Dritten Reich und in der DDR.

29.–30. Oktober: Auf Initiative der Goethe-Gesellschaft in Rumänien, ihres Präsidenten Prof. Dr. George Guţu, findet in Bukarest ein Goethe-Kongreß statt. Grußbotschaften sprachen der Präsident der Rumänischen Akademie und der Kulturminister Rumäniens. Verlesen wurden dabei auch die Grußbotschaften des Präsidenten Rumäniens sowie des Ehrenpräsidenten der internationalen Goethe-Gesellschaft in Weimar, Prof. Dr. Werner Keller (siehe S. 362 f.). Während des zweitägigen Symposiums wurden 30 wissenschaftliche Vorträge rumänischer und ausländischer Goethe-Forscher gehalten. Die wichtigsten Vorträge wurden im Heft 1–2 (15–16)/1999 der Zeitschrift der Germanisten Rumäniens veröffentlicht.

31. Oktober – 2. November: In Tartu findet ein von der Goethe-Gesellschaft Estlands veranstaltetes Goethe-Symposium statt. Unser Vorstandsmitglied Prof. Dr. Bernd Leistner hält den Eröffnungsvortrag (siehe S. 363 f.).

November

Wir erhalten einen Brief von Professor Yang Wuneng, Goethe-Spezialist in China und Mitglied unserer Gesellschaft. Er schreibt: „Auch für mich ist das Goethe-Jahr ein aufregendes Erntejahr. Mit Freude teile ich Ihnen mit, daß meine Goethe-Ausgabe erschienen ist. Mit 14 Bänden gilt sie als die umfangreichste in ganz China, einschließlich Taiwan, Hongkong usw." Der chinesischen Goethe-Ausgabe ist ein Vorwort von Professor Werner Keller vorangestellt, der die Arbeit mit förderndem Interesse begleitete. In Hochachtung und Dankbarkeit beglückwünschen wir Professor Yang Wuneng zu dieser Goethe-Ausgabe.

2.–5. November: Herr Dr. Golz nimmt an einer Goethe-Konferenz in Valencia teil, die von der dortigen Universität unter Beteiligung der spanischen Goethe-Gesellschaft veranstaltet wird. Mit der Vorsitzenden der spanischen Goethe-Gesellschaft, Frau Prof. Dr. Marisa Siguan, spricht der Präsident über die weitere Zusammenarbeit.

10. November: Frau Anneliese Hartleb, die langjährige, verdienstvolle Geschäftsführerin der Goethe-Gesellschaft Kassel, wird mit der Universitätsmedaille der Universität Gesamthochschule Kassel ausgezeichnet. Als Mitbegründerin einer Stiftung, die jährlich eine herausragende germanistische Arbeit eines Nachwuchswissenschaftlers prämiert, wurde Frau Hartleb mit dieser Auszeichnung als Mäzenin der Wissenschaft geehrt, die zugleich dem wissenschaftlich-kulturellen Austausch in Kassel „unwiderstehliche Impulse" verliehen hat.

16. November: Der formalrechtlichen Gründung der Ortsvereinigung Vest Recklinghausen, Sitz in Marl, am 4. August 1999 folgt an diesem Tag die feierliche Gründungsveranstaltung. Die Eintragung als gemeinnütziger Verein ins Vereinsregister erfolgte am 23. November 1999. Ein Grußwort des Ehrenpräsidenten der internationalen Goethe-Gesellschaft, Prof. Dr. Werner Keller, wird verlesen (siehe S. 364–366). Dem Vorstand gehören an: Herr Dr. Hans-Ulrich Foertsch als Vorsitzender, Frau Karin Krause als Schatzmeisterin, Frau Dr. Heike Wenig als Schriftführerin sowie die Herren Prof. Dr. Werner Kunert und Dr. Hermann Kremer als stellvertretende Vorsitzende. Bei Redaktionsschluß hatte die Goethe-Gesellschaft 145 Mitglieder.

Dezember

Frau Dr. Sungja Han (Seoul/Südkorea) beginnt ihre Studien in Weimar zu *Goethe und Hafis.*

6.–8. Dezember: Herr Dr. Golz folgt einer Einladung zum internationalen Symposium *Goethe und Österreich*, das vom Wiener Goethe-Verein veranstaltet wird. Der Präsident hält ein Grußwort, nimmt an der Mitgliederversammlung des Wiener Goethe-Vereins teil und erörtert mit dessen Präsidenten, Prof. Dr. Herbert Zeman, Möglichkeiten der weiteren Zusammenarbeit.

In Japan erscheint die vollständige Übersetzung der *Farbenlehre*, d. h. des didaktischen, polemischen, historischen und supplementären Teils in drei Bänden und in sehr schöner Ausstattung. Es ist weltweit die erste Gesamtübersetzung der *Farbenlehre.* Shinichi Minamioji, Fujio Maeda, Yoshiro Nakajima, Yoichiro Shimada und Yoshito Takahashi haben sich damit mehr als zwanzig Jahre lang beschäftigt. Diese Arbeit ging über die einfache Übersetzung hinaus. Die Wissenschaftler haben Goethes Experimente wiederholt, Goethes Texte mit den griechischen Originaltexten verglichen und in Anmerkungen ausführlich darauf hingewiesen, wo Goethe recht hat und wo nicht. Einschließlich der langen Einführungen und Anmerkungen umfassen diese Bände insgesamt über 1400 Seiten. Obwohl sie sehr teuer sind, verkaufen sie sich bestens, was zeigt, wie stark das Interesse der Japaner an Goethes Naturwissenschaft ist.

Nach mehr als 25jähriger Tätigkeit bei der Goethe-Gesellschaft verabschieden wir unsere Buchhalterin, Frau Christa Müller, dankbar und mit guten Wünschen in den Ruhestand. Als ihre Nachfolgerin übernimmt Frau Heike Speer die Geschäfte.

2000

Januar

Prof. Dr. Werner Keller erhält das Verdienstkreuz am Bande des Verdienstordens der Bundesrepublik Deutschland. Der Rektor der Universität Köln, Professor Jens Peter Meincke, überreichte die Auszeichnung. In seiner Laudatio führte er aus, daß sich Professor Keller als Institutsdirektor, als Präsident der international tätigen Goethe-Gesellschaft wie durch sein Engagement für Menschen und Institutionen in Mittel- und Osteuropa besondere Verdienste erworben hat.

20. Januar: Herr Dr. Golz lädt zur ersten Präsidentensprechstunde ein, die fortan jeden dritten

Donnerstag von 16 bis 17 Uhr in der Geschäftsstelle in Weimar stattfindet. Der Präsident möchte mit Bürgern der Stadt und mit Besuchern über Goethe und die Goethe-Gesellschaft ins Gespräch kommen. Bereits die erste Sprechstunde findet gute Resonanz.

März

Frau Hasmik Melkonjan (Jerewan/Armenien) beginnt ihr Stipendium in Weimar: *Goethes Verssprache und deren armenische Übersetzung.*

17.–29. März: Auf Einladung der koreanischen Goethe-Gesellschaft weilt Herr Dr. Golz auf einer Kongreß- und Vortragsreise in Seoul und Taejon, wo er als Präsident die internationale Goethe-Gesellschaft vertritt (siehe S. 368 f.).

April

19. April: Anneliese Hartleb wird vom Oberbürgermeister der Stadt Kassel, Georg Lewandowski, der Wappenring der Stadt Kassel verliehen. Sie wird damit für ihre Verdienste um das kulturelle Leben der Stadt Kassel geehrt, die sie als Geschäftsführerin der Goethe-Gesellschaft Kassel und durch ihr Engagement in weiteren Vereinen erworben hat. Herr Dr. Golz als Präsident der internationalen Goethe-Gesellschaft sowie Frau Dr. Oberhauser und Frau von Zweidorff von der Geschäftsstelle in Weimar sind eigens zur Feierstunde nach Kassel gereist, um am Ereignis teilzuhaben und die Geehrte zu beglückwünschen.

27.–30. April: In Pößneck findet die Jahrestagung der Vorstände unserer deutschen Ortsvereinigungen statt. Der Ortsvereinigung Pößneck um ihren Vorsitzenden Karl-Hermann Röser ist für eine vorzüglich organisierte Tagung zu danken.

Mai

7. Mai: Die Ortsvereinigung Hannover begeht ihr 75jähriges Gründungsjubiläum. Die Glückwünsche der Goethe-Gesellschaft Weimar überbringt Herr Dr. Golz.

11. Mai: Die Goethe-Gesellschaft Weimar und die Ortsvereinigung Erfurt laden zu einer Gemeinschaftsveranstaltung ein. Unsere Stipendiatin Olga Tarassowa spricht vor zahlreich erschienenem Publikum zum Thema *Die neueste „Faust"-Übersetzung in Rußland. Entdeckungen, Tatsachen, Kommentare.*

13.–16. Mai: Herr Dr. Golz eröffnet in der Casa di Goethe in Rom die Ausstellung *Beethoven und Goethe* und hält auf Einladung der italienischen Goethe-Gesellschaft einen Vortrag an der Universität Rom.

22. Mai: Goethe-Gesellschaft und Goethe-Institut laden in Weimar zu einer Gemeinschaftsveranstaltung ein: Richard Faber stellt seine Monographie *Der Tasso-Mythos. Eine Goethe-Kritik* vor.

25. Mai: Unsere Stipendiatin Hasmik Melkonjan spricht in Weimar über *Armenien heute.* Die Galeristin Herta Kraemer stellt die Räumlichkeiten zur Verfügung und sorgt für das leibliche Wohl der Gäste.

26. Mai: Eine Ortsvereinigung der Goethe-Gesellschaft gründet sich in Bergisch Gladbach. Zur Vorsitzenden wird Frau Juliette Eckel gewählt, zur stellvertretenden Vorsitzenden Frau Renate Arnold, zur Schriftführerin Frau Irmgard Effertz und zur Kassiererin Frau Hannelore Krebs (siehe S. 369).

29. Mai: Eine weitere Ortsvereinigung der Goethe-Gesellschaft gründet sich in Erlangen. Die Gründungsversammlung konstituierte sich aus elf Gründungsmitgliedern und wählte dabei folgenden Vorstand: Prof. Dr. Peter Horst Neumann (1. Vorsitzender), Dr. Anika Davidson (2. Vorsitzende), OStD Siegfried Ziegler (Geschäftsführer), Heida Ziegler (Schriftführerin) und Prof. Dr. Walter Kersten (Schatzmeister). Bei Redaktionsschluß hatte die Ortsvereinigung 97 Mitglieder (siehe S. 369 f.).

Juni

Als Stipendiatinnen unserer Gesellschaft reisen an: Frau Lina Sumberg (Tartu/Estland): *„Faust"-Übersetzungen in Estland. Ein Vergleich der Übersetzungen aus den Jahren 1946/67 und 1955/62,* Frau Irene Santaraia (Poti/Georgien): *Goethe in Selbsterkenntnissen und Selbsteinschätzungen* sowie Frau Irma Tavadze (Poti/Georgien): *Goethes Entwicklungsroman „Wilhelm Meisters Lehrjahre".*

2. Juni: Herr Dr. Golz nimmt an der Gründungsversammlung des Freundeskreises Schloß Kalbsrieth teil. Der Freundeskreis möchte auf Schloß Kalbsrieth, dem zeitweiligen Wohnsitz Charlotte von Kalbs, wo u. a. auch Goethe, Carl

August, Wieland, Bertuch und Karl Friedrich Schinkel zu Gast waren, ein literaturgeschichtliches Museum aufbauen. Der Präsident wird um wissenschaftliche Begleitung des Projekts gebeten.

15. Juni: Eine Goethe-Gesellschaft Hochrhein, Ortsvereinigung Waldshut-Tiengen der Goethe-Gesellschaft in Weimar wird ins Leben gerufen. Unser Schweizer Vorstandsmitglied Dr. René Jacques Baerlocher hat die Gründungsvorbereitungen fördernd begleitet und ist nun zur Gründungsversammlung eingeladen. Bereits am Folgetag faxt er an die Geschäftsstelle in Weimar: „Damit hat sich unsere Kinderschar um ein gefreutes Mitglied vermehrt." – Zum 1. Vorsitzenden wurde Herr Dr. Horst Lickert gewählt, zum 2. Vorsitzenden Herr Dr. Thomas Kaiser, zur Schriftführerin Frau Renate Hoefer und zur Kassiererin Frau Ulla Hannemann (siehe S. 370).

15. Juni: In der Ukraine gründet sich auf Initiative unserer ehemaligen Stipendiatin Dr. Vira Schkoljarenko eine Goethe-Gesellschaft Sumy. Die Goethe-Gesellschaft nimmt mit den Deutschlehrern der Pädagogischen Universität Sumy, an der Frau Dr. Schkoljarenko tätig ist, ihre Arbeit auf. Die Vorsitzende, Frau Dr. Schkoljarenko, schreibt uns: „Es ist erst der Anfang. Wir haben vieles vor. Dieses Studienjahr ist schon zu Ende. Im nächsten Studienjahr werden wir Studenten der Fakultät der englischen und deutschen Sprache zur Arbeit in der Goethe-Gesellschaft anlocken. Wir planen auch, uns in Verbindung mit Universitäten und Schulen in Sumy zu setzen, um Gleichgesinnte zu finden. Wir hoffen auf den Erfolg [...]."

Juli

Erstmals können wir zwei Stipendiaten aus Israel begrüßen: Frau Noemy Nagy und Herrn Jens Mattern. Sie arbeiten zu *Goethe als Literaturkritiker* und *Die Aufhebung des Christentums bei Goethe und Hegel.* Als weiterer Stipendiat reist Herr Nicola Gargano (Rom/Italien) an: *Goethes Aufenthalt in Rom.*

5. Juli: Bitten um Informationsmaterial über unsere Gesellschaft, auch um ein Exemplar des Goethe-Jahrbuchs, erreichen uns häufig. Sie alle erfüllen wir gern. Antworten wie diese sind mehr als nur ein Dank: „Mit großer Freude habe ich Ihren Brief, das Goethe-Jahrbuch und das Informationsmaterial Ihrer Gesellschaft erhalten. Für alles möchte ich Ihnen von ganzem Herzen danken. Ich benutze dieses Material unbedingt in meiner Arbeit. – Es war wirklich tief symbolisch, Ihr Päckchen eben an meinem Geburtstag zu bekommen. Es war für mich das beste Geschenk! Zum Andenken an dieses Ereignis habe ich in meinem Vorgarten 10 Rosen gepflanzt. Ich wünsche Ihnen alles Gute und lade Sie nach Charkow ein. Ihre Alexandra Roshina".

7.–9. Juli: Zum siebten Male veranstaltet die Stiftung Weimarer Klassik zusammen mit der Goethe-Gesellschaft ein Symposium, das sich vorwiegend an den wissenschaftlichen Nachwuchs, an Studenten und Schüler richtet. Es referieren und diskutieren über 70 junge Tagungsteilnehmer von den Universitäten Bayreuth, Frankfurt/Oder, Jena, Leipzig und Tübingen sowie von Gymnasien aus Frankfurt/Oder, Freiburg i. Br., Gotha und Kronach über Hölderlin, Jean Paul und Kleist. Vor allem diese drei neben den „Klassikern" und „Romantikern" künstlerisch originellen wie wirkungsgeschichtlich relevanten Dichter suchten den Kontakt mit Weimar und Jena, brachen ihn aber wegen mentaler und ästhetischer Differenzen bald wieder ab. Nachdem in den letzten Jahren zumeist Goethe im Zentrum der Symposien gestanden hatte, war es diesmal sehr anregend, die höchst ambivalenten Beziehungen von Hölderlin, Jean Paul und Kleist zu klassischen und romantischen Konzepten und Dichtungen zu untersuchen. Hervorzuheben sind wiederum die beispielhafte Mitarbeit unserer Ortsvorsitzenden aus Gotha, Dr. habil. Christoph Köhler, und aus Kronach, Hans-Jürgen Schmitt, sowie die Kooperation mit der Hölderlin-Gesellschaft in Tübingen unter der Geschäftsführung von Valérie Lawitschka.

8.–15. Juli: In Ulm und Neu-Ulm findet das zweite Internationale Donaufest statt, bei dem Vertreter der serbischen Goethe-Gesellschaft Gäste der Ulmer Ortsvereinigung sind (siehe S. 370 f.). – Für die Unterstützung der Arbeit ausländischer Goethe-Gesellschaften ist auch der Ortsvereinigung Heidelberg zu danken, die die Goethe-Gesellschaft in St. Petersburg förderte, sowie der Ortsvereinigung Stuttgart, die die Goethe-Gesellschaft in Riga förderte. Unser Dank gilt ebenso der Ortsvereinigung der Goethe-Gesellschaft in Köln, die das Stipendiatenprogramm finanziell unterstützte.

12. Juli: Mit Unterstützung der internationalen Goethe-Gesellschaft und der Deutschen UNESCO-Kommission wurde ein Goethe-Hafis-Denkmal geschaffen, das an diesem Tag in

Weimar enthüllt wird. Es versinnbildlicht den Dialog der Kulturen. Für seinen großen Anteil an der Verwirklichung dieses Projekts sei Herrn Dr.-Ing. Mehdi Nadji gedankt (siehe seinen Beitrag, S. 18–21). Im Gegenzug soll ein Denkmal in Schiras entstehen.

August

28. August: Genau zu Goethes Geburtstag erreicht den Präsidenten eine e-mail aus Brasilien: Luiz Barros Montes ist mit der „gezielten Gründung einer Goethe-Gesellschaft in Rio de Janeiro“ befaßt. Man beschäftigt sich zur Zeit mit Satzungsfragen und kündigt für 2001 die Gründungsversammlung an. Wir wünschen Erfolg und Goethe in Brasilien bald eine Gesellschaft!

September

Unser Stipendiat Dr. Pjotr Dehnel (Wrocław/Polen) reist an; sein Forschungsthema lautet: *Friedrich Wilhelm Joseph Schellings Naturphilosophie und Goethes Phänomenologie der Natur.*

15. September: Frau Cornelia Jahn nimmt ihre Tätigkeit als Buchhalterin in der Geschäftsstelle der Goethe-Gesellschaft in Weimar auf. Wir danken der bisherigen Buchhalterin, Frau Heike Speer, die uns auf eigenen Wunsch verläßt, für ihre stets vorzügliche Arbeit.

Unter der Adresse goethe-gesellschaft.de ist unsere Gesellschaft ab sofort mit einer eigenen Homepage im Internet. Auf ca. 200 Textseiten erhält man Informationen über die Tätigkeit, die Geschichte und den Aufbau der Gesellschaft, über die Geschäftsstelle, den Vorstand und die Bedingungen und Vorteile einer Mitgliedschaft. Es gibt eine Gesamtübersicht über die Ortsvereinigungen in Deutschland und die Goethe-Gesellschaften im Ausland. Die Veranstaltungsprogramme unserer Ortsvereinigungen sind für jeden Interessenten abrufbar. Man findet die Inhaltsverzeichnisse aller noch lieferbaren Goethe-Jahrbücher und „Schriften der Goethe-Gesellschaft“ sowie eine Gesamtübersicht aller bislang in der Reihe „Schriften der Goethe-Gesellschaft“ erschienenen Publikationen. – Alles kann ‚online‘ bestellt werden; man kann sogar ‚online‘ Mitglied werden.

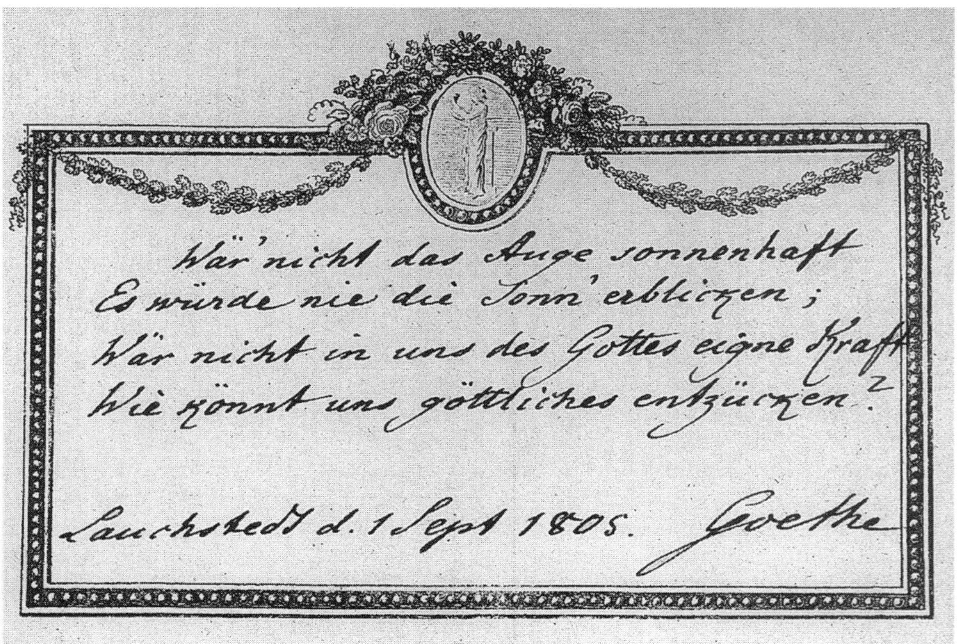

Wär' nicht das Auge sonnenhaft
Es würde nie die Sonn' erblicken;
Wär nicht in uns des Gottes eigne Kraft
Wie könnt uns göttliches entzücken?

Lauchstedt d. 1 Sept 1805. Goethe

Abb. 8
„Wär' nicht das Auge sonnenhaft …“ (Handschrift Goethes)

Dankbrief im Jahr 1999 an großzügige Mitglieder unserer Gesellschaft

Wär' nicht das Auge sonnenhaft
Es würde nie die Sonn' erblicken;
Wär nicht in uns des Gottes eigne Kraft
Wie könnt uns göttliches entzücken?

Lauchstedt d. 1 Sept 1805. Goethe

In den letzten Jahren versuchte ich meine Dankbarkeit jeweils durch eine knappe Deutung von Versen auszudrücken, die in faksimilierter Form auf den Weg gegeben werden konnten. Diesmal trug mir der Zufall eine jedem Goethe-Kenner geläufige Strophe zu, die, wenig verändert, gleich mehrfach vorliegt: im Notizheft und als Widmungsblatt vom 1. September 1805, als zentrale Aussage in der Einleitung zur *Farbenlehre* (1810) und als *Zahmes Xenion* in der Ausgabe von 1827. Zelter gestand er brieflich am genannten 1. September 1805, daß er seinen 56. Geburtstag völlig zurückgezogen in Lauchstädt verbracht habe – mit der lateinischen Übersetzung der Werke Plotins (204–270 n. Ch.) beschäftigt. Da Marsilio Ficinos Übertragung aus dem Jahr 1515 manche Frage offen ließ, bat er eigens Friedrich August Wolf, den bedeutendsten Philologen dieser Jahre, um den griechischen Urtext.

Es ging um die *Enneaden* Plotins. In den Paralipomena zu *Dichtung und Wahrheit* (WA I, 27, 382 u. 23, 285) erzählt Goethe, wie er dem neuplatonischen Philosophen in der Jugend einige Zeit verfallen war, und am Ende des 8. Buchs der Autobiographie findet sich die eindrucksvolle Beschreibung seiner frühen Vorstellung von der Weltentstehung, – seiner Kosmogonie, die er zu einem guten Teil dem Neuplatonismus verdankte. Jahrhunderte trennten Platon von seinem großen Schüler Plotin, mit dem das griechische Altertum seine letzte gedankliche Höhe erreichte, trennender aber war die über das Irdische hinausstrebende Geistigkeit, die Plotin zum Ahnherrn der spätmittelalterlichen Mystiker und der florentinischen Renaissance-Philosophen machte. Plotin hatte in Alexandria studiert, dem kulturellen Zentrum der damaligen Welt; seit 244 lehrte er in Rom, vom philhellenischen Kaiser Gallienus beschützt und verehrt, starb indes verarmt und einsam. Sein Biograph Porphyrios beschrieb die Reinheit seiner Erscheinung; Goethe rühmte ihn nach der Lektüre dieses Buchs als „vortrefflichen" Mann, an anderer Stelle als „wunderbaren Mystiker".

Plotin, der Platons Werk nicht nur erklärt, sondern auch weiterdenkt, es einer Spätzeit gemäß sublimiert und verinnerlicht, beginnt mit „geschauten" Reflexionen über das „Ur-Eine", höchster Inbegriff des Guten und Schönen, das in abgestufter Emanation in den Geist, den nus, und in die Seele, die psyche, hinabsteigt. Durch den Leib ins Irdische verstrickt, vermittelt die Seele zwischen dem geistig-wahren und dem körperlichen Sein, der Materie, die sich als Stein und Pflanze – wie der Mensch – zum Ursprung zurücksehnt, von dessen „Geist" sie nie ganz getrennt, aus dessen Einheit sie nie ganz entlassen war. Was „in uns" Gott sucht, ist schon immer das Göttliche: Der Einfluß Plotins auf Augustin und Macrobius, auf das spirituelle Christentum ist überaus groß, die Nachwirkung auf Schelling und Novalis vielfach nachweisbar. In Goethes Begriff der Steigerung, der nicht nur den Geist, sondern auch die Naturdinge einbezieht, meint man Plotins Modell der Pyramide wiederzuerkennen: „Weil aber die Materie nie ohne Geist, der Geist nie ohne Materie existiert und wirksam sein kann, so vermag auch die Materie sich zu steigern ..." (HA 13, 48). Goethes grundlegender Brief vom 24. Mai 1828, dem dieses Zitat entnommen ist, erinnert an den Enthusiasmus (im Wortsinn), die Gotterfülltheit der Schöpfung, und an Plotins Weltfrömmigkeit, die allem Geschaffenen – auch dem Gestein, den Pflanzen und Tieren – den Regressus zum „Ur-Einen" zugesteht, die Rückkehr, sofern der in der Materie, im Leib eingekerkerte geistige Funke über viele Stufen hinweg die Mühe der Vergeistigung des Nicht-Geistigen und die Überwindung des geistfeindlichen Bösen auf sich nimmt.

Bescheiden sprach Goethe von den „Worten eines alten Mystikers", die er in „deutschen Reimen" wiedergebe, doch der genaue Vergleich der Quelle mit Goethes Versen zeigt die Sicherheit, mit der dieser die ihm wesentlichen Gedanken Plotins erkannte, und belegt die Präzision, mit der er sie dem weitläufigen argumentativen Rankenwerk entnahm. Plotin beglaubigte eine der Grundeinsichten Goethes, die These, die schon Parmenides und Empedokles formuliert hatten: „nur von Gleichem werde Gleiches erkannt" (HA 13, 324). Indes – Goethe, der für Zelter eine Seite aus den *Enneaden* wörtlich übersetzte, beließ es nicht bei einer bloßen Übertragung, sondern extrahierte das ihm Wichtige, komprimierte das Gelesene, verkürzte es spruchhaft und gab ihm das Apodiktische einer überzeitlichen Maxime mit auf den Weg: Der neue „Kraft"-Begriff (Vers 3) ist es, der der Strophe ihre Zeitgemäßheit um 1800 sicherte, ohne ihr das Zeitüberdauernde zu beschneiden.

Und Plotins genauer Text? „Neque vero oculus unquam videret solem nisi factus solaris esset. Neque rursus animus, nisi factus sit pulcher, ipsam pulchritudinem intuebitur. Efficiatur ergo divinus sive deiformis quilibet et pulcher, si modo deum sit et pulchrum inspecturus" (*Enneaden* I, 6, 9). Die das Gedicht grundierenden Sätze heißen: „Nie hätte das Auge die Sonne gesehen, wenn es nicht der Sonne ähnlich geschaffen wäre" [Weniger]; „so sieht auch keine Seele das Schöne, welche nicht schön geworden ist. Es werde also einer zuerst ganz gottähnlich und ganz schön, wer Gott und das Schöne schauen will" [Richard Harder]. Goethes Vierzeiler erinnert überdies an Verse aus dem Lehrgedicht (*Astronomica* II, 115 f.) des Manilius, eines Zeitgenossen des Augustus, die er zwei lange Jahrzehnte zuvor, am 4. September 1784, auf seiner dritten Harzreise ins Brockenbuch eingetragen hatte: „Quis coelum posset nisi coeli munere nosse / Et reperire Deum nisi qui pars ipse Deorum est." „Wer könnte den Himmel ohne die Hilfe des Himmels erkennen, und wer könnte einen Gott finden, wenn er nicht ein Teil des Göttlichen wäre."

Eine erste Paraphrase mag den Zugang erleichtern und die Problemfülle andeuten, die uns mit scheinbar leichter Hand vorgelegt wird. Gewisse Vorkenntnisse ermöglichen behutsame Verallgemeinerungen und zusätzliche Folgerungen, die den Text Goethes im Kontext der langen geschichtlichen Entwicklung zu verstehen helfen. Es ist das „Sonnenhafte" des Auges, das mit der Sonne zu korrespondieren ermöglicht, mehr noch: das Auge ist ihr zugeordnet und von ihr hervorgebracht, so daß es teilhat an ihr. Eine allseitige Übereinstimmung herrscht zwischen Makro- und Mikrokosmos; Sehendes und Gesehenes sind nicht nur durchs Schauen verknüpft, sondern ursprünglich verwandt. Die wechselseitige Teilhabe läßt eine ungesagte Teilnahme erschließen, die Allverwandtschaft deutet auf eine geheime All-Einheit. Auge und Sonne sind für einander bestimmt; im durchlichteten Raum des Wirklichen empfängt das Auge das Licht und vermag es hervorzubringen. Bei Plotin findet sich die Analogie, wie das Auge die Sonne, so vermag die Seele Gott zu schauen. Im Licht der Natur offenbart sich das Licht Gottes – genauer: in ihm nur ist er zugänglich. Die von den Orphikern und Pythagoreern gerühmte Harmonie der Welt wird spürbar, doch nicht eigens thematisiert. Plotin ist hingerissen von der Schönheit des Universums. Auch für Goethe ist alles mit allem abgestimmt. Ihm geht es allerdings weniger als Leibniz um eine prästabilierte Harmonie als vielmehr – wie Kepler – um die Verwandtschaft, die Bezugseinheit von Gott und gesetzlich geordneter Wirklichkeit. Wie uralte Gedanken, wohl durch den florentinischen Neuplatonismus vermittelt, im 18. Jahrhundert zu neuem Leben erweckt werden, zeigt ein Blick auf Herder, dessen Werk noch oft heranzuziehen ist. In den *Ideen* (II 9, 1) stellte er sich die Frage: „Ward das leibliche Auge vergebens so schön gebildet? und findet es nicht sogleich den goldnen Lichtstrahl vor sich, der für dasselbe, wie das Auge für den Lichtstrahl, erschaffen ist und die Weisheit seiner Anlage vollendet?" (Suphan 13, 349)

Die zweite Strophenhälfte versucht nicht, es den Philosophen gleichzutun und einen zusätzlichen Beweis für die Existenz Gottes zu führen; sie nennt vielmehr in Frageform, die die Bejahung schon enthält, ihre Voraussetzung, der sie gelassen und kühn ihre Folgerung entnimmt. Descartes lehrte, daß die Idee Gottes in unserem Bewußtsein schon immer vorgegeben sei. Der kosmologische Beweis bezog alle Bewegung auf einen ersten Beweger, alle Wirkung auf einen uranfänglichen Verursacher. Im 18. Jahrhundert erging man sich an der Schönheit, der gesetzlichen Ordnung und Zweckmäßigkeit der Welt als dem *Erweis* für die von einem Schöpfer zweckmäßig erdachte Welt. Der immanenten Teleologie alles Organischen war der Naturforscher Goethe auf der Spur; die Natur erlaubte ihm, die vestigia Dei, Gottes Fußstapfen zu erahnen, zu gewahren und zu verehren. Natürlich wußte er durch Kant, daß von den Erscheinungen aus nicht auf ein Wesen „an sich" geschlossen werden darf, doch brauchte sich Goethe darum nicht zu kümmern: Inneres Wissen und die von diesem geleitete äußere Erfahrung gewährten eine Sicherheit, die von keinem rationalen Gottesbeweis abhängig war.

Die beiden Eingangsverse bestätigen Goethes häufige Selbstcharakterisierung: Immer wieder sprach er von seinem „realistischen Tic"; er nannte sich einen „Stockrealisten" und begrüßte es, als der Anthropologe Heinroth seine „gegenständliche" Manier hervorhob, da sein „Denken sich von den Gegenständen nicht sondere" (HA 13, 37). Schopenhauers Bericht über sein Gespräch mit Goethe, das der Farbenlehre galt, faßt anekdotenhaft zusammen, was hinlänglich bekannt ist:

„Dieser Goethe war so ganz Realist, daß es ihm durchaus nicht zu Sinn wollte, daß die Objekte als solche nur da seien, insofern sie von dem erkennenden Subjekt vorgestellt werden. Was! sagte er mir einst, mit seinen Jupiteraugen mich anblickend, das Licht sollte nur da sein, insofern Sie es sehen? Nein! *Sie* wären nicht da, wenn das Licht *Sie* nicht sähe."

Goethes langer Weg zur Objektivität, seine Mühe, sich „aller Prätention zu entäußern" und das Auge zur „reinen" Gegenständlichkeit zu erziehen, ist bekannt. Er beginnt als Lyriker mit dem einfühlenden Wahrnehmen, das den Objekten die subjektiven Empfindungen des Betrachters aufdrängt; das Ziel des naturforschenden Goethe wird das Schauen um der Gegenstände willen: Damit bleibt diesen ihr Eigensein belassen und ihre eigentümliche Würde erhalten. Die Projektionen der Phantasie sind gezügelt, die Abkehr von der puren Subjektivität ist vollzogen. Der Naturforscher lernt die Eigenschaften der Dinge kennen, indem er vom bloßen Ansehen über das prüfende Erkennen zum verknüpfenden, ganzheitlich-genetischen Schauen vordringt. Daß sich dabei immer wieder die produktive Einbildungskraft einschleicht, die den dichterischen Menschen auszeichnet, belegt der Disput mit Schiller, dem geschulten Kantianer, für den Goethes „geschaute" Urpflanze nur als Idee vorstellbar war. Die vorliegende Strophe ist nicht weniger kühn. Vom Auge auf die sichtbare Sonne zu schließen, bietet sich leicht an, von der erfühlten Kraft „in uns" aber auf die Wesenheit Gottes zu dringen, ist wahrlich verwegen, zeigt indes die Sehnsucht des Menschen, sich mit der Verwandtschaft Gottes des Sinns für unser Leben zu versichern.

„Wär nicht *in uns* ..." Die alte, von Griechen und Römern oft gebrauchte Formel vom „Gott in uns", die, neben dem Ur-Einen, das andere Zentrum in Plotins Denken bezeichnet, verknüpft Transzendenz und Immanenz. Goethe hing dieser Vorstellung lebenslang an; sie erhöht den Menschen und verpflichtet ihn gleichzeitig; sie vereint Gott und Mensch und verbindet diesen mit seinem Nebenmenschen, in dem ebenfalls der göttliche „Funke", wie die Mystiker sagten, glimmt. Gott und Welt fallen nicht wie im Pantheismus einfach in eins zusammen, doch die „Kraft" des Schöpfers, die auch in seinen Geschöpfen ist, verhindert den unüberbrückbaren Abstand zwischen der Majestät Gottes und der Nichtigkeit der Sterblichen, den Dualismus, den spätere Denksysteme zwischen dem „ganz Anderen" in seiner Absolutheit – im Sinne Karl Barths – und den im Irdischen isolierten Menschen aufrissen. Die Hierarchie des Seins, auf der die Theologen des Mittelalters beharrten, bleibt in der Strophe erhalten, wird aber gemildert, denn jede Seinsstufe hat die „Kraft" zur Steigerung nach oben. Gottesbeweise durch ein Analogieverfahren konnten vor Kants unbestechlichem Scharfsinn nicht bestehen, doch er hätte sittliche Postulate und individuelle Überzeugungen als subjektive Erfahrungen des Göttlichen gelten lassen. In der Aufklärungsepoche distanzierten sich die Vertreter der „natürlichen" Gotteserkenntnis von der Offenbarungstheologie, akzentuierten dagegen den Beitrag der Vernunft, ohne das divinatorische Moment auszuschließen. Mehrfach bekannte sich Goethe zur „natürlichen" Religion, die nicht mit einer Naturreligion verwechselt werden darf: „Die Religion ist wahr durch gemeinsame Ahnung der Menschen", – so Marsilio Ficino, der Plotin-Übersetzer. Ein allen Menschen eigentümliches metaphysisches Sensorium bestimmt das Lebensgefühl, das, durch analoge vernunftgeleitete Erfahrungen gestützt, von keinem Dogma fixiert und eingeengt wird, allerdings in seiner vagen Privatheit das Unverbindliche nicht ganz loswird.

Nebenbei sei ein anderer Erweis des Göttlichen im Menschen erwähnt, den Plotin in dem von Goethe übersetzten Part der *Enneaden* (V, Buch 8, Kapitel 1) vorlegt. Die formende Kraft Gottes ist, obschon begrenzt, auch im Menschen angelegt, – wenn der Bildhauer beispielsweise aus dem rohen Stein die Statue herausmeißelt: „Die Materie aber hatte eine solche Gestalt nicht", – sie war nur im Skulpteur, der, wie Phidias, das Bild des Zeus in sich trug, ohne dessen sinnliches Abbild zu kennen (vgl. HA 8, 462).

Wer sich mit Goethe beschäftigt, erstaunt immer aufs neue über das ungewöhnliche, das ungeheure Wissen, das er sich hart erarbeitete, das sein stupendes Gedächtnis bewahrte und seine Imagination produktiv zu machen verstand. Goethe nahm die erlebte wie die angelesene Fülle der Welt mit allen Sinnen auf, verwandelte sie sich an und um, bis sie in völlig individualisierter Form vor den erstaunten Leser tritt. In seinem geistigen Universum ist kein Teil isoliert; alles hängt mit allem, wie in einem Gewebe, zusammen: Jede Einzelheit ist aufs polare Ganze mit gerader Folge und Schlüssigkeit bezogen; das Detail gewinnt zusätzliche Bedeutung durch seinen Kontext. Daher ist es nötig, jedes Wort zu bedenken und der Geschichte der Begriffe nachzugehen. Manches an meinen Überlegungen mag jenem Leser, dem sich die Strophe auf Anhieb erschließt, zunächst fremd erscheinen, doch es muß mit Plotins Denken auch die Wichtigkeit der Tradition aufgezeigt werden, die sich jede Generation aufs neue vergegenwärtigen muß, und aus Goethes deutender Umdeutung sind seine Individualität wie sein Epochenverhältnis zu erschließen. Wie einfach sich die Strophe auch ausnimmt, so grundsätzlich ist ihr Problem, denn es geht um den Zusammenhang von Mensch und Kosmos und um die Präsenz des Ewigen im Vergänglichen. Dieses Verhältnis bestimmte in manchen früheren Epochen alle anderen Beziehungen, die Menschen vorfanden oder eingingen. Eine Metapher wie „entzücken" verdient daher einen kurzen, das Begriffsbild „Kraft" einen längeren Exkurs.

Goethes unvergleichliche Begriffssicherheit ist im abschließenden Verb, im „Entzücken" durch das Göttliche, zu bewundern. Luther unterschied in seiner Bibelübersetzung nur unmerklich zwischen „entzücken" und „verzücken"; beides steht gleicherweise für den durch die Schau Gottes, durch die Gottesbegegnung ergriffenen Menschen (z.B. in der Apostelgeschichte 10,10). Diese rein sakrale Wortbedeutung übernahm Klopstocks *Messias.* Goethe folgte ihm zu unserem Erstaunen im September 1805. In der *Werther*-Zeit hatte er den dem Religiösen vorbehaltenen Enthusiasmus auf die Leidenschaft des Erotischen übertragen und damit den ursprünglichen Wortsinn erweitert und säkularisiert, allerdings auch verdünnt.

„Wär nicht in uns des Gottes eigne Kraft ..." Der Mensch hat teil an der „Kraft", die Gott eigen ist. Diese Kraft erhöht ihn, da sie seine Verwandtschaft, die energetische Einheit des Schöpfers und seiner Geschöpfe voraussetzt. Gott ist im Irdischen anwesend und im Menschen präsent; beide verbindet die göttliche Kraft, die sich als Entzücken äußert, als beseligte Lust und gestilltes Heimweh. Plotins tiefste Sehnsucht gilt Gott. Goethes Verse, die in der Trennung die Einheit von Gott und Mensch vorgeben, belegen durch den Kraft-Begriff die Mündigkeit des Menschen, die die Renaissance erstmals formulierte.

In seinem Glaubensbekenntnis weigerte sich Faust mit guten, von Gregor von Nyssa und Dionysius Areopagita sanktionierten Gründen, Gott, den „Allumfasser" und „Allerhalter" (Vers 3438 f.), mit Namen zu nennen und Ihn auf eine einzelne Eigenschaft zu reduzieren. Der Lauchstädter Vierzeiler dagegen hebt an dem sich allem Begreifen entziehenden Gott als entscheidendes Attribut die „Kraft" hervor. Kraft, dynamis, ist die bewegende Ursache für alles Bewegte und der Grund aller Bildungen in der Natur, – zugleich der entelechische Impuls im Menschen zur Selbstwerdung. Wir erinnern uns, daß Faust in der ersten Studierzimmerszene die Übertragung des biblischen Logos-Begriffs in „Wort", „Sinn" und auch in „Kraft" verwirft, da sich ihm allein in der „Tat" der Grund der schaffenden Natur enthüllt und der Daseinszweck des „Mannes" erfüllt. Mit dem verbalen Aktionismus der Faust-Figur hat sein Autor nichts zu tun. Goethe bekennt sich zur Kraft, zur Lebendigkeit des Schöpfergotts, während Plotin die Allmacht und Allgüte des All-Einen akzentuierte. Damit bejaht Goethe die das 18. Jahrhundert beherrschende Auffassung, derzufolge Dynamik alles Leben auszeichnet und das Sein als Werden zu verstehen ist. Leibniz übertrug die Statik der Substanz in die vielfältigen Formen der Tätigkeit, und Herder, der bedeutendste Anreger für seine Zeit, übersetzte 1774 den göttlichen Logos im Eingangsvers des Johannes-Evangeliums als „Urkraft" (Suphan 7, 320): „Überall, wo Kraft strebt, wo Würkung erscheinet – da der allliebende Gott" (Suphan 6, 273). Die „Kraft" vertritt Plotins Vorstellung von der „inneren Form", die über Shaftesbury (1671–1713) als pure ästhetische Kategorie nach Deutschland weitergegeben wurde. Die Kraft Gottes durchwaltet die Welt, die sich in dauernder Gestaltung und Umgestaltung befindet. Was konnte Goethe bei Herder über die Äußerungsweise der Gottheit lesen? „In allen Welten offenbart sie sich durch Kräfte; ... überall können nur organische Kräfte wirken und jede derselben macht uns Eigenschaften einer unendlichen Gottheit kenntlich" (Suphan 16, 451 f.).

Um das Neue und Eigentümliche dieser Auslegung zu verstehen, ist wieder ein knapper begriffsgeschichtlicher Rückblick nötig: Für Augustin war die Schöpfung von ihrem Anfang an vollkommen und zugleich beendet, der Schöpfer seiner Vollendungsruhe hingegeben. Erst Renaissance-Philosophen wie Pico della Mirandola und Giordano Bruno, erst Naturforscher wie Paracelsus erkannten den einzelnen Lebewesen ein individuelles Entwicklungsgesetz zu, erst vom 16. Jahrhundert an werden Gott und die Natur als immertätiges Ganzes entdeckt: Alles Lebendige untersteht dem unaufhörlichen Prozeß der im Werden befindlichen Schöpfung. Toblers Prosa-Hymnus auf die Natur, den man zunächst Goethe zuschrieb (vgl. HA 13, 45 ff.), demonstriert die Wandlung, die Gott-Natur im Denken des neuzeitlichen Menschen durchlief und die Goethe erlaubt, von Gottes Kraft zu dichten, die als erhebendes Göttliches den Menschen „entzückt". Die Erfahrung des schrecklichen wie des verborgenen Gottes, die die Propheten des Alten Testaments und die Mystiker des Mittelalters, bis hin zu Luther und Jacob Böhme, machen mußten, bleibt unerwähnt, – nicht nur der Kürze der Verse, sondern auch Goethes Lebensfreundlichkeit wegen, die ihren Grund im amor Dei intellectualis *et* sensualis hatte.

Religionspsychologen wie Rudolf Otto schrieben, daß der menschliche Umgang mit dem Heiligen allenthalben durch zwei einander widerstreitende Momente bestimmt sei: durch Beseligung – „Entzückung" – und Furcht, – das „fascinosum et tremendum". Goethe kennt *beide* Empfindungen aufgrund seiner Schau der Urphänomene, die ihn bestürzte *und* beseligte, und durch seine Erfahrung der Simultaneität, der Gleichzeitigkeit der drei einander überlagernden Dimensionen der Zeit. Der Gedanke an Gott mache ihn immer froh, so sagte er in der Jugend. Später, am 29. April 1818 in Dornburg, sprach er gegenüber Julie von Egloffstein und Kanzler von Müller in der Manier eines Neuplatonikers vom „unerklärbaren tiefen Gefühl", das die „Überzeugung" vermittle, „daß wir Bürger jener Welten sind, die so geheimnisvoll über uns leuchten …"

Mit Feuerbach könnte man gegen das „tiefe Gefühl" seiner bloßen Subjektivität und gegen die „Überzeugung" ihrer anthropomorphisierenden Projektion wegen zünftig argumentieren und darauf verweisen, daß sich in diese Gottesvorstellung der idealisierte Gattungsbegriff des Menschen als vermeintliche Wirklichkeit eingeschlichen habe. Goethe hätte diesem Einwand seine Berechtigung zugestanden, doch hinzugefügt, ihm offenbare sich der Schöpfer unmittelbar in der Gesetzlichkeit der Schöpfung. Überdies verdanke er Gott-Natur eine innere Erfahrung, die auf pure rationale Beweise nicht angewiesen sei. Theologischen Kontroversen ging er, seitdem Freundschaften mit Lavater und Jacobi daran zerbrochen waren, aus dem Wege. Läßlichkeit im Dogmatischen und die Sicherheit, „in allen Elementen Gottes Gegenwart" gewahren zu können (HA 2, 99), führten ihn zu jener Liberalität, die jedem seinen privaten Glauben zugesteht, doch darüber nicht vergißt, daß, wie einer ist, so auch sein Gott ist (vgl. JA 4, 63): „Gott, wenn wir hoch stehen, ist alles; stehen wir niedrig, so ist er ein Supplement unsrer Armseligkeit" (HA 12, 372).

Daher bekannte sich der alte Herr gegenüber Boissereé zur Glaubensgemeinschaft der Hypsistarier, deren Religiosität sich in der Ehrfurcht vor dem Höchsten erfüllt. Doch dies ist ein Thema für einen neuen Brief …

Wer den Vierzeiler erläutert, müßte dort, wo ich aufhöre, recht eigentlich beginnen und über die weite Bedeutung des Auges, das „vernimmt und spricht", des Lichts, seiner Einheit, seiner „Taten und Leiden", und der Sonne als dem Zentrum von Goethes mundus sensibilis und symbolicus sprechen, – um am Ende einzugestehen, daß dafür auch die einer langen Abhandlung zugemessene Seitenzahl nicht ausreicht. Es gäbe noch vieles zu bedenken, Grundsätzliches und Geschichtliches, auch wären die Resultate an den gedichteten Texten zu erproben. Das „innere" Licht, worüber die Ottilie der *Wahlverwandtschaften* nachdenkt und der erblindete Faust sich hinwegtäuscht, hat eine lange Geschichte. Der „innere" Sinn verbindet in den *Wanderjahren* Makariens inneres Universum aufs innigste mit dem kosmischen Geschehen; der „schaffende Spiegel", die in ihm angelegte produktive Einbildungskraft also, sollte nach Goethes ursprünglichem Plan die geistige Dominanz des Menschen über die pure Intellektualität Mephistos im *Faust* belegen. Zum Sehen gehört bei Goethe überraschenderweise auch das Thema der Antizipation, das weniger die gedankliche Vorwegnahme eines künftigen Geschehens bezeichnet als vielmehr das apriorische Moment der Erkenntnis aufgrund „eingeborener" Ideen. So notierte sich Eckermann unter dem 26. Februar 1824:

> „Hätte ich nicht die Welt durch Antizipation bereits in mir getragen, ich wäre mit sehenden Augen blind geblieben [...]. Das Licht ist da und die Farben umgeben uns; allein trügen wir kein Licht und keine Farben im eigenen Auge, so würden wir auch außer uns dergleichen nicht wahrnehmen." Eine Maxime bestätigt Eckermanns Eintrag: „Mein ganzes inneres Wirken erwies sich als eine lebendige Heuristik", als methodische Sicherheit also, Neues zu finden, „welche, eine unbekannte geahnete Regel anerkennend, solche in der Außenwelt zu finden und in die Außenwelt einzuführen trachtet" (HA 12, 398).

Antizipation bedeutet für Goethe die imaginative Vorwegnahme der Strukturen von Welt und Mensch vor jeder Erfahrung – in der Schau der Urpflanze beispielsweise –, das Wissen des Dichters vom Menschen ohne vorhergehende praktische Kenntnis – und dennoch die Fähigkeit, eine Figur wie Werther so zu gestalten, daß Leser bis heute verwandte Züge in seiner Typik entdecken können.

„Der Mensch versteht nichts, als was ihm gemäß ist" (HA 8, 32), – so lautet ein ferner Nachklang der Vorsokratiker. „Wo Objekt und Subjekt sich berühren, da ist Leben", – so Goethes Maxime, gegen die Ich-Philosophie des Idealismus gerichtet. Manches Gesagte bestätigt schließlich das Gespräch zwischen Goethe und Schiller über den Künstler, das in *Der Sammler und die Seinigen* nachzulesen ist. Der Bildhauer hat seinem Material Entscheidendes mitzugeben: „das Göttliche, das wir freilich nicht kennen würden, wenn es der Mensch nicht fühlte und selbst hervorbrächte" (HA 12, 84).

Diese Sentenzen demonstrieren, daß man am Ende wenn nicht aufs neue anfangen, so doch das bisher Angedeutete mit „Kräften" fortsetzen sollte ...

Lassen Sie mich von Herzen für Ihre Großzügigkeit danken. Wir wissen, wir haben es erfahren, daß, wer schenkt, bekommt, wer weggibt, für sein Inneres gewinnt.

Mit meinen guten Wünschen
Ihr
Werner Keller

Bericht über die Internationale Konferenz der Goethe-Übersetzer vom 18. bis 21. August 1999 in Erfurt

Die Konferenz stellte sich das Ziel, die Übersetzer zu lebendigem Gedankenaustausch über theoretische und praktische Fragen der Goethe-Übersetzung zusammenzuführen und damit die sich aus der Spezifik der Übersetzungstätigkeit ergebende Isolierung des einzelnen Übersetzers zu überwinden. Das Gespräch vollzog sich in drei Arbeitsgruppen:

A Sprachspezifische Schwierigkeiten des Übersetzens am Beispiel der Lyrik (geleitet von Dr. Klaus Birkenhauer, Europäisches Übersetzer-Kollegium Nordrhein-Westfalen in Straelen, und Dr. Ljubomir Iliew, Sofia/Bulgarien)

B Übersetzen mit Tradition (geleitet von Sibylle Muller, Université Marc Bloch, Strasbourg, und Pierre Deshusses, Lyon).

C Kultureller Transfer beim Übersetzen (geleitet von Dr. Irène Kuhn, Université Marc Bloch, Strasbourg, und Prof. Dr. Fritz Nies, Heinrich-Heine-Universität Düsseldorf; siehe den Beitrag von I. Kuhn auf S. 224–226).

Nachdem die Übersetzung der *Faust*-Dichtung bereits an den ersten beiden Tagen eine besondere Stellung eingenommen hatte, wurde dies noch wesentlich dadurch vertieft, daß am dritten Tag die Teilnehmer einer zeitlich parallel in Weimar stattfindenden Werkstatt der *Faust*-Übersetzer, veranstaltet vom Goethe-Institut München, zur Erfurter Konferenz stießen. Dr. Anne Bohnenkamp (Ludwig-Maximilians-Universität München) referierte in Erfurt für alle Teilnehmer die Ergebnisse dieser Werkstatt (siehe den Beitrag auf S. 227–233).

Von besonderem Gewicht waren auch der einleitende Plenarvortrag *Goethes Übersetzungsmaximen* von Prof. Dr. Manfred Fuhrmann (Überlingen am Bodensee; siehe S. 26–45) und das „Forum Goethe-Wörterbuch" mit einem Vortrag von Dr. Josef Mattausch (Berlin-Brandenburgische Akademie der Wissenschaften, Berlin/Leipzig; siehe S. 217–223) mit anschließendem Gespräch.

Mit großer Freude wurde auch der Besuch der Weimarer Goethestätten und einer dramatischen Version von Goethes *Wahlverwandtschaften*, aufgeführt im Schloß und Park Ettersburg vom Deutschen Nationaltheater Weimar, durch die Übersetzer, von denen die meisten zum erstenmal in Weimar weilten, aufgenommen. Einen besonderen Höhepunkt bildete die Exkursion zu den Goethestätten im Thüringer Wald. Vor der Jagdhütte auf dem Kickelhahn-Berg bei Ilmenau trugen die Teilnehmer Goethes dort entstandenes Gedicht *Wandrers Nachtlied* („Über allen Gipfeln ist Ruh ...") in ihrer Muttersprache vor, nachdem der Ehrenpräsident unserer Gesellschaft und Initiator der Übersetzerkonferenz, Prof. Dr. Werner Keller (Köln), Goethes berühmtes Gedicht und den Ort seines Ursprungs gewürdigt hatte. Inzwischen wurden elf eigens für diesen Anlaß entstandene neue Übersetzungen, u. a. in Bulgarisch, Dioula [Burkina Faso], Estnisch, Norwegisch, Koreanisch, Spanisch und Tamilisch, innerhalb der Jagdhütte, die zugleich Goethe-Gedenkstätte ist, auf Tafeln angebracht und ihr Text in der Publikation *Das Goethejahr 1999 in Ilmenau*, hrsg. vom Vorbereitungskomitee „Goethestadt Ilmenau '99", veröffentlicht. Diese Publikation wurde als Erinnerungsgeschenk an alle Konferenzteilnehmer versandt. Unser südkoreanischer Teilnehmer, Prof. Dr. Sam-Huan Ahn, dankt mit den Zeilen: „Soeben habe ich das Bändchen [...] bekommen. [...] Wie glücklich und stolz bin ich, das schöne Bild der koreanischen Übersetzung von *Wandrers Nachtlied* zu sehen [...]. So ist Ihre Einladung 1999 und meine Reise nach Thüringen unvergeßlich geblieben. Ich kann nicht umhin, plötzlich eine Art Sehnsucht nach Weimar und unserem Treffen in Erfurt zu bekommen. Warten Sie mal! So lange wir leben, wird auch mal Zeit kommen, wo wir uns doch wiedersehen werden [...]." Oder John Whaley, unser englischer Teilnehmer, der z. B. den *West-östlichen Divan* übersetzt hat, dankt: „[...] in reading about the Kickelhahn experience I could feel again that strong fresh wind blowing around us as we sought to ‚translate the untranslatable'".

Die Konferenz der Goethe-Übersetzer war gleichsam ein Dank der Bundesrepublik Deutschland und aller Veranstalter an die oft unter schwierigen Bedingungen und persönlichen Entbehrungen arbeitenden Vermittler des Goetheschen Werks im Ausland. Sie war ein eher leiser, aber vielbeachteter und würdiger Beitrag der Goethe-Gesellschaft im Jubiläumsjahr.

Siegfried Seifert

Bericht über die Gründung einer Goethe-Gesellschaft in der Tschechischen Republik

Am 12. Oktober 1999 fand die Gründungsversammlung der Goethe-Gesellschaft in der Tschechischen Republik (Goethova Společnost v České Republice) statt. Gastgeber war das Prager Goethe-Institut am Masaryk-Ufer, dessen engagierte Leiterin Frau Gabriele Becker die rund 100 Anwesenden herzlich willkommen hieß. Als Vorstandsmitglied der internationalen Goethe-Gesellschaft in Weimar nahm der Berichterstatter an der Veranstaltung teil und verwies in einem Grußwort auf die lebenslang enge Verbindung Goethes zu Böhmen. Angesichts einer wechselvollen gemeinsamen Geschichte von Deutschen und Tschechen mit gedeihlichen und bestürzend düsteren Abschnitten solle die Kulturarbeit der Goethe-Gesellschaft(en) im Zeichen und im Geiste des „Weimaraners und Weltbewohners" auf ihre Weise dazu beitragen, die menschlich-kulturelle Annäherung zu fördern. In seiner Grußadresse, der eine Buch- und Geldspende beigegeben war, betonte der Präsident der Weimarer Gesellschaft, Dr. habil. Jochen Golz, daß die Gründung der neuen Vereinigung auch verstanden werden müsse „als geistiger Brückenschlag zwischen Deutschland und Tschechien". In einer Zeit, da sich das politische Europa neu konstituiere, sei es mehr denn je geboten, daß Nachbarvölker wie das deutsche und tschechische von den beiderseitigen bewahrenswerten Traditionen Kenntnis nähmen.

Vorträge und eine Podiumsdiskussion vermittelten Eindrücke eines künftigen Tätigkeitsfeldes. Über die Goethe-Rezeption und -Forschung bei den Tschechen sprach Prof. Dr. Kurt Krolop (Prag). Weiterhin wurden behandelt tschechische *Faust*-Inszenierungen (O. Krejča), Goethe-Übersetzungen (Dr. J. Stremžík), Leben und Schaffen des mährischen Goethe-Herausgebers und -Interpreten F. T. Bratránek (Dr. J. Loužil) und das der deutsch-tschechischen Verständigung gewidmete Wirken des Prager Schriftstellers Johannes Urzidil (Dr. E. Trapp, München), dessen brillantes Buch *Goethe in Böhmen* nun auch in tschechischer Übersetzung erscheint. Erwägungen über einen möglichen Prag-Aufenthalt des späten Goethe stellte Dr. Peter Becher (Adalbert-Stifter-Verein München) an.

Auf der konstituierenden Generalversammlung am 18. Februar 2000 wurden Dr. Milan

Tvrdík, CSc., zum Vorsitzenden, Prof. Dr. Eduard Goldstücker zum Ehrenvorsitzenden, Prof. Dr. Kurt Krolop zum stellvertretenden Vorsitzenden und Mgr. Alice Stasková zur geschäftsführenden Direktorin gewählt. Prof. Goldstücker (inzwischen leider verstorben) sprach zum Thema *Goethe und Technik.*

Neben der Vortragstätigkeit veranstaltete die Gesellschaft einen sehr erfolgreichen Vortrags- und Inszenierungswettbewerb unter Schülern mit erweitertem Deutschunterricht.

Sie bemüht sich darüber hinaus um engere Kontakte mit Goethe-Orten in Böhmen, woraus sich eine Basis für erweiterte gemeinsame Aktivitäten ergeben könnte. Nicht zuletzt dieser Zweig der Tätigkeit der Prager Freunde ist auch für die deutschen Goethe-Freunde von Interesse. Könnte doch durch Bündelung und vermehrten Austausch von Informationen über kulturgeschichtlich wichtige Stätten im Nachbarland der Anreiz zu erwünschten grenzüberschreitenden Begegnungen zwischen Angehörigen beider Völker befördert werden.

Josef Mattausch

Grußbotschaft des Ehrenpräsidenten, Prof. Dr. Werner Keller, zum Goethe-Kongreß vom 29. bis 30. Oktober 1999 in Bukarest

Exzellenzen, verehrter und lieber Herr Professor Guțu,
meine sehr verehrten Damen und Herren, liebe Freunde,

gerne komme ich der Bitte um ein kurzes Grußwort nach; viel lieber allerdings wäre ich jetzt in Bukarest, denn die erfüllten Tage im April 1998 haben mich zu einem der Ihren gemacht. Mit Dankbarkeit erinnere ich mich an die nüchternen Enthusiasten, die die rumänische Goethe-Gesellschaft gründeten, mit Freude an kluge, weltoffene Vorträge, mit fröhlichem Respekt an talentierte Studenten, denen für einige Stunden Bühnenbretter die Welt bedeuteten. Daß weder die Großzügigkeit des Goethe-Instituts – geleitet von Herrn Direktor Reitz – noch die Noblesse der deutschen Botschaft – in Person des Gesandten, Herrn Dr. Heinemann – dem Vergessen anheimfallen, dafür sorgt der Vergleich mit mancher Erfahrung andernorts.

Die vielen Mühen, die Sie auf sich nehmen mußten, um diesen Kongreß vorzubereiten, lassen sich erahnen. Wir wünschen, daß das Resultat der Vorträge und die Gelöstheit, die vom konzentrierten Gespräch ausgeht, – daß das produktive Miteinander für Ihre lange Mühsal freundlich entschädigt.

Angesichts der vollgestopften Bibliotheken, die über Leben und Werk Goethes geschrieben wurden, fragt man sich hin und wieder, ob nicht alles Wesentliche längst gesagt sei. Aber schon Jakob Burckhardt bemerkte, daß jede neue Generation Neues im Alten entdecke – in Thukydides beispielsweise, dem griechischen Geschichtsdenker, wieviel auch schon über ihn gesagt worden sei. Goethe selbst las an Shakespeare ab, daß es die Eigenschaft des Geistes sei, den Geist der Nachgeborenen aufs immer Neue herauszufordern, auch wenn die lange Wirkung eines Buchs, seine Rezeptionsgeschichte, den unmittelbaren Zugang für den Interpreten verstelle. Eine jede Zeit hat ihre eigentümlichen Erfahrungen, die aufgrund veränderter Bedingungen zu veränderten Fragen an frühere Werke anhalten.

Da die Wechselwirkung von Person und Epoche, von Vergangenem und Gegenwärtigem nie abschließend, nie endgültig, zu bestimmen sein wird, ist dafür gesorgt, daß es der Goethe-Forschung auch fortan an Aufgaben nicht fehlt, wenn es gilt, unsere Zeit im Spiegel des Gewesenen wahrzunehmen und dabei zu erkennen, wer wir sind und wer wir sein könnten.

In der Tat – es gibt viel zu tun. Wir kennen – zum Beispiel – Goethes wechselnde politische Ansichten, doch zu wenig seine prinzipiellen Einsichten in den gesellschaftlich und geschichtlich bedingten Menschen. Man tadelt heutzutage seinen höfisch geprägten Konservativismus und seine aristokratische Skepsis gegenüber der Masse, die unsere Gegenwart prägt, doch man verkennt dabei mit unangemessenen Urteilen den vielverändernden Abstand der Zeiten. Man bemängelt, daß Goethes Symbolik und Allegorik – vor allem im Spätwerk – die Konkretion des Dargestellten aushöhlt und Goethes typisierende Neigung das Geschichtlich-Individuelle zu enthistorisieren droht. Aber auch dies hat seine Gründe, auch diese Eigenheit belegt lediglich den Nachteil, der noch jedem Vorzug anhängt. Daher müssen wir einsehen lernen, daß Goethe die zersplitternde Bezugseinheit von Welt und Mensch mit äußerster Anstrengung zu erhalten versucht. Wir wissen viel und wissen doch nicht genügend, wie genau er am Ende des zweiten *Faust*-Teils seine Zeit in ihrer Gefährdung durch Besitzgier und Herrschsucht diagnostizierte und wie er in den *Wanderjahren* der industriellen Revolution, die die Arbeitslosigkeit vermehrt, das Ethos der Naturbewahrung und weltweiten Verantwortung entgegensetzt. Differenzierte psychische Vorgänge führt er auf naturwissenschaftlich beglaubigte Analogien zurück, um die Ganzheitlichkeit von Mensch und Natur zu demonstrieren, und die extensive Vielfalt der modernen Welt konzentriert er in mythologischen Modellen, um die Spätzeit nach 1800 mit der Ursprünglichkeit des Griechentums verbinden zu können.

Bei genauer Kenntnis wird zudem einsichtig, wie Goethe, Minister in einem absolutistischen Staat, dennoch demokratische Tugenden – in Gestalt der Toleranz, des „Gemeinsinns" und der Doppelheit von Freiheit und Pflicht – vorformulierte und vorlebte, – lange bevor sich diese Gesinnungen in Institutionen verwirklichten.

Nochmals – es gibt viel zu tun, soll Goethe historisch verstanden, soll das Gelungene seines Werks in unser Denken und Tun integriert und das Abgelebte durch seinen unüberbrückbaren zeitlichen Abstand mit nüchterner Begründung ferngehalten werden. Gegen Anmaßungen und Unterstellungen des grassierenden Halbwissens verwahren wir uns allerdings. Schon zu seinen Lebzeiten bekämpften die Nationalisten den Weltbürger und die Orthodoxen den Freigeist – trotz seiner Welt- und Lebensfrömmigkeit. Wer sich damals für moralisch hielt, verurteilte das Freizügige, das vermeintlich Unsittliche in seinen Schriften. Da ihn aber auch verkennt, wer Goethe als „Olympier" apostrophiert, sind wir gewarnt, ihn zu mythisieren und uns in ihm zu verehren.

Will man Goethes Lebensleistung in knappen Worten umschreiben, bietet sich der Lakonismus an, den er Kanzler von Müller gegenüber (am 5. Januar 1831) äußerte und den Brecht in seinem Arbeitsjournal vom 7. September 1940 bestätigte: daß, wer ihn lese und verstehe, eine „gewisse innere Freiheit gewonnen" habe.

Meine Damen und Herren, wann immer ich mich mit der in deutscher Sprache geschriebenen rumänischen Goethe-Forschung alten und neuen Datums beschäftige, bin ich erstaunt über den Reichtum der Einsichten und sehr dankbar für die Offenheit, die einem deutschen Autor zuteil wird. In diese Dankbarkeit sind die Mitglieder der rumänischen Goethe-Gesellschaft voll Herzlichkeit eingeschlossen. Bei deren Gründung wurde gesagt, daß auf dem Weg in das gemeinsame Europa das kulturelle Rumänien – dem Eigenen verpflichtet, dem Fremden geöffnet – nicht weniger wichtig als das wirtschaftliche sei. Unterwegs in eine schwierige Zukunft braucht jede Nationalliteratur die andere, denn nur alle Literaturen zusammen können den Widerstand der Phantasie, des Möglichen, gegen die Wirklichkeit technischer Verführung und die Übermacht der Wirtschaft organisieren.

Mit meinen guten Wünschen für ein so angenehmes wie niveauvolles Symposion und für jene erwähnte „innere Freiheit" angesichts mancher vom Alltag diktierten Unfreiheit

herzlich der Ihre

Werner Keller

Bericht über das Goethe-Symposium in Tartu

Vom 31. Oktober bis zum 2. November 1999 fand in Tartu/Dorpat ein dem Jubiläumsanlaß verpflichtetes Symposium statt, das die Goethe-Gesellschaft Estlands veranstaltete. Von ihr war ich eingeladen worden, am Symposium teilzunehmen und den Eröffnungsvortrag zu halten.

Ich habe die Einladung sehr gern angenommen, zumal sie mir die Möglichkeit bot, eine Stadt mit bedeutender Tradition kennenzulernen. Auch im Symposium selbst wurde dieser Tradition gedacht, insbesondere der einer Universität, die, gegründet 1632 durch Gustav Adolf, sodann 1802 ein zweites Mal durch Alexander I., sich als geistig-kulturelles Zentrum nicht nur im baltischen Raum ein beachtliches Ansehen erwarb. Und der Name des langjährig in Dorpat wirkenden Karl Morgenstern (1770–1852) ist germanistischen Literaturhistorikern bis heute ein Begriff geblieben; auf ihn geht der Terminus „Bildungsroman" zurück. Er auch war es, der 1823 für seine Universität die Kügelgen-Porträts von Goethe, Herder und Wieland ankaufte. (Aus finanziellen Gründen hatte sich die Witwe des Malers zur Veräußerung der Bilder entschlossen.) Derjenige aber, dem Goethes Schwager Johann Georg Schlosser vor Zeiten (1780) zu einer Offiziersstelle in russischen Diensten verholfen und der sich seither am Zarenhof fest zu etablieren vermocht hatte: Friedrich Maximilian Klinger, war von 1803 bis 1817 Kurator der Universität (wie des gesamten Dorpater Lehrbezirks) – kurios übrigens, daß er, der denkwürdige Sturm-und-Drang-Dramatiker, für die Stadt ein Theaterverbot erließ: Durch unnütze Zerstreuungen sollten die Studenten vom Unterricht nicht abgelenkt werden; und Massenzusammenkünfte galt es ohnehin zu vermeiden. Gestorben ist Klinger in Dorpat 1831, und zwar nicht allzu weit von jenem Pfarrhausgrundstück entfernt, in dem dereinst (1759–1768) Jakob Michael Reinhold Lenz einen Teil seiner Kindheit und Jugend verlebt hatte ...

Während der Symposiumstage gab es Gelegenheit, einigen Spuren, die sich von alledem noch auffinden lassen in der Stadt, entdeckungsfreudig nachzugehen. Was zudem anzog, war der Domberg mit der Halbruine seiner gotischen Backsteinkirche, in deren wieder aufgebautem Chorteil auch ein Konzert stattfand, in dem – auf vorzügliche Weise – Goethe-Vertonungen zu Gehör gebracht wurden. Für das Symposium selbst war als Tagungsort die Universitätsbibliothek gewählt worden, ein neuerer Betonbau und gelegen in jenem Altstadtviertel, von dem der Zweite Weltkrieg nichts stehen gelassen hatte. Vor der Größe des Saals konnte man zunächst erschrecken; aber es erwies sich, daß es für die Veranstaltung einen erstaunlichen Zuspruch gab. So auch zeigte sich allein schon an der Hörerzahl – zu einzelnen Tagungsabschnitten belief sie sich auf ca. 150 – das erhebliche Interesse, auf das dieses Goethe-Symposium in der wissenschaftlichen und kulturellen Öffentlichkeit Estlands stieß. Und auf andere Art bezeugte sich der hohe Stellenwert, der ihm zugemessen wurde, in der Reihe der offiziellen Grußreden (unter ihnen die des eigens nach Dorpat gekommenen deutschen Botschafters). Zu Beginn meines Vortrags habe Grüße auch ich ausgesprochen: die der Goethe-Gesellschaft in Weimar.

Die Referate wurden entweder in estnischer oder in deutscher Sprache vorgetragen – wobei es estnische Germanistinnen und Germanisten fertiggebracht haben, in Nachtarbeit Übersetzungen anzufertigen, um die je anderssprachige Textfassung den Teilnehmern rechtzeitig in die Hand geben zu können. Der thematische Bogen war weit gespannt. Goethes „Schaffensphilosophie“ wurde ebenso befragt wie sein naturforscherliches Wirken; die Aufmerksamkeit richtete sich auf die *Lehrjahre*, den *Divan*, den *Faust*. Und eine größere Gruppe von Beiträgen war dem Rahmenthema *Goethe in Tartu* gewidmet, dabei auch den estnischen Goethe-Übersetzungen. Aus Deutschland waren, um zu referieren, außer mir noch Frau Dr. Ingrid Kästner (Leipzig) und Herr Dr. Bernd Mahl, der Vorsitzende der Ortsvereinigung Stuttgart, angereist. Aber nicht nur estnische und deutsche Referenten waren zur Stelle, gleichermaßen sprachen Vortragende aus Lettland, Finnland, Schweden. Inzwischen liegen die Beiträge in Dokumentationsbänden vor: einer in estnischer, einer in deutscher Sprache.

Für die Vorbereitung und Durchführung des Symposiums verdient großen Respekt und hohe Anerkennung namentlich Frau Dr. Liina Lukas, die Vorsitzende der estnischen Goethe-Gesellschaft. Sie, die ihrerseits einen Vortrag gehalten hat (über Lenzens „Werther-Buch“: den *Waldbruder*), bewies im Zusammenhang mit dem Symposium eine beträchtliche Umsicht im Organisatorischen; und gemeinsam mit einigen Mitstreiterinnen und Mitstreitern sorgte sie für eine Gäste-Betreuung, die in dankbarer Erinnerung bleibt.

Bernd Leistner

Grußwort des Ehrenpräsidenten, Prof. Dr. Werner Keller, zur Gründung der Ortsvereinigung Vest Recklinghausen, Sitz in Marl, am 16. November 1999

Sehr verehrter und lieber Herr Dr. Foertsch,
meine sehr geehrten Damen und Herren,

selbst ein düsterer Novembertag hellt sich auf, wenn wir vernehmen, daß an der nördlichen Peripherie des Ruhrgebiets eine neue Goethe-Gesellschaft gegründet wird. Dieser 16. November ist zwar ein Arbeitstag wie andere auch, er empfängt aber den Glanz des Feiertäglichen, bedenkt man die Mühen, die voraufgingen, und überläßt man sich erleichtert und froh der Genugtuung des Erreichten.

Wir gratulieren in Dankbarkeit und wünschen zugleich für die Zukunft jenes Glück, das eine uneigennützige Anstrengung wenn nicht beanspruchen, so doch erhoffen darf. Im Namen der fünfzig innerdeutschen Ortsvereinigungen heißen wir Sie fröhlich willkommen in unserem Kreis. Diese städtischen Goethe-Gesellschaften bewährten sich im letzten Jahrzehnt in doppelter Weise: Die verwandte Gesinnung der Ost- und Westdeutschen beschleunigte die rasche Verständigung im Geiste Goethes, im Geiste der Offenheit, der Duldsamkeit und der wechselseitigen Achtung trotz der gegensätzlichen Geschichtserfahrung nach 1945. Die innerdeutschen Goethe-Gesellschaften mußten sich überdies – wie alle anderen kulturellen Institutionen auch – gegen die Zerstreuungen durch nivellierende Massenmedien behaupten. Wir können sagen, daß auch diese zweite Bewährungsprobe bestanden wurde. Die neuen Ortsvereinigungen – in Ludwigsburg und Ulm, in Rosenheim, Gunzenhausen und Freiburg – wie auch die wachsende Mitgliederzahl im letzten Jahrzehnt versöhnen zwar nicht mit den Verführungen unserer Spaßgesellschaft, doch sie relativieren sie. Wir verbinden mit jedem Mitglied die unaufdringliche Hoffnung, daß dieses die zentrale Form der Kultur zu leben bestrebt ist: die Kultur des humanen Miteinander.

Es ist eindrucksvoll zu sehen, welche Mühe jahraus, jahrein in den einzelnen Goethe-Gesellschaften aufgewandt wird, um einen geistigen Beitrag zum reflektierten Selbstverständnis der jeweiligen Heimatstadt zu leisten. Schon 1837 sollte im thüringischen Eisenach eine städtische Goethe-Vereinigung entstehen, die aber unverwirklicht blieb. Erst 1885, nach dem Tod des letzten Goethe-Enkels, wurde in Weimar die übernational engagierte Goethe-Gesellschaft ins Leben gerufen, erst 1920, nach dem Unheil des Kriegs, entstand in Essen die erste Ortsvereinigung. Sie sollte mithelfen, der Desorientierung jener Jahre durch eindringliche Beschäftigung mit Goethes Werk zu begegnen. In der Zwischenzeit haben ungezählte Leser erfahren, daß Goethes Œuvre Koordinaten liefert zur Orientierung in unserer labyrinthischen Wirklichkeit.

Goethe – er ist der Diagnostiker, den die Sorge umtrieb wegen des in Europa aufflammenden Nationalismus; er ist der Prognostiker, der für die entstehende Massengesellschaft ein verbindliches Ethos zu formulieren suchte – in Gestalt der Ehrfurcht vor allem Geschaffenen, vor dem Göttlichen im Nebenmenschen und – wie man seit den Tagen der Griechen sagte – dem „Gott in uns". In Goethe fand die abendländische Überlieferung zum letzten Mal ihre eindringliche Konzentration, denn aufgrund seiner umfassenden Begabung und seines lebenslangen Fleißes war er auf fast allen Gebieten produktiv. Vor langen 250 Jahren geboren, ist er in vielem uns, den Nachfahren, voraus, als der Europäer unter uns Deutschen, als der Weltbürger unter den Europäern. Goethe verkörpert den geglücktesten Teil unserer Kulturgeschichte. Er ist lebendig für jeden, der die Fähigkeit zur Verlebendigung des früher Gewesenen besitzt und der zugleich willens ist, mit der Vergangenheit unserer Gegenwart wegen ins Gespräch zu kommen.

Goethes Werk gleicht einem Schatz, den jede Generation für sich entdecken und für sich heben muß. Der geistige Gewinn dieser Anstrengung ist groß: Goethes Dichtung, sein Vertrauen ins Leben ermöglicht uns, dessen Tiefe und Untiefen besser zu *ver*stehen und Notsituationen auch gelassener zu *be*stehen.

Unsere Arbeit dient dazu, dem geschichtlichen Leben einen Sinn abzugewinnen. Wir verklären nicht die Vergangenheit um 1800, noch verkleinern wir unsere Gegenwart durch den Vergleich. Wir wissen aus Erfahrung: Schwindet die politische Kenntnis des Vergangenen, müssen wir dessen Fehler künftig wiederholen. Zum Glück wissen wir auch, daß der kulturelle Reichtum einer jeden Epoche weithin in der Vergegenwärtigung des Gewesenen besteht. Arm wäre unser Gehör ohne Bach und Mozart, ungestillt unser Auge ohne Leonardo und Dürer – und bedürftig wären Geist und Herz ohne die Dichter, für die stellvertretend Goethe steht.

Ein Einwand, den Außenstehende gerne erheben, sei im vorhinein entkräftet: Die Goethe-Gesellschaft verliert sich nicht im melancholischen Rückblick. Sie ist der Gegenwart geöffnet, ohne allerdings dem Vordergründigen in ihr und dem Modischen und Angepaßten zu verfallen.

Gedankt sei in dieser Stunde Herrn Dr. Foertsch und den Damen und Herren des Vorstands, meinem Freund Professor Kunert vornean. Sie alle waren bereit, die Anstrengung des gebirgigen Anfangs zu übernehmen. Da fortan die langen Mühen der Ebene warten, seien alle Anwesenden gebeten, die gute Sache wie ihre eigene zu behandeln und für jene Gesinnung Mitsorge zu tragen, die neue Mitglieder anzieht und alte fördert. Ihre Gesellschaft konzentriert sich, dem Namenspatron gemäß, auf Goethe, ohne sich auf ihn zu beschränken; der Gegenstand Ihrer Ortsvereinigung ist vornehmlich – doch nie ausschließlich – das Literarisch-Meditative, sofern es unser Bewußtsein für Welt und Leben sprachlich schärft und unsere Ahnung für das halbverborgene innere Universum in Kenntnis umsetzt, die frei macht und sich doch dem Gesetz unterstellt.

Es gibt viel zu tun hier; es gilt überdies, Beziehungen zu knüpfen mit ostdeutschen Ortsvereinigungen und Patenschaften zu übernehmen für ausländische, vornehmlich für osteuropäische Freunde. Eine Maxime im Lehrbrief der *Lehrjahre* heißt: „Der Geist, aus dem wir handeln, ist das Höchste." Wer diesem Geist zu dienen versucht, wird nicht frei von Fehlern handeln – und steht doch *über* jeder unbilligen Nachrede.

Der neuen Goethe-Gesellschaft, die sich für ihre heimatliche Region engagiert, ein herzliches Willkommen und ein kräftiges Gedeihen! Ich wünsche Ihnen allen einen disziplinierten Enthusiasmus, der etwas von Goethes universalem Geist, von seiner weltoffenen Toleranz und seinem Lebensglauben unserer Zeit vermittelt.

Mit einem fröhlichen Glückauf!
herzlich der Ihre
Werner Keller

Neujahrsbrief an die Mitglieder unserer Gesellschaft

Sehr geehrte Damen und Herren,
liebe Goethefreunde,

ein Jubiläumsjahr ist zu Ende gegangen, und an vielen Orten auf dieser unruhvollen, von politischen Spannungen gezeichneten Welt wurde des 250. Geburtstags von Goethe gedacht. Haben wir dazu noch Berechtigung und Anlaß? Oder ist jenen Kritikern recht zu geben, die jeden Anspruch auf Goethe preisgeben wollen?

Ich selbst kann diese Fragen nur als rhetorische Fragen akzeptieren. Wir alle, liebe Mitglieder der Goethe-Gesellschaft, können auf ein würdiges Jubiläumsjahr zurückblicken. Auf mannigfache Weise hat jeder von Ihnen dazu beigetragen, ob Sie als Mitglied der Weimarer Gesellschaft die Arbeit unterstützt oder in Ihrer Ortsvereinigung das geistige Leben mitgestaltet haben. Für Ihren Beitrag – vom fördernden Interesse bis zur tätigen Mitwirkung – möchte ich Ihnen von Herzen danken.

Die Beschäftigung mit Leben und Werk Goethes in den Ortsvereinigungen bildet gleichsam das Fundament unserer Tätigkeit. Die Chronik des Goethe-Jahrbuchs wird von zahlreichen originären und beispielgebenden Möglichkeiten Zeugnis ablegen, sich mit dem Klassiker auf lebendige Weise auseinanderzusetzen. Gute Beispiele strahlen aus. Neue Ortsvereinigungen sind in Rosenheim, Freiburg im Breisgau und Vest Recklinghausen entstanden, so daß es nunmehr 55 Goethe-Gesellschaften in Deutschland gibt.

Die in den Feuilletons 1999 oft gestellte Frage „Wieviel Goethe braucht der Mensch?" ist für uns stets aufs neue eine geistige Herausforderung. Nicht zuletzt die Goethe-Gesellschaft muß dafür Sorge tragen, daß Goethes Botschaft der Humanität vernehmbar bleibt – Lessings Maxime „Wir wollen weniger erhoben und fleißiger gelesen sein" kann auch für Goethe in Anspruch genommen werden. Es gehört zu unseren Aufgaben, für eine intensive Lektüre Goethes in den Schulen und Universitäten, für seine angemessene Präsentation in den darstellenden Künsten und in den Medien einzutreten. Dankbare Verehrung allein darf uns dabei nicht leiten. Ihre geistige Attraktivität wird die Goethe-Gesellschaft dann behaupten können, wenn sie ein lebendiges Forum der geistigen Auseinandersetzung bleibt, im Sinne der Goetheschen Maxime: „Was fruchtbar ist, allein ist wahr". Für Anregungen in solchem Sinne werde ich stets offen und dankbar sein.

Daß auch lange unterschätzte Kunstwerke wie der *West-östliche Divan* neue Aktualität gewinnen können, haben die Ereignisse in Weimar, der Kulturstadt Europas 1999, erwiesen. Zu den bewegendsten Eindrücken dieses Kulturstadtjahres gehörte für mich ein Konzert junger israelischer, palästinensischer und deutscher Orchestermusiker, die unter Daniel Barenboims Leitung im Zeichen des *West-östlichen Divans* miteinander musizierten. Schöner und nachhaltiger kann die Begegnung des Westlichen und Östlichen in Goethes Werk nicht lebendig gehalten werden.

Solcher Lebendigkeit hat sich 1999 auch die Goethe-Gesellschaft mit zahlreichen Unternehmungen verpflichtet gezeigt. Goethes weltweite Wirkung, sie wurde in den Referaten und Diskussionen der Hauptversammlung im Mai neuerlich vor Augen geführt. Wir sind glücklich, daß wir 1000 Goethefreunde aus mehr als 30 Ländern der Welt, darunter die Vorsitzenden ausländischer Goethe-Gesellschaften sowie Studenten und junge Wissenschaftler, in Weimar empfangen durften. Ich bin sicher, daß sie mit guten und weiterwirkenden Eindrücken von dieser Hauptversammlung in ihre Heimatländer zurückgekehrt sind.

Goethe als geistige Vermittlungsinstanz zwischen Ost und West – diesem Thema war ein Kongreß gewidmet, zu dem sich unter dem Titel *Die europäische Kultur und Goethe – Goethe und die europäische Kultur* unter Federführung der Goethe-Gesellschaft die Shakespeare-, die Puschkin- und die Diderot-Gesellschaft sowie die Societas Jablonoviana, eine in Leipzig beheimatete Vereinigung zur Pflege der polnischen Kultur, vom 14. bis 18. Juli in Gotha zusammengefunden hatten. Dieser Kongreß zeichnete sich nicht nur dadurch aus, daß Gelehrte aus Deutschland, England, Polen, Rußland und der Schweiz zu Wort kamen; besonders erfreut waren wir über die Teilnahme von Studenten und jungen Wissenschaftlern aus mehreren europäischen Ländern.

Goethe in tausend Zungen – diesen metaphorischen Titel trug die diesjährige Goethe-Sonderausstellung auf der Frankfurter Buchmesse, und ich bin versucht, ihn auf die Konferenz der Goethe-Übersetzer anzuwenden, zu der wir vom 18. bis 22. August 35 Übersetzer aus 21 Ländern in die Staatskanzlei des Freistaates Thüringen nach Erfurt eingeladen haben. Höhepunkt dieser wissenschaftlichen Tagung war eine Exkursion auf den Kickelhahn bei Ilmenau, wo Goethes Gedicht „Über allen Gipfeln ist Ruh ..." in 21 Sprachen vorgetragen wurde – wie man sich denken kann, ein Medienereignis von großer Ausstrahlung.

Daß die Goethe-Gesellschaft eine in der Presse und in den elektronischen Medien vielbeachtete Außenwirkung entfalten konnte, ist zahlreichen Förderern und Helfern zu danken. Die Bundesregierung wie der Freistaat Thüringen haben großzügig geholfen, Zuwendungen der ASKO-Europa-Stiftung, der Gothaer Versicherungen und der ZEIT-Stiftung haben die Kongresse in Gotha und Erfurt erst möglich gemacht.

Doch kann sich Goethes Werk auch auf eher unspektakuläre Weise Geltung verschaffen. Daß auf dem Kickelhahn ein junger afrikanischer Wissenschaftler aus Burkina Faso seine Fassung von *Wandrers Nachtlied* vortragen konnte, war nicht zuletzt Ergebnis seines Stipendiatenaufenthalts in Weimar. Weiteren 13 Germanisten aus Georgien, Korea, Litauen, Rumänien, Lettland, Armenien und der Slowakei haben wir in diesem Jahr – vorwiegend aus Spendengeldern unserer Mitglieder – einen Forschungsaufenthalt in Weimar ermöglichen können. Im Jahr 2000 werden, so hoffen wir, die ersten Gäste aus Israel als Stipendiaten nach Weimar kommen. Das steht unserer Gesellschaft gut zu Gesicht. Unsere Gäste kehren in ihre Heimatländer als Botschafter Weimars und Goethes zurück, gewinnen dem deutschen Klassiker neue Freunde, gründen nicht selten in ihren Heimatländern Goethe-Gesellschaften. So leisten wir einen schmalen, aber gewichtigen Beitrag zur wissenschaftlichen Aufbauarbeit vor allem in den Ländern Osteuropas, zu kultureller Verständigung und tolerantem Miteinander.

Darüber hinaus gehört es zu unseren vordringlichen Aufgaben, geistige und materielle Unterstützung vornehmlich in den Ländern Osteuropas zu gewähren. In diesem Jahr haben sich Goethe-Gesellschaften in Estland, in Spanien und in Tschechien gegründet. Weltweit gibt es damit bis zum heutigen Tage 34 Goethe-Gesellschaften. Nicht wenige von ihnen bedürfen unserer Unterstützung. Gestatten Sie mir, Sie um Ihre Hilfe zu bitten. Helfen Sie mit, Stipendien zu gewähren, Goethe-Gesellschaften im Ausland beizustehen und Werkausgaben im Ausland zu fördern. Helfen Sie mit, indem Sie – falls Ihnen dies möglich ist – Ihrem Jahresbeitrag eine Spende hinzufügen. Gern werde ich in künftigen Jahresbriefen von dankbaren Stipendiaten berichten, von lebenskräftigen Goethe-Gesellschaften in den Ländern des Kaukasus, in Ost- und Südosteuropa und von fremdsprachigen Goethe-Ausgaben, die durch unsere Beihilfen möglich wurden.

Der Altersdurchschnitt unserer Mitglieder ist hoch, die Mitgliedszahlen leicht rückläufig. Lebendig und aktiv können wir nur bleiben, wenn wir neue Mitglieder gewinnen. Jeder von Ihnen möge, dies meine Bitte, den Versuch unternehmen, ein neues Mitglied zu werben. Wer sich für Leben und Werk Goethes interessiert, ist uns herzlich willkommen. Daß Sie damit unserer Gesellschaft auch ein solideres finanzielles Fundament geben, sei überdies hinzugefügt.

Im Zeichen des neuen Jahres seien Sie herzlich gegrüßt; ob nun in diesem oder im folgenden Jahr das neue Jahrtausend beginnt, stehe dahin. Ihnen allen möge das Jahr 2000 Gesundheit bringen, Glück im persönlichen Leben, Frieden und Harmonie mit ihren Mitmenschen und im Lauf der Welt überhaupt. Ich wünsche Ihnen, daß

Ihnen die Beschäftigung mit Literatur und Kunst – mit Goethe – helfen möge, Sinn und Maß zu finden, gelegentlich Trost, vor allem Kraft für ein tätiges Leben.

Ihnen mein Dank und meine freundlichen Grüße aus Weimar

Ihr

Jochen Golz

Bericht über die Kongreß- und Vortragsreise des Präsidenten nach Südkorea

In jüngerer Zeit hat die Republik Korea verstärkt unser Interesse auf sich gezogen. Seitdem Nord- und Südkorea sich politisch einander annähern, familiäre Kontakte nach Jahrzehnten der Trennung erstmals wieder möglich werden, vollzieht sich dort ein Prozeß, der in manchem an die deutsche Vereinigung erinnert.

Als ich die Einladung der koreanischen Goethe-Gesellschaft für die Zeit vom 17. bis 29. März 2000 in den Händen hielt, waren mir die inneren Probleme des Landes nur in Umrissen bekannt. Das aber sollte sich rasch ändern, denn zum großen geistigen Gewinn dieser Reise muß ich insbesondere die Gespräche mit den klugen und humorvollen, außerordentlich problembewußten koreanischen Kollegen zählen, die mir neue Perspektiven auf ihr Heimatland eröffnet haben: ein Land, das eine rasante Entwicklung im Zeichen des technologischen Fortschritts nimmt, deren Schattenseiten indes, eine von exzessiver Bautätigkeit in Mitleidenschaft gezogene Natur, expandierende urbane Siedlungen mit der Riesenstadt Seoul voran, ebenso deutlich zur Erscheinung gelangen. Zugleich ist zu bemerken, daß solcher Fortschritt in spannungsreichen Widerspruch gerät zum starken Traditions- und Kulturbewußtsein des koreanischen Volkes.

Das Goetheverständnis der koreanischen Germanisten bleibt von alledem nicht unberührt. Zu meinen wichtigsten Eindrücken zählt die Teilnahme an einer Debatte der Goethe-Lesegruppe über die Studierzimmerszene im *Faust*. Regelmäßig versammelt sich in Seoul ein Kreis von Germanisten, um Übersetzungsprobleme zu diskutieren. In der Vergangenheit ist daraus eine Übersetzung von *Wilhelm Meisters Wanderjahren* entstanden. Beeindruckend, mit welch sensitivem Textverständnis, mit welcher aus modernen Erfahrungen vermittelten Affinität zum alten Text Interpretations- und Übersetzungsprobleme diskutiert werden.

Was im kleineren Kreis schon zur Geltung gelangte, setzte sich fort auf der Konferenz, die am 25. März – traditionsgemäß in der kalendarischen Nähe zu Goethes Todestag – auf dem Campus der National University von Seoul von der koreanischen Goethe-Gesellschaft veranstaltet wurde. Das Rahmenthema *Goethes Dichtung an der Jahrhundertwende* war weitgespannt, erlaubte die Behandlung so unterschiedlicher Einzelthemen wie *Goethes politische Anschauungen*, *Die Modernität von „Faust II"*, *Der Begriff der Weltliteratur bei Herder und Goethe* oder *Wieland und die Antike*. In zwei Vorträgen habe ich über Goethe als politischer Gestalter und das Verhältnis von Beethoven und Goethe gesprochen – der Wunsch der Gastgeber, das zweite Thema ausdrücklich aufzunehmen, war angesichts der großen Liebe zur europäischen Musik in Korea sehr verständlich; in Vorträgen an drei weiteren Universitäten habe ich es außerdem behandelt. Ich erlebte im Anschluß an alle Beiträge eine Diskussion auf hohem Niveau, die stets auch von großer Vertrautheit mit dem Forschungsstand Zeugnis gab. Daß eine solche Tagung mit gemeinsamer Geselligkeit in ihren landestypischen Formen ausklingt, darf nicht unerwähnt bleiben.

Ohnehin: Die Gastfreundschaft der koreanischen Kollegen und Freunde ist wahrhaft buchenswert. Sorgsam war für mich ein Besuchsprogramm vorbereitet worden, das mir den Zugang zu Schatzkammern der alten koreanischen Kultur eröffnete – zu den Kaiserpalästen, zum archäologischen Museum, zu einer alten Dorfanlage –, einen Ausflug zur frühneuzeitlichen Ansiedlung eines berühmten Gelehrten in unversehrter lieblicher Landschaft enthielt, aber mich auch mit Malerei und Skulpturen im Nationalmuseum für moderne Kunst konfrontierte.

Was sich zudem nachdrücklich einprägt, ist das Bild von baulich hochmodernen, von Studenten überquellenden Campus-Universitäten, die äußerlich das Bild einer prosperierenden Entwicklung vermitteln. Doch die Sorgen der koreanischen Kollegen sind mir dank ihrer eigenen Problemoffenheit nicht verborgen geblieben. Angesichts eines Globalisierungsprozesses, der Korea erst jüngst in eine ökonomische Krise gestürzt hatte, geht die Beschäftigung mit deutscher Sprache und Kultur zurück, durchlebt das Fach eine Legitimationskrise. Eine rasche Wendung scheint nicht in Sicht.

Um so höher ist anzuerkennen, was an den zahlreichen Universitäten des Landes von Germanisten geleistet wird. Es fügte sich glücklich, daß eine Tageszeitung in Seoul mir Gelegenheit gab, meine Eindrücke für ein Interview zu formulieren. Vieles verbindet uns mit den Kollegen in diesem fernen Land: ein Verhältnis der Liebe zu Goethe und zugleich das Bewußtsein, angesichts einer hochzivilisierten, manchmal bedrohlich geistfernen Moderne ein solches Verhältnis stets neuer Prüfung und Bewährung auszusetzen. Als ich abflog, hatte ich die Empfindung, von guten Freunden Abschied zu nehmen, die mir auch in der räumlichen Entfernung nah bleiben werden.

Jochen Golz

Bericht über die Gründung einer Ortsvereinigung der Goethe-Gesellschaft in Bergisch Gladbach

Als das Jahr 1999 mit seinen zahlreichen Veranstaltungen zum 250. Geburtstag Goethes zu Ende ging, fand sich in Bergisch Gladbach ein kleiner Kreis zusammen, der sich auch weiterhin mit dem Dichter befassen wollte.

Der Zufall wollte, daß uns das Halbjahresprogramm der Goethe-Gesellschaft Nordenham in die Hände fiel. Gespräche mit dem Vorsitzenden dieser Goethe-Gesellschaft, Herrn Leimbach, machten uns Mut, selbst für eine kleine Stadt wie Bergisch Gladbach die Gründung einer Goethe-Gesellschaft zu wagen.

Nach einigen Vortreffen gründeten 45 Mitglieder die Goethe-Gesellschaft in Bergisch Gladbach und verabschiedeten die Satzung. Am 26. Mai 2000 wurde die Gründung gefeiert. Der Festakt fand in der Villa Zanders in würdigem Rahmen statt. 150 Gäste waren der Einladung an alle Bürger gefolgt. Für einen außergewöhnlichen Auftakt sorgten Oberstufen-Schülerinnen mit ihrem Programm *Sind wir nicht alle ein bißchen Goethe?*

Den anschließenden Festvortrag, *Goethe in 1000 Zungen*, hielt Herr Dr. Golz, der einen umfassenden Überblick über die Arbeit, die Ziele und das Leben der weltumspannenden Goethe-Gesellschaft vermittelte.

Abgerundet wurde der Abend durch die glänzende Darbietung der Schauspielerin Helga Ziaja vom Othello-Theater in Weimar. Mit ihrem Programm *Goethe und die Frauen* brachte sie eine heitere Note in die Veranstaltung. In angeregter und gelöster Stimmung verlief anschließend der gesellige Teil des Abends.

Im Verlauf des Jahres hat sich die Zahl der Mitglieder nahezu verdoppelt. Unsere Mitglieder schätzen neben einem ausgewogenen Programm die regelmäßigen Begegnungen und die Möglichkeit, nach den Vorträgen im überschaubaren Kreis das Erzählte und Erlebte zu reflektieren.

Für den Vorstand war eine der schönsten Erfahrungen, von den etablierten Gesellschaften vielfältige Hilfestellung zu bekommen. Ein besonderer Dank gilt den zahlreichen Referenten, die bereit waren, unseren Start spontan und unkonventionell zu unterstützen.

Juliette Eckel

Bericht über die Gründung einer Ortsvereinigung der Goethe-Gesellschaft in Erlangen

Wie es sich für eine altehrwürdige Universitätsstadt geziemt, darf sich seit Mai 2000 nun endlich auch Erlangen über eine Goethe-Gesellschaft freuen. Nachdem die Erlanger Goethe-Freunde bislang bei der Goethe-Gesellschaft in Nürnberg ‚untergekommen' waren, dieses ‚Zweckbündnis' sich aber aufgrund der Entfernung der beiden Städte und manch unterschiedlicher Interessen als untauglich erwies, wurde schließlich die Trennung vollzogen und am 29. Mai 2000 in Erlangen eine ‚eigene' Ortsvereinigung der Goethe-Gesellschaft Weimar gegründet.

Der Gründungsversammlung folgte dann am 6. Juli 2000 die erste offizielle Veranstaltung, mit der sich die neue Goethe-Gesellschaft der Erlanger Öffentlichkeit präsentierte und bei der wir zugleich den Präsidenten der Goethe-Gesellschaft Weimar, Herrn Dr. Golz, als Ehrengast begrüßen durften. Im stimmungsvollen Ambiente der Orangerie im Erlanger Schloßgarten fand ein geselliger Rezitationsabend statt, bei dem nach einer knappen einführenden Ansprache des Vorsitzenden, Prof. Peter Horst Neumann, der Münchner Schauspieler Thomas Holtzmann eindrucksvoll Goethe-Gedichte las. Anschließend hatten die Erlanger Goethe-Interessierten bei einem Glas Wein Gelegenheit, sowohl den Vorstand der neuen Gesellschaft als auch deren grundsätzliche Ziele bzw. die geplanten Aktivitäten kennenzulernen.

Die Resonanz war erstaunlich, nicht nur angesichts der zahlreich erschienenen und die Orangerie bis zum letzten Stehplatz ausfüllenden Goethe-Gäste (ca. 150), sondern auch im Hinblick auf die bereits an diesem Abend unterzeichneten Beitrittserklärungen. Und die kommenden Angebote werden sicher das Ihrige beitragen, sie kontinuierlich ‚wachsen und gedeihen' zu lassen.

In diesem Sinne bleibt hier eigentlich nur noch eins zu sagen: „Aller Anfang ist heiter, die Schwelle ist der Platz der Erwartung" (*Wilhelm Meisters Lehrjahre*, VII, 9).

Anika Davidson

Bericht über die Gründung einer Ortsvereinigung der Goethe-Gesellschaft in Waldshut-Tiengen

Gut sechzig Mitglieder hat sie mittlerweile, die junge Goethe-Gesellschaft Hochrhein, Ortsvereinigung Waldshut-Tiengen. Am Abend des 15. Juni 2000 wurde sie per Gründungsversammlung aus der Taufe gehoben, und über vierzig Gründungsmitglieder standen gleichsam als Taufpaten bereit: unterschiedlichster beruflicher und regionaler Herkunft, geistlichen und weltlichen Standes, von deutscher und schweizerischer Seite des Rheins.

Als besonderer Auftakt führte eine kleine, einwöchige Studienreise nach Thüringen – sozusagen der Antrittsbesuch beim Meister (daneben freilich auch bei Martin Luther und Johann Sebastian Bach). Siebenundzwanzig Mitreisende erlebten wahrhaft eindrückliche Tage in der klassischen Region deutscher Geistesgeschichte. Nicht weniger gelungen war dann am 15. Oktober, als Startschuß zu Hause, das Eröffnungskonzert mit dem Kammerorchester der Staatlichen Hochschule für Musik Freiburg. Werke von Stamitz, Tschaikowski, Sibelius und Schostakowitsch bildeten das abwechslungsreiche Programm. Und bereits zwei Tage später ein weiterer Höhepunkt: Der Präsident der Goethe-Gesellschaft in Weimar, Herr Dr. Golz, reflektierte das Verhältnis zwischen Goethe und Beethoven – behutsamer Nachvollzug einer bemerkenswert ambivalenten Beziehung. Nicht weniger „prekär" der Gegenstand des Vortragsabends am 14. November: Frau Dr. Elisabeth Herrmann (Freiburg) skizzierte auf der Grundlage von Dichterzeit, Dichterbiographie und Dichterwerk das vieldeutige Verhältnis Goethes zum Tod.

Man sieht: Die neugegründete Goethe-Gesellschaft Hochrhein etabliert sich als lebendige Institution, als die sie auch 2001 auf die Region ausstrahlen möchte.

Horst Lickert

Vertreter der serbischen Goethe-Gesellschaft als Gäste der Ulmer Ortsvereinigung

Wer an der Donau lebt, gewinnt besondere Perspektiven, andere jedenfalls als die, die man an Strömen hat, die sich in nördliche Meere ergießen. So haben die Ulmer von alters her ihren Blick donauabwärts gerichtet, sind mit ihren Schiffen, den „Ulmer Schachteln", bis zum Schwarzen Meer gefahren und haben wirtschaftliche und kulturelle Kontakte gepflegt. Die Wiederbesiedlung des nach den Türkenkriegen entvölkerten Donauraumes erfolgte von Ulm aus, und von daher erhielten die Siedler den Namen „Donauschwaben". Nach dem Zusammenbruch des kommunistischen Systems hat die Stadt Ulm ihre Verbindungen zu den Donaustädten intensiviert bzw. neu aufgebaut. Das bayerische Neu-Ulm hat sich diesen Bemühungen angeschlossen, und so laden die beiden Städte im Zweijahresrhythmus seit 1998 Gäste aus den übrigen Anrainerstaaten zum Internationalen Donaufest ein.

Wir, die Goethe-Gesellschaft in Ulm und Neu-Ulm, wollten unseren Beitrag zu diesem völkerverbindenden Unternehmen leisten und hatten das Glück, in den Mitgliedern der serbischen Goethe-Gesellschaft, insbesondere in deren Präsidenten, Herrn Professor Krivokapić, und deren Vizepräsidenten, Professor Babić, wahre Freunde zu finden. Da es sich zeigte, daß die offiziellen Kontakte Ulms nach Jugoslawien keinen Bestand hatten, konnten wir eine Lücke schließen. Dies wurde nicht nur seitens der Städte Ulm und Neu-Ulm durch einen Zuschuß honoriert, sondern fand auch in der örtlichen Presse ein nachhaltiges Echo. Die Mitglieder trugen durch großzügige Spenden dazu bei, daß wir sämtliche Kosten für unsere Gäste übernehmen konnten. Diese waren sieben Mitglieder der serbischen Goethe-Gesellschaft und vier Abiturientinnen des Philologischen Gymnasiums in Belgrad. Sie hatten freien Eintritt zu den Konzerten und Vorträgen des Donaufestes. Von unserer Seite kamen hinzu: ein Donauspaziergang, ein Begrüßungsabend, ein Stadtrundgang, ein Ausflug nach Blaubeuren und schließlich der Besuch des sonntäglichen Orgelkonzertes im Ulmer Münster.

Trotz des sehr kühlen und regnerischen Wetters, das unseren Gästen, die vom 40 Grad heißen Balkan kamen, eine gehörige Abkühlung auferlegte, erfreuten wir uns alle an dieser sehr glücklichen Begegnung, die, obwohl sie nur fünf Tage währte, von Gästen und Gastgebern genossen wurde. So hoffen wir auf eine Neuauflage des Besuchs im Jahre 2002 und werden bestrebt sein, dann das Donaufest aktiv mitzugestalten, z. B. durch literatur- und sprachwissenschaftliche Beiträge. Bleibt noch anzufügen, daß Professor Babić durch zwei Vorträge und einen Auftritt bei einer Talk-Show hierzulande zu einer wohlbekannten Persönlichkeit geworden ist.

Es sei mir gestattet, mit Worten Hölderlins zu schließen, der die Donau in seine späten Stromhymnen aufgenommen hat:

Glückselig Suevien, meine Mutter ...
Von hundert Bächen durchflossen!

So beginnt die Hymne *Die Wanderung* (1801), in der berichtet wird:

Es seien vor alter Zeit
Die Eltern einst, das deutsche Geschlecht,
Still fortgezogen von Wellen der Donau ...

Am Ziel angekommen, begegnen sie den „Andern“ – eine Begegnung, die Hölderlin auf verpflichtende Weise deutet:

... und eine Weile
Sahn still sie auf, dann reichten sie sich
Die Hände liebend einander. Und bald
Vertauschten sie Waffen und all
Die lieben Güter des Hauses,
Vertauschten das Wort auch ...

Durch unsere Einladung wollten wir insbesondere jungen Menschen, die in einem Land leben müssen, das ihnen vorläufig wenig Zukunft bietet, Perspektiven eröffnen. Die europäische Kultur ist ein Ganzes, und neben der gewiß wichtigen wirtschaftlichen Entwicklung ist der geistige Austausch – indem wir „das Wort vertauschen“ – für eine gemeinsame Zukunft wahrhaft notwendig.

Ursula Heldmann

Tätigkeitsberichte der Ortsvereinigungen für das Jahr 1999

Aachen

Vorsitzende: Renate Schmidt, Morillenhang 2 a, 52064 Aachen; stellv. Vorsitzender: Dieter Jansen, Neustr. 2, 52066 Aachen. – Dr. Anna Hein (Mainz): *Glückel von Hameln und Fanny Lewald. Lebensgeschichten jüdischer Frauen in Deutschland.* – Prof. Dr. Dieter Breuer (Aachen): *Die Abwesenheit der olympischen Götter. Zu Goethes „Faust II", zweiter Akt.* – Prof. Dr. Georg-Michael Schulz (Kassel): *Der Krieg gegen das Publikum. Die Rolle des Publikums in den Konzepten der Theatermacher des 18. Jahrhunderts.* – Elisabeth Kröll (München): *„Faust"-Visionen* (Dia-Vortrag der Künstlerin zu ihren Werken). – Prof. Dr. Helmut Schanze (Siegen): *F. W. Murnaus „Faust" – das neue Gesamtkunstwerk?* – Prof. Dr. Bernd Witte (Düsseldorf): *Goethe und die Deutschen.* – Prof. Dr. Volker Neuhaus (Köln): *Liebe und Lust in Goethes Werken.* – Walter Danz/Christiane von Pöllnitz: *Goethes Lyrik* und *Prosa* (Rezitation im Rahmen des Aachener Poetenfestes). – Maria Freund (Köln): *Goethes geliebte Frauen. Liebesbriefe und -gedichte, autobiographische Aufzeichnungen und Zeitzeugnisse.* – Rosemarie Wilsing (Aachen): *Marianne von Willemer. Goethes Suleika.* – Prof. Dr. Klaus Manger (Jena): *Goethes Mahnmal „Der Groß-Cophta".* – Prof. Dr. Kaspar Spinner (Aachen): *The Lamentable and True Tragedie of M. Arden of Feversham in Kent. Ein bürgerliches Trauerspiel aus der Shakespeare-Zeit.* – Exkursionen: Besuch der Ausstellungen *Gemälde von Angelica Kauffmann* und *Europa, wie Goethe es sah* (beide in Düsseldorf). – Auf den Spuren von Shakespeare in London und Stratford (Leitung: Dorothée Ermold).

Altenburg

Vorsitzende: Adelheid Friedrich, Zeitzer Str. 68 a, 04600 Altenburg. – Gudrun Schury (Bamberg): *Goethe-ABC* (Die Autorin stellt ihr Lexikon vor.). – Dr. Erhard Naake (Weimar): *„wir waren Freunde und sind uns fremd geworden". Friedrich Nietzsche und Richard Wagner: eine „Sternenfreundschaft"?* – Prof. Dr. Heinz Gockel (Bamberg): *„Iphigenie" und der Mythos.* – Dr. Jens F. Dwars (Jena): *„Sie verstehen dich nicht, obwohl sie deine besten Freunde sind". Ein Abend um den Begründer des Kulturbundes Johannes R. Becher.* – Dr. Angelika Reimann (Jena): *„denn jede Freude ist nur halb". Eine Annäherung an Christiane von Goethe geb. Vulpius.* – Prof. Dr. Lothar Ehrlich (Weimar): *Die Goethe-Rezeption in der DDR.* – Helmut von Senden (Erfurt)/Heinz Pilz (Leipzig): *„Die Worte des Zauberers". Hermann Hesse* (musikalisch-literarischer Abend). – Helmut von Senden (Erfurt): *Manfred Hausmann. Begegnungen mit dem Wort.* – Adelheid Friedrich (Altenburg): *Liebe, Ehe, das Wesen der Sittlichkeit, die Macht des Willens gegenüber der Leidenschaft in Goethes Roman „Die Wahlverwandtschaften".* – Literarischer Jahresausklang mit Karin Kundt-Peters.

Aue

Vorsitzender: Dr. Karl Peter Gregori, Auer Str. 79, 08301 Schlema; stellv. Vorsitzender: OStR Martin Ebert, Hauptstr. 46, 08301 Schlema. – Martin Ebert (Aue): *Vom Radiumbad Oberschlema zum Kur- und Gesundheitsbad ACTINON* (Dia-Vortrag mit musikalischer Umrahmung durch Mitglieder der Philharmonie Miriquidi). – Doz. Dr. habil. Günter Adler (Zwickau): *„verteufelt human". Die Problematik des klassischen Humanitätsideals am Beispiel von Goethes „Iphigenie auf Tauris".* – Dr. Angelika Reimann (Jena): *„Man kam nicht zu ihm, ohne sich seiner Milde zu erfreuen, man ging nicht von ihm, ohne verletzt zu sein". Goethes spannungsvolles Verhältnis zu Johann Gottfried Herder.* – Dr. Fritz Ebner (Darmstadt): *Gretchen. Vorbild und Abbild* (Vortrag des Autors nach seinem gleichnamigen Buch). – Dr. Karl Peter Gregori: *„Sein Zustand war labil und höchst erregbar". Goethes leidenschaftliche Liebe zu Ulrike von Levetzow.* – OStR Erhard Schlame (Stollberg): *Goethes Humanitätsideal im Spiegel seines Werkes.* – Dr. Klaus Walther (Zwönitz): *Zwischen Aneignung und Vermarktung. Eine erste Bilanz des Goethejahres 1999.* – PD Dr. habil. Dietmar Schubert

(Zwickau): *Ein „erschreckliches Monstrum"? Johann Jakob Christoffel von Grimmelshausens Romanwerk „Der abenteuerliche Simplicissimus Teutsch"*. – Doz. Dr. habil. Günter Adler (Zwickau): *Politik und Moral in Schillers „Wallenstein". Zum 240. Geburtstag Friedrich Schillers.*

Auerbach

Vorsitzender: Ekkehard Taubner, Falkensteiner Str. 6, 08239 Bergen/Vogtl. – Günter Gerstmann (Jena): *Der polnische Nationaldichter Mickiewicz und sein Verhältnis zu Goethe.* – Walter Arzt (Treuen): *Rückblick auf mein Leben im Zeichen der Literatur.* – Erich Reyer (Falkenstein): *Anklänge an Goethe im Werk Hermann Hesses.* – Dr. Angelika Reimann (Jena): *Zwischen Pflicht und Neigung. Johann Wolfgang von Goethe im Herzogtum Sachsen-Weimar* (Buchpräsentation durch die Autorin). – Harri Müller (Plauen): *Goethe und kein Ende?!* – Heike Spies (Düsseldorf): *Die Briefe des jungen Goethe.* – Dr. Hans Joachim Schaefer (Kassel): *Goethe und Beethoven.* – Hermann Rosenau (Darmstadt): *Goethe und Persien.* – *Vermischtes zur Weihnachtszeit*, dargeboten von Mitgliedern der Ortsvereinigung Auerbach.

Bad Harzburg

Vorsitzender: StD Eberhard Völker, Eichendorffstr. 46, 38667 Bad Harzburg; Geschäftsführerin: Sabine Kuckuck, Herzog-Wilhelm-Str. 8, 38667 Bad Harzburg. – Eberhard Völker (Bad Harzburg): *Goethes Straßburger Zeit.* – Prof. Dr. Klaus Gerth (Hannover): *Faust als literarische Symbolfigur.* – Prof. Dr. Horst Nalewski (Leipzig): *Rilkes alttestamentarische Gedichte.* – Prof. Dr. Klaus Manger (Jena): *Die Sternenstunde von Schillers „Wallenstein".* – Zum 250. Geburtstag Goethes: Wanderung auf Goethes Spuren vom Torfhaus zum Brocken. – Gemeinsame Veranstaltung mit dem Kulturklub und Klaus Tudyka (Berlin): *„Vom Vater hab ich die Statur".* – Dr. Rosemarie Schillemeit (Braunschweig): *Wilhelm Raabes Roman „Prinzessin Fisch".* – Prof. Dr. Heinz Gockel (Bamberg): *Thomas Manns Goethe.* – Prof. Dr. Joachim Dyck (Oldenburg): *Goethes Gedicht „Auf dem See" als Abschied vom Sturm und Drang.* – Studienfahrt nach Frankfurt und Wetzlar.

Bamberg

Vorsitzender: Dr. Ernst Schneider, Promenade 15, 96047 Bamberg; Vorsitzender seit Dezember 1999: Dr. Michael Stark, Postfach 110240, 96030 Bamberg; stellv. Vorsitzender: Prof. Dr. Heinz Gockel, Wildensorger Str. 42, 96049 Bamberg; Ehrenvorsitzender: Dr. Ernst Schneider. – Prof. Dr. Walter Schulz (Bamberg): *Goethe und die Medizin.* – Ernst Luthardt (Bamberg): *Goethes Gärten und Parks in Thüringen.* – Volkmar Schumann (Eisenach): *Wielands „Psyche" und Goethes Freundin Julie von Bechtolsheim.* – Dietrich Fischer-Dieskau (Berlin): *Einander zu ähnlich?* (Texte von Goethe und Heinrich von Kleist). – Dr. Bernd Goldmann (Bamberg): *Ein Beweis zur Überwindung strenger Nationalgrenzen: David d'Angers. Portraits von Goethe und anderen.* – *Goethe und Beethoven* (Lesung und Konzert in der Orangerie des Schlosses Seehof). – Besuch der Aufführung des Barockschauspiels *Dr. Faust* im Marionettentheater Loose. – Gudrun Schury (Bamberg): *„Sauklaue und Gänsekiel". Über das Lesen und Edieren von Handschriften der Goethezeit.* – Goethe-Geburtstag im Neuen Palais: Hugo Scholter liest Texte von Goethe und Wilhelm Busch. – Dr. Michael Stark (Bamberg): *„Des Pudels Kern". Deutsche Intellektuelle und das Faustische.* – Jahreshauptversammlung und Neuwahl des Vorstands.

Bergisch Gladbach

Neugründung im Mai 2000. – Vorsitzende: Juliette Eckel, Hoppersheider Weg 10, 51467 Bergisch Gladbach; stellv. Vorsitzende: Renate Arnold, Eschenbroichstr. 38, 51469 Bergisch Gladbach.

Berlin

Vorsitzende: Beate Schubert, Fischottersteig 7, 14195 Berlin; stellv. Vorsitzender: Prof. Dr. Ekkehart Krippendorff, Schulenburgring 5, 12101 Berlin. – Maria Erxleben (Berlin): *Goethes Verhältnis zu Berlin* (Dia-Vortrag). – Besuch des Käthe-Kollwitz-Museums (Führung: Dr. Gudrun Fritsch). – Dr. Wolfgang Butzlaff (Kiel): *Käthe Kollwitz und Goethe.* – Auf Goethes Spuren im Elsaß und in Lothringen. Straßburg, Sesenheim,

Turckheim und Bastberg (Leitung: Monika Schopf-Beige, Stuttgart). – Hanns-Helmut Allers (Berlin): *Goethe und das Berliner Theater.* – Festliche Veranstaltung zum 250. Geburtstag Goethes (Besuch des Festakts und der Aufführung *Egmont* im Theater Bad Lauchstädt und Teilnahme an den Feierlichkeiten im Bad Lauchstädter Kurpark; Leitung: Barbara von Lehmann). – Prof. Dr. Ernst Osterkamp (Berlin): *Goethe und Wilhelm von Humboldt.* – Prof. Dr. Helmut Börsch-Supan (Berlin): *Goethes Dichtungen als Inspirationsquelle Berliner Künstler.* – Dr. Hartmut Schmidt (Wetzlar): *Die Leiden und Freuden des jungen Werther. Goethe, Nicolai und die Berliner vor 225 Jahren.* – Tilmann Buddensieg (Berlin): *Schinkel, Rauch und Goethe* (Dia-Vortrag). – Prof. Dr. Frank Schneider (Berlin): *Goethe und Reichardt* (Vortrag mit Musikbeispielen). – Hans-Wolfgang Kendzia (Berlin): *Aus dem Briefwechsel zwischen Goethe und Zelter* (zwei Leseabende). – Gottfried Eberle (Berlin): *Poesie, Harmonie und Gesang. Goethes Interesse an Zelters Singakademie* (Vortrag mit Musikbeispielen). – Prof. Dr. Norbert Miller (Berlin): *Goethe im Hause Mendelssohn.* – Podiumsdiskussion mit Prof. Dr. Hartmut Böhme, Jan-Lüder Röhrs und Prof. Dr. Ferdinand Dammaschun: *„Alles der Natur angehörige kam philosophisch und wissenschaftlich zur Sprache". Goethe und Alexander von Humboldt.*

Bonn

Vorsitzender: Prof. Dr. Helmut Schneider, Germanistisches Seminar, Universität Bonn, Königsstr. 76, 53116 Bonn; Vorsitzender seit März 2000: Prof. Dr. Harald Steinhagen, dito; stellv. Vorsitzende: Cornelia Kothe, Dellweg 23, 53117 Bonn u. Prof. Dr. Norbert Oellers, Rüdigerstr. 14, 53179 Bad Godesberg. – Prof. Dr. Marion Meyer (Bonn): *Goethe, Gipse und Gelehrte* (Vortrag und Führung durch die Sammlungen des Akademischen Kunstmuseums Bonn). – Kunstausstellung Dirk Otto in der Thüringer Landesvertretung. – Bach-Konzert zum 314. Geburtstag von Johann Sebastian Bach mit dem Kammerorchester der Bonner Bach-Gemeinschaft und dem Bonner Bach-Orchester in der Kirche St. Elisabeth. – Jahresmitgliederversammlung und Dia-Vortrag: *Weimar auf dem Wege zur Kulturstadt Europas 1999* mit der Bildjournalistin Marianne Neumann. – *Das Licht, das Dunkel und die Farben.* Deutsche Premiere eines Films über *Goethes Farbenlehre.* – Prof. Dr. Peter Pütz (Bonn): *Goethes „Wilhelm Meister".* – Prof. Dr. Georg Schwedt (Clausthal): *„Vom Rheinstrom kommt mir neue Freude". Über Goethes Kontakte zu Bonner Naturforschern.* – Gemeinsame Veranstaltung mit den Deutsch-Italienischen Gesellschaften: Theaterstück *„Carnevale. Viaggio in Italia del Dr. Faust".* – Thüringer Sommerfest auf dem Bonner Marktplatz.

Bremen

Vorsitzender: OStR Klaus Ehlert, Dimhausen 7, 27211 Bassum; stellv. Vorsitzender: OStD Herbert von der Heide, Buchenstr. 11, 28844 Weyhe. – Doris Runge (Cismar): *Goethe und Marianne von Willemer.* – Prof. Dr. Volker Neuhaus (Köln): *Vom Doppelglück der Töne wie der Liebe. Goethes „Trilogie der Leidenschaft".* – Dr. Jens Soentgen (Frankfurt): *Chemie und Liebe: ein Gleichnis. Die Chemie als Schlüssel zu den „Wahlverwandtschaften".* – Zwei Rezitationsnachmittage: Maria Machado: *Goethe-Gedichte* und Klaus Nägelen: Texte über *Lessings und Goethes Vorstellungen vom Theater.* – Prof. Dr. Volker Riedel (Jena): *Goethe und seine Zeit im Spannungsfeld zwischen Antike und Moderne.* – Prof. Dr. Jürgen Gidion (Göttingen): *Thomas Manns „Lotte in Weimar".* – Prof. Dr. Gert Sautermeister (Bremen): *Fremd und unbehaust. Ein Lebensproblem Goethes, ein Leitmotiv seines Werks.* – Dr. Jochen Klauß (Weimar): *Charlotte von Stein.*

Chemnitz

Vorsitzender: Siegfried Arlt, Hüttenberg 13, 09120 Chemnitz; stellv. Vorsitzender: Dr. Klaus Herold, Küchwaldring 6, 09113 Chemnitz; Geschäftsführerin: Dr. Helga Bonitz, Heinrich-Beck-Str. 47, 09112 Chemnitz. – Ulrich Ritter (Schauspieler und Autor, Berlin): *„Goethes Geliebte". Ein Spiel vom Blatt.* – Siegfried Arlt (Chemnitz): *„vom Mütterchen die Frohnatur". Heiteres und Besinnliches über die Frau Rath Goethe.* – *„Mein Leben nur an Deinem Leben hängt". Charlotte von Stein: Goethes unsterbliche Geliebte.* Ein Film von Beate Schubert (Berlin). – Carola Sedlacek (Weimar): *Christiane. Eine Betrachtung mit den Augen einer Frau.* – Dr. Fritz Ebner (Darmstadt): *Gretchen. Vorbild und Ab-*

bild (Vortrag des Autors nach seinem gleichnamigen Buch). – Auf Goethes Spuren nach Bad Lauchstädt. Besichtigung der historischen Kuranlagen und des Goethe-Theaters (Exkursion). – Cornelia Kühn-Leitz (Hannover): *Neue Liebe – neues Leben. Goethes Leben im Spiegel seiner Gedichte* (musikalisch-literarische Soiree). – Dr. Karl Peter Gregori (Schlema): *Ulrike von Levetzow. „Die lieblichste der lieblichsten Gestalten"*. – Auf Goethes Spuren ... Die Goethe-Gesellschaft Kassel zu Gast in Chemnitz: 10 Jahre freundschaftliche Zusammenarbeit. – Helga Timmler (Eisenach): *Anna Amalia. Hohe Fürstin mit Kunstgeschmack.* – Heike Spies (Düsseldorf): *Ottilie von Goethe. 1796 bis 1872. – „Ich liebe zu tafeln am lustigen Ort". Essen und Trinken mit Goethe* (ein vergnüglicher Jahresrückblick mit Aussichten auf das Jahr 2000).

Darmstadt

Vorsitzender: Dr. Fritz Ebner, Frankfurter Landstr. 18, 64291 Darmstadt; stellv. Vorsitzender: Werner Wegmann, Liebigstr. 9, 64293 Darmstadt. – Prof. Dr. Christoph Perels (Frankfurt): *„Bewundert viel, und viel gescholten". Goethe unter den Dichtern unseres Jahrhunderts.* – Dr. Günther Martin (Darmstadt): *Goethe-Denkmäler* (Dia-Vortrag). – Dr. Ulrike Leuschner (München): *„Wahrer Künstler Eigensinn". Maler Müller zum 250. Geburtstag.* – Dr. Shu Ching Ho (Freiburg): *Goethes Begegnung mit China. „Chinesisch-deutsche Jahres- und Tageszeiten"* (Rezitation Ursula Ebner, Darmstadt): – Dr. Bernd Mahl (Tübingen): *Goethe und das Geldwesen. Seine wirtschaftstheoretischen Kenntnisse und ihr Niederschlag in seinen Werken.* – Dr. Ulrich Joost (Darmstadt): *Goethe und Lichtenberg. Zwei Arten, die Welt zu sehen.* – Tagesfahrt in die Goethestadt Frankfurt: Freilichtaufführung *Urfaust*, Festveranstaltung und Eröffnung der Ausstellung anläßlich des 50jährigen Bestehens der Darmstädter Goethe-Gesellschaft. Gedenkstunde zu Goethes 250. Geburtstag am Goethe-Denkmal. Rezitation: Aart Veder. – Dr. Max-Eugen Kemper (Rom): *Goethes Aufenthalt im Zentrum der katholischen Christenheit.* Gemeinschaftsvortrag mit der Gesellschaft Hessischer Literaturfreunde. – Dr. Stefan Schneckenburger (Darmstadt): *Goethe und die Pflanzenwelt.* – Prof. Dr. Georg Schwedt (Clausthal): *Goethe und die Naturwissenschaften* (mit Experimenten; Gemeinschaftsvortrag mit dem Ärztlichen Kreisverein). – *Goethe und Merck im Gespräch über Kunst und Künstler.* Ein Dialog von Dr. Fritz Ebner (Darmstadt), dargestellt von Schauspielern des Staatstheaters Darmstadt mit Lesung aus Briefen. Fabeln von Johann Heinrich Merck, gesprochen von Ursula Ebner (Darmstadt).

Dessau

Vorsitzender: Eberhard Schmidt, Lindenstr. 129, 06847 Dessau; stellv. Vorsitzender: Heiner Siegmund, Muldstr. 81, 06844 Dessau. – Vorträge und Veranstaltungen von und mit Eberhard Schmidt (Dessau): *Was Goethe uns heute bedeutet. Die Verdienste des E. W. Behrisch an seinem Jugendfreund Goethe und als Hofrat im Hause des Fürsten L. F. Franz von Anhalt-Dessau. – Goethe und die Naturwissenschaften. – Bettina von Arnim, Romantikerin zwischen Sehnsucht und Erfüllung. – Als der große Goethe noch klein war. – „Sah ein Knab ein Röslein stehn". Goethe und Friederike Brion. – Tafelschau zum Goethe-Jahr. – Basedow, Lavater, Matthisson. Bekannte Goethes und Gäste Dessaus. – Anhalt-Dessau zur Zeit Goethes* (Dia-Vortrag). – Prof. Dr. Helmut Brandt (Jena): *„Gottes heiliger Odem geht durch die Blätter der Geschichte". Heinrich Heine und seine Stellung zu Goethe.* – Dr. Angelika Reimann (Jena): *„Zwischen Pflicht und Neigung". Goethes Zeit in Weimar.*

Dresden

Vorsitzender: Prof. Dr. Günter Jäckel, Seidelbaststr. 2, 01259 Dresden; Vorsitzender seit August 1999: Dr. Jürgen Klose, Döbraer Str. 46, 01189 Dresden; stellv. Vorsitzender: Dr. Wolfgang Bunzel, Ermelstr. 15, 01277 Dresden. – Klaus Günzel (Zittau): *Ludwig Tieck und seine Jahre in Dresden.* – Aufführung des *Urfaust* der Schülerbühne des Vitzthum-Gymnasiums (Regie: Gerd Häntsch und Dr. Jürgen Klose, beide Dresden). – Eckhard Richter (Dresden): *„Wir, Söhne dieses Jahrhunderts". Aufklärung und Kunstreligion bei W. H. Wackenroder.* – Dr. Sigrid Schulz-Beer (Dresden): *Musikergräber in Wien und Salzburg.* – Ulrike Schmidt (Dresden): *Ida von Lüttich (1798–1856). Der Einfluß einer Frau im Dresdner Kunstleben des 19. Jahrhunderts.* – Dr. Rosemarie

Schillemeit (Braunschweig): *Neues zum Leipziger Goethe* (Dia-Vortrag). – Gedenkveranstaltung zu Goethes 250. Geburtstag. – *Auf Goethes Spuren zwischen Altenberg und Zinnwald* (Busexkursion). – Dr. Jürgen Klose (Dresden): *„Der Mann, der alles weiß". Alexander von Humboldt, ein Naturforscher der Goethezeit* (aus Anlaß seines 230. Geburtstages). – Prof. Dr. Klaus Hufeland (Essen): *Liebe im Getriebe. Goethes „Das Tagebuch".* – Prof. Dr. Hans Joachim Neidhardt (Dresden): *Angst und Glaube. Zur Bildstruktur und Bedeutung der Winterlandschaften C. D. Friedrichs von 1811.* – Prof. Dr. Ulrike Landfester (München): *Goethes Frauenfiguren bei Schriftstellerinnen des 19. Jahrhunderts.*

Eisenach

Vorsitzender: Volkmar Schumann, Am Wartenberg 28, 99817 Eisenach; stellv. Vorsitzender: Gerhard Lorenz, Am Hängetal 5, 99817 Eisenach. – Mitgliederversammlung mit anschließender Enthüllung einer Gedenktafel. – Dr. Wolfgang Strack (Buseck): *Auf den Spuren Johann Sebastian Bachs* (Ton-Dia-Schau, Teil II). – Volkmar Schumann (Eisenach): *Goethe in Eisenach.* – Prof. Dr. Wolfgang Promies (Darmstadt): *Der junge Goethe und Lichtenberg.* – Schüler des Elisabeth-Gymnasiums (Eisenach) spielen das *Puppenspiel vom Dr. Faustus.* – Lutz Schwarze (Eisenach): *Traditionelle „Faust"-Matinee am Ostermontag.* – Herbert Oranien/Mark Winstanley (beide Eisenach): *Lord Byron: „Ritter Harolds Pilgerfahrt"* (Lesung). – Prof. Dr. Wolfgang Wittkowski (Schenectady/USA): *Schillers „Thekla" und das „Wallenstein"-Problem.* – Hilmar Dreßler (Leipzig): *Goethes Farbe-Ton-Analogien im allgemeinen, insbesondere im historischen Teil seiner „Farbenlehre".* – Volkmar Schumann (Eisenach): *„Der Postmeister"* von Alexander Puschkin (Lesung). – Helga Timmler (Eisenach): *Luise von Göchhausen.* – Herausgabe einer Broschüre *Goethe in Eisenach.* – Im Lesekreis: *Goethe als Patient* sowie *Wieland und sein Leben.* – Studienfahrt nach Biberach, Ulm und Dinkelsbühl. – Theaterfahrt nach Bauerbach zur Aufführung *Die Räuber.* – Ausstellung: *Goethe in Eisenach* (auch in Bad Salzungen und Schweina gezeigt). – Fontane-Ensemble Berlin: Szenische Lesung von Thomas Manns *Lotte in Weimar.* – Gartenfest im Kartausgarten zum 250. Geburtstag Goethes, u. a. mit Herbert Oranien: *Der Gott und die Bajadere* (Rezitation), Volkmar Schumann: *Briefe Goethes an Charlotte von Stein und Mdm. de Staëls „Über Deutschland"* (Lesung), Hildrun Scheit (Flöte), Bruno Ritzmann (Cembalo) und mit dem Zauberkünstler Winfried Gundermann (alle Eisenach). – Tagesfahrt nach Ilmenau. – Viertagesfahrt nach Frankreich und an die Mosel. In Sedan Treffen mit französischen Literaturfreunden. – Schüler des Ernst-Abbe-Gymnasiums rezitieren und musizieren: *„und lieben, Götter, welch ein Glück!"* – Prof. Dr. Bernd Leistner (Leipzig): *Goethe und Schiller im Xenienstreit.* – Kathrin Groke (Weimar): *C. W. Coudray und die Landbaukunst im Großherzogtum Sachsen-Weimar-Eisenach 1816–1845.* – Gemeinsame Veranstaltung mit dem Martin-Luther-Gymnasium (Eisenach): *Goethe: ein Europäer?* – Gerhard Lorenz (Eisenach): *Der Bergrat C. W. Voigt. Geologische Studien im Eisenacher Land.* – Mehrere Stadtführungen: *Auf Goethes Spuren in Eisenach.*

Erfurt

Vorsitzender: Prof. Dr. Dietrich Grohnert, Puschkinstr. 16, 99084 Erfurt; Geschäftsführer: Volkmar Birkholz, Goethestr. 2, 99096 Erfurt. – Dr. Wolfgang Strack (Buseck): *Goethes Italienreise* (Ton-Dia-Schau, Teil III). – Dr. Siegfried Seifert (Weimar): *Goethes „schöne Freundin". Die Weimarer Primadonna Caroline Jagemann* (Dia-Vortrag). – Prof. Dr. Peter Glotz (Erfurt): *Der mißachtete Leser. Die deutsche Gegenwartsliteratur und die deutsche Gesellschaft.* – Dr. Wolfgang Strack (Buseck): *Goethes Italienreise* (Ton-Dia-Schau, Teil IV). – Exkursion nach Schloß Kochberg. – Feierstunde anläßlich des 250. Geburtstages von Johann Wolfgang von Goethe im Barocksaal der Staatskanzlei. – Dr. Detlef Ignasiak (Jena): *Erfurt und seine Literatur im 18. Jahrhundert.* – Dr. Rolf Haage (Weimar): *Braucht Deutschland seine Dichter? Eine Polemik.* – Prof. Dr. Lothar Ehrlich (Weimar): *Weimar 99. Ein Rückblick in die Zukunft* (anschließend Jahresmitgliederversammlung mit Vorstandswahl und Geselligkeit).

Erlangen

Neugründung im Mai 2000. Vorsitzender: Prof. Dr. Peter Horst Neumann; Ligusterweg 39, 90480 Nürnberg; stellv. Vorsitzende: Dr. Anika

Davidson, Oberer Markt 36, 90562 Heroldsberg; Geschäftsführer: OStD Siegfried Ziegler, Im Herrengarten 6, 91054 Buckenhof.

Essen

Vorsitzender: Prof. Dr. Klaus Hufeland, Eibergweg 9, 45279 Essen. – Prof. Dr. Rolf-Dietrich Keil (Bonn): *Goethe und der griechische Befreiungskampf 1821/29* (Dia-Vortrag). – Carola Sedlacek (Weimar): *Alltag im Hause Goethes.* – Prof. Dr. Karl Eibl (München): *„Faust". Goethes „abstruse" Antwort auf die Frage nach der „Bestimmung des Menschen".* – Exkursion nach Eisenach. – PD Dr. Werner Jung (Duisburg): *Schlegels „ästhetischer Kriminalkodex". Zum Literaturverständnis der deutschen Frühromantik.* – Elisabeth Saemann (Essen)/Dr. Eberhard Auras (Essen): Matinee zu Goethes 250. Geburtstag. – Dr. Wolfgang Braune-Steininger (Ehringshausen): *Antike und Aufklärung. Zur Ästhetik der Weimarer Klassik.*

Freiburg i. Br.

Neugründung 1999. Vorsitzender: Senator h. c. Dr. Konrad Huber, Schreiberstr. 10, 79098 Freiburg; Geschäftsführerin: Irene Hildenbrand, Basler Str. 62, 79100 Freiburg. – Eröffnungsvortrag zur Gründung durch Prof. Dr. Gerhard Kaiser (Freiburg): *Goethe – Nähe durch Abstand.* – Drei Musik- und Rezitationsabende unter der Leitung von Prof. Dr. Gabriele Busch-Salmen und Prof. Dr. Walter Salmen (Freiburg): *Musik am Weimarer Hof und im Hause Goethe* [Chor- und Ensemblesätze, Kompositionen von Johann Friedrich Reichardt, Lieder nach Goethes Texten von Wilhelm Ehlers. Ausführende: Kirsten Schierbaum (Sopran), Sybille Kamphues (Alt), Hans Jörg Mammel (Tenor), Markus Müller (Baß). Freiburger Domkapelle unter der Leitung von Raimund Hug, Ludwig Holtmeier (Hammerflügel). – Kompositionen von Carl Friedrich Zelter. Ausführende: Hans Jörg Mammel (Tenor), Ludwig Holtmeier (Hammerflügel). Texte aus dem Briefwechsel zwischen Goethe und Zelter, gelesen von Prof. Dr. Gabriele Busch-Salmen. – Musikalisch-choreographische Inszenierung von Wielands *Oberon* durch Goethes Leipziger Freund Christoph Gottlob Breitkopf, umrahmt durch Tanz. Ausführende: La Danza (München) und das Ensemble Palestra Musica (Augsburg). Gesamtleitung: Jadwiga Nowaczek.] – Feierlichkeiten zu Goethes 250. Geburtstag mit musikalischer Umrahmung von Prof. James Avery (Klavier): Robert Schumann, 3. Satz aus der Phantasie C-Dur und eine eigene Klavierbearbeitung der Sarabande aus der 6. Suite für Cello solo von Johann Sebastian Bach. C. J. An-dreas Klein rezitierte zum Thema *Goethe und der Wein.* – Mitglieder stellten Neuerscheinungen im Goethejahr vor.

Gotha

Vorsitzender: Dr. habil. Christoph Köhler, Waltershäuser Str. 17, 99867 Gotha; stellv. Vorsitzende: Marion Merrbach, Mönchelsstr. 3, 99867 Gotha. – Dr. Ursula Steinhaußen (Rudolstadt): *„Mir ist das All, ich bin mir selbst verloren". Goethes „Marienbader Elegie".* – Dr. Wolfgang Strack (Buseck): *Johann Sebastian Bach* (Ton-Dia-Vortrag). – Prof. Dr. Klaus Manger (Jena): *Die Tragödie von Schillers „Wallenstein".* – Dr. Uwe Jens Wandel (Gotha): *Graf Reinhard, ein Diplomat und Freund Goethes.* – Dr. Walter Schrader (Kassel): *Goethes Harzreisen.* – Exkursion nach Heiligenstadt, Ellrich und Göttingen (Leitung: Dr. habil. Christoph Köhler). – *Aus Goethes Werken gelesen* (musikalisch-literarische Soiree unter der Leitung von Dr. habil. Christoph Köhler). – Prof. Dr. Martin Wehnert (Leipzig): *Goethes Beethoven-Syndrom.* – Prof. Dr. Lothar Ehrlich (Weimar): *Goethe im realen Sozialismus.* – Prof. Dr. Bernd Leistner (Leipzig): *„Werther" und seine zeitgenössischen Kritiker.*

Güstrow

Vorsitzender: Dr. habil. Erwin Neumann, Werderstr. 18, 18273 Güstrow; Vorsitzende seit 1.12.2000: Dr. Elisabeth Prüß, Seidelstr. 5, 18273 Güstrow; stellv. Vorsitzender: Dr. Dr. Dieter Pocher, Grüner Winkel 36, 18273 Güstrow. – Raimund Schmidt (Güstrow): *Die dynastischen und territorialen Verbindungen Mecklenburg-Güstrows.* – Dr. Gerda Heinrich (Berlin): *Frühromantische Liebesauffassungen.* – *„Lenz". Ein Fernsehfilm von Egon Günther* (Veranstaltung im Rahmen der Goethe-Fachtagung der Ortsvereinigung Güstrow und des Landesinstituts für Schule und Ausbildung). – Günther Woese (Güstrow): *200 Jahre „Wallenstein". Zu den Darstellungen bei Friedrich Schiller und Golo Mann.* – Zum 250. Geburtstag Goethes: Exkursion zum Park von Dessau-Wörlitz (Leitung: Dr. Dr. Dieter Pocher). – Dr. Wolfgang Butzlaff (Kiel): *„Saatfrüchte sollen nicht vermahlen werden". Käthe Kollwitz und Goethe.* – Dr. Erwin Neumann (Güstrow): *Ein „Gespräch über den abwesenden Herrn von Goethe" mit Leitern bzw. Vorsitzenden kulturell-künstlerischer Institutionen und Vereinen der Stadt.* – Prof. Dr. Hans-Jochen Gamm (Darmstadt): *Goethes Begriff der Bildung und die pädagogische Universität Darmstadt.* – Geselliges Beisammensein anläßlich des 250. Geburtstags von Goethe. – Dr. Dr. Dieter Pocher (Güstrow): *Goethe und Goethezeit in Mecklenburg* (wissenschaftliche Tagung der Ortsvereinigung, des Kunst- und Altertumsvereins Güstrow und der Gesellschaft für mecklenburgische Geschichte und Altertumskunde Schwerin). – Prof. Dr. Dieter Schmidmaier (Berlin): *Leihbibliotheken zu Beginn des 19. Jahrhunderts in Güstrow.* – Dr. Christa Naumann (Warin): *Christoph Martin Wielands „Abderiten". Eine amüsante Schildbürgergeschichte.* – Jahreshauptversammlung mit Vorstandswahl und gemütlichem Beisammensein.

Gunzenhausen

Vorsitzender: Dr. Johann Schrenk, Weißenburger Str. 22, 91710 Gunzenhausen; stellv. Vorsitzende: Bärbel Ernst, Steinweg 20, 91741 Theilenhofen. – Jahresmitgliederversammlung, anschließend Dr. Johann Schrenk (Gunzenhausen): *Goethe und Weimar im Jubeljahr 1999.* – Doris Runge (Cismar): *Goethe und Marianne von Willemer.* – Dr. Erwin Seitz (Berlin): *Talent und Geschichte. Goethe in seiner Autobiographie.* – Dr. Johann Schrenk (Gunzenhausen): *Das schriftstellerische Werk von Erich Kästner* (Vortrag und Rezitation). – Wochenendexkursion *Auf den Spuren Goethes im westlichen Böhmen. Eger, Franzensbad, Marienbad und Kloster Teple* (Führung: Dr. Kurt Töpner, Ansbach, in Zusammenarbeit mit der Goethe-Gesellschaft Rothenburg o. d. T.). – Lesung mit der Autorin Sybille Berthold aus ihrem Buch: *„Mir geht's mit Goethen wunderbar". Charlotte von Stein und Goethe, die Geschichte einer Liebe.*

Halle

Vorsitzender: Prof. Dr. Thomas Höhle, Schleiermacherstr. 28, 06114 Halle; Geschäftsführer: Günther Kühne, Hegelstr. 11, 06114 Halle. – Dr. Jens F. Dwars (Jena): *Goethes Harzreise 1778. „Spuren eines Abenteuers".* – Dr. Ulrich Joost (Darmstadt): *„Der gute Kopf leuchtet überall hervor". Goethe und Lichtenberg.* – Projekt im Goethejahr: *Reichardt und seine Zeit.* Einführung: Prof. Dr. Günter Hartung (Halle), Gesprächsteilnehmer: Dr. Wulf Brandstädter, Prof. Dr. Erhard Hirsch, Prof. Dr. Jörn Garber, Dr. Edwin Werner und Vertreter des Kulturamtes, des Stadtarchivs und der Presse. – Dr. Horst Scholke (Halberstadt): *Goethe und Gleim. Das Gleimhaus in Halberstadt.* – Dr. Axel Rügler (Stendal): *Goethe und Winckelmann. Das Winckelmann-Museum in Stendal.* – Dr. Gabriele Rommel (Oberwiederstedt): *Goethe und Novalis. Die Novalis-Gedenk- und Forschungsstätte in Oberwiederstedt bei Hettstedt.* – Prof. Dr. Thomas Höhle (Halle): *Goethe und Bürger. Das Bürger-Museum in Molmerswende.* – Prof. Dr. Heinz Hamm (Halle): *Goethe und die französische Zeitschrift „Le Globe". Eine neue Quelle zum späten Goethe.* – Brigitte Meixner (Quedlinburg): *Goethe und Klopstock. Das Klopstock-Museum in Quedlinburg.* – Prof. Dr. Erhard Hirsch (Halle): *Goethe und Wörlitz. Der Wörlitzer Park.* – Jahresabschlußveranstaltung mit Plaudereien von Thomas Höhle um *Goethe vor zweihundert Jahren.*

Hamburg

Vorsitzender: Dr. Klaus Baumann, Haidbrook 53, 22880 Wedel/Holstein; Geschäftsführer: Holger Dobat, Sinstorfer Kirchweg 50, 21077 Hamburg. – Prof. Dr. Friedhelm Grundmann (Hamburg): *Goethe und das Straßburger Münster.* – Heike Spies (Düsseldorf): *„Mir ist als redet ich mit Leuten, da ich das schreibe". Die Briefe des jungen Goethe.* – Mitgliederversammlung und Vorstellung der Ortsvereinigung Pößneck durch Frau Dr. Rosemarie Reichmann. Hans Walter Enkelmann/Karl-Hermann Röser (beide Pößneck): *Goethe in Pößneck. Die Stadt zur Goethe-Zeit und literarische Bezugspunkte.* – Dr. Wolfgang Strack (Buseck): *Die Leiden des jungen Werther* (Ton-Dia-Schau). – Prof. Dr. Traugott Koch (Hamburg): *Matthias Claudius. Wanderer zwischen zwei Welten.* – Tagung der Vorstände der Ortsvereinigungen der Goethe-Gesellschaft in Hamburg. – Am Vorabend von Goethes 250. Geburtstag: Blanche Kommerell: *„In meinem Herzen welche Glut"* (szenische Lesung mit Goethe-Texten; Improvisationen auf der Violine von Wolfgang Bender). – Empfang für die Mitglieder der Hamburger Goethe-Gesellschaft zum 75jährigen Bestehen ihrer Ortsvereinigung. – Symposium zur Goethe-Rezeption im 20. Jahrhundert: Prof. Dr. Karl Robert Mandelkow (Hamburg): *Stationen der Goethe-Rezeption im 20. Jahrhundert*, Prof. Dr. Eberhard Mannack (Kiel): *Werthers Verwandlung in der DDR.* – Prof. Dr. Peter Sprengel (Berlin): *„Faust" und die Folgen. Goethe in der Dichtung der frühen Moderne.* – Prof. Dr. Lothar Ehrlich (Weimar): *Goethe in der NS-Zeit.* – Prof. Dr. Eberhard Schmidhäuser (Hamburg): *Goethes Denken über Recht und Staat.* – Prof. Dr. Klaus Gerth (Hannover): *Faust als literarische Symbolfigur.* – Walter Kempowski liest aus seinem neuen Roman *Heile Welt.*

Hannover

Vorsitzender: StR Peter Meuer, Kolbeweg 43, 30655 Hannover; Geschäftsführerin: Barbara Gerth, c/o St. Ursula-Schule, Simrockstr. 20, 30171 Hannover. – Prof. Dr. Klaus Gerth (Hannover): *Faust als literarische Symbolfigur.* – Dr. Bernd Mahl (Tübingen): *Goethes „Faust" auf der Bühne. 1806–1998* (Ausstellung und Dia-Vortrag). – Friedrich P. Kelm/Bärbel Casperek/Peter Meuer (Hannover): *„Ein Bund von Sternen". Die Lebensreise des Johann Gottfried Herder.* – Heidemarie Stegmann-Meißner (Darmstadt): *Goethe als Erzähler.* – Prof. Dr. Hanno Beck (Bonn-Bad Godesberg): *Alexander von Humboldt und Goethe.* – Prof. Dr. Gonthier-Louis Fink (Straßburg): *Goethes Bild von Europa und den Europäern.* – Prof. Dr. Martin Rector (Hannover): *Philanthrop, Schwärmer und Genie-Apostel. Das kurze Rasen des Christoph Kaufmann (1753–1795).* – Ausstellung mit Einführungsvortrag von Charlotte Buff (Braunschweig): *Buch-TransFormationen und Fraktale.* – Ruth Rahmeyer (Hannover): *Goethe und seine schönen Jüdinnen: Karlsbad und Berlin* (musikalische Umrahmung mit Klezmer-Musik). – Heidemarie Stegmann-Meißner/Christa Irmscher (Hannover): *Rahel Varnhagen. Ein Lebensbild in Selbstzeugnissen.*

Heidelberg

Vorsitzende: Dr. Letizia Mancino-Cremer, Mombertplatz 23, 69126 Heidelberg; stellv. Vorsitzender: Prof. Dr. Dieter Borchmeyer, Germanistisches Seminar der Universität, Hauptstr. 207–209, 69117 Heidelberg. – Cornelia Kühn-Leitz (Hannover): *Goethe-Rezitation.* – Vier Heidelberger Gelehrte stellen ihre neuen Goethe-Bücher vor. – Prof. Dr. Peter Brix (Heidelberg): *Zum 200. Todestag von Lichtenberg: Lebensende und Nachlaß.* – Besuch der Ausstellung *Goethe und die Welt der Pflanzen* im Goethe-Museum Düsseldorf. – *Junges Podium* (Werke aus Klassik und Romantik sowie Uraufführung eines Werkes von Harald Heilmann aus Anlaß des 75. Geburtstages des Komponisten. Junge Preisträger musizieren.). – Vortragsreihe: *Goethe im Gegenlicht.* – Eröffnung der Ausstellung *Goethe und Heidelberg* (Konzeption, Texte und Katalog: Prof. Dr. Günther Debon). – Prof. Dr. Heidi Urbahn de Jauregui (Montpellier): *Goethe und das Siècle des Lumières.* – Eröffnung der Ausstellung *Dass ich eins und doppelt bin* (Gemälde von Letizia Mancino). – Prof. Dr. C. Cremer/Gerhard Jähnichen (Heidelberg): *Experimente zur Farbenlehre.* – Prof. Dr. Hannelore Schlaffer (Stuttgart): Die Leiden des jungen Goethe. Der Dichter im Amt.

Hildburghausen

Vorsitzender: Dieter Schrimpf, Am Kümmelhag 10, 98646 Hildburghausen. – Gudrun Schury (Bamberg): *Goethe-ABC* (Die Autorin stellt ihr Lexikon vor.). – Henn (Hildburghausen): *Spruchweisheiten aus Goethes dramatischen Werken.* – Dr. Wolfgang Butzlaff (Kiel): *„Saatfrüchte sollen nicht vermahlen werden". Käthe Kollwitz: ein Leben mit Goethe.* – Holger Uske (Suhl): *Liebeslyrik.* – Besuch einer Veranstaltung über Friedrich Rückert. – Lesung mit Hans-Joachim Preil. – Jahresabschlußveranstaltung.

Hildesheim

Vorsitzender: Rolf Wagenknecht, von-Emmich-Str. 40, 31135 Hildesheim. – Prof. Dr. Arthur Henkel: *Goethes Lebensweisheit.* – Prof. Dr. Heinz Rölleke (Wuppertal): *„Der du von dem*

Himmel bist". Das Thema des Abendfriedens in deutschen Gedichten. – Prof. Dr. Martin Winkler (Genève): *Mythos Iphigenie. Goethe und die Tradition.* – Rolf Wagenknecht (Hildesheim): *„Und der Name wird ein Zeichen". Goethe und die Gräfinnen von Egloffstein.* – Klaus Engeroff (Hildesheim): *Anna Amalias Musenhof. Ein Beitrag zur Erforschung des Phänomens „Geistlichkeit".* – Soiree zum 250. Geburtstag Goethes: *Mignon und Suleika* (Ricarda Buttkus, Sopran; Peter Stamm, Klavier; Prof. Dr. Klaus Gerth, Vortrag). – Literarische Tafelrunde im Garten mit Vortrag von Rolf Wagenknecht: *Goethe in Gesellschaft.* – Literarische Tafelrunde am Kamin mit Rezitation von Texten Robert Walsers durch Walter Zibell (Hildburghausen) und einer Einführung durch Rolf Wagenknecht.

Ilmenau

Vorsitzender: Prof. Dr. Heinrich Arnold, Prof.-Stamm-Str. 3, 98693 Ilmenau. – Buchpräsentation *Beiträge zum Goethejahr 1999 in Ilmenau.* – Dr. Wolfgang Strack (Buseck): *Die Leiden des jungen Werther* (Ton-Dia-Schau). – Theaterscheune Teutleben: *Goethes Fäuste.* – Hanns Cibulka (Gotha): *Tagebuch einer späten Liebe* (Autorenlesung). – Otto A. Böhmer: *Der junge Herr Goethe* (Autorenlesung). – Kolloquium im Rahmen der Ilmenauer Jubiläumstagung der Deutschen Farbwissenschaftlichen Gesellschaft zu *Goethes Farbenlehre.* – Reinhold Sölch (Basel): *Die Evolution der Farben. Goethes Farbenlehre in neuem Licht.* – Gisela Maul (Weimar): *Goethes Sammlung zur Farbenlehre.* – Dr. Guido Voigt (Göttingen): *Goethe im Vergleich zu Leonardo da Vinci.* – Dr. Wolfgang Strack (Buseck): *Johann Sebastian Bach* (Ton-Dia-Schau, Teil I).

Jena

Vorsitzender: Prof. Dr. Klaus Manger, Friedrich-Schiller-Universität Jena, Institut für Germanistische Literaturwissenschaft, Ernst Abbe Platz 3, 07740 Jena; Geschäftsführerin: Dr. Andrea Heinz, dito. – Prof. Dr. Klaus Manger: *Ereignis Weimar-Jena. Kultur um 1800.* – Prof. Dr. Stefan Matuschek (Jena): *Was ist ein Troubadour der Erlebnislyrik? Epochenblick durch ein Goethe-Sonett.* – Gudrun Schury (Bamberg): *Goethe-ABC* (Die Autorin stellt ihr Lexikon vor.). – Prof. Dr. Horst Nalewski (Leipzig): *Aus Anlaß von Goethes Lebendmaske von 1807. Ein Ausflug in die Physiognomik.* – Dr. Anne Bohnenkamp (München): *Goethes Entwurf einer Weltliteratur in seiner Zeitschrift „Über Kunst und Altertum".* – Dr. Hartmut Haupt (Jena): *Orgelmusik um Goethe* (mit Einführung). – Dr. Gerhard Müller (Jena): *Goethe und die Universität Jena.* – Gründungsversammlung der Ortsvereinigung als eingetragener Verein.

Karlsruhe

1. Vorsitzende: Gertrud Staffhorst, Bismarckstr. 15, 76133 Karlsruhe; 2. Vorsitzender: Dr. Gerhard Kaller, Richard-Wagner-Str. 2, 76185 Karlsruhe. – Mitgliederversammlung mit anschließender Hommage an Goethe: Mitglieder lesen Goethe-Texte. – Prof. Dr. Christoph Perels (Frankfurt): *„Bewundert viel, und viel gescholten". Goethe unter den Dichtern unseres Jahrhunderts.* – Prof. Dr. Peter Michelsen (Heidelberg): *Die Wette. Zu Goethes „Faust", Prolog im Himmel.* – Dr. Inge Wild (Karlsruhe): *Goethes „Prometheus"-Ode. Rebellion gegen Gott, Fürst und Vater.* – Bernd Kolarik (Rezitation)/Roland Pohl (Musik; beide Freiburg): *Goethe: Gedichte und Gitarre.* – Studienfahrt nach Aschaffenburg: Pompejanum, phelloplastische Sammlung, Park Schönbusch mit Ausflügen in den Spessart und Odenwald (Leitung: Gertrud Staffhorst). – Ausstellungsbesuch *Jean-Baptiste Siméon Chardin (1699–1779)* in der Staatlichen Kunsthalle Karlsruhe. – Dr. Ruth Istock (Kaiserslautern): *„Da du nun Suleika heißest". Marianne von Willemers Goethe-Jahre* (Autorenlesung). – Vortragsreihe *Goethe in Karlsruhe 1815*: Dr. Beat Trachsler (Basel): *„Hebel ist ein ganz trefflicher Mann". Johann Peter Hebels „Allemannische Gedichte"* und *Goethes Rezension* (Rezitation). – Dr. Elisabeth Spitzbart (Karlsruhe): *Goethe und die Architektur* (Dia-Vortrag). – Prof. Dr. Siegfried Rietschel (Karlsruhe): *Goethe als Naturwissenschaftler.*

Kassel

Vorsitzender: Prof. Dr. Ludolf von Mackensen, Leiter des Museums für Astronomie und Technikgeschichte mit Planetarium, Orangerie, Karlsaue, 34117 Kassel; Geschäftsführerin: Anneliese

Hartleb, Eckenstücker Weg 24, 34130 Kassel. – Peter Härtling: *Schumanns Schatten* (Autorenlesung), musikalisch umrahmt mit Werken von Robert Schumann durch das Trio Jean Paul (alle Kassel). – Cornelia Kühn-Leitz (Hannover): *„Die Leiden des jungen Werther". Entstehung und Wirkung des ersten deutschen Erfolgsromans, präsentiert im Werther-Look.* – Prof. Dr. Hanno Beck (Bonn): *Alexander von Humboldt und Goethe.* – Dr. Wolfgang Butzlaff (Kiel): *„Saatfrüchte sollen nicht vermahlen werden". Käthe Kollwitz: ein Leben mit Goethe.* – Besichtigung des Tapetenmuseums und seiner Neuerwerbungen (Führung: Dr. Sabine Thümmler). – 4. Kasseler Goethe-Seminar: *„Sieh da, ein Mensch!" (Voilá un homme). 250 Jahre Goethe in Dichtung, Naturwissenschaft und Leben* (Leitung: Prof. Dr. Ludolf von Mackensen). – Liederabend mit Texten von Goethe und Lord Byron. Kompositionen von Loewe, Schumann, Marschner, Schoeck und Wolf: Juliane Banse (Sopran), Wolfram Rieger (Klavier), Dr. Hans Joachim Schaefer (Einführung). – Prof. Dr. Klaus Werner (Leipzig): *Sona Morgenstern aus Galizien. Der vergessene Dichterfreund Joseph Roths.* – Prof. Dr. Ludolf von Mackensen (Kassel): *Goethe und die Naturforschung seiner Zeit.* – Prof. Dr. Thomas Gelzer (Bern): *Helena in Polygnots Gemälde in Delphi und im „Faust II". Goethes Bemühungen um die Wiederbelebung des Altertums.* – Prof. Dr. Roland Burlisch (München): *Virtuelle Welten aus dem Rechner. Symbiose von Wissenschaft und Kunst.* – Dr. Wolfgang Strack (Buseck): *Johann Sebastian Bach* (Ton-Dia-Schau, Teil II). – Fest im Bergpark *Goethe zu ehren* (Rezitationen und Musik, gemeinsam mit zahlreichen Mitveranstaltern). – Elga Fornoff (Kassel): *Goethes Märchen „Die neue Melusine"* (Lesung). – Tagesexkursion zum Brüder-Grimm-Museum (Leitung: Anneliese Hartleb und Dr. Bernhard Lauer). – Tagesexkursion nach Frankfurt am Main: Freies Deutsches Hochstift, Goethe-Haus, Empfang der Stadt Frankfurt im Römer (Leitung: Anneliese Hartleb). – Zwei große Exkursionen unter der Leitung von Gerhard Franke (Kassel) in die Schweiz: *Auf den Spuren Goethes in der Westschweiz. Goethes zweite Schweizer Reise 1779* (Jura, Genfer See, Wallis, Thuner See). – Tagesexkursion *Auf den Spuren Goethes in und um Eisenach* (Leitung: Gerhard Franke). – Zweitagesexkursion nach Weimar anläßlich des 250. Geburtstages von Goethe. Besichtigungen in Weimar, Tiefurt und Großkochberg (Leitung: Anneliese Hartleb). – Exkursion zur Schelenburg mit Rezitationen und Goethe-Menue. – Theaterfahrt nach Meiningen. – Exkursion nach Chemnitz, anläßlich der 10jährigen Partnerschaft der Goethe-Gesellschaften Kassel und Chemnitz. – Exkursion *Auf Goethes Spuren in Dresden und Leipzig.* – Lesungen 14täglich mit Hans Rudolf Löbbermann (Kassel): *Briefwechsel mit einem Kinde* (Bettina von Arnim). – Zu Goethes 250. Geburtstag: Karl-Hermann Wegner (Leiter des Stadtmuseums Kassel): *Goethe in Kassel* (Einführung im Stadtmuseum, anschließend Stadtrundgang). – Dr. Fritz Ebner (Darmstadt): *Gretchen in Goethes „Faust". Vorbild und Abbild.* – Dr. Hans Joachim Schaefer (Kassel): *Goethes Idee von der Urpflanze als Anregung für Komponisten des 19. und 20. Jahrhunderts* (mit Musikbeispielen). – Dr. Hans-Caspar Graf von Bothmer (Saarbrücken): *Der Koran des Kalifen al-Walid (gest. 715 n. Chr.) und die Anfänge der Herstellung von Koran-Handschriften im Jemen.* – Dr. Burkhard Dohm (Herne): *„Die schöne Seele". Goethe und der Pietismus.* – Gudrun Sander (Rezitation)/Hellmuth Vivell (Klavier): *„Goethes Briefwechsel mit einem Kinde" von Bettina von Arnim.* – Dr. Ulrike Leuschner (Bielefeld): *Eine Tasse Tee für Christiane Vulpius. Die bahnbrechende Einladung bei Adele Schopenhauer in Weimar.* – Vorweihnachtliches Beisammensein mit Musik und Rezitation. – Prof. Dr. Ludolf von Mackensen (Kassel): *Neue alte Seiten Goethes. Jubiläumsführung während der Geburtsstunde Goethes* (Museum für Astronomie und Technikgeschichte). – Prof. Dr. Helmut Scheuer (Kassel): *Goethe in der Biografik des 19. Jahrhunderts.* – Musikalisch-literarische Veranstaltung zum Goethe-Gedicht *Die Geheimnisse*, vertont für Sopran-Solo von J. Schriefer, gesungen von Nicoline Hake (Sopran), Einführung: Dr. Albert Vinzens (Kassel).

Kiel

Vorsitzender: Prof. Dr. Albert Meier, Institut für Literaturwissenschaft der Christian-Albrechts-Universität Kiel, Leibnizstr. 8, 24098 Kiel; Vorsitzender seit August 2000: Dr. Bodo Heimann, Holtenauer Str. 69, 24105 Kiel; Geschäftsführer: Thiel J. Martenson, c/o Universitätsbuchhandlung Walter G. Mühlau, Holtenauer Str. 116, 24100 Kiel. – Dr. Dietrich Rümker (Kiel): *Goethe mit Maßen.* – Dr. Vera Leuschner (Kiel):

„ein hübscher Bursche, aber keine Spur von mir". Goethe in Bildnissen von Zeitgenossen. – Gudrun Schury (Bamberg): *Goethe-ABC* (Die Autorin stellt ihr Lexikon vor.). – Katja Kirste (Kiel): *West-östliche Wahlverwandtschaften. Goethes Roman in Verfilmungen der DDR und Frankreichs.* – Ursula Temps (Berlin): *Goethes „Reineke Fuchs"* (Szenische Rezitation). – Dr. Edith Zehm (München): *„Mir war seine Gegenwart besonders wohltätig". Begegnungen zwischen Goethe und Felix Mendelssohn Bartholdy.* – Dr. Claus Canisius (Stuttgart): *„Aus den Kehlen der ältesten Mütterchens aufgehascht". Goethes Volksliedersammeln am Oberrhein.* – *Goethe und die Brüder Mann* (szenische Lesung mit anschließendem Festessen im Stil der Goethezeit und Musikbegleitung). – *„Nie hab ich mein Dasein so sehr gefühlt". Der Weimarer Musenhof entdeckt Arkadien* (literarisch-musikalische Matinee von Cord Garben, Heide Hollmer und Bärbel Reetz).

Köln

Vorsitzender: Prof. Dr. Hans Dietrich Irmscher, Ahrstr. 25, 50859 Köln; Vorsitzender seit Juni 2000: Franz Josef Scheuren, Grünewaldstr. 19, 50933 Köln; Geschäftsführerin: Marlene Encke, Friedenstr. 68, 50226 Frechen. – Dr. Jürgen Ritte (Paris): *Das politische Goethe-Bild in Thomas Manns „Lotte in Weimar".* – Hanns-Josef Ortheil (Stuttgart): *Faustinas Küsse* (Autorlesung). – Birgitta Assheuer (Frankfurt a. M.)/Peter Lieck (Köln): *„Fühlst du nicht an meinen Liedern, daß ich eins und doppelt bin?"* (Lesung aus Goethes *West-östlichem Divan*). – Prof. Dr. Peter J. Brenner (Köln): *Haßliebe. Gegnerschaften zu Goethe.* – Prof. Dr. Walter Hinck (Köln): *„Dichtung und Wahrheit" und die Autobiographie der Gegenwart.* – Prof. Dr. Ruth Klüger (Göttingen): *Fakten und Fiktionen: Wie verhält sich Literatur zur Geschichte?* – Prof. Dr. Martin Swales (London): *Faust oder Wilhelm Meister? Gedanken zu Goethes Befragung der europäischen Moderne.* – Exkursion in die Goethestadt Frankfurt. – Prof. Dr. Rudolf Drux (Köln): *Zwischen Werkstatt und Labor. Zur Paradigmatik des mythischen Menschenbildners Prometheus in der Goethezeit.* – Prof. Dr. Gottfried Honnefelder (Köln): *Klassiker auf dem heutigen Buchmarkt.* – Dr. Manfred Osten (Bonn): *Faust oder die Tragödie der Übereilungen. Anmerkungen zur Modernität Goethes.*

Kronach

1. Vorsitzender: Hans-Jürgen Schmitt, Fehnstr. 51, 96317 Kronach; 2. Vorsitzender: Herbert Schwarz, Gießübel 38, 96317 Kronach. – Vorträge: D. Lang (Kronach): *Goethe als Jurist.* – Hans-Jürgen Schmitt (Kronach): *„Torquato Tasso". Eine Einführung.* – Edmund Zeitler (Wallenfeld): *Goethe auf Münzen und Notgeldscheinen.* – Hans-Jürgen Schmitt (Kronach): *Die Weimarer Ausstellungen „Wege nach Weimar"* und *„Aufstieg und Fall der Moderne".* – Eckbert Arneth (Kronach): *Karl Kraus. Leben und Werk.* – Wilhelm Mayer (Kronach): *Die Idylle in der Literatur.* – Hans-Jürgen Schmitt (Kronach): *Goethe und die Willemers.* – Dr. Friedrich Leitz (Redwitz): *Goethes naturwissenschaftliches Weltbild.* – Dietmar Frölking (Kronach): *Der Pegnesische Blumenorden.* – Hans-Jürgen Schmitt (Kronach): *Friedrich von Spee.* – Heike Spies (Düsseldorf): *Goethe und die Frauen.* – Franz Kluge (Tettau): *Georg Forster.* – Hans Pfreundner (Kronach): *Die Este-Apokalypse aus Modena.* – Dr. Konstantinos Pratelidis (Burgkunstadt): *Walther von der Vogelweide.* – Dr. Friedrich Leitz (Redwitz): *Alexander von Humboldt.* – Hans-Jürgen Schmitt (Kronach): *Goethes „Märchen".* – Ausstellungs- und Museumsbesuche: Fünf Ausstellungen in der Kreisbibliothek Kronach: *Goethe auf Münzen und Notgeldscheinen.* – *Karl Kraus.* – *Frauen der Goethezeit* (Bestände aus dem Goethe-Museum Düsseldorf). – *Este-Apokalypse.* – *Günter Grass* (zum Literaturnobelpreis). Goethe-Museum Düsseldorf: *„Europa, wie Goethe es sah".* – Heine-Institut Düsseldorf: *Heine und Goethe.* – Palmengarten Frankfurt a. M.: *Obstgarten der Familie Goethe.* – Senckenberg-Museum Frankfurt a. M.: *Paläontologie und Thomas Manns „Felix Krull".* – Fünf Ausstellungen in Weimar: *Aufstieg und Fall der Moderne* (Teil I u. II). – *Wege nach Weimar.* – *Goethe als Sammler barocker Grafik.* – *Prellers „Odysseus"-Fries.* – Goethe-Haus, Goethe-Museum und Römer in Frankfurt a. M., Bibliothek Otto Schäfer in Schweinfurt: *Goethe-Ausstellung.* – Schloß Friedenstein (Gotha): *Künstlerinnen der Goethezeit.* – Germanisches Nationalmuseum (Nürnberg): *Licht-Blick. Vom goldenen Überfluß der Welt.* – Exkursionen: Zwei Exkursionen nach Weimar; Studienfahrten nach Schweinfurt, Nürnberg mit Kraftshof und Hesperidengärten, Frankfurt a. M., Düsseldorf, Kaiserswerth und Gotha. – Lesungen, Theaterbesu-

che und Konzerte: *Josephskapitel aus „Wilhelm Meisters Wanderjahre"*. – Margot Scharpenberg (Kronach): *Lyrik*. – Hans-Jürgen Schatz (Berlin): *Goethes „Märchen"*. – Günter Grass: *„Der Butt": Romantiker- und Goethe-Kapitel*. – *„Faust II": Geldschöpfungsszenen*. – Gedichte der Pegnitz-Schäfer. – Landestheater Coburg: *Torquato Tasso*. – *„Faust"-Festspiele* in Kronach: *„Faust I" und „Faust II", „Die Mitschuldigen"*. – Unbekannte *Goethe-Lieder* von Corona Schröter bis Franz Lederer. – Jugendarbeit: Einführung zu *„Tasso"* in Oberstufenklassen und Kollegstufenkursen. – Besuch der *„Tasso"-Aufführung* in Coburg. – Arbeitskreis *Goethes Diagnose der Moderne* mit Teilnahme am Symposium in Weimar. – Besichtigungen der Klassikerstätten Weimars. – Besuch von Veranstaltungen des Kunstfestes Weimar: *Euripides' „Ion"*. – Schülerführungen in der Ausstellung *Frauen der Goethezeit*.

Leipzig

Vorsitzender: Dr. Josef Mattausch, Beethovenstr. 1, 04416 Markkleeberg; Geschäftsführer: Hilmar Dreßler, Plaußiger Str. 4, 04318 Leipzig. – Prof. Dr. Friedhelm Kemp (München): *Goethe lesen: was? wo? und wie? Anleitung für Goethe-Leser*. – Dr. Manfred Wenzel (Gießen): *Goethe und Darwin. Goethes Naturforschung im Vorfeld der Evolutionsvorstellungen des 19. Jahrhunderts* (Dia-Vortrag). – Dr. Lutz Unbehaun (Rudolstadt): *Goethes Hymnus an Erwin von Steinbach* (Dia-Vortrag). – Prof. Dr. Horst Nalewski (Leipzig): *Aus Anlaß von Goethes Lebendmaske von 1807*. – Dr. Bernd Mahl (Stuttgart): *„Faust" auf dem Theater (1806–1998). Ein Kapitel deutscher Ideologie* (Dia-Vortrag). – Volker Braun (Berlin): *Goethe: „schöne widersprüchliche Einheit"*. – Viertägige Exkursion ins Elsaß. – Prof. Dr. Martin Wehnert (Leipzig): *Goethes Beethoven-Syndrom*. – Prof. Dr. Christoph Perels (Frankfurt a. M.): *„Bewundert viel, und viel gescholten". Goethe unter den Dichtern des 20. Jahrhunderts*.

Ludwigsburg

Vorsitzende: Monika Schopf-Beige, Metzlerweg 7, 70185 Stuttgart. – Literarisch-musikalischer Jahresauftakt: Hanns Cibulka (Gotha): *Liebeserklärung in „K"* (Autorlesung), Ute Radermacher und Holger Spegg (Klavier, beide Ludwigsburg). – Seminar mit Monika Schopf-Beige (Ludwigsburg): *Goethe im Elsaß. Ein Student macht Geschichte* und *Goethe in Böhmen*. – Mitgliederversammlung mit anschließender Buchpräsentation von Dr. Bernd Mahl (Tübingen): *Goethes „Faust" auf der Bühne*. – Dr. Heinrich Schirmer (Stuttgart): *Goethe als Lehrkunstdidaktiker*. – Prof. Dr. Gonthier-Louis Fink (Straßburg): *Goethes Europa*. – Prof. Dr. Siegfried Unseld (München): *Goethe und der Ginkgo. Ein Baum und ein Gedicht*. (Autorenlesung). – Dr. Hans-Georg Dewitz (Frankfurt a. M): *Goethe als Übersetzer*. – Kunst- und Studienreise durch das Elsaß und Lothringen (Leitung: Monika Schopf-Beige und Hans-Jürgen Bade). – Volker Stubel (Stuttgart): *Konturen der Goetheschen Politik. Eine Skizze der Jahre 1775–1786*. – Seminar mit Monika Schopf-Beige (Ludwigsburg): *Eine Welt schreibt an Goethe*. – Feier zum Goethe-Geburtstag: *„Da schwebt hervor Musik mit Engelsschwingen"*. Szenen über Goethe und die Musik mit der Schauspielerin Helga Klaiber, Thomas Carter (Tenor), Monika Schopf-Beige (Text). – Ausschreibung eines Dichterwettstreits *Gedichtete Antworten auf Goethe* für Gymnasiasten aus Ludwigsburg und Umgebung. – Wochenendseminar für Gymnasiasten mit Gabriele Hiller (Stuttgart) und Malte Schuchardt (Marburg): *Von Tischbein zu Andy Warhol. Goethe-Portraits geben biographische Einblicke*. – Goethe-Seminar mit Monika Schopf-Beige: *Literarische Werke als Lebensspur. Wie Goethe Erlebtes in Kunst verwandelte*. – Dr. Ernst-Michael Kranisch (Stuttgart): *Goethe und die Welt der Pflanzen*. – Prof. Dr. Hannelore Schlaffer (Stuttgart): *Goethe und die Muse. Der Einfluß Goethes auf die Schriftstellerinnen seiner Zeit*. – Öffentliche Lesung der prämierten Gedichte des Dichterwettstreits (Jury: Schriftsteller Dr. Hanns Josef Ortheil, Prof. Dr. Hannelore Schlaffer, Dr. Heinrich Schirmer, alle Stuttgart; StDir. Tilman Hedinger, Ludwigsburg; Monika Schopf-Beige, Stuttgart). – Gruppenfahrt zu den *„Faust"-Festspielen* nach Dornach/Basel.

Magdeburg

Vorsitzende: Dr. Charlotte Köppe, Bernhard-Kellermann-Str. 32, 39120 Magdeburg; stellv. Vorsitzende: Dr. Heike Steinhorst, Kiefernweg 2, 39326 Wolmirstedt. – Prof. Dr. Wolfgang

Adam (Magdeburg): *Goethes anakreontische Lyrik.* – Ders.: *Johann Caspar Goethe und Johann Wolfgang Goethe in Italien.* – Dr. Holger Dainat (Magdeburg): *Götz von Berlichingen.* – Ders.: *Goethes Diagnose der Moderne.* – Dr. Dagmar Ende (Magdeburg): *Frauengestalten im Werk Goethes.* – Dies.: *Literarische Perspektiven auf Frauen in Goethes Leben. Peter Hacks und Sigrid Damm.* – Dr. Bernhard Jahn (Magdeburg): *Goethes „Novelle".* – Ders.: *Goethe und die Oper.* – Dr. Charlotte Köppe (Magdeburg): *Zur Geschichte der Goethe-Gesellschaft.* – Dies.: *Goethes „Faust"-Dichtung. Ein Angebot zur Überwindung der pessimistischen Phänomene am Ende dieses Jahrhunderts?* – Dr. Dieter Schade (Magdeburg): *Faust neben Goethe.* – Dr. Gunter Schandera (Magdeburg): *Goethe als Bildungsprojekt. Zur Interpretation klassischer Literatur in der DDR.* – Prof. Dr. Michael Schilling (Magdeburg): *Goethes „Reineke Fuchs" in der Tradition der deutschen Tierepik.* – Dr. Heike Steinhorst (Wolmirstedt): *Goethes Märchendichtungen.*

München

Vorsitzender: Prof. Dr. Günter Häntzschel, Von-Erckert-Str. 40, 81827 München; stellv. Vorsitzender: Dr. Werner Pleister, Hollandstr. 13, 80805 München. – Prof. Dr. Wolfgang Riedel (Würzburg): *Der junge Schiller und sein Lehrer Abel. Aufklärung an der Karlsschule.* – Prof. Dr. Dieter Borchmeyer (Heidelberg): *Marquis Posa: ein anderer Robespierre? Die Aufklärung und ihr Schatten in Schillers „Don Carlos".* – Prof. Dr. Hartmut Reinhardt (Trier): *Geheime Wege der Aufklärung. Goethe und der Illuminatenorden.* – Prof. Dr. Hans-Jürgen Schings (Berlin): *Geheimbund und Bildung. Die Turmgesellschaft in „Wilhelm Meisters Lehrjahre".* – Prof. Dr. Walter Müller-Seidel (München): *Der späte Goethe. Seine Wiederkehr in der Zeit der Weimarer Republik.* – Dr. Ulrike Leuschner (Bielefeld): *Von Adlern und Tauben. Goethe und der Maler Müller als Beiträger des „Göttinger Musen-Almanachs".* – Prof. Dr. Gerhard Sauder (Saarbrücken): *Goethes „Zueignung" und die „Ästhetik der Dämmerung".* – Prof. Dr. Friedrich Strack (Heidelberg): *Von Goethe gegängelt. Hölderlins Protest gegen die Weimarer Klassik.* – Joachim Höppner (München): Lesung lyrischer Texte Goethes, anschließend Geselligkeit.

Naumburg

Vorsitzender: Dr. Bernd Niemann, Käthe-Kollwitz-Siedlung 6, 06618 Naumburg; stellv. Vorsitzende: Erika Seidel, Buchholzstr. 46, 06618 Naumburg. Dr. Bernd Niemann: *„Ein springender Brunnen". Ein Roman von Martin Walser, aufgeschrieben zur Begründung und Vertiefung des Gedächtnisses.* – Ders.: Im Rahmen der Jahreshauptversammlung 1999 Dia-Vortrag zum Exkursionsziel der Harzreise 1999. – Exkursion nach Weimar mit Besichtigung des Goethe-Nationalmuseums, Vortrag von Volkmar Schumann (Eisenach): *„Oh Freude! Psyche, auch Du warst da!" Julie von Bechtolsheim. Wielands „Psyche" und Goethes Seelenfreundin* sowie einem Konzert in der Herderkirche. – Susanne Kröner (Naumburg): *Vorstellung der Bestände des Naumburger Stadtarchivs und der Bibliotheca Lepsiana.* – Exkursion nach Weimar: Besuch des Neuen Museums Weimar mit der Kunsthistorikerin Helga Hoffmann sowie der „Faust"-Aufführung im Kubus. – Exkursion *Auf Goethes Spuren durch den Harz* (Leitung: Dr. Bernd Niemann). – Dr. Wolfgang Strack (Buseck): *Die Leiden des jungen Werther* (Ton-Dia-Schau). – Goethe-Liederabend, gemeinsam mit dem Kulturamt. – Dr. Bernd Niemann: Durchführung von Studienseminaren für Deutschlehrer im Goethe-Jahr, u. a. zur Einbeziehung außerschulischer Lernorte in den Deutschunterricht wie Tiefurt, Dornburg, Großkochberg, der Harz oder Ilmenau. – Adventsfeier zum Ausklang des Goethe-Jahres.

Nordenham

1. Vorsitzender: Burkhard Leimbach, Im Sonnenwinkel 4, 26954 Nordenham; 2. Vorsitzender: Stefan Tönjes, Goethestr. 5, 26954 Nordenham. – *Kammermusikabend: Schubert, Schumann, Poulenc, Beethoven* (Alexander Baillie, Cello/ Dominic Harlan, Klavier; beide London). – Prof. Dr. Volkmar Hansen (Düsseldorf): *Die Freundschaft zwischen Goethe und Schiller.* – *Klavier-Abend: Schumann, Schubert, Brahms* (Oliver Kern, Marbach). – Prof. Dr. Andreas Beyer (Aachen): *Reisen. Bleiben. Sterben. Die Goethes in Italien.* – Dr. Wolfgang Strack (Buseck): *Johann Sebastian Bach* (Ton-Dia-Schau, Teil II). – Singer Pur (Vokalsextett):

Eine Zeitreise durch verschiedene Epochen der Musikgeschichte. – Podium Theater Dresden: *JWG. Ein un(t)adeliges Programm von Goethe.* – Dr. Manfred Osten (Bonn): *Goethe als Japaner.* – Just Brass (Dresden): *Musik für Blechbläser aus vier Jahrhunderten. Kammermusik, Heiteres und Besinnliches. American Music.* – Prof. Dr. Joachim Dyck (Oldenburg): *Über den Verlust der guten Sitten in der bürgerlichen Familie.* – Nomos-Quartett (Hannover): *Schubert, Janacek, Beethoven.* – Norbert Kentrup (Bremen): *Shakespeare als Lehrmeister Goethes.* – Rosa Klassik (Wiesbaden): *Salonmusik für Flöte, Cello und Klavier.*

Nürnberg

Mona Henken-Mellies, Leitenfeldstr. 2, 90427 Nürnberg; stellv. Vorsitzender: Prof. Dr. Ulrich Fülleborn, Loewenichstr. 11, 91054 Erlangen; Vorstand seit Februar 2000: Vorsitzende: Dr. Claudia Leuser, Maxplatz 30, 90403 Nürnberg; stellv. Vorsitzender: Dr. Wolfgang Eckart, Torwartstr. 37, 90480 Nürnberg. – Unter der Vorsitzenden Frau Mona Henken-Mellies wurde 1999 folgendes Programm durchgeführt: – Prof. Effi Biedrzynski (Stuttgart): *Marianne von Willemer.* – Dr. Holger Helbig (Erlangen): *Buchenwald: Landschaft und Dichtung bei Goethe, Semprun und Kirsten.* – Eugen Strobel-Matza (Nürnberg): *Das widersprüchliche Genie Goethe.* – Exkursion in die Goethestadt Frankfurt (Leitung: Mona Henken-Mellies). – Dr. Hans-Georg Dewitz (Frankfurt a. M.): *Goethe als Übersetzer.* – IMAGO-Schattenbühne (Nürnberg): *Goethes „Märchen"*. – Beate Schubert (Berlin): *Charlotte von Stein* (Filmpräsentation). – Prof. Dr. Hannelore Schlaffer (Stuttgart): *Therese Huber und Caroline Schlegel. Die doppelte Moral der Emanzipation.* – Exkursion nach Böhmen. – Mitgliederversammlung mit einer Aufführung der Schattenbühne IMAGO *Goethes Geburtstag.*

Oldenburg

1. Vorsitzender: Prof. Dr. Joachim Dyck, Schloßplatz 21–22, 26037 Oldenburg; 2. Vorsitzende: Gina Klatte, Adlerstr. 16, 26121 Oldenburg. – Prof. Dr. Werner Rübe (Recklinghausen): *Alexander von Humboldt (1769–1859). Ein Lebensbild* (Dia-Vortrag). – Prof. Dr. Manfred Fuhrmann (Kassel): *Jaspers und Goethe*, anschließend Mitgliederversammlung. – Prof. Dr. Wilfried Barner (Göttingen): *Goethe und Lessing.* – Exkursion nach Halle und Bad Lauchstädt. – Hartmut Schmidt (Wetzlar): *Goethe und die Musik.* – Prof. Dr. Hans Adler (Madison/Wisconsin): *Nation. Johann Gottfried Herders Umgang mit einem schwierigen Begriff.* – Dr. Walter Müller (Oldenburg): *Voss contra Stolberg. Vom Bruch einer Freundschaft in der Goethezeit.* – Festvortrag von Dr. Thomas Steinfeld (Frankfurter Allgemeine Zeitung): *Weimar.* – Prof. Dr. Joachim Dyck (Oldenburg): *Poetischer Realismus. Kellers „Romeo und Julia auf dem Dorfe".*

Plauen

Vorsitzende: Gertraud Markert, Julius-Fučik-Str. 5 a, 08523 Plauen. – Erich Reyer (Falkenstein): *Justus Möser, Weggefährte Goethes.* – Dr. Agatha Schindler (Dresden): *Walter Kaufmann, Komponist, Dirigent und Musikschriftsteller.* – Hans-Jürgen Schmitt (Kronach): *Friedrich Nietzsche. Eine Einführung in Leben und Werk.* – Harri Müller (Plauen): *Goethe und kein Ende?* – Sabine Michaelis (Plauen): *Klaus Manns „Mephisto". Roman einer Karriere.* – Helmar Stöß (Schauspieler Plauen): Gedichte des Gegenwartslyrikers Hans Langhammer (Rezitation). – Harri Müller (Plauen): *„Es ist ein Schnitter, heißt der Tod". Zur Rolle des Todes in der Literatur.* – Erich Reyer (Falkenstein): *Goethe und Julius Mosen.*

Pößneck

Vorsitzender: Karl-Hermann Röser, Obere Grabenstr. 25, 07381 Pößneck; stellv. Vorsitzende: Dr. Rosemarie Reichmann, Altenburgring 12, 07381 Pößneck; Ehrenvorsitzende: Ursula Kluge. – Dr. Angelika Reimann (Jena): *Ein Blick in die Dichterwerkstatt Goethes und Schillers im Balladenjahr 1797.* – Dr. Erhard Naake (Weimar): *Friedrich Nietzsche: großer Europäer oder Wegbereiter des Faschismus?* – Dr. Wolfgang Butzlaff (Kiel): *„Saatfrüchte sollen nicht vermahlen werden". Käthe Kollwitz: ein*

Leben mit Goethe. – Pößnecker Osterspaziergang. – Ursula Temps (Hannover): *Goethes „Reineke Fuchs"* (Szenische Rezitation). – Exkursion auf den Spuren Goethes. – Bärbel Bergholz (Dobitschen): *Erika von Watzdorff. Eine bedeutende Lyrikerin Thüringens* (Dia-Vortrag). – Manfred Kahler (Weimar): *Goethes politisch-administratives Wirken im ersten Weimarer Jahrzehnt.* – Musikalisch-literarische Soiree zum Goethe-Geburtstag. Eine Gemeinschaftsveranstaltung mit den Goethe-Gesellschaften Saalfeld, Rudolstadt und Pößneck. – Prof. Dr. Lothar Ehrlich (Weimar): *Goethe im Dritten Reich.* – Prof. Dr. Heinz Gockel (Bamberg): *Goethes „Faust". Konzeption und Verwirklichung.* – Prof. Dr. Joachim Dyck (Oldenburg): *Über den Umgang mit Menschen. Knigges Klage über den Niedergang der Familie.* – Plaudereien über Goethe. Ein unterhaltsamer Jahresausklang (gestaltet durch Mitglieder der Goethe-Gesellschaft Pößneck).

Rosenheim

1. Vorsitzender: Prof. Bernd Westermann, Leiblstraße 34, 83024 Rosenheim; 2. Vorsitzender: Willi Schmid, Goethestr. 35, 83024 Rosenheim. – Christian Stubbe (Rosenheim): *Neuerscheinungen über und um Goethe* (Buchvorstellungen). – Laura Doermer (Rosenheim): *Vergehendes Blau* (Die Autorin präsentiert ihr Buch). – Dorothee Fremerey (Rosenheim): *Goethes Vermögensverhältnisse.* – Gabriele Glöckner (Rosenheim): *Goethe als Heilkundiger.* – Jahresabschlußversammlung.

Rothenburg ob der Tauber

Vorsitzender: Dr. Georg Heuser, Judengasse 1 a, 91541 Rothenburg o. d. T.; stellv. Vorsitzender: Erich Landgraf, Wilhelm-Schacht-Str. 5, 91541 Rothenburg o. d. T. – Jürgen Wolfram (Rezitation)/Reinhold Wiedenmann (Gesang)/GMD Prof. Günter Neidinger (Klavier): *Goethe-Jubiläums-Matinee mit Goethe-Texten und Schubert-Liedern.* – Dr. Hans Joachim Schaefer (Kassel): *Goethes Theaterarbeit in Weimar.* – Dr. Georg Heuser/KMD Ulrich Knörr (Rothenburg): *Orgelmusik der Goethe-Zeit und Goethe-Texte.* – Wochenendexkursion ins westliche Böhmen (Leitung: Dr. Kurt Töpner, Ansbach). – Theaterfahrt nach Meiningen zur Aufführung *Groß-Kophta.* – Forstoberrat Bernhard Mall (Rothenburg): *Goethe und die Jagd.* – Dekan Dr. Dietrich Wünsch (Rothenburg): *Vier Abendandachten auf der Grundlage von Goethe-Gedichten.* – Dr. Georg Heuser (Rothenburg): *Goethes Leben und Werk* (Festansprache zu Goethes 250. Geburtstag). – Hans-Jürgen Schmitt (Kronach): *Goethes „Stella".* – Erich Landgraf (Rothenburg): *Das naturwissenschaftliche Interesse Goethes unter besonderer Berücksichtigung von Mineralogie und Bergbau.* – Dr. Albrecht Graf Egloffstein (Pappenheim): *Julie Gräfin Egloffstein und ihre Familie im Weimar der Goethe-Zeit.*

Rudolstadt

Vorsitzender: Hans-Günther Otto, Ahornweg 55, 07407 Rudolstadt; stellv. Vorsitzender: Dr. Dietrich Buskies, Schillingstr. 19, 07407 Rudolstadt. – Dr. Angelika Reimann (Jena): *Goethes Amtstätigkeit im ersten Weimarer Jahrzehnt.* – Dr. Egon Freitag (Weimar): *Goethe, Wieland und die Aufklärung.* – Dr. Wolfgang Butzlaff (Kiel): *„Saatfrüchte sollen nicht vermahlen werden". Käthe Kollwitz: ein Leben mit Goethe.* – Exkursion nach Heidelberg und Umgebung. – Hans-Jürgen Schmitt (Kronach): *Friedrich Nietzsche. Leben und Werk.* – Besuch einer Ausstellung im Thüringer Landesmuseum Heidecksburg. – Dr. Wolfgang Strack (Buseck): *Die Leiden des jungen Werther* (Ton-Dia-Schau). – Festveranstaltung zum 250. Geburtstag Goethes mit musikalischer Umrahmung unter der Leitung von Konrad Bach sowie Vortrag von Dr. Irmtraut Schmid (Weimar): *Goethes amtliches Engagement in Staat und Gesellschaft* (Dia-Vortrag). – Festveranstaltung in Saalfeld zu Ehren Goethes und anläßlich des 1100jährigen Bestehens der Stadt Saalfeld. – Klaus Steinhaußen (Rudolstadt): *Aneignung orientalischer Dichtung und Selbstbefreiung Goethes im „West-östlichen Divan".* – Prof. Dr. Heinz Gockel (Bamberg): *„den er mit einer sehnsüchtigen Feindschaft liebte". Thomas Mann und Goethe.* – Exkursion nach Weimar: Führung durch das neugestaltete Nationalmuseum und Besichtigung des Landschaftsparks Belvedere mit Burkhard Müller (Weimar). – Karl-Hermann Röser (Pößneck): *Ein Wirtshausstreit im Pößnecker Gasthaus „Löwe".* – Besuch des Films *Die*

Braut von Egon Günther mit anschließender Diskussion. – Jahresversammlung mit Rückblick und Programmvorschau.

Saalfeld

Vorsitzende: Doris Helmerich, Wielandstr. 19, 07318 Saalfeld; stellv. Vorsitzende: Christel Ozimek, Zum Eckardtsanger 3, 07381 Saalfeld. – Dr. Detlef Ignasiak (Jena): *Goethe und die Frauen.* – Dr. habil. Gisela Horn (Jena): *„Mir kann nicht genügen an dieser bedingten Freiheit". Frauen der Romantik.* – Dr. Wolfgang Butzlaff (Kiel): *„Saatfrüchte sollen nicht vermahlen werden". Käthe Kollwitz und Goethe.* – Gerhard Nöthlich (Hamburg): *Goethes Weimar.* – Dr. Angelika Reimann (Jena): *Zwischen Pflicht und Neigung. Johann Wolfgang von Goethe im Herzogtum Sachsen-Weimar* (Buchpräsentation). – Besuch der Oper *Fidelio* im Theater Gera. – Dr. Wolfgang Strack (Buseck): *Die Leiden des jungen Werther* (Ton-Dia-Schau). – Musikalisch-literarische Soiree zum 250. Geburtstag Goethes und der 1100-Jahrfeier Saalfelds. – Dr. Albrecht Börner (Jena): *„Morgenröte färbte ihre Wangen". Goethe und Christiane.* Vorlage zum Film *Die Braut* von Egon Günther. – Dr. Georg Heuser (Rothenburg o. d. T.): *Goethes frühe Lyrik 1770 bis 1774.* – Gemeinsamer Kinobesuch *Die Braut.* – Dr. Gerhard Werner (Saalfeld): Führung durch das wiedereröffnete Thüringer Heimatmuseum Saalfeld.

Sondershausen

Vorsitzender: Helmut Köhler, Possenallee 23, 99706 Sondershausen; Geschäftsführerin: Heide Schödl, Güntherstr. 37, 99706 Sondershausen. – Dr. Angelika Reimann (Jena): *„Lassen Sie Ihren ‚Taucher' je eher je lieber ersaufen". Ein Blick in die Dichterwerkstatt Goethes und Schillers.* – Dr. Sigrid Damm (Berlin): *„Christiane und Goethe"* (Autorenlesung). – Prof. Dr. Thomas Höhle (Halle): *Goethes klassische Periode am Ende des revolutionären Jahrzehnts.* – Eberhard Völker (Bad Harzburg): *Deutsche Romane der Gegenwart.* – Hellmut Schliephake (Wetzlar): *Goethes Harzreisen.* – Exkursion in den Harz. – Lesung von Schülern des Gymnasiums „Geschwister Scholl". – Dr. Wolfgang Strack (Buseck): *Der Lebensweg des Johann Sebastian Bach* (Ton-Dia-Schau, Teil I). – Sigrid Diez (Sondershausen): *„Das Gedicht ist zur Ruhe gekommene Unruhe"* (Reiner Kunze). *Gedanken zur Poesie des Worts.* – Dr. Wolfgang Butzlaff (Kiel): *„Trostlos zu sein ist Liebenden der schönste Trost". Neue Beiträge zur Interpretation der „Marienbader Elegie".*

Stuttgart

1. Vorsitzender: Dr. Bernd Mahl, Hainbuchenweg 23, 72076 Tübingen; 2. Vorsitzende: Hannelore Jouly, Stadtbücherei, Konrad-Adenauer-Str. 2, 70173 Stuttgart. – Gemeinschaftsveranstaltung des Staatstheaters (Stuttgart), Verlag J. B. Metzler (Stuttgart/Weimar): Präsentation des Bildbandes *„Goethes ‚Faust' auf der Bühne". Fragment, Ideologiestück, Spieltext (1806–1998)* von Bernd Mahl, mit einer Videosequenz des SWR zur Einstudierung beider Teile des *„Faust"* im Jahr 1977 durch Klaus Peymann. Auf dem Podium: Hermann Beil (Burgtheater Wien), Dr. Bernd Mahl (Tübingen), Dr. Oliver Schütze (Verlag J. B. Metzler). – Prof. Dr. Helmut Fuhrmann (Kassel): *Goethe lesen, mit Goethe leben, über Goethe sprechen.* – Zum 100. Geburtstag Erich Kästners musikalisch-literarische Veranstaltung mit Yazuko Kozaki (Gesang) und Cornelis Witthoefft (Klavier und Moderation): *Gesang zwischen den Stühlen.* – Dagmar Waizenegger (Tübingen): Führung durch die Ausstellung *Der blaue Reiter und seine Künstler.* – Drei Abende mit sämtlichen vertonten Goethe-Gedichten von Schubert. Yazuki Kozaki (Sopran), Markus Marquardt (Baß-Bariton), Cornelis Witthoefft (Klavier). – Prof. Dr. Walter Dürr (Tübingen): *Schuberts Kompositionen in Goethes Musikverständnis.* – Studienreise zu den klassischen Stätten und Heiligtümern Griechenlands (Leitung: Dr. Sophia Kaempf-Dimitriadou). Organisation von Lesungen zur Studienreise durch Dr. Bernd und Sylvia Mahl (Tübingen). – Studentenaufführung der Staatlichen Hochschule für Musik und Darstellende Kunst: *Ahnenfangen, Ahnenfangen. Ein Jandl-Goethe-Projekt.* Inszenierung und Kostüme: Jasmin Solfaghari (Hamburg). – Prof. Dr. Ekkehart Krippendorff (Berlin): *Wie die Großen mit den Menschen spielen. Goethe als Staatsminister und Politiker.* – Dagmar Waizenegger (Tübingen): Führung durch die Ausstellung *Wassily Kandinsky. Retrospektive: Gemälde und Aquarelle (1902–1940).* – Jens Sparschuh (Berlin): *„Der große Coup". Aus den geheimen Tage- und*

Nachtbüchern des Johann Peter Eckermann (Lesung). – *Goethe und Lenz. Ein theatralisches Projekt.* Regie: Prof. Dr. Jurij Wassiljew und Larissa Schatik (beide St. Petersburg). – Concilium musicum Wien: Paul Angerer (Violine und Viola), Christoph Angerer (Violine, Viola und Viola d'amore), Wilhelm Klebel (Viola), Günter Schagerl (Violoncello), Michael Nowak (Tenor): *Ein Konzert im Hause Goethe.* Leitung und verbindende Worte: Paul Angerer. – Fünf Leseabende mit Peter Stein: *„Faust", der Tragödie zweiter Teil.* – Erich-Kästner-Abend mit Irmgard Förch (Rezitation)/Hildegund Treiber (Klavier): *„Das Jahr dreht sich im Kreise". Heitere Gedichte und Erzählungen.* – Ein Satireabend: *Goethe im Examen.* Gespielt von: Wolfgang Höper, Christian Herrmann, Bernd Mahl, Sylvia Mahl, Arnt Spandau und Cornelis Witthoefft.

Ulm und Neu-Ulm

Vorsitzende: StD Ursula Heldmann, Albecker Steige 32, 89075 Ulm; stellv. Vorsitzender: OStD Dr. Hans-Ulrich Schäfer, Gleißelstetten 91, 89081 Ulm. – Liederabend mit Anita Bader (Sopran), Sönke Morbach (Bariton), Johannes Rieger (Klavier und Moderation): *„Singet nicht in Trauertönen". Goethes „Wilhelm Meister" in der Musik.* – Gymnasiasten: *Mein Goethe* (Rezitation und Inszenierung von Lieblingstexten). – Prof. Dr. Christian Lauritzen (Ulm): *Hat Fausts Gretchen wirklich gelebt?* – Theaterbesuch der Generalprobe *Clavigo.* – Mitgliederversammlung. – *„Das gedicht ist der blindenstock des dichters".* Lesung von Texten Reiner Kunzes. – Zu Goethes 250. Geburtstag: *Essen wie zu Goethes Zeiten.* – Exkursion *Auf Wielands Spuren in Biberach* (Leitung: Dr. Heinrich Bock, Biberach). – Adelbert Schloz-Dürr (Ulm): *„Am Quell der Donau". Ein Versuch über Hölderlins späte Stromhymnen.* – Walter Frei (Ulm): Lesung aus *Kafkas „Stadtwappen".* Alfred Koerppen (Hannover): *„Klang trifft Wort". Bericht über die Entstehung seiner Vertonung dieses Textes* (mit Beispielen).

Vest Recklinghausen, Sitz in Marl

Neugründung im November 1999. Vorsitzender: Dr. H. Ulrich Foertsch, Römerstr. 38, 45772 Marl; stellv. Vorsitzender: Prof. Dr. Werner Kunert, Hellweg 5, 45768 Marl. – Informationsveranstaltung zur Arbeit der Goethe-Gesellschaft.

Waldshut-Tiengen

Neugründung im Juni 2000. Vorsitzender: Dr. Horst Lickert (Bildungszentrum Waldshut), Bismarckstr. 13, 79761 Waldshut-Tiengen.

Wetzlar

Vorsitzender: Dr. Manfred Wenzel, Hedwig-Burgheim-Ring 38, 35396 Gießen; 2. Vorsitzender: Friedrich Petry, Atzbacher Str. 12, 35576 Wetzlar. – *Neujahrskonzert:* Chor- und Sologesang. Rezitation von Goethe-Texten: Justine Seewald (Wetzlar). – Dr. Wolfgang Braune-Steininger (Ehringhausen): *Spiegelungen englischer Kultur im Werk Goethes.* – Festveranstaltung 25 Jahre Wetzlarer Goethe-Gesellschaft. Festvortrag: Doris Runge (Cismar): *„Daß ich eins und doppelt bin". Goethe und Marianne von Willemer.* Musikalische Umrahmung: Nicole Braun (Harfe, Köln). – Gesprächskreis mit Hellmut Schliephake (Leun): *Goethe als Naturforscher* (Teil I: *Morphologie*). – Lesung von Carola Buschmann (Wetzlar): *Aus dem Werk von Alexander Puschkin. Zum 200. Geburtstag des Dichters.* – Jahreshauptversammlung mit anschließendem Vortrag von Prof. Dr. Wolfgang Promies (Darmstadt): *Der junge Goethe und Lichtenberg.* – Gesprächskreis mit Hellmut Schliephake (Leun): *Goethe als Naturforscher* (Teil II: *Farbenlehre*). – Dr. Manfred Wenzel (Gießen): *Der Wetzlarer Goethe* (Vortrag in Weimar, mit Angebot einer Weimar-Exkursion an diesem Tag). – Prof. Dr. Jörg-Ulrich Fechner (Bochum): *Goethes erste Schweizer Reise.* – Dr. Uwe Petry (Bonn): *„Laß das Büchlein deinen Freund sein [...]!" Literatur als Medium im Briefroman bei Rousseau, Goethe und Foscolo.* – Vortragsreihe *Lotte und die Ihren*: Dr. Dieter Lange (Hannover): *Georg Laves, der Architekt des klassizistischen Hannover*; Detmar Westhoff (Frankfurt a. M.): *August Kestner und Vittoria Caldoni*; Prof. Dr. Arthur Scharmann (Gießen): *Lottes Neffe Heinrich Buff als Physiker*; Ders.: *Lottes Söhne Georg und Hermann als Sammler und Stifter*; *Soiree für Werthers Lotte* (Liedkompositionen von

August und Hermann Kestner). – Festveranstaltung zum 250. Geburtstag Goethes: *„Wir wollen dann wieder recht häuslich glücklich seyn". Lotte Kestner geb. Buff erinnert sich* (szenische Lesung von Gertrud Gilbert, Bad Nauheim; musikalische Gestaltung: Ensemble Leonarda). – Exkursion *Auf den Spuren von Goethes Lahnreise* (Leitung: Gisela von Schneidemesser, Wetzlar). – Dr. Wolfgang Strack (Buseck): *Die Leiden des jungen Werther* (Ton-Dia-Schau). – Gemeinsamer Abend mit der Goethe-Gesellschaft Bad Harzburg. Vortrag von Eberhard Völker (Bad Harzburg): *Goethes „Harzreise im Winter". Eine dramatische Hymne* und Vortrag von Dr. Manfred Wenzel (Gießen): *Der „Goethe-Elefant" von Kassel.* – Gesprächskreis mit Hellmut Schliephake (Leun)/Dr. Manfred Wenzel (Gießen): *Goethe als Naturforscher* (Teil III: *Allgemeine Naturlehre, Geologie, Wetterkunde*). – Dr. Manfred Wenzel (Gießen): *Goethe-Bücher. Neuerscheinungen im Goethe-Jahr.* – Dr. Hans-Joachim Simm (Frankfurt a. M.): *„Wechselseitige Erhellung". Zur Frankfurter Goethe-Ausgabe* (Präsentation der neuen 40bändigen Ausgabe). – Adventslesung: *Gäste lesen für Gäste.*

Wuppertal

Vorsitzender: Dr. Stephan Berning, Remscheider Str. 28, 42899 Remscheid-Lüttringhausen; stellv. Vorsitzender: Martin Griesemer, Hofaue 54, 42103 Wuppertal. – Besuch der *„Faust"-Oper von Charles Gounod.* Einführung und Gespräch mit dem Dramaturgen Martin Griesemer. – Prof. Dr. Vincent Th. Berning (Aachen): *Goethe als Philosoph. Objektives Formgesetz und lebendige Symbolisation des Ewigen.* – Prof. Dr. Ulrich Ernst (Wuppertal): *Von der Hieroglyphe zum Hypertext. Medienumbrüche in der Evolution visueller Texte.* – Goethe-Tage in Wuppertal. Ein Veranstaltungs-Zyklus der Goethe-Gesellschaft und der Wuppertaler Bühnen. Darsteller: Siegfried W. Maschek, Gerd Mayen, Hans-Christian Seeger, Rena Liebenow und Bernd Kuschmann. Darstellungen: *Reineke Fuchs, Herrmann und Dorothea, West-östlicher Divan, Briefwechsel Johann Wolfgang Goethe und Friedrich Schiller.* – Blick in die Forschungswerkstatt: Neue Forschungsergebnisse im Fachbereich Sprach- und Literaturwissenschaft der Universität Wuppertal. 1. Folge: Prof. Dr. Dietrich Weber (Wuppertal): *Aus der Werkstatt des Geschichtenerzählspielers. Im Schatten Goethes: Jakob Michael Reinhold Lenz*; Wissenschaftliches Kolloquium des Fachbereichs Sprach- und Literaturwissenschaft der Universität Wuppertal in Zusammenarbeit mit der Goethe-Gesellschaft Wuppertal: Prof. Dr. Rüdiger Zymner (Wuppertal): *Shakespeare und Lenz*; Prof. Dr. Jörg-Ulrich Fechner (Bochum): *Ein wiedergefundener Brief von Lenz aus Weimar an die Gräfin Stolberg*; Prof. Dr. Gerhard Sauder (Universität des Saarlands): *Tiecks „vernachlässigter Lenz"*; Prof. Dr. Matthias Luserke (Darmstadt): *Über Büchners „Lenz"*; Dr. Ariane Martin (Kassel): *Die Nobilitierung der Krankheit. Zu einer Linie der Lenz-Rezeption im 19. Jahrhundert*; Dr. Andreas Meier (Wuppertal): *Franz Bleis Lenz-Ausgabe*; Dr. Ulrich Kaufmann (Jena): *Lenz-Lyrik des 20. Jahrhunderts.* – Soiree: *Mein Gott Goethe. Johann Wolfgang zum 250.* (mit Mitgliedern des Schauspiels und des Musiktheaters Wuppertal. Leitung: Holk Freytag. Eine Veranstaltung des Schillertheaters NRW in Zusammenarbeit mit der Goethe-Gesellschaft Wuppertal). – Dr. Andreas Meier (Wuppertal): *Goethe in Wuppertal.* – Ausstellung der Stadtbibliothek Wuppertal *Johann Wolfgang Goethe. Zeichnungen und Schriften aus Beständen der Stadtbibliothek Wuppertal mit einer besonderen Berücksichtigung der Elberfelder Zusammenkunft im Juli 1777* (Führung: Cornelia Blechert). – Prof. Dr. Rolf-Dietrich Keil (Bonn): *Der Urenkel des Mohren. Alexander Puschkin zum 200. Geburtstag.* – Premiere des Trauerspiels *Egmont* im Schiller-Theater NRW. – Prof. Dr. Jürgen Carl Jacobs (Wuppertal): *Johann Wolfgang Goethes Trauerspiel „Egmont".* – Martin Walser (Überlingen): *Autorenlesung.* – Blick in die Forschungswerkstatt. 2. Folge: Prof. Dr. Heinz Rölleke (Wuppertal): *Brentano, Grimm, Hofmannsthal, Else Lasker-Schüler. Ein Spektrum der neugermanistischen Forschung.*

Zittau

Vorsitzender: Klaus Günzel, Marschnerstr. 1, 02763 Zittau. – Klaus Günzel (Zittau): *Sachsens letzter Kronprinz. Der Weg des Jesuitenpaters Georg von Sachsen.* – Eckart Kleßmann: *„Casanova und sein Zeitalter"* (Autorenlesung). – Klaus Günzel (Zittau): *Goethes erste Weimarer Jahre (1775–1782).* – Ders.: *Goethe, Schiller und die*

Romantiker. – Ders.: *Goethe und die Generale. Kriegszeiten im Haus am Frauenplan.* – Buchpremiere von Klaus Günzels neuem Buch *„Viele Gäste wünsch' ich mir / Heut zu meinem Tische!". Goethes Besucher im Haus am Frauenplan.*

Freundeskreis des Goethe-Nationalmuseums e. V. (Weimar)

Vorsitzender: Dieter Höhnl, Friedensgasse 3 a, 99423 Weimar; stellv. Vorsitzende: Dr. Christine Meißner, Böhlaustr. 7, 99423 Weimar. – Vorträge von Vorsitzenden aus Ortsvereinigungen: Dr. Hans Joachim Schaefer (Kassel): *Goethes Freundschaft mit Carl Friedrich Zelter.* – Monika Schopf-Beige (Ludwigsburg): *Goethe in Böhmen.* – Volker Schumann (Eisenach): *Julie von Bechtolsheim – Wielands „Psyche" und Goethes Seelenfreundin.* – Dr. Heike Steinhorst (Magdeburg): *Goethes „Märchen" im Kontext der „Unterhaltungen deutscher Ausgewanderten".* – Dr. Manfred Wenzel (Wetzlar): *„Es ist beschlossen, Lotte, ich will sterben". Der Wetzlarer Goethe.* – Eberhard Schmidt (Dessau): *Die Verdienste des Ernst Wolfgang Behrisch an seinem Jugendfreund Goethe.* – Prof. Dr. Heinrich Arnold (Ilmenau): *Goethe, die Natur und das Maschinenwesen.* – Dr. Bernd Mahl (Tübingen): *Goethes „Faust" nach Gründgens (1957–1999). Goethes „Hauptgeschäft" im modernen Regietheater.* – Hans-Jürgen Schmitt (Kronach): *Fränkisches im Leben und Werk Jean Pauls.* – Dr. Josef Mattausch (Leipzig): *„Klein Paris" und der junge Goethe.* – Beate Schubert (Berlin): *Goethes Verhältnis zu Berlin.* – Dr. Wolfgang Butzlaff (Kiel): *Neue Beiträge zur Interpretation der „Marienbader Elegie".* – Jahresausklang mit *Goethe-Liedern* von Schubert und Zelter. – Exkursion nach Dresden.

Freies Deutsches Hochstift
Frankfurter Goethe-Museum

Direktor: Prof. Dr. Christoph Perels, Goethe-Haus, Großer Hirschgraben 23–25, 60311 Frankfurt a. M. – Ausstellungen: *„Zeichenfieber". Zeichnungen und Radierungen Goethes.* – *„Ein Dichter hatte uns* alle geweckt*". Goethe und die literarische Romantik.* – *„Reineke Fuchs" oder „das Menschengeschlecht in seiner ungeheuchelten Tierheit".* – *Die Frankfurter Malerfamilie Morgenstern.* – Lesungen: Martin Benrath: *Die Leiden des jungen Werther.* – Thomas Holtzmann: *Wilhelm Meisters theatralische Sendung.* – Dietrich Fischer-Dieskau und Gert Westphal: *Briefwechsel Goethe-Zelter.* – Rosemarie Fendel: *Aus Goethes Gedichten.* – Gert Westphal: *Faust I.* – Otto Sander: *Reineke Fuchs.* – Peter Gülke (zur Feier von Goethes Geburtstag): *Mozart hätte den „Faust" komponieren müssen.* – Autorenlesungen: Sarah Kirsch und Christoph W. Aigner: *Verwandlungen.* – Christoph Ransmayr: *Die letzte Welt.* – Siegfried Lenz: *Neue Erzählungen.* – Liederabende: Hugo Wolf, Anton Webern: *Vertonungen von Goethe-Gedichten* (Ensemble Modern, Sibylle Ehlert, Sopran). – *Goethe-Lieder* mit Matthias Goerne (Bariton) und Eric Schneider (Klavier). – *Goethe-Lieder in kontrastierenden Vertonungen („Wilhelm Meister", Balladen und Romanzen, Gedichte der Liebe 1, Gedichte der Liebe 2, Hymnen und Lieder).* – *Goethe-Lieder* mit G. Bohmann und J. M. Kränzle. – *Hausmusik. Jugend musiziert im Goethe-Haus.*

Goethe-Museum Düsseldorf
Anton-und-Katharina-Kippenberg-Stiftung

Direktor: Prof. Dr. Dr. h. c. Volkmar Hansen, Schloß Jägerhof, Jacobistr. 2, 40211 Düsseldorf. – Ausstellungen in situ: *Klopstock und sein „Messias".* – *Goethe und die Welt der Pflanzen.* – *Europa, wie Goethe es sah.* – *Künstlerinnen sehen Goethe* (u. a. Pia Dehne, Kirsten Lampert, Mantalina Psoma, Kate Waters) in Zusammenarbeit mit den Freunden der Künste Düsseldorf-Berlin. – Heinz Mack: *West-östlicher Divan.* – *Ideen und Einfälle zu Goethe* (preisgekrönte Arbeiten des Goethe-Schülerwettbewerbs). – *Der Verleger Anton Kippenberg (1874–1950).* – Auswärtige Ausstellungen: *Reineke Fuchs* (Hamburg und Mettmann). – *Ottilie von Goethe (1796–1872)* (Frankfurt). – *„Im Schatten Goethes". Jakob Michael Reinhold Lenz* (Wuppertal). – *Faksimile.* Ausstellung von Objekten der Sammlung Kippenberg zum Thema *Europa, wie Goethe es sah* (Düsseldorf). – *Brückenbauen: Goethe* (Kirgisien). – *Goethe und „Torquato Tasso"* (Itzehoe). – *Goethe et l'Europe* (Saverne). – *„Willst du wissen, was sich ziemt". Goethe und die Frauen* (Kronach). – *L'Europa che ha visto Goethe* (Bologna). – Veranstaltungen: Klavierkonzert mit der japanischen Pianistin Mari Terada. – Dr. Bernd Mahl

(Stuttgart): *„Faust" auf dem Theater (1806–1998).* – Prof. Dr. Muneto Sonoda (Eko-Haus der japanischen Kultur, Düsseldorf): *Nietzsche und Goethe. Ein Gespräch hoher Geister.* – Prof. Dr. Theo Buck (Aachen): *Goethes Gedicht „Gingo biloba".* – Dr. Rosemarie Schillemeit (Braunschweig): *Ein Stammbuchfund zum Leipziger Goethe.* – Finissage zur Ausstellung *Goethe und die Welt der Pflanzen.* – Konzert zum 300. Geburtstag Hasses, gespielt von Umbach & Consorten, Ensemble für alte Musik. – Prof. Dr. Karl-Egon Lönne (Düsseldorf): *Der Krieg und die Kultur. Goethe-Interpretationen Benedetto Croces.* – Prof. Dr. Ekkehart Krippendorff (Berlin): *Jefferson und Goethe.* – Prof. Dr. Hans Körner (Düsseldorf): *Goethe und Italien.* – Prof. Dr. Helmut Hirsch (Düsseldorf): *Raub Europas durch Zeus bei Goethe.* – Prof. Dr. Paul Michael Lützeler (St. Louis): *Goethe und Europa.* – *Goethes geistiges Europa* (Internationaler Kongreß mit Teilnehmern aus 16 Ländern). – Konzert: *„Deine Komposition [...] mit meinen Liedern identisch". Goethe und Zelter: eine Altersfreundschaft.* Textrezitation: Prof. Dr. Walter Salmen. – Eröffnung der Ausstellung (Schloß Jägerhof und Malkasten): *Künstlerinnen sehen Goethe.* – Konzert: *Goethe vertont* (Hanneke de Wit, Sopran, Jaap Kooi, Klavier). – Konzert-Matinee: *Späte Liebe 1823* (Sheila Arnold, Klavier, Gerd Ellenbeck, Rezitation). – Festakt und Sommerfest zu Goethes 250. Geburtstag: Gerhard Ferenschild rezitiert *Goethe-Gedichte.* Sabine Schneider (Sopran)/Thomas Gabrisch (Klavier): *Lieder der Goethe-Zeit von Julius Weismann.* Schriftsteller Dieter Kühn liest aus dem Roman *Goethe zieht in den Krieg.* Rolfrafael Schröer und Sigrun Rost: *„Eine Ehe in Briefen". Goethe und Christiane.* – Prof. Dr. Rolf-Dietrich Keil (Bonn): *Puschkin und Goethe.* – Freundeskreis Düsseldorfer Buch '75 e.V.: *Goethe ganz anders* (Lesung mit Musik). – Prof. Dr. Helmut Schanze (Siegen): *„Goethe behagt die Hofluft zu sehr". Goethe und Beethoven 1812.* – Ernst Schmidt (Weimar): *„Faust"-Szenen.* – Prof. Dr. Hinrich Siefken (Nottingham): *Das Goethebild im Alterswerk Thomas Manns.* – Stiftung für Griechische Kultur (Berlin): Goethe-Lieder von Schubert und Wolf, Werke von Debussy sowie griechische Volkslieder. – Prof. Dr. Siegfried Unseld (Frankfurt a.M.): *Der Verleger und Goethe-Sammler Anton Kippenberg.* – Prof. Dr. Christian Wagenknecht (Göttingen): *Sprache im Drama. Zum Helena-Akt des „Faust".*

AUS DEM LEBEN AUSLÄNDISCHER GOETHE-GESELLSCHAFTEN

Wir bitten um Verständnis, daß die vielfältigen Aktivitäten der ausländischen Goethe-Gesellschaften im Goethe-Jahr 1999 hier nur in Auswahl wiedergegeben werden können.

Armenien

Eriwan

Vorsitzende: Dr. Evelina Piradova, wissenschaftliche Mitarbeiterin am Matenadaran, Mashtoz-Str. 53, 375009 Eriwan. – Dr. Evelina Piradova: *Goethes Werke auf der Bühne von Armenien.* „*Gretchen am Spinnrad*" (Nune Badaljan, Gesang; Ella Melik-Gusjan, Klavier). – Luisa Chalatjan: *Goethe in der Kunst* (Auszüge aus der Diplomarbeit). „*Heidenröslein*" (Tanja Konrad, Gesang; Romanos Melikjan, Gesang). – Nana Chatschatrjan: *Rezitationen aus dem „Faust"*. „*Erlkönig*" (Nune Badaljan, Gesang; Ella Melik-Gusjan, Klavier). – „*Egmont*" (Tanja Konrad, Rezitation; Ella Melik-Gusjan, Klavier). – Dr. Evelina Piradova: *Weimar. Kulturstadt Europas 1999.* – „*Mailied*" (Monika Karapetjan, Rezitation deutsch und armenisch). – Kleine Ausstellung mit Fotos und Zeichnungen über den Musenhof Anna Amalias und über die Gedenkstätte Buchenwald.

Australien

City Beach

Präsident: Prof. Dr. rer. nat. Roland Hähnel; Australian Goethe Society WA Inc. 27 Templetonia Crescent, City Beach, 6015. – Von der westaustralischen Goethe-Gesellschaft ging anläßlich ihres 50jährigen Bestehens ein umfangreicher zusammenfassender Bericht über die dort geleistete wissenschaftliche, kulturelle und auch politische Arbeit ein, der ein eindrucksvolles Bild von der Tätigkeit der australischen Goethe-Freunde vermittelt und nicht zuletzt auch alle Präsidenten vorstellt.

Bulgarien

Sofia

Neugründung in Sofia Ende 1998. Vorsitzende: Prof. Dr. Nadeshda Dakova, Zar. Boris I-Str. 24–30, 1463 Sofia. – Goethe-Ehrung, bei der die Ergebnisse eines Preisausschreibens präsentiert wurden. Studenten der Germanistik aus dem gesamten Land waren ein Jahr zuvor aufgerufen worden, ihr Interesse für Goethe durch die Übersetzung ausgewählter Gedichte, durch eine Interpretation des Romans *Die Wahlverwandtschaften* oder durch einen Essay zum Thema *Mein Goethe* zu bekunden. Die preisgekrönten Arbeiten wurden nun vorgetragen und mit Beifall aufgenommen. Die Vorsitzende, Frau Prof. Dr. Dakova, schreibt dazu: „Eine besondere Genugtuung bereitete uns die Tatsache, daß diese unkonventionelle Art der Goethe-Ehrung echte Begabungen vor allem in der Sparte ‚Übersetzung' zum Vorschein brachte. Wir bemühen uns auch weiterhin, diesen jungen begabten Studenten zur Seite zu stehen." – Die Goethe-Gesellschaft in Sofia veranstaltete gemeinsam mit dem Lehrstuhl für Germanistik der Sofioter Universität und dem Goethe-Institut in Sofia ein Kolloquium zur Rezeption Goethes in Bulgarien, an dem sich Übersetzer, Verleger, Schriftsteller und Wissenschaftler beteiligten.

China

Beijing

Präsident: Prof. Dr. Tingfang Ye, Leiter der Abteilung für mittel- und nordeuropäische Literaturen des Instituts der Weltliteratur der Akademie für Sozialwissenschaften; priv. Adresse: Jin Song 901–1106, 100021 Beijing. – Anläßlich des 250jährigen Geburtstags Goethes wurde in Kunming ein großes Goethe-Symposium durchgeführt, an dem fünf deutsche Goethe-Forscher teilgenommen haben. Alle Beiträge des Symposiums werden in einem Sammelband veröffentlicht. – Dem Botschafter der Bundesrepublik Deutschland wurde die neu erschienene Goethe-Ausgabe in chinesischer Sprache überreicht. Solche Goethe-Ausgaben erhielten auch die Muttergesellschaft in Weimar und die Universität zu Köln.

Estland

Tartu

Neugründung der Goethe-Gesellschaft in Tartu im März 1999. Vorsitzende: Liina Lukas, Kastani 1, 50409 Tartu. – Vom 31. Oktober bis 2. November fand eine Konferenz über *Goethe in Tartu* statt. Daran nahmen Spezialisten aus Schweden, Finnland, Lettland, Estland und Deutschland teil. Herr Prof. Dr. Leistner vertrat als Vorstandsmitglied die Muttergesellschaft und hielt das Referat *Goethe – uns Gegenwärtige betreffend.* Die Tagung wurde von einer Ausstellung über *Goethes Weimar in Tartu* begleitet.

Frankreich

Strasbourg

Präsident: Prof. Dr. Dr. h.c. Gonthier-Louis Fink, 15. rue d'Offendorf, 67000 Strasbourg. – Prof. Dr. Gonthier-Louis Fink: *Goethe face aux révolutions de son temps.* – Goethe-Lieder von Carl Loewe, Franz Schubert, Hugo Wolf, Robert Schumann und Charles Gounod (Einleitung: Prof. Dr. Gonthier-Louis Fink). – Kolloquium *Goethe, cosmopolite.* In Verbindung mit der Revue germanique internationale. Prof. Dr. Roland Krebs: *Werther lu par Goethe.* – Paris, Sorbonne: Internationales Kolloquium des Institut d'Etudes allemandes de L'Université Paris IV, Leitung: Prof. Dr. Jean-Marie Valentin. Vortrag Prof. Dr. Erika Tunner: *Goethe et l'art*; Prof. Dr. Denise Blondeau: *Le Collectionneur goethéen: de l'anthropologie à l'estétique*; Prof. Dr. Roland Krebs: *Le dialogue avec Diderot.* – Lille: Prof. Dr. Roland Krebs: *Goethe aus der Sicht von Dichterkollegen.* – Strasbourg: Prof. Dr. Gonthier-Louis Fink: *Goethe et Berlioz. D'un Faust à l'autre* im Rahmen des Festival de Musique. – Strasbourg, Université Marc Bloch: Prof. Dr. Gonthier-Louis Fink: *Goethe und das elsässische Volkslied* anläßlich des Empfangs der Leipziger Goethe-Gesellschaft. – Château de Saverne: Eröffnung der Ausstellung, vorbereitet vom Goethe-Museum Düsseldorf und ergänzt durch die Bibliothèque nationale et universitaire de Strasbourg: *Goethe et l'Europe – Europa, wie Goethe es sah.* Eröffnungsvortrag: Prof. Dr. Gonthier-Louis Fink: *Goethe, hier et aujourd'hui.* – Strasbourg, Université Marc Bloch: Kolloquium, organisiert von Christine Maillard. – Château de Saverne: Prof. Dr. Gonthier-Louis Fink: *Goethe et son image de l'Europe.* – Château de Saverne. Prof. Dr. Marcel Thomann: *Goethe, étudiant à l'Université protestante de Strasbourg.* – Paris, Goethe-Institut, Table ronde: *Goethe et la France, Goethe en France*, Moderator: Prof. Dr. Roland Krebs, Prof. Dr. Gonthier-Louis Fink: *Le dialogue de Goethe avec les lettres françaises.* – Strasbourg, Université Robert Schuman: Prof. Dr. Marcel Thomann: *Goethe, étudiant à l'université de Strasbourg.*

Georgien

Kutaissi

Vorsitzende: Prof. Dr. Nanuli Kakauridse, Lomonossow ul. 8, 384000 Kutaissi. –
Vortragsreihe im März unter der Leitung von Prof. Dr. Nanuli Kakauridse. In dieser Vortragsreihe referierten über verschiedene Werke u.a.: Prof. Dr. Giorgi Gwasawa, Nugescha Gagnidse, Irina Schischinaschwili, Anna Chuchua, Maja Tscholadse. – Vortragsreihe im Oktober unter der Leitung von Prof. Dr. Nanuli Kakauridse. In dieser Vortragsreihe referierten u.a.: Prof. Dr. Giorgi Gwasawa, Dr. Marina Kutschuchidse,

Prof. Dr. Leila Tandilaschwili, Nugescha Gagnidse, Irina Schischinaschwili, Anna Chuchua. – Wissenschaftliche Konferenz der Germanistikprofessoren und Akademiker der Zereteli-Universität Kutaissi anläßlich des 250. Geburtstags Goethes und wissenschaftliche Konferenz im Literaturinstitut Tbilissi. – Veranstaltungsreihen: Literarisch-musikalische Abende in den Schulen von Kutaissi, Studentenkonferenzen. – Studenten der Fakultät für Journalistik, Philologie, Wirtschaftswissenschaften, Jura und Geschichte an der Zereteli-Universität nahmen an Lesungen über *Goethe als Lyriker, Goethes lyrische Gedichte im Original und in georgischen Übersetzungen* teil und hielten selbst Vorträge (Leitung: D. Epremaschwili). – Veranstaltungen: *Deutschland in Goethes Epoche. Historische Angaben über Deutschland zur Goethezeit* (Leitung: E. Giorgobiani). – *Goethe und der Frühling* (Leitung: R. Tschikwadse). – Netzwerkseminar zum Thema: *Kommunikativer Deutschunterricht* (Dr. Ralf Heinemann, Goethe-Institut). – Besuch durch die Leiterin der Programmabteilung Nord des DAAD Dr. Dorothea Fitterling und des Referatsleiters für länderübergreifende Programme Osteuropa/GUS. – Eröffnung der kleinen Akademie der Weltliteratur für Gymnasiasten der Stadt Kutaissi mit einem zweijährigen Vortragszyklus. – Ausstellungen: *Deutschland, Goethe, Weimar* (Gemäldeausstellung der Studenten des Kunstlyzeums). Ausstellungen der Maler A. Gegia zum Thema *Deutschland* und O. Kandaria zum Thema *Goethe.* – Spracholympiade: *Deutsch – warum nicht?* Leitung: Dr. A. Berodse. – Feierlicher Abend zum Abschluß der Goethe-Jubiläumstage unter der Leitung von Prof. Dr. Nanuli Kakauridse. Auszeichnung der Deutschlehrer und Akademiker für den großen Beitrag zur Propagierung der deutschen geistigen Kultur, Auszeichnung von Germanistikstudenten für gute Ergebnisse beim Erlernen der deutschen Sprache. Galakonzert mit Werken der deutschen Klassik zum 250. Geburtstag Goethes (Leitung: Tengis Tschumburidse und Gogi Tschitschinadse). Gespielt wurden u. a. Werke von Beethoven, Gustav Mahler und Carl Maria von Weber.

Poti

Vorsitzender: Irakli Schurgulaia, Dshordshadseul. W. 9, 384690 Poti. – Dr. Marina Bokutschawa und Dr. Dodo Khukhia: *Goethe-Tage in Poti.* Eröffnungsrede: Irakli Schurgulaia, Vortrag von Dr. D. Khukhia (Poti): *Die Farben in Goethes „Faust"*, Dr. Marina Bokutschawa: *Genie-Paradigma des 18. Jahrhunderts.* – Goethe-Abend an der Universität Poti unter der Leitung von Isolde Kawsadse und Irene Santaraia: *„Werther"-Inszenierung*, Rezitation von Goethes Lyrik und Balladen. – Prof. Dr. Themur Patschulia (Poti): *Goethe als Staatsmann.* – Irakli Schurgulaia: *Die biblische Sage vom verlorenen Sohn und Schillers „Räuber".* – Irma Thawadse (Poti): *Goethes „Wilhelm Meisters Lehrjahre".* – Dr. Marina Bokutschawa: *Shakespeare. Das englische Genie gegen die französischen Kunstregeln.* – Musikabend unter der Leitung von Dr. Rosa Tschapidse. Gespielt und gesungen wurden Werke von Beethoven, Brahms, Mozart und Schubert. – Durchführung von Goethe-Abenden an zwei Schulen in Poti (Leitung: Waro Kofianidi und Nana Zanawa): Theaterinszenierungen, Rezitation von Gedichten und Balladen, Darbietung von Goetheliedern. – Dr. Maia Mamforia (Poti): *Der späte Goethe.* – Irakli Schurgulaia: *Schillers „Fiesco". Freiheitsheld und Tyrann.* – Anläßlich des 250. Geburtstages von Goethe wurde von Irakli Schurgulaia in der Hauptzeitung „Republik Georgien" der Artikel *Gott ist die Liebe!* veröffentlicht. – Studentenkonferenz an der Universität Poti unter der Leitung von Irene Santaraia und Isolde Kawsadse zu den Themen *Der Dichter und die Gesellschaft in Goethes „Torquato Tasso"* (Referent: Wowa Chorawa), *Die Wege der Freiheit in Schillers „Wallenstein"* (Referentin: Irene Kiria) und *Georgische Übersetzungen von Goethes „Werther"* (Referentin: Sophie Kuzia).

Tbilissi

Präsident: Prof. Dr. Nodar Kakabadse, Sakariadse ul. 8, kw. 81, 38007 Tbilissi. – Goethe-Tage in Tbilissi mit wissenschaftlicher Konferenz. Festansprache: Prof. Dr. Dawid Laschkaradse. – Prof. Dr. Kacha Kazitadse (Tbilissi): *Der Morphologiebegriff bei Goethe und der Begriff der intellektuellen Intuition im deutschen Idealismus.* – Sweta Goginawa (Tbilissi): *Drama als Mikrodialog in Goethes „Egmont".* – Doz. Nelly Amaschukeli (Tbilissi): *Zum Titel von Goethes „Wahlverwandtschaften".* – Giorgi Messchi (Tbilissi): *Mephistopheles als Teil der negativen*

Macht. – Literarisch-musikalischer Abend (Moderation: Prof. Dr. Manana Paitschadse). – Treffen der Goethe-Gesellschaft Tbilissi mit der in Deutschland tätigen Sängerin Manana Menabde. – Präsentation des Buches von Prof. Wiola Purzeladse: *Text als schriftliche Manifestation der sprachlichen Tätigkeit.* – Gespräche mit Germanistik-Studenten und Goethe-Freunden zum Thema: *Weimar 99. Kulturstadt Europas* und *Das Goethe-Jahr 1999.* Im Rustaweli-Institut für georgische Literatur Tbilissi fand anläßlich des 250. Geburtstags Goethes unter der Leitung von Dr. Guram Tschochonelidse eine wissenschaftliche Konferenz statt. Einführende Worte durch den Direktor des Instituts, Prof. Dr. Guram Benaschwili. – Prof. Dr. Nanuli Kakauridse (Kutaissi): *Goethes Rede „Zum Schäkespears Tag" und „Götz von Berlichingen".* – Prof. Dr. Läila Tetruaschwili (Tbilissi): *Die tragische Schuld in Goethes „Torquato Tasso".* – Kunstmaler Gia Bugadse: *Die „Farbenlehre" von Goethe und die moderne Malerei.* – Dr. Wenera Kawtiaschwili (Tbilissi): *„Faust"-Problematik im Schaffen von Galaktion Tabidse.* – Kritiker Lewan Bregadse (Tbilissi): *Goethe auf den Seiten der „Kaukasischen Post".* – Dr. Giorgi Messchi (Tbilissi): *Goethe über Leib, Seele und Geist.* – Dr. Anna Chuchua (Kutaissi): *Die Funktion des inneren Monologs in Thomas Manns Roman „Lotte in Weimar".* – Dr. Irina Schischinaschwili (Kutaissi): *Zur dramatischen Form in Goethes „Götz von Berlichingen".* – Dr. Gaga Lomidse (Tbilissi): *Goethes Konzeption der Wiederkehr in den väterlichen Schoß* und *„Das Schlangenhemd" von Grigol Robakidse.*

Indien

New Delhi

Präsident: Prof. Dr. Anil Bhatti, Jawaharlal Nehru University, Centre of German Studies, School of Languages, New Delhi 110067. – Im Jubiläumsjahr wurden verschiedene Veranstaltungen in Zusammenarbeit mit dem Goethe-Institut durchgeführt. Außerdem fanden zwei internationale Tagungen statt, im September 1999 in Madras, im Dezember in Neu Delhi, hier zum Thema *Goethe und die nichteuropäische Welt.*

Italien

Riva del Garda

Die Goethe-Freunde vom Gardasee um ihren Vorsitzenden Dr. Franco Farina (Viale Trento, 38066 Riva del Garda) begingen das Goethe-Jubiläum in vielfältiger, ideenreicher Weise. Hierzu zählen u. a. eine *Wanderung auf Goethes Spuren*, die Farina so zusammenfaßt: „Acht Stunden erlebte Kultur schienen wie im Nu verflogen – getreu dem Wort Goethes: ‚Man reist ja nicht, um anzukommen, sondern um zu reisen.'" Den Goethefreunden vom Gardasee ist weiterhin ein historisch-literarischer Beitrag *Die Gardasee-Fahrt Goethes* zu danken, darüber hinaus ein zweisprachiges multimediales Theaterstück von Franco Farina *Mit Goethe auf Sonnenwegen*, das kleine Szenen aus der *Italienischen Reise* darbietet. Es ist untermalt von Ballettszenen und musikalischen Einlagen und wurde u.a. im Rahmen einer deutsch-italienischen Festwoche in der hessischen Partnerstadt Bensheim aufgeführt, außerdem ebenso in Wolfsburg. Der Aufführung lag Franco Farinas Roman *Die klaren Nächte* zugrunde; der Autor selbst übernahm die Rolle von Goethe.

Rom

Vorsitzender: Prof. Dr. Marino Freschi, Università di Roma Tre Letterature Comparate, Via Castro Pretorio, 20, 00185 Rom. – Begleitung und wissenschaftliche Betreuung von Stipendiaten. – Neben einer Wechselausstellung ständige Ausstellung *Goethe in Rom.* – Fotoausstellung von Frank Horvat über *Goethe in Sizilien.* – In Zusammenarbeit mit dem Goethe-Institut und der Universität mehrtägiges Kolloquium. Referenten zu den verschiedensten Goethe-Themen waren: Prof. Dr. Mauro Ponzi, Prof. Dr. Herbert Kromann, Prof. Dr. Helmut Koopmann, Prof. Dr. Luciano Zagari, Prof. Dr. Paolo Chiarini, Prof. Dr. Ernst Osterkamp, Prof. Dr. Giovanni Sampaolo. – Dia-Vortrag von Prof. Dr. Christa Lichtenstern (Saarbrücken): Finissage zur Ausstellung *Im Zeichen der Freiheit. Der spanische Bildhauer Alfaro und Goethe.* – Szenische Lesung: *Die Leiden des jungen Werther* (Regie: Ingeborg Waldherr, Darbietung: Franziska von Arx).

Japan

Tokyo

Präsident: Prof. Dr. Naoji Kimura, Irimacho 1-chome 37–76, Schofu-shi, Tokyo 182. – Im Goethe-Jahr fand ein mehrtägiges Symposium in Kooperation mit dem Goethe-Institut zu den Rahmenthemen *Goethe in Ost und West* sowie *Goethe. Wirkung und Gegenwart* statt. Daran nahmen Wissenschaftler und Vertreter aus China, Korea, Österreich, den USA, der Schweiz und Deutschland teil. – Das alljährlich erscheinende Jahrbuch gibt Auskunft über Aktivitäten, Vorträge, Programme und über neueste Goethe-Übersetzungen. – Vokale Aufführung des *Urfaust*. – Germanistentagung und Symposium zu den Themen *Goethe und die Moderne* und *Goethezeit und Paradigma des Wissens*. – Symposien zu den Themen: *Goethe und Therapie, Goethe und Japan, Die Antike und die deutsche Literatur, Goethe und die Farbenlehre, Goethe und die Brüder Grimm*. – Ausstellungen: *Goethes Farbenlehre und das Bauhaus, Goethes Werke in japanischer, koreanischer und chinesischer Übersetzung*.

Jugoslawien

Belgrad

Vorsitzender: Prof. Dr. Mirko Krivokapić, Zrmanjska 16, 11030 Belgrad. – Infolge der politischen und wirtschaftlichen Situation des Landes war es für die Goethe-Gesellschaft in Belgrad nicht leicht, an die erfolgreiche Tätigkeit der Vergangenheit anzuknüpfen. Ihr Wirken verdient darum unsere besondere Anerkennung. – Im Bericht des Vorsitzenden heißt es: „So fanden sich bedeutende Institutionen bereit, an den großen Dichter zu erinnern. An der Volkshochschule Kolarac, einer traditionsreichen Stätte des kulturellen Lebens in Belgrad, fand eine sechsteilige gut besuchte Vortragsreihe über verschiedene Aspekte des Goetheschen Werks und seiner Rezeption in Jugoslawien statt. Die Vortragenden waren Goetheforscher und Literaturkritiker, alle Mitglieder der Goethe-Gesellschaft. An diese Reihe schloß sich ein Festakt an, mit Festvortrag von Prof. Dr. Mirko Krivokapić, Lesung von Goethe-Texten durch bekannte Schauspieler mit musikalischem Rahmenprogramm. – Im Oktober wurde in der Serbischen Nationalbibliothek der erste Band einer in zehn Bänden vorgesehenen, von der Goethe-Gesellschaft in Weimar geförderten Goethe-Ausgabe präsentiert und des Dichters gedacht. Nach einleitenden Worten des Bibliotheksdirektors sprachen Prof. Dr. Milan Mojašević, Prof. Dr. Mirko Krivokapić und Prof. Dr. Josip Babić. Eine Lesung aus dem *Faust* und ein musikalischer Teil rundeten das Programm ab. – Vorträge von Prof. Dr. Josip Babić im Städtischen Kulturzentrum: *Goethes Rezeption der serbischen Literatur* und *Die Aufnahme der Werke Goethes im serbischen Kulturraum*.

Auch in der montenegrischen Hauptstadt Podgorica wurde Goethes gedacht. Nach einführenden Worten des Kulturministers sprachen Prof. Dr. Mirko Krivokapić über *Goethes Werk und seine Aktualität in der heutigen Zeit* und Prof. Dr. Mojašević über *Goethes Verdienste um die serbische Volksdichtung*. Goethes Übertragung des *Klaggesangs von der edlen Frauen des Asan Aga* wurde in deutscher Sprache vorgetragen. Schauspieler lasen Goethe-Texte, ein Musikprogramm beschloß die Veranstaltung. In Novi Sad veranstaltete eine der ältesten und bedeutendsten serbischen Kulturinstitutionen, die Matica Srpska, eine Ausstellung von Goethes Werken. Eröffnet wurde sie mit einem Festakt, bei dem der Schriftsteller Boško Petrović den Festvortrag hielt. Im Gymnasium der Stadt Valjevo wurde auf Initiative des Deutschlehrers ein Goethe-Abend veranstaltet, bei dem Prof. Dr. Mirko Krivokapić einen Vortrag hielt und die Schüler und Schülerinnen in deutscher Sprache aus Goethes Werken lasen. Auch der musikalische Teil wurde von ihnen bestritten. Das Belgrader Theatermuseum widmete Goethe einen Vortragsabend zu wichtigen Goethe-Aufführungen auf Belgrader Bühnen. In der Stadtbibliothek von Belgrad wurde mit einem Vortrag des Theaterwissenschaftlers Prof. Aljoz Ujes die Ausstellung *Goethes Werke auf Belgrader Bühnen von 1790 bis 1999* eröffnet, die auch für die mit der serbischen Goethe-Rezeption Vertrauten eine Überraschung enthielt: Das erste Schauspiel von Goethe, *Clavigo*, wurde bereits 1790 im vorübergehend von den Türken befreiten Belgrad von einer deutschen Theatergruppe in einer Moschee aufgeführt. Goethe, der sehr wohl wußte, daß ‚hinten, weit in der Türkei, / die Völker auf einander schlagen', wird kaum geahnt haben, daß dort auch seine Stücke gespielt wurden.

Durch die Bombenangriffe der NATO verzögert, zogen sich die Aktivitäten zum Goethe-Jubiläum bis ins Jahr 2000 hin. Im Januar wurde in Kragujevac eine vom Goethe-Institut Belgrad, der Volksbücherei und der Universitätsbibliothek in Kragujevac gemeinsam veranstaltete Plakat- und Buchausstellung mit einem Festvortrag von Prof. Krivokapić eröffnet. Innerhalb von zwei Wochen zählte man fast zweieinhalbtausend Besucher. Demnächst wird die Ausstellung in der Universitätsbibliothek Belgrad gezeigt. Das Echo in Presse, Funk und Fernsehen übertraf, vor allem angesichts der politischen Geschehnisse in diesem Jahr, die Erwartungen der Veranstalter."

Unterstützt wird die Belgrader Goethe-Gesellschaft durch eine Partnerschaft mit der Ortsvereinigung Ulm.

Kolumbien

Bogota

Vorsitzender: Prof. Dr. Eduardo Gómez, Apartado Aéreo 22108, Bogota. – Festival zum 250. Geburtstag Goethes mit einem Vortragszyklus, bei dem über Goethes Leben und Werk referiert wurde: Prof. Dr. Eduardo Goméz: *Dualismus und Ethik im „Faust"*. – Dr. Carmen Viktoria Janssen: *Dialog in Briefen: Goethe und Bettina von Arnim*. – Prof. Dr. Ruben Jaramillo: *Homenaje an Goethe durch den deutschen Demokraten im Exil der dreißiger Jahre in Kolumbien, Gerhard Masur*. – Prof. Jorge Yui: *Goethe und Dante: Parallele Reisen*. – In Kooperation zwischen der Goethe-Gesellschaft, dem Goethe-Institut und der Nationalbibliothek konnte eine Ausstellung zu Goethe konzipiert werden.

Korea

Seoul

Präsident: Prof. Dr. Tschong-Dae Kim, German Department, Dankook University, Hannamdong, Yongsan-gu, 140714 Seoul. – In der koreanischen Goethe-Gesellschaft finden in jedem Jahr zwei bedeutende Kongresse zu Ehren Goethes statt. An diesen Kongressen nehmen Vorstandsmitglieder und Wissenschaftler der Goethe-Gesellschaft aus Deutschland teil. – Zum 250. Geburtstag Goethes fanden in Korea musikalische Veranstaltungen, Vorträge, Theateraufführungen und Filmvorführungen statt. Besondere Anstrengungen galten den Übersetzungen von Goethes Werken. In 6 Bänden wurden erstmalig *Faust I* und *II*, *Wilhelm Meisters Lehrjahre*, *Die Leiden des jungen Werther*, *Iphigenie* und *Stella* vorgelegt. Stipendiaten aus Korea, die in Weimar wissenschaftlich arbeiteten, trugen durch Übersetzungen zur Vertiefung der Goethekenntnis in Korea bei. Anläßlich des Goethe-Jubiläums wurde ein Goethe-Denkmal, auf dem das Gedicht *Gingo biloba* eingemeißelt ist, eingeweiht.

Lettland

Riga

Vorsitzende: Dr. Gundega Grinuma, Kr. Barona iela 32–20, 1011 Riga. – Vorlesungszyklus über *Goethe als Lebenskünstler*. Monatlich Referate von Frau Dr. Gundega Grinuma z. B. über folgende Themen: *Goethes Lebens- und Arbeitsstil*, *Goethe und das Theater*, *Goethe und sein Herzog*. – Monatliche Diskussionsrunde über *Mein Goethe*. – Am Agenskals-Gymnasium, einer Schule mit deutschsprachiger Ausrichtung, wurde ein Referat über *Weimar. Kulturhauptstadt Europas* gehalten. Die Oberschulen Lettlands führten einen Wettbewerb zum Thema *Faust und Werther: unsere Zeitgenossen?* in Zusammenarbeit mit dem Goethe-Institut und der deutschen Botschaft durch. Ein besonderes Ereignis im Goethe-Jubiläumsjahr war ein internationales Symposium zum Thema *Goethe und die baltischen Länder*, an dem Prof. Dr. Volkmar Hansen (Düsseldorf) als Referent teilnahm.

Rumänien

Bukarest

Vorsitzender: Prof. Dr. George Guțu, General Salmen 3. 7324 Bukarest 2. – Internationales Symposium anläßlich des Goethe-Jubiläums mit 20 Referenten zu den verschiedensten Goethe-Themen. Mitgestalter: Dr. Anca Rădulescu und

Dr. Elena Viorel. Prof. Dr. Albrecht Betz aus Aachen referierte zum Thema: *Befreier der Sinne. Goethe und Heine als Antiasketiker* beim Bukarester Goethe-Symposium. – Der Vorsitzende schreibt: „Das ‚Hauptgeschäft' dieser Saison ist ‚vollbracht'. Mit wenig Mitteln und viel Begeisterung (und Mut) gelang es uns, mit unserer Goethe-Feier und unserem Goethe-Symposium einen echten Höhepunkt im rumänischen Kulturleben zu gestalten." – Fertigstellung des ersten Bandes der Nationalen Goethe-Ausgabe. Es sind insgesamt 18 Bände vorgesehen.

Rußland

Ishewsk

Vorsitzender: Prof. Dr. Vladimir A. Avetisjan, ul. Lichwinzewa 68 a, kw. 7, 426034 Ishewsk. – Im Jubiläumsjahr wurde gemeinsam mit anderen Institutionen Goethes Leben und Werk durch Presseartikel und Veranstaltungen in der Öffentlichkeit vorgestellt. Das Puschkin- und das Goethe-Jahr 1999 waren Anlaß, beide Dichterjubiläen in den Kontext der russisch-deutschen Kulturbeziehungen zu stellen.

Kaliningrad

Vorsitzender: Dr. Wladimir Gilmanow, Karl-Marx-ul. 57–2, 236001 Kaliningrad. – Zum 250. Geburtstag Goethes wurde die Übersetzung des Buches *Eckermanns Gespräche mit Goethe* vorgelegt, angeregt von Mitgliedern der Goethe-Gesellschaft, unter Federführung des bekannten Gelehrten Prof. Dr. Wladimir Greschnych, der auch die Herausgabe eines Sammelbandes über Goethes Lyrik veranlaßt hat. – Im April fand an der Universität Kaliningrad eine internationale Konferenz zum Thema *Goethes Werke im Hintergrund der Weltliteratur am Ende des 20. Jahrhunderts* statt. – Zum Goethe-Geburtstag wurde eine musikalisch-literarische Veranstaltung *Genie und Zeit* unter Mitwirkung der Kaliningrader Philharmonie durchgeführt. – Eine Vorlesungsreihe mit Diskussion wurde zu folgenden Themen veranstaltet: *Fausts Rettung – Freiheit wie das Leben, Goethe und seine Rezeption in der russischen Kultur des ‚silbernen Zeitalters', Philosophie des faustischen Menschentyps* sowie *Goethe und Puschkin.*

Moskau

Vorsitzender: Prof. Dr. Sergej W. Turajew, ul. Bol. Gnezdnikowski 10/704, 10300 Moskau. – Die Arbeit der Goethe-Kommission in Moskau konzentrierte sich im Goethe-Gedenkjahr auf das Thema *Goethe und die russische Kultur des 20. Jahrhunderts* und stand unter der Leitung von Frau Prof. Dr. Galina Jakuscheva. – Prof. Dr. Sergej Nebolsin: *Goethe über die „gleichgültige Natur" und die russische Tradition.* – Dr. Leonid Feldmann: *Zur Frage der Übersetzung geologisch-mineralogischer Begriffe in Goethes künstlerischen Werken.* – Dr. Leonid Kazis: *Die Evolutionstheorie bei Goethe und Mandelstam.* – Dr. Tatjana Sdorik: *„Faust" in Leningrad während der Blockadezeit.* – Prof. Dr. Galina Jakuscheva: *Goethesche Motive bei Gorki und Majakovskij.* – Dr. Greijnem Ratgaus: *Pasternak und Goethe.* – Wladimir Mikuschewitz: *„Das ewig Weibliche" und die Poesie der russischen Symbolisten.* – Prof. Dr. Elena Sinkewitsch (Kiew): *Goethes „Über allen Gipfeln ist Ruh".* – Dies.: *Lermontov in der russischen musikalischen Interpretation des 20. Jahrhunderts.* – Prof. Dr. Marina Gubarenko-Tscherjaschina (Kiew): *Die Mephistophelesgestalt in der Musik und die mephistophelischen Motive im Roman von M. A. Bulgakov „Der Meister und Margarita".* – Dr. Tatjana Davydova: *„Faust"-Motive im Romanschaffen von Eugen Samjatin.* – Prof. Dr. Elena Wolgina (Samara): *Das Schicksal des Romans „Wilhelm Meisters theatralische Sendung" und die Arbeit an seiner Übersetzung.* – Prof. Dr. Wladislav Pronin: *Iosif Brodskij und Goethe.* – Dr. Konstantin Senkin: *„Faust"-Motive in der Sonate von Rachmaninov „d-moll".* – Prof. Dr. Wladimir Konnov (St. Petersburg): *Die Lieder von N. K. Metner nach Goethes Gedichten.* – Maxim Galkin: *Die Reflexion der „Faust"-Stilistik in den russischen Übersetzungen bei Cholodkovskij, Brjussov und Pasternak.* – Dr. Grigorij Ljubarskij: *Goethe und die russische Biologie des 20. Jahrhunderts.* – Dr. Dmitrij Fomin: *„Den schwankenden Schatten folgend". „Faust II", in Gestaltung von Max Slevogt.* – Leitungsmitglieder der Goethe-Gesellschaft nahmen an einer internationalen Jubiläumskonferenz, die vom Gorki-Institut für Weltliteratur durchgeführt wurde, mit folgenden Vorträgen teil: Prof. Dr. Irina Lagutina: *Die Goethe-Rezeption des russischen Symbolismus.* – Sergej Turajev: *Das Olympische und das Faustische.* – Prof. Dr. Galina Jakuschewa: *Neue Gesichter des Satans. Goethes Mephistogestalt in der Kultur des 20. Jahrhunderts.*

St. Petersburg

Vorsitzender: Dr. Rostislav Danilevski, Prosp. Engelsa 135, kw. 53, 194356 St. Petersburg. – Im Goethe-Jahr wurden in der ersten Jahreshälfte vier Referate von Petersburger Germanisten, Kunstwissenschaftlern und Musikforschern gehalten. – Durchführung eines festlichen Symposiums in Gemeinschaft mit dem Patronat des Komitees für Kultur der Administration St. Petersburgs, des Generalkonsulats der BRD von St. Petersburg und den beiden Außenministern Dr. Igor Ivanov und Dr. Joseph Fischer. Einleitende Worte sprachen der Direktor des Puschkin-Hauses, Prof. Dr. Nikolai Skatov, und der deutsche Generalkonsul, Dr. Dieter Boden. Es folgten sechs Referate über *Goethe-Rezeption in Rußland*, darunter von Evgeni Pasternak, Prof. Dr. Rolf-Dietrich Keil, dem Präsidenten der Deutschen Puschkin-Gesellschaft, dem Schriftsteller Daniil Granin u. a. – Einweihung eines Goethe-Denkmals durch die Lutherische Petri-Kirche in Anwesenheit des deutschen Botschafters. – Im Petersburger Staatskonservatorium fand eine wissenschaftliche Konferenz zum Thema *Goethe und die Musik*, unter Mitwirkung der Musik- und Theaterhochschule Hamburg, statt. Unter der Leitung von Dr. Aelita Gusseva wurden Referate u. a. zu folgenden Themen gehalten: *Goethes Dichtung in Vokalwerken russischer und ausländischer Komponisten*, *Faustisches Thema in der Musik und Literatur*, *Goethe und die Welt der russischen Kunst*.

Pskow

Leiterin: Dr. Vera Sankina, Pädagogisches Institut, pl. Lenina 2, Raum 38, 180760 Pskow. – Vortrag über *Goethes Leben und Schaffen*. – Rezitation von Goethes bekanntesten Gedichten in russischer Sprache. – Inszenierung des Schauspiels *Satyros oder der vergötterte Waldteufel*. – Wettbewerb unter den Studenten aller Studienjahre in der literarischen Übertragung von Goethes Gedichten. Die besten wurden vorgetragen und prämiert. – Kleines Musikprogramm aus der Goethezeit, vorgetragen von Studenten. – Wandzeitungswettbewerb zum 250. Geburtstag Goethes. – Literarische Vorträge, gehalten von Studenten, Dozenten der Philologischen Fakultät und der Fremdsprachenfakultät.

Tambow

Vorsitzende: Prof. Dr. Lili Kaufmann, Tambower Staatliche Dershawin-Universität, Sowjetskaja ul. 93, kw. 64 a, 392622 Tambow. – Die Tambower Goethe-Gesellschaft arbeitet eng mit anderen Institutionen ihrer Stadt zusammen. Unterstützt wird sie durch eine Partnerschaft mit der Ortsvereinigung Wetzlar. W. Galuschko: Klavierkonzert mit Werken von Mozart und Rachmaninow. – Konzert: Dolgarjowa, Dolgarjow (Vokalisten), Polikarpow (Flöte). Vortrag von Prof. Dr. B. Winokurow und Dr. Mischin: *Mozart und Salieri*. – Prof. Dr. Lili Kaufmann stellte das Lehrbuch für Studenten (in deutscher Sprache) *Übersicht über die deutsche Prosadichtung der 50er bis 90er Jahre des 20. Jahrhunderts* vor. – Sitzung der Goethe-Kommission zum Thema *Neue Lehrbücher*. – Vorführung der Filme *Sinaj* und *Jerusalem*. – Aufenthalt einer deutschen Delegation aus Wetzlar. – Acht Vorlesungen für Studenten des 2. bis 5. Studienjahres. – Cornelia Kühn-Leitz und Gert Kallenbach (Hannover) gastierten in Tambow mit Rezitationsprogrammen *Goethe* und *Deutsche Lyrik. Heine und Brecht*. – Die Tambower Goethe-Gesellschaft und die Wetzlarer Goethe-Gesellschaft organisierten zwischen 1996 und 2000 Hospitationen an der Marburger Universität für vier Aspirantinnen und eine Doktorandin von der Tambower Universität. – Dr. Karin Unsiker (Marburg): *Goethes Schaffen und „Werther“*. – Wettbewerbsbeginn für die besten Übersetzungen russischer Märchen ins Deutsche. – Beginn des Seminars von Dr. N. Heidorn: *Moderne Weltliteratur*. – Klavierkonzert mit dem Interpreten Andreas Jetter (Deutschland). – Literarisch-musikalischer Abend: *Friedrich Nietzsche. Dichter und Musiker*. – Buchausstellung: *Der unbekannte Brecht*. – Goetheabend. – Vortrag: *Russischer Jugendstil in Tambow*. – Gesprächsrunde: *Friedrich Nietzsche* (mit Prof. Dr. Lili Kaufmann, Prof. Dr. B. Winokurow, Dr. W. Bajew).

Schweiz

Bern

Präsidentin: PD Dr. Henriette Herwig, Grüneckweg 12, 3006 Bern. – Symposium der Akademie 91 Zentralschweiz: Prof. Dr. Frank Nager hielt im Rahmen des Zyklus *Horizonterweiterung in der*

Medizin den Festvortrag *Goethe und die Ärzte.* Begrüßung: Dr. Henriette Herwig. – Mitgliederversammlung der Goethe-Gesellschaft in Verbindung mit der Ausstellung *Goethe. Der Naturforscher.* Konzept der Ausstellung von Margit Wyder. – Zum Goethe-Geburtstag unter Leitung von Prof. Dr. Hellmut Thomke (Bern) Wanderung *Auf den Spuren Goethes,* anschließend literarisch-musikalische Veranstaltung unter dem Motto *Begegnung zweier Genies. Goethes „Concerto dramatico"* und *Mozarts „Serenade in D-Dur, KV 203".* – Jubiläumstage im Deutschen Seminar der Universität Basel zum Thema *Goethe-Rezeption in kritischer Zeit. Döblin, Jaspers und Thomas Mann zwischen den Jubiläen 1932 und 1949.* – Prof. Dr. Walter Müller-Seidel (München): *Goethebilder um 1930. Zur Vorgeschichte einer Spaltung.* – Prof. Dr. Werner Stauffacher (Lausanne): *Zur Goethe-Rezeption Döblins.* – Dr. Hans Saner (Basel): *Was Jaspers wollte mit „Unsere Zukunft und Goethe (1947)".* – Prof. Dr. Dieter Borchmeyer (Heidelberg): *Goethe, Thomas Mann und die Idee der Politik.*

Slowakei

Bratislava

Vorsitzender: Prof. Dr. Ivan Cvrkal, Pädagogische Fakultät der Comenius Universität Bratislava, Lehrstuhl für Germanistik, Račianka 59, 81334 Bratislava. In Budmerice bei Bratislava fand vom 16. bis 18. Dezember 1999 ein Goethe-Symposium statt, das sich mit den Themenbereichen *Goethes Werk aus der Sicht der Jahrtausendwende* und *Rezeption des Goethe-Werks im Spiegel der Übersetzungen ins Slowakische* beschäftigte. Gast und Referent war Prof. Dr. Günter Jäckel (Dresden) mit dem Vortrag *Goethe-Zeit und Napoleon-Zeit in Dresden 1800–1813.*

Spanien

Barcelona

Neugründung im Mai 1999. Vorsitzende: Prof. Dr. Marisa Siguan, Universitat de Barcelona, Seccio de Filologia Alemanya, Gran Via de les Corts Catalanes, 585, 08007 Barcelona. – Vom 2. bis 5. November fand in Valencia eine Goethe-Tagung statt. Gast und Referent war der Präsident der internationalen Goethe-Gesellschaft, Dr. Jochen Golz.

Ungarn

Budapest

Neugründung im März 1999. – Vorsitzender: Prof. Dr. László Tarnói, Eötvös-Loránd-Universität, Germanistisches Institut, Lehrstuhl für deutschsprachige Literaturen, Ajtósi-Dürer sor 19–21, 1146 Budapest. – Internationale Goethe-Konferenz im März 1999. – Zur besseren landesweiten Ausstrahlung der Gesellschaft wurden gleichzeitig in Debrecen und in Szeged Ortsvereinigungen gegründet. Die Organisatoren sind Professoren und Doktoren, die an den ansässigen Universitäten tätig sind.

USA

Goethe Society of North Amerika

Präsident: Prof. Dr. Benjamin Bennett, Department of Germanic Languages and Literatures, Cocke Hall, University of Virginia, Charlottesville, VA 22903. – Prof. Dr. Meredith Lee, Vorstandsmitglied der Goethe-Gesellschaft in Weimar, stellte die internationale Goethe-Gesellschaft im Informations- und Programmblatt der GSNA vor. – Zahlreiche wissenschaftliche Publikationen erschienen 1999, so u. a. von John Blair: *Wilhelm Meisters Lehrjahre,* Fritz Breithaupt: *Jenseits der Bilder. Goethes Politik der Wahrnehmung,* Anne Lemke: *Von Goethe inspiriert. Lieder von Komponistinnen des 18. und 19. Jahrhunderts.* Auch Nicholas Vazsonyi, Waltraud Meierhofer, Daniel J. Farelly seien hier stellvertretend noch für viele andere Publizisten genannt. – Anläßlich des 250. Geburtstages von Goethe wurden *Die Wahlverwandtschaften* aufgeführt, des weiteren wurde eine CD-ROM herausgebracht, die Lieder von Komponistinnen des 18. und 19. Jahrhunderts enthält.

Ausschreibungstext zur Vergabe von Stipendien

Die Goethe-Gesellschaft fördert seit 1992 durch Stipendien wissenschaftliche Projekte, die der Erforschung von Leben und Werk Goethes dienen oder die Rezeption des Dichters in den verschiedenen Nationalliteraturen zum Gegenstand haben.

Wissenschaftlerinnen und Wissenschaftler aus ost- und südosteuropäischen Ländern werden besonders berücksichtigt.

Bedingungen

Voraussetzung für die Bewerbung um ein Goethe-Stipendium ist die Promotion oder die weit fortgeschrittene Arbeit an der Dissertation. Über die Vergabe entscheidet eine Kommission, der der Präsident der Goethe-Gesellschaft sowie weitere Mitglieder des Vorstands angehören.

Das Stipendium beträgt 2 000 DM monatlich. Vergeben werden im allgemeinen dreimonatige Stipendien; eine Verlängerung ist nach begründetem Antrag möglich. Regelungen zur Übernahme der Reisekosten werden individuell vereinbart.

Das Stipendium ist an einen Aufenthalt in Weimar gebunden; Ausnahmeregelungen für andere Universitätsstädte sind möglich. Die Goethe-Gesellschaft vermittelt den Stipendiaten Gästezimmer. Der Mietpreis beträgt drei- bis vierhundert DM monatlich. Zusätzlich ist einmalig ein Krankenversicherungsbeitrag von 150 DM zu entrichten.

Die Stipendiaten können in öffentlichen Kolloquien, die dem interdisziplinären wissenschaftlichen und kulturellen Diskurs dienen, über ihre Projekte berichten. Diese Stipendiaten-Kolloquien werden vom Bereich Forschungsförderung der Stiftung Weimarer Klassik organisiert. Die Goethe-Gesellschaft ermöglicht die Publikation besonders qualifizierter wissenschaftlicher Abhandlungen im Goethe-Jahrbuch. Von den Stipendiaten wird ein kurzer Abschlußbericht über ihre Tätigkeit erwartet. Gebeten sei zudem, bei einer Publikation der Ergebnisse auf die Förderung durch die Goethe-Gesellschaft hinzuweisen.

Arbeitsmöglichkeiten

Stipendiaten der Goethe-Gesellschaft können im Goethe- und Schiller-Archiv, im Goethe-Nationalmuseum und in der Herzogin Anna Amalia Bibliothek arbeiten. Zudem stehen die Bestände des Thüringischen Hauptstaatsarchivs, der Hochschule für Musik „Franz Liszt" und der Bauhaus-Universität Weimar (Sammlungen, Bibliotheken) für Forschungsarbeiten zur Verfügung.

Ausgewiesene Goethe-Kenner sind in regelmäßigen Abständen zu Gesprächen mit den Stipendiaten über methodische und sachliche Probleme bereit.

Bewerbungen

Anträge für die Vergabe des Goethe-Stipendiums sind schriftlich an die

Goethe-Gesellschaft, Geschäftsstelle, Postfach 2251, 99403 Weimar

zu senden.

(Telefon: 0 36 43 – 20 20 50; Fax: 0 36 43 – 20 20 61; e-mail: goetheges@aol.com)

Die Bewerbungsunterlagen sollten bestehen aus einer ausführlichen Projektbeschreibung, einem kurzen Lebenslauf, der die wissenschaftliche Entwicklung erkennen läßt, zwei Referenzen und, falls gegeben, einer Publikationsliste.

Die Bewerbung ist jederzeit möglich. Die Kommission, die über die Vergabe der Stipendien entscheidet, tagt im Juli und Dezember. Die Unterlagen sollten spätestens am 15. Juni oder 15. November vorliegen.

Die Mitarbeiter dieses Bandes

PD Dr. *Andreas Anglet*, Venloer Straße 353, 50823 Köln

Dr. *Günter Arnold*, Stiftung Weimarer Klassik, Burgplatz 4, 99423 Weimar

Dr. jur. *René Jacques Baerlocher*, C. F. Meyer-Straße 32, 4059 Basel, Schweiz

Dr. *Jürgen Bay*, Kanalweg 21, 90559 Burgthann

Prof. Dr. *Gernot Böhme*, Technische Universität Darmstadt, Institut für Philosophie, Schloß, 64283 Darmstadt

PD Dr. *Anne Bohnenkamp-Renken*, Ludwig-Maximilians-Universität München, Institut für Allgemeine und Vergleichende Literaturwissenschaft, Schellingstraße 3, 80799 München

Prof. Dr. *Knut Brynhildsvoll*, Universität zu Köln, Institut für Nordische Philologie, Albertus-Magnus-Platz, 50923 Köln

Prof. Dr. *Gabriele Busch-Salmen*, Universität Bremen, Fachbereich 9: Kulturwissenschaften, Postfach 33 04 40, 28334 Bremen

Prof. Dr. *Hans-Dietrich Dahnke*, Am Schönblick 4, 99425 Weimar

Dr. *Anika Davidson*, Oberer Markt 36, 90562 Heroldsberg

Prof. Dr. *Günther Debon*, Im Rosengarten 6, 69151 Neckargemünd

Dr. *Ellen Dinter*, Buchholzstraße 8, 51061 Köln

Dr. des. *Sebastian Donat*, Ludwig-Maximilians-Universität München, Institut für Allgemeine und Vergleichende Literaturwissenschaft (Komparatistik), Schellingstraße 3, 80799 München

Juliette Eckel, Hoppersheider Weg 10, 51467 Bergisch Gladbach

Prof. Dr. *Karl Eibl*, Ludwig-Maximilians-Universität München, Institut für Deutsche Philologie, Schellingstraße 3, 80799 München

Prof. Dr. *Manfred Fuhrmann*, Auf dem Stein 40, 88662 Überlingen (Bodensee)

Dr. habil. *Jochen Golz*, Stiftung Weimarer Klassik, Burgplatz 4, 99423 Weimar

Prof. Dr. med. *Rainer Heene*, Baselerstraße 19, 79189 Bad Krozingen

StD *Ursula Heldmann*, Albecker Steige 32, 89075 Ulm

Prof. Dr. *Marianne Henn*, University of Alberta, Department of Modern Languages and Cultural Studies, 200 Arts Building, Edmonton, Canada T6G 2E6

Dr. habil. *Uwe Hentschel*, Technische Universität Chemnitz, Philosophische Fakultät/FG Germanistik, Thüringer Weg 11, 09107 Chemnitz

Prof. Dr. *Walter Hinck*, Am Hammergraben 13/15, 51503 Rösrath

Dr. *Aeka Ishihara*, Keio-Universität (Hiyoshi-Campus), Kouhoku-ku, Hiyoshi 4–1–1, J223–8521 Yokohama, Japan

Dr. *Galina V. Jakuševa*, Moldagulowa ul. 30, kw. 410, 111538 Moskau, Rußland

Dr. *Benedikt Jeßing* (StR. i. HSD), Ruhr-Universität Bochum, Germanistisches Institut, 44780 Bochum

Prof. Dr. *Klaus Kanzog*, Meister-Mathis-Weg 5, 80686 München

Bernd Kauffmann, Stiftung Weimarer Klassik, Burgplatz 4, 99423 Weimar

Prof. Dr. *Jules Keller*, 3, rue Joliot-Curie, 67205 Oberhausbergen, Frankreich

Prof. Dr. Dr. h. c. *Werner Keller*, Friedrich-Schmidt-Straße 54, 50933 Köln

Dr. *Katrin Kohl*, Jesus College, Oxford OX1 3DW, Großbritannien

Prof. Dr. *Ekkehart Krippendorff*, Schulenburgring 5, 12101 Berlin

Dr. *Irène Kuhn*, Université Marc Bloch Sciences Humaines, Department d'Etudes Allemandes, 22, rue René Descartes, 67084 Strasbourg, Frankreich
Prof. Dr. *Bernd Leistner*, Technische Universität Chemnitz, Philosophische Fakultät/FG Germanistik, Thüringer Weg 11, 09107 Chemnitz
Dr. *Horst Lickert*, Bildungszentrum Waldshut, Bismarckstraße 13, 79761 Waldshut-Tiengen
Dr. *Luz-María Linder*, AOL Verlag Frohmut Menze GmbH, Waldstraße 18, 77839 Lichtenau
Dr. *Nikolaus Lohse*, Berlin-Brandenburgische Akademie der Wissenschaften, Goethe-Wörterbuch, Jägerstraße 22/23, 10117 Berlin
Dr. *Josef Mattausch*, Beethovenstraße 1, 04416 Markkleeberg
Prof. Dr. *Annemarie Mieth*, Weinligstraße 3, 04155 Leipzig
Dr. *Gerhard Müller*, Friedrich-Schiller-Universität Jena, Historisches Institut, Humboldtstraße 11, 07743 Jena
Dr.-Ing. *Mehdi Nadji*, Postfach 50 16 12, 50976 Köln
Dr. *Horst Nahler*, Belvederer Allee 23, 99425 Weimar
Dr. *Gisela Nickel*, Deutsche Akademie der Naturforscher Leopoldina, Emil-Abderhalden-Straße 37, 06108 Halle
Dr. med. *Thomas Nickol*, Deutsche Akademie der Naturforscher Leopoldina, Emil-Abderhalden-Straße 37, 06108 Halle
Dr. *Petra Oberhauser*, Goethe-Gesellschaft in Weimar, Burgplatz 4, 99423 Weimar
Dr. habil. *Regine Otto*, Stiftung Weimarer Klassik, Burgplatz 4, 99423 Weimar
Prof. Dr. *Terence J. Reed*, The Queen's College, Oxford OX1 4AW, Großbritannien
Prof. Dr. *Klaus Reichert*, Johann Wolfgang Goethe Universität Frankfurt am Main, Zentrum zur Erforschung der Frühen Neuzeit, Kettenhofweg 135, 60054 Frankfurt am Main
Dr. *Ingrid Reul*, Stettiner Weg 2, 50354 Hürth
Dr. *Cristina Ricca*, Rathenaustraße 13, 63067 Offenbach
Dr. *Thomas Richter*, Helene-Mayer-Ring 12, 80809 München
Prof. Dr. *Volker Riedel*, Friedrich-Schiller-Universität Jena, Institut für Altertumswissenschaften, Kahlaische Straße 1, 07745 Jena
PD Dr. *Christian Schärf*, Johannes Gutenberg-Universität Mainz, Deutsches Institut, Jakob-Welder-Weg 18, 55128 Mainz
Franz Josef Scheuren, Grünewaldstraße 19, 50933 Köln
Prof. Dr. *Fritz Schlawe*, Peter-Goessler-Straße 7, 72076 Tübingen
Dr. *Jürgen Seifert*, Haeckelstraße 13, 99425 Weimar
Dr. *Siegfried Seifert*, Abraham-Lincoln-Straße 10, 99423 Weimar
Dr. *John R. Williams*, 104 Hepburn Gardens, St. Andrews, GB-KY16 9LT, Schottland
Prof. Dr. *Yang Wuneng*, Sichuan University, European Studies Centre, 610064 Chengdu, China
Dr. *Edith Zehm*, Ludwig-Maximilians-Universität München, Institut für Deutsche Philologie, Schellingstraße 3, 80799 München
Prof. Dr. *Rolf Christian Zimmermann*, Schönblick 24, 53881 Euskirchen

GOETHE-BIBLIOGRAPHIE 1999

Bearbeitet von SIEGFRIED SEIFERT

auf der Grundlage der in der Herzogin Anna Amalia Bibliothek zu Weimar
von HEIDI ZEILINGER
erstellten „Internationalen Bibliographie zur deutschen Klassik"

Die Bibliographie erfaßt die Goethe-Literatur des Berichtsjahres 1999 und einige Nachträge aus früheren Jahren. Angesichts der hohen Zahl der zum Jubiläum des 250. Geburtstages Johann Wolfgang Goethes erschienenen Veröffentlichungen war eine Auswahl des wissenschaftlich und rezeptionsgeschichtlich Wesentlichen zu treffen. Aus Platzgründen konnten Wiederabdrucke bereits veröffentlichter Arbeiten nicht berücksichtigt werden. Auch Zeitungsartikel und Rezensionen wurden nicht verzeichnet: die Rezensionen werden jedoch in der im Münchener Saur-Verlag jährlich erscheinenden „Internationalen Bibliographie zur deutschen Klassik" (zuletzt Folge 46. 1999) nachgewiesen.

Die bibliographischen Aufnahmen entsprechen den Regeln für die alphabetische Katalogisierung (RAK). Das Register enthält die Namen von Autoren, Übersetzern, Herausgebern und Illustratoren. Redaktionsschluß für diese Folge war der 30. Juli 2000.

I. *Primärliteratur*

1. *Werkausgaben*

1 Sämtliche Werke, Briefe, Tagebücher und Gespräche : 40 Bd. / hrsg. von Friedmar *Apel* ... – Frankfurt a. M. : Dt. Klassiker-Verl., 1999.
Abt. 1. Sämtliche Werke. Bd. 12. Bezüge nach außen. Übersetzungen II. Bearbeitungen / hrsg. von Hans-Georg *Dewitz*. – 1599 S. – (Bibliothek deutscher Klassiker ; 166) – Bd. 20. Ästhetische Schriften : 1816 – 1820. Über Kunst und Altertum I–II / hrsg. von Hendrik *Birus*. – 1622 S. : Ill. – (Bibliothek deutscher Klassiker ; 164) – Bd. 22. Ästhetische Schriften : 1824 – 1832. Über Kunst und Altertum. V–VI / hrsg. von Anne *Bohnenkamp*. – 1604 S. : Ill. – (Bibliothek deutscher Klassiker ; 160) – Bd. 27. Amtliche Schriften. T. II. Aufgabengebiete seit der Rückkehr aus Italien / hrsg. von Irmtraut u. Gerhard *Schmid*. – 1238 S. : Ill. – (Bibliothek deutscher Klassiker ; 161)
Abt. 2. Briefe, Tagebücher und Gespräche. Bd. 5. Goethe mit Schiller. Briefe, Tagebücher u. Gespräche vom 24. Juni 1794 bis zum 9. Mai 1805. T. 2. Vom 1. Januar 1800 bis zum 9. Mai 1805 / hrsg. von Volker C. *Dörr* u. Norbert *Oellers*. – 1224 S. : Ill. – (Bibliothek deutscher Klassiker ; 162) – Bd. 8. 9. Zwischen Weimar und Jena : Briefe, Tagebücher u. Gespräche vom 6. Juli 1816 bis zum 26. Dezember 1822. Einsam-tätiges Alter. T. 1. 2. / hrsg. von Dorothea *Schäfer-Weiss*. – 784 S. : Ill. ; 797 S. : Ill. – (Bibliothek deutscher Klassiker ; 168, 165) – Bd. 12. Johann Peter *Eckermann*: Gespräche mit Goethe in den letzten Jahren seines Lebens / hrsg. von Christoph *Michel* unter Mitw. von Hans *Grüters*. – 1384 S. : Ill. – (Bibliothek deutscher Klassiker ; 167)

2. Teilausgaben

2 Der junge Goethe in seiner Zeit : Texte u. Kontexte ; in 2 Bd. u. e. CD-ROM / hrsg. von Karl *Eibl* ... – Frankfurt a. M. ; Leipzig : Insel-Verl., 1998. – (Insel-Taschenbuch ; 2100)
Bd. 1. 2. Der junge Goethe : sämtl. Werke, Briefe, Tagebücher u. Schriften bis 1775. – 773 ; 706 S. ; 1 CD-ROM

3 Mit Seide näht man keinen groben Sack / ausgew. von Klaus *Seehafer*. – Berlin : Aufbau-Taschenbuch-Verl., 1999. – 144 S. – (AtV ; 1579)

4 Merkwürdige Menschen : sieben literar. Porträts / hrsg. von Christoph *Michel*. – Berlin : Aufbau-Verl., 1999. – 176 S. : Ill.

5 Der junge Goethe : neu bearb. Ausg. in fünf Bd. / hrsg. von Hanna *Fischer-Lamberg*. – Unveränd. Neuausg. – Berlin ; New York : de Gruyter, 1999.
Bd. 1. August 1749 – März 1770. – VII, 519 S. – Bd. 2. April 1770 – September 1772. – 365 S. – Bd. 3. September 1772 – Dezember 1773. – 489 S. – Bd. 4. Januar – Dezember 1774. – 406 S. – Bd. 5. Januar – Oktober 1775. – 524 S. – Registerband / bearb. von Hanna *Fischer-Lamberg* u. Renate *Grumach*. – VIII, 116 S.
In Schuber.

6 Begegnungen und Gespräche / begr. von Ernst u. Renate *Grumach*. – Berlin ; New York : de Gruyter.
Bd. 6. 1806 – 1808 / hrsg. von Renate *Grumach*. – 1999. – 713 S.

7 Goethe an uns : Aphorismen, Verse u. Bemerkungen / Walter *Teltschik* (Hg.) – Berlin : Frieling, 1999. – 128 S.

8 Goethe – der Weisheit letzter Schluß : der Dichter als Philosoph ; Aphorismen u. Maximen. – Bern [u. a.] : Scherz, [1999]. – 93 S. – (Geschenk der Stille)

9 „Thüringen kreuz und quer durchwandernd ...“ : Goethe über Städte, Dörfer u. Landschaften seiner mitteldt. Heimat / Karla *Müller* (Hrsg.) – Bucha bei Jena : Quartus-Verl., 1999. – 501 S. : Ill.

10 Über Sprache / hrsg., eingel. u. mit e. Nachw. vers. von Volker *Ladenthin*. – Medienkombination. – Eitorf : Gata, 1999.
Buch. – 230 S. – 1 Diskette zum Buch.

11 Ich bin so guter Dinge : Goethe für Kinder / ausgew. von Peter *Härtling*. Ill. von Hans *Traxler*. – 5. Aufl. – Frankfurt a. M. ; Leipzig : Insel-Verl., 1999. – 93 S. : Ill.
Dass. – Vorgest. u. gelesen von Peter *Härtling*. – München : Der Hör-Verl., 1999. – 1 Tonkassette. – (Audio books)
Produktion: Hessischer Rundfunk, 1998.

12 Die Kunst des Lebens : aus seinen Werken, Briefen u. Gesprächen / ausgew. von Katharina *Mommsen* unter Mitw. von Elke *Richter*. – Frankfurt a. M. ; Leipzig : Insel-Verl., 1999. – 191 S. – (Insel-Taschenbuch ; 2300)

13 Bis an die Sterne weit : Goethe u. die Naturwissenschaften / ausgew. von Margrit *Wyder*. Mit e. Essay von Adolf *Muschg*. – Frankfurt a. M. ; Leipzig : Insel-Verl., 1999. – 215 S. : Ill. – (Insel-Taschenbuch ; 2575)

14 Große Goethe-Interpreten : 1749 – 1999. 250 Jahre Goethe / acht Balladen gesprochen von Ernst *Ginsberg* ... – Hamburg : Dt. Grammophon-Ges., 1999. – 1 CD – (45 Jahre Deutsche Grammophon : Literatur)

15 Klassisch gut : Goethe-Zitate / hrsg. von Christel *Foerster*. Mit Schattenrissen der Goethezeit. – Leipzig : Buch-Verl. für die Frau, 1999. – 128 S. : Ill.
Minibuch.

16 Mährchen : Tübingen 1795. – Novelle : Stuttgart u. Tübingen 1828 / hrsg. von Joseph *Kiermeier-Debre*. – München : Dt. Taschenbuch-Verl., 1999. – 110 S. – (dtv ; 2653 : Bibliothek der Erstausgaben)

17 Goethe gibt Auskunft über sein Leben, sein Werk, seine Zeit / hrsg. von Benedikt *Jeßing*. – Stuttgart : Reclam, 1999. – 387 S. : Ill. – ([Reclams] Universal-Bibliothek ; 9743)

18 Schriften zur Kunst und Literatur / hrsg. von Harald *Steinhagen* ... – Stuttgart : Reclam, 1999. – 439 S. : Ill. – ([Reclams] Universal-Bibliothek ; 7710)

19 Die Schriften zur Naturwissenschaft / im Auftr. der Deutschen Akademie der Naturforscher Leopoldina begr. von K. Lothar *Wolf* u. Wilhelm *Troll*. Hrsg. von Dorothea *Kuhn* u. Wolf von *Engelhardt*. – Weimar : Verl. H. Böhlaus Nachf., 1999.
Abt. 2. Ergänzungen und Erläuterungen. Bd. 8, Teil B/1 u. B/2. Zur Geologie und Mineralogie : von 1821 bis 1832 ; Materialien u. Zeugnisse. Überlieferung, Erl., Anm., Register / bearb. von Wolf von *Engelhardt* unter Mitw. von Dorothea *Kuhn*. – XXIV, 787 S. : Ill. ; S. 790–1081 : Ill.

20 Mit Goethe durch das Jahr : e. Kalender für das Jahr ... – Zürich : Artemis & Winkler. 2000 / Ausw., Anm. u. Quellenverz. von Effi *Biedrzynski*. – 1999. – 144 S. : Ill.
Die 52. Folge des Goethe-Kalenders steht unter dem Thema „Der Weisheit letzter Schluß".

21 The sorrows of young Werther. Elective affinities. Italian journey. Faust. Novella. Selected poems and letters / with an introd. by Nicholas *Boyle*. – London : Campbell, 1999. – LXIII, 1180 S. – (Everyman's library ; 246)

3. *Briefausgaben und Briefwechsel*

22 Lieber Engel, ich bin ganz dein! : Goethes schönste Briefe an Frauen / hrsg. von Angelika *Maaß*. – Frankfurt a. M. ; Leipzig : Insel-Verl., 1999. – 385 S. : Ill. – (Insel-Taschenbuch ; 2150)
Lizenz der Dt. Verl.-Anst., Stuttgart.

23 Briefe an Augusta Louise zu Stolberg : Goethes Briefe ins holstein. Kloster Uetersen / hrsg. von Elsa *Plath-Langheinrich*. – 2. Aufl. – Neumünster : Wachholtz, 1999. – 116 S.

24 Ein Gespräch in Briefen zwischen Goethe und Zelter / Gert *Westphal* u. Dietrich *Fischer-Dieskau* lesen. – Hamburg : Litraton, 1996. – 2 CDs.

25 Goethe und Zelter : Briefe der Freundschaft / Ausw. von Jürgen *Bay*. – Essay [1958] von Momme *Mommsen*. – Weimar : Freundeskreis des Goethe-Nationalmuseums, 1997. – 102 S.

26 [Erstveröffentlichung eines Briefes an Joseph Stanislaus Zauper vom 14. 4. 1822] s. Oskar *Pausch*: Von Hanswurst zu Wieland Wagner : Autographen u. Manuskripte im Theaterbereich ; Sammlungsstrategien u. Sammlungsprobleme am Beispiel des Österreich. Theater-Museums. – In: Sichtungen. Archiv, Bibliothek, Literaturwissenschaft. Jg. 2. Wien 1999. S. 140–154 : Ill. [Wiedergabe des Goethe-Briefes, S. 148 u. 149.]

4. *Einzelausgaben*

27 Brief des Pastors zu *** an den neuen Pastor zu *** / aus dem Franz. – [Nachdr. der] Ausg. 1773 / Nachw. von Paul *Raabe*. – Halle : Verl. der Franckeschen Stiftungen, 1999. – 26 S. – (Kleine Texte der Franckeschen Stiftungen ; 7)

28 Faust : der Tragödie erster u. zweiter Teil, Urfaust / hrsg. u. komment. von Erich *Trunz*. – Sonderausg., einmalige Jubiläumsausg. zum 250. Geburtstag Goethes am 28. August 1999. – München : Beck, 1999. – 777 S.

29 Faust-Dichtungen / hrsg. u. komment. von Ulrich *Gaier*. Bd. 1–3. – Stuttgart : Reclam, 1999. Bd.1. – Texte. – 692 S. – Bd. 2. 3. Kommentar. I. II. – 1283 S. : Ill ; 931 S.

30 Faust [Faust I, bulgar.] / prevod Ljubomir *Iliev*. – Sofija : Atlantis, 1999. – 501 S.

31 Faust [Faust, engl.] / the first part of the tragedy; with the unpublished scenarios for the Walpurgis Night and the Urfaust / transl., with an introd. and notes by John R. *Williams*. – Hertfordshire : Wordsworth Ed., 1999. – XVI, 226 S. – (Wordsworth classics of world literature)

32 Fausto [Faust, span.] : unua parto de la tragedio kaj dua parto de la tragedio / trad. Karl *Schulze*. – Berlin : Eldonejo Mondial, 1999. – 207 S.

33 Faust [Faust, lett.] : valodas atdzejojis Valdis *Bisenieks*. – Rīgā : Jumava, 1999. – 487 S. : Ill. – (Jumavas klasika)

34 Faustas [Faust, lit.] : tragedija / vertė Antanas A. *Jonynas.* – Vilnius : Tyto Alba, 1999. – CCCIX S.

35 Faust II [Faust II, norweg.] / gjend. Åse-Marie *Nesse.* – Oslo : Det Norske Samlaget, 1999. – 358 S.

36 Faust [Faust, serbo-kroat.] : tragedija / prev. Branimir Živojinović. – Sremski Karlovci ; Novi Sad : Izd. Knjižarnica Z. Stojanovića ; Beograd : Geteovo Društvo, 1999. – 647 S. – (Izbrana dela J. V. Gete u 10 knjiga ; 3)

37 Dichter lieben nicht zu schweigen : das Leben im Gedicht / ausgew. u. komment. von Effi *Biedrzynski.* – Düsseldorf ; Zürich : Artemis & Winkler, 1999. – 195 S. : Ill.

38 Gedichte / hrsg. von Karl *Eibl.* Bd. 1. 2. – Sonderausg. zu Johann Wolfgang Goethes 250. Geburtstag. – Frankfurt a. M. : Dt. Klassiker-Verl., 1998.
Bd. 1. 1756–1799. – 1336 S. : Ill. – Bd. 2. 1800–1832. – 1432 S. : Ill.

39 Gedichte in Handschriften : 50 Gedichte Goethes / ausgew. u. erl. von Karl *Eibl.* – Frankfurt a. M. ; Leipzig : Insel-Verl., 1999. – 285 S. : Ill. – (Insel-Taschenbuch ; 2175)

40 Die Gedichte : nach der Ausgabe letzter Hand / Nachw.: Norbert *Miller.* Bd. 1. 2. – München : Goldmann, 1999. – (Goldmann ; 72490 : btb)
Bd. 1. Die Gedichte aus Bd. 1 bis 4. – 991 S. – Bd. 2. West-östlicher Diwan. Noten u. Abhandlungen zu besserem Verständnis des West-östlichen Diwans. – 348 S.
In Schuber.

41 Die italienische Reise : T. 1–3 / ungekürzt gelesen von Gert *Westphal.* – Hamburg : Litraton, 1999. – 20 CDs.

42 Die Leiden des jungen Werthers : Leipzig 1774 / mit e. Kommentar von Wilhelm *Große.* – Frankfurt a. M. : Suhrkamp, 1998. – 222 S. – (Suhrkamp-Basis-Bibliothek ; 5)

43 Die Leiden des jungen Werthers : Paralleldr. der Fassungen von 1774 u. 1787 / hrsg. von Matthias *Luserke.* – Studienausg. – Stuttgart : Reclam, 1999. – 310 S. – ([Reclams] Universal-Bibliothek ; 9762)

44 Werke / ausgew. von Mathias *Bertram.* Hörtext „Die Leiden des jungen Werther" / vorgetragen von Thomas *Schmidt.* – Berlin : Directmedia, 1999. – 1 CD-ROM. – (Digitale Bibliothek ; 4)
Darin außerdem : *Boerner,* Peter: Johann Wolfgang Goethe (rororo-Monographie).

45 Die Leiden des jungen Werthers : Edition der Handschrift von 1786 / hrsg. von Matthias *Luserke.* – Weimar : Verl. H. Böhlaus Nachf., 1999. – 141 S.

46 Stradanija junogo Vertera [Die Leiden des jungen Werther, russ.] / izd. podgot. G[ennadij] V[ladimirovič] *Stadnikov.* – Sankt-Peterburg : Nauka, 1999. – 251 S. : Ill. – (Literaturnye pamjatniki)

47 Reineke Fuchs : in 12 Gesängen / mit Bildern von Michael Mathias *Prechtl.* – München : Beck, 1999. – 207 S. : Ill.
Dass. – Frankfurt a. M. ; Wien : Büchergilde Gutenberg, 1999.

48 Das römische Karneval / gelesen von Gert *Westphal.* – Hamburg : Litraton, 1999. – 1 CD.

49 The flight to Italy [Tagebuch der Italienischen Reise, engl.] : diary and sel. letters / ed. and transl. with an introd. by T[erence] J. *Reed.* – Oxford : Oxford Univ. Press, 1999. – XXXI, 159 S. : Ill. – (Oxford world's classics)

50 Elegie von Marienbad [Trilogie der Leidenschaft] : Urschrift, Sept. 1823 / hrsg. von Jürgen *Behrens* u. Christoph *Michel.* Mit e. Geleitw. von Arthur *Henkel.* – 2. Aufl. – Frankfurt a. M. ; Leipzig : Insel-Verl., 1999. – 122 S. : Ill. – (Insel-Taschenbuch ; 1250)

51 Epigramme. Venedig 1790 [Venetianische Epigramme] / mit 12 Radierungen von Wilhelm M. *Busch* u. e. Nachw. von Ulrich *Schödlbauer.* – München : Dt. Taschenbuch-Verl., 1999. – 89 S. : Ill. – (dtv ; 12679)

52 Epigrammes érotiques secrètes [Venetianische Epigramme, franz.] / ill. de Carl Heinz *Roon.* Trad. par Pierre *Deshusses.* – Castelnau-le-Lez : Climats, 1999. – 87 S. : Ill.

53 Die Wahlverwandtschaften : Roman ; Tübingen 1809 / hrsg. von Joseph *Kiermeier-Debre.* – München : Dt. Taschenbuch-Verl., 1999. – 391 S. – (dtv ; 2651 : Bibliothek der Erstausgaben)

54 „Meine Schatzkammer füllt sich täglich ...“ : die Nachlaßstücke zu Goethes „West-östlichem Divan“ ; Dokumentation – Kommentar / Anke *Bosse* ... (s. Nr. 379).
55 Učna leta Wilhelma Meistra : del 1 [Wilhelm Meisters Lehrjahre, slowen.] / prev. Štefan *Vevar*. – Ljubljana : Mladinska Knjiga, 1998. – 295 S. – (Zbirka Veliki večni romani)

II. Sekundärliteratur

1. Allgemeines. Gesamtdarstellungen zum Leben und Werk. Bibliographien

56 *Baumann*, Gerhart: Goethe : Dauer im Wechsel. – 2. erg. u. durchges. Aufl. – Freiburg i. Br. : Rombach, 1999. – 324 S. – (Rombach Wissenschaften : Reihe Litterae ; 62)
57 *Bedürftig*, Friedemann: Taschenlexikon Goethe. – München ; Zürich : Piper, 1999. – 316 S. – (Serie Piper ; 2669)
58 *Blumenberg*, Hans: Goethe zum Beispiel / in Verb. mit Manfred *Sommer* hrsg. vom Hans-Blumenberg-Archiv. – Frankfurt a. M. ; Leipzig : Insel-Verl., 1999. – 245 S.
59 *Borchmeyer*, Dieter: Goethe – der Zeitbürger. – München ; Wien : Hanser, 1999. – 399 S.
60 *Boyle*, Nicholas: Goethe : der Dichter in seiner Zeit / aus dem Engl. übers. von Holger *Fliessbach*. – München : Beck.
Bd. 2. 1791–1803. – 1999. – 1114 S. : Ill.
61 *Drews*, Jörg: Sichtung und Klarheit : krit. Streifzüge durch die Goethe-Ausgaben u. die Goethe-Literatur der letzten 15 Jahre. – München : Kirchheim, 1999. – 177 S. : Ill.
62 *Forssman*, Erik: Goethezeit : über die Entstehung des bürgerl. Kunstverständnisses. – München [u. a.] : Dt. Kunstverl., 1999. – 318 S. : Ill., graph. Darst.
63 *Gete v dzerkali Ukraïny* : tvori Gete ta pro jogo tvorčist‘ v ukraïns’kich bibliotekach ; vybirkovyj pokažčyk = Goethe im Spiegel der Ukraine : Werke von u. über Goethe in ukrain. Bibliotheken : Auswahlverz. / Goethe-Institut Kiew. – Kyïv : Gete-Inst., 1999. – 203 S.
64 *Goethe in vertraulichen Briefen seiner Zeitgenossen* / zsgest. von Wilhelm *Bode*. Quellennachweis, Textrevision u. Register Regine *Otto*. Anm. Paul-Gerhard *Wenzlaff*. Bd. 1–3. – Berlin : Aufbau-Taschenbuch-Verl., 1999. – (Aufbau-Bibliothek)
Bd. 1. 1749–1793. – 492 S. : Ill. – Bd. 2. 1794–1816. – 715 S. : Ill. – Bd. 3. 1817–1832. – 507 S. : Ill. In Kassette.
65 *Goethe-Handbuch* : in 4 Bd. [nebst Erg.Bd.] / hrsg. von Bernd *Witte* ... – Stuttgart ; Weimar : Metzler.
[Erg.Bd.] Chronologie, Bibliographie, Karten, Register / hrsg. von Bernd *Witte*. – 1999. – VIII, 344 S. : Ill.
66 *Goethe-Wörterbuch* / hrsg. von der Berlin-Brandenburgischen Akademie der Wissenschaften ... – Stuttgart : Kohlhammer, 1999.
Bd. 4, Lfg. 1. 2. Geschäft–Gestalt u. Gestaltbarkeit–Glatze. – Sp. 1–128 u. 129–256.
67 *Hildebrandt*, Alexandra: Der elektronische Goethe. – In: Wolfenbütteler Notizen zur Buchgeschichte. Jg. 24. Wiesbaden 1999. H. 2, S. 189–202.
Verzeichnis der CD-ROMs zu Goethe.
68 *Metzler-Goethe-Lexikon* : alles über Personen, Werke, Orte, Sachen, Begriffe, Alltag u. Kurioses / hrsg. von Benedikt *Jeßing* ... – Stuttgart ; Weimar : Metzler, 1999. – 583 S. : Ill.
69 *Müller*, Martin: Goethes merkwürdige Wörter : e Lexikon. – Darmstadt : Wiss. Buchges., 1999. – VII, 216 S.
70 *Rattner*, Josef: Goethe : Leben, Werk u. Wirkung in tiefenpsycholog. Sicht. – Würzburg : Königshausen u. Neumann, 1999. – 320 S.
71 *Schulz*, Karlheinz: Goethe : e. Biographie in 16 Kapiteln. – Stuttgart : Reclam, 1999. – 603 S. : Ill. – ([Reclams] Universal-Bibliothek ; 9745)
72 *Seehafer*, Klaus: Johann Wolfgang von Goethe – „Geprägte Form, die lebend sich entwickelt“ : Dichter, Naturforscher, Staatsmann ; 1749–1832. – Bonn : Inter Nationes, 1999. 79 S. : Ill.

73 *Sengle*, Friedrich: Kontinuität und Wandlung : Einf. in Goethes Leben u. Werk / mit e. Nachw. von Manfred *Windfuhr*. Hrsg. von Marianne *Tilch*. – Heidelberg : Winter, 1999. – 307 S. – (Reihe Siegen ; 138 : Germanistische Abteilung)

74 *Zeilinger*, Heidi: Goethe-Bibliographie 1997 / bearb. in der Herzogin Anna Amalia Bibliothek zu Weimar. – In: Goethe-Jahrbuch. Bd. 115. Weimar 1998 [ausgeg. 1999]. S. 371–405.

2. Biographisches. Beziehungen zu Zeitgenossen

75 *Abenteuer, Natur, Spekulation* : Goethe u. der Harz ; anläßl. der Sonderausstellung der Schloß Wernigerode GmbH ... zum 250. Geburtstag von Johann Wolfgang von Goethe, Frühlingsbau Schloß Wernigerode, 28. August bis 1. November 1999 / hrsg. von Christian *Juranek*. – Halle a. d. Saale : Stekovics, 1999. – 304 S. : Ill., Kt. – (Edition Schloß Wernigerode ; 2)
Darin: Dokumentation, S. 11–202. – *Freitag*, Egon: „Die Natur als die Schatzkammer der Stoffe im allgemeinen" : Goethes Harzreisen als Quelle der Inspiration, S. 207–221. – *Frühsorge*, Gotthardt: Goethes Harzreisen im Spiegel der europäischen Reiseliteratur des späten 18. Jahrhunderts, S. 225–236. – *Oswald*, Gabriele: Goethe und Kraus als Zeichner der Harzer Landschaft, S. 237–249. – *Radday*, Helmut: Der Bergbau im Oberharz zur Zeit Goethes, S. 253–271. – *Meißner*, Christine u. Markus: Geologische Aspekte von Goethes Harzreisen, S. 275–284. – *Juranek*, Christian: Auswahlbibliographie zu Goethe und der Harz, S. 285–303.

76 *Albrecht*, Wolfgang: Distanzierte Wertschätzung : der junge Goethe u. Lessing. – Hamburg : Lessing-Ges. e.V., 1999. – 58 S. – (Schriftenreihe der Lessing-Gesellschaft zu Hamburg ; 4)

77 *Albrecht*, Wolfgang: Goethe und seine europäischen Korrespondenten. – In: Goethe im sozialen und kulturellen Gefüge seiner Zeit : fünf Vorträge, gehalten am Deutschen Histor. Institut zu Paris / hrsg. u. eingel. von Jürgen *Voss*. – Bonn, 1999. – S. 89–112. – (Pariser historische Studien ; 51)

78 *Allers*, Hans-Hellmut: Goethe und Berlin. – Berlin : Berlin-Verl. A. Spitz, 1999. – 149 S. : Ill.

79 *Auf Goethes Spuren in Rudolstadt und Umgebung* / Hrsg.: Goethe-Gesellschaft Rudolstadt e.V. Red.: Ursula *Steinhaußen*. – Rudolstadt : Goethe-Gesellschaft Rudolstadt e.V., 1998. – 68 S. : Ill.
Darin: *Steinhaußen*, Ursula: Goethe und Rudolstadt, S. 9–25. – *Förster-Stahl*, Heidemarie: Goethe und das Rudolstädter Theater, S. 26–34 – *Förster*, Jürgen: Schloß Kochberg und Goethe, S. 35–45. – *Steinhaußen*, Klaus: Unterwegs : Kochberg – Weißenburg – Ehrenstein – Heilsberg, S. 46–54. – *Steinhaußen*, Ursula: Eigentlich keine Ruine ... : Goethes 68. Geburtstag in Paulinzella, S. 56–59. – *Otto*, Hans-Günther: Die Goethe-Gesellschaft Rudolstadt e.V., S. 60–62.

80 *Aufenanger*, Jörg: Hier war Goethe nicht : biograph. Einzelheiten zu Goethes Abwesenheit. – Berlin : Kowalke, 1999. – 213 S. : Ill.

81 *Barner*, Wilfried: Goethe und Schiller. – In: Johann Wolfgang Goethe zum 250. Geburtstag : Vorträge im Frankfurter Römer (April – Juni 1999) / Jean-Marie *Valentin* (Hrsg.). – Paris, 1999. – S. 75–91. – (Etudes germaniques ; Année 54, No. Hors série)

82 *Beethoven und Goethe* : „Meine Harmonie mit der Ihrigen verbunden" ; e. Ausstellung des Beethoven-Hauses u. der Stiftung Weimarer Klassik, Goethe- u. Schiller-Archiv in Zsarb. mit dem Arbeitskreis selbständiger Kultur-Institute e.V. ; Katalog / hrsg. von Jochen *Golz* u. Michael *Ladenburger*. – Bonn : Beethoven-Haus ; Stiftung Weimarer Klassik, Goethe- u. Schiller-Archiv, 1999. – 144 S. : Ill. – (Ausstellungskataloge / Veröffentlichungen des Beethoven-Hauses ; 7)
Darin: *Golz*, Jochen: Goethe in seinem Verhältnis zu Beethoven, S. 9–22. – *Lühning*, Helga: Beethovens Annäherungen an Goethe, S. 23–42. – Katalogteil, S. 43–143. – Vergl. a. hierzu: J. *Golz* u. M. *Ladenburger* in: Kulturberichte / Arbeitskreis selbständiger Kultur-Institute e.V. Jg. 1999. Bonn 1999. Nr. 2, S. 24–25 : Ill.

83 *Breiter*, Morten ; *Levinsen*, Jakob ; *Wivel*, Henrik: Goethe i Italien 1786–1788. – Kopenhagen : L & R, Fakta, 1999. – 151 S. : Ill.

84 *Bertholdt*, Sybille: „Mir geht's mit Goethen wunderbar" : Charlotte von Stein u. Goethe – die Geschichte e. Liebe. – München : Langen-Müller, 1999. – 299 S. : Ill.
85 *Biedrzynski*, Effi: „Freude des Daseins ist groß, größer die Freude am Dasein, Wenn Du Suleika mich überschwänglich beglückst ..." : die Frau, die sich durchsetzte ; Marianne von Willemer u. ihre Dichter ; e. Vortrag ... – In: Die Pforte. Veröffentlichungen des Freundeskreises des Goethe-Nationalmuseums e. V. H. 4. Weimar 1998. S. 67–87 : 1 Portr.
86 *Birkholz*, Volkmar: „Ja es sind die bunten Mohne ..." : Goethe u. Erfurt. – Rudolstadt : Jena : Hain-Verl., 1999. – 286 S. : Ill.
87 *Botor*, Michael: Gespräche mit Goethe : Studien zu Funktion u. Geschichte e. biograph. Genres. – Siegen : Böschen, 1999. – 261, IX S. – (Kasseler Studien – Literatur, Kultur, Medien ; 4)
Zugl.: Kassel, Univ., Diss., 1999.
88 *Bredow*, Wilfried von: Goethe in Valmy. – In: Die Wiedergeburt des Krieges aus dem Geist der Revolution : Studien zum bellizist. Diskurs des ausgehenden 18. u. beginnenden 19. Jh. / hrsg. von Johannes *Kunisch* u. Herfried *Münkler*. – Berlin, 1999. – S. 113–130. – (Beiträge zur politischen Wissenschaft ; 110)
89 *Burkhardt*, Joachim: Ein Film für Goethe : e. Erinnerung. – Erw. Sonderausg. – Münster : Daedalus-Verl., 1999. – 333 S.
Biograph. Darstellung, entstanden aus der mehrjährigen Arbeit an einer dreiteiligen Film-Biographie über Goethe.
90 *Damm*, Sigrid: „Ach ja, da läßt Du mich nicht allein" : Christiane Goethe (1998). – In: S. *Damm*: Atemzüge. – Frankfurt a. M. ; Leipzig, 1999. – S. 270–294. – (Insel-Taschenbuch ; 2585)
91 *Döhl*, Hartmut: Goethe und Christian Gottlob Heyne. – In: „Der gute Kopf leuchtet überall hervor" : Goethe, Göttingen u. die Wissenschaft / hrsg. von Elmar *Mittler* ... – Göttingen, 1999. – S. 84–89 : Ill.
92 *Dörr*, Volker C.: „Reminiscenzien" : Goethe u. Karl Philipp Moritz in intertextuellen Lektüren. – Würzburg : Königshausen u. Neumann, 1999. – 305 S. : 1 Ill. – (Epistemata : Reihe Literaturwissenschaft ; 269)
Zugl.: Bonn, Univ., Diss., 1997.
93 *Espagne*, Michel: Humboldt à Paris, lecteur de Goethe. – In: Goethe cosmopolite / dir. Michel *Espagne* ... – Paris, 1999. – S. 195–209. – (Revue germanique internationale ; 12)
94 *„Europa, wie Goethe es sah"*: Ausstellung zu Ehren [von] Goethes 250. Geburtstag ; Katalog / hrsg. von Volkmar *Hansen*, Goethe-Museum Düsseldorf, Anton-u.-Katharina-Kippenberg-Stiftung, in Verb. mit Gonthier-Louis *Fink*, Société Goethe de France, u. Alberto *Destro*, Università di Bologna. – Düsseldorf [u. a.] : Goethe-Museum, 1999. – 509 S. : Ill. (z. T. farb.)
Darin u. a.: *Hansen*, Volkmar: „Wir Europäer" [Einleitung], S, 17–26. – Katalog: I. Deutschland, S. 27–217 [Nebst: *Hansen*, Volkmar: Goethes Nationalgefühl, S. 37–52]. – II. Frankreich, S. 219–304 [Nebst: *Fink*, Gonthier-Louis: Goethes Dialog mit Frankreich, S. 229–272]. – III. Schweiz, S. 307–344 [Nebst: *Spies*, Heike: Drei Reisen, S. 313–321]. – IV. Böhmen. – *Spies*, Heike: Kulturlaube 1785–1823, S. 347–392. – V. Italien, S. 395–478 [Nebst: *Spies*, Heike: Schule des Sehens, S. 405–415]. – *Henkel*, Gabriele: Aspetti italiani : Schattenbilder, S. 481–496. – *Mosblech*, Eva: Literaturverzeichnis : zum Europagedanken in der Literatur, S. 497–506.
Dass. – [Franz. Ausg. u. d. T.:] „Goethe e l'Europe".
Dass. – [Italien. Ausg. u. d. T.:] „L'Europa che ha visto Goethe".
95 *Ewart*, Felicie: Goethes Vater : e. Studie. – Schutterwald/Baden : Wissenschaftl. Verl., 1999. – 156 S. : 1 Portr.
96 *Feilchenfeldt*, Konrad: Goethe im Kreis seiner Berliner Verehrergemeinde 1793 – 1832. – In: „Ein Dichter hatte uns alle geweckt" : Goethe u. die literar. Romantik ; Ausstellung im Frankfurter Goethe-Museum, 19. Juni – 31. Juli 1999 / hrsg. von Christoph *Perels*. – Frankfurt a. M., 1999. – S. 201–214.
Darin vor allem zum Kreis um Rahel Varnhagen.

97 *Fertig*, Ludwig: Goethe und seine Zeitgenossen : zwischen Annäherung u. Rivalität. – Frankfurt a. M. ; Leipzig : Insel-Verl., 1999. – 404 S. – (Insel-Taschenbuch ; 2525)

98 *Fink*, Gonthier-Louis: Goethe und die Revolutionen seiner Zeit. – In: Goethe im sozialen und kulturellen Gefüge seiner Zeit : fünf Vorträge, gehalten am Deutschen Histor. Institut zu Paris / hrsg. u. eingel. von Jürgen *Voss*. – Bonn, 1999. – S. 41–88. – (Pariser historische Studien ; 51)

99 *Freitag*, Egon: Goethes Alltagsentdeckungen. – Frankfurt a. M. ; Leipzig : Insel-Verl., 1999. – 308 S. : Ill. – (Insel-Taschenbuch ; 2550)
Erstausg.: Verl. Edition Leipzig, 1994.

100 *Freschi*, Marino: Goethe in Rom. – In: „Die andere Stimme" : das Fremde in der Kultur der Moderne ; Festschrift für Klaus R. Scherpe zum 60. Geburtstag / Alexander *Honold* ; Manuel *Köppen* (Hg.) – Köln [u. a.], 1999. – S. 29–35. – (Literatur – Kultur – Geschlecht : Große Reihe ; 13)

101 *Goethe*, August von: Auf einer Reise nach Süden : Tagebuch 1830 / hrsg. von Andreas *Beyer* u. Gabriele *Radecke*. – Erstdr. nach den Handschriften. – München ; Wien : Hanser, 1999. – 334 S. : Ill.

102 *Goethe*, Christiane: Tagebuch 1816 und Briefe / in Verb. mit dem Goethe-Nationalmuseum Weimar nach der Hs. hrsg. von Sigrid *Damm*. – Erstausg. – Frankfurt a. M. ; Leipzig : Insel-Verl., 1999. – 478 S. : Ill. – (Insel-Taschenbuch ; 2561)

103 *Goethe, Boerner und die Künstler ihrer Zeit = Goethe, Boerner and the artists of their time* : der Katalog erscheint anläßl. der Ausstellungen: Die Düsseldorfer „Compagnie" in Rom 1830 – 1860. Landschaftsmaler auf Goethes Spuren ..., Düsseldorf, Kunstmuseum: 28. 8. – 31. 10. 1999 ... – Düsseldorf ; New York : C. G. Boerner, 1999. – 286 S. : Ill.
Darin u. a.: *Gleisberg*, Dieter: „...im Zusammenhang wird jedes Blatt instructiv" : Goethe als Kunstsammler in seinem Verhältnis zu Carl Gustav Boerner = „... in context each sheet becomes instructive ...", S. 9–49. – *Gleisberg*, Dieter: Verzeichnis der durch Goethe für seine Kunstsammlung von Carl Gustav Boerner erworbenen Handzeichnungen = Index of the drawings acquired by Goethe for his art collection from Carl Gustav Boerner, S. 51–68. – *Küffner*, Marianne: Goethe und das Boisseréesche Galeriewerk = Goethe and the lithographic publication of Boisserée's painting collection, S. 71–75. – *Küffner*, Marianne ; *Schmid*, F. Carlo: Zeichnungen und Graphiken aus der Zeit Goethes und Boerners = Drawings and prints from the time of Goethe and Boerner, S. 95–230. – *Sitt*, Martine: Die Düsseldorfer „Compagnie" in Rom 1830 – 1860 : auf Goethes Spuren = The Düsseldorf „Compagnie" in Rome 1830 – 1860, S. 233–276.

104 *Goethe in Eisenach* : e. Schilderung seiner Aufenthalte u. Durchfahrten sowie seiner vielfältigen Beziehungen zur Stadt u. zum Eisenacher Landesteil des Herzogtums Sachsen-Weimar-Eisenach ; auf der Grundlage e. Artikelserie von Friedewald *Berg* im Jahr 1988 / überarb. u. im Goethejahr 1999 hrsg. von Volkmar *Schumann*. – Eisenach : Goethe-Gesellschaft Eisenach e. V., 1999. – 64 S.: Ill.

105 *Goethe – seine äußere Erscheinung* : literar. u. künstler. Dokumente seiner Zeitgenossen / hrsg. von Emil *Schaeffer* u. Jörn *Göres*. – Frankfurt a. M. ; Leipzig : Insel-Verl., 1999. – 198 S. : zahlr. Ill. – (Insel-Taschenbuch ; 2275)

106 *Goethe und die Frauen* : e. Gemeinschaftsausstellung der Frankfurter Bürger-Stiftung im Holzhausenschlößchen u. des Goethe-Museums in Düsseldorf, Anton-u.-Katharina-Kippenberg-Stiftung, 20. 3. – 11. 4. 1999 ... / Ausstellungsleitung: Jürgen *Eichenauer*. – Frankfurt a. M. : Frankfurter Bürger-Stiftung im Holzhausenschlößchen, 1999. – 223 S. : Ill. – (Mäzene, Stifter, Stadtkultur ; 2)
Darin: *Spies*, Heike: Ottilie von Goethe – des Dichters letzte Hausgenossin, S. 21–31. –*Kiesel*, Helmuth: Anna Katharina „Käthchen" Schönkopf (1746–1810) ∞ Kanne, S. 32–39. – *Wuthenow*, Ralph-Rainer: Susanna Katharina von Klettenberg (1723–1774), S. 40–50. – *Barner*, Wilfried: Friederike Elisabeth Brion (1752–1813), S. 51–62. – *Rexroth*, Karl Heinrich: Charlotte Buff (1753–1828) ∞ Kestner, S. 63–73. – *Sunnus*, Anna Elisabeth: „Lili" Schönemann (1758–1817) ∞ von Türckheim, S. 74–83. – *Frühwald*, Wolfgang: Charlotte von Stein

(1742–1827), geb. von Schardt, S. 84–95. – *Hansen*, Volkmar: Christiane Vulpius (1765–1816) ∞ von Goethe, S. 96–111. – *Arnim*, Peter-Anton Friedmund von: Bettina Brentano (1785–1859) ∞ von Arnim, S. 112–123. – *Unseld*, Siegfried: Marianne Willemer (1784–1860), geb. Jung, S. 124–134. – *Gille*, Caroline: Ulrike von Levetzow (1804–1899), S. 135–144. – *Carbe*, Monika: Zwischen Glorifizierung und kritischer Verehrung, S. 145–156. – Ottilie von Goethe – des Dichters letzte Hausgenossin / Goethe-Museum Düsseldorf, Anton-u.-Katharina-Kippenberg-Stiftung, S. 157–218.

107 *Goethes 250. Geburtstag*: Festakt am 28. August 1999, 11 Uhr, Goethe-Museum Düsseldorf, Anton-u.-Katharina-Kippenberg-Stiftung, Schloß Jägerhof / hrsg. von Volkmar *Hansen*. Bearb. u. Gestaltung: Georg *Aehling*. – Düsseldorf : Goethe-Museum, 1999. – 46 S. : Noten
Darin u. a.: *Smeets*, Marlies: Goethe in Düsseldorf, S. 12–18. – *Baedeker*, Hans Jürgen: Goethe und das Rheinland, S. 19–23.

108 *Golz*, Jochen: Existence et représentation dans le journal intime de Goethe et de Thomas Mann / trad. par Nicole *Taubes*. – In: Goethe cosmopolite / dir. Michel *Espagne* ... – Paris, 1999. – S. 89–99. – (Revue germanique internationale ; 12)

109 *Grathoff*, Dirk: Goethe und Kleist : die Geschichte e. Mißverständnisses. – In: D. *Grathoff*: Kleist : Geschichte, Politik, Sprache ; Aufsätze zu Leben u. Werk Heinrich von Kleists. – Opladen ; Wiesbaden, 1999. – S. 199–215. – (Kulturwissenschaftliche Studien zur deutschen Literatur)

110 *Greiling*, Werner: Goethe – unser Staatsminister : sein polit. Wirken in Sachsen-Weimar-Eisenach ; mit e. Exkurs: Johann Wolfgang von Goethe u. Neustadt a. d. Orla. – Rudolstadt ; Jena : Hain-Verl., 1999. – 79 S. : Ill. – (Beiträge zur Geschichte und Stadtkultur ; 6) (Hain-Wissenschaft)

111 *Großer Mann im seidenen Rock* : Heines Verhältnis zu Goethe / mit e. Essay von Jost *Hermand*. Bearb. von Ursula *Roth* u. Heidemarie *Vahl*. – Stuttgart ; Weimar : Metzler, 1999. – 195 S. : zahlr. Ill. – (Archiv, Bibliothek, Museum / Heinrich-Heine-Institut ; 8)
Der Band enthält – neben einer umfangreichen Bilddokumentation zum Verhältnis der beiden Dichter – Heines Äußerungen über Goethe, Urteile der Nachwelt, Originaltexte von Goethe und Heine sowie weiterführende Materialien und Kommentare.

112 *Günzel*, Klaus: „Viele Gäste wünsch ich heut' Mir zu meinem Tische!" : Goethes Besucher im Haus am Frauenplan. – Weimar : Verl. H. Böhlaus Nachf., 1999. – 299 S. : Ill.

113 *Guthke*, Karl S.: Goethe and George Butler. – In: Goethe yearbook. Vol. 9. Columbia/SC 1999. S. 158–165.

114 *Haas*, Rosemarie: Goethe-Lektüren Jean Pauls : seine Antworten in den beiden Fassungen des „Siebenkäs". – In: Festschrift für Erich Trunz zum 90. Geburtstag ... / hrsg. von Dietrich *Jöns* u. Dieter *Lohmeier*. – Neumünster, 1998. – S. 145–166. – (Kieler Studien zur deutschen Literaturgeschichte ; 19)

115 *Hasenpflug*, Kristina: Tiecks Goethebild : von der Apotheose zur krit. Würdigung. – In: „Ein Dichter hatte uns alle geweckt" : Goethe u. die literar. Romantik ; Ausstellung im Frankfurter Goethe-Museum, 19. Juni – 31. Juli 1999 / hrsg. von Christoph *Perels*. – Frankfurt a. M., 1999. – S. 222–233 : Ill.

116 *Heckmann*, Herbert: Goethe und Frankfurt – Frankfurt und Goethe. – In: Johann Wolfgang Goethe zum 250. Geburtstag : Vorträge im Frankfurter Römer (April – Juli 1999) / Jean-Marie *Valentin* (Hrsg.). – Paris, 1999. – S. 35–53. – (Etudes germaniques ; Année 54, No. Hors série)

117 *Heilemann*, Hubert: Patient Goethe. – Marburg/Lahn : Basilisken-Presse, 1999. – 260 S. : Ill.

118 *Hertl*, Michael: Schillers faule Äpfel. – In: Goethe-Jahrbuch. Bd. 115. Weimar 1998 [ausgeg. 1999]. S. 231–236.

119 *Höfer*, Anja: Johann Wolfgang von Goethe. – München : Dt. Taschenbuch-Verl., 1999. – 159 S. : Ill. – (dtv ; 31015 : dtv-Portrait)

120 *Hoffmann*, Karola: Zu den Transkriptionen der „Acta der Reise nach Pyrmont" und „Goethes Bücherliste für die ‚Göttinger Bibliothek'" – In: „Der gute Kopf leuchtet überall hervor" :

Goethe, Göttingen u. die Wissenschaft / hrsg. von Elmar *Mittler* ... – Göttingen, 1999. – S. 217–261 : Faks.

121 *Hosäus*, Friedrich Wilhelm: Großherzog Carl August und Goethe in ihren Beziehungen zu Herzog Leopold Friedrich Franz von Anhalt-Dessau. – In: Dessau und Weimar ... : Ausstellung im Floratempel der Wörlitzer Anlagen, 28. August – 31. Oktober 1999 / Kulturstiftung Dessau-Wörlitz. Hrsg. von Thomas *Weiss* ... – Wörlitz, 1999. – S. 19–41 : Ill. – (Kataloge und Schriften der Kulturstiftung Dessau-Wörlitz ; 6)

122 *Jens*, Tilman: Goethe und seine Opfer : e. Schmähschrift. – Düsseldorf : Patmos-Verl., 1999. – 152 S.
Darin über Goethes Verhältnis u. a. zu Lenz, Klinger, Merck, Frau von Stein, Herder, Schiller, Hölderlin u. H. von Kleist.

123 *Johann Wolfgang Goethe und Leipzig* : Beiträge u. Katalog zur Ausstellung „Goethes Universität – die Universität Leipzig zwischen 1730 und 1770“ vom 27. 4. bis zum 12. 6. 1999 im Ausstellungszentrum Kroch-Haus, Leipzig / hrsg. im Auftr. des Rektors der Univ. Leipzig von der Kustodie, Kunstsammlung der Univ. Leipzig durch Rainer *Behrends*. – Leipzig : Selbstverl. der Univ.-Bibliothek Leipzig, 1999. – 208 S. : Ill. – (Schriften aus der Universitätsbibliothek Leipzig ; 4)
Darin u. a.: *Vogtherr*, Thomas: Die Universität Leipzig um die Mitte des 18. Jahrhunderts, S. 7–20. – *Knobelsdorf*, Andreas: Goethe und die Jurisprudenz, S. 27–37. – *Stockinger*, Ludwig: Freundschaft und Liebe in der Leipziger Lyrik des jungen Goethe, S. 39–75. – *Lüddemann*, Heike: Goethe und die Leipziger Kunstakademie unter Adam Friedrich Oeser, S. 77–92. – *Märker*, Michael: Musizierende Studenten zwischen dem alten Bach und dem jungen Goethe in Leipzig, S. 93–102. – Biographien, S. 164–182. – Ausstellungsverzeichnis, S. 183–206.

124 *Kahl*, Pablo: Goethe, der Göttinger Hain und der Göttinger Musenalmanach. – In: „Der gute Kopf leuchtet überall hervor“ : Goethe, Göttingen u. die Wissenschaft / hrsg. von Elmar *Mittler* ... – Göttingen, 1999. – S. 188–201 : Ill.

125 *Kim*, Tschong-Dae: Goethes Krankheit oder Gesundheit. – In: Goethe Yongu = Goethe-Studien. Bd. 10. Seoul 1998. S. 107–126. [In korean. Sprache mit dt. Zsfassung, S. 127 bis 128.]

126 *Klauß*, Jochen: Weimar, Stadt der Dichter, Denker und Mäzene : von den Anfängen bis zu Goethes Tod. – Düsseldorf [u. a.] : Artemis & Winkler, 1999. – 343 S. : Ill.

127 *Kovalevski*, Bärbel: „Schaue von den Gegenständen in Dein Innerstes zurück!“ : Johann Wolfgang von Goethe als Mentor von Künstlerinnen. – In: Zwischen Ideal und Wirklichkeit : Künstlerinnen der Goethezeit zwischen 1750–1850 / hrsg. von Bärbel *Kovalevski* ... Ostfildern-Ruit, 1999. – S. 41–53.

128 *Lee*, Meredith: Displacing authority : Goethe's poetic reception of Klopstock. – Heidelberg : Winter, 1999. – XII, 233 S. – (Neue Bremer Beiträge ; 10)

129 *Lescourret*, Marie-Anne: Goethe – la fatalité poétique. – Paris: Flammarion, 1999. – 520 S. – (Grandes biographies)

130 *Liersch*, Werner: Goethes Doppelgänger: die geheime Geschichte des Doktor Riemer. – Berlin : Volk u. Welt, 1999. – 396 S. : Ill.

131 *Maierhofer*, Waltraud: Goethe on Emma Hamilton's „Attitudes“ : can classicist art be fun? – In: Goethe yearbook. Vol. 9. Columbia/SC 1999. S. 222–252 : Ill.

132 *Maurer*, Michael: Goethe als Prototyp : zur sozialen Einordnung e. Bürgers von Adel. – In: Goethe im sozialen und kulturellen Gefüge seiner Zeit : fünf Vorträge, gehalten am Deutschen Histor. Institut zu Paris / hrsg. u. eingel. von Jürgen *Voss*. – Bonn, 1999. – S. 17–40. – (Pariser historische Studien ; 51)

133 *Mommsen*, Katharina: Aufforderung zur Suche nach einem Goethe-Autograph. – In: Goethe yearbook. Vol. 9. Columbia/SC 1999. S. 343–345.
Darin zu dem Gedicht „Laß mich hören, laß mich fühlen“, das Goethe Johann Heinrich Friedrich Schütz aus Bad Berka schenkte.

134 *Mori*, Yoshifumi: Hegel und Goethe. – In: Gête nenkan = Goethe-Jahrbuch. Bd. 41. Tôkyô 1999. S. 35–51. [In japan. Sprache mit dt. Zsfassung, S. 14.]

135 *Muschg*, Adolf: Goethes Lebensträume. – In: Johann Wolfgang Goethe zum 250. Geburtstag : Vorträge im Frankfurter Römer (April – Juli 1999) / Jean-Marie *Valentin* (Hrsg.). – Paris, 1999. – S. 19–33. – (Etudes germaniques ; Annéee 54, No. Hors série)

136 *Nobuoka*, Yorio: Authentizität der letzten Worte : Hat Goethe tatsächlich auf dem Sterbebett „Mehr Licht!" gesagt? – In: Gête nenkan = Goethe-Jahrbuch. Bd. 41. Tôkyô 1999. S. 1–18. [In japan. Sprache mit dt. Zsfassung, S. 12.]

137 *Oesterle*, Günter: Mascerade et mystification dans le „Journal de Tiefurt" / trad. par Olivier *Mannoni*. – In: Goethe cosmopolite / dir. Michel Espagne ... – Paris, 1999. – S. 111–122. – (Revue germanique internationale ; 12)

138 *Perels*, Christoph: Dichterwege: e. kleine Goethe-Biographie. – Stuttgart : Kohlhammer, 1999. – 143 S.

139 *Raabe*, Paul: Separatisten, Pietisten, Herrnhuter : Goethe u. die Stillen im Lande ; Ausstellung in den Franckeschen Stiftungen zu Halle vom 9. Mai bis 3. Okt. 1999. – Halle/S. : Fliegenkopf-Verl., 1999. – 232 S. : Ill. – (Kataloge der Franckeschen Stiftungen zu Halle ; 6)
Darin: Im protestantischen Elternhaus : der junge Goethe in Frankfurt 1749 – 1765. – Vom Heiland erhascht : Berührungen mit Pietisten, Herrnhutern u. Separatisten 1765 – 1775. – Erinnerungen an den pietistischen Grafen [Zinzendorf] : Goethe u. die Brüdergemeine. – „Die schöne Seele" : Freundschaft mit Susanna Katharina von Klettenberg 1768 – 1774. – Das Antlitz Gottes im Antlitz des Menschen : Goethe u. Johann Kaspar Lavater. – Einer der Stillen im Lande : Goethe u. Jung-Stilling. – „Fremdling! was Du erblickst ..." : Goethe u. die Franckeschen Stiftungen.

140 *Rahmeyer*, Ruth: Bester Vater! : Briefe der Ulrike von Pogwisch an Goethe. – Leipzig : Edition Leipzig, 1999. – 239 S. : Ill.
Erstveröffentlichung der Briefe Ulrikes mit den bereits veröffentl. Antwortbriefen Goethes, S. 167–239.

141 *Rahmeyer*, Ruth: Werthers Lotte : Goethes Liebe für e. Sommer ; die Biographie der Charlotte Kestner. – Frankfurt a. M. ; Leipzig : Insel-Verl., 1999. – 269 S. : Ill. – (Insel-Taschenbuch ; 2272)

142 *Richter*, Thomas: Doris Zelters Briefe nach Weimar, 1818 – 1834 : Teil II: „Ich weine mich täglich satt" – die Briefe an Goethes Umkreis. Folge 1: 1819 – 1832. – In: Goethe-Jahrbuch. Bd. 115. Weimar 1998 [ausgeg. 1999]. S. 245–280.

143 *Rohlfing*, Helmut: „In der Gegenwart eines großen Capitals, das geräuschlos unberechenbare Zinsen spendet" : Goethe u. die Göttinger Bibliothek. – In: „Der gute Kopf leuchtet überall hervor" : Goethe, Göttingen u. die Wissenschaft / hrsg. von Elmar *Mittler* ... – Göttingen, 1999. – S. 53–61 : Ill.

144 *Schaefer*, Hans Joachim: Goethes Freundschaft mit Carl Friedrich Zelter : Versuch e. Annäherung. – Kassel : Wenderoth, 1999. – 64 S. : Ill. – (Jahresgabe ... / Goethe-Gesellschaft Kassel e. V. ; 1999)

145 *Schillemeit*, Rosemarie: Neues zum Leipziger Goethe : das Stammbuch des Benedict Christian Avenarius u. andere Handschriftenfunde. – In: Goethe-Jahrbuch. Bd. 115. Weimar 1998 [ausgeg. 1999]. S. 211–228 : Ill.
Darin u. a. Erstveröffentlichung u. fotograf. Wiedergabe der Hs. der Goetheschen Stammbucheintragung vom 10. 6. 1767. Es handelt sich um die vier letzten Strophen des Gedichts „Pygmalion, eine Romanze" aus dem Buch „Annette".

146 *Schmid*, Irmtraut: Die Beilegung der Jenaer Studentenunruhen vom März 1790 durch Goethe und Herzog Karl August von Sachsen-Weimar. – In: Archivistica docet : Beiträge zur Archivwissenschaft u. ihres interdisziplinären Umfelds / hrsg. von Friedrich *Beck* ... – Potsdam, 1999. – S. 359–369. – (Potsdamer Studien ; 9)

147 *Schmidt*, Eberhard: Goethe und Fürst Franz / hrsg. von der Ortsvereinigung Dessau der Goethe-Gesellschaft in Weimar. – Dessau : Anhaltische Verlagsges., 1999. – 76 S. : zahlr. Ill.

148 *Schumann*, Volkmar: Julie von Bechtolsheim 1753–1847 : Wielands „Psyche" u. Goethes „Seelchen" / zsgest. von Volkmar *Schumann*. – Eisenach : Goethe-Gesellschaft Eisenach e.V., 1997. – 16 S. : Ill.

149 *Schwedt*, Georg: Goethe in Göttingen und zur Kur in Pyrmont. – Göttingen : Vandenhoeck & Ruprecht, 1999. – 166 S. : Ill.

150 *Schwedt*, Georg: Goethe-Orte in und um Göttingen. – Goethes Kontakte zu Göttinger Professoren in und über Göttingen hinaus. – Chronologie der Besuche Sept. 1783 u. Sommer 1801. – In: „Der gute Kopf leuchtet überall hervor" : Goethe, Göttingen u. die Wissenschaft / hrsg. von Elmar *Mittler* ... – Göttingen, 1999. – S. 10–19 : Ill. ; S. 40–49 : Ill. u. S. 263–264.

151 *Shibata*, Takahiro: Erhabner Berg : Goethes Bergbaukunde. – In: Gête nenkan = Goethe-Jahrbuch. Bd. 41. Tôkyô 1999. S. 175–193. [In japan. Sprache mit dt. Zsfassung, S. 20–21.]

152 *Spies*, Hans-Bernd: Goethe und Dalberg in Mercks „Matinée eines Recensenten". – In: Archiv für hessische Geschichte und Altertumskunde. N. F. Bd. 57. Darmstadt 1999. S. 237–252.
„Matinée eines Recensenten" ist ein ironischer Dialog, Teil von Mercks Korrespondenz mit Wieland im Frühjahr 1776.

153 *Stenzel*, Jürgen: Symbolische „Scheitholzflöss-Anarchie" oder Meisterschaft und Dilettantismus : zu Goethes Brief an Zelter vom 16. – 19. März 1818. – In: Jahrbuch des Freien Deutschen Hochstifts. Jg. 1999. Tübingen 1999. S. 52–67.

154 *Trauzettel*, Ludwig: Wörlitz, Goethe und die Gartenkunst : Gedanken zu den gartenhistor. Wechselbeziehungen zwischen Wörlitz u. Weimar. – In: Dessau und Weimar ; Ausstellung im Floratempel der Wörlitzer Anlagen, 28. August – 31. Oktober 1999 / Kulturstiftung Dessau-Wörlitz. Hrsg. von Thomas *Weiss* ... – Wörlitz, 1999. – S. 51–57 : Ill. – (Kataloge und Schriften der Kulturstiftung Dessau-Wörlitz ; 6)

155 *Turaev*, S[ergej] V[asil'evič]: Gejne i Gete. – In: Getevskie čtenija. God izd. 1999. Moskva 1999. S. 194–206. [Heine u. Goethe.]

156 *Völker*, Werner: Weihnachten bei Goethe. – Stuttgart : Dt. Verl.-Anst., 1999. – 157 S. : Ill.

157 *Weigert*, Manfred: Goethe als Verwaltungsbeamter. – In: Jahresbericht / Ortsvereinigung Bamberg der Goethe-Gesellschaft in Weimar e.V. Nr. 18. 1998. Bamberg 1999. S. 81–97.

158 *Wild*, Reiner: Goethes und Schillers gemeinsamer Tagtraum. – In: Größenphantasien / hrsg. von Johannes *Cremerius* ... – Würzburg, 1999. – S. 136–152. – (Freiburger literaturpsychologische Gespräche ; 18)

159 *Witte*, Barthold C.: „In uns selbst liegt Italien!" : Johann Wolfgang von Goethe, Barthold Georg Niebuhr, Friedrich Preller : drei Deutsch-Römer in drei Generationen. –In: Goethe-Jahrbuch. Bd. 115. Weimar 1998 [ausgeg. 1999]. S. 237–244.

160 *Wolf*, Thomas: Pustkuchen und Goethe : die Streitschrift als produktives Verwirrspiel. – Tübingen : Niemeyer, 1999. – IX, 448 S. : Ill. – (Untersuchungen zur deutschen Literaturgeschichte ; 101)
Zugl.: Tübingen, Univ., Diss., 1996.

161 *Zapperi*, Roberto: Das Inkognito : Goethes ganz andere Existenz in Rom / aus dem Italien. von Ingeborg *Walter*. – München : Beck, 1999. – 298 S. : Ill.

162 *Zehe*, Horst: Vom „Furor Wertherinus" zu „Göthens Farbengeschichte" : Goethe, Göttingen u. Lichtenberg. – In: „Der gute Kopf leuchtet überall hervor" : Goethe, Göttingen u. die Wissenschaft / hrsg. von Elmar *Mittler* ... – Göttingen, 1999. – S. 143–160 : Ill.

163 *Zehm*, Edith: Johann Wolfgang Goethe – Carl Friedrich Zelter : vom privaten Briefwechsel zum autobiograph. Werk. – In: helle döne schöne : versammelte Arbeiten zur älteren u. neueren dt. Literatur ; Festschrift für Wolfgang Walliczek / hrsg. von Horst *Brunner* ... – Göppingen, 1999. – S. 259–269. – (Göppinger Arbeiten zur Germanistik ; 668)
Dass. – [franz. u. d. T.:] La correspondance Goethe – Zelter : de l'écriture privée à l'écrit public / trad. par Nicole *Taubes*. – In: Goethe cosmopolite / dir. Michel *Espagne* ... – Paris, 1999. – S. 101–109. – (Revue germanique internationale ; 12)

3. *Weltanschauung. Dichterisches und wissenschaftliches Schaffen*

164 *Batley*, Edward: Mysteries and mastery : English freemasonry in Lessing and Goethe. – In: Publications of the English Goethe Society. N. S. Vol. 68. 1998. Leeds 1999. S. 1–19.

165 *Begemann*, Christian: Poiesis des Körpers : künstler. Produktivität u. Konstruktion des Leibes in der erot. Dichtung des klass. Goethe. – In: German life and letters. N. S. Vol. 52. Oxford ; Cambridge 1999. Nr. 2, S. 211–237 : Ill.

166 *Bernstein*, Susan: Goethe's architectonic Bildung and buildings in classical Weimar. – In: Modern language notes. Vol. 114. Baltimore/Md. 1999. Nr. 5, S. 1014–1036.

167 *Bishop*, Paul: Epistemological problems and aesthetic solutions in Goethe and Jung. – In: Goethe yearbook. Vol. 9. Columbia/SC 1999. S. 278–317.

168 *Bohrer*, Karl Heinz: Einsame Klassizität : Goethes Stil als Vorschein e. anderen Moderne. – In: Merkur. Jg. 53. Stuttgart 1999. H. 6, S. 493–507.

169 *Bornkamm*, Heinrich: Das Christentum im Denken Goethes. – In : Zeitschrift für Theologie und Kirche. Jg. 96. Tübingen 1999. H. 2, S. 177–206.

170 *Bückins*, Matthias ; *Schwedt*, Georg: Goethe im Göttinger Reich der Steine. – In: „Der gute Kopf leuchtet überall hervor" : Goethe, Göttingen u. die Wissenschaft / hrsg. von Elmar *Mittler* ... – Göttingen, 1999. – S. 180–183 : Ill.

171 *Conrady*, Karl Otto: Goethes Umgang mit der Natur : e. Vortrag zur Einführung. – In: Festschrift für Erich Trunz zum 90. Geburtstag ... / hrsg. von Dietrich *Jöns* u. Dieter *Lohmeier*. – Neumünster, 1998. – S. 129–144. – (Kieler Studien zur deutschen Literaturgeschichte ; 19)

172 *Currie*, Pamela: Goethe's mental images. – In : Oxford German studies. Vol. 28. Oxford 1999. S. 131–151.

173 *Debon*, Günther : Was wußte Goethe von der chinesischen Sprache und Schrift? – In: Goethes Morgenlandfahrten : west-östl. Begegnungen / hrsg. von Jochen *Golz*. – Frankfurt a. M. ; Leipzig, 1999. – S. 54–65. – (Insel-Taschenbuch ; 2600)
Mit Bibliographie zum Thema „Goethe und China", S. 64–65.

174 *Décultot*, Elisabeth: Le cosmopolitisme en question : Goethe face aux saisies françaises d'œuvres d'art sous la Révolution et sous l'Empire. – In: Goethe cosmopolite / dir. Michel *Espagne* ... – Paris, 1999. – S. 161–175. – (Revue germanique internationale ; 12)

175 *Donat*, Sebastian : Goethe – ein letztes Universalgenie? / in Verb. mit Hendrik *Birus*. – Göttingen : Wallstein-Verl., 1999. – 144 S. : Ill.
Diese Publikation entstand als Begleitband zur gleichnamigen Ausstellung des Goethe-Instituts München.

176 *Enke*, Ulrike ; *Wenzel*, Manfred: Wißbegierde contra Menschlichkeit : Goethes ambivalentes Verhältnis zur Anatomie in seiner Dichtung u. Biographie. – In: Goethe-Jahrbuch. Bd. 115. Weimar 1998 [ausgeg. 1999]. S. 155–170.

177 *Ewald*, Rainer: Goethes Architektur : des Poeten Theorie u. Praxis. – Weimar : Ullerich-Verl., 1999. – 459 S. : Ill.

178 *Frühwald*, Wolfgang: Das „Talent, deutsch zu schreiben" : über den Dichter Johann Wolfgang Goethe. – In: Johann Wolfgang Goethe zum 250. Geburtstag : Vorträge im Frankfurter Römer (April – Juli 1999) / Jean-Marie *Valentin* (Hrsg.). – Paris, 1999. – S. 55–74. – (Etudes germaniques ; Année 54, No. Hors série)

179 *Goethe the scientist* : published on the occasion of Goethe's 250th birthday and the exhibition „Goethe the scientist" at the Beinecke Rare Book & Manuscript Library, 8 oct. – 23 dec. 1999 / The Beinecke Rare Book & Manuscript Library. Introd. by Christa *Sammons*. – New Haven : Yale Univ., 1999. – 63 S. : Ill.

180 *Goethes Rückblick auf die Antike* : Beiträge des dt.-ital. Kolloquiums, Rom 1998 / hrsg. von Bernd *Witte* u. Mauro *Ponzi*. – Berlin : E. Schmidt, 1999. – 219 S.
Darin u. a.: *Borsò*, Vittoria: Der Rück-Blick auf die Antike : Formen der Vermittlung zwischen Kunst u. Natur, S. 9–20. – *Witte*, Bernd: Goethe und Homer : e Paradigmenwechsel, S. 21–37. – *Ponzi*, Mauro: „Eines Schattens Traum" : Goethe u. Pindar, S. 38–58. – *Schrader*,

Hans-Jürgen: Götter, Helden, Waldteufel : zu Goethes Sturm-u.-Drang-Antike, S. 59–82. – *Voßkamp*, Wilhelm: Goethes Klassizismus im Zeichen der Diskussion des Verhältnisses von Poesie und bildender Kunst um 1800, S. 113–121. – *Chiarini*, Paolo: Verfälschung des klassischen Kanon oder moderne Rezeption der Antike? : Antonio Canova zwischen August Wilhelm Schlegel u. Goethe, S. 122–131. – *Cometa*, Michele: Die Tragödie des Laokoon : Drama u. Skulptur bei Goethe, S. 132–160. – *Anton*, Herbert: Goethes eleusinische Hermeneutik, S. 191–205.

181 *Grohnert*, Dietrich: „Ich habe mich nämlich, mit aller Gewalt und allem Vermögen, nach dem Orient geworfen ...“ : Goethe u. der Mythos Islam ; Spurensuche auf e. Nebenweg der dt. Literatur. – In: Kreuzwege : Transformationen des Mythischen in der Literatur / Dietmar *Jacobsen* (Hrsg.) – Frankfurt a. M. [u. a.], 1999. – S. 9–33.

182 *Grün*, Klaus-Jürgen: Das Blatt, der verschlungene Zug der Seele : Schellings philosoph. Umgestaltung von Goethes „Metamorphose“. – In: Philosophisches Jahrbuch. Jg. 106. Freiburg i. Br. ; München 1999. Halbbd. 1, S. 85–99.

183 *Halász*, Péter: Goethe és a zene. – In: Nagyvilág. Évf. 44. Budapest 1999. Sz. 7/8, S. 607–616 : 1 Ill. [Goethe u. die Musik.]

184 *Heckmann*; Uwe: Goethe und die Sammlung Boisserée in Heidelberg. – In: „Ein Dichter hatte uns alle geweckt“ : Goethe u. die literar. Romantik ; Ausstellung im Frankfurter Goethe-Museum, 19. Juni – 31. Juli 1999 / Freies Deutsches Hochstift, Frankfurter Goethe-Museum. Hrsg. von Christoph *Perels*. – Frankfurt a. M., 1999. – S. 234–247.

185 *Hummel*, Siegbert: Goethes Beziehung zum Orient. – Ulm : Fabri-Verl., 1998. – 120 S. : Ill.

186 *Irmscher*, Hans Dietrich: Prophet und Dichter : über Goethes Versuche, Hamann zu verstehen. – In: Goethe-Jahrbuch. Bd. 115. Weimar 1998 [ausgeg. 1999]. S. 13–28.

187 *Jannidis*, Fotis: „Bildung“ als „Bestimmung des Menschen“ : zum teleolog. Aspekt in Goethes Bildungsbegriff. – In: Pädagogische Rundschau. Jg. 53. Frankfurt a. M. 1999. H. 4, S. 441–455.

188 *Klauß*, Jochen: Goethe – ein früher „Wiedererwecker“ der Medaillenkunst? : drei Fallstudien. – In: Erfurter Münzblätter. Jahrbuch. Bd. 7. Erfurt 1999. S. 48–58 : Ill.

189 *Koch*, Manfred: Memoria mobilis : Franz. Revolution u. kulturelle Gedächtnisbildung in Goethes Erzählwerk. – In: Colloquium Helveticum. H. 27. 1998. Bern [u. a.] 1999. S. 105–127.

190 *Kogishi*, Akira: Goethes Werden zum Spinozisten. – In: Gête nenkan = Goethe-Jahrbuch. Bd. 41. Tôkyô 1999. S. 53–68. [In japan. Sprache mit dt. Zsfassung, S. 14–15.]

191 *Kreutzer*, Leo: Für eine andere Moderne : noch einmal: Goethes Vorstellung von Weltliteratur. – In: Welfengarten. Jahrbuch für Essayismus. Jg. 10. 2000. Hannover 1999. S. 79 bis 92.

192 *Krippendorff*, Ekkehart: Goethe – Politik gegen den Zeitgeist. – Frankfurt a. M. ; Leipzig : Insel-Verl., 1999. – 232 S.

193 *Krippendorff*, Ekkehart: Die Stimme der Polis : Goethes polit. Rede, Ilmenau 1784. – Berlin : Berliner Bibliophilen-Abend, 1999. – 63 S. : Ill. – (Jahresgabe ... für die Mitglieder der Ortsvereinigung Berlin der Goethe-Gesellschaft in Weimar ; 1999)

194 *Krüger*, Gundolf: „Alles Geflechte besonders schön“ : Begegnung mit Ethnographica des Academischen Museums. – In: „Der gute Kopf leuchtet überall hervor“ : Goethe, Göttingen u. die Wissenschaft / hrsg von Elmar *Mittler* ... – Göttingen, 1999. – S. 56–72 : Ill.

195 *Lacoste*, Jean: Goethe et la science anglaise. – In: Goethe cosmopolite / dir. Michel *Espagne* ... – Paris, 1999. – S. 77–88. – (Revue germanique internationale ; 12)

196 *Laudin*, Gérard: Goethe und die Historiographie seiner Zeit : Kongruenzen u. Divergenzen. – In: Goethe im sozialen und kulturellen Gefüge seiner Zeit : fünf Vorträge, gehalten am Deutschen Histor. Institut zu Paris / hrsg. u. eingel. von Jürgen *Voss*. – Bonn, 1999. – S. 143–175. – (Pariser historische Studien ; 51)

197 *Luserke*, Matthias: Der junge Goethe : „Ich weis nicht warum ich Narr soviel schreibe“. – Göttingen : Vandenhoeck & Ruprecht, 1999. – 181 S. – (Sammlung Vandenhoeck)

198 *Michajlov*, Aleksandr Viktorovič: Die Natur in Goethes schöpferischem Denken / [aus dem Russ.] übers. von Frédéric *Schlawe*. – In: Goethe-Jahrbuch. Bd. 115. Weimar 1998 [ausgeg. 1999]. S. 147–153.

199 *Moering*, Renate: „Daß der leidenschaftliche Zwiespalt zwischen Classikern und Romantikern sich endlich versöhne" (Goethe) : Rückwirkungen. – In: „Ein Dichter hatte uns alle geweckt" : Goethe u. die literar. Romantik ; Ausstellung im Frankfurter Goethe-Museum, 19. Juni – 31. Juli 1999 / Freies Deutsches Hochstift, Frankfurter Goethe-Museum. Hrsg. von Christoph *Perels*. – Frankfurt a. M., 1999. – S. 111–187 : Ill.

200 *Mori*, Yoshihito: Goethe und die Aufklärung : unter der Vormundschaft der Natur. – In: Gête nenkan = Goethe-Jahrbuch. Bd. 41. Tôkyô 1999. S. 1–11. [In dt. Sprache.]

201 *Neumann*, Gerhard: Naturwissenschaft und Geschichte als Literatur : zu Goethes kulturpoet. Projekt. – In: Modern language notes. Vol. 114. Baltimore/Md. 1999. Nr. 3, S. 471–502 : Ill.

202 *Osterkamp*, Ernst: Goethe et l'art français / trad. par Nicole *Taubes*. – In: Goethe cosmopolite / dir. Michel *Espagne* … – Paris, 1999. – S. 137–152. – (Revue germanique internationale ; 12)

203 *Pénisson*, Pierre: Goethe traducteur du „Neveu de Rameau". – In: Goethe cosmopolite / dir. Michel *Espagne* … – Paris, 1999. – S. 229–239. – (Revue germanique internationale ; 12)

204 *Perels*, Christoph: „Pathologisch, oder auch romantisch" (Goethe) : Kontroversen. – In: „Ein Dichter hatte uns alle geweckt" : Goethe u. die literar. Romantik ; Ausstellung im Frankfurter Goethe-Museum, 19. Juni – 31. Juli 1999 / Freies Deutsches Hochstift, Frankfurter Goethe-Museum. Hrsg. von Christoph *Perels*. – Frankfurt a. M., 1999. – S. 69–110 : Ill.

205 *Poerksen*, Uwe: Raumzeit : Goethes Zeitbegriff, abgelesen an seinen sprachl. u. zeichner. Naturstudien. – Stuttgart : Steiner, 1999. – 68 S. : Ill. – (Abhandlungen der Klasse der Literatur / Akademie der Wissenschaften und der Literatur Mainz ; Jg. 1999, Nr. 1)

206 *„Quer durch Europa"* : naturwissenschaftlich reisen mit Johann Wolfgang von Goethe ; Katalog zur gleichnamigen Ausstellung im Naturmuseum Senckenberg / Ed.: Fritz F. *Steininger* … – Frankfurt a. M. : Kramer, 1999. – 176 S. : Ill. – (Kleine Senckenberg-Reihe ; 30)
Darin u. a. folgende Aufsätze: *Klausewitz*, Wolfgang: Eduard Rüppells Initiativen zur Ehrung Goethes, S. 14–16. – *Fink*, Karl J.: Goethes Morphologie der Bewegung, S. 18–22. – *Brey*, Gerhard ; *Schmincke*, Hans-Ulrich: Vom Werden der Erde : Goethe damals u. heute, S. 34–36. – *Fejfar*, Oldrich: „Brunnengast, Geolog und Spaziergänger", S. 49–75. – *Steinninger*, Fritz F.: Johann Wolfgang von Goethe, ein „Geognost" seiner Zeit?, S. 82–85. – *Schönwiese*, Christian-Dietrich: „Ein Angehäuftes, flockig löst sich's auf" : Wolken u. Witterung aus der Sicht Goethes u. heute, S. 92–97. – *Peters*, Dieter S. ; *Türkay*, Michael: Goethe und die Zoologie, S. 105–109. – *Laurien*, Ingrid ; *Malec*, Franz: Der „Goethe-Elefant", S. 113 bis 115. – *Mollenhauer*, Dieter: Goethes Botanik – eine lebenslange Bildungsreise, S. 119–130. – *Nordhoff*, Claudia: Vom Wert der Beobachtung : Goethe, Hackert u. der Vesuv, S. 153 bis 156.

207 *Sauder*, Gerhard: L'esthétique goethéenne de l'autonomie entre la fin des Lumières et le XIXe siècle. – In: Goethe cosmopolite / dir. Michel *Espagne* … – Paris, 1999. – S. 125–135. – (Revue germanique internationale ; 12)

208 *Schultz*, Hartwig: „Der wahre Statthalter des poetischen Geistes auf Erden" (Novalis) : Anknüpfungen. – In: „Ein Dichter hatte uns alle geweckt" : Goethe u. die literar. Romantik ; Ausstellung im Frankfurter Goethe-Museum, 19. Juni – 31. Juli 1999 / Freies Deutsches Hochstift, Frankfurter Goethe-Museum. Hrsg. von Christoph *Perels*. – Frankfurt a. M., 1999. – S. 5–68 : Ill.

209 *Schwind*, Klaus: „Regeln für Schauspieler" – „Saat von Göthe gesäet" : aufgegangen in der Uraufführung des „Zerbroch(e)nen Krugs" 1808 in Weimar? – In: Theater im Kulturwandel des 18. Jahrhunderts : Inszenierung u. Wahrnehmung von Körper, Musik, Sprache / hrsg. von Erika *Fischer-Lichte* u. Jörg *Schönert*. – Göttingen, 1999. – S. 151–183. – (Das achtzehnte Jahrhundert : Supplementa ; 5)

210 *Stieg*, Gerald: Goethe et Spinoza. – In: Goethe cosmopolite / dir. Michel *Espagne* … Paris, 1999. – S. 63–75. – (Revue germanique internationale ; 12)

211 *Traeger*, Jörg: Goethes Kunstwelten : vom Landschaftsgarten zum lebendigen Bild. – In: Johann Wolfgang Goethe zum 250. Geburtstag : Vorträge im Frankfurter Römer (April – Juli 1999) / Jean-Marie *Valentin* (Hrsg.). – Paris, 1999. – S. 123–144 : Ill. – (Etudes germaniques ; Année 54, No. Hors série)

212 *Udono*, Hiroyoshi: Goethe und das Alte Testament. – In: Gête nenkan = Goethe-Jahrbuch. Bd. 41. Tôkyô 1999. S. 69–83. [In japan. Sprache mit dt. Zsfassung, S. 15–16.]

213 *Unverfehrt*, Gerd: Goethe, Göttingen und die Kunst. – In: „Der gute Kopf leuchtet überall hervor“ : Goethe, Göttingen u. die Wissenschaft / hrsg. von Elmar *Mittler* … – Göttingen, 1999. – S. 99–104.

214 *Vaget*, Hans Rudolf: Die Rettung des Priap : Betrachtungen zu Goethes erot. Lyrik. – In: Schweizer Monatshefte für Politik, Wirtschaft, Kultur. Jg. 79. Zürich 1999. H. 6, S. 18–24 : Ill.

215 *Valentin*, Jean-Marie: „Jede nationale Literatur … ennuyiert sich zuletzt in sich selbst“ : zu Goethes Begriff der Weltliteratur. – In: Johann Wolfgang Goethe zum 250. Geburtstag : Vorträge im Frankfurter Römer (April – Juli 1999) / Jean-Marie *Valentin* (Hrsg.). – Paris, 1999. – S. 111–122. – (Etudes germaniques ; Année 54, No. Hors série)

216 *Vöhler*, Martin: Im Sturm durch die Antike : Anmerkungen zum jungen Goethe. – In: Poetica. Bd. 31. München 1999. S. 437–451.

217 *Wagenitz*, Gerhard: Goethe und die Botanik. – In: „Der gute Kopf leuchtet überall hervor“ : Goethe, Göttingen u. die Wissenschaft / hrsg. von Elmar *Mittler* … – Göttingen, 1999. – S. 169–174 : Ill.

218 *Weimar*, Klaus: Berichte über Gelesenes. – In: Modern language notes. Vol. 114. Baltimore/Md. 1999. Nr. 3, S. 551–566.
Darin über Goethes Abhandlungen u. Rezensionen zur Literatur.

219 *Wiederholte Spiegelungen* : Weimarer Klassik 1759 – 1832 ; Ständige Ausstellung des Goethe-Nationalmuseums / hrsg. von Gerhard *Schuster* u. Caroline *Gille*. [Mit Beiträgen von] Friedmar *Apel* … – Teil 1. 2. – München ; Wien : Hanser, 1999.
Teil 1. – 509 S. : zahlr. Ill. (farb.)
Darin: *Schuster*, Gerhard: Einleitung : „Wiederholte Spiegelungen“, S. 21–31. – I. Herzogin Anna Amalia sieht eine Lücke, S. 33–79 [Nebst: *Knoche*, Michael: „Ein ganz anderer Geist war über Hof und Stadt gekommen“, S. 35–44]. – II. Christoph Martin Wieland findet seinen Ort, S. 81–123 [Nebst: *Ungern-Sternberg*, Wolfgang von: „Dieß ist mein Simulacrum“, S. 83–93]. – III. Johann Caspar Lavater beschattet die Epoche, S. 125–153 [Nebst: *Ohage*, August: „mein und meines Bruders Lavaters Phisiognomischer Glaube“, S. 127–135]. – IV. Johann Gottfried Herder mustert Goethe, S. 155–195 [Nebst: *Mülder-Bach*, Inka: „Wo habt Ihr einen Schauplatz des Lebens für mich?“, S. 157–166]. – V. Karl Ludwig von Knebel erfindet Tiefurt, S. 197–233 [Nebst: *Saltzwedel*, Johannes: „Die Consequenz der Natur tröstet schön über die Inconsequenz der Menschen“, S. 199–208]. – VI. Charlotte von Stein erträgt amtliche Tätigkeiten, S. 235–267 [Nebst: *Schlaffer*, Hannelore: „Behalten Sie mich als Freund lieb, wenn ich Ihnen als Minister fatal werden muß“, S. 237–245]. – VII. Georg Melchior Kraus fixiert Durchblicke, S. 269–297 [Nebst: *Müller*, Ulrich: „Ziehet das Genie des Orts zu Rathe; <…> es mahlet, indem ihr pflanzet, und zeichnet Entwürfe, indem ihr anleget“, S. 271–280]. – VIII. Karl Philipp Moritz erklärt Arkadien, S. 299–333 [Nebst: *Müller*, Lothar: „Es ähnelte der Vorsehung, denn es deutete auf Zusammenhang“, S. 301–311]. – IX. Faustina sorgt für den Text, S. 335–367 [Nebst: *Meier*, Albert: „eine wahre Wiedergeburt“, S. 337–342]. – X. Louise von Göchhausen sammelt Souvenirs, S. 369–401 [Nebst: *Miller*. Norbert: „Ist das nicht ein kühnes Unternehmen?“, S. 371–382]. – XI. Johann Heinrich Meyer zensiert Preisaufgaben, S. 403–445 [Nebst: *Beyer*, Andreas: „Die Kunst ist deshalb da, daß man sie sehe, nicht davon spreche, als höchstens in ihrer Gegenwart“, S. 405–412]. – XII. Sulpiz Boisserée überredet Klassizisten, S. 447–483 [Nebst: *Osterkamp*, Ernst: „Das erhe-

bende Gefühl des Siegs einer großen schönen Sache über die Vorurteile", S. 449–458]. – XIII. Clemens Wenzeslaus Coudray baut Pläne, S, 485–509 [Nebst: *Fischer*, Kai: „Die architektonische Schönheit geht aus Zweckdienlichkeit und Simplicität hervor", S. 487–494].
Teil 2. – S. 513–1034 : zahlr. Ill. (farb.)
Darin: XIV. Friedrich Schiller revoltiert in tyrannos, S. [511]–547 [Nebst: *Schings*, Hans-Jürgen: „Freyheit zu geben durch Freyheit", S, 513–523]. – XV. Herzog Karl August gewinnt gegen Napoleon, S. 549–581 [Nebst: *Wild*, Reiner: „Schüttelt nur an Euren Ketten, der Mann ist Euch zu groß", S. 551–559]. – XVI. Carl August Böttiger verzweigt Tätigkeiten, S. 583–615 [Nebst: *Biedrzynski*, Effi: „Es ist nicht gut daß der Mensch alleine sei und besonders nicht daß er alleine arbeitet", S. 585–595]. – XVII. Christian Gottlob von Voigt administriert Philosophen, S. 617- 651 [Nebst: *Jamme*, Christoph: „ein Brennpunkt des Lichts und der Wärme", S. 619–629]. – XVIII. Alexander von Humboldt botanisiert Naturlehren, S. 653–691 [Nebst: *Neubauer*, John: „Hätt' ich mich mit den Naturwissenschaften nicht abgegeben, so hätt' ich die Menschen nie kennen lernen", S. 655–665]. – XIX. Caroline Jagemann spielt eine Rolle, S, 693–727 [Nebst: *Apel*, Friedmar: „Man lache nicht", S. 695–703]. – XX. Johann Peter Eckermann erwartet das Weltgedicht, S. 729–759 [Nebst: *Goebel*, Eckart: „Den lieb' ich, der Unmögliches begehrt", S. 731–741]. – XXI. Germaine de Staël verzeichnet Streite, S. 761–797 [Nebst: *Kemp*, Friedhelm: „Wohin sie nicht mit ihrer Fackel leuchten kann, da ist nichts für sie vorhanden", S. 763–771]. – XXII. Thomas Carlyle transportiert Weltliteratur, S. 799–841 [Nebst: *Birus*, Hendrik: „Daß die von mir angerufene Weltliteratur auf mich, wie auf den Zauberlehrling, zum ersäufen zuströmt", S. 801–810]. – XXIII. Göschen, Cotta & Co. handeln mit Schriftstellern, S. 843–875 [Nebst: *Košenina*, Alexander: „Die Buchhändler sind alle des Teufels, für sie muß es eine eigene Hölle geben", S. 845–852]. – XXIV. Johann Wolfgang von Goethe begräbt sein Zeitalter, S. 877–920 [Nebst: *Hess*, Günter: „Als ob ein Lebensquell dem Tod entspränge", S. 879–890]. – Anhang: Stammtafeln, S. 922–930. – *Bracht*, Christian ; *Paulus*, Jörg: Synopse Weimarer Klassik, S. 932–979. – *Rosenbaum*, Alexander: Siglenverzeichnis und Bibliographie, S. 980–1024. – *Mende*, Nicole ; *Gille*, Caroline: Personenregister, S. 1026–1034.

220 *Wild*, Reiner: Goethes klassische Lyrik. – Stuttgart ; Weimar : Metzler, 1999. – X, 317 S.

221 *Wilson*, W. Daniel: Das Goethe-Tabu : Protest u. Menschenrechte im klass. Weimar. – München : Dt. Taschenbuch-Verl., 1999. – 413 S. – (dtv ; 30710)

222 *Wilson*, W. Daniel: Unterirdische Gänge : Goethe, Freimaurerei u. Politik. – Göttingen : Wallstein-Verl., 1999. – 275 S.: Ill.

223 *Wünsch*, Marianne: Das lyrische Werk Johann Wolfgang von Goethes. – In: Festschrift für Erich Trunz zum 90. Geburtstag ... / hrsg. von Dietrich *Jöns* u. Dieter *Lohmeier*. – Neumünster, 1998. – S. 75–90. – (Kieler Studien zur deutschen Literaturgeschichte ; 19)

4. *Zu einzelnen Werken*

An Werther

224 *Leistner*, Bernd: „Doch tückisch harrt das Lebewohl zuletzt". – In: Neue deutsche Literatur. Jg. 47. Berlin 1999. H. 4, S. 11–18.

Auf Miedings Tod

225 *Seifert*, Siegfried: Der „gute Mann" und der „Staatsmann" : Was hat der Weimarer Tischler Mieding mit der Erziehung e. „aufgeklärten Herrschers" zu tun? – In: Goethe trifft den gemeinen Mann : Alltagswahrnehmungen e. Genies ; das Buch erscheint anläßl. der Ausstellung „Goethe trifft den gemeinen Mann ..." im Museum für Thüringer Volkskunde Erfurt vom 1. 8. 1999 bis 28. 2. 2000 / hrsg. von Marina *Moritz*. – Köln [u. a.], 1999. – S. 84–93 : Ill.

Die Braut von Korinth

226 *Rahe*, Konrad: „Als noch Venus' heitrer Tempel stand" : heidn. Antike u. christl. Abendland in Goethes Ballade „Die Braut von Korinth". – In: Antike und Abendland. Bd. 45. Berlin ; New York 1999. S. 129–164.

Campagne in Frankreich

227 *Le Rider*, Jacques: Campagne de France en 1792 : parallèle entre Chateaubriand et Goethe. – In: Goethe cosmopolite / dir. Michel *Espagne* ... – Paris, 1999. – S. 211–227. – (Revue germanique internationale ; 12)

228 *Rudnik*, Christa: Goethe und die Kanonade von Valmy 1792 : die Ereignisse der Revolutionskriege u. Goethes „Campagne". – [Weimar : Stiftung Weimarer Klassik, Goethe- und Schiller-Archiv, 1999.] – 1 Mappe.
In der Mappe insgesamt 6 Dokumente als Nachdr. bzw. Faks.: 1. Erstdruck der „Campagne in Frankreich", Titelblatt u. S. 110–115. – 2. Detailschema zum Punkt 19 des sog. „Karlsbader Schemas" zu „Dichtung und Wahrheit". Fotograf. Wiedergabe der Hs. u. Transkription. – 3. Tagebuchaufzeichnungen Goethes zum Feldzug 1792. Vorarbeit zur „Campagne in Frankreich". Fotograf. Wiedergabe der Hs. u. Transkription. – 4. Goethes Karte vom Feldzug 1792. Aus dem Jaegerschen Atlas von 1789. Fotograf. Wiedergabe des Originals. – 5. Festung Verdun. Aquarellierte Bleistiftzeichnung Goethes. Farb. Wiedergabe des Originals.

Dichtung und Wahrheit

229 *Tiedemann*, Rolf: Goethes Deutung einer Symptomhandlung Lilis in „Dichtung und Wahrheit". – In: Jahrbuch der Psychoanalyse. Bd. 35. Stuttgart-Bad Cannstatt 1996. S. 177–194.
Vergl. a. Nr. 228.

Egmont

230 *Brown*, Jane K.: Egmonts Dämon : die Erfindung des Subjekts. – In: J. K. *Brown*: Ironie und Objektivität : Aufsätze zu Goethe. – Würzburg, 1999. – S. 14–32

231 *Dijk*, Arjan van: Das Dämonische als moderne Rezeptionskategorie : dargest. an Goethes „Egmont" u. „Torquato Tasso". – In: Neophilologus. Vol. 83. Dordrecht [u. a.] 1999. Nr. 3, S. 427–443.

232 *Erochin*, A[leksandr] V.: Istorija i vymysel v „Ėgmonte" Gete. – In: Getevskie čtenija. God izd. 1999. Moskva 1999. S. 121–135. [Geschichte u. Dichtung in Goethes „Egmont".]

233 *Kirillina*, L[arisa] V.: „Ėgmont" Betchovena. – In: Getevskie čtenija. God izd. 1999. Moskva 1999. S. 136–150. [Beethovens „Egmont".]

234 *Martus*, Steffen: Sinn und Form in Goethes „Egmont". – In: Goethe-Jahrbuch. Bd. 115. Weimar 1998 [ausgeg. 1999]. S. 45–61.

Epoche

235 *Matuschek*, Stefan: Was ist ein „Troubadour der Erlebnislyrik"? : Epochenblick durch e. Goethe-Sonett. – In: Goethe-Jahrbuch. Bd. 115. Weimar 1998 [ausgeg. 1999]. S. 69–76.

Erlkönig

236 *Palievskij*, Petr: Russkij Lesnoj car' : (Gete i Puškin). – In: Naš sovremennik. Žurnal pisatelej Rossii. God izd. 1999. Moskva 1999. Nr. 12, S. 263–271. [Der russ. Erlkönig : Goethe u. Puškin.]

237 *Richter*, Marita: Das „Erlkönig"-Syndrom : e. kultur-kriminalist. Studie. – Aachen : Fischer, 1998. – 270 S. : Noten
Darin auch zu Franz Schuberts „Erlkönig"-Vertonung u. zu Goethes Singspiel „Die Fischerin".

Euphrosyne

238 *Paulin*, Roger: Art and immortality : Goethe's elegy „Euphrosyne". – In: Publications of the English Goethe Society. N. S. Vol. 68. 1998. Leeds 1999. S. 61–69.

Faust (s. a. *Urfaust*)

239 *Altenburg*, Detlef ; *Schäfers*, Matthias: Eine Faust-Symphonie : Liszt u. die Tradition der Beethovenschen Symphonik. – In: Beethoven, Goethe und Europa : Almanach zum internat. Beethovenfest, Bonn 1999. – Laaber, 1999. – S. 171–193 : Noten

240 *Bauer*, Barbara: Der Neue Mensch und Fausts Streben. – In: Der Neue Mensch : Obsessionen des 20. Jahrhunderts ; Katalog zur Ausstellung im Deutschen Hygiene-Museum Dresden vom 22. 4. bis 8. 8. 1999 / hrsg. von Nicola *Lepp* ... – Ostfildern-Ruit, 1999. – S. 17–24.

241 *Becker-Cantarino*, Barbara: „Hexenküche“ und „Walpurgisnacht“ : Imaginationen der Dämonie in der Frühen Neuzeit u. in „Faust I“. – In: Euphorion. Bd. 93. Heidelberg 1999. H. 2, S. 193–225 : Ill.

242 *Bell*, Matthew: Sorge, Epicurean psychology and the classical „Faust“. – In: Oxford German studies. Vol. 28. Oxford 1999. S. 82–130.

243 *Binggeli*, Ulrich: Faust im Klassenkampf : Eislers Faust-Libretto u. seine Anreger. – In: Lese-Zeichen : Semiotik u. Hermeneutik in Raum u. Zeit ; Festschrift für Peter Rusterholz zum 65. Geburtstag / hrsg. von Henriette *Herwig* ... – Tübingen ; Basel, 1999. – S. 365–383.

244 *Borchmeyer*, Dieter: La „vis comica“ chez Goethe: „Faust“ et la comédie / trad. par Olivier *Mannoni*. – In: Goethe cosmopolite / dir. Michel *Espagne* ... – Paris, 1999. – S. 19–33. – (Revue germanique internationale ; 12)

245 *Breithaupt*, Fritz: Dies- und Jenseits des Endes der Geschichte : Helena. – In: Modern language notes. Vol. 114. Baltimore/Md. 1999. Nr. 3, S. 528–550.

246 *Delvaux*, Peter: Hexenglaube und Verantwortung : zur Walpurgisnacht in Goethes „Faust I“. – In: Neophilologus. Vol. 83. Dordrecht [u. a.] 1999. Nr. 4, S. 601–616.

247 *Eibl*, Karl: Goethes „Faust“ als poetisches Spiel von der Bestimmung des Menschen. – In: Die Bestimmung des Menschen / hrsg. von Norbert *Hinske*. – Hamburg, 1999. – S. 49–66. – (Aufklärung ; Jg. 11, H. 1)

248 *„Faust“ auf der Seidenstraße* : die Sehnsucht nach dem west-östlichen Divan ; Interkulturalität u. Interreligiosität bei Goethe ; Tagung der Evangel. Akademie Iserlohn vom 6. bis 8. Nov. 1998. – Iserlohn : Evangel. Akademie, 1998. – 79 S. – (Tagungsprotokoll / Evangelische Akademie Iserlohn ; 116)
Darin u. a.: *Müller-Michaels*, Harro: Goethe, „Faust I“, S. 9–18. – *Dembowski*, Hermann: Selbstverwirklichung als Sünde? : e. Versuch zur Wahrnehmung von Goethes „Faust“ in theolog. Perspektive, S. 19–37. – *Ciulli*, Roberto: Das Projekt Seidenstraße, S. 61–65. – *Heilmann*, Annette: Das Theater an der Ruhr auf der Seidenstraße, S. 67–74.

249 *Fomin*, D[mitrij] V.: „Presleduja izmenčivye teni ...“ : (vtoraja čast' „Fausta“ v oformlenii Maksa Slevogta). – In: Getevskie čtenija. God izd. 1999. Moskva 1999. S. 103–118. [„Den schwankenden Gestalten folgend ...“ : der zweite Teil des „Faust“ in der Gestaltung von Max Slevogt.]

250 *Fontaine*, Susanne: Busonis „Doktor Faust“ und die Ästhetik des Wunderbaren. – Kassel [u. a.] : Bärenreiter-Verl., 1998. – 320 S. : Noten
Zugl.: Hamburg, Univ., Diss., 1997. – Darin u. a.: Busoni und Goethe, S. 72–118.

251 *Fritsche*, Ulrich: Hexen-Einmaleins – das Prinzip Lüge : Goethes offenbares Geheimnis ; e. literar. Unters. – Schmallenberg : Hazeka, 1999. – 69 S. : Ill.

252 *Fusenig*, Thomas ; *Giesen*, Sebastian: Goethes Faust in Bildern. – In: Börsenblatt für den deutschen Buchhandel. Jg. 166. Frankfurt a. M. ; Leipzig 1999. Nr. 60. – Beilage: Aus dem Antiquariat. Nr. 7/1999, S. A 378-A 388 : Ill.

253 *Gaier*, Ulrich: Johann Wolfgang Goethe, Faust-Dichtungen. Bd. 2. 3. Kommentar I. II. ... (s. Nr. 29).

254 *Gaier*, Ulrich: Magie : Goethes Analyse moderner Verhaltensformen im „Faust“. – Konstanz : Univ.-Verl. Konstanz, 1999. – 40 S. : 1 Ill. – (Konstanzer Universitätsreden ; 203)

255 *Gejman*, Boris Jakovlevič: Recenzija na perevod „Fausta“ V. Ja. Brjusovym (1928). – O „Fauste“ Gete : (opyt monografii). – In: Getevskie čtenija. God izd. 1999. Moskva 1999. S. 234–239 u. 240–253. [Rezension zur „Faust“-Übersetzung von Valerij Jakovlevič Brjusov. – Über Goethes „Faust“ : Versuch e. monograph. Darstellung.]

256 *Görne*, Dieter: „Was ich besitze, seh ich wie im Weiten“. – In: Die deutsche Bühne. Jg. 70. Seelze 1999. Nr. 8, S. 30–33 : Ill.
Zu „Faust“-Inszenierungen in der DDR.

257 *Goethes Gretchen* : das Leben u. Sterben der Kindsmörderin Susanna Margaretha Brandt / nach den Prozeßakten dargest. von Siegfried *Birkner*. Mit zeitgenöss. Abb. – Frankfurt a. M. ; Leipzig : Insel-Verl., 1999. – 148 S. : Ill. – (Insel-Taschenbuch ; 2563)

258 *Gollner*, Helmut: Wenn Faust unter die Österreicher gerät : e. kleiner Nachtrag zu Goethes Jubeljahr. – In: Literatur und Kritik. Jg. 34. Salzburg 1999. H. 337/338, S. 43–48.
Zur Rezeption des „Faust" in der österreich. Gegenwartsliteratur.

259 *Greiner*, Bernhard: Margarete in Weimar : die Begründung des „Faust" als Tragödie. – In: Euphorion. Bd. 93. Heidelberg 1999. H. 2, S. 169–191.

260 *Hansen*, Volkmar: Johann Wolfgang von Goethes Tragödie „Faust" als Epochensignatur. – In: Klassiker der deutschen Literatur : Epochen-Signaturen von der Aufklärung bis zur Gegenwart / hrsg. von Gerhard *Rupp* … – Würzburg, 1999. – S. 40–56.

261 *Henke*, Silke: Die Handschriften des „Faust"-Dramas im Goethe- und Schiller-Archiv. – In: Thüringer Museumshefte. Jg. 8. Weimar 1999. H. 1, S. 78–80 : Faks.

262 *Hofheinz-Döring*, Margret: Bildgespräche mit Goethes „Faust" / Hrsg.: Günther *Mahal*. – Vaihingen/Enz : IPa-Verl., 1999. – 239 S. : überw. Ill.

263 *Išimbaeva*, G[alina] G[rigor'evna]: Transformacija obraza Fausta v romane Tomasa Manna. – In: Getevskie čtenija. God izd. 1999. Moskva 1999. S. 58–71. [Die Transformation der Faust-Gestalt in Thomas Manns Roman.]

264 *Jakuševa*, G[alina] V.: Degeroizirovannyj Faust XX veka. – In: Getevskie čtenija. God izd. 1999. Moskva 1999. S. 31–49. [Der entheroisierte Faust im 20. Jh.]

265 *Jakuškina*, T[atjana] V.: Obraz černogo pudelja v tragedii Gete. – In: Getevskie čtenija. God izd. 1999. Moskva 1999. S. 94–102. [Die Gestalt des schwarzen Pudels in Goethes Tragödie.]

266 *Johann Wolfgang von Goethe, Faust*. – Aachen : Hethke-Verl., 1999. – 47 S. : Ill. – (Illustrierte Klassiker ; 144)
Comic.

267 *Kita*, Jadwiga: Goethes „Faust" – ein „unauflösbares Problem"? : zu den poln. „Faust I"-Übersetzungen von Emil Zegadłowicz, Władysław Kościelski, Feliks Konopka u. Jacek St. Buras. – In: Convivium. Germanist. Jahrbuch Polen. Jg. 1999. Bonn 1999. S. 91–120.

268 *König*, Christoph: Wissensvorstellungen in Goethes „Faust II". – In: Euphorion. Bd. 93. Heidelberg 1999. H. 2, S. 227–249.

269 *Levina*, L[arisa] M.: Obraz Eleny v „Fauste" Gete. – In: Getevskie čtenija. God izd. 1999. Moskva 1999. S. 72–79. [Die Gestalt der Helena in Goethes „Faust".]

270 *Lösch*, Michael: Goethes Faust. – München ; Zürich : Piper, 1999. – 127 S. – (Serie Piper ; 2886 : Meisterwerke kurz und bündig)

271 *Mahl*, Bernd: Goethes „Faust" auf der Bühne (1806–1998) : Fragment – Ideologiestück – Spieltext. – Stuttgart ; Weimar : Metzler, 1999. – XII, 284 S. : zahlr. Ill.

272 *Mahl*, Bernd: Die Gründgens-Spur : die Bühnenbildgeschichte von Goethes „Faust" als Bestandteil der Aufführungsgeschichte ; e. Essay. – In: Die deutsche Bühne. Jg. 70. Seelze 1999. Nr. 8, S. 34–37 : Ill.

273 *Masanetz*, Michael: „Das Ewig-Weibliche zieht uns hinan"? : Lebensbilanz als „Faust"-Travestie: Wilhelm Raabes „Akten des Vogelsangs". – In: Begegnung der Zeiten : Festschrift für Helmut Richter zum 65. Geburtstag / hrsg. von Regina *Fasold* … – Leipzig, 1999. – S. 203–225.

274 *Mattenklott*, Gert: „Faust II" : das Schöne als „Zwischenspiel". – In: Goethes Rückblick auf die Antike : Beiträge des dt.-italien. Kolloquiums, Rom 1998 / hrsg. von Bernd *Witte* u. Mauro *Ponzi*. – Berlin, 1999. – S. 176–190.

275 *Mattenklott*, Gert: Les premières scènes de „Faust II" / trad. provisoire d'Olivier *Mannoni*. – In: Goethe cosmopolite / dir. Michel *Espagne* … – Paris, 1999. – S. 35–46. – (Revue germanique internationale ; 12)

276 *Matuschek*, Stefan: Goethes „Faust" : von der Leichtigkeit der letzten Dinge. – In: Poetica. Bd. 31. München 1999. S. 452–461.

277 *Meier*, Hedwig: Die Schaubühne als musikalische Anstalt : Studien zur Geschichte u. Theorie der Schauspielmusik im 18. u. 19. Jh. sowie zu ausgewählten „Faust"-Kompositionen. – Bielefeld : Aisthesis-Verl., 1999. – 182 S.

Darin u. a.: Schauspielmusik im Theaterbetrieb am Beispiel Weimars, S. 98–125. – Schauspielmusik zu Goethes „Faust", S. 127–151. – Schauspielmusikalisches Verzeichnis der Kompositionen zu Goethes „Faust", S. 177–182.

278 *Mil'don*, Valerij Il'ič: Ideja analogij v chudožestvennom plane „Fausta" I.–V. Gete : (poėtika teatral'nosti). – Moskva : VGIK, 1999. – 138 S. [Die Idee der Analogien im künstler. Plan von Goethes „Faust" : die Poetik des Theatralischen.]

279 Naumänko [*Naumenko*], Anatolij M[aksimovič]: Das konzeptuelle Übersetzen : (Goethes „Faust" in ostslaw. Übersetzung). – Zaporižja : Staatl. Universität, 1999. – 113 S. : Ill.

280 *Niazi*, Mohammed Nadeem: Faust's violence against the mothers. – In: The German quarterly. Vol. 72. Cherry Hill/NJ 1999. Nr. 3, S. 221–231.

281 *Niemöller*, Klaus Wolfgang: Probleme der Poetik und Rezeption von Liszts „Faust"-Symphonie. – In: Liszt und die Weimarer Klassik / hrsg. von Detlef *Altenburg*. – Laaber, 1997. – S. 47–57 : Noten. – (Weimarer Liszt-Studien ; 1)

282 *Opitz*, Antonia: „Siehe die verstreuten kleinen Faust-Citate" : Goethes „Faust" als Prätext in Heinrich Manns Roman „Die Jugend des Königs Henri Quatre". – In: Begegnung der Zeiten ; Festschrift für Helmut Richter zum 65. Geburtstag / hrsg. von Regina *Fasold* ... – Leipzig, 1999. – S. 323–328.

283 *Riechel*, Donald C.: „Esprit faustien" – „Esprit chrétien" : Goethe's „Faust" and Teilhard de Chardin's „Le Phénomène humain". – In: Goethe yearbook. Vol. 9. Columbia/SC 1999. S. 318–342.

284 *Rieger*, Michael: Faust II, Am-Bi-valenz oder: Sollen wir jetzt alle ein bißchen schwul werden? – In: Weimarer Beiträge. Jg. 45. Wien 1999. H.1, S. 120–124.

285 *Rölleke*, Heinz: Goethes „Faust" unter den Romantikern. – In: „Ein Dichter hatte uns alle geweckt" : Goethe u. die literar. Romantik ; Ausstellung im Frankfurter Goethe-Museum, 19. Juni – 31. Juli 1999 / Freies Deutsches Hochstift, Frankfurter Goethe-Museum. Hrsg. von Christoph *Perels*. – Frankfurt a. M., 1999. – S. 215–221.

286 *Schanze*, Helmut: Faust-Konstellationen : Mythos u. Medien. – München : Fink, 1999. – 144 S. : Ill.

287 *Schings*, Hans-Jürgen: Fausts Verzweiflung. – In: Goethe-Jahrbuch. Bd. 115. Weimar 1998 [ausgeg. 1999]. S. 97–123.

288 *Schmidt*, Jochen: Goethes Faust, Erster und Zweiter Teil : Grundlagen – Werk – Wirkung. – München : Beck, 1999. – 383 S. : Ill. – (Arbeitsbücher zur Literaturgeschichte)
Mit kritisch kommentierter Bibliographie.

289 *Schmidt*, Jochen: Helena im „Faust II" : die geschichtl. Vermittlung antiker Kultur in der Neuzeit u. die Konzeption des Klassisch-Schönen. – In: Goethes Rückblick auf die Antike : Beiträge des dt.-italien. Kollquiums, Rom 1998 / hrsg. von Bernd *Witte* u. Mauro *Ponzi*. – Berlin, 1999. – S. 161–175.

290 *Schmidt-Möbus*, Friederike ; *Möbus*, Frank: Who is who in Goethes „Faust"? : Kleines Lexikon der Personen u. mytholog. Gestalten in Johann Wolfgang von Goethes „Faust" I u. II. – Leipzig : Verl. Edition Leipzig, 1999. – 143 S. : Ill.

291 *Schreiber*, Hermann: Blocksberg-Verrichtungen oder Goethes gotisches Geistergewimmel. – In: Börsenblatt für den deutschen Buchhandel. Jg. 166. Frankfurt a. M. ; Leipzig 1999. Nr. 60. – Beilage: Aus dem Antiquariat. Nr. 7/1999, S. A 395-A 397.

292 *Schreiber*, Ulrich: Alles Vergängliche – ein Gleichnis : Goethe u. die musikal. Fausttradition. – In: Beethoven, Goethe und Europa : Almanach zum Internat. Beethovenfest, Bonn 1999. – Laaber, 1999. – S. 69–89 : Ill.

293 *Stern*, Martin: Vaterschaft und Väterlichkeit in Goethes „Faust" : Plauderei zu e. aktuellen Thema. – In: Im Dienste der Auslandsgermanistik : Festschrift für Antal Mádl zum 70. Geburtstag / hrsg. von Ferenc *Szász* ... – Budapest, 1999. – S. 251–260. – (Budapester Beiträge zur Germanistik ; 34)

294 *Volgina*, E[lena] I[vanovna]: Ot zamysla k zaveršeniju : (spory o „Fauste" v poslevoennom sovetskom getevedenii). – In: Getevskie čtenija. God izd. 1999. Moskva 1999. S. 80–93.

[Von der Idee zur Vollendung : Diskussionen über „Faust" in der sowjet. Goetheforschung der Nachkriegszeit.]

295 *Zimmermann*, Rolf Christian: Goethes Humanität und Fausts Apotheose : zur Problematik der religiösen Dimension von Goethes „Faust". – In: Goethe-Jahrbuch. Bd. 115. Weimar 1998 [ausgeg. 1999]. S. 125–146.

Götz von Berlichingen

296 *Goethe, Götz und die Gerechtigkeit* / hrsg. vom Magistrat der Stadt Wetzlar u. von der Gesellschaft für Reichskammergerichtsforschung. Ausstellung u. Katalog: Hartmut *Schmidt* ; Gisela *Sachse*. – Wetzlar : Magistrat der Stadt Wetzlar, 1999. – 222 S. : Ill.
Darin folgende Aufsätze: *Press*, Volker: Götz von Berlichingen (ca. 1480–1562) – vom „Raubritter" zum Reichsritter, S. 15–42. – *Neuhaus*, Volker: Götz von Berlichingen, S. 43–78. – *Woesler*, Winfried: Rechts- und Staatsauffassungen in Goethes „Götz von Berlichingen", S. 79–93. – *Heinze*, Meinhard: Der Advokat Goethe, S. 95–116. – *Kölsch*, Gerhard: „die teutsche geschichte were gut zu mahlen ..." : Illustrationen u. Darstellungen zu Goethes „Götz von Berlichingen" von Daniel Chodowiecki bis Lovis Corinth, S. 117–162.

Der Groß-Cophta

297 *Manger*, Klaus: „... nach Wundern schnappen" : Goethes Mahnmal „Der Groß-Cophta". – In: Die Wirklichkeit der Kunst und das Abenteuer der Interpretation : Festschrift für Horst-Jürgen Gerigk / hrsg. von Klaus *Manger*. – Heidelberg, 1999. – S. 207–230. – (Beiträge zur neueren Literaturgeschichte ; 164)

Harzreise im Winter

298 *Neuß*, Erich: Harzreise im Winter : Vortrag, gehalten anläßl. des 200. Geburtstages von Johann Wolfgang Goethe. – In: Gedenkschrift zum 100. Geburtstag von Erich Neuß / hrsg. vom Landesheimatbund Sachsen-Anhalt e.V. u. der Univ.- u. Landesbibliothek Sachsen-Anhalt. – Halle (Saale), 1999. – S. 19–31. – (Schriften zum Bibliotheks- und Büchereiwesen in Sachsen-Anhalt ; 77)

Heidenröslein

299 *Althaus*, Thomas: Ursprung in später Zeit : Goethes „Heidenröslein" u. der Volksliedentwurf. – In: Zeitschrift für deutsche Philologie. Bd. 118. Berlin 1999. H. 2, S. 161–188.

Hermann und Dorothea

300 *Wagner*, Irmgard: „Hermann und Dorothea" in the context of Kant and Voß : a question of peace and patriarchy. – In: Goethe yearbook. Vol. 9. Columbia/SC 1999. S. 166–185.

Iphigenie auf Tauris

301 *Deiters*, Franz-Josef: Goethes „Iphigenie auf Tauris" als Drama der Grenzüberschreitung oder: die Aneignung des Mythos. – In: Jahrbuch des Freien Deutschen Hochstifts. Jg. 1999. Tübingen 1999. S. 14–51.

302 *Hermes*, Eberhard: Interpretationshilfen Ideal und Wirklichkeit : Lessing „Nathan der Weise", Goethe „Iphigenie auf Tauris", Brecht „Der gute Mensch von Sezuan". – Stuttgart [u.a.] : Klett, 1999. – 184 S. : Ill. – (Interpretationshilfen)

303 *Meisel*, Gerhard: Goethes „Iphigenie" spieltheoretisch. – In: Literatur in Wissenschaft und Unterricht. Bd. 32. Würzburg 1999. H. 2, S. 99–103.

304 *Schönborn*, Sibylle: Vom Geschlechterkampf zum symbolischen Geschlechtertausch : Goethes Arbeit am antiken Mythos am Beispiel der „Iphigenie auf Tauris". – In: Goethes Rückblick auf die Antike : Beiträge des dt.-italien. Kolloquiums, Rom 1998 / hrsg. von Bernd *Witte* u. Mauro *Ponzi*. – Berlin, 1999. – S. 83–100.

305 *Tiedemann*, Rolf: „Gegen das Rohe" : e. Schema zu Adornos Vortrag „Zum Klassizismus von Goethes Iphigenie". – In: Marbacher Arbeitskreis für Geschichte der Germanistik. Mitteilungen. H. 15/16. Marbach a. N. 1999. S. 64–72.

Italienische Reise

306 *Battafarano*, Italo Michele: Böhme und Palladio in Goethes „Italienischer Reise". – In: Morgen-Glantz. Zeitschrift der Christian-Knorr-von-Rosenroth-Gesellschaft. Bd. 9. Bern [u.a.] 1999. S. 267–281.

307 *Battafarano*, Italo Michele: Die im Chaos blühenden Zitronen : Identität u. Alterität in Goethes „Italienischer Reise". - Bern [u. a.] : Lang, 1999. - 262 S. - (Iris ; 12)

308 *Farina*, Franco: Unterwegs mit Goethe : das Gardasee-Erlebnis als Schlüssel zur „Italienischen Reise". - In: Goethe-Jahrbuch. Bd.115. Weimar 1998 [ausgeg. 1999]. S. 229–230.

309 *Heimböckel*, Dieter: Von Karlsbad nach Rom : Goethes „Reise-Tagebuch" für Frau von Stein u. die „Italienische Reise" bis zum ersten röm. Aufenthalt. - Bielefeld : Aisthesis-Verl., 1999. - 179 S. - (Aisthesis-Essay ; 11)

310 *Joseph Kosuth, Gäste und Fremde* : Goethes Italienische Reise = Guests and foreigners : Goethe's Italian journey ; Schirn-Kunsthalle Frankfurt, 31. 7. - 12. 9. 1999 ; der Katalog erscheint zu der Installation von Joseph Kosuth „Gäste und Fremde: Goethes Italienische Reise". - Frankfurt a. M. ; Basel : Stroemfeld, 1999. - 123 S. : Ill. - (Roter Stern)
Text dt. u. engl. - Darin: *Seemann*, Hellmut: Einleitung: „Der reist nun auch!", S. 13–26. - *Bahr*, Hans-Dieter: Der Gast, S. 73–95. - *Beyer*, Andreas: Der Gast, der blieb : drei Generationen der Goethes in Rom, S. 97–111.

311 *Lacoste*, Jean: Le „Voyage en Italie" de Goethe. - Paris: Presses Univ. de France, 1999. - 113 S. - (Perspectives germaniques)

312 *Mondot*, Jean: Goethe du Nord au Sud: le „Voyage en Italie" et le paradigme du Sud. - In: Goethe cosmopolite / dir. Michel *Espagne* ... - Paris, 1999. - S. 7–15. - (Revue germanique internationale ; 12)

313 *Parry*, Christoph ; *Wolf*, Norbert Richard: Zwei italienische Reisen : zwei Beiträge. - Vaasa : Inst. für Dt. Sprache u. Literatur ; Germersheim : Univ. Mainz, Germanist. Inst., 1997. - 43 S. : Ill. - (Saxa ; 18)
Darin: *Parry*, Christoph: Italien als Sehschule : zur narrativen Verarbeitung von Reiseeindrücken in den Italien-Berichten von Goethe u. Brinkmann, S. 7–25. - *Wolf*, Norbert Richard: Goethe: Italien sprachlich - Brinkmann: Rom visuell : semiot. Überlegungen zur „Italienischen Reise" u. zu „Rom, Blicke", S. 27–43.

314 *Weigel*, Sigrid: „Irrendes Tier" und „edler Körper" : der Gründungsmythos der Kunst als Urszene des zweigestaltigen Volks in Goethes „Italienischer Reise". - In: „Die andere Stimme" : das Fremde in der Kultur der Moderne ; Festschrift für Klaus R. Scherpe zum 60. Geburtstag / Alexander *Honold*; Manuel *Köppen* (Hg.). - Köln [u. a.], 1999. - S. 21–27. - (Literatur - Kultur - Geschlecht ; Große Reihe : 13)

Kunst und Altertum am Rhein und Main

315 *Birus*, Hendrik: Goethes „Reise nach den Rhein-, Mayn- und Neckargegenden" und ihre literarische Verarbeitung. - In: „Ein Dichter hatte uns alle geweckt" : Goethe u. die literar. Romantik ; Ausstellung im Frankfurter Goethe-Museum, 19. Juni - 31. Juli 1999 / Freies Deutsches Hochstift, Frankfurter Goethe-Museum. Hrsg. von Christoph *Perels*. - Frankfurt a. M., 1999. - S. 248–261.

Die Leiden des jungen Werther

316 *Auer*, Elisabeth: „Selbstmord begehen zu wollen ist wie ein Gedicht zu schreiben" : e. psychoanalyt. Studie zu Goethes Briefroman „Die Leiden des jungen Werther". - Stockholm: Almqvist & Wiksell Internat., 1999. - 274 S. - (Acta Universitatis Stockholmiensis : Stockholmer germanistische Forschungen ; 56)

317 *Bonn*, Klaus: Werthers Mai-Briefe und der vom 16. Juni. - In: K. *Bonn*: Entgegnungen - Erzählungen zur Literatur. - Frankfurt a. M. [u. a.], 1999. - S. 17–31. - (Debrecener Studien zur Literatur ; 5)

318 *Brown*, Jane K.: „Es singen wohl die Nixen" : „Werther" u. das Märchen der Romantik. - In: J. K. *Brown*: Ironie und Objektivität : Aufsätze zu Goethe. - Würzburg, 1999. - S. 180–195.

319 *Diehl*, Christopher ; *Foltin*, Hans-Friedrich: Des einen Leid, des andern Freud : Goethes „Werther". - In: Lesekultur : populäre Lesestoffe von Gutenberg bis zum Internet. - Marburg, 1999. - S. 83–98 : Ill. - (Schriften der Universitätsbibliothek Marburg ; 93)

320 *Dotzler*, Bernhard J.: Werthers Leser. - In: Modern language notes. Vol. 114. Baltimore/Md. 1999. Nr. 3, S. 445–470.

321 *Gessani*, Alberto: La stagione finita : la poesia giovanile e il „Werther“ di Goethe. – Roma : Bulzoni, 1999. – 197 S. – (Estetica e critica ; 1)

322 *Goethes „Werther“ und die Literatur des Sturm und Drang* : CD-ROM mit Anleitung / red. Bearb.: Heidrun *Schaefer* ... – Stuttgart : Klett, 1999. – 1 CD-ROM mit Anleitung. – (PC-Unterrichtsideen : Deutsch)

323 *Helmreich*, Christian: La traduction des „Souffrances du jeune Werther“ en France (1776–1850) : contribution à une histoire des transferts franco-allemands. – In: Goethe cosmopolite / dir. Michel *Espagne* ... – Paris, 1999. – S. 179–193. – (Revue germanique internationale ; 12)

324 *Kowalik*, Jill Anne: Pietist grief, Empfindsamkeit, and Werther. – In: Goethe yearbook. Vol. 9. Columbia/SC 1999. S. 77–130.

325 *Krebs*, Roland: „Les souffrances du jeune Werther“ lues par Goethe. – In: Goethe cosmopolite / dir. Michel *Espagne* ... – Paris, 1999. – S. 47–59. – (Revue germanique internationale ; 12)

326 *Lamberty*, Michael: „Die Leiden des jungen Werther“ : Literatur-Kartei zu Goethes Roman. – Mülheim a. d. Ruhr : Verl. an der Ruhr, 1999. – 85 S. : Ill.

327 *Lukas*, Liina: „Werther“-Lektüre von Jakob Michael Reinhold Lenz. – In: Triangulum. Germanist. Jahrbuch für Estland, Lettland u. Litauen. Folge 6. Tartu 1999. S. 116–127.

328 *Matkovskaja*, I[rina] Ja.: Radiščev i Gete : (k probleme vosprijatija „Vertera“). – In: Getevskie čtenija. God izd. 1999. Moskva 1999. S. 153–167. [Radiščev u. Goethe : zum Problem der Wahrnehmung des „Werther“.]

329 *Ohage*, August: Zur Rezeption von Goethes „Werther“-Roman in Göttingen. – In: „Der gute Kopf leuchtet überall hervor“ : Goethe, Göttingen u. die Wissenschaft / hrsg. von Elmar *Mittler* ... – Göttingen, 1999. – S. 210–212 : Ill.

330 *Pernack*, Uwe: Goethes „Werther“ – Abbild oder Zerrbild des Karl Wilhelm Jerusalem? – In: Lessing und die Literaturrevolten nach 1770 / hrsg. im Auftr. des Lessing-Museums Kamenz von Dieter *Fratzke* u. Wolfgang *Albrecht*. – Kamenz, 1999. – S. 111–128. – (... Kamenzer Lessing-Tage ; 37/1998) (Erbepflege in Kamenz ; 18)

331 *Powers*, Elisabeth: The artist's escape from the idyll : the relation of Werther to Sesenheim. – In: Goethe yearbook. Vol. 9. Columbia/SC 1999. S. 47–76.

332 *Purdy*, Daniel L.: The tyranny of elegance : consumer cosmopolitanism in the era of Goethe. – Baltimore [u. a.] : The Johns Hopkins Univ. Press, 1998. – XV, 301 S. : Ill.
Darin u. a.: The veil of masculinity : clothing and identity via Goethe's „Die Leiden des jungen Werthers“, S. 147–179.

333 *Walker*, Joyce S.: Sex, suicide, and the sublime : a reading of Goethe's „Werther“. – In: Monatshefte für deutschsprachige Literatur und Kultur. Vol. 91. Madison 1999. Nr. 2, S. 208–223.

Lila

334 *Huber*, Martin: Inszenierte Körper : Theater als Kulturmodell in Goethes Festspiel „Lila“. – In: Theater im Kulturwandel des 18. Jahrhunderts : Inszenierung u. Wahrnehmung von Körper, Musik, Sprache / hrsg. von Erika *Fischer-Lichte* u. Jörg *Schönert*. – Göttingen, 1999. – S. 133–150. – (Das achtzehnte Jahrhundert : Supplementa ; 5)

335 *Wilhelmer*, Hermann: Goethe und die Psychotherapie : das Festspiel „Lila“ als „psychische Kur“ – e. moderne Psychodrama-Therapie? – In: Goethe / Hrsg.: Arbeitsgemeinschaft für Deutschdidaktik am Inst. für Germanistik der Univ. Klagenfurt. – Innsbruck ; Wien, 1999. – S. 37–62. – (Informationen zur Deutschdidaktik ; Jg. 23, H. 1)
Vergl. a. Nr. 600 (M. Heuser: Phantasie als Heilmittel : Goethes Lila ...).

Das Märchen

336 *Eppelsheimer*, Rudolf: Die Mission der Kunst in Goethes Brücken-Märchen : e. Kulturprognose. – Borchen : Möllmann, 1999. – 103 S.

337 *Müllers*, Josefine: Das sich offenbarende Geheimnis : Goethes „Märchen“ der Erlösung ; e. Beitrag zum symbol. Verstehen. – In: Symbolon. N. F. Bd. 14. Frankfurt a. M. [u. a.] 1999. S. 59–81.

338 *Oellers*, Norbert: „Wirkung einer Beurtheilung der Form im Spiele vieler Empfindungen" : Goethes „Mährchen", entmaterialisiert. – In: Romantik und Volksliteratur : Beiträge des Wuppertaler Kolloquiums zu Ehren von Heinz Rölleke / hrsg. von Lothar *Bluhm* [u.] Achim *Hölter*. – Heidelberg, 1999. – S. 17–30. – (Beihefte zum Euphorion ; 33)

Die Metamorphose der Pflanzen

339 *Minderhout*, John: Poet, scientist, lover : Goethe's elegy „Die Metamorphose der Pflanzen". – In: L'amour des lettres : Festschrift für Walter Lenschen zu seinem 65. Geburtstag / hrsg. von Alexander *Schwarz* u. Alena *Vacek*. – Bern [u. a.], 1999. – S. 75–83.

Novelle

340 *Fukami*, Shigeru: Goethes „Novelle" (1827) : über Ursprung u. Ausklang der modernen dt. Novellistik. – In: Gête nenkan = Goethe-Jahrbuch. Bd. 41. Tôkyô 1999. S. 19–34. [In japan. Sprache mit dt. Zsfassung, S. 13.]

341 *Zimmermann*, Bernhard: Goethes „Novelle" und der Hirtenroman des Longos. – In: Goethes Rückblick auf die Antike : Beiträge des dt.-italien. Kolloquiums, Rom 1998 / hrsg. von Bernd *Witte* u. Mauro *Ponzi*. – Berlin, 1999. – S. 101–112.

Der Park

342 *Perels*, Christoph: Irdische Paradiese mit kleinen Mängeln : zu Goethes Gedicht „Der Park". – In: Jahrbuch des Freien Deutschen Hochstifts. Jg. 1999. Tübingen 1999. S. 3–13.

Reineke Fuchs

343 *Dickerson*, Richard E.: Textual variations among folio editions of Goethe's „Reineke Fuchs", illustrated by Wilhelm von Kaulbach. – In: Goethe yearbook. Vol. 9. Columbia/SC 1999. S. 1–46 : Ill., graph. Darst., Tab.

Das römische Carneval

Vergl. Nr. 605 (M. *Schütterle*: „Das Römische Carneval" von Goethe in der bibliophilen Erstausgabe von 1789).

Römische Elegien

344 *Adomeit*, Klaus: Ovid über die Liebe : sein Lehrgedicht „ars amatoria" – erläutert mit Hinweisen auf Goethes „Römische Elegien". – Heidelberg : Müller, 1999. – IX, 40 S. – (Heidelberger Forum ; 107)

Vergl. a. Nr. 492 (A. *Alfaro*: Lithographien (1997/98) zu Goethes „Römischen Elegien").

Seefahrt

345 *Neymeyr*, Barbara: Navigation mit „virtus" und „fortuna" : Goethes Gedicht „Seefahrt" u. seine stoische Grundkonzeption. – In: Goethe-Jahrbuch. Bd. 115. Weimar 1998 [ausgeg. 1999]. S. 29–44.

Stella

346 *Walsh*, James E.: An unrecorded Doppeldruck of Goethe's „Stella". – In: Philobiblon. Jg. 43. Stuttgart 1999. H. 2, S. 142–148 : Ill.

Das Tagebuch

347 *Rose*, Sven-Erik: Goethe's splitting image : male sexuality and/as writing in „Das Tagebuch" and beyond. – In: Goethe yearbook. Vol. 9. Columbia/SC 1999. S. 131–157.

Tagebuch der italienischen Reise für Frau von Stein

348 *Heimböckel*, Dieter: Von Karlsbad nach Rom : Goethes „Reise-Tagebuch" für Frau von Stein u. die „Italienische Reise" bis zum ersten röm. Aufenthalt … (s. Nr. 309).

Tagebücher

Vergl. Nr. 228.

Torquato Tasso

349 *Dijk*, Arjan van: Das Dämonische als moderne Rezeptionskategorie : dargest. an Goethes „Egmont" u. „Torquato Tasso" … (s. Nr. 231).

350 *Faber*, Richard: Der Tasso-Mythos : e. Goethe-Kritik. – Würzburg : Königshausen u. Neumann, 1999. – 400 S.

351 *Jöns*, Dietrich: „Verbiete du dem Seidenwurm zu spinnen …" : zur Tradition e. Bildes in Goethes „Torquato Tasso". – In: Festschrift für Erich Trunz zum 90. Geburtstag … / hrsg.

von Dietrich *Jöns* u. Dieter *Lohmeier.* – Neumünster, 1998. – S. 91–108 : 1 Ill. – (Kieler Studien zur deutschen Literaturgeschichte ; 19)

Der Triumph der Empfindsamkeit

352 *Strohschneider-Kohrs*, Ingrid: „Porserpina“ im „Triumph der Empfindsamkeit“ : Goethes Selbstmaskierung. – In: Euphorion. Bd. 93. Heidelberg 1999. H. 2, S. 139–167.

Über epische und dramatische Dichtung

353 *Kornbacher*, Agnes: August Wilhelm Schlegels Einfluß auf den Aufsatz „Über epische und dramatische Dichtung von Goethe und Schiller“ (1797). – In: Goethe-Jahrbuch. Bd. 115. Weimar 1998 [ausgeg. 1999]. S. 63–67.

Unterhaltungen deutscher Ausgewanderten

354 *Jöns*, Dietrich: Goethes „Unterhaltungen deutscher Ausgewanderten“ : poet.-poetolog. Beobachtungen. – In: Korrespondenzen : Festschrift für Joachim W. Storck aus Anlaß seines 75. Geburtstages / hrsg. von Rudi *Schweikert* ... – St. Ingbert, 1999. – S. 151–174. – (Mannheimer Studien zur Literatur- und Kulturwissenschaft ; 20)

355 *Lim*, Hong-Bae: Goethes Auseinandersetzung mit der Französischen Revolution in den „Unterhaltungen deutscher Ausgewanderten“. – In: Goethe Yongu = Goethe-Studien. Bd. 10. Seoul 1998. S. 241–265. [In dt. Sprache mit korean. Zsfassung, S. 266–267.]

Urfaust

356 *Gaier*, Ulrich: Warum schrieb Goethe den „Urfaust“? : Shakespeare u. Nationalliteratur. – In: „... aus allen Zipfeln ...“ – Faust um 1775 : Referate u. Zsfassungen der Diskussionen des wissenschaftl. Symposiums am 25./26. Sept. 1999 in Knittlingen / hrsg. von Günther *Mahal* ... – Knittlingen, 1999. – S. 43–64. – (Publikationen des Faust-Archivs u. der Faust-Gesellschaft ; 2)

Venetianische Epigramme

357 *Lange*, Horst: Goethe's strategy of self-censorship : the case of the „Venezianische Epigramme“. – In: Monatshefte für deutschsprachige Literatur und Kultur. Vol. 91. Madison 1999. Nr. 2, S. 224–240.

Von deutscher Baukunst

358 *Almshofer*, Werner: Estetica architettonica dello Sturm und Drang : osservazioni su „Von deutscher Baukunst“ di Goethe. – In: Cultura tedesca. Nr. 11. Roma 1999. S. 157–164.

Die Wahlverwandtschaften

359 *Bishop*, Paul: The world of stoical discourse in Goethe's novel „Die Wahlverwandtschaften“. – Lewiston [u. a.] : The Edwin Mellen Press, 1999. – XV, 115 S. – (Bristol German publications ; 10) (Studies in German language and literature ; 25)

360 *Brude-Firnau*, Gisela: „Die Wahlverwandtschaften“ als Referenztext in Martin Walsers Erzählwerk. – In: Goethe-Jahrbuch. Bd. 115. Weimar 1998 [ausgeg. 1999]. S. 183–198.

361 *Burgess*, Gordon J. A.: A computer-assisted analysis of Goethe's „Die Wahlverwandtschaften“ : the enigma of elective affinities. – Lewiston [u. a.] : The Edwin Mellen Press, 1999. – XIV, 264 S. – (Studies in German language and literature ; 23)

362 *Dickson*, Sheila: Two sides of an anorexic coin in „Die Wahlverwandtschaften“ and „Die Verwandlung“ : Ottilie as Heilige, Gregor als Mistkäfer. – In: Orbis litterarum. Vol. 54. Copenhagen 1999. Nr. 3, S. 174–184.

363 *Egger*, Irmgard: Goethe liest Zimmermann : die Bedeutung der „Einsamkeit“ für „Wilhelm Meisters Lehrjahre“ u. „Die Wahlverwandtschaften“. – In: Johann Georg Zimmermann – königlich großbritannischer Leibarzt (1728–1795) : Vorträge, gehalten anläßl. e. Arbeitsgesprächs vom 4. bis 7. 10. 1995 in der Herzog August Bibliothek / hrsg. von Hans-Peter *Schramm.* – Wiesbaden, 1998. – S. 169–177. – (Wolfenbütteler Forschungen ; 82)

364 *Ehrhardt*, Gundula: „Wahl-Anziehung“ : Herders Spinoza-Schrift u. Goethes „Wahlverwandtschaften“. – In: Goethe-Jahrbuch. Bd. 115. Weimar 1998 [ausgeg. 1999]. S. 77–95.

365 *Goethe, Die Wahlverwandtschaften* / hrsg. von Gisela *Greve.* – Tübingen : Ed. Diskord, 1999. – 126 S.

Darin: *Heinrich*, Klaus: „Das Bewußtsein ist keine hinlängliche Waffe“ : zur Faszination der „Wahlverwandtschaften“ heute, S. 11–41. – *Stephan*, Inge: „Schatten, die einander gegenüberstehen" : das Scheitern familialer Genealogie in Goethes „Wahlverwandtschaften", S. 42–70. – *Beland*, Hermann: „Und doch läßt sich die Gegenwart ihr ungeheures Recht nicht rauben" : zur Problematik e. zentralen Symbols in Goethes „Wahlverwandtschaften", S. 71–96. – *Böhme*, Hartmut: „Kein wahrer Prophet" : die Zeichen u. das Nicht-Menschliche in Goethes Roman „Die Wahlverwandtschaften", S. 97–123.

366 *Hirosawa*, Eriko: Vollkommene Übereinstimmungen : Eduards u. Ottilies Liebe u. Tod in Goethes Roman „Die Wahlverwandtschaften". – In: Gête nenkan = Goethe-Jahrbuch. Bd. 41. Tôkyô 1999. S. 121–137. [In japan. Sprache mit dt. Zsfassung, S. 17–18.]

367 *Leimbach*, Carsten: Die Gegenbilder von Ehe und Leidenschaften in Goethes „Wahlverwandtschaften". – In: Weimarer Beiträge. Jg. 45. Wien 1999. H. 1, S. 35–52.

368 *Mandelartz*, Michael: Bauen, Erhalten, Zerstören, Versiegeln : Architektur als Kunst in Goethes „Wahlverwandtschaften". – In: Zeitschrift für deutsche Philologie. Bd. 118. Berlin 1999. H. 4, S. 500–517.

369 *Peucker*, Brigitte: The material image in Goethe's „Wahlverwandtschaften". – In: The Germanic review. Vol. 74. Washington/DC 1999. Nr. 3, S. 195–213.

370 *Sagnol*, Marc: Les „affinités électives", roman non tragique. – In: Global Benjamin : Internat. Walter-Benjamin-Kongreß 1992 / hrsg. von Klaus *Garber* u. Ludger *Rehm*. Bd. 1. – München, 1999. – S. 670–680.

371 *Sampaolo*, Giovanni: Critica del moderno, linguaggi del'antico : Goethe e „Le affinità elettive". – Roma : Carocci, 1999. – 277 S. – (Biblioteca di testi e studi ; 112)

372 *Twardella*, Johannes: Experimente im Treibhaus der Moderne : Versuch e. kommunikationstheoret. Analyse von Goethes „Wahlverwandtschaften". – In: Neophilologus. Vol. 83. Dordrecht [u. a.] 1999. Nr. 3, S. 445–460.

373 *Vogl*, Joseph: Mittler und Lenker : Goethes „Wahlverwandtschaften". – In: Poetologien des Wissens um 1800 / Joseph *Vogl* (Hg.). – München, 1999. – S. 145–161.

374 *Vogl*, Joseph: Nomos der Ökonomie : Steuerungen in Goethes „Wahlverwandtschaften". – In: Modern language notes. Vol. 114. Baltimore/Md. 1999. Nr. 3, S. 503–527.

Der Wandrer

375 *Ehrich-Haefeli*, Verena: Die Kreativität des „Genies" (Goethes „Wandrer") : psychohistor. Studie zur Genese der modernen Individualität. – In: Größenphantasien / hrsg. von Johannes *Cremerius* ... – Würzburg, 1999. – S. 105–134. – (Freiburger literaturpsychologische Gespräche ; 18)

Wandrers Nachtlied („Über allen Gipfeln ...")

376 *Kern*, Gisela ; *Vogt*, Jochen: Das Schweigen der Vögel oder Goethes berühmtestes Gedicht „Wanderers Nachtlied" : e. Hörbild / Sprecher: Renate *Heuser* ... – Heidelberg : Carl-Auer-Systeme-Verl., 1999. – 1 CD. – (Augenblicke der Literatur ; 1)

377 *Schuhmann*, Klaus: Nachtlieder nach Goethe. – In: Neue deutsche Literatur. Jg. 47. Berlin 1999. H. 5, S. 143–148.

West-östlicher Divan

378 *Ahn*, Hun-Yeong: Das Selbst-Bild, gefunden im fremden Spiegel : die poet. Funktion der exot. Motive im „West-östlichen Divan" von Goethe. –In: Goethe Yongu = Goethe-Studien. Bd. 10. Seoul 1998. S. 5–28. [In korean. Sprache mit dt. Zsfassung, S. 28 bis 29.]

379 *Bosse*, Anke: „Meine Schatzkammer füllt sich täglich ..." : die Nachlaßstücke zu Goethes „West-östlichem Divan" ; Dokumentation – Kommentar. Bd. 1. 2. – Göttingen : Wallstein-Verl., 1999. – 588 S. ; S. 589–1248.

380 *Bosse*, Anke: „Reisender" und „Handelsmann" in Sachen orientalischer Poesie : zu e. Hs. aus Goethes Nachlaß zum „West-östlichen Divan". – In: Goethes Morgenlandfahrten : west-östl. Begegnungen / hrsg. von Jochen *Golz*. – Frankfurt a. M. ; Leipzig, 1999. – S. 112–129. – (Insel-Taschenbuch ; 2600)

381 *Bürgel*, Christoph J.: Hafiz, Zarathustra, Goethe – intuition, influence, intertextualité. – In: Colloquium Helveticum. H. 26. 1997. Bern [u. a.] 1999. S. 51–70.

382 *Destro*, Alberto: Warum Suleika Suleika heißt. – In: Istituto Universitario Orientale. Annali. Sez. Germanica. N. S. Anno 6. 1996. Napoli 1999. Nr. 1, S. 277–284.

383 *Domin*, Hilde: Johann Wolfgang von Goethe. – In: Texte, die bleiben : Anthologie der Autoren / hrsg. von Günter *Kunert*. – Stuttgart, 1998. – S. 41–43.
Über das Gedicht „Die Welt durchaus ist lieblich anzuschauen …“ aus dem „Buch Suleika“ des „West-östlichen Divans“.

384 *„Faust“ auf der Seidenstraße* : die Sehnsucht nach dem west-östlichen Divan ; Interkulturalität u. Interreligiosität bei Goethe ; Tagung der Evangel. Akademie Iserlohn vom 6. bis 8. Nov. 1998. – Iserlohn: Evangel. Akademie, 1998. – 79 S. – (Tagungsprotokoll / Evangelische Akademie Iserlohn ; 116)
Darin u. a.: *Bürgel*, Christoph J.: Goethes Entwurf einer weltlichen Frömmigkeit im „West-östlichen Divan“, S. 39–51. – *Sareika*, Rüdiger: Andacht zu „Selige Sehnsucht“, S. 75–78.

385 *Florack-Kröll*, Christina: Max Pfeiffer Watenphuls Illustrationen zu Goethes „West-östlichem Divan“. – In: Max Pfeiffer Watenphul : von Weimar nach Italien ; anläßl. der Ausstellung … im Bertuchhaus u. im Kunstkabinett am Goetheplatz vom 17. Juni bis 29. August 1999 / Hrsg.: Walter *Steiner* ; Mario-Andreas von *Lüttichau*. – Köln, 1999. – S. 85–110 : Ill.

386 *Helbig*, Holger: Goethe, Timur und Napoleon : e. Lesart zum „Buch des Timur“. – In: Aurora. Jahrbuch der Eichendorff-Gesellschaft für die klass.-romant. Zeit. Bd. 59. Stuttgart 1999. S. 1–30.

387 *Mack*, Heinz: Ein Buch der Bilder zum West-östlichen Divan von Johann Wolfgang v. Goethe. – Mönchengladbach : Kühlen-Verl., 1998. – [164] S. : überw. Ill.

388 *Mommsen*, Katharina: „Herrlich ist der Orient …“ : zu Calderón u. Hafis im „West-östlichen Divan“. – In: Goethes Morgenlandfahrten : west-östl. Begegnungen / hrsg. von Jochen *Golz*. – Frankfurt a. M. ; Leipzig, 1999. – S. 130–145. – (Insel-Taschenbuch ; 2600)

389 *Trunz*, Erich: Goethes Gedicht „Der Spiegel sagt mir …“. – In: Jahrbuch des Freien Deutschen Hochstifts. Jg. 1999. Tübingen 1999. S. 1–2.

390 *Das Wort ist ein Fächer* : Texte & Sprachblätter zu J. W. von Goethe: „West-östlicher Divan“ / mit Arbeiten von Ute *Baron* … Texte von Regine *Hempel* … Hrsg.: Eberhard *Klinger* & Holger *Wendland*. – Görlitz : Ed. Raute im Galerie Klinger Verl., 1999. – 39 S. : Ill.
Dieses Buch erscheint als Begleitpublikation zu einem Mappenwerk mit Originalarbeiten der beteiligten Künstler. In 25facher Ausfertigung; jede einzelne Mappe existiert als Unikat.

Wilhelm Meister

391 *Ahn*, Sam-Huan: Zusammenhänge der „Lehrjahre“ und der „Wanderjahre“. – In: Goethe Yongu = Goethe-Studien. Bd. 10. Seoul 1998. S. 31–48. [In korean. Sprache mit dt. Zsfassung, S. 49–51.]

392 *Bersier*, Gabrielle: Goethe's parody of „Nazarene“ iconography : the Joseph story in „Wilhelm Meisters Wanderjahre“. – In: Goethe yearbook. Vol. 9. Columbia/SC 1999. S. 264–277 : Ill.

393 *Brüggemann*, Diethelm: Makarie und Mercurius : Goethes „Wilhelm Meisters Wanderjahre“ als hermet. Roman. – Bern [u. a.] : Lang, 1999. – 158 S. : Ill. – (Germanic studies in America ; 70)

394 *Cho*, Woo-Ho: Entsagung und Ironie in Goethes Roman „Wilhelm Meisters Wanderjahre oder die Entsagenden“. – Jena, 1999. – 216 S.
Jena, Univ., Diss., 1999.

395 *Detering*, Heinrich: Goethe, „Leonardos Tagebuch“. – In: Festschrift für Erich Trunz zum 90. Geburtstag … / hrsg. von Dietrich *Jöns* u. Dieter *Lohmeier*. – Neumünster, 1998. – S. 115–128. – (Kieler Studien zur deutschen Literaturgeschichte ; 19)

396 *Dobijanka-Witczakowa*, Olga: Goethes „Wilhelm Meisters theatralische Sendung“ und „Wilhelm Meisters Lehrjahre“ : zur Wandlung der Romankonzeption. – In: Zeszyty naukowe Uniwersytetu Jagiellońskiego. T. 1233. Prace historyczno-literackie. Zesz. 94. Kraków 1999. S. 49–58.

397 *Egger*, Irmgard: Goethe liest Zimmermann : die Bedeutung der „Einsamkeit“ für „Wilhelm Meisters Lehrjahre“ u. „Die Wahlverwandtschaften“ … (s. Nr. 363).

398 *Fink*, Gonthier-Louis: Die Pädagogik und die Forderung des Tages in „Wilhelm Meisters Wanderjahren". – In: Euphorion. Bd. 93. Heidelberg 1999. H. 2, S. 251–291.
399 *Gille*, Klaus F.: Wilhelm Meisters kulturpolitische Sendung. – In: Weimarer Beiträge. Jg. 45. Wien 1999. H. 3, S. 432–443.
400 *Haverkamp*, Anselm: Die Unruhen in Norwegen : Melancholie u. Anamorphose in Goethes „Hamlet". – In: Literaturwissenschaft und politische Kultur : für Eberhard Lämmert zum 75. Geburtstag / hrsg. von Winfried *Menninghaus* u. Klaus R. *Scherpe*. – Stuttgart ; Weimar, 1999. – S. 47–54.
401 *Herwig*, Henriette: Das ewig Männliche zieht uns hinab: „Wilhelm Meisters Wanderjahre" : Geschlechterdifferenz, sozialer Wandel, histor. Anthropologie. – In: Colloquium Helveticum. H. 26. 1997. Bern [u. a.] 1999. S. 103–105.
402 *Hunfeld*, Barbara: Das sprachlose All und der Kosmos der Sprache : zur Sternwartenszene in Goethes „Wilhelm Meisters Wanderjahre". – In: Über Grenzen : Limitation u. Transgression in Literatur u. Ästhetik / Claudia *Benthien* ... (Hrsg.). – Stuttgart ; Weimar, 1999. – S. 38–60. – (M-&-P-Schriftenreihe für Wissenschaft und Forschung)
403 *Hushahn*, Helga: Goethe translated : Carlyle's „Wilhelm Meister". – In: Victorian Keats and romantic Carlyle ; the fusions and confusions of literary periods / ed. by C. C. *Barfoot*. – Amsterdam ; Atlanta, 1999. – S. 141–168. – (Studies in literature ; 27)
404 *Jacobs*, Jürgen: Reine und sichere Tätigkeit: zum Bildungskonzept in Goethes „Wilhelm Meister". – In: Pädagogische Rundschau. Jg. 53. Frankfurt a. M. 1999. H. 4, S. 411–423.
405 *Janz*, Rolf-Peter: Schwindel – ein befremdlicher Zustand : zu Goethes „Mignon". – In: „Die andere Stimme" : das Fremde in der Kultur der Moderne ; Festschrift für Klaus R. Scherpe zum 60. Geburtstag / Alexander *Honold* ; Manuel *Köppen* (Hg.). – Köln [u. a.], 1999. – S. 299–309. – (Literatur – Kultur – Geschlecht : Große Reihe ; 13)
406 *Joo*, Ill-Sun: Goethes Dilettantismus-Kritik : „Wilhelm Meisters Lehrjahre" im Lichte e. ästhet. Kategorie der Moderne. – Frankfurt a. M. [u. a.] : Lang, 1999. – XII, 338 S. – (Heidelberger Beiträge zur deutschen Literatur ; 4)
Zugl.: Heidelberg, Univ., Diss., 1998.
407 *Kitahara*, Hiroshi: „Wilhelm Meisters Lehrjahre" : e. Initiation. – In: Doitsu bungaku ronkô. Forschungsberichte zur Germanistik. H. 41. Ôsaka 1999. S. 61–79. [In japan. Sprache mit dt. Zsfassung, S. 79–80.]
408 *Koschorke*, Albrecht: Die Textur der Neigungen : Attraktion, Verwandtschaftscode u. novellist. Kombinatorik in Goethes „Mann von funfzig Jahren". – In: Deutsche Vierteljahrsschrift für Literaturwissenschaft und Geistesgeschichte. Jg. 73. Stuttgart ; Weimar 1999. H. 4, S. 592–610.
409 *Lee*, Yeon-Hee: Die semiotische Lektüre von Goethes „Wilhelm Meisters Wanderjahre". – In: Goethe Yongu = Goethe-Studien. Bd. 10. Seoul 1998. S. 83–102. [In korean. Sprache mit dt. Zsfassung, S. 103–105.]
410 *Michaluk*, Marta: Illusion und Wirklichkeit : Wilhelm Meisters schauspielerische Erfahrungen in der Kindheit u. sein Theaterverständnis der frühen Jugend. – In: Kwartalnik neofilologiczny. Rocz. 45. 1998. Warszawa 1999. Zesz. 4, S. 405–415.
411 *Ohsugi*, Hiroshi: Schein und Sein : die Kleidung in Goethes Roman „Wilhelm Meisters Wanderjahre". – In: Gête nenkan = Goethe-Jahrbuch. Bd. 41. Tôkyô 1999. S. 139–156. [In japan. Sprache mit dt. Zsfassung, S. 18.]
412 *Renner*, Rolf Günter: Text, Bild und Gedächtnis : Goethes Erzählen im „Mann von funfzig Jahren" u. in den „Wanderjahren". – In: Poetica. Bd. 31. München 1999. H. 1, S. 149–174 : 1 Ill.
413 *Welsh*, Alexander: History; or, The difference between Scott's Hamlet and Goethe's. – In: Modern language quarterly. Vol. 59. Durham 1998. Nr. 3, S. 313–343.
414 *Wetzel*, Michael: Mignon : die Kindsbraut als Phantasma der Goethezeit. – München : Fink, 1999. – 503 S. : Ill.
Zugl.: Essen, Univ., Habil.-Schr.

Xenien

415 *Ockel*, Eberhard: Spruchweisheit in epigrammatischer Form : Goethes u. Schillers Xenien. – In: Im Meer der Geschichten : Vorträge zur Literatur beim Heinrich-von-Veldeke-Kreis / Thomas *Maier* (Hrsg.). – Essen, 1999. – S. 61–78. – (Literaturwissenschaft in der Blauen Eule ; 27)

Der Zauberlehrling

416 *Todtenhaupt*, Martin: Zur Siebenzahl als Strukturmerkmal in Goethes „Zauberlehrling". – In: Studia neophilologica. Vol. 71. Oslo [u. a.] 1999. Nr. 2, S. 189–195.

Zur Farbenlehre

417 *Das Licht, das Dunkel und die Farben* : Goethes Farbenlehre ; Einblicke u. Perspektiven / Henrik *Boëtius* ... – [Medienkombination.] – Lyngby : Multivers Aps Verl., ; Magic Hour Films [u. a.], 1999.
Buch. – 127 S. : Ill. – Videoband.
Im Buch noch folgende Aufsätze: *Bohlen*, Cornelius: Das Problem der Farbe und die Struktur der Farbenlehre Goethes, S. 63–75. – *Sepper*, Dennis L.: Die Zukunft der Farbenlehre im Lichte von Goethes Polemik gegen Newton, S. 76–87. – *Wolf*, Jakob: Die Farbenlehre und eine ethische Weltanschauung, S. 88–98. – *Amrine*, Frederick: Goethes Platz in der Wissenschaftsgeschichte und Wissenschaftsphilosophie, S. 99–106. – *Uberoi*, J. P. S.: Das Problem von Naturwissenschaft und Dichtung, S. 107–118. – *Zajonc*, Arthur G.: Lux – Lumen, S. 119–125.

418 *Farulli*, Luca: L'occhio di Goethe : la teoria dei colori. – Pisa : Ed. ETS, 1998. – 118 S. – (Filosofia ; N. S., 17)

419 *Liebchen*, Wilfried: Goethes „Farbenlehre" 1999 / Einbandgestaltung Klaus Jürgen *Prohl*. – Sandberg-Kilianshof/Rhön Grabfeld : Fabel-Verl. G. Liebchen, 1999. – 132 S. : Ill.

420 *Schwedt*, Georg: Goethe als Wissenschaftshistoriker : Göttingens Beitrag zur Geschichte der Farbenlehre. – In: „Der gute Kopf leuchtet überall hervor" : Goethe, Göttingen u. die Wissenschaft / hrsg. von Elmar *Mittler* ... – Göttingen, 1999. – S. 131–137 : Ill.

5. *Wirkungs- und Forschungsgeschichte. Text- und Buchgeschichte. Gesellschaften und Jahrbücher. Gedenkstätten, Sammlungen und Ausstellungen*

421 *Arnim*, Bettine von: Goethe-Vertonungen für Singstimme und Klavier / hrsg. von Renate *Moering* u. Reinhold *Schmiedel*. – [Klavierpartitur.] – Kassel : Furore-Verl., 1999. – 24 S. – (Furore-Edition ; 531)

422 *Arnstadt*, Klaus-Ingo: J. W. von Goethe in weniger bekannten Porträts. – In: Weltkunst. Jg. 69. München 1999. Nr. 8, S. 1396–1398 : Ill.

423 *Assmann*, Michael: Goethes Werke auf Dessauer Bühnen. – In: Dessau und Weimar ... : Ausstellung im Floratempel der Wörlitzer Anlagen, 28. 8. – 31. 10. 1999 / Kulturstiftung Dessau-Wörlitz. Hrsg. von Thomas *Weiss* ... – Wörlitz, 1999. – S. 71–79 : Ill. – (Kataloge und Schriften der Kulturstiftung Dessau-Wörlitz ; 6)
Mit e. Übersicht über die Dessauer Inszenierungen Goethescher Dramen von 1794 bis 1998.

424 *Averincev*, S[ergej] S.: Gete i Puškin : (1749 – 1799 – 1999). – In: Getevskie čtenija. God izd. 1999. Moskva 1999. S. 7–16. [Goethe u. Puškin.]

425 *Avetisjan*, V[ladimir A.]: Gete i francuzskaja literaturnaja kritika načala XIX veka : dialog kul'tur. – In: Voprosy literatury. God izd. 43. Moskva 1999. Vyp. 6, S. 129–165. [Goethe u. die franz. Literaturkritik Anfang des 19. Jh. : e. Dialog der Kulturen.]

426 *Biet*, Franz: „ich habe nun des grosen fast zu viel" : zum 250. Geburtstag Br[uder] Goethes. – In: Humanität. Das dt. Freimaurer-Magazin. Jg. 25. Moers 1999. Nr. 5, S. 6–13 : Ill.

427 *Birkholz*, Volkmar: Das „wohlgerathene Werk" – die Goethe-Medaille (1816) von Johann Gottfried Schadow. – In: Erfurter Münzblätter. Jahrbuch. Bd. 7. Erfurt 1999. S. 23–30 : Ill.

428 *Bishop*, Paul: The birth of analytical psychology from the spirit of Weimar classicism. – In: Journal of European studies. Vol. 29. Chalfont St. Giles 1999. Pt. 4, S. 417–440.
Darin: Jung and Goethe, S, 417–420.

429 *Böhmer*, Otto A.: Der junge Herr Goethe : Roman. – München : Knaus, 1999. – 333 S.

430 *Böhmer*, Otto A.: Weimarer Wahn : Roman. – München : Goldmann, 1999. – 249 S. – (btb ; 72488)

431 *Börner*, Albrecht: Morgenröte färbte ihre Wangen – Goethe und Christiane : Filmerzählung ; mit Bildern aus dem Goethe-Film „Die Braut" von Egon Günther. – Bucha bei Jena : Quartus-Verl., 1999. – 133 S. : Ill.

432 *Boetius*, Henning: Tod in Weimar : e. Novelle / mit 16 Lithogr. von Johannes *Grützke*. – Gifkendorf : Merlin, 1999. – 103 S. : Ill.

433 *Bolle*, Willi: Lever du soleil sur le fleuve Amazone : théorie des couleurs de Goethe et littérature moderniste Brésilienne / trad. par Nicole *Taubes*. – In: Goethe cosmopolite / dir. Michel *Espagne* ... – Paris, 1999. – S. 271–285. – (Revue germanique internationale ; 12)

434 *Brande*, Arthur: Das Bild Adalbert Stifters im Goethejahr 1999. – In: Rheinische Adalbert-Stifter-Gemeinschaft. Nachrichtenblatt. Nr. 113. Leverkusen 1999. S. 10–23.

435 *Brath*, Klaus: Goethe und Freud – eine besondere Seelenverwandtschaft : Freuds Ich-Ideal war e. „Olympier". – In: Psychologie heute. Das Magazin für Leib & Seele. Jg. 26. Weinheim 1999. H. 9, S. 38–43 : Ill.

436 *Die Braut* : das Buch zum Film um Goethe u. Christiane Vulpius von Egon Günther / Jürgen *Haase* (Hrsg.). – Berlin : Parthas, 1999. – 135 S. : Ill.

437 *Breitkreuz*, Petra: „Friedrich Stoltze verehrt Goethe" : e. Beitrag zum Goethe-Jahr 1999 ; erschienen zur Ausstellung: „Friedrich Stoltze verehrt Goethe". Ein Beitrag zum Goethe-Jahr 1999 im Stoltze-Museum der Frankfurter Sparkasse, 8. 3. – 8. 10. 1999. – Frankfurt a. M. : Frankfurter Sparkasse, 1999. – [17] S. : Ill.

438 *Briegleb*, Klaus: „Trotz dem, daß ich ein heimlicher Hellene bin" : Heines Arbeit an Goethe ; e. Relektüre. – In: Menora. Jahrbuch für dt.-jüd. Geschichte. Jg. 1999. Berlin ; Bodenheim 1999. S. 111–153.

439 *Butzlaff*, Wolfgang: „Saatfrüchte sollen nicht vermahlen werden" : Käthe Kollwitz – e. Leben mit Goethe. – In: Jahrbuch des Freien Deutschen Hochstifts. Jg. 1999. Tübingen 1999. S. 304–337.

440 *Chang*, Hyesun: Goethes Morphologie und ästhetische Moderne : zur Gestalt-Ästhetik Goethes in Kafkas Erzählung „Die Sorge des Hausvaters". – In: Goethe Yongu = Goethe-Studien. Bd. 10. Seoul 1998. S. 129–146. – [In korean. Sprache mit dt. Zsfassung, S. 147–148.]

441 *Christensen*, Allan C.: Newtonian and Goethean colours in the poetry of Keats. – In: Victorian Keats and romantic Carlyle : the fusions and confusions of literary periods / ed. by C. C. *Barfoot*. – Amsterdam ; Atlanta, 1999. – S. 53–62. – (Studies in literature ; 27)

442 *Cleve*, Ingeborg: Der Goethe-Pakt : das Goethejubiläum u. die Formierung der Kulturöffentlichkeit im Staatsgründungsprozeß der DDR 1949. – In: Archiv für Sozialgeschichte. Bd. 39. Bonn 1999. S. 423–443.

443 *Cozic*, Alain: Les narrateurs dans le roman de Thomas Mann „Lotte in Weimar". – In: Cahiers d'etudes germaniques. No. 36. Aix-en-Provence 1999. S. 11–19.

444 *Danilevskij*, R[ostislav] Ju[r'evič]: Missija genija : (Puškin i Gete). – In: Russkaja literatura. God izd. 42. St.-Peterburg 1999. Nr. 3, S. 3–21. [Die Sendung des Genies : Puškin u. Goethe.]

445 *Danilevskij*, R[ostislav] Ju[r'evič]: Puškin i Gete : sravnitel'noe issledovanie = Puschkin und Goethe : e. vergleichende Studie. – St.-Peterburg : Nauka, 1999. – 287 S.

446 *Dwars*, Jens-Fietje: Es ist vollbracht : Impressionen an Goethes 250. Geburtstag. – In: Palmbaum. Literar. Journal aus Thüringen. Jg. 7. Bucha bei Jena 1999. H. 2, S. 13–16 : Ill.

447 *Eckert*, Brita: Das Goethebild der deutschsprachigen Emigration 1933–1945 : Ausstellung des Dt. Exilarchivs 1933–1945, Die Deutsche Bibliothek, Frankfurt a. M. – In: Mitteldeutsches Jahrbuch für Kultur und Geschichte. Bd. 6. Weimar [u. a.] 1999. S. 294–296.

448 *Ehrlich*, Lothar: Liszt und Goethe. – In: Liszt und die Weimarer Klassik / hrsg. von Detlef *Altenburg*. – Laaber, 1997. – S. 33–45. – (Weimarer Liszt-Studien ; 1)

449 *Eidam*, Gerd: Faustens Kind : Roman. – Halle : Mitteldt. Verl., 1999. – 471 S.
450 *Faber*, Richard: Der Tasso-Mythos : e. Goethe-Kritik … (s. Nr. 350).
451 *Farrelly*, Daniel J.: Der Säkularisierungsprozeß : Goethe in der ehemaligen DDR. – In: Konzepte und Perspektiven germanistischer Literaturwissenschaft / hrsg. von Christa *Grimm* … – Leipzig, 1999. – S. 159–170. – (Literatur und Kultur : Reihe A, Dialoge und Kolloquien ; 1)
452 *Fingerhut*, Karlheinz: Assimilation und Transformation : Goethe-Reminiszenzen in Heines Werk. – In: „Misère allemande" = „Deutsche Misere" / textes réunis par Lucien *Calvié* et François *Genton* … – Grenoble, 1998–1999. – S. 167–190. – (Chroniques allemandes ; 7)
453 *Frühwald*, Wolfgang: Das Goethe-Jahr 1932 : Thomas Mann liest Goethe. – In: Literatur in Bayern. Nr. 57. München 1999. S. 17–23.
454 *Fülleborn*, Ulrich: Goethe durch Grillparzers Augen gesehen. – In: Korrespondenzen : Festschrift für Joachim W. Storck aus Anlaß seines 75. Geburtstages / hrsg. von Rudi *Schweikert* … – St. Ingbert, 1999. – S. 221–231. – (Mannheimer Studien zur Literatur- und Kulturwissenschaft ; 20)
455 *Fussenegger*, Gertrud: Goethe : sein Leben für Kinder erzählt. – München : Lentz, 1999. – 223 S. : Ill.
456 *Generalova*, N. P.: Opravdanie čeloveka : k traktovke finala „Fausta" Gete (I. S. Turgenev i A. A. Fet).- In: Russkaja literatura. God izd. 42. St.-Peterburg 1999. Nr. 3, S. 42–57. [Die Rechtfertigung des Menschen : zur Deutung des Schlusses von Goethes „Faust" durch I. S. Turgenev u. A. A. Fet.]
457 *Gete i Puškin* : katalog vystavki, aprel' – maj 1999. – St.-Peterburg : Rossijskaja Nacional'naja Biblioteka, 1999. – 32 S. : Ill. [Goethe u. Puškin : Katalog der Ausstellung in der Russ. Nationalbibliothek, April – Mai 1999.]
Mit Verzeichnung russ. Übersetzungen Goethescher Werke u. dt. Übersetzungen von Werken A. S. Puškins.
458 *Gete v russkoj poėzii* : vek XVIII – vek XX / sost. N[atalija] I. *Lopatina* … – Moskva : Vserossijskaja Biblioteka Inostrannoj Literatury im. M. I. Rudomino, 1999. – 155 S. : Ill. [Goethe in der russ. Dichtung vom 18 bis 20. Jh.]
Darin u. a. Erstveröffentl. von „Faust"-Fragmenten in der Übersetzung von I. I. Šafranovskij (1907–1994).
459 *Godé*, Maurice: Mesure et démesure ou le paradoxe de la grandeur dans „Lotte in Weimar". – In: Cahiers d'études germaniques. No. 36. Aix-en-Provence 1999. S. 33–48.
460 *Görnitz*, Thomas: Goethe als inspirierender Partner für die modernen Naturwissenschaften? – In: Forschung Frankfurt. Wissenschaftsmagazin der Univ. Frankfurt a. M. Jg. 17. Frankfurt a. M. 1999. Nr. 2, S. 31–34 : Ill.
461 *Goethe bewundern!* : Ein Programm zu Goethes 250. Geburtstag : 27., 28. u. 29. August 1999 im Goethe-Nationalmuseum / ausgew. u. zsgest. von Brigitte *Landes* u. Thomas *Potzger*. – Weimar : Stiftung Weimarer Klassik, 1999. – [32] S. : Ill.
462 *Goethe bytes* : e. begleitender Almanach zum Online-Projekt der Deutschen Welle / ausgew. u. komment. von Karl Hugo *Pruys*. – Berlin : Ed. Q, 1999. – 406 S.
Almanach zur Webside: www.goethe-bytes.de
463 *Goethe, den ich meine* : Vortragsreihe. – In: Bayerische Akademie der schönen Künste. Jahrbuch. Jg. 13. München 1999. Bd. 1, S. 193–270.
Darin u. a.: *Henkel*, Arthur: Goethe – an einen Gegenwärtigen erinnernd, S. 199–229. – *Leppmann*, Wolfgang: Goethe, den ich meine, S. 240–260. – *Mauser*, Siegfried: Goethe und die Musik : e. Streifzug, S. 261–270.
464 *Goethe, ein Hörerlebnis* : mit Texten von Johann Wolfgang Goethe / von u. mit Michael *Schefts* … – Schwäbisch Hall : Hörbuchverl. Steinbach Sprechende Bücher, 1999. – 1 CD.
465 *Goethe für alle(s)?* – In: Fachdienst Germanistik. Jg. 17. München 1999. Nr. 3, S. 1–5.
466 *Goethe und die Musik* : Lieder von [Ludwig van] *Beethoven* … – Hamburg : Dt. Grammophon, 1999. – 2 CDs : stereo.

467 *Goethe und Weimar*: vorphilatelist. u. philatelist. Spuren Goethes, seiner Stadt u. ihrer Postverbindungen / Hrsg.: Deutsche Post AG Zentrale. – Hamburg : Deutsche Post AG Zentrale, 1999. – 335 S. : Ill. ; Beilage (Brief-Faks.)

468 *Goethe – zum Sehen geboren* : die Comic-Biographie / Text: Friedemann *Bedürftig*. Zeichnungen: Christoph *Kirsch*. – Stuttgart : Egmont Ehapa Verl. ; München : Goethe-Inst. – (Comic Collection)
Bd. 1. – 1999. – 43, [10] S. : überw. Ill.

469 *Das Goethejahr 1999 in Halle an der Saale* : Veranstaltungsprogramm für die Stadt Halle (Saale) sowie für Bad Lauchstädt, Dessau u. Wörlitz anläßl. des 250. Geburtstages von Johann Wolfgang von Goethe 1999. – Halle/S. : Franckesche Stiftungen, 1999. – [32] S.

470 *Goethes 250. Geburtstag* ... (s. Nr. 107).
Darin u. a.: *Hansen*, Volkmar: Zur Unverzichtbarkeit Goethes, S. 9–11. – *Kaiser*, Gerhard: Goethe – Nähe durch Abstand, S. 24–40. – *Baur*, Jürg: Nachklang : Liederzyklus nach Gedichten von J. W. von Goethe für Bariton u. Klavier ; Uraufführung: 28. August 1999, S. 41–45 : Noten.

471 *Gomez-Montero*, Marina: 1749: Goethe – Leben und Nachleben in Weimar : zum 250. Geburtstag des Dichters. – In: Mitteldeutsches Jahrbuch für Kultur und Geschichte. Bd. 6. Weimar [u. a.] 1999. S. 15–27 : Ill.

472 *Grosser*, Alfred: „Ich dich ehren? Wofür?" : Jubiläum im ersten Jahr des Euro. – In: Johann Wolfgang Goethe zum 250. Geburtstag : Vorträge im Frankfurter Römer (April – Juli 1999) / Jean-Marie *Valentin* (Hrsg.). – Paris, 1999. – S. 93–109. – (Etudes germaniques ; Année 54, No. Hors série)

473 *Grün*, Klaus-Jürgen: Befreiende Sinnlichkeit : Goethes gegenständl. Denken u. Adornos „Vorrang des Objekts". – In: Forschung Frankfurt. Wissenschaftsmagazin der Univ. Frankfurt a. M. Jg. 17. Frankfurt a. M. 1999. Nr. 2, S. 58–62 : Ill.

474 *Grüning*, Uwe: Abschied und Willkommen : Goethe-Bilder. – Spröda : Pietsch, Ed. Akanthus, 1999. – 63 S. : Ill.
Belletrist. Miniaturen über Goethes Erlebnisse in Sesenheim, Frankfurt a. M. ; 1775, im Weimarer Gartenhaus am Stern sowie über sein Verhältnis zu Christiane Goethe u. Ulrike von Levetzow.

475 *Günzler*, Claus: Goethe und die Pädagogen : exemplar. Etappen e. wechselhaften Rezeptionsgeschichte. – In: Pädagogische Rundschau. Jg. 53. Frankfurt a. M. 1999. H. 4, S. 393–409.

476 *Haas*, Gerhard: Goethe und das Reimlexikon : aktiver Umgang mit Goethe-Gedichten in der Grundschule. – In: Praxis Deutsch. Jg. 26. Seelze 1999. H. 156, S. 26–31 : Ill.

477 *Hacks*, Peter: Ein Gespräch im Hause Stein über den abwesenden Herrn von Goethe / Texteinrichtung: Gisela *Zoch-Westphal*. – Hamburg : Litraton, 1993. – 1 CD.

478 *Hammerstein*, Notker: Die Johann Wolfgang Goethe-Universität : wie die Univ. zu ihrem Namen kam. – In: Forschung Frankfurt. Wissenschaftsmagazin der Univ. Frankfurt a. M. Jg. 17. Frankfurt a. M. 1999. Nr. 2, S. 76–82 : Ill.

479 *Hansen*, Volkmar: Das deutsche Modell : e. Medaille als polit. Programm. – In: Erfurter Münzblätter. Jahrbuch. Bd. 7. Erfurt 1999. S. 44–45 : Ill.
Zur Gedenkmedaille „Carl August und Louise – Goethen zum 14. Nov. 1825".

480 *Haslé*, Maurice: Goethe, fils spirituel de Thomas Mann?: Ou: les yeux noirs de Lotte et le masque d'August. – In: Cahiers d'études germaniques. No. 36. Aix-en-Provence 1999. S. 63–69.

481 *Hayashi*, Masanori : Zu Goethes 250. Geburtsjahr. – In: Doitsu bungaku ronkô. Forschungsberichte zur Germanistik. H. 41. Ôsaka 1999. S. 159–163. [In japan. Sprache.]

482 *Henscheid*, Eckhard: Goethe unter Frauen / mit Ill. von Klaus *Ensikat*. – Berlin : A. Fest, 1999. – 299 S. : Ill.

483 *Herzog*, Roman: Rede von Bundespräsident Roman Herzog aus Anlaß des 250. Geburtstages von Johann Wolfgang von Goethe am 14. April 1999 im Kaiserssal des Frankfurter Römer. – In: Johann Wolfgang Goethe zum 250. Geburtstag : Vorträge im Frankfurter

Römer (April – Juli 1999) / Jean-Marie *Valentin* (Hrsg.). – Paris, 1999. – S. 11–17. – (Études germaniques ; Année 54, No. Hors série)

484 *Hildebrandt*, Walter: Die Aktualität Goethes heute : seine Kunstauffassung u. Wirkungsgeschichte. – In: Schweizer Monatshefte für Politik, Wirtschaft, Kultur. Jg. 79. Zürich 1999. H. 6, S. 25–29.

485 *Höhepunkt überschritten – das Goethe-Jahr 1999.* – In: Fachdienst Germanistik. Jg. 17. München 1999. Nr. 10, S. 1–7.

486 *Höller*, Klaus: Menschenkundliche Grundlagen der Tonheileurythmie : aufgrund von Goethes Tonlehre u. der Ätherlehre Rudolf Steiners. – Borchen : Möllmann, 1999. – 79 S.

487 *Hoffmann*, Hilmar: Auf Goethes Spuren in Weimar. – In: H. *Hoffmann*: Ihr naht Euch wieder, schwankende Gestalten : Erinnerungen. – 2. Aufl. – Hamburg, 1999. – S. 329–335.

488 *Hoffmann*, Martina: Von Venedig nach Weimar : e. Entwicklungsgeschichte paradigmat. Künstlertums. – Frankfurt a. M. [u. a.] : Lang, 1999. – 309 S. – (Bochumer Schriften zur deutschen Literatur ; 51)
Zugl.: Bochum, Univ., Diss., 1997. – Darin im 2. Teil u. a. über T. Manns „Lotte in Weimar“, S. 141–296.

489 *Hornfeck*, Susanne: Der Hansische Goethe-Preis : 1949–1999. – Hamburg : Alfred Toepfer Stiftung F.V.S., Akzente für Europa, 1999. – 184 S.

490 *Huschke*, Wolfram: Liszts Goethe-Lieder : Liszt contra Goethe? – In: Liszt und die Weimarer Klassik / hrsg. von Detlef *Altenburg*. – Laaber, 1997. – S. 59–67 : Noten. – (Weimarer Liszt-Studien ; 1)

491 *Im Namen Goethes!* : Erfundenes, Erinnertes u. Grundsätzliches zum 250. Geburtstag Johann Wolfgang von Goethes / mit Beitr. von Jürg *Amann* … Mit Rohrfederzeichn. von Ferry *Ahrlé*. Hrsg. von Markus *Hänsel-Hohenhausen*. – Frankfurt a. M. : Verl. der Goethe-Gesellschaft, 1999. – 341 S. : Ill.
Darin: *Kühn*, Volker: Goethe an sich und als solcher!, S. 17–27. – *Frank*, Karlhans: Goethe unser! : Eine ungehaltene Rede vor der Beschwörungsgesellschaft in Bonn, S. 28–31. – *Frizen*, Werner: „Den Mythos auf die Beine stellen“ : die Mensch-Werdung Goethes in Thomas Manns „Lotte in Weimar“, S. 32–39. – *Gahl*, Christoph: Worte aus dem Weinglas, an Herrn von Goethe gerichtet, S. 40–49. – *Helmlé*, Eugen: Goethe und die Maschine, S. 50–53. – *Konjetzky*, Klaus: Requiem : e. metamorphe Annäherung an das Gedicht „Eins und alles“ von Johann Wolfgang von Goethe als e. Umdeutung der beiden Schlußverse: „Denn alles muß in Nichts zerfallen, wenn es im Sein beharren will“, S. 54–59. – *Neuhaus*, Volker: Das Märchen vom deutschen Dichter G. : Ansprache beim Empfang der Landesregierung von Schleswig-Holstein aus Anlaß von Günter Grass’ 65. Geburtstag am 19. Okt. 1992 in Lübeck, S. 60–62. – *Schulze-Wegener*, Günther: Ich will nicht über Goethe schreiben!, S. 63–70. – *Sigel*, Kurt: Goethe-Rummel, S. 71–75. – *Fetscher*, Iring: Begegnungen mit Goethe, S. 79–88. – *Filip*, Ota: Goethe in meinem Böhmen, S. 89–92. – *Grosser*, Alfred: Goethe und ich, S. 93–94. – *Kindler*, Helmut: Nähe des Geliebten, S. 97–98. – *Koch*, Thilo: Mit Goethe durch das Leben, S. 99–108. – *Kruse*, Max: Erinnerungen, S. 109–110. – *Piwitt*, Herrmann Peter: In den Nachmittag geflüstert, S. 111–112. – *Plessen*, Elisabeth: Goethes Verben, S. 113–115. – *Seehaus*, Gertrud: Erziehung durch Goethe, S. 116–119. – *Seyppel*, Joachim: Daß die Lippen schweigen – Sagen was wir leiden? : Versuch über das Doppelgesichtige, S. 120–127. – *Elperin*, Juri: Nur Eindrücke verschiedenenorts, S. 128–130. – *Siebenschön*, Leona: Verführt, ermutigt, angestiftet … und noch immer nicht am Ende, S. 131–137. – *Amann*, Jürg: Ich war die Bettine, S. 141–145. – *Grass*, Günter: Goethe oder eine Warnung an das Nationaltheater zu Mannheim, S. 146. – *Knauss*, Sibylle: Der Ehrengast : Goethes Diener Stadelmann ; Drehbuch für e. Kurzspielfilm, S. 149–161. – *Liebl*, Franz: Sesenheimer Elegie, S. 162. – *Obermeier*, Siegfried: Der Schlüssel zu allem liegt in Sizilien … : Goethes Sizilienreise mit Chr. H. Kniep, S. 165–185. – *Peters*, Hans: Das literarische Oktett, S. 186–198. – *Renz*, Hans-Peter: Goethes Leiden oder Die Kanonade von Valmy, S. 199–205. – *Schumacher*, Hans E.: Mugge un Fehler, S. 206–208. – *Sombart*, Ni-

colaus: Gespräch mit Goethe, S. 209–214. – *Borchard*, Ilse: Wer sollte Goethe nicht kennen!, S. 217–223. – *Dürrson*, Werner: Ich habe mich nie verrechnet, aber oft verzählt : Skizzen e. Begegnung, S. 224–238. – *Duffner*, Wolfgang: Hebel trifft Goethe, S. 239–246. – *Duffner*, Wolfgang: Verwehte Zeit : Fragment der dritten Konstanzer Begegnung, S. 247–251. – *Giordano*, Ralph : Weimar, S. 252–256. – *Korbus*, Jens: Brief an Goethe, S. 257–262. – *Schirnding*, Albert von: Südliche Beleuchtung, S. 263. – *Schmidt-Mâcon*, Klaus F.: Goethes Haus am Frauenplan, S. 264. – *Tänzer*, Gerhard: Goethe beim Rasieren : kleines Theaterspiel, S. 265–272. – *Vesper*, Guntram: Ein Gedanke ganz für mich, S. 273. – *Weiss*, Klaus F.: Stilles Kaddisch für zwei Dichter, S. 274–280. – *Sartorius*, Joachim: Im Namen Goethes : zu den ideellen Fundamenten der Auswärtigen Kulturpolitk heute, S. 283–293. – *Hoffmann*, Hilmar: Goethe braucht kein Denkmal, S. 294–305. – *Strohschein*, Barbara ; *Schorlemmer*, Friedrich: Was Gott ist, was der Mensch sein soll, S. 306–316. – *Hamm*, Peter: Goethes Nöte : Nöte mit Goethe, S. 317–327.

492 *Im Zeichen der Freiheit* : der span. Bildhauer Alfaro u. Goethe = Nel segno della libertà : lo scultore spagnolo Alfaro e Goethe ; [Ausstellung], Casa di Goethe, Roma, 24. 3. – 13. 9. 1999 … / a cura di Ursula *Bongaerts* … – Roma : Casa di Goethe, 1999. – 174 S. : Ill.
Darin: *Lichtenstern*, Christa: Im Zeichen der Freiheit : der span. Bildhauer Alfaro u. Goethe, S. 15–76. – *Scheurmann*, Konrad: Künstlerischer Eros oder: Alfaros Liebe zu Goethe, S. 77–94. – *Alfaro*, Andreu: Lithographien (1997/98) zu Goethes „Römischen Elegien", S. 95–164. – Alle Beiträge in dt. u. span. Sprache.

493 *Ito*, Takatatsu: Rilke und Goethe. – In: Gête nenkan = Goethe-Jahrbuch. Bd. 41. Tôkyô 1999. S. 157–173. [In japan. Sprache mit dt. Zsfassung, S. 19–20.]

494 *Jäckel*, Günter: Zwischen Weimar und Dresden : zum 250. Geburtstag Goethes (Auszug). – In: Ostragehege. Zeitschrift für Literatur u. Kunst. Nr. 16. Dresden 1999. S. 46–48.

495 *Jasper*, Willi: „Goethe ist der gereimte Knecht, wie Hegel der ungereimte" : die dt. Mandarine u. Ludwig Börnes „Judenschmerz". – In: Menora. Jahrbuch für dt.-jüd. Geschichte. Jg. 1999. Berlin ; Bodenheim 1999. S. 155–184.

496 *Kaalep*, Ain: Unveröffentlichte Übersetzungen von Goethes Dramen ins Estnische aus dem Jahre 1944. – In: Triangulum. Germanist. Jahrbuch für Estland, Lettland u. Litauen. Folge 6. Tartu 1999. S. 197–202.

497 *Kähler*, Christoph: Mit Goethe – Nachdenken über die Universität. – In: Universität Leipzig. Jg. 1999. Leipzig 1999. H. 3, S. 20–23 : Ill.

498 *Kahlefendt*, Nils: „Es goethet und schillert" : Weimar 1999: Buchhandel im Kulturstadtjahr. – In: Börsenblatt für den deutschen Buchhandel. Jg. 166. Frankfurt a. M. ; Leipzig 1999. Nr. 53, S. 6–9 : Ill.

499 *Kastner*, Berthold: Goethe im Leben und Werk Gustav Radbruchs : mit e. Quellenanhang bisher unveröffentl. Radbruch-Manuskripte. – Heidelberg : Müller, 1999. – XVII, 433 S. – (Freiburger rechts- und staatswissenschaftliche Abhandlungen ; 64)
Zugl.: Freiburg i. Br., Univ., Diss., 1998.

500 *Kaufmann*, Ernst: Elfenreigen : Goethe-Anekdote. – In: Palmbaum. Literar. Journal aus Thüringen. Jg. 7. Bucha bei Jena 1999. H. 1, S. 127–128 : 1 Ill.
Über das Erlkönig-Denkmal von Otto Späte unterhalb des Jenzig-Berges in Jena.

501 *Kayser*, Philipp Christoph: Goethe-Lieder : chamber music ; cantata for two sopranos & string quartet … – St. Helier : Guild Music, 1999. – 1 CD. – (GMCD ; 7163)

502 *Kiba*, Hiroshi: Goethe-Rezeption bei Heine und Börne : unter besond. Berücks. des dt. Judentums. – In: Gête nenkan = Goethe-Jahrbuch. Bd. 41. Tôkyô 1999. S. 101–119. [In japan. Sprache mit dt. Zsfassung, S. 16–17.]

503 *Klein*, Christian: Enjeu et formes de l'ironie dans „Lotte à Weimar" de Thomas Mann : le récit d'Adèle. – In: Cahiers d'études germaniques. No. 36. Aix-en-Provence 1999. S. 49–61.

504 *Koch*, Eric: Nobelpreis für Goethe : Roman / aus dem Engl. von Irmengard *Gabler*. – Dt. Erstausg. – Frankfurt a. M.: Fischer-Taschenbuch-Verl., 1999. – 192 S. – (Fischer-Taschenbuch ; 14536)

505 *Koch*, Karl: Goethe und Paul Schneider auf dem Ettersberg bei Weimar. – In: Reformierte Kirchen-Zeitung. Jg. 140. Neukirchen-Vluyn 1999. H. 7, S. 272–274.
Paul Schneider (1897–1939), evangel. Theologe, ermordet im nazistischen KZ Buchenwald.

506 *Koch*, Thilo: Zu Gast bei Goethe. – In: Savoir-vivre. Journal für Genießer. Nr. 8. Hamburg 1999. S. 28–33 : Ill.

507 *König*, Christoph: Wahrheitsansprüche : Goethes, Nietzsches u. Hofmannsthals Ideen für e. allgemeine Philologie um 1905. – In: Konkurrenten in der Fakultät : Kultur, Wissen u. Universität um 1900 / hrsg. von Christoph *König* u. Eberhard *Lämmert*. – Frankfurt a. M., 1999. – S. 44–58. – (Fischer-Taschenbuch ; 14262)
Dass. – In: Zur Geschichte und Problematik der Nationalphilologien in Europa : 150 Jahre Erste Germanistenversammlung in Frankfurt a. M. (1846–1996) / hrsg. von Frank *Fürbeth* … – Tübingen, 1999. – S. 469–482.

508 *Korbus*, Jens: Goethes Krafft : e. Goethe-Novelle. – Koblenz : Fölbach, 1999. – 100 S.

509 *Kreft*, Gerald: Ornament und Programm : zur Ästhetik der Goethe-Zitate bei jüd. Neurowissenschaftlern in Frankfurt a. M. – In: Forschung Frankfurt. Wissenschaftsmagazin der Univ. Frankfurt a. M. Jg. 17. Frankfurt a. M. 1999. Nr. 2, S. 63–68 : Ill.

510 *Kühn*, Dieter: Goethe zieht in den Krieg : e. biograph. Skizze. – Frankfurt a. M. : S. Fischer, 1999. – 282 S.
Belletrist. Darstellung.

511 *Kung*, Hsiao-Yun: Carl Loewes Goethe-Vertonungen : vergleichende Analyse ausgew. Lieder. – Marburg : Tectum-Verl., 1999. – 2 Mikrofiches. – (Edition Wissenschaft : Reihe Musikwissenschaft ; 10)
Manuskript: 98 S.

512 *Lacoste*, Jean: Goethe éducateur? – In: Revue germanique internationale. No. 11. Paris 1999. S. 89–107.
Über F. Nietzsches Goethe-Bild.

513 *Lagutina*, I[rina] N.: O simvoličeskoj interpretacii tvorčestva Gete. – In: Getevskie čtenija. God izd. 1999. Moskva 1999. S. 17–28. [Über die symbol. Interpretation von Goethes Schaffen.]

514 *Lassahn*, Rudolf: Jedem seinen eigenen Goethe … : Goethes Ruhm u. Nachruhm wurde von Generation zu Generation umgewertet. – In: Pädagogische Rundschau. Jg. 53. Frankfurt a. M. 1999. H. 4, S. 457–474.

515 *Lehnert*, Herbert: „Goethe, das deutsche Wunder“ : Thomas Manns Verhältnis zu Deutschland im Spiegel seiner Goethe-Aufsätze. – In: Thomas-Mann-Jahrbuch. Bd. 12. Frankfurt a. M. 1999. S. 133–148.

516 *Leistner*, Bernd: Goethe, uns Gegenwärtige betreffend? – In: Triangulum. Germanist. Jahrbuch für Estland, Lettland u. Litauen. Folge 6. Tartu 1999. S. 5–17.

517 *Leser fragen – Goethe antwortet* : klass. Lebenshilfe von Herrn Goethe / hrsg. von Manfred *Wolf*. – Frankfurt a. M. : Eichborn-Verl., 1999. – 127 S.

518 *Lucke*, Hans: Der Narr von Weimar : e. literar. Feature. – In: Palmbaum. Literar. Journal aus Thüringen. Jg. 7. Bucha bei Jena 1999. H. 3, S. 64–85 : Ill.
Personen: Goethe u. J. D. Falk.

519 *Mandelkow*, Karl Robert: „Goethe und die deutsche Gegenwart“ : die Rezeption Goethes u. der dt. Klassik in der Weimarer Republik u. im „Dritten Reich“. – In: Wege nach Weimar ; auf der Suche nach der Einheit von Kunst u. Politik ; e. Ausstellung der Regierung des Freistaats Thüringen … / hrsg. von Hans *Wilderotter* u. Michael *Dorrmann*. – Berlin, 1999. – S. 87–98 : Ill.

520 *Mandelkow*, Karl Robert: Neue Gelehrsamkeit : zum Paradigmenwechsel in der Goetheforschung an der Wende von den siebziger zu den achtziger Jahren. – In: Interpretation 2000 : Positionen u. Kontroversen ; Festschrift zum 65. Geburtstag von Horst Steinmetz / hrsg. von Henk de *Berg* … – Heidelberg, 1999. – S. 71–82.

521 *Mann*, Thomas: Zutrauliche Teilhabe : Thomas Mann über Goethe / hrsg. von Wolfgang *Mertz*. – Frankfurt a. M. : Fischer-Taschenbuch-Verl., 1999. – 329 S. – (Fischer ; 13986 : Forum Wissenschaft, Literatur und Kunst)
Lizenzausg. des S. Fischer-Verl., Frankfurt a. M.

522 *Matjus*, Ülö: Martin Heidegger – und Goethe. – In: Triangulum. Germanist. Jahrbuch für Estland, Lettland u. Litauen. Folge 6. Tartu 1999. S. 140–151.

523 *Mein Goethe* : 22 Stimmen über e. Unsterblichen / mit Elke *Heidenreich* ... – Düsseldorf : BMG Wort, 1999. – 1 CD. – (Sachbuch – Feature)

524 *Melzer*, Reinhard: Zur Goethe-Rezeption in Dessau. – In: Dessau und Weimar ... : Ausstellung im Floratempel der Wörlitzer Anlagen, 28. 8. – 31. 10. 1999 / Kulturstiftung Dessau-Wörlitz. Hrsg. von Thomas *Weiss* ... – Wörlitz, 1999. – S. 81–89 : Ill. – (Kataloge und Schriften der Kulturstiftung Dessau-Wörlitz ; 6)

525 *Merke*, Andreas: Christianes letzte Pfade : e. Kriminalroman aus dem klass. Weimar. – Berlin : Rütten & Loening, 1999. – 290 S.

526 *Meyer-Arlt*, Ronald ; *Postma*, Heiko: War Goethe Schillers Flöte? : 100 Fragen zu Leben u. Werk des Dichters / mit Zeichn. von F. W. *Bernstein*. – Bremerhaven : Edition „Die Horen", 1999. – 80 S. : Ill. – (Edition „Die Horen" ; 25)

527 *Mickel*, Karl: Johann Wolfgang von Goethe. – In: Texte, die bleiben : Anthologie der Autoren / hrsg. von Günter *Kunert*. – Stuttgart, 1998. – S. 223–225.

528 *Mieth*, Annemarie: Grenzüberschreitungen : Vorschläge zum vergleichenden Umgang mit Goethe-Gedichten im Unterricht. – In: Deutschunterricht. Jg. 52. Berlin 1999. H. 4, S. 244–255 : Ill.

529 *Miller*, Elaine P.: Empedoclean nature : Nietzsche's critique of teleology and the organism through Goethe and Kant. – In: International studies in philosophy. Vol. 31. Atlanta/Ga. 1999. Nr. 3, S. 111–122.

530 *Molinelli-Stein*, Barbara: Thomas Mann, das Werk als Selbstinszenierung eines problematischen Ichs : Versuch e. psycho-existentiellen Strukturanalyse zu den Romanen „Lotte in Weimar" u. „Doktor Faustus". – Tübingen : Stauffenburg-Verl., 1999. – X, 158 S. : Ill. – (Stauffenburg-Colloquium ; 54)
Darin u. a.: Größe als Gewissensfrage : Versuch e. psycho-existentiellen Strukturanalyse zu Thomas Manns Roman „Lotte in Weimar", S. 1–52.

531 *Mommsen*, Katharina: Goethe und unsere Zeit : Festrede im Goethejahr 1999 zur Eröffnung der Hauptversammlung der Goethe-Gesellschaft im [Deutschen] Nationaltheater zu Weimar am 27. Mai 1999. – Sonderdr. – Frankfurt a. M. : Suhrkamp, 1999. – 41 S. – (Edition Suhrkamp)

532 *Moser*, Christian: Goethe – die ganze Wahrheit / enthüllt von Christian *Moser*. – München : Droemer, 1999. – [94] S. : Ill.
Comic.

533 *Nitz*, Wolfgang: Goethe in Japan. – In: Zur Geschichte und Problematik der Nationalphilologien in Europa : 150 Jahre Erste Germanistenversammlung in Frankfurt a. M. (1846–1996) / hrsg. von Frank *Fürbeth* ... – Tübingen, 1999. – S. 665–681.

534 *Noll*, Birgit: Goethe's Symbol re-considered : Anglo-American and French refractions. – In: Orbis litterarum. Vol. 54. Copenhagen 1999. Nr. 5, S. 319–331.

535 *Pelletier*, Nicole: „Gesittete Verwegenheit" : superpositions thématiques dans „Lotte à Weimar". – In: Cahiers d'études germaniques. No. 36. Aix-en-Provence 1999. S. 21 bis 32.

536 *Perels*, Christoph: Ernst Beutler, das Freie Deutsche Hochstift und die Universitäts-Germanistik. – In: Zur Geschichte und Problematik der Nationalphilologien in Europa : 150 Jahre Erste Germanistenversammlung in Frankfurt a. M. (1846–1996) / hrsg. von Frank *Fürbeth* ... – Tübingen, 1999. – S. 579–590.

537 *Peters*, Günter: Wirkungen Goethes als naturforschender Dichter. – In: Goethe-Yongu = Goethe-Studien. Bd. 10. Seoul 1998. S. 333–372. [In dt. Sprache.]

538 *Potapova*, G. E.: „Getevskoe“ i „puškinskoe“ v povesti I. S. Turgeneva „Faust“. – In: Russkaja literatura. God izd. 42. St.-Peterburg 1999. Nr. 3, S. 32–41. [“Goethesches“ u. „Puschkinsches“ in I. S. Turgenevs „Faust“-Erzählung.]

539 *Quadflieg*, Will: Mein Goethe : zum 250. Geburtstag des Dichters ; zum 85. Geburtstag des Sprechers. – Aufnahme 1999. – Hamburg : Polygram, 1999. – 1 CD. – (Literatur)

540 *Quarch*, Christoph: Rütteln am Idol : bei Goethes Geburtstagsfest feiert sich der Zeitgeist. – In: Evangelische Kommentare. Jg. 32. Stuttgart 1999. H. 10, S. 44–47 : Ill.

541 *Reif*, Adelbert: „Weder Vatergestalt noch metaphysischer Onkel“ : A. Reif im Gespräch mit [dem Goethe-Biographen] Nicholas Boyle. – In: Universitas. Jg. 54. Stuttgart 1999. H. 9, S. 903–910.

542 *„Röslein auf der Heiden“* : Goethe u. das Volkslied / Deutsches Volsliedarchiv Freiburg ; Staatl. Hochschule für Musik Freiburg. Konzeption u. Liedausw.: Waltraud *Linder-Beroud*. – Freiburg i. Br. : Dt. Volksliedarchiv, 1999. – 1 CD + Begleitheft (59 S. : Ill.)

543 *Rybakov*, Alexei: Puškin und Goethe : Annäherung durch Vergleich. – In: Forum für osteuropäische Ideen- und Zeitgeschichte. Jg. 3. Köln [u. a.] 1999. H. 1, S. 223–235.

544 *Sadji*, A. Booker: Goethe und Afrika? : Prolegomena zu e. Bestandsaufnahme. – In: Etudes Germano-Africaines. No. 17. Dakar 1999. S. 81–87.

545 *Sauer*, Fritz Joachim: „Wieviel Goethe braucht der Mensch?“ : Ein Streifzug durch die Goethe-Feiern in Weimar um den 28. August 1999. – In: Germanisten. Tidskrift för svensk germanistik. Jg. 4. Kalmar 1999. Nr. 1, S. 53–56.

546 *Schami*, Rafik ; *Gutzschhahn*, Uwe-Michael: Der geheime Bericht über den Dichter Goethe, der eine Prüfung auf einer arabischen Insel bestand. – München ; Wien : Hanser, 1999. – 185 S.
Belletrist. Darstellung.

547 *Schmidt*, Arno: Goethe und einer seiner Bewunderer : (Goethe-Preis-Rede, Drei Briefe an Werner Murawski, Goethe und einer seiner Bewunderer) / gelesen von Joachim *Kersten* u. Bernd *Rauschenbach*. – Bargfeld : Arno Schmidt-Stiftung, 1999. – 1 Tonkassette.

548 *Schmitt*, Oliver ; *Jonas*, Jürgen: Gute Güte, Göthe! : Bizarres u. Behämmertes aus 250 Jahren dt. Goethetums – Zürich : Haffmans, 1999. – 220 S. : Ill.

549 *Schneider*, Monique: Freud, lecteur et interprète de Goethe. – In: Goethe cosmopolite / dir. Michel *Espagne* ... – Paris, 1999. – S. 243–256. – (Revue germanique internationale ; 12)

550 *Schubert*, Franz: Goethe-Lieder / Matthias *Görne* ; Andreas *Häfliger*. – London : The Decca Record Company, 1997. – 1 CD.

551 *Schubert*, Franz: Goethe-Lieder : nach Gedichten von Johann Wolfgang von Goethe / Dietrich *Fischer-Dieskau*, Bariton ... – Hamburg : Dt. Grammophon, 1999. – 1 CD.

552 *Schweitzer*, Albert: Goethe : vier Reden. – Sonderausg. des Albert-Schweitzer-Komitees e. V., Weimar, zum Kultur- u. Goethejahr 1999. – Weimar: Albert-Schweitzer-Komitee, 1999. – 51 S. – (Veröffentlichung des Albert-Schweitzer-Komitees e. V., Weimar)
Lizenzausg. des Verl. C. H. Beck, München.
Darin: Ansprache bei der Verleihung des Goethepreises der Stadt Frankfurt am 28. August 1928, S. 3–8. – Gedenkrede, gehalten bei der Feier der 100. Wiederkehr von Goethes Todestag in seiner Vaterstadt Frankfurt a. M. am 22. März 1932, S. 9–25. – Goethe als Denker und Mensch : Vortrag, gehalten in Ulm im Juli 1932, S. 27–34. – Goethe – der Mensch und das Werk : Vortrag, gehalten in Aspen (Colorado/USA) am 8. Juli 1949, S. 35–51.

553 *Sedlacek*, Carola ; *Weber*, Blanka: Genießen wie Goethe : Kräuter u. Gemüse aus des Dichters Zeit / präsentiert vom Thüringen-Journal des Mitteldeutschen Rundfunks. – Stuttgart ; Erfurt : Hampp-Verl., 1999. – 123 S. : Ill.

554 *Segebrecht*, Wulf: „Auf zwei Tote schneit Applaus“ : Goethe in Gedichten der Gegenwart. – In: Universitas. Jg. 54. Stuttgart 1999. H. 9, S. 890–902.

555 *Stadnikov*, G[ennadij] V[ladimirovič]: Lermontov i Gete. – In: Russkaja literatura. God izd. 42. St.-Peterburg 1999. Nr. 3, S. 22–31. [Lermontov u. Goethe.]
Dass. – In: Getevskie čtenija. God izd. 1999. Moskva 1999. S. 215–228.

556 *Stenzel*, Burkhard: „Pg. Goethe"? : vom polit. u. philolog. Umgang mit e. Weimarer Klassiker. – In: Das Dritte Weimar : Klassik u. Kultur im Nationalsozialismus / hrsg. von Lothar *Ehrlich* ... – Köln [u. a.], 1999. – S. 219–243.

557 *Steuer*, Daniel: Die stillen Grenzen der Theorie : Übergänge zwischen Sprache u. Erfahrung bei Goethe u. Wittgenstein. – Köln [u. a.] : Böhlau, 1999. – VII, 296 S.
Zugl.: Frankfurt (M.), Univ., Diss., 1997.

558 *Stiegler*, Bernd: Oswald Spenglers „Untergang des Abendlandes" zwischen Goethe und Nietzsche. – In: Vom „Untergang des Abendlandes" zum Aufstieg des „Dritten Reiches" : vier Vorträge zur Geschichte des Nationalsozialismus. – Weimar, 1999. – S. 7–28. – (Ettersburger Hefte ; 5)

559 *Subramanian*, Balasundarama: Goethe's „World-Literature" in the context of modernity. – The „Necro Recipe" : Heine versus Goethe. – In: Goethe Society of India. Yearbook. 1998. Chennai 1999. S. IX–XXII u. 3–23.

560 *Sumberg*, Liina: Goethe in estnischer Übersetzung. – In: Triangulum. Germanist. Jahrbuch für Estland, Lettland u. Litauen. Folge 6. Tartu 1999. S. 203–217.

561 *Swassjan*, Karen: Das Schicksal heißt: Goethe. – Dornach : Geering, 1999. – 64 S. : 1 Portr. – (Urphänomene ; 7)

562 *Taterka*, Thomas: Goethe bei Victor Hehn. – In: Triangulum. Germanist. Jahrbuch für Estland, Lettland u. Litauen. Folge 6. Tartu 1999. S. 128–139.

563 *Thelen*, Albert Vigoleis: Goethe anonymus : e. Essay aus dem Goethejahr 1949. – Reutlingen : Aldus-Presse Reicheneck, 1999. – 17 S. – (Aldus-Presse Reicheneck ; 98)

564 *Thelen*, Albert Vigoleis: Goethes Gespräche mit Frau Eckermann : nebst e. Briefwechsel aus dem Goethe-Jahr 1949 / mit Holzschn. von Hermann *Burkhardt*. – Reutlingen : Aldus-Presse Reicheneck, 1999. – 40 S. : Ill. – (Aldus-Presse Reicheneck ; 34)

565 *Thomas Mann und Heinz Winfried Sabais* : Begegnungen u. Korrespondenzen ; Begleitheft zu den Ausstellungen Das Goethejahr 1949 in Weimar – Eine Archivalienausstellung des Thüringischen Hauptstaatsarchivs Weimar in Verb. mit dem Stadtarchiv Darmstadt 20. 6. – 1. 8. 1999 in Weimar [und] Thomas Mann und Heinz Winfried Sabais. Begegnung im Goethejahr 1949 – Eine Archivalienausstellung des Stadtarchivs Darmstadt in Verb. mit dem Thüringischen Hauptstaatsarchiv Weimar 17. 9. – 22. 10. 1999 in Darmstadt. – Darmstadt : Magistrat der Wissenschaftsstadt Darmstadt, 1999. – 80 S. : Ill. – (Darmstädter Dokumente ; 6)
Darin: *Engels*, Peter: Heinz Winfried Sabais – zwischen Ost und West, S. 9–16. – *Wahl*, Volker: Thomas Mann – Reisen in den Osten, S. 17–28. – „...an einen jungen deutschen Dichter" : Heinz Winfried Sabais – Thomas Mann ; der Briefwechsel 1947 bis 1954, S. 29–41. – *Sabais*, Heinz Winfried: Besuch bei Thomas Mann, S. 43–44. – *Sabais*, Heinz Winfried: Thomas Mann zwischen Ost und West : die Hintergründe seiner Reise nach Weimar 1949, S. 45–48. – *Sabais*, Heinz Winfried: Thomas Mann in Weimar : e. Bericht, S. 49–80.

566 *Trömel*, Martin: Über Goethe hinaus? : Goethe u. die moderne Naturwissenschaft. – In: Forschung Frankfurt. Wissenschaftsmagazin der Univ. Frankfurt a. M. Jg. 17. Frankfurt a. M. 1999. Nr. 2, S. 35–37 : Ill.

567 *Troller*, Georg Stefan: Goethe in der Emigration. – In: Börsenblatt für den deutschen Buchhandel. Jg. 166. Frankfurt a. M. ; Leipzig 1999. Nr. 60. – Beilage: Aus dem Antiquariat. Nr. 7/1999, S. A 422-A 424.

568 *Turaev*, S[ergej] V[asil'evič]: Bal'zak i Gete. – In: Getevskie čtenija. God izd. 1999. Moskva 1999. S. 229–233. [Balzac u. Goethe.]

569 *Ulbricht*, Justus H.: Von der „Reichsbeseelung" zu „Goethes deutscher Sendung" : Weimars kulturelles Erbe im Kontext deutschvölk. Wiedergeburtsphantasien. – In: Weimar : Einblicke in die Geschichte e. europ. Kulturstadt / im Auftr. der Rosa-Luxemburg-Stiftung Sachsen hrsg. von Werner *Schubert*. – Leipzig, 1999. – S. 245–262.

570 *Ulonska*, Hans-Jürgen ; *Ulonska*, Tobias: Kaiser Napoleon, Zar Alexander und Goethe : 190 Jahre Fürstenkongreß im Erfurter Kaisersaal. – In: Erfurter Münzblätter. Jahrbuch. Bd. 7. Erfurt 1999. S. 99–109 : Ill.

571 *Ulonska*, Hans-Jürgen: Die verworfene Jubiläumsmedaille von Henri-François Brandt für Goethe auf seine 50jährige Anwesenheit in Weimar am 7. Nov. 1828 : histor. Abriß von Idee über Vorbereitung bis Abschluß. – In: Erfurter Münzblätter. Jahrbuch. Bd. 7. Erfurt 1999. S. 68–93 : Ill.

572 *Das Unverzeihliche* : Goethe- u. Schiller-Parodien / zsgest. u. gelesen von Martin *Neubauer* … – Hamburg : Litraton, 1999. – 1 CD.

573 *Völkerling*, Jörg: „Wissenschaft, staubtrocken …“ : e. Begegnung mit dem Jenaer Pathologen Franz Bolck u. Goethe. – In: Palmbaum. Literar. Journal aus Thüringen. Jg. 7. Bucha bei Jena 1999. H. 2, S. 23–27 : Ill.
Zur Öffnung von Goethes Sarg 1970.

574 *Voerkel*, Stefan: Denkmäler Goethes in Universität und Stadt : Versuch e. Inventur. – In: Johann Wolfgang Goethe und Leipzig : Beiträge u. Katalog zur Ausstellung „Goethes Universität – die Universität Leipzig zwischen 1730 und 1770“ … / hrsg. … durch Rainer *Behrends*. – Leipzig, 1999. – S. 149–163 : Ill. – (Schriften aus der Universitätsbibliothek Leipzig ; 4)

575 *Von Goethe inspiriert* : Lieder von Komponistinnen des 18. u. 19. Jahrhunderts = Inspired by Goethe : songs by women composers of the 18th an 19th centuries / hrsg. von Ann *Willison Lemke*. – Kassel : Furore-Verl., 1999. – 64 S. : Noten. – (Furore-Edition ; 630)

576 *Voßkamp*, Wilhelm: „Extinction“ : a propos de l'autoréflexion du roman d'éducation au XXe siècle chez Thomas Bernhard / trad. par Olivier *Mannoni*. – In: Goethe cosmopolite / dir. Michel *Espagne* … – Paris, 1999. – S. 257–269. – (Revue germanique internationale ; 12)

577 *Wagner*, Richard: Ein Naturgeschenk : Richard Wagner über Goethe in Briefen u. in seiner Autobiographie / ausgew. von Joachim *Schultz*. – Bayreuth : Ed. Schultz & Stellmacher, 1999. – 36 S. : Ill.

578 *Wappler*, Gerlinde: Das Gleimhaus und das Goethejahr 1999. – In: Gemeinnützige Blätter / aus dem Förderkreis Gleimhaus e.V. berichtet u. informiert. Nr. 1. Halberstadt 1999. S. 22–23.

579 *Weber*, Alexander: Das Goethejahr 1949 in England. – In: Michigan Germanic studies. Vol. 24. Ann Arbor/Mich. 1998. Nr. 1, S. 35–55.

580 *Weber*, Beate: Mori Ôgai als Wegbereiter der Goethe-Rezeption in Japan. – Berlin : Mori-Ôgai-Gedenkstätte der Humboldt-Univ. zu Berlin, [1999]. – [18] S.

581 *Weber*, Werner: „Sieh, das nennen wir ein Schwänchen“ / hrsg. von Alice Gertrud *Bosch-Gwalter* u. Hans Rudolf *Bosch-Gwalter*. – Zollikon-Zürich : Kranich-Verl., 1999. – [48] S. – (Kranich-Druck ; 85)
Miniaturen in Erinnerung an Lebensstationen Goethes.

582 *Werner*, Hans-Georg: Büchner und Goethe. – In: Vormärz und Klassik / Lothar *Ehrlich* (Hrsg.). – Bielefeld, 1999. – S. 99–119. – (Vormärz-Studien ; 1)

583 *Whitton*, Kenneth S.: Goethe and Schubert : the unseen bond. – Portland/Or. : Amadeus Press, 1999. – 296 S. : Ill., Noten

584 *Widlok*, Beate: Goethe in Estland. – In: Porta Slavica : Beiträge zur slavist. Sprach- u. Literaturwissenschaft ; Wilma Woesler zum 65. Geburtstag / hrsg. von Bettina *Althaus* … – Wiesbaden, 1999. – S. 381–390. – (Studien der Forschungsstelle Ostmitteleuropa an der Universität Dortmund ; 25)

585 *Wiemers*, Gerald: Goethe-Jubiläen an der Universität Leipzig in der ersten Hälfte des 20. Jahrhunderts. – In: Johann Wolfgang Goethe und Leipzig : Beiträge u. Katalog zur Ausstellung „Goethes Universität – die Universität Leipzig zwischen 1730 und 1770“ … / hrsg. … durch Rainer *Behrends*. – Leipzig, 1999. – S. 137–147 : Ill. – (Schriften aus der Universitätsbibliothek Leipzig ; 4)

586 *Wiethölter*, Waltraud: „Doktor, was halten Sie von Goethe?“ : Zur Geschichte e. dt. Kultfigur. – In: Forschung Frankfurt. Wissenschaftsmagazin der Univ. Frankfurt a.M. Jg. 17. Frankfurt a.M. 1999. Nr. 2, S. 70–75 : Ill.

587 *Wilderotter*, Hans: „Das Symbolische des deutschen Schicksals“ : der polit. Gehalt u. der polit. Kontext der Goethe-Gedächtniswoche 1932 in Weimar. – In: Wege nach Weimar : auf der

Suche nach der Einheit von Kunst u. Politik ; e. Ausstellung der Regierung des Freistaats Thüringen ... / hrsg. von Hans *Wilderotter* u. Michael *Dormann*. – Berlin, 1999. – S. 109–126 : Ill.

588 *Wipplinger*, Eva: Eine Goethe-Medaille aus Halle von 1949. – In: Erfurter Münzblätter. Jahrbuch. Bd. 7. Erfurt 1999. S. 113–115 : Ill.
Medaille des Hallenser Bildhauers Gustav Weidanz (1889–1970).

589 *Witte*, Bernd: Goethe und die Deutschen. – In: Sprache und Literatur in Wissenschaft und Unterricht. Jg. 30. Paderborn [u. a.] 1999. H. 84, S. 73–89.

590 *Wygoda*, Hermann: Goethe: Und sonst nichts? – In: „Franckfurt bleibt das Nest" : Johann Wolfgang Goethe u. seine Vaterstadt / hrsg. von Patricia *Stahl* ... – Frankfurt a. M., 1999. – S. 277–281 : Ill.

591 *Yang Wuneng*: Goethe auf der chinesischen Bühne. – In: Etudes Germano-Africaines. No. 17. Dakar 1999. S. 95–106 : Ill.

592 *Yang Wuneng*: Goethe in China : das Goethe-Jahr 1932 u. die neuerliche Goethe-Verehrung. – In: Goethe-Jahrbuch. Bd. 115. Weimar 1998 [ausgeg. 1999]. S. 199–210.

593 *Yi*, Choong Sup: Goethe-Rezeption in Korea : 1996–1998. – In: Goethe-Yongu = Goethe-Studien. Bd. 10. Seoul 1998. S. 379–404. [In korean. Sprache.]

*

594 *Baier*, Hans: Tradition für morgen : 100 Jahre Insel-Verlag 1899–1999 ; e. Ausstellung. – In: Marginalien. H. 156. Wiesbaden 1999. S. 63–75 : Ill.
Darin: Höhepunkt Goethe, S. 73–74.

595 *Böhm*, Alexander: Eine Goethe-Briefdatenbank am Goethe- und Schiller-Archiv in Weimar. – In: Thüringer Museumshefte. Jg. 8. Weimar 1999. H. 2, S. 23–25.
Zum „Repertorium der Goethe-Briefe".

596 *Eibl*, Karl [u. a.]: Der Junge Goethe in neuer Ausgabe : einige Präliminarien u. Marginalien. – In: Computergestützte Text-Edition / hrsg. von Roland *Kamzelak*. – Tübingen, 1999. – S. 69–78. – (Beihefte zu editio ; 12)
Vergl. Nr. 2.

597 *Extra: Goethe '99*. – In: Börsenblatt für den deutschen Buchhandel. Jg. 166. Frankfurt a. M. ; Leipzig 1999. Nr. 20, S. 25–44 : Ill.
Darin Verleger, Lektoren u. Verkaufsleiter über die Bedeutung von Goethe-Publikationen für den Buchhandel sowie Auflistung der Neuerscheinungen zu Goethe.

598 *Goethe im Antiquariat*. – In: Börsenblatt für den deutschen Buchhandel. Jg. 166. Frankfurt a. M. ; Leipzig 1999. Nr. 60. – Beilage: Aus dem Antiquariat. Nr. 7/1999, S. A 424-A426.

599 *Koltes*, Manfred: Die Regestausgabe der Briefe an Goethe. – In: Computergestützte Text-Edition / hrsg. von Roland *Kamzelak*. – Tübingen, 1999. – S. 101–115 : Ill. – (Beihefte zu editio ; 12)

600 *Literaturtribüne Special* / Red.: Reinhard *Leipert* ... – München : Buchwerbung der Neun. Zum 250. Geburtstag von Johann Wolfgang von Goethe. – 1999. – 80 S. : Ill.
Kundenmagazin mit Informationen zu Neuerscheinungen zum Goethe-Jahr 1999. – Darin außerdem: *Borchmeyer*, Dieter: Goethe – der Undeutsche, S. 6–10. – *Damm*, Sigrid: Der Zeitverlust, das schöne Geschlecht und Goethes Werk, S. 16–21. – Ein Gespräch mit Will Quadflieg, S. 22–25. – *Rosendorfer*, Herbert: Goethe in Rom, S. 28–36. – Interview mit Marcel Reich-Ranicki, S. 46–47. – *Michel*, Christoph: Goethe – der Dichter und der Wein, S. 48–55. – *Heuser*, Manfred: Phantasie als Heilmittel : Goethes Lila, der Beginn der klass. Psychoanalyse?, S. 62–66.

601 *Michelsen*, Peter: Richtigstellung. – In: Goethe-Jahrbuch. Bd. 115. Weimar 1998 [ausgeg. 1999]. S. 285.
Betr. die Textdarbietung in Albrecht Schönes „Faust"-Ausg. (Frankfurt a. M. 1994, Bibliothek deutscher Klassiker, 114) u. dessen Entgegnung auf Rudolf Kassel im Goethe-Jahrbuch, Bd. 114/1997, S. 303 ff.

602 *Oellers*, Norbert: Authentizität als Editionsprinzip. – In: Der Text im musikalischen Werk : Editionsprobleme aus musikwissenschaftl. u. literaturwissenschaftl. Sicht / hrsg. von Walther *Dürr* ... – Berlin, 1998. – S. 43–57 : Ill. – (Beihefte zur Zeitschrift für deutsche Philologie ; 8) Mit Beispielen hauptsächlich zu Texten Goethes.

603 *Riederer*, Jens: Goethes Amtliche Schriften : Fortsetzung e. Edition. – In: Archive in Thüringen. Mitteilungsblatt. Nr. 17. Weimar 1999. S. 31–34.

604 *Sarkowski*, Heinz: Die „Welt-Goethe-Ausgabe" – ein zweimal gescheitertes Unternehmen. – In: Börsenblatt für den deutschen Buchhandel. Jg. 166. Frankfurt a. M. ; Leipzig 1999. Nr. 60. – Beilage: Aus dem Antiquariat. Nr. 7/1999, S. A 388-A 394 : Ill.

605 *Schütterle*, Michael: „Das Römische Carneval" von Goethe in der bibliophilen Erstausgabe von 1789 : zur Besitzgeschichte von zwei Exemplaren aus der Historischen Bibliothek der Stadt Rudolstadt. – In: Blätter der Gesellschaft für Buchkultur und Geschichte. Jg. 3. Rudolstadt 1999. S. 35–57 : Ill.

606 *Tietzel*, Manfred: Goethes Strategien bei der wirtschaftlichen Verwertung seiner Werke. – In: Börsenblatt für den deutschen Buchhandel. Jg. 166. Frankfurt a. M. ; Leipzig 1999. Nr. 22. – Beilage: Buchhandelsgeschichte. Nr. 1/1999, S. B 2-B 18 : Ill.

607 *Wadle*, Elmar: Goethes Gesuch um ein Nachdruckerprivileg des Deutschen Bundes und die preußische Politik. – In: Neue juristische Wochenschrift. Jg. 52. Frankfurt a. M. 1999. H. 35, S. 2545–2551.

608 *Wahl*, Volker: Goetheforschung im Thüringischen Hauptstaatsarchiv Weimar : e. Situationsbericht zum 250. Geburtstag Goethes. – In: Mitteldeutsches Jahrbuch für Kultur und Geschichte. Bd. 6. Weimar [u. a.] 1999. S. 260–264.

*

609 *Dwars*, Jens-Fietje: Der Schlüssel : das Goethe-Nationalmuseum u. die 76. Hauptversammlung der Goethe-Gesellschaft im Zwielicht von Kultur u. Barbarei. – In: Palmbaum. Literar. Journal aus Thüringen. Jg. 7. Bucha bei Jena 1999. H. 2, S. 6–10 : 1 Ill.

610 *Ehrlich*, Lothar: Die Goethe-Gesellschaft in Weimar. – In: Der Deutschunterricht. Jg. 51. Seelze 1999. H. 1, S. 106–108.

611 *Ehrlich*, Lothar: Die Goethe-Gesellschaft zwischen Gleichschaltung und Verweigerung. – In: Das Dritte Weimar : Klassik u. Kultur im Nationalsozialismus / hrsg. von Lothar *Ehrlich* ... – Köln [u. a.], 1999. – S. 245–266.

612 *Gerth*, Klaus: Weimar und die Goethe-Gesellschaft. – In: Praxis Deutsch. Jg. 26. Seelze 1999. H. 156, S. 6–7 : Ill.

613 *Gête nenkan = Goethe-Jahrbuch* / Goethe-Gesellschaft in Japan. – Tôkyô : Goethe-Gesellschaft in Japan.
Bd. 41. – 1999. – 218, 22 S. : Ill.

614 *Getevskie čtenija = Goethe-Studien* / pod red. S[ergeja] V[asil'eviča] *Turaeva*. – Moskva : Nauka. God izd. 1999. – 1999. – 281 S. : Ill.

615 *Goethe-Jahrbuch* / im Auftr. des Vorstands der Goethe-Gesellschaft hrsg. von Werner *Keller*. – Weimar : Verl. H. Böhlaus Nachf.
Bd. 115. – 1998 [ausgeg. 1999]. – 408 S. : Ill.
Darin u. a.: Aus dem Leben der Goethe-Gesellschaft, S. 309–368.

616 *Goethe Society of India*. Yearbook / ed. by Balasundaram *Subramanian*. – Chennai : Goethe Society of India.
[Jg.] 1998. – 1999. – XXI, 193 S.

617 *Goethe yearbook* : Publications of the Goethe Society of North America / ed. by Thomas P. *Saine*, with Ellis *Dye*, book review editor. – Columbia/SC : Camden House.
Vol. 9. – 1999. – 444 S. : Ill.

618 *Goethe-Yongu = Goethe-Studien*. – Seoul : Koreanische Goethe-Gesellschaft.
Bd. 10. – 1998. – 416 S.

Darin u. a.: Aus dem Leben der Koreanischen Goethe-Gesellschaft [in korean. Sprache], S. 405–416.

619 *Hoffmann*, Hilmar: Grußwort zur Gründung der rumänischen Goethe-Gesellschaft am 16. April 1998. – In: Goethe-Jahrbuch. Bd. 115. Weimar 1998 [ausgeg. 1999]. S. 283–284.

620 *Jahrbuch des Freien Deutschen Hochstifts* / hrsg. von Christoph *Perels*. – Tübingen : Niemeyer. Jg. 1999. – 1999. – VI, 383 S. : Ill.
Darin u. a.: Freies Deutsches Hochstift – Jahresbericht 1998/1999, S. 339–383.

621 *Jahresbericht* / Hrsg.: Ortsvereinigung Bamberg der Goethe-Gesellschaft in Weimar e. V. Red.: Ernst *Schneider*. – Bamberg : Goethe-Gesellschaft Bamberg e. V.
Nr. 18. 1998. – 1999. – 110 S.
Darin u. a.: *Rahmeyer*, Ruth: Probleme biograpischer Schriftstellerei : aus dem „Nähkästchen" e. Autorin, S. 54–70.

622 *Krüger*, Wolf-Dieter: Die „Goethe-Jahrbücher" : e. Text- u. Belegquelle für Arno Schmidt. – In: Bargfelder Bote. Materialien zum Werk Arno Schmidts. Lfg. 239/241. München 1999. S. 3–44.

623 *Publications of the English Goethe Society* / ed. by Jeremy D. *Adler* ... – Leeds : Maney & Son. N. S. Vol. 68. Papers read before the Society 1998. – 1999. – 89 S.
Darin u. a.: Chronicle, S. 82–84.

624 *Reiter*, Karl Josef: Die Gründung der Goethe-Gesellschaft in Weimar. – Weimar : Dietzel, 1999. – 73 S. – (Texte und Essays ; 1)

*

625 *Asman*, Carrie: Le trésor de Goethe : le collectionneur et son dons / trad. par Olivier *Mannoni*. – In: Goethe cosmopolite / dir. Michel *Espagne* ... – Paris, 1999. – S. 153–160. – (Revue germanique internationale ; 12)

626 *Baake*, Bodo: Auf Goethes Spuren in Thüringen. – Erfurt : Thüringer Tourismus GmbH, 1999. – 18 S. : Ill. – (Goethe-Jahr 1999 in Deutschland)

627 *Barlach e Goethe* : catalogo italiano per la mostra „Barlach e Goethe", Casa di Goethe, Roma, 17 sett. – 29 nov. 1998 / con un saggio di Giuseppe *Bevilacqua*. A cura di Ursula *Bongaerts*. – Roma : Casa di Goethe, 1998. – 49 S. : Ill.

628 *Beethoven und Goethe* : „Meine Harmonie mit der Ihrigen verbunden" ; e. Ausstellung des Beethoven-Hauses u. der Stiftung Weimarer Klassik ... (s. Nr. 82).

629 *Belz-Hensoldt*, Christiane: Zwischen Werther und Weimar : Sonderschau der Antique '99 Frankfurt zum Goethejahr. – In: Weltkunst. Jg. 69. München 1999. Nr. 11, S. 1888–1889 : Ill.

630 *D'Aldo*, Amos ; *Köser*, Stefan: Frankfurt am Main – Goethes Panorama Travelogue : e. Rundgang mit Goethe durch das Frankfurt von heute / Gestaltung: Birgit *Hahn* ; Werner *Marschall*. – Offenbach : Carnetto, 1998.
Buch. – 59 S. : überw. Ill. – 1 CD-Rom

631 *„... daß Wissenschaft und Poesie vereinbar seyen"* : Johann Wolfgang von Goethe zum 150. Geburtstag ; e. Ausstellung der Bibliothek Otto Schäfer in Zsarb. mit dem Stadtarchiv Schweinfurt / Ausstellungskonzeption: Caroline von *Canitz* u. Georg *Drescher*. – Schweinfurt : Dr. Otto-Schäfer-Stiftung e. V., 1999. – 80 S. : Ill. – (Veröffentlichungen des Stadtarchivs Schweinfurt ; 13)

632 *„Ein Dichter hatte uns alle geweckt"* : Goethe u. die literar. Romantik ; Ausstellung im Frankfurter Goethe-Museum, 19. Juni – 31. Juli 1999 / hrsg. von Christoph *Perels*. – Frankfurt a. M. : Freies Deutsches Hochstift, Frankfurter Goethe-Museum, 1999. – 263 S. : Ill.

633 *Dietrich*, Andrea: „Ein Denkmal der Dankbarkeit Deutschlands" : der zweite Erweiterungsbau des Goethe-Nationalmuseums ; Idee – Entwürfe – Ausführung 1930–1935. – In: Wege nach Weimar : auf der Suche nach der Einheit von Kunst u. Politik ; e. Ausstellung der Regierung des Freistaats Thüringen ... / hrsg. von Hans *Wilderotter* u. Michael *Dorrmann*. – Berlin, 1999. – S. 99–108 : Ill.

634 *Dwars*, Jens-Fietje: Der Schlüssel : das Goethe-Nationalmuseum u. die 76. Hauptversammlung der Goethe-Gesellschaft … (s. Nr. 609).

635 *„… er teilte mit uns allen das Exil“* : Goethebilder der deutschsprachigen Emigration 1933–1945 ; e. Ausstellung des Deutschen Exilarchivs 1933–1945 [u.] Der Deutschen Bibliothek / Begleitbuch: Brita *Eckert* u. Werner *Berthold*. – Wiesbaden : Harrassowitz, 1999. – XI, 274 S. : Ill. – (Gesellschaft für das Buch ; 6)

636 *Faure*, Ulrich: Dichterwiege und Forschungsstätte : Goethe-Haus u. Goethe-Museum in Frankfurt a. M. – In: Börsenblatt für den deutschen Buchhandel. Jg. 166. Frankfurt a. M. ; Leipzig 1999. Nr. 60. – Beilage: Aus dem Antiquariat. Nr. 7/1999, S. A 409–A 413 : Ill.

637 *Fiala*, Jan Šimon: Kníže básníků J. W. Goethe v Čechách. – Praha : Bílý Slon, 1999. – 127 S. : Ill. [Dichterfürst J. W. Goethe bei den Tschechen.]

638 *Gasseleder*, Klaus: Auf den Spuren Goethes in Böhmen : Handreichungen für e. literar. Reise. – Geldersheim : Vetter-Verl., 1999. – 68 S. : Ill.

639 *Geheimster Wohnsitz* : Goethes italienisches Museum ; Zeichnungen aus dem Bestand der Graphischen Sammlung der Kunstsammlungen zu Weimar ergänzt durch seltene Antikenwerke der Herzogin Anna Amalia Bibliothek Weimar ; Kunstsammlungen zu Weimar, 28. 8. 1999 – 31. 10. 1999 … / Hermann *Mildenberger* … – Berlin : G + H Verl., 1999. – 336 S. : Ill. – (Im Blickfeld der Goethezeit ; 3)
Darin: *Mildenberger*, Hermann: Goethes italienisches Museum, S. 9–40. – *Ritter-Santini*, Lea: „Auf dunklen Grund gezogen“ : das Gedächtnis der Bilder, S. 41–73. – Katalog der ausgestellten Werke / bearb. von Ursula Verena *Fischer Pace* u. Sonja *Brink* mit e. Beitrag von Domenico *Laurenza*, S. 75–319.

640 *Gerz*, Jochen: Künstlers Traum = Artist's dream : Goethe in Buchenwald ; im Rahmen von Licht auf Weimar – Die ephemeren Medien ; e. Ausstellung der Weimar 99 – Kulturstadt Europas GmbH. – Ostfildern-Ruit : Hatje Cantz, 1999. – 62 S. : Ill.

641 *Göbel*, Rainer: Glückliches Erbe, köstlicher Besitz : Salomon Hirzels Goethe-Sammlung in der Universitätsbibliothek Leipzig. – In: Johann Wolfgang Goethe und Leipzig : Beiträge u. Katalog zur Ausstellung „Goethes Universität – die Universität Leipzig zwischen 1730 und 1770“ / hrsg. … durch Rainer *Behrends*. – Leipzig, 1999. – S. 121–135 : Ill. – (Schriften aus der Universitätsbibliothek Leipzig ; 4)

642 *Goethe, „gekrabelt auf dem Papiere …“ – Die Wartburgzeichnungen [Goethes]* : Begleitschrift zur Sonderausstellung zum 250. Geburtstag Johann Wolfgang von Goethes, 28. 8. bis 31. 10. 1999 auf der Wartburg / Günter *Schuchardt* mit e. Beitrag von Jochen *Klauß*. – Eisenach : Wartburg-Stiftung, 1999. – 64 S. : Ill.

643 *Goethe in Hessen und Thüringen* / ADAC Hessen-Thüringen e. V. Text: Ina-Felicitas *Göbl* … – Frankfurt a. M. : ADAC Hessen-Thüringen e. V., 1999. – [92] S. : zahlr. Ill. – (ADAC-Heimatwettbewerb '99 ; 44)

644 *Goethe in Weimar* : e. virtuelle Reise in die Welt des großen Dichters / entwickelt von MEDIALAB. – München : Systhema, 1998. – 1 CD-ROM + Beilage (4 S.) – (Systhema classics)

645 *Goethe und Heidelberg* : Ausstellung der Goethe-Gesellschaft Heidelberg in der Univ.-Bibliothek vom 23. 4. bis 28. 8. 1999 / Einrichtung u. Texte: Günther *Debon*. – Heidelberg : Guderjahn, 1999. – 79 S. : Ill.

646 *Goethe und Österreich* – „Was ich dort gelebt, genossen …“ : Das Buch zur gleichnamigen Ausstellung des Wiener Goethe-Vereins in Zsarb. mit der Österreich. Nationalbibliothek u. den Wiener Vorlesungen, Prunksaal der Österreich. Nationalbibliothek in Wien, 9. Sept. – 26. Okt. 1999 / Idee u. wiss. Leitung: Herbert *Zeman* … – Wien : Wiener Goethe-Verein, 1999. – 240 S. : Ill.
Darin auch folgende Aufsätze: *Zeman*, Herbert: Goethe und Österreich, S. 11–20. – *Krippel*, Renate: Der Wiener Goethe-Verein – Geschichte und Bedeutung, S. 21–28. – *Krippel*, Renate: Das Goethedenkmal am Kärtnerring, S. 29–33. – *Buxbaum*, Elisabeth: Zu Gast bei Goethe – das Beispiel Franz Grillparzer, S. 34–38. – *Buxbaum*, Elisabeth: Goethe in den böhmischen Bädern, S. 39–48. – *Krippel*, Renate: Goethes Familie in Wien, S. 49–52. – *Dür-*

hammer, Ilija: „Dir gab ein Gott, zu sagen deine Leiden" : Goethe im Biedermeier, S. 53–65. – *Dürhammer*, Ilija: „Göthe's musikalisches Dichter-Genie" : Goethes Bedeutung für die österreich. Musikgeschichte von Mozart bis Mahler, S. 66–79. – *Gröning*, Maren: Goethe und die bildende Kunst in Wien, S. 80–96. – *Barak*, Helmut: Goethe im Burgtheater, S. 97–102. – *Janke*, Pia: Goethe-Aufführungen bei den Salzburger Festspielen, S. 103–108.

647 *Goethe & Rembrandt* : Zeichnungen aus Weimar ; aus den graph. Beständen der Kunstsammlungen zu Weimar, ergänzt durch Werke aus dem Goethe-Nationalmuseum ; diese Ausg. erscheint als Katalog zur gleichnamigen Ausstellung, die in Zsarb. mit dem Goethe-Institut Amsterdam vom 28. April bis zum 18. Juli 1999 im Museum het Rembrandthuis in Amsterdam veranstaltet wird / Bob van den *Boogert* … – Amsterdam : Amsterdam Univ. Press, 1999. – 128 S. : zahlr. Ill.

648 *Goethe und Schiller im Exlibris* : internat. Exlibris-Ausstellung in Zsarb. mit der Goethe-Gesellschaft Kronach in der Kreis- und Autobibliothek Kronach, … vom 6. 5. bis 30. 6. 1994 / Idee, Text, Typographie u. Gestaltung: Herbert *Schwarz*. – Kronach, 1994. – 70 S. : Ill.

649 *Das Goethe-Nationalmuseum in Weimar* / Redakt. Koordination: Caroline *Gille*. – Heidelberg : Vernissage-Verl., 1999. – 64 S. : Ill. – (Vernissage ; Jg. 42, Nr. 8)
Darin: *Müller-Harang*, Ulrike: Zur Geschichte des Goethe-Nationalmuseums, S. 6–12. – *Fischer*, Günther: Die [architektonisch-bauliche] Neugestaltung des Goethe-Nationalmuseums, S. 13–15. – *Schuster*, Gerhard ; *Gille*, Caroline: „Wiederholte Spiegelungen" – Weimarer Klassik : die Ständige Ausstellung des Goethe-Nationalmuseums, S. 16–33. – *Zimmermann*, Hans: Der Gesamtkatalog des Goethe-Nationalmuseums, S. 34–35. – *Klauß*, Jochen: Die Kunstsammlungen des Goethe-Nationalmuseums, S. 37–47. – *Maul*, Gisela: Die naturwissenschaftlichen Sammlungen Goethes, S. 48–55. – *Marthaus*, Margarete ; *Kahler*, Manfred: Historische Häuser, S. 56–64.

650 *Grieser*, Dietmar: Literarische Spaziergänge durch Goethes Heimat. – München : Langen-Müller, 1999. – 224 S. : Ill.

651 *Grüning*, Uwe: Goethes Gartenhaus / Fotogr. von Jürgen M. *Pietsch*. – Spröda : Pietsch, Ed. Schwarz-Weiß, 1999. – 93 S. : Ill.

652 *Grüning*, Uwe: Goethes Haus am Frauenplan / Fotogr. von Jürgen M. *Pietsch*. – Spröda : Pietsch, Ed. Akanthus, 1999. – 95 S. : Ill.

653 *„Der gute Kopf leuchtet überall hervor"* : Goethe, Göttingen u. die Wissenschaft / hrsg. von Elmar *Mittler* … – Göttingen : Wallstein-Verl., 1999. – 270 S. : zahlr. Ill., Kt.
Ausstellungskatalog. – Die Beschreibungen des Exponate jeweils nach den wissenschaftlichen Aufsätzen.

654 *Hoede*, Roland: Ein Denkmal und ein Haus : über das schwierige Verhältnis der Frankfurter zu „ihrem" Goethe. – In: „Franckfurt bleibt das Nest" : Johann Wolfgang Goethe u. seine Vaterstadt / hrsg. von Patricia *Stahl* … – Frankfurt a. M., 1999. – S. 255–262 : Ill.

655 *Johann Wolfgang Goethe* : výstava k 250. výroči umělcova narozenio = Ausstellung zum 250. Geburtstag des Künstlers 19. 11. 1999 – 6. 1. 2000 / Veranstalter: Knihy 99 … Goethe-Institut Prag. Jiří *Stromšík*. – Prag : Abt. für Ausstellungen der Nationalbibliothek der Tschechischen Republik, 1999. – [20] S. : Ill.

656 *Juranek*, Christian: „Nachsommer in Weimar. Walther von Goethe" : zu e. Ausstellung im Mittelsaal des Goethe- u. Schiller-Archivs in Weimar. – In: Thüringer Museumshefte. Jg. 6. Weimar 1997. H. 2, S. 19–23 : 1 Portr.

657 *Kahler*, Marie-Luise: Ein Besuch der geologisch-mineralogischen Sammlungen im Goethehaus am Frauenplan. – In: Geologie und Geotope in Weimar und Umgebung … / Hrsg.: Thüringer Landesanstalt für Geologie. – Weimar, 1999. – S. 120–122 : Ill.

658 *Die klassische Kopie* : Goethes zweites Gartenhaus im Park an der Ilm, Weimar, vom 12. 3. bis 31. 10. 1999. – Heidelberg : Vernissage-Verl., 1999. – 66 S. : Ill. – (Vernissage ; Jg. 7, Nr. 5)
Darin: *Haufe*, Eberhard: Goethes Gartenhaus gestern und heute, S. 6–13. – *Engell*, Lorenz: Von Goethes Gartenhaus zu McGoethe : e. kleine Geschichte des Duplikats, S. 14–21. –

Weibel, Peter: Digitale Doubles : von der Kopie zum Klon, S. 22–31. – *Laier*, Volker ; *Kuhnhen*, Kristina: Von den Mühen des Nachbaus : Goethes zweites Gartenhaus, S. 32–37. – Die Gewerke : Beschreibungen aus der Praxis, S. 38–47. – *Ernst*, Robert: Die Kopie : e. Lehr- u. Lerngegenstand der besonderen Art, S. 48–57.

659 *Klauß*, Jochen: Goethe als Sammler. – In: Börsenblatt für den deutschen Buchhandel. Jg. 166. Frankfurt a. M. ; Leipzig 1999. Nr. 60. – Beilage : Aus dem Antiquariat. Nr. 7/1999, S. A 398–A 402 : Ill.

660 *Knopf*, Sabine: „Wiederholte Spiegelungen. Weimarer Klassik 1759–1982" im Goethe-Nationalmuseum Weimar. – In: Börsenblatt für den deutschen Buchhandel. Jg. 166. Frankfurt a. M. ; Leipzig 1999. Nr. 60. – Beilage: Aus dem Antiquariat. Nr. 7/1999, S. A 403-A 409 : Ill.

661 *Krügel*, Katharina: „... glücklich aufgefaßt und mit der Leichtigkeit eines Liebhabers dargestellt" : Charles Gore u. sein künstler. Nachlaß im Goethe-Nationalmuseum. – Weimar : Stiftung Weimarer Klassik, 1999. – 1 Bl. gef. : Ill. – (Aus dem Goethe-Nationalmuseum ; 12)

662 *Maisak*, Petra ; *Dewitz*, Hans-Georg: Das Frankfurter Goethe-Haus / mit e. Vorw. von Christoph *Perels*. – Frankfurt a. M. : Freies Deutsches Hochstift ; Frankfurt a. M. ; Leipzig : Insel-Verl., 1999. – 119 S. : Ill.

663 *Maisak*, Petra ; *Dewitz*, Hans-Georg : Das Goethe-Haus in Frankfurt am Main / mit e. Vorw. von Christoph *Perels*. – Frankfurt a. M. ; Leipzig : Insel-Verl., 1999. – 132 S. : Ill. – (Insel-Taschenbuch ; 2225)

664 *Musson*, Jeremy: Goethe's house : a property of the Weimar Classics Foundation. – In: Country life. Vol. 1999. London 1999. Nr. february 25, S. 48–53 : Ill.

665 *Neumann-Adrian*, Edda und Michael: Das Goethe-Wanderbuch : 26 Touren auf den Spuren des großen Dichters. – Augsburg : Steiger, 1999. – 128 S. : Ill., Kt.

666 *Niederländer und Weimar* / Red.: Presse- u. Kulturabt. der Kgl. Niederländ. Botschaft, Bonn. – Bonn, 1999. – 152 S. : Ill. – (Nachbarn ; 42)
Darin u. a.: *Haar*, Carel ter: Großherzogin Sophie – eine niederländische Königstochter verwaltet Goethes Erbe, S. 8–16 : Ill.

667 *Paschek*, Carl: Das Goethe-Bild der Postmoderne 1975–1999 in Büchern und elektronischen Medien : Begleitschrift zur Ausstellung der Stadt- u. Univ.-Bibliothek [Frankfurt a. M.] zum Goethe-Jubiläum 1999. – Frankfurt a. M. : Klostermann, 1999. – 142 S. : Ill. – (Frankfurter Bibliotheksschriften ; 7)

668 *Die Pforte* : Veröffentlichungen des Freundeskreises des Goethe-Nationalmuseums e. V. – Weimar : Freundeskreis des Goethe-Nationalmuseums e. V.
H. 4. – 1998. – 109 S. : Ill.
Darin u. a.: *Höhnl*, Dieter: Bericht des Vorstandes zur Arbeit in den Jahren 1996 und 1997, S. 6–11. – *Meißner*, Christine: Sanierung des Goethehauses in Stützerbach, S. 88–90.

669 *Pielmann*, Erika: Goethes Treppenhäuser. – In: Goethe-Jahrbuch. Bd. 115. Weimar 1998 [ausgeg. 1999]. S. 171–181.

670 *Plote*, Michael: Auf Tuchfühlung mit dem Volk : „Goethe trifft den gemeinen Mann" ; e. Ausstellung im Museum für Thüringer Volkskunde in Erfurt. – In: Weimar-Kultur-Journal. Jg. 8. Weimar 1999. Nr. 8, S. 22–23 : Ill.

671 *Raabe*, Paul: Spaziergänge durch Goethes Weimar. – 7. Aufl. (völlig überarb. u. erw. Neuausg.) – Zürich ; Hamburg : Arche-Verl., 1999. – 221 S. : Ill.

672 *Russe*, Christel: Goethe und der Pohlitzer Meteorit. – In: Thüringer Museumshefte. Jg. 8. Weimar 1999. H. 2, S. 66–67 : 1 Ill.
Zur Ausstellung „Goethe & der Pohlitzer Meteorit" im Museum für Naturkunde Gera.

673 *Der Sammler und die Seinigen* : Handzeichnungen aus Goethes Besitz / hrsg. von Gerhard *Schuster*. Mit Beitr. von Helmut *Börsch-Supan* ... – München ; Wien : Stiftung Weimarer Klassik bei Hanser, 1999. – 240 S. : zahlr. Ill. (farb.)
Zugl. Katalogbuch zu einer Folge von Ausstellungen im Goethe-Nationalmuseum Weimar 1999.

674 *Scheurmann*, Konrad: Wiederholte Spiegelungen – Weimarer Klassik 1759–1832 : das neu eröffnete Goethe-Nationalmuseum Weimar u. die Ständige Ausstellung. – In: Weimar-Kultur-Journal. Jg. 8. Weimar 1999. Nr. 8, S. 14–17 : Ill.

675 *Schmidt*, Hartmut: Das Lottehaus in Wetzlar. – Wetzlar : Magistrat der Stadt Wetzlar, 1999. – 20 S. : Ill.

676 *Schreeb*, Hans Dieter: Sammlerin liebt Sammler : Beate Schubert. – In: Börsenblatt für den deutschen Buchhandel. Jg. 166. Frankfurt a. M. ; Leipzig 1999. Nr. 60. – Beilage: Aus dem Antiquariat. Nr. 7/1999, S. A 416-A 418.
Zum Video „Goethe und sein Haus am Frauenplan" von B. Schubert.

677 *Schwedt*, Georg: Durch 20 Straßen : e. Rundgang auf Goethes Spuren in Göttingen. – In: „Der gute Kopf leuchtet überall hervor" : Goethe, Göttingen u. die Wissenschaft / hrsg. von Elmar *Mittler* ... – Göttingen, 1999. – S. 265–268 : Ill.

678 *Siekmann*, Kurt: Zur Erinnerung an Wilhelm Ogoleit, den passionierten Goethe-Sammler. – In: Goethe-Jahrbuch. Bd. 115. Weimar 1998 [ausgeg. 1999]. S. 281–282.
Die ca. 8800 Stücke umfassende Goethe-Sammlung von W. Ogoleit (1869–1953) wurde 1945 in Landsberg a. d. Warthe (heute Gorzów Wielkopolski) durch Kriegseinflüsse vernichtet.

679 *Steiner*, Walter: Der Goethewanderweg Weimar – Großkochberg geologisch erlebt. – In: Weimarer Heimat. Blätter für Natur, Geschichte u. Kultur des Kreises Weimarer Land. Folge 13. Weimar 1999. S. 10–13 : Ill.

680 *Vogt*, Monika: Für Goethe: ein Fest : Begegnungen mit Goethestätten / hrsg. von der Sparkassen-Kulturstiftung Hessen-Thüringen ... Red.: Thomas *Wurzel* ... – Frankfurt a. M. : Sparkassen-Kulturstiftung Hessen-Thüringen ; Wiesbaden : Landesamt für Denkmalpflege Hessen, 1999. – 63 S. : Ill.

681 *Wahl*, Volker: Der amtliche Goethe : Vom Geheimen Legationsrat zum Staatsminister in Sachsen-Weimar-Eisenach ; e. Archivalienausstellung des Thüringischen Hauptstaatsarchivs Weimar aus Anlaß des 250. Geburtstages von Johann Wolfgang Goethe ..., 11. 8. – 7. 11. 1999. – Weimar : Thüringisches Hauptstaatsarchiv, 1999. – [8] S. : Ill.
Vergl. a.: V. *Wahl*: Der amtliche Goethe : e. Ausstellung des Hauptstaatsarchivs Weimar. – In: Archive in Thüringen. Mitteilungsblatt. Nr. 17. Weimar 1999. S. 34–36.

682 *Weimarer Museumsführer* : Stadt Weimar u. Weimarer Land ; Museen – Schlösser – Gärten & Parks / Siegfried *Seifert* unter Mitarb. von Rita *Seifert* u. Elisabeth *Wuttig*. – Hamburg : L u. H-Verl., 1999. – 260 S. : zahlr. Ill. (z. T. farb.), Kt.
Darin u. a. über die Goethestätten der Stiftung Weimarer Klassik, S. 42–45, 48–72, 103–105, 132–139, 164–168 u. 183–193.

683 *Wenzel-Orf*, Harald: Der steinerne Gast – Goethe unterwegs in Weimarer Wohnzimmern / mit e. Essay von Günter *Kunert*. – Jena : Glaux-Verl., 1999. – 123 S. : zahlr. Ill.
Fotografien, jeweils mit einer Goethe-Büste, die einige Wochen in privaten Wohnzimmern Weimarer Familien stand.

684 *Wiederholte Spiegelungen – Weimarer Klassik 1759 – 1832* : Ständige Ausstellung des Goethe-Nationalmuseums ... (s. Nr. 219).

685 *ZurMühlen*, Bernt Ture von: Das Goethe-Museum in Düsseldorf. – In: Börsenblatt für den deutschen Buchhandel. Jg. 166. Frankfurt a. M. ; Leipzig 1999. Nr. 60. – Beilage: Aus dem Antiquariat. Nr. 7/1999, S. A 413-A 416 : Ill.

Namenregister

Bildnachweis

Abb. 1	Stiftung Weimarer Klassik (Aufnahme Sigrid Geske)
Abb. 2–3 u. Beilage	Hans Ruppert: Goethes Bibliothek. Katalog. Weimar 1958, S. 596 (Nr.) 4131
Abb. 4	Sammlung Niessen. Universität zu Köln. Theaterwissenschaftliche Sammlung Schloß Wahn
Abb. 5	Wilhelm Ehlers: Sammlung deutscher Gesänge aus den besten Dichtern, mit Begleitung des Piano-Forte oder der Chitarra. Wien [1812], S. 6–7. Goethe-Museum Düsseldorf
Abb. 6	BNUS, 1, Place de la République, F-6700 Strasbourg
Abb. 7	Auktionskatalog HARTUNG und KARL. München 1972, S. 171, Los-Nr. 1162
Abb. 8	Stiftung Weimarer Klassik, Goethe- und Schiller-Archiv, Inv.-Nr. GSA 25/III, 9, 10b (Foto Goethe-Museum Düsseldorf, Anton-und-Katharina-Kippenberg-Stiftung)

Porträt Momme Mommsen
Foto privat

Siglen-Verzeichnis

AA	Johann Wolfgang von Goethe: Gedenkausgabe der Werke, Briefe und Gespräche. Hrsg. von Ernst Beutler. 24 Bde. u. 3 Ergänzungsbde. Zürich 1948–1971 [Artemis-Gedenkausgabe].
BA	Goethe: Poetische Werke. Kunsttheoretische Schriften und Übersetzungen. 22 Bde. Berlin, Weimar 1960–1978 [Berliner Ausgabe].
FA	Johann Wolfgang Goethe: Sämtliche Werke. Briefe, Tagebücher und Gespräche. 40 Bde. Hrsg. von Hendrik Birus u. a. Frankfurt a. M. 1987 ff. [Frankfurter Ausgabe].
HA	Goethes Werke. Hamburger Ausgabe in 14 Bänden. Hrsg. von Erich Trunz. Hamburg 1948–1964 [Hamburger Ausgabe].
LA	Goethe. Die Schriften zur Naturwissenschaft. Vollständige mit Erläuterungen versehene Ausgabe im Auftrage der Deutschen Akademie der Naturforscher. Leopoldina. Begr. von Lothar Wolf und Wilhelm Troll. Hrsg. von Dorothea Kuhn und Wolf von Engelhardt. 17 Text- und Kommentarbde. Weimar 1947 ff. [Leopoldina].
MA	Johann Wolfgang Goethe: Sämtliche Werke nach Epochen seines Schaffens. Münchner Ausgabe. Hrsg. von Karl Richter in Zusammenarbeit mit Herbert G. Göpfert, Norbert Miller und Gerhard Sauder. München 1985 ff. [Münchner Ausgabe].
SNA	Schillers Werke. Nationalausgabe. 1940 begründet von Julius Petersen. Fortgeführt von Lieselotte Blumenthal, Benno von Wiese, Siegfried Seidel. Hrsg. im Auftrag der Stiftung Weimarer Klassik und des Schiller-Nationalmuseums in Marbach von Norbert Oellers. 43 Bde. Weimar 1943 ff.
WA	Goethes Werke. Hrsg. im Auftrag der Großherzogin Sophie von Sachsen. 143 Bde. Weimar 1887–1919. Nachdruck München 1987. [nebst] Bd. 144–146: Nachträge und Register zur IV. Abt.: Briefe. Hrsg. von Paul Raabe. Bde. 1–3. München 1990. [Weimarer Ausgabe].

Manuskripthinweise

1 Manuskripte bitte in zweifacher Ausfertigung – 1 1/2zeiliger Abstand (auch bei den Anmerkungen), vierzig Zeilen je Seite, Zeilenbreite durchschnittlich 60 Anschläge, einseitig beschrieben, durchgängige Schriftgröße 12 Punkte – und zusätzlich in Form einer Diskette (ab WORD 6.0; als DOC- oder RTF-Datei) einsenden an:

Redaktion des Goethe-Jahrbuchs
Dr. Petra Oberhauser
Postfach 2251
99423 Weimar.

2 Der Name des Verfassers steht in Versalien über der Hauptüberschrift. Überschriften enden ohne Punkt.

3 a Absätze werden durch Einzug gekennzeichnet, größere Sinnabschnitte durch eine Leerzeile.

3 b Vers- und Prosazitate (Primär- und Sekundärliteratur) von vier und mehr Zeilen werden in der Regel durch Einrückung hervorgehoben. Anführungszeichen entfallen dann.

4 Alle Titel von Werken und Aufsätzen werden im Text und in den Anmerkungen kursiv und ohne Anführungszeichen wiedergegeben. Ausnahme: Anführungszeichen werden benötigt bei Zitaten oder im Titel – Beispiel: Meyer, Herman: *„Zarte Empirie". Studien zur Literaturgeschichte.* Stuttgart 1963. Vgl. auch die Beispiele unter Punkt 12.

5 a Zitate werden im Text und in den Anmerkungen durch „Anführungszeichen" kenntlich gemacht.

5 b Zitate in Zitaten werden durch ‚einfache Anführungszeichen' wiedergegeben.

6 Hervorzuhebende Stellen (bitte sparsam verwenden!) sind im Manuskript durch unterbrochene Linie zu markieren. Im Jahrbuch erscheinen diese Stellen dann g e s p e r r t.

7 Einklammerungen innerhalb von runden Klammern und Auslassungen in Zitaten werden durch eckige Klammern [...] gekennzeichnet.

8 a Die Anmerkungen erscheinen im Jahrbuch als Fußnoten, im Manuskript als Endnoten. Sie werden hochgestellt, nicht mit Klammern versehen und innerhalb eines Beitrags stets durchgezählt.

8 b Eine Anmerkungszahl folgt auf das Satzzeichen, wenn sie sich auf den gesamten Satz bezieht. Sie steht vor dem Satzzeichen, wenn sie sich nur auf das vorausgehende Wort oder die vorausgehende Begriffseinheit (Wortgruppe) bezieht.

8 c Auch bei langen Anmerkungen sollten Absätze möglichst vermieden werden; statt dessen kann ein neuer Abschnitt durch einen Gedankenstrich vom vorherigen abgesetzt werden.

8 d Die Anmerkungen beginnen mit einem Großbuchstaben und enden mit einem Punkt. Namen von Autoren, Herausgebern oder Bearbeitern werden nicht hervorgehoben.

9 Allgemeine bibliographische Begriffe werden abgekürzt (z. B.: Bd., Diss., Hrsg., hrsg. von, Jb., Jg., Komm., Nr., S., V., Zs. usw.).

10 Die verwendete Goethe-Ausgabe wird mit der entsprechenden Sigle im direkten Zitatanschluß nachgewiesen (z. B.: WA I, 5.1, S. 100; vergleichbar wird verfahren bei AA, FA, HA, LA, MA). Die Auflösung der Siglen erfolgt über ein Siglen-Verzeichnis am Ende des Jahrbuchs.

11 Wird ein Titel wiederholt zitiert, erscheint lediglich der Nachname des Autors mit Verweis auf diejenige Stelle, an der er vollständig genannt ist: Vulpius (Anm. 10), S. 132 f.

12 Für die Zitierweise in den Anmerkungen gelten folgende Beispiele:

Italienische Reise (HA 11, S. 9–349).

Friedrich Schiller: *Ueber das Erhabene.* In: *Schillers Werke. Nationalausgabe.* Bd. 21. *Philosophische Schriften. Zweiter Teil.* Unter Mitwirkung von Helmut Koopmann hrsg. von Benno Wiese. Weimar 1963, S. 38–54.

Katharina Mommsen: *Goethe und die arabische Welt.* Frankfurt/M. 1988, S. 86 f.

Vgl. Reinhart Kosellek: *Goethes unzeitgemäße Geschichte.* In: GJb 110 (1993), S. 27–39; hier S. 28.

Margarethe Beckurts: *Zur Bedeutung der Novelle in Goethes „Wahlverwandtschaften".* In: Zs. für deutsche Philologie 103 (1984), Sonderheft, S. 75 f.

Peter Michelsen: *Fausts Erblindung.* In: *Aufsätze zu Goethes „Faust II".* Hrsg. von Werner Keller. Darmstadt 1992, S. 345–356.

Heinrich Voß an Charlotte von Schiller, 12. 11. 1809; zit. nach: Härtl (Anm. 4), S. 73.

Bitte zitieren Sie stets einheitlich und folgerichtig.

13 Autorinnen/Autoren von Abhandlungen, Dokumentationen und Miszellen erhalten 30 Sonderdrucke, Autorinnen/Autoren von Rezensionen erhalten 8 Sonderdrucke.

Wir bitten zu beachten:

Das Goethe-Jahrbuch geht jedem Mitglied der Goethe-Gesellschaft in Weimar e.V. kostenlos zu. Voraussetzung für seine Lieferung ist die regelmäßige Zahlung des Jahresbeitrags von 60 DM (Schüler, Studenten und Ehepartner eines Mitglieds 30 DM).

Der Jahresbeitrag wird jeweils zu Jahresbeginn fällig. Es wird gebeten, ihn auf eines der folgenden Konten zu überweisen:

0 301 004 048 / BLZ 820 510 00 bei der Sparkasse Weimar

oder 118 819–601 / BLZ 500 100 60 bei der Postbank Frankfurt am Main

oder 282 711 100 / BLZ 820 700 24 bei der Deutschen Bank – Filiale Weimar

oder per Bankscheck an die Geschäftsstelle der Goethe-Gesellschaft in Weimar.

Spenden für Stipendiaten bitten wir zu überweisen auf unser Konto:

310 001 579 / BLZ 820 510 00 bei der Sparkasse Weimar.

Anschriftenänderungen: Wir bitten Sie, jede Anschriftenänderung der Geschäftsstelle der Goethe-Gesellschaft, Postfach 2251, 99403 Weimar, Telefon: 0 36 43/20 20 50, Fax: 0 36 43/20 20 61, e-mail: goetheges@aol.com, mitzuteilen.

Anträge auf Mitgliedschaft können formlos an die Geschäftsstelle gerichtet werden. Jeder Goethefreund ist herzlich willkommen!

Bitte informieren Sie sich auch unter www.goethe-gesellschaft.de über unsere Gesellschaft.